中华民国法规大全

内容简介

清末以来，中国社会从传统向近代转型，法治化是其主要标志。《中华民国法规大全》（1912—1949）正是中国近代法律定型时期的集中代表。这些历史文献，全面展示了中国近代国家立法的过程，是了解中国近代法律不可或缺的基础资料。同时，从中我们也能管窥中国近代法学、政治学、历史学、社会学重要发展阶段的历史脉络，为现今学界与实务部门的相关研究提供宝贵的资料。

基于其重要的史料价值，此次商务印书馆以简体字横排本予以重新出版，以飨今人。本次出版依照1936年商务印书馆辑印本的分类标准与卷帙，分为十卷，涵括宪法、民诉、刑法、刑诉、官制官规、行政（内政、外交侨务、军政、财政、实业、教育、交通）、立法、司法、考试、监督、党务等内容。

中国的法治发展之路漫漫，必将上下而求索。本书的出版让我们了解中国不同历史时期的立法状况，总结其特征和规律，从而历史性地去探索当今中国法治发展之路。

中华民国法规大全

（1912—1949）

点校本

第十卷 · 补编
根本法 官制官规 行政

上册

商务印书馆 辑印

韩 君 玲 点校

商务印书馆
The Commercial Press
创于1897
2016年·北京

华东政法大学法律史研究中心
点校整理
主持人　何勤华

国家重点学科华东政法大学法律史
学科建设项目资助

商务印书馆图书馆提供版本

总　序

　　《中华民国法规大全》(1912—1949)，是以商务印书馆 1937 年出版的《中华民国法规大全》为主，补充黄鸿源主编、黄山书社 1999 年版《民国法规集成》中所收 1937 至 1949 年法律法规整合而成，是目前海内外唯一一部将中华民国(中央机关所颁布)所有法律法规汇集编辑在一起的作品，是学术界了解、参考、研究近代中国法律制度史的重要文献。

　　纵观中国近代立法史，主要可以分成三个阶段。第一阶段是清末的立法(1901 至 1911 年)，主要有光绪朝(后期)和宣统朝两代的新政立法。这些立法的成果，后来被汇编在一起，于 1910 至 1911 年间，分别以《大清光绪新法令》和《大清宣统新法令》的名义出版。第二个阶段是中华民国前期(1912 至 1927 年)即北洋政府时期的立法。第三个阶段是中华民国后期(1927 至 1949 年)即南京国民政府时期的立法，其代表性成果就是国民党的"六法全书"。1937 年，商务印书馆将上述第二个阶段(1912 至 1927 年)和第三个阶段前期(1927 至 1936 年)的法律法规全部汇编在一起，以《中华民国法规大全》的书名出版。而上述第三个阶段的后期即 1937 年以后国民党政府制定颁布的法律和法规，就分散在各种文件中，当时没有得到系统汇编。这次，国家重点学科华东政法大学法律史学科整合国内法律史学界的力量，与商务印书馆合作，在参考上述黄鸿源主编《民国法规集成》等成果之基础上，决定将 1912 年中华民国成立，到 1949 年国民党政府退居台湾为止所制定颁布的所有法律法规进行梳理、汇编和点校，取名《中华民国法规大全》(1912—1949)，以为法学界、历史学界、社会学界和立法、司法实务部门提供比较系统的历史文献的借鉴。

　　《中华民国法规大全》(1912—1949)收录的虽然只是中华民国时期的各个法律法规的文本，但这些文本所反映和折射出来的则是中国近代社会的巨大变迁，以及法律与社会的彼此互动。从这些法律法规中，我们可以看到民国时期中国宪政之路的艰难曲折，领悟到在中国这一具有二千多年历史的专制集权人治国家中，实现民主宪政决非一两代人之功，必定需要数代人的孜孜以求，和咬住青山不放松这样持续努力的劲头；看到在民商事立法领域，我国立法者是如何穷尽自己的智慧，将西方法治先进国家(法国、德国和日本等)的民商法成果与中国国情密切相结合(当年的立法者为了这种结合，还开展了全国范围轰轰烈烈的民商事习惯调查活动，推出了至今还有重要历史文献价值的《民商事习惯调查录》),从而在很短的时间内完成了生命力持久的先进的民法典和相应的一批商事法律;看到当年的立法者紧跟世界刑事立法潮流,一方面将英国、美国、德国、日本等的先进的刑事法律制度、原则和理念吸收到了我国的刑事立法之中,但另一方面,也非常务实地适应中国半殖民、半封建社会的特点,迎合蒋介石政府实行专制独裁、镇压各种不同政见者的需要,在刑事(实体和程序)立法中吸收了德、日法西斯主义的要素;也看到了中国虽然是一个后进的法制近代化国家,但在行政法领域,则制定颁布了数量众多的法律和法规,形成了一个体系极为庞大复杂的行政法律体系。当然,我们这里所述都仅仅是《中华民国法规大全》(1912—1949)所收法律法规文本中看到的景象,至于这些法律法规在实际生活中的运用,还需要对中国近代社会的深入探寻以及结合各个时代留下来的无数法庭记录和具体案例。但即使这样,法律法规文本仍然是我们的出发点。

华东政法大学法律史学科自 2006 年获得国家重点学科以后,为了报答学术界的厚爱,也为了不辜负教育部的信任和期望,就将点校、整理中国法律史料文献作为学科建设的一项重要内容。在商务印书馆等出版单位的支持下,我们点校出版了《中国近代法学译丛》(中国政法大学出版社,至 2015 年已经出版 53 卷)、《新译日本法规大全》(商务印书馆 2007 年,全 11 卷)、《大清新法令》(商务印书馆 2010—2011 年,全 11 卷)、《清末民国法律史料丛刊》①。这些法律史料文献的点校出版,基本上将中国近代从接受外国法律法规(如《新译日本法规大全》,法国、德国和日本的《六法全书》,以及翻译引进的前苏联 20—30 年代的法律汇编),到中国清政府、北洋政府和国民党政府制定颁布的法律法规,到中国近代法律教育所使用的教材②到中国近代翻译引进的法律学术著作(如《中国近代法学译丛》),以及中国近代所出版的法律辞书③都校勘出版了,从而为学术界尤其是年轻人从事中国近代法律史乃至中国近代史的学习和研究提供了基础史料。而本书《中华民国法规大全》(1912—1949)的出版,则为这一项庞大的中国近代法律法规文献史料整理点校工程画上了一个圆满的句号。

我们的工作得到了教育部的大力支持,获得了国家重点学科经费的资助,也得到了法律史学界同仁的帮助,北京大学、清华大学、中国人民大学、中国政法大学、西南政法大学、西北政法大学、北京理工大学等兄弟院校的专家学者都参与了整理、点校工作。此点我们在各个系列出版的序言和后记中都表示了感谢。而《中华民国法规大全》(1912—1949)的

---

①　上海人民出版社 2013 年,包括四个系列:京师法律学堂笔记,共 22 册;朝阳法科讲义,共 31 册;法律大辞典,1 卷;外国六法全书,共 4 卷。

②　在清末,法律教育主要是京师法律学堂的讲课笔记;在中华民国政府时期,法律教育的主体是"北朝阳、南东吴",但东吴大学法学院没有把系统教材留传下来。

③　我们调查了一下,清末至民国解体,中国出版的法律辞书规模较大者,就是由郑兢毅编著的《法律大辞书》和由汪翰章主编的《法律大辞典》,前者由商务印书馆于 2012 年简化字插排再版。

点校、勘正出版也得到了商务印书馆领导和责任编辑的全力帮助和支持。尤其是王兰萍编审对本书的点校工作，专门撰写了"编辑说明"以为指导。对此，也表示我们一片诚挚的谢意。由于本书收录法律法规数量众多、内容庞杂分散，我们虽然已经尽力，但仍然可能出现一些疏漏和错误，此点也恳请广大读者批评指正。

何　勤　华

华东政法大学 法律文明史研究院

2015 年 8 月 18 日

编 辑 说 明

书名

《中华民国法规大全》编纂民国二十五年(1936年)十月前颁布修订之法律法规,并以中央机关所颁布者为限。上海商务印书馆民国二十六年(1937年)一月初版。现依然使用本书名,唯补充纳入法律法规截止1949年国民党政府离开大陆,退居台湾时止。因此,书名定为《中华民国法规大全》(1912—1949)点校本,以区别于前版本。

版本

《中华民国法规大全》(1912—1949)点校本依据版本。民国二十五年(1936年)十月前法规,依据《中华民国法规大全》民国二十六年(1937年)编印、全10册、上海商务印书馆出版发行本,由商务印书馆图书馆提供。参考同名书5册本,由华东政法大学法律史研究中心提供。中华民国从民国二十五年(1936年)十月起截至1949年的法律法规,依据蔡鸿源主编《民国法规集成》、黄山书社1999年本。

目录

《中华民国法规大全》(1912—1949)点校本目录,依据民国二十六年(1937年)本目录的编制,分类为:1.根本法;2.民法;3.刑法;4.民事诉讼法;5.刑事诉讼法;6.官制官规;7.行政;8.立法;9.司法;10.考试;11.监察;12.党务;共12类。

在行政一类中,又分为1.内政;2.外交侨务;3.军政;4.财政;5.实业;6.教育;7.交通;共7次类。

从民国二十五年(1936年)十月起截止1949年法律法规分类的续编目录,由商务印书馆政法编辑室王兰萍、马冬梅、王曦、洪霞、李悦、吴婧、朱静芬分别承担,韩君玲、曹全来博士参与审订,最后由何勤华教授定稿。

这部分法规目录的编制,在依据蔡鸿源主编《民国法规集成》三、中华民国国民政府暨总统府法规*基础上有部分调整与订正,以期与民国二十五年(1936年)十月商务印书馆出版的《中华民国法规大全》编目相衔接。

---

* 第33—69册,黄山书社1999年。

校勘技术要求

《中华民国法规大全》(1912—1949)点校本,以简化字、横排版形式出版,为遵循古籍整理原则,保持史料的客观、真实,仅对正文做技术性点校与勘正,具体要求如下:

一、《中华民国法规大全》(1912—1949)点校本卷帙,总十卷。按照收入法规的时间,将每一卷分为上、下册。上册,1912—1936 年期间的法规;下册,1936—1949 年期间的法规。除第十卷补遗外。

二、为帮助现代读者阅读文献,《中华民国法规大全》(1912—1949)点校本每卷正文前增加总序言,阐明其学术文献的价值与出版意义,以帮助今天读者方便阅读。

三、凡原书使用年号纪元或天干地支纪元的,一律在其后加括号注明公元纪元,用阿拉伯数字与括号表示,如民国元年(1912 年)。

四、对于难懂术语、词汇、古字、通假字须增加注释说明,著名人物须增加生卒年代,原书有印刷错误时,即行改正,并以注释说明。

五、原书有的法规体系比较完整,除条目外还有章、节、款、项,需统一在法律正文之前增加要目,列明章、节、款的标题,以示其提纲挈领,便利阅读。

六、原书正式名称《中华民国法规大全》,通俗亦称《六法全书》,统指 1949 年前中国之内国法,与国际法对称。现今再次出版,为了保持史料的原始性,依就使用原正式书名《中华民国法规大全》,不做任何以适应当今的更动。

---

† 本编辑说明由王兰萍执笔。

总　目

目　　录

一、根本法

六、官制官规

一　官制

二　官规

七、行政

一　内政

二　外文侨务

三　军政

四 财 政

附表格目录

一、根　本　法

●●中华民国宪法草案_{民国二十五年(1936年)五月五日国民政府宣布}

要　目

中华民国国民大会,受全体国民付托,遵照创立中华民国之孙先生之遗教,制兹宪法,颁行全国,永矢咸遵。

第一章　总纲

第一条　中华民国为三民主义共和国。

第二条　中华民国之主权属于国民全体。

第三条　具有中华民国之国籍者为中华民国国民。

第四条　中华民国领土为江苏、浙江、安徽、江西、湖北、湖南、四川、西康、河北、山东、山西、河南、陕西、甘肃、青海、福建、广东、广西、云南、贵州、辽宁、吉林、黑龙江、热河、察哈尔、绥远、宁夏、新疆、蒙古、西藏等，固有之疆域。中华民国领土，非经国民大会议决，不得变更。

第五条　中华民国各民族均为中华国族之构成分子，一律平等。

第六条　中华民国国旗定为红地，左上角青天白日。

第七条　中华民国国都定于南京。

第二章　人民之权利义务

第八条　中华民国人民在法律上一律平等。

第九条　人民有身体之自由，非依法律不得逮捕、拘禁、审问或处罚。

人民因犯罪嫌疑被逮捕、拘禁者，其执行机关应即将逮捕、拘禁原因，告知本人及其亲属，并至迟于二十四小时内移送于该管法院审问。本人或他人，亦得声请该管法院于二十四小时内向执行机关提审。

法院对于前项声请不得拒绝。执行机关对于法院之提审，亦不得拒绝。

第一〇条　人民，除现役军人外，不受军事裁判。

第一一条　人民有居住之自由，非依法律不得限制之。

第一二条　人民有迁徙之自由，其居住处所非依法律不得侵入搜索或封锢。

第一三条　人民有言论、著作及出版之自由，非依法律不得限制之。

第一四条　人民有秘密通讯之自由，非依法律不得限制之。

第一五条　人民有信仰宗教之自由，非依法律不得限制之。

第一六条　人民有集会结社之自由，非依法律不得限制之。

第一七条　人民之财产，非依法律不得征用、征收、查封或没收。

第一八条　人民有依法律请愿、诉愿及诉讼之权。

第一九条　人民有依法律选举、罢免、创制、复决之权。

第二〇条　人民有依法律应考试之权。

第二一条　人民有依法律纳税之义务。

第二二条　人民有依法律服兵役及工役之义务。

第二三条　人民有依法律服公务之义务。

第二四条　凡人民之其他自由及权利，不妨害社会秩序公共利益者，均受宪法之保障，非依法律不得限制之。

第二五条　凡限制人民自由或权利之法律，以保障国家安全，避免紧急危难，维持社会秩序或增进公共利益所必要者为限。

第二六条　凡公务员违法侵害人民之自由或权利者，除依法律惩戒外，应负刑事及民事责任。被害人民就其所受损害，并得依法律向国家请求赔偿。

第三章　国民大会

第二七条　国民大会,以下列国民代表组织之:

一　每县、市及其同等区域各选出代表一人,但其人口逾三十万者,每增加五十万人,增
选代表一人;

县、市、同等区域以法律定之;

二　蒙古、西藏选出代表,其名额以法律定之;

三　侨居国外之国民选出代表,其名额以法律定之。

第二八条　国民代表之选举,以普通、平等、直接、无记名投票之方法行之。

第二九条　中华民国国民年满二十岁者,有依法律选举代表权;年满二十五岁者,有依法
律被选举代表权。

第三〇条　国民代表任期六年。

国民代表违法或失职时,原选举区依法律罢免之。

第三一条　国民大会每三年由总统召集一次,会期一月,必要时得延长一月。

国民大会,经五分二以上代表之同意,得自行召集临时国民大会。

总统得召集临时国民大会。

国民大会之开会地点,在中央政府所在地。

第三二条　国民大会之职权如下:

一　选举总统、副总统、立法院院长、副院长、监察院院长、副院长、立法委员、监察委员;

二　罢免总统、副总统、立法、司法、考试、监察各院院长、副院长、立法委员、监察委员;

三　创制法律;

四　复决法律;

五　修改宪法;

六　宪法赋予之其他职权。

第三三条　国民代表在会议时所为之言论及表决,对外不负责任。

第三四条　国民代表,除现行犯外,在会期中非经国民大会许可,不得逮捕或拘禁。

第三五条　国民大会之组织、国民代表之选举、罢免及国民大会行使职权之程序,以法律定之。

第四章　中央政府

第一节　总统

第三六条　总统为国家元首,对外代表中华民国。

第三七条　总统统率全国陆、海、空军。

第三八条　总统依法公布法律,发布命令,并须经关系院院长之副署。

第三九条　总统依法行使宣战、媾和及缔结条约之权。

第四〇条　总统依法宣布戒严、解严。

第四一条　总统依法行使大赦、特赦、减刑、复权之权。

第四二条　总统依法任免文武官员。

第四三条　总统依法授与荣典。

第四四条　国家遇有紧急事变或国家经济上有重大变故,须为急速处分时,总统得经行政会议之议决,发布紧急命令,为必要之处置。但应于发布命令后三个月内,提交立法院追认。

第四五条　总统得召集五院院长,会商关于二院以上事项及总统咨询事项。

第四六条　总统对国民大会负其责任。

第四七条　中华民国国民年满四十岁者,得被选为总统、副总统。

第四八条　总统、副总统之选举,以法律定之。

第四九条　总统、副总统之任期均为六年,连选得连任一次。

第五〇条　总统应于就职日宣誓,誓词如下:

"余正心诚意向国民宣誓,余必遵守宪法,尽忠职务,增进人民福利,保卫国家,无负国民付托。如违誓言,愿受国法严厉之制裁,谨誓。"

第五一条　总统缺位时,由副总统继其任。

总统因故不能视事时,由副总统代行其职权;总统、副总统均不能视事时,由行政院院长代行其职权。

第五二条　总统于任满之日解职,如届期次任总统尚未选出,或选出后总统、副总统均未就职时,由行政院院长代行总统职权。

第五三条　行政院院长代行总统职权时,其期限不得逾六个月。

第五四条　总统除犯内乱或外患罪外,非经罢免或解职,不受刑事上之诉究。

第二节　行政院

第五五条　行政院为中央政府行使行政权之最高机关。

第五六条　行政院设院长、副院长各一人,政务委员若干人,由总统任免之。

前项政务委员不管部会者,其人数不得超过第五十八条第一项所定管部会者之半数。

第五七条　行政院设各部、各委员会分掌行政职权。

第五八条　行政院各部部长、各委员会委员长由总统于政务委员中任命之。

行政院院长、副院长得兼任前项部长或委员长。

第五九条　行政院院长、副院长、政务委员、各部部长、各委员会委员长,各对总统负其责任。

第六〇条　行政院设行政会议,由行政院院长、副院长及政务委员组织之,以行政院院长为主席。

第六一条　下列事项应经行政会议议决:

一　提出于立法院之法律案预算案;

二　提出于立法院之戒严案、大赦案;

三　提出于立法院之宣战案、媾和案、条约案及其他关于重要国际事项之议案;

四　各部、各委员会间共同关系之事项;

五　总统或行政院院长交议之事项;

六　行政院副院长各政务委员各部各委员会提议之事项。

第六二条　行政院之组织以法律定之。

第三节　立法院

第六三条　立法院为中央政府行使立法权之最高机关,对国民大会负其责任。

第六四条　立法院有议决法律案、预算案、戒严案、大赦案、宣战案、媾和案、条约案及其他关于重要国际事项之权。

第六五条　关于立法事项,立法院得向各院、各部、各委员会提出质询。

第六六条　立法院设院长、副院长各一人,任期三年,连选得连任。

第六七条　立法委员由各省、蒙古、西藏及侨居国外国民所选出之国民代表举行预选,依下列名额各提出候选人名单,于国民大会选举之其人选,不以国民代表为限。

一　各省人口未满五百万者,每省四人;五百万以上未满一千万者,每省六人;一千万以上未满一千五百万者,每省八人;一千五百万以上未满二千万者,每省十人;二千万以上未满二千五百万者,每省十二人;二千五百万以上未满三千万者,每省十四人;三千万以上者,每省十六人。

二　蒙古、西藏各八人。

三　侨居国外国民八人。

第六八条　立法委员任期三年,连选得连任。

第六九条　行政、司法、考试、监察各院关于其主管事项,得向立法院提出议案。

第七〇条　总统对于立法院之议决案,得于公布或执行前提交复议。

立法院对于前项提交复议之案,经出席委员三分二以上之决议维持原案时,总统应即公布或执行之。但对于法律案、条约案得提请国民大会复决之。

第七一条　立法院送请公布之议决案,总统应于该案到达后三十日内公布之。

第七二条　立法委员于院内之言论及表决对外不负责任。

第七三条　立法委员除现行犯外,非经立法院许可,不得逮捕或拘禁。

第七四条　立法委员不得兼任其他公职或执行业务。

第七五条　立法委员之选举及立法院之组织,以法律定之。

第四节　司法院

第七六条　司法院为中央政府行使司法权之最高机关,掌理民事、刑事、行政诉讼之审判及司法行政。

第七七条　司法院设院长、副院长各一人,任期三年,由总统任命之。

司法院院长对国民大会负其责任。

第七八条　关于特赦、减刑、复权事项由司法院院长依法律提请总统行之。

第七九条　司法院有统一解释法律、命令之权。

第八〇条　法官依法律独立审判。

第八一条　法官非受刑罚或惩戒处分或禁治产之宣告,不得免职;非依法律,不得停职、转任或减俸。

第八二条　司法院之组织及各级法院之组织,以法律定之。

第五节　考试院

第八三条　考试院为中央政府行使考试权之最高机关,掌理考选铨叙。

第八四条　考试院设院长、副院长各一人,任期三年,由总统任命之。考试院院长对国民大会负其责任。

第八五条　下列资格,应经考试院依法考选铨定之:

一　公务人员任用资格;

二　公职候选人资格;

三　专门职业及技术人员执业资格。

第八六条　考试院之组织,以法律定之。

第六节　监察院

第八七条　监察院为中央政府行使监察权之最高机关,掌理弹劾、惩戒、审计,对国民大会负其责任。

第八八条　监察院为行使监察权,得依法向各院、各部、各委员会提出质询。

第八九条　监察院设院长、副院长各一人,任期三年,连选得连任。

第九〇条　监察委员由各省、蒙古、西藏及侨居国外国民所选出之国民代表各预选二人,提请国民大会选举之,其人选不以国民代表为限。

第九一条 监察委员任期三年,连选得连任。

第九二条 监察院对于中央及地方公务员违法或失职时,经监察委员一人以上之提议,五人以上之审查决定,提出弹劾案。但对于总统、副总统及行政、立法、司法、考试、监察各院院长、副院长之弹劾案,须有监察委员十人以上之提议,全体监察委员二分一以上之审查决定,始得提出。

第九三条 对于总统、副总统、立法、司法、考试、监察各院院长、副院长之弹劾案,依前条规定成立后应向国民大会提出之。在国民大会闭会期间,应请国民代表依法召集临时国民大会,为罢免与否之决议。

第九四条 监察委员于院内之言论及表决,对外不负责任。

第九五条 监察委员,除现行犯外,非经监察院许可,不得逮捕或拘禁。

第九六条 监察委员不得兼任其他公职或执行业务。

第九七条 监察委员之选举及监察院之组织,以法律定之。

第五章　地方制度

第一节　省

第九八条 省设省政府,执行中央法令及监督地方自治。

第九九条 省政府设省长一人,任期三年,由中央政府任免之。

第一〇〇条 省设省参议会,参议员名额,每县、市一人,由各县、市议会选举之,任期三年,连选得连任。

第一〇一条 省政府之组织,省参议会之组织、职权及省参议员之选举、罢免,以法律定之。

第一〇二条 未经设省之区域,其政治制度以法律定之。

第二节　县

第一〇三条 县为地方自治单位。

第一〇四条 凡事务有因地制宜之性质者,划为地方自治事项。

地方自治事项,以法律定之。

第一〇五条 县民关于县自治事项,依法律行使创制、复决之权。对于县长及其他县自治人员,依法律行使选举、罢免之权。

第一〇六条 县设县议会,议员由县民大会选举之,任期三年,连选得连任。

第一〇七条　县单行规章与中央法律或省规章抵触者无效。

第一〇八条　县设县政府,置县长一人,由县民大会选举之,任期三年,连选得连任。

县长候选人,以经中央考试或铨定合格者为限。

第一〇九条　县长办理县自治,并受省长之指挥,执行中央及省委办事项。

第一一〇条　县议会之组织、职权,县议员之选举、罢免,县政府之组织及县长之选举、罢免,以法律定之。

第三节　市

第一一一条　市之自治,除本节规定外,准用关于县之规定。

第一一二条　市设市议会,议员由市民大会选举之,每年改选三分之一。

第一一三条　市设市政府,置市长一人,由市民大会选举之,任期三年,连选得连任。

市长候选人,以经中央考试或铨定合格者为限。

第一一四条　市长办理市自治,并受监督机关之指挥,执行中央或省委办事项。

第一一五条　市议会之组织、职权,市议员之选举、罢免,市政府之组织及市长之选举、罢免,以法律定之。

第六章　国民经济

第一一六条　中华民国之经济制度,应以民生主义为基础,以谋国民生计之均足。

第一一七条　中华民国领域内之土地,属于国民全体,其经人民依法律取得所有权者,其所有权受法律之保障及限制。

国家对于人民取得所有权之土地,得按照土地所有权人申报或政府估定之地价,依法律征税或征收之。

土地所有权人对于其所有土地,负充分使用之义务。

第一一八条　附着于土地之矿及经济上可供公众利用之天然力,属于国家所有,不因人民取得土地所有权而受影响。

第一一九条　土地价值,非因施以劳力资本而增加者,应以征收土地增值税方法,收归人民公共享受。

第一二〇条　国家对于土地之分配、整理,以扶植自耕农及自行使用土地人为原则。

第一二一条　国家对于私人之财富及私营事业,认为有妨害国民生计之均衡发展时,得依法律节制之。

第一二二条　国家对于国民生产事业及对外贸易,应奖励指导及保护之。

第一二三条　公用事业及其他有独占性之企业,以国家公营为原则。但因必要得特许国民私营之,国家对于前项特许之私营事业,因国防上之紧急需要,得临时管理之,并得依法律收归公营,但应予以适当之补偿。

第一二四条　国家为改良劳工生活,增进其生产技能及救济劳工失业,应实施保护劳工政策。

妇女、儿童从事劳动者,应按其年龄及身体状态施以特别之保护。

第一二五条　劳资双方应本协调互助原则,发展生产事业。

第一二六条　国家为谋农业之发展及农民之福利,应充裕农村经济,改善农村生活,并以科学方法提高农民耕作效能。

国家对于农产品之种类、数量及分配,得调节之。

第一二七条　人民因服兵役、工役或公务而致残废或死亡者,国家应予以适当之救济或抚恤。

第二一八条　老弱残废无力生活者,国家应予以适当之救济。

第一二九条　下列各款事项,在中央应经立法院之议决,其依法律得以省、区或县、市单行规章为之者,应经各该法定机关之议决。

一　税赋、捐费、罚金、罚锾或其他有强制性收入之设定及其征收率之变更;

二　募集公债、处分公有财产或缔结增加公库负担之契约;

三　公营、专卖、独占或其他有营利性事业之设定或取销;

四　专卖、独占或其他特权之授予或取销;

省、区及县、市政府,非经法律特许,不得募集外债或直接利用外资。

第一三〇条　中华民国领域内一切货物应许自由流通,非依法律不得禁阻。

关税为中央税收,应于货物出入国境时征收之,以一次为限。

各级政府不得于国内征收货物通过税。

对于货物之一切税捐,其征收权属于中央政府,非依法律不得为之。

第七章　教育

第一三一条　中华民国之教育宗旨在发扬民族精神,培养国民道德,训练自治能力,增进生活知能,以造成健全国民。

第一三二条　中华民国人民受教育之机会一律平等。

第一三三条　全国公私立之教育机关一律受国家之监督,并负推行国家所定教育政策之义务。

第一三四条　六岁至十二岁之学龄儿童一律受基本教育,免纳学费。

第一三五条　已逾学龄未受基本教育之人民,一律受补习教育,免纳学费。

第一三六条　国立大学及国立专科学校之设立,应注重地区之需要,以维持各地区人民享受高等教育之机会均等,而促进全国文化之平衡发展。

第一三七条 教育经费之最低限度,在中央为其预算总额百分之十五,在省区及县市为其预算总额百分之三十,其依法律独立之教育基金并予以保障。

贫瘠省区之教育经费由国库补助之。

第一三八条 国家对于下列事业及人民予以奖励或补助:

一 国内私人经营之教育事业成绩优良者;

二 侨居国外国民之教育事业;

三 于学术技术有发明者;

四 从事教育成绩优良久于其职者;

五 学生学行俱优无力升学者。

第八章 宪法之施行及修正

第一三九条 宪法所称之法律,谓经立法院通过,总统公布之法律。

第一四〇条 法律与宪法抵触者无效。

法律与宪法有无抵触,由监察院于该法律施行后六个月内,提请司法院解释,其详以法律定之。

第一四一条 命令与宪法或法律抵触者无效。

第一四二条 宪法之解释由司法院为之。

第一四三条 在全国完成地方自治之省区未达半数以上时,立法委员及监察委员依下列规定选举任命之:

一 立法委员由各省、蒙古、西藏及侨居国外国民所选出之国民代表,依照第六十七条所定名额各预选半数,提请国民大会选举之,其余半数由立法院院长提请总统任命之;

二 监察委员由各省、蒙古、西藏及侨居国外国民所选出之国民代表依照第九十条所定名额,各预选半数,提请国民大会选举之,其余半数由监察院院长提请总统任命之。

第一四四条 在地方自治未完成之县,其县长由中央政府任免之。前项规定于自治未完成之市准用之。

第一四五条 促成地方自治之程序,以法律定之。

第一四六条 第一届国民大会之职权,由制定宪法之国民大会行使之。

第一四七条 宪法非由国民大会全体代表四分一以上之提议,四分三以上之出席及出席代表三分二以上之决议,不得修改之。

修改宪法之提议,应由提议人于国民大会开会前一年公告之。

第一四八条 宪法规定事项有另定实施程序之必要者,以法律定之。

●●国民大会组织法 民国二十五年(1936年)五月十四日国民政府公布

第一条　国民大会制定宪法及行使宪法所赋予之职权。

第二条　国民大会以国民大会代表组织之,国民大会代表选举法另定之。

第三条　中国国民党中央执行委员中央监察委员为国民大会当然代表。

第四条　下列人员得列席国民大会:

一　中国国民党候补中央执行委员、候补中央监察委员;

二　国民政府主席;

三　国民政府委员;

四　国民政府各院部会之长官;

五　国民大会主席团特许之人员。

第五条　国民大会由国民政府定期召集之。

第六条　国民大会开会地点在国民政府所在地。

第七条　国民大会代表于举行国民大会开会式时,应行宣誓,其誓词如下:

○○○敬以至诚代表中华民国人民,接受创立中华民国之孙先生之遗教,依法行使职权并遵守国民大会之纪律,谨誓。

国民大会代表宣誓后,应于誓词签名。

第八条　国民大会出席代表互选三十一人,组织主席团,掌理下列事项:

一　关于议事规则之制定及议事程序之整理进行事项;

二　关于国民大会之行政事项;

三　本法规定之其他事项。

第九条　国民大会每次开会时,由主席团推定一人为主席。

第一〇条　国民大会设代表资格审查委员会,提案审查委员会必要时得设特种委员会。

各委员会之组织,由主席团提请大会决定之。

第一一条　国民大会会期定为十日至二十日,必要时得延长之。

第一二条　国民大会非有代表过半数之出席,不得开议,其议决以出席代表过半数之同意为之。

宪法之通过,应有代表三分二以上之出席,并经出席代表三分二以上之同意为之。

第一三条　国民大会会议之表决方法,得由主席酌定,以举手起立或投票行之。

前项表决可否同数时,取决于主席。

第一四条　国民大会置秘书处及警卫处,其组织及处务规程由国民大会主席团定之。

第一五条　国民大会设秘书长一人,由国民大会主席团推定之,承主席团之命处理全会事务。

第一六条　国民大会代表于会议时所为之言论及表决，对外不负责任。

第一七条　国民大会代表在会期中，除现行犯外，非经国民大会之许可，不得逮捕或拘禁。

第一八条　国民大会会议时，有违法或紊乱议场秩序者，主席得警告或制止，并得禁止其发言，其情节重大者得付惩戒。

第一九条　前条惩戒由主席提交主席团，指定国民大会代表组织惩戒委员会审查后，提出大会决定之。

第二○条　本法施行日期，以命令定之。

●●国民大会代表选举法
民国二十五年（1936年）五月十四日国民政府宣布，同年七月一日施行，同年七月四日修正附表二，同年九月十七日再修正附表二。

要　目

第一章　总纲

第一条　本法依国民大会组织法第二条第二项之规定制定之。

第二条　国民大会代表之总额为一千二百名，依下列各款分配之：

一　依区域选举方法选出者，六百六十五名；

二　依职业选举方法选出者，三百八十名；

三　依特种选举方法选出者，一百五十五名。

第三条　中华民国人民年满二十岁经公民宣誓者，有选举国民大会代表之权。

第四条　有下列各款情事之一者,不得有选举权:

一　背叛国民政府,经判决确定或尚在通缉中者;

二　曾服公务而有贪污行为,经判决确定或尚在通缉中者;

三　褫夺公权者;

四　禁治产者;

五　有精种病者;

六　吸用鸦片或其代用品者。

第五条　每一选举人不得有二个以上选举权。

于区域选举及职业选举均有选举权者,应参加职业选举。

于特种选举及职业选举均有选举权者,应参加特种选举。

于职业选举有二个以上选举权者,任其择定为一个团体之选举人。

第六条　国民大会代表之选举,以无记名单记法行之,其选举票应载明国民政府所指定之候选人全体姓名,由选举人就中圈定一人。

第七条　前条候选人以得票比较多数者,当选为国民大会代表。票数相同须决定何人当选时,以抽签定之。

第八条　国民大会代表依前条规定选足法定名额后,其他得票之候选人按票数多寡定其名次先后,为国民大会代表,候补人其名额与当选人同。

第二章　区域选举

第九条　各省及直隶于行政院之市,依区域选举方法,应出国民大会代表之名额,依附表一之所定。

第一〇条　各省国民大会代表,分区选举之。其选举区之划分及每区应出代表之名额,依附表二之所定。

第一一条　各选举区由该区内各县之乡长、镇长联合推选候选人,其名额为该区应出国民大会代表名额之十倍。

选举区内如设有市者,由坊长参加推选。

在无乡长、镇长、坊长之县、市或设治局,由其与乡长、镇长、坊长相当之人员参加推选。

第一二条　各选举区候选人应具有下列资格:

一　有选举人之资格,但其公民宣誓不以在该选举区内举行者为限;

二　年满二十五岁;

三　现为该选举区内之人民。

第一三条　各选举区所推选之候选人,由国民政府就中指定三倍于各该区应出代表之名额为候选人。

第一四条　省政府对于各选举区所推选之候选人,在呈报国民政府指定前得签注意见。

第一五条　各选举区应出之国民大会代表,由各该区有选举权人依第六条之规定选举之。

第一六条　直隶于行政院之市,其国民大会代表候选人之推选、指定及代表之选举,准用第十一条至第十三条及第十五条之规定。

第三章　职业选举

第一七条　各省及直隶于行政院之市,其各种职业团体应出国民大会代表之名额,依附表三之所定。

第一八条　自由职业团体国民大会代表之选举,不分区域其名额,依附表四之所定。

第一九条　参加选举之职业团体及自由职业团体,以在本法公布前依法成立者为限。

第二〇条　各省职业团体由各该团体之机关职员推选候选人,其名额为各该团体应出代表名额之三倍。

前项机关职员,以各该职业团体执行机关之职员为限。

第二一条　各省职业团体之候选人应具有下列资格:

一　有选举人之资格;

二　年满二十五岁;

三　从事各该职业满三年以上;

四　现为各该团体之会员。

前项从事职业年限如有断续时,合并各期间计算之。

第二二条　各省职业团体所推选之候选人,由国民政府就中指定二倍于各该团体应出代表之名额为候选人。

第二三条　各省职业团体应出之国民大会代表,由各该职业团体有本法所定选举权之会员依第六条之规定选举之。

第二四条　各省职业团体之组织有数级者,国民大会代表候选人之推选,由各该职业团体中最下级团体之机关职员为之;国民大会代表之选举,由各该职业团体中最下级团体之会员为之。

职业团体之会员如为团体时,国民大会代表之选举,由各该会员团体之会员为之。

第二五条　直隶于行政院之市,其各种职业团体国民大会代表候选人之推选、指定及代表之选举,准用第二十条至第二十四条之规定。

第二六条　自由职业团体国民大会代表候选人之推选、指定及代表之选举,准用关于职业团体之规定。

第四章　特种选举

第一节　辽宁、吉林、黑龙江、热河四省之选举

第二七条　辽宁、吉林、黑龙江、热河国民大会代表之选举，不分区域与职业，其代表名额如下：

辽宁省十四名；

吉林省十三名；

黑龙江省九名；

热河省九名。

前项吉林省代表名额内，应有二名由东省特别区选出。

第二八条　辽宁、吉林、黑龙江、热河国民大会代表之候选人，由国民政府指定之，其名额为各该省应出代表名额之三倍。

第二九条　辽宁、吉林、黑龙江、热河国民大会代表之选举，由选举总事务所发给选举证，各该省有选举权人向所在省区内之选举监督领取之。

第三〇条　选举人领得选举证后，得依第六条之规定，向前条选举监督所指定之场所投票或将选举票迳寄选举总监督。

前项选举票，应另备票匦 解送选举总监督开票。

第二节　蒙古、西藏之选举

第三一条　蒙古应出之国民大会代表，其名额如下：

一　由锡林郭勒盟、乌兰察布盟、伊克昭盟、青海左翼盟、青海右翼盟、察哈尔部及阿拉善特别旗、额济纳特别旗、土默特特别旗选出者，九名；

二　由巴图塞特奇勒图中路盟、乌拉恩素珠克图四路盟及青塞特奇勒图盟选出者，三名；

三　由哲里木盟、卓索图盟、昭乌达盟、呼伦贝尔部及伊克明安特别旗选出者，五名；

四　由其他蒙古各盟部旗选出者，七名。

第三二条　西藏应出之国民大会代表，其名额如下：

一　由在西藏地方有选举权人选出者，十名；

二　由在其他省区内有选举权之西藏人民选出者，六名。

第三三条　第三十一条第一款、第二款及第三十二条第一款所定应出之国民大会代表，其候选人之推选、指定及代表之选举，分别比照关于各省区域选举之规定。

第三四条　第三十一条第三款、第四款及第三十二条第二款所定应出之国民大会代表，其候选人之推选、指定及代表之选举，分别比照关于辽宁、吉林、黑龙江、热河四省选举之规定。

第三节　在外侨民之选举

第三五条　在外侨民应出之国民大会代表，其名额如下：

在檀香山者，一名

在智利者，一名

在秘鲁者，一名

在古巴者，一名

在墨西哥者，一名

在中美者，一名

在美国者，三名

在菲律滨者，二名

在加拿大者，二名

在马来者，四名

在印度者，一名

在缅甸者，二名

在安南者，三名

在暹罗者，四名

在欧洲者，一名

在日本者，一名

在朝鲜者，一名

在澳洲者，一名

在大溪地者，一名

在非洲者，一名

在荷属者，四名

在香港者，一名

在澳门者，一名

在台湾者，一名

第三六条　在外侨民应出之国民大会代表，其候选人之推选及指定，比照关于职业选举之规定。但推选候选人之团体，由侨务委员会定之。

第三七条　在外侨民应出之国民大会代表之选举，比照关于各省区域选举之规定。

第四节　军队之选举

第三八条　全国海、陆、空军军队及军事教育机关,应选出国民大会代表三十名。

第三九条　军队国民大会代表候选人,依下列方法推选之:

一　陆军每师各推选候选人二名,每一独立旅或每一特种部队其人数在两团以上者各推选候选人一名,不及两团之独立部队分别与驻在地附近之师独立旅或特种部队联合推选;

二　海军凡直属海军部之每一舰队各推选候选人一名,陆战队联合推选候选人一名,其他部队由海军部指定分别与直属海军部之舰队或陆战队联合推选;

三　空军联合推选候选人一名;

四　各军事教育机关联合推选候选人二名;

前项推选之候选人,由国民政府就中指定九十名为候选人。

第四〇条　军队国民大会代表由陆、海、空军军队及军事教育机关之官兵,伕依本法有选举权者,就国民政府指定之候选人,依第六条之规定选举之。

第四一条　军队国民大会代表候选人应具有下列资格:

一　有选举人之资格;

二　年满二十五岁;

三　曾在国民革命军服务五年以上著有勋绩,或曾在军事教育机关毕业,学行俱优者。

第五章　选举总事务所及选举监督

第四二条　中央设国民大会代表选举总事务所,直隶于国民政府,置主任、副主任各一人,特派指挥、监督、办理全国选举事宜。

选举总事务所之组织,以命令定之。

第四三条　各省设选举总监督,以民政厅厅长充任;省内各选举区设选举监督,以各该区最高行政长官充任;无最高行政长官者,由选举总事务所就该区行政长官中派充之。

第四四条　直隶于行政院之市,设选举监督,以市长充任。

第四五条　辽宁、吉林、黑龙江、热河四省及自由职业团体之选举,以内政部部长为选举总监督。

蒙古、西藏之选举,以蒙、藏委员会委员长为选举总监督。

在外侨民之选举,以侨务委员会委员长为选举总监督。

军队之选举,以军事委员会委员长为选举总监督。

第四六条　蒙古、西藏在外侨民及军队之选举,得设选举监督,由选举总事务所派充之。

第四七条　推选人、选举人及候选人之资格,由选举监督审查之。

第四八条　选举日期及选举场所,由选举监督定之。

第四九条　关于国民大会代表选举之投票、开票,置投票管理员、投票监察员、开票管理员、开票监察员,由选举监督派充之。

第五〇条　选举监督及前条职员,于其办理选举之区域或团体内,不得为国民大会代表之候选人。

第五一条　国民大会代表之当选证书,由选举监督发给之。

第六章　选举及当选无效

第五二条　有下列情事之一时,其选举无效:

一　选举人名册因舞弊涉及该册选举人达三分一以上,经判决确定者;

二　办理选举违背法令,经判决确定者。

第五三条　选举无效,应即依法改选。但有特别情形不及改选者,不在此限。

第五四条　有下列情事之一时,其当选无效:

一　死亡;

二　候选人资格不符,经判决确定者;

三　当选票数不实,经判决确定者。

第五五条　当选无效或当选人不愿应选时,应以第八条所定之候补人依次递补。

第七章　选举诉讼

第五六条　选举人或落选人确认办理选举人员有舞弊或其他违背法令情事时,得自选举日起十日内提起诉讼。

第五七条　选举人或落选人确认当选人资格不符或票数不实或落选人确认所得票数应当选而未当选时,得自当选人姓名公布日起五日内提起诉讼。

第五八条　选举诉讼归该管高等法院管辖,应先于其他诉讼审判之,以一审终结。

关于军队选举诉讼,由军事委员会军法处审。

第五九条　关于选举之犯罪,依刑法处断。

第八章　附则

第六〇条　本法之解释权属于国民大会代表选举总事务所。

第六一条　本法施行细则以命令定之。

第六二条　本法施行日期以命令定之。

附表一

| 依区域选举方法之各省及直隶于行政院之市,应出国民大会代表名额表 ||
省市名	代表名额
江苏	四四
浙江	三三
安徽	三五
江西	二八
湖北	四〇
湖南	四三
四川	四四
西康	九
河北	四三
山东	四四(其中一名由威海卫行政区选出)
山西	二二
河南	四四
陕西	二〇
甘肃	一四
青海	九
福建	二二
广东	四四
广西	二一
云南	二二
贵州	一六
察哈尔	一〇
绥远	一〇
宁夏	九
新疆	一二
南京	四
上海	八
北平	六
天津	五
青岛	二
西京	二
总计	六六五

附表二

省别	选举区别	选举区所辖市县设治局之名称	代表名额
江苏省	第一区	溧阳·镇江·丹阳·金坛·宜兴·扬中	四
	第二区	无锡·武进·江阴·常熟·太仓·昆山·吴县·吴江	六
	第三区	松江·金山·奉贤·南汇·川沙·上海·宝山·嘉定·青浦	六
	第四区	南通·崇明·启东·海门·如皋·靖江	四
	第五区	江都·泰县·江浦·六合·仪征·高邮·泰兴	五
	第六区	盐城·阜宁·兴化·东台	三
	第七区	淮阴·淮安·泗阳·宿迁·宝应·涟水	四
	第八区	连云市·东海·灌云·沭阳·赣榆	四
	第九区	铜山·沛县·丰县·砀山·萧县·邳县·睢宁	五
	第十区	江宁·句容·溧水·高淳	三
浙江省	第一区	杭州市·嘉兴·杭县·海宁·嘉善·平湖·海盐·富阳·桐乡·崇德·新登·分水·桐庐	
	第二区	临海·宁海·黄岩·天台·仙居·温岭	三
	第三区	绍兴·萧山·诸暨·余姚·嵊县·上虞·新昌	三
	第四区	吴兴·长兴·安吉·德清·武康·余杭·孝丰·临安·于潜·昌化	四
	第五区	衢县·江山·淳安·遂安·开化·常山·龙游·寿昌·建德	四
	第六区	兰谿·东阳·金华·浦江·义乌·永康·汤溪·武义	三
	第七区	永嘉·平阳·瑞安·乐清·泰顺·玉环	三
	第八区	鄞县·慈谿·定海·奉化·象山·南田	三
	第九区	丽水·龙泉·遂昌·青田·缙云·景宁·庆元·松阳·云和·宣平	四
安徽省	第一区	太湖·怀宁·宿松·桐城·潜山·望江	四
	第二区	芜湖·繁昌·南陵·庐江·当涂·铜陵·无为·巢县	五
	第三区	六安·合肥·舒城·霍山·立煌·岳西	四
	第四区	寿县·霍邱·凤台·怀远·凤阳·定远	三
	第五区	滁县·天长·来安·全椒·含山·和县·嘉山	四
	第六区	泗县·盱眙·五河·灵璧·宿县·蒙城	三
	第七区	阜阳·颍上·涡阳·亳县·太和·临泉	三
	第八区	贵池·青阳·太平·石埭·东流·至德	三
	第九区	宣城·郎溪·广德·宁国·泾县·旌德	三
	第十区	休宁·祁门·歙县·黟县·绩溪	三
江西省	第一区	南昌市·武宁·南昌·新建·进贤·安义·永修·修水·铜鼓·奉新·靖安	四
	第二区	萍乡·宜春·分宜·万载·新喻·上高·宜丰·高安·新淦·清江·丰城	四
	第三区	吉安·吉水·永丰·峡江·泰和·万安·遂川·安福·永新·宁冈·莲花	四
	第四区	赣县·大庾·崇义·上犹·南康·信丰·龙南·虔南·定南·寻邬·安远	四

（续表）

	第五区	九江市·浮梁·鄱阳·九江·星子·湖口·彭泽·都昌·瑞昌·德安·乐平·婺源·德兴	四
	第六区	上饶·玉山·广丰·铅山·弋阳·横峰·余江·万年·贵豀·余干	三
	第七区	南城·南丰·金豀·资豀·临川·宜黄·崇仁·乐安·黎川·光泽·东乡	三
	第八区	宁都·广昌·石城·瑞金·会昌·雩都·兴国	二
湖北省	第一区	武昌市·汉口市·武昌·汉阳·蒲圻·嘉鱼·咸宁·通城·崇阳·阳新·鄂城·通山·大冶	七
	第二区	蕲春·浠水·黄梅·广济·罗田·英山·麻城·黄陂·礼山·黄安·黄冈	六
	第三区	随县·安陆·孝感·应山·云梦·应城·汉川·京山·钟祥·天门	六
	第四区	江陵·监利·石首·公安·枝江·松滋·荆门·沔阳·潜江	五
	第五区	襄阳·枣阳·宜城·光化·谷城·南漳·保康	四
	第六区	宜昌·远安·当阳·宜都·兴山·秭归·长阳·五峰	五
	第七区	恩施·宣恩·建始·巴东·鹤峰·利川·咸丰·来凤	四
	第八区	郧县·均县·宁西·房县·竹山·竹谿	三
湖南省	第一区	长沙市·长沙·湘阴·浏阳·湘潭·宁乡·益阳·湘乡·安化	五
	第二区	衡阳·衡山·安仁·耒阳·常宁·酃县·茶陵·攸县·醴陵	五
	第三区	零陵·祁阳·东安·道县·宁远·永明·江华·新田	四
	第四区	邵阳·新化·武冈·新宁·城步·靖县·会同·通道·绥宁	五
	第五区	岳阳·平江·临湘·华容·常德·桃源·汉寿·沅江·南县	五
	第六区	沅陵·泸溪·辰豀·溆浦·芷江·黔阳·麻阳·晃县·凤凰·乾城	六
	第七区	永顺·龙山·保靖·桑植·澧县·安乡·临澧·石门·慈利·大庸·古丈·永绥	七
	第八区	桂阳·临武·蓝山·嘉禾·郴县·永兴·宜章·资兴·汝城·桂东	六
四川省	第一区	成都市·成都·新都·简阳·金堂·广汉·什邡	二
	第二区	华阳·双流·温江·郫县·新繁·崇宁·灌县·彭县·新津·崇庆	三
	第三区	重庆市·巴县·江北·长寿·涪陵·南川·綦江·武胜·合川	三
	第四区	铜梁·璧山·大足·永川·荣昌·江津·泸县·合江·纳谿·江安	三
	第五区	阆中·苍溪·南部·广元·昭化·巴中·通江·南江·剑阁	三
	第六区	南充·西充·蓬安·营山·仪陇·广安·岳池·邻水·渠县·达县·大竹	三
	第七区	宜宾·庆符·富顺·南溪·长宁·高县·筠连·珙县·兴文·隆昌·屏山·叙永·古宋·古蔺	四
	第八区	奉节·巫山·云阳·开县·巫溪·万源·城口·宣汉·开江	三
	第九区	平武·江油·北川·彰明·德阳·安县·绵竹·梓潼·罗江·绵阳	三

（续表）

	第十区	西昌·冕宁·盐源·会理·越巂·盐边·昭觉·宁南·雷波·雅安·汉源·荥经	三
	第十一区	名山·庐山·天全·邛崃·大邑·蒲江·茂县·汶川·懋功·松潘·理番·宝兴·金汤·（设治局）	四
	第十二区	乐山·峨眉·洪雅·夹江·犍为·荣县·威远·峨边·马边	三
	第十三区	三台·射洪·盐亭·中江·遂宁·蓬溪·安岳·乐至·潼南	二
	第十四区	资中·资阳·内江·仁寿·井研·眉山·丹棱·彭山·青神	二
	第十五区	忠县·酆都·垫江·梁山·万县·石砫·酉阳·秀山·黔江·彭水	三
西康省	第一区	康定·九龙·泸定·雅江·道孚·理化·瞻化·稻城·巴安·德荣·甘孜·炉霍·丹巴·定乡	四
	第二区	宁静·察雅·贡县·察隅·科麦·恩达·昌都·盐井·武成·邓柯·石渠·白玉·德格·同普·嘉黎·硕督·太昭	五
河北省	第一区	清苑·容城·雄县·安新·徐水·高阳·蠡县·博野·安国	三
	第二区	大兴·通县·顺义·怀柔·密云·昌平·香河·武清	三
	第三区	宛平·良乡·房山·涿县·固安·永清·安次·霸县	三
	第四区	易县·涞水·涞源·新城·定新·满城·完县·唐县·望都	三
	第五区	卢龙·迁安·抚宁·昌黎·滦县·乐亭·临榆·都山·（设治局）	三
	第六区	河间·献县·肃宁·任丘·交河·宁津·吴桥·东光·南皮	三
	第七区	天津·青县·静海·沧县·盐山·庆云·大城·文安·新镇	三
	第八区	正定·新乐·阜平·行唐·灵寿·平山·获鹿·井陉	二
	第九区	晋县·无极·藁城·栾城·元氏·赞皇·赵县·宁晋·高邑	三
	第十区	邢台·沙河·巨鹿·尧山·内邱·任县·柏乡·隆平·临城	三
	第十一区	永年·曲周·肥乡·鸡泽·威县·清和·广宗·平乡·南和	三
	第十二区	大名·南乐·清丰·磁县·广平·邯郸·成安·长垣·濮阳·东明	三
	第十三区	遵化·玉田·丰润·宁河·蓟县·三河·平谷·宝坻·兴隆	三
	第十四区	冀县·南宫·新河·枣强·武邑·衡水·景县·阜城·故城	三
	第十五区	深县·武强·饶阳·安平·束鹿·定县·曲阳·深泽	二
山东省	第一区	济南市·历城·章邱·邹平·长山·桓台·淄川·齐东	三
	第二区	德县·德平·陵县·临邑·平原·禹城·济阳·齐河	三
	第三区	滋阳·曲阜·宁阳·邹县·泗水·金乡·滕县·鱼台·济宁·嘉祥	四
	第四区	聊城·博平·茌平·清平·高唐·长清·恩县·夏津·武城	四
	第五区	堂邑·临清·邱县·馆陶·冠县·莘县·范县·观城·朝城	四
	第六区	益都·临淄·博兴·高苑·广饶·临朐·博山·昌乐·寿光	四
	第七区	蓬莱·黄县·福山·楼霞·牟平·文登·海阳·荣成	三
	第八区	掖县·平度·潍县·昌邑·胶县·高密·即墨·招远·莱阳	三
	第九区	惠民·青城·阳信·无棣·乐陵·商河·滨县·利津·沾化·蒲台	四
	第十区	临沂·郯城·费县·莒县·蒙阴·沂水·日照·诸城·安邱·峄县	四
	第十一区	泰安·肥城·新泰·莱芜·东平·东阿·平阴·汶上·阳谷·寿张	四

（续表）

	第十二区	菏泽·单县·城武·巨野·郓城·曹县·濮县·鄄城·定陶	三
山西省	第一区	阳曲·太原·榆次·太谷·祁县·徐沟·交城·文水·岢岚·岚县·清源·兴县	三
	第二区	汾阳·平遥·介休·孝义·临县·石楼·离石·方山·中阳	二
	第三区	长治·长子·屯留·襄垣·潞城·黎城·平顺·壶关·辽县·和顺·榆社	三
	第四区	晋城·高平·阳城·陵川·沁水·新绛·闻喜·河津·稷山·绛县·垣曲	二
	第五区	沁县·沁源·武乡·隰县·蒲县·大宁·永和·霍县·赵城·灵石	二
	第六区	临汾·襄陵·洪洞·浮山·安泽·曲沃·翼城·乡宁·吉县·汾西·汾城	二
	第七区	永济·临晋·虞乡·猗氏·万泉·荣河·安邑·夏县·平陆·芮城·解县	二
	第八区	大同·怀仁·浑源·应县·山阴·阳高·天镇·广灵·灵邱	二
	第九区	右玉·左云·朔县·平鲁·宁武·偏关·神池·五寨·保德·河曲	二
	第十区	忻县·定襄·静乐·代县·五台·崞县·繁峙·平定·寿阳·孟县·昔阳	二
河南省	第一区	开封·洧川·长葛·广武·荥阳·汜水·郑县·尉氏·通许·密县·新郑·禹县·中牟	五
	第二区	商邱·陈留·杞县·民权·柘城·永城·夏邑·虞城·考城·兰封·宁陵·睢县	五
	第三区	安阳·汤阴·林县·临漳·内黄·汲县·淇县·濬县·滑县·武安·涉县	四
	第四区	新乡·沁阳·博爱·修武·武陟·温县·孟县·济源·封邱·获嘉·延津·辉县·原武·阳武	五
	第五区	许昌·临颍·襄城·鄢陵·郾城·临汝·鲁山·宝丰·郏县	四
	第六区	南阳·方城·新野·唐河·泌阳·内乡·淅川·邓县·镇平·桐柏·南召·舞阳·叶县	五
	第七区	淮阳·沈邱·项城·商水·西华·鹿邑·太康·扶沟	三
	第八区	汝南·上蔡·西平·遂平·确山·正阳·新蔡	三
	第九区	潢川·光山·固始·商城·息县·信阳·罗山·经扶	三
	第十区	洛阳·巩县·偃师·登封·伊川·宜阳·嵩县·伊阳·孟津	四
	第十一区	陕县·灵宝·阌乡·卢氏·洛宁·新安·渑池	三
陕西省	第一区	长安·临潼·渭南·蓝田·鄠县·柞水·宁陕·盩厔	二
	第二区	咸阳·兴平·醴泉·高陵·泾阳·三原·富平·同官·耀县	二
	第三区	肤施·甘泉·宜川·延川·延长·鄜县·洛川·中部·宜君·栒邑·邠县·淳化·长武	三
	第四区	凤翔·岐山·宝鸡·扶风·郿县·麟游·汧阳·陇县·武功·永寿·乾县	二
	第五区	南郑·褒城·城固·洋县·西乡·凤县·宁羌·沔县·略阳·留坝·镇巴·佛坪	三

（续表）

	第六区	榆林·神木·府谷·横山·葭县·米脂·清涧·吴堡·绥德·定边·靖边·保安·安定·安塞	三
	第七区	安康·平利·洵阳·白河·紫阳·石泉·汉阴·商县·商南·雒南·山阳·镇安·岚皋·镇坪	三
	第八区	大荔·朝邑·郃阳·澄城·转城·华县·华阴·潼关·蒲城·白水·平民	二
甘肃省	第一区	兰州市·皋兰·榆中·洮沙·渭源·景泰·靖远·定西·会宁·陇西·漳县·临潭·岷县·临洮·永登·康乐(设治局)	三
	第二区	平凉·华亭·化平·隆德·庄浪·静宁·崇信·固原·海原	二
	第三区	庆阳·泾川·灵台·环县·合水·宁县·正宁·镇原	二
	第四区	天水·甘谷·武山·礼县·西和·秦安·通渭·清水·两当·成县·徽县·武都·康县·文县·西固	三
	第五区	临夏·永靖·宁定·和政·夏河	一
	第六区	武威·民勤·永昌·山丹·民乐·张掖·临泽·古浪	二
	第七区	酒泉·金塔·鼎新·高台·玉门·安西·敦煌	二
青海省	第一区	西宁·民和·化隆	二
	第二区	乐都·互助·亹源	二
	第三区	湟源·大通·都兰	二
	第四区	循化·贵德·同仁·同德	二
	第五区	共和·玉树·囊谦	一
福建省	第一区	长乐·闽侯·连江·罗源·福清·平潭·霞浦·宁德·福安·福鼎	四
	第二区	南平·永泰·闽清·古田·屏南·尤溪·沙县·永安·将乐·顺昌	三
	第三区	浦城·建瓯·建阳·崇安·松溪·政和·寿宁·邵武	三
	第四区	厦门市·同安·莆田·仙游·惠安·晋江·南安·安溪·金门·永春·德化	四
	第五区	漳浦·诏安·云霄·东山·龙溪·南靖·海澄·平和·长泰	三
	第六区	龙岩·漳平·宁洋·大田·永定·上杭·华安	二
	第七区	长汀·连城·宁化·明溪·清流·武平·建宁·泰宁	三
广东省	第一区	广州市·番禺·东莞·南海·三水	二
	第二区	新会·台山·赤溪·中山·宝安·顺德	三
	第三区	曲江·乐昌·仁化·乳源·翁源·连县·连山·阳山·南雄·始兴	四
	第四区	惠阳·博罗·海丰·陆丰·紫金·河源·龙川·增城	四
	第五区	和平·龙门·连平·新丰·佛冈·清远·从化·花县	四
	第六区	汕头市·潮安·潮阳·揭阳·惠来·澄海·普宁·南澳	四
	第七区	高要·四会·德庆·封川·开建·广宁·英德	三
	第八区	高明·鹤山·新兴·开平·恩平·阳春·阳江	三
	第九区	茂名·电白·信宜·化县·吴川·罗定·云浮·郁南	四
	第十区	合浦·钦县·灵山·防城·海康·遂溪·徐闻·廉江	三
	第十一区	琼山·临高·澄迈·定安·文昌·琼东·乐会	三
	第十二区	万宁·陆水·崖县·感恩·昌江·儋县·乐东·保亭·白沙	四
	第十三区	梅县·兴宁·五华·平远·蕉岭·饶平·大埔·丰顺	三

（续表）

广西省	第一区	邕宁·扶南·横县·永淳·上思·绥渌·宾阳	二
	第二区	桂林·兴安·灵川·阳朔·百寿·义宁·龙胜·全县·灌阳	二
	第三区	马平·雒容·罗城·柳城·象县·来宾·永福·中渡·榴江	二
	第四区	宜山·宜北·天河·河池·思恩·忻城·南丹·三江·融县	二
	第五区	武鸣·迁江·上林·那马·隆山·都安·隆安·果德	二
	第六区	凌云·西隆·西林·东兰·凤山·恩隆·恩阳·百色·思林	二
	第七区	平乐·恭城·富川·钟山·贺县·荔浦·修仁·昭平·蒙山	二
	第八区	苍梧·藤县·岑溪·怀集·平南·武宣·信都	一
	第九区	崇善·左县·同正·宁明·思乐·明江·龙州·凭祥·雷平·上金	二
	第十区	向都·天保·奉议·靖西·镇边·万承·龙茗·镇结·养利	二
	第十一区	郁林·博白·北流·陆川·兴业·贵县·容县·桂平	二
云南省	第一区	昆明市·昆明·富民·宜良·嵩明·晋宁·呈贡·安宁·罗次·禄丰·昆阳·易门	二
	第二区	曲靖·平彝·沾益·马龙·陆良·罗平·寻甸·宣威·澄江·玉溪·路南·江川	二
	第三区	昭通·永善·绥江·鲁甸·大关·盐津·镇雄·彝良·会泽·巧家	二
	第四区	建水·蒙自·曲溪·通海·河西·峨山·石屏·开远·华宁·个旧·龙武（设治局）	二
	第五区	文山·广南·富州·马关·西畴·砚山·屏边·泸西·弥勒·师宗·邱北	二
	第六区	楚雄·广通·双柏·牟定·盐兴·姚安·大姚·镇南·永仁·武定·元谋·禄劝	二
	第七区	大理·祥云·洱源·凤仪·邓川·宾川·云龙·弥渡·蒙化·漾濞·盐丰	二
	第八区	保山·永平·腾冲·龙陵·梁河（设治局）·陇川（设治局）·瑞丽（设治局）·潞西（设治局）·盈江（设治局）·莲山（设治局）·泸水（设治局）	二
	第九区	丽江·兰坪·鹤庆·剑川·维西·中甸·永腾·华坪·碧江（设治局）·贡山（设治局）·德钦（设治局）·福贡（设治局）	二
	第十区	宁洱·思茅·墨江·元江·新平·江城·六顺·镇越·车里·南峤·佛海·宁江（设治局）	二
	第十一区	顺宁·云县·缅宁·昌宁·景东·镇沅·景谷·镇康·澜沧·双江	二
贵州省	第一区	贵阳市·定番·贵筑·龙里·修文·息烽·开阳·罗甸·长寨·广顺·贵定·大塘	二
	第二区	安顺·织金·郎岱·关岭·普定·镇宁·平坝·紫云·清镇	二
	第三区	兴义·兴仁·安龙·盘县·贞丰·安南·普安·册亨	二
	第四区	毕节·大定·黔西·威宁·水城·纳雍·金沙	一
	第五区	遵义·桐梓·正安·赤水·仁怀·绥阳·鳛水·湄潭·道真	二
	第六区	铜仁·思南·德江·婺川·凤冈·后坪·沿河·印江·江口·石阡·省溪·玉屏·松桃	二

（续表）

	第七区	镇远·黄平·施秉·青溪·三穗·岑巩·台拱·剑河·天柱·平越·炉山·余庆·瓮安	三
	第八区	独山·榕江·锦屏·示从·下江·黎平·都匀·平舟·荔波·八寨·丹江·三合·都江·麻江	二
察哈尔省	第一区	万全·张北·崇礼·(设治局)	二
	第二区	宣化·怀来·延庆	一
	第三区	涿鹿·阳原·怀安·蔚县	二
	第四区	龙关·赤城·沽源·多伦	二
	第五区	宝昌·康保·商都·尚义(设治局)·新明(设治局)	三
绥远省	第一区	归绥·武川·托克托·和林格尔·清水河	三
	第二区	集宁·丰镇·兴和·陶林·凉城	三
	第三区	包头市·包头·萨拉齐·固阳·东胜	三
	第四区	五原·临河·安北·(设治局)	一
宁夏省	第一区	宁夏·宁朔·平罗·磴口·陶乐(设治局)	三
	第二区	金积·灵武·盐池·豫旺	三
	第三区	中卫·中宁	一
	第四区	紫湖(设治局)	一
	第五区	居延(设治局)	一
新疆省	第一区	迪化·昌吉·绥来·沙湾·阜康·孚远·奇台·呼图壁·吐鲁番·鄯善·镇西·哈密·乌苏·乾德·木垒河·七角井(设治局)·托克逊(设治局)	三
	第二区	绥定·伊宁·霍尔果斯·精河·博乐·塔城·额敏·阿克苏·温宿·拜城·柯枰·乌什·库车·沙雅·托克苏·阿瓦提·吉木乃·哈巴河·和什托落盖(设治局)·巩留·承化·布伦托海·布尔津	四
	第三区	疏勒·疏附·伽师·英吉沙·莎车·蒲犁·巴楚·叶城·皮山·和阗·于阗·且末·洛浦·焉耆·尉犁·羌·输台·墨玉·策勒·叶尔羌·乌鲁克恰提(设治局)·麦盖提·泽普·库尔勒(设治局)·赛图拉(设治局)	五

附表三

各省及直隶于行政院之市各种职业团体,应出国民大会代表名额表			
	代表名额		
省市名	农会 (渔会在内)	工会	商会 (航业公会在内)	总额
江苏	七	七	七	二一
浙江	五	五	五	一五
安徽	五	五	五	一五
江西	六	六	六	一八
湖北	六	六	六	一八
湖南	七	七	七	二一
四川	七	七	七	二一

（续表）

西康	一	一	一	三
河北	七	七	七	二一
山东	七	七	七	二一
山西	三	三	二	八
河南	七	七	七	二一
陕西	四	四	三	一一
甘肃	二	二	一	五
青海	一	一	一	三
福建	三	三	三	九
广东	七	七	七	二一
广西	三	二	二	七
云南	三	三	二	八
贵州	三	二	二	七
察哈尔	一	一	一	三
绥远	一	一	一	三
宁夏	一	一	一	三
新疆	一	一	一	三
南京	二	二	二	六
上海	四	四	四	一二
北平	二	二	二	六
天津	二	二	二	六
青岛	一	一	一	三
西京	一	一	一	三
总计	一一〇	一〇八	一〇四	三二二

附表四

自由职业团体代表名额表	
自由职业团体别	代表名额
律师团体	一〇
会计师团体	五
医药师团体	八
新闻记者团体	一一
工程师团体	六
教育会国立大学独立学院教育部立案之大学独立学院之教员团体	一八
总计	五八

●●国民大会代表选举法施行细则民国二十五年（1936年）七月一日国民政府公布

要　目

第一章　总纲

第一条　本细则根据国民大会代表选举法（以下简称选举法）第六十一条订定之。

第二条　选举人投票时应呈验公民证。

第三条　乡镇坊公所应将该管区域内曾经宣誓领有公民证之男女公民造具选民册，于投票一月前逐级汇呈省事务所审核并宣布之。

第四条　宣布选举人名册以三日为期，如本人以为错误或遗漏时，得于宣布期内请求更正。

第五条　职业选举人有二个以上选举权者，应于选举二十日前声明参加某种团体选举，并由其所决定参加之选举机关，通知其他选举机关，逾期由选举监督指定之。

第六条　各种选举推选候选人时，应于票面注明被推选人之籍贯，候选人决定后并由选举监督将其姓名、年龄、籍贯、经历、职业造册呈报选举总事务所，转呈国民政府指定后发交各选举监督，分别公告。各该种候选人全体姓名依照姓氏笔画之简繁，按次编定号数。

第七条　各种选举票上应分别载明国民政府指定各该种候选人全体姓名，依照姓氏笔画之简繁，按次编定号数。

第八条　在区域选举及职业选举或在两个职业团体选举均为被选人而同时当选者，应声请择定其一，所遗之额以该区域或团体之代表候补人依法递补，其票数相同时，以抽签定之。

第九条　选举人、候选人年龄以造具名册之日计算，职业团体候选人之从业或服务年限，以被推选之日计算。

第二章　区域选举

第一〇条　选举监督须定期通告该区内各县、市长，依限造报记载下列各款之簿册，转呈该管选举总监督审核：

一　各县、乡、镇划分或各市坊划分之情形；

二　乡、镇长或坊长之全体姓名及履历。

第一一条　各区候选人应由各该区选举监督按照所辖各县公民人数之比例，分配其应出候选人之名额，逐级呈报选举总事务所审核，并公告之。

第一二条　候选人之推选由各选举区、乡、镇长（在市为坊长）按照该区应出代表之名额，以记名连记法联合推选之（例如江苏第一区代表名额候选人四名，不以本县籍为限），汇送各该选举区事务所开票，依前条之分配，以各该县之得票较多数者为候选人。

无乡、镇长之县，由联保主任或相当人员行使推选权。

第一三条　候选人之推选，于各县区公所行之；无区公所之县，于公共场所行之。

第一四条　候选人服务或寄寓他处而籍贯未变更者，仍得为本籍所属区域之候选人。

第一五条　各选举区所推选之候选人，经省政府签注意见后，送请选举总事务所覆核。

第一六条　直属行政院之市所推举之候选人，由各该市长送请选举总事务所审核。

第三章　职业选举

第一七条　选举法第三章第十九条所称依法成立之团体，以曾经当地主管机关立案者为限。

第一八条　职业团体中最下级团体之机关，如下：

一　农会在县为其所属之乡农会，在市为区农会；

二　工会为其所属之各业工会；

三　商会为其所属之各业同业公会。

第一九条　选举法附表三所定江苏省工会代表名：省工会代表名额内应有一名为平汉铁路工会代表；湖南省工会代表名额内应有一名为粤汉铁路工会代表；河北省工会代表名额内应有一名为北宁铁路工会代表，一名为平绥铁路工会代表；山东省工会代表名额内应有一名为津浦铁路工会代表；山西省工会代表名额内应有一名为正太铁路工会代表；河南省工会代表名额内应有一名为陇海铁路工会代表；上海市工会代表名额内应有一名为中华海员工会代表；广东省工会代表名额内应有一名为中华海员工会代表。

第二〇条　选举监督须定期通告该区内各团体依限造报，记载下列各款之簿册转呈该管选举总监督审核：

一　组织章程、设立程序及其经过；

二　立案机关及立案年月日；

三　职员及其经历；

四　会员姓名、年龄、籍贯及其从事该职业之年期；

五　会员有同时为其他团体会员时，其他团体之名称及依选举法第五条末段择定之团体。

第二一条　职业团体机关职员推选候选人,依照各该团体应选出之代表名额,用记名连记法于选举监督指定之地点行之,送该管选举总监督所指定之地点开票,转报选举总事务所审核。

第二二条　自由职业团体选举总监督,须定期通告各该团体依限造报,记载下列各款之簿册:

一　组织章程、设立程序及其经过;

二　立案机关及立案年月日;

三　职员及其经历;

四　会员姓名、年龄、籍贯、住所及其从事该职业之年期;

五　会员有同时为其他团体会员时,其他团体之名称及依选举法第五条末段择定之团体。

第二三条　自由职业团体之机关职员推选候选人,依照各该团体应选出之代表名额,用记名连记法以通讯方式行之,送由各该主管行政机关转送选举总监督所指定之地点开票,汇转选举总事务所覆核。

第四章　特种选举

第二四条　辽宁、吉林、黑龙江、热河四省公民宣誓,各就其所在地政府依公民宣誓登记规则第六条之规定,行之。

凡分居各省而有本年六月以前之户籍册可资依据曾经公民宣誓者,得依法选举(选举证即以公民证代之)。其无户籍可凭者,并应取得确实证明。

第二五条　选举法第三十一条第一款所定之代表九名,其名额之分配为锡盟及察部八旗群二名,乌、伊两盟、土默特旗及绥东四旗四名,阿拉善、额济纳两旗一名,青海左、右翼盟二名。

第二六条　选举法第三十一条第一、第二两款所定选举区域之划分,得由蒙、藏选举总监督按照各该盟、部、旗原有行政区域之便利,酌加划分,送请选举总事务所核定之。

第二七条　选举法第三十一条第一款内各盟部旗应推出代表候选人九十名,其分配方法如下:

一　锡、察、乌、伊四盟部各出代表候选人十二名,共为四十八名;

二　青海左、右翼两盟各出代表候选人九名,共为十八名;

三　阿、额、土三特别旗各出代表候选人六名,共为十八名;

四　绥东四旗共出代表候选人六名。

同条第二款内各盟应推出代表候选人三十名,其分配方法如下:

一　巴图塞特奇勒图中路盟八名;

二　乌讷思素珠克图四路盟十二名;

三　青塞特奇勒图盟十名。

第二八条　选举法第三十一条第一、二两款内各盟部应出代表候选人,照规定名额由各盟所属扎萨克联合推选。各旗应出代表候选人,照规定名额由所属参佐领联合推选,并由各该选举监督汇呈蒙藏选举总监督签注意见,送请选举总事务所覆核,转呈国民政府指定后,依法选举之。

第二九条　选举法第三十一条第一、二两款内各盟部旗代表之选举,由蒙藏选举总监督令各选举监督,各依国民政府指定之候选人名额,比照区域选举办法办理之。

第三〇条　选举法第三十一条第三、第四两款代表候选人,由蒙藏选举总监督按照实际情形分配名额,拟具名单,并得签注意见,送请选举总事务所覆核,转呈国民政府指定之。

第三一条　选举法第三十一条第三、第四两款代表之选举,由各该盟部旗寄居各地领有公民证之蒙人,各就蒙藏选举总监督指定之场所投票,选举人如不能亲到投票时,得将选举票迳寄蒙藏选举总监督。

第三二条　选举法第三十二条第一款之代表名额,由噶厦按照西藏各地情形,酌予分配。

第三三条　选举法第三十二条第一款代表候选人,由各地推选后,报由噶厦汇呈蒙藏选举总监督签注意见,送请选举总事务所覆核,转呈国民政府指定之。

第三四条　选举法第三十二条第一款代表之选举,由蒙藏选举总监督令噶厦依国民政府指定之候选人名额,比照区域选举办法办理之。

第三五条　选举法第三十二条第二款所称之西藏人民,指暂时寄居各地之西藏人民而言。

第三六条　选举法第三十二条第二款之代表候选人,由蒙藏选举总监督就寄居各地领有公民证之西藏人拟具名单,并得签注意见,送请选举总事务所覆核,转呈国民政府指定之。

第三七条　选举法第三十二条第二款代表之选举,由寄居各地领有公民证之藏人,就蒙藏选举总监督指定之场所投票。选举人如不能亲到投票时,得将选举票迳寄蒙藏选举总监督。

第三八条　在外侨民之选举人、推选人及候选人之资格,经选举监督审核后,应分别造具下列各种名册,呈报选举总监督审核。但候选人之名册,应由选举总监督转送选举总事务所覆核。

一　选举人名册应记载各选举人之姓名、年龄、籍贯、住所及其职业;

二　团体会员及职员名册应记载团体之类别、组织情形、设立经过及各该团体会员及现任职员之姓名、年龄、籍贯、住所、职务;

三　候选人名册应记载候选人之姓名、年龄、籍贯、住所及从事该职业之年期、成为该会会员之年期。

第三九条　在外侨民推选候选人,于选举监督所在地行之。

第四〇条　在外侨民候选人之推选,由侨务委员会认定团体之机关职员行之。

第四一条　在外侨民候选人,应具有下列各款资格:

一　有选举人之资格;

二　年满二十五岁；

三　曾为各该团体之会员满三年以上，如为职业团体曾从事该职业满三年以上，而现为各该团体之会员。

第四二条　在外侨民团体之推选人资格，以各该团体之现任职员为限，其候选人名额为各该地方应出代表名额之三倍。

第四三条　在外侨民推选及选举，如有特殊情形，得向各该地方选举监督以通讯投票方法行之。

第四四条　在外侨民对于推选及选举，如因特殊情形发生窒碍，各该地方选举监督不能解决时，应呈报选举总监督，转请选举总事务所核办。

第四五条　军队候选人之推选事宜，由各选举单位之最高长官办理之。

第四六条　前条推选手续，由军队选举总监督规定之。

第四七条　各选举单位之候选人选定后，应送由军事委员会签注意见，汇送选举总事务所覆核，转呈国民政府指定九十名为候选人。

第四八条　前条选举，均就各该选举单位所在地行之。

第四九条　在区域选举及军队选举同时当选者，应声请择定其一所遗之额，以该区域或军队之代表候补人，依法递补之。

第五章　选举事务所及选举监督

第五〇条　各种选举事务所之组织规程，由选举总事务所订定之。

各种选举事务所于选举完毕后即行裁撤。

第五一条　各种选举事务所及投票所、开票所办事细则，由选举监督订定，呈报选举总事务所备查。

第五二条　选举监督所为候选人资格之审查结果，须呈报选举总事务所核定。

第五三条　选举法第三十一条第一、二两款选举监督之设置，由选举总事务所就蒙藏选举总监督所划各选举区之最高行政长官派充之。

第五四条　选举法第三十一条第三、四两款各盟部旗之选举监督，由选举总事务所指派适当人员充任之。

第五五条　选举法第三十二条第一款之选举，由选举总事务所令噶厦监督西藏各地选举事务，比照区域选举办法办理之。

第五六条　选举法第三十二条第二款之选举，由选举总事务所指派适当人员为选举监督，办理调查、登记及选举一切事宜。

第五七条　各种选举，须于三日内办理完竣。

第五八条　现任省、市、区、县各级长官、司法官及军警长官，不得在所在地选举区内当选为国民大会代表。

第五九条　选举总事务所主任、副主任、总干事、副总干事、参事、组长、干事,不得当选为国民大会代表;指导员、视察员于其指导视察区域内,选举总监督、选举监督于其办理选举之区域或团体内,不得当选。

第六〇条　选举监督应于选举前十五日颁发选举通知,载明下列事项:

一　投票所及开票所地址;

二　投票方法及日期;

三　各该区或团体代表名额。

第六一条　投票人有下列情形之一者,选举监督应令其退出:

一　冒名顶替者;

二　在场喧扰,劝诱不服制止者;

三　携带凶器入场者;

四　有其他不正行为,不服制止者。

第六二条　投票管理员之职务如下:

一　维持投票秩序;

二　掌管投票瓯、投票簿及选举人名册;

三　其他由选举监督委任事项。

第六三条　开票管理员之职务如下:

一　保持开票秩序;

二　清算投票数目及被选人得票计算;

三　保存选举票;

四　其他选举监督委任事项。

第六四条　投票监察员、开票监察员分别监察投票开票事宜。

监察员如与管理员意见不同时,应呈明选举监督决定之。

第六五条　选举人于投票完毕后,应由投票管理员在公民证上加盖“投票讫”字样,并将原证发还。

第六六条　选举票及投票瓯由选举总监督按照附表定式制成,分发各选举监督,于各种选举开始前发交投票管理者。

第六七条　投票管理员应于投票前,会同投票监察员,将投票瓯当众开验,验后严加封锁。

第六八条　各选举监督应照各投票所选举人数,分别造具投票簿。

前项投票簿,应载明选举人姓名、年龄、籍贯及住址。

第六九条　选举票分交于投票所,由投票管理员会同投票监察员查明数目,严密封存,非届投票日期当众验明封识后,不得启封。

第七〇条　投票瓯于投票完毕后,由投票管理员会同投票监察员即时当众严密封锁,非届开票时由开票管理员会同开票监察员当众验明封识,不得启封。

投票人如认为必要时,得公推代表九人至十五人,另备各人签名盖章之封条,加封于投票瓯。

第七一条 蒙藏选举票依式制定时,除用汉字外,得以各该地通用文字译印于选举票之里面。

第七二条 颁发蒙藏选举通告时,除用汉字外,得附译各该地通用文字。

第七三条 投票管理员应于投票簿记载下列事项:

一 选举人之姓名、年龄、籍贯、住所;

二 投票场所及投票日期;

三 发出票数、用余票数及投票数。

第七四条 投票人有犯本细则第六十一条各款之规定勒令退出者,应将其选举票收回,附记于投票簿。

第七五条 投票管理员于投票完毕后,应将投票情形造具报告书,连同用余之选举票、投票簿、选举人名册,呈送选举监督。

前项报告书,应由投票监察员连署。

第七六条 遇有天灾及其他不可抗力事件发生致不能投票时,投票管理员得呈报选举监督,改定投票日期或场所。

第七七条 投票、开票时间,不得在上午八时前、下午六时后。其未投毕或未开毕之票瓯,应由管理员会同监察员暂行封锁,于次日继续投票开票时,当众验明启封。

第七八条 各区选举监督于各投票瓯送齐之翌日,应酌定开票时刻,先行宣布,届时亲临开票所,督同开票监察员、管理员行之。

第七九条 选举人得请求开票管理员给与入场券入开票所参观开票事宜,至座满为限。遇有必要情形时,得临时限制入场人数。

第八〇条 开票管理员于开票时,对于选举票作废之认定,应会同开票监察员为之,认定后须当众宣布。

第八一条 开票管理员应作成开票笔录,记载下列事项:

一 投票总额;

二 废票数额;

三 各被选人之得票数额。

第八二条 开票管理员于开票完毕后,应将开票情形造具报告书,连同开票笔录、有效选举票及废票,呈送选举监督。

前项报告书,应由开票监察员连署。

第八三条 投票录、开票录、选举录须缮副本,以备选举人或被选人请求阅览。

第八四条 各地方选举监督,于选举完毕时,应造具报告书,连同各种选举书类呈送选举总监督,于本届选举年限保存之。

第六章 选举及当选无效

第八五条 选举无效不及改选或改选而仍无结果者,得由国民政府就候选人中指定之。

第八六条 同一地方其被选人有二人以上同姓名时,除别有方法能证明当选应属何人外,以抽签定之。

第八七条　代表之当选人及候补当选人之姓名并所得票数,应由选举总监督或选举监督公告之,并同时通知各当选人。

当选人接到前项通知后,应于十日内以书面表示愿否应选,其不愿应选者,即以选举法第八条所定候补人依法递补。

第八八条　各地方代表当选人,应由各该地方选举监督发给当选证书,其式样如附表。

当选无效时,当选证书已发给者,应令缴还,并将姓名及其缘由宣布。

第八九条　各代表应于开会前五日内,亲到选举总事务所报到,并缴验当选证书。

第七章　附则

第九〇条　本细则之解释权属于选举总事务所。

第九一条　本细则自公布日施行。

国民大会各种选举票式样（附说明书）

一　内面　　　　　　　　　　　　　　　　　二　背面

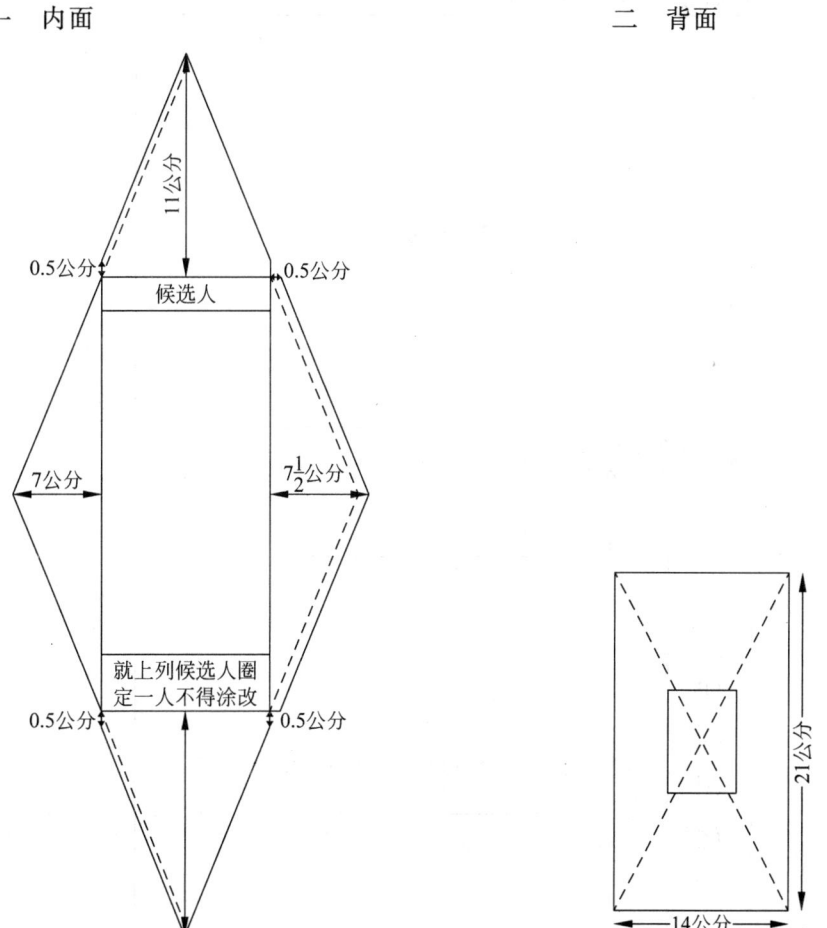

盖用各该投票处所之县市长或办理投票事宜之机关团体之印信

三　正面

区域选举票式(例一)

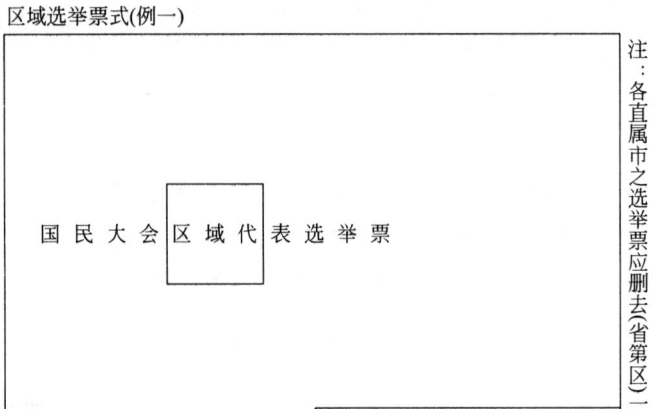

盖用各省选举总监督或各市选举监督之印信

职业团体代表选举票(例二)

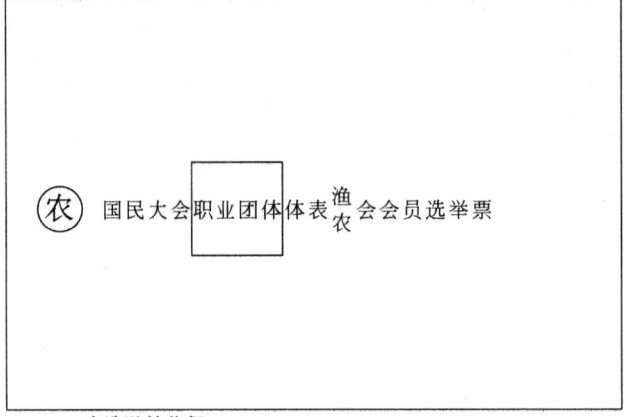

盖用各 省选举总监督／市选举监督 之印信

自由职业团体选举票式(例三)

盖用自由职业团体选举总监督之印信

东北四省代表选举票式(例四)

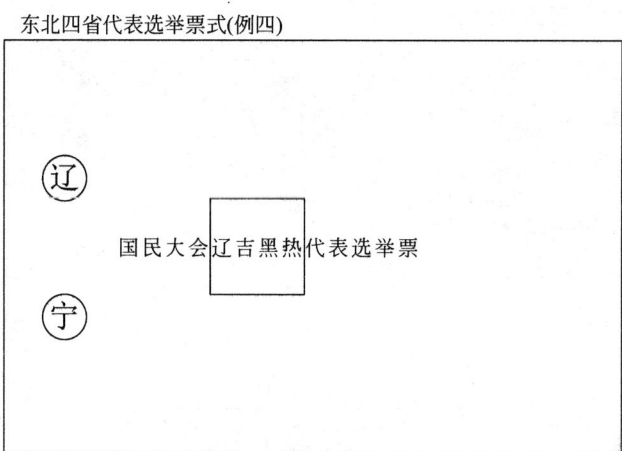

国民大会辽吉黑热代表选举票

盖用辽吉黑热选举总监督之印信

蒙藏代表选举票式(例五)

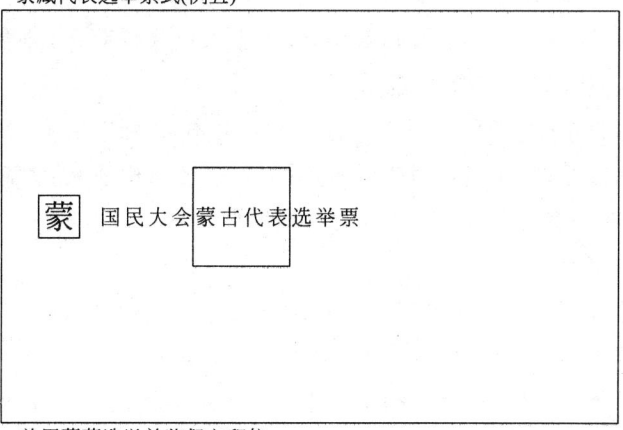

国民大会蒙古代表选举票

盖用蒙藏选举总监督之印信

侨民代表选举票式(例六)

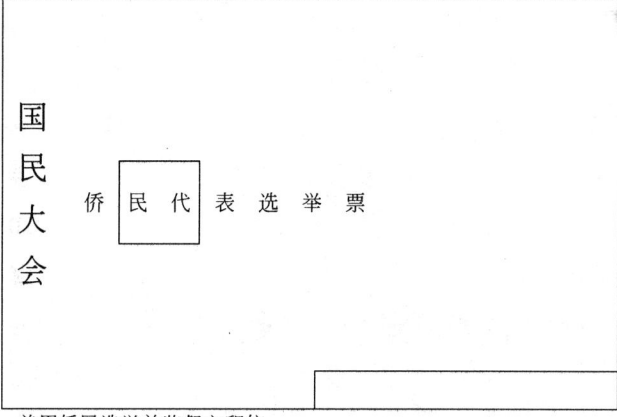

国民大会　侨民代表选举票

盖用侨民选举总监督之印信

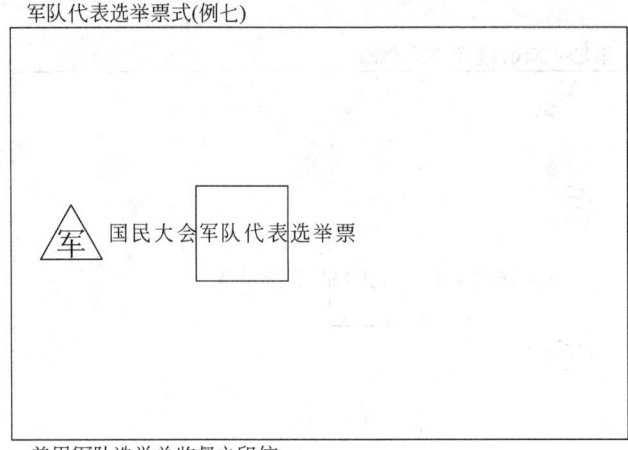

军队代表选举票式(例七)

盖用军队选举总监督之印信

选举票式说明：

一　区域选举票一律白底黑字,如例一。

二　职业选举票分三种:农会票白底深红字;工会票白底深蓝字;商会票白底绿字。票之正面上端,各以"农工商"字样分别之,如例二。

三　自由职业选举票分六种,以纸色分别。律师团体用浅红色;会计师团体用浅黄;医药师团体用浅绿;新闻记者团体用浅蓝;工程师团体用浅灰;教育会国立大学独立学院、教育部立案之大学独立学院之教员团体用茄色。票之正面上端,分别注明各该团体类别,如例三。

四　各种特种选举票一律白底黑字,如(例四五六七)。东北四省代表选举票各于票之正面上端圆圈内,分别注明各该省名;蒙藏选举票各于票之正面上端方格内,分别注明"蒙藏"等字;侨民选举票须于票之正面下端方格内,分别注明各该应出代表之地名,如非洲代表选举票应注明"非洲"二字。

五　各种选举票之尺寸,分别载于一、二两图。

六　票纸须用国产。

七　票纸颜色,边远省分得酌量变通办理。

投票匦式

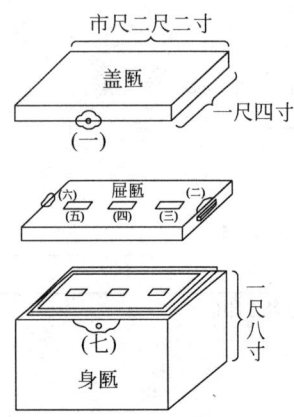

市尺二尺二寸
盖匦
(一)
一尺四寸

屉匦
(六)(二)
(五)(四)(三)

(七)
身匦
一尺八寸

说明：

一　（一）系铜锁搭；（二）、（六）系两旁暗锁；（三）、（四）、（五）系投票口；（七）系锁。

二　投票匦应一律依上式制成，但应于匦身之前面及匦屇上，分别写明某种选举投票所地址及票匦号数。

代表当选证书式样

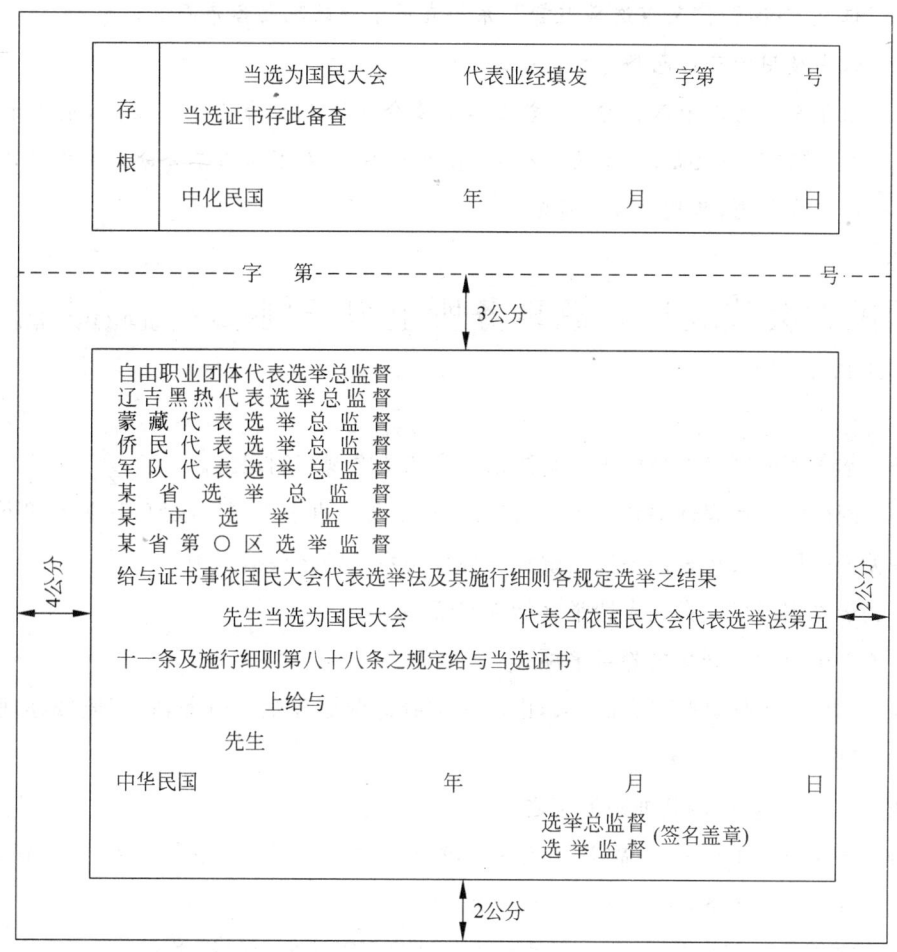

说明：

一　证书正面中华民国四字之下及编号之骑缝间，均须盖用各该选举总监督或选举监督之印信。

二　"当选为国民大会"等字之下，必须依照下列各款分别填明。甲.自由职业团体代表，须分别填明"律师团体"或"会计师团体"、"医药师团体"、"新闻记者团体"、"工程师团体"、"教育会大学及独立学院之教员团体"等字样；乙.辽、吉、黑、热四省代表，须分别填明各该省名；丙.蒙藏代表，须填明"蒙古"或"西藏"字样；丁.侨民代表，须依照选举法第三十五条之规定，分别填明选出之地名及"侨民"二字；

戊.军队代表,须分别填明"陆军"或"海军"、"空军"、"军事教育机关"等字样;己.职业团体代表,须填明"某省"或"某市"、"农会"或"工会"、"商会"等字样,渔会及航业公会代表,依选举法附表三之规定,分别填为农会或商会;庚.各省选出之区域代表,须填明"某省第〇区"等字样,各直属市选出之区域代表,须填明某某市或"威海卫行政区"等字样。

三　证书首行所列"某市选举监督",系指直属于行政院之各市而言。

四　证书须用国产白色坚厚之纸张。

五　纸张全长为二十八公分,全宽为二十公分。证书长为二十二公分,横为十五公分,其与纸边之距离,上为四公分,右为三公分,左下均为二公分。存根应占之纸面不在此内,其尺寸可酌量定之。

●●国民大会代表选举总事务所组织条例民国二十五年(1936年)五月二十九日国民政府公布

第一条　本条例依国民大会代表选举法第四十二条之规定制定之。

第二条　国民大会代表选举总事务所(以下简称本所),直隶于国民政府,其职务如下:

一　关于国民大会代表选举法之解释及各种关系章则之撰拟事项;

二　关于办理国民大会代表选举之指导监督事项;

三　关于国民大会开会之筹备事项。

第三条　本所设主任、副主任各一人,由国民政府特派综理全所事务,指挥监督办理全国选举事宜。

第四条　本所分组办事,其细则另定之。

第五条　本所设总干事一人,副总干事一人,每组设组长一人,干事若干人,承主任、副主任之命办理本所事务,由主任呈请国民政府派充之。

第六条　本所设参事若干人,由本所就有关各机关高级职员中聘任之。

第七条　本所设事务员若干人,由主任派充,并得就有关各机关人员中调充之。

第八条　本所为指导调查全国各选举区办理选举情形,设指导员、视察员各若干人,由主任呈请国民政府派充之。

第九条　本所为缮写文件,得酌用雇员。

第一〇条　本所于筹备国民大会开会事务完毕,即行裁撤。

第一一条　本条例自公布之日施行。

●●国民大会代表选举总事务所办事通则民国二十五年（1936年）七月二十日内政部令发

要　　目

第一章　　总则

第一条　　本通则依国民大会代表选举总事务所组织条例第四条之规定，订定之。

第二条　　本所职员依国民大会代表选举总事务所组织条例及本通则之规定，执行职务。

第三条　　本所职员承办事件应随到随办，如有特别情形不能即办者，须将其理由陈明主管长官。

第四条　　本所职员承办事件有与其他部份相关联者，应陈明主管长官与有关系之部份协商办理。

前项协商意见不同时，陈明总干事、副总干事，核转主任、副主任解决之。

第二章　　所务会议

第五条　　本所所务会议每周举行一次，由主任或副主任召集。但于必要时，得随时召集之。

本所总干事、副总干事、各组组长，须出席前项会议。参事、指导员、视察员、干事经主任或副主任认为有必要时，得出席会议。股长经总干事或副总干事认为有必要时，得列席陈述意见。

第三章　　事务分掌

第六条　　本所置指导员、视察员、干事若干人，承总干事之命，分别办理各项事务。

第七条　　本所依国民大会代表选举总事务所组织条例第四条之规定，分设八组。

第八条　第一组设下列三股，分掌下列事务：

一　文书股　掌理文件表册之撰拟、缮校、登记、保管，典守印信及整理会议纪录等事；

二　机要股　掌理机要文电之撰拟、收发、保管事项；

三　收发股　掌理文电函件之收发事项。

第九条　第二组设下列三股，分掌下列事务：

一　会计股　掌理收支款项之稽核、登记及预算决算之编造事项；

二　出纳股　掌理款项之收支、保管事项；

三　庶务股　掌理物品之购置、保管、发给，文书之印刷，工役之管理及其他不属于各组之事项。

第一〇条　第三组设下列二股，分掌下列事务：

一　法制股　掌理关于国民大会代表选举法之解释，各种关系章则之撰拟与其解释及关于选举诉讼事项；

二　编检股　掌理国民大会代表选举法令、文书及新闻之编检事项。

第一一条　第四组设下列三股，分掌下列事务：

一　交际股　掌理一切交际事项；

二　布置股　掌理国民大会会场之布置及筹备国民大会开会事项；

三　招待股　掌理国民大会代表之招待事项。

第一二条　第五组设下列二股，分掌下列事项：

第一股　掌理关于选举统计之整理及材料之征集事项；

第二股　掌理关于选举表格之编订及各种图册之绘制事项。

第一三条　第六组设下列六股，分掌区域选举事项：

第一股　掌理苏、浙、皖、赣等省之区域选举事项；

第二股　掌理湘、鄂、粤、桂、闽等省之区域选举事项；

第三股　掌理鲁、豫、冀、察、晋等省之区域选举事项；

第四股　掌理川、康、滇、黔、青等省之区域选举事项；

第五股　掌理陇、陕、绥、宁、新等省之区域选举事项；

第六股　掌理京、沪、平、津、青岛、西安等直属市选举事项。

第一四条　第七组设下列四股，分掌职业选举事项：

第一股　掌理农会团体之选举事项；

第二股　掌理工会团体之选举事项；

第三股　掌理商会团体之选举事项；

第四股　掌理自由职业团体之选举事项。

第一五条　第八组设下列四股，分掌特种选举事项：

第一股　掌理辽宁、吉林、黑龙江、热河等省之选举事项；

第二股　掌理蒙古、西藏之选举事项；

第三股　掌理在外侨民之选举事项；

第四股　掌理军队之选举事项。

第一六条　各股设股长一人，干事若干人，必要时得增设副股长一人。

其他助理干事、事务员、书记之员额，因各股事务之繁简，由总干事或副总干事商承主任、副主任酌量设置之。

第四章　权责

第一七条　总干事、副总干事辅助主任、副主任办理本所事务。

第一八条　组长、干事承主任、副主任之命，并受总干事、副总干事之指导，分掌主管事务。

第一九条　股长、副股长、事务员承组长之命，办理各股事务。

第二〇条　指导员承主任、副主任之命，并受总干事、副总干事之指导，分赴各省、市，指导、办理选举事宜。

第二一条　视察员承主任、副主任之命，并受总干事、副总干事之指导，分赴各省、市，考察选举进行情形。

第五章　服务纪律

第二二条　本所职员对于机密事务及未经公布之一切公文函电，均有严守秘密之责任。

第二三条　本所职员应按照规定时间，到所办公。

第六章　附则

第二四条　各组办事细则另定之。

第二五条　本通则呈请国民政府备案施行。

●●国民大会各省市代表选举事务所组织规程 民国二十五年（1936 年）

七月二日国民政府公布

第一条　本规程根据国民大会代表选举法施行细则第五十条订定之。

第二条　各省选举总监督、各市选举监督为办理选举事务，设置国民大会某省或某市代表选举事务所。

第三条　各省选举总监督、各市选举监督综理全所事务，承选举总事务所之命，指挥监督所属各区、各团体办理选举事宜。

第四条　各省、市代表选举事务所设总干事一人，干事若干人，承选举总监督之命，办理选举事务。

第五条　各省、市代表选举事务所分组办事，每组设组长一人，由干事兼任，组以下得设股，每股设股长一人、事务员书记各若干人，承长官之命办理一切事务。

第六条　各省、市代表选举事务所职员，得就各机关人员中调用之。

第七条　各省、市代表选举事务所须将下列事项，呈报于国民大会代表选举总事务所：

一　各省、市代表选举事务所之成立日期及职员之姓名、经历；

二　选举法施行细则第十条规定之簿册；

三　选举法施行细则第二十条规定各种职业团体之簿册；

四　各县选举人名册；

五　各选举区所辖各县应出候选人之名额；

六　各种候选人姓名、性别、年龄、籍贯、职业、经历之簿册；

七　所为候选人资格之审查结果；

八　各区域、各团体之投票管理员、投票监察员、开票管理员、开票监察员姓名、经历；

九　各省、市代表选举事务所及投票所、开票所之办事细则；

一〇　代表当选人之姓名、性别、年龄、籍贯、职业、经历。

第八条　各省、市选举总监督、选举监督、总干事、干事、股长不得当选为各该省、市国民大会代表。

第九条　各省、市代表选举事务所于选举完毕，即行裁撤。

第一〇条　本规程自公布之日施行。

●●国民大会自由职业团体代表选举事务所组织规程民国二十五年（1936年）七月二日国民政府公布

第一条　本规程根据国民大会代表选举法施行细则第五十条，订定之。

第二条　蒙汉代表选举总监督为办理选举事务，设置国民大会自由职业团体代表选举事务所（以下简称本所）。

第三条　自由职业团体代表选举总监督，综理本所事务，承选举总事务所之命，指挥监督各省、市办理自由职业团体代表选举事宜。

第四条　本所设总干事一人、干事若干人，承自由职业团体代表选举总监督之命，办理选举事务。

第五条　本所分组办事，每组设组长一人，由干事兼任，事务员、书记各若干人，承长官之命办理一切事务。

第六条　本所职员由自由职业团体代表选举总监督派充,并得就内政部及其他机关职员中调用之。

第七条　本所须将下列事项呈报于国民大会代表选举总事务所:

　　一　本所之成立日期及职员之姓名、经历;

　　二　选举法施行细则第二十二条规定之簿册;

　　三　各种候选人姓名、性别、年龄、籍贯、职业、经历之簿册;

　　四　所为候选人资格之审查结果;

　　五　投票管理员、投票监察员、开票管理员、开票监察员之姓名、经历;

　　六　代表当选人之姓名、性别、年龄、籍贯、职业、经历。

第八条　自由职业团体代表选举总监督及本所总干事、干事,不得当选为国民大会自由职业团体代表。

第九条　本所办事细则另订之。

第一〇条　本所于选举完毕,即行裁撤。

第一一条　本规程自公布之日施行。

●●国民大会辽吉黑热四省代表选举事务所组织规程民国二十五年(1936年)七月二日国民政府公布

第一条　本规程根据国民大会代表选举法施行细则第五十条,订定之。

第二条　辽、吉、黑、热四省代表选举总监督为办理选举事务,设置国民大会辽、吉、黑、热四省代表选举事务所(以下简称本所)。

第三条　辽、吉、黑、热四省代表选举总监督综理本所事务,承选举总事务所之命,指挥、监督各省、市办理辽、吉、黑、热四省代表选举事宜。

第四条　本所设总干事一人、干事若干人,承辽、吉、黑、热四省代表选举总监督之命,办理选举事务。

第五条　本所分组办事,每组设组长一人,由干事兼任,事务员、书记各若干人,承长官之命办理一切事务。

第六条　本所职员由辽、吉、黑、热四省代表选举总监督派充,并得就内政部及其他机关职员中调用之。

第七条　本所须将下列事项呈报于国民大会代表选举总事务所:

　　一　本所之成立日期及职员之姓名、经历;

　　二　辽、吉、黑、热四省寄居各省市之选举人名册;

　　三　候选人姓名、性别、年龄、籍贯、职业、经历之簿册;

四　投票管理员、投票监察员、开票管理员、开票监察员之姓名、经历；

五　代表当选人之姓名、性别、年龄、籍贯、职业、经历。

第八条　辽、吉、黑、热四省代表选举总监督及本所总干事、干事，不得当选为国民大会辽、吉、黑、热四省代表。

第九条　本所办事细则另订之。

第一〇条　本所于选举完毕，即行裁撤。

第一一条　本规程自公布之日施行。

●●国民大会蒙藏代表选举事务所组织规程民国二十五年（1936 年）七月二日国民政府公布

第一条　本规程根据国民大会代表选举法施行细则第五十条，订定之。

第二条　蒙、藏代表选举总监督为办理选举事务，设置国民大会蒙、藏代表选举事务所（以下简称本所）。

第三条　蒙、藏代表选举总监督综理本所事务，承选举总事务所之命，指挥、监督所属职员及各选举监督办理蒙、藏代表选举事宜。

第四条　本所设总干事一人、干事若干人，承蒙、藏代表选举总监督之命，办理选举事务。

第五条　本所分组办事，每组设组长一人，由干事兼任，事务员、书记各若干人，承长官之命办理一切事务。

第六条　本所职员由蒙、藏代表选举总监督派充，并得就蒙、藏委员会及其他机关职员中调用之。

第七条　本所须将下列事项呈报于国民大会代表选举总事务所：

一　本所之成立日期及职员之姓名、经历；

二　选举法施行细则第二十六条所定选举区域之划分；

三　选举人名册；

四　候选人之姓名、性别、年龄、籍贯、职业、经历之簿册；

五　所为候选人资格之审查结果；

六　各区域之投票管理员、投票监察员、开票管理员、开票监察员姓名、经历；

七　代表当选人之姓名、性别、年龄、籍贯、职业、经历。

第八条　蒙、藏代表选举总监督及本所总干事、干事，不得当选为国民大会蒙、藏代表。

第九条　本所办事细则另订之。

第一〇条　本所于选举完毕，即行裁撤。

第一一条　本规程自公布之日施行。

●●国民大会在外侨民代表选举事务所组织规程民国二十五年(1936年)

七月二日国民政府公布

第一条　本规程根据团民大会代表选举法施行细则第五十条,订定之。

第二条　在外侨民代表选举总监督为办理选举事务,设置国民大会在外侨民代表选举事务所(以下简称本所)。

第三条　在外侨民代表选举总监督综理本所事务,承选举总事务所之命,指挥、监督所属职员及各选举监督办理在外侨民代表选举事宜。

第四条　本所设总干事一人、干事若干人,承在外侨民代表选举总监督之命,办理选举事务。

第五条　本所分组办事,每组设组长一人,由干事兼任,事务员、书记各若干人,承长官之命办理一切事务。

第六条　本所职员由在外侨民代表选举总监督派充,并得就侨务委员会及其他机关职员中调用之。

第七条　本所须将下列事项呈报于国民大会代表:

一　本所之成立日期及职员之姓名、经历;

二　选举法施行细则第三十八条规定之各种名册;

三　所为候选人资格之审查结果;

四　各地方之投票管理员、投票监察员、开票管理员、开票监察员之姓名、经历;

五　代表当选人之姓名、性别、年龄、籍贯、职业、经历。

第八条　在外侨民代表选举总监督及本所总干事、干事,不得当选为国民大会在外侨民代表。

第九条　本所办事细则另订之。

第一〇条　本所于选举完毕,即行裁撤。

第一一条　本规程自公布之日施行。

●●国民大会军队代表选举事务所组织规程民国二十五年(1936年)七

月二日国民政府公布

第一条　本规程根据国民大会代表选举法施行细则第五十条,订定之。

第二条　军队代表选举总监督为办理选举事务,设置国民大会军队代表选举事务所(以下简称本所)。

第三条　军队代表选举总监督综理本所事务，承选举总事务所之命，指挥、监督所属职员及各选举监督办理军队代表选举事宜。

第四条　本所设总干事一人、干事若干人，承军队代表选举总监督之命，办理选举事务。

第五条　本所分组办事，每组设组长一人，由干事兼任，事务员、书记各若干人，承长官之命办理一切事务。

第六条　本所职员由军队代表选举总监督派充，并得就军事委员会及其他机关职员中调用之。

第七条　本所须将下列事项呈报于国民大会代表选举总事务所：

一　本所之成立日期及职员之姓名、经历；

二　陆军各师旅及特种部队之名称；

三　海军各舰队及陆战队之名称；

四　空军之队数；

五　各军事教育机关之名称；

六　候选人之姓名、年龄、籍贯、职业、经历之簿册；

七　所为候选人资格之审查结果；

八　各选举单位投票管理员、投票监察员、开票管理员、开票监察员之姓名、经历；

九　代表当选人之姓名、年龄、籍贯、职业、经历。

第八条　军队代表选举总监督及本所总干事、干事，不得当选为国民大会军队代表。

第九条　本所办事细则另定之。

第一〇条　本所于选举完毕，即行裁撤。

第一一条　本规程自公布之日施行。

六、官制官规

一　官制

●●行政院组织法 民国二十五年(1936 年)五月十二日国民政府修正公布

第一条　行政院以下列各部、各委员会及署组织之：

一　内政部；

二　外交部；

三　军政部；

四　海军部；

五　财政部；

六　实业部；

七　教育部；

八　交通部；

九　铁道部；

一〇　蒙藏委员会；

一一　侨务委员会；

一二　卫生署。

各部、各委员会及署之组织法另定之。

第二条　行政院经行政院会议及立法院之议决，得增置、裁并各部、各委员会及其他机关。

第三条　院长综理院务，并监督所属机关。

第四条　行政院置下列各处：

一　秘书处；

二　政务处。

第五条　秘书处置下列各职员：

一　秘书长一人特任；

二　秘书十人至十六人，其中十人简任，余荐任；

三　科长四人至七人荐任；

四　科员二十人至二十五人委任。

第六条　秘书处掌下列事项：

一　关于文书收发、编制、分配及保管事项；

二　关于本院职员任免及迁调之纪录事项；

三　关于典守印信事项；

四　关于出纳及庶务事项；

五　其他不属于政务处主管事项。

第七条　政务处置下列各职员：

一　政务处长一人简任；

二　参事六人至十人简任；

三　科长四人至八人，编审六人至十二人，均荐任；

四　科员二十人至二十五人委任。

第八条　政务处掌下列事项：

一　关于本院会议事项；

二　关于审核所属各机关行政计划及工作报告事项；

三　关于调查事项；

四　关于设计及编译等事项。

第九条　行政院为审核、撰拟各项文件，由秘书长及政务处长呈请院长指派简任秘书、参事，分组办事，每组设主任一人，由院长就简任秘书参事中指定兼任之。

第一〇条　行政院为处理诉愿案件，得设诉愿审议委员会，其委员由院长指派院内简任人员兼任之。

第一一条　行政院为促进行政效率及其他重要行政事务，得于院内设立委员会，其委员除以院内职员兼任外，并得聘任专任委员一人至三人。

第一二条　行政院因事务上之必要，得酌用雇员。

第一三条　行政院设会计主任一人，统计主任一人，荐任会计科员一人或二人，助理员二人至四人，统计科员一人或二人，助理员二人至四人，均委任，分别办理岁计、会计、统计事务，受主管长官之指挥，并依国民政府主计处组织法之规定，直接对主计处负责。

办理前项事务于必要时，得酌用雇员。

第一四条　秘书长及政务处长得列席行政院会议。

第一五条　行政院会议规则及处务规程，由行政院定之。

第一六条　本法自公布日施行。

●●立法院组织法民国十七年(1928年)十月二十日国民政府公布,十九年(1930年)七月七日修正,二十二年(1933年)五月十一日再修正,二十五年(1936年)十月二十九日再修正。

第一条 立法院设下列各委员会:

一 法制委员会;

二 外交委员会;

三 财政委员会;

四 经济委员会;

五 军事委员会。

第二条 立法院得增置、裁并各委员会。

第三条 各委员会委员由本院委员分任之。

第四条 各委员会设委员长一人,由院长指定之。

第五条 各委员会之组织另定之。

第六条 立法院内置下列各处:

一 秘书处;

二 编译处。

第七条 秘书处置下列各职员:

一 秘书长一人简任;

二 秘书六人至十人,其中四人简任,余荐任;

三 科长二人至四人荐任;

四 科员二十人至二十八人委任,但其中十人得为荐任;

五 速记长一人荐任,速记员四人委任;

六 书记官八人至十二人委任。

第八条 秘书处掌下列事项:

一 关于文书之收发及保管事项;

二 关于文件之分配、撰拟、编制事项;

三 关于会议纪录事项;

四 关于本院委任职员之任免事项;

五 关于本院任用专门人员及雇员事项;

六 关于典守印信事项;

七 关于庶务事项;

八　其他不属于各委员会及编译处主管事项。

第九条　编译处置下列各职员：

一　处长一人简任；

二　编修四人至六人简任；

三　科员十人至二十人委任或荐任。

第一〇条　编译处掌下列事项：

一　关于各国法规之编辑、刊行事项；

二　关于各国法制之编译事项；

三　关于立法参考资料之检讨事项；

四　关于特别编译事项；

五　关于图书管理事项。

第一一条　院长指挥全院院务及其所属机关。

第一二条　立法院设会计主任一人、统计主任一人，办理岁计、会计、统计事项，受立法院院长之指挥、监督，并依国民政府主计处组织法之规定直接对主计处负责。

会计室及统计室需用佐理人员名额，由立法院及主计处就本法所定委任人员及雇员名额中会同决定之。

立法院得任用专门人员，其人数、人选、俸给由立法院决定之。

第一三条　各院提出之议案未经议决以前，得随时提出修正或撤回原案。

第一四条　立法院关于本院议决案之执行，得向各院及行政院、各部、各委员会提出质询。

前项质询须经本院议决行之。

第一五条　立法院及各委员会会议得请各院院长、行政院各部部长、各委员会委员长列席。

第一六条　立法院会议非有委员总数三分之一出席，不得开议。

第一七条　立法院之议事以出席委员过半数之同意决之，可否同数时取决于主席。

第一八条　委员对于本人缺席时议决之议案，不得为反对之动议。

第一九条　委员对于议案有关系本身者，不得参与表决。

第二〇条　委员提出法律案，须有五人以上之连署。

第二一条　立法院会议须公开。但经委员七人以上或各院院长、行政院各部部长、各委员会委员长之请求，得开秘密会议。

第二二条　院长维持院内秩序，整理议事程序。

第二三条　立法院议事规则及处务规程另定之。

第二四条　本法自公布日施行。

●●司法院组织法民国十七年(1928年)十月二十日国民政府公布,同年十一月十七日修正,

二十五年(1936年)十月三十日再修正。

第一条　司法院以下列各机关组织之:

一　司法行政部;

二　最高法院;

三　行政法院;

四　公务员惩戒委员会。

第二条　司法院院长综理全院事务。

第三条　司法院院长经最高法院院长及所属各庭庭长会议议决后,行使统一解释法令及变更判例之权。

前项会议以司法院院长为主席。

第四条　司法行政部承司法院院长之命,综理司法行政事宜。

第五条　最高法院对于民、刑诉讼事件,依法律行使最高审判权。

第六条　行政法院依法律掌理行政诉讼审判事宜。

第七条　官吏惩戒委员会依法律掌理文官、法官惩戒事宜。

第八条　司法院内置下列各处:

一　秘书处;

二　参事处。

第九条　秘书处置下列各职员:

一　秘书长一人简任;

二　秘书六人至十人,其中四人简任,余荐任;

三　科员十人至二十人委任。

第一○条　秘书处掌下列事项:

一　关于文书收发、编制及保管事项;

二　关于文书分配事项;

三　关于文件之撰拟及编译事项;

四　关于典守印信事项;

五　关于庶务事项;

六　其他不属于参事处主管事项。

第一一条　参事处置参事四人至六人简任。

第一二条　参事处掌撰拟、审核关于司法之法律、命令事项。

第一三条　司法行政部、最高法院、行政法院及官吏惩戒委员会之组织,以法律定之。

第一四条　司法院设会计主任一人、统计员一人，办理岁计、会计、统计事项，受司法院院长之指挥、监督，并依国民政府主计处组织法之规定，直接对主计处负责。

会计室及统计室需用佐理人员名额，由司法院及主计处就本法所定委任人员及雇员名额中会同决定之。

司法院经立法院之议决，得增设委员会及其他机关或裁并之。

第一五条　司法院处务规程另定之。

第一六条　本法自公布日施行。

●●考试院组织法 国民十七年（1928年）十月十二日国民政府公布，二十二年（1933年）二月二十四日修正，二十五年（1936年）十月三十日再修正。

第一条　考试院以下列机关组织之：

一　考选委员会；

二　铨叙部。

第二条　考选委员会掌下列事项：

一　关于考选文官、法官、外交官及其他公务员事项；

二　关于考选专门技术人员事项；

三　关于办理、组织典试委员会事项；

四　关于考选人员之册报事项；

五　关于举行考试其他应办事项。

第三条　铨叙部掌下列事项：

一　关于公务员之登记事项；

二　关于考取人员分类登记事项；

三　关于成绩考核登记事项；

四　关于公务员任免之审查事项；

五　关于公务员升降、转调之审查事项；

六　关于公务员资格审查事项；

七　关于恤给及奖恤之审查登记事项。

第四条　考选委员会设委员长一人，副委员长一人，委员五人至七人，铨叙部设部长一人，政务次长、常务次长各一人，均由院长提请国民政府分别任免之。

第五条　考选委员会及铨叙部之组织以法律定之。

第六条　考试院内置下列各处：

一　秘书处；

二　参事处。

第七条　秘书处置下列各职员：

一　秘书长一人简任；

二　秘书六人至十人，其中四人简任，余荐任；

三　科员十人至二十人委任。

第八条　秘书处掌下列事项：

一　关于文书收发、编制及保管事项；

二　关于文书分配事项；

三　关于文件之撰拟及翻译事项；

四　关于典守印信事项；

五　关于庶务事项；

六　其他不属于参事处主管事项。

第九条　参事处置参事四人至六人简任。

第一〇条　参事处掌撰拟、审核关于考选及铨叙之法律、命令事项。

第一一条　考试院院长综理全院院务。

第一二条　考试院设会计员一人、统计员一人，办理岁计、会计、统计事项，受考试院院长之指挥、监督，并依国民政府主计处组织法之规定直接对主计处负责。

会计室及统计室需用佐理人员名额，由考试院及主计处就本法所定委任人员及雇员名额中会同决定之。

考试院得依法律，于各省组织典试委员会。

第一三条　考试法另定之。

第一四条　关于举行考试事项，考试院得依考试法之规定，调用各机关人员。

第一五条　考试院对于各公务员之任用，除法律另有规定外，如查有不合法定资格时，得不经惩戒程序，迳请降免。

第一六条　考试院处务规程另定之。

第一七条　本法自公布日施行。

●●**监察院组织法** 民国二十二年(1933年)四月二十四日国民政府修正公布，同日施行，二十四年(1935年)三月九日再修正，二十五年(1936年)四月十四日再修正，二十五年(1936年)十月三十日再修正。

第一条　监察院以监察委员行使弹劾职权，弹劾法另定之。

第二条　监察院设审计部行使审计职权，审计部组织法及审计法另定之。

第三条　监察院为行使职权,向各官署及其他公立机关查询或调查档案册籍,遇有疑问时,该主管人员应负责为详实之答覆。

第四条　审计部设部长一人、政务次长、常务次长各一人,由院长提请国民政府分别任命之。

第五条　审计部掌理下列事项:

一　监督政府所属全国各机关预算之执行;

二　审核政府所属全国各机关之计算及决算;

三　核定政府所属全国各机关之收入命令及支付命令;

四　稽察政府所属全国各机关财政上之不法或不忠于职务之行为。

第六条　监察院院长得提请国民政府特派监察使,分赴各监察区巡回监察行使弹劾职权。

监察使得由监察委员兼任。

监察院于必要时,得于监察区域内设监察使署,其组织条例另定之。

监察使任期二年,但在任期内,得由监察院调往他区巡回监察。

监察区及监察使巡回监察规程,由监察院定之。

第七条　监察院内置下列各处:

一　秘书处;

二　参事处。

第八条　秘书处掌下列事项:

一　关于文书收发、编制及保管事项;

二　关于文书分配事项;

三　关于文件之撰拟及翻译事项;

四　关于典守印信事项;

五　关于庶务事项;

六　其他不属于参事处之事项。

第九条　参事处掌下列事项:

一　撰拟、审核关于监察之法案、命令事项;

二　院长交办事项。

第一○条　监察院院长综理院务。

第一一条　监察院置秘书长一人,参事四人至六人,简任秘书六人至十人,其中四人简任,余荐任,科员十人至二十人委任。

监察院设会计主任一人、统计主任一人,办理岁计、会计、统计事项,受监察院院长之指挥、监督,并依国民政府主计处组织法之规定,直接对主计处负责。会计室及统计室需用佐理人员名额,由监察院及主计处就本法所定委任人员及雇员名额中会同决定之。

监察院于必要时,得置调查专员四人至六人荐任。

第一二条　监察院得酌用雇员。

第一三条　监察院会议规则及处务规程由监察院定之。

第一四条　本法自公布日施行。

●●训练总监部组织法民国二十五年(1936 年)二月十九日国民政府修正公布

第一条　训练总监部掌管全国军队教育及所辖学校教育并国民军事教育事宜。

第二条　训练总监部直隶于国民政府。

第三条　训练总监部设下列各厅监处:

总务厅;

步兵监;

骑兵监;

炮兵监;

工兵监;

辎重兵监;

交通兵监;

通信兵监;

国民军事教育处;

军学编译处。

于必要时,得增设其他特种兵监及海、空各兵监并政治训练处。

第四条　训练总监部设总监一人,综理全部事务,负规划并监督全国军队教育及所辖学校教育与国民军事教育之责。

第五条　训练总监对于全国各军队主管教育长官,关于教育上有直接指挥、监督之权。

第六条　训练总监部设副监二人,辅佐总监,处理部务。

第七条　训练总监部设参事六人,审核关于本部之法令、章制,并承总副监之命,考察教育事务,陈述关于改良进步之意见。

第八条　总务厅厅长承总副监之命,督率所属各科,掌管不属于各监处之军事学校教育及学员生之召集、试验留学生之派遣及部内人事经理文牍庶务与其他不属于各监处一切事宜。

第九条 各兵监承总副监之命,督率监员掌理本兵科军队教育及所辖学校教育,并一切调查研究,审议设施立案等事宜。但步兵监对于各兵科军队教育制度之统一校阅、演习之规划及军纪风纪精神教育等事项,负主任之责。

第一○条 各兵监对于主管事项检阅本兵科之团队如有意见,得训示团队长于事竣后以其实况报告总监,并通报关系长官。

第一一条 各兵监应巡察所管学校,对于本兵科学员生教育上有意见时,得陈述于总监。

第一二条 国民军事教育处处长承总副监之命,督率各科主管全国学校之军事训练、国民体育之锻练及社会军训与保安团队训练各事宜。

第一三条 军学编译处处长承总副监之命,主管编辑、译述、印刷、发行军学图书及军事杂志事宜。

第一四条 训练总监部因事务上之必要,得临时设立委员会,其委员由总监聘任或就本部职员中指派之。

第一五条 训练总监部之编制,依附表所定。

第一六条 训练总监部处务规程,以部令定之。

第一七条 本法自公布日施行。

●●冀察绥靖公署组织条例 民国二十四年(1935年)十二月二十三日国民政府公布

第一条 为办理河北、察哈尔省、北平、天津两市绥靖事宜,特设冀察绥靖主任以资管辖。

第二条 冀察绥靖主任由国民政府任命之,隶属于军事委员会委员长,并受参谋总长、军政部长、训练总监之指导。

第三条 绥靖主任之职责如下:

一 镇压本区非常事变及肃清匪氛;

二 绥缉流亡;

三 督促指导民众组织与训练。

第四条 所辖绥靖区内之军队及地方团队关于绥靖事宜,受绥靖主任之指挥。

第五条 绥靖公署编制表另订之。

第六条 本条例自公布之日施行。

附录

冀察绥靖主任公署暂行编制表				
区分	职别	阶级	员额	备考
	主任	上将	一	
办公厅	参谋长	中将	一	
	参议		二〇	
	咨议		二〇	
	秘书	同中少校	一一	.
	副官	少校上尉	一一	
	书记	同上/中尉	一一	
	电务员	同上/中尉	一四	
	司书	同少/准尉	一一	
参谋处	处长	少将	一	
	参谋	上校	一	
	处员	上/中尉	一一	
	书记	同上/中尉	二二	
	司书	同少/准尉	二六	
	第一科科长	上校	一	
	参谋	中/少校	三四	
		上尉	二	
	第二科科长	上校	一	
	参谋	中/少校	二三	
		上尉	三	
	第三科科长	上校	一	
	参谋	中校	一	
		少校	三	
		上尉	三	
副官处	处长	上校	一	
	副官	中校	一	
	书记	同中/上尉	一一	
	查马长	少尉	一	
	司书	同准尉	四	
	庶务科科长	中校	一	
	副官	少校	五	
		中/上尉	五四	
	炊事长	准尉		
	交际科科长	中校	一	
	副官	少校	二	
		上尉	三	
	医科科长	二等军医正	一	
	军医	三等军医正	一	
		一等军医佐	一	
	司药	二等司药佐	一	

（续表）

交通处	处长	上(中)校	一	
	处员	中(少)校	二	
		上尉	三	
		中少尉	二一	
	传令排长	中尉	一	
	书记	同/中尉	一	
	司书	同/准尉	二	
军需处	处长	二三等军需正	一二	
		一二等军需佐	三三	
		三等军需佐	四	
	书记	同上/中尉	一一	
	司书	同少/准尉	一三	
军法处	处长	一等军需正		
	军需	同上校	一	
	军法官	同中少校	一二	
		同上尉	二	
	书记	同上尉	一	
		同中尉	二	
	司书	同准尉	四	
军械处	处长	上(中)校	一	
	处员	少校	一	
		上尉		
		中尉	一	
	技士	同中尉	二	
	书记	同中尉	一	
	司书	同准尉	二	
合计		官佐	一八七	
附记	一　士兵按照二十四年十月十二日,军委会公一字648号通令,设置公役办法支配之			

●●建设委员会组织法 民国十七年(1928年)十二月八日国民政府公布,十九年(1930年)二月十九日修正,二十年(1931年)二月十七日再修正,二十五年(1936年)十一月四日再修正。

第一条　建设委员会直隶国民政府。

第二条　建设委员会之职权如下:

一　遵照实业计划,拟制全国建设事业之具体方案,呈国民政府核办;

二　国民建设事业有请求指导者,应为之设计;

三　办理经国民政府核准试办之各种模范事业。

第三条　建设委员会委员除当然委员外,由国民政府聘定若干人充任,就中任命委员长、副委员长各一人,行政院各部会长官为建设委员会当然委员。

第四条　建设委员会每半年开全体委员会一次，由委员长召集。如有重要事项，得由委员长随时召集会议。

第五条　建设委员会置下列各处：

一　总务处；

二　设计处；

三　事业处。

第六条　总务处掌下列事项：

一　关于收发、分配、撰拟、保存文件事项；

二　关于公布命令事项；

三　关于典守印信事项；

四　关于纪录本会及所属各机关职员之进退、考核事项；

五　关于议案之纪录、整理、编制及保管事项；

六　关于出版及报告事项；

七　关于机械材料之购置事项；

八　关于本会庶务及其他不属各处之事项。

第七条　设计处掌下列事项：

一　关于全国建设事业之调查及设计事项；

二　关于国民建设事业之指导及促进事项；

三　关于鉴定材料机械等之标准事项；

四　关于制定政府交办之各项建设计划事项；

五　关于编制及搜集整理各项图案事项；

六　关于其他设计事项。

第八条　事业处掌下列事项：

一　关于本会所办各种模范事业之稽核、充实及改良事项；

二　关于其他经国民政府核准试办模范事业之管理事项。

第九条　建设委员会于调查设计或试办事业有必要时，得设附属机关，其组织法另定之。

第一〇条　建设委员会委员长承国民政府之命，依全体委员会之决议，综理会务，监督所属职员及各机关。

第一一条　建设委员会副委员长辅助委员长处理会务，委员长因故不能执行职务时，由副委员长代行之。

第一二条　建设委员会设秘书长一人，承长官之命，赞襄会务秘书四人，分掌会务会议及长官交办事务。

第一三条　建设委员会设参事二人至四人，撰拟、审核关于本会法案、命令。

第一四条 建设委员会各处设处长一人,分掌处务。

第一五条 建设委员会办理设计事项时,得聘用专家为顾问或专门设计委员,由委员长聘定后,呈报国民政府备案。

第一六条 建设委员会设科长八人至十二人,科员四十人至六十人,承长官之命办理各项事务。

第一七条 建设委员会委员长特任,副委员长、秘书长、参事处长及秘书二人简任,其余秘书及科长荐任,科员委任。

第一八条 建设委员会设技正八人至十六人,其中六人简任,余荐任;技士十二人至二十人,其中八人荐任,余委任;技佐十二人至二十人委任,承长官之命办理技术事务。

建设委员会设会计主任一人、统计主任一人,办理岁计、会计、统计事项,受建设委员会委员长之指挥、监督,并依国民政府主计处组织法之规定,直接对主计处负责。

会计室及统计室需用佐理人员名额,由建设委员会及主计处就本法所定委任人员及雇员名额中会同决定之。

第一九条 建设委员会处务规程及所属机关各规程,以会令定之。

第二〇条 本法自公布日施行。

●●行政院行政效率研究会暂行规程 民国二十五年(1936年)二月五日行政院修正公布

第一条 行政院为增进中央及地方之行政效率,设置行政效率研究会(以下简称本会)。

第二条 本会设委员三人,由院长就本院简任人员中派任,并指定一人为主任委员,商承秘书长及政务处长,办理本会事务。

第三条 本会得聘任专门委员若干人,均为名誉职。但不兼其他职务而常用在本会任事之专门委员,不在此限。

第四条 本会所需之科员及书记官,就本院职员中调充之。

第五条 本会分期分组研究下列各事:

一 关于组织运用(如中央及地方各机关之官制官规、机关之纵横机关系直属机关与附属机关之组织与运用等)、人事行政(如公务员之名额分配、待遇、考绩、训练、任免、保障、休假及荐举方法等)及政令推行者(如公文、行政报告、行政计划以及监督指导视察方法等);

二 关于材料(如统计图书、报纸、专门家,登记出版物、调查报告等)档案整理(如调查档案保管情形、拟具整理方案及参加整理实际工作)及物料管理者(如公物保管、器具物品购买与消费汽车、管理消防及卫生设备、建筑物及保险等等);

三　关于财务管理者（如会计部份之组织、预算决算之编制与审核、经费分配、报销、收支方法及交代等）；

四　关于各项专门行政者（如内政、外交、军政、海军、财政、实业、教育、交通、铁道、蒙藏、侨务、卫生等）。

第六条　本会为明了行政实况起见，得派员至各机关调查，或诸各机关代为调查。必要时，并得请各机关派员说明。

第七条　本规程自公布日施行。

各省市建设中心工作审查委员会组织规程民国二十五年（1936 年）八月二十九日行政院公布

第一条　各省市建设中心工作审查委员会（以下简称本会），由行政院及内政、军政、交通、财政、铁道、实业六部暨全国经济委员会各指派高级职员一人或二人为委员，会同审查各省、市建设中心工作事宜。

第二条　本会设于行政院，开会时，由行政院召集，并以行政院出席委员为主席。

第三条　本会遇必要时，得请各部会指派委员就主管范围先行审查，签注意见，再行提会讨论。

第四条　本会审查结果由委员会呈报行政院鉴核施行。

第五条　本规程自公布日施行。

全国经济委员会组织条例民国二十年（1931 年）六月六日国民政府公布，二十二年（1933 年）九月二十三日修正，二十二年（1933 年）十二月八日再修正，二十五年（1936 年）十一月四日再修正。

第一条　国民政府为促进经济建设，改善人民生计，设全国经济委员会。

第二条　全国经济委员会之职掌如下：

一　关于国家经济建设或发展计划之设计及审定事项；

二　关于国家经济建设或发展计划应需经费之核定事项；

三　关于国家经济建设或发展计划之监督、指导事项；

四　关于特定经济建设或发展计划之直接实施事项。

第三条　全国经济委员会设委员若干人，由国民政府特派之。内政、财政、铁道、交通、实业、教育各部部长及其他有关经济建设之中央各机关主管长官为当然委员。

第四条　全国经济委员会设常务委员五人主持会务，由国民政府就委员中指定之。

第五条　全国经济委员会置秘书长一人简任，秘书四人至六人，其中二人简任，余荐任，技正四人至八人，其中四人简任，余荐任。

秘书长承常务委员之命，处理会内一切事务。

秘书、技正、助理秘书长分办各项事务。

第六条　全国经济委员会设会计主任一人、统计主任一人，办理岁计、会计、统计事项，受全国经济委员会长官之指挥、监督，并依国民政府主计处组织法之规定，直接对主计处负责。

会计室及统计室需用佐理人员名额，由全国经济委员会及主计处会同决定之。

全国经济委员会于必要时，得延用顾问及专门人员。

第七条　全国经济委员会得组织各种专门委员会，办理专门事项。

第八条　全国经济委员会得就所管事务，分设各处所办理之。

第九条　全国经济委员会各专门委员会及各处所之组织条例，另定之。

第一〇条　本条例自公布日施行。

●●行政院国民经济设计委员会暂行规程民国二十五年（1936年）二月六日行政院公布

第一条　行政院为推动国民经济建设，设置国民经济设计委员会（以下简称本会）。

第二条　本会设委员三人，由院长就本院简任人员中派任之，并指定一人为主任委员，商承秘书长及政务处长办理本会事务。

第三条　本会得聘任专门委员，均为名誉职。但于开会时，得酌给津贴。

第四条　本会所需之科员及书记官，就本院职员中调充之。

第五条　本会除自行设计外，得参与本院各部会有关于国民经济之设计工作，并由本院介绍列席国民政府所属各院会之有关于国民经济之设计会议。

第六条　本会所需费用，由行政院经常费中开支。

第七条　本规程自公布之日施行。

●●振务委员会组织条例民国十九年（1930年）一月二十五日国民政府公布，二十年（1931年）六月三十日修正，二十五年（1936年）十一月五日再修正。

第一条　振务委员会直隶于行政院，办理各灾区振务事宜。

第二条　振务委员会除当然委员外，由国民政府特派委员十一人组织之，就中指定常务委员五人，并以一人为委员长。

内政、外交、财政、交通、铁道、实业各部部长为当然委员。

第三条 振务委员会会议如下：

一　委员会议每月举行一次；

二　常务委员会议每星期举行一次；

三　临时会议由委员二人以上之请求或委员长认为必要时得临时召集之。

第四条 振务委员会设下列各科：

一　总务科；

二　筹振科；

三　审核科。

第五条 总务科之职掌如下：

一　关于筹划会务事项；

二　关于编列议事日程及开会纪录事项；

三　关于编辑刊物及宣传事项；

四　关于经费出纳事项；

五　关于编制表册事项；

六　关于典守印信事项；

七　关于文电收发、缮校事项；

八　关于物品购置事项；

九　关于杂务事项；

一〇　关于不属其他各科事项。

第六条 筹振科之职掌如下：

一　关于计划筹募振款、振品事项；

二　关于保管存放及支用振款振品事项；

三　关于振品调查及采购事项；

四　关于振品之运输、免税及免运费各项护照并舟车装载接洽等事项；

五　关于调查各种灾情及其附属应行考察事项；

六　关于振款、振品散放事项。

第七条 审核科之职掌如下：

一　关于审核振款、振品之出纳事项；

二　关于审核收放振款、振品之册报单据事项；

三　关于审核采买、运输振品之册报单据事项；

四　关于审核办振经费之支出事项；

五　关于审核本会经费之出纳事项。

第八条　振务委员会置秘书一人至三人,其中一人简任,余荐任,掌理会议及长官交办事务。

第九条　振务委员会置科长三人荐任,科员九人至十二人委任,分掌各科事务。

振务委员会设会计员一人、统计员一人,办理岁计、会计、统计事项,受振务委员会委员长之指挥、监督,并依国民政府主计处组织法之规定直接对主计处负责。

会计室及统计室需用佐理人员名额,由振务委员会及主计处就本条例所定委任人员及雇员名额中会同决定之。

第一〇条　凡热心振济事业卓著成绩者,振务委员会得聘为顾问或会员。

第一一条　振务委员会因助理事务及缮校文件,得酌用雇员。

第一二条　振务委员会委员、顾问会员均为无给职。

第一三条　振务委员会处务规程,由振务委员会定之。

第一四条　本条例自公布日施行。

●●国民政府军事委员会禁烟总会组织规程 民国二十五年(1936年)六月三日国民政府公布

第一条　本规程依据中央政治会议第四五九次会议决议案第四项,制定之。

第二条　本会设委员会若干人由国民政府军事委员会委员长兼禁烟总监(以下简称兼总监),延聘或任命各省、市热心禁烟公正人士充任,并于委员中指定三员为常务委员,承兼总监之命,处理本会一切日常事务。

第三条　本会受兼总监之特别委任,兼办总监职权内事务。

第四条　凡各省、市政府及各省、市禁烟委员会办理禁烟、禁毒事宜暨奖惩事项,统由本会负责督促兼考核之。

各省、市、县禁烟委员会组织通则另定之。

第五条　各委员对于禁烟、禁毒之推进及与禁烟、禁毒有关之一切事宜,得随时建议,以书面提请会议讨论。

第六条　本会每年开常会二次,但遇重要事项得召集临时会议,各项提案以出席委员过半数之同意表决之。

第七条　本会为增进各省、市禁烟、禁毒之效率起见,得随时呈请兼总监派员前往督促考核。

第八条　派赴各省、市督促禁烟、禁毒人员,得会同各该省主席或市长,以省、市政府命令办理之,并得会章副署。

第九条　本会设秘书室及第一组、第二组。

第一〇条　秘书室职掌如下:

一　关于兼总监特交事项；

二　关于章则拟订事项；

三　关于文稿复核及撰拟事项；

四　关于议案编纂及会议纪录事项；

五　关于公报编辑事项；

六　关于文件收发、保管事项；

七　关于庶务会计事项；

八　关于典守印信事项；

九　其他不属于各组事项。

第一一条　第一组职掌如下：

一　关于禁烟、禁毒之设计事项；

二　关于禁烟、禁毒之督促、检举、考核事项；

三　关于禁烟、禁毒经费之筹划、稽核事项；

四　关于缉私及处理烟毒人犯案件之考查事项；

五　关于没收烟毒犯财产处分、支配之稽核事项；

六　关于戒烟、戒毒院所之设置、撤废事项；

七　关于各级办理禁烟、禁毒人员奖惩之审议事项。

第一二条　第二组职掌如下：

一　关于征集全国禁烟禁毒材料事项；

二　关于编造禁烟、禁毒统计及国联禁烟会议西文年报事项；

三　关于编制禁烟、禁毒之国内外宣传文字及图表事项；

四　关于国联禁烟会议决议案之通报及供给本国出席代表查询之禁烟、禁毒材料事项；

五　关于各省、市、县戒烟、戒毒院所设备及施戒手续之调查考核事项。

第一三条　本会设秘书主任一人，组长二人，秘书三人，视察员四人至六人，调查员六人至八人，组员十人至十四人，办事员八人至十人，由常务委员呈请兼总监分别任用之。

第一四条　本会为缮写文件及办理杂务，得酌用雇员。

第十五条　本会决议案及各委员建议事项，应由会签请兼总监分别采择核定施行。

第一六条　本会各委员于出席会议及奉派公出时，得酌支公旅费，不支薪俸。但常务委员得酌支夫马办公等费。

第一七条　本会办理兼总监职权内事务，除特别交办者外，按其性质由秘书室第一组、第二组分别承办之。

第一八条　本会议事规则及办事细则另订之。

第一九条　本规程自公布日施行。

●●各省市县禁烟委员会组织通则民国二十五年（1936年）六月三日国民政府公布

第一条　本通则依据国民政府军事委员会禁烟总会（以下简称总会）组织规程第四条第二项之规定制定之。

第二条　各省、市、县（省辖市与县同）禁烟委员会悉依本通则组织之。

第三条　各省、市禁烟委员会设委员七人至九人，县禁烟委员会设委员五人至七人，由省、市、县政府遴聘地方热心禁烟公正人士充任，并于委员中推定三人为常务委员，或指定一人为主任委员，处理日常事务。

省、市禁烟委员会各委员均应开具详明履历，呈送总会备查。县禁烟委员会委员履历，呈省禁烟委员会备查。

第四条　各省、市禁烟委员会得由总会派员参加，县禁烟委员会得由省禁烟委员会派员参加随时督同办理禁烟事务。

第五条　各省、市、县禁烟委员会对于各该地方政府办理禁烟、禁毒事项，有监察、督促、检举、纠正、设计、调查、稽核、建议之责。但受总会之命令，得为委托事务之执行。

第六条　省、市禁烟委员会设置两课，县禁烟委员会设置两股，其员额各视事务之繁简酌定之。

第七条　各省、市、县禁烟委员会之职掌如下：

一　关于禁烟、禁毒之督促、考核事项；

二　关于协助缉私及处理烟毒人犯案件之考查事项；

三　关于管理戒烟、戒毒院所及其经费之筹划、支配事项；

四　关于办理禁烟、禁毒人员奖惩之审议事项；

五　关于没收烟毒犯财产一切收支稽核事项；

六　关于推行禁令之设计及宣传文告插画之拟订暨审查事项；

七　关于禁烟、禁毒文件及议案报告之撰拟、编辑事项。

第八条　各省、市、县禁烟、禁毒事务由各省、市、县禁烟委员会督促，各该地方政府遵照各项禁烟法令负责执行。

第九条　各省、市、县土膏行店运售土膏，除由禁烟督察处统制办理外，其私运、私售事项由各省、市、县禁烟委员会督促各该地方政府及公安局或地方团队，遵照各项禁烟章则及查缉毒品给奖章程，商同禁烟督察处，切实协助办理。

第一〇条　凡执行禁烟事务之各级官员，如有因循敷衍及渎职、舞弊情事，各级禁烟委员会得纠正或检举之。

第一一条　各省、市、县禁烟委员会每星期开会一次，遇有紧要事项得召集临时会议。

第一二条　各省、市、县之禁烟工作报告由各该省、市、县禁烟委员会编制,递报总会备查。

第一三条　各省、市、县禁烟委员会委员除酌给公旅费外,概不支薪。

第一四条　各省、市、县禁烟委员会职员,由各该地方政府指调人员兼任,必要时得酌量雇用。

第一五条　各省、市、县禁烟委员会经临费预算,由各省、市、县政府核定,在禁烟或分拨收入项下统筹支配,呈报总会备查。

第一六条　本通则施行后,各省、市应即依据本通则之规定,设立或改组各该省、市禁烟委员会,并拟具组织规程及办事细则,呈报总会查核备案。

县禁烟委员会应准照前项规定,拟具组织规程及办事细则,呈报省禁烟委员会查核备案。

第一七条　本通则自公布日施行。

●●侨务委员会组织法民国二十年(1931年)十二月七日国民政府公布,二十一年(1932年)八月十三日修正,二十五年(1936年)十一月五日再修正。

第一条　侨务委员会隶属于国民政府行政院,掌理本国侨民之移殖、保育等事务。

第二条　侨务委员会设委员长一人,特任副委员长一人,委员若干人简任,并于委员中指定常务委员七人至九人。

前项委员,除常务委员支俸外,其余委员在京供职者,得支公费。

第三条　侨务委员会大会每年或二年开会一次,常务会议每星期至少开会一次,其议决事件由委员长执行之。

委员长因事故不能执行职务时,以副委员长代理之。

第四条　侨务委员会所议事项,如与各部会有关系时,各部会得派员列席。

第五条　侨务委员会设下列各处:

一　秘书处;

二　侨务管理处;

三　侨民教育处。

第六条　秘书处之职掌如下:

一　关于文书之撰拟、翻译、收发及保管事项;

二　关于典守印信事项;

三　关于庶务事项;

四　其他不属于各处之事项。

第七条　侨务管理处之职掌如下:

一　关于侨民状况之调查事项;

二 关于侨民移殖之指导及监督事项；

三 关于侨民纠纷之处理事项；

四 关于侨民团体之管理事项；

五 关于回国侨民投资兴办实业及游历参观等之指导或介绍事项；

六 关于侨民之奖励或补助事项。

第八条 侨民教育处之职掌如下：

一 关于侨民教育之指导、监督及调查事项；

二 关于侨民回国求学之指导事项；

三 关于侨民教育经费之补助事项；

四 关于文化之宣传事项。

第九条 侨民委员会所掌事项，以不与各部会及驻外使馆职权相抵触者为限。

侨务委员会关于主管事项，对驻外领事得指挥之。

第一〇条 侨务委员会设处长三人简任，科长六人荐任，科员十二人至二十人委任。

侨务委员会设会计员一人，统计员一人，办理岁计、会计、统计事项，受侨务委员会委员长之指挥、监督，并依国民政府主计处组织法之规定直接对主计处负责。

会计室及统计室需用佐理人员名额，由侨务委员会及主计处就本法所定委任人员及雇员名额中会同决定之。

第一一条 侨务委员会因事务上之必要，得派侨务专员或视察员。

第一二条 侨务委员会得设名誉顾问，由委员会聘任之。

第一三条 侨务委员会因缮写文件及其他事务，得酌用雇员。

第一四条 侨务委员会会议规则及处务规程，由侨务委员会定之。

第一五条 本法自公布日施行。

●●冀察政务委员会暂行组织大纲民国二十五年（1936年）一月十七日国民政府公布

第一条 国民政府为处理河北省、察哈尔省、北平市、天津市政务便利起见，特设冀察政务委员会综理各该省、市一切政务。

第二条 本会设委员十七人至二十一人，就中指定一人为委员长，并指定三人至五人为常务委员，其人选由国民政府特派之。

第三条 委员长总揽本会会务。

第四条 常务委员襄助委员长处理本会会务。

第五条 本会会议规则另定之。

第六条　本会暂设下列三处：

　　一　秘书处；

　　二　政务处；

　　三　财务处。

第七条　本会设秘书长一人，掌理秘书处事务。设政务处长一人，掌理政务处事务。设财务处长一人，掌理财务处事务。必要时各处得酌设副处长一人，其组织及办事细则另定之。

第八条　本会于必要时，得设置各项特种委员会研讨各项问题，其人选由本会聘任之。

　　本会得酌设顾问、参议、谘议专员若干人。

第九条　本会在中央法令范围内，得拟定单行法规，呈请国民政府核准备案。

第一○条　本会会址设于北平。

第一一条　本暂行组织大纲于必要时，得呈请国民政府修改之。

第一二条　本暂行组织大纲自公布之日施行。

●●蒙藏委员会组织法民国十八年（1929年）二月七日国民政府公布，二十一年（1932年）七月二十五日修正，二十五年（1936年）十一月五日再修正。

第一条　蒙藏委员会依国民政府组织法第二十条之规定组织。

第二条　蒙藏委员会掌理事务如下：

　　一　关于蒙古、西藏之行政事项；

　　二　关于蒙古、西藏之各种兴革事项。

第三条　蒙藏委员会设委员长、副委员长各一人，委员十五人至二十一人，由国民政府选择熟谙蒙藏政教情形者任命之，就中指定六人为常务委会。

第四条　蒙藏委员会每星期开会一次，遇有必要时得召集临时会议。前项会议以委员长为主席，委员长因事故不能执行职务时，以副委员长代理之。

第五条　蒙藏委员会委员长执行前条会议之决议，并综理会务，监督所属职员及各机关。副委员长及常务委员辅助委员长处理会务。

第六条　蒙藏委员会会议如与各院部会有关系时，各院部会得派员列席。

第七条　蒙藏委员会委员应每年轮流分往蒙、藏各地视察。

第八条　蒙藏委员会设下列各处：

　　一　总务处；

　　二　蒙事处；

　　三　藏事处。

第九条　总务处掌理文书、庶务等事项。

第一〇条　蒙事处掌理关于蒙古事务。

第一一条　藏事处掌理关于西藏事务。

第一二条　蒙藏委员会置参事二人至四人，撰拟、审核本会之法案、命令。

第一三条　蒙藏委员会置秘书二人至四人，分掌会议纪录及长官交办事项。

第一四条　蒙藏委员会置处长三人，分掌各处事务。

第一五条　蒙藏委员会置科长九人至十二人，科员五十人至七十人。

　　蒙藏委员会设会计主任一人、统计员一人，办理岁计、会计、统计事项，受蒙藏委员会委员长之指挥、监督，并依国民政府主计处组织法之规定直接对主计处负责。需用佐理人员名额，由蒙藏委员会及主计处就本法所定委任人员及雇员名额中会同决定之。

第一六条　蒙藏委员会委员长特任，副委员长、委员、参事、处长、秘书二人简任，其余秘书及科长荐任，科员委任。

第一七条　蒙藏委员会于必要时，得委派熟谙蒙藏情形或语言文字者为编译员或调查员。

第一八条　蒙藏委员会得酌用雇员。

第一九条　蒙藏委员会得在北平设办事处，置处长一人简任，副处长一人荐任，其办事处规则另定之。蒙藏委员会认为必要时，得呈请行政院转呈国民政府核准，于蒙、藏或其他适当地方设办事处。

第二〇条　蒙藏委员会得设招待所。

第二一条　蒙藏委员会会议规则及办事细则，由蒙藏委员会议定，呈请行政院核准行之。

第二二条　本法自公布日施行。

●●中央古物保管委员会组织条例民国二十四年（1935 年）十一月十九日国民政府修正公布

第一条　中央古物保管委员会隶属于内政部，依古物保存法之规定行使其职权。

第二条　中央古物保管委员会以内政部常务次长为主席委员，并由内政部聘请古物专家四人至七人，教育部内政部代表各二人，国立中央研究院、国立北平研究院代表各一人为委员组织之，就委员中指定常务委员四人，主席委员为当然常务委员。中央古物保管委员会事务之处理以全体常务委员名义行之。

第三条　中央古物保管委员会于必要时，得分科办事。

第四条　中央古物保管委员会设科员及办事员共六人至十二人，承主席委员及常务委员之命，办理本会事务。

第五条　中央古物保管委员会因学术上之必要，得延聘专家为顾问。

第六条　中央古物保管委员会因缮写文件及其他事务，得酌用雇员。

第七条　中央古物保管委员会之会议规则及办事规则，由内政部定之。

第八条　本条例自公布日施行。

●●国立北平故宫博物院暂行组织条例民国二十三年(1934 年)二月十七日

国民政府公布，同年十月二日修正，二十五年(1936 年)十一月六日再修正。

第一条　国立北平故宫博物院直隶于国民政府行政院，掌理故宫及所属大高殿、清太庙、景山、皇史宬、实录大库等处之建筑物、古物、图书、档案之保管，开放及传布事宜。

第二条　国立北平故宫博物院设下列各处馆：

一　总务处；

二　古物馆；

三　图书馆；

四　文献馆。

第三条　总务处之职掌如下：

一　关于一切机要事项；

二　关于典守印信事项；

三　关于撰拟、收发文件及会议纪录事项；

四　关于庶务及工程修缮事项；

五　关于本院稽查、警卫事项；

六　关于出版事项；

七　其他不属各馆事项。

第四条　古物馆之职掌如下：

一　关于古物之保管、陈列事项；

二　关于古物之鉴定、编目事项；

三　关于古物之传播、摄影事项；

四　关于古物之展览事项；

五　关于古物之刊印事项。

第五条　图书馆之职掌如下：

一　关于图书之保管、陈列事项；

二　关于图书之分类、编目事项；

三　关于图书之阅览事项；

四　关于图书之版本考订事项；

五　关于善本图书之影印、流传事项。

第六条　文献馆之职掌如下：

一　关于明清档案实录及历史物品之整理、编目事项；

二　关于明清档案实录及历史物品之保管、陈列事项；

三　关于明清史料之搜集、整理及编印事项；

四　关于历史物品之分类、摄影、编辑事项。

第七条　国立北平故宫博物院置院长一人简任，承行政院之命，并依理事会之议决，综理本院及所属各处馆事务。

第八条　国立北平故宫博物院置处长一人荐任；馆长三人，由院长提经理事会议决聘任之，承院长之命，分掌总务处及各馆事务；科长八人至十一人荐任；科员二十八人至三十六人委任。

国立故宫博物院设会计员一人、统计员一人，办理岁计、会计、统计事项，受国立北平故宫博物院院长之指挥、监督，并依国民政府主计处组织法之规则直接对主计处负责。

会计、统计佐理人员名额，由国立北平故宫博物院及主计处就本条例所定委任人员及雇员名额中会同决定之。

第九条　国立北平故宫博物院于必要时，得置荐任秘书一人或二人，办事员二十六人至三十六人，并得酌用雇员。

第一〇条　国立北平故宫博物院因学术上之必要，得设各种专门委员。

第一一条　国立北平故宫博物院设监事会，置监事十二人至十五人，为无给职，由国民政府聘任之，任期二年，监察本院及所属各处馆事务。

第一二条　监事会置常务监事三人至五人，由监事会推举，呈报国民政府备案。

监事会置秘书一人，由监事会就监事中推举之，掌理会内文书及监事会交办事项。

第一三条　国立北平故宫博物院设理事会，除内政部部长、教育部部长为当然理事外，置理事十七人至二十七人，为无给职，由行政院聘任之。

前项理事，除当然理事外，任期二年。

理事会开会时，监事得列席。

第一四条　理事会置理事长一人，常务理事四人至六人，均由理事会推举，呈报行政院备案。

理事会置秘书一人，由理事会就理事中推举之，掌理会内文书及理事会交办事项。

第一五条　国立北平故宫博物院办理下列事项，应经理事会议决：

一　物品之保管及处置事项；

二　预算、决算及基金保管事项；

三　专门委员会之设立事项；

四　其他重要事项。

前项议决事项应呈报行政院,并公告之。

第一六条　监事会及理事会议事规则,由监事会理事会分别议定,呈报国民政府及行政院备案。

第一七条　国立北平故宫博物院办事细则,由院长拟订,提请理事会议决,并呈报行政院备案。

第一八条　本条例自公布日施行。

●●内政部组织法民国二十五年(1936年)七月十四日国民政府修正公布

第一条　内政部管理全国内务行政事务。

第二条　内政部对于地方最高级行政长官,执行本部主管事务,有指示、监督之责。

第三条　内政部就主管事务对于各地方最高级行政长官之命令或处分,认为违背法令或逾越权限者,得提经行政院会议议决后,停止或撤销之。

第四条　内政部置下列各司、处:

一　总务司;

二　民政司;

三　警政司;

四　地政司;

五　礼俗司;

六　统计处。

第五条　内政部经行政院会议及立法院之议决,得增置、裁并各司、处及其他机关。

第六条　总务司掌下列事项:

一　关于收发、分配、撰拟文件事项;

二　关于部令之公布事项;

三　关于典守印信事项;

四　关于档案之整理及保管事项;

五　关于本部及附属各机关职员之任免及成绩考核事项;

六　关于本部法规之汇编及公报等刊物之编辑、发行事项;

七　关于本部官产、官物及图书之管理事项;

八　关于本部经费之出纳事项;

九　关于本部庶务及其他不属各司处事项。

第七条　民政司掌下列事项:

一　关于地方行政及经费事项；

二　关于地方行政区划事项；

三　关于地方官吏之任免及成绩考核事项；

四　关于户籍行政事项；

五　关于选举事项；

六　关于地方自治事项；

七　关于赈灾、救贫及其他慈善事项；

八　关于国籍事项；

九　关于自来水公司之登记、工厂与水管之设置及其他不属各部会职掌民营公用事业之监督管理事项。

第八条　警政司掌下列事项：

一　关于警察制度之厘订及其机关设置事项；

二　关于警察官吏任免及成绩考核事项；

三　关于警察经费事项；

四　关于警察教育事项；

五　关于行政警察事项；

六　关于征兵征发事项；

七　关于地方自卫事项；

八　关于出版品登记及著作权注册事项。

第九条　地政司掌下列事项：

一　关于地政机关之组织及经费事项；

二　关于地政人员之训练、任免、考核、奖惩事项；

三　关于土地调查、测量及登记事项；

四　关于土地使用事项；

五　关于土地估价及土地税率事项；

六　关于土地征收事项；

七　关于都市计划及建筑事项；

八　关于移民实边事项。

在土地法所定之中央地政机关未成立前，关于土地行政及土地调查、测量、登记、估价之筹备事项，暂由地政司掌理之。

第一〇条　礼俗司掌下列事项：

一　关于厘订礼制事项；

二　关于审订乐典事项；

三　关于改良风俗事项；

四　关于纪念典礼事项；

五　关于褒扬事项；

六　关于名胜古迹及古物之调查、登记、保管事项；

七　关于先哲、先烈祠宇及寺庙僧道之管理、登记事项；

八　关于宗教团体之管理事项。

第一一条　统计处掌下列事项：

一　关于民政统计事项；

二　关于警政统计事项；

三　关于土地统计事项；

四　关于礼俗统计事项；

五　关于户籍变动及人口出生、死亡等统计事项；

六　关于统计材料之编制及刊行事项；

七　关于内政统计人员之成绩考核事项；

八　关于其他内政统计事项。

第一二条　内政部部长综理本部事务，监督所属职员及各机关。

第一三条　内政部政务次长、常务次长辅助部长处理部务。

第一四条　内政部设秘书六人，分掌机要、文电及长官交办事项。

第一五条　内政部设参事四人，撰拟、审核关于本部之法案、命令。

第一六条　内政部设司长五人，分掌各司事务。

第一七条　内政部设科长十八人至二十四人，科员九十人至一百十人，承长官之命，分掌各科事务。

第一八条　内政部设技正八人、技士十二人，承长官之命，办理技术事务。

第一九条　内政部设编审八人，承长官之命，分掌编辑、内政、图书及审查出版品事务。

第二〇条　内政部设视察十人至十六人，承长官之命，分赴各省、市、县视察及指导内政事宜。

第二一条　内政部设统计长一人、会计主任一人，办理本部之岁计、会计、统计事项，受内政部部长之指挥、监督，并依国民政府主计处组织法之规定，直接对主计处负责。

统计处及会计室需用佐理人员，由内政部及主计处就本法第十七条、第十八条所定人员名额中会商支配之。

第二二条　内政部部长特任，次长、参事、司长、统计长、秘书二人、技正二人、视察一人至三人简任，其余秘书、技正及科长、会计、主任、编审、视察均荐任，科员、技士委任。

第二三条　内政部因事务上之必要，得酌用雇员。

第二四条　内政部处务规程,以部令定之。

第二五条　本法自公布日施行。

●●外交部组织法 民国十七年(1928年)十二月八日国民政府公布,二十年(1931年)二月二十一日修正,二十五年(1936年)十月三十一日再修正。

第一条　外交部管理国际交涉及关于在外侨民、居留外人、中外商业之一切事务。

第二条　外交部对于各地方最高级行政长官,执行本部主管事务,有指示、监督之责。

第三条　外交部就主管事务,对于各地方最高级行政长官之命令或处分,认为有违背法令或逾越权限者,得请由行政院院长提经国务会议议决后,停止或撤销之。

第四条　外交部置下列各司:

一　总务司;

二　国际司;

三　亚洲司;

四　欧美司;

五　情报司。

第五条　外交部于必要时,得置各委员会,其组织另定之。

第六条　外交部经理国务会议及立法院之议决,得增置、裁并各司及其他机关。

第七条　总务司掌下列事项:

一　关于收发、分配、撰译、保存文电事项;

二　关于部令之公布事项;

三　关于典守印信事项;

四　关于本部及所属各机关职员之任免、考成、惩戒事项;

五　关于外交官、领事官之进退及其甄录事项;

六　关于刊行出版物及编发书报并统计事项;

七　关于对外交际事项;

八　关于本部官产、官物之保管事项;

九　关于本部庶务及其他不属各司之事项。

第八条　国际司掌管与东西诸国关联之下列事项:

一　关于通商交涉事项;

二　关于领事官职务及管辖区域事项;

三　关于贸易及海外经济调查并公布事项;

四　关于保护在外之本国侨民游学事项;

五　关于国籍问题交涉事项；

六　关于外国人之出入国境事项；

七　关于国际公约事项；

八　关于国际公会、赛会及其他事项。

第九条　亚洲司掌关于亚洲各国及苏联之下列事项：

一　关于政治交涉事项；

二　关于军事之外交事项；

三　关于侨寓外人之保护及取缔事项；

四　关于财政借款及铁路之外交事项；

五　关于订立及解释条约事项。

第一○条　欧美同掌关于欧美及澳非各国上条所列第一项至第五项各事项。

第一一条　情报司掌下列事项：

一　关于搜集国内外情报事项；

二　关于宣传外交策略事项；

三　关于撰译中外新闻稿件事项；

四　关于招待接洽新闻记者事项；

五　关于其他属于情报事项。

第一二条　外交部部长综理本部事务，监督所属职员及各机关。

第一三条　外交部政务次长、常务次长辅助部长处理部务。

第一四条　外交部设秘书四人至六人，分掌部务会议、外使会晤及其记录并长官交办事务。

第一五条　外交部设参事二人至四人，撰拟、审核关于本部之法律、命令。

第一六条　外交部置司长五人，分掌各司事务。

第一七条　外交部设科长、科员各若干人，承长官之命，分掌各科事务。

第一八条　外交部部长为特任职，次长、参事、司长及秘书二人为简任职，秘书、科长为荐任职，科员为委任职。

第一九条　外交部设会计主任一人、统计主任一人，办理岁计、会计、统计事项，受外交部部长之指挥、监督，并依国民政府主计处组织法之规定，直接对主计处负责。

会计室及统计室需用佐理人员名额，由外交部及主计处就本法所定委任人员及雇员名额中会同决定之。

外交部因事务上之必要时，得聘用顾问及专门人员。

第二十条　外交部处务规程以部令定之。

第二一条　本法自公布日施行。

●●财政部组织法民国二十五年(1936 年)七月十四日国民政府公布

第一条　财政部掌理全国财政事务。

第二条　财政部对于各地方最高级行政长官,执行本部主管事务,有指导、监督之责。

第三条　财政部就主管事务,对于各地方最高级行政长官之命令或处分,认为有违背法令或逾越权限者,得提经行改院会议议决后,停止或撤销之。

第四条　财政部置下列各署、司、处:

一　关务署;

二　税务署;

三　总务司;

四　盐政司;

五　赋税司;

六　公债司;

七　国库司;

八　钱币司;

九　会计处。

第五条　财政部经行政院会议及立法院之议决,得增置、裁并各署、司、各委员会及其他机关。

第六条　关务署掌下列事项:

一　关于关税政策之规划及关税税则之审订及施行之监督事项;

二　关于关务法规之拟订、审核、解释及施行之监督事项;

三　关于条约上有关税则及通商等事项;

四　关于倾销货物之防止及征税事项;

五　关于进出口货物免税、减税及退税案件之审核事项;

六　关于设置关卡、施行禁令及防止漏税事项;

七　关于关税税款收支之稽核事项;

八　关于税则争议及关税呈诉案件之处理事项;

九　关于关员任免、迁调、训练、考绩之监督事项;

一〇　关于所属机关营造工程之监督事项;

一一　关于关务之其他事项。

关务署之组织法另定之。

第七条　税务署掌下列事项:

一　关于国内各种货物税、印花税之管理征收与计划改进事项;

二　关于所管各税税率之研究及审订事项；

三　关于所管各租税务法规之拟订审核解释及施行之监督事项；

四　关于所管各税之减税、免税及退税案件之处理事项；

五　关于征税货物及凭证之查验取缔及防止漏税事项；

六　关于所管各税税款之收解、审核及造报事项；

七　关于所管各税税率争议或税务呈诉案件之处理事项；

八　关于所管各税税票、单证之制印、保管、签发及考核事项；

九　关于所管各税税务人员之任免、迁调、训练、考绩事项；

一〇　关于所管各税税务行政之监督事项；

一一　关于所管各税税务之其他事项。

税务署之组织法另定之。

第八条　总务司掌下列事项：

一　关于文件之收费及保管事项；

二　关于部令之公布事项；

三　关于印信之典守事项；

四　关于职员进退之记录事项；

五　关于公报之编辑及发行事项；

六　关于图书之编定及保管事项；

七　关于本部所用财产物品之登记及管理事项；

八　关于本部所有现金、票据、证券之出纳及保管事项；

九　关于本部所用票照、单证及其他印纸之制印事项；

一〇　关于本部庶务及其他不属于各署、司、处之事项。

第九条　盐政司掌下列事项：

一　关于盐务之计划及改进事项；

二　关于制盐许可及产盐调节之核定事项；

三　关于仓坨设置、管理及其他监务工程之核定事项；

四　关于盐质检查、改良之考核事项；

五　关于产盐收放及场价之考核事项；

六　关于盐租税率与盐务章则之审核及解释事项；

七　关于盐及硝磺所用票照之审核事项；

八　关于盐及盐副产物减税、免税案件之审核事项；

九　关于盐税收支之考核事项；

一〇　关于税警编制之审核事项；

一一　关于盐垦整理及产地测量之规划事项；

一二　关于硝磺产销、改良之研究及税费之审订事项；

一三　关于盐务人员任免、迁调、训练、考绩之监督事项；

一四　关于盐政之其他事项。

第一〇条　赋税司掌下列事项：

一　关于不属于关务盐务及税务各署、司主管之其他国税之研究计划及筹备事项；

二　关于国有财产之管理及考核事项；

三　关于各级政府间岁入划分之考核、改进及补助、协助之核议事项；

四　关于地方赋税制度之审核及改进事项；

五　关于地方赋税减免之审核事项；

六　关于地方财政收支之监督及考核事项。

第一一条　公债司掌下列事项：

一　关于中央公债之募集、偿还及整理事项；

二　关于中央公债基金之收拨、管理及应用事项；

三　关于公债各法规之拟订、审核、解释及施行之监督事项；

四　关于中央公债条例及长期借贷合同之拟订审核及保管事项；

五　关于中央公债债权人之登记及更名事项；

六　关于中央公债票及其他负债证券之印制、编号、签证、发行及未发行部分之管理事项；

七　关于中央公债票及其他负债证券之销毁事项；

八　关于中央公债及其他长期负债之登记、报告及按期公告事项；

九　关于中央公债证券政府股票在市场买卖之监督事项；

一〇　关于中央公债及其他长期负债还本付息之监督事项；

一一　关于中央公债实际发行债之登记及买卖市价之按期登记事项；

一二　关于中央公债之其他事项；

一三　关于地方公债之审核、监督及调查事项。

第一二条　国库司掌下列事项：

一　关于国库金钱、证券之出纳、保管及移转事项；

二　关于国库收支凭证之稽核及经费请领书类之审核事项；

三　关于代理国库银行之监督指挥事项；

四　关于各机关出纳之监督事项；

五　关于各特种基金保管运用之监督事项；

六　关于国有财产收支之考核事项；

七　关于国库收支状况之报告事项；

八　关于国库之其他事项；

九　关于地方政府公库行政之监督事项。

第一三条　钱币司掌下列事项：

一　关于币制之规划、整理及硬币之化验事项；

二　关于货币及生金银进出口之稽核事项；

三　关于造币厂及印刷局之监督、指挥事项；

四　关于发行纸币之审核监督及准备金之检查、公告事项；

五　关于银行业、储蓄业及信托业之监督及取缔事项；

六　关于交易所保险业及其他特种金融事业之监督及取缔事项；

七　关于国内外金融之调查事项；

八　关于货币金融之调查事项；

九　关于各种奖券之监督及取缔事项；

一〇　关于货币金融之其他事项。

第一四条　会计处掌下列事项：

一　关于中央收入之综核事项；

二　关于本部及所属机关会计制度之审订事项；

三　关于本部主管各类预算、决算之筹划、核编事项；

四　关于本部所属机关预算、决算之征集、审核、整理事项；

五　关于本部及所属机关行政预算之核定事项；

六　关于本部及所属机关经费流用之审核登记事项；

七　关于本部及所属机关请款、领款、拨款、解款之查核事项；

八　关于本部及所属机关收支、计算书类之稽核事项；

九　关于本部及所属机关账目之查核、登记及会计报告之编制事项；

一〇　关于本部所属机关交代案之审核事项；

一一　关于本部所属机关会计人员之任免、迁调、训练、考绩事项；

一二　关于本部及所属机关之统计事项。

前项第十二款统计事务，于会计处设统计室办理之。

第一五条　财政部部长综理本部事务，监督所属职员及各机关。

第一六条　财政部政务次长、常务次长辅助部长处理部务。

第一七条　财政部设秘书十人至十四人，掌管部务会议记录、各种报告编制及长官交办事务。

第一八条　财政部设参事四人至六人，撰拟、审核关于本部之法案、命令。

第一九条　财政部除会计长另有规定外，设署长二人、司长六人，分掌各署、司事务。

第二〇条　财政部除各署、处人员另有规定外，设科长十八人至二十人，科员一百八十人至二百二十人，助理员五十人至七十人，技正二人至四人，技士六人至八人，承长官之命，分掌各事务。

第二一条　财政部设视察六人至十人，承长官之命，考察本部各机关办理税务、缉私及其他事务之成绩，并分赴各省、市地方，视察财政状况及办理情形。并调查交办事件。

第二二条　财政部部长特任，次长、参事、署长、司长及秘书二人荐任，其余秘书、科长、技正、视察及技士三人荐任，其余技士及科员、助理员委任。

第二三条　财政部于必要时，得聘用顾问二人至四人、专门委员三人至七人。

第二四条　财政部因事务之必要，得酌用雇员。

第二五条　财政部会计处设会计长一人简任，统计主任一人，科长四人荐任，科员四十人至五十人，助理员六人至十人委任，办理第十四条规定各事项。受财政部长官之指挥、监督，并依国民政府主计处组织法之规定，直接对于主计处负责。

财政部会计处因事务之必要，得酌用雇员。

第二六条　财政部所属关税征收机关、盐税征收机关及关税税则委员会之组织，以法律定之。

第二七条　财政部处务规程由财政部定之。

第二八条　本法自公布日施行。

●●实业部组织法

民国二十年（1931年）一月十七日国民政府公布，同年二月二十一日修正，二十四年（1935年）六月一日再修正，二十五年（1936年）十一月二日再修正。

第一条　实业部管理全国实业行政事务。

第二条　实业部对于各地方最高级行政长官，执行本部主管事务，有指示、监督之责。

第三条　实业部就主管事务，对于各地方最高级行政长官之命令或处分，认为有违背法令或逾越权限者，得提经行政院会议议决后，停止或撤销之。

第四条　实业部置下列各署司：

一　林垦署；

二　总务司；

三　农业司；

四　工业司；

五　商业司；

六　渔牧司；

七　矿业司；

八　劳工司；

九　合作司。

第五条　实业部非经立法院之议决，不得增置、裁并各司及其他机关。

第六条　林垦署之组织法另定之。

第七条　总务司掌下列事项：

一　关于收发、分配、撰拟、保存文件事项；

二　关于部令之公布事项；

三　关于典守印信事项；

四　关于纪录职员之进退事项；

五　关于出版物之编辑、刊行事项；

六　关于本部官产、官物之保管事项；

七　关于本部庶务及其他不属各司之事项。

第八条　农业司掌下列事项：

一　关于农业蚕桑之试验、检查、改良、保护事项；

二　关于农地改良事项；

三　关于病虫害之防除及检查事项；

四　关于农用器具及种子之检查、改良及介绍、奖励事项；

五　关于农业团体之监督事项；

六　关于农田水利事项；

七　关于农业之调查事项；

八　关于农业智识之增进事项；

九　关于农民银行之促进事项；

一〇　关于田租之调查事项；

一一　关于农村经济之调查事项；

一二　关于其他农业事项。

第九条　工业司掌下列事项：

一　关于国营化学、机械、冶炼及其他工业之筹设及管理事项；

二　关于民营化学、机械、冶炼及其他工业之奖励、保护、监督、改良及推广事项；

三　关于制造品之征集、试验及检定事项；

四　关于工业之专利及特许事项；

五　关于国货之证明及奖励事项；

六　关于工厂之登记及考核事项；

七　关于工业技师登记及考核事项；

八　关于工业团体之登记及监督事项；

九　关于工业标准事项；

一〇　关于度量衡之制造、检定及推行事项；

一一　关于工业之调查事项；

一二　关于其他工业事项。

第一〇条　商业司掌下列事项：

一　关于国营商业之设计、管理事项；

二　关于民营商业之奖励、保护、监督、改良及推广事项；

三　关于商品陈列、展览事项；

四　关于商品检验事项；

五　关于商号及商标登记事项；

六　关于商业团体之登记及监督事项；

七　关于商业金融及国际汇兑之调查及其调节之研究事项；

八　关于交易所之登记及监督检查事项；

九　关于保险公司及特种营业之核准登记及监督事项；

一〇　关于会计师之登记及考核、监督事项；

一一　关于调节物价及出品销场事项；

一二　关于商约、商税之研究事项；

一三　关于发展国际贸易事项；

一四　关于商埠、商港之经营事项；

一五　关于驻外商务官之指导、监督事项；

一六　关于商业之调查事项；

一七　关于其他商业事项。

第一一条　渔牧司掌下列事项：

一　关于渔牧保护、监督及奖励事项；

二　关于渔牧机关及渔牧团体之监督事项；

三　关于畜产、水产改良、奖进事项；

四　关于渔税之拟定事项；

五　关于家畜改良及卫生事项；

六　关于水产、畜牧、种子之试验、检查、改良事项；

七　关于兽疫调查及防除事项；

八　关于其他渔牧事项。

第一二条　矿业司掌下列事项：

一　关于国营矿业之筹设及管理事项；

二　关于矿业之监督、保护及奖进事项；

三　关于矿权之特许及撤销事项；

四　关于矿业登记事项；

五　关于矿区税之拟定及征收事项；

六　关于矿业争议事项；

七　关于矿务警察事项；

八　关于矿业调查事项；

九　关于矿区勘定及矿质分析事项；

一〇　关于矿业用地事项；

一一　关于地质调查事项；

一二　关于其他矿业事项。

第一三条　劳工司掌下列事项：

一　关于劳工团体之监督事项；

二　关于劳工生活之改良及保障事项；

三　关于工厂、矿厂卫生设备之指导、监督及检查事项；

四　关于工人智识之增进事项；

五　关于工人失业及伤害之救济事项；

六　关于劳动保险之促进事项；

七　关于工人与雇主间纠纷之调解及劳资协作之指导事项；

八　关于工人或工会相互间之纠纷事项；

九　关于工人工作能率及服务状况之考查事项；

十　关于劳工移植及国外侨工保护事项；

一一　关于国际劳工事项；

一二　关于其他劳工事项。

第一四条　合作司掌下列事项：

一　关于合作社之监督事项；

二　关于合作事业之计划及促进事项；

三　关于合作事业之指导及视察事项；

四　关于合作资金之调济事项；

五　关于合作人才之训练事项；

六　关于合作事业之调查事项；

　　七　关于其他合作事项。

第一五条　实业部部长综理本部事务，监督所属职员及机关。

第一六条　实业部政务次长、常务次长辅助部长处理事务。

第一七条　实业部设秘书六人至十人，分掌部务会议及长官交办事务。

第一八条　实业部设参事四人至六人，撰拟、审核关于本部法案、命令。

第一九条　实业部设署长一人、司长八人，分掌各署、司事务。

第二〇条　实业部设科长二十四人至三十二人、科员一百二十人至一百六十人，承长官之命，办理各科事务。

第二一条　实业部部长特任，次长、参事、署长、司长及秘书三人简任，其余秘书及科长荐任，科员委任。

第二二条　实业部设技监一人或二人简任，技正二十四人，其中八人至十二人简任，余荐任，技士三十二人，其中十八人荐任，余委任，技佐二十至三十人委任，承长官之命，办理技术事务。

第二三条　实业部设统计长一人、会计主任一人，办理统计、岁计、会计事项，受实业部部长之指挥、监督，并依国民政府主计处组织法之规定，直接对主计处负责。

　　统计处及会计室需用佐理人员名额，由实业部及主计处就本法所定荐任、委任人员及雇员名额中会同决定之。

　　实业部因事务上之必要，得聘用顾问及专门委员。

第二四条　实业部处务规程以部令定之。

第二五条　本法自公布日施行。

●●教育部组织法
民国十七年（1928 年）十二月七日国民政府公布，十八年（1929 年）十月一日修正，二十年（1931 年）二月二十一日再修正，同年七月六日再修正，二十二年（1933 年）四月二十二日再修正，二十四年（1935 年）五月十八日再修正，二十五年（1936 年）十月三十一日再修正。

第一条　教育部管理全国学术及教育行政事务。

第二条　教育部对于各地方最高级行政长官，执行本部主管事务，有指示、监督之责。

第三条　教育部就主管事务，对于各地方最高级行政长官之命令或处分，认为有违背法令或逾越权限者，得请由行政院院长提经行政院会议议决后，停止或撤销之。

第四条　教育部置下列各司：

　　一　总务司；

　　二　高等教育司；

　　三　普通教育司；

四　社会教育司；

五　蒙藏教育司。

第五条　教育部于必要时,得置各委员会,其组织另定之。

第六条　教育部经行政院会议及立法院之议决,得增置、裁并各司及其他机关。

第七条　总务司掌下列事项：

一　关于收发、分配、撰拟、缮校、保存文件事项；

二　关于部令之公布事项；

三　关于典守印信事项；

四　关于纪录职员之进退事项；

五　关于编制报告事项；

六　关于编印公报及发行事项；

七　关于本部官物之保管事项；

八　关于本部庶务及其他不属各司之事项。

第八条　高等教育司掌下列事项：

一　关于大学教育及专门教育事项；

二　关于国外留学事项；

三　关于各种学术机关之指导事项；

四　关于学位授予事项；

五　关于其他高等教育事项。

第九条　普通教育司掌下列事项：

一　关于中等教育、小学教育、幼稚教育事项；

二　关于师范教育事项；

三　关于职业教育事项；

四　关于地方教育机关之设立及变更事项；

五　关于其他普通教育事项。

第一〇条　社会教育司掌下列事项：

一　关于民众教育及识字活动事项；

二　关于补习教育事项；

三　关于低能及残废者之教育事项；

四　关于美化教育事项；

五　关于公共体育事项；

六　关于图书及保存文献事项；

七　关于其他社会教育事项。

第一一条　蒙藏教育司掌下列各事项：

　　一　关于蒙藏地方教育之调查事项；

　　二　关于蒙藏地方各种教育事业之兴办事项；

　　三　关于蒙藏教育师资之培养事项；

　　四　关于蒙藏子弟入学之奖励事项；

　　五　关于蒙藏教育经费之计划事项；

　　六　关于其他蒙藏教育事项。

第一二条　学校所用图书、仪器及其他教育用品，由教育部审查核定，其办法由教育部定之。

第一三条　教育部置大学委员会，依大学委员会组织条例，决议全国教育及学术上重要事项。
　　大学委员会组织条例另定之。

第一四条　教育部置华侨、教育、设计委员会，掌理关于华侨、教育、设计事项，其组织条例
　　另定之。

第一五条　教育部部长综理本部事务，监督所属职员及各机关。

第一六条　教育部政务次长、常务次长辅助部长处理部务。

第一七条　教育部设秘书四人至六人，分掌部务会议及长官交办事务。

第一八条　教育部设参事二人至四人，撰拟、审核关于本部之法律、命令。

第一九条　教育部设司长五人，分掌各司事务。

第二〇条　教育部设督学六人至十人，视察及指导全国教育事宜。

第二一条　教育部设科长十四人至十八人，科员八十人至一百一十人，承长官之命，分掌
　　各科事务。教育部设会计主任一人、统计主任一人，办理岁计、会计、统计事项，受教育
　　部部长之指挥、监督，并依国民政府主计处组织法之规定，直接对主计处负责。会计室
　　及统计室需用佐理人员名额，由教育部及主计处就本法所定委任人员及雇员名额中会
　　同决定之。

第二二条　教育部部长特任，次长、参事、司长、秘书二人及督学四人简任，秘书、督学及科
　　长荐任，科员委任。

第二三条　教育部处务规程以部令定之。

第二四条　本法自公布日施行。

●●交通部组织法 民国十七年(1928年)十一月七日国民政府公布，十九年(1930年)二月三
　　日修正，二十年(1931年)二月二十一日再修正，二十五年(1936年)十一月三日再修正。

第一条　交通部管理、经营全国电政、邮政、航政，除法律别有规定外，并监督民营交通
　　事业。

第二条　交通部对于各地方最高级行政长官,执行本部主管事务,有指示、监督之责。

第三条　交通部就主管事务,对于各地方最高级行政长官之命令或处分认为有违背法令或逾越权限者,得请由行政院院长提经国务会议议决后,停止或撤销之。

第四条　交通部置下列各司:

一　总务司;

二　电政司;

三　邮政司;

四　航政司。

第五条　交通部得置邮政总局、无线电管理局、邮运航空处及各航政局,于必要时,并得置备委员会,其组织另定之。

第六条　交通部经国务会议及立法院之议决,得增置、裁并各司及其他机关。

第七条　总务司掌下列事项:

一　关于收发、分配、撰辑、保存文件事项;

二　关于部令之公布事项;

三　关于典守印信事项;

四　关于本部及所属各机关职员之任免、奖惩事项;

五　关于编制报告及刊行出版物事项;

六　关于电邮航行政及技术人员之训练及教育事项;

七　关于本部庶务及其他不属于各司事项。

第八条　电政司掌下列事项:

一　关于管理全国电报、电话等事项;

二　关于发展及改良电报、电话等事项;

三　关于监督民营电气、交通事业事项;

四　关于改善电务职工待遇事项。

第九条　邮政司掌下列事项:

一　关于监督考核全国邮政事项;

二　关于监督邮政储金及汇兑事项;

三　关于管理、经营国营邮政、航空事项;

四　关于监督民营航空承运邮件事项;

五　关于改善邮务职工待遇事项。

第一〇条　航政司掌下列事项:

一　关于管理航路及航行标识并其他一切航政事宜;

二　关于管理经营国营航业事项;

三　关于监督民营航业事项；

四　关于船舶发照登记事项；

五　关于计划筑港及疏浚航路事项；

六　关于管理及监督船员、船舶、造船事项；

七　关于改善船员待遇事项。

第一一条　交通部部长综理本部事务，监督所属职员及各机关。

第一二条　交通部政务次长、常务次长辅助部长处理部务。

第一三条　交通部设秘书四人至八人，分掌部务会议及长官交办事务。

第一四条　交通部设参事二人至四人，撰拟、审核关于本部之法案、命令。

第一五条　交通部设司长四人，分掌各司事项。

第一六条　交通部设科长十六人至二十人，科员一百二十人至二百人，承长官之命令，办理各科事项。

第一七条　交通部部长特任，次长、参事、司长及秘书二人简任，其余秘书及科长荐任，科员委任。

第一八条　交通部设技监一人简任，技正八人，二人简任，余荐任，技士八人至十二人荐任，技佐六人至八人委任，承长官之命令，办理技术事项。

第一九条　交通部设会计长一人、统计主任一人，办理岁计、会计、统计事项，受交通部部长之指挥、监督，并依国民政府主计处组织法之规定，直接对主计处负责。

会计处及统计室需用佐理人员名额，由交通部及主计处就本法所定荐任委任人员及雇员名额中会同决定之。

交通部经行政院会议议决，得聘用专门技术人员。

第二〇条　交通部处务规程以部令定之。

第二一条　本法自公布日施行。

●●铁道部组织法民国十七年（1928 年）十一月七日国民政府公布，十八年（1929 年）十一月十八日修正，二十年（1931 年）二月二十一日再修正，二十五年（1936 年）十一月三日再修正。

第一条　铁道部规划、建设、管理全国国有铁道、国道及监督省有民有铁道。

第二条　铁道部对于各地方最高行政长官，执行本部主管事务，有指示、监督之责。

第三条　铁道部就主管事务，对于各地方最高行政长官之命令或处分认为有违背法令或逾越权限者，得请由行政院院长提经国务会议议决后，停止或撤销之。

第四条　铁道部置下列各司：

一　总务司；

二　业务司；

三　财务司；

四　工务司。

第五条　铁道部为规划全国铁道、国道系统,统一铁道会计编纂、铁道法规,采购铁道材料,审定技术标准,得置各委员会。

前项各委员会之组织条例,由行政院定之。

第六条　铁道部经国务会议及立法院之议决,得增置、裁并各司及其他机关。

第七条　总务司掌下列事项:

一　关于收发、分配、撰辑、保存文件事项;

二　关于部令之公布事项;

三　关于典守印信事项;

四　关于本部及所属各机关职员之任免、奖惩事项;

五　关于编造行政报告事项;

六　关于铁道行政及技术人员之训练及教育事项;

七　关于铁道职工教育及附属学校事项;

八　关于本部庶务事项;

九　关于其他不属各司会之事项。

第八条　业务司掌下列事项:

一　关于铁道营业之监督、管理及发展、改良事项;

二　关于铁道运输之整理及机车车辆之调度事项;

三　关于铁道运价之规定事项;

四　关于国内外联运事项;

五　关于铁道营业设备需要之审定事项;

六　关于铁道员工之待遇及保障事项;

七　关于铁道警卫之编练、指挥事项;

八　关于铁道防疫及其他卫生事项;

九　关于省有、民有铁道业务之监督事项;

一〇　关于国际铁道事项;

一一　关于国道业务事项。

第九条　财务司掌下列事项:

一　关于铁道款项之支配、保管事项;

二　关于铁道债务之整理、偿还事项;

三　关于铁道改良、扩充建设之筹款事项;

四 关于铁道财产之处理事项；

五 关于铁道土地之收买、处分事项；

六 关于铁道之经济调查及设计事项；

七 关于省有、民有铁道财务之监督事项；

八 关于其他一切铁道财务事项；

九 关于国道财务事项。

第一〇条 工务司掌下例事项：

一 关于铁道工务之监督、管理及扩充、改良事项；

二 关于铁道路线之测定及其工程设计事项；

三 关于铁道建筑工程之监督、管理事项；

四 关于铁道终点及沿线附属区域市街港埠之建设事项；

五 关于铁道工程机械建筑材料购置之审核事项；

六 关于铁道机厂、材料工厂之建设、管理事项；

七 关于省有民有铁道工务之监督事项；

八 关于其他一切铁道工程建设事项；

九 关于国道工务事项。

第一一条 铁道部部长综理本部事务，监督所属职员及各机关。

第一二条 铁道部政务次长、常务次长辅助部长处理部务。

第一三条 铁道部设秘书四人至八人，分掌部务会议及长官交办事务。

第一四条 铁道部设参事二人至四人，撰拟、审核关于本部之法案、命令。

第一五条 铁道部设司长四人，分掌各司事务。

第一六条 铁道部设科长十二人至十六人、科员一百二十人至一百六十人，承长官之命令，办理各科事务。

第一七条 铁道部部长特任，次长、参事、司长及秘书二人简任，其余秘书及科长荐任，科员委任。

第一八条 铁道部设技监一人简任，技正十六人至二十人四人简任，余荐任，技士二十人至三十人荐任，技佐二十人至二十四人委任。

第一九条 铁道部设会计长一人、统计主任一人，办理岁计、会计、统计事项，受铁道部部长之指导、监督，并依国民政府主计处组织法之规定，直接对主计处负责。

会计处及统计室需用佐理人员名额，由铁道部及主计处就本法所定荐任委任人员及雇员名额中会同决定之。

铁道部经行政院会议议决，得聘用专门技术人员。

第二〇条 铁道部处务规程以部令定之。

第二一条　本法自公布日施行。

考选委员会组织法民国十八年(1929年)八月一日国民政府公布,十九年(1930年)三月十七日修正,二十五年(1936年)十一月五日再修正。

第一条　考选委员会掌理全国考选事宜。

第二条　考选委员会以委员长一人、副委员长一人、委员五人至七人组织之,委员长特任,副委员长、委员简任。

第三条　考选委员会之行政事务,经考选委员会会议议决,由委员长执行之。

第四条　考选委员会设专门委员十六人至三十二人,计划一切考选设施,襄理各项专门考试事宜,由考试院聘任之。

第五条　考选委员会于必要时,得聘任、编纂十二人至二十四人,襄助专门委员,办理编译事宜。

第六条　考选委员会设秘书长一人简任,秘书四人,其中二人简任,余荐任,科长四人至六人荐任,每科科员四人至八人委任,考选委员会设会计员一人、统计员一人,办理岁计、会计、统计事项,受考选委员会委员长之指挥、监督,并依国民政府主计处组织法之规定,直接对主计处负责。

会计室及统计室需用佐理人员名额,由考选委员会及主计处就本法所定委任人员及雇员名额中会同决定之。

第七条　秘书长承委员长之命处理会务。

第八条　本会会议规则及处务规程,由考试院定之。

第九条　本法自公布日施行。

铨叙部组织法民国十七年(1928年)十二月十七日国民政府公布,二十二年(1933年)二月二十四日修正,二十五年(1936年)十一月四日再修正。

第一条　铨叙部掌理全国文官、法官、外交官、其他公务员及考取人员之铨叙事项。

第二条　铨叙部设部长一人特任,综理部务,监督所属职员,政务次长、常务次长各一人简任,辅助部长处理部务。

第三条　铨叙部置下列各处司及委员会:

一　秘书处;

二　登记司;

三　甄核司；

四　育才司；

五　铨叙审查委员会。

第四条　秘书处掌下列事项：

一　关于文书收发、保管及分配事项；

二　关于文件撰拟事项；

三　关于部令公布事项；

四　关于典守印信事项；

五　关于庶务事项；

六　关于本部职员之进退纪录事项；

七　其他不属于各司主管事项。

第五条　登记司掌下列事项：

一　关于公务员登记事项；

二　关于考取人员登记事项。

第六条　甄核司掌下列事项：

一　关于公务员成绩之审查事项；

二　关于公务员任免之审查事项；

三　关于公务员升降、转调之审查事项；

四　关于公务员资格审查事项。

第七条　育才司掌下列事项：

一　关于俸给审查事项；

二　关于年金及奖恤之审查事项；

三　关于公务员之补习教育及公益事项。

第八条　铨叙审查委员会掌关于第六条所列各款及第七条第一、第二两款之复核事项。

第九条　铨叙部设秘书六人，其中二人简任，余荐任；司长三人简任，科长十二人至十六人荐任，科员六十人至九十人委任。

铨叙部设统计主任一人、会计员一人，办理统计、岁计、会计事项，受铨叙部部长之指挥、监督，并依国民政府主计处组织法之规定，直接对主计处负责。统计室及会计室需用佐理人员名额，由铨叙部及主计处就本法所定委任人员及雇员名额中会同决定之。

第一〇条　铨叙审查委员会以次长、司长及有关系之科长组织之，政务次长为主席。

第一一条　铨叙部处务规程另定之。

第一二条　本法自公布日施行。

●●审计部组织法民国十八年(1929年)十月二十九日国民政府公布,二十二年(1933年)四月二十四日修正,二十五年(1936年)十一月四日再修正。

第一条　审计部直属国民政府监察院,依监察院组织法第五条及审计法之规定,行使职权。

第二条　审计部部长特任,秉承监察院院长,综理全部事宜。

第三条　审计部政务次长、常务次长简任,辅助部长处理部务。

第四条　审计部关于处理审计、稽察重要事务及调度审计、协审、稽察人员,以审计会议之决议行之。审计会议以部长、政务次长、常务次长及审计组织之,其决议以出席人员过半数之同意行之,可否同数时,取决于主席。

审计会议开会时,部长主席、部长有事故时,由次长代理。

第五条　审计部设三厅,依监察院组织法第五条之规定,分掌下列事务:

一　第一厅,掌理政府所属全国各机关之事前审计事务;

二　第二厅,掌理政府所属全国各机关之事后审计事务;

三　第三厅,掌理政府所属全国各机关之稽察事务。

第六条　审计部设总务处,掌理文书、庶务等事务。

第七条　审计部设厅长三人,由部长指定审计兼任之。

每厅设三科,每科设科长一人,由部长分别指定,协审稽察兼任科员四人至八人委任。

第八条　审计部总务处设处长一人,由部长指定简任,秘书兼任之。

总务处设科长四人荐任,每科科员二人至四人委任。

第九条　审计部设秘书二人至四人,内二人简任,余荐任,分掌会议及长官交办事务。

第一〇条　审计部设审计九人至十二人简任,协审十二人至十六人,稽察八人至十人均荐任,分别执行审计稽察职务。

在京各机关之审计、稽察职务,由部内不兼厅长、科长之审计、协审、稽察兼理。

前项审计、协审、稽察以审计会议之决议,调赴各机关分别执行职务。

审计部因执行前项职务,得设佐理员四十人至六十人委任。

审计部设驻外审计、协审、稽察,分别执行各审计处及审计办事处之职务。

第一一条　审计须以具有下列资格之一者充之:

一　具有第十二条或第十三条之资格,并曾任简任以上官职者;

二　现任最高级协审、稽察一年以上,成绩优良者。前项第一款规定,于常务次长准用之。

第一二条　协审在未有考试合格之人员以前,须以具有下列资格之一者充之:

一　曾在国内外专门以上学校习经济、法律、会计之学三年以上毕业,并有相当经验者;

二　曾任会计师或关于审计之职务三年以上,成绩优良者。

第一三条　稽察在未有考试合格之人员以前,须以具有下列资格之一者充之:

一　于稽察事务所需学科曾在国内外专门以上学校修习三年以上毕业,并有相当经验者;

二 于稽察事务曾任技师或职官三年以上,成绩优良者。

第一四条 审计、协审、稽察在职中不得兼任下列职务:

一 其他官职;

二 律师会计师或技师;

三 公私企业机关之任何职务。

第一五条 审计部因缮写文件及其他事务,得酌用雇员。

第一六条 审计部设会计主任一人、统计主任一人,办理岁计、会计、统计事项,受审计部部长之指挥、监督,并依国民政府主计处组织法之规定,直接对主计处负责。

会计室及统计室需用佐理人员名额,由审计部及主计处就本法所定委任人员及雇员名额中会同决定之。

审计部遇必要时,得聘用专门人员。

第一七条 审计部于各省及直隶行政院之市设审计处,掌理各该省、市内中央及地方各机关之审计、稽察事务。其他不能依行政区域划分之机关,经国民政府核准,得由审计部设审计办事处。

前项审计处及审计办事处之组织,另以法律定之。

第一八条 审计、协审、稽察非受刑之宣告或惩戒处分者,不得免职或停职。

第一九条 本法自公布日施行。

●●司法行政部组织法 民国十七年(1928年)十一月十九日国民政府公布,十八年(1929年)四月十七日修正,二十五年(1936年)十一月三日再修正。

第一条 司法行政部管理全国司法行政事务。

第二条 司法行政部对于各地方最高级行政长官,执行本部主管事务,有指示、监督之责。

第三条 司法行政部就主管事务,对于各地方最高级行政长官之命令或处分,认为有违背法令或逾越权限者,得请由司法院院长提经国务会议议决后停止或撤消之。

第四条 司法行政部置下列各司:

一 总务司;

二 民事司;

三 刑事司;

四 监狱司。

第五条 司法行政部经国务会议及立法院之议决,得增置、裁并各司及其他机关。

第六条 总务司掌下列事项:

一 关于收发、分配、撰辑、保存文件事项;

二 关于部令之公布事项;

　　三　关于典守印信事项；

　　四　关于司法院所属各机关职员之任免事项；

　　五　关于司法院所属各机关职员付惩戒事项；

　　六　关于编制报告及刊行出版物事项；

　　七　关于本部所管之官产、官物事项；

　　八　关于司法机关之设置、废止及其管辖区域之分划、变更事项；

　　九　关于司法机关职员之训练及教育事项；

　　十　关于律师事项；

　　一一　关于稽核罚金、赃物及没收等事项；

　　一二　关于本部庶务及其他不属各司事项。

第七条　民事司掌下列事项：

　　一　关于民事诉讼审判之行政事项；

　　二　关于非讼事件事项；

　　三　关于公证事项；

　　四　关于司法机关所管之登记事项；

　　五　关于其他民事事项。

第八条　刑事司掌下列事项：

　　一　关于刑事诉讼审判及检察之行政事项；

　　二　关于特赦、减刑、复权、执行刑罚及缓刑事项；

　　三　关于国际引渡罪犯事项；

　　四　关于其他刑事事项。

第九条　监狱司掌下列事项：

　　一　关于监狱之设置、废止及管理事项；

　　二　关于监督监狱官吏事项；

　　三　关于犯罪人之感化、假释及出狱人保护事项；

　　四　关于犯罪人异同识别事项；

　　五　关于犯罪人卫生及工作事项。

第一〇条　司法行政部设部长一人，综理本部事务，监督所属职员及各机关。

第一一条　司法行政部设政务次长、常任次长各一人，辅助部长处理部务。

第一二条　司法行政部设秘书四人至六人，分掌部务会议及长官交办事务。

第一三条　司法行政部设参事二人至四人，撰拟、审核关于本部之法律、命令。

第一四条　司法行政部设司长四人，分掌各司事务。

第一五条　司法行政部设科长十六人至二十四人，科员六十人至一百人。

第一六条　司法行政部部长为特任职，次长、参事、司长及秘书二人为简任职，其余秘书及科长为荐任职,科员为委任职。

第一七条 司法行政部设会计主任一人、统计主任一人,办理岁计、会计、统计事项,受司法行政部部长之指挥、监督,并依国民政府主计处组织法之规定,直接对主计处负责。

会计室及统计室需用佐理人员名额,由司法行政部及主计处就本法所定委任人员及雇员名额中会同决定之。

司法行政部得设技正一人或二人,为荐任职,技士三人至五人,为委任职,承长官之命,办理技术事务。

第一八条 司法行政部部长、次长,由司法院院长提请国民政府任免之;荐任以上人员,由部长呈司法院院长呈请国民政府任免之;委任人员,由部长任免之。

第一九条 司法行政部处务规程,以司法院院令定之。

第二○条 本法自公布日施行。

●●公务员惩戒委员会组织法 民国二十三年(1934年)五月二十二日国民政府修正公布,二十五年(1936年)十一月六日再修正。

第一条 公务员惩戒委员会直隶于司法院,除法律别有规定外,掌管一切公务员之惩戒事宜。

第二条 公务员惩戒委员会分下列二种:

一 中央公务员惩戒委员会;

二 地方公务员惩戒委员会。

第三条 中央公务员惩戒委员会置委员长一人特任,委员九人至十一人简任,掌管全国荐任职以上公务员及中央各官署委任职公务员之惩戒事宜。前项委员中应有三人至五人,曾在国民政府统治下充简任法官者。

第四条 中央公务员惩戒委员会委员非年满三十岁,于政治、法律有深切之研究,并具有下列各款资格之一者,不得任用:

一 曾在国民政府统治下任简任职公务员二年以上或荐任职公务员五年以上者;

二 对党国有特殊勋劳或致力革命十年以上者。

第五条 地方公务员惩戒委员会分设于各省,各置委员长一人,由高等法院院长兼任,委员七人至九人,掌管各该省委任职公务员之惩戒事宜。

前项委员,由司法院就高等法院庭长及推事中遴派三人至五人,余就省政府各处应现任荐任职公务员中遴派。

第六条 在直隶于行政院之市,准用前条之规定,设地方公务员惩戒委员会,并得以地方法院院长兼任委员长及派地方法院庭长及推事兼任委员。

第七条 惩戒事件之审议,在中央公务员惩戒委员会,应有委员七人之出席;在地方公务员惩戒委员会,应有委员五人之出席,由委员长指定一人为主席。

第八条　公务员惩戒委员会委员长综理会务,监督所属职员对于惩戒事件得查察进行程序,但不得干涉惩戒。

第九条　中央公务员惩戒委员会置书记官长一人荐任或简任,承长官之命,掌理典守印信分配案件。书记官十五人至二十人,其中五人荐任,余委任,承长官之命,办理纪录编卷及其他事务。

中央公务员惩戒委员会设会计员一人,办理岁计、会计、统计事项,受中央公务员惩戒委员会委员长之指挥、监督,并依国民政府主计处组织法之规定,直接对主计处负责。

会计室需用佐理人员名额,由中央公务员惩戒委员会及主计处就本法所定委任人员及雇员名额中会同决定之。

第一○条　中央公务员惩戒委员会为缮写文件及其他事务,得酌用雇员。

第一一条　地方公务员惩戒委员会之分配案件、纪录编卷等事务,由委员长调用法院职员办理。

第一二条　公务员惩戒委员会办事规则,由司法院定之。

第一三条　本法自公布日施行。

●●中央研究院组织法民国十七年(1928年)十一月九日国民政府公布,同日施行,二十四年(1935年)五月二十七日修正,二十五年(1936年)十一月六日再修正。

第一条　中央研究院直隶于国民政府,为中华民国最高学术研究机关。

第二条　中央研究院之任务如下:

一　实行科学研究;

二　指导、联络、奖励学术之研究。

第三条　中央研究院设院长一人特任,院长综理全院行政事宜。

第四条　中央研究院设总干事一人,受院长之指导,执行全院行政事宜;设干事三人至五人,分掌全院文书、庶务事宜,均由院长聘任。

中央研究院设会计员一人、统计员一人,办理岁计、会计、统计事项,受中央研究院院长之指挥、监督,并依国民政府主计处组织法之规定,直接对主计处负责。

会计统计佐理人员名额,由中央研究院及主计处会同决定之。

第五条　中央研究院设评议会,由国民政府聘任之,评议员三十人及当然评议员组织之。

中央研究院院长及其直辖各研究所所长为当然评议员,院长为评议会议长。

评议会条例另定之。

第六条　本院设研究所如下:

一　物理研究所;

二　化学研究所;

三　工程研究所；

四　地质研究所；

五　天文研究所；

六　气象研究所；

七　历史语言研究所；

八　国文学研究所；

九　考古学研究所；

一〇　心理学研究所；

一一　教育研究所；

一二　社会科学研究所；

一三　动物研究所；

一四　植物研究所。

本院于必要时，得设其他研究所。

第七条　中央研究院设名誉会员，名誉会员分下列两种：

一　个人名誉会员　中国学术专家于学术上有重要发明或贡献，经本院评议员三分之一以上之提议，全体一致之通过，得被选为本院个人名誉会员；

二　团体名誉会员　国内科学研究机关或团体对科学有相当之设备及重要之贡献，经本院评议员三分之一以上之提议，三分之二以上之通过，得被选为本院团体名誉会员。

第八条　外国科学专家在科学上有重大之发明或贡献，经本院评议员过半数之提议，全体一致之通过，得被选为本院名誉通信员。

第九条　中央研究院最小限度之基金定为五百万元，基金条例另定之。

第一〇条　中央研究院之处务规程另定之。

第一一条　本法自公布日施行。

●●卫生署组织法民国二十四年（1935年）九月九日国民政府公布，二十五年（1936年）十一月六日修正。

第一条　卫生署直隶于行政院，掌理全国卫生事务。

第二条　卫生署置下列各科：

一　总务科；

二　医政科；

三　保健科。

第三条　总务科掌下列事项：

一　关于收发、分配、撰拟、保存文件事项；

二　关于典守印信事项；

三　关于职员之任免及成绩考核事项；

四　关于编译出版品事项；

五　关于庶务及其他不属各科事项。

第四条　医政科掌下列事项：

一　关于国立、公立、私立医院、疗养院等之监督事项；

二　关于医师、药师、助产士、看护士等资格之审定及业务监督事项；

三　关于医师、药师等公会之监督事项；

四　关于药商及药品制造之监督事项；

五　关于药用植物之培植及药品制造之奖励事项；

六　关于药典之调查、编订事项；

七　关于麻醉药品、毒剂药品及毒剂物之取缔事项；

八　关于饮料食品及其用器之检查事项；

九　关于其他医政事项。

第五条　保健科掌下列事项：

一　关于传染病之检验及防止事项；

二　关于卫生行政人员之训练事项；

三　关于各项卫生设施之指导、监督事项；

四　关于医药设施之研究事项；

五　关于医药救济事项；

六　关于其他保健及防疫事项。

第六条　卫生署设署长一人特任，综理全署事务，监督所属职员及各机关。

第七条　卫生署设秘书一人或二人荐任，承署长之命，掌理署务会议及交办之事件。

第八条　卫生署设科长三人荐任，科员二十人至三十人委任，承长官之命，分掌事务。

第九条　卫生署设技正四人至八人，其中二人简任，余荐任；技士八人至十六人，其中四人荐任，余委任；技佐十人至二十人委任，承长官之命，办理技术事务。

卫生署设统计主任一人、会计员一人，办理统计、岁计、会计事项，受卫生署署长之指挥、监督，并依国民政府主计处组织法之规定，直接对主计处负责。

统计室及会计室需用佐理人员名额，由卫生署及主计处就本法所定委任人员及雇员名额中会同决定之。

第一〇条　卫生署得酌用雇员。

第一一条　本法自公布日施行。

暂行文官官等官俸表　民国二十二年（1933年）九月二十三日公布，二十五年（1936年）九月二十三日修正

任别	级别	俸别	国民政府	五院及各部会	省政府及各厅	行政院及各省政府所属市政府	县政府及各科局
特任		800	文官长　主计长	部长　委员长	省主席	市长	
简任	一	680	局长	次长　副委员长		参事	
	二	640	秘书官　主计官	秘书长　署长　技监			
	三	600					
	四	560		参事　审计长　司长　厅长	委员　厅长	市长	一等县长
	五	520	参事　统计长　会计长	计长	秘书长	局长　秘书长　参事	二等县长
	六	490					三等县长
	七	460			秘书　科长		
	八	430				局长　秘书长　科长　科员	等县秘书　科长局长
荐任	一	400	统计主任　会计主任				
	二	380	秘书　科长　技师	编审　督学　视察　技正			一等县秘书　科长局长
	三	360		秘书　科长　协审　技正	秘书　科长		二等县秘书　科长局长
	四	340		编译　修编　学习			三等县秘书　科长局长
	五	320					
	六	300					
	七	280	荐任科员	荐任科员	荐任科员		
	八	260					
	九	240					
	十	220					
	十一	200					
	十二	180					
委任	一	200	会计统计技士科员（一等）	一等技士科员	一等科员	一等科员	一等县督学科员
	二	180	会计统计技士科员（二等）	二等技士科员	二等科员	二等科员	二等县督学科员
	三	160	会计统计技士科员（三等）	三等技士科员	三等科员	三等科员	三等县督学科员
	四	140		一等书记官			
	五	130		二等书记官			
	六	120		三等书记官			
	七	110	一等办事员	一等办事员	一等办事员	一等办事员	
	八	100	二等办事员	二等办事员	二等办事员	二等办事员	
	九	90	三等办事员	三等办事员	三等办事员	三等办事员	
	十	85					
	十一	80					
	十二	75					
	十三	70					
	十四	65					
	十五	60					办事员

说明：

本表俸额数字以元为单位。

本表所定办事员包括特务员、事务员、译电员、管卷员、交牍员、绘员等。

各县县长及其佐治人员其最低级俸，得由各省政府按照各县情形，在本表规定范围内斟酌拟定，报由铨叙部备案。

各市市长应叙级俸，得由行政院或省政府按照各该市政府情形，在本表规定范围内斟酌拟定，报由铨叙部备案。

省政府所属各厅其设有视察员及技正、技士、技佐者，应由各该省政府比照科长科员叙俸报出，铨叙部核定行之。

各机关有依组织法设荐任及委任书记官，其地位与各部会不同者，比照科长员叙俸，报由铨叙部核定行之。

各院会委员由各该机关的拟级俸，报由铨叙部核定行之。

初任人员依照任用法第十二条第一项上半段之规定，按本表各该官等之最低级俸叙起。但迁升官职者，得视原俸之高下的叙等级。

非初任人员依照任用法第十二条第一项下半段之规定，得按原级叙俸，但不得超过本表各该官等之最高级俸。

委任官之分三等者，初任人员得分别就各该等之最低级叙俸，各县县长及其各种县行政人员均应按照本表规定，核叙级俸，但应有特殊情形。

额俸支俸时，得由各省政府按照本表规定等级，分别酌量改拟实支俸额，咨送内政部核转，铨叙部查核备案。

凡财政支细及生活程度较低地方，得出各该省市政府就各该地方财政状况，依照本表所定等级酌拟俸额或减成支给，并报铨叙部核定备案。

各机关如有本表所举以外合于法定组织之公务员，应由各该机关主管长官比照本表同等人员，详拟应叙等级及应支俸给，报由铨叙部核定行之。

●●公务员任用法 民国二十四年（1935 年）十一月十三日国民政府修正公布

第一条　公务员之任用，除法律另有规定外，依本法行之。

第二条　简任职公务员，应就具有下列各款资格之一者任用之：

一　现任或曾任简任职，经甄别审查或考绩合格者；

二　现任或曾任最高级荐任职三年以上，经甄别审查或考绩合格者；

三　曾任政务官二年以上者；

四　曾于中华民国有特殊勋劳或致力国民革命十年以上而有勋劳，经证明属实者；

五　在学术上有特殊之著作或发明，经审查合格者。

第三条　荐任职公务员，应就具有下列各款资格之一者任用之：

一　经高等考试及格或与高等考试相当之特种考试及格者；

二　现任或曾任荐任职，经甄别审查或考绩合格者；

三　现任或曾任最高级委任职三年以上，经甄别审查或考绩合格者；

四　曾于中华民国有勋劳或致力国民革命七年以上而有成绩，经证明属实者；

五　在教育部认可之国内外大学毕业而有专门著作，经审查合格者。

第四条　委任职公务员，应就具有下列各款资格之一者任用之：

一　经普通考试及格或与普通考试相当之特种考试及格者；

二　现任或曾任委任职，经甄别审查或考绩合格者；

三　现充雇员继续服务三年以上而成绩优良，现支最高薪额者；

四　曾致力国民革命五年以上而有成绩，经证明属实者；

五　在教育部认可之专科以上学校毕业者。

第五条　公务员之任用，除依前三条之规定外，并以其学识、经验、健康与其所任之职务相当者为限。

第六条　有下列各款情事之一者，不得任用为公务员：

一　褫夺公权者；

二　亏空公款者；

三　曾因赃私处罚有案者；

四　吸用鸦片或其代用品者。

第七条　简任职公务员之任用，由国民政府交铨叙机关审查合格后任命之。荐任职、委任职公务员之任用，由该主管长官送铨叙机关审查合格后分别呈荐委任之。

铨叙机关接到前项文件后，应速审查，决定合格或不合格。

第八条　在请简呈荐拟委之期间，该管长官于必要时，得派有相当资格之人员代理，但代理期间不得逾三个月。

第九条　考试及格人员，得按其考试种类及科别，分发相当官署任用。

前项人员，对于拟任职务无相当资历者，得先分发学习，其办法由考试院定之。

第一〇条　荐任职、委任职公务员应应分发之，考试及格人员优先任用。

第一一条　任用程序分为试署及实授试署，满一年成绩优良者，始得实授。其成绩不良者，应由铨叙机关分别情节，延长其试署期间，或降免之。

第一二条　初任人员应为试署，并从最低级俸叙起。但委任人员之分等者，得就各该等之最低级俸叙起。

曾任同等公务员,积有年资及劳绩者,得按其原叙等级原支俸额酌叙级俸,其有简任资格而以荐任职任用或有荐任职资格而以委任职任用者,不适用前项之规定。

第一三条　本法于政务官,不适用之。

第一四条　本法第二条至第四条之规定,于下列公务员不适用之:

一　蒙藏委员会委员;

二　侨务委员会委员;

三　各机关秘书长及秘书。

第一五条　本法施行细则,由考试院定之。

第一六条　本法自公布日施行。

二 官规

●●公务员任用法施行细则 民国二十四年(1935年)十二月三十一日国民政府公布

第一条 本细则依修正公务员任用法第十五条之规定,制定之。

第二条 本法所称简任职、荐任职、委任职公务员,以各机关组织法规中定有官等者为限。

第三条 本法所称政务官,指须经中央政治会议议决任命之人员。

第四条 本法所称甄别审查合格,指经铨叙部依现任公务员甄别审查条例审查合格,领有证书者。其他依法审查合格认为与甄别审查合格有同等效力,领有铨叙部证书者,亦同。所称考绩合格,指依公务员考绩法考绩合格者。

第五条 本法所称曾任职务,以在国民政府统治下者为限。

第六条 本法所称最高级荐任职,得以曾任简任职以上职务,并计年资。所称最高级委任职,得以曾任荐任职以上职务,并计年资。

第七条 本法所称高等考试、普通考试及与高等或普通考试相当之特种考试,指依考试法举行之考试。经考试复核委员会复核及格之各种考试人员,得依其性质及程度视为相当于本法所称之各种考试及格人员。

证明前两项之资格,须提出及格证书。

第八条 本法所称对于中华民国有特殊勋劳或勋劳,除由本人开具事实外,须有下列之一之证明:

一 国民政府之文件;

二 中国国民党中央执行委员会之证明书。

第九条 本法所称致力国民革命而有勋劳或成绩,除由本人开具事实外,须有中国国民党中央执行委员会之证明书。

第一〇条 本法所称著作或发明,须由本人提出著作全部或发明之报告书及证件,送由铨叙部审查或送专门研究机关审查。经审查合格后之著作或报告书,由铨叙部抽存之。

送审之著作应用本国文,如为外国文,应择要抽译,连同原著送审。

第一一条 本法所称雇员,指各机关雇用之书记、录事或其他同等职务之雇用人员。所称继续服务,指在本机关继续报务并未间断者而言。雇员之升用,以三等委任职为准。

第一二条　证明现任或曾任职务之年资,须分别提出任状及卸职文件,如不能提出时,须有下列之一之证明:

一　原机关或上级机关之证明书;

二　有关系之公文书;

三　公报及其他足资证明之文件。

证明曾任职务之等级及俸额,适用前项各款之规定。

第一三条　证明学校毕业之资格,须提出毕业证书。如不能提出时,须有下列之一之证明:

一　原学校之正式证明书;

二　教育部或该管教育行政机关之证明书;

三　毕业同学录或其他足资证明之文件。

第一四条　前两条证件中名字前后不同者,除分别适用前两条规定之证明办法外,并得由原籍县市政府为之证明。

第一五条　本法第七条所称简任职、荐任职、委任职公务员之任用审查,应分别提出任用审查表及有关系之证明文件。

第一六条　资格或级俸经审查发表后声请复审者,得于文到一个月内,依本法第七条规定之程序声请之,但以一次为限。

第一七条　各机关荐任职、委任职有缺额时,依下列规定,顺次叙补。

第一次甲类　合于本法第三条第一款、第四条第一款资格者;

第二次乙类　合于本法第三条第二、三、四、五各款、第四条第二、三、四、五各款资格者。

第一八条　考试及格分发人员于叙用后,非因自行去职或考绩处分、惩戒处分而去职者,得向铨叙部声请改分,但以一次为限。

第一九条　试署人员试署期满,应由主管长官考查成绩后,填具成绩审查表,依本法第七条规定之程序,送由铨叙机关审查之。

试署人员在试署期内调任同官等职务时,前后服务年资得合并计算。

第二〇条　公务员经依法任用或由试署改实授后,均应由各该机关将任用及到职日期、所叙等级、俸额报由原审查之铨叙机关登记。

第二一条　本法所称初任人员,指初任简任职、荐任职或委任职者而言。所称从最低级俸叙起,指从拟任职务之最低级俸叙起。

第二二条　本法第十二条第二项所称曾任同等公务员积有年资,指曾任与拟任职务同官等以上之职务在一年以上者而言。所称有简任职资格而以荐任职任用或有荐任职资格而以委任职任用者,不适用前项之规定,指无庸试署并不必从最低级俸叙起,但资格以合于本法第二条第一款、第三款、第三条第一款、第二款者为限。

第二三条　本法第十四条所列公务员,除不适用本细则第十七条外,余均依本法及本细则办理。

第二四条　本细则所适用之各种证明书、任用审查表、成绩审查表之格式,另定之。

第二五条　本细则自公布日施行。

公务员任用审查表式

机关									
姓名		别号		性别		年龄		籍贯	省县
住址						党籍			
性行						体格			
学历									
经历									
其他									
拟任事务				证明文件					
拟叙级俸									
担任事务				主管长官署名	职务	姓名	盖章		
粘贴最近二寸半身相片	机关印信			备考					
中华民国		年		月		日			

一　自机关至党籍栏及学历经历两栏,俱由本人自行填写,其余各栏由机关长官填写。

二　其他栏,凡有专门著作、特殊著作或发明者,于本栏填载之。

三　拟任职务栏,应注明所拟任之职务,如某司司长、某科科长、某局局长、某科科员之类。

四　担任事务栏,应注明实际担任之事务,如参事之审核、撰拟,法令科长之主管某种事务。属于科员者,应分别注明处理文书、办理总务等。其属于技术人员者,并须填明担任某项技术职务。

五　拟叙级俸栏,应将"级""俸"分别填明,其属委任者,并应注明某等、某级。

六　证明文件栏,应将与任用资格及叙俸有关之文件分别详细列入,文件并应随表附送。

七　本表各栏均应详细填载并粘贴相片(其属初次任用为公务员者并应另附二张),如有遗漏,铨叙机关得附表退还,俟补正后再审。

八　本表年月上,须盖用送审机关印信。

九　本表篇幅大小,以此为准。

现任公务员试署期满成绩审查表

公务员试署期满成绩审查表式

官署					
姓名		试署期内受何奖罚			
试署职务		成绩			
任用年月					
就职年月		考语			
担任事务		拟叙级俸			
原叙级俸		考核长官	职衔	签名	盖章
有无兼职					
备考					
中华民国　　　　年　　　　月　　　　日					

说明

一　本表凡依法试署满一年以上之公务员适用之,由各机关依公务员任用法施行细则第十九条之规定填送。

二　自官署至有无兼职各栏,由本人填写,自试署写,自试署期内受何奖罚至考核长官各栏由长官填写。

三　原叙级俸,指试署任用时经铨叙机关核定级俸。

四　成绩栏,应详叙具体事实,不宜出空洞语句。

五　拟叙级俸栏,指由试署改实授后若有加俸或晋级时,即于此栏内填注。若仅由试署改实授并不加俸晋级者,即填"俸级仍旧"四字。

六　年月栏,须加盖机关印信。

七　本表篇幅大小,以此式为准。

革命资历证明书式

曾任经历证明书式

经历证明书
请求证明人　　　　年　　　　岁籍贯
服务机关
拟任职务
据上开请求人以曾任
职务自　　年　　月起至　　年　　月止共　　年　　月,兹因　　遗失请求证明查请求证明人所任前项职务,其任职、卸职年月均属实在,如有虚伪,证明人愿负法律上之责任,此致。
铨叙部　　(或铨叙机关)
某某机关长官　　　签名　　　盖章
中华民国　　[印信 机关]　　年　　　月　　　日

证明书

存根

字第　　　号

印

请求证明人　年　岁籍贯

服务机关　　拟任职务

兹据右开请求人开具事实请求证明经开会审查属实确合于修正公务员任用法第　条第　款所规定

之资格特此证明兹连同事实一份送请

查照此致

铨叙部（或铨叙机关）

照片粘贴

印

中华民国　年　月　日

（字第　　号）

中国国民党中央执行委员会
常务委员会　主　席〇〇〇
　　　　　　副主席〇〇〇〇〇

请求证明人　年　岁籍贯

服务机关　　拟任职务

兹经第　次审查会认为合于修正公务员任用法第　条第　款所规定之资格准发证明书

中华民国　年　月　日

（字第　　号）

一　此项证明书由请求证明人之原服务机关出具之,如原服务机关现已裁撤,即由原机关之主管上级机关查案出具,均以盖有官印及机关长官署名盖章者为限。

二　原机关或上级机关,长官私人出具并未加盖印信者无效。

三　此项证明书审查仍由铨叙机关抽存。

学校毕业资格证明书式

学历证明书
查　　年　　岁　　省　　县人于　　年　　月在　　校修习　　学科　年毕业
毕业证书因　　不能提出,兹经查明,原案该员确具有前项学历,如有虚伪,愿负法律上之责任,此致。
铨叙部(或铨叙分机关)
原校校长或该管教育机关长官署名盖章
中华民国　　[学校或机关印信]　　年　　　　月　　　　日

一　此项证明书由原校校长或该管教育机关长官出具之,须署名盖章,并加盖原校或机关正式印信。

二　原校校长或机关长官私人出具,并未加盖正式印信者无效。

三　此项证明书审查后,由铨叙机关抽存。

●●边远省分公务员任用资格暂行条例

民国二十四年(1935 年)十一月十四日国民政府公布,二十五年(1936 年)一月十日施行,期间三年,区域新疆、宁夏、青海、贵州、甘肃、西康六省。

第一条　边远省分荐任职、委任职公务员之任用资格,除尽先适用公务员任用法之规定外,得依本条例办理。

第二条　具有下列资格之一者,行以荐任职任用:

一　在教育部认可之国内外专科以上学校毕业者;

二　于本条例施行以前,在当地官署认可与专科以上学校相当之学校毕业者;

三　曾任荐任职二年以上者;

四　曾任与荐任职相当之军用文官或公立中学以上学校校长三年以上者;

五　曾在各该省任委任职五年以上,成绩卓著有公文书证明者。

第三条　具有下列资格之一者，得以委任职任用：

一　在经教育部或教育厅认可之旧制中学、高级中学或其他相当学校毕业者；

二　曾在各该省任委任职二年以上者；

三　曾任各该省与委任职相当之军用文官或公立小学校以上校长三年以上者；

四　曾充雇员三年以上者；

五　在各该省办理公益事项五年以上，著有成绩有公文书证明者。

第四条　本条例适用省分及施行期间，以命令定之。

●●技术人员任用条例民国二十四年（1935年）十一月八日国民政府公布

第一条　各官署之技监、技正、技士、技佐及其他技术人员之任用，除法律另有规定外，依本条例行之。

第二条　简任职技术人员，应就具有下列各款资格之一者任用之：

一　现任或曾任简任职技术人员，经甄别审查或考绩合格者；

二　现任或曾任最高级荐任职技术人员三年以上，经甄别审查或考绩合格者；

三　在教育部认可之国内外专科以上学校毕业，并在国营事业机关曾任与简任职相当之技术职务二年以上，著有成绩者；

四　在教育部认可之国内外专科以上学校毕业，并在各官署曾任与简任职相当之技术职务四年以上，著有成绩者；

五　在教育部认可之国内外专科以上学校毕业，并在主管官署登记具有声誉之营业场厂继续担任技术上主要工作六年以上，著有成绩者；

六　在教育部认可之国内外专科以上学校毕业，依法领有专门职业人员证书，继续执行职务八年以上，著有成绩者；

七　在学术上有特殊著作或发明，经审查合格者。

第三条　荐任职技术人员，应就具有下列各款资格之一者任用之：

一　经高等考试各种技术人员考试及格或与高等考试相当之特种技术人员考试及格者；

二　现任或曾经历任职技术人员甄别审查或考绩合格者；

三　现任或曾任最高级委任职技术人员三年以上，经甄别审查或考绩合格者；

四　在教育部认可之国内外专科以上学校毕业，并在国营事业机关曾任与荐任职相当之技术职务二年以上，著有成绩者；

五　在教育部认可之国内外专科以上学校毕业，并在各官署曾任与荐任职相当之技术

职务四年以上,著有成绩者;

六　在教育部认可之国内外专科以上学校毕业,并在主管官署登记之营业场厂继续担任技术工作四年以上,著有成绩者;

七　在教育部认可之国内外专科以上学校毕业,依法领有专门职务人员证书,并继续执行职务五年以上,著有成绩者;

八　在教育部认可之国内外专科以上学校毕业而有专门著作,经审查合格者。

第四条　委任职技术人员,应就具有下列各款资格之一者任用之:

一　经普通考试各种技术人员考试及格或与普通考试相当之特种技术人员考试及格者;

二　现任或曾任委任职技术人员,经甄别审查或考绩合格者;

三　在立案之中等以上职业学校毕业,并在国营事业机关曾任与委任职相当之技术职务二年以上,著有成绩者;

四　在立案之中等以上职业学校毕业,并在各官署曾任与委任职相当之技术职务四年以上,著有成绩者;

五　在教育部认可之国内外专科以上学校毕业者;

六　在认可之中等以上职业学校毕业,并在主管官署登记之营业场厂实习四年以上或继续担任技术工作二年以上,著有成绩者;

七　各种专门职业人员经依法领有证书,并继续执行职务三年以上,著有成绩者;

八　在认可之中等以上职业学校毕业或具有同等学力,并曾任与所拟任职务相当之职务一年以上,著有成绩者;

九　曾任有关技术之雇员五年以上,成绩优良者。

第五条　本条例所未规定事项,适用公务员任用法之规定。

第六条　本条例施行细则由铨叙部定之。

第七条　本条例自公布日施行。

●●技术人员任用条例施行细则 民国二十五年(1936年)一月十八日国民政府公布

第一条　本细则依技术人员任用条例第六条制定之。

第二条　本条例第一条所称其他技术人员,指各官署组织法规中定有官等之专任技术职务人员。

第三条　本条例所称经甄别审查合格,指以技术职务经铨叙部依现任公务员甄别审查条例审查合格,领有证书者;所称考绩合格,指任技术职务时依公务员考绩法考绩合格者,经铨叙部依公务员登记条例审查合格,领有证书。

第四条　本条例所称在国营事业机关及各官署曾任与简任、荐任、委任职相当之技术职务,应以常设专任人员为限,其官等之推认,由铨叙部依所任职务及所支俸额,分别比照决定之。

曾任军用技术职务之人员,依前项之规定办理。

第五条　本条例第二条第五款、第三条第六款、第四条第六款所称继续担任技术工作,其年资以在同一场厂者为限。

第六条　本条例第二条第六款、第三条第七款、第四条第七款所称继续执行职务,如曾在两地域以上执行职务并未中断者,其年资得合并计算。

第七条　证明本条例第二条第五款、第三条第六款、第四条第六款之资格,须提出毕业证书及服务场厂年限成绩证明书或其他足资证明之文件。

第八条　证明本条例第二条第六款、第三条第七款、第四条第七款之资格,须提出毕业证书职务证书及执业所在地官署出具执行职务年限之证明书或其他足资证明之文件。

第九条　技术人员曾任与拟任职务性质及官等相当之技术职务在一年以上,提出足资证明之证件者,得免除试署。

第一〇条　技术人员之学历、经历应与拟任职务性质相当,其著作或发明并应以适合拟任职务者为限。

第一一条　具有本条例第四条第八款、第九款资格人员任用时,以三等委任职为准。

第一二条　本细则未规定事项,适用公务员任用法施行细则之规定。

第一三条　本细则自公布日施行。

●●颁发护照暂行规则 民国二十四年(1935年)九月十一日国民政府公布,同年十二月四日修正

第一条　各机关颁发护照,除军事、外交及统制品、专用品等项护照之颁发法令别有规定者外,依本规则之规定。

第二条　凡因便利行旅或运输所发之书面证明,均称为护照,分下列各种:

一　专运护照,适用于公务员奉派运送大宗公用物品或材料者;

二　行旅护照,适用于公务员出差或旅行运输行李或零星物品者;

三　考察护照,适用于本国人民或团体经呈准赴各地研究或考察者;

四　输柩护照,适用于运送灵柩者。

遇有因公益上特殊需要,不能适合各种护照时,得由主管机关详叙事由,拟定护照名称及式样,呈经上级机关核准后颁发之。

第三条 前条各种护照之颁发机关,规定如下:

一 专运护照,应由中央主管机关颁发。但运输区域不逾一省者,得由该省最高主管机关颁发;

二 行旅护照,应由中央各机关或省、市政府颁发。但旅行区域不逾一省者,得由所在县、市政府颁发;

三 考察护照,应由中央主管机关颁发。但考察区域不逾一省者,得由所在省政府颁发。

四 运枢护照,应由首都警察厅或省、市、县公安机关颁发。

第四条 各机关颁发护照,应先查明领用目的、运带物品内容,并于照内填明下列事项,加盖印信。

一 持用人姓名或团体名称及其代表;

二 持用人职务或业务;

三 起讫及经过地点;

四 运带物品种类、数量;

五 颁发及缴销年、月、日。

第五条 持用护照人除照内所列物品外,不得夹带其他物品。

第六条 持用护照人不得转借他人冒用或带运他人物品。

第七条 持用护照人乘坐车船,应遵守车船一切规则。

第八条 凡护照内所列物品应纳运费税捐者,照章缴纳,不得漏免。

第九条 各种护照应依印花税法税率表第三十款、第三十一款,分别贴用印花税票。

第一〇条 凡护照不合本规则之规定及逾期涂改或伪造者无效,并得按其情节轻重,依法惩处。

第一一条 颁发机关查有护照逾期未缴者,应向持用护照人追缴。

第一二条 各地稽查宪警对于持用护照人及其所携物品,认为行迹可疑时,得施行检查,但不得滥用职权。

稽查机关得将稽查结果随时汇报颁发机关。

第一三条 领用护照程序,得由颁发机关订定办法,呈请上级机关核准备案。

第一四条 本规则各种护照,按附式制定之。

第一五条 本规则自公布日施行。

颁发护照暂行规则重要条文
第五条　持用护照人,除照内所列物品外,不得夹带其他物品。
第六条　持用护照人不得转借他人冒用或带运他人物品。
第七条　持用护照人乘坐车船,应遵守车船一切规则。
第八条　凡护照内所列物品应纳运费税捐者,照章缴纳,不得漏免。
第九条　各种护照应依印花税法税率表第三十款、第三十一款,分别贴用印花税票。
第十条　凡护照不合本规则之规定及逾期涂改或伪造者无效,并得按其情节轻重,依法惩处。
第十二条　各地稽查宪警对于持用护照人及其所携物品认为行迹可疑时,得施行检查,但不得滥用职权,稽查机关得将稽查结果随时汇报颁发机关。

某某　　机关　　　　　为发给(某种)护照事查(内填事由)
经本　按照颁发护照暂行规则规定,发给(某种)护照,仰沿途军警关卡验照放行须至护照者。
计开
一　持照人职业或业务
二　起讫及经过地点
三　运带物品种类数量
四　随行人数
五　颁发日期
六　缴销日期
上给　　　　　　收执

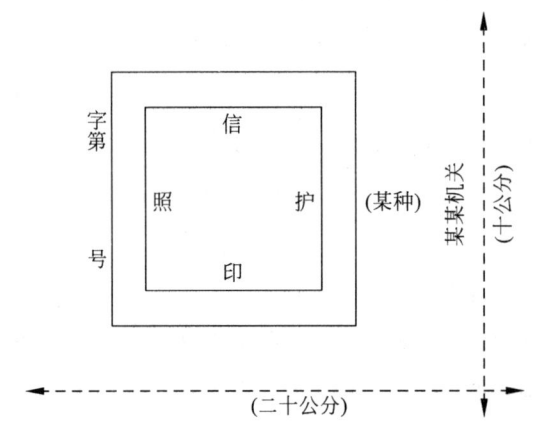

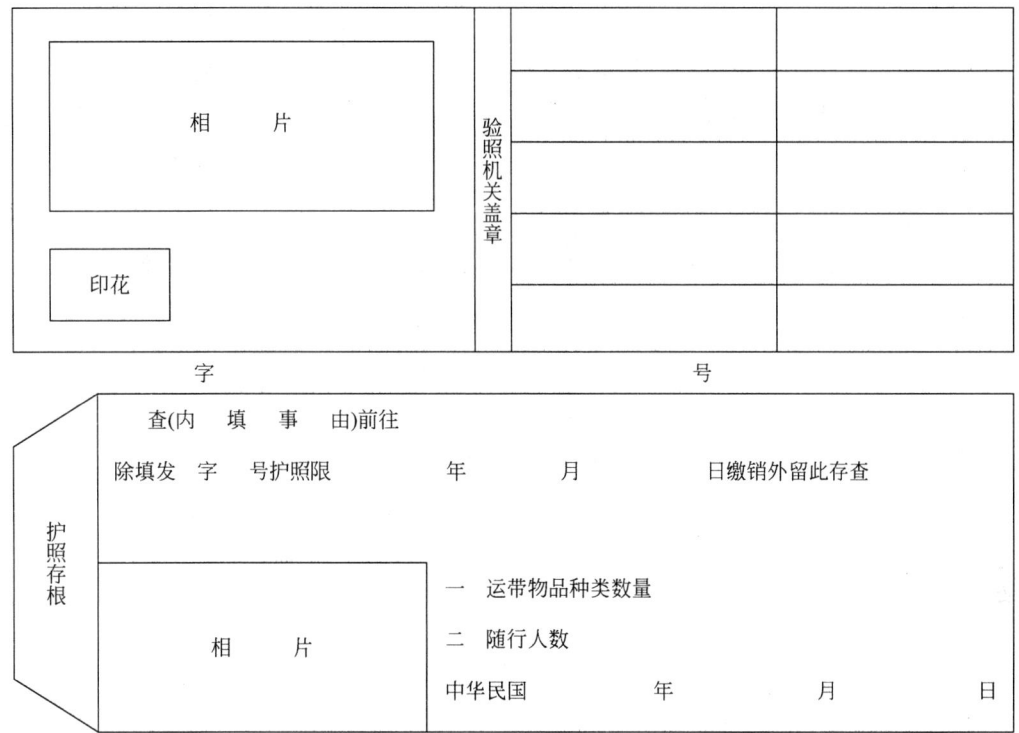

●●公务员考绩法施行细则 民国二十四年(1935年)十月三十日国民政府公布

第一条　本细则依公务员考绩法第八条制定之。

第二条　依本法考绩之公务员,以经甄别审查或登记审查合格或依法任用者为限。

第三条　本法第二条所称一年成绩,系指在同一机关任同官等职务满一年之成绩;所称三年成绩系指任同官等职务三次年考之合并成绩。

第四条　公务员因公在外或因其他特殊情形,不能依规定时间考绩者,得由其主管长官报明铨叙机关补行考核之。

第五条　考绩标准依公务员平日工作、学识、操行三项,分别以数定之,每项最高分数如下:

一　工作　五十分;

二　学识　二十五分;

三　操行　二十五分。

第六条　公务员考绩之等次,依前条考绩标准之总分数定之,如下:

一　年考在八十分以上为一等,七十分以上为二等,六十分以上为三等,不满六十分为四等,不满五十分为五等,不满四十分为六等;

二　总考以九十分以上为一等,八十分以上为二等,七十分以上为三等,六十分以上为四等,不满六十分为五等,不满五十分为六等,不满四十分为七等。

年考总考均以满六十分者为合格,但工作分数不满三十分者,仍以不合格论。

第七条　每届考绩应由各机关依本法第二条之规定,按照表填须知,填具考绩表,由各级长官详加考核后,依其官等分别总考、年考,编册密封,汇送铨叙机关分别登记或核定之。

设有考绩委员会之机关,其考绩表并应先由该会汇核。

第八条　经考绩合格之公务员,非因过失退职时,得请原任机关发给考绩合格证明书。

考绩合格证明书格式另定之。

第九条　每届考绩表册,各机关依铨叙机关所定之送达期间表如期送达。但因特殊情形不能如期送达时,得报明铨叙机关酌予展期。

第一〇条　本细则自公务员考绩法施行之日施行。

各省考绩表册送达铨叙部期间表

地名	期间	备考
首都(院部会等)	次年一月底止	
苏浙鲁皖豫	次年二月底止	上海市比照江苏 青岛市及威海卫行政区比照山东
赣冀鄂湘晋陕	次年三月底止	北平天津两市比照河北 西京比照陕西
闽粤桂川辽吉黑热绥察	次年四月底止	东省特别行政区比照黑龙江
滇黔甘宁青康	次年五月底止	
新疆	次年六月底止	

考绩合格证明书　　　　字第　　　　号		
姓名		
年龄		
籍贯		
考绩时职务		
等级及实支俸额		
任职年月		
上公务员因　　　于　年　月退职查该员会于　　年第　次(总年)考绩经(铨叙部或某省铨叙委员会本院或本部本会本厅)依照公务员考绩法、公务员考绩法施行细则及公务员考绩奖惩条例,审定分数等次及奖励,如下特予证明。		
相片	分数 等次 奖励(未受奖励者即填不予奖惩四字) (机关长官衔名)	
中华民国　　　　　印　　年　　　月　　　日		

公务员第　　次年考考绩表

机关					工作概况		
姓名		别号		初核及覆核	标准＼分数	初核分数	覆核分数
年龄		性别			工作		
籍贯					学识		
住址	现在				操行		
	永久				总分		
出身					直接上级长官	职衔	签名　盖章
经历							
现职					考语		
任职年月					再上级长官	职衔	签名　盖章
掌管职务							
等级							
实支俸额							
甄别或登记证书号数				最后覆核	总评		
勤惰摘要	请假	婚假			分数		
		丧假					
		事假			等次		
		病假					
		娩假			奖惩		
	旷职						
	迟到			主管长官	职衔	签名　盖章
	早退						
粘贴相片					备考		
中华民国　　　年　　　月　　　日							

说明

一　本表标准及分数栏内之"工作",应根据"勤惰摘要"及"工作概况"两栏所载定其分数;"学识"应参酌公务员补习教育成绩给分;"操行"由长官就其平日观察所得定之。

二　本表年月上应加盖机关印信。

三　本表详细填载方法,应按填表须知办理。

填表须知

甲　机关至勤惰摘要各栏,由各机关掌管人事登记人员查填。

一　出身　应填载某种学校毕业或曾在　国民政府统治下高等考试普通考试及格或复核合格。

二　经历　应填载曾在　国民政府统治下历任职务,并须注明到差及卸职年月。

三　现职　如现任司长、局长、秘书、科长、科员之类。

四　掌管职务　依其职务应掌管之实际事项详细填载,例如推事须载明掌管民事或刑事,技正、技士须载明掌管设计或其他实验工作。

五 等级 如简任几级、荐任几级、委任几等、几级之类。

六 实支俸额 即每月实支数目。

乙 初核及复核栏,先由直接上级长官(如科员、书记官考绩直接上级长官为科长,科长考绩直接上级长官为司长。又如财政部所属各省印花烟酒税局局长考绩,其直接上级长官为税务署署长,主管长官为财政部部长是)就各该公务员人事时地各方面之关系,如职务性质之难易、环境优劣之不同、工作之勤惰、效率之大小以及处置事件所费时间之多少、需用经费之省糜等与其他职务性质相同者互为比较,综合观察,然后依照公务员考绩法施行细则第五条所规定之工作(包括工作质量及勤惰)、学识(包括补习教育成绩)、操行(包括操守及性行)三项分别于标准及分数栏拟定分数,呈由再上级长官(如科员考绩再上级长官为司长,科长考绩再上级长官为次长是)斟酌决定,并记其复核分数。

一 工作概况 本栏内应按各该公务员一年内实际工作状况,依其掌管职务之性质,予以翔实记载。关于普通性质之工作,例如会计人员之出纳事项、庶务人员之购置事项、秘书科长之撰核稿件事项等;关于特殊性质之工作,例如下列各种人员所应填载各事项是。

子 司法人员之属于推事者,如收结案件数目及承办上诉、再审及执行调查等事项;属于检察官者,如收结案件数目及侦查、检验或其他处分等事项;属于监所人员者,如对于人犯之待遇、教诲、管束状况及人犯工作情形等事项。

丑 财务人员之属于监务者,如产区纳税与销岸发贩之年比、月比及其他属于监务方面之整顿等事项;属于关务者,如办理关务与监督关政贸易情形之报告、与关税制度之建议改革等事项;属于其他税务者,亦应按其性质翔实填载。

寅 外交人员,如国际交涉、赞襄、外交、编译条文、国外现状及国际贸易之调查与报告、国内政治宣传、国际条约之监视、海外侨商之监护与救济、侨民教育之振兴、国际条约之缔结等事项。

卯 水利人员,如测量、开浚、筑堤、防水等事项。

辰 警务人员,如缉捕盗匪,保护交通,调查户口,维持风俗及办理一切违警等事项。

以上所举各种职务性质不同之公务人员,其应填载之事项均不过荦荦大者,其他特殊人员应行填载之事项,当依此类推。

又上列各种人员应行填载之事项,尚有未及列举而事实上应行列入者,仍由各该直辖长官于本栏内尽量填载。倘限于本栏篇幅,并希由各该机关以另纸依式接写、粘附,但须于骑缝上加盖印章,以昭慎重。

二 标准及分数栏 本栏应先由直接上级长官按照本须知乙项说明,于工作、学识、操行各项下拟定初核分数,再上级长官如认为有增减之必要时,得于复核分数栏内更定之。其不必增减者,仍应照初核分数填载。

三　考语　本栏由再上级长官按照初核各项标准作整个之观察,切实加具考语,如有特别意见并应详细列入,以供最后复核长官之参考所用。词句务须确切肯定,不得用"尚好"、"大致尚佳"等模棱字样,如机关长官只有两级时,则由直接上级长官填具。

丙　最后复核一栏,由主管长官(如部会考绩,其主管长官即为部长委员长)或最高主管机关长官填载(如财政部所属机关长官之考绩,其最高主管机关长官即为财政部长)对于等次、奖惩之评定,应依照公务员考绩法施行细则第六条第一款及公务员考绩奖惩条例第四条之规定,并斟酌初核、复核拟定各项分数及考语总评,核定之。

丁　各机关初核、复核长官平时应备日记簿,将所属公务员平时成绩随时记载,以作填表时之参考。

●●公务员考绩奖惩条例 民国二十四年(1935年)十一月一日国民政府公布

第一条　本条例依公务员考绩法第七条制定之。

第二条　公务员考绩奖励,依下列之规定:

升等;

晋级;

记功。

第三条　公务员考绩惩处,依下列之规定:

解职;

降级;

记过。

第四条　公务员年考绩,应依下列之规定:

一等晋级;

二等记功;

三等不予奖惩;

四等记过;

五等降级;

六等解职。

第五条　公务员总考奖惩,依下列之规定:

一等升等;

二等晋级;

三等记功；

四等不予奖惩；

五等记过；

六等降级；

七等解职。

前项应行升等人员，其资格不合公务员任用法之规定时，得改晋二级，但不得超过本职之最高级。

第六条 年考成绩特优者，经主管长官认为有升等之必要时，得详叙理由，送经铨叙部核定行之。

第七条 升等人员每机关每次不得逾下列额数：

一 由荐任职升等者，不得逾现有荐任人员十分之一；

二 由委任职升等者，不得逾现有委任人员二十分之一。

第八条 成绩过劣应行解职人员，年考不得少于各该机关员额百分之二，总考不得少于各该机关总员额百分之四。

前项解职人员所遗之员缺，以考试及格人员递补。

第九条 荐任职公务员成绩特优应行升等者，在各该机关遇有相当缺额应即依法开用，若无缺额，得予以简任待遇；委任职公务员成绩特优应行升等者，在各该机关遇有相当缺额而无考试及格人员时，应即依法升用，若无缺额，得予以荐任待遇。

第一〇条 荐任或委任职公务员已晋至本职之最高级，因年考或总考应予晋级而无级可晋者，得分别予以简任或荐任待遇。

第一一条 简任职或荐任职公务员之奖惩经核定后，除解职应由铨叙部通知主管机关，并呈请考试院转呈国民政府免职外，其他奖惩由铨叙部通知各该主管机关分别办理。

委任职公务员由铨叙部审查核定后，通知各该主管机关分别办理。

第一二条 本条例自公布日施行。

●●考绩委员会组织通则 民国二十四年（1935年）十一月一日国民政府公布

第一条 本通则依公务员考绩法第三条制定之。

第二条 各机关有再上级长官或直接上级长官三人以上者，于每届考绩时，得组织考绩委员会。

第三条 考绩委员会委员，由各机关主管长官就高级职员中指定之，并以一人为主席。

第四条 各直接长官或各再上级长官，依公务员考绩法施行细则评定之分数、等次及考语,应提交考绩委员会汇核后,报由主管长官复核决定之。

第五条　考绩委员会办事细则,由各机关制定之。

第六条　本通则自公布之日施行。

●●颁给勋章条例施行细则民国二十四年(1935年)二月二十二日国民政府公布,二十四年(1935年)十二月十一日修正

要　目

第一章　规　则

第一条　本细则依本条例第十三条之规定制定之。

第二条　颁给勋章,不论特令颁给命令颁给或呈请颁给,均依本细则之规定办理。

第二章　叙勋标准

第三条　公务人员有下列勋劳之一者,得依照本条例第四条第一项之规定,颁给采玉勋章:

一　统筹大计安定国家者;

二　翊赞中枢敉平祸乱者;

三　于国家行政、立法、司法考试、监察制度之设施创建,著有勋劳者;

四　于国民经济、教育、文化之建设,著有勋劳者;

五　折冲樽俎,敦睦邦交,获得外交上胜利者;

六　宣扬德化,柔远安边,克固疆园者;

七　办理侨务悉协机宜,功绩卓著者;

八　救济灾害,抚绥流亡,裨益民生者;

九　维持地方秩序,弭患无形,成绩优异者;

一〇　中央或地方官吏在职六年以上,成绩昭著者;

一一　襄助治理,贤劳卓著,迭膺功赏者。

第四条　非公务人员有下列勋劳之一者,得依照本条例第四条第二项之规定,颁给采玉勋章:

一　有专门发明或伟大贡献,致国家于富强者;

二　慨捐巨款,以纾国难者;

三　创办慈善事业,规模宏大,福利社会昭垂久远者;

四　与办教育文化事业历史深长,足资模范者;

五　办理保卫、捍御地方,屡著功效,足资矜式者;

六　独立经营伟大企业,辅助政府,功在民生者;

七　学识渊深,著述宏富,确有功于文化教育者。

第五条　友邦人民有下列勋劳之一者,得依照本条例第五条之规定,颁给采玉勋章:

一　抑制强暴,伸张正义,有利于我国国权者;

二　宣扬我国文化,增进我国国际地位者;

三　周旋坛坫,使我国外交获得胜利者;

四　促成政府予我国以物质上或精神上之援助者;

五　贡献各种伟大计划,有裨于我国建设事业者;

六　创办教育或慈善事业,有功于我国家社会者。

第六条　凡有勋劳于国家社会,为前三条所未列举而确应颁给勋章者,亦得比照前三条之规定行之。

第三章　呈请颁给勋章手续

第七条　颁给勋章,除选任及特任公务员由国民政府命令行之外,其颁给简任以下公务人员勋章,应由主管机关填具勋绩事实表三份,各黏附受勋人二寸半身相片一张,并另附二张加具印结、考语;呈请上级机关于每年国庆日两个月前,递转铨叙部依次审核,汇案呈请。

第八条　颁给非公务人员勋章,应由原呈请机关填具勋绩事实表三份,各黏附受勋人二寸半身相片一张,并另附二张加具印结、考语,呈请上级机关于每年国庆日两个月前,递转内政部依次审核,汇案呈请。

第九条　颁给友邦人民勋章,应由驻外使馆填具勋绩事实表三份,各黏附受勋人二寸半身相片一张,并另附二张加具印结、考语,于每年国庆日两个月前,呈转外交部依照颁给勋章条例第五条之规定加以审核,汇案呈请。

受勋人如为侨居中国者,上项手续由外交部直接办理之。

第一〇条　前三条所称之勋绩事实表,须依次递转,一存铨叙部或内政部或外交部,一存考试院或行政院,一存国民政府,其另附相片二张留黏于授勋证书及存根中,事实表格式另定之。

第一一条 呈请颁给勋章主管机关应审慎将事呈由上级机关递转铨叙部或内政部或外交部核办,不得冒滥。

铨叙、内政、外交三部应分别汇案,开列受勋人员名单,连同勋绩事实表于每年国庆日前,呈请考试院或行政院转呈国民政府核准颁给。

第四章　颁给勋章手续

第一二条 凡颁给勋章除特令颁给者外,其余受勋人员经国民政府核准发布颁勋命令后,应分别饬知考试、行政两院,分转铨叙、内政、外交三部知照。

授勋典礼日期由主管机关随时定之,其或在颁布接勋命令之日同时举行,授勋典礼者应于事后补具手续。

第一三条 铨叙、内政、外交三部自转奉国民政府颁勋命令后,除颁给友邦人民勋章手续依本条例第十条第三款之规定应由外交部定之外,铨叙部或内政部应填具通知书,于授勋典礼期前,分别转发通知受勋人。

通知书格式另定之。

第一四条 受勋人如为选任或特任公务员时,应于接勋典礼期前,备本人二寸半身相片两张,送缴主管机关。

第一五条 铨叙部或内政部转奉饬知后,应即分别填具授勋证书,黏附相片,于授勋典礼期前,汇转国民政府文官处转呈盖璧,并于相片下端加盖硬印,分转铨叙部或内政部编号、注册,于授勋典礼时授与之。

授勋典礼仪式及证书格式另定之。

第一六条 颁给简任以下公务人员勋章,应由主管机关将授勋情形报送铨叙部备查;颁给非公务人员勋章,应由原呈请机关将授勋情形报送内政部备查。铨叙、内政两部得于授勋时,派员参加之。

第一七条 特赠友邦元首大勋章,应由专使或驻在国大使或公使专案呈报外交部递转院府备查。

第一八条 凡累功晋授至三等以上勋章时,得由主管机关呈转国民政府核准,由主席亲授或派员代授之。

凡累功呈请晋授须满一年后,始得为之。其晋授勋等,并不得超拟。

第五章　佩带规则

第一九条 勋章应于著礼服或制服时佩带,著便服时仅佩勋表。

第二〇条　大勋章及一、二、三等勋章佩于左襟，其大绶由右肩斜至左胁下；四、五等勋章以领绶佩于领下；六等以下勋章以襟绶佩于左襟，勋表均佩于左襟下。

第二一条　受有其他勋章及各种纪念章奖章者，得佩于采玉勋章之左，其或不能并容时，得列为二项。

第二二条　受有本国及外国勋章者，不得仅佩外国勋章，应将外国勋章列在本国勋章之左或其下。

第二三条　公务人员或非公务人员遇友邦政府拟予勋章时，应即报由外交部呈转国民政府核准后，方得收受佩带，违者依法惩处之。

第六章　附则

第二四条　勋章或证书如有遗失时，得由受勋人声叙缘由，备价请由原请授勋机关转请补给，如原件查获时，应即缴还注销。

补领勋章或证书价格另定之。

第二五条　勋章不得抵押转借或卖让，违者除追缴其勋章及证书外，并得依法惩处。

第二六条　本细则自公布日施行。

勋绩事实表								
姓名		别号		年龄		住址	现在	
		性别		籍贯			永久	
现职					服务机关			
任职年月					入党年月			
					党证号数			
学历								
著述								
勋绩								
引用条款								
证明文件		考核长官		职衔	考语	签名	盖章	
黏贴相片								
部审定					拟叙勋等			
院审定								
国民政府核定								
备考								
中华民国　　　年　　　月　　　日　　　（原填表机关盖印）								

此项通知系通知选任、特任公务员之用

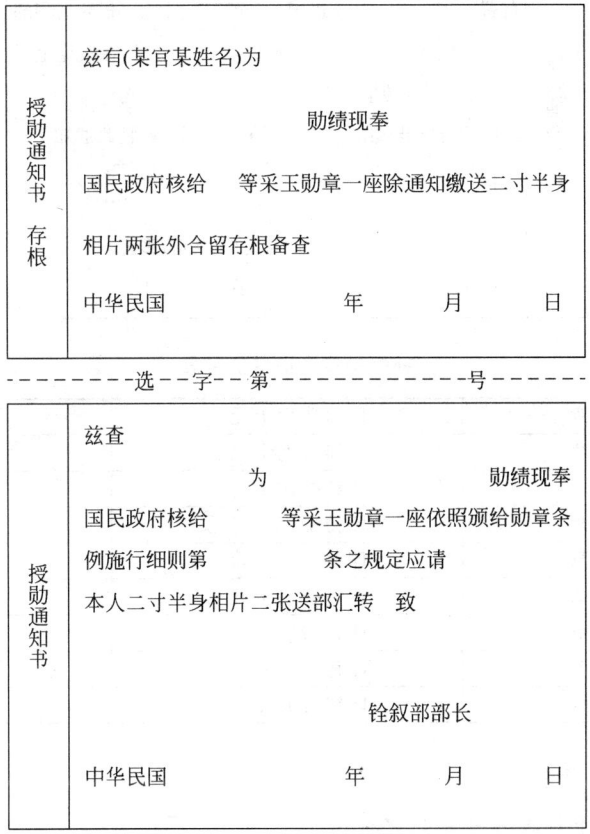

此项通知系通知简任以下公务员及非公务人员之用

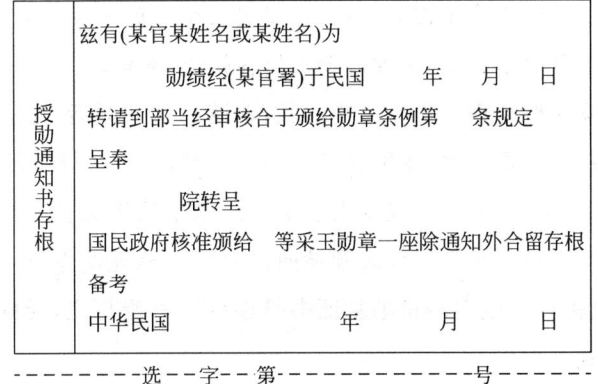

<table>
<tr><td rowspan="8">授勋通知书</td><td colspan="3">兹查(某官某姓名或某姓名)为</td></tr>
<tr><td colspan="3" align="right">勋绩经(某</td></tr>
<tr><td>官署)</td><td>于民国 年 月 日转请到部</td></tr>
<tr><td colspan="3">当经审核合于颁给勋章条例第 条规定呈奉</td></tr>
<tr><td colspan="3">院转呈</td></tr>
<tr><td colspan="3">国民政府核准颁给 等采玉勋章一座特此通知</td></tr>
<tr><td colspan="3">此致</td></tr>
<tr><td colspan="3" align="right">(某某)部部长</td></tr>
</table>

中华民国 年 月 日

补领勋章及证书价目表

一等采玉勋章	印铸费六十元	证书费六元
二等采玉勋章	印铸费五十元	证书费六元
三等采玉勋章	印铸费四十元	证书费六元
四等采玉勋章	印铸费三十五元	证书费四元
五等采玉勋章	印铸费三十元	证书费四元
六等采玉勋章	印铸费二十五元	证书费四元
七等采玉勋章	印铸费二十元	证书费二元
八等采玉勋章	印铸费十元	证书费二元
九等采玉勋章	印铸费五元	证书费二元

授勋典礼仪式

一 授勋典礼于公署内礼堂行之。

二 参加授勋典礼人员一律须着礼服或制服。

三 授与勋章

(甲) 如为国民政府主席亲授时,由典礼局局长引主席入礼堂,由内政、铨叙部部长或代表陈勋章及授勋证书于案上,参加授勋人员各就位,奏乐。

主席领导向国党旗暨总理遗像行三鞠躬礼,恭读总理遗嘱后,由行政、考试院院长或代表将勋章证书呈递主席授与之,受勋员谨敬接收佩带,向主席行三鞠躬礼。

(乙) 授勋如为派遣专员代授或由主管机关或原呈请机关长官授与时,将勋章证书陈于案上,奏乐,原呈请机关长官或代表领导向国党旗暨总理遗像行三鞠躬礼,恭读总理遗嘱后,由原呈请机关长官或代表将勋章证书呈递授勋官授与之,受勋员谨敬接收佩带,向授勋官行三鞠躬礼。

四 致词

主席或授勋官致训词,受勋员答词,奏乐礼成。

授勋证书格式

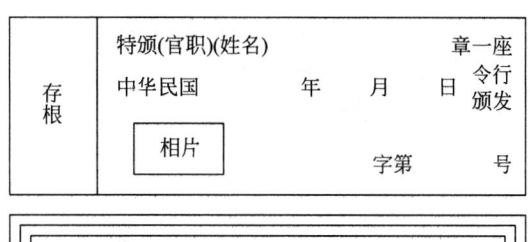

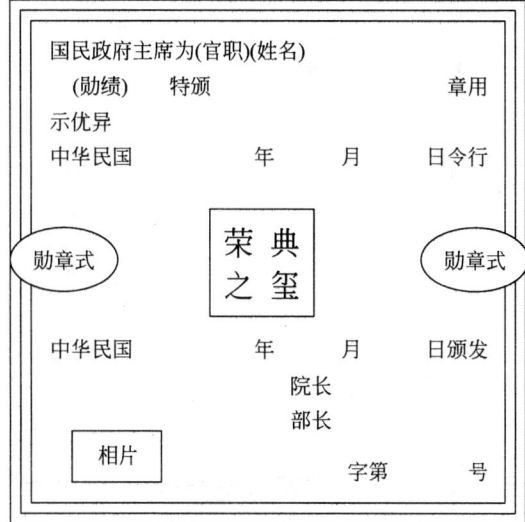

第一图（颁给公务人员勋章时所用之证书式）

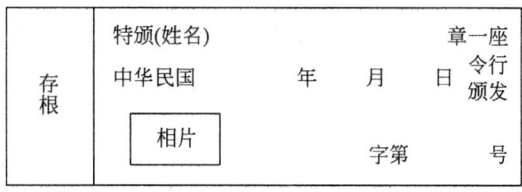

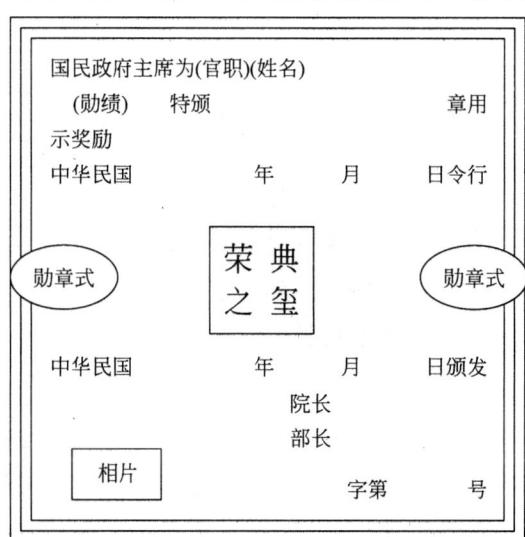

第二图(颁给非公务人员勋章时所用之证书式)

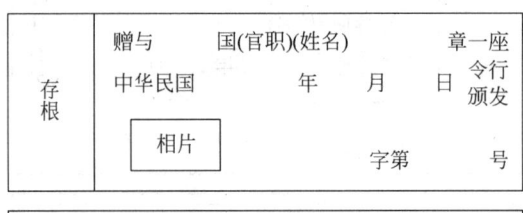

第三图(颁给友邦人民勋章时所用之证书式)

受勋人姓名	性别	年龄	籍贯	呈请机关	转请机关	勋绩摘要	颁给勋等	奉准年月日	授勋证书号数	备考

　　　　　　　　　　　　　　受勋人汇考簿　　　　　　　　　　　部制

受勋人姓名	性别	年龄	籍贯	呈请机关	转请机关	勋绩摘要	颁给勋等	奉准年月日	授勋证书号数	备考

●●公务员调验规则民国二十五年（1936年）八月十二日国民政府公布

第一条　公务员有吸食鸦片或施打吗啡、吸用毒品成瘾嫌疑者，概依本规则调验之。

第二条　公务员被检举或被告发有前条嫌疑，经主管长官通知后，应即听候调验，不得违抗。

第三条　公务员检举及调验依下列规定办理：

一　中央政府各级地方政府军政长官或驻外使领由监察院负责检举，呈请国民政府派员或指定地点调验之；

二　中央政府或各级地方政府及其所属机关暨驻外使领馆人员由该主管长官负责检举，通知就近禁烟机关转交戒烟、戒毒院所或指定地点调验之；

三　各军事机关、各部队军官佐军属由各该直辖长官负责检举，通知就近禁烟机关转交戒烟、戒毒院所或指定地点调验之。

第四条　公务员如犯本规则第一条之嫌疑，而负责检举人知情未予检举者，除将嫌疑人依照本规则各条办理外，并将负责检举人交付各惩戒委员会依法惩戒。

第五条　被调验人经验明确有烟瘾或毒瘾者，应即免职送交该管军法机关，依法论罪。

第六条　经检举或被告发致被调验之公务员，应由负责检验之院所按月将检验情形汇报该管禁烟机关，递呈军事委员会委员长兼禁烟总监察核。

第七条　本规则所未规定者，适用禁烟调验规则之规定。

第八条　党员、党务工作人员及学校员生有吸食鸦片或施打吗啡、吸用毒品成瘾嫌疑者，得依本规则各条之规定办理。

第九条　本规则自公布日施行。

●●国葬法民国二十五年（1936年）七月十三日国民政府修正公布

第一条　中华民国国民有殊勋于国家者，身故后，依本法之规定举行国葬。

第二条　国葬由国民政府明令举行之。

第三条　国葬经费由国库支出之。

第四条　举行国葬由国民政府派员组织，国葬典礼办事处筹办国葬事宜。

第五条　国葬之仪式，由国民政府以命令定之。

第六条　国葬举行之日，全国停止娱乐，并下半旗以志哀悼。

第七条 为举行国葬应设立国葬墓园,其条例另定之。

第八条 本法自公布日施行。

●●国葬墓园条例_{民国二十五年(1936年)七月十三日国民政府公布}

第一条 本条例依国葬法第七条之规定制定之。

第二条 国葬墓园设于首都郊外,其地点由南京市政府选定,呈由行政院转请国民政府核准备案。

第三条 凡依国葬法举行国葬者,应依本条例之规定,安葬于国葬墓园。但有特殊情形不能安葬于国葬墓园者,经国民政府之核准,得树立墓碑以资纪念。

第四条 国葬墓园之设计、建筑管理、警卫等事宜,应设国葬墓园管理委员会办理,其组织规程由行政院拟订,呈请国民政府核定之。

第五条 国葬墓园之墓位,应由国葬墓园管理委员会先行规书,编列号数,受国葬者应依次安葬。前项墓位及其号数编定后,应呈报行政院核准,并转呈国民政府备案。

第六条 国葬填墓碑碣等之式样,由国葬典礼办事处拟具,经国葬墓园管理委员会审定之。

第七条 受国葬者之姓名、籍贯及事迹,应镌载墓碑。

第八条 国葬墓园每年于植树节日,由国民政府派员致祭。

第九条 在本条例公布前举行国葬者,不适用本条例之规定。

第一〇条 本条例自公布日施行。

●●行政院处务规程_{民国二十五年(1936年)七月一日行政院修正公布}

要　　目

第一章   通则

第一条   本院依行政院组织法第十五条之规定,制定处务规程。

第二条   本院处理事务除别有规定外,悉依本规程办理。

第二章   事务分掌

第三条   本院秘书处分下列各组:

一   总务组;

二   机要组;

三   文牍组;

四   招待组。

第四条   总务组掌理事务如下:

一   关于文书之收发、缮校、分配及保管事项;

二   关于本院职员任免及迁调之登录事项;

三   关于典守印信事项;

四   关于指挥会计主任办理岁计、会计事项;

五   关于款项出纳事项;

六   关于庶务事项。

第五条   机要组掌理事务如下:

一   关于机要文电之撰拟事项;

二   关于明密电报之翻译、收发及保管事项。

第六条   文牍组掌理关于函牍文电之撰拟事项。

第七条   招待组掌理关于来宾之招待事项。

第八条   政务处分置下列各组:

一   议事组;

二   编译组。

第九条   议事组掌理事务如下:

一   关于本院会议布置会场纪录议案及通知开会事项;

二   关于本院会议议事日程及议事录之编制、印发及保存事项。

第一〇条   编译组掌理事务如下:

一   关于各种法令之编辑事项;

二   关于各国法规之翻译事项;

三   关于国内外政治、经济、外交及各种重要情报之编译事项。

第一一条　本院依行政院组织法第九条之规定,分设下列八组,分掌审核、撰拟各项事务。

第一组　掌理关于内政、蒙藏、卫生等事项;

第二组　掌理关于教育、考试、庚款等事项;

第三组　掌理关于外交、侨务等事项;

第四组　掌理关于军政、海军等事项;

第五组　掌理关于财政、赈务等事项;

第六组　掌理关于实业、建设、交通、铁道等事项;

第七组　掌握关于司法、弹劾事项;

第八组　掌理关于铨叙、印铸及不属于其他各组之事项。

第一二条　本规程第三条、第八条及第十一条所列各组,得依据实际需要,增设或合并之。

各组之下得设科或室,各科室得分股办事。

第一三条　本院除依行政院组织法第十条之规定设置诉愿审议委员会外,并依行政院组织法第十一条之规定,设置下列各委员会:

一　行政效率研究会;

二　国民经济设计委员会。

各委员会规程及办事细则另订之。

第一四条　各委员会之下,得设科或室,各科室并得分股办事。

第三章　职权

第一五条　秘书长、政务处长承院长之命,主管本院一切事务,指挥、监督所属职员。

第一六条　秘书、参事承长官之命,办理本院事务。

第一七条　科长、编审、科员承长官之命,办理各组科室或各委员会事务。

第一八条　本院设书记官(委任),分派各组科室或委员会办事。

第一九条　本院因收发电报,得用电报员生。

第二〇条　本院得雇用书记及办事员。

第四章　文书处理

第二一条　本院逐日收到文件,由总务组拆封,摘由编号,填明时日,登入收文总簿,随即分别性质,送各组科室及委员会审核拟办,并每星期造具收文日报表呈阅。

到文附有现币或钞票证券等者,收发股应将现印或钞券先送会计室取具收条,黏附原件,然后送办。

第二二条　各组科室及委员会收到文件后,应即填明到达日期、时刻,置簿登记,签拟办法,呈阅阅定后,再发还各该组科室及委员会拟稿,其例行文件得迳拟稿送签。

第二三条　凡文稿须于交拟后二日以内,拟就登入送稿簿注明日期、时刻,递呈主管长官核稿、判行,然后由总务组文书科缮校、盖印、编号,填明时日,登入发文总簿,送出,即由收发股将原稿连同来文送还原办稿人归档,并按日填具发文日报表呈阅。

第二四条　凡收到电报及文件封面书明密件或有亲启字样者,总务组不得开拆,仍应编号,登收文总簿,并于摘由栏内注明密件字样,即时送由机要组呈阅。

第二五条　机要文件之撰拟、缮写由机要组办理之,其原稿及来文并由机要组保存或归档。

第二六条　凡经本院会议议决事项,应由议事组立时照录,决议案注明会议次数及开会月日,连同关系文件送交主管组科室及委员会拟办。

第二七条　凡承办文件有与他组科室或委员会相关连者,应送各关系组科室或委员会会签。

第二八条　凡拟稿核稿人员,均须签名。

第二九条　凡送印文件如原稿未经院长签字,监印员不得盖印。

第三〇条　凡发出文件,须加盖校对员及监印员名戳。

第三一条　凡来文应分别缓急、最急件即日办出,急件不得逾三日,普通件不得逾五日,但诉愿案件不在此例。

第三二条　前条限期如因案情繁复须详加研究,或因特殊情形不能依限办出者,应声明理由,经长官许可后,酌量延长。

第三三条　送稿簿簿面最急件用红色,急件用蓝色,普通用白色。

第三四条　本院会议议决案件至迟应于开会之次日一律发出,其最急者应即日发出,星期二会议议决案件应送中央政治委员会者,须于当日下午办出。

第三五条　凡中央执行委员会、中央政治委员会议决交院办理文件,均作为最急件办理,但普通交办之件不在此例。

第三六条　各组科室及委员会应每日在公文检查表簿上注明办理情形,于每星期末总结一次,查明已办、未办件数,列表呈阅。

第三七条　凡资请或交付各机关查复或核办之各案件,应将资请或交付日期列表二份,一存科或室,一存组或委员会,以备查考。其至时未复者,应随时催促。

第五章　服务通则

第三八条　本院办公时间,上午八时至十二时,下午二时至五时,但于必要时,得延长之。暑期办公时间,得斟酌情形,另行订定。

第三九条　本院职员对于承办或与闻事件,于未经公布以前,应严守秘密,并须切实遵守官吏服务规程。

第四〇条　关于本院一切应行发表之事件,由院长指派人员负责办理之,其余各职员不得向外发表关于本院及所办事件之任何谈话或新闻。

第四一条　本院职员在办公时间不得会客,但因公接见者不在此例。

第四二条　本院职员应按时到院办公,在签到簿上亲笔签到,其因事、因病不能依时到院者,须依请假规则请假。

请假规则另订之。

第四三条　各种例假均循例休息,但有紧要事件得临时召集办公。

第四四条　秘书长得酌量各组科室及委员会情形,轮派职员值夜、值星、值假。

第六章　附则

第四五条　本院为讨论关于处务应兴应革之事项,得随时由秘书长或政务处长召集各委员会委员、各组主任、各科长及各室主任,出席处务会议。

第四六条　关于会计庶务事项及人事管理之规程另订之。

第四七条　本规程如有未尽事宜,得随时修改之。

第四八条　本规程自公布日施行。

●●行政院会议规则 民国二十五年(1936年)九月十八日国民政府修正公布

要　目

第一章　总则

第一条　本院会议依本规则行之。

第二条　本院会议由本院院长、副院长、各部部长、各委员会委员长、卫生署署长组织之,以院长为主席。如院长因事故不能出席时，以副院长代理主席。如副院长亦因事故不能出席时，即由出席者推其中一人代理主席。

本院会议须有院长、副院长、部长、委员长、署长过半数之出席，始得开议。会议中因事退席，须得主席之许可。

第三条 本院秘书长、政务处长均得列席本院会议，各部部长、各委员会委员长如因事故不能出席本院会议，得派各该部次长、各该委员会副委员长列席，并先期以书面报告，本院列席人员只有发言权。

第四条 本院会议开会时，主席宣读总理遗嘱后，即宣告开议。

第五条 主席未宣告开议前或已宣告散会后，不得讨论议案。

第六条 本院会议应行议决事项如下：

一　提出于立法院之法律案；

二　提出于立法院之预算案；

三　提出于立法院之大赦案；

四　提出于立法院之宣战媾和案、条约案及其他重要国际事项；

五　荐任以上行政官吏之任免及陆海空军军官佐少尉以上之任官、免官，少校以上之任职免职事项；

六　行政院各部会署间不能解决之事项；

七　其他依法律或行政院院长认为应付行政院会议议决事项。

第二章　会议日期

第七条 本院会议每周开会之次数及其日期、时间，由本院会议决定之。

第八条 如遇有特别事故，院长得于规定开会日期外，召集临时会议。

第九条 于规定会议时间内，如未能将议事日程中所列议案讨论终结时，主席得实告延长时间。

第三章　议事日程

第十条 议事日程之编制依应列程序：

一　报告事项；

二　讨论事项；

三　任免事项。

第一一条 遇有紧急案件未列议事日程或已列而顺序在后者，主席得提前付议。

第四章　提案

第一二条　各种提案必须构成议题,声叙理由,以书面行之,并于开会前送院编入议事日程。非紧急事件,不得为临时提案。

第一三条　必要之临时提案,应依下列规定以书面提出:

一　报告事项后未到讨论议案前;

二　一案议决后其他议案未开议前;

三　依照议事日程议毕各案后未经宣告散会前。

第一四条　临时提案之应否付议或列入次期会议议事日程中,由主席决定之。

第五章　讨论修正及表决

第一五条　讨论事件以出席者过半数之同意决定之。

第一六条　讨论依起立之先后顺序行之。

第一七条　讨论结果有数说时,主席依次付表决。

第一八条　有修正案提出时,主席应将修正案先付表决。

第一九条　内容复杂之案件,经主席或出席列席者之动议,得组织审查会审查之,其审查期限由本院会议或主席决定之。

第二〇条　表决方法以举手或起立行之,可否同数时,取决于主席。

第六章　复议

第二一条　请求复议须以书面行之,并须有出席者三分之一以上之附议,复议以一次为限。

第七章　议事纪录

第二二条　本院会议议事纪录须载明下列事项:

一　会议之次数及年月日时;

二　会议所在地;

三　出席者之姓名;

四　列席者之姓名、职别;

五　主席之姓名;

六　纪录员之姓名;

七　各项报告及议案之事由;

八　决议;

九　其他必要事项。

第二三条　本院会议议事纪录应于次期开议前分送院长、副院长、各部长、各委员长、署长，如有遗漏错误，限于次期开会时提出更正，但仍须经多数之认可。

第八章　附则

第二四条　本规则如有未尽事宜，由院长提交行政院会议议决、修正之。
第二五条　本规则由行政院呈请国民政府公布施行。

●●司法院处务规程民国二十五年(1936年)一月九日司法院修正公布

要　目

第一章　通则

第一条　本规程依司法院组织法第十五条制定之。
第二条　本院职员依本规程分掌事务，但受院长特别委任者不在此限。
第三条　职员承办事件应随到随办，但有特别情形不能即办，经长官许可者不在此限。
第四条　职员对于承办或与闻事件未经宣布者，有严守秘密之义务。
第五条　各处科经办事务，应按月造具工作报告，呈送院长核阅。
第六条　本院每日办公时间，依国民政府之所定，但有特别事故或事务不能中止时，得延长之。星期及例假日应派员轮流值日，每日散值后，收发室应派员轮流值宿。
第七条　每星期一日举行纪录周，不得无故不到。
第八条　职员到值、散值，应自书姓名、时间于考勤簿内，不得迟到、早散。
考勤簿应由各处科分别设置。
第九条　职员在办公时间不得接见宾客，但因公者不在此限。
第一〇条　职员因病或因事不能依时到值者，应请给假，

　给假规则另定之。

第一一条　每年年终应举行职员考绩分别奖惩。

第二章　秘书处

第一二条　秘书长承院长之命,综理本处一切事务,指挥、监督所属职员。

第一三条　秘书襄助秘书长办理本处事务,但于必要时,得兼任参事处事务。

第一四条　秘书处置下列三科:

第一科　掌理事务如下:

一　关于机要事项;

二　关于典守印信事项;

三　关于职员任免、奖惩事项;

四　关于司法人员训练事项;

五　关于人民呈诉事项;

六　关于撰拟文牍事项;

七　关于收发、分配文件及译电事项;

八　关于保存卷宗事项。

第二科　掌理事务如下:

一　关于编辑司法公报事项;

二　关于管理图书、杂志、报纸事项;

三　关于宣传事项;

四　关于出版事项。

第三科　掌理事务如下:

一　关于公款出纳事项;

二　关于公物保管事项;

三　关于庶务事项;

四　关于不属其他各科之事项。

第一五条　各科设主任一人,由院长指派秘书兼任之,指挥、监督本科职员。

第一六条　各科设科员及书记官若干人,承主任之命,分任本科事务。但于必要时,得兼任他科或参事处事务。

第一七条　本院会计室、统计室之处理事务,除别有法令规定外,依本规程行之。

第三章　参事处

第一八条　参事处掌理下列各事务:

一　关于法律命令案之撰拟、审核事项；

二　关于解释法令案之审查事项；

三　关于特赦、减刑、复权案之审查事项；

四　关于判例、判决书及议决书之审查事项；

五　关于法律学校之监督事项；

六　关于司法例规之编纂事项。

第一九条　参事审查案件与本院所属各机关有关涉者，得与该机关主办人员商之。

第二〇条　解释法令案之审查，应由参事共同署名。

第四章　法规研究委员会

第二一条　本院附设法规研究委员会。

法规研究委员会组织规程另定之。

第二二条　秘书长、参事、各科主任对于现行司法法规认为有研究问题者，得建议于院长，交会研究。

第五章　司法院会议

第二三条　院长为征询所属各机关意见，得召集司法院会议。

司法院会议规则另定之。

第二四条　秘书长、参事、各科主任对于主管事项认为应交会议者，得陈请院长行之。

第六章　处理文件程序

第二五条　凡收入文件由秘书处第一科摘由编号，注明月日，登入收文总簿，按其事务性质分送各处科办理，但密件不摘由应先送秘书长，转呈院长核阅。

文件封面有亲启字样者，他人不得开拆。

第二六条　各处科承办事件，其属于通常性质者，即拟稿送核；其性质重要或有疑难者，应先请院长核示，再行拟稿。

事件与他处科有关联者，得先送签注意见，再行拟稿。

第二七条　各处科所拟稿件，应由拟稿人及核稿人署名，并注明月日，送由秘书长转呈院长判行。

第二八条　稿件经院长判行后，发还缮校，用印加盖校对员、监印员名戳发行。

原稿未经院长判行者，不得盖印。

第二九条　监印员应将每日用印颗数及印文件数立簿登记。

第三〇条　凡发出文件由秘书处第一科摘由编号，注明月日，登入发文总簿，但密件不摘由。

第三一条　发出文件,应连同送达簿由收受机关或本人加盖图章或签名于簿内。邮寄者,应将邮局执照粘存或由邮局加盖日戳。

拍发电报应连同送达簿由电局加盖日戳。

第三二条　每日收发文件应由秘书处第一科列表油印,分别呈送院长及各职员存查。

第三三条　文件办毕,应将原稿连同来文装成卷宗交管卷员登入保存簿,分别种类,编号归档,如须调阅,应由调阅卷人开条署名,俟送还时,将原条掣回。

第七章　附则

第三四条　因缮写文件及助理其他事务,得酌用录事。

录事服务规则另定之。

第三五条　各处科有未尽事宜,得规定处务细则,呈由院长核准。

第三六条　本规程自公布日施行。

●●内政部部务会议规则 民国二十五年(1936年)二月一日内政部修正公布

第一条　本部部务会议每月一次,于每月之第四星期举行之。遇有特别紧要事项,得由部长召集临时会议。

第二条　部务会议出席人员如下:

部长;

政务次长;

常务次长;

参事及简任秘书;

各司司长;

统计长;

会计主任;

部务会议讨论之事件有须主办人员说明者,得经主席之许可列席会议。

第三条　部务会议由部长主席,部长因事不能出席时,由政务次长或常务次长主席。

第四条　部务会议讨论之事项如下:

一　本部应兴革之重大事项;

二　依法令应行办理之重要事项;

三　司室处互相关涉事项。

第五条 各司室处及出席人员如有提案,须于开会前二日将提案送由秘书室编入议程,并由秘书室油印,于开会前一日分送各出席人员。临时提案,须经主席之许可。

第六条 部务会议议决事项,由部次长核定施行。

第七条 部务会议纪录由秘书室指定人员担任,会议后秘书室应将纪录抄写各出席人员,并核送总务司编登内政公报。

第八条 本规则如有未尽事宜,得随时修正之。

第九条 本规则自公布之日施行。

●●外交部处务规程 民国二十五年(1936年)二月二十日外交部修正公布

要　目

第一章　总则

第一条 本规程依外交部组织法第二十条之规定制定之。

第二条 各司分科办事,其科额视事之繁简,得酌量增设或裁并之。

第三条 各厅处司科之科员及书记官、办事员、录事等名额,视事之繁简酌定之。

第四条 本部对外文件应以本部名义行之,但各厅处司就其主管事务如有查询接洽事件,其性质不必经部长、次长核准或不必以本部名义行之者,得以各该部份之名义行之。

第五条 依照本部组织法第五条设置之条约委员会,其处务规程另定之。

第二章　职务分配

第六条 参事厅掌理下列事项:

一　撰拟本部主管之法律命令；

二　审核本部主管之法律命令，凡各司处拟具有关法律命令之文件，应先送参事厅审核；

三　解释本部主管法律命令事项；

四　研究本部重要案件并办理部长、次长特交事。

第七条　秘书处掌理下列事项：

一　部务会议通知及纪录事项；

二　外宾会晤传译及纪录事项；

三　办理机要文件及编撰事项；

四　办理与各国使馆接洽事项；

五　部长次长特交事项。

第八条　总务司掌理本部组织法第七条所列事项，除会计室之组织及职掌另有规定外，分设下列六科：

一　**文书科**

一　中央法令之转行及部令公布事项；

二　典守印信及校对事项；

三　本部所属机关及驻外使领馆请颁印章事项；

四　收发文件、摘由编号、登簿分类事项；

五　编管档案及保管约章事项；

六　管理图书、刊物事项；

七　外交公文专差之派遣事项；

八　编印本部及驻外使领馆职员录事项；

九　撰拟酬应文件事项。

二　**典职科**

一　本部及所属机关暨驻外使领馆人员之任免、升降、迁调及奖惩事项；

二　本部及所属机关暨驻外使领馆人员请假及考勤事项；

三　本部所属机关及驻外使领馆之组织事项；

四　分发人员、存记人员及审查合格人员之登记事项；

五　调查登记本部及所属机关暨驻外使领馆人员履历事项；

六　本部及所属机关暨驻外使领馆人事统计事项；

七　会同有关系各司审核及编存所属机关暨驻外使领馆工作报告事项。

三　**电报科**

一　来往电报之收发、登记、翻译、分送事项；

二　电码及专号之查询、校对事项；

三　发给印电纸事项；

四　代译、代转驻外使领馆与国内各机关之电报事项；

五　来往电报归档及编制索引事项；

六　编印分发密码电本事项；

七　核对电报费事项；

八　管理本部所属无线电台事项。

四　交际科

一　撰译及保管各项国书及证书事项；

二　本国驻外及驻华各使呈递国书事项；

三　各国遣使驻华接洽事项；

四　承认新国家或新政府通告事项；

五　关于国府举行国际典礼襄助事项；

六　各国专使驻使及外宾规谒宴会、游览、接待事项；

七　各国国庆国讳及其他国际庆吊事项；

八　关于本国勋章之颁赠及外国勋章之收受、佩带事项；

九　赠答国礼及纪念品事项；

一〇　驻华使领各种优待及协助事项；

一一　编制驻华外交官衔名录事项。

五　出纳科

一　本部及所属机关暨驻外使领馆经费之领收事项；

二　本部及所属机关暨驻外使领馆经费之支发事项；

三　护照费、货单签证费及其他各项收入之经收保管事项；

四　各项收入之解拨事项；

五　各项专款之经理保管事项；

六　账目簿籍登记事项；

七　收支表册编制事项。

六　庶务科

一　应用物品之采购分发及保管事项；

二　订购报章及办理印刷事项；

三　本部建筑、修缮、消防及卫生事项；

四　本部及所属机关暨驻外使领馆财产之登记事项；

五　本部财产之保管事项；

六　警卫及工役之管理事项；

七　不属于本司其他各科事项。

第九条 国际司掌理本部组织法第八条所列事项,分设下列六科:

一 **国联科**

一 关于国际联合会事项;

二 关于国际法庭及公断事项;

三 关于国际劳工事项;

四 关于国际禁烟及国际禁令事项;

五 关于国际协约、公约事项;

六 关于国际公会、赛会事项。

二 **通商科**

一 关于通商及河海港务交涉事项;

二 计划驻外领馆之设废及管辖区域事项;

三 关于驻外领馆工作指导事项;

四 关于国外经济商务及贸易之调查事项;

五 关于各国驻华领馆之设废并领事到任离任及证书事项;

六 外交官、领事官之完税及其他完税事项。

三 **侨务科**

一 在外侨民之保护及救济事项;

二 在外侨民之登记事项;

三 在外侨民遗产事项;

四 关于留学事项;

五 关于国外党务之交涉事项。

四 **法令科**

一 国籍事项;

二 本国逃犯引渡事项;

三 军火运输事项;

四 航空器入境事项;

五 涉外禁令之实施事项。

五 **护照科**

一 核发出国护照事项;

二 驻外使领馆及国内发照机关护照、签证事项;

三 无约国人民及无国籍人民入境出境事项;

四 查验外人入境护照事项;

五 在华外人内地游历护照事项;

六　护照签证及各项证明费之核算、收解及登记事项；

六　货单签证科

一　发给领事签证货单事项；

二　领事签证货单费核算、收解及登记事项；

三　货物输入之稽核及调查事项；

四　领事签证货单交涉事项；

五　使领馆人员办理签证货单之指挥、考核及奖惩事项。

第十条　亚洲司掌理本部组织法第九条所列事项，分设下列二科一室：

一　**亚一科**（日本、暹罗）

一　政治交涉事项；

二　军事交涉事项；

三　在华侨民之保护及管理事项；

四　经济、财政、路矿、邮电等项之交涉事项；

五　条约之订立及解释事项。

二　**亚二科**（苏维埃联邦、土耳其、阿富汗、伊朗）

一　政治交涉事项；

二　军事交涉事项；

三　在华侨民之保护及管理事项；

四　经济、财政、路矿、邮电等项之交涉事项；

五　条约之订立及解释事项。

三　**研究室**

一　本司主管各项法律问题之研究事项；

二　边疆及其他特殊问题之研究事项；

三　本司主管各国之调查事项；

四　本司特种编译事项。

第一一条　欧美司掌理本部组织法第十条所列事项，分设四科。

一　**欧一科**（法兰西、义大利、德意志、比利时、瑞士、奥地利亚、捷克斯拉克、腊特维亚、立陶宛、爱梭利亚及巴尔干半岛各国）

一　政治交涉事项；

二　军事交涉事项；

三　在华侨民之保护及管理事项；

四　经济、财政、路矿、邮电等项之交涉事项。

二　**欧二科**（英吉利、和兰、西班牙、葡萄牙、丹麦、瑞典、挪威、芬兰、波兰）

一 政治交涉事项；

二 军事交涉事项；

三 在华侨民之保护及管理事项；

四 经济、财政、路矿、邮电等项之交涉事项。

三 美洲科(北中南美各国)

一 政治交涉事项；

二 军事交涉事项；

三 在华侨民之保护及管理事项；

四 经济、财政、路矿、邮电等项之交涉事项。

四 法律科

一 本司主管各项法律问题及其他专门问题之研究事项；

二 本司主管各国条约之订立及解释事项；

三 本司主管各国之调查事项；

四 本司两科以上之共同事项。

第一二条 情报司掌理本部组织法第十一条所列事项,分设下列四科：

一 国内科

一 国内情报事项；

二 编辑本部公报及其他中文宣传刊物事项；

三 中文新闻稿件之撰译事项；

四 中文报章及其他资料之搜集、检阅、保存事项；

五 本国出版物涉外记载之取缔纠正事项。

二 日苏科

一 日苏情报事项；

二 编辑日苏文宣传刊物事项；

三 关于日苏新闻稿件之撰译事项；

四 日苏报章及其他资料之搜集、检阅、保存事项；

五 日苏出版物涉及本国记载之交涉事项。

三 欧美科

一 欧美情报事项；

二 西文新闻稿件之撰译事项；

三 编辑西文宣传刊物事项；

四 西文报章及其他资料之搜集、检阅、保存事项；

五 欧美出版物涉及本国记载之交涉事项。

四　新闻科

一　报界之接洽及新闻之发布事项；

二　外籍新闻记者注册事项；

三　办理本部统计事项；

四　考核驻外使领馆报告及编印情报事项；

五　宣传刊物之征集分发事项；

六　海外华侨出版物涉及本国记载之取缔、纠正事项。

第三章　文书处理

第一三条　普通文件到部后，由收发人员拆封、摘由，并于总收文簿各栏详细填入，依性质逐行分送各主管厅、处、司、科。如收件封面上有密件字样者，收发员应即编号登记，送由总务司司长开拆，按照性质拟定分配办法，封交总收发室分送。如收件封面上有速件或要件字样者，收发员应即分别普通或密件，按照上述规定办法随到随送。不得延搁。

第一四条　主管厅、处、司、科收到各项文件后，应由各该长官核定，分交拟稿人员拟具办法，同时叙稿依次呈核。如遇重大事件，应依次呈阅或签注意见请示办理，并按性质在稿面注明速件或最速件字样，以免延搁。

第一五条　拟稿人员于分到文件后，应分别重要、次要，即时拟办，依次送请核签。如须查案或案由复杂及查复未到者，或有特殊原因者，得呈明理由，延长办稿时间。

第一六条　各厅、处、司、科遇有互相关联事件应协商办理者，应以会稿行之，如因管属发生疑义或意见参差时，得请部长核定。

前项会稿缮发后，仍由主办厅、处、司、科将原稿及来件抄送会稿厅、处、司、科存查。

第一七条　本部与各部会会稿文件，除用咨文或公函外，概用行政院规定之会签簿行之。

第一八条　各项文稿呈经长官核签后，仍发还主管厅、处、司、科，分别缮正交监印室校对登记，用印并加盖校对及监印员章，送交总收发室编号，填明年、月、日，登入总发文簿封发，并将原稿送还归档。

第一九条　凡收到明密电报，电报科应即加盖时刻，印编号，登记、翻译、校对、抄写、留底，分呈部长、次长核阅，并按照性质分送有关系之厅、处、司、科及条约委员会。

主管厅处司科及条约委员会收到各项来电，其处理程序与收文同。

第二○条　各项电稿呈经长官核签后，仍发回主管厅、处、司、科，送由电报科翻译、校对、留底、编号、登记、发出，仍将原稿送还归档。

第二一条　凡未经部长核签文电，监印员不得盖印，电报科不得拍发。如遇有紧急待发之件，得由次长或主管司长标明先发字样，署名或盖章行之。但印发后仍应检呈，补签归档。

第二二条　总收发室对于每日收发文除分别登记外,应登入收发文索引簿,并缮印收发文表,呈部长、次长核阅,分送各厅、处、司、科密存备查。

第二三条　各厅、处、司、科收发由各该长官指定人员办理。

第二四条　凡应发表之文件,由各承办人员于稿面标明拟发表字样,呈请核准后,即送情报司办理。

第二五条　凡送发本京各机关文件,应备送文簿,由收受机关盖章、签字,于送文簿上邮寄文件,应将邮局单据粘存,加盖日戳。

第二六条　凡检阅各项文卷,应用调卷证填明调取发还时,应将原证收回。

第二七条　本部应备之各种簿册,以另表列举之。

第四章　会计及出纳

第二八条　本部及所属机关暨驻外使领馆经费,由出纳科依照预算及请款手续领取。

第二九条　本部及所属机关暨驻外使领馆之经费收支,由会计室依照中央各机关统一会计制度之规定,依据凭单制具传票,呈奉批准后,由出纳科在传票上盖章,证明收讫或付讫,将传票送还会计室记账保管。

第三〇条　本部收支情形,由会计室及出纳科按日编制库存表,呈送长官核阅。

第五章　庶务

第三一条　本部应用物品之购备,其价值在五十元以下者,由庶务科科长核定;五百元以下者,由总务司司长核定;五百元以上者,由部长、次长核定。

第三二条　庶务科备用金不得超过二千元。

第三三条　庶务科应备具请求购置单及领物凭单,装订成册,分发各厅、处、司、科,依照统一会计制度分别填用之。

第三四条　庶务科购置之财产或物品,应分别性质随时填入财产登记簿或物品登记簿,并根据财产登记簿编制财产增加表、财产减损表及财产目录,每半年将购置及营造两项之财产照目录点验一次,又根据物品登记簿编制现存物品表,每月将现存物品照表点验一次。

第三五条　本部印刷由庶务科主办,各厅、处、司特种印刷品应由主管人员核定,将纸质式样及数量期限等通知庶务科办理。

第三六条　本部汽车之保管、调用,由庶务科办理,如因公务须雇用汽车,应由常务次长核准。

第三七条　警卫工役之管理及消防事项,另以细则规定之。

第六章　服务通则

第三八条　本部办公时间为上午八时至十二时，下午二时至五时。必要时，得变更之。
电报科办公时间另定之。

第三九条　本部职员应按时到部办公，不得迟到早退。

第四〇条　本部职员每日到部办公时，应在考勤簿上亲笔签到，并于散值时亲笔签离。如有托人代签情事，应由主管长官查明，呈请处分。
因公出差者，由主管长官在考勤簿上注明事由及日期。

第四一条　本部职员考勤簿于每日上午九时下午三时，由典职科送呈总务司司长转呈常务次长核，三时由典职科送呈总务司司长转呈常务次长核阅，并于簿内将迟到、未到及请假人员分别注明，以备考核。

第四二条　本部职员对于未经公布之文件不得泄漏，机要文件由承办人员负责严守秘密。

第四三条　例假日如有紧要事件，得临时召集办公。

第四四条　本部总务司每日轮派值夜人员，时间自下午五时至十一时，其他各司轮值办法由主管长官酌定，并通知总务司司长。
例假日轮值人员时间与平日办公时间同。

第四五条　值夜及例假轮值人员，应于考勤簿上亲笔签到、签离，不得迟到早退，如因事故不能当值时，应呈报主管长官请假，并委托同人代理。

第七章　请假规则

第四六条　本部职员请假应填明请假单，并将所任职务请托同人兼代呈请主管长官核送，典职科呈帮总务司司长转呈常务次长批准后，方得离部。
参事、秘书、司长请假时，其请假单迳送典职科转呈核定。

第四七条　请假种类及期限如下逾期，按日扣薪：

一　事假每年合计十四日；

二　病假每年合计三十日；

三　婚假十四日；

四　丧假三十日（以直系尊亲属及配偶之丧为限）；

五　生育假五十日。

前项假期除去例假计算，因婚假或丧假离京者，其往返日期依其路程远近另计。

第四八条　职员请假事由非有充分之证明者，概不准假。

第四九条　有下列情形之一者，经查明后以旷职论：

一　未经请假擅离职守者；

二　请假未奉核准先行离职者；

三　假满未回职亦未续假者。

第五〇条　职员旷职应受下列之处分：

一　一日至六日者,每过一日扣薪二日；

二　七日至十四日者,除依前款扣薪外,并记过一次；

三　十五日至二十九日者,除按第一款扣薪外,降等或降级；

四　三十日以上者,免职,其薪俸算至旷职日止。

第五一条　职员在职已满一年,经主管长官证明勤劳称职而请假合计不过三日者,得准假十四日；在职已满二年,请假合计不过六日者,得准假三十日,其假期内俸薪照常支给。

第八章　奖惩

第五二条　本部职员考绩,依照公务员考绩法办理之。

第五三条　本部职员服务具有下列各款之一,经所属主管长官查明属实者,得随时呈请酌予个别奖励或惩戒。

甲　应行奖励事项：

一　忠心努力于本职有特殊劳绩可考者；

二　对于部务有特殊贡献者。

乙　应行惩戒事项：

一　废弛职务者；

二　贻误公务者；

三　品行不端者。

第五四条　职员之奖励及惩戒,依下列各款办理之：

甲　奖励：

一　升职；

二　晋级；

三　记功；

四　嘉奖。

乙　惩戒

一　免职；

二　降级；

三　记过；

四　申诫。

第九章 会议

第五五条 部务会议每月举行一次,部长、次长认为必要时,得随时召集之。

第五六条 部务会议之出席人员为参事、司长、简任秘书及条约委员会副会长。必要时,得由长官指定其他关系人员列席会议。

第五七条 各司由司长随时召集司务会议,其出席人员为各科科长。必要时,长官得指定列席人员。

第十章 附则

第五八条 本部各附属机关应依照本规程,另订办事细则,呈部核准。

第五九条 本规程自公布日施行。

●●海军部处务规程 民国二十四年(1935年)十一月十六日海军部修正公布

要 目

第一章 权限及责任

第一条 部长综理本部事宜,凡本部各项事件,均由部长裁定之。

第二条 政务次长襄助部长处理政务,其关于部内寻常事务,由常务次长办理之。

第三条 参事秉承部长撰拟、审核关于本部法律、命令案事项。

第四条 决令案件由参事撰拟,即由参事呈请部长核定,其由各司撰拟,经部长交参事复议,亦由参事呈请部长核定。但遇必要时,应与有关系之司协商办理。

第五条 凡不属各司之文件,除关于机要事件由秘书办理,但遇必要时,得会同有关系之司商办外,余由总务司各科分别办理。

第六条 各司长关于事务之处理及所属职员之监督,均应负责。

第七条 各科科长对于本科事务应负责任。

第八条 各科科员协助科长办理本科事务。

第九条　各司司书对于缮写、校对各文件,均应受该管长官之指示。

第一〇条　技监、技正、技士对于各项技术事务应负责任。

第二章　文件之收发及分配

第一一条　本部收到外来文件,由外收发室挂号原封汇送总务司文书科,由收发员先行摘由编号,注明年、月、日、时,分别加盖秘密、重要、次要、寻常戳记,送请部长、次长签阅后,交参事、秘书复阅盖章,再按文件性质加盖各承办司戳记,发交各主管司,拟订办法,送经次长核阅后,呈请部长核夺。如承办处所遇有两处以上者,应由该主管司抄案移付会商办理。

第一二条　凡秘密重要文件或书亲启密启字样文直书本人姓名者,应由文书科先行挂号,不列事由,送交秘书另行立簿编号,呈请部长、次长核办。该文件仍暂存秘书办公室候。过机要时间,再由秘书发交文书科录由,分送主管司备案。

第一三条　如文件到部在散值以后者,得于翌日分配之。但紧要文电,不在此限。

第一四条　凡各项文件分发各主管司承办时,该主管职员应详细审阅,除必须请示者,即当面请示外,其余由主管职员分别拟订办法,送经次长核阅后,呈请部长决定之。

第一五条　所用文电稿纸式样均须一律,凡承办员及初核复核者均须署名盖章,用送稿簿登载事由,送经次长盖章后,呈请部长签行。

第一六条　文件各稿奉判发回后,由原办司缮正校对,用送印簿连稿送监印员用印。

第一七条　监印员、收发员接收各司应发之文件,均须摘由、编号、登记,以便查考。其稿本仍发还原办,但各承办司所发文件如察出其中有手续不完全者,须向该承办司询明办理。如属于各司名义发出之函件,应由各司处自行摘由、编号。

第一八条　文书科收到普通电报,即交译电员译出,用抄电纸抄录、挂号、摘由,填明收到日期,呈请部长、次长签阅后,交参事、秘书复阅,再按其性质分交各承办司拟办。其紧急电报应立时译出,送呈部长、次长核阅后,再行编号、摘由,分发至关于机要者,由秘书暂存,候过机要时期,再发各主管司备案。

第一九条　各承办司所拟电稿经判行后,即送文书科交译电员译发,于原电稿上加盖已发戳记,仍发还原办司存案。

第二〇条　已办文件有应送登政府公报及本部公报者,由各司于稿面加盖送登政府公报及本部公报戳记,经部长、次长核阅后,分别抄交总务司送登。

第二一条　各司已办之文稿件经发行后,该原稿即交各该司管卷员用归档簿摘由、登记、分类,归案备查。

第三章　办事之程序

第二二条　凡属法律命令案件,无论由参事或各司拟稿及遇有重要事项如认为必须于部务会议公同讨论者,得由主办司呈请部长召集参事及各司长开会讨论,公同解决后,请示核定。

第二三条　凡文件分发各司拟办时,由该主管长官酌定办法,指示承办员拟稿,其应办事件遇有各司互有关联者,先由拟稿员草拟办法,再与有关联之各司协商同意再行会稿,送经次长核阅后,呈请部长裁定,再交参事、秘书盖章。

第二四条　各司承办文件之稿面,凡拟稿、校对、缮写各员暨主管长官,均应签名盖章。

第二五条　参事及各司办理事项,如有应行通知或互相查询等事,即以移付行之,其文末参事办公室由参事一人署名盖章,各司则用印行之。

第二六条　无论何项文件,非经主管长官之许可,不得给人阅览或抄录。

第二七条　凡未经发表之文件及机密事项,不得先行宣布或泄漏。

第二八条　各司存案之文件于调阅查考时,均须各立一簿,标明事由、类别、号数、月日,加盖领取收回等戳记,以免散失。

第二九条　各司应将每星期内奉发之案件及所有工作造送工作报告表,其格式照行政院所颁行之工作月报表办理,以归一律。

第三〇条　各项文件各司应派专员分别案由,随时各卷宗归档存案,其卷夹应标明事由、年月,并分类编到档册,以便检查。

第四章　考勤

第三一条　各司室应各立画到簿一本,各员于每晨到部时,应先至画到室画到,其画到簿由副官办公室汇呈次长核阅。

第三二条　各司室人员如因病或其他事故不能到部时,应即请假,其请假单由主管长官盖章,呈请次长批示。

第三三条　请假或出差人员应注明于画到簿内,月终由总务司造表,送请次长查阅。年终汇造总表呈请部长鉴核,以观成绩。

第三四条　职员在部应着制服。

第三五条　办公时间遇有宾客来访,非属公事,不得延见。

第三六条　职员停止办公日期除经明令指定外,得依照海军休假规则第四条办理。

第三七条　关于党纪、军纪、风纪,本部职员应一律遵守。

第三八条　本规程如有未尽事宜,得随时修正之。

第三九条　本规程自公布日施行。

●●实业部处务规程 民国二十年(1931年)六月六日实业部公布,二十三年(1934年)五月九日修正,同年八月二十一日再修正,二十四年(1935年)十二月十三日再修正。

要　　目

第一章　总则

第一条　本规程依实业部组织法第二十三条之规定制定之。

第二条　本部职员处理事务,除依本部组织法及分科规则外,依本规程之规定。

第三条　本部职员除组织法规定者外,因事务上之必要,得委任办事员,并雇用录事若干人。

第四条　事涉两厅、两司或两科以上时,应协商办理,各厅司有关连者,亦同。

前项协商意见不同时,陈由次长、部长核定;两科意见不同时,由主管长官解决之。

第五条　职员承办事件应随到随办,如有特别情形不能即办者,应由承办人员签明不能即办原因,并经主管长官之核定。

第六条　本部职员对于机密事务及未经公布之公文函电,均有严守秘密之责任。

第二章　责任及权限

第七条　本部文件均须经部长阅判,但部长得委任次长行之。

第八条　各厅、司草拟有关法律之文件,应先送参事厅审议之。

第九条　参事办理法令案以合议制行之,但部长指交者不在此限。

第一〇条　公布之法令正本存参事厅,副本送主管司。

第一一条　各厅、司主管之技术事项,应移送技术厅审核之。

第一二条　各厅、司、科长官对于本厅、司职员,有指挥、监督之权。

第三章　文书之处理

第一三条　到部文件由收发室拆封、编号、登簿,并缮具收文摘由表,随文送总务司第一科科长,密件装面编号,原封呈送。

文面未列事由之文件,须另装面、摘由。

第一四条　重要及具有时间性之到文,经总务司第一科科长提送总务司司长送由秘书厅转呈次长、部长签阅批办,发还收发室,分送各厅司长官发交各科,拟办次要或寻常到文,每日经总务司第一科科长送由总务司司长发还收发室检同收文摘由表,分送各厅司长官分别提呈交办或拟存。其拟存文件应附具拟存事由,登簿送由登书厅转呈次长、部长核阅。

第一五条　明电到部,先送译电室译就,再交还收发室,依第十三条规定办理。如系密电,迳送秘书厅。

第一六条　附有钱币、证券之文书,应将钱币、证券送总务司第二科取具收条,粘附原件。

第一七条　承办人员拟稿后,经科长、司长次第审核,送由秘书厅复核,送呈次长核阅,部长判行。所有拟稿核稿人员,均须签名盖章。

第一八条　凡有应行送登府院公报之文件,应由承办人员于送登时在稿面粘具应否送登某公报签条,经科长、司长送由秘书厅转呈次长、部长核定判行后,即抄送总务司第一科汇送。

第一九条　关连两司或两科以上之文件,由关系较重之司科主稿,他司科会稿。

关于第八条第十一条之事项,适用本条之规定。

第二〇条　稿件判行后,由秘书厅发还原厅司送交缮校室缮校,由缮校室送监印室用印,监印员、校对员均须加盖名章。

第二一条　文件用印后,由缮校室连同原稿送还原厅、司、科,经承办人员复校,交由收发室分别将正本挂号封发稿件,退回原厅、司、科送档案室,分别编号归档。

第二二条　收发室应将收发文事由逐日油印,分送各厅、司备查,每星期应举行公文总检查一次,列表呈报。

第二三条　各厅、司档案由档案室分组编号保管,遇调阅时,凭调卷单检交,阅毕照单点收归档。

第四章　考勤

第二四条　各职员应照规定办公时间到部,不得迟到早退。但因公外出者,不在此限。

第二五条　各厅、司置考勤簿,职员亲填到散时刻,不得托人代签。

考勤簿每日由厅、司长宜核阅,每星期汇呈部长或次长一次,月终由总务司第一科列表呈核。

第二六条　办公时间除因公接洽外,不得接见宾客。

第二七条　办公时间外,各厅、司、科应派员轮值,办理临时发生及紧要事件,其轮值次序及时间由各厅、司长官酌定之。

第二八条　轮值人员如因不得已事故请假时,应呈准主管长官派员代理。

第二九条　各职员非婚丧暨疾病或不得已事故,不得请假。

第三〇条　职员请假在三日以内,由厅、司长官核准;如超过三日者,应转呈部长或次长核准,并先商定或指派代理人员。

参事、秘书、司长、技监请假,直接呈请部长或次长核准。

第三一条　职员请事假日期每年不得过二十日,但婚丧疾病及经部长批准者,不在此限。

第五章　会议

第三二条　每星期举行部务会议一次,其规则另订之。

第三三条　各厅、司每星期召集会议一次,其办法另定之。

第六章　附则

第三四条　各厅、司、科因事务上之需要,得自订办事细则,呈准施行。

第三五条　本规程如有未尽事宜,得以部令修改之。

第三六条　本规程自公布之日施行。

●●最高法院处务规程民国二十四年(1935年)六月二十八日司法院公布(同日施行),二十五年(1936年)十月一日修正

要　目

第一章　总则

第一条　最高法院处理事务,除法令别有规定外,依本规程行之。

第二条　最高法院应置之民事庭及刑事庭庭数,由司法院定之。

第三条　最高法院行政文件经院长认为"寻常"例行者,得以书记厅或民刑事书记科之名义行之。

第四条　最高法院得将特定事务嘱托下级法院或其他公署代为办理。

最高法院因考查本院裁判之执行,发还或发交审理之结果,得向下级司法机关调阅文件。

第五条　最高法院就受理案件内审核下级司法机关职员办案情形,有应行奖惩时,得资送司法行政部办理。

第六条　最高法院办公时间依国民政府之所定,但有特别情形时,不在此限。

第七条　最高法院职员到值、散值时间,应亲注于考勤簿,逐日送呈院长核阅。其因事或因病不能依时到院者,须具请假书声叙事由向院长请假。

前项请假书推事及各庭书记官由庭长核转书记厅,书记官由书记官长核转。

第八条　最高法院书记官员额,由司法院定之。

第九条　各庭及书记厅得酌设学习书记官,其任用及津贴由最高法院院长定之,并呈报司法院。

第一〇条　因缮写文件及助理其他事务,得酌用雇员。

第一一条　最高法院职员对于本院一切事件,未经宣布者,应严守秘密。

第一二条　最高法院每月经办事务,应按月编制工作报告书,缮具五份呈报司法院。

第二章　院长

第一三条　最高法院行政事务由院长以令行之。其寻常事件,得命书记厅以传览簿行之。

第一四条　院长因督促事务进行,得分别种类、特定办结期限。

第一五条　关于各庭司法行政事务,院长得召集庭长或推事会议;关于书记厅事务,院长得命书记官长召集书记官会议,但均不受多数意见之拘束。庭长、推事会议以院长为主席,书记官会议以书记官长为主席,会议结果应报告院长。庭长、推事会议及书记官会议,至少每六个月举行一次。

第一六条　各庭庭长、推事之事务分配及代理次序,于每年度终由院长召集庭长、推事会议预定之,预定之事项应造具事务分配及代理次序表,并呈报司法院。

第一七条　院长有事故不能执行职务时,由资深庭长临时代理,并呈报司法院。

第一八条　最高法院职员之叙级、进级及应行奖惩事项,属于荐任以上者,由院长呈请司法院行之;属于委任者,由院长行之,并呈报司法院。

第三章　民刑事庭

第一九条　最高法院审判案件,以推事五人之合议行之。但下列各款案件,得以推事三人之合议行之。

一　民事第一审适用简易诉讼程序者;

二　刑事最重本刑为五年有期徒刑以下之刑。

第二〇条 庭长因事故不能执行职务时，由本庭资深推事代理。

第二一条 各庭推事临时缺员时，依代理次序表由他庭推事代理。

第二二条 各庭庭长、推事之席次，依俸级定之。俸级同者，以叙级之先后为序。

第二三条 案件应分别民事、刑事，依收案号次，按各庭顺序，轮流分配。

各庭配受案件，由庭长依收案号次按该庭推事顺序，定其主任推事。

依前两项分配之案件遇有必要情形，庭长得陈明院长，将已分配之案件移归他庭或他推事办理。

第二四条 各案审判之次序，依收受之先后定之。但有正当之事由时，不在此限。

第二五条 主任推事应就案件详加审查，并将审查结果检同卷宗及附件报告审判长及参与审判各推事共同审查，并评议之。如有必要情形，应制作报告书。

关于程序上之事项，审判长得指定书记官审查报告。

第二六条 主任推事应依评议之议决，拟作裁判书，送审判长核定。审判长审核全卷后，认应再行评议时，得再开评议。

前项拟作及核定日期，均不得逾五日。

第二七条 案情较简明者，主任推事得预拟裁判书，连同卷宗及附件送由审判长及参与审判各推事审查后，即付评议，并同时核定裁判书。前项审查日期，不得逾三日。

第二八条 审判长认案件有为言词辩论之必要时，应指定言词辩论日期。

前项案件开庭时，得因必要情形，发行定额之旁听券。

第二九条 各庭为统一各庭法律上之见解或有其他必要情形，得以推事三人以上之提议，开民事庭或刑事庭或民刑事庭总会决议之。

第三〇条 民事庭、刑事庭、民刑事庭总会由院长或席次居前之庭长召集，并任主席。

前项总会须有推事三分二以上出席，出席员过半数议决之。可否同数，取决于主席。

第三一条 各庭新判例应由庭长命书记官摘录要旨，将裁判书印本分送各庭庭长、推事，并选登司法公报。

第三二条 各庭设书记科，置书记官若干人，以荐任书记官一人充科长，直接受庭长、推事之指挥、监督，分掌下列事务：

一 收受、分配、发送案件及文件；

二 出庭及会议纪录；

三 撰拟稿件；

四 摘录裁判要旨及汇集法律解释；

五 保管并整理案卷、文件、图书及各种簿册；

六 编制收案、结案表及各种表件；

七　其他法定事件及庭长、推事交办事件。

前列事项,科长有综核并指导本科书记官之责。

第三三条　书记官接受核定之裁判书,应迅速作成正本,依法送达,并揭示主文。

发卷日期由接受核定裁判书日起,至迟不得逾一个月。

第三四条　承办书记官发卷时,应将接受缮成及发送裁判书,并发卷各日期,依次填载案件进行簿,连同案卷,送呈庭长核阅。

第四章　书记厅

第三五条　书记官长承院长命令,处理书记厅及院内行政事务,并指挥、监督书记厅。

书记官、书记官长对于各庭书记官,有考核之责。

第三六条　书记厅于每日下午散值后,应轮派书记官二人值夜,例假日须分派值日、值夜两班。

第三七条　书记厅设文书科、事务科,遇必要时,得分股办事。

各科置书记官若干人,以荐任记官一人充任科长。

第三八条　文书科职掌如下:

一　典守印信;

二　收发文件;

三　撰拟文稿;

四　缮写文件;

五　登记职员任免、铨叙、请假、奖惩事项;

六　保管案卷、图书、文件;

七　编制统计表件;

八　整理会议纪录;

九　编辑关于判例之附属事件;

一○　其他文书事项。

第三九条　收受文件应摘由编号,并在文面记明到院之年、月、日、时,送书记官长转呈院长核阅后,分配办理。其应交各庭、科者,由收发处分别迳送办理。

来件如系密件,应送呈文书科长启封、核转。

第四○条　发件人员收到各庭科交发文件时,应严查有无漏盖印章及其他形式上显著错误。

前项漏盖印章及错误,一经发觉,应立即退还原办人查核。

第四一条　文件用印须经长官签行及校对人员盖用戳后,方得手续完备。其手续不完备者,得拒绝用印,以昭慎重。

第四二条　发送文件,除有指定时间者,应按时发送外,其余普通文亦于每日按时迅速发送。

前项规定或由邮局递送或交院丁递送,均应以送文簿取盖收戳为凭。

第四三条　诉讼卷宗及行政卷宗应分别保存,诉讼卷宗并应依结案年月顺序,分别民刑编号,保存之。

第四四条　保存之文件,非有调取权人署名盖章,不得检付。调取卷宗时,应立即登记调取卷宗簿,返还时亦同。

第四五条　文书科应设问事处,接受诉讼关系人之询问,为适当之答复。

第四六条　收案结案职员考勤及其他统计,应由各科长编造分表,送文书科。

第四七条　各项统计表件应由科长及承办书记官署名,送由书记官长转呈院长核阅。

月表至迟不得逾次月十五日,年表至迟不得逾次年度之第一月。

第四八条　事务科职掌如下:

一　出纳款项;

二　发售印纸;

三　征收诉讼费用;

四　设置保管库保管特别文件及物品;

五　管理庶务;

六　其他事项。

第四九条　领款总簿及俸给、薪津、工饷等簿,应按时呈书记官长转呈院长核阅。

第五〇条　最高法院一切款项应存储于国家银行。

第五一条　书记官长及事务科长对于下列事项,应负稽查之责:

一　每月支用之款是否超过预算;

二　每月结存之款是否与现存数目相符;

三　收支各项单据是否完全;

四　支用各款及购置物品是否核实。

第五二条　保管现金及案内贵重物品,均应详细记载保管簿,并逐件标明号数。

第五三条　事务科簿册于每周之末,呈送书记官长转呈院长核阅。

第五四条　各科每日承办事件应摘由报告书记官长,备院长随时查阅。

第五五条　本院会计室之处理事务,除别有法令规定外,依本规程行之。

第五章　附则

第五六条　民刑庭书记科及书记厅各科处务细则及其他补充规则,由最高法院分别另订,呈报司法院核定备案。

第五七条　本规程自公布日施行。

七、行　政

一　内政

●●内政部会计室办事细则 民国二十五年(1936年)三月二日内政部训令

第一条　本细则依照内政部会计室组织规程第十一条之规定,制定之。

第二条　本室事务由会计主任分配所属职员办理之,遇有事务增繁,原有职员不敷分配时,得按照组织规程第八条之规定,呈请调员襄助。

第三条　本室视事实之需要,得分组办事。

第四条　本室遇特殊事项,须严守秘密者,会计主任得临时指派职员办理之。

第五条　本室人事事项,由会计主任呈报主计处核办。

第六条　本室应行请示或报告,主计处及内政部各事项应按其性质分别行之。

第七条　本室收入文件由收发员摘由登记,注明收到年、月、日、时,附件件数送会计主任核阅后,分交主管职员签具意见,再分别核转办理。

第八条　办理文件应查案者,得填具调卷单,向管卷员调取,阅毕送还,仍将原调卷单收回。

第九条　文件经主办职员办竣后,送由会计主任核阅判行,其属部稿者,送经会计主任核签后,依部定判稿手续办理。

第一○条　本室收到文件,如与内政部各部份有关联性质者,应会核办理之。

第一一条　凡发出文件由收发员摘由编号,填注发出年、月、日、时,附件件数登入发文簿,分别送发,将稿件连同来文归档编存。如属于内政部之文件,应依照部定发文归档手续办理。

第一二条　本室行文程式规定如下:

一　对外行文以内政部名义行之。

二　对内行文

甲　关于主计处方面:

对主计处用呈;

对主计处各局用呈;

对主计处各局部分组织用函;

对主计处所派其他机关之主办计政人员用函。

乙 对于内政部方面：

对内政部主管长官用呈；

对本室所属职员用函；

对内政部所属机关经指定受本室指导监督之办理会计人员用函；

对内政部其他各部分组织视其性质或依照部内向例办理或呈请交办。

第一三条 关于款项收支，本室依照中央各机关统一会计制度之规定，由主管职员依据凭单制具传票送经会计主任盖章。如系现金收付同时须由出纳人员在传票上盖章证明收讫或付讫后，交还本室会计主任加盖印章，转交各主管职员记账保管。

第一四条 每日现金结存数应与当日之库存表互相核对。

第一五条 每旬款项收支，由本室主管职员缮具旬报，分呈备核。

第一六条 每月编制收支对照表及支出计算书连同单据黏存簿，由会计主任呈由内政部总务司司长转呈部长核署后，送审计部核销。

第一七条 本室办公时间，依内政部之规定。

第一八条 本室职员须按时到室办公，不得迟到早退。但因公外出者，不在此限。

第一九条 本室置考勤簿，各职员每日到室办公均须亲自签到，考勤簿由指定职员管理，按时呈阅。

第二〇条 本室职员请假办法依部定规则办理。

第二一条 本室对于主计处岁计会计报告及工作报告，依照主计处之规定办理。

第二二条 本细则如有未尽事宜，得随时修改，呈报主计处备案。

第二三条 本细则自呈奉主计处核准之日施行。

●●内政部调阅档案规则 民国二十四年（1935年）九月七日内政部公布

第一条 本部各处司室调阅案卷，应依照本规则办理。

第二条 各处司室调阅案卷，应经各处司室主管长官署名盖章为凭。

调阅案卷不依照前项手续时，管卷员得拒绝调阅。

第三条 调阅案卷以即日归还为原则。其因实际需要不能即日归还者，以不过七日为限。逾期不还者，管卷员得索还之。

第四条 调阅案卷应保持其完整，遇有编订次序颠倒或其他应行改善之处，调阅人应随时通知管卷员改订之。

第五条　调阅案卷不得转借他人或携出部外。

第六条　调阅案卷应以档案处制就之调卷证调阅，其式样如下。

第七条　前条调卷证之使用办法如次：

一　调阅人调卷时，应先用复写纸衬于调卷证第一、第二两页之间，继用铅笔写明拟调阅之案卷名称，填明年、月、日，请由主管长官暨本人署名盖章。

二　调卷证第一页为调阅案卷之凭证，调卷证第二页作为调阅人之存根。

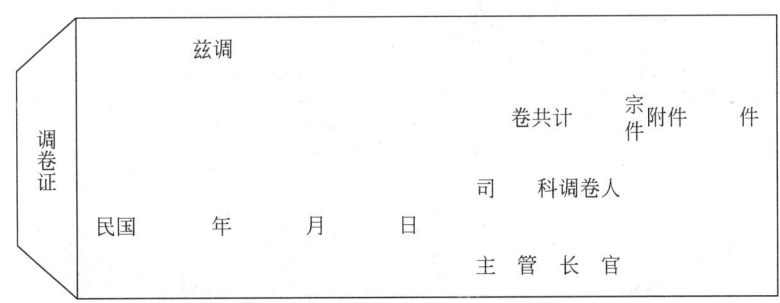

三　归还案卷时，由管卷员于调卷证第二页（即调阅人之存根）加盖归还戳记，并注明归还日期。其调卷证第一页。则由管卷人于收到所归还之案卷后，加盖已还戳记，并注明归还日期，编存于档案处，以凭查考。

第八条　本规则如有未尽事宜，得随时修正之。

第九条　本规则自部令公布之日施行。

●●内政部统计处组织规程 民国二十四年(1935年)十一月国民政府主计处订定

要　目

第一章　总则

第一条　本规程依照国民政府主计处组织法及国民政府主计处办理各机关岁计会计统计人员暂行规程制定之。

第二条　内政部统计长办事处所定名为内政部统计处。

第三条　统计长承主计长之命，并依法受内政部部长之指挥、监督，主办内政部及其所属各机关之统计事务，并指挥、监督处内职员及内政部所属各机关办理统计人员。

第四条　统计长得出席内政部部务会议。

第五条　统计处依事务之需要，分设三科一技术室，每科设科长一人，技术室设主任技正一人。由主计长荐任，承长官之命，分掌各科室事务。

第六条　统计处各科设科员四人至十人，技术室除主任技正一人外，另设技正一人技士二人至四人，均由主计长分别荐委，承长官之命，分理各科室事务。

第七条　统计处得设雇员十六人至三十人，承长官之命，助理事务。

第八条　内政部所属机关办理统计人员除直接受统计长之指导监督外，并依法受所在机关长官之指挥。

第九条　内政部所属各机关未经设置统计人员，其统计报告得由统计长呈准内政部部长令饬该机关指定人员负责办理。

前项经指定负责办理统计之人员，统计长得直接指导其统计工作。

第一〇条　统计处遇必要时，得调遣处内及内政部所属各机关统计人员，分赴各地调查，并得就地训练人员助理调查统计工作，同时呈请主计处备案。

第一一条　统计处视事实之需要，得呈准内政部部长委托部内及其所属机关职员代行登记及调查或调用职员佐理各项事务。

第二章　分科职掌

第一二条　第一科分掌事务如下：

一　关于调查编制人口、土地统计事项；

二　关于拟订上项统计进行计划图表报告等格式及统一方法等事项；

三　关于指导考核内政部及其所属各机关主办上项统计人员之工作事项。

第一三条　第二科分掌事务如下：

一　关于调查编制民政、警政、礼俗、统计等事项；

二　关于拟订上项统计进行计划图表报告等格式及统一方法等事项；

三　关于指导考核内政部及其所属各机关主办上项统计人员之工作事项。

第一四条　第三科分掌事务如下：

一　关于办理内政部及所属各机关统计人员之任免、迁调、训练及考核、奖惩等事项；

二　关于汇编、核校、绘制、印刷各种统计图表等事项；

三　关于统计工作报告之编制及处务会议之纪录等事项；

四　关于办理文书典守印信及不属其他各科事项。

第一五条　技术室分掌事务如下：

一　关于统计问题之改进研究事项；

二　关于统计图表之绘制事项；

三　关于国内外有关内政统计材料之搜集、编译及比较事项。

第三章　会议

第一六条　统计处每星期举行处务会议一次，由统计长召集之，以统计长为主席。

第一七条　统计长于必要时，得呈请主计长及内政部部长召集全国内政统计会议，以统计长为主席。

第一八条　各项会议规则另定之。

第四章　附则

第一九条　统计处各种办事细则另定之。

第二○条　本规程如有未尽事宜，由主计会议修改呈请核准施行。

第二一条　本规程自呈准之日施行。

●●内政部统计处办事细则民国二十五年(1936年)二月国民政府主计处修正

要　　目

第一章　总则

第一条　本细则依内政部统计处组织规程第十九条之规定，制定之。

第二条　本处处务除遵照国民政府主计处办理各机关岁计、会计、统计人员暂行规程所现定者外，悉依本细则办理其与内政部各司会有关联之事项，于不抵触上项范围内，并依内政部处务规程，办理之。

第二章　职权

第三条　本处各科科长及技术室主任、技正,承统计长之命,分掌各该科室事务,并监督、指挥所属职员。

第四条　本处各科室所掌事务由各科科长、主任、技正就所属职员分别办理,如遇事务增繁,原有职员不敷分配时,得呈请统计长调用他科室职员,临时襄助。

第五条　本处各科室事务如有互相关联者,应由各该关系主管科室协商办理,彼此意见不同时,应陈请统计长裁决。

第六条　本处遇有特殊事项须严守秘密者,统计长得临时指定职员办理之。

第七条　本处职员及内政部所属各机关办理统计人员之任免、迁调、升降、叙级等事项,除依法办理外,均由本处分别登记,并按期汇报主计处备案。

第八条　本处主管事务统计长,得直接交内政部所属各机关办理统计人员办理之。其须由部转饬者,得呈请内政部部长令行交办。

其未设置办理统计人员之内政部所属各机关,但呈经内政部部长指定人员负责办理者,本处得直接指导其统计工作。

第九条　本处应行请示或报告主计处及内政部各项事件,应按其性质分别行之。凡属处主管者、呈处属部者,呈部如关系两方者,分呈之。

前项对于主计处呈请事件,均送由主管局转呈其规定有格式者,依照规定办理。

第一〇条　本处对于内政部所属各机关之统计工作,应先拟具方案及规章、格式、预算等,呈请主计处核定。

第三章　统计工作

第一一条　本处每届内政部编制年度概算之前,应拟具下年度统计工作计划,经内政部统计委员会审议后,呈送主计处核准。

第一二条　本处统计工作由统计长分配于各职员后,承办职员应按其资料之性质分别登记于登记册中或编制图表说明等,送呈统计长核办。

第一三条　本处之统计资料登记,由统计长指定本处职员或委托内政部各司会中职员随时办理之,并按期送统计长核阅。

第一四条　本处统计报告之造送,除主计处交办者应迳行呈复外,其经规定之经常统计报告应依统计法施行细则之规定行之。

第一五条　本处于各项册籍、图表、格式之制定与统计结果之公布以前,应先呈送主计处核定。

第四章　文书处理

第一六条　本处收入文件由第三科收发员摘由编号,填注收到日期、时刻,附件件数登入收文簿,按其性质盖戳,分科汇送第三科科长转呈统计长核阅。前项文件如封面有密件或亲启字样者,应即送交收件人开拆;如系本处密件,则应送由第三科科长转呈统计长拆阅。

第一七条　各科室收到文件经科长主任核阅后,批明办法,交职员办理。其系赓续前案而不属本科室办理者,应即移送原办科室。

第一八条　本处职员承办文件除紧急事务随到随办外,最要者不得过一日,次要及寻常者不得过三日。但须查卷或因其他情形不能依限办竣者,得由承办人呈明理由,酌予延长之。

第一九条　各科呈明办文件职员,于收到交办文件后,应即分别拟稿,办竣后,并须签名,负责送呈科长主任核签转呈统计长核阅。判行其关系一科以上之文件,主管科长核签后,送关系各科室会签,呈统计长核阅判行。

第二〇条　统计长及科长主任核阅文件遇有疑义时,得令承办职员陈述意见或令修改重办。

第二一条　各科室文件经统计长核阅判行后,即送第三科缮校、印发,凡未经统计长核阅判行之件,不得印发或公布。

第二二条　凡发出文件,由收发员摘由编号,填注发出日期、时刻,附件件数登入发文簿,分别将文件送发稿件归档,其属部稿者,经统计长核签后,依部定发文程序办理之。

第二三条　第三科管卷员收到各项归档文件后,应摘由编号,填注归档日期,附件件数登入档案登记簿,分别性质归档、保管。凡关于统计资料之档案,应单独保管,并另立登记簿。

第二四条　各科室调阅卷宗,应依照内政部调阅档案规则办理。

第五章　服务

第二五条　本处文件凡未经统计长核准公告者,各职员应绝对严守秘密,不得泄漏。

第二六条　本处办公时间,依照内政部之规定,必要时,得延长之。

第二七条　凡办公时间非因公约晤者不得接见宾客,接见宾客应在会客室。

第二八条　本处职员须按时到处办公,不得迟到早退。

第二九条　本处置考勤簿,各职员每日到处办公须亲签到散,不得托人代签,违者由主管科室查明,严予处分,考勤簿每日送呈统计长核阅。

第三〇条　本处职员请假办法,依照内政部职员请假规则行之。

统计长请假并须呈经主计长核准。

第三一条　各种例假循例休息,但有紧急事件,仍得临时召集办公。

第三二条　本处考勤、值班出差办法,依内政部之规定行之。

第三三条　本处考绩依照公务员考绩法办理。

第六章　会议

第三四条　本处处务会议以统计长及各科科长、技术室技正组织之,以统计长为主席,其他职员经统计长指定者,得列席。

第三五条　本处处务会议每星期举行一次,于必要时,得由统计长召集临时会议。

第三六条　本处处务会议之范围如下:

　一　主计长或内政部部长交议事项;

　二　统计长交议事项;

　三　各科室提议经统计长许可事项。

第三七条　本处处务会议各项议案应于会议前三日送交第三科,编入议事日程。

第三八条　本处处务会议纪录由第三科整理,送呈统计长核定后,油印通知。

第七章　附则

第三九条　本细则自呈奉主计处核准之日施行。

●●内政部统计委员会规程民国二十五年(1936年)二月二十四日内政部公布

第一条　本会系根据统计法施行细则第八条之规定而设定,名为内政部统计委员会。

第二条　本会委员由本部各司、室、处主管长官兼任。

第三条　本会得依统计材料之性质,分设户籍、民政、警政、土地、礼俗、公务等六组,每组以统计处主管科人员与各司、室主管科人员组织之。

第四条　本会职务如下:

　一　审议关于本部主管范围各种调查统计之计划及统一事项;

　二　审议关于各部分内政统计材料之征集、整理、审核、汇编事项;

　三　审议各组不能解决之事项。

第五条　本会以统计长为主席委员,负责召集本会会议及处理本会日常事务,分组会议由统计处主管科长召集之。

第六条　本会决议各案经呈准后,由统计处或会同关系部份执行之。

第七条　本会会议每月举行一次,必要时,得由主席或委员三人以上之提议,召集临时会议。

第八条　本会因事务上之需要，得由统计处调用人员。

第九条　本规程自公布之日施行。

●●行政督察专员公署组织暂行条例民国二十五年(1936年)三月二十五日行政院公布,同年十月十五日修正。

第一条　行政院为整顿吏治,绥靖地方,增进行政效率起见,得令各省划定行政督察区,设置行政督察专员公署为省政府辅助机关。

前项行政督察区名称,以数目字定之,其非全省同时普遍设置者,以设置之先后定其次第。

第二条　各省划定行政督察区,设置行政督察专员公署时,应开明行政督察区名称、设置次第、区划情形,管辖县市暨行政督察专员公署驻在地点,绘其详细图说,资请内政部转呈行政院核定,并呈报国民政府备案。分期设置某一区或某数区行政督察专员公署时,每次设置之初均须依照前项手续办理,其业经设置行政督察专员之省,并应补行呈报手续。

第三条　行政督察专员公署设专员一人,承省政府之命,推行法令,并监督、指导暨统筹辖区内各县市行政。其职权如下:

一　关于辖区内各县市行政计划或中心工作之审核及统筹事项;

二　关于辖区内各县市地方预算、决算之审核事项;

三　关于辖区内各县市单行法规之审核事项;

四　关于辖区内各县市地方行政及自治之巡视及指导事项;

五　关于辖区内各县市行政人员工作成绩之考核事项;

六　关于辖区内各县市行政人员之奖惩事项;

七　关于召集区行政会议事项;

八　关于处理辖区内各县市争议事项;

九　关于省政府交办事项。

行政督察专员公署为筹划辖区内各县、市地方行政起见,于不抵触中央及省之法令范围内,得订立单行规则或办法,并应呈报省政府转报行政院及主管部会署备案。但关于限制人民自由,增加人民负担及变更组织或预算者,非经依法核准不得执行。

第四条　行政督察专员由行政院院长或内政部部长提出,呈请国民政府简派,其人选审查办法另定之。

在剿匪或其他特种事件尚未办理完竣之省,其提出专员人选,得征求军事委员会意见。

第五条　行政督察专员除有特殊情形者外,应兼任驻在地之县长,其公署与县政府合署办公。

第六条　行政督察专员公署设秘书一人,由行政督察专员遴选合格人员,呈请省政府资由内政部转请荐任。科长二人至四人,视察一人,由行政督察专员遴选合格人员,呈请省政府委任,准以荐任待遇。技士一人或二人,科员二人至四人,事务员三人至六人,均由行政督察专员委任,呈报省政府备案。于必要时,得酌用雇员。

行政督察专员兼任驻在地县长时,行政督察专员公署之职员兼理县政府事务,不另支薪。

第七条 行政督察专员得随时召集辖区内各县市长及其所属局长或科长暨本公署秘书、科长、视察举行区行政会议,讨论各县市应行兴革事宜,确定行政计划方案,遇必要时,各县市办理地方自治事业或保安人员及地方团体代表与负有声望并热心公益者,经行政督察专员之邀请,亦得列席。

前项区行政会议议决案,应呈报省政府查核,并由省政府分别呈资行政院暨主管部会署查核。

第八条 行政督察专员除有特殊情形者外,应兼任该区保安司令,对于辖区内各县市之保安团队、水陆公安警察及一切武装自卫之民众组织,有指挥监督之权。

区保安司令部组织另定之。

第九条 行政督察专员对于辖区内各县市地方行政,除随时派员考察外,应每半年轮流巡视辖区内各县市一周。

第一〇条 行政督察专员对于辖区内各县市长之命令或处分,认为违法或失当,不及呈报省政府核办时,得以命令撤销或纠正之,但仍须补报省政府查核。

第一一条 行政督察专员对于辖区内各县市长及所属工作人员成绩,应每年举行考核一次,拟定奖惩意见,呈报省政府。如所属各县市长有违法失职行为,应随时密呈省政府核办。

第一二条 行政督察专员公署之经费,应由省政府编制预算,由省库支拨。兼任驻在地县长时,其县政府行政经费得加入行政督察专员公署行政经费,合并计算。

第一三条 行政督察专员公署之关防,由国民政府依照颁登印信条例制发,其文曰“某某省第几区行政督察专员公署之关防”。

第一四条 行政督察专员公署之行文对省政府用呈,对辖区内各县市政府用令。

第一五条 行政督察专员公署办事通则,由内政部定之,呈报行政院备案。

第一六条 本条例施行后,行政院二十一年(1932年)八月六日公布之行政督察专员暂行条例与前豫鄂皖三省剿匪总司令部所颁之剿匪区内各省行政督察专员公署组织条例均废止之。

第一七条 本条例自公布之日施行。

●●行政院审查行政督察专员人选暂行办法 民国二十五年(1936年)十月十五日行政院公布

第一条 行政督察专员人选之审查,暂依本办法行之。

第二条 行政督察专员人选,须年在三十岁以上,并具有下列各款资格之一者:

一　曾任政务官一年以上者；

二　现任简任官或曾任简任官一年以上者；

三　对党国有特殊勋劳或致力国民革命十年以上而有行政经验者；

四　曾任县长三年以上或最高级荐任官四年以上，办事著有成绩者；

五　曾任教育部立案之大学教授二年以上，副教授或讲师三年以上，于地方行政素有研究者。

第三条　有下列各款情事之一者，不得任为行政督察专员：

一　褫夺公权尚未复权者；

二　受惩戒处分在停止任用期间者；

三　曾因赃私处罚有案者；

四　亏空公款尚未清偿者；

五　吸用鸦片或烈性毒品者；

六　体质羸弱或年力衰颓，不胜繁剧者。

第四条　军事委员会、内政部、各省政府得就具有本办法第二条各款规定资格之一者，开具详细履历，附加考语，连同证明文件、体格检查证明书及本人二寸半身相片二张备文送请行政院检定，经院发交行政督察专员资格审查委员会审查合格后，准以行政督察专员存记候用。

具有本办法第二条各款规定资格之一者，亦得呈赍详细履历证明文件、体格检查证明书及本人二寸半身相片二张，迳请行政院交付审查。

第五条　行政督察专员资格审查委员会规则另定之。

第六条　行政督察专员由行政院就存记候用人员中遴选提出，行政院会议通过，呈请国民政府简派之。

第七条　本办法自公布日施行。

●●行政督察专员资格审查委员会规则　民国二十五年（1936年）十月十五日

行政院公布

第一条　本规则依行政院审查行政督察专员人选暂行办法第五条之规定制定之。

第二条　本会附设于行政院，办理行政督察专员资格审查事宜。

第三条　本会设主任委员一人，以内政部部长充任，委员四人至六人，由行政院院长就行政院及内政部高级职员中遴派。

第四条　本会日常事务，由行政院主管组科人员兼办之。

第五条　本会接到送请审查资格人员之文件后，应即依据行政院审查行政督察专员人选暂行办法规定资格审查，除经历年资等项，应就证明文件审查外，关于特殊著作并得聘请专门人员审查之，本会于必要时，得通知被审查人员来会面加考询。

第六条　本会审查完竣后，应即将审查意见报告于行政院院长，其合格人员由院存记候用。

第七条　本规则中关于证明文件未规定事项，准用公务员任用法施行细则关于证明文件之规定。

第八条　本办法自公布日施行。

●●行政督察专员办事成绩考核暂行办法民国二十五年（1936年）十月十五日行政院公布

第一条　行政督察专员办事成绩之考核依本办法行之。

第二条　省政府对于所属各区行政督察专员办事成绩，应参照县长考绩百分数比率计算办法，随时切实考核，尤应注意下列事项：

一　关于办理中心工作事项；

二　关于办理地政事项；

三　关于整理地方财政事项；

四　关于整理田赋事项；

五　关于办理保安及警察事项；

六　关于办理保甲及训练壮丁事项；

七　关于办理建设事项；

八　关于办理教育事项。

第三条　省政府为前条之考核时，应注意其施政情形与所报施政方案是否相符及是否适合地方需要。

第四条　省政府应于每年年终，将所属各区行政督察专员办事成绩胪列事实，加具详细考语，分别等第，予以奖惩，呈报行政院察核，并资报内政部备案。其成绩优异者，并得呈请行政院特予嘉奖。

前项报告，行政院或内政部得派员复查。

第五条　本办法自公布之日施行。

●●行政院派员视察地方暂行章程民国二十五年（1936年）二月二十八日行政院公布

第一条　行政院派员视察各省市地方，依本章程行之。

第二条　视察员之任务如下：

一　宣达本院施政方针，视察各级地方政府行政；

二　视察行政督察专员办事情形；

三　考询各项人员政绩；

四　调查国民生计及其经济状况；

五　处理特别交办之政治或经济事项。

第三条　视察员由院长就院内高级职员中派充之。

第四条　视察员为辅助考察之必要，得请院长核准酌用随员，就院内职员指派或就本院所属各部会署职员中调用之。

第五条　视察员视察时，得向各地方机关调阅文卷。

第六条　关于各机关重要事项，视察员均得详查。

第七条　视察员视察完竣，应将视察所得拟具报告书，附加意见，呈报院长核夺。

第八条　视察员及随员出差旅费，均由本院支付，不得受地方供应。

第九条　本章程自公布日施行。

●●省政府合署办公暂行规程 民国二十五年（1936年）十月二十四日行政院公布

第一条　行政院为力谋地方行政效率之增进及减缩行政经费，以扩充县行政经费起见，特制定本规程。

第二条　省政府下列各厅、处应一律并入省政府公署内，合署办公：

一　秘书处；

二　民政厅；

三　财政厅；

四　教育厅；

五　建设厅；

六　保安处。

现在省公署办公房屋如尚不足以容纳各厅、处时，应于可能范围内尽量并入，至少须先并入民政厅及保安处，一面将公署改进扩充，各厅陆续加入。但无论已未并入，其办公程序概依本规程办理。

第三条　现在一切直属省政府之机关，除前条所属各厅、处及呈准行政院特许设置者外，应分别裁并或量为缩小，改隶于主管厅、处。

第四条　省政府合署办公后除本条第二第三两项规定外所有文书应以省政府名义行之。

各厅处对于行政院所属主管部会署之命令,应迳行呈复。

各厅处依其职权监督、指挥直辖职员或直辖机关之事务进行者,在不抵触省令之范围内,仍得自发厅令处令或布告。

第五条　省政府合署办公后,一切文书概由省政府秘书处总收总发。

凡用省政府名义之文书,由主管厅处分别或会同主稿呈主席判行,并由主管厅处长副署。

前项呈判文书,主席认为有修改意义或办法之必要时,交由各主管厅、处修改之。

第六条　省政府合署办公后,各厅处呈拟之命令或处分经主席判行,并以省政府之名义发布后,如发觉有违背法令、逾越权限或其他不当情形时,依下列之提议,经省政府委员会之议决,仍得自行修正及分别停止或撤销之。

一　依省政府主席之提议者;

二　依主管厅处长或委员之提议者;

三　依其他厅处长或委员之提议者。

第七条　省政府合署办公后,应依下列各原则彻底改革:

一　各厅、处及其所辖各机关之组织暨各科、股之职掌,应依现在实际之需要重新划定,厉行裁并;

二　省政府及各厅、处之经费,应集中管理,其材料物品应集中购办,其一时不便完全集中者亦应酌定项目范围,先行集中其一部或大部;

三　省政府及各厅、处之文书,应采科学管理方法,务期迅速、缜密、简便,每日每周文书之收发及承办,除机密要件外,均应分类摘由,统计列表,互送主席及各厅处长查考;

第八条　省政府合署办公后,省政府秘书处除设科分掌文书、会计、庶务等事项外,得酌设下列各室:

一　技术室　掌理关于各种专门技术事业之调查、设计、审核及指导事项;

二　法制室　掌理关于法令之搜集、整理、草拟、修订、审核及解释事项;

三　统计室　掌理关于统计之编制及报告年鉴之编拟及各种表格之调整事项;

四　编译室　掌理关于公报及其他刊物之编译事项。

第九条　省政府各厅处实行合署办公仍之节余经费,应悉数拨增各县行政费。

第一〇条　本规程施行后,各省政府应于两个月内将办理情形资报内政部,转呈行政院备案。各省中如因特殊情形须暂缓实行者,亦应开明理由,资请内政部转呈察核。

第一一条　各省政府得依据本规程订定施行细则,资报内政部转呈行政院备案。

第一二条　本规程未规定事项,应依现行省政府组织法及其他有关系之法令办理。

第一三条　本规程由行政院呈报国民政府核准备案后公布之。

第一四条　本规程公布施行后,军事委员会委员长南昌行营原颁省政府合署办公办法大纲废止之。

第一五条　本规程自公布之日施行。

●●县行政人员任用条例_{民国二十四年(1935 年)十二月七日国民政府公布}

第一条　县行政人员之任用,除法律另有规定外,依本条例行之。

第二条　本条例所称之县行政人员,为下列各种:

一　县政府秘书;

二　县政府科长或局长;

三　县政府科员;

四　县政府技术人员。

第三条　县政府科长或局长,应就具有下列各款资格之一,并具有与其所任职务相当之学识或经验者任用之。

一　经普通考试及格或与普通考试相当之特种考试及格,曾任委员职一年以上者;

二　经相当于普通考试之考试复核及格,曾任委任职一年以上者;

三　现任或曾任委任职一年以上,经甄别审查或考绩合格者;

四　现任或曾任县政府科员继续服务三年以上而成绩优良者;

五　曾于普通考试举行前,在内政部备案之各省县政训练机关毕业,并曾任委任职一年以上者;

六　曾在主管教育机关认可之专科以上学校毕业,并曾任委任职一年以上者;

七　曾致力国民革命五年以上而有成绩,经证明属实,并曾在主管教育机关认可之中等以上学校毕业者。

第四条　县政府科员,应就具有下列各项资格之一,并具有与其所任职务相当之学识或经验者任用之。

一　具有第三条各款资格之一者;

二　经普通考试及格或与普通考试相当之特种考试及格者;

三　经相当于普通考试之考试复核及格者;

四　曾致力国民革命五年以上而有成绩,经证明属实并有相当学识者;

五　现充任或曾充县政府办事员或书记继续服务三年以上而成绩优良者;

六　曾在主管教育机关认可之中等以上学校毕业,并曾任行政事务一年以上者;

七　曾任小学教职员二年以上者;

八　曾办地方自治二年以上确著成绩,并有相当之学识者;

九　于普通考试举行前,在内政部备案之各省县政训练机关毕业者。

第五条　县政府专门技术人员之任用,适用技术人员任用条例之规定。

第六条　县行政人员,应就考试及格分发人员尽先任用之。

第七条　县行政人员之叙俸,由各省政府参照委任职公务员俸给之规定,酌量地方情形,分别拟订,呈请内政部核定之。

第八条　依第三条及第四条规定任用之各种县行政人员,其资格之审查,铨叙部得委托各该省政府组织之公务员任用资格审查委员会办理之。

第九条　县行政人员,由县长遴选合格人员,呈请省政府委任之。

秘书,由县长呈请省政府任免之。

第一〇条　县行政人员,应就本县合格人员尽先任用之。

第一一条　省政府委任各种县行政人员,应按月列表汇报内政部、铨叙部备案。

第一二条　县行政人员经考试合格依法任用者,非依法律不得停职或免职。但违法或失职者,得由县长先令停职,派员暂行代理,仍呈省政府核准,依法交付惩戒。

第一三条　本条例所未规定事项,适用公务员任用法之规定。

第一四条　本条例自公布日施行。

●●地方自治指导纲领民国二十二年(1936 年)五月十八日第四届中央第七一次常会通过

引言

推行地方自治为训政时期最主要之工作,在总理遗著及中央历次决议与宣言中言之其详。关于推行程序、完成期限及自治机关组织条例法规等中央及国民政府亦先后规定,分别令饬各级党部及各级政府切实遵行。现训政期限计已过半,而地方自治之推行殊少成绩,当此匪共尚未肃清,外侮日加逼迫之际,倘非从速完成自治工作,不独不能促进政治经济之建设而绥靖地方,抵御外侮之根本力量亦将无由养成,国家民族前途实有不堪设想之险象。查近年各级党部对于地方自治之指导多未重视,而各地党员及民众亦未一致参加工作,地方自治成绩之不良,此实为其最大原因。今为免除此弊及挽救国家前途之危险,特规定地方自治指导纲领,如下:

壹　指导原则

一　根据总理遗教,本党政纲政策、中央决议及国民政府之法令指导之。

二　地方自治应以该自治区之人民为主体,本党以督促及协助之方式指导之。

三　指导一般人民明了自身应负之责任,切实参加地方自治实际工作,免除过去放任敷衍诸恶习。

四　指导全国各县、市筹备地方自治之工作,应在训政期间内一律完成。

贰　指导方针

一　指导人民及地方自治机关行使政权、治权，以树立民主政治之基础。

二　指导人民举办各种生产事业以发展国民经济之来源。

三　指导人民及地方自治机关努力文化、慈善、卫生、公益等事业，以达到扩充人民智识，改善人民生活，增进人民幸福之目的。

四　指导人民及地方自治机关注重体育、普通国民军事知识，以厚植保卫地方、抵御外侮之实力。

叁　指导程序

一　指导并督促各级党部，催促并协助地方政府设立自治人员训练机关，以养成实施自治之专门人才，其业经设立者，应指导切实办理，务使学业有成才无旁用，立即从事地方自治之实际工作。

二　指导各级民众团体及全党党员积极参加地方自治之宣传及各项实际工作，仍由党部分期督促定期考察之。

三　催促政府转令各地方政府及民众团体，从速设立自治筹备会，以促进应行筹备之各种自治事项。

四　凡已成立自治筹备会之县、市，其地方税捐、地方公共财产及按照建国大纲第十一条规定之收入，应使其全部移作地方自治经费，有不足时，得延长人民义务劳力之期限，或呈请省政府补助之，务使办理地方自治经费有着仍使地方财政不受影响或加重人民担负。

五　县市以下各级自治机关应指导其从速逐级成立，其已成立自治机关之地方，即随时派员视察，并相机指导之。

六　各级自治机关，对于下列自治事项，应依其地方情形，次第举办之。

　　一　清查户口及人事登记；

　　二　测量土地及规定地价；

　　三　办理警卫或组织保卫团消防队等；

　　四　建筑道路桥梁及一切公共土木工程等；

　　五　兴办教育及文化事业等；

　　六　垦殖荒地及培植森林等；

　　七　农工商业改良及保护；

　　八　兴办或改良水利；

　　九　渔牧及狩猎之保护及改良等；

　　一〇　开采各种矿产设立各项工厂等；

　　一一　组织各种合作社；

一二　粮食储备及调节；

一三　设立感化院救济院医院并促进公共卫生；

一四　育幼养老济贫救灾等设备；

一五　公共营业；

一六　自治公约之拟定；

一七　财政收支及公款公产管理；

一八　设立图书馆、博物馆及学术研究会等；

一九　设立各种陈列馆及举行展览会、竞赛会等；

二〇　设立公共体育场公园及俱乐部等；

二一　提倡国货及改良风俗习惯等；

二二　其他。

七　各级党部对于下级党部，指导地方自治之工作，应随时派员视察，严加考核，并分别优劣奖惩之。

八　各级党部应随时协商同级政府，切实推进地方自治之工作。遇有因循敷衍或借端推诿情事，应报告上级党部处理之。

九　各级党部应根据本纲领，并参照各地实际情形，拟订指导地方自治工作计划，呈报上级党部审核备案。

肆　附则

一　党员及县、市以下各级党部对于地方自治应注意之工作，参照本党第三届第三次中央全体会议通过之"训政时期党务工作方案"行之。

二　本纲领由中央执行委员会议决施行。

●●公民宣誓登记规则 民国二十五年(1936年)六月二十七日内政部公布

第一条　公民宣誓登记，依本规则行之。

第二条　中华民国人民具有乡镇自治施行法第七条第一项或市组织法第六条第一项之资格，经公民宣誓登记者，享有公民权。

第三条　有下列情事之一者，不得参加公民宣誓：

一　背叛国民政府，经判决确定或尚在通缉中者；

二　曾服公务而有贪污行为，经判决确定或尚在通缉中者；

三　褫夺公权者；

四　禁治产者；

五　有精神病者；

六　吸用鸦片或其他代用品者。

第四条　公民宣誓登记，在县由乡镇公所，在市由坊公所办理。在无乡镇坊公所之县、市或设治局，由其与乡镇坊公所相当之机关办理之。

第五条　乡镇坊公所办理公民宣誓登记，应先调查该乡镇坊内合于第二条规定资格之人民，定期举行公民宣誓。

前项公民宣誓登记，应每年举行一次。但必要时，得临时举行之。

第六条　有公民资格之人民旅居在外时，得向其所在地之乡镇坊公所请求举行公民宣誓，发给公民证（附件九），并通知其原籍（附件八）。

第七条　宣誓典礼在乡镇坊公所公开举行，以乡镇坊①为主席。

第八条　公民宣誓应由宣誓者亲自签名于誓词之第一、第二两联（附件二、五），不能亲自签名者，得以印章或指印代之。

第九条　宣誓时，由区公所或区署派员监视，其仪式依附件一之规定。

第一〇条　公民宣誓后，由乡镇坊公所依据誓词第一联分别编造公民名册（附件三、六），连同誓词第二联汇解县、市政府，以凭分别发给公民证（附件四、九）。誓词、公民名册及公民证均由县市政府依式制发。

第一一条　公民经宣誓登记后，发现其有第三条所列各款情事之一者，由县市政府于公民册内除去其名，并追缴其公民证。

第一二条　本规则施行前，依乡镇公民宣誓登记规则或市公民宣誓登记规则宣誓之公民，由县市政府补发公民证。

第一三条　蒙古、西藏在外侨民及军队之公民宣誓，参酌本规则办理之。

第一四条　本规则自公布日施行。

附件一

公民宣誓仪式

一　全体肃立；

二　唱党歌；

三　向党国旗及总理遗像行三鞠躬礼；

四　主席恭读总理遗嘱；

五　主席领读誓词宣誓者，举右手自行唱名循声朗读；

六　主席训词；

七　监督人训词；

八　礼成。

---

①　疑漏"长"。

附件二

			附　注
第一联	宣誓备查	兹有本/乡/镇/坊第　　间/保第　　邻/甲 住民男/女　年　岁/现定于本年 　月　日举行宣誓典礼除制给誓词俟宣誓 时缴还汇报外截此备查 中华民国　　年　月　日　签字 县/市第　区　乡/镇/坊公所	一　年岁必须满二十岁 二　年月日应填发给誓词日期 三　缴还誓词时应填给白色公 　　民证

字第　　　　　　　　　　　号

			附　注
第二联	誓词	正心诚意，当众宣誓，从此去旧更新，自立为 国民，尽忠竭力拥护中华民国，实行三民主 义，采用五权宪法，务使政治修明，人民安 乐，措国基于家固，维世界之和平，此誓。 中华民国　　年　月　日　签 字　　立 县/市第　区　乡/镇/坊公所	一　年月日应填宣誓日期 二　誓词应于宣誓毕缴还公所

附件三

县市第　　区　　乡镇坊公民名册									
姓名	性别	年龄	住址	住居几 年以上	有住所几 年以上	职业	何种职业 团体会员	宣誓日期	备考
说明	何种职业团体会员栏内，应分别填明农会、工会、商会、渔会、航业公会、律师团体、会计师团体、医药师团体、新闻记者团体、工程师团体及教育会、各种教育团体等，并未参加团体者，可勿填。								

附件四

公民证备查簿式

男/女年　　岁业　系　省　市县人兹于　年　　月　　日在　省　县/市第　区 乡/镇/坊举行宣誓登记并发给　字第　号公民证 中华民国　　　年　　月　　日

附件五

			附　注
第一联	旅居公民宣誓备查	兹有　　男/女年　　岁原籍系　　省县/市　　区　　乡/镇/坊现旅居　　本县/市　　区　　乡/镇/坊第　　保/间第　　邻/甲　　定于　　年　　月　　日举行宣誓典礼除制给誓词俟宣誓时缴还汇报外截此备查 中华民国　　年　　月　　日　　签字 　省　县/市第　区　乡/镇/坊公所	一　年岁必须满二十岁 二　年月日应填发给誓词日期 三　缴还誓词时应填给红色公民证

旅　　字第　　　　　　号

			附　注
第二联	誓词	正心诚意，当众宣誓，从此去旧更新，自立为国民，尽忠竭力拥护中华民国，实行三民主义，采用五权宪法，务使政治修明，人民安乐，措国基于永固，维世界之和平，此誓。 中华民国　　年　　月　　日　　签字 　立誓 　省　县/市第　区　乡/镇/坊公所	一　年月日应填宣誓日期 二　誓词应于宣誓毕缴还公所

附件六

省　　　县/市第　　区　　乡/镇/坊旅居公民名册																
姓名	性别	年龄	现住地址	原籍						到达本县/市时日			职业	何种职业团体会员	宣誓日期			备考
				省	县/市	第区	乡/镇/坊			年	月	日			年	月	日	

说明	何种职业团体会员栏内应分别填明农会、工会、商会、渔会、航业公会、律师团体、会计师团体、医药师团体、新闻记者团体、工程师团体及教育会各种教育团体等字样，并未参加团体者可勿填。

附件七

公民证备查簿式

男/女　年　岁，业　　，原籍系　省　县/市　区　乡/镇/坊。现于　年　月　日在　省　县/市第　区　乡/镇/坊举行宣誓登记，除已通知其原籍所属之乡/镇/坊公所查照外，并发给旅　字第　号公民证。
中华民国　　　　年　　　　月　　　　日

附件八

旅居公民宣誓登记通知书

旅居公民宣誓登记通知书	男/女　年　岁,业　,现旅居本乡/镇/坊第　闾/保第　邻/甲已根据公民宣誓登记规则第六条之规定,于　年　月　日在本乡/镇/坊公所举行宣誓,除已制给旅　字第　号 公民证外,特此通知查照登记为荷。此致。 省　县/市　区　乡/镇/坊公所 中华民国　年　月　日　省　县/市　区　　乡/镇/坊公所(此处填明发通知书之区乡/镇/坊)

附件九

公民证	旅字第号	男/女　年　岁业　原籍系　省　县/市　区　乡/镇/坊 兹根据公民宣誓登记规则第六条之规定,于　年　月　日在本县/市第　区　乡/镇/坊公所举行宣誓登记,除已通知其原籍所属之乡/镇/坊公所查照外,特给此证。 　　　　　　　　　　上给公民 中华民国　年　月　日 　　　　　　省　县/市长	一　持此项公民证,不得参加宣誓地选举。 二　宣誓人如有公民宣誓登记规则第三条各款情事之一,此证即行作废。

说明

一　公民证应用坚厚纸张制就,长以十三公分,宽以九公分左右为度。

二　公民证应由县市政府填发,加盖县、市印。

三　职业分农、工、商、学及自由职业五种,自由职业包括律师、会计师、医药师、新闻记者等,渔业归入农业,航业归入商业。

四　公民证应以各该县、市为编字,标准如镇江县编为镇字第○号,旅居公民证并须于"某字第号"之上加一"旅"字,另行编号。

五　年、月、日应填发给公民证日期。

六　公民证与公民证备查簿间,应加盖县市政府骑缝印信,以便核对。

七　公民证应永久保存。

八　如为旅居人民请求宣誓者,发给红色公民证,不得在宣誓地方参加选举。

九　旅居公民证用红纸黑字制发,其他一律白纸黑字。

●●区乡镇坊调解委员会权限规程民国二十年(1931年)四月三日司法院、行政院会同公布,同日施行,二十四年(1935年)十一月八日修正。

第一条　各县之区、乡、镇及各市之坊、所设调解委员会,除区、乡、镇依照区自治施行法第二十八条、第二十九条、第三十条、第四十条,乡镇自治施行法第三十二条、第三十三条、第四十二条,坊依照市组织法第八十一条、第八十二条、第九十六条办理外,应依本规程行之。

第二条　区调解委员会受区公所之监督,乡、镇、坊调解委员会受乡、镇、坊公所之监督,处理调解事务。

第三条　调解委员会得办理之民事调解事项,应受下列限制:

一　已经法院受理之民事案件,经调解后,须依法定程序向法院声请销案;

二　依民事调解法正在法院调解者,不得同时调解。

第四条　调解委员会得办理之刑事调解事项,以下列刑法各条之罪为限:

刑法第二百二十九条及第二百三十条之妨害风化罪;

刑法第二百三十八条及第二百三十九条之妨害婚姻及家庭罪;

刑法第二百七十七条第一项第二百八十一条及第二百八十四条之伤害罪;

刑法第二百九十八条第一项及第三百零六条之妨害自由罪;

刑法第三百零九条第一项及第三百一十条、第三百一十二条、第三百一十三条之妨害名誉及信用罪;

刑法第三百一十五条至第三百一十八条之妨害秘密罪;

刑法第三百二十四条第二项之窃盗罪;

刑法第三百三十八条准用第三百二十四条第二项规定之侵占罪;

刑法第三百四十三条准用第三百二十四条第二项规定之诈欺背信罪;

刑法第三百五十二条及第三百五十四条至第三百五十六条之毁弃损坏罪。

前项各款之罪经告诉者,于第一审辩论终结前仍得调解,但应由告诉人向法院依法撤回其告诉。

第五条　调解委员会调解事项,应以两造同区为限,但两造不同区之案件,民事得由被告所在地,刑事得由犯罪地之调解委员会调解之。

第六条　调解委员会调解事项,应于调解以前报告于区公所或乡、镇、坊公所。其不能调解时,仍应报告于区公所或乡、镇、坊公所,分别依照区自治施行法第二十八条第二项、第四十条、乡镇自治施行法第四十二条、市组织法第九十六条办理。

其调解成立者,应叙列当事人姓名、年龄、籍贯及事由概要,并调解成立年、月、日,在区报告区公所,分报县政府及该管法院。在乡、镇、坊报告乡、镇、坊公所,转区公所分报县市政府及该管法院。

第七条　调解日期,民事不得逾十日,刑事不得逾五日。但民事事项当事人自请延期调解者,得再延长十日。

第八条　刑事调解事项须验伤及查勘者,得由被害人或其法定代理人、保佐人、亲属、配偶报请当地区长或乡长、镇长、坊长验勘,开单存查。其不愿验勘者,听之。

第九条　刑事案件除第四条所列各条外,区公所应依区自治施行法第三十九条第二项,乡镇公所应依乡镇自治施行法第四十一条第二项办理,立即报送法院核办。

第一〇条　民事调解事项须得当事人之同意,刑事调解事项须得被告人之同意,始能调解。调解委员会不得有阻止告诉及强迫调解各行为。

第一一条　办理调解事项,除对于民事当事人及刑事被害人得评定赔偿外,不得为财产上或身体上之处罚。

第一二条　办理调解事项,除查勘实费由当事人核实开支外,不得征收费用或收受报酬。

第一三条　办理调解事项,违反本规程第十条、第十一条、第十二条之规定者,各依刑法本条论罪。

第一四条　调解事项有涉及调解委员本身或亲属时,应即回避。

第一五条　本规程所称法院,于兼理司法之县政府准用之。

第一六条　本规程自公布日施行。

●●各省市征工服役办法大纲 民国二十五年(1936年)十月十四日行政院公布

一　各省市之征工服役事业,以下列各项为主:

甲　自卫工程;

乙　筑路工程;

丙　水利工程;

丁　造林工程。

二　凡年满十八岁至四十五岁之壮丁,每年一律均须服工役三日至五日。但身有残废,疾不能劳作者,得予免役。

三　各省市办理征工服役,应酌量当地情形,分期按户抽调壮丁轮流举行之,以普遍服役为原则。

四　凡在原籍以外有职业之壮丁,应就其职业所在地服役。

五　凡征工服役,以在服役者住所十五里以内为原则,其在住所十五里以外者,应供给食宿。

六　征工服役期间,应由各省、市政府察酌当地情形,充分利用农隙工余或假期,自行规定并先期报核。

七　征工之召集、分配及遣还等事项,应参照征兵原则办理。

八　各省、市政府应就原定施政纲要之中心工作及征工服役所规定各事项,斟酌各地实际需要,划定工区,分别缓急妥为规画,并注意全部工作之联系,如期完成。

九　各省市政府对于征工服役事业之进行,应于实施前一个月,妥纂下列各事项:

甲　技术指导人员暨监工工头之训练;

乙　各种工具之准备。

一〇　各省、市政府办理征工事业经费,应极力撙节列入各级地方预算。

一一　各省、市政府应于征工服役实施前三个月,遵照本大纲,将各该省、市全部征服役计划及预算书,并附各项工程计划图表,呈候行政院核定。

一二　本大纲自行政院公布之日施行。

●●绥远省境内蒙古各盟旗地方自治政务委员会暂行组织大纲　民国二十五年(1936年)一月二十五日国民政府公布,同年十月二十一日修正第四条

第一条　国民政府为促进绥远省境内蒙古各盟旗地方事业起见,设立绥远省境内蒙古各盟旗地方自治政务委员会(以下简称本会)。

第二条　本会办理下列各盟旗地方自治事务:

乌兰察布盟所属各旗;

伊克昭盟所属各旗;

归化土默特旗;

绥东五县右翼四旗。

第三条　本会直隶于行政院,并受中央主管机关及中央指导大员之指导,遇有关涉省之事件,应与省政府会商办理。

第四条　本会会址设于公庙子。

第五条　本会设委员九人至二十四人,由行政院就绥远省境内各盟旗之盟长、副盟长、扎萨克或总管及其他资格相当之人员遴选,呈请国民政府派充人,并于委员中指定委员长一人、副委员长三人。

第六条　本会每月开会一次,遇必要时,得召集临时会。

前项会议以委员长为主席,委员因事不能出席时,得派代表列席。

第七条　本会委员长执行前条会议之决议,并处理会务监督所属职员。

各副委员长每年轮流驻会四个月,辅助委员长处理会务。委员长因事不能执行职务时,由驻会副委员长一人代理之。

第八条　本会设下列各处,分掌各项事务:

秘书处,掌管机要文电、会议纪录、文书编译、统计、会计、庶务等事项;

参事处,掌管撰拟审核本会之行政计划及法案、章规、命令等事项;

民治处,掌管关于民治事项;

实业处,掌管关于实业及交通等事项;

教育处,掌管关于教育事项;

保安处,掌管关于保安事项;

卫生处,掌管关于卫生事项。

前项各处除参事处外,均分科办事,秘书处之科长得以秘书兼充之。除秘书、参事两处外,其余各处应斟酌情形,报请中央主管机关核准设置之。

第九条　本会各处设职员如下:

各处处长各一人(简派);

秘书四人(荐派);

参事四人(荐派);

各处科长十二人至十六人(荐派);

科员四十人至六十人(委派)。

第一〇条　前条各职员除科员外,统由委员长遴选具有相当资格及学识能力者,报请中央主管机关核转派充之。

第一一条　本会设参议十八人,由委员长就各盟旗佐治人员中派充之,常川①驻于本会,代表各本盟旗,接洽并办理一切事务。

第一二条　本会因事实之必要,得酌用技术人员及雇员。

第一三条　本会经费,由本会依照会计年度编制预算书报请中央主管机关转呈核定,由中央就国库或地方税收中指拨之。

第一四条　本会会议规则及办事细则,由本会拟具草案,报请中央主管机关转呈行玫院核准行之。

第一五条　本大纲自公布日施行。

●●绥远省境内蒙古各盟旗地方自治指导长官公署暂行条例

民国二十五年(1936年)二月二十五日国民政府公布

第一条　绥远省境内蒙古各盟旗地方自治指导长官,承行政院之命,指导该省境内蒙古各盟旗地方自治事宜,并调解省县与盟旗之争执。

---

① 常川,经常。

第二条　指导长官一人由行政院呈请国民政府特派之。

第三条　指导长官公署设参赞一人,由指导长官呈请行政院简派之。

第四条　指导长官公署其他职员另定之。

第五条　绥远省境内蒙古各盟旗地方自治政务委员会开会时,指导长官应出席指导或派参赞出席指导。

第六条　绥远省境内蒙古各盟旗地方自治政务委员会呈报行政院或蒙藏委员会之公文,须同时呈报于指导长官公署。

第七条　绥远省境内蒙古各盟旗地方自治政务委员会处理事件或发布命令,指导长官认为不当时,得纠正或撤销之。

第八条　绥远省境内蒙古各盟旗地方自治政务委员会经费,由指导长官公署转发之。

第九条　本条例自公布日施行。

●●察哈尔省境内蒙古各盟旗群地方自治政务委员会暂行组织大纲民国二十五年(1936年)七月二十七日国民政府公布

第一条　国民政府为促进察哈尔省境内蒙古各盟旗群地方事业起见,设立察哈尔省境内蒙古各盟旗群地方自治政务委员会(以下简称本会)。

第二条　本会办理下列各盟旗群地方自治事务:锡林果勒盟所属各旗;察哈尔左翼四旗暨四牧群。

第三条　本会直隶于行政院,并受中央主管机关之指导,遇有关涉省之事件,应与省政府会商办理。

第四条　本会会址设于嘉卜寺。

第五条　本会设委员九人至二十四人,由行政院就察哈尔省境内各盟旗群之盟长、副盟长、扎萨克总管及其他资格相当之人员中遴选,呈请国民政府派充之,并于委员中指定委员长一人、副委员长二人。

第六条　本会每月开会一次,遇必要时,得召集临时会。

前项会议以委员长为主席,委员因事不能出席时,得派代表列席。

第七条　本会委员长执行前条会议之决议,并处理会务监督所属职员。

各副委员长每年轮流驻会六个月,辅助委员长处理会务。委员长因事不能执行职务时,由驻会副委员长一人代理之。

第八条　本会设下列各处,分掌各项事务:

秘书处,掌管机要文电、会议纪录、文书编译、统计、会计、庶务等事项;

参事处，掌管撰拟审核本会之行政计划及法案、章规、命令等事项；

民治处，掌管关于民治事项；

实业处，掌管关于实业及交通等事项；

教育处，掌管关于教育事项；

保安处，掌管关于保安事项；

卫生处，掌管关于卫生事项。

前项各处除参事处外，均分科办事。秘书处之科长，得以秘书兼充之。除秘书、参事两处外，其余各处应斟酌情形，报请中央主管机关核准设置之。

第九条 本会各处设职员如下：

各处处长各一人（简派）；

秘书四人（荐派）；

参事四人（荐派）；

各处科长十二人至十六人（荐派），科员四十人至六十人（委派）。

第一〇条 前条各职员除科员外，统由委员长遴选具有相当资格及学识能力者，报请中央主管机关核转派充之。

第一一条 本会设参议十八人，由委员长就各盟旗群佐治人员中派充之，常川驻于本会，代表各本盟旗群，接洽并办理一切事务。

第一二条 本会因事实之必要，得酌用技术人员及雇员。

第一三条 本会经费，由本会依照会计年度编制预算书报请中央主管机关转呈核定，由中央就国库或地方税收中指拨之。

第一四条 本会会议规则及办事细则，由本会拟具草案，报请中央主管机关转呈行政院核准行之。

第一五条 本大纲自公布日施行。

●●各省市地政施行程序大纲民国二十五年（1936年）二月二十二日国民政府公布

要　目

第一章　总则

第一条　各省、市举办地政之程序,除依照土地法及土地法施行法之规定外,依本大纲办理。

第二章　地政机关设立程序

第二条　省已设立专管地政机关,而限于事实未能依法成立地政厅以前,得暂维现状,但应一律改称省地政局。

第三条　市已设立专管地政机关者,应即改为市地政局。

第四条　省由民政厅、市由财政局设股办理地政者,应改为设科办理,但财力不足省份,得专案呈准,暂维现状。

第五条　省由财政厅办理地政者,应划归民政厅办理;市由其他局办理者,应划归财政局办理。

第六条　省、市尚未设立专管地政机关者,省由民政厅设科办理,市由财政局设科办理。但财力不足省份,得专案呈准,暂缓设置。

第七条　各省、市地政机关之职掌在组织法未经明定前,应由各省市政府依照土地法原则之规定,迅予划定。

第三章　土地测量施行程序

第八条　土地测量依大三角测量、小三角测量、图根测量、地籍测量之程序办理。

第九条　大三角测量由内政部会同参谋本部陆地测量总局,统筹办理之。小三角测量以下由各省市政府拟具实施计划及法规,资内政部核定,各就主管地方分别办理之。

第一〇条　在大三角测量尚未测到之地方各省、市,得呈准先行举办小三角测量,以为举办地籍测量之根据。

第一一条　依前条提前举办土地测量,应就下列各地方尽先举办之。

一　省会所在地方;

二　已设市地方;

三　已开商埠地方及交通要衢商业繁盛地方;

四　其他生产事业发达地方。

第一二条　各省、市举办土地测量,悉应依照部颁土地测量实施规则之规定。

第一三条 在本大纲公布以前,各省、市已行举办土地测量之地方,如合于第八条至第十二条之规定者,得由省、市政府将办理情形专案资内政部核定,免予重办。

第一四条 已设市地方各省省会所在地方及已开商埠地方,如尚未办理土地测量,应由各省、市政府于六个月内,拟具测量计划,资内政部核定,迅予举办。

第四章 土地登记施行程序

第一五条 在本大纲公布以前,业经呈准举办土地登记之地方,仍得照案进行。但业经开始办理土地登记之市、县,第一次所有权及他项权利登记完毕后,各省、市单行土地登记法规即行废止。

前项单行法规规定之登记范围不完全者,应即依法补正,资部核转备案施行。

第一六条 在本大纲公布以前,已办理土地测量,尚未办理土地登记而业经呈准注册发照之地方,应从速依法办理土地登记,发给土地所有权状,但所收书状费及登记费,应扣除注册发照时所已收之费用。

第一七条 业经办理土地测量之市、县,应由省、市政府将办理土地测量经过情形,拟具报告,附同区地籍图,资内政部核准,依法举办土地登记。

各市、县开始举办登记之日期,应由省市政府资部转呈备案。

第一八条 依前条举办土地登记之市、县,得分区举办就地籍测量,完毕之区尽先举办之。

第一九条 各省市举办土地登记,得根据土地法及土地法施行法拟定施行细则,资内政部核定施行。

第二○条 依法办理土地登记之地方,自开始登记之日起,法院所办不动产登记应即停止办理。已经法院办理不动产登记之土地,应免费予以登记。

第二一条 依法办理土地登记之区域,自开始登记之日起,原有推收所应即停止推收,由主管地政机关移转登记,并随时将移转结果通知征收机关。

第二二条 在登记期间未税白契应准缓期报税,并免予处罚。

第五章 土地使用施行程序

第二三条 各市已定市、区计划应专案资内政部核转备案,其未定者,应于一年内妥为规划,资内政部核转备案施行。

第二四条 各省、市关于农地使用及关于田租之单行章则,应专案资由内政、实业两部核转备案。

第二五条 各省市应于一年内拟定清荒施垦计划及章则,资由内政、实业、财政三部核转备案施行。

第二六条 各省、市公地之使用,除法令别有规定外,由主管地政机关规划办理之。

第六章　土地税施行程序

第二七条　业经依法办理土地登记之地方,应即依法规定地价,并拟定税率,资由内政、财政两部会核,呈准行政院举办地价税及土地增值税。

第二八条　业经举办地价税之地方,自开始征税之日起,原有由土地负担各项正杂赋税,应即一律取消。

第二九条　未经依法办理土地登记之地方,原有土地赋税得暂照旧征收但法令规定减免者,不在此限。

第七章　土地征收施行程序

第三〇条　需用土地人如非市、县政府,应事先与主管地方政府接洽,并将接洽情形于征收计划书内叙明,如需用土地人与主管地方政府意见不一致时,得分别声请或呈请核准机关核办。

第八章　附则

第三一条　各省市清理地籍办法与土地法土地施行法及本大纲之规定有不符者,应即停止办理。但依照院颁办理土地陈报纲要之规定办理土地陈报之地方,仍照案进行。

第三二条　本大纲有不适宜时,得由内政部呈准行政院修正之。

第三三条　本大纲自公布之日施行。

●●估计专员任用条例民国二十五年(1936年)三月三日国民政府公布

第一条　土地法第二百三十七条所规定之估计专员其任用,依本条例行之。

第二条　估计专员分为二等、一等荐任,二等委任。

第三条　一等估计专员,应就具有下列资格之一者任用之。

一　教育部认可国内外大学、专门学校经济系毕业,办理土地行政事务一年以上,谙悉土地估价情形者;

二　中央或地方办理之地政学校毕业,在地政机关任委任职三年以上,对于土地估价事项有相当之学识经验者;

三　曾任二等估计专员三年以上,著有成绩者。

第四条　二等估计专员,应就具有下列资格之一者任用之。

一　中央或地方办理之地政学校毕业,在地政机关服务一年以上,有相当之成绩者;

二　高级中学或同等学校毕业，在地方地政机关服务二年以上，有相当之成绩者；

三　曾任地方地政机关委任官三年以上，熟悉当地土地及改良物价值情形者。

第五条　依第三条、第四条之规定，于必要时，得由省地政机关举行估计专员考试，呈由中央地政机关转请派员典试。

第六条　估计专员虽具第三条、第四条之资格，但有公务员任用法第六条各款情事之一者，不得任用。

第七条　合于第三条、第四条各项资格之估计专员或经估计专员考试及格者，其任补概依公务员任用法第七条、第八条、第十条、第十一条、第十二条及公务员任用法施行细则第十九条之规定办理。

第八条　本条例自公布日施行。

●●契据专员任用条例 民国二十五年（1936年）三月三日国民政府公布

第一条　土地法第九十五条所规定之契据专员，其任用依本条例行之。

第二条　契据专员为委任职。

第三条　契据专员由主管地政机关就有下列资格之一者分别任用，但必要时，得举行考试。

一　高级中学或同等学校毕业，曾任地方行政事务二年以上者；

二　地政学校毕业，在地政机关服务一年以上者；

三　曾任地方行政机关验契人员三年以上，公正廉洁，经原任长官负责证明者。

第四条　契据专员有公务员任用法第六条各款情事之一者，不得任用。

第五条　本条例自公布日施行。

●●各省市训练初级地政人员办法大纲 民国二十四年（1935年）十月三十日内政部公布

一　各省、市已着手办理地政者，得依本大纲之规定，训练初级地政人员。

二　各省、市训练初级地政人员，得依下列各项办法办理之。

一　在省会所在地或市内，得设立初级地政人员训练所；

二　各省、市已设行政人员训练所者，得附设初级地政人员训练专班。

三　各省、市因特殊情形，得委托当地公私立大学或专科学校代办初级地政人员训练专班。

前项二、三两款之专班，其入学标准课程训练期间等，均应与初级地政人员训练所一律。

三　初级地政人员训练所设所长一人,由地政厅长或地政局长兼任之;在未设专管地政机关之地方,省由民政厅长、市由财政局长兼任之;教务主任、事务主任各一人,教员事务员各若干人,由所长分别聘委之。

四　训练初级地政人员得分设地政、三角、清丈等班,各班应授之课目如下:

一　地政班:1.党义;2.土地测量概要;3.土地经济;4.土地估价及土地税;5.土地法规;6.近代各国土地政策概要;7.中国历代土地制度沿革;8.各国登记制度;9.都市设计。

二　三角班:1.党义;2.解析几何;3.测量学(小三角、图根户地水准各项测量均包含在内);4.球面三角法;5.绘图术;6.测图术;7.最小自乘法摘要;8.野外实习;9.土地法规。

三　清丈班:1.党义;2.球面三角法解析几何;3.测量学(图根户地测量均包含在内);4.面积计算法;5.测图术;6.绘图术;7.野外实习;8.土地法规。

各省市得斟酌地方需要,于上列课目外,增授其他课目。

五　初级地政人员入学资格以高中毕业及具有同等学力者为合格,但清丈班得酌量降低入学资格,招收初中毕业及具有同等学力学生。

六　初级地政人员训练期间定为一年,清丈班得酌量缩短训练期间,为六个月。

七　训练初级地政人员之班数及名额,由各省市政府酌定之。

八　各省市训练地政人员应将训练办法、录取学生名额及毕业人数、成绩随时造册列表,答送内政部备案。

九　本大纲自公布之日施行。

●●省地政局组织通则 民国二十五年(1936年)三月十四日行政院指令

第一条　各省依照各省市地政施行程序大纲第二条,设立省地政局,应依本通则之规定,拟订组织章程,呈请行政院核定施行。

第二条　省地政局直属于省政府。

第三条　省地政局之职掌,在省组织法未修正以前,暂依土地法原则第八项之规定。

第四条　省地政局设局长一人简任,综理全局事务,但依地方情形,得由民政厅长兼任之。

第五条　省地政局设秘书一人荐任,助理局长处理全局事务。

第六条　省地政局得分设二科或三科,每科设科长一人荐任,科员二人至六人委任。

第七条　省地政局得设技正一人至三人荐任,技士二人至六人委任。

第八条　省地政局得设立测量队,其组织由省政府视需要规定之,并咨部备案。

第九条 省地政局于必要时,得于各县、市设立土地登记处,办理该县、市第一次土地所有权及他项权利登记。

第一〇条 省地政局得酌用技佐至多十人,调查员至多八人,雇员至多十六人。

第一一条 省地政局简任、荐任职员,应由省政府遴选专门人员,资由内政部核转呈请任命之。

第一二条 本通则由行政院通饬施行。

●●城市改良地区特别征费通则 民国二十五年(1936年)四月十一日行政院公布

第一条 本通则依土地法第二百三十四条之规定制定之。

第二条 各城市改良地区,因筑路或建筑码头,得同道路两旁或码头附近之受益土地,征收受益费。

第三条 前条受益费由受益土地所有权人、专员权人缴纳之。

　外国人依条约租用之土地,其应缴之受益费由租用人缴纳之。

第四条 受益土地不论公有、私有,一律适用本通则之规定。

第五条 地方政府筑路或建筑码头,应分别造具预算、决算及受益地征费表,公告之。

第六条 每次筑路或建筑码头征费之总额,由主管地方政府决定之,但不得超过筑路或建筑码头用费总额百分之六十,每段地应征之费额,不得超过土地价值之半。

　前项筑路或建筑码头用费,包括全部工程费、征收土地房屋之补偿金及迁移费等。

第七条 筑路征费地段之面积,应自道路边线起向两旁深入,以不超过该路宽度之二倍为限。

第八条 建筑码头征费地段之范围,应由主管地方政府斟酌实际受益情形划定之。

第九条 筑路受益费之分摊以总费额之半,按临路地基之宽度分摊,以另一半按受益地面积之多寡分摊。

第一〇条 建筑码头受益费之分摊以总费额三分一,按临码头地基之宽度分摊,以三分二按受益地面积之多寡分摊。

第一一条 邻近道路同时修筑各路征费地段之分界,以下列之规定为标准:

　甲 转角处之土地以两路中线交点与征费距离线交点之联络线为界;

　乙 前后道路之距离过小致受益范围发生重复时,以重叠部份之等分线为界;

　丙 土地四周同时开辟道路时,参照甲乙两款办理。

第一二条 前条各款之一段土地,在他路为不受益者,对受益道路应征之筑路费仍依第七条之规定办理。

第一三条　土地有下列情形之一者,得免征筑路受益费:

甲　除去被征部份外,所余地面平均宽度不足四公尺,深度不足三公尺或面积不满十二平方尺者;

乙　无接通新路之出路者,但如该地段与邻近地段合并取得接通新路之出路时,应补缴受益费。

第一四条　受益地所有权人得以被征收土地之地价补偿金、房屋迁移费等抵交其应征之费。

第一五条　凡逾期不缴受益费,致妨碍筑路或建筑码头工事之进行者,得处以罚锾或依法征收其土地。

第一六条　本通则自公布日施行。

●●城市公有土地清理规则民国二十五年(1936年)四月三十日行政院公布

第一条　各城市公有土地及无主土地,得依本规则清理之。

第二条　办理土地登记地方逾期无人声请登记之土地,应由主管地政机关视为无主土地,依登记法规公告,如期满无人提出异议,即作为公有土地登记。

在公告期间内,如有异议,应俟依法裁定后再为登记。

第三条　声请为土地登记其证明文件四至不明或不符者,如测量所得面积超过证明文件所载折合亩数,其超过之面积得由原占有人缴价登记,但超过部份不及原面积十分之一时,得免予缴价。

原占有人不依照规定缴价者,作为公有土地接收登记。

第四条　声请为土地登记某证明文件四至明确且相符时,应依土地法施行法第二十三条之规定办理,但测得面积超过证明文件所载亩数达十分之一以上者,应就其超过部份加收土地整理费用,前项土地整理费用不得超过原地价百分之十。

第五条　土地证明文件遗失时,如有其他明确证据,得经地政机关之核准予以登记。

第六条　无主土地经人民和平继续占有,合于民法第七百六十九条或第七百七十条之规定,经查明属实者,应准予为所有权登记。

前项土地,应按照本规则第四条之规定,加收土地整理费用。

第七条　登记土地有一面比连公有土地时,如实测面积超过证明文件所载折合亩数,并经查明确有侵占情事者,其超过部份应按照本规则第三条之规定办理之。

第八条　未经办理土地登记之地方无主土地,得由主管地方政府准用土地登记法规之规定公告暂作公有土地,接收嗣后,如有提出证明文件声明异议者,应依法裁定办理之。

第九条　本规则施行区域,各省、市原订关于处理城市溢地之单行章则一律停止适用。

第一○条　本规则自公布日施行。

●●土地赋税减免规程民国二十五年(1936年)四月十七日行政院公布

要　　目

第一章　总则

第一条　本规程依土地法第三百二十七条三百二十八条之规定订定之。

第二条　土地赋税减免事宜,悉依本规程之规定办理。

第三条　土地赋税之减免,以依照本规程核定者为限。其减免赋税原因业经变更后,应即照常征税。

第二章　减免赋税标准

第四条　公有土地及因公征用之土地,应一律免税。

第五条　业经立案之私立学校及具有学校性质之私立学术机关办理具有成绩者,其用地如不以营利为目的,得呈请免税。

第六条　业经立案之私立公园及体育场如果绝对公开不以营利为目的者,其用地得呈请酌予减税,但所减税额不得超过原税额之半。

第七条　业经立案之私立农林试验场办理十年以上,具有成绩者,其用地得呈请酌予减税,但所减税额不得超过原税额之半。

第八条　业经立案之公共医院办理五年以上,对于公共福利具有成绩者,其用地得呈请酌予减税,但所减税额不得超过原税额之半。

第九条　业经立案之私设慈善机关办理社会救济事业五年以上,具有成绩者,其用地如不以营利为目的,得呈请免税。

第一○条　业经立案之私立公共坟场如不以营利为目的,其用地得呈请免税。

第一一条　私有森林用地减免赋税,依森林法及森林法施行规则之规定办理。

第一二条　人民或团体办理其他公益事业,如不以营利为目的,其用地得呈请酌予减免赋税。

第一三条　民营铁路及汽车路与地方交通及生产事业有重大关系者,其用地得呈请减免赋税。

第一四条　私有土地供土地法第三百二十七条第二款至第九款各项事业及民管铁路或汽车路租用时,其应纳土地赋税仍由原业主完纳。

第一五条　勘报灾歉之地方应就被灾年份,按照地方政府勘定被灾成数,实减实免。

　　未依法改征土地税地方,得仍照省市政府资部核准减免田赋成案办理。

第一六条　被灾地亩,如系因山崩地陷、水冲沙压永远不能垦复者,应予免税。

第三章　减免赋税程序

第一七条　公有土地或私有土地变为公有土地时,应由主管机关造具清册一份,嘱托或呈请县市政府核明税额,一面准予缓征,一面造具免税简明表六份,呈转内政、财政两部及有关部会会核,转呈免税。

第一八条　依本规程第五条至第十三条之规定,请求减租或免税,应由与办事业人呈请县、市政府核明税额,一面准予缓征,一面造具减免赋税简明表六份,呈转内政、财政两部及有关部会会核,转呈予以减免。

第一九条　依本规程第十五、十六两条之规定减免赋税之土地,应由县、市政府造具清册一份、减免赋税简明表五份,呈由省政府核定,一面准予缓征,一面转资内政、财政两部会核,转呈予以减免。

　　前项减免赋税土地,如在直辖市区,得由市政府核定先行缓征,并资内政、财政两部会核,转呈予以减免。

第二〇条　因调剂社会经济状况减免赋税之土地,应由县市政府造具清册一份,减免赋税简明表五份,并开具详明事实,呈转内政、财政两部会核,转呈予以减免。

第四章　附则

第二一条　土地增值税及市地改良物税,应比照地价税减免成数一律减免。未依法改征土地税地方,田赋附加应随同正税减免成数一律减免。

第二二条　本规程自公布之日施行。

●●各省市地政经费筹集办法民国二十四年(1935年)十一月三十日行政院公布

一　各省、市为推行地政筹集经费,悉依本办法之规定。

二　地政经费之来源规定下列各项:

　　1　省、市政府在预算内指拨之经费；

　　2　登记费；

　　3　书状费；

　　4　因整理土地溢收之赋税；

　　5　公地收入。

三　前条登记费、书状费，在着手举办地政时，得由省、市政府酌量情形，资部呈院核准预收，但农村田地不在此限。

四　各省、市政府如因推行地政应需巨量经费时，得以本办法第二条所规定之收入，抵借商款。

五　各省、市政府拟抵借款项时，应拟具详细办法，资部转呈核准。

六　本办法自公布之日施行，如有未尽事宜，得由内、财两部呈准行政院修正之。

●●内地各省市荒地实施垦殖督促办法民国二十五年(1936年)九月十日行政院公布

一　内地各省、市所有可垦荒地应分两期实施垦殖，以江苏、浙江、福建、安徽、江西、湖北、湖南、四川、贵州、河南、甘肃、陕西等十二省及南京、上海二市为第一期实施范围，山东、山西、河北、广东、广西、云南等六省及青岛、北平、天津三市为第二期实施范围。

二　第一期各省、市荒地，其尚未依清理荒地暂行办法查报或尚未齐全者，仍限于二十五年年底报齐，于二十六年起实施垦殖。

三　第二期各省、市荒地，限于二十七年年底查报齐全，于二十八年起实施垦殖。

四　实施垦殖时，应将公有荒地、私有荒地分别办理，其属于公有者，如整段面积超过五千亩，由县市政府呈报省政府办理；如不足五千亩，由县、市政府负责招垦，其在隶属行政院之市者，均由市政府办理，属于私有者，督促业主开垦或招垦。

五　各县市办理招垦时，应援照国有荒地承垦条例及其施行细则，并依清理荒地暂行办法督垦原则、奖励辅助移垦原则拟具进行计划，呈由省政府核转内政、财政、实业三部备案。其由省或隶属行政院之市办理者，应将进行计划资送内政、财政、实业三部备案。

六　招垦荒地，如有必须举办水利交通工程而其经费浩大确有困难情形时，由县市政府办理者应于每年度提出预算，并叙明理由，拟具工程计划，呈请省政府补助之；由省或隶属行政院之市办理者，呈请中央酌量补助之。

七　私有荒地，由县、市政府依照下列之规定负责督促各业主实施垦殖，其在隶属行政院之市者，由市政府负责督促之。

　　一　私有荒地应由各业主自行酌定垦竣年限，呈报该管政府核准登记，其荒地面积在一百亩以下者,垦竣年限不得超过三年;在一百亩以上一千亩以下者,不得超过六年;在一千亩以上一万亩以下者,不得超过十年。

二　业主所有荒地不能自行开垦者,应依前款规定年限,招人承垦,其收益由业主与承垦人双方以契约定之。

三　私有荒地如业主无力自行开垦或逾期一年而不自行招垦者,应由该管政府另定办法代为招垦。

四　依照上款规定由该管政府代为招垦而逾期未能垦竣者,其未垦竣部份得由该管政府另行招垦。

五　各业主或承垦人依一、二两款之规定成绩卓著者,得依督垦原则第六、第八、第九三项之规定奖励之。

八　各县、市每年办理荒地垦殖情形,应于年终编制报告,呈由省政府分资内政、财政、实业三部备案,其由省或隶属行政院之市办理者,应迳资内政、财政、实业三部备案。

九　各县、市报告办理荒地垦殖情形后,由省政府执行初查,由内政、财政、实业三部会同派员复查,其由省或隶属行政院之市办理者,迳由内政、财政、实业三部会同派员查之。

一〇　各县、市公有荒地、私有荒地每年招垦亩数不得少于全数五分之一,其能照此限度增垦二倍以上者,分别奖励;其不及最低限度者,以废弛职务论,依法惩戒。

一一　依本办法之规定各省或隶属行政院之市所为奖惩事项,应于每年终汇送内政、财政、实业三部备案;各县、市所为奖惩事项,应于每年终汇呈省政府核转内政、财政、实业三部备案。

一二　本办法自公布之日施行。

●●勘报灾歉规程民国二十五年(1936 年)八月十日行政院公布

第一条　各地遇有水旱、风雹、虫伤诸灾及他项灾伤应行勘报者,均依本规程办理。

第二条　县、市地亩被灾,应由县、市政府先行履勘,将勘得被灾情形报请省政府察核。

第三条　县、市灾案省政府据报后,应立即派员会同县、市复勘,将被灾区村名称、地亩面积、各地灾情轻重开列清折,连同被灾地亩略图会呈省政府核定,直隶行政院各市及特别行政区域内灾案,由各该市政府及主管官署就地履勘核定,得省复勘手续。

第四条　报灾限期,夏灾限立秋前一日,秋灾限立冬前一日为止,但临时急变因而成灾者,不在此限。气候较迟之区域,得酌量展限。

第五条　勘灾限期,县、市初勘旱虫各灾,应随时履勘,至迟不得逾十日。风雹水灾及他项急灾,应立时履勘,至迟不得逾三日,县、市及委员复勘限十五日。

第六条 地方续被灾伤,除旱虫各灾仍依限勘报外。他项续灾距原报灾情之日未过十五日者,应并入原限勘报。若初灾勘限已过,续被重灾,准另起限勘报。

第七条 地方勘报夏灾,察看情形,较轻尚可播种秋禾者,统俟秋获时再行勘定分数。其向不播种秋禾者,即在夏灾时勘定分数。

第八条 各省、市核定被灾分数,应自被灾地亩全年收获总计不及中稔半数时起算,其收获在中稔半数以上者,以不成灾论。

第九条 被灾地方经勘报后,应行减免土地赋税者,其标准及程序应依照土地赋税减免规程办理。

第一〇条 被灾地方如有应行振济者,由省、市政府核明,拨款振济,并分资内政、财政两部备案。

但遇地方灾情重大或被灾区域较广时,得将被灾确实情形资请内政、财政两部转请中央酌予补助。

第一一条 县、市长勘报灾歉有下列各款之一者,依照公务员惩戒法办理之。

一 地方遇有灾伤不即履勘或履勘后并不呈报或呈报不实者;

二 地方报灾后若将所报灾地留待勘报分数,不令赶种致误农事者;

三 初勘、复勘逾本规程所定期限者。

第一二条 会勘委员有前条第一款、第三款情事者,其惩戒依前条之规定办理。

第一三条 本规程自公布之日施行。

●●实施救灾准备金暂行办法 民国二十四年(1935年)十一月二日国民政府修正公布

第一条 救灾准备金依会计年度拨存之。

第二条 救灾准备金就每年应拨总额按十二个月计算,但遇预算不敷时,得先酌拨若干,在中央由财政部、在各省由财政厅指定专款分月拨付于中央或省之保管委员会。

第三条 依救灾准备金法第六条第一项办理时,在市、县应根据勘报灾歉原案,造具应振户口清册,呈经省政府复查属实,交省保管委员会核议。在省政府应根据勘报灾歉原案检同应振户口清册,并将省救灾准备金原存额数及补助数目呈经行政院交中央保管委员会核议,依救灾准备金法第六条第三项行之。

依救灾准备金法第六条第二项办理时,请办救灾工程或移民机关准用前项程序,但经行政院或省政府认为应行补助者,得交中央或省之保管委员依救灾准备金法第六条第三项行之。

第四条　依救灾准备金法第七条存款时，应存国家银行，其未设有国家银行地方，得存殷实银行，均由保管委员会呈报监督机关备案。

第五条　中央或各省保管委员会动支救灾准备金时，其银行支票须经常务委员全体签字。

第六条　保管委员会应将每月结存之救灾准备金造具清册按月呈报监督机关备案，并分送内政部、财政部查考。

前项清册应由保管人署名盖章。

第七条　救灾准备金法第九条之规定中央或省之救灾准备金，均适用之。但各省遇有非常灾害，依救灾准备金法第六条第一项办理请中央补助时，应以省救灾准备金全额不敷补助为限。

省救灾准备金未经依法拨存者，不得请求中央补助。

第八条　依救灾准备金法第十条由保管委员会造报之预算、决算，并应分送内政部、财政部查考。

第九条　隶属于行政院之市，得依照救灾准备金法对于省之规定积存救灾准备金，并援照救灾准备金法办理。

第一○条　本办法自公布日施行。

●●各级警察机关编制纲要 民国二十五年（1936 年）七月二十五日行政院公布

一　首都及各省、市地方警察机关之编制，均依本纲要规定办理之。

二　首都设首都警察厅，直隶于内政部，受内政部之指挥、监督，处理首都警察事务。

三　各省得设警务处，直隶于省政府，掌理全省警察事务。不设警务处之省区，其警察事务由民政厅掌理之。

四　各省省会地方应设省会警察局，受省主管机关之指挥、监督，处理省会警察事务。

五　行政院直辖之市或行政区除首都外，应设警察局，冠以市或行政区名称，受该管市政府或管理公署之指挥、监督，处理该市区警察事务。

六　各省辖市除省会外，应设市警察局，受该管市政府之指挥、监督，处理市警察事务。

七　地势冲要、人口稠密、工商业繁盛之地方，得设警察局（冠以所在地名称），直隶于省主管机关，但以有合格警士二百名以上者为限。

八　各县得设县警察局，受县政府之指挥、监督，处理全县警察事务。

不设局之县应于县政府内设警佐一人及合格警长、警士若干人，办理警察事务。

县区域内之重要乡镇，经省政府核准，得设警察所（冠以地方名称），直隶于县政府或县警察局，处理各该区域警察事务，但以有合格警士三十名以上者为限。

在分区设署之县分,得于区署内设巡官一人,合格警长、警士若干人,办理该区域内警察事务。

在未设警察之乡村地方,得暂以保甲代行警察事务,派巡官或警长巡回指导。

关于保甲代行警察事务办法另定之。

九 首都警察厅经内政部核准,得就辖境内划分若干区,每区设警察局,并因事务之繁简,局以下得设警察分驻所及派出所。

前项警察局之名称,冠以所在地之区名,称某某区警察局,其分驻所及派出所之名称,亦同。

一〇 院辖市省会、省辖市及依第七项规定设立之警察局,呈奉主管机关核准,得划分若干区,每区设分局,并因事务之繁简,分局以下得设警察分驻所及派出所,其名称准用前条之规定。

前项局、所之设置及裁并,均应呈报内政部备案。

一一 各级局、所警察勤务,以采用巡逻制为原则,并得割分若干警管区为警察担任勤务之基本单位。关于巡逻区之配置、警管区之划分等事项,由各该警察机关酌量地方情形定之,但须呈报主管机关核准。

一二 各警察机关呈奉主管机关核准,得设消防队、侦缉队、水警队及保安警察队。

一三 各省政府为谋公路之安全起见,得设省公路警察队,直隶于省主管机关。

一四 各省政府为谋水上之安全起见,得设省水警队,直隶于省主管机关。

一五 关于森林、矿业、渔业及其他各项特种警察之编制,由内政部会同有关系机关制定之。

一六 各级警察机关之组织,由内政部另定之。

一七 本纲要施行后,十七年(1928年)十月三日内政部公布之各级公安局编制大纲废止之。

一八 本纲要自公布日起三个月内施行。

●●警察官任用条例 民国二十四年(1935年)十一月九日国民政府公布

第一条 警察机关公务员除长警专门技术及普通行政人员外,依本条例任用之。

前项所称警察机关,谓首都警察厅、省警务处、省警察队及各级公安局。

第二条 简任警察官应就具有下列各款资格之一者任用之。

一 现任或曾任警察机关或专办理警察行政事务之简任警察官,经甄别审查或考绩合格者;

二 现任或曾任警察机关或专办理警察行政事务之最高级荐任警察官三年以上,经甄别审查或考绩合格者。

第三条 荐任警察官应就具有下列各款资格之一者任用之。

一 经高等考试警察行政人员考试及格者;

二 现任或曾任警察机关或专办理警察行政事务之荐任警察官,经甄别审查或考绩合格者;

三 现任或曾任警察机关或专办理警察行政事务之最高级委任警察官三年以上,经甄别审查或考绩合格者;

四 民国二十年九月前在内政部直辖警官高等学校毕业,并经国民政府核准发给荐任警察官候补证书者;

五 在内政部直辖警官高等学校正科或国外高级警官学校毕业,并有警察学专门著作,经审查合格者;

六 在教育部认可之国内外大学法科毕业,有警察专门著作,经审查合格,并在警察机关学习期满者。

第四条 委任警察官应就具有下列各款资格之一者任用之。

一 经普通考试警察行政人员考试及格者;

二 现任或曾任警察机关或专办理警察行政事务之委任警察官,经甄别审查或考绩合格者;

三 现充各级警察机关警长服务三年以上,成绩优良者;

四 在内政部认可之国内外警官学校毕业者。

第五条 警察机关内所设保安警察队队长,除依照第三条第四条规定之资格任用外,凡经军政部认可之国内外军官学校毕业,在国民政府统治下任校官二年以上或尉官三年以上,具有警察学识或经验者,得分别任为荐任职队长或委任职队长,但不得转任其他警察官。

第六条 简任及荐任警察官之任用,由内政部核送铨叙部审查合格后,分别呈请国民政府任命之。委任警察官之任用,由该管官署核送铨叙机关审查合格后,委任之。

第七条 首都警察厅厅长之任用,得不适用本条例之规定。

第八条 各种特务警察机关警察官之任用,准用本条例之规定。

第九条 本条例所未规定事项,适用公务员任用法之规定。

第一〇条 本条例施行细则由铨叙部、内政部会同定之。

第一一条 本条例自公布日施行。

●●警察官任用条例施行细则 民国二十五年(1936年)二月二十七日国民政府公布

第一条 本细则依警察官任用条例第十条制定之。

第二条 本条例第一条所称专门技术人员,指担任警察机关之法医、医药师、指纹、侦探、

214 中华民国法规大全(1912—1949)(点校本)第十卷 补编

化验、机械、电气、建筑等职务者,所称普通行政人员,指担任警察机关之秘书、会计、庶务等职务者。

前项人员之任用,应分别适用技术人员任用条例或修正公务员任法。

第三条 本条例第二条第一款、第三条第二款、第三款、第四条第二款所称专办理警察行政事务之简、荐、委任警察官,指内政部之警政司人员及各省市、县政府主办警察行政之科长、科员、办事员;所称经甄别审查合格,指以警察官职务经铨叙部依现任公务员甄别审查条例审查合格,领有证书者;所称考绩合格,指任警察官职务时依公务员考绩法考绩合格者。

现任或曾任警察官经铨叙部依公务员登记条例审查合格领有证书者,分别比照甄别审查合格人员办理。

第四条 本条例第三条第五款、第六款所定之警察学专门著作,须由本人提出著作,经内政部审查加具意见书,转送铨叙部审核;所称在警察机关学习期满,指在警察机关依法学习期满,经内政部核准备案者。

前项学习办法由内政部另定之。

第五条 本条例第四条第四款所称国内外警官学校毕业,在国内指在(一)依照部章设立之警官学校或警官补习班毕业者;(二)警官学校规程及警官补习班规程公布(二十四年十一月二十五日内政部公布)前已入内政部核准之各级警官教育机关一年以上毕业者。

第六条 本条例第五条所称具有警察学识或经验,须由本人提出足资证明之文件;所称不得转任其他警察官,指不得转任保安警察队以外之其他警察职务。

第七条 本条例第六条所称该管官署,指省政府、院辖市政府及威海卫管理公署。

第八条 曾任与拟任职务相当或较高之警察职务一年以上,提出足资证明文件者,得分别免除试署。

第九条 本细则未规定事项,适用公务员任用法施行细则之规定。

第一○条 本细则自公布日施行。

●●边远省分及县政府以下警察官适用警察官任用条例暂行变通办法民国二十五年(1936年)二月二十七日内政部呈准国民政府备案

一 新疆、宁夏、青海、甘肃、贵州、西康等六省各级警察官之任用,除适用警察官任用条例外,并得适用边远省分公务员任用资格暂行条例之规定。

二 除前项六省外,各县政府以下警察官之任用除适用警察官任用条例外,并得适用县行政人员任用条例之规定。

●●中央警官学校组织规程民国二十五年(1936年)八月二十五日内政部公布

第一条 内政部为统一全国警察教育,造就全国警官人才,调训全国现任警官,研究高深及实用警察学术起见,设置中央警官学校。

第二条 本校直属于内政部。

第三条 本校置下列各职员:

校长一人;

教育长一人;

教务处长一人;

训练处长一人;

事务处长一人;

训育主任一人;

编议主任一人;

医务主任一人

毕业员生调查室主任一人;

课程股长一人;

文书股长一人;

会计股长一人;

庶务股长一人;

图书馆主任一人;

编译员四人至六人;

事务员十六人至二十人;

书记十四人至十八人;

警卫长一人。

教官、讲师、助教、训育指导员、大队长、大队附队长、区队长、特务长等员额,视班次或员生之多寡,由校呈请内政部核定之。其他各种实验室主任及助理人员,均由教官、助教分别兼任。

第四条 校长综理全校一切事宜。

第五条 教育长简任,秉承校长之命,处理校务。

第六条 教育处长、训练处长、事务处长,承校长、教育长之命,分别掌理主管事务,由内政部遴员呈请荐任。

毕业员生调查室主任,承教育长之命,办理毕业员生调查及通讯事宜,由校呈请委任。

第七条　教官、讲师、助教，承校长、教育长之命，教务处长之指导，分任学科之教授及其实施。教官由校遴员呈请荐任或委任讲师由校聘任，助教由校派充之。

课程股长，承教育长、教务处长之命，掌理课程有关事宜，由校呈请委任。

编译主任、编译员，承教育长、教务处长之命，分任翻译各国最近出版之警察书籍，并编辑课本、校刊及其他各种刊物。主任由校呈请荐任或委任，编译员由校呈请委任之。

第八条　训育主任、训育指导员，承教育长、训练处长之命，负各班训育之责，主任由校呈请荐任或委任，指导员由校派充之。大队长、大队附队长、区队长，承教育长、训练处长之命，掌理队务及训练事宜，大队长由校呈请荐任或委任，大队附队长由校呈请委任，区队长由校派充之。

第九条　文书、股长、会计股长、庶务股长、图书馆主任、医务主任，承教育长、事务处长之命，分任各该主管事务，由校呈请委任。

警卫长，承教育长及事务处长之命，掌理本校警卫事宜。

第一〇条　事务员、书记、特务长，承各主管长官之命，办理所掌事务，由校派充之。

第一一条　本校分设本科与特科二种，特科分设高级班、临时讲习班、速成班。

第一二条　各班所授科目应适应环境及事实需要，由校于开学前拟定，呈请核准施行。

第一三条　本校考选员生，除品行端正、身体强健、绝无嗜好外，须合下列各种规定之。

一　本科学生班：

甲　公立或已立案之高级中学毕业者；

乙　各地警长、警士继续服务三年以上而有中学程度，经各地原属主管机关初试选送者。

二　特科高级班现任巡官以上之警官，系警官学校军官学校或法政专门学校毕业，并在警界继续服务二年以上或警官高等学校正科三年毕业，实习期满而有成绩，经地方最高行政机关选送者。

三　特科临时讲习班由本校临时呈请内政部定之。

四　特科速成班招收大学毕业生或军官学校毕业生，教育之。

五　本校得附设补习班，施行警官补习教育，其办法另定之。

第一四条　各班修业期限如下：

学生班二年，必要时得延长之；

高级班六个月至一年；

临时讲习班由本校临时呈请核定之；

速成班一年，必要时得延长之。

第一五条　本校考选员生之班别、名额、考试日期、应试科目均由校于考期前呈请核定之。

第一六条　凡抽调或保送之现任警官，在修业期间，一律保留原缺，仍支原薪，除讲义、膳宿得由校供给外,其余服装、杂费,均由学员自备。

凡本校直接考取之学生,在修业期间,应需讲义、膳宿各费,由本校供给之。

第一七条　本校设校务会议、教务会议、处务会议,其规则另定之。

第一八条　本校学生班、速成班之考试,分下列三种:

甄别考试;

学期考试;

毕业考试。

毕业考试时,由内政部派员监试。

高级班临时讲习班之考试办法另定之。

第一九条　各项考试成绩以总平均一百分为满分,六十分为及格。

第二〇条　本校学生修业期满考试及格后,由学校造具成绩清册,内政部分发实习期满给予毕业设书,并由原实习机关任用之。

学员毕业后,由内政部送回原送机关服务。

第二一条　本校学术科目另行规定之。

第二二条　本校办事细则另定之。

第二三条　本规程如有未尽事宜,得随时呈请修正之。

第二四条　本规程自呈准公布之日施行。

●●警官补习班规程民国二十四年(1935年)十一月二十五日内政部公布

第一条　各省、市各级警察机关,凡未受警官教育之现任、委任警官,均须受补习教育,使修得警官必须具备之基本学术。

第二条　前条之补习,应设警官补习班集中实施之。警官补习班各省设于省政府所在地,直隶于民政厅;各市设于市区内,直隶于市政府。首都警察厅及威海卫管理公署比照市区办理。

已设有警察训练所、警官学校或行政人员训练机关者,得将警官补习班附设在内。

第三条　补习期限一年。

第四条　凡在职之委任警官未受警官教育者,一律登记分批抽调补习,所遗职务就合格人员中遴选代理。补习期满经考试及格者,给予证书,仍回原职,成绩优异者酌予升调,不及格者继续训练,再满一期仍不及格者,停用警官,补习班得酌收,曾任警官三年以上者,但须经入学考试。

第五条　补习班之教务及事务,均由各主管机关派员兼理,不另设职员。

第六条　补习班之教员,由主管机关聘任之。

第七条　警官补习班之科目如下:

甲　学科

党义;

新生活运动纲要及新生活须知;

法学通论;

行政法学;

刑法及刑事诉讼法;

民法概要;

商法概要;

国际公法概要;

行政执行法;

违警罚法;

警察学概论;

保安警察(出版、集会、结社、风俗营业等);

外事警察;

交通警察;

户籍警察;

卫生警察;

警察法令;

警察一般实务;

刑事警察(犯罪心理、犯罪预防、痕迹学、字迹及密码学、现场采证、验枪等);

中国警察行政概况;

各国警察制度;

警察纪录制度;

司法警察实务;

指纹;

侦探学;

防空须知;

消防学;

地方自治与人民自卫(包括警卫连系);

社会调查;

警察案例;

暴动处理；

简易测绘；

无线电学；

摄影学；

军事学。

乙　卫科

一　军事训练

一　各个教练；

二　射击；

三　班教练；

四　排教练；

五　连教练；

六　营教练；

七　阵中勤务大要；

八　市街战术；

九　战时警察勤务演习；

十　检阅；

十一　武器使用；

十二　防空演习；

二　警察应用技能

一　机器车辆驾驶练习；

二　捕绳术；

三　摔角；

四　劈刺；

五　避毒及消毒术；

六　急救术；

七　马术；

八　代语术；

三　体育

一　游戏；

二　团体混合器械运动；

三　球类运动；

四　田径运动；

五　国术；

六　天然活动(包括游泳、滑冰、爬山、摇船等)；

七　改正体操(身体有缺点者行之)；

八　障碍运动。

丙　实习参观

下列科目,各省市警官补习班如因地方情形特殊,有所增减或变更时,须呈转内政部备案。

科目之带有地方性质者,以采用本省或当地教材为原则。

第八条　警官补习班教育,应由该班掌理教务人员照本规程所定之科目,斟酌地方情形,拟订课程进度及教学方法等,呈请民政厅核定之。

第九条　警官在抽调补习期间,仍在原服务机关支领原薪百分之五十至八十,余额作为代理人员之津贴,所有膳宿、服装、讲义等费,概归自备。

第一〇条　第一学期终了时,举行学期考试；第二学期终了时,举行毕业考试。两次考试分数合并计算,以平均满六十分者为及格。

第一一条　警官补习班所用之各种课本或讲义,应各具一份,呈转内政部备查。

第一二条　本规程如有未尽事宜,由内政部随时呈请修正之。

第一三条　本规程自呈准公布之日施行。

●●警士、警长教育规程 民国二十四年(1935年)十一月二十五日内政部公布

要　　目

第一章　总纲

第一条　警士教育分为学警教育、警士常年教育、警士特别教育,以警士常年教育为中心阶段。

第二条　警长教育分为见习警长教育、警长常年教育、警长特别教育,以警长常年教育为中心阶段。

第三条　学警教育及警士特别教育、见习警长教育及警长特别教育,均以集中训练为原则,警士、警长常年教育可分区集中,或散在行之。

第四条　警士、警长教育已设警士训练所者,由该所统筹办理,未设训练所者,应置警察训练员办理之。

第五条　警士、警长教育应由警察训练所或主管机关照本规程所定之科目,斟酌地方情形,拟订课程进度、教学方法及实习纲要等,呈由上级主管机关核定之。

第六条　警士教育完成之标准如下:

一　养成警士必须具备之服务精神与应用技能;

二　警察学术须达到与警长教育相衔接之程度;

三　普通智识须达到与初级中等教育相当之程度;

四　军士训练须达到新兵教育之程度。

第七条　警长教育完成之标准如下:

一　养成警长必须具备之服务精神与应用技能;

二　警察学术须达到与警官教育相衔接之程度;

三　普通智识须达到与高级中等教育相当之程度;

四　军事训练须达到军士教育之程度。

第二章　警士、警长之录用

第八条　凡录用学警,须具备下列各款条件:

一　年在二十岁以上三十岁以下者;

二　高级小学毕业者,但有特殊情形得酌收有与高级小学毕业相当程度者;

三　体质强健,身长五尺二寸以上,胸围约等于身长之半者;

四　仪容端正,言语明晰者;

五　视听力锐敏者;

六　精神畅旺者。

第九条　有下列各款情事之一者,不得录用:

一　曾受徒刑之宣告者;

二　曾受破产处分债务尚未清偿者;

三　身有暗疾或特殊嗜好者;

四　性情过于暴烈或怯懦者。

第一〇条　应试人之体格,经检查不合于第八条三、四、五、六各款之规定或有第九条三、四两款情事之一者,不得应笔试及面试。

第一一条　学警录用之笔试科目如下：

一　国文；

二　本国史地概要；

三　常识测验；

四　智力测验；

五　算术。

第一二条　面试就笔试之主要科目及应试人之学术经历，详加询问，面试分数作为六分之一，与笔试分数合并计算，以平均满六十分者为及格。

第一三条　警长须受毕警士教育之警士升用。

第一四条　各级警察机关每年或间年须举行前条之升用考试，应试人以受毕警士教育之警士为限。

前项考试，以警士常年教育之科目与程度为标准。

第一五条　前条考试须将应试人最近二年服务成绩总平均分数作为三分之一，与考试总平均分数合并计算，平均满六十分者为及格。

前项及格者，称见习警长。

第三章　学警及见习警长教育

第一六条　学警教育之期限定为六个月，但经费充裕地方得酌量延长之。

第一七条　学警教育之科目如下：

甲　学科

　党义；

　新生活运动纲要及新生活须知；

　法学通论；

　警察学概论；

　保安警察（出版、集会、结社、风俗营业等）；

　外事警察；

　交通警察；

　户籍警察；

　卫生警察；

　警察法令；

　警察一般实务；

　刑事警察（犯罪心理、犯罪预防、犯罪搜查、痕迹学、现场采证、验枪等）；

　刑法大意；

　侦探学大意；

行政执行法；

违警罚法；

警卫连系；

防空须知；

消防实务；

警察案例；

暴动处理；

警察地理；

社会调查；

简易测绘；

军事学。

乙　术科

一　军事训练

一　各个教练；

二　射击；

三　班教练；

四　排教练；

五　连教练；

六　阵中勤务大要；

七　市街战术；

八　战时警察勤务演习；

九　检阅；

一〇　武器使用；

一一　防空演习。

二　警察应用技能

一　机器车辆驾驶练习；

二　捕绳术；

三　摔角；

四　劈刺；

五　简易救火术；

六　简易急救术；

七　简易避毒及消毒术；

八　马术；

九　代语术。

三 体育

一 游戏；

二 团体混合器械运动；

三 球类运动；

四 田径运动；

五 国术；

六 天然活动（包括游泳、滑冰、爬山、摇船等）；

七 障碍运动。

丙 实习参观

上列科目，各地方如因情形特殊，有所增减或变更时，须呈转内政部备案。

科目之带有地方性质者，以采用当地教材为原则。

第一八条 学警在受学警教育期间所有食宿、服装、书籍等费，均由公家供给。

第一九条 学警教育期满，经考试总平均分数在六十分以上者，为及格，由主管机关分派于各局、所充当警士，但不发给证书。其考试不及格者，继续训练再满一期，仍不及格者，除名。

第二〇条 见习警长教育之期限，定为三个月。

第二一条 见习警长教育以当地警察实务为研究之对象，其科目如下：

一 精神讲话；

二 警长之职务及责任；

三 警长对于长官及警士之关系；

四 报告书之整理及作成方法；

五 警士服务之监督方法；

六 临检及搜查实务；

七 勤务见习。

除下列科目外，各主管机关可视地方之需要，授以其他应知事项。

第二二条 见习警长在受见习教育期间，仍支警士原饷，书籍、讲义等费由公家供给。

第二三条 见习警长受见习教育期满，经考试总平均分数在六十分以上者，为及格，由主管机关存记，遇有警长缺出，依次录用。其考试不及格者，继续训练再满一期，仍不及格者，取消其警长资格。

第四章 警士、警长常年教育

第二四条 警士、警长常年教育之目的，在逐渐提高其程度，使达本规程所定之标准。

第二五条 常年教育之期限，警士定为四年，警长定为三年，其科目选用之标准如下：

一 精神讲话 目的在敦品励行，锻练精神，应以智、仁、勇为三大纲领；

二　警察实务　目的在增进服务效能,改善实务成绩,应注重研究与自身职务有关之事项;

三　警察学科　目的在增高警士、警长之警察智识,应选择与警察职务有直接关系者;

四　普通学科　目的在培养警士、警长之常识,应选择可以应用于警察事务者;

五　术科　目的在养成实用技术与增益体力,应注意军事射击及国术之熟练。

第二六条　警士、警长常年教育由主管机关指定所属职员分任各科教师,精神讲话由最高长官担任。

第二七条　警士、警长常年教育应利用勤务以外之时间,各级警察机关须为适当之分配。

第二八条　警士、警长常年教育须由各级警察机关强制施行,不得视为自由补习教育。

第二九条　警士、警长常年教育之成绩,每半年考试一次,警士、警长之考绩分数,实务成绩应占十分之七,前项考试总平均分数应占十分之三。

第三〇条　警士之毕业于初级中学,警长之毕业于高级中学者,得免除其普通学科之修习。

第三一条　警士、警长将各项科目修毕,均经考试及格者,由主管机关给予证明书,并造具名册,呈报地方最高主管机关备案。

警士、警长如有考试不及格之科目,仍须令其继续修习,至及格为止。

第五章　警士、警长特别教育

第三二条　各级警察机关应视环境之需要,选拔警士、警长,予以特别训练,如卫生、消防、外事、防空、侦探、国术、户籍、交通等,其期限科目课程等项,悉由各主管机关规定之。

第六章　警察训练所

第三三条　各省及首都警察厅应各设警察训练所,各省会公安局、市公安局、特种公安局及各县政府或公安局,得设警察训练所,各县并得联合设立之。

第三四条　警察训练所之设立与停办,均须转报内政部备案。

第三五条　警察训练所承上级主管机关之命,计划并办理各种警察教育。

第三六条　警察训练所得设职教员,如下:

一　所长一员荐任或委任,综理全所事务,教务主任、总队长各一员,承所长之命,分掌教务及督练事宜,由所长遴请主管机关委任之。但只有一班者,不设总队长。

二　事务员三人至九人,由所长委任之,承所长之命,办理本所事务。

三　每班置队长、副队长各一人,承所长、教务主任、总队长之命,担任术科训练及管理事宜,由所长遴请主管机关委任之。

四　各科教授由教官及教员分任之,教官由所长遴请主管机关委任之,教员由所长聘任之。

五 训练所遇必要时,得设事务主任一人,承所长之命,掌理事务,由所长遴请主管机关委任之。

第三七条 训练所之办事及管理各项规则,由所长拟订呈请主管机关核定之。

第七章 警察训练员

第三八条 各省会公安局、市公安局、特种公安局及各县政府或公安局未设警察训练所者,应设警察训练员计划,并办理警察教育事项。

第三九条 警察训练员须选择高等警官学校或警官学校毕业,富有警察学识经验者充任之。

第八章 附则

第四〇条 警士、警长教育所用之各种课本或讲义,应各具一份呈转内政部备案。

第四一条 本规程如有未尽事宜,得由内政部呈请修正之。

第四二条 本规程自呈准公布之日施行。

●●国内外大学法科毕业人员在警察机关学习办法民国二十五年

(1936年)四月十七日内政部公布

第一条 本办法依警察官任用条例施行细则第四条制定之。

第二条 凡国内外大学法科毕业人员初任、荐任警察官职务时,依本办法学习之。

第三条 依本办法学习人员,应先提出大学法科毕业证书及警察学专门著作,由内政部核转铨叙部审查合格后,学习之。

第四条 学习期间定为一年,其程序如下:

一 第一月至第二月,学习警士内外勤务,如守望、巡逻、调查户口、指挥交通、制止暴动、逮捕人犯、水火灾消防及其他警士应办之事项;

二 第三月至第四月,学习警长内外勤务,如率警士巡查考核勤惰,制作报告及其他警长应办之事项;

三 第五月至第六月,学习巡官内外勤务,如督率长警巡查街道、稽核勤务、处理违警案件及其他警官应办之事项;

四 第七月至第八月,学习行政科员职务,如拟订行政计划及拟办行政警察一切事务之文件;

五 第九月至第十月,学习司法科员职务,如审理违警案件及拟办关于司法警察一切事务之文件;

六 第十一月至第十二月,分别学习行政司法科长职务,如拟订整顿计划办法及审核稿件等。

第五条　前条第六款所定期间事项,得由学习机关长官酌量情形,分配时间,加习其他相当职务(如秘书、督察长、局长)。

第六条　学习人员于学习开始时,应由学习机关呈请转报内政部备查。

第七条　学习人员在学习各项职务期间应别受各该主管长官之指导并服从其命令

第八条　学习人员如学习机关长官认为成绩特优,得酌量分别缩短其学习期间,但学习期间总计须在六个月以上。

第九条　学习人员于学习期满时,应将学习心得作成报告书,呈送学习机关,学习机关应即详加考核,填具成绩考核表,评定分数,加具考语,连同上项报告书各两份呈请内政部审核备案,并转铨叙部备查,其成绩考核表另定之。

前项所定成绩分数以平均满六十分者为及格。

第一〇条　学习人员成绩不良或有违反主管长官命令不听指挥等情事,学习机关得分别情节酌予取消其学习资格,或延长其学习期间,其延长期间不得过一年。

第一一条　学习人员在学习期间,各该警察机关得酌量给予生活费。

第一二条　学习人员如曾任委任警察官一年以上,提出切实证明文件,经内政部审查属实者,得免除第四条第一款至第五款所定之学习。

第一三条　本办法自呈准公布之日施行。

第一四条　本办法如有未尽事宜,由内政部呈请修正之。

国内外大学法科毕业人员在警察机关学习成绩考核表								
学习机关								
姓名		别号		性别		年龄		籍贯
住址					党籍			
性行					体格			
出身								
经历								
学习起讫年月								
生活费额								
学习概况								
成绩分数								
考语								
学习机关长官		职衔			签名			盖章
内政部审核								
黏贴相片			备考					
中华民国　　　年　　　月　　　日								

一　本表由学习机关填写之。

二　本表年、月、日上应加机关印信。

三　出身栏应填载教育部认可之公私立毕业学校名称及其所在地。

四　经历栏应填载曾经办理何种事务,如曾任警察官者,应填载曾在国民政府统治下历任职务,并须注明到差及卸职年月。

五　学习起讫年月即学习开始及终止时期。

六　生活费额即在学习期间每月给予津贴之数目。

七　学习概况栏应按照各该学习人员一年内实际学习状况,依照本办法所定程序事项,予以翔实记载,其有本办法第八条及第十二条之情形者,并应记载明白。

八　成绩分数应根据平日学习情形及报告书内容,由主管长官就其观察所得确切定之。

九　考语栏应由主管长官切实加具所用词句,务须肯定不得用模棱两可字样。

一〇　内政部审核栏学习机关无庸填写。

●●中国警察学会简章 民国二十五年(1936年)九月十七日内政部备案

要　目

第一章　总纲

第一条　本会定名为中国警察学会。

第二条　本会以恪遵三民主义,互相联络团结精神,阐扬警察学术,谋全国警政之进展为宗旨。

第三条　本会设于中央政府所在地各省、市,得体察情形设立分会,前项分会简章另定之。

第二章　会员

第四条　凡有下列资格之一,由本会会员二人以上之介绍,经审查合格者,得为本会会员并给予入会证。

1　国内外警察学校毕业者;

2　高等普通考试警察行政人员考试及格者;

3　现任或曾任警察机关或专办警察行政事务之简、荐、委各职者;

4　现任或曾任警察教育机关之教职员者;

5　有警察专门学术著作者;

6　现充各级警察机关之雇员或警长。

第五条　有下列行为之一,经本会调查确实者,虽具有前条资格,亦不得为会员。

1　有反动嫌疑者;

2　精神丧失者;

3　曾受刑事处分或停止公权尚未复权者;

4　有不良嗜好者。

第三章　权利与义务

第六条　本会会员得享下列之权利:

1　有选举及被选举权;

2　有建议权;

3　有弹劾权;

4　有审查预算、计算、稽查、会计之权;

5　有享用本会各种设备权。

第七条　本会会员应负下列之义务:

1　有服从简章及决议案之义务;

2　有维持及扩充本会之义务;

3　有缴纳入会金及常年捐之义务。

第四章　组织

第八条　1　本会设会长一人,敦请党国领袖担任之,副会长一人,敦请内政部部长担任之,正、副会长均为荣誉职,不负会中事务之责任。

2　本会由会员大会选出理事七人,候补理事五人,监事七人,候补监事五人,组织下列各会,分别处理会务。

3　理事会由理事组织之,会议时,候补理事得列席,理事有出缺时,由候补理事递补之。

4　监事会由监事组织之会议时,候补监事得列席,监事有出缺时,由候补监事递补之。

理事会接受大会决议案,执行会务,监事会接受大会决议案,监察会务。

第九条　理事会互选常务理事三人,推一人为主席,执行日常事务。但为办事便利起见,得设下列各组:

1　总务组　掌理文书、纪录、会计、庶务等事项;

2　组织组　掌理审查、登记等事项;

3　调查组　掌理调查、通讯等事项。

每组设总干事一人,干事三人至六人。

前项各职员均为无给职,但因公开支,得酌给公费。

第一〇条　本会理事会之下,得设编辑委员会专事编辑,有关警政之书籍或杂志等刊物,置主任一人,编辑员若干人,由理事会推选之。

第一一条　未经设立分会之各省、市或重要地方,得设通讯员一人,由理事会推选之,办理征求会员、收集会金及调查通讯等事项。

第五章　会议

第一二条　本会各会组会议规定如下:

1　全体会员每年开年会一次,其地点及期间由前次年会决定,由理事会召集之。但有特殊情形或经会员二分之一以上之请求,得召集临时全体大会。

2　理、监联席会议于必要时,由理事会或监事会会商召集之,解决理事、监事会不能解决诸事宜。

3　理事会、监事会每两个月各开会一次,第一次会议由票数最多者召集之,开会时推一人为主席;下次会议由推定主席召集之,遇必要时,得开临时会。

4　各组组务会议由各总干事召集之,编辑委员会会议由主任召集之。

第一三条　会员大会及理监联席命议之主席临时推定之,理事会、监事会会议之主席因事故不能出席时,临时推选一人代理之。

第一四条　本会各种会议取多数为决议。

第六章　选举

第一五条　本简章第八条所列各员,由年会用记名投票法联选之;第九条所列常务理事,由理事会互选之;各总干事及各干事,由理事会于会员中推选之。

第七章　任期

第一六条　本会理事、监事任期以一年为限,连选得连任之。

第一七条　本会理、监事任期届满之一个月前,应即准备改选。

第八章　经费

第一八条　本会每年度应需经临各费,以征收下列各款支给之。

1　入会金每人一元,于入会时缴纳之;

2　常年捐每年每人两元;

3　特别捐由本会会员以及其他赞助本会者乐输之;

4　临时募集遇有重要事故需款时,经理、监全体会议议决,分头募集之。

第一九条　本会岁出、岁入之预算及计算,得组织审查委员会详细审核,以昭大公。

第二〇条　本会每月之收支应于每月终报告理事、监事会查核,每年收支应于每年会员大会时公布报告,以昭信实。

第九章　惩奖

第二一条　本会会员有下列行为之一者,取消其会员资格:

1　触犯本简章第五条所列各款情事者;

2　言论行动违反本会宗旨或假借本会名义在外招摇致坏全体名誉者;

3　欠缴常年捐接续至两年者。

第二二条　本会各会组职员失职时,得由会员大会弹劾之。

第二三条　本会会员有下列各款规定之一者,应酌予奖励:

1　有警察学术之著作物,经本会理监联席会审查合格者,得由本会印行或由著作者自行印行,由本会酌予补助费。

2　依照本简章第十八条第三款、第四款捐助本会经费者,得由理监联席会以捐款之多寡,分别议给赠品。

第二四条　凡有资望隆重热忱赞助本会者,得由理事会聘为名誉理事。

第十章　附则

第二五条　本会会议规则选举规则及办事细则,由各主管会组拟订,请理监联席会议审议施行。

第二六条　本简章经会员大会通过后,呈请主管机关核准施行。

●●重要都市新闻检查办法 民国二十二年（1933年）一月十九日第四届中央第五四次常会通过，同年九月二十一日修正

一 各重要都市，如南京、上海、北平、天津、汉口遇有检查新闻必要时，经中央执行委员会常务会议核准，得设立新闻检查所，受中央宣传委员会之指导，办理各该地新闻检查事宜。

二 首都新闻检查所由中央宣传委员会会同军事委员会及行政院派员组织之，新闻团体得派代表一人参加；其他各地新闻检查所应由中央宣传委员会（或当地高级党部）会同当地高级政府及高级军事机关派员组织之，当地新闻团体得派代表一人参加。

三 新闻检查所设主任一人、副主任一人或二人，主持所务，由各参加机关派充之；设检查员若干人，担任检查工作，由主任选定曾在大学或专门学校毕业而有新闻学识者，呈准中央宣传委员会任用或由各参加机关调充之；设事务员若干人，担任事务，由检查所雇用之。

四 新闻检查所经费，由各参加机关分摊之。

五 新闻检查所检查新闻，限于军事、外交、地方治安及与有关之各项消息。

六 新闻检查所检查新闻，须依据中央执行委员会常务会议核准之新闻检查标准，决定扣发。遇有疑问时，得由主任随时请示主管机关或中央宣传委员会决定之。

七 新闻检查所检查新闻手续，应由各该所于不妨碍各报社、通讯社工作进行之原则上，自行订定，分呈各参加机关，并呈报中央宣传委员会备案。

八 新闻检查所各项条例及办事细则，均须呈报中央宣传委员会备案。

九 各报社、通讯社如有违犯各该检查所之各项规定或命令者，应由各该所报告当地政府机关依照出版法处分之。

一〇 各地新闻检查所于每月月终，除应向各参加机关报告工作外，并应填具工作报告表，呈报中央宣传委员会，工作报告表另定之。

一一 本办法不适用于戒严时期。

一二 本办法由中央执行委员会核准施行。

●●水陆地图审查条例 民国二十五年（1936年）九月八日国民政府修正公布

第一条 凡出版之本国水陆地图，除由参谋本部、海军部、内政部编制者外，非经审查认可不得注册发行。

第二条 水陆地图审查事务，由内政部办理之。

前项审查事务，内政部应召集参谋本部、海军部、教育部专门人员会同审查之。

第三条　本国水陆地图在外国印行者,非经审查认可,不得在国内发行或经售。

第四条　审查地图之种类如下：

一　本国疆域地图；

二　本国水道航行图表；

三　本国出版国际通用图表；

四　其他有关本国地理图表。

第五条　审查图表之事项如下：

一　疆界位置之正确；

二　地方名称之正当；

三　记载及量度之适宜；

四　图式及颜色之合法；

五　负责测绘机关之认可；

六　其他有关系之事项。

第六条　业经出版之地图、水道图,如参谋本部、海军部认为兵要或有兵要关系者,得请内政部禁止其发行。

第七条　违反本条例第一条及第三条之规定者,得科二百元以下之罚金,并得没收其出版物。

第八条　违反本条例第六条禁止发行之处分者,依刑法治罪,并没收其出版物。

第九条　本条例施行细则另订之。

第一〇条　本条例自公布日施行。

●●水陆地图审查条例施行细则 民国二十五年(1936年)九月八日国民政府修正公布

第一条　本细则依修正水陆地图审查条例第九条制定之。

第二条　修正水陆地图审查条例第四条所列举各种图表,应在未出版以前,由该著作人或发行人将图表样本六份呈送内政部依法审查。

第三条　送审图表应具备声请书(附式),其应载明事项如下：

一　图表名称；

二　出版处；

三　声请人姓名、住址；

四　出版次数。

第四条　送审图表经审查无讹者,即由内政部颁发发行许可证书。

第五条　送审图表经审查认为不合者,由内政部指示错误,发交原声请人遵照修正,送部复核无讹,再行颁发发行许可证书。

第六条　经审查许可出版之图表,应将发行许可证书影印附订于图末,单幅地图应附印于图角或背面。

第七条　依前条印附之证书应影印清楚,未经印附证书之图表,不得发售,违者应照修正水陆地图审查条例第七条之规定处罚。

第八条　业经水陆地图审查委员会审定,颁有发行许可证书并领贴证票之图表,准免予印附证书,一体发售。

第九条　送审图表经审定后,如出版时与审定样本不符者,应禁止其发行,并依法究办。

第一〇条　再版之图表,仍须依照本细则第二条及第三条之规定,重送审查。

第一一条　发行许可证书每件收费拾元,随同声请书缴纳,但再版之图表,如与原版无变更者,得免许可证书费。

第一二条　审定之图表印制发行时,应依照出版法及出版法施行细则之规定,送内政部二份备查。

第一三条　本细则自公布日施行。

声请书式样　　说明每种图表应用声请书一份

具声请书人　　兹有第　　版　　图表一种,谨遵修正水陆地图审查条例及施行细则之规定,呈送样本六份,随同缴纳发行许可证书费拾元,理合填具声请表,仰恳

赐予审查,谨呈。

内政部

附呈　　图样本六份　　声请表一份

发行许可证书费拾元

具声请书人

负责人姓名

中华民国　　　　年　　　　月　　　　日

（申）　　　　声请书表式

声请表	
图表名称	
出版处	
出版次数	
声请人姓名	
住址	
中华民国　　　年　　月　　日　　　　填(盖章)	

●●内政部地图审查委员会简章 民国二十五年(1936年)九月十七日内政部公布

第一条　本简章依照修正水陆地图审查条例第二条订定之。

第二条　本会委员名额定为七人至九人，由本部指派本部职员，并聘请参谋本部、教育部、海军部专门人员各一人，充任之。

本部地政司司长及主管科长均为当然委员。

第三条　本会设主任委员一人，由本部地政司司长兼任之。

第四条　本会设办事员一人，办理关于撰拟及纪录事宜，由主任委员呈请部长指派本部职员兼任之。

第五条　本会委员均为名誉职。

第六条　本会开会无定期，视审查文件之必要，由主任委员随时召集之。

第七条　本会讨论及审查议决事项，由主任委员呈报部长次长核夺。

第八条　本会议事细则另定之。

第九条　本简章以部令公布施行。

●●外人在华摄制电影片规程 民国二十五年(1936年)三月二十五日内政部修正，行政院核准施行

第一条　凡外人在中华民国境内摄制电影片，均应依照本规程办理。

第二条　凡外人在华摄制电影片，应先将电影剧本原文附具华文译本，声请内政部审查。

第三条　凡外人在华摄制电影之剧本，经内政部审查核准后，得向内政部声请发给外人在华摄制电影片许可执照，并须依法领取外人游历内地护照。

第四条　凡外人在华摄制电影片，须有当地地方政府派员监督，遇必要时，得由内政部会同中央电影检查委员会派员监督。

第五条　许可执照应记载下列事项：

一　影片公司名称住址(中文、洋文)；

二　公司代表人姓名(中文、洋文)；

三　国籍；

四　发给内地游历护照机关及护照号码；

五　电影剧本登记号码；

六　摄制之电影片内容要点及摄片长度；

七　摄制外景之目的地点；

八　许可执照有效期间；

九　导演姓名；

一〇　演员及技术员姓名；

一一　监督员姓名。

第六条　经许可摄制电影片之外人在中国境内于摄制影片时,应将许可执照向当地地方政府呈验,并须遵守当地一切法令。

第七条　外人在华未领许可执照而擅自私摄影片者,经发觉后,当地地方政府应即没收底片,并扣留机器,同时报告内政部核办。

第八条　外人在华摄制电影片时,如有下列情形之一者,当地地方政府应即制止,并没收其已摄之底片,呈送内政部核办。

一　摄制有损中华民族尊严之事项；

二　摄制关于违反三民主义之表演；

三　摄制不良风俗及习惯者；

四　摄制迷信或怪异之事件；

五　摄制国防上所设要塞、堡垒地带；

六　其他违犯电影检查法者。

第九条　电影片摄制后,应将全部底片在华冲印,依法声请中央电影检查委员会检查核准后,方得出口。

第一〇条　本规程呈请行政院核准施行。

第一一条　本规程如有未尽事宜,由内政部呈请行政院核准修正之。

外人在华摄制电影剧本审查声请书					
声请人	姓名		籍贯	住址	备注
	中文	洋文			
剧本名称	中文		有声或无声		
	洋文		编剧年月		
全剧大意					
剧本来源					
编剧人	姓名		籍贯	职业	住址
	中文	洋文			

兹依修正外人在华摄制电影片规程第二条之规定,开具下列事项,连同剧本原文一份、华文译本一份,声请审查。

谨呈

内政部　　　　　┌─────┐　　　声请人署名盖章
　　　　　　　　│贴印│
　　　　　　　　│花处│
　　　　　　　　└─────┘

中华民国　　　　　年　　　　月　　　　日

填表须知:

(一)编剧人如系用假名,必须填实姓名、籍贯、职业及住址。

(二)剧本来源,须分别填明创作、翻译或就小说剧本改编。

外人在华摄制电影剧本审查登记证　存根

　　　　　兹据　　　　　呈送(中文)　(洋文)

　　　　　本请予审查,业经本部审查,核准登记此证。

　　　　　　　　计开

一　剧本名称　　　　　(中文)　　　　　(洋文)

二　剧本大意

三　剧本来源

四　编剧人姓名

　　　　　　　　　　　　　　　　　　　　上给　　　　收执

　　　　　　　　　　　　　　　　　内政部部长

　　　　　中华民国　　　　　年　　　　月　　　　日

警字第　　　　　　　　　　　　　　号

外人在华摄制电影剧本审查登记证　　　警字第　　　　号

　　　　　兹据　　　　　呈送(中文)　(洋文)

　　　　　本请予审查业经本部审查核准登记此证

　　　　　　　　计开

一　剧本名称　　　　　(中文)　　　　　(洋文)

二　全剧大意

三　剧本来源

四　编剧人姓名

　　　　　　　　　　　　　　　　　　　　上给　　　　收执

　　　　　　　　　　　　　　　　　内政部部长

　　　　　中华民国　　　　　年　　　　月　　　　日

外人在华摄制电影片许可执照　存根

为发给外人在华摄制电影片许可执照,事据　　　公司代表人

声请,发给外人在华摄制电影片许可执照,查与修正外人在华摄制电影片规程相合,给予警字

第　　　号许可执照此证。

　　　　　　　　计开

一　公司名称及所在地　　　　　（中文）　　　　（洋文）

二　公司代表人姓名及籍贯　　　（中文）　　　　（洋文）

三　发给内地游历护照之机关及护照号码

四　电影剧本名称　　　　　　　（中文）　　　　（洋文）

五　电影剧本登记号码及核准年月日

六　电影片内容要点

七　摄片长度

八　摄影机名称及宽度　　　　　（中文）　　　　（洋文）

九　录音机名称　　　　　　　　（中文）　　　　（洋文）

十　摄制外景之目的地点

十一　本执照有效期间

十二　导演姓名

十三　演员及技术员姓名

十四　监督员姓名

　　　　　　　　　　　　　　　　　　上给　　　　收执

　　　　　　　　　　　　　　　　　　部长

中华民国　　　　年　　　月　　　日

警字第　　　　　　　　　　　号

外人在华摄制电影片许可执照

内政部　　　　　　　　　　　　　　　　　　　　　　为

发许可执照事据　　　　　公司代表人

声请,发给外人在华摄制电影片许可执照,查与修正外人在华摄制电影片规程相合,着给警字

第　　　号许可执照此证。

　　　　　　　　计开

一　公司名称及所在地　　　　　（中文）　　　　（洋文）

二　公司代表人姓名及籍贯　　　（中文）　　　　（洋文）

三　发给内地游历护照之机关及护照号码

四　电影剧本名称　　　　　　　（中文）　　　　（洋文）

五　电影剧本登记号码及核准年月日

六　电影片内容要点

七　摄片长度

八　摄影机名称及宽度　　　　　（中文）　　　　（洋文）

九　录音机名称　　　　　　　　（中文）　　　　（洋文）

十　摄制外景之目的地点

十一　本执照有效期间

十二　导演姓名

十三　演员及技术员姓名

十四　监督员姓名

　　　　　　　　　　　　　　　　　　上给　　　　收执

　　　　　　　　　　　　　　　　　　部长

中华民国　　　　年　　　月　　　日

公墓暂行条例
民国二十五年(1936 年)十月三十日行政院公布

要　目

第一章　总则

第一条　设置公墓,依本条例之规定。

第二章　设置公墓

第二条　各市政府(院辖市及省辖市下同)应选择适宜地点,设置公墓。

各县政府应就所属各区、乡、镇分设公墓。

第三条　团体或一姓宗族或个人,呈经市、县政府之许可,得设置公墓。

第四条　设置公墓应将下列各款呈报省政府核准,转资内政部备案,院辖市政府迳资内政部。

一　设置地点;

二　设计详图;

三　经费及预算;

四　各项章则;

五　设置人及管理人名单。

依本条例第三条设置之公墓,应报由市、县政府核转。

第五条　设置公墓,应于不妨碍耕作之山野地为之。

第六条　设置公墓应不妨碍军事、建筑及公共卫生或利益,并与下列各地保持相当距离。

一　学校、工厂、医院、户口繁盛区或其他公共处所;

二　饮水井或饮用水之水源地；

三　铁路大道要塞或堡垒地带；

四　河川；

五　贮藏爆炸物品之仓库。

第七条　公墓之用地,得依法呈请征收之。

第八条　各市、县应行设置公墓之数目及每一公墓之面积,应由各市、县政府依辖境人口数量,酌定比例,分期、分地完成之。

第九条　公墓内应栽植花木、建筑道路及泄水设备,并得于其周围设置墙篱。

第一○条　公墓内应依面积之大小划分区段,每段内应依墓穴数目划分墓基。

每一墓基之面积不得超过二百平方市尺,但两棺以上合葬者,得酌量放宽之。

第一一条　墓穴应妥为封固墓面,如超出平地,至高不得过四市尺。

墓穴之深度及碑碣式样,由市、县政府核订之。

第一二条　公墓地区内得建筑祭堂及停柩处。

第一三条　公墓地区内得附设火葬场,火葬办法另定之。

第一四条　设置公墓得依墓基等次征收租金,以后每隔二十年征收一次,但不得超过第一次租金额二十分之一。

第一五条　墓基租金数额应预为订定,呈经省政府核准转资内政部备案。院辖市政府迳资内政部,

依本条例第三条设置之公墓征收墓基租金数额,应报由市县政府核转。

第一六条　市、县政府设置公墓,应设免费墓基地段,依本条例第三条设置之公墓,得设免费墓基地段。

第三章　营葬

第一七条　市、县政府设置公墓后,应公告指定该公墓所属区域,嗣后在该区域内营葬者,除法令别有规定外,应于公墓内为之。

未设置公墓区域,暂准自由营葬,但不得违背本条例第五、六两条之规定。

第一八条　市、县政府对于前条暂准营葬之坟墓,得办理登记。

前项登记,不得征收费用。

第四章　公墓管理

第一九条　公墓内棺柩或尸体,非经官署核准,不得起掘。

第二○条　公墓不得收葬未经官署发给抬埋许可证照之棺柩或尸体,但未有发给许可证照办法之地方,不在此限。

第二一条 公墓内无主墓之棺柩或尸体,得由管理人呈经市、县政府之许可,起掘火葬或合葬之。

前项火葬或合葬之棺柩、尸体,应明定起掘期间,于一年前公告之。

免费墓基地段内之棺柩或尸体,经过二十年后,得依前两项之规定,起掘火葬或合葬之。

第二二条 公墓之一部或全部,因地形变更或其他特殊情形,须迁移者,应呈经省政府核准,转资内政部备案,院辖市政府迳资内政部。

第二三条 公墓应设置管理人,管理规则由市、县政府核订之。

第二四条 公墓应备簿册,登记下列事项:

一 墓基号数;

二 葬期;

三 受葬者之姓名、性别、籍贯及生死年、月、日;

四 营葬者之姓名、籍贯、住址及与死者之关系。

前项营葬者之姓名及住址有变更时,应即通知公墓管理人。

第二五条 公墓内墓穴及碑碣如有损坏,管理人应即通知墓主或有关系之营葬人,自行修理。

第二六条 公墓应随时扫除,保持整洁。

第二七条 公墓管理人应于每年春秋二季,将公墓办理情形呈报市、县政府查核。

第二八条 市、县政府应于每年年终,将辖境内公墓办理情形呈报省政府查核,转资内政部备案,院辖市政府迳资内政部。

第五章　旧墓处置

第二九条 依本条例第十七条第一项规定,公告指定区域内之旧墓,经该管市、县政府查明有下列情形之一者,应迁葬于公墓内。

一 坟墓地点足以妨碍军事、建筑及公共卫生或利益者;

二 田亩中之坟墓足以妨碍耕作者;

三 浮厝或露棺。

第三○条 依前条规定应行迁葬之棺墓,市、县政府应明定迁葬期间,于一年前公告之,并于棺墓所在地树立标志。

墓主如逾期未迁,市、县政府应代迁葬于公墓内,其设有火葬场者,并得依法火葬之。

第三一条 依本条例第二十九条第一、二两款规定,应行迁葬之坟墓如墓主不愿迁葬,应于前条迁葬期内向市、县政府声请特别登记。

特别登记得征收费用,登记后并得征收年捐。

前项费用及年捐数额,应报经内政部核准。

第三二条 凡有关名胜古迹,经呈请核准之坟墓,得不适用前两条之规定。

第六章 罚则

第三三条 违背本条例第十七条第一项之规定者,市县政府除处以三十元以下之罚锾外,并得限期勒令迁葬于公墓内。

第三四条 依本条例收入之捐费、罚锾充作市、县政府设置公墓经费。

第七章 附则

第三五条 本条例未规定事项,应由各省政府、院辖市政府另定补充办法,并报内政部备案。

第三六条 本条例自公布日施行。

●●中医条例 民国二十五年(1936年)一月二十二日国民政府公布

第一条 在考试院举行中医考试以前,凡年满二十五岁,具有下列资格之一者,经内政部审查合格给予证书后,得执行中医业务。

一 曾经中央或省市政府中医考试或甄别合格得有证书者;

二 曾经中央或省市政府发给行医执照者;

三 在中医学校毕业得有证书者;

四 曾执行中医业务五年以上者。

前项审查规则由内政部定之。

第二条 凡现在执行业务之中医,在未经内政部审查前,得暂行继续执行业务。

第三条 凡经审查合格之中医,欲在某处执行业务,应向该管当地官署呈验证书,请求登记。

第四条 中医非亲自诊察,不得施行治疗、开给方剂或交付诊断书。非亲自检验尸体,不得交付死亡诊断书或死产证明书。

前项死亡诊断书及死产证明书之程式,由内政部定之。

第五条 中医如诊断传染病人或检验传染病之死体时,应指示消毒方法,并应向该管当地官署或自治机关据实报告。

第六条 中医关于审判上、公安上及预防疾病等事,有接受该管法院、公安局所及其他行政官署或自治机关委托,负责协助之义务。

第七条 西医条例第四条、第六条、第七条、第十条、第十一条、第十三条、第十五条及第十七条之规定,于中医准用之。

第八条　受停止执行业务处分之中医,擅自执行业务者,该管当地官署得处以一百圆以下之罚锾。

第九条　中医违反本条例之规定时,除已定有制裁者外,该管当地官署得处以五十圆以下之罚锾,其因业务触犯刑法时,应交法院办理。

第一〇条　本条例自公布日施行。

●●购用麻醉药品暂行办法 民国二十四年(1925年)八月十三日奉行政院令准予备案

一　购用麻醉药品,应依本办法之规定办理。

二　凡购用麻醉药品者限于供医药上科学上之用,并须依照下列各款之规定。

　甲　医院以在地方卫生主管机关依法登记者为限,并须经该医院领有部证之医师副署。

　乙　药房以在地方卫生主管机关领有药商执照者为限,并须经领有部证之药师签署。

　丙　医师药师以领有部证者为限。

　丁　牙医、兽医暂以在地方卫生主管机关领有开业执照者为限。

　戊　学术机关(医药学校等)以政府有案者为限。

三　凡依前条规定购用麻醉药品者,应将种类、数量、用途分别叙明,连同购买药费直接寄向中央卫生试验所麻醉药品经理处购买。

四　购用麻醉药品者,除初次购买外,自第二次起应将前次所购药品用途及现存品量逐一声明,否则概不售与。

五　购用麻醉药品者,其用途以配制方剂及科学研究为限,如有不法转售情事,除停止其购买外,并请地方该管机关查明法办。

六　职司试验及制药之公署,其职务需用麻醉药品时,应开列品名及数量,经卫生署核准,迳向经理处。

附奉　院令核准经理之十种麻醉药品、名称,其制剂另表刊行。

　军医机关需用麻醉药品时,准用前项办法之规定。

七　发售之麻醉药品以交由邮局递送为原则,购买人应持中央卫生试验所麻醉药品经理处所给之购运凭照,向到达邮局领取。

八　经理处经销之麻醉药品、种类,暂以附表所列者十种为限。

九　售卖麻醉药品,概以公分(Gram)计算。

一〇　本办法如有未尽事宜,得随时修改之。

　一　阿片　Opium

　一　吗啡　Morphine

一 可待英 Codeine

一 二烷吗啡(狄奥宁) Ethylmorphine Hydrochloride(Dionine)

一 盐酸阿朴吗啡 Apomorphine Hydrochloride

一 大麻浸膏 Extract Cannabis(soft)

一 可卡因 Cocaine

一 士的宁 Strychninc

一 二烷可待英酮(欧可达) Dihydro-oxy Codeinone(Euhodal)

一 全阿片素(潘托邦) Pantopon

●●检查邮件包裹私递麻醉品办法民国二十五年(1936 年)二月八日行政院修正公布

第一条 凡不依麻醉药品管理条例之规定,由邮件包裹私递麻醉药品者,得依本办法施行检查。

第二条 邮局收寄或投递包裹,经海关检验,如查获私递麻醉药品时,应由海关将人证一并移送当地购买主办禁烟禁毒案件之机关,依法办理。其不经海关检验之邮件或在未设有海关地方之邮件包裹,应由邮局严密注意,如觉有私递麻醉药品,应即通知当地主办禁烟禁毒案件之机关,派员来局眼同检验属实,将人证一并移送审理。

第三条 邮件包裹检验后,负责检验人员应在该邮件开拆处或包皮骑缝处黏贴"验讫"封条,并钤印章,如有发现开拆重封痕迹者,邮局应拒绝寄递。

第四条 凡进出口邮件,应由邮局严密注意,如有冒混私递麻醉药品之嫌疑者,按照本办法第二条规定办理之。

第五条 各地主办禁烟禁毒案件之机关,于必要时,得随时派员会同各邮局办理检查事宜。

第六条 邮政机关员役如有违犯本办法之规定或庇护他人私递麻醉药品者,一经查实,依法从重处断。

第七条 各地邮局出租信箱,于必要时,主办禁烟禁毒案件之机关得派员会同邮局人员,并邀承租人到场,施行检查。

第八条 检查邮件,应用最敏捷之手续行之。

第九条 各地主办禁烟禁毒案件之机关或海关或邮局,对于查获邮递麻醉药品,应将查获情形详报主管长官转资禁烟总监备查。

第一〇条 检查人员如有办事认真迭破重大案件者,或庇纵舞弊经该主管官署察觉或经人举发属实者,均依法分别奖惩。

第一一条 本办法自公布日施行。

●●禁烟治罪暂行条例_{民国二十五年(1936年)六月三日国民政府公布}

第一条　本条例系依据中央政治会议第四五九次会议决议案第四项制定之。

第二条　本条例称烟者,指鸦片罂粟及罂粟种子。

第三条　意图制造鸦片而栽种罂粟者,处死刑、无期徒刑或十年以上有期徒刑。

第四条　聚众抗铲烟苗者,依下列处断:

一　首谋或在场指挥者死刑或无期徒刑;

二　余众三年以上十年以下有期徒刑。

第五条　运输、贩卖或意图贩卖而持有鸦片者,处无期徒刑或五年以上有期徒刑,得并科三千元以下罚金,其数量在百两以上者,处死刑。

运输、贩卖或意图贩卖而持有罂粟种子者,处三年以上十年以下有期徒刑,得并科一千元以下罚金。自外国运入鸦片或罂粟种子者,处死刑、无期徒刑或十年以上有期徒刑,得并科五千元以下罚金,输出外国者,亦同。

第六条　意图营利设所以鸦片及烟具供人吸食者,处无期徒刑或五年以上有期徒刑,得并科三千元以下罚金。

第七条　利用限期戒烟执照而供人吸食以营利者,处三年以上七年以下有期徒刑,得并科一千元以下罚金。

第八条　吸食鸦片者,处六月以上二年以下有期徒刑,得并科三百元以下罚金,有瘾者,并限期交医勒令戒绝。自动投戒戒绝后而再犯前项之罪者,处一年以上三年以下有期徒刑,得并科五百元以下罚金,有瘾者,仍限期交医勒令戒绝。

勒戒戒绝后而再犯第一项之罪者,处三年以上十年以下有期徒刑,得并科一千元以下罚金;有瘾者,仍限期交医勒令戒绝;三犯者,处死刑。

学校教职员、学生犯前三项之罪者,依各该项最高刑处断。

第九条　帮助他人犯本条例第三条、第五条及第六条之罪者,处七年以下有期徒刑。

帮助他人犯第八条之罪者,不论主犯为初犯或累犯,处三年以下有期徒刑。

第一〇条　栽赃诬陷或捏造证据诬告他人犯本条例各条之罪者,处以各条之刑。

证人、鉴定人意图陷害本条例各条犯罪嫌疑之被告,而为虚伪之陈述或报告者,亦同。

犯前二项之罪,于该案裁判确定前自白者,得减轻或免除其刑。

第一一条　公务员犯本条例第三条至第六条之罪者,处死刑;犯第八条至第十条之罪者,依各该条最高刑处断。

第一二条　公务员利用权力强迫他人犯本条例第三条之罪者,处死刑。

第一三条　公务员包庇或要求期约收受贿赂而纵容他人犯本条例第三条至第六条之罪

者，处死刑；公务员盗换隐没查获之鸦片或吞蚀禁烟罚金或故纵本条例各条之罪犯脱逃者，亦同。

公务员包庇或要求期约收受贿赂而纵容他人犯本条例第七条至第九条之罪者，处七年以上有期徒刑。

犯本条第一项、第三项之罪者，所收受之贿赂没收之。

如全部或一部不能没收时，追征其价额。

第一四条　制造、运输、贩卖或意图贩卖而持有专供吸食鸦片之器具者，处三年以下有期徒刑、拘役或一千元以下罚金。

第一五条　本条例第三条至第六条、第十条、第十二条至第十四条之未遂犯，罚之。

第一六条　明知为烟或专供吸食鸦片之器具而持有者，处一年以下有期徒刑、拘役或五百元以下罚金。

第一七条　犯本条例各条之罪，其烟或专供制造或吸食鸦片之器具，均没收之。

第一八条　犯本条例各条之罪，受六月以上有期徒刑之宣告者，褫夺公权一年以上十年以下。

第一九条　犯本条例第三条、第五条及第六条之罪者，得没收其财产全部或一部。

没收财产之执行，适用民事诉讼执行规则及补订民事执行办法之规定。

第二〇条　本条例施行前，军事委员会委员长行营及各省市所颁禁烟法规之定有罚则者，其刑罚部份于本条例施行之日失效，但经核准继续适用者，不在此限。

裁判时之法律有变更者，适用行为时之法律。

第二一条　死刑之执行得用枪毙。

第二二条　各省区因系分年、分区、禁绝，经另有规定者，从其规定。

第二三条　本条例所未规定者，依其他法令之规定。

第二四条　犯本条例各条之罪者，由军事委员会委员长兼禁烟总监指定有军法职权之机关审判之，或委任各级地方政府代为审判。

依前项规定所为之裁判，除依各省最高军事机关代核军法案件暂行办法办理外，非经呈奉委员长兼禁烟总监核准，不得执行。

第二五条　本条例自公布日施行。

●●禁毒治罪暂行条例民国二十五年（1936 年）六月三日国民政府公布

第一条　本条例依据中央政治会议第四五九次会议决议案第四项制定之。

第二条　本条例称毒者，指吗啡、高根、海洛因及其化合物或配合而成之各色毒丸。

第三条　制造或运输毒品者，处死刑。

第四条　贩卖或意图贩卖而持有毒品者,处死刑或无期徒刑。

第五条　意图营利为他人施打吗啡或设所供人吸用毒品者,处死刑或无期徒刑。

第六条　在民国二十四年(1935年)内施打吗啡或吸用毒品者,处一年以上三年以下有期徒刑;有瘾者并限期交医勒令戒绝;自动投戒戒绝后而再犯前项之罪者,处三年以上七年以下有期徒刑,有瘾者仍限期交医勒令戒绝。

勒戒戒绝后而再犯第一项之罪者,处死刑或无期徒刑。

第七条　在民国二十五年内施打吗啡或吸用毒品者,处三年以上七年以下有期徒刑;有瘾者并限期交医勒令戒绝;自动投戒戒绝后而再犯前项之罪者,处七年以上有期徒刑,有瘾者,仍限期交医勒令戒绝。

勒戒戒绝后而再犯第一项之罪者,处死刑。

第八条　自民国二十六年起犯本条例第三条至第七条之罪者,处死刑。

第九条　帮助他人犯本条例第三条至第五条之罪者,处五年以上十年以下有期徒刑。

帮助他人施打吗啡或吸用毒品者,不论主犯为初犯或再犯,处七年以下有期徒刑。

第一〇条　制造、贩买或意图贩卖而持有专供施打或吸用毒品之器具者,处七年以下有期徒刑。

第一一条　犯本条例第四条至第十条各条之罪而能供出毒品制造所或其主要犯因而破获者,得减轻其刑。

第一二条　栽赃诬陷或捏造证据诬告他人犯本条例各条之罪者,处以各该条之刑。

证人、鉴定人意图陷害本条例各条犯罪嫌疑之被告而为虚伪之陈述或报告者,亦同。

犯前二项之罪,于该案裁判确定前自白者,得减轻或免除其刑。

第一三条　公务员犯本条例第三条至第八条之罪者,处死刑;犯第九条第十条及第十二条之罪者,依各该条最高刑处断。学校教职员、学生,亦同。

第一四条　公务员包庇或要求期约收受贿赂而纵容他人犯本条例第三条至第十条之罪者,处死刑。公务员盗换隐没查获之毒品或扣押之财产或故纵本条例各条之罪犯脱逃者,亦同。

犯本条第一项之罪者,所收受之贿赂没收之,如全部或一部,不能没收时,追征其价额。

第一五条　本条例第三条至第五条、第十条、第十二条及第十四条之未遂犯,罚之。

第一六条　明知为毒品或专供吸用毒品之器具而持有者,处三年以下有期徒刑。

第一七条　查获毒品或专供制造或吸用毒品之器具,均没收销毁之。咖啡精、奶糖粉、鸡那素等查明确系专供制造毒品之用者,亦同。

第一八条　犯本条例各条之罪,受六月以上有期徒刑之宣告者,褫夺公权一年以上十年以下。

第一九条　犯本条例第三条至第五条之罪者,得没收其财产之全部或一部。

没收财产之执行,适用民事诉讼执行规则及补订民事执行办法之规定。

第二〇条　本条例施行前,军事委员会委员长行营及各省市所颁禁毒法规之定有罚则者,其刑罚部分于本条例施行之日失效,但经核准继续适用者,不在此限。

裁判时之法律有变更者,适用行为时之法律。

第二一条　死刑之执行,得用枪毙。

第二二条　本条例所未规定者,依其他法令之规定。

第二三条　供医药用及科学用之吗啡、高根、海洛因及其同类毒性物或化合物,依照麻醉药品管理条例办理,不适用本条例之规定。

第二四条　犯本条例各条之罪者,由军事委员会委员长兼禁烟总监指定有军法职权之机关审判之,或委任各级地方政府代为审判。

依前项规定所为之裁判,除依各省最高军事机关代核军法案件暂行办法办理外,非经呈奉委员长兼总监核准,不得执行。

第二五条　本条例自公布日施行。

●●禁烟禁毒考成规则 民国二十五年(1936年)八月十二日国民政府公布

第一条　各级专办或兼办禁烟禁毒事务之人员,依本规则考核成绩,分别奖惩之。

第二条　奖励分下列五种:

一　升用;

二　进级;

三　加俸;

四　记功;

五　嘉奖。

第三条　惩戒分下列五种:

一　免职;

二　降级;

三　罚俸;

四　记过;

五　申诫。

第四条　应奖励之事项如下:

一　原种烟区域经查禁后境内确无烟苗发现者;

二　迭次破获私运私售烟土或罂粟种子者。

三　戒烟戒毒院所设备完善,戒绝人数超过规定数目者;

四　迭次破获制毒机关或运售毒品者；

五　其他应奖励之事项。

第五条　应惩戒之事项如下：

一　禁种区域查禁不力，仍有烟苗发现或罂粟种子，未能收毁净尽，经派员查实者；

二　知有纵容或包庇种烟，不尽举发之责，经派员查实者；

三　查缉不力，境内仍有私运烟土或知有纵容、包庇私运烟土或私售土膏，不尽职责，经调查属实者；

四　应设立戒烟戒毒院所而未设立，或能设立而不设立，或已设立而设备不善、管理无方致戒烟戒毒毫无成绩者；

五　境内有制毒、运毒机关，或运售毒品未能破获，别经发觉者；

六　其他应惩戒之事项。

第六条　考成每六个月举行一次，各级专办或兼办禁烟禁毒事务之人员，由各该管长官按期汇报，递呈军事委员会委员长兼禁烟总监（以下简称兼总监）分别奖惩。但遇特殊案件，得由各该管长官随时呈请，分别奖惩之。

第七条　兼总监考核各省、市办理禁烟禁毒事务之军政长官具有应奖应惩事项时，得随时分别奖惩之。

第八条　对于上级限令定期办竣事项有意违误限期或迭经督促而仍玩忽者，由兼总监撤职拿办。

第九条　办理禁烟禁毒事务之人员，如所犯案情涉及禁烟刑事范围者，依法分别惩处。

第一〇条　第二条第五款之嘉奖、第三条第五款之申诫由各该主管长官行之。

第一一条　进级或降级，依其现在之俸给进支或降支一级。

第一二条　进级或降级如遇无级可进或无级可降者，得比照每级差额增减其月俸。

第一三条　加俸或减俸，依其现在之月俸，加减百分之十或百分之二十。

第一四条　记功分小功、大功二种，积三小功为一大功，积三大功进一级。

第一五条　记过分小过、大过二种，积三小过为一大过，积三大过降一级。

第一六条　记功、记过得互相抵销。

第一七条　免职非满二年后，不得任用为一切官吏，如系兼职者，并免其原职。

第一八条　嘉奖、申诫以书面或言辞为之。

第一九条　本规则自公布日施行。

●●禁烟调验规则　民国二十五年（1936年）八月十二日国民政府公布

第一条　有吸食鸦片或施打吗啡、吸用毒品成瘾嫌疑者，依本规则调验之。

公务员之调验规则另定之。

第二条　有下列情形之一者,由该管禁烟机关于二十四小时内发交戒烟院所调验。

一　烟民登记期满后被人告发,或被查觉有无照吸食鸦片嫌疑,经审问仍不供认者;

二　被人告发或被查觉有施打吗啡或吸用毒品嫌疑,经审问仍不供认者;

三　经戒烟戒毒院所施戒断瘾后被人告发,或被抽查仍有重行吸用烟毒嫌疑者;

四　经公、私立医院或诊所施戒断瘾后自向禁烟机关请验以资证明者;

五　自向禁烟机关请验者;

六　有吸用烟毒嫌疑经亲族或地方自治机关送验者;

七　有其他情形应予调验者。

第三条　调验事务,由下列各院所办理:

一　中央戒烟医院;

二　省或市戒烟医院或戒毒医院;

三　县戒烟院所或戒毒院所;

四　区镇戒烟分所。

第四条　戒烟戒毒院所应专设调验室,如被调验人多不敷容纳时,得临时增设,均须派警队常川驻守戒护。

第五条　调验时如发觉下列情形之一者,应报告该管禁烟机关核办。

一　被调验人夹带抵瘾药品;

二　被调验人亲友馈送物品夹带违禁物;

三　得贿徇私;

四　虐待敲诈;

五　其他不法情事。

第六条　戒烟或戒毒院所接收被调验人,应于十日内检验完毕。

第七条　调验后无论有瘾、无瘾,均应填具调验鉴定书,由戒烟戒毒院长或所长及检验之医师签名盖章。

调验鉴定书应备具三联,粘附被调验人二寸半身相片,以一联交被调验人,收执一联,连同被调验人送禁烟机关核办一联存院所备查,调验鉴定书式样另定之。

第八条　被调验人不服戒烟院所之调验鉴定时,得于收到调验鉴定书之日起七日内,陈明理由,呈由当地禁烟机关核准指定其他医师复验或派员监视复验。

被调验人对于复验鉴定,不得提起再复验之请求。

第九条　禁烟机关对于戒烟戒毒院所之调验鉴定书有疑义时,得发还复验或改送他院所复验。

第一〇条　被调验人在调验期间发生与烟毒无关之疾病,经医师检验明确者,得兼施治疗,但须报告禁烟机关查核。

第一一条　被调验人在调验期间因疾病死亡时,应立即报告禁烟机关,并通知该管司法机关派员检验,取具书结存查,尸交家属领埋。

第一二条　禁烟机关经查核调验情形,认为被调验人确实无瘾,系被人诬告者,应即将告发人交该管军法机关依法审办。

第一三条　告发他人吸食鸦片或毒品者,于该被告受调验时得请求陪同调验。

第一四条　禁烟机关经查核调验情形,认为被调验人确实有瘾,应即送交该管军法机关依法办理,并限期交医勒令戒绝。

第一五条　戒烟戒毒院所办理调验事务收受贿赂或徇私隐庇而为虚伪之鉴定者,移送该管军法机关依法审办。

第一六条　戒烟戒毒院所应将经办调验情形,按月报由该管禁烟机关,汇呈军事委员会委员长兼禁烟总监察核。

第一七条　本规则自公布日施行。

●●检举党政军服务人员吸食鸦片暨毒品施行办法 民国二十五年

（1936年）四月十一日国民政府训令

一　办理总检举机关,由禁烟总监规定之。

二　总检举期间,以命令达到后两个月为限。

三　总检举办法,各级党政军学人员须于开始总检举第一个月内,由每员自具不吸食鸦片及毒品,切结呈请直属最低之上级主管员盖章证明(例如各部科员以下职员由科长证明,科长由司长证明,次长及司长由部长证明),于第二个月内由主管机关汇总转送总检举机关,其切结式样另定之。

四　各级党政军学人员于具结之后,如发觉或被举发经验明吸烟或吸毒者,由原机关立予免职,并送交审判机关按照禁烟禁毒各治罪条例从重处断,其予证明之直属最低之上级主管员若事前未经举发,官吏各按党政军惩戒程序惩戒,非官吏由各该机关严予惩戒。

具结人恪遵禁烟法令,确不吸食鸦片烟及各种烈性毒品,如有虚伪,甘愿依法治罪,须至切结者。

具切结人(职务)　　　(签名)　　　　(盖章)

证明人(职务)　　　　(签名)　　　　(盖章)

年　　　　月　　　　日

某机关最高长官衔名 盖章

（某机关）所属职员不吸食鸦片烟及毒品切结总表					
机关名称	职务	具结人姓名	盖章证明之主管员		附记
			职务	姓名	
以上共计具结人			员证明人	员	

处理烟毒案件罚金充奖支配标准 民国二十五年（1936年）三月四日禁烟总监训令

一　据告发人或密告人之报告，因而破获判处者，以百分之三十奖给告发人，百分之一十奖给破获该案之员警，百分之一十补助审判机关公费，其余百分之五十拨充戒烟经费。

二　由负责查缉员警自行破获判处者，以百分之二十奖给负责员警，百分之一十奖给协助人员及眼线，百分之一十补助审判机关公费，其余百分之六十拨充戒烟经费。

三　前第一、第二两项罚金或没收财产之变价在一千元以上者，除一千元仍照各该项标准支配外，余数以一半照各该项标准支配，所剩半数概拨充戒烟经费。

四　前第一、第二两项罚金或没收财产之变价在五千元以上者，除五千元照前第三项办法支配外，余数以三成照前第一、第二两项之标准支配，所剩七成概拨充戒烟经费。

中央古物保管委员会聘请专门委员规则 民国二十五年（1936年）十月七日行政院备案

一　中央古物保管委员会依本规则之规定，聘请专门委员。

二　专门委员无定额，由本会遴选聘请，并呈报内政部备案。

三　专门委员承本会之委托，鉴定古物及办理其他专门事宜。

四　专门委员承办事件，应将办理结果详报本会。

五　专门委员为无给职，惟因事实上之必要，有下列情形之一者，得酌送旅费或酬金：

　一　因公远道来会或赴指定地点办理指定事件者；

　二　受本会委托办理特殊事件，经常务会议核定者。

六　专门委员之任期为一年，期满得由本会续聘。

七　本规则如有未尽事宜，得由中央古物保管委员会修正，呈报内政部转呈行政院备案。

八　本规则自呈准日施行。

●●古物保存法
民国十九年(1930年)六月二日国民政府公布,二十年(1931年)六月十五日施行,二十四年(1935年)十一月十九日修正。

第一条　本法所称古物,指与考古学、历史学、古生物学及其他文化有关之一切古物而言。
前项古物之范围及种类,由中央古物保管委员会定之。

第二条　古物除私有者外,应由中央古物保管委员会责成保存处所保存之。

第三条　保存于下列处所之古物,应由保存者制成可垂久远之照片,分存教育部、内政部中央古物保管委员会及原保存处所。
一　直辖于中央之机关;
二　省、市、县或其他地方机关;
三　寺庙或古迹所在地。

第四条　古物保存处所每年应将古物填具表册,呈报教育部、内政部中央古物保管委员会及地方主管行政官署。
前项表册格式,由中央古物保管委员会定之。

第五条　私有之重要古物,应向地方主管行政官署登记,并由该管官署汇报教育部、内政部及中央古物保管委员会。
前项重要古物之标准,由中央古物保管委员会定之。

第六条　前项应登记之私有古物,不得移转于外人,违者没收其古物,不能没收者,追缴其价额。

第七条　埋藏地下及由地下暴露地面之古物,概归国有。
前项古物发现时,发现人应立即报告当地主管行政官署,呈由上级机关资明教育、内政两部及中央古物保管委员会收存其古物,并酌给相当奖金,其有不报而隐匿者,以窃盗论。

第八条　采掘古物应由中央或地方政府直辖之学术机关为之。
前项学术机关采掘古物,应呈请中央古物保管委员会审核,转请教育、内政两部会同发给采掘执照,无前项执照而采掘古物者,以窃盗论。

第九条　中央古物保管委员会之组织条例另定之。

第一〇条　中央或地方政府直辖之学术机关采掘古物,有须外国学术团体或专门人才参加协助之必要时,应先呈请中央古物保管委员会核准。

第一一条　采掘古物应由中央古物保管委员会派员监察。

第一二条　采掘所得之古物,得由中央或地方政府直辖之学术机关呈经中央古物保管委员会核准,于一定期内负责保存,以供学术上之研究。

第一三条　古物之流通以国内为限,但中央或地方政府直辖之学术机关因研究之必要,须派员携往国外研究时,应呈经中央古物保管委员会核准,转请教育、内政两部会同发给出境护照。

携往国外之古物,至迟须于二年内归还原保存处所。

前二项之规定,于应登记之私有古物适用之。

第一四条　本法施行日期以命令定之。

●●古物奖励规则民国二十五年(1936年)四月九日行政院公布

第一条　本规则依古物保存法施行细则第十八条之规定制定之。

第二条　合于下列事项之一者,得声请奖励:

一　报告国有古物之发现者;

二　捐赠私有古物归公者;

三　寄存私有古物于中央或省市政府直辖学术机关研究及长期陈列者。

上项古物,以对于历史艺术或科学有特殊价值者为限。

第三条　奖励分奖金、奖状二类,奖金以一万元为最高额,奖状分特种、甲种、乙种三等,其式样由内政部定之。

上项奖励由中央古物保管委员会全体会议审查合格,拟定奖金之额数或奖状之等次,呈请内政部颁给。

第四条　合于第二条第二款之声请人声明不受奖金,但所捐赠之古物,其价值在三万元以上者,除给予特种奖状外,并于年终由中央古物保管委员会汇案,呈请内政部转呈国民政府明令嘉奖;其价值在十万元以上,除给予特种奖状外,由中央古物保管委员会专案呈请内政部转呈国民政府明令嘉奖。

古物价值之估计,由中央古物保管委员会聘请专家缜密拟议报,由全体会议决定之。

第五条　声请人应开具声请书,呈请内政部或呈由当地主管行政官署呈请各该地省、市政府,资请内政部交由中央古物保管委员会核办。

第六条　声请书应分别记载声请人姓名、年岁、籍贯、住址、职业(声请人若为机关应记其名称及事务所)、古物名称、种类、数目、现状、尺度及其在历史艺术或科学上之关系,声请年月日连同古物之照片或拓本,一并送呈。

声请第二条第一款之事项,并须记载古物发现地点、发现原因、保存处所、发现年月日。

声请第二条第二款之事项,并须记载愿将古物捐赠某地某机关。

声请第二条第三款之事项,并须记载古物系寄存某地某机关研究或陈列及其期限。

第七条　声请第二条第三款之事项,不限于古物所有者,得由接受之机关代为声请之。

第八条　审查声请第二条一、二两款之古物,于必要时,得令原经办请奖机关或声请人将古物送交中央古物保管委员会鉴定,或由中央古物保管委员会派员赴古物所在地鉴定之。

第九条　声请之古物,如经审查认为不合格者,其声请无效。

第一〇条　本规则自公布之日施行。

旧都文物整理委员会组织规程民国二十四年（1935 年）十月三十一日行政院修正公布，同年十二月七日修正第二条，二十五年（1936 年）三月七日再修正第二条。

第一条　旧都文物整理委员会附设于行政院，其职掌如下：

一　指挥、监督关于执行整理旧都文物之各项事宜；

二　审核关于整理旧都文物之设计；

三　筹画保管关于整理旧都文物之款项。

第二条　本会之当然委员如下：

内政、财政、教育、交通、铁道五部、蒙藏委员会及国立北平故宫博物院代表各一人；

冀察政务委员会、河北、察哈尔两省政府及北平市政府代表各一人。

第三条　本会除当然委员外，得由行政院聘任或委派若干人为委员。

第四条　本会设主席一人，由行政院就委员中指定之。

第五条　本会每月开常会一次，由主席召集，如有重要事项，得由主席召集临时会。

第六条　本会于必要时，得聘任国内外专家为专门委员或顾问。

第七条　本会得设秘书一人，办事员若干人，由院部职员中调用之。

第八条　本会委员为无给职。

第九条　关于整理旧都文物之执行办法另定之。

第一〇条　本规程自公布之日施行。

内政部北平古物陈列所规则民国二十四年（1935 年）十月十二日内政部修正公布

第一条　北平古物陈列所直隶于内政部。

第二条　古物陈列所办理事务，分下列二股：

第一股

一　关于收发文件及撰拟文电事项；

二　关于文卷之整理及档案之保存事项；

三　关于印信之保管典守及职员警卫之进退登记事项；

四　关于款项出纳及造报收支预决算等事项；

五　关于各种游览票券之收发、稽察、汇报事项；

六　关于售票员工作之分配及废票之检查事项；

七　关于器具、用品之管理、购置及游览秩序之指导、稽察事项；

八　关于修缮工程公共设备之筹划及其他不属于第二股事项。

第二股

一　关于古物之储藏、保管及陈列等事项；

二　关于古物之修整及提收、支配等事项；

三　关于古物之选择、添换及查封、登记等事项；

四　关于各殿库橱柜启闭、检查等事项；

五　关于各种印品之选择、印刷、管理、发售，以及底版保存等事项。

第三条　古物陈列所设主任一人，总理全所事务；设副主任一人，辅助主任处理所务。

第四条　各股设股长一人，股员二人至四人，承长官之命，办理各股事务。

第五条　主任、副主任以荐任待遇，股长、股员委任均由内政部派充之。

第六条　古物陈列所置队长、副队长各一人，分队长二人，承主任、副主任等之命，分任警卫事宜。

前项队长、副队长由内政部派充，分队长由主任呈请内政部委派之。

第七条　古物陈列所因事务上之必要，得设办事员八人至十二人，书记三人至五人，售票生五人至七人，由主任派充之，并呈报内政部备案。

第八条　古物陈列所得雇用卫士。

第九条　古物陈列所每年度收支预决算及各月收支计算书、每旬收支旬报，应分别按时造具，呈部核转。

第一〇条　古物陈列所各种游览券归内政部制印，由所随时领取发售。

前项游览券均用三联式，一联交游览人，一联存根，一联呈内政部，其式样另定之。

第一一条　古物陈列所如有修缮、建筑等事，应呈请内政部核办。

第一二条　古物陈列所办事细则，由所另行拟订，呈内政部核准施行。

第一三条　本规则自公布之日施行。

●●寺庙登记规则民国二十五年(1936年)一月四日内政部公布

第一条　凡为僧道、住持或居住之一切公建、募建或私家独建之坛庙、寺院、庵观，除依关于户口调查及不动产登记之法令办理外，并应依本规则登记之。

第二条　寺庙登记之举办，分总登记及变动登记二种，总登记每十年举行一次，变动登记，每年举行一次。

新成立之寺庙，应于成立时声请登记，其登记手续与总登记同。

第三条　寺庙之登记由住持声请之，无住持者由管理人声请之。

第四条　寺庙登记包括下列三项：

一　人口登记；

二　财产登记；

三　法物登记。

第五条　寺庙人口登记以僧道为限,但其他住在人等,应附带声报。

前项僧道指僧尼、道士、女冠而言。

第六条　寺庙财产登记包括寺庙本身及附属或享有之一切不动产动产而言,法物包括宗教上、历史上或美术上有关系之佛像、神像、礼器、乐器、法器、经典、雕刻绘画及其他应行保存之一切古物而言。

第七条　经办寺庙登记之机关,在县市为县市政府,在直隶行政院之市为社会局,在特殊行政区(如威海卫管理公署设治局等)为各该主管官署。

第八条　经办寺庙登记机关应置下列各表证执照:

一　寺庙概况登记表;

二　寺庙人口登记表;

三　寺庙财产登记表;

四　寺庙法物登记表;

五　寺庙登记证;

六　寺庙变动登记表;

七　寺庙变动登记执照。

上列各表证执照长、宽尺度,应依照内政部所颁式样,由经办机关印制之。

第九条　经办机关于总登记时,须先通告当地寺庙,限期领取填送本规则第八条一至四等表各四份,经派员调查所填确与事实相符,即将每表各抽留三份,以一份连同登记证发给该寺庙,如有不符,应责令更正后发给之。

登记证得酌收费用,但每证不得超过一元。

总登记办理完竣后,其经办机关应将所留三份登记表分订成册,以一份存查,余二份送该管省、市政府存转。

第一〇条　经办机关应于登记后,每满一年通告当地寺庙限期领取填送寺庙变动登记表四份,经派员调查所填确与事实相符,即抽留三份,以一份连同变动登记执照发给该寺庙,如有不符,应责令更正后发给之,其存转手续与前条同。

变动登记执照得酌收费用,但每执照不得超过一角。

无变动之寺庙须向该管经办机关声明,其声明书式样另定之。

第一一条　寺庙于通告后逾期延不登记及新成立之寺庙不声请登记者,应强制执行登记,如无特殊理由,并得撤换其住持或管理人。

第一二条　如呈报不实或有故意蒙蔽情事,经发觉后,除强制执行补行登记外,并得撤换其住持或管理人,其情节重大触犯刑章者,并送法院究办。

第一三条　本规则于天主耶回及喇嘛之寺庙,不适用之。

第一四条　本规则自公布日施行。

民国十七年(1928 年)十月二日公布之寺庙登记条例,于本规则施行日废止。

寺庙登记表　　县(市)　　省(市)　　字第　号

调查填表时期民国　年　月　日

盖章　　调查人

盖章　　声请人

长二十七公分半

宽四十公分

寺庙概况登记表

寺庙类别			
所在地			
建立时代			
公建、募建或私建			
住持法名或姓名			
管理人姓名			
僧道人数	本庙	男	
		女	
	寄居	男	
		女	
财产	不动产	房屋间数	
		土地亩数	
		价值总计(元)	
	动产总数(元)		
	财产总计(元)		
法物	类别及数量		
	估计总值(元)		
住持继承或管理惯例			
备考			

寺庙人品登记表

僧道法名或姓名	性别	年龄	俗家姓名籍贯及出身	出家时之年月	出家时之年龄	在庙有无执事	隶属本庙或暂居	现住或他往	教育程度	曾否受刑事处分	曾否入国民党	备考

寺庙财产登记表

财产数	不动产	本庙	房屋间数	
			房屋价值(元)	
			土地亩数	房屋基地	
				耕地	
				山地	
				荒地	
				其他	
				合计	
				土地价值(元)	
		附属或享有	房屋间数	
			房屋价值(元)	
			土地亩数	房屋基地	
				耕地	
				山地	
				荒地	
				其他	
				合计	
				土地价值(元)	
		不动产价值总计(元)		
	动产	兼营何种职业及资本额(元)		
		兴办何种公益慈善事业及经费数(元)		
		存款数(元)		
		其他		
		动产总计(元)		
	财产总计(元)			
管理及使用状况				
享有权利之种类				
权利取得之原因及其年月				
证明权利文件是否完备及其件数				
备考				

寺庙法物登记表

类别 / 项别		数　量	估计总值（元）	备　考
佛像	偶像			
	画像			
神像	偶像			
	画像			
礼器				
乐器				
法器				
经典				
雕刻				
绘画				
其他				

寺庙登记证

（主管机关）

兹据　　　　　　声请寺庙登记等情核与寺庙登记规则尚属相符合行发给　　字第　　号
登记证此证
　　计开

寺庙名称			所在地			
类别			建立时代			
公建募建或私建			住持法名或管理人姓名			
僧道人数	本庙	男		佛像	偶像	
		女			画像	
	寄居	男		神像	偶像	
		女			画像	
财产数	不动产	本庙	房屋间数	法物	礼器	
			土地亩数		乐器	
		附属或享有	房屋间数		法器	
			土地亩数		经典	
		不动产价值总计（元）			雕刻	
					绘画	
	动产总计（元）				其他	
	财产总计（元）				估计总值（元）	

上给　　　　　　收执

中华民国　　　　　年　　　　月　　　　日

主管长官

字第　　　　　号

存根
（主管机关） 兹据　声请寺庙登记等情核与寺庙登记规则尚属相符除发给　字第　号登记证外立此存根备查 中华民国　　　　年　　　　月

寺庙变动登记表

省市　　县市

长二十七公分半

宽四十公分

类别				
所在地				
建立时代				
公建募建或私建				
寺庙变动	废弃			
	与他寺庙合并			
	改作其他用途			
	其他			
住持变动	旧住持或管理人姓名			
	新住持或管理人姓名			
	变动原因			

类别＼项别			上年	本年	变动原因
人口变动	本庙	男			
		女			
	寄居	男			
		女			
财产变动	不动产	本庙 房屋 间数			
		本庙 房屋 价值（元）			
		本庙 土地 亩数			
		本庙 土地 价值（元）			
		附属或享有 房屋 间数			
		附属或享有 房屋 价值（元）			
		附属或享有 土地 亩数			
		附属或享有 土地 价值（元）			
	动产	职业资本（元）			
		公益慈善事业经费（元）			
		存款（元）			
		其他			
	财产总计（元）				
	证明文件数				

（续表）

法物变动	佛像	偶像	数量			
			价值（元）			
		书像	数量			
			价值（元）			
	神像	偶像	数量			
			价值（元）			
		书像	数量			
			价值（元）			
	礼器		数量			
			价值（元）			
	乐器		数量			
			价值（元）			
	法器		数量			
			价值（元）			
	经典		数量			
			价值（元）			
	雕刻		数量			
			价值（元）			
	绘画		数量			
			价值（元）			
	其他		数量			
			价值（元）			
	估计总值（元）					
备考	变动原因并应说明此种变动是否合法					

字第　　　　号　　填表调查　　　年　　　月　　　日

声请人　　盖章　　　　　　　调查人　　盖章

寺庙变动登记执照

（主管机关）

兹据　　声请寺庙登记等情核与寺庙登记规则尚属相符合行发给　　字第　　号变动登记执照此证计开

寺庙名称				所在地			
类别				建立时代			
公建募建或私建				住持法名或管理人姓名			
类别＼年别		上年	本年	类别＼年别		上年	本年
僧道人数	本庙	男		佛像	偶像		
		女			书像		
	寄居	男		神像	偶像		
		女			书像		
财产数	不动产 本庙	房屋间数		法物	礼器		
		土地亩数			乐器		
	附属或享有	房屋间数			法器		
		土地亩数			经典		
	不动产价值总计(元)				雕刻		
	动产总计(元)				绘画		
	财产总计(元)				其他		
					估计总值(元)		

中华民国　　　年　　　月　　　日　　　　　　　　上给　　　　收执

　　　　　　　　　　　　　　　　　　　　　　　　主管长官

字第　　　　　　号

存根
（主管机关） 　兹据　　　　声请寺庙登记等情核与寺庙登记规则尚属相符除发给　　字第　　号变动登记执照外立此存根备查 　中华民国　　　　年　　　　月　　　　日

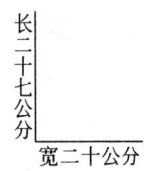

长二十七公分

宽二十公分

寺庙无变动声明书
窃查本庙自民国　　　年　　　月起至民国　　　年　　　　月止所有人口、财产、法物均全无变动，遵照寺庙登记规则第十条第三项之规定理合声明，是实如有不实，愿受同规则第十二条之处分，谨呈。 　　　　市/县政府 　　　　社会局 　　　　　　住持法名或管理人姓名 　　　　　　寺庙名称所在地 　　　　　　登记证号数 　　　　中华民国　　　　　年　　　　月　　　　日具

寺庙总登记各表填载说明

一　关于一般者

1.本表应由经办机关依照内政部所颁式样印制之。

2.总登记时，寺庙应向当地经办机关领取本表四份，详实填就，署名盖章，仍送呈原机关核办。

3.表面上之号数由经办机关于发给登记证时填注，并须与登记证号数相同，以便稽考。

二　关于概况表者

4.寺庙类别系指僧尼、道士、女冠而言。

5.所在地应将地点、名称及门牌号数详细填注。

6.人口、财产、法物三栏，应查照各该原表所填之总数，分别填入。

7.住持继承惯例，系指各该寺庙历来住持传授习例而言。

三　关于人口表者

8.教育程度一栏，应填明与小学中学或大学毕业程度相当或仅填识字与否。

9.曾否入国民党一栏，入党者应填明党证号数及入党地点、年、月。

10.如该寺庙僧道甚多，一表不敷填载时，得续填数页，但须注明页数，并应将其他住在人等于备考栏内附带声报。

四　关于财产表者

11. 兼营何种职业,系包括一切附业而言,并应填注资本额之总数。

12. 兴办何种公益慈善事业,系指该寺庙兴办之学校、医院、济贫、救灾、养老、恤孤等事业而言,就应填载经费总数。

13. 寺庙内如有贵重器具及其他物件等,应在动产其他栏内将其名称、价值分别填注。

14. 财产总计一栏,系指不动产价值总计及动产总计之合计数而言。

15. 享有权利之种类一栏,系指所有权及使用权而言,如仅有使用权,则所有权属谁,并应注明。

五　关于法物表者

16. 估计总值一栏,系指各种法物而言,应分别填注。

17. 注物如有特别宝贵者,并须于备考栏内详说其何时代产物、宝贵之点及保存经过、方法。

●●管理喇嘛寺庙条例 民国二十四年(1935年)十二月九日国民政府公布

第一条　喇嘛寺庙及喇嘛向由当地官署管理者,仍由各该官署管理之,并受蒙藏委员会之监督。

北平等处喇嘛寺庙向由中央主管机关管理者,由蒙藏委员会设专管机关管理之,其他各地喇嘛寺庙如经该会认为有管理之必要时,得另设专管机关。

第二条　喇嘛之转世以从前曾经转世者为限,其向不转世之喇嘛,非经中央政府核许,不认为转世。

第三条　喇嘛寺庙所设各项职任喇嘛,仍照惯例酌予设置。

第四条　喇嘛之道行高深或有勋劳于党国者,得由蒙藏委员会分别呈请奖励之。其有违反教律或法令者,由蒙藏委员会分别呈请惩处之。

第五条　喇嘛寺庙及喇嘛应向蒙藏委员会声请登记。

第六条　喇嘛之剳付及度牒由蒙藏委员会核给之。

第七条　喇嘛之转世、任用、奖惩登记等办法,由蒙藏委员会拟订,呈请行政院核定之。

第八条　本条例自公布日施行。

●●释藏经典领印规则 民国二十四年（1935 年）十月二十八日内政部公布，二十五年（1936 年）五月二十八日修正。

第一条　凡领印释藏经典依本规则办理。

第二条　领印释藏经典应由领印人声叙，需用经典理由并觅具北平佛教会证明书，呈请内政部核准。

第三条　领印释藏经典经内政部核准后，应由领印人向部缴纳领印费，每部五百元，存备柏林寺修理经版及印经时杂费之用，并觅具妥适印刷商人，订立合同，呈部核定后，由部通知柏林寺住持遵办。

第四条　领印释藏经典须遵守下列各款之规定：

一　不得将经版运出寺外；

二　不得损坏版片；

三　不得偷印私卖；

四　经版印毕上架不得凌乱次序。

第五条　领印人及印刷商人违反前条之规定者，得按其情节轻重分别处罚，其损坏版片者，并应负赔偿之责；其偷印私卖者，并应将其工料或其私卖所得之价金，一并充公。

第六条　印刷释藏经典期间，每年分为三月至四月，及九月至十月两期。

每届印刷经典，柏林寺住持须将启库及竣工日期分别报部备查。

第七条　印刷经典期内，禁止闲杂人等入寺游览。

第八条　释藏经典印刷完竣，由内政部派员点验，经版储存库内，并于经典装运时验封经箱，发给护照，咨请财政部转饬沿途关卡查验放行。

第九条　本规则自公布之日施行。

●●先哲先烈祠庙财产保管规则 民国二十五年（1936 年）二月十四日内政部公布

第一条　凡先哲、先烈祠庙财产，除法令别有规定外，依本规则保管之。

第二条　先哲、先烈祠庙财产，系指由国家或省、市、县地方划拨购置或公共募置之房屋、祀田及同性质之产款而言，但完全由私人捐置或私人共同募置者，不在此内。

第三条　本规则所称先哲、先烈，应合于下列各款之一：

甲　合于先哲者

一　对于国家民族发展确有功勋者；

二　对于学术有所发明利溥人群者；

三　忠孝仁义确有事迹，足为人类矜式者。

乙　合于先烈者

一　谋国家民族之改进因而捐躯者；

二　为国家社会捍患御侮、兴利除弊因而捐躯者；

三　气节昭烈足为人类矜式者。

第四条　先哲、先烈祠庙财产之保管，依下列之规定：

一　国有者由内政部保管之；

二　省或直隶行政院之市所有者，由省民政厅或市社会局保管之；

三　县或隶省政府之市所有或公共募置者，由县、市政府职掌内务行政者保管之；

四　特殊行政区(如威海卫管理公署设治局等)所有者由各该官署掌理内务行政者保管之。

第五条　先哲、先烈祠庙财产，除得拨充办理各该地方公益慈善及教育、文化事业外，不得移作他用。

第六条　先哲、先烈祠庙之房屋，其保管或使用部份应由各该机关负责修缮。

第七条　移作办理公益慈善及教育、文化事业之先哲、先烈祠庙，除正殿应留供安置各先哲、先烈之遗像或牌位及正门上之名称匾额与各项碑碣应保留外，并应酌留房屋，以为原有住持、僧道居住暨储藏祭器等项之用。

第八条　先哲、先烈祠庙财产，其原有管理者应将属于该祠庙一切财产移交保管机关保管，保管机关应将该产每年收益划拨十分之二至十分之四为祭祀经费，其原有住持、僧道者，并应依该地生活程度，于该项收益拨给相当生活费用。

第九条　保管先哲、先烈祠庙财产之机关，应将保管实况列表转报内政部备案，如有变动，并应随时具报，其表式另定之。

第一○条　先哲、先烈祠庙财产，如在本规则公布前，经该管主管官署核准业已使用者，应仍照旧办理，但使用者须依第九条之规定，报由当地主管官署核转之。

第一一条　保管机关应将经管祠庙财产收益及支出详细列单，于每年终公布，并递报内政部备案。

第一二条　先哲、先烈祠庙财产，非经内政部核准，不得处分。

第一三条　本规则自公布日施行。

宽四十公分　长二十八公分

省县先哲先烈祠庙概况报告表

祠庙名称				先哲	先烈
地址					
建立时代					
公建或募建					
先哲或先烈事略					
财产数	不动产	本庙	房屋 间数		
			房屋 价值（元）		
			土地 亩数		
			土地 价值（元）		
		附属或享有	房屋 间数		
			房屋 价值（元）		
			土地 亩数		
			土地 价值（元）		
			不动产价值总计（元）		
	动产	存款（元）			
		已拨充某项事业基金			
		其他（元）			
		动产总计（元）			
	财产总计（元）				
全年收益合计（元）					
有无牌位或塑像					
年拨祭祀经费数（元）					
有无僧道住持及人数暨年拨生活费数（元）					
已否举办何种事业或改作其他用途及改变之状况与年月					
保管或使用机关对本祠庙处理或改善意见					
备考					
中华民国　　　年　　　月　　　日					

说明	一　本表每祠庙应填造一张 二　填表时应依照先哲、先烈祠庙财产保管规则第三条甲乙两项之规定，分别先哲、先烈填入祠庙名称栏内。 三　祠庙内如有法物（礼器、乐器、经典等）及其地贵重物品，应将名称、数目及价值分别填入动产"其他"栏内。 四　保管机关核转使用机关所填表列各项，如有意见，应于备考栏内注明。 五　表式应依照部定尺寸仿制。

●●公祭礼节 民国二十四年（1935 年）七月十日内政部咨各省市政府

第一条　凡举行公祭，除法令别有规定外，依本礼节之规定。

第二条　公祭依下列之程序：

一　全体肃立；

二　主祭者就位；

三　奏哀乐；

四　行祭礼三鞠躬；

五　献花；

六　默哀、读祭文、行三鞠躬礼；

七　奏哀乐；

八　礼成。

第三条　举行公祭位次如下：

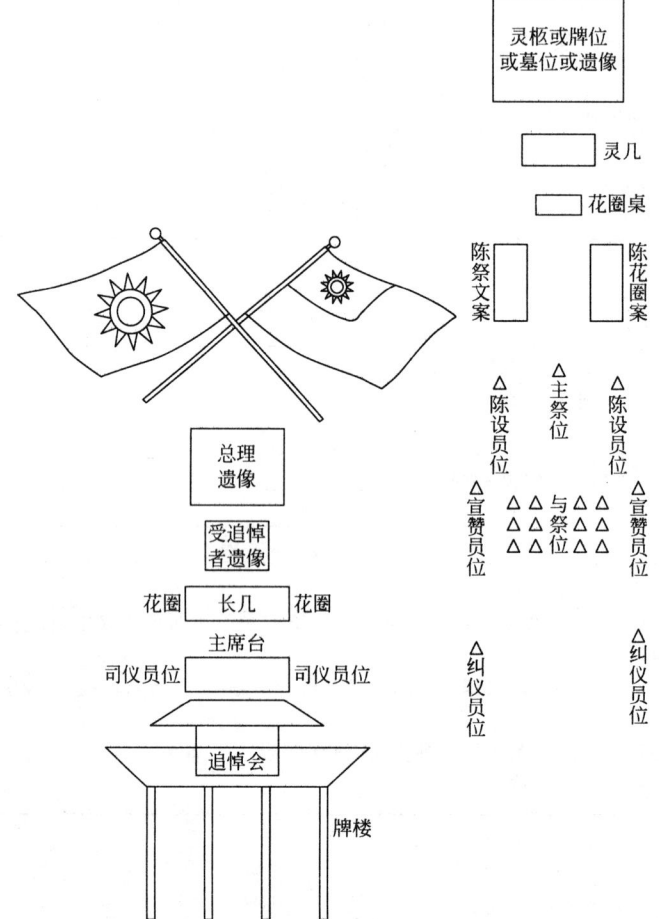

●●追悼会仪式民国二十四年(1935 年)七月十日内政部咨各省市政府

一　开会;

二　全体肃立;

三　奏哀乐;

四　向党国旗总理遗像暨受追悼者遗像行三鞠躬礼;

五　主席恭读总理遗嘱;

六　默哀三分钟;

七　献花圈;

八　读追悼词;

九　主席报告开会意义及受追悼者之事略;

十　各界代表致词;

十一　奏哀乐;

十二　礼成散会。

●●禁止蓄婢办法民国二十五年(1936 年)一月二十二日内政部公布

第一条　凡以慈善关系或收养养女名义蓄养婢女者,均依本办法禁止之。

第二条　本办法之执行机关,在首都为首都警察厅,各省为直辖公安局及县、市政府,直辖市为市公安局。

第三条　各执行机关于奉到本办法后,应即将调查期间公告周知,并督饬所属调查婢女数目,列表登记,其表式另定之。

　　前项调查期间为四个月,于必要时,得延展两个月,但以一次为限。

第四条　在调查期间内蓄婢者,应向主管机关声请登记婢女,亦得自行声请登记或托他人代为之。

第五条　已经登记之婢女,即无条件解放恢复自由,如系未成年而无家可归或归家而家属无力赡养者,应送当地救济院或其他慈善团体安置之。

第六条　已满十六岁而无家可归之婢女,执行机关得征求其本人同意,代为择配。

第七条　已经解放之婢女,其已成年者,如双方愿改为雇佣时,其工资由执行机关斟酌当地生活情形核定之;如未成年又无家属或家属所在地不明者,由执行机关选定当地之救济院或其他慈善团体之主持人为其监护人。

第八条 已逾第三条规定之调查期限而蓄婢者,不为登记之声请,得由执行机关处以十元以下之罚锾,并令补行登记。

前项罚锾,应拨充当地救济院或其他慈善团体经费。

第九条 凡蓄婢者对于已登记之婢女抗不解放时,应送司法机关依法办理。

第一〇条 直辖市公安局、各省直辖公安局及各县、市政府每月应填具婢女登记表,呈报各该省、市政府汇转内政部查核,首都警察厅迳报内政部。

第一一条 本办法公布后,前颁禁止蓄奴养婢办法应废止之。

第一二条 本办法自公布日施行。

婢女登记表

省　　　市县　　　局

中华国民　　　年　　　月　　　日　　　市　　　填表

婢女姓名	年　　岁	省/市　　市/县　　乡人		
蓄婢者姓名	年　　岁现住	省/市　　市/县　　乡	职业	
婢女之亲属姓名	年　　岁现住	省/市　市/县　乡	与婢女系血/姻亲 有无赡养能力　有/无	
蓄婢者以何种名义行之	义女 慈善	契约之内容摘要		
解放之经过及救济办法				
监护人姓名	年　　岁	省/市　　市/县　　乡人	职业	
其监护人资格系法定抑系执行机关选定		法定　　系执行机关选定		
备考				

附注

一　填载时务求详实。

二　本表规定询问事项填载时,应将反面涂去,例如(亲属有无赡养费能力)一项经查明无赡养能力时,应将有字涂去,余类推。

三　本表长0.4公尺,宽0.3公尺,由各省、市政府照式印发,饬属填报。

●●婚丧仪仗暂行办法　民国二十五年(1936年)九月十四日内政部公布

第一条 各地方婚丧仪仗,除法令别有规定外,依本办法之规定行之。

第二条 各地方婚丧仪仗不违碍本办法之规定及公共秩序善良风俗者,得从其习惯。

宗教徒另有教规限制者,并从其限制。

第三条 婚丧仪仗除经政府特许者外,不得使用党国旗,并不得用军警迎送。

第四条　婚丧不得沿用含有封建色彩或迷信性质之仪仗,违者由地方主管机关分别予以销毁或没收之处分。

前项禁用之仪仗,由地方主管机关定之。

第五条　婚丧仪仗之用具、执事人数及乐队人数,除别有规定外,由地方主管机关斟酌该地情形及习惯订定之。

前项订定之仪仗得规定为若干种,由人民选用。

第六条　婚丧仪仗音乐之乐谱或牌名,应由地方主管机关分别选定,不得混用。

前项选定之乐谱或牌名,应报由上级机关转报内政部备案。

第七条　婚丧仪仗执事人及乐队之服装,应由地方主管机关规定形式、颜色,以昭划一。

第八条　凡迎亲出殡,均应事前呈报地方主管机关领取通行证。

前项呈报及通行证之书式,由地方主管机关定之。

第九条　前条通行证由婚丧仪仗主持人随身携带,遇沿途岗警检查时,应即出示。

第一〇条　婚丧仪仗之行列,应照许可之路线行进,并应服从警察之指挥。

第一一条　各地方主管机关得依据本办法参酌地方情形订立施行细则,但应呈报上级机关核准,并报内政部备案。

第一二条　本办法自公布日施行。

●●中央各机关统计室组织及办事通则 民国二十四年(1935年)八月二十一日国民政府主计处训令司法院统计员第九三号

第一条　国民政府主计处为划一中央各机关统计室之组织及办事规则起见,制定本通则,以为订定各该统计室组织规程与办事细则之标准。

第二条　本通则依照国民政府主计处组织法、统计法与统计法施行细则及国民政府主计处办理各机关岁计、会计、统计人员暂行规程,制定之。

第三条　各机关统计人员办事处所定名为统计室,冠以所在机关名称。

第四条　统计室主办人员之等级如下:

一　统计主任荐任;

二　统计员委任。

第五条　统计主任、统计员秉承主计长之命,受主计处主管局长之指导,并依法受所在机关长官之指挥,主办各该机关之统计事务。

第六条　统计室之职掌如下:

一　关于统计册籍、图表、格式之制订与编制统计统一办法之推行事项;

二　关于统计材料之登记、调查与整理、汇编事项;

三　关于统计报告之编纂事项；

四　其他有关统计事项。

第七条　统计室对于所在机关之所属机关统计事务与人员，经主计处之指定，应负责办理下列各事项。

一　关于所属机关统计人员之指导监督事项；

二　关于所属机关统计工作之分配事项；

三　关于所属机关统计册籍、图表、格式之审查、制订与编制统计方法之统一事项；

四　关于所属机关统计报告之审查、汇编事项。

第八条　统计室视事务之需要，设置佐理人员，分理各项事务。

前项佐理人员由主计处任用之，适用所在机关职员之名称与等级。

第九条　统计室应派定佐理人员，在所在机关各部分组织中担任登记统计工作。

前项佐理人员于行政上，应受所在部分组织长官之指导。

第一〇条　统计室对于其地机关或地方政府行文，应依照所在机关行政之系统与程序，送经长官签名后，以所在机关名义行之。

第一一条　统计室对于各项统计报告之编送，应依统计法施行细则之规定行之。

第一二条　统计室每届所在机关编制年度概算之前，应拟具下年度统计工作计划，经会同所在机关各部分组织审议后，呈送主计处审核。

第一三条　统计室于各项册籍、图表、格式之制定与统计结果之公布以前，应先送主计处核定之。

第一四条　统计室每月上旬应将上月统计工作报告依式造送主计处、主管局，分别存转。

第一五条　统计主任或统计员，得出席所在机关有关统计事务之各项会议。

第一六条　统计主办与佐理人员应遵守所在机关颁行之服务规则。

第一七条　本通则如有未尽事宜，由主计处修正，呈请核准施行。

第一八条　本通则自呈准之日施行。

●●各公署卫队服装暂行规则　民国二十五年(1936年)三月七日行政院公布

第一条　各公署卫队除隶有或派有陆海空军部队及警察担任警卫守卫者，其服装依照陆海空军及警察服制条例之规定外，其余自设卫队者，其服装制式依本条例之规定。

第二条　卫队服装颜色夏季用麻色，冬季用藏青色，外套颜色同。

前项服装用呢质或布质，并以国产为原则。

第三条　卫兵服装之各项式样如下：

一　帽平顶圆形,硬胎式帽檐,黑色革质,帽前置圆形帽章一铜质搪磁,径二公分五公厘,中嵌党徽一。(附图一)

二　衣用中山装式,惟齐领不翻折,长过胯袖,长齐手脉,钮扣五钮扣,夏用草黄色,冬用黑色,平面圆形赛珍质,径二公分二。(附图二)

三　裤亦用中山装式,惟裤脚不翻折。(附图三)

四　外套翻领对襟式,长过膝,钮扣五,黑色质料,圆径与衣钮同左右,襟下各缀明口袋,一并附袋盖。(附图四)

五　鞋用黑色革质或布制,上面开口用带扣。(附图五)

第四条　前项所列服装,应于领上加领章,左襟口袋上面佩符号,腰束皮带,裤扎裹腿,其式样如下:

一　领章附于领之两端,绸质白色,长七公分五,宽三公分八,外端截去二角,右边缀机关简称,左边缀卫兵两字,字用正楷,以黄铜制,不分等级。(附图六)

二　符号用白布制,纵四公分五,横九公分,上印黑色横线两道,上书机关名称,中书卫兵等级及姓名,下书某年度佩用,并加盖所属机关印章。(附图七)

三　腰带用黄色革质制,宽四公分五,长八十四公分至一百一十四公分,首端附铜质带扣,近尾凿孔七个。(附图八)

四　裹腿无论冬夏一律用褐色布制,宽长与陆军士兵裹腿同。

第五条　卫队长服装与卫兵同,惟佩用武装带(以黑色革质制与陆军军官佐武装带同),领章右边缀卫队长三字符号,中格书卫队长字样。

第六条　本条例自呈准公布之日施行。

●●文职高级长官之卫士服装及携带手枪暂行规则 民国二十五年

(1936年)三月七日行政院公布

第一条　文职高级长官设置或雇用之卫士服装制式及其携带手枪办法,依本规则行之。

第二条　卫士服装之颜色如下:

一　夏季用黄色哈叽布制;

二　冬季用藏青色呢制或布制,外套颜色同。

上项服装质料,均以用国货为原则。

第三条　卫士服装之式样如下:

一　衣裤均用中山装式;

二　帽夏用平顶白色草帽,冬用黑色呢质便帽;

三　外套用西装对襟翻领式,长过膝,左右襟下旁各置斜形暗口袋一个;

四　鞋用黑色革质或布质,上面开口用带扣。

第四条　卫士服装上之识别以符号表示之,平时缀于衣襟左上口袋之内,随护所属长官公出或集会时,佩于衣襟左上口袋之外,符号之制式如下:

用白布制,纵长五公分,横宽八公分,上印黑色横线两道,分三格,上格书所隶机关,中格书卫士及其姓名,下格书某年度佩用,均由右至左,再于符号中央加盖所属机关印章,以资证别。

第五条　卫士除护卫长官行动时得携带手枪及执照外,如卫士个人行动,不得携带手枪。

第六条　卫士手枪之查验办法,另依南京各机关文武官吏公私有枪械武器查验登记及给照临时办法办理之。

第七条　各军事长官之卫士服装,仍依陆军士兵服装之规定。

二 外文侨务

●●外交部特派员办事处暂行规程 民国二十五年(1936年)五月二日行政院公布

第一条 外交部设特派员四人,分驻下列各省,秉承部长之命,办理一切交办事务。

一 驻冀察特派员(河北、察哈尔)驻在北平;

一 驻粤、桂特派员(广东、广西)驻在广州;

三 驻川、康特派员(四川、西康)驻在重庆;

四 驻云南特派员(云南)驻在昆明。

第二条 特派员为执行职务,得与地方行政或军事长官接洽办理,并应随时呈报外交部核示。

第三条 特派员于职务上所关事项,得随时分函地方行政、司法及军事各机关办理,并将办理情形呈外交部核夺。

第四条 特派员办事机关称外交部驻○○(如"冀察")特派员办事处。

第五条 特派员办事处得设秘书一人、科长一人至二人、科员二人至五人,秉承长官之命,办理处内事务。

第六条 特派员办事处因缮写文件及其他事务,得呈请外交部酌派雇员二人至四人。

第七条 特派员简派,秘书、科长、科员由部派充。

第八条 本规程自公布日施行。

●●外交部驻外使馆人员资格审查委员会暂行规则 民国二十五年(1936年)四月十日外交部公布

第一条 外交部为慎选驻外使领馆人员起见,依据组织法第五条设置外交部驻外使领馆人员资格审查委员会。

第二条 驻外使领馆人员除大使公使外,其资格应由本委员会审定之。

第三条 本委员会设主任委员一人,以常务次长兼充,委员六人,由部长于本部简任职员中选派之。

第四条　本委员会设秘书一人,由总务司典职科科长充任,并于必要时,得就本部职员中临时调用助理人员。

第五条　本委员会职掌如下:

一　现任驻外使领馆人员迁调时之资格审查事项;

二　本部职员志愿充任驻外使领馆人员者之资格审查事项;

三　曾任本部职员或驻外使领馆职员,并经本部存记有案志愿充任驻外使领馆人员者之资格审查事项;

四　部长特交人员之资格审查事项。

第六条　前条第一款人员,应由总务司典职科填具驻外使领馆人员资格审查表,送本委员会审查,本委员会于必要时,得调取各项证件。

第二款人员应填具志愿书,连同各项证件呈经主管长官核转总务司典职科送本委员会审查。

第三款人员应先向本部呈请经核准,交付审查后,填具志愿书,连同各项证件送由总务司典职科转送本委员会审查。

第四款人员应填具志愿书,连同各项证件送由总务司典职科转送本委员会审查。

第七条　本委员会应编制审查合格人员名册,附具意见,送交总务司典职科。

驻外使领馆人员遇有派遣或迁调时,部长由前项名册内选定适当人员派调之,必要时,得征询本委员会之意见。

第八条　本规则自公布日施行。

●●中华民国驻外领事馆发给领事签证货单章程施行细则 民

国二十一年(1932年)六月二十五日外交部公布,二十五年(1936年)一月二十五日修正。

第一条　领事签证货单暨章程用中英文印制,如所驻地货商不谙中、英文字,领事馆得将该货单或章程译成当地文字,印就单张,以备各货商索取参阅。

第二条　货商填具货单时,领事应将应填各事项予以指导,尤应注意于章程第七条之规定,俾免货商误将出售于两进口商或分装两商轮铁路或输入两口岸之货物,笼统填入同一货单之内。

第三条　货物进口港名如因货商或运商一时未能决定者,可将拟入港名填入单内运送船舶或铁路名称,如未能决定时,得将拟运船舶铁路填明。又,货物包裹装箱之标记号码与数量必须填注清楚,货物名称以出口地所用名称为标准,该项货物与商业上如有特别名称,应从特别名称货物,经评定分类者,并应注明等级。

第四条　货单内所称货单价,系指出口商之出售价格而言,如货商所填价格系按当地币制计算,应注明币制单位。又,货单价如已包括运输保险税捐、佣金等费,领事应于附栏内注明。

第五条　领事应将单内所填各项逐一检查,并得令饬该货商呈验厂家发票或定货单或运输契约或其他文件,如所列价格与当地市价相差或其他各项有可疑处,应调查确实后,令该货商更正,否则在备考栏内详细注明,然后予以签证。

第六条　货商于填写货物时,如货单篇幅不敷填写,得继续填入于与货单同一尺寸之空白纸,此纸应与原货单相订连,并由货商及领事分别签字于其上。

第七条　货商请领货单除正本外,得加领蓝副本,每张收手续费一个海关金单位。

前项蓝副本系为货商留存参考并备,必要时,作为经领货单之佐证,但不得用以替代货单正本。

第八条　货商为便利起见,得预行领取货单或蓝副本,但应先按张缴费。

第九条　货商遗失预领或经签货单及蓝副本,概不退费,如遗失预领货单或蓝副本后,仍须领用者,应按现行折合外币率重行纳费请领。其为遗失经签货单或蓝副本而请求补领者,应按失去货单或蓝副本纳费,原额另行纳费补领。

货商遗失经签货单,如领有蓝副本者,得将蓝副本向进口地海关呈验,纳费补领货单,免缴三倍罚款。

第一〇条　领事于签证货单时,除签署外,应加盖馆章。

第一一条　填注货单不得涂改。

第一二条　所收签证费海关金单位与外币之折合率除有特殊涨落外,每三个月由外交部修正一次,通饬遵照。是项折合率表另订之。

第一三条　领事所发签证货单及所收签证费应于每月底结算,所有货单副本及签证费应于结算后十日以内(即第二个月十日以前)汇解外交部。

前项副本应按照货单号码次序,用甲种报解表编制报告。

签发之蓝副本亦应按照蓝副本号码次序,用蓝副本报解表编制报告,所存空白货单及蓝副本应于每月终清结一次,用结存货单及蓝副本报告表编制报告。

第一四条　领事馆办理货单签证所收签证费除外交部另有指定外,不得请求津贴抵扣或办公费,应将一月内所收签证费全数汇解,如一月内并无签证货单或仅签发一、二张者,仍应照章呈报。

第一五条　领事离任时,应将任内办理签证货单副本(指应报外交部副本)暨所收签证费移交继任领事,并呈报外交部。

第一六条　海关收到领事签证货单后,应于每月底将该单正本按照签发领事馆馆名分类,开列清单,连同补发签证货单副本暨所收罚款清册(用丙种报解表)汇送外交部,并将所收货单正本暨补发货单正本连同罚款(用乙种报解表)解送财政部关务署。

第一七条　外交部应将驻外领馆所解之签证费逐月造具清单,汇解财政部。

第一八条　在货物出口相近地点,如无中国领事驻扎,得由商务专员或由外交部指定华侨商会或委托他国领事代办领事货单签证事宜,其一切办理手续适用本细则之规定。

第一九条　本细则如有未尽事宜,得随时以外交部部令修改之。

第二〇条　本细则自中华民国驻外领事馆发给领事签证货单章程施行之日起施行。

领事签证货单
CONSULAR INVOICE

NO　000000

所驻地及日期(Place and Date)

本货单内货物产自　　　　　　　　　　　　　　　　　现由

Invoice of merchandise, produced in ·· shipped

地名(place)

by　　　　　　　　　　　　　　of

寄货人(Consignor)　　　城名(City)　　国名(Country)

to　　　　　　　　　　　　　　of　　　　　　　　China,

收货人(Consignee)　　　城名(City)

装运于　　　　　　　　　　　　　　　　前往

to be carried per　　　　　　　　　　destined for ·········

船舶或铁路等(Vessel or Other Carrier)　　港口(port of Entry)

标记号数 Marks & Numbers	数量 Quantities	货物种类 Description of Goods	每单位货单价 Invoice Value per unit	总计 Total	领事附注 Consular Correction or Remarks

兹声明上开货单及附单内所列各节均属真实

I（We）declare that all statements contained herein and in the attached sheet or sheets are true and correct

签名

Signature ⋯⋯⋯⋯⋯⋯⋯⋯⋯⋯⋯⋯⋯⋯⋯⋯⋯⋯

寄货人或代理人（Consignor or Authorized Agent）

领事证明书

CONSULAR CERTIFICATE

兹证明本货单共有　　　　　　　页填成三份系由上列签名人呈交经

I certify that the present invoice composed of⋯⋯sheets per copy in triplicate has been presented

本领事查核无讹再签证费海关金单位五个折合

to me by the signor of the preceding declaration and that a fee of five（5）Chinese Customs Gold Units

业由该商照纳

equal to ⋯⋯⋯⋯⋯⋯⋯⋯⋯⋯⋯⋯⋯⋯⋯⋯ has been paid.

所驻地币制（Local Currency）

⋯⋯⋯⋯⋯⋯⋯⋯⋯⋯⋯⋯⋯⋯⋯

中华民国驻　　　　　　　领事

（Consul of the Republic of China at ⋯⋯⋯⋯⋯⋯ ）

馆印（Seal）

驻　　　　　领事馆报解领事签证货单表　(甲种)

中　华　民　国　　年　　月份

货物进口港名	签证货单张数	货单号数	应收签证费(外币)							备　注
共计										

（领事签名盖章）

应缴签证费(外币)					折合率	应缴签证费(国币)			汇票	
									张数	号数

附送货单附本　　　　　张自第　　　　　号至第　　　　　号

注意:(1)此表按月编制三份,两份呈部,一份存馆
　　　(2)汇解签证费,应附呈银行汇水单

海关报解领事签证货单表　（乙种）

中　华　民　国　　年　　月份

货物进口港名	补签货单张数	货单号数	应收三倍签证费 海关金单位							备　注
共计										

（主管长官签名盖章）

应缴签证费(C.G.U.)								折合率	应缴签证费（国币）							

附送签证货单正本　　　　张自第　　　　号至第　　　　号

注意:此表按月编制二份,一份存关,一份送财政部关务署

海关报解领事签证货单表　（丙种）

中　华　民　国　　　年　　月份

签发货单领馆	货单张数	货单号数	货物出口港名	补发货单张数	货单号数	补收签证费数目
共计		共计				

附送货单副本　张　　注意:此表按月编制二份,一份存关,一份送外交部

（主管长官签名盖章）

三 军政

●●**华侨登记规则** 民国二十四年(1935年)十二月十四日行政院公布

一　凡旅外侨民无论向住当地或来自国内,均须依照本规则登记。

二　侨民登记事宜由外交部督饬驻外领事馆负责办理,但遇该地尚未设立领馆时,得令使馆或就近领馆办理之。

三　登记所用登记证、登记请求书、登记费收据票月报表及统计表,由外交部规定颁发之。

四　登记人请求登记时,须先领取登记请求书,逐项填明,无误方准发给登记证。

五　登记人请求登记时,须交二寸半身相片三张,配偶及未成年之子女同行登记时,得用合摄相片,并合填一证。登记人确系贫苦而其居留地又无照相馆时,领馆得斟酌情形,呈请外交部核准后,免贴相片。

六　凡领登记证者须纳登记费,每张国币二角,以百分之五十汇解外交部,百分之五十留作领馆办公之用。

　　领馆经收登记费,应按月填表汇解外交部。

七　华侨登记后,除有第八条第一项迁移情形应再登记外,其登记证永远有效。

八　侨民于登记后迁移居留地时,应携带登记证向原该管领馆或使馆报告,并向新居留地之领事馆重新登记。

　　侨民归国时,应由本人或亲友携带登记证,向该管领馆或使馆报告。

　　侨民死亡时,应由其家属或亲友将登记证呈缴该管领馆作废,并由领馆将死亡者之姓名、年岁、籍贯、职业及侨居地列入第十条规定之统计表内,以备查考。

九　登记请求书系用三联式,一联存领馆,其余二联,以一联呈送外交部,一联由领馆迳送侨务委员会。

一○　领馆于每月呈报登记请求书时,应另附统计表二份,分送外交部及侨务委员会。

一一　凡负责办理登记人员如有滥发登记证或浮收费用或故意拒绝登记等情事,经调查属实,应由外交部严予处分。

一二　侨民向领馆有请求事项,应先呈验登记证;向中央有请求事项,应叙明登记证年月日及号数,倘查出未经登记者,应责令补行登记,并加收五倍登记费。

一三 由二十五年起至二十七年止,为侨民总登记期间,所有海外侨民责成驻在地使领馆登记完竣,嗣后,如属国内新来或属当地出生或居留地变更,再随时登记。

一四 本规则自公布日施行。

●●驻外武官给与规则

第一条 驻外武官之给与依本规则行之。

第二条 驻外武官之给与分下列三种:

一 经常费,凡俸薪出勤费、办公费、交际费、车马费等属之;

二 定期费,凡治装费、川费、开办费、购置费等属之;

三 活支费,凡旅行费、电报费、秘密费等属之。

第三条 经常费之给与,依第一表之所定;定期费之给与,依第二表之所定;活支费之给与,依第三表之所定。

第四条 雇佣人员之薪给,须呈准参谋本部核定之。

第五条 出勤费及交际费,在请假回国期间,不得支给。

第六条 凡房金、文具、纸张、消耗品、电灯、电话等费及仆役工资,均在办公费内支给之。

第七条 凡武官同驻一地者,应合组办事处,其办公费由首席武官支配之。

第八条 兼任武官得兼支其办公费及交际费,但兼职所在地在同一国内者,其应支数额由参谋本部核准支给之。

第九条 治装费发给初次派充之武官,如非初次派充而距上次给领治装费时已满三年者,折半支给,但调任离任者概不得支给。

第一〇条 川费于赴任、离任时各发一次,如在任期内因公回国,其往返川资,呈经参谋本部批准者,得另给之。但因私事请假回国者,不得支给。

前项赴任川费,如系调任者,应按实际支给之。

第一一条 助理人员川费,照武官川费定额支给三份之二。

第一二条 驻外武官呈准携眷者,得支给眷属川费一份(限往返各一次),但助理员不得支给。

第一三条 开办费以定额为限,并须据实报销。

第一四条 驻外武官更替时,所用车辆器具等项应全数移交其继任者,不得报请再领。

第一五条 旅行费依第三表之所定,应将旅行事由、日期呈报参谋本部核准支给之。

助理员旅行费照武官旅行费定额支给二份之一。

第一六条 春秋二季大宴会之费用,须呈由参谋本部核准后,据实报销。

第一七条　驻外武官如有特别业务，其所需费用应呈准参谋本部核给，据实报销。

第一八条　本规则自呈准之日施行。

●●军政公报规则<small>民国二十五年（1936年）七月军政部修正公布</small>

一　军政部为公布通行性之法令公文及案例起见，发行军政公报。

二　军政部公报每月月中及月终发行两次。

三　军政公报由军政部秘书室编辑会同总务厅印发。

四　军政公报刊载事项如下：

（一）命令　凡国民政府行政院及中央军事机关关于军事行政之通行命令均属之。

（二）法规　凡国民政府行政院及中央军事机关公布之军事通行法规均属之，又，国民政府及各院会公布之法规与军事有关者，亦得刊载。

（三）公牍　凡本部与中央地方各机关、学校、部队间之呈咨函电令批等公牍文件，有关军事行政之通行案例者均属之。

（四）人事

　　甲　任官

　　乙　任职

　　　1　国府令；

　　　2　军委会令；

　　　3　部令。

　　丙　退役

　　丁　勋奖

　　戊　惩罚

　　己　军法

　　　1　判决案；

　　　2　通缉案。

　　庚　抚恤

（五）训谕　军事长官之训谕、训话，应行通晓遵守者属之。

（六）附录　凡不属于前五款之事项及各项军事报告、论文、译述等，可以通行发表者，均属之。

五　军政公报登载之各项法令文电与印电公文同其效力。

六　本部各署、厅、司、处主管长官于核阅文件时，认为应行登载公报或不另行文之件，随时于文而盖用抄登公报戳记，按旬派员抄送本部秘书室汇编。

七 本部所属各机关如有应行公布之件，得送本部秘书室审查汇编。

八 凡文件有关军事秘密或未届发表时期者，一律不能刊载。

九 每期公报稿件编辑完竣后，由总务厅长及主任秘书核阅一次后，方得付印。

一〇 公报出版后，由军政部配发于各军事机关、学校、部队，概不取费，其他机关请求发给者，应候核准发给。

一一 受领军政公报之机关、学校、部队，应将公报妥为保管，与收到公文同样处理。

一二 本规则自核准之日施行，如有未尽事宜，得随时修正之。

●●海军部参秘副技监暨各司职掌 民国二十五年（1936 年）三月二十日海军部修正公布

参事职掌

一 关于本部法案及命令之撰拟审核事项；

二 关于应部长次长之咨询事项；

三 关于应部长次长之交议事项；

四 关于评议海军各种条陈事项。

秘书职掌

一 关于部长次长交办机要事项；

二 关于部务会议纪录及议事日程编列事项；

三 关于海军公报编辑事项；

四 关于宣传事项；

五 关于书报保管事项；

六 关于来往文件承转事项；

七 关于审定文稿事项。

副官职掌

一 关于宣传命令事项；

二 关于接待来宾事项；

三 关于机密差遣及调查事项；

四 关于部内礼节仪式事项；

五 关于部内军纪事项；

六 关于警卫队军纪事项。

技监技正技士职掌

一　关于审查海军各项制造修缮事项；

二　关于检查海军技术新发明事项；

三　关于审拟技术上计划案事项；

四　关于各项军用品检验及化验事项；

五　其他一切技术事项。

总务司分科职掌

文书科掌事务如下：

一　关于机密文书之撰拟事项；

二　关于不属各司及本司各科文件之撰拟事项；

三　关于典守印信事项；

四　关于校对本部所发文件事项；

五　关于本部文件之收发事项；

六　关于本部文件之分配事项；

七　关于承办本部官佐之任免事项；

八　关于本部电台监理事项。

管理科掌事务如下：

一　关于本部经费之预算、决算事项；

二　关于本部款项出纳之登记事项；

三　关于本部款项之领发保管及一切报销事项；

四　关于本部庶务事项；

五　关于本部公物购置收发及保管事项；

六　关于本部房屋分配、修缮、建筑事项；

七　关于本部风纪事项；

八　关于警卫队管理事项；

九　关于本部勤务兵、夫役等黜陟赏罚事项；

一〇　关于本部卫生事项。

统计科掌事务如下：

一　关于调制海军统计年表事项；

二　关于本部统计事项；

三　关于调查搜集海军统计材料及征发物件表报告事项；

四　关于编订本部及全军各机关职员录事项。

交际科掌事务如下：

一　关于招待及迎送中外来宾事项(会同副官办理);

二　关于本部与各机关及各团体接洽事项;

三　关于本部与各界交际事项;

四　关于军乐队管理事项。

军衡司分科职掌

铨叙科掌事务如下:

一　关于所属各机关之官佐任免事项(各校营处院局所职员之任免分别会同主管司办理);

二　关于履历表及执照并考绩事项;

三　关于补官及进级事项;

四　关于编制海军官册事项;

五　关于海军官佐升降、退休事项;

六　关于现役士兵补充、调换、升降、退免事项;

七　关于士兵服役年格及进级事项;

八　关于退伍官佐士兵之召集补充事项;

九　关于编纂海军官佐年格名簿事项;

一〇　关于保管战时平时人员定额表事项。

恤赏科掌事务如下:

一　关于海军官佐士兵退休之俸给事项;

二　关于残废官佐士兵处置事项;

三　关于设备海军奖章奖牌及执照事项;

四　关于海军官佐士兵之勋劳奖励事项;

五　关于海军各学校学生成绩之奖励事项(会同军学司办理);

六　关于海军官佐士兵阵亡阵伤因公殒命之恤金、年抚金事项;

七　关于海军官佐士兵休假事项。

典制科掌事务如下:

一　关于海军建制及编制事项(会同军务司办理);

二　关于海军典礼事项;

三　关于海军旗章事项(会同军务司办理);

四　关于海军服制徽章事项;

五　关于海军战时各项规则事项(会同军务司办理);

六　关于军衡统计事项;

七　关于海军军人结婚事项。

军法科掌事务如下：

 一 关于各级军法会审事项；

 二 关于审核海军执法事项；

 三 关于海军戒严执法事项（会同军务司办理）；

 四 关于审核战时捕获事项；

 五 关于法学之传习事项（会同军学司办理）；

 六 关于解释国际公法及调查各国海军法例事项；

 七 关于建设及稽核海军监狱事项；

 八 关于考核海军官佐士兵功过表事项；

 九 关于逮捕及移送犯人事项。

军务司分科职掌

军事科掌事务如下：

 一 关于平时、战时舰队之配置、调遣事项；

 二 关于士兵之征募及补充事项（会同军衡司办理）；

 三 关于舰队、陆战队之服役事项；

 四 关于海军之建制及编制事项（会同军衡司办理）；

 五 关于各军事机关之建设事项；

 六 关于海军之军纪风纪事项；

 七 关于舰队校阅及演习事项；

 八 关于汇编驻外武官各项报告事项；

 九 关于驻华外舰调查事项；

 一〇 关于遣派谍报及调查事项；

 一一 关于戒严、解严事项；

 一二 关于战时各项规则事项；

 一三 关于各舰艇航泊日记及航行表事项。

医务科掌事务如下：

 一 关于海军医务卫生事项；

 二 关于平时、战时医务人员之补充事项（会同军衡司办理）；

 三 关于海军医院及养病所事项；

 四 关于红十字会事项；

 五 关于海军医学校事项（会同军学司办理）；

 六 关于国际军医会议事项；

 七 关于海军军人身体检验事项；

八　关于诊断因病、因伤应行免除兵役事项（会同军衡司办理）；

九　关于海军防疫事项；

一〇　关于审核军医所用材料器具药品事项；

一一　关于医务卫生报告统计事项。

军港科掌事务如下：

一　关于军港、要港建筑、设计事项；

二　关于军港、要港区域一切警备事项；

三　关于审定港内系船之浮标事项；

四　关于军港、要港之疏浚事项（会同海政司办理）。

运输科掌事务如下：

一　关于水陆运输线之调查计划事项；

二　关于水陆运输分配事项；

三　关于各输送队之编成及管理事项；

四　关于运输之器材保管及补充事项；

五　关于船舶之征集及管理事项；

六　关于各种轮驳之租金规定事项；

七　关于水陆运输之警备联络事项（会同海政司办理）。

舰政司分科职掌

机务科掌事务如下：

一　关于审核船机、船体及各项附属品之保管事项；

二　关于监核舰工之检验整理事项；

三　关于监核各造船所事务业务之管理及其成绩事项；

四　关于稽核各造船所厂坞器材之购置、配用、保管事项；

五　关于考核轮机官佐士兵之成绩及任免、进退、赏罚事项（会同军衡司办理）；

六　关于废弃舰艇之处置事项；

七　关于审订舰政学术之规则及奖励进行事项；

八　关于审订购制舰艇并各种机器及延聘舰政所属人员等契约事项。

修造科掌事务如下：

一　关于监核舰政并飞机之建造、改造、修理事项；

二　关于审定舰艇并飞机之制造计划及方法事项；

三　关于估计各舰艇飞机及机器修造购买之价目事项；

四　关于审核造船厂坞之建筑、改筑及修理事项；

五　关于舰艇飞机模型试验并舰艇之进水试机飞机之试航成绩等报告事项；

六　关于舰艇并飞机之图画保管事项；

七　关于研究制造舰艇并飞机学术之发明改良事项；

八　关于考核制造人员之成绩及任免、进退、赏罚事项（会同军衡司办理）。

电务科掌事务如下：

一　关于稽核电气机件及附属品之制造修理一切工程事项；

二　关于审定电气机件并附属品之制造计划及方法事项；

三　关于电气机件及附属品并一切材料之检验事项；

四　关于计划电气工厂之建设事项；

五　关于计划海军无线电网之建设事项；

六　关于规定无线电报之呼号及波长事项（会同海政司办理）；

七　关于稽核无线电连络通信纳费事项；

八　关于考核电气报务人员之成绩及任免、进退、赏罚事项（会同军衡司办理）；

九　关于审订购置电气机件及附属品并延聘电气人员等契约事项；

一〇　关于拟定电气应用表册规则事项；

一一　关于电气机件之保存并废弃事项。

材料科掌事务如下：

一　关于军用器具材料并燃料之配备供给事项；

二　关于军用材料燃料之检验事项；

三　关于杠具五金料件并燃料之稽核事项；

四　关于战时军用材料燃料之准备事项；

五　关于平时军用器具材料及附属品之预算计划事项；

六　关于军用材料并燃料之统计事项（会同军需司办理）；

七　关于拟订购置材料并燃料等契约事项。

军学司分科职掌

航海科掌事务如下：

一　关于审拟海军航海、枪炮、水鱼雷、航空潜艇、军需、军医各项学校之教育纲领并一切规则事项；

二　关于各校招考学生及选派专科学员生事项；

三　关于各校考试及发给毕业证书事项（会同军衡司办理）；

四　关于选派学员生留学外国事项；

五　关于管理留学生及派遣监督事项（派遣监督会同军衡司办理）；

六　关于审定各校教科用书及图表事项；

七　关于各校教职员之遴选事项（会同军衡司办理）；

八 关于审核各校教职员考绩惩奖事项(会同军衡司办理);

九 关于综核学生见习生之履历书及成绩表事项(会同军衡司办理);

一○ 关于筹划各校房舍、军械图书、仪器器具、服装事项(会同军械司、军需司办理);

一一 关于各校教育及管理改良事项;

一二 关于见习生之练习事项;

一三 关于各校学生之体育及卫生事项(会同军务司办理);

一四 关于审核学生见习生之惩罚及恤赏事项(会同军衡司办理);

一五 关于各学校及留学生之经费事项(会同军需司办理)。

轮机科掌事务如下:

一 关于审拟海军轮机及无线电学校之教育纲领并一切规则事项;

二 关于招考轮机及无线电学生并选派专科学员生事项;

三 关于轮机及无线电学校考试及发给毕业证书事项(会同军衡司办理);

四 关于选派轮机及无线电学员生留学外国事项;

五 关于审定轮机及无线电学校教科书及图表事项;

六 关于轮机及无线电学校教职员之遴选事项(会同军衡司办理);

七 关于审议轮机学校及无线电教职员考绩惩奖事项(会同军衡办理);

八 关于综核轮机及无线电学生见习生之履历书及成绩表事项(会同军衡司办理);

九 关于筹划轮机及无线电学校房舍、军械图书、仪器器具、服装事项(会同军械司、军需司办理);

一○ 关于轮机及无线电学校教育及管理改良事项;

一一 关于轮机及无线电见习生之练习事项;

一二 关于轮机及无线电学校学生之体育及卫生事项(会同军务司办理);

一三 关于审核轮机及无线电学生见习生之惩罚及恤赏事项(会同军衡司办理)。

制造科掌事务如下:

一 关于审拟海军制造学校之教育纲领并一切规则事项;

二 关于招考制造学生及选派专科学员生事项;

三 关于制造学校考试及发给毕业证书事项(会同军衡司办理);

四 关于选派制造学员生留学外国事项;

五 关于审定制造学校教科书及图表事项;

六 关于制造学校教职员之遴选事项(会同军衡司办理);

七 关于审议制造学校教职员考绩惩奖事项(会同军衡司办理);

八 关于综核制造学生见习生之履历及成绩表事项(会同军衡司办理);

九 关于筹划制造学校房舍、军械图书、仪器器具、服装事项(会同军械司、军需司办理);

一○　关于制造学校教育及管理改良事项；

一一　关于制造见习生之练习事项；

一二　关于制造学生之体育及卫生事项（会同军务司办理）；

一三　关于审核制造学生见习生之惩罚及恤赏事项（会同军衡司办理）。

士兵科掌事务如下：

一　关于审拟海军士兵教育纲领事项；

二　关于审拟鱼雷枪炮学校练习舰、练习营、水鱼雷营等士兵训练规则事项；

三　关于选派士兵学习专科事项；

四　关于士兵练习之成绩事项；

五　关于士兵训练改良事项；

六　关于修改各营舍及军械、服装、器具之筹划事项（会同军械司、军需司办理）；

七　关于审核士兵奖励、惩罚及逃亡事项（会同军衡司办理）；

八　关于士兵体育及营舍之卫生事项（会同军务司办理）；

九　关于士兵派遣各练舰练习事项（会同军衡司办理）；

一○　关于考察士兵演习事项（会同军务司办理）。

军械司分科职掌

兵器科掌事务如下：

一　关于整理各种兵器及附属品之制造、改造事项；

二　关于审拟各种兵器及附属品之制造计划并制造方法等图书事项；

三　关于调制各种兵器详细书表事项；

四　关于审订制造购置各种兵器及附属品之制造并延聘造械人员等契约事项；

五　关于调查各种兵器及附属品修造购买之价目事项；

六　关于稽核造械人员及工程并成绩事项；

七　关于各种兵器及附属品并一切材料之购办事项；

八　关于各种兵器弹药及器具材料之调查统计事项；

九　关于拟定兵器之各种规则事项。

检验科掌事务如下：

一　关于各种兵器弹药及一切材料之试验及检查事项；

二　关于稽核各种兵器及附属品之改制修理事项；

三　关于考验海军兵工厂各种兵器及弹药之制造事项；

四　关于调查全军各种兵器及弹药之由来及现状等报告事项；

五　关于检察及舰艇火药舱之建造修改及布置事项；

六　关于研究各种兵器学术发明改良制造事项；

七　关于购配各种军械军火之验收事项;

八　关于稽核各种兵器及附属品修造购买之价目事项;

九　关于损品之修理及废品之处置事项;

一〇　关于审核全军各种火药成绩表事项。

保管科掌事务如下:

一　关于各种兵器及药弹器具材料之储存事项;

二　关于各种兵器及药弹器具材料之出纳事项;

三　关于所属兵工厂及药弹库等所存军械军火之登记事项;

四　关于各种药弹库所之布置事项;

五　关于稽核全军军械军火之支给事项;

六　关于核对全军军火数目报告表事项。

设备科掌事务如下:

一　关于全军军械军火之运输及交换事项;

二　关于全军军械军火之补充及供给事项;

三　关于全军军械军火之配备及废弃事项;

四　关于所属兵工厂之建筑工程及增改、修理事项;

五　关于核订所属各台垒厂库之建筑计划及建筑方法等图书事项。

海政司分科职掌

测绘科掌事务如下:

一　关于海军要塞位置及军港、要港之水道测勘事项(会同军务司办理);

二　关于海岸军用地图编纂与集成事项;

三　关于审核测绘作业及天体观测事项;

四　关于审核海岸潮汐测定及各种表册调制事项;

五　关于汇编航海警告事项;

六　关于计划沿江沿海测绘事项;

七　关于测绘人员之训练及教育事项(会同军学司办理);

八　关于统计测绘仪器图籍之置备事项;

九　关于测量舰艇之检阅分配事项;

一〇　关于万国测量公会之交换图书事项;

一一　关于测量官佐员生之进退、赏罚事项(会同军衡司办理)。

警备科掌事务如下:

一　关于巡防舰艇分巡事项(会同军务司办理);

二　关于计划巡防舰艇之设备事项;

三　关于计划护海缉盗及防制侵越领海事项；

四　关于审核平时海上捕获及惩治海事犯事项；

五　关于计划无线电海岸台附设救护难船事项；

六　关于审核海事观象航路报警事项；

七　关于计划观测气象守望救难人员之训练办法事项；

八　关于检阅观象台、报警台之建筑以及电机仪器物品之供给保管并统计事项；

九　关于筹备管理海口检疫事项（会同军务司办理）；

一〇　关于巡防员兵之考成、赏罚事项（会同军衡司办理）。

海事科掌事务如下：

一　关于设置无线电求向器事项；

二　关于沿江沿海灯、塔灯、船灯杆浮桩之整理及统计事项；

三　关于审查港道开浚事项；

四　关于国际航船规则及国际会订通航事项；

五　关于培植远洋商航人材事项；

六　关于甄拔商船人员充当海军后备军官事项（会同军衡司、军学司办理）；

七　关于教练引港人员事项；

八　关于监督引港公会事项；

九　关于碰船审查及公断事项；

一〇　关于战时商船人员后备事项（会同军务司办理）；

一一　关于海军要塞港湾防备商船窥探事项（会同军务司办理）。

设计科掌事务如下：

一　关于辅助航海应用建设物之营造事项；

二　关于辅助航海应用建设物之检验及材料储备事项；

三　关于迁移修理改造沿江沿海之浮桩号船塔表雾号事项；

四　关于内港水道建设灯志事项；

五　关于国际水道公会制定之灯志浮桩及烈风记号之施行事项；

六　关于建设物所在地之住宅道路建筑事项；

七　关于建设物所在地之土地册籍保管事项；

八　关于工师匠首之任用、解雇事项；

九　关于其他工务事项。

军需司分科职掌

会计科掌事务如下：

一　关于军费运用之审计事项；

二　关于军费预算、决算事项；

三　关于军费会计报告及收支簿记事项；

四　关于金钱给与事项；

五　关于军费出纳事项；

六　关于军人储蓄事项；

七　关于拟订军需法规事项。

储备科掌事务如下：

一　关于被服粮食之准备、保管、检验、改良暨其给与事项；

二　关于燃料及一切军需用品之准备、保管、检验、改良暨其给与事项；

三　关于各地煤栈油库之设备管理事项；

四　关于军需资源之调查事项。

营缮科掌事务如下：

一　关于营产之建筑设计及审查事项；

二　关于军用土地之计划事项；

三　关于营产之修缮事项；

四　关于营缮材料之研究选择事项；

五　关于营产之管理调查事项。

审核科掌事务如下：

一　关于审核各种给与事项；

二　关于监视军需筹办及一切投标事项；

三　关于规定审查各项会计经理簿表事项；

四　关于实地检查事项；

五　关于军需军契约事项；

六　关于其他会计经理监督事项。

●●海军部统计室组织规程民国二十四年(1935年)十二月二十七日奉行政院转，奉国民政府第九七六号训令施行。

第一条　本规程依照国民政府主计处组织法、国民政府主计处办理各机关岁计、会计、统计人员暂行规程暨中央各机关统计室组织及办事通则，制定之。

第二条　海军部统计主任办事处所定名为海军部统计室。

第三条　统计室之职掌如下：

一　关于海军部统计册籍、图表格式之制订及编制统计统一办法之推行事项；

二　关于海军部统计材料之登记、调查及整理汇编事项；

三　关于海军部统计报告之编纂事项；

四　其他有关统计事项。

第四条　统计室对于海军部之所属机关部队统计事务，经主计处之指定，应负责办理下列各事项。

一　关于所属机关部队统计人员之指导监督事项；

二　关于所属机关部队统计工作之分配事项；

三　关于所属机关部队统计册籍、图表格式之审查制订及编制统计方法之统一事项；

四　关于所属机关部队统计报告之审核汇编事项；

五　关于所属机关部队统计工作及人事报告之核转事项。

第五条　统计主任承主计长之命，受主计处主管局长之指导，并依法受海军部主管长官之指挥，主办海军部之统计事务。

第六条　统计室设科员三人至五人，书记一人至二人，司书二人至三人，承长官之命，佐理各项事务。

前项人员由主计长遴选后，函由海军部转送军事委员会，依照海军军官佐及军用文官任免法规办理。

第七条　统计室视事务之需要，得呈请海军部主管长官指定人员在部内各部份组织中，负责担任登记统计工作。

前项人员对于办理统计工作，应受统计主任之指挥。

第八条　统计室于必要时，得呈准海军部主管长官委托部内及其所属机关职员代行登记及调查，或调用职员佐理各项事务。

第九条　统计室得派定职员，在部内各部份组织中，抄录有关统计之表册文簿，从事登记。

第一〇条　统计主任得出席海军部有关其职掌之各项会议。

第一一条　统计室为谋统计事务与行政事务之联络起见，得呈请海军部主管长官设置海军部统计委员会，其组织规则另定之。

第一二条　统计室人员编制表另定之。

第一三条　统计室办事细则另定之。

第一四条　本规程自呈准之日施行。

海军部统计室暂行编制表

职别	阶级	任别	人数	薪俸(元)	饷洋	薪俸饷洋结数(元)	备考
统计主任	上校	简任	一	三五〇		三五〇	
科员	中校	荐任	一	二五〇		二五〇	
科员	少校	荐任	二	各一八〇		三六〇	
科员	上尉	委任	二	各一二〇		二四〇	
书记	中尉	委任	一	八〇		八〇	
书记	少尉	委任	一	六〇		六〇	
司书	准尉	委任	三	各五〇		一五〇	三十至五十均照五十元预算
公役			三		各一二	三六	

●●海军部统计室办事细则　民国二十五年(1936年)二月二十二日国民政府主计处制定

要　　目

第一章　总则

第一条　本细则依照海军部统计室组织规程第十三条之规定,制定之。

第二条　本室事务除遵照国民政府主计处办理各机关岁计、会计、统计人员暂行规程及中央各机关统计室组织及办事通则所规定者外,悉依本细则办理,其有与海军部各部分组织有关联之事项,于不抵触上项范围内,并依海军部处务规程办理之。

第二章　职权

第三条　本室事务由统计主任分配所属职员办理之,遇有事务增繁,原有职员不敷分配时,得按照组织规程第八条规定,呈请调员襄助。

第四条　本室对于经主计处指定直接指导监督之海军部所属机关部队统计人员或呈经海军部指定之统计工作人员，均得直接分配其工作，其未经指定者，得呈请海军部主管长官令行交办。

第三章　统计工作

第五条　本室每届海军部编制年度概算之前，应拟具下年度统计工作计划，经海军部统计委员会或会同海军部各部分组织审议后，呈送主计处核准。

第六条　本室统计工作由统计主任分配于各职员后，承办职员应按其资料之性质分别登记于登记册中，或编制图表及说明等，送呈统计主任核办。

第七条　本室之统计资料登记由统计主任指定本室职员或委托海军部各部分组织中职员随时办理之，并按期送统计主任核阅。

第八条　本室统计报告之造送，除主计处交办者应迳行呈复外，其经规定之经常统计报告应依统计法施行细则之规定行之。

第九条　本室于各项册籍、图表格式之制定与统计结果公布以前，应先呈送主计处核定。

第四章　文件处理

第一〇条　本室收到文件，由收发员摘由编号，填注收到日期、时刻、附件件数，登入收文簿，按日送统计主任核阅，其封面有密件或亲启字样者，应即送统计主任亲自拆阅。

第一一条　本室收到文件经统计主任核阅后，批明办法，分交职员办理。

第一二条　本室文件应视其性质，分别最要、次要，最要者，即日办竣；次要者，限期办毕。如须查卷或因其他情形，得由承办职员陈明理由，酌予延长之。

第一三条　本室承办文件职员收到交办文件后，应即分别拟稿，其有疑难者，应随时签呈请示，其应付存查者，送统计主任核准归档。

第一四条　本室承办文件职员于文件办竣后，签名负责送统计主任核阅判行，其属部稿者，经统计主任核签后，依部定判稿手续办理。

第一五条　本室发出文件，由收发员摘由编号，填注发出日期、时刻、附件件数，登入发文簿，分别将文件送发稿件归档，其属部稿者，应依部定发文及归档程序办理。

第一六条　本室关于统计资料及其他应单独保管之档案，由统计主任指定职员分门别类妥为保管，并依类登录于登记簿。

第一七条　本室未经核准公布之文件，各职员应绝对严守秘密，如有泄漏，从严惩办。

第五章　行文程式

第一八条　本室对外行文以海军部名义行之。

第一九条　本室对内行文程式如下：

一　关于主计处方面

对主计处用呈；

对主计处各局用呈；

对主计处各局部分组织用函；

对主计处所派其他机关之主办计政人员用函。

二　关于海军部方面

对海军部主管长官用呈；

对海军部指定之指挥监督长官用呈；

对海军部所属机关部队经指定受本室指导监督之办理统计人员用函；

对海军部其他各部分组织，视其性质，或依照部内向例办理，或呈请交办。

第二○条　本室应行请示或报告各项事件，应按其性质分别行之。凡属主计处主管者，呈由主管局转呈；属海军部者，呈由海军部主管长官指定之指挥监督长官转呈。

第六章　工作报告

第二一条　本室每月应报告之工作事项如下：

一　关于工作之成绩事项；

二　关于有关统计事务之会议纪录事项；

三　关于所属职员之任免、迁调、奖惩事项；

四　关于所属职员之考勤事项。

凡经主计处指定，受本室指导监督之海军部所属机关部队统计人员之各种工作报告，由本室核转。

第二二条　本室于每月上旬，将上月之各种工作报告造具二份，送呈主计处统计局存转，其有规定格式者，依照规定办理。

第二三条　本室各种工作报告除呈报主计处外，并应视其性质，分呈海军部备查。

第七章　服务

第二四条　本室办公时间，依海军部之规定。于必要时，得延长之。

第二五条　本室职员须按时到室办公，不得迟到早退。但因公外出者，不在此限。

第二六条　本室职员在办公时间不得会客，但因公接见者不在此限。

第二七条　本室职员除于海军部考勤簿按照签到外，并应于本室考勤簿签到，不得托人代签。

第二八条　本室职员请假，依政府职员给假条例办理，并应于事前呈准及请派代理人。

第二九条　本室职员请假手续,依海军部规定行之。但统计主任请假时,并须呈经主计处统计局转呈核准。

第三○条　各种例假循例休息,但有紧急事件,仍得临时召集办公。

第三一条　本室值班出勤办法,依海军部规定行之。

第八章　附则

第三二条　本细则如有未尽事宜,由统计主任呈请主计处修改之。

第三三条　本细则自呈奉主计处核准之日施行。

●●惩治盗匪暂行办法民国二十五年(1936年)八月三十一日国民政府训令

第一条　剿匪期内之盗匪,依本办法审判之。

第二条　合于本办法所定各罪者,为盗匪。

第三条　有下列行为之一者,处死刑:

一　结合大帮抢劫者;

二　聚众抢劫而执持枪械或爆裂物者;

三　抢劫公署或军用财物者;

四　抢劫水陆空公众运输之舟车航空机者;

五　在海洋行劫者;

六　抢劫而故意杀人,或致人于死,或重伤,或伤害二人以上者;

七　抢劫而放火者;

八　抢劫而强奸者;

九　抢劫因防护赃物或脱免逮捕而公然持械拒捕者;

一○　掳人或诱禁勒赎者;

一一　掳人强卖或强奸者;

一二　结伙持械劫夺依法拘禁人者;

一三　依法拘禁人聚众以强暴胁迫脱逃之首谋者;

一四　啸聚山泽抗拒官兵者;

一五　占据城市、乡村铁道公署或军用地者;

一六　私枭聚众持械拒捕者;

一七　意图抢劫、煽惑、暴动扰害公安者;

一八　意图扰害公安而放火烧毁、决水浸害或以其他方法损坏公署或军事设备者;

一九 意图扰害公安而放火烧毁、决水浸害供水陆空公众运输之舟车、航空机或现有人聚集居住执业之场所或建筑物者；

二○ 意图扰害公安，以其它方法损坏前段之舟车、航空机场所建筑物或铁道、公路、桥梁灯塔标识因而致人于死者。

第四条 有下列行为之一者处死刑、无期徒刑或十年以上有期徒刑。

一 结伙抢劫者；

二 包庇盗匪者；

三 意图恐吓取财，投留爆裂物致人于死或重伤或伤害二人以上者；

四 盗取尸体勒赎，或结伙携械公然毁坏棺墓盗取殓物者；

五 于剿匪或戒严区域盗取或损坏交通或通信器材致不堪用者。

第五条 有下列行为之一者处无期徒刑或七年以上有期徒刑。

一 窝藏盗匪者；

二 以恐吓方法取人财物者；

三 以毁坏棺墓、盗取殓物为常业者。

第六条 前三条之未遂犯，罚之。

第七条 预备犯本办法之罪者，依下列处断。

一 预备犯第三条各款之罪者，处五年以下有期徒刑。

二 预备犯第四条各款之罪者，处一年以下有期徒刑。

三 预备犯第五条各款之罪者，处一年以下有期徒刑。

第八条 团防官兵或有查缉盗匪职责之人员犯第三条至第五条之罪者，处死刑。

第九条 犯本办法之罪者，由驻在地有审判权之军事机关或已兼未兼军法官之该管行政督察专员或县长审判之。

第一○条 盗匪案件判决后，应于五日内缮具判决正本，并令被告人提出声辩书，检同全案卷证呈，由各省最高军事长官核转军事委员会核定。

未经呈奉核准之案件，不得执行。

第一一条 刑法总则、刑事诉讼法之规定与本办法不相抵触者，适用之。

第一二条 执行死刑，得用枪毙。

第一三条 本办法以施行于剿匪区域为限，但其他各省、市如仍匪患未清，或有发生匪患之虞，经报由军事委员会核准者，亦得适用。

第一四条 本办法施行期间暂定一年。

第一五条 本办法自公布日施行。

●●各省行政督察专员及县长兼办军法事务暂行办法_{民国二十五}年(1936年)三月十八日军事委员会公布

第一条　凡归军法机关审判之案件,得由军事委员会加委下列地方政府长官兼任行营军法官办理之。

一　剿匪区域之行政督察专员及县长;

二　剿匪区域以外各省之行政督察专员。但以前已经行营委兼军法官之县长,仍准执行兼军法官职务。

三　未经军事委员会委兼军法官之县长,如有特种事件特饬办理者,得委派临时兼任。

军事委员会对于前项委任,得随时撤销。

川、康、黔三省之军法案件,划归行营另订单行办法办理。

第二条　兼军法官于所辖境内,对下列案件有检察审判之权。

一　现役军人犯刑事或惩罚法令者;

二　非军人在剿匪区域犯军事法令者;

三　犯危害民国紧急治罪法者;

四　犯剿匪期内审理盗匪案件暂行办法者;

五　犯修正剿匪区内惩治土豪劣绅条例者;

六　犯禁烟禁毒各种法令者;

七　其他依法令应归军法机关审判者。

前项第一款案件,以报经授权者为限。

第一项第三款案件,由剿匪部队获送者,不得以非其辖境拒绝受理。

第三条　兼军法官遇有前条第二项案件时,应于三日内详叙事实,呈报军事委员会,并通知其所属部队长官。

第四条　未兼军法官之县长,于辖境内发觉应归军法机关审判之案件,得为紧急处分,并应即时以最迅捷方法详报该管行政督察专员兼军法官核办。前项案件兼军法官得委托该县长代行检察职权,但未经以检察职权委托者,该县长应于奉到令示之二日内,将人犯卷证呈送核办。

盗匪烟毒案件,不适用前二项之规定。

第五条　兼军法官区域内设有其他军法机关者,由最先受理之机关审判。

管辖有争执时,呈由军事委员会核定。

第六条　兼军法官审判之案件,应于知谕知判决后五日内,缮具判决正本,并令被告人提出声辩书,连同全案卷证呈,由各省最高军事长官核转军事委员会审核。

第七条　案件未经军事委员会核准者,不得执行。

第八条　军事委员会对于各兼军法官送核之案件,应为下列之处置。

一　事实明确,罪刑允当,引律无误者,予以核准;

二　事实明确,罪刑未当,引律有误者,予以纠正;

三　事实未明者,发还复审。

前项第三条案件,军事委员会得行提审,或派员莅审,或派邻近兼军法官审判。

第九条　军事委员会得委任各省最高军事长官代为审核案件,其办法另定之。

第一○条　各兼军法官得设置军法承审员及书记员,助理军法事务。

前项军法承审员得于判决文内副署,但仍须兼军法官署名盖章负责。

前项承审员及书记员由兼军法官派员兼任,报经该省最高军事长官转报军事委员会备案。

第一一条　本办法所称之剿匪区域,由军事委员以命令定之。

第一二条　各兼军法官执行军法职务,应受军事委员会军法处之指导。

第一三条　本办法自公布日施行。

●●各省最高军事机关代核军法案件暂行办法 民国二十五年(1936年)

三月十八日军事委员会公布

第一条　本办法依各省行政督察专员及县长兼办军法事务暂行办法第九条拟订之。

第二条　依各省行政督察专员及县长兼办军法事务暂行办法第二条审判之军法案件,得由军事委员会委任各省最高军事机关代为审核。

第三条　得委任代核之机关如下:

一　已设绥靖主任公署各省由绥靖主任公署代核;

二　未设绥靖主任公署各省由全省保安司令代核;

三　未设前二项军事机关各省由常设之最高军事机关代核。

绥靖主任公署秉辖两省或与全省保安司令分驻两处或因其他情形,依照前项办法确有窒碍者,其代核机关由军事委员会指定之。

第四条　委任代核之案件如下:

一　现役军人犯罪士兵处五年以下尉官处二年以下之有期徒刑,或违犯军风纪依法应予拘役或撤职降级以下之处分,而犯人属于该管直辖部队者;

二　非军人犯军事法令判处五年以下有期徒刑者;

二　犯危害民国紧急治罪法判处七年以下有期徒刑者;

四　犯剿匪期内审理盗匪案件暂行办法判处七年以下有期徒刑者;

五　犯禁毒禁烟法令系初犯吸食者;

六　犯修正剿匪区内惩治土豪劣绅条例或其他法令判处三年以下有期徒刑或监禁者;

七　谕知无罪或保安处分者。

前项规定之刑期,以初判宣告刑为准。其经各省最高军事机关核驳改判者,不在此限。

第五条　合于前条规定之案件,其呈核之程序准用各省行政督察专员及县长兼办军法事务暂行办法第六条之规定。

前项呈核之案件应附呈判决正本二份。

第六条　代核机关对于呈核案件之处置,准用各省行政督察专员及县长兼办军法事务暂行办法第八条之规定。

第七条　代核机关应于每月终,将本月代核案件照附颁表式依第四条各款规定,分类填造,检同判决正本汇报军事委员会。

第八条　军事委员会对于代核案件如认为有疑义或发觉错误者,得调卷核明纠正,或令饬原代核机关复核。

前项令饬复核之案件,须呈经军事委员会核定。

第九条　代核机关对于第四条规定案件以外,应行核转之案件如认原判不当者,得迳发回复审或改判。

前项案件呈送军事委员会核定时,原判机关须将初判及发回复审或改判之原令,一并检送。

第一〇条　本办法自公布日施行。

●●陆军中将加衔暂行条例民国二十五年(1936 年)二月二十九日国民政府公布

第一条　陆军中将依陆军军官佐任官暂行条例第五条第五款,合于晋任上将之规定者,因为员额所限,得先加上将衔。

第二条　陆军第二级上将出缺,由已加上将衔之中将择优特补。

第三条　陆军中将加上将衔之员数,以陆军上将员额为限。

第四条　已加上将衔之中,将其服制与第二级上将同俸薪仍照中将最高俸额支给。

第五条　本条例自公布日施行。

●●陆军士兵进级条例民国二十三年(1934 年)十一月二十二日军政部公布,二十五年(1936 年)七月二十日施行。

第一条　陆军士兵之进级,依本条例行之。

第二条　本条例所称之士兵,系指陆军士兵等级表各兵科及各业科之士兵而言。各技术及文书等士兵除特有规定者外,亦依本条例行之。

第三条 士兵进级除特别养成之军士外,概须循序递进,并依照编制所定各级名额补充。

第四条 新兵入伍即充二等兵于新兵教育完成后,择其成绩优良者,得依额进补为一等兵。

第五条 一等兵受初年教育完成后。其成绩优良者得依额进补为上等兵。

第六条 一等兵上等兵曾受有初等以上国民教育,并在队内受过候补军士教育,或在队外受过特别养成军士之教育其成绩优良者,得依额进级下士。

第七条 下士实役满一年以上,并具有前条之资格成绩优良者,得依额进级中士。

第八条 中士实役满一年以上,并具有第六条之资格成绩优良者,得依额进级上士。

军士转移兵科时,其实役年资可连转科前同级之年资合并计算。

第九条 各业科及技术文书等军士,按其业务性质得适用下列资格之一,考验及格不拘前第六、第七、第八各条之规定,补充为各级军士。

一 曾在普通初级中学以上毕业者;

二 曾在各种初级职业学校以上毕业者;

三 曾在各种职工训练或特业教育期满者;

四 具有相当技艺者。

第一〇条 军士进级,依品性、学术能力、体格之成绩遴选之,其遴选范围如下:

一 上等兵补下士以营(独立连)为单位;

二 下士补中士以团(独立营)为单位;

三 中士补上士以团(独立营)为单位;

四 各业科及技术文书等军士以其所属为单位。

第一一条 各等兵之进级,于新兵教育及初年兵教育期时,由连长调制成绩名册,按级呈请团长(独立营长)核准进补。

一等兵上等兵进级下士时,依第六条之规定由团长(独立营长)核准之。

第一二条 军士之进级于每期教育期满时,由连长或其直隶长官调制成绩名册,按级呈请师长(独立旅长)或该管独立单位长官核准进补。

第一三条 现役归休及正役、续役之士兵,在召集服务中,如有成绩特优确具胜任上级技能者,得由该服务部队之长官依照第十一第十二各条之手续,核予进级,并通知该管区司令。

第一四条 战时著有战功或特殊勋绩者,得不拘本条例之所限,依额酌予进级。

第一五条 本条例施行日期,另以命令定之。

●●空军军官佐任职暂行条例施行细则 民国二十四年（1935年）十二月一日

军事委员会公布施行，国民政府令准备案。

第一条　本细则依空军军官佐任职暂行条例（以下简称条例）第十三条制定之。

空军官佐（以下简称官佐）任职，除依条例及特别规定外，悉依本细则施行。

陆海军军官佐调在空军服务者，依其原有官位任以相当之职。

军法官、军用文官、军用技术人员、政治训练人员，除照各该任用法规施行外，得比附适用之。

第二条　军职之区分如下：

一　按职务而区别之

甲　队职　战列部队之职务属之；

一　主队职　队长（如大队长队长分队长）；

队附（如大队附、队附）等属之，如设副队长时，亦为主队职；

二　队属职　主队职以外，凡在队之额定职及附员等属之；

乙　准队职　机关学校所属之练习队教导队、特务队等，非战列部队之职务属之，亦分为准主队职及准队属职。

丙　非队职　除甲乙两款外，凡机关学校及其他各种职务属之。

参谋应为队属职、准队属职及非队职，视其职务之地位而分别之。

二　按权限而区别者

甲　独立长官职　为在一独立单位中之最高长官（如航空委员会委员长、大队长、独立队长及其他独立机关长官等是）；

乙　隶承长官职　各级长官在编制中有所隶承者（即各独立机关部队长官以次各长官，如机关内之处、科长及部队中大队长、独立队长以下各长官等是）；

丙　副长官职　编制中定为长官之副者（如机关中之副处长，部队中之副队长等是），依前列甲、乙两款之所定，亦可分为独立副长官及隶承副长官；

丁　属员职　除前各款外，依编制而属于长官之下者。

第三条　军职之缺员应就下列范围任用：

一　本官组内之附员；

二　自下级官组晋任后，分发到本官组之人员；

三　以上两项人员均缺乏时，由他官组之有余额者调用。

第四条　荐任以上军职，由航空委员会委员长呈请军事委员会核定后，其任命程序依条例第三条之所定，按行政手续办理。

第五条　临时任职，除依条例第四条（二）项外，特再规定如下：

一 以附员或队属职人员为限,非不得已时,不以主队职及准主队职人员调充。

二 在必需以主队职与非队职人员调任时,其遗缺以附员或队属职、准队属职与非队职人员补充,否则,俟次届定期任职时行之。在期前,可适用悬缺派代之法。

但战时对于作战部队中行临时任职时。不拘此限。

三 临时任职之权与定期任职同。

第六条 条例中之专职,即任以有专一职掌之职务,而指明隶属番号、职名之谓。

条例中之通职,即在同一隶属单位内之职务相通、阶级相同者。任职时,应明定其隶属阶级职名,而不指明其番号之谓。

通职之职务如下:

一 部队内之分队长、队员;

二 机关内各厅处科及各校厂所之科员、处员、办事员等;

三 学校内之教官;

四 各部队机关学校内之附员。

除以上各款外,皆为专职人员。

各隶属单位内之通职人员,由该单位内之长官以职务之番号分别配属之后,立即呈报军事委员会备案。

又其所属范围内之通职人员,得以互相调用,但应随时报告军事委员会备案。

第七条 署任年资按实职计算,兼任代理均以其本职或原阶计算年资。

各阶长官对于本职,不得自行派代,须呈所隶长官行之。

署任兼任代理之俸薪给与,依照俸薪给与规则之所定。

第八条 官佐之分发,其规定如下:

一 定期分发 在定期任官时,以新晋任之官佐适当分配于官组隶属之部队、机关、学校;

二 临时分发 在整理改编时,按各部队机关、学校之需要,以所余之官佐适当分发。

分发到后,由各该长官拟定应补职缺,呈报军事委员会核定后,再按任职程序施行任职。

第九条 就职期限,除下列各原因外,不得迁延。

一 赴任路程所需之日期;

二 因天灾事变而延误之日期;

三 特准缓就之日期。

凡卸职之后而未就职者,在前列规定期限内,照公差论。逾限呈准者,照请假论。逾限未呈准者,照停职办理。

第一〇条 军官佐任职之回避,区分如下:

一 职务回避 凡在一单位内所属之官佐,不得升任原单位长官之职,但一年以后不计。战时不在此限。

二　人员回避　以职务之直接隶属者为限,有如下之区分:

甲　上下回避　凡曾有上下直接隶属关系之两官佐,应于五年之内不予倒置。

乙　亲属回避　凡有祖孙(直属)、父子、兄弟(同胞)关系者,应行回避。

凡回避者,就其职务,以小避大而调任相当之职,并得以临时行之。

第一一条　条例中之免职,其方式及手续分当然及明令两种:

一　当然免职　下列各款不另发免职命令者,为当然免职。

一　退役除役;

二　组织撤消;

三　身故阵亡;

四　战后复员。

二　明令免职　除前项所列各款外,均以命令免职。

免职待命者,应照本细则第八条第二项之规定,分发于各部队、机关、学校。

第一二条　各阶长官对于所属停职之权限,依照条例第十条之所定。

军事委员会委员长对于少将以上之停职,得随时函行政院转呈备案或明令公表。

航空委员会委员长对于中、少将、上校之停职,应随时呈报军事委员会,函行政院转呈备案或明令公表。

航空委员会委员长及各阶独立任务长官在条例第十条所赋予权限以外,对于所属之停职时,其办法如下:

一　密呈层转请示中央任职长官奉准后行之。

二　先行停职(不指明期限),俟层转奉准后,再明定停职期限。倘因职务重要,同时派员暂行兼代或派附员代理其职务。

停职以命令行之。

在处分停职期限内不予回职,但经军事委员会特准者,不在此限。

第一三条　凡弃职潜逃奉令通缉判处徒刑者,均照条例中之过犯撤职办理。条例中之免官撤职者,其免官之原因以属于判罪或处分而免官者为准。

复职之程序与任职同。

第一四条　条例中之派差,系在职务范围内,有特殊性质或在职务范围以外之临时事项,经长官令派而举办者,谓之派差。

派差以适任附员任之为常,如必须以专职人员派差时,视其期限之久暂与职务重要与否,得分别派员兼代或代理其职务。

各阶独立长官于派差后,随时叙明事实,分别呈报长官或最高长官备案。

业务终了应即呈报销差,并将办理情形呈报备案。

第一五条　本细则施行日期,另以命令定之。

●●陆海空军外职人员任用调查限制办法民国二十五年(1936 年)军事委员会订定

一　各院、部、会、各省(市)政府及其所属各机关,因事实需要,须任用已任官之现役军官佐时,应于事先声叙缘由,分别呈咨本会核定。

二　中央陆军军官学校毕业生见习期满任官后,充任军职不满六年者,一律不得任以军职以外之职务。

三　已任官之军官佐,现有已充任军职以外之职务者,应由各部、会、各省(市)政府查取衔名,迳报本会审查。

●●陆军常备军士及兵籍规则民国二十五年(1936 年)五月十八日军政部公布

要　目

第一章　总则

第一条　本规则依据陆海空军军籍条例第一条制定之。

　凡陆军常备军士籍及兵籍(下简称军士籍兵籍)之主管、编制、保存等事项,均依本规则办理。

第二条　陆军士兵分别立籍,并分现役、正役、续役三种,编订其籍式如附式。

第二章　军士籍

第三条　军士籍之编制,由下列军士籍主管机关办理。

　甲　现役军士籍,师(独立旅)司令部或其所隶独立部队或机关。

　乙　正役及续役军士籍　团管区司令部或相当机关。

第四条　军士籍存置于主管机关,又因使用上之需要,另立军士籍副本,由军士籍主管机关调制之。

第五条　依军籍条例第十四条所定攸关机关,须存用军士籍时,则存用军士籍副本,其规定如下：

一　现役军士籍副本　军政部或其所隶属之部队或机关；

二　正役及续役军士籍副本　军政部师管区司令部或相当机关。

第六条　军士籍按兵科、业科之次序编制，其同一兵科、业科者，以姓氏依五笔检字法顺次排列之。

第七条　军士初补时，由兵籍主管机关即将该军士之原兵籍呈送现役军士籍主管机关，参照编制军士籍叙补时，各部队即将军士籍有关事项于一个月内调制，军士籍呈送现役军士籍主管机关核定编订（有适任证书者附呈查验后发还）。

军士籍副本于该军士入籍后二个月内调制，分别呈送军士籍存用机关。

第八条　现役在营军士入学或派遣其他机关、部队长期服务时，原军士籍主管机关应调制军士籍副本一份，送所隶之学校或机关部队存用。

第九条　退伍军士转服正役时，应各移送该军士现役军士籍及副本，并由正役军士籍主管机关将转役时应记载事项分别填载，并整理之，以兵科、业科阶级区域、姓氏之次序，约百名订为一册，编列号数，是为正役军士籍。

正役军士籍编成后，即将正役军士姓名、年龄、籍贯、转役年、月、日（以现役期满之次日为转役日期）

造具正役军士花名册，于转役后二个月内，由该团管区司令部呈送师管区司令部，函送该师司令部，并呈报军政部同时，分发县政府。

第一○条　正役军士转服续役时，由其主管机关编为续役军士籍，其记载整理及呈送与前条同。

第一一条　军士升任准尉时，由军士籍主管机关将该军士原籍移送该准尉籍主管机关，参照编籍后，废除之。

第一二条　当常军士关于应除军士籍者之除籍，其处理手续如下：

一　依法律开除军籍者之除籍　由裁决机关于裁决后，通知该军士籍主管机关办理；

二　因疾病事故免除兵役者之除籍　由核准机关通知该军士籍主管机关办理；

三　本人死亡时之除籍　现役由所属部队办理，正役、续役由该家族或同居者报由保甲长，按级递报该军士籍主管机关办理；

四　常备兵役届满年龄之除籍　由该军士籍主营机关办理。

关于一、二、三三项除籍时，由该军士籍主管机关通知军士籍存用机关。

第一三条　无论现役或正、续役军士，其居住地或人事有变更时，由本人或其家族或其同居者，随时递报所属部队或军士籍主管机关更正之。

第三章　兵籍

第一四条　兵籍之编制,由下列兵籍主管机关办理:

甲　现役兵籍　团(独立营本部);

独立连(排)所隶属部队或机关。

乙　正役及续役兵籍　团管区司令部或相当机关。

第一五条　兵籍存置于主管机关,又因使用上之需要,另立兵籍副本,由兵籍主管机关调制之。

第一六条　依军籍条例第十四条所定攸关机关,须存用兵籍时,则存用兵籍副本,其规定如下:

一　现役兵籍副本,军政部、师司令部(所隶属之上级部队或机关);

二　正役及续役兵籍副本,军政部、师管区司令部或相当机关。

第一七条　兵籍编制之次序,依第七条所规定办理。

第一八条　新兵入伍后一月内,各部队即将兵籍有关事项调制兵籍,呈送现役兵籍主管机关核定编订(有适任证书者附呈查验后发还)。

第一九条　现役兵籍主管机关将兵籍核定编成后,随即调制兵籍副本,于新兵入伍后二个月内,分别呈送兵籍存用机关。

第二〇条　现役在营兵入学或派遣其他机关、部队长期服务时,须制送兵籍副本,依第八条之规定办理。

第二一条　退伍兵转服正役时,应各移送该兵现役兵籍及副本,并由正役兵籍主管机关将转役时,应记载事项,分别填载,并整理之。以兵科、业科等级区域、姓氏之次序,约百名编订为一册,列号数,是为正役兵籍。

正役兵籍编成后,应造报分送正役兵名册,其办理手续与第九条第二项同。

第二二条　归休兵届满现役时,由主管机关编入正役兵籍,办理手续与第九条同。

第二三条　正役兵转服续役时,由其主管机关编为续役兵籍,其记载整理与第九条同。

第二四条　常备兵升充军士时,其兵籍转送于该军士籍主管机关,参照编制军士籍后,即将该兵籍销毁之。

第二五条　常备兵关于应除兵籍之除籍,其处理手续依十二条所定办理之。

第二六条　现役及正、续役兵居住地及人事变更时,应按第十三条规定办理。

第四章　附则

第二七条　陆军士兵除籍后,其原士兵籍及副本均另汇一册,由主管机关再保存满十年后,销毁之。

第二八条　本规则自公布日施行。

●●陆海空军军官佐考绩规则 民国二十四年(1935年)十月军事委员会修正公布施行,国民政府令准备案。

第一条　陆海空军军官佐(以下简称官佐)之考绩军官少将以下、军佐各监以下均照本规则施行。

第二条　应受考绩之官佐为受考官,其直隶长官为考绩官,以上直隶长官为直接复考官,其他各阶直隶长官为间接复考官。

直隶于军事委员会之少将阶以下各独立单位长官,由军事委员会直接考绩。

第三条　考绩每年举行一次,于年终行之。次年一月终以前,由独立单位长官(海军海军部、空军航空委员会)呈达军事委员会考核。

第四条　考绩就官佐之品行、学术、体格、才能、服务五目课,其经过优劣之点加以公平确切之批评,判定分数,核定绩等及年资,以考绩表记载之。其记载之要点及范围,如附式第一。

各课目给分以百分为满分,各课目平均分数加减功过分数为考绩之绩分。绩分在八十分以上者,绩等为甲;七十分以上者,为乙;六十分以上者,为丙;不满六十分者,为丁。绩等为丁者,作不及格论。

第五条　考绩表由考绩官调制之,考绩官应据其平日之纪录及所见,对于所属官佐分别翔实记载,核定绩等、年资,加具总评,每员造具同样考绩表三份,循序呈请复考。直接复考官对于考绩官之所记或予订正,或另有所见时,应于复考栏内填该意见,并得变更其绩等。如认为同意,则只署名盖章,记明年、月、日,转呈上级复考。

间接复考官应注意所属各考绩官、复考官所定绩等是否公允,宽严之间予以平衡,如认为同意,即予转呈。

第六条　前条考绩表由独立单位长官汇齐复核后,将各受考官之绩等、年资照本规则第七条至第九条规定分别编成绩序表、资序表,其考绩表以一份发还原考绩官,以一份存查,其余一份照绩等、次序,分订成册,连同绩序表、资序表各一份呈报军事委员会。

第七条　绩序表、资序表均以同官科、官阶之受考官依下列之规定,排列其次序。

甲　陆军

一　部队以师(或独立旅)为独立单位,军官步兵科自上尉以下以团为范围,集全团之同阶者,排列其绩序、资序。其师部及直属部队之步兵科上尉以下军官,适宜分配于各团排列。各特种兵科上尉以下军官及少校以上各兵科军官,均以全师为范围,集全师同兵科、同官阶者排列之。军佐自三等佐以上,均以全师为范围,集全师同业科、同官阶者排列之。

二 独立单位之机关、学校,准照前款原则办理。

其上尉以下同官科各阶官佐,如人数多时,依其次级单位编制规定排列范围;如人数不多,应以全机关为范围。

三 直隶军事委员会之独立团(队)以全团(队)为范围。

乙 海军

一 部队以每一舰队或一独立旅为范围,军官佐分别官科,集全舰队或独立旅之同阶者排列其绩序、资序。其上尉以下同官科各阶官佐,如人数多时,依其次级单位编规定制,排列范围。

二 每单位之机关、学校,准照前款原则办理。

丙 空军以受考官所隶官组为范围,但陆海军官佐服务于空军者,仍以航空委员会为范围,照甲、乙之原则排其绩序、资序。

第八条 绩序依绩等甲、乙、丙、丁之次序排列,在同等中以绩分多者居先,绩分相同以资序在前者居先。绩序表如附式第二。

第九条 计算年资一律截至年终最后一日止,其计算及资序之排列,照陆(海空)军军官佐资序规则之所定。资序表如附式第三。

第一〇条 各独立单位长官呈送考绩时,同时须将适任参谋、教授及具有特长暨成绩最优与不适现职之官佐,分别列建议表。呈报各建议表式,如建议第一表至第五表。

前项各种人员,由各阶考绩官于呈送考绩表时,就所属受考官中确查有合下列之规定者,提出建议表,呈由各阶复考官核转独立单位长官决定之。

一 适任参谋人员 上尉以上军官,合于参谋任用条例,确能胜任参谋职务者。

二 适任教授人员 上尉以上军官,在陆(海空)军大学或各兵科专门学校毕业,学识丰富,确有经验具有教授之才者。

三 具有特长人员 各阶官佐具有本科以外之特种学术,确具经验者。

四 成绩最优人员 各阶官佐停年已满,成绩最优,可胜晋任者;停年未满,成绩最优,可予奖励者。

五 不适现职人员 各阶官佐不适于现在职务应予调职者,不能胜任现职应予停免职务,或须相当之补习者。

上列各种资格独立单位长官,应据各建议表,详密审查是否确当,宁缺毋滥,且不限定五表全报,其有一人而合数种资格者,得同时分别列入各建议表报告。

第一一条 考绩及建议各表达到军事委员会,由铨叙厅主办会同参谋部、海军部、航空委员会及各官科主管机关审查,并将各受考官分别按其所隶官组,另编绩序表、资序表,汇提人事评判委员会审议后,呈军事委员会核定。

第一二条　考绩核定后,将绩序表、资序表布达于下列机关:

一　参谋部　　陆海空军官全部;

二　军政部　　陆军官佐全部;

三　训练总监部　陆军官佐全部;

四　海军部　　海军官佐全部;

五　航空委员会　空军官佐全部;

六　各官科主管机关　所属本科官(佐);

七　各独立单位机关　所属官佐。

第一三条　考绩布达后,对于审定之建议第一至第三表,通知主管机关备查,于定期任职时,核予调任。必要时,并得先行调集一部或全部考试,再予调任建议。第四表停年已满之官佐于定期任官时,依额核予晋任,其余悉核予相当之奖励。

建议第五表之官佐不适任者,于定期任职时,核予调任不胜任者,核予停免或予相当之补习。

考绩不及格者,应由各考绩官对于本人加以申诫。

第一四条　考绩为军官佐一切人事施行之根据,不论平时、战时,均应依期造报,设有不得已事故经核许者,得暂行免报,但于事故终了,仍应于二月内补行造报。

第一五条　各该长官离任时,应将所属官佐考绩表及关于考绩文件一并密交于新任。

官佐调任时,原隶长官应将其考绩表及关于考绩文件移送新隶长官。

第一六条　新任之官佐(调任者不在此限)到任未满三月者及在免职、停职、撤职期间之官佐,均不行考绩,但仍于所隶资序表内列其姓名,注记其应有之年资。

第一七条　军属人员及准尉、准佐照本规则与官佐同时考绩,由各独立单位长官施行之,不报军事委员会。但于其晋任或转任时,应将最近三年内考绩呈报军事委员会查核。

前项受考人员之奖惩考绩后,由独立长官呈报军事委员会核定。

第一八条　备役官佐于召集演习时,施行考绩由所隶独立单位长官呈报,其考绩表另定之。

战时召集就职后,其考绩与现役官佐同。

第一九条　铨叙厅对于官佐每年考绩之绩等、年资及总计登记于登记表,保存至官佐除役、死亡时,其考绩表、绩序表资序表届满三年即行销毁。各独立单位长官对于每年布达之绩序表、资序表,各考绩官对于官佐之考绩表,均保存至届满三年销毁。

第二〇条　本规则自公布日施行。

●●陆海空军奖励条例施行细则 民国二十四年(1935年)八月一日军事委员会制定公布施行,国民政府备案。

要 目

第一章 总则

第一条 本细则依照本条例第二十三条之规定订定之。

第二条 本条例所定之各种奖励均依照本细则施行之。

第三条 陆海空军军人或非陆海空军军人或外籍人民应行奖励,而为本条例第三条、第四条各款所未列举者,得比照奖叙之。

第二章 请奖呈报手续

第四条 应行奖励者,除照本条例第十三条各款手续办理外,其呈报手续如下:

一 凡请奖励者应填具请奖事绩表四份,依照条例之规定层转。

二 合于本条例第四条第五款之所定请与奖励者,除填具请奖事绩表外,并将证明文件并呈。

三 非陆海空军军人及外籍人民请奖,由关系机关或地方行政长官呈报之。

第五条 凡特令奖励者,于命令公布后,应补呈请奖事绩表。

非陆海空军军人或外籍人民特令奖励者,应加具履历四份。

除履历格式已有法令规定外,请奖事绩表之格式另定之。

第六条 最高军事机关转请核准颁发陆海空军奖章及褒状时,连同请奖事绩表及请奖名册各二份并呈。

请奖名册之格式另定之。

第三章 给奖手续

第七条 国民政府核准陆海空军奖章或褒状后,应即行知最高军事机关颁发,原呈请机关具领。

第八条 比赛奖章由最高军事机关核定后,发由训练总监部转发、具领,各种奖章之式样另定之。

第九条　发给前两条之奖励,应连同执照并发各种奖章,执照及褒状之格式另定之。

第一〇条　奖金由最高军事机关核发或指定机关转发。

第四章　奖章佩带规则

第一一条　奖章于着礼服或军常服时佩带之。

第一二条　陆海空军奖章佩于上衣勋章或勋表之下,比赛奖章佩于陆海空军奖章之下,不能并列时,得分为上、下二列。

未经政府公布及报经最高军事机关核准备案之各种记章,一律不准佩带。

第五章　附则

第一三条　各独立单位长官应将所属之奖励事项,除重要者随时呈报外,每月月终汇制官佐士兵奖励报告表,在陆军者,呈报最高军事机关备案;在海军者或空军者,呈由海军部或航空委员会转呈最高军事机关备案。

奖励报告表之格式另定之。

第一四条　本细则自公布日施行。

●●陆海空军勋赏条例施行细则 民国二十四年(1935年)八月一日军事委员会制定公布施行,国民政府备案。

要　目

第一章　总则

第一条　本细则依本条例第二十二条之规定订定之。

第二条　凡颁给勋章,概依本细则之规定办理。

第二章 叙勋标准

第三条 有下列各款之一者,得依照本条例第三条之规定,颁给青天白日勋章。

一 夺获敌军重要地点或军旗、大炮及重要军备者;

二 坚守要隘使敌不得逞致我军克奏膺功者;

三 断绝敌军交通或夺获敌军粮饷、军械,战局因以奏功者;

四 运筹适宜致获全功者;

五 战斗间处置妥善,使全军或一部得重要之胜利者;

六 冒险前进侦得重要敌情致获全胜者;

七 歼殪或捕获敌军重要人员者;

八 最困苦时毅然从事战斗,足以振起他人志气者;

九 战时办理战线后方事务成绩最著者;

一○ 冒险破获敌之伏置水雷或障碍物,以开导我舰之进路者;

一一 冒险伏置水雷得以轰沉敌之军舰或加危害使敌失战斗力者;

一二 冒险冲破敌之包围或封锁,以苦战辟运输之途终得达其目的者;

一三 首先占领敌之炮台、港湾或有守备之城市者;

一四 夺获或轰沉敌方军舰及军用船只者;

一五 冒险入敌之港湾破坏其军舰者;

一六 冒险封锁敌之港湾得尽其任务者;

一七 我军舰护送多数船舶骤遇敌优势舰队,剧战之后,俾护送船舶得安全航到其目的地者;

一八 冒险飞入敌军,炸毁敌之重要阵地、要塞、军舰、兵站、交通线、司令部等,使敌动摇或败退者;

一九 在敌阵地冒险低度飞行,扫射敌战壕或施放烟弹使敌溃败者;

二○ 冒险飞入敌境,炸毁敌之兵工厂、弹药仓库等使敌受重大损害者;

二一 于重要区域内击退敌人多数飞机,因免去重大损害者;

二二 捕获或击落敌之飞机或捕获敌军战车者;

二三 冒险侦察报告,极确赖以洞悉敌情,因获胜利者。

第四条 有下列各款之一者,得依照本条例第四条。

一 平定内乱功绩卓著者;

二 镇压内乱,擒获叛党首魁及匪首者;

三 镇压内乱夺取被据城池者;

四 长官因公陷于危急,极力救护以立功者;

五　捕获或轰沉叛逆之军用舰船或击落飞机及捕获战车者；

六　冒险救护被难船只或飞机得获安全者；

七　冒险飞行，破坏叛军重要工事或轰击匪巢命中者；

八　本舰或他舰航海停泊中遇有危险，冒险从事得以免其他危险者；

九　低度飞行侦察报告精确，因能消灭或击溃敌逆者；

一〇　捕获海贼或国际海贼证据确凿者。

第五条　有下列各款之一者，得依照本条例第五条各款之规定，颁给云麾勋章。

一　治军有方成绩显著者；

二　发明新兵器用以杀敌而获成效者；

三　筹划作战允洽机宜因而致胜者；

四　剿办股匪，收复匪区被占地方者；

五　镇压地方而能使四境安宁，无叛党盗匪匿迹者；

六　临阵勇敢率先夺取军械及捕获判党与匪首者；

七　力疾或负伤而仍强于战斗者；

八　冒险达到命令中之任务者；

九　破获国际阴谋扰乱机关，证据确凿者；

一〇　办理困难或危急事件甚切机宜者。

第六条　凡捍御外侮，镇摄内乱，立有功绩为前三条各款所未列举而确须颁给勋章者，得比照前三条之规定行之。

第七条　本条例第六条、第七条所定之勋刀、荣誉旗，其叙勋标准得比照本细则三、四、五、六各款之所定核叙之。

第三章　效勋呈报手续

第八条　凡呈报叙勋者，除照本条例第十条之规定外，其勋绩调查表应填具四份呈报。惟非陆海空军军人或外籍人员，应加具履历四份。

第九条　非陆海空军军人或外籍人员之应行颁给勋章者，除国民政府特令外，应由立功地点或住在地及职务有关之长官，依照前条之所定，迳呈最高军事机关核定，咨请行政院转呈国民政府颁给之。

第一〇条　国民政府特令颁给勋章、勋刀人员，应照前两条之所定，补呈表历，除履历格式已有法令规定外，勋绩调查表格式另定之。

第一一条　最高军事机关转请颁给勋章、勋刀时，应连同受勋人员表历，加具叙勋名册各二份汇转，叙勋名册另定之。

第四章　颁发勋章、勋刀、荣誉旗手续

第一二条　受勋人员,经国民政府核准发布颁勋命令后,应即行知最高军事机关转饬主管长官或原请机关知照。其应补呈表历者,亦同时饬转。

第一三条　勋章、勋刀、荣誉旗之亲授或派员代授者,其颁授日期由最高军事机关酌定,分别办理。

第一四条　勋章、勋刀及本条例第九条所定之证书,由国府文官处于编列号数后,转知最高军事机关登记之。

第一五条　勋章、勋刀证书之格式另定之。

第五章　勋章、章绶、勋表、勋刀、荣誉旗之制式

第一六条　勋章、勋刀、荣誉旗之形式另定之。(如附图)

第一七条　章绶之规定如下:

一　青天白日勋章　襟绶

二　宝鼎勋章　一二等大绶　三等领绶　四等以下襟绶

三　云麾勋章　一二等大绶　三等领绶　四等以下襟绶

章绶之色别另定之(如附图)。

第一八条　勋表概用带形,其长、宽若截章绶之一端者,然其种类、等级以色别区分之,其式如附图。

第一九条　刀穗概用黄色国货丝质品制成之其式。(如附图)

第六章　授勋之仪式

第二〇条　勋章授与之仪式如下:

一　参加授勋仪式者概着礼服,其因授勋而整列之。军队亦均着礼服,其在战地时则着军常服。

二　参加授勋仪式之部队,以国府警卫部队或受勋者所部军队或其所在地军队充之。

三　授勋官立于队列前面或礼堂适宜之地位,受勋者前进至授勋官前六步,在室内行三鞠躬礼,在礼场行举手礼,再前进至授勋官前接受勋章。受章者如非军人,则无论室内、礼场,均行三鞠躬礼。

四　授勋官执勋章授与受勋者,亲为佩带,受勋者授受佩带后,退后六步,敬礼如前,再由授勋官训词后,礼毕。

五　参列军队应行礼节及军乐队奏乐,由司仪官指挥之。

第二一条　勋刀授与仪式与前条各款相同。

受勋刀者接受勋刀后,即行佩带,其原佩军刀卸交他人。

第二二条　荣誉旗授与之仪式,陆军,照团旗授与规则行之。舰艇受旗时,得参酌行之。

第七章　勋章、勋刀之佩带

第二三条　勋章、勋刀于着军礼服时佩带之,着军常服时,得佩带勋表。

第二四条　各种、各等勋表佩带法如下:

一　青天白日勋章,以襟佩于左襟;

二　一、二等宝鼎勋章、云麾勋章佩于上衣左胸部大绶上,其大绶由右肩斜至左胁下,绶端缀以副章。

三　三等宝鼎勋章、云麾勋章以领绶佩于领下。

四　四等以下宝鼎勋章、云麾勋章均以襟绶佩于左襟。

五　各种勋表均佩于左襟。

第二五条　各种勋章并佩时,青天白日勋章居右,宝鼎勋章、云麾勋章依次列于下。

受有两种一、二等勋章者,只佩较高级之大绶。

本国其他勋章与本条例第二条各勋章同佩时,其他勋章佩带于下。

奉准受有外国勋章者,列于本国勋章之下。

各种勋章左右横列地位不敷时,得由上下二列佩带之。

各种勋表并佩时,依本条各项之顺序。

第二六条　未经政府公布或核准之各种记章,一律不准佩带。

第八章　附则

第二七条　勋章、勋刀因遗失声请补发时,其呈请手续依本细则第八条第九条之所定。

第二八条　本细则自公布日施行。

●●兵役法施行暂行条例 民国二十五年(1936年)八月十五日内政部军政部公布

要　目

第一章　总则

第一条　本条例根据兵役法规定兵役之施行事项。

第二条　中华民国男子服行陆军兵役,遵照兵役法及本修例之所定施行。海军、空军之兵役,依照兵役法并准本条例施行。其有特殊事项,另定之。

第三条　本条例主要用语之释义如下:

　甲　关于年龄者

　　一　兵役年龄(下简称役龄)即依法在须服兵役年龄之总称(自年满十八岁起至满四十五岁止);

　　二　及龄　年龄届及某种兵役之谓(例如年满十八岁为国民兵役,及龄满二十岁为常备兵现役,及龄满四十岁为常备除役,及龄余类推);

　　三　逾龄　年逾所定年龄之谓;

　　四　适龄　在适合服役年龄之谓(例如自年满二十岁至届满二十五岁之期间,均为常备现役入营之适龄)。

　乙　关于服役者

　　一　起役　服役开始之谓;

　　二　转役　转换役期之谓(例如由现役转入正役或由常备兵役转入国民兵役);

　　三　转期　国民兵转换役期及常备正役、续役由前期转入后期之谓;

　　四　停役　停服兵役之谓;

　　五　除役　解除兵役义务之谓;

　　六　延役　延长服役之谓;

　　七　缓役　展缓入营年期之谓;

　　八　免役　免除兵役之谓;

　　九　禁役　禁止服兵役之谓;

　　一〇　回役　回复服役之谓。

第二章　国民兵役

第四条　凡有中华民国国籍之男子,自年满十八岁起至四十五岁止,除在服常备兵役之期间及依本条例第二十六条规定为免役或禁役者外,均服国民兵役。

第五条　国民兵役之服役区分如下:

甲　国民兵役初期　二年。

自兵役及龄而起役,至常备现役及龄止(即自年满十八岁起至届满二十岁止)。

乙　国民兵役前期　凡在常备现役入营之适龄期间而未服常备现役者(即自年满二十岁起至届满二十五岁止),或由常备现役而转入者皆属之。

丙　国民兵役中期　下列人员,自年满二十五岁起至四十岁届满止,皆属之。

一　依本条例第二十七条所定为对于常备兵役之免役者。

二　至常备现役逾龄而未入营者(即年满二十五岁以上者)。

三　在服常备役期中而依本条例第二十条第三款及第三十条所定而转为国民兵役者。

　　国民兵役中期又区分三期,如下:

　　一　中一期　自年满二十五岁至三十岁届满;

　　二　中二期　自年满三十岁至三十五岁届满;

　　三　中三期　自年满三十五岁至四十岁届满。

上列国民兵役中期合计为十五年,凡由常备兵役而转为国民兵役中期者,其期次及年限依年龄计算,同前。

丁　国民兵役后期　五年。

自服满国民兵役中三期起至国民兵役全役期满止(即自年满四十岁起至届满四十五岁止)均属之,期满除役。

戊　余役　五年。

服满常备续役后,在与丁款国民兵役后期相当之期间者属之,期满除役。

第六条　凡服国民兵役者,受下之国民兵教育。

甲　基本教育　在国民兵役初期行之,每年一个月,合计二个月。

乙　正规教育　在国民兵役前期第一、第二两年行之,每年一个月,合计二个月。

丙　复习教育　在国民兵役中一、中二两期内施行之,于每期中各为一个月,合计二个月。

前项各期教育,如在所定之年或期内未参加或未完成者,于其次年次期补成之,在中三期有必要时,亦得行复习教育。

第七条　国民兵教育通常就所在城市、乡、镇施行,或集合于附近军队施行之。

第八条　警察及其他之地方团队,其所有军事教育之时期、程度与国民兵教育相等或在以上者,得视为与国民兵教育相当,或以国民兵教育分配于是项机关施行。凡在受该种教育中者,与参加第六条之国民军事教育同。

第九条　凡各级中等学校军事教育,均视为国民兵教育,凡在校学生不论兵役及龄与否,均有受所定军事教育之义务。

凡高级中学及同等学校学生受前项军事教育期满及格者,得为预备军士或工长;其不及格者,为国民兵。如志愿服常备兵时,则适用次项对初级中学军事教育及格者之所定。

凡初级中学及同等学校学生受本条第一项军事教育期满及格者至服常备兵役时,在下士以下之进级期间，以对于一般所定减半为准，其不及格者，仍依一般所定。

第一〇条 凡专科以上学校学生应受规定之学校军事教育，其期满者，服役如下：

甲 学校军事教育及格并经备役候补军官佐考试及格者，得为备役候补军官佐，其服役准照军官佐服役条例之所定。

乙 学校军事教育不及格者与教育及格而备役候补军官佐考试不及格者，得依第九条第二项所定保有预备军士或工长之资格，其服役准照军士服役之所定。

第一一条 前两条所定各级学校军事教育之标准如下：

甲 初级中学与国民兵基本教育相当。

乙 高级中学完成国民兵教育，并养成其具有预备军士或工长之能力。

丙 大学及专科学校复习增进高级中学所受之教育，使其具有备役候补军官佐考试之程度。

第一二条 前第九、第十两条各项学生入养成常备军官佐、军士之教育机关时，其服役依照本条例第二十五条第二项之所定。

第一三条 国民兵在战时为补充常备兵之不足及任后方之守备等，有受动员召集之义务，高中以上学校学生在学中之及龄者，得以命令缓召；其未及龄者，概不受动员召集。

第一四条 各期国民兵在受教育或召集中，依第五条所定而届转期者，仍继续教育或服务，其期次则依所定转期。

国民兵后期在召集中而因战事或守备勤务及灾变等不得除役者，以军政部长之命令规定期限令其延役。

第一五条 本章所规定国民兵各种教育，均以国民军事教育实施之。国民军事教育纲领方案及施行细则，由训练总监部分别会同军政部、内政部、教育部订定之。

第三章　常备兵役

第一六条 常备兵役区分为必任义务制与志愿制之二种，如下：

甲 必任义务常备兵 依兵役法第四条第二项之所定，在一般地方实施之，称为征兵。

乙 志愿常备兵 依兵役法第四条第三项之所定，在自治未完成之区域施行之，称为募兵。

前项征兵与募兵对于地方及时间之适用，由国民政府以命令定之。

第一七条 中华民国之男子年满二十岁时，为常备现役及龄。凡男子在现役及龄之年，均受下列之调查及检查等事项。

甲 身家调查。

乙 身体检查。

依前项调查及检查之结果加以检定，经检定合格者，及龄后入营为常备兵之现役。

前项调查检查及检定，其规则均另定之。

本条之调查、检查及检定，在施行募兵制之地方，仅对于志愿服常备兵役者行之。

本条例实行之第一次调查及检查时，凡年满二十岁至二十五岁者，均得行之。

第一八条　前条检定合格者之男子多于应使入营之所要人员时,以抽签法决定之;不足时,可以邻区之余员补足之。

现役兵入营每年二次,其日期以十二月一日为正规期,以六月一日为补助期。如因地方情形及季节等关系而须加以伸缩时,以对于上定日期之前后各不逾十五日为限。

新兵征募机关依本条例第四十二条之所定,其征募事务规则另定之。

第一九条　现役兵在营三年,受正规之军队教育。但除上等兵、特种兵、特业兵外,其余均满二年归休,又,运输兵则视需要,满半年得予归休。

第二〇条　现役兵之在营及归休并规定如下:

一　应予归休之现役兵志愿留营而服满三年之现役全期者,得于期前报告部队长,经师(独立旅)长准许,得予留营,以不逾应归休全额十分之二为限。

二　上等兵、特种兵、特业兵在营满二年而请求归休者,经部队长核请师(独立旅)长准许后,亦得准其归休。但人数以不逾各该种兵总数十分之一,并须于教育勤务均无妨碍为限。

三　现役兵在营一年未满而因疾病、事故请假,经师(独立旅)长核准者,转为国民兵役。已满一年以上经准假而体格尚堪服常备役者,准予归休,称为早休兵,其不堪服常备兵役者,转为国民兵。

四　届归休之期而因战事或其他紧急事变与重要勤务等,得依军政部长之命令停止归休,对于全国或某一部队均同。

第二一条　现役期满,不问其在营或归休中,均一律转为正役,为期六年。正役期满,转为续役,至年满四十岁,转为国民兵役,称为余役。

正役、续役各分前后二期,如下:

正役前期　自第一年至第三年;

正役后期　自第四年至第六年;

续役前期　自第一年至第四年;

续役后期　自第五年以至期满。

第二二条　服正役及续役时,平时均不在营,惟赴规定之演习战时,应动员召集前项演习,通常在正役之前后两期及续役之前期,每期各一次,每次一个月,合计三次,共三个月。但有必要时,得增减次数及各次之日期,又,有必要时,则在续役后期亦召集演习。

第二三条　现役兵期满而志愿延长在营服役者,得于期前报告部队长,依次项之规定,经师(独立旅)长之准许,予以留营,为长期现役兵。

长期现役兵之规定,如下:

一　年龄最大以至三十岁未满为限;

二　须体格强壮,品行端良,学术优秀;

三　期间以自原定现役期满起至延长在六年以内为限;

四　人数以不逾应退役全额之十分之二为限。

长期现役兵延长在营之年数,通算于其正役年期以内。

第二四条　现役期满而因在战争中,或在服守备勤务,或因紧急事变及灾患等而留营者,自现役届满起,其留营期间仍依规定转役,其留营期限由军事最高长官以命令行之。

正役、续役者在召集中而遇前项情事时,仍在营服役,其役期按原定期次转换之。

第二五条　现役兵拨充军士者,其升级后之服役,另定之。

国民在役龄中而入军事教育机关受常备军官佐候补教育或军事预备教育者,其服役依该军事教育机关之所定,现役兵亦同。

入前项军事教育机关经毕业而任官式补充军士者,以后之服役分别照军官佐、军士服役之所定,其未予任补者或未毕业而离该教育机关时,除有特定者依照所定外,其余均仍在原役。

第四章　免役、禁役、缓役及停役

第二六条　兵役适龄之男子有下列事项之一者,对于各种兵役均为免役。

一　身体残废或有精神病,终身无治愈之望者;

二　边区地方之统治者及其依世袭制而为继承者。

兵役适龄之男子有下列事项之一者,对于各种兵役均为禁役。

一　判处无期徒刑者;

二　褫夺全部公权终身者。

已在服役中而遇有前两项各款之一者,予以除役。

第二七条　兵役适龄之男子有下列事项之一者,免常备兵役而服国民兵役。

一　高中学级及其同等以上学校毕业者;

二　依国家官制经政府予以委任以上终身官之任命或登记者,小学以上教师亦同;

三　于家庭为独子者;

四　本身归化者;

五　侨居外国三年以上者。

在服常备役中而遇有前项各款之一者或经发见者,转为国民兵役。

第二八条　现役及龄而有下列事项之一者,得展缓其入营之年期,称为缓役。

一　在国外旅行未能回国者;

二　身体疾病不堪行动,在数月中无健复之望者;

三　因担任官公事务或服工役不能中辍者;

四　负家庭生活责任非本人不能维持者;

五　同胞三人以下,其一人现正现役在营者;或同胞四人以上,其二人现正现役在营者。

前项缓役者至原因消灭时,仍按期入营,如至年满二十五岁而仍不入营者,则服国民兵役中一期,在缓役中仍受国民兵役之训练及召集。

第二九条　在各种兵役服役中,有下列事项之一者,停止兵役之服役。

一　被选为国家或地方之议员或代表在任期内;

二　在服定期之长期工役中者;

三　判处有期徒刑,在执行期中者;

四　现役中身体疾病不堪行动,在半年内无健复之望者。

前项停役者至原因消灭时,仍行回役。

本条第一项第二款所定因工役之停役,以不在常备兵现役及国民兵役初期以内为限。

第三〇条　凡受特任之职务者,予以各种兵役之免役或除役。受简任之职务者,如未服役,则免常备兵役而服国民兵役;在服常备兵役者,则照予转役,服常备兵之正役;续役者,受荐任、委任之职务时,除第二十七条第一项第二款之情形外,在任职期间予以停役,离职后仍回应服之役。

第三一条　凡国籍有疑义者,对于国民兵役之起役及常备兵役之入营,均予缓役,如在服役中,则予停役,疑义消失而经确认时,则予起役或回役。

在服役中而丧失国籍者,除役。

第三二条　停役者回役时,其所应回之役次如下:

在现役中停役者,准本条例第二十条第三项之所定;

在其他各役中停役者,依其回役时之年龄及年次定之;

如在回役时或停役中而年满四十五岁者,则按时除役。

第五章　在乡军人管理及召集

第三三条　军人除服常备兵役之现役在营者外,其他通称为在乡军人,平时有应教育及演习等召集、战时有应动员召集之义务。

各兵役服役者之教育及演习召集,由主管机关依规定召集之。

动员召集以国民政府之命令由主管机关召集之,各种召集规则分别依本条例第五、第六、第十三、第二十二等条另定之。

第三四条　在乡军人除受召集外,平时各自营其职业,但受规定之管理。

第三五条　在乡军人如因地方情形而有使服地方警备勤务之必要时,须以不妨碍第三十三条所定之召集为限,又,如为长期勤务之担任,则须依其志愿。

第六章　兵役事务

第三六条　兵役事务之关于军政部主管者如下:

一　征募区域之规划;

二　征募兵员之分配;

三　征募机关之组织及实施之办法;

四　归休及转役、转期之处置；

五　在乡军人之管理及召集之规定；

六　缓役、免役、禁役、停役、回役、延役、除役之处置；

七　兵籍事务之规定。

第三七条　兵役事务之关于内政部管理者如下：

一　国籍户籍之确定；

二　应服役者年龄及身家之调查；

三　征募召集之布达及转送；

四　兵员退役后之调查安置；

五　国民兵事务之处理。

第三八条　兵役事务之关于训练总监部主管者如下：

一　常备兵及国民兵教育之计划及监督；

二　国民军事教育之推行；

三　各种教育干部之准备。

第三九条　兵役事务之关于教育部主管者如下：

一　中学以上学校男生之调查统计；

二　中学以上学校军事教育与一般教育之连系；

三　中学以上学校军事教育实施之事务。

第四〇条　各部对于主管业务，与其他机关有关系者会同办理，互相通报。

第四一条　为施行兵役事务，由军政、内政二部会同划分全国为若干师管区及团管区，设置必要机关，掌理兵员征募及国民兵事务与在乡军人管理等事宜。

各部队及地方政府与其所属各级机关、各自治机关于兵役有关之事务，均按规定协同办理。

第四二条　为施行征募事务，其组织系统如下：

一　军政部长及内政部长　会同统辖全国征募事务。

二　省(行政院直辖市)政府　协同师管区之征募事务。

三　师管区长官(为师长或师管区司令)依另条例之所定，掌理本区征募事务。

四　团管区(在未设置时则其相当机关)　掌理本区征募事务。

五　县(市)政府　依团管区司令部之指导，会同征募事务所办理本县(市)之征募事务。

六　征募事务处　每年在征募期以团管区司令部人员组织之，掌理征募事务，其下分区设置征募事务所，以征募委员及征募医官等组织之，实施征募事务。

七　区坊乡镇公所　受县(市)政府之指挥、监督，办理关于征募之准备及实施各事务。

第七章　附则

第四三条　本条例实施各规则另定之。

第四四条　本条例自公布日施行。

兵役机关系统表

民国二十五年(1936年)五月七日军政部令发

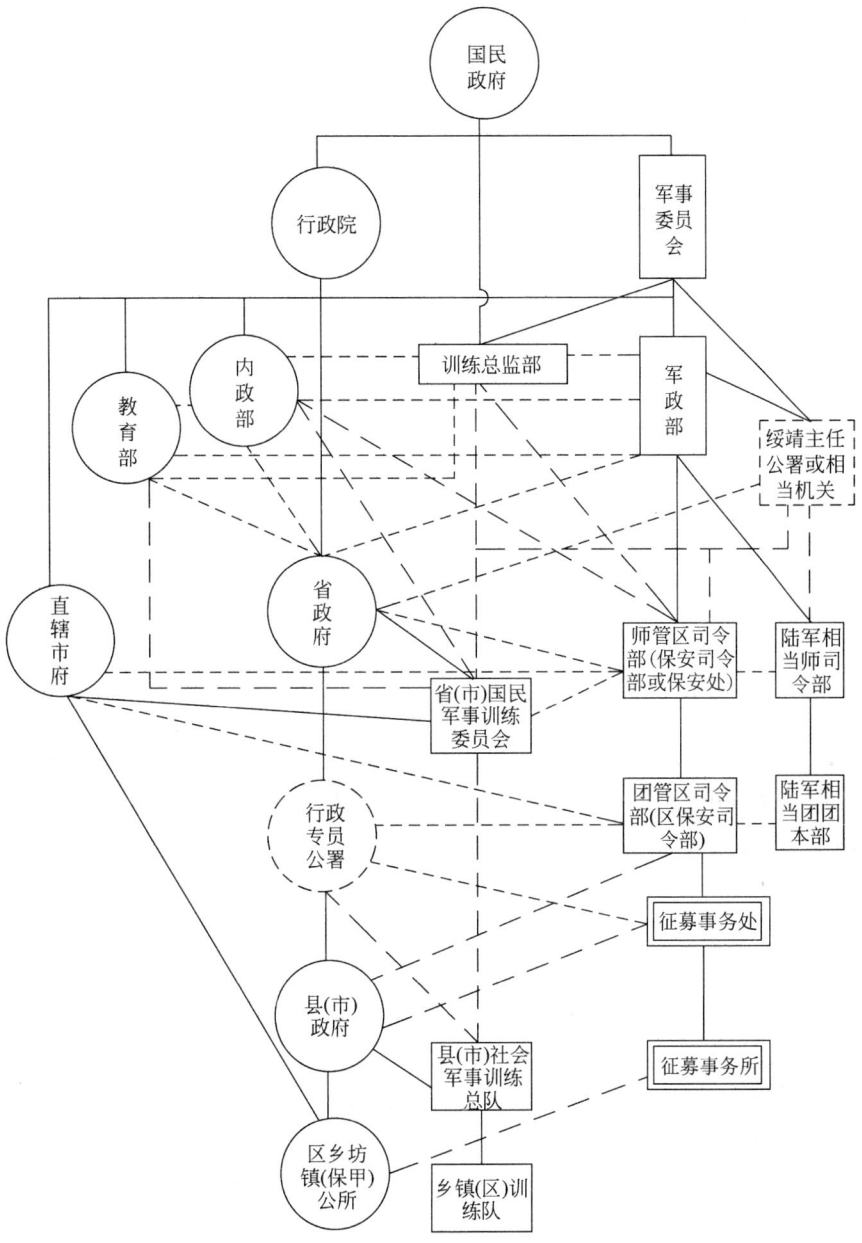

说明
1.圆形表示行政机关
2.方形表示兵事机关
3.双线方形表示兵役临时机关
4.实线表示直辖关系
5.长点线表示指导关系
6.短点线表示连络关系
7.虚线方圆形系表示临时机关

●●兵役及龄男子调查规则 民国二十五年(1936年)七月十四日内政部训练总监部军政部公布

要　目

第一章　总则

第一条　本规则依兵役法施行暂行条例(以下称本条例)第四条及第十七条之规定制定之。

第二条　关于国民兵役及龄及常备兵役现役及龄男子之身家调查依本规则办理。

第三条　前条调查由县(市)政府督同区乡(镇)(坊)公所及保甲(间邻)长负责办理。

其在直隶于行政院之市,则由社会局督同区坊公所及保甲(间邻)长负责办理之。

第二章　现役及龄调查

第一节　征兵调查

第一款　调查程序

第四条　凡中华民国之男子于满二十岁之年,施行身家调查。

前项调查范围,以上年十二月一日起至本年十一月三十日止届满二十岁者为限。

第五条　各家长应将家属中依前条第二项届满二十岁之男子于每年四月一日至十日内填具现役及年龄呈报书(附式一),经得甲长、保长之署名及登记后,呈报于乡(镇)(坊)公所,现役及龄人为家长时,亦同。

注意

依兵役法施行暂行条例第十七条末项所定征兵第一次调查及检查时,凡满二十岁至二十五岁者,均得行之。查二十岁至二十五岁为现役适龄,本(二十五)年四月开始施行征兵调查时,应依照条例规定施行,所有呈报书、表、簿册等件,均应改用适龄字样特注。

本规则第三章国民兵役在第一次调查时,凡满十八岁至三十五岁者,均得行之。

第六条　保甲长应于四月十五日以前,根据户籍详查该管区域内现役及龄男子之呈报有无遗漏,如发现遗漏,应责同家长补行呈报,并报其事实于乡(镇)(坊)公所。无遗漏时,亦应以无遗漏之旨,于期限内负责报告之。

第七条　乡(镇)(坊)公所接得现役及龄呈报书及各保、甲长之报告后,应于四月二十日以前汇报于区公所。

第八条　区公所接得前条汇报后,应即依据编成本区常备现役及龄壮丁名簿(附式二),于五月十日以前呈报于县(市)政府。

前项呈报如在直隶行政院之市,向社会局为之。

本规则关于县政府之规定,前项社会局准用之。

第九条　县(市)政府接得前条呈报,应根据户籍簿详加核对,并派员调查应行免役、禁役、缓役者,是否属实,然后将各区壮丁名簿汇订为现役及龄壮丁名簿,并依据该项壮丁名簿作成县现役及龄壮丁统计表(附式三),于六月十日以前,转报于该管团管区司令部。

第十条　各团管区司令部根据各县(市)所报常备现役及龄壮丁统计表,作成团管区常备现役及龄壮丁统计表(附式三),于六月三十日以前,呈报于该管师管区司令部,并通知省政府与有关之市(直隶行政院之市)政府。

第一一条　师管区司令部根据各团管区司令部所报现役及龄壮丁统计表,作成师管区现役及龄壮丁统计表(附式三),于七月二十日以前,呈报于军政部。

省、市(直隶行政院之市)政府根据各团管区司令部所报现役及龄壮丁统计表,作成本省、市现役及龄壮丁统计表,于七月二十日以前,咨报内政部。

第二款　免役、禁役及缓役之声请

第一二条　依本条例第二十六条第一项应有免役者,应由其家长于现役及龄之年四月一日至十日内,填具免役声请书(附式四),经甲长、保长署名及登记后,连同证明文件呈报于乡(镇)(坊)公所。

前项证明文件,在本条例第二十六条第一项第一款情形,为医生(须领得合法医师证书者)检定书,在第二款情形,为身份证明文件。

第一三条　依本条例第二十六条第二项应行禁役者,应由其家长填具禁役呈报书(附式五),依前条第一项程序办理。

前项呈报应附之证明文件,为判决书正本或其抄本。

第一四条　依本条例第二十七条第一项应免常备兵役者,依第十二条第一项之规定办理。

前项呈报应附之证明文件,在本条例第二十七条第一项第一款情形,为学校毕业证书及军事教育期满证书。在第二款情形,为任命状登记证书或学校聘书。在第三款情形,为该管保、甲长之证明。在第四款情形,为归化证书。在第五款情形,为出国护照之抄本或照相。

第一五条 依本条例第二十八条第一项应行缓役者,依第十二条第一项之规定办理。

前项呈报应附之证明文件,在本条例第二十八条第一项第一款情形,为出国护照之抄本或照相。在第二款情形,为医生检定书。在第三款情形,为所任官公事务或服工役之主管署证明书。在第四款情形,为该管保、甲长之证明。在五款情形,为载明现役在营者之姓名、年岁、籍贯、入营年月及所属部队番号之书类。

第一六条 依本条例第三十条之规定应免役或免除常备兵役者,依第十二条第一项之规定办理。

前项呈报应附之证明文件为任命状。

第一七条 现役及龄者,依本条例第二十六条第二项应行禁役。依第二十七条第一项第五款应免常备兵役或依第二十八条第一项第一款应缓役时,如本人为家长,无从呈报,应由该管保、甲长负责呈报之。

第一八条 乡(镇)(坊)公所接得第十二条至第十七条之呈报,应于调查属实后,签名盖章,在四月二十日以前,呈报于区公所。

第一九条 区公所接得前条呈报后,应依据填入本区现役及龄壮丁名簿内,连同声请(呈报)书呈报之。

第二〇条 县(市)政府依第九条调查免役、禁役、缓役者,认为应予驳斥或变更时,除分别填入县现役及龄壮丁名簿及编入县现役及龄壮丁统计表外,应令知该管区公所根据修正区现役及龄壮丁名簿。

第二一条 依本条例第二十八条第一项而缓役者,至原因消灭尚未逾常备现役适龄时,其家长应于原因消灭之年(四月十日以前缓役原因消灭者)或其次年(四月十日以后缓役原因消灭者)身家调查时,填具缓役原因消灭呈报书(附式六),取得保、甲长署名及登记后,呈报于乡(镇)(坊)公所,转报区公所编入区现役及龄壮丁名簿。

第三款 志愿应征程序

第二二条 现役及龄者志愿服现役时,由其家长于呈送现役及龄呈报书之同时,提出志愿服役声请书(附式七),经由乡(镇)(坊)区递呈至县(市)政府。

第二三条 县(市)政府接得前条呈报,应于第九条调查之同时,调查志愿服役人之意志,认为确实者,即据以填入县现役及龄壮丁名簿及编入县现役及龄壮丁统计表,否则,令知该管区公所涂去区现役及龄壮丁名簿内备考栏之附注。

第二四条 已编入现役及龄壮丁统计表之志愿应征者,免除其抽签程序,优先征集之。

第二五条 现役适龄者志愿服现役时,由其家长或本人于每年四月一日至十日内,填具志愿服役声请书,依第五条至第八条之程序,递呈于县(市)政府。

第二六条 县(市)政府接得前条呈报,应即依照第二十三条规定派员调查,属实后,造具县志愿应征壮丁表(附式八),报由团管区转报师管区。

第二七条　师管区于奉到军政部配赋之员额后,转向各团管区配赋时,应于其总额内注明志愿应征者之数目,团管区配赋于县(市)时,亦同。

县(市)应于配赋额内除去志愿应征者,然后依抽签法征集之。

第二八条　依第二十二条声请志愿服役者已足配赋额时,依第二十五条声请志愿服役者,应缓期征集之。

第二节　募兵调查

第二九条　依本条例第十六条第一项乙款规定之募兵志愿应募者,应具备下列条件:

一　合于兵役法第四条所规定现役适龄者;

二　体格健康者;

三　行为正当者。

第三〇条　志愿应募者应于每年二月十日至二月底及八月十日至八月底以内,填具应募志愿书(附式九),经甲长、保长署名及登记后,呈由乡(镇)(坊)公所转呈区公所。

第三一条　区公所根据前条呈报派员调查,认为合于第二十九条各款之规定者,于三月十五日及九月十五日以前,汇报县(市)政府,县(市)政府根据前项呈报,应于三月二十五日及九月二十五日以前,汇报该管团管区司令部。

第三二条　团管区司令部根据前条呈报,分别指定检查处所,饬令志愿应募者于一定日期内前往就检。

第三三条　志愿应募者未及依第三十条办理者,得于检查日期以前,临时迳向检查处所补呈区保、甲长盖章之志愿书,请求检查。

区长对于前项临时志愿应募事实,应报由县(市)政府转报团管区司令部。

第三四条　依前条检查体格合格者,应由团管区司令部分别编造应募壮丁名册(附式十),于五月十日及十一月十日以前,呈报于师管区司令部。

第三五条　军政部应于每年三月十日及九月十日以前,指定各师管区募集数额及应编入部队番号,通饬遵照办理。

第三六条　师管区接得前条命令,应根据第三十四条壮丁名册,依下列方法办理。

一　团管区之应募者过少不足募集额者,应指定由其邻近应募者较多之团管区补充之。

二　团管区之应募者过多,除补充邻近团管区外,仍超过募集额时,应依检查体格等位分别去留。

师管区应募者过少,不足募集额时,其补充办法另定之。

第三七条　师管区依前条决定后,应于五月十五日及十一月十五日以前,令知各团管区司令部,团管区司令接得前项命令,应于五月二十日及十一月二十日以前,通知应募者入营日期及地点。

第三章　国民兵役及龄调查

第三八条　凡中华民国之男子于满十八岁之年，施行身家调查。

前项调查范围，以上年十二月一日起至本年十一月三十日止，届满十八岁者为限。

第三九条　依前条规定应受身家调查者，应于每年六月一日至十日，由其家长填具呈报书（附式十一），经由甲、保长及乡(镇)(坊)公所署名登记，递呈至区公所。

保、甲长应于前项期限内，根据户籍详查该管区域内国民兵役及龄男子，命其呈报，以免遗漏。

第四〇条　各区公所根据前条呈报，于六月三十日以前，造成区国民兵役及龄人员表（附式十二）。

以一份存查，以一份呈由县(市)政府，发交县(市)社会国民军事训练总队。

第四一条　县(市)政府根据区国民兵役及龄人员表作成县(市)国民兵役及龄人员统计表（附式十三），于七月二十日以前，呈报省(市)国民军事训练委员会及团管区司令部。

第四二条　省(市)国民军事训练委员会根据前条呈报，于八月二十日以前转报训练总监部及内政部备案。

团管区司令部根据前条报告，转报师管区汇报军政部备查。

第四三条　关于免役、禁役及缓役事项，参照第二章第一节第二款之规定办理。

第四章　附则

第四四条　违反本规则之规定者，其惩罚另定之。

第四五条　本规则自公布日施行。

附式一

现役及龄呈报书		
本籍地	某省(市)某县(市)某区某乡(镇)(坊)某保某甲	
本人现住地		
本人姓名	别号	有数别号时均应注入
出生年月日	某年某月某日生　与家长之关系	如"长子"、"次子"、"兄弟"，如自为家长，则迳写家长
本人职业	现在职业及其就职年月(有兼业亦宜注明)从前职业及其就职年月	
学历	某学校毕业或入塾攻读几年，如未入学，识字程度亦应注明，如"不识字"，"粗识文字"等	
特有技能	如骑马、游泳、国术、歌舞、音乐等	
上现役及龄事由均属实在理合呈报 某乡(镇)(坊)公所转呈 某区公所鉴核 　　　　　　　　　　　　　　　　　　呈报人某某(盖章或捺指模) 　　　　　　　　　　　　　　　　　　某甲甲长某某(盖章) 　　　　　　　　　　　　　　　　　　某保保长某某(盖章)		
中　华　民　国　　　　　　年　　月　　日		

注　本书用国产上等毛边纸，以后书表册均同

附式二

某省某县(市)某区中华民国某年度现役及龄壮丁名簿			
现住地		签号数	
姓名		出生年月日	
与家长之关系		职业	
特别技能			
身体检查摘要	身长	体格等位	
	判定体格等位应特别记载事项		
假定	(免役或缓役)	假定原因	
决定	合格 (现役兵)	合选兵种	(步骑炮其他)
	不合格 身长不足 (身长若干)		
	缓役 (因兵役法施行暂行条例某条某项事由)		
	免役 (因兵役法施行暂行条例某条某项事由)		
备考			

说明 (一)本名簿每人一张,应依现住地区划装订成册,并于簿面盖印,注明页数及年月日。
　　　(二)现住地至特别技能栏,根据现役及龄呈报书填写假定栏,根据免(缓)役声请书填写。其应禁役或志愿应征者,应根据呈报或声请书填载于备考栏内。
　　　(三)身体检查摘要栏,由主任军医填写;决定栏,由征兵事务所主任填写。

附式三

某省某县(市)
某师区某团区　年度现役及龄壮丁统计表
某　师　区
某　省　（市）

区别＼项别人数	应征者	志愿应征者	应免役者	应禁役者	应缓役者	合计
总计						
备考						
中 华 民 国　　年　月　日　（衔名）　　　　谨造						

说明 区别栏内,在县应填"某区"。在团管区,应填"某县"。在师管区及省,应填"某团管区"。
　　　区别竖格以管区及县区数多寡伸缩之。

附式四

免(缓)役声请书			
本籍地		现住地	
本人姓名		出生年月日	
免(缓)役原因	兵役法施行暂行条例第　　条第　　项第　　款事项		
证明文件	(名称及件数)	本人与家长之亲属关系	

上应予免(缓役原因确属事实理合呈请)

某某乡(镇)(坊)公所转呈

某某区公所转呈

某县(市)政府

声认人某某(盖章或捺指模)

某甲甲长某某(盖章)

某保保长某某(盖章)

中　华　民　国　　　　　　年　　月　　日(本联由县存查)

字第　　　　　　　　　　　　　　　　号

免(缓)役声请书第二联	免(缓)役声请人某某
	应免(缓)役人某某现住地
	应免(缓)役原因
	证明文件
	调查结果(如"调查确实应予免役")
	上　呈
	某团管区存查　　　　　送到团管区　年　　月　　日

字第　　　　　　　　　　　　　　　号

免(缓)役声请书第三联	免(缓)役声请人某某
	应免(缓)役人某某现住地
	应免(缓)役原因
	证明文件
	转呈　　　　　县(市)政府　　　　　年　　月　　日
	某县某区公所截存

附式五

禁役呈报书			
本籍地		现住地	
本人姓名		出生年月日	
禁役原因	兵役法施行暂行条例第二十六条第二项第　款	禁役事实	（某法院因某案于某年月日判决确定）
证明文件	（名称及件数）	本人与家长之亲属关系	

　　　上禁役事实理合呈报
某乡(镇)(坊)公所转呈
某区公所转呈
某县(市)政府

呈报人某某(盖章或捺指模)
某甲甲长某某(盖章)
某保保长某某(盖章)

中　华　民　国　　　　　　年　月　　日(本联由县存查)

字第　　　　　　　　　　　　　　号

禁役呈报书第二联	票役呈报人某某
	应禁役人某某　　　　　　　现住地
	应禁役原因
	证明文件
	调查结果(如"调查确实应属禁役")
	上　呈
	某团管区存查　　　　送到团管区　　年　月　　日

字第　　　　　　　　　　　　　号

禁役呈报书第三联	禁役呈报人某某
	应役人某某　　　　　　现住地
	应禁役原因
	证明文件
	转呈县(市)政府　　　　年　月　　日
	某县某区公所截存

附式六

缓役原因消灭呈报书			
本籍地		现住地	
本人姓名		出生年月	
缓役原因		缓役开始时期	
缓役原因消灭情形			

　　上缓役原因消灭事实理合呈报

某某乡(镇)(坊)公所转呈

某区公所

呈报人某某(盖章或捺指模)

某甲甲长某某(盖章)

某保保长某某(盖章)

中　华　民　国　　　　　　年　　月　　日

附式七

　　　　志愿服役声请书

声请人某某,现年　　　　　岁,志愿服现役兵役,兹依照兵役及龄男子调查规则第二十二条之规定,声请

准予编入现役,为祷。

　　　　谨　　呈

某乡(镇)(坊)公所转呈

某区公所鉴核

声请人家长某某(盖章或捺指模)

某甲甲长某某(盖章)

某保保长某某(盖章)

中　华　民　国　　　　　　年　　月　　日

附式八

某县现役适龄志愿应征壮丁表			
志愿应征者姓名	出生年月日	住　址	备　考

附式九

应募志愿书			
本籍地	某省(市)某县(市)某区某乡(镇)(坊)某保某甲		
本人现住地			
本人姓名		别号	有数别号时应均注入
出生年月	某年某月某日生	家庭状况	
本人职业	现在职业及其就职年月(有兼业亦宜注明)从前职业及其就职年月日		
学历	某学校毕业或入塾攻读几年,如未入学,识字程度亦应注明(如"不识字","粗识字"等)		
特有技能	如骑马、游泳、国术、歌舞、音乐等		
兹志愿应募服常备现役,属实理合,出具志愿书,呈报。 某乡(镇)(坊)公所转呈。 某区公所鉴核(区长调查合格者于本行下盖章) 　　　　　　　　　　　　　　　　　　　　　志愿人某某(盖章或捺指模) 　　　　　　　　　　　　　　　　　　　　　某甲甲长某某(盖章) 　　　　　　　　　　　　　　　　　　　　　某保保长某某(盖章) 中 华 民 国　　　　　　年　　月　　日			

附式十

应募壮丁名册						
应募者姓名	出生年月日	住址	家庭概况	职业	身体检查结果	备考

附式十一

国民兵役及龄呈报书		
本籍地		
本人现住地		
本人姓名	出生年月日	
与家长之关系	嗜好	
学历		
现在生活状况		

　　上国民兵役及龄事由均属实在理合,呈报。

某乡(镇)(坊)公所转呈。

某区公所鉴核

呈报人某某(盖章或捺指模)

某甲甲长某某(盖章)

某保保长某某(盖章)

中　华　民　国　　　　　年　　月　　日

附式十二

某县某区某年度国民兵役及龄人员表				
本人姓名	出生年月日	住址	家长姓名	备考

　　说明　(一)应免役、禁役或缓役者,应于备考栏内注明。

　　　　　(二)本表填写以一普通及龄人员居前,免役者次之,禁役者更次之,缓役者居最后。

附式十三

<table>
<tr><td colspan="6" align="center">某县某年度国民兵役及龄人员统计表</td></tr>
<tr><td>区　别
项别
人数</td><td>及龄人员</td><td>应免役
人员</td><td>应禁役
人员</td><td>应缓役
人员</td><td>合计</td></tr>
<tr><td></td><td></td><td></td><td></td><td></td><td></td></tr>
<tr><td></td><td></td><td></td><td></td><td></td><td></td></tr>
<tr><td></td><td></td><td></td><td></td><td></td><td></td></tr>
<tr><td></td><td></td><td></td><td></td><td></td><td></td></tr>
<tr><td>统计</td><td></td><td></td><td></td><td></td><td></td></tr>
<tr><td>备考</td><td colspan="5"></td></tr>
<tr><td>中　华　民　国</td><td colspan="4" align="center">年　　月　　日(衔名)</td><td>谨造</td></tr>
</table>

说明　区别栏内,应填某某区,其竖格按区之多寡伸缩之。

●●陆军征募事务暂行规则 民国二十五年(1936年)八月军政部公布

要　　目

第一章　总则

第一条　本规则依兵役法施行暂行条例第十八条第三项制定之，凡现役兵征募事务，均依本规则办理。

第二条　现役兵征募分征集、募集两种行之，如下：

一　由现役及龄之壮丁或其适龄志愿应征者依征兵手续使之入营服现役，是为征集。

二　由适龄之壮丁志愿应募，经检查合格，使之入营，是为募集。

第二章　征（募）兵区

第三条　征（募）兵区以常备兵师（团）、相当之师（团）管区为其征（募）兵区，县（市）为征（募）集区。

为办理新兵检查便利起见，每征（募）集区得适宜设立数个检查所施行之。

第四条　各师步兵科之新兵，由本团管区征（募）集之。

师直属各种部队之新兵分配，所属各团管区内选拔之。

依配赋上必要之兵员，本管区不足时，各团管区得以本师管区司令部命令，由他团管区征（募）集之。各师管区得以军政部命令，由他师管区征（募）集之。

第五条　宪兵及特种部队之新兵，由军政部临时配赋于各师管区。

特种独立部队，系指各独立旅团队及军事机关、学校之特务教导练习等部队。

第三章　征（募）兵官

第六条　总征募官由军政部长任之，会同内政部长办理全国征（募）兵等宜。

第七条　师管区司令任本管区之征（募）兵官，综辖师管区内征（募）兵事务。

第八条　团管区司令任本管区之征（募）兵官，执行区内征（募）兵事务。

团征（募）兵区施行身体检查时，得派遣征（募）兵人员率同各级军医行之。

第四章 征(募)兵机关

第九条 团管区办理征(募)兵时,设置团管区征(募)兵事务处,并于本团管区所属各征(募)集区设置征(募)兵事务所,办理征(募)兵事务。

征(募)集区地域狭小者,得以二至三个征(募)集区设置一征(募)兵事务所,轮流行之。

第一〇条 团管区征(募)兵事务处及征(募)集区征(募)兵事务所,以团管区司令部原有人员及师管区司令部与常备师各部队分遣派充之。不足时,得临时委任备役官佐及正役军士充之。

事务处及事务所之组织暨业务,如附表第一、第二。

第一一条 师征(募)兵区及团征(募)兵区办事细则,由各该区自行拟订施行,并遵呈总征募官备案。

第五章 征集

第一节 壮丁呈报

第一二条 凡现役及龄之男子均称壮丁,其调查及呈报手续依兵役及龄男子调查规则第二章各条办理之。

第一三条 县(市)长于呈送现役及龄壮丁统计表同时,应将选定之征集区征兵事务所开设地点处所呈报团管区司令部。

第二节 兵额分配

第一四条 常备师各团应将本年现役兵退伍及其他之缺额统计,应征募新兵人数,于八月十日以前,呈报于师长,师长连同师直属部队需要人数,于八月二十日以前,通知管区司令部,并呈报军政部查核。

宪兵及各种独立部队,于六月三十日以内,应将本年应补充人数呈报于军政部,军政部分别配赋后,于七月中旬分令各该师管区办理。

第一五条 师管区司令根据前条需要新兵人数,对照各团管区现役及龄人员统计表,详细核定分配于各团管区。

第一六条 师管区司令应将核定之各团管区征集人数制,或师管区本年现役兵征集分配表(附式一),于八月三十一日以前,令知各团管区司令,并分报省政府内政部、军政部备案。

军政部关于宪兵及特种私立部队所需补充新兵之征集分配,分别令知该部队。

内政部、军政部如有对于征兵之意见及临时规定事项,应尽于九月三十日以前会令各该师管区司令遵照。

上项意见及规定事项,有必要时,由内政、军政两部会咨该省政府查照或商决之。

第一七条　各团管区司令遵照师管区司令核定征集人数,斟酌各县壮丁情形,分配于各县(市)征集区,并呈报备案。

第一八条　各县(市)于奉到团管区司令分配应征集人数,即召集各区、乡、镇、坊长会议,决定各区域应征集程序。

第三节　身体检查及兵种选定

第一九条　壮丁身体检查,由团管区征兵事务处医官及相当人员按照检查及检定规则办理。

第二〇条　团管区征兵事务处须将检查顺序制成本团管区各征兵事务所开设日程表(附式二),于六月二十日以前,行知本区各县(市长),并呈报于师管区司令。

第二一条　县(市)长奉到团管区征兵事务所开设日程表,应立即根据转知各区、乡、镇、坊长,区、乡、镇、坊长即制应征壮丁身体检查通知书(附式三),转发各闾邻保(甲)长通知受检查之本人或其家长。

第二二条　身体检查按照各县壮丁名簿依次检验,分别记载之。

第二三条　身体检查时,区、乡、镇、坊、闾邻保(甲)长均列席,以备征兵官之咨询。

第二四条　身体检查,自七月上旬起至八月下旬办理完毕。

第二五条　兵种选定于身体检查同时行之,判定后记载于壮丁名簿。

第二六条　检查及选定后,应随时由县(市)政府会同征兵事务所负责缮造本县(市)壮丁名簿一份,于九月十日以前呈报于团管区司令部备查。

第四节　免役、缓役

第二十七条　关于免役或缓役事项,依兵役法施行暂行条例第二十六、第二十七、第二十八、第三十、第三十一各条之所定。

第二八条　团管区各征兵事务所施行身体检查时,如受检查人依照规定应予免役或缓役者,于壮丁名簿决定栏内填记之。

第二九条　免役或缓役者,由团管区征兵官分别填给免役证书(附式四)或缓役证书(附式五),发给本人收执。

第三〇条　团管区征兵官以每县(市)之免役、缓役者作成免役、缓役姓名表(附式六)三份,以一份存团管区司令部,一份移送于该县(市)长,一份呈送师管区司令。但移送该县(市)长之表,只列该县(市)免役、缓役姓名,其他各栏不列。

第三一条 师管区司令对于各团管区内免役者有疑义时,得饬师管区征兵医官复验之。如认为不当免役,得撤销其免役证书,并行知该团管区司令及县(市)长。

第三二条 壮丁或其家属对于团管区之征兵官之裁决有不服时,得向师管区征兵官申诉之。但在申诉中,不停止裁决之执行。

第三三条 前条之申诉,依下列各项行之:

一 申诉期限自裁决之日起在二十日以内,为有效期间,逾期概不受理;

二 申诉以书面为之;

三 申诉之裁决不得呈诉于他机关。

第三四条 总征募官对于下级征兵之处分,认为不合法或有不当时,即予撤销,更令复行处分。

第五节　抽签

第三五条 经身体检查合格之壮丁,为决定本年应征集现役人数及预备补充数,于征集区临时组设抽签事务所举行抽签,抽签日期于十一月上旬开始,是月二十日以前举行完毕。

备补人数为所需现役人数十分之三。

第三六条 抽签事务所举行抽签,应依各抽签事务所抽签日程表(附式七)规定顺序行之,县(市)长应于抽签之前半月,将抽签日期布告周知。

前项抽签事务所抽签日程表由团管征兵事务处制定,于十月十日以前,通令各县(市)长知照。

第三七条 抽签事务由团管区征兵官主持办理,该县(市)长协助之。

第三八条 举行抽签由团管区司令或县(市)长于乡、镇、区长选定总代表三人为之。

第三九条 抽签时,由团管区征兵官或县(市)长指派下列人员执行其事务。

一 唱名员;

二 黏贴员;

三 盖印员;

四 壮丁抽签名簿登记员。

上列各员之名额,得临时酌定。

第四〇条 抽签时,应备抽签登记名簿(附式八),并制用如下签号票、姓名票。

一 签号票 自一号至与需要新兵人数相当之号止,每号一票。

二 姓名票 根据壮丁名簿,所有应参加抽签壮丁每人一票。

第四一条 签号票姓名票票瓯之样式及抽签场配置图如(附式九)。

第四二条 抽签执行之顺序,依下列各项行之:

一　抽签之前一日，团管区征兵官及县(市)长、各公团代表等应齐集抽签事务所，将签号票、姓名票与壮丁名簿检对一过，将签号票、姓名票分别折叠成卷，投入各该瓯内，再将票瓯加封保管于抽签事务所。

二　抽签开始前，团管区征兵官、县(市)长及公团代表抽签总代表人齐集于抽签场，检查票瓯启封。

三　抽签总代表人(甲)每抽一签号票，高声唱其号数，再由抽签总代表人(乙)抽出一姓名票，高声唱其姓名，然后各将票交付于粘贴员。(甲)(乙)两总代表唱号、唱名时，抽签名簿登记员随即登记于壮丁抽签名簿。

四　粘贴员将抽签总代表人(甲)(乙)交来之签号票、姓名票粘贴成联，交付于盖印员。

五　盖印员于签号票、姓名票之间，盖用团管区征兵官骑缝印，交付于抽签总代表人(丙)。

六　抽签总代表人(丙)将签号、姓名联票与抽签登记名簿互相核对，抽签完毕后，将抽签登记名簿连同签号、姓名联票交付于唱名员。

七　唱名员将抽签名簿依次唱名一过后，即将抽签登记名簿、签号、姓名联票呈交于团管区征兵官。

八　团管区征兵官及县(市)长协同查阅名簿及联票后，均于抽签名簿签名盖章，即由团管区征兵官宣布应征集之现役兵额数及由一号起至某号止应受征集为现役兵，由某号起至某号止为现役备补兵，再将规定集合日期及集合地点宣布，并另行布告之。

九　团管区征兵官举行宣布后，即将签号、姓名联票交付各该区(乡)(镇)(坊)长发交于本人。

一〇　抽签之开始、终了或中止，由团管区征兵官宣布之。

第四三条　抽签登记名簿应作成二份，以一份存置于县(市)政府，一份存置于团管区司令部。

第六节　居住移转

第四四条　壮丁转移居住地于他处时，应于十日前报告乡间(保甲)长，递报于区(乡)(镇)(坊)长，再按如下手续办理之。

甲　移住他区，由区长通知移住地之区长。

乙　移住他县(市)，由区长转报县(市)长，由县(市)长检同该壮丁名簿，通知移住地之县(市)长。

丙　移住他之团管区，由区长递县转报团管区司令，由团管区司令检同该壮丁名簿，移送移住地团管区司令。

丁　移住他师管区,由区长递县转报团管区司令,由团管区司令检同该壮丁名簿,转报师管区司令,转送于移住地师管区司令。

以上各项现役兵义务,应在移住地行之。但移住地非征兵区域时,其义务仍在原籍管区行之。

第四五条　区长在壮丁名簿呈送后,区内壮丁发生变动时,即时报告于县(市)长,县(市)长转报于团管区司令,将该壮丁名簿分别改正。

第四六条　壮丁受身体检查后,有转居其他征兵区域时,其抽签仍于原籍抽签事务所行之,将中签号数加入移住地征兵同号数名次之后。

第七节　新兵入营

第四七条　新兵入营日期为十二月一日,依其应入部队驻在地之远近,规定其集合日期。

第四八条　新兵入营时,由团管区征兵事务处派遣职员于入营集合地,以之交付于部队长或新兵受领员后,即造具新兵名册,于十日内按级呈报军政部备案。

第四九条　新兵入营前,因为下列原因不能依期入营者,得具入营延期声请书(附式十),请求延期入营。

一　本人病重时;

二　本人之直系尊亲死亡或病重时;

三　本人住宅遭受水火风灾或受其他重大灾害,非本人无以善其后时;

四　其他重大变故时。

第五○条　前条申请书应呈该邻间(保甲)长,转呈乡(镇)(坊)区长,递呈于县(市)长,允准后,即通知入营兵集合地之受领员。

第五一条　延长入营期限,视其事故定之,最多不得逾一个月。如因本人患病,在此期限尚未痊愈时,应报由县(市)长将其编入下期征集之列,转报于团管区司令。

第五二条　常备师及独立部队于新兵入营一个月内,应将新兵数目及编配情形造具清册,呈报军政部查核。

第八节　现役兵备补

第五三条　新兵入营前或入营后,有死亡、疾病或其他事故不能入营者致发生缺额时,得于入营期两个月之内,视缺额之多少,一次或二次召集备补兵补充之。

第五四条　各师现役缺额之补充,由各部队长递报于师长,由师长转报军政部核定,饬知师管区司令转饬团管区司令办理,团管区司令将所要补充人数令原征集区之县(市)长按备补名册以命令依次召集入营。其入营日期、部队番号及驻地等,于命令内记载之。

第五五条　宪兵及特种独立部队现役缺额之补充,由各部队长呈报军政部饬知原师管区司令照前条转饬办理。

第五六条　现役备补者入营后,各部队除按规定编入兵籍册外,再造具新兵名册,按级呈报军政部,并递次通知该管团管区司令,团管区司令即将其现役及龄壮丁名簿送交该部队。

第五七条　现役兵缺额如本团管区补充仍不足时,得呈报师管区司令,于本师管区内其他团管区补充之。

第九节　志愿现役兵

第五八条　征兵区域,现役适龄之壮丁志愿服现役者,得允许之。

第五九条　志愿现役者之声请及调查呈报,依兵役及龄男子调查规则第二章第一节第三款各条办理。

第六○条　志愿现役者应优先入营服现役,不敷人数,再由壮丁抽签补足之。

第六一条　志愿现役人数超过本年需要兵员时,则按其新兵检查体格表之等位,择优征集之,并按第三十五条第二项选取备补人数。

第六二条　志愿服现役者其居住地之移转,依本章第六节各条之规定。

第六三条　志愿服现役之入营程序及入营延期,依本章第七节各条之规定。

第六章　募集

第一节　壮丁调查

第六四条　各区长于每年六月上旬起,督同乡(镇)(坊)、闾邻(保甲)长调查所属本年正规入营期现役适龄之壮丁,分别编成现役适龄壮丁名册(附式十一),于六月底以内报告于县(市)长。

第六五条　县(市)长汇造各区长所报壮丁名册,于七月中旬以内,呈报于团管区司令。

第六六条　团管区司令根据各县(市)呈报之壮丁名册作成团管区适龄壮丁报告表(附式十二),于七月底以前,呈报于师管区司令。

第六七条　师管区司令根据各团管区所报现役适龄壮丁报告表,作成师管区现役适龄壮丁报告表(参照附式十二),于八月中旬分报省政府内政部、军政部备案。

第二节　兵额分配

第六八条　常备师各团及师直属部队应将本年现役兵退伍归休及其他之缺额统计、应募补新兵人数,于九月五日及翌年三月五日以前,呈报于师长,师长应于九月十日及翌年三月十日以前,通知师管区司令,并呈报军政部查核。

宪兵及各种独立部队于九月一日及翌年三月一日以前,应将补充人数呈报于军政部。

军政部于九月十日及翌年三月十日以前,将募集额配赋分令各师管区办理。

第六九条 师管区司令根据前条需要人数,对照各团管区现役适龄壮丁报告表,斟酌配赋于各团管区。

第七〇条 师管区司令应将配赋各团管区募集人数制成师管区某年正规期或补助期募集分配表(参照附式一),于九月二十五日及翌年三月二十五日以前,令知各团管区司令,并分报省政府内政部、军政部备案。

军政部关于宪兵及特种独立部队现役兵之募集配赋,分别令知该部队。

第七一条 团管区司令对于募集分配及呈报事项,参照第十七条办理。

第三节 志愿兵报名

第七二条 志愿应募者之准许,依兵役及龄男子调查规则第二十九条之规定。

第七三条 志愿应募者之呈请及调查转报手续,依兵役及龄男子调查规则第三十条及第三十一条办理。

第七四条 各区、乡(镇)(坊)长于壮丁报名应募时,应负劝导之责,如地方人民对于兵役尚不明了,应募者稀少时,尤须切实晓谕之。

第四节 身体检查及兵种选定

第七五条 团管区募兵事务处所属各事务所检查新兵,于十月十一日至三十一日及翌年四月十日至三十日为检查期限,预制成团管区募兵事务处某县(市)事务所开设日程表(附式十二),于十月一日及翌年四月一日以内,呈报于师管区司令,并行知本区各县(市)长。

第七六条 师管区司令接到募兵事务所开设日程表,立即通知该师师长转饬所属部队派遣军医与所要人员及新兵受领员等于检查期前相当日期,到该募兵事务处接洽办理,并分报省政府内政部、军政部备案。

第七七条 军政部接到各师管区司令转报各团管区所属各县(市)募兵事务所开设日程表,即分饬宪兵及特种独立部队于检查前相当日期,派员赴该募兵事务处接洽办理。

第七八条 县(市)长奉到团管区颁发募兵事务所开设日程表,即酌量将本募集区分为数个检所,呈报于团管区募兵事务处。

第七九条 县(市)长于实行检查之前一月,应将募兵意义,剀切布告该募集区内,检查顺序经募兵事务所决定后,即令知各区、乡(镇)(坊)长,并布告周知。

第八〇条　身体检查及兵种选定,依身体检查及检定规则行之。

第八一条　检查合格之壮丁应由募兵事务所编造应募壮丁名册(附式十四)二份,以一份连同应募志愿书(见兵役及龄男子调查规则附式九)及身体检查表,发交入伍之部队,一份存团管区司令部。

第八二条　身体检查时,区、乡(镇)(坊)长须列席,以备募兵官之咨询。

第八三条　身体检查时,有适龄之壮丁临时请求应募者,募兵事务所主任得允许之,当场取具应募志愿书予以检查。

第八四条　身体检查合格者填给现役兵合格证书(附式十五),集合时持证报到,如检查后即行集合,可不填给。

第八五条　检查合格人数除入营服现役者外,按入营人数十分之三作为备补者,依其体格等位为补充召集之次序。

第八六条　某一募集区之中,检查合格人数如不足额时,得由募兵事务所依体格等位较次合格者选取之,倘仍不足,得按第四条之规定办理。

第八七条　应募壮丁经身体检查合格者超过需要人数时,按体格等位较优者选取之,但须将超过人数递级呈报备案。

第五节　现役入营

第八八条　现役兵入营日期为十二月一日及翌年六月一日,检查后即行率领入营或示期集合入营,视应入部队驻在地之远近及当时情形定之。

第八九条　新兵入营所需车船按军运条例办理。

新兵入营呈报,依第四十八条及第五十二条办理。

第六节　现役备补

第九〇条　现役兵入营后两个月以内,有第五十三条所列事故发生缺额时,得召集备补者补充之。

第九一条　各部队现役补充及呈报,参照第五十四条至第五十七条办理。

第七节　临时募集

第九二条　战时或事变之际,由军事委员会或军政部之命令补充必要兵员,得行临时募集。

第九三条　临时募集区域,由总征募官于募兵区内,斟酌壮丁情形,规定之。

第九四条　临时募集各部队依照征募官之规定,派员向该团管区司令部接洽办理。其募集手续除参照本章各节必要规定外,得取迅速方法办理之。

第七章　征募兵费

第九五条　现役兵征募费,每年由各师管区司令于六月底以前(有入营补助期者其预算于上年十二月底以前另报),编造征(募)兵费预算书,呈候军政部核发。本期征(募)兵办理完毕后,造具计算书,呈请核销。

第九六条　备补兵入营旅费,由各该县(市)政府按照规定垫发呈报。

第九七条　征募兵费给与规则另定之。

第八章　附则

第九八条　本规则所称之乡(镇)(坊)长,采用保甲制之联保主任适用之。

第九九条　违反本规则之规定者,其惩罚另定之。

第一○○条　本规则自公布日施行。

附表第一

团管区征募事务处编组表						
职别	阶级	员额	名额	乘马	掌管业务	备考
主任	上(中)校	一		一	总管本区征募事务	团区司令兼充
副主任	少校	一		一	协助主任办理本区征募,事务主任不在时,得代行其职权	部内人员兼充
军医	三等军医正	一				
处员	上尉	二			办理庶务会计及对外接洽事项	
书记	同中尉	一			办理文书	
司书	同准尉	一			帮办文书及缮写事项	
文书军士	上士		二		缮写	
传达军士	中士		一			
传达兵	上一等兵		一四			内二名兼勤务
炊事兵	一二等兵		一一			
饲养兵	上等兵		一			
计		七	一一	二		
附记	事务处在兼本驻在县之征募兵事务所时,其所内副主任、事务员、看护、公役等,均照事务所规定办理。					

附表第二

职别	阶级	名额	职掌	备考
某某征(募)集区征(募)兵事务所编组表				
主任	少(中)校	一	主持征(募)兵一切事务	就常备相当部队或师及团管区司令部或军训人员调充兼任
副主任	县长	一	协助征募事务	本县县长兼任
副官	中尉	一	办理庶务、人事、会计及对外接洽事项	就在乡军官中请委专任
军医	三等军医正 三等军医佐	二	办理身体检查检定事项	由常备相当师请调兼任为主,不足时,再就地方西医人员聘请兼任,其高级者为主任
事务员	上(中)(少)尉	四	辅助副官及军医办理一切事项	由常备师或师及团管区司令部调用二员,该征集区之县政府调用二员
书记	同中(少)尉	一	办理文书缮写事项	由该征集区县政府调充兼任
文书	上士	二一四	办理缮写事项	内二名雇用专任,必要时就地方机关调增兼任
看护		二	帮办身体检查事项	由常备部队调用
传达		二		由常备部队调用
公役	六等	三		雇用一名(同二等兵),由县府调用二名
伙夫	二等	一		雇用
附记	1. 本表以二个或三个征集区设置一所,流动到各征集区施行时,即冠以该征集区之县名,其停留期间以十五日至一月为限。 2. 每团区除由征募事务处兼驻在县征集区征募事务所一所外,其余征集区再共加设二所至三所,以二个月为限。 3. 身体检查所得视地方情形,分派至各区设置之。 4. 由各机关调用人员,其自原机关调赴团管区来往之旅费,由各原机关支给报销,其由团管区出发各县检查之旅费,由团管区司令部旅费项下开支报销。 5. 调用人员概不支薪津,临时调充兼任人员可由公杂费项下酌供膳食。			

附式一

某省某某师管区各团管区　年新兵征集分配表				
区分／部别	某某团区	某某团区	某某团区	某某团区
步兵第〇团				
步兵第〇团				
步兵第〇团				
步兵第〇团				
师直属部队　骑兵				
炮兵				
工兵				
通信兵				
辎重兵				
特务连				
师军医院				
宪　兵				
各种独立部队　骑兵第〇师				
炮兵第〇师				
独立工兵第〇团				
某校练习队				
总　计				
附记				

某月某日师管区司令某姓某名章

　说明　一　该部队分配于某团管区征集,其人数即填入该团区栏内。

　　　　二　宪兵及各种独立部队未经分配该师征集不填。

　　　　三　各种独立部队竖格可按分配番号伸缩。

　　　　四　宪兵及特务部队之征集区县名、检查所地点详记于附记内。

附式二

中华民国某年某省某某师管区某某团管区各征兵事务所开设日程表				
区分 征集区	征兵地点	检查人数	检查日数	备考
某县	某处所	○ ○ ○	自某月某日至某月某日共几日	
附 记				

某月某日某团区司令○○○章

说明　本表横格以团管区所辖之县数多少伸缩之。

附式三

应征壮丁身体检查通知书领据(此领据收回作存根)
为通知某间某邻壮丁某某于某月某日至某处征兵事务所受身体检查由
本人某姓某名印(代领者署名盖章)
中　华　民　国　　　　　　　　　年　月　日某某县某区(乡)(镇)(坊)

字第　　　　　　　　　　　　　号

应征壮丁身体检查通知书
兹　奉
县长饬知某某团管区征兵事务所开设日期规定,该某间某邻壮丁于某月某日实施征兵检查合行,通知于当日　午　时以前到达某处征兵事务所受检,不得迟误,此达。
上通知　某姓某名 家长某某
中　华　民　国　　　　　　　年　月　日某某县某区(乡)(镇)(坊)长署名盖章

附式四

正面

免役证书 某省某县某区乡(镇)(坊)姓名 　　家长姓名 上免其兵役 民　国　某　年　月　日 　　某某团管区征兵事务处章

反面

此书遗失或损坏时,得向其县长为补发之请求。

附式五

<table>
<tr><td align="center">正面</td><td align="center">反面</td></tr>
<tr>
<td>
缓役证书
某省某县某区乡(镇)(坊)姓名
家长姓名

右缓其征集
某某团管区征兵事务处章
</td>
<td>
一　此证书至翌年假定决定前有效,但缓役之原因消灭时,同时失其效力。
二　此证书遗失或损坏时,即须向其县长为补发之请求。
</td>
</tr>
</table>

附式六

<table>
<tr>
<td colspan="6" align="center">中华民国
某　某　年　某省某某师管区某某团管区免役缓役姓名表</td>
</tr>
<tr>
<td>类别</td>
<td>县别
事由</td>
<td>某县</td>
<td></td>
<td></td>
<td></td>
</tr>
<tr>
<td rowspan="7">免役</td>
<td>兵役法施行暂行条例第四章第某条事由</td>
<td>某姓某名</td>
<td></td>
<td></td>
<td></td>
</tr>
<tr><td></td><td></td><td></td><td></td><td></td></tr>
<tr><td></td><td></td><td></td><td></td><td></td></tr>
<tr><td></td><td></td><td></td><td></td><td></td></tr>
<tr><td></td><td></td><td></td><td></td><td></td></tr>
<tr><td></td><td></td><td></td><td></td><td></td></tr>
<tr><td></td><td></td><td></td><td></td><td></td></tr>
<tr>
<td rowspan="7">缓役</td>
<td>兵役法施行暂行条例第四章第某条事由</td>
<td></td>
<td></td>
<td></td>
<td></td>
</tr>
<tr><td></td><td></td><td></td><td></td><td></td></tr>
<tr><td></td><td></td><td></td><td></td><td></td></tr>
<tr><td></td><td></td><td></td><td></td><td></td></tr>
<tr><td></td><td></td><td></td><td></td><td></td></tr>
<tr><td></td><td></td><td></td><td></td><td></td></tr>
<tr><td></td><td></td><td></td><td></td><td></td></tr>
<tr>
<td colspan="2" align="center">人数合计</td>
<td></td><td></td><td></td><td></td>
</tr>
<tr>
<td>附记</td>
<td colspan="5"></td>
</tr>
</table>

本表竖格可按所属县数伸缩。

附式七

中华民国某年某省某某师管区某某团管区各抽签事务所抽签日程表						
区分＼征集区	征兵所地点	抽签日期	主持抽签长官	参加抽签人数	应抽签人数	备考
某县	某处所	某日上午某时至下午某时	某某	名	名	
附记						

某月某日某某团管区司令〇〇〇章

附式八

中华民国某某年某省某某师管区某某团管区壮丁抽签登记名簿		
签　号	姓　名	住　址
第壹号		
第贰号		
第叁号		

附式九

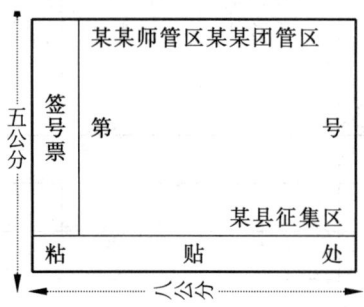
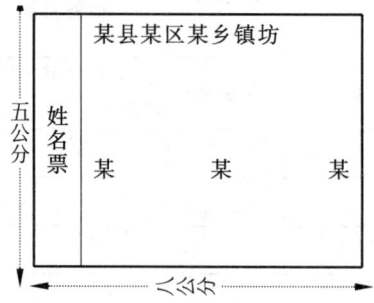

说明　本票用道林纸,其大小照本式所规定。

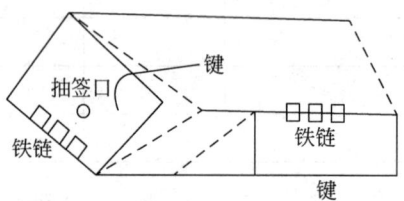

抽签场之配置

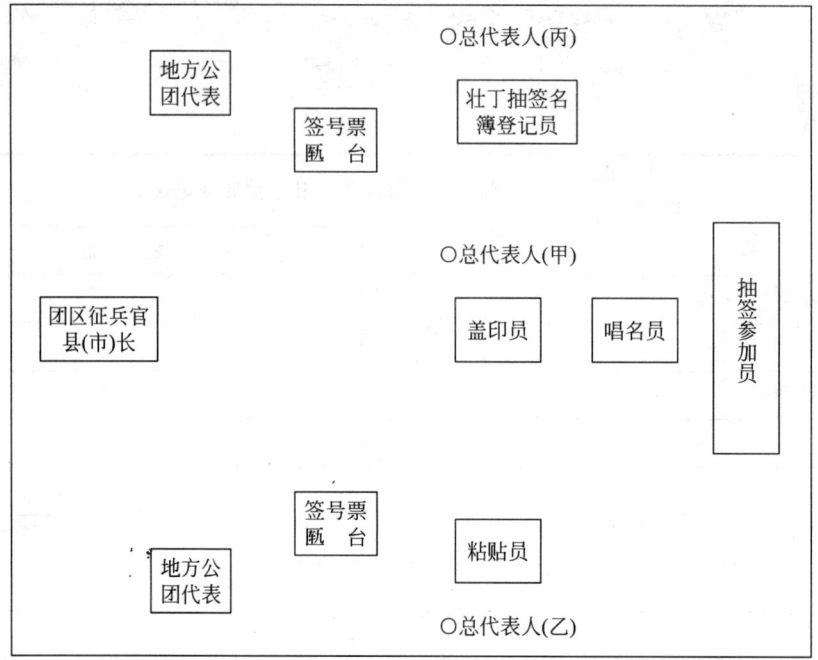

附式十

陆军新兵入营延期声请书		年　月　日	
本籍地		现住地	
姓名		中签号数	
入伍队别		所请延期入营期间	
所请延期入营原因			
乡镇区闾邻长	填具意见并盖章	声请人署名盖章	
备考			

附式十一

中华民国　　年某县(市)某区现役适龄壮丁名册					
姓名	年龄	住址	职业	家长	备考
说明	1.凡适龄壮丁在学校肄业中者或身体上有故障者,均于备考栏内详记之。 2.册内壮丁人数应合计记载于册尾。 3.本名册应装订成册,并于册面盖印,注明页数、年、月、日。				

附式十二

中华民国 某 年 某省某师管区某某团管区正规(补助)期现役适龄壮丁报告表		
募集区 ＼ 区别	适龄壮丁人数	备　考
某县(市)		
合　计		
附记		

说明　本表直格可按所属募集区县(市)数伸缩。

附式十三

中华民国某年某省 某某师管区某某团管区募兵事务处 各县(市)事务所开设日程表					
募集区 ＼ 区别	募兵所 地点	检查人数	检查日数	检查整理 日数	备考
附记					

说明　本表直格可按所属县(市)数伸缩。

附式十四

中华民国 某　　年	某省某县(市)正规(补助)期现役适龄壮丁名册						
适龄者 姓名	出生年 月日	住　　址	家庭状况	职业	某等	备考

附式十五

　　新兵合格证书存根

某县(市)某区乡镇(坊)某姓某名志愿充现役兵经检查合格,除给证外此存。

中　华　民　国　　　　　　年　月　　日填发

　　字　　　第　　　　　　　　　号

　　现役兵合格证书

某姓某名志愿应募充现役兵,经检查合格合行,给予证书,于某年某月某日在某外(听候示期)集合,持证报到,此证。

　　某省某某师管区某某团管区募兵事务所主任某某　　　印

　　　　　　　　　　　　军区官某某　　　印

中　华　民　国　　　　　　年　月　日

●●陆军常备兵服役施行规则民国二十五年（1936年）八月□日军政部公布

要　目

第一章　总则

第一条　本规则依据兵役法第九条第二项及其施行条例第四十三条制定之。

第二条　陆军常备兵（下简称常备兵）自征集或募集，入营之日起至转入国民兵役或除役止，除兵役法及其施行条例已有规定者外，依本规则所定服行役务，其奉命延役者同。

本规则所称常备兵，系包括军士而言。

第三条　常备兵在现役、正役、续役各期间，其入籍、转籍、除籍，依陆海空军军籍条例及其规则之所定。

第四条　常备兵各役中之等级，依陆军士兵等级表之所定。

第五条　常备兵自起役迄满服役年龄间，关于各役中之进级事项，依陆军士兵进级条例之所定。

第二章　服役

第一节　在营

第六条　常备兵自入营之日起役，编入常备兵现役在营军籍，其在营期间，除遵守一切军事法令外，并依军队教育令，受规定之教育，战时奉动员命令参加战役。

现役在营军籍，团（独立部队）编呈师（独立旅团部）保存。

第七条 现役兵拨充军士者，其服役之规定如下：

一 军士在营现役限龄为三十五岁。

二 军士在营现役期间，自升充各级军士之日起至满两年后之十一月三十日止。

三 凡不超过定限年龄者，每年退伍日期以前，得由其志愿请准留营，称为长期现役军士，每次一年，每级以三次为限。

四 前款留营所延之役年，得在正役及续役期内通算。

五 正役或续役军士未满第一款之限龄者，亦得呈请再服役，与第三款之留营同。

第八条 常备兵现役在营期间，除兵役法施行条例第二十条第三、第四项所规定之转役、同条例第二十六条所规定之除役、同条例第二十七条所规定由常备兵役转为国民兵役、同条例第二十九条所规定停役暨依陆军休假规则准予一定假期离营，并依兵役法第四条照章归休者外，其余一概不准离营。

第二节 归休

第九条 依兵役法第四条现役在营者，除上等兵及特种兵、特业兵三年退伍外，其余满二年及辎重运输兵之满半年归休者，归休以后，迄现役期满止，在乡所服役务及受教育召集，与正役同。但战时动员召集，其次序在正役之先。

归休实施规则另定之。

第一○条 归休兵在归休期间，住址移动在该团管区以外时，须先呈报本团管区司令部核准转行，该原团（营）长知照并通知新住地之团管区司令部。

如移住本师管区以外，须先呈报团管区司令部转呈师管区司令部核准转行，该原师长知照并通知新住地之师管区司令部，将此兵名额划拨与该师管区。

第一一条 现役在营上等兵、特种兵、特业兵满二年而请求归休者，除依兵役法施行条例第二十条第二项外，并须在营平日品行端正并无过犯为准。

第一二条 现役在营兵因体格关系，依兵役法施行条例第二十条第三项规定早休者，依照陆军身体检查检定规则，由军医官出具之证明书为据，由该管长官呈师（独立旅）长核夺。

以上归休或早休兵师（独立旅）长造具花名册（附式一），检同兵籍移送师管区司令部，并每年于七月或一月造具统计表（附式二），呈报军政部。

第三节 停役

第一三条 常备兵在各役中依兵役法施行条例第二十九条第一项被选为国家或地方之议员或代表者自本人接到当选通知之日起停役但须立刻报告该管长官层转呈报。

第一四条 常备兵在各役中,依兵役法施行条例第二十九条第三项判处有期徒刑者,自判决之日起停役。

第一五条 常备兵在各役中,依兵役法施行条例第二十九条第四项之情形者检查后,经层转师(独立旅)长核准,奉到令知之日起停役。

第一六条 常备兵在各役中,依兵役法施行条例第三十一条国籍发生疑义者,经层转由师(独立旅)长或师管区司令核准之日起停役。

以上各种停役者,在营由师(独立旅)长造具花名册,检同兵籍移送师管区司令部,并每年于七月或一月造具统计表,呈报军政部。

第四节 转役

第一七条 常备现役兵不问其在营或在归休中,均须服满现役三年始得转为正役。

第一八条 现役在营兵退伍转入正役时,由师(独立旅)长具造转役士兵花名册,检同兵籍移送师管区司令部,每年于七月或一月造具统计表,呈报军政部。

第一九条 归休之转役合计在营日数与归休日数满足三年,由团管区司令部令知转役,并造具花名册,通知原部队,一面呈报师管区司令部,按前条之规定,汇造统计表,呈报军政部。

第二〇条 现役士兵至现役期满延役而未退伍者,其现役之延役期间,得作为正役期间扣算,正役以次递推扣算。各役中延役期满而年满四十则转入国民兵役,如尚在延役中而年满四十五岁者,则予以除役,以上一切手续在营由师(独立旅)长办理,在乡由师管区办理。

第二一条 现役在营兵,依兵役法施行条例第二十条第三项而经师(独立旅)长核准转为国民兵役,及各兵役依兵役法施行条例第二十七条各项而转入国民兵役者,由师管区司令部督同在乡士兵管理机关,照下列之证明手续,办理转役。

一 兵役法施行条例第二十条第三项——师(独立旅)长核准公文通知转为国民兵役;

二 兵役法施行条例第二十七条第一项——令呈验毕业证书;

三 同条例第十七条第二项——令呈验委任或登记之凭证;

四 同条例第二十七条第三项——令由邻间乡(镇)(区)长会同出具证明书(有户籍者并具抄本),报经县(市)长转团管区司令部;

五 同条例第二十七条第四项——由该管师(独立旅)长或师管区司令呈请军政部咨内政部查复;

六 同条例第二十七条第五项——驻外使领馆之证明书以上二、三两项如有疑义,行文原校或原机关请其查复。

第五节　回役

第二二条　停役原因终了而回役时,应向所隶在乡士兵管理机关报告,转报师管区司令部,依兵役法施行条例第三十二条第二项核定其应回之役令,其回役并仍依停役时之手续,分别呈报及移送查照。

第二三条　前条所谓原因终了而回役者,指如下各项而言:

一　当选为国家或地方议员代表停役后而任期已满或事务终了者;

二　判处有期徒刑停役而刑期既满公权恢复者;

三　因疾病停役而病愈者;

四　因国籍疑义停役,经提出证明查无疑义,或该管长官自行查明确系本国国籍者。

第六节　除役

第二四条　常备各役于服役中发生或发觉如兵役法施行条例第二十六条事件者,予以除役。如通缉有案,并应押送原机关执行。

第二五条　有兵役法施行条例第三十条第三项及同条例第三十一条末项又第三十二条第二项第三目之情形而除役者,其规定如下:

一　受特命职务者自明令发表之日起;

二　丧失国籍者自内政部公布之日起;

三　年满四十五岁者自年满之日起。

第二六条　以前两条规定而除役者,销除其军籍,由师管区司令公告,并报军政部。除系前条第三项除役者,只用统计表。

在营者由师(独立旅)长通知师管区司令办理。

第七节　在乡

第二七条　常备现役兵之归休者及正役、续役各士兵为在乡士兵,其登记、召集、教育管辖及转役,悉依在乡士兵管理规则行之在乡士兵管理规则另定之。

第三章　附则

第二八条　本规则征兵、募兵均适用之。

第二九条　本规则自公布日施行。

附式一

<table>
<tr><td colspan="5" style="text-align:center">陆军第　　师(旅)　营
　　　　　　　　在　　士兵(休)役花名册
(某某师管区)　(乡)</td></tr>
<tr><th>姓名</th><th>年龄</th><th>籍贯</th><th>役(休)原因</th><th>备考</th></tr>
<tr><td></td><td></td><td></td><td></td><td></td></tr>
<tr><td></td><td></td><td></td><td></td><td></td></tr>
<tr><td></td><td></td><td></td><td></td><td></td></tr>
<tr><td></td><td></td><td></td><td></td><td></td></tr>
<tr><td></td><td></td><td></td><td></td><td></td></tr>
<tr><td></td><td></td><td></td><td></td><td></td></tr>
<tr><td></td><td></td><td></td><td></td><td></td></tr>
<tr><td></td><td></td><td></td><td></td><td></td></tr>
<tr><td></td><td></td><td></td><td></td><td></td></tr>
<tr><td></td><td></td><td></td><td></td><td></td></tr>
<tr><td></td><td></td><td></td><td></td><td></td></tr>
<tr><td>总计</td><td></td><td></td><td></td><td></td></tr>
</table>

说明　一　本册归休早休兵及停役、转役、除役士兵,均依此式填造。

　　　二　归休及早休兵之停役、转役、除役名册,均将册之标题"士兵"二字改填"归休兵"或"早休兵"三字。

　　　三　姓名栏依步、骑、炮、工、通信、辎重兵之次序排列之,如步兵共有三百名即于第三百名某姓名备考栏内记明"以上共计步兵三百名"字样,其余兵种类推。

附式二

<table>
<tr><td colspan="8" style="text-align:center">陆军第某师(旅)　营
　　　　　　　在　　士兵(　　)役统计表
(某某师管区)　(乡)</td></tr>
<tr><th>等级
兵种</th><th>上士</th><th>中士</th><th>下士</th><th>上等兵</th><th>一等兵</th><th>二等兵</th><th>合计</th></tr>
<tr><td>步</td><td></td><td></td><td></td><td></td><td></td><td></td><td></td></tr>
<tr><td>骑</td><td></td><td></td><td></td><td></td><td></td><td></td><td></td></tr>
<tr><td>炮</td><td></td><td></td><td></td><td></td><td></td><td></td><td></td></tr>
<tr><td>工</td><td></td><td></td><td></td><td></td><td></td><td></td><td></td></tr>
<tr><td>通信</td><td></td><td></td><td></td><td></td><td></td><td></td><td></td></tr>
<tr><td>辎重</td><td></td><td></td><td></td><td></td><td></td><td></td><td></td></tr>
<tr><td>总计</td><td></td><td></td><td></td><td></td><td></td><td></td><td></td></tr>
<tr><td>附记</td><td colspan="7"></td></tr>
<tr><td colspan="8">中　华　民　国　　　　年　　月　　日　呈报机关及长官姓名盖章</td></tr>
</table>

说明　一　本表归休早休兵及停役、转役、除役士兵,均依此式填造。

　　　二　等级栏所列各级,如本期间无某项士兵,则于该栏记一"无"字。

●●陆军兵役管区暂行条例民国二十五年(1936年)八月十七日军政部公布

要　目

第一章　总则

第一条　本条例依据兵役法第八条制定之。

第二条　关于陆军兵役管区事务,除依兵役法及其施行条例外,悉按本条例办理。

第二章　兵役管区之区划

第三条　兵役管区应就指定区域划分为各师管区,每一师管区之下分三至四个团管区。师及团管区之划分,力求与现行行政区域一致,师管区之名称以该地区之名命之,陆军兵役管区之区划另定之。

第三章　兵役管区应设之机关及组织

第四条　师管区设置师管区司令部,团管区设置团管区司令部,处理兵役一切事务。

第五条　师及团管区司令部各设司令一员及其他必要人员,师管区司令以现役少(中)将充之,团管区司令以现役上(中)校充之,其他人员得参用备役官佐。

其组织条例及服务规则另定之。

第四章　兵役管区各级机关之职掌

第六条　师管区司令受军政部之命及兵役攸关各部之指示,并商得本管区常备师长之意旨,处理兵役一切事务。

第七条　团管区司令承师管区司令之命令,处理本区内下列兵役事务:

一　关于团管区常备现役兵员之征募、归休、退伍及转役事项;

二　关于团管区内国民兵役事项；

三　关于团管区内常备在乡军人管理、教育暨召集事项；

四　关于团管区内各期兵役之处理及兵籍整理事项；

五　其他攸关兵役事项。

第八条　兵役管区各级机关对于所管事务涉及地方行政者,应商同各该地方政府办理,其重要者,得呈请上级机关转请上级地方政府分令办理。

第五章　征募事务

第九条　团管区于征募期间,得按事务繁简划分若干征募区,会同县市政府组织征募事务所,设置征募主任,呈请委派少校或中校任之。

第一〇条　征募区主任承团管区司令之命,执行其辖境内征募事务。

第一一条　征募区办理征募事务,依征募事务规则之所定办理。

征募事务规则另定之。

第六章　归休、退伍、退役及管理、召集事务

第一二条　士兵归休时,应依归休规则之所定,向该团管区或其本籍自治机关登记,登记后,即依在乡士兵管理规则之所定管理。

常备现役士兵归休实施规则另定之。

第一三条　士兵退伍时,应依退伍实施规则之所定,向该团管区或其本籍自治机关登记,登记后,即依在乡士兵管理规则之所定管理。

常备现役士兵退伍规则及在乡士兵管理规则另定之。

第一四条　官佐退役时,应依退役除役实施规则之所定,向该师管区或团管区登记,登记后,依在乡军官佐管理规则之所定管理。

在乡军官佐管理规则另定之。

第一五条　在乡军人召集时,应依在乡军人召集规则及其实施细则,向该师管区或团管区指定处所侍命。

在乡军人(含官佐)召集规则及施行细则另定之。

第一六条　国民兵战时征集,依国民政府之命令行之。其征集实施,依前条召集规则办理之。

第七章　附则

第一七条　本条例自公布日施行。

●●师管区司令部组织暂行条例民国二十五年(1936年)八月十七日军政部公布

第一条　师管区司令部直隶于军政部,处理师管区兵役事务及在乡军人之管理与在乡军官佐籍等事项,此外,与军事攸关,可交由地方办理事务,得视需要由中央军事各部核交处理。

第二条　师管区司令部设置下列职员:

司令;

参谋;

办事员;

副官;

军需;

书记。

师管区司令部编制如附表。

第三条　师管区司令,承军政部长之命,督率所属掌理本条例第一条所列事务。

第四条　师管区司令执行职务时,凡关征募及其他兵役与军需事务,承军政部长之训示,关于动员事务,承参谋总长之训示,关于训练事务,承训练总监之训示办理。

但征募及动员之实施,应于事前于临时商取本管区常备师师长之同意。国民兵军事教育之实施,应协助各省(市)国民军事训练委员会办理。关于兵役及国民军事教育,并受内政部长、教育部长之指示,协商地方行政官办理。

第五条　师管区司令于本管区内,如无其他部队,为应付紧急事变起见,得依召集规则之所定,施行临时召集。

第六条　参谋辅佐司令参划机要,指导司令部内一切事务。

司令因公出差及病假、事假或其他事故不能执行职务时,得请以参谋代行职务。

第七条　办事员承长官之命,分掌下列业务:

一　掌理常备现役士兵之征募与准备及归休、退伍暨召集事项;

二　掌理正役以次各兵役之处理、军官佐籍、士兵籍之整理、保管暨在乡军人管理教育及国民兵役事项。

第八条　副官、军需、书记掌理人事、警卫、经理、文书及其他业务。

第九条　师管区司令部服务规则另订之。

第一〇条　本条例自公布日施行。

师管区司令部编制表				
职别	阶级	官佐员额	士兵名额	备考
司令	少(中)将	一		
参谋	中(上)校	一		辅佐司令指导司令部一切事宜
副官	上中尉	一一		掌理文书人事庶务警卫事宜
办事员	中少校	一一		分两股,一掌征募事宜,一掌在乡军人事宜
	上中(少)尉	二二		
军需	一等军需佐	一		
书记	同上尉	一		
司书	同准尉	二		
文书军士	上士		二	
卫士	下士		一	
传达	下/上等士/兵		一二	
卫兵	上/一/二等兵		一二二	就近有军队者不设卫兵
公役	四/五/六等		一一二	
炊事兵	一/二等		一一	
合计		一四	一七	

附记
一 表内官佐,上尉以上以现役官佐充任,中尉以下以备役官佐充任,士兵以正、续役具有相当资格者充任为原则。
二 第一年内得减用办事员少校一、上尉一。
三 在征募期间事务繁忙时,得加设准尉司书一员,文书上士一至二名。

●●师管区司令部服务暂行规则 民国二十五年(1936年)七月□日军政部公布

第一条 本规则依据师管区司令部(以下简称本司令部)组织条例第九条制定之。

第二条 本司令部官佐、士兵,除遵照陆军军队内务规则外,均按本规则服行业务。

第三条 师管区司令(以下简称司令)承各主管部长之命,按照师管区司令部组织暂行条例,掌理一切业务。

第四条 司令服行业务,应特别注意下列各点:

一 应将国家征募常备兵训练国民之要旨及人民应服兵役卫国之天职,随时督饬所属,向地方民众剀切宣传,以唤起其爱国从军之观念。

二 关于本管区内常备之征集、募集召集暨教育、演习及国民兵之教育、召集,事前准备务宜绵密周详,临时实施务宜确实迅速,并利用在乡军官佐相助为理。

三 为业务熟练连系起见,得调集各团管区官佐咨询指导。

四 关于兵要地理之调查事项。

第五条 参谋辅佐司令,其职掌如下:

一 秉承司令指示,筹划本区内一切事务,督率本司令部各职员依据法规服务,并依司令命令,指导、监督其实行。

二　为事务划一进行起见,得依法规签订各项细则及手续程序,呈由司令批准施行。

三　司令部内各员承办文稿,应由参谋核转。

四　参谋对于平战时应有之计划方案,须预为筹拟,向司令建议,以备采择施行。

机密秘密之文件图书,在参谋特别监视之下处理保存。

五　参谋对于司令部内职员,有考核报告司令之责。

第六条　办事员承司令之命,并受参谋指导,分任本司令部,主管各项事务。其事务如下:

一　关于征募计划及征募宣传事项;

二　关于与本区常备师协商事项;

三　关于兵役及龄(现役适龄)男子之调查、检查兵种选定事项;

四　关于团管区征募事务处之设置及人员分配事项;

五　关于征募兵之运输统筹事项;

六　关于归休、退伍士兵之报到及在乡军人各种召集事项;

七　关于兵役事项之解答事项(得派专员于本司令部附设问事处);

八　关于士兵籍之整理、保管事项;

九　关于在乡士兵管理事项;

一〇　关于国民兵起役、缓役、免役、禁役、转役、回役、除役事项;

一一　关于国民兵登记统计及征集事项;

一二　关于国民兵教育事项;

一三　关于常备在乡士兵及国民兵之一般素质调查事项;

一四　关于常备兵各役,如有疑义或发生动态而决定禁役、免役、除役、缓役事项。

第七条　副官承司令之命及参谋指导,掌理本司令部文书、人事、庶务、警卫事项。

第八条　军需承司令之命及参谋指导,掌理本司令部经费及征募经费之预算计算事项。

第九条　官佐士兵给假,按陆军休假规则办理。

第一〇条　本司令部办事细则自行拟定施行,并呈报备案。

第一一条　本规则如有未尽事宜,得呈请修正之。

第一二条　本规则自公布日施行。

●●团管区司令部组织暂行条例 民国二十五年(1936 年)八月十七日军政部公布

第一条　团管区司令部直隶于本师管区司令部,处理团管区一切兵役事务及在乡军人管理暨在乡军官佐籍之保管与士兵籍之调制,并师管区司令部交办事项。

第二条 团管区司令部设置人员如下：

司令；

办事员；

副官；

军医；

书记；

司书及士兵。

编制如附表。

第三条 团管区司令部之职掌如下：

一 本区现役兵之征募及征募区之划分暨征募人员之调用，并其他征募实施事项；

二 在区现役兵之归休、退伍登记事项；

三 本区各种兵役之处理及士兵籍整理事项；

四 本区国民兵教育之协助办理事项；

五 本区在乡军人（含官佐士兵）之管理、召集、教育及国民兵之战时征集事项；

六 本区在乡军官之监督指导事项；

七 本区兵役事务之宣传解释事项；

八 师管区司令部交办事项。

第四条 团管区司令部委员之权责如下：

一 团管区司令承师管区司令之命，督率所属管理本条例第一条所列事务；

二 团管区司令为执行业务起见，得召集本区内服行业务之官佐，咨询讨论或自出巡回视察，但均须呈经师管区司令核准；

三 办事员承长官之命，分任本司令部业务；

四 军医承长官之命，任征募期间身体检查、新兵检定暨区内在乡军人卫生之指导事项；

五 副官承长官之命，任经理及本司令部人事、庶务、文书等项业务；

六 书记承长官之命，任收发、撰拟、译电、管卷、用印等项业务；

七 司书承长官之命，任缮写、打字、印刷、校对等业务。

第五条 本团管区司令部位置，由师管区司令官遵照军政部划分区域指定之，并呈报备案。

第六条 团管区司令部服务规则另定之。

第七条 本条例自公布之日施行。

团管区司令部编制表				
职别	阶级	官佐员额	士兵名额	备考
司令	上(中)校	一		
办事员	少校/上尉	一一		掌理征募及在乡军人事宜
	中(少)尉	一		
副官	上尉	一		掌理文书人事庶务事宜
军医	一(二)等军医佐	一		
书记	同中尉	一		
司书	同准尉	一		
文书军士	上士		二	
军需军士	上士		一	
看护军士	中士		一	
传达	上/一/二等兵		一一一	
公役	五/六等		一一	
炊事兵	一/二等		一一	
合计		八	一一	
附记	一　表内官佐以现役备役分配充任，士兵以正役、续役士兵分配充任，准师管区司令部组织暂行条例之所定办理。 二　第一年减少上尉办事员一。 三　征募实施时期人员不敷时，得调派本管区内之在乡军人协助办理。 四　在征募期间事务繁忙，得加设文书上士二名。			

●●团管区司令部暂行服务规则 民国二十五年(1936年)七月日军政部公布

第一条　本规则依据团管区司令部(以下称本司令部)组织暂行条例第六条制定之。

第二条　本司令部官佐士兵，除遵照陆军军队内务规则外，均按本规则服行业务。

第三条　团管区司令承师管区司令之命，按照团管区司令部组织暂行条例，掌理一切业务。

第四条　团管区司令部为兵役实施机关之基本组织，其服务上应行注意之要点如下：

一　应根据兵役宣传大纲，随时随地宣传兵役制度，唤起民众爱国从军之观念。

二　关于常备兵之征集、募集、召集及教育演习既国民兵之教育、召集。事前准备务须绵密周详，临时实施务须确实迅速。

三　为业务连系确实进行便利起见，得召集所属各县政府派员出席本司令部会议，商决兵役关系事项。

四　应与相当常备部队及当地行政官署自治机关切取连系。

五　查明现役兵入营后之所在地及其大概状况，以备其家族之询问。

六　关于免役、除役、缓役、禁役、转役及停役、回役等，务须调查确实办理之。

七　调查登记在乡官军佐之住所或其通信处而管理之。

八　伤亡之官佐士兵及其遗族领取恤金者,须予以充分之指导或援助,并承中央之命任调查之责。

九　教育或演习召集如有确定理由合予缓役之规定者,须调查确实而允许之。

一○　团管区内之兵要地理及交通通信状况之调查。

第五条　少校办事员承司令之命,指导各办事员办理兵役一切事务。凡征募及检查区域之划分、人员之分配事务之实施,归休、退伍之处理、国民兵役事务等,均应于事前充分准备,具申方案或意见于司令。

第六条　少校办事员综合本规则第四至第七条所规定之业务,调制本部人员工作分配表,呈请司令核定施行。

第七条　副官承司令之命,并受高级办事员之指导,办理经理、人事、庶务、文书等项业务,指挥书记、司书、文书军士、军需军士分别办理而综核之。

第八条　军医承司令之命,掌理征募期间军医人员调用、征募兵检查及新兵检定暨区内军人卫生之指导事项。

第九条　书记掌理收发、监印、校对、管卷及撰拟文稿、译电等事项。

第一○条　本司令部应存用之军籍或名簿如下:

一　备役军官佐籍;

二　备役准尉籍;

三　备役准佐籍;

四　依军籍条例及规则所定存用之簿册。

第一一条　本司令部应编制之军籍或名簿如下:

一　归休兵之名簿;

二　正役军士籍及动员名簿;

三　缓役军士籍及动员名簿;

四　正役兵籍及动员名簿;

五　续役兵籍及动员名簿;

六　国民兵名簿;

七　其他依军籍条例及规则所定编制之簿册。

第一二条　编制军籍及动员名簿暨名册,每逢大批编制时,得呈准师管区司令,于正役、续役士兵中遴选书法较佳、文理通顺者帮同缮造,由办事员指导校核之。

第一三条　本司令部与地方政府接洽或其他事务必要派遣员役时,其旅费由本司令部核实规定,在临时费项下支给之。

第一四条　官佐士兵给假,按陆军休假规则办理。

第一五条　团管区司令部办事细则、征募事务处及征募事务所服务细则由本司令部自行拟订施行，并呈报备案。

第一六条　本规则如有未尽事宜，得呈请修正之。

第一七条　本规则自公布日施行。

●●陆军兵役法则民国二十五年(1936年)八月二十五日军政部公布

要　　目

第一章　总则

第一条　凡办理兵役之实施、职员及应服兵役之男子之惩罚，概依本罚则办理。

第二条　犯本罚则二款以上同时俱发者，酌量科罚，但一事而犯二款以上者，从重处罚。

第二章　惩罚

第一节　惩罚之种类

第三条　惩罚之种类如下：

甲　关于办理兵役之实施职员者

　一　撤职；

　二　停职；

　三　记过；

　四　罚薪；

　五　申诉。

乙　关于应服兵役者

一 拘役；

二 劳役；

三 留训；

四 申诫。

第四条 前条惩罚之办法如下：

一 撤职，撤去其本职。

二 停职，暂停其本职。

三 记过，分记过与记大过，记过三次等于记大过一次，应予罚薪或停职一月；记大过二次者，应停职二个月至四个月；记大过三次者，即予撤职。凡记过者，自记过之日起六个月内，不得进级。

四 罚薪，依其应得之月薪，按情节轻重扣罚百分之一十至百分之三十，由一个月至三个月为限。

五 申诫，以书面或言词为之。

六 拘役，禁锢于禁闭室，其期间为一日以上二月以下。

七 劳役，令其服行苦工，其期间为一日以上一月以下。

八 留训，于教育期内加留训练之时间，在二日以上一期以下。

第二节　惩罚之事项

第一款　关于调查惩罚者

第五条 办理调查人员之违法失职者，其惩罚标准如下：

一 借势勒索或收受贿赂，致使应服兵役之男子幸免兵役者，依陆海空军刑法第三十七条处罚之。

二 徇情不报或所报不实者，审其所犯事实之轻重，依本罚则第三条甲项所定各款酌量处罚之。

第六条 兵役及龄男子年龄届满或缓役者，原因消灭尚未逾现役适龄时，不依规定呈报，作为意图免除兵役论，依陆海空军刑法第八十九条处罚之。

第二款　关于身体检查惩罚者

第七条 办理身体检查军医之违法失职者，依陆海空军刑法第九十一条处罚之。

第八条 应受身体检查之男子，有下列各款之一者，其处罚与第六条同。

一 无正当事由，当举行身体检查而不到者。

二 因施诈病行为或毁坏身体幸免兵役或缓役者。

第三款　关于征集惩罚者

第九条 凡办理征集之实施职员违法失职者，其惩罚标准如下：

一　借势勒索或收受贿赂者,其处罚与本罚则第五条第一款同。

二　侵蚀征集经费者,依陆海空军刑法第四十四条处罚之。

三　举行抽签时,徇私舞弊,依本罚则第五条第二款处罚之。

第一〇条　乡、镇、区长编造兵役及龄名簿,如有故意漏列或舞弊情事者,作虚伪报告论,依陆海空军刑法第八十八条第三款处罚之。

第一一条　应受征集之男子,有下列各款之一者,依陆海空军刑法第九十条处罚之。

一　应到抽签而无故不到者。

二　声请免役、缓役或声请延期,入营有虚伪情事者。

第一二条　构造谣言阻扰征集事务之进行者,依陆海空军刑法第九十二条构造谣言淆惑听闻者论处。

第四款　关于召集惩罚者

第一三条　办理召集兵役之实施职员,有下列行为之一者,其处罚与第五条第一款同。

一　借势勒索者。

二　收受贿赂致使被召集人幸免召集者。

第一四条　凡应受召集之男子,意图免除召集,自行毁坏身体或为其他诈伪之行为者,其处罚与第八条第二款同。

第一五条　凡召集无故不到或逾召集之期限者,其惩罚标准如下:

一　战时或事变召集。凡国家有事动员召集或地方事变临时召集,无故不到或逾限五日以外者,依陆海空军刑法第一百零八条第一款处罚之,如在五日以内者,处拘役或劳役。

二　平时召集。凡演习召集或点阅召集无故不到或违限迟到者,处拘役或劳役。如教育召集一回(日)至二回(日)不到者,申诫;三回(日)至五回(日)不到者,拘役或劳役一日至十;六回(日)以上不到者,留训;十日以上不到者,一年以下有期徒刑。

第一六条　凡阻扰召集事务之进行者,依本罚则第九条处罚之。

第五款　其他惩罚事项

第一七条　凡办理调查、检集、征集、召集等项之实施人员,奉行不力,致误公务者,按情节之轻重,处以撤职、停职或罚薪、记过、申诫之惩罚。

第一八条　凡兵役及龄与适龄之男子居住地移转而不报告者,处两个月以下之拘役或一个月以下之劳役。

第三节　惩罚之程序与执行

第一九条　凡办理兵役之实施职员应受惩罚者,其程序与执行如下:

一　申诫记过,由各该管长官核行,月终或按期将记过事实按级汇报备案。

二　罚薪、停职、撤职，应按级呈请核饬执行，月终或按期汇报备案。

第二〇条　凡应服兵役之男子违犯调查规则、身体检查规则、征集规则、召集规则，其应受惩罚之程序与执行如下：

一　申诫及劳役、拘役、留训在十日以下者，由团管区司令部核行，月终汇报师管区司令部。

二　劳役、拘役、留训在十日以上者，呈由师管区司令部核饬执行，月终汇报军政部备案。

第三章　申诉

第二一条　受惩罚者若认为有申诉之理由时，得于受惩罚后向高级主官或高级官署申诉之。

第二二条　高级主官或高级官署受前条之申诉，审查该管长官确系处罚不当时，得更正其惩罚，并予该管长官以相当之惩罚。

第四章　附则

第二三条　国民兵役各种人员之惩罚，得依本罚则办理之。

第二四条　本罚则自公布日施行。

附录

陆海空军刑法八条（节录）

第三七条　借势勒索或收受贿赂者，处三年以上十年以下有期徒刑。

第四四条　意图侵吞公款，假造或涂改单据账簿者，以浮报论，其伪造文书罪依刑法处断。

第八八条　关于军事上为虚伪之命令、通报或报告及诈传命令、通报或报告者，依下列各款处断：

一　敌前死刑；

二　军中或戒严地域七年以上有期徒刑，因而失误军机者，死刑或无期徒刑；

三　其余五年以上有期徒刑。

第八九条　意图免除兵役，伪为疾病或自毁伤身体或为其他诈伪之行为者，处三年以下有期徒刑，在乡军人意图免召集而为前项之行为者，亦同。

第九〇条　意图免从军或避危险之勤务而为前条之行为者，处一年以上七年以下有期徒刑。

第九一条　军医伪证军人之身体强弱或其疾病者，处五年以下有期徒刑。嘱托者，亦同。

第九二条　冒用陆海空军制服、徽章或构造谣言以淆惑听闻者，处五年以下有期徒刑。

第一〇八条　在乡军人无故逾召集之期限者，依下列各款处断。

一　战时或事变之际逾五日者，一年以上七年以下有期徒刑。

二　平时逾十日者，一年以下有期徒刑。

●●陆军应征（募）壮丁身体检查及新兵检定规则 民国二十五年（1936年）六月十六日军政部公布

要　目

第一章　总则

第一条　本规则根据兵役决暂行施行条例第一七条及第二六、二八、二九等条规定之。

第二条　本规则第二、第三章关于身体检查及体格检定之各项，于陆军征兵及募兵均适用之。第四、第五章关于免役、缓役及诈病之识别各项，仅于征兵适用之。

第三条　检查军医实施身体检查时，应就各分配业务之繁简相互协助，主任军医对于次级军医及以下人员实施身体检查时，有监督之责，于检查终了时，应综合全部之成绩，慎重公正以判定其体格等位及合格与不合格。

第四条　因疾病及其他身体或精神之异常，一望而得判定其体格等位属于丙种及以下者，除有特别规定外，其视力以下各项之检查，可省略之。

第二章　身体检查

第一　通则

第五条　身体检查事务于征（募）兵事务所内行之，每一征（募）兵事务所应有三员以上之军医及四名以上之看护士执行其业务，其每一日所检之人数约为百五十至百七十人。但遇有视力障碍及其他疾病特多或具有其他特别情形时，得酌量减少其每一日所检之人数。

第六条 检查实施之顺序及业务之分配如下：

1.身长、体重及胸围之测定；

2.视器辨色力及视力之检查；

3.听力、听器、鼻腔、口腔及咽腔检查；

4.言语及精神检查；

5.一般构造检查；

6.关节运动检查；

7.各部检查；

8.体格等位判定。

在 1.项可由看护士等行之，其余如检查军医有三员时，则主任军医担任 4.5.7.8.四项，次级军医一人担任二项，一人担任 3.6.两项。如检查军医仅有二员时，主任军医担任 4.5.6.7.8.五项，次级军医担任 2.3.两项(见第一表)。

第七条 因疾病及其他身体或精神之异常而判定为第一乙种、第二乙种、丙种及丁种时，其标准概依第三表。但不在规定之内或其程度有差异时，应准其轻重判定之。

依前项但书之规定而判定其体格等位时，应将其事由记入现役及龄壮丁名簿内(详兵役及龄男子调查规则附式二)。

第八条 具有下列各项之一时，可勿顾虑，即判定其等位，但应将其意见记入现役及龄壮丁名簿内。

1.伤痍疾病而有治愈希望者；

2.听力障碍或重听有诈伪之疑者；

3.自诉有精神病、癫痫、夜盲、夜尿及其他身体或精神之异常，其症候确否，须经长时间始能诊定者。

第九条 胸围不达身长之半例，难列为甲种，但胸廓构造佳良，将来有发育希望者，不在此限。

依上项但书之规定，将体格等位判定为甲种时，应将其事由记入现役及龄壮丁名簿内。

第一〇条 因患疾病或畸形不能测定身长、胸围及体重时，应将其事由记入现役及龄壮丁名簿内。身长不满一五四公分者，可省略其胸围之测定。

第一一条 在现役及龄壮丁名簿内，除甲种及因身长不足而列为丙种、丁种者外，其他因疾病或精神之异常而判定其体格等位时，应将其疾病及其他可以供参考之材料记入该簿相当栏内，并于其主要病名之右上方加以△符号以资明显。

现役及龄壮丁名簿及身体检查表(见第二表)内体格等位以下各栏，应由检查军医加盖名章，以明责任。但在规定上可以省略检查者，可不盖章。

一员以上会同检查者，应各自盖章。

第一二条 检查军医应将身体检查时所得关于骑乘之适否、膂力之强弱及其他兵种之选定等资料,应填入现役及龄壮丁名簿内。

第一三条　砂眼及花柳病之检查,应就受检者全部行之。

第一四条　检查军医发现受检者中有故意毁伤身体伪装疾病及其他诈伪行为时,应即报告于征(募)兵事务所主任,并根据学理制作鉴定书。

第二　检查实施

第一五条　检查身长时,先令脱去衣鞋(仍著单袴或短袴),立于身长计之台上,两踵相并,正视前方,取寻常呼吸姿势,置身长计横杠之正中,于头顶上测之。

计测体重时,令静立于体重计上,测之重量不满五十公分之零数,可舍弃不计。

第一六条　胸围检查,令开展两上肢,将卷尺绕肩胛骨下隅及乳头直下,次令垂手,于自然之位置测之。

在测呼吸缩张之差,则令行深呼吸定之。

第一七条　视力以视力表检之。视力表挂于室内光线明亮之处,表之中间高与眼齐,使受检者立于距六公尺之位置,然后如平常检验视力方法,指表中视标问之,分别两眼检查之。如视力有障碍,不能明见视标〇·六者,可中止片时,有暇再检之。如有必要,则行暗室检查,定其近视、远视、乱视、角膜翳等视力障碍之种类及其程度(视力表检查可令看护士等行之)。

用视力表施行视力检查时,应注意勿使受检者预先得见其表,视力检查以"一·〇"为始,渐次及于大视标,各眼之视力不满"〇·六"者,不得定为甲种等位。视力之记载,应区别左右。

辨色力用色神表检之,遇有异常者,定其种类及程度。

视器之检查,于视力检查之后行之,先比较左右眼球而检其大小、位置、运动;次检查眼睑裂并睫毛之状态,角膜虹彩之状况,瞳孔之大小、形状、开缩之状况、结膜及其穹窿之状况;最后检查泪器健否及眼内压。

第一八条　听力检查,使受检者立于检查军医之前约距二公尺之位置,闭两眼以检耳向,军医另一人则以手掌闭他侧之耳,令其迅速复述军医低声所问之耳语,以定其健否。

听力有障碍者,一时中止检查,于检查之余闲,再行覆检。遇有必要,则于别室细检之。

听器之检查,为耳翼外听道及鼓膜之状态,必要时,应检查欧氏管之通否。

鼻腔、口腔及咽腔之检查,在鼻检,其形态、呼气及吸气之良否,嗅觉之灵钝,鼻腔黏膜之性状,鼻中隔之状态及新生物之有无。在口腔及咽腔检,查口唇健否,之后令开口腔,检查齿牙、齿龈、舌口盖、扁桃腺及口腔黏膜之性状,咽头之状态,并咀嚼运动之难易。遇必要时,则行喉头检查。

第一九条　言语精神之检查,据受检者之态度,应对判断之。

口吃检查,预选发音较难之颚音、齿音、舌音、唇音组成通俗语若干,命其试诵,或以类似音构成之连续复杂语使之复诵,以检查之。

第二〇条　一般构造之检查,令受检者(仍着单袴或短袴)立于检查军医前方二公尺之位置,正其姿势,视其头颜面、头、胸腹及四肢之前面,再令背向,视头顶、背腰及四肢之后面,检查筋骨发育良否、皮肤之状态并身体各部之均等否。

第二一条　关节运动之检查,按下列之次序行之。

1.令受检者立于检查军医之前二公尺之处,正其姿势,注视军医。

2.令将左右上肢向前下方伸展、合掌,检其长短及发育如何,次检回前回后运动,再令左右同时行手指、关节腕、关节肘、关节及肩胛关节之屈伸、内外转及回旋等运动。

3.将两手按置髋骨上(拇指向后四指向前),检查颈之前屈、后屈、侧屈及回旋脊柱之前后屈、左右屈及回旋诸运动。

4.分别检查两下肢之内外转回旋及足关节之屈伸、内外转趾关节屈伸诸运动。

第二二条　各部检查,按照下列之要领行之:

1.头部及颜面,先视察大小、形状,特在发部应注意瘢痕异常、隆起、凹陷及肿疡之有无。

2.颈部,检查肿疡、瘘管、瘢痕之有无,兼注意头部之位置正否。

3.胸部,检查胸廓之长短、广狭及厚薄,锁骨、胸骨及肋软骨之状态,并疾病畸形之有无;次令深呼吸,视察其呼吸之难易、胸廓运动之状况,注意心脏之搏动,然后以打诊及听诊检查心肺之健否。

4.腹部,视察全般之后,必要时,令仰卧而检查其脏器。

5.脊柱及骨盘,检查其弯曲倾斜之正否,椎骨、髋骨、背骨、尾闾骨有异常否。

6.四肢检查,在上肢先检查上膊筋肉发育状态,次检查手背、手掌指等异常及腋臭之有无,在下肢检查静脉怒张、足背、足跖趾等有异常否。

7.阴部检查,　令受检查者去裤,正面而立,检查鼠蹊部阴茎、阴囊、精糸睾丸及副睾丸有无异常,次以手指由尿道球部向前按压尿道,检查排脓及硬结之有无,必要时,使排尿检查尿之性状。

8.疝气检查,　令受检者稍开两脚直立,将中指沿精糸向腹轮方向送入,触诊其扩张否,又令其努责。

9.肛门及会阴检查,令受检者弯腰,检者以两手排开肛门部,检查痔核、痔瘘、脱肛、肛围病变之有无。

以上各项检查终了时,由检查军医成绩逐项记入于身体检查表内(第二表)。但等位及兵种两项,应由主任军医于事后综合成绩,审慎判定,以红色笔书之。

第二三条　征(募)兵事务所主任于本区应征(募)壮丁身体检查全部完毕时,应即督同主任军医分别造具合格人数表、统计表、不合格人数统计表(附式一、附式二),连署盖章各缮两份,检同身体检查表呈送于团管区司令,其合格人数表内应将各兵种合选人数分别填明(身体检查表之装订应依表列兵种次序)。其不合格人数表内,应将免役、缓役人数分别填明。

团管区司令汇齐上项各区呈表,覆核无误后,应即编成总表(附式三、附式四),缮具两份,呈报师管区司令。

第三章　体格检定

第一　等位检定

第二四条　体格等位分为甲、乙、丙、丁四种,而乙种又分为第一乙种及第二乙种,甲、乙两种为合格,丙种以下,除有特别规定外,为不合格。其各种等位之规定如下(其详见第三表):

1.甲种　身长逾一六五公分,体重逾五五公斤,胸围在身长半数以上而身体强健,并无暗疾及畸形者,适于现役。

2.乙种　身长逾一六〇公分,体重逾五〇公斤,胸围达身长之半者,在甲种人数不敷分配时,亦适于现役。

3.丙种　身长虽不满一六〇公分而一般发育尚属佳良,且无显著之疾病缺点或畸形者,在甲、乙种人数不敷分配时,亦适于现役。

4.丁种　身长不满一五四公分,且确具显著之疾病缺点或畸形者,不适于现役,但其症状仅适合于第三表丙种时,仍须充国民兵役。

第二　兵种选定

第二五条　兵种选定(以后简称选兵)云者,乃身体检查合格,征集为现役兵,决定其所属兵种之谓也。

第二六条　选兵之要素,宜适应各征募区所需配赋人数,就应征者之身材、技能、职业而选定其兵种。

第二七条　征募检查应区分之兵种,暂定为步兵、骑兵、炮兵、工兵、辎重兵、交通兵之六种。

第二八条　兵种之选定标准如下:

1.步兵须体力强健,能耐劳苦,且视听力完全者。

2.骑兵须身体轻捷,适于骑乘,视听佳良,言语明晰,并略解文字者,其中约十二分之一须适于掌工。

3.炮兵须身体强大,视力佳良,其中须约有三分之一能书识文字,八分之一适于铁匠者。

4.工兵须手足灵敏,适于各种技艺者,其中约四分之一以上须能书识文字,约五分之一取善水性及使船，约六分之一取能为木工者。

5. 辎重兵须膂力强大，惯于使用马匹者。

6. 交通兵须视听力完全，言语明晰，比较聪敏者，其中半数以上须能书识文字。

第二九条 应征人员一般均低于第二十四条所规定之标准或合此规定标准之人数。不敷配赋时，得临时酌量递减各级之标准，但事后应报请该管长官备案。

第三〇条 除二十七条所规定者外，其他各兵种之选兵参照第四表。

第四章 免役、缓役

第三一条 除兵役法施行暂行条例所规定外，具有第三表丁种各项之一者，得以免役。

第三二条 具有下例情形之一者，得以缓役：

一 久病初愈，须经长时间调养始得复原者；

二 局部发生显著畸形，须经长时间始得矫正者；

三 急性传染病且重要脏器兼有显著之障害，非短时可得根治者；

四 外伤须经长时间始得治愈者；

五 四肢血管瘤非经根本治疗不能除去者；

六 年久痔瘘，行动障碍，不堪运动操作者；

七 糖尿病及其他新陈代谢病有显著症状者；

八 内分泌腺病有显著症状者。

第五章 诈病鉴别

第三三条 诈病之原因，因应征（募）壮丁希图兵役之免除，以欺诈之方法期达其目的而发生者，固多亦有因教育程度幼稚、智能发育不全且不明了受检方法而然者，更有因生长偏僻之区，在受检时心怀恐惧，致答解错乱而误认为欺诈者，检查军医应分别加以确切之鉴别。

第三四条 为达鉴别诈病之目的，检查军医应先熟练诈病检查方法，以免临时踌躇、疑惑之弊。

检查诈病时，应照诈病检查方法，并照第二章第二所列之各项顺序，施以精确之检查，再以医学的判断以期无误。

于着手检查之初，不宜以猜疑之眼光加于被检者，更不宜为感情及言语所驱使，强迫被检者使其供认。

第三五条 诈病中之精神病及自伤等，须确知其日常状态之必要时，应委托所在地之宪警及乡镇之保、甲长加以调查。

第三六条 检查诈病时，为免日后之误会及疑惑起见，应于检查之当时，邀请在场征兵有关之人员眼同施行之。

第三七条 既经发现诈病之证据时,应即制成诈病鉴定书,送与征(募)兵事务所主任审阅。

第三八条 诈病鉴定书之制定,应注意下列各项:

一 鉴定书之内容宜以学术上之证据为主,至本人之自诉可勿重视。

二 鉴定书所用品物名称应以习常通用者为主。

三 诈病之证据为鉴定之重要条件,故填写时愈详愈佳。

四 既往病历之记载应以本身所述者为主。

五 鉴定书之一般用语务求平易通俗,即非专门家亦能读之,了然为要。

六 与鉴定书中有关之问答应分行记载,其简单者则一并记述亦可。

七 鉴定书上不能作悬揣之字句,应根据学理与事实上之判断记载之。

八 鉴定书之填写方法如下:

1.籍贯、住址;

2.家长及本身姓名;

3.出生年、月、日;

4.既往病历;

5.问答情形;

6.鉴定之证据;

7.鉴定之理由;

8.检查军医阶级、姓名并盖章;

9.鉴定之年、月、日。

第三九条 诈病检查方法另订之。

第六章 附则

第四〇条 本规则自公布日施行。

●●陆军士兵退伍归休实施暂行规则 民国二十五年(1936年)七月三十一日军政部公布

要 目

第三章　归休

第四章　附则

第一章　通则

第一条　本规则依据兵役法第九条及常备兵服役施行规则第九条制定之。

常备兵之现役士兵退伍及归休事项均依本规则办理。

第二条　退伍士兵及归休兵区分如下：

甲　退伍士兵

一　现役在营届满三年之步兵、上等兵、特种兵、特业兵及延役期满者；

二　服役届满之各级军士及延役期满之各级军士。

乙　归休兵

一　现役二年届满之步兵、一等兵、二等兵、满半年之运输兵归休者，称为定期归休兵；

二　特准归休之步兵、上等兵、特种兵、特业兵及因疾病事故核准之早休兵，称为临时退休兵。

第二章　退伍

第三条　现役士兵在营服役期满应予退伍，其退伍日期以十一月下旬为正规退伍期，以五月下旬为补助退伍期。其在营期间以入伍年之十二月一日或六月一日起计算之，相差一个月以内者得不扣算。

第四条　关于士兵正规退伍期之准备，于每年七月上旬以内由所属各连（独立排）将本年应退伍者分别造具本年度退伍军士（兵）名册，递呈师（独立旅）长经核准后，即以县（市）为单位，由师（独立旅）司令部汇造退伍军士（兵）名册（附式一）三份，以一份连同统计表及士兵退伍费用预算书，七月二十日以前呈报军政部查核，以一份移送该士兵所属之师管区司令部转发其所属之团管区司令部或相当机关，以一份存查。

第五条　各连（独立排）所造年度退伍军士（兵）名册，经师（独立旅）长核准后，即作退伍实施之准备。

第六条　士兵在补助期退伍者，于每年一月上旬以内，按照前两项手续办理。

第七条　士兵退伍证书（附式二）由所隶之独立单位长官发给。

第八条　每年应退伍之士兵退伍时，应照军队内务规则所定，举行退伍仪式，由其所隶之独立单位长官亲临训诫，发给退伍证书。

第九条　每期退伍办理完竣后,应由各师(独立旅)长汇造退伍士兵统计表(附式三)二份,连同各该士兵之兵籍及副本各一份,移送该师管区司令部,并分发该团管区司令部或相当机关,同时将办理情形,呈报军政部备案。

第一〇条　士兵退伍时公给武器、弹药、被服、装具,除特有规定外,应一律呈缴,着其自备之便服回籍。

第一一条　退伍士兵回籍所需车船,按照军运条例办理。

第一二条　士兵退伍回籍途中给养费用,按行程日数,由该师司令部照规定发给,事竣于一个月内,造具计算呈请核销。

第一三条　退伍士兵回籍到达时,应照在乡士兵管理暂行规则第八条之规定,执同退伍或归休证书,赴区乡镇(保甲)公所报到,请予登记。

第三章　归休

第一四条　步兵、一等兵、二等兵之定期归休,每年于规定之士兵退伍时合并行之。

运输兵之归休,每年分两期举行,以五月下旬为前期,十一月下旬为后期,可与退伍兵合并举行。

归休仪式与退伍同,并发给定期归体证书(附式二)。

第一五条　步兵、上等兵、特种兵、特业兵之临时归休,每年于规定之士兵退伍时,与退伍士兵合并举行,其因疾病事故准假早休兵之归休,于师(独立旅)长核准后,分期集合行之,由所隶营长以上长官亲临训诫。

前两项之归休兵发给临时归休证书(附式四)。

第一六条　归休兵归休时及回籍后,应遵守事项依第八、第九、第十、第十一各条办理。

第一七条　定期归休兵、临时归休兵名册统计表、预算书之编造及呈报移送手续,依第四条、第七条之规定办理。

第一八条　归休兵至现役期满时,应按照规定手续自向所属之区、乡、镇(保甲)公所报请转役。

第四章　附则

第一九条　关于遣送退伍及归休士兵事务,由各该师(独立旅)司令部统筹办理。

第二〇条　退伍归休费规则另定之。

第二一条　本规则自公布日施行。

附式一

民国某年某期陆军第　　师(独立旅)某县(市)退伍军士(兵)名册					
所属部队	等级	姓名	现龄出生	住址	附记
			岁于 年月日生		

附式二

陆军退伍(定期归休)证书存根

某姓某名年○○岁某省某县(市)人于民国某年某月某日入伍,在陆军第某师某团(某营)(某连)服某兵科 $\binom{○士}{○兵}$ 役,至某年某月某日在营期满, $\binom{志愿}{奉令}$ 延役期满$)$ 应予退伍(归休),除填给证书外,特此存根。

中 华 民 国　　　　　年　　月　　日

字　　第　　　　　　　号

陆军退伍(定期归休)证书

某姓某名年○○岁某省某县(市)人于民国某年某月某日入伍,在陆军第某师某团(某营)(某连)服某兵科 $\binom{○士}{○兵}$ 役,至某年某月某日在营期满, $\binom{志愿}{奉令}$ 延役期满$)$ 应予退伍(归休),特给退伍(定期归休)证书。

中 华 民 国　　　　　年　　月　　日

陆军第某师(独立旅)师(旅)长署名盖章

背面

在乡士兵守则

一　在乡士兵,无论归休或退伍,初到乡时,切记勿忘赴本乡、镇(保甲)公所报到。

二　以后在乡凡遇住址更动,必须向前述机关呈报(其他如职业更动或因事离乡及一切按条例或规则应呈报亦然)。

三　在乡士兵与普通人民一体遵守法令、规章,关于诉讼、选举一切法律事项,与普通人民之身份同。

四　在乡士兵平时须各安生业,并须严守纪律,锻练身心,以爱护国家为一般民众之倡导。

五　在乡士兵遇有地方各种灾害或匪警,应对于维护公益比一般民众格外勇为。

六　在乡士兵应以枕戈待命之心思,准备国家召集,不论动员召集或教育召集,事前须常与乡、镇公所或保甲密切连络,使召集手续容易,并且一经奉令,立即遵行,是为军人天职。

注意　临时归休者,除到乡时即行报到外,至某年某月某日应自向所属团管区或相当机关报请转役。

说明

一　此书用道林纸,由师(独立旅)即就颁发。

二　本书尺幅应与本式同。

附式三

民国某年某期陆军第　师(独立旅)某省退伍(定期归休)士兵统计表																
区分	现役期满				延役期满				现役期满				延役期满			
县别	上士	中士	下士	小计	上士	中士	下士	小计	上等兵	一等兵	二等兵	小计	上等兵	一等兵	二等兵	小计
合计																

说明　本表用上等毛边纸大小尺度与本式同但横格应按县数之多少伸缩之

附式四

陆军临时归休证书存根

某姓某名年○○岁某省某县（市）人于民国某年某月某日入伍，在陆军第某师（独立旅）某团（某营）（某连）服某兵科○兵役，经在营 年 月于某年某月某日因请准临时归休，除填给证书外，特此存根。

中 华 民 国　　　　　　　　年　月　日

字　　　第　　　　　　　号

陆军临时归休证书

某姓某名年○○岁某省某县（市）人于民国某年某月某日入伍，在陆军第某师（独立旅）某团（某营）（某连）服某兵科○兵役，经在营 年 月于某年某月某日因请准临时归休，特给临时归休证书。

中 华 民 国　　　　　　　　年　月　日

陆军第某师（独立旅）师（旅）长署名盖章

背面

在乡士兵守则

一　在乡士兵无论归休或退伍，凡初到乡时，切记勿忘赴本乡、镇（保甲）公所报到。

二　以后在乡凡遇住址更动，必须向前述机关呈报（其他如职业更动或因事离乡及一切按条例或规则应呈报亦然）。

三　在乡士兵与普通人民一体遵守法令、规章，关于诉讼、选举及一切法律事项，与普通人民之身份同。

四　在乡士兵平时须各安生业，并须严守纪律，锻练身心，以爱护国家为一般民众之倡导。

五　在乡士兵遇有地方各种灾害或匪警，应对于维护公益比一般民众格外勇为。

六　在乡士兵应以枕戈待命之心思，准备国家召集，不论动员召集或教育召集，事前须常与乡、镇公所或保甲密切连络，使召集手续容易，并且一经奉令，立即遵行，是为军人天职。

注意　定期归休者除到乡时即行报到外，至某年某月某日应自向所属团管区或相当机关报请转役。

说明

一　此书用道林纸，由师（独立旅）印就颁发。

二　本书尺幅应与本式同。

●●陆军新兵宣誓规则民国二十五年（1936年）二月　军政部公布

第一条　陆军新兵应遵照本规则，举行宣誓。

第二条　新兵入伍后，非经宣誓不得视为正式军人，其宣誓时期于入伍满三个月时行之。

凡各部队以前未经宣誓之士兵，应依照本规则补行宣誓。

第三条　新兵宣誓，以其驻在地直属高级长官为监誓官。

第四条　新兵宣誓，以驻在地本师应行宣誓者集合举行，以连为宣誓单位。其零星入伍者，得由主管长酌量情形，分期集合举行之。

第五条　新兵宣誓仪式如下：

一　监誓官就位；

二　宣誓者就位；

三　奏乐（接官号三番）；

四　全体肃立；

五　唱党歌；

六　向国旗、党旗及总理遗像行三鞠躬礼；

七　主席恭读总理遗嘱；

八　宣誓；

九　监誓官训词；

一〇　答词；

一一　奏乐（礼毕号）；

一二　礼成。

第六条　新兵宣誓时，以监誓官为主席，宣誓者用集合队形到总理遗像前十步处，高举右手，带队官高诵誓词，宣誓者徇声朗诵誓词，如下：

"余敬宣誓实行三民主义，服从长官命令，捍卫国家，爱护人民，严守纪律，尽忠职务，如违背誓言，愿受最严厉处罚。"

第七条　新兵誓词用另纸印成，并印于士兵手簿内，监誓官署名，宣誓兵签名盖章或（指印），其另纸印成者，由直属团（独立营）部保存之。

第八条　本规则自公布日施行。

陆军礼节条例 民国二十四年（1935年）十月二十三日国民政府修正公布（附图略）

要　　目

第一编　总则

第一条　凡陆军军人军队之敬礼、陆军之仪节及陆军军人之丧礼,均依本条例之规定。

第二条　本条例称军人者,指服用陆军制服之军官、军佐及准尉、准佐、士兵。

称军官者,指各兵科少尉以上之军官。

称军佐者,指各业科三等佐以上之军佐。

称军属者,指军用文官、军法官、政治训练员、军用技术人员及雇员。

称部队长者,指统率军队之各级长官及独立部队长。

称军队者,指军人率领之队伍,其率领军队者称带队者。

称卫兵者,指风纪卫兵及卫戍卫兵;称步哨者,指野外勤务以外之步哨。

称野战炮兵者,指野炮兵、山兵、骑炮兵、步炮兵。

第三条　对于外国元首或代表国家及代表元首之专使之敬礼,除另有规定外,与对于国民政府主席之敬礼同。

对于外国元首或代表国家及代表元首之专使行敬礼时,应奏该国国乐。

第四条　次级军官执行上级职务或暂行代理时,对于上官仍用原有官级之礼节。但执行职务之际,其部下应对之行职务上之礼节。

第五条　准尉、准佐或见习官,均照少尉军官之敬礼。

第六条　军官、军佐、候补生应依所历阶级行士兵之敬礼。

军事学校之学生行士兵之敬礼。

第七条　重炮兵队击驾者,用野炮兵之礼节,徒步者,用步兵之礼节。

第八条　对于海军或空军军人军队之敬礼与对陆军军人军队之敬礼同。

第九条　本条例所称之军旗,包括陆军旗与团旗。

第二编　敬礼

第一章　通则

第一○条　军人对于上官均应敬礼,上官应即答礼;同级者应互相行礼,行礼者应俟受礼者答礼后,方为礼毕。

第一一条　军人相遇,如官阶等级不易辨别时,均应不分先后互相行礼。

第一二条　军人及军队无论何时何地闻奏国乐时,均应立正致敬,乐止复旧。

第一三条　军人对于素日相识之上官,不问其服制服与否,均应行礼。

第一四条　陆军军人及军队对于外国之陆海空军军人或军队,均应照本条例分别行礼。

第一五条　对于二人以上之上官,除另有规定外,如系军队,仅向最高级者行礼;如系军人,先向最高级者行礼,再向次级各上官依次行礼。

第一六条 团旗除对于国民政府主席及最高军事长官或祭典外,概不行礼。

第一七条 旗官及团旗卫兵团旗队等,除团旗行礼时应随同行礼外,其余概不行礼,但离团旗外时,概行军人之礼节。

第一八条 为国民政府主席之仪节或祭典整列之军队,除对主席外,概不行礼。

第一九条 大阅整列之军队,除对于国民政府主席、最高军事长官及被派为阅兵之官长行礼外,其余概不行礼。

第二〇条 在服务随扈中之随扈队,除另有规定外,概不行礼。但随扈卫兵之步哨,不在此限。

军人军队及卫兵,对于第十八、第十九两条及本条前项之军队,概不行礼。

第二一条 军人及军队在行进间之敬礼,无论携带武器与否,徒步者均用正步,乘马者均用常步。倘有紧急任务,可用最简单语陈明原由,但不变换其步度。

第二二条 军队及卫兵在停止间行敬礼时,应目迎目送,如应举刀或持枪敬礼时,于动作完毕后而行目迎目送礼,闻抱刀或礼毕之口令,则先将头部复正,然后将刀枪恢复原来之姿势。

第二三条 持枪敬礼之姿势,须于立正后将左前臂向右水平横贴胸前,手掌向内,要五指并拢而伸直,轻扶于枪之上端,同时向受礼者注目,持自动步枪时同。

持骑枪时,将左前臂向右水平横贴胸前,手掌向内五指并拢而伸直,同时向受礼者注目。

操刀敬礼之姿势,应照现行各兵科操典附录所定行之。

第二四条 一营以上之军队,其停止间之敬礼,每一营行之;行进间,每一连行之。

第二五条 凡军队及卫兵、哨兵在夜间除另有规定外,概不行礼。但上官有所询问时,仅由对答者面向警戒方向行持枪立正敬礼。

荷枪敬礼时与立正姿势同。

第二章 军人之敬礼

第一节 室内之敬礼

第二六条 居室、寝室、幕营地、天幕内、办公室、接待室、将校集会室、会议厅、会食堂、卫兵所、兵舍等,均谓之室内。炊事场、工场、屋廊下、操场、马厩等,均谓之室外。

第二七条 室内之敬礼,应脱帽立正,向受礼者注目,将体之上部前倾约十五度,以右手执帽檐,帽口向内。附于右股佩刀时,挂其上环,将刀柄向后,手握刀鞘两环之间。

第二八条 军人入他室时,应先扣门,然后入内。若入上官之室时,须立于门外喊"报告",俟得应许,方始入内。

第二九条　入上官之室,应先于室外脱帽,进至距上官六步处,依第二十七条行礼,如室内上官有二人以上者,应先向最高级者行礼,次及其他。出室时行礼,亦同。

士兵持枪时,应照室外敬礼行之。

第三〇条　军官入士兵室受礼时,不用脱帽,可依室外敬礼答之。

第三一条　军人与上官同席宴会时,不得先上官就席或离席,如离席时,须先报告事由。

第三二条　上官或同级者入室时,在室内者均应起立行礼,出室时亦同。

次级者入室、出室时,上官得就席答礼。

第三三条　军人在室内受领上官之物件或呈递物件于上官时,应照第二十七条、第二十九条行礼,再至适宜之处,将帽夹于左胁,以双手捧受或呈递之,授受完毕,再退至六步处,行礼退出。但持枪时,以左手接受或呈递之,如须领取回件时,应退至适宜处待之。又,受领上官书类应即时披阅者,如委任状、补官执照及勋章、奖章或其他证书等,以左手持之,右手披阅。但持枪时,将枪倚靠于右手上臂,以肘支护之,用右手持物,左手披阅之。受领命令、训令,呈递报告或面陈事由时,其敬礼均与前项同。

第三四条　上官入室时,由先见者喊"立正"口令,凡在室内者,均就原位置取立正姿势行礼。但服勤务时,如无别命,仍各服原有勤务,待上官出室时,再起立行礼。但与上官问答者,则应立正或不能起立行礼者,仅行注目礼。

检查或点名时,由最高级者喊"立正"口令,余均取立正姿势。行礼、受礼者,得照第三十条之规定答礼。

在教室授课或在作业中,仅由教官或监视者行礼。

第二节　室外之敬礼

第三五条　在室外除另有规定外,均行举手注目礼,如两手持物或因他故不能举手时,仅向受礼者行立正注目礼,并将体之上部微向前倾。行举手注目礼时,应举右手,手指伸直并齐,以中指及食指倚于帽檐之右侧,手掌微向外方,右上臂与肩齐高,两目向受礼者注目。

第三六条　军官抱刀时,对于国民政府主席军事高级将领或团旗除另有规定外,应行撇刀礼,其余均就抱刀姿势向受礼者或团旗注目。但军官同等官不用军刀行礼。

第三七条　士兵持枪或抱刀时,其敬礼如下:

一　对于国民政府主席、军事高级长官及奉派校阅之将官,徒步兵上刺刀持枪敬礼,并目迎目送。乘马士兵,则行举刀礼。

二　对于长官

士兵在行进间,至距长官八步处,改换正步前进,并向受礼者注目;停止间,持枪或举刀并目迎目送。

三　对于士兵

应就原来持枪或抱刀之姿势，仅行立正注目礼。

第三八条　司号长、号兵持有军号时，仍就持号姿势立正注目，但徒手或携枪时之敬礼，与一般同。

第三九条　在野外禀承上官时，应至上官六步前行礼，再进至适当地点，禀承一切。禀承毕，退至相距六步处，行礼，礼毕退去。

第四〇条　在途中遇国民政府主席或最高军事长官时，均应让至道路一侧停止，待受礼者临近约八步前，行敬礼，俟过去约八步后，礼毕。

如遇其他上官或在其旁通过时，军官或士兵均得就行进之姿势行礼。

第四一条　在停止间有上官经过其旁时，应向之行礼。

第四二条　在途中遇军人之葬仪时，无论其官职如何，均应向灵柩行礼。

第四三条　路遇上官所带领之军队或经过该军队之旁时，均应向带队官行礼，由带队官答礼。

第四四条　兵卒对风纪卫兵及步哨，均应行礼。

第四五条　乘坐各种车船遇见上官或经过其旁，或上官乘坐车船通过，或车船内遇见上官时，均应行礼，并应让座于上官。

如遇因行礼而致危险或乘脚踏车时，不用举手，仅行注目礼。

凡任指挥交通之士兵，概不行礼。

第四六条　在室外受领上官物件或呈递物件于上官时，除行室外之敬礼外，其动作与室内同。

在室外受领上官命令、训令或因事报告上官时，依照第三十九条之规定行礼。

前项情形，乘马者对于徒步上官应就马上行礼，礼毕下马，但传令骑兵或经上官许可者，不在此限。

第四七条　士兵集团在停止或行进时遇有上官或上官经过其旁时，由先见者发敬礼口令，各兵闻令后，应即同时向受礼者行注目礼。

第四八条　与上官同行时，应在其左侧后，有二人以上应分行两侧后或后方，须不碍上官之行进。但充为前导者，不在此限。

第四九条　演习中如遇上官或经过其旁时，仅陈明事由，不必敬礼。

第三章　军队之敬礼

第一节　停止间之敬礼

第五〇条　对于国民政府主席或最高军事长官，应向其经过道路整队行礼，骑兵、野战炮兵、辎重兵等如因地形之关系不能变换队形时，仅就原队形行礼。

武装时步兵、工兵应上刺刀持枪,骑兵、辎重兵应举刀或持枪,野战炮兵及带有驭马车辆之部队应下车,端正姿势,属于各该部队之军官均行撇刀礼,准尉及上士举刀,号兵吹奏国歌。

前二项敬礼,应于国民政府主席或最高军事长官距离部队约三十步处施行,至去部队约十五步后停止。

第五一条　对于将官应整队行礼,武装时就持枪抱刀之原姿势行礼,其带队者如系军官,则行撇刀礼,并目迎目送;如系士兵,行持枪或举刀礼,并目迎目送,号兵应依照下列各款分别奏接官号。

一　最高军事长官、参谋总长、军政部长、训练总监、军事参议院长、陆军上将及奉派校阅之将官,"三番";

二　陆军中将,"二番";

三　陆军少将,"一番"。

前项敬礼应于受礼者距离部队约十五步处施行,受礼者突然来自部队之左翼时,各连自行敬礼,如号兵不能识别受礼者之官阶时,仅吹奏一番。

对于校尉官,除号兵不吹奏号音外,悉照本条之规定行礼。

第五二条　对于其他部队,如带队官阶级较高时,应整齐队列,行撇刀礼;如带队者均系士兵,应依照第三十七条士兵对于士兵行礼之规定,互相行礼,军队互相敬礼;其带队官阶级较低者,应先行礼;同级者,不论先后互相行礼。

第五三条　军队如未服武装时,除无刀枪之动作外,其敬礼均与服武装时同。但其带队官仅行举手注目礼,不得吹奏号音。

武装军队对于非武装军队,其敬礼与前项同。士兵所带领之队伍,其敬礼与未服武装之军队同。

第五四条　军队对军人,除阶级高于带队官者外,概不行礼。

军佐、军属人员带领之队伍,均不行军队之敬礼,仅由带队者行之。

第五五条　军官带领之军队对于士兵带领之军队不行军队之敬礼,仅由带队官答礼。

第五六条　军队于行军或教练间,当解散队列在一处或数处休息时,通常不行敬礼,其离开队伍者依照单独军人之敬礼行之。但遇高级长官莅临时,毋庸集合整队,应由该队最高指挥官喊敬礼口令或令号兵吹奏"立正"号音,官兵闻令均就所在位置起立致敬。

第二节　行进间之敬礼

第五七条　对于国民政府主席或最高军事长官,应沿道旁停止,依照第五十条之规定行礼,俟随扈队列过去后,再行前进。

第五八条　对于团旗或上官或军队均不用停止,以喊"向右看"或"向左看"之口令向团旗及受礼者或其带队者行注目礼。带队者如系军官,应行撇刀礼;如系士兵,应向受礼者注目,号兵依照前节之规定吹奏号音。

前项敬礼由该队先头距受礼者约八步处行之,俟受礼者过去,喊"向前看"之口令,一律转头正面。

第五九条　军队通过整列卫兵之前时,其敬礼与对其他军队同。但军官所率之军队对于士兵、充卫兵司令之卫兵,不行军队之敬礼,仅由带队官答礼。

第六〇条　第五十三条至第五十五条之规定,军队行进间均适用之。

第三节　教练间之敬礼

第六一条　国民政府主席或最高军事长官亲临操场时,其在场之最高级或资深军官应喊"立正"口令或令号兵吹奏"立正"号音,各部队即停止教练,就原位置取不动姿势,由各部队之最高级或资深之军官见莅场者临近队伍时,须拔刀跑步至莅场者之前,禀陈人数、教练项目及次序,俟奉有命令后,仍继续教练。

第六二条　参谋总长、军政部长、训练总监、军事参议院长、陆军上将及奉派校阅之将官临操场时,其敬礼与第六十一条同,礼毕后,如无别命,仍照常教练。

第六三条　前二条受礼者离去操场时,各队仍就原位置行敬礼,并由在场之最高级或资深之军官恭送出场。

第六四条　各级部队长、军事学校校长及负有教育训练责任之军官到达操场时,其各该部之军队准照第六十二条之规定敬礼。

军队在操场施行教练中,除第六十一条、第六十二条及本条之规定外,不行敬礼。

第六五条　军队在演习场、射击场或作业场等处,依照第六十一条至第六十四条之规定行礼。

第六六条　在野外演习实施中,不行敬礼。

第四章　卫兵之敬礼

第六七条　卫兵对于下列各款,应于卫兵所前整队持枪行礼,不持枪之部队,则取不动姿势行礼。

一　国民政府主席;

二　最高军事长官;

三　团旗;

四　参谋总长、军政部长、训练总监、军事参议院长、陆军上将及奉派校阅之将官;

五　卫戍司令及军师旅团长(或独立营长)仅限于各本管部队之卫戍卫兵及风纪卫兵;

六　军官率领之武装军队。

第六八条　前条卫兵之敬礼,与第三章第一节军队停止间之敬礼同。

第六九条　阶级高于卫兵司令之军官出入卫门时,应由卫兵先见者喊敬礼口令,凡在场之卫兵,均就原处立正,卫兵司令向该军官行举手礼。

第七〇条　兵卒出入卫门应向卫兵敬礼,卫兵受兵卒之敬礼时,其答礼应就持枪立正之姿势,向行礼者注目。

第五章　步哨之敬礼

第七一条　步哨对于下列各款,应分别行礼,但炮兵不在此限。

一　国民政府主席;

二　最高军事长官;

三　团旗;

四　参谋总长、军政部长、训练总监、军事参议院长、陆军上将、卫戍地直属最高军事长官;

五　军官或其率领之军队;

六　军士、上等兵及其同级者。

第一款至第四款,均应上刺刀行持枪礼,并目迎目送。至第五、第六两款,仍就原地持枪,并立正注目。

第七二条　步哨之敬礼,应就原定之位置行之。如在哨舍内,则应出哨舍外行之。如系动哨,于现在地行之。复哨,则须同时行之。

第七三条　步哨虽在夜间,如能辩识受礼者之官阶,仍应行礼。

第七四条　步哨受兵卒之敬礼时,其答礼应就持枪立正之姿势,向行礼者注目。

第七五条　步哨执行职务确无余暇时,得不行礼。

第三编　仪节

第一章　通则

第七六条　本条例所称仪节,如下:

一　随扈;

二　仪队;

三　大阅;

四　礼炮;

五　迎送团旗;

六　升降国旗。

前项第一款至第四款,除对于国民政府主席或最高军事长官得依照本条敬礼外,其余须有特别命令行之。

第七七条　前条仪节，除迎送团旗、升降国旗另有规定外，通常由卫戍司令或驻扎地主管长官命令行之。

第二章　随扈

第七八条　随扈分下列两种：

一　随扈队任途中之保护；

二　随扈卫兵任驻所之保护。

第七九条　下列各款应派遣随扈队：

一　国民政府主席、最高军事长官莅临或离去卫戍地或驻扎地时；

二　参谋总长、军政部长、训练总监、军事参议院长因公莅临或离去卫戍地或驻扎地时；

三　陆军上将及奉派校阅之将官因公莅临卫戍地或驻扎地时；

四　军师旅长或他项部队长之将官初到其卫戍地或驻扎地就职或因升调离去其卫戍地或驻扎地时。

第八〇条　前条第一、第二两款，于其驻所，应派遣随扈卫兵。

第八一条　随扈队、随扈卫兵之编成及步哨之种类，另详附表。

第八二条　随扈队派任车站、船埠或由站埠至驻所间之沿途护卫，但受礼者乘马或坐车时，随扈队之徒步兵可不随行，仅由乘马、乘车者随从之。

第八三条　随扈队之敬礼，依照军队停止间之敬礼行之；随扈卫兵之敬礼，依照卫兵之敬礼行之。但对于受礼者，虽在夜间，亦应行礼。

第八四条　凡随扈队及随扈卫兵，不问昼夜，均应派遣。

第三章　仪队

第八五条　凡第七十九条所列各款，均应派遣仪队迎送之。其应需兵数，另详附表。

第八六条　仪队应于车站、船埠至驻所之途间，在路旁整队，其列队之次序，以受礼者莅临之方向为前端。

第八七条　仪队当受礼者经过时，应行军队停止间之敬礼，并吹奏迎送号音。

第四章　大阅

第八八条　大阅分阅兵式及分列式二种：

第八九条　国庆日应举行大阅，如另有规定或有临时命令者，亦得行之。

第九〇条　大阅通常对下列各长官行之：

一　国民政府主席；

二　最高军事长官、参谋总长、军政部长、训练总监、军事参议院长,奉派校阅之将官及军队主管之是高级长官。

第九一条　对于国民政府主席或最高军事长官举行大阅时,应以该地军队最高级长官为诸兵种之指挥官。但合二师以上在一处举行大阅时,临时须指定其总指挥官。

对于其他各长官举行大阅时,应以该地军队长官或队属军官中阶级较低于受礼者为指挥官。

第九二条　国庆日,卫戍地及驻扎地均应举行大阅。在首都由国民政府主席或最高军事长官会同中央各军事部长行之,在各省由驻扎各该省之卫戍最高级军事长官行之。但无将官驻在之处,其军队仅行分列式,其指挥官以阶级较低者充之。

第九三条　国庆日举行大阅时,各机关、各部队军官佐除有特别事故外,均应服常礼服,佩刀莅场,参加受礼者均应服大礼服,佩礼刀。

第九四条　任大阅之指挥官,应服常礼服,佩刀。凡乘马军官,均穿黑皮马靴或绑腿。

第九五条　关于大阅之详细仪式,由军政部定之。

第五章　礼炮

第九六条　凡有野战炮兵驰屯之地,对于下列各款均应依照附表所定炮数施放礼炮,其余依特别命令行之。

一　国庆日;

二　中华民国成立纪念日;

三　总理诞辰;

四　国民政府主席因公莅临或离去卫戍地或驻扎地时;

五　最高军事长官、参谋总长、军政部长、训练总监、军事参议院长因公莅临或离去卫戍地或驻扎地时。

第九七条　国庆日、中华民国成立纪念日及总理诞辰之礼炮,于当日正午行之,其余限于昼间行之。

第九八条　重炮兵队,除另有规定外,不放礼炮。

第六章　迎送团旗

第九九条　迎送团旗应用团旗队,其编成以步兵一连及一营所属之,号兵或骑兵半连及三连所属之,号兵编成之,均派连长指挥。

第一〇〇条　引导团旗用中少尉军官一人及护卫军士一人。

第一〇一条　行军中,在宿营地不适用迎送团旗之礼节,除旗官及护卫军士外,以军官率领士兵一班引导之。

第一〇二条　途遇团旗或经过其旁时,军官与士兵均应止步行礼。

第一〇三条　军队不问在停止或行进间,遇带有团旗之部队经过时,依照第三十六条及第五十八条之规定,应向团旗行礼并吹奏国歌,受礼之部队即行答礼。

第七章　升降国旗

第一〇四条　军事机关及部队除另有规定外,平日均应升降国旗。

第一〇五条　升降国旗时,应用全武装兵一班至一排及卫兵全部,并军乐队(或号兵)一部在旗前十五步处,面向国旗整列。

第一〇六条　升降国旗在每日日出、日没时行之,但得视季节而伸缩规定。

第一〇七条　升降国旗之礼节如下:

一　全体肃立;

二　升降国旗奏乐;

三　礼成

前项礼节乐起时,官长一律撇刀,士兵照持枪时敬礼。

第一〇八条　军人、军属一闻升降国旗乐声时,无论在何时何地,均应就原地立正致敬,乐止复旧。

第四编　丧礼

第一章　通则

第一〇九条　陆军现役军人及召集中之在乡军人,凡行丧葬,概照本条例之规定。

第一一〇条　丧礼分下列各款:

一　祭奠;

二　仪仗兵及送葬队;

三　葬时吊炮吊枪;

四　丧章。

第一一一条　丧礼以较死者高一级之直属长官为主丧人,但有特殊情形时,得由高一级长官指派官佐办理之。

第一一二条　凡军官佐及同等军属人员准尉以上之丧礼,得设丧礼委员若干人,受主丧者之指导,分掌一切丧礼事务。

第一一三条　丧礼委员由主丧人指派相当之军官佐任之,并得附以必要之士兵料理一切。

第一一四条　见习军官得适当少尉阶级丧礼,入伍生各按其相当士兵阶级行之。

第一一五条　死者由死亡时起在三日内应即殡葬,因传染病死亡者或有特殊情形时,应即时殡葬之。

第一一六条　死者如有亲属收殓殡葬时由其亲属举办丧事但所属部队依照本条例之他定酌行丧礼。

第一一七条　殡葬以土葬为定制,但遇行军乘船及传染病等不能土葬时,经在队高级长官之决定,得变通办理之。

第一一八条　军人在战地死亡,除军官佐得按当时情形特定埋葬方法外,通常均用合葬,并建立墓标。

第一一九条　凡犯罪执行中及休职或停职中之陆军军人,不适用本条例之规定。

但有特别命令者,不在此限。

第一二〇条　凡丧礼在战时或特别时期,不能依照本条例施行时,得由主丧人酌量行之。

第一二一条　陆军军人之丧礼,如不即埋葬,应以棺柩到达殡所为丧礼终典,嗣后葬时,不再举行葬礼。

第二章　祭奠

第一二二条　死者就殓后,由主丧者指定安置棺柩地点,举行祭奠。

第一二三条　祭奠时,主丧者为主祭,其余与祭者按序面柩整列,行相当敬礼。如死者为准尉以下时,同连官兵应行全体之祭奠。

第三章　仪仗及送葬队

第一二四条　出殡时,仪仗兵应先至丧家或病院或营门外整列,俟棺柩运出时,即对之行相当敬礼。如死者阶级应奏号音时,即于奏号音时,即于奏号音后,分列柩之前后,沿途护送。如仪仗兵为一排以下时,应在柩前行进护送,路程不得逾半日以上。

第一二五条　仪仗兵行进之步度,应准柩行之速度,士兵一律将枪背于右肩,枪口向下,右手握于枪之护木。

第一二六条　仪仗兵护送至葬地时,面柩整列,对死者行相当之敬礼。如死者为士兵时,仪仗兵无须沿途护送,可迳赴葬地,待柩到行礼。

第一二七条　仪仗兵之人数,按死者阶级派遣之,如附表所定。

第一二八条　各军事机关、学校之高级军官及军队团长或独立营长以上出殡时,除照附表规定派遣仪仗兵外,其死者之直属部队应整列于棺柩经路之一侧,由死者次级之军官或临时指派之军官指挥送葬。

第一二九条　送葬军队均携带武器,一律徒步先至经路一侧,俟棺柩过时,对之行相当敬礼,如死者阶级应奏号音时,则于棺柩经过奏号后,即行回营。

第四章　吊炮或吊枪

第一三〇条　吊炮或吊枪仅现役将官之葬仪用之,其发数如下:

一　特任将官十七发;

二　中将师长及相当官十五发。

第一三一条　吊炮限于卫戍地及驻扎地,有野战炮兵时,始得行之。如无炮兵,得省略之。

第一三二条　吊炮由主丧委员指定施放地点,并先行布告葬地住民知悉,待棺柩到达地点时,每隔一分至二分钟,用空弹发射之。

第一三三条　吊枪于棺柩到达葬地,祭毕施行齐放。每隔一分钟,用空弹发射。如仪仗兵有两连以上时,仅由一连发射之,其次数如下:

一　将官三次;

二　校官二次;

三　尉官一次。

第五章　丧章

第一三四条　丧章以黑布为之。

第一三五条　凡殡葬行列中之仪仗兵与送葬者之左袖以及军刀、乐器均缀丧章。如步骑兵团长死亡时,自死亡之日起至殡葬之日止,均于军旗上端缀以丧章,式如附图一。

第一三六条　丧章按下列之规定行之:

一　旗帜之丧章,用幅三寸、长四尺之黑布附以旗竿之上端;

二　军号之丧章,用幅三寸、长二尺之黑布缀于号之前后端;

三　乐器之丧章,用宽四寸、长相当为度之黑布绕于鼓之周围;

四　军刀之丧章,用黑纱卷于刀柄之上半部;

五　左臂之丧章,用宽三寸、长相当为度之黑纱围于左手之上臂。

第一三七条　凡将官或相当官或独立部队长及相当官死亡时,由其死亡之日起,其所属官佐应按死者之阶级,将官七日,校官五日,尉官三日,缀佩丧章。

第一三八条　出殡时,应将死者部队番号、官职、姓名书于铭旌之上,以一人擎举,在柩前先导之,如附图二。

第五编　附则

第一三九条　本条例自公布日施行。

陆军仪节附表一				
区分 ＼ 阶级	随扈队	随扈卫兵	仪队	礼炮
国民政府主席 最高军事长官	骑兵一连或步兵一营 团长指挥之	步兵一连营长指挥之 正门步哨用复哨	至多不得过 一旅	二十一发
参谋总长 军政部长 训练总监 军事参议院长	骑兵一排连长指挥之 或步兵两连营长指 挥之	步兵一排连长指挥之 正门步哨用复哨	至多不得过 一团	十九发
陆军上将 特派校阅将官军队直 属主管之中少将	骑兵半排排长指挥之 或步兵一排连长指 挥之		至多不得过 一营	
备考	一　国庆日,应施放礼炮一百另一发。 二　中华民国成立纪念日及总理诞辰,应施放礼炮三十三发。			

仪仗兵附表二	
死者等级	指挥官及仪仗兵人数
特任将官及现任中将师长 中将同等官及少将 少将同等官及上中校 上中校同等官及少校 少校同等官及上尉 上尉同等官中少尉中少尉同等官见习军官与同等官 准尉 军士同相当阶级者 士兵同相当阶级者	团长指挥步兵一团 中校团附指挥步兵二营 少校营长指挥步兵二连 上尉连长指挥步兵一连 中尉连附指挥步兵二排 少尉或准尉指挥步兵一排 中士指挥步兵一班 下士或上等兵指挥步兵半班 士兵指挥步兵四名
附记	一　准尉以上丧礼之仪仗兵应附军乐队 二　军士以下丧礼之仪仗兵无须沿途护送 三　如死者为步骑兵团长时军旗在仪仗兵先头行进 四　施放礼炮之炮兵应先到葬场指定之位置

●●海军礼节条例民国二十年（1931年）二月二十三日国府公布，二十一年（1932年）八月二十日修正，二十五年（1936年）五月十三日再修正。

要　目

第一编　总则

第一条　凡海军军人、军舰军队之敬礼、礼炮旗章之仪节及海军军人之丧礼,均依本条例之规定。

第二条　本条例称军人者,指军官、军佐及其同等官,并军士、士兵、兵卒。

称军官者,指海军学校毕业见习期满之航海轮机军官。

称军佐者,指军医、军需、造械、造舰、海军、航空、航务并军士长、副军士长。

称同等官者,指文官、军法官及管理无线电者。

称资深官者,指官阶较高或官阶相同而受任较先者。

称上官者,指官职在上者。

称军士者,指上士、中士、下士。

称士兵者,指一等兵、二等兵、三等兵。

称兵卒者,指下级兵役或练兵。

第三条　本条例所规定对于外宾之礼节,仅限于公式时行之。本国文、武官往来于军舰者,亦同。

第二编　敬礼

第一章　通则

第四条　军人对于上官应行敬礼,上官应即答礼。同级者相遇,应互相行礼。

第五条　凡敬礼以受礼者之制服为准,惟对于素识之上官,不问其是否服制服,均应行礼。

第六条　不同级之军人二人以上同行,于应行答礼时,仅由最高级者行之。

第七条　军人闻奏国乐,无论何时何地,均应立正,表示敬意,乐止复旧。

第八条　对于外国元首、皇储之敬礼,除有特别规定外,与对于国民政府主席之敬礼同。

对于外国元首、皇储行敬礼时,应奏该国国乐。

第九条　外国皇族以其文、武官之资格相接见时,仅按其官阶行相当之敬礼。

第一〇条　对于陆军军人、军队应行之敬礼,与对于海军军人、军队同。对于外国陆海军军人、军队及文官应行之敬礼,与对于本国陆海军军人、军队及文官同。

第一一条　工作及操练时,除别有规定外,不行敬礼。

第一二条　凡敬礼为本条例所未规定者,所在海军资深官得临时酌定之,但应随时报明海军部。

第二章　军人之敬礼

第一节　室内之敬礼

第一三条　室内之敬礼,应先立正,向受礼者注目鞠躬,以右手执帽檐垂直放下,帽之内部靠近右侧。如有佩刀,脱其上钩,左手握刀柄之上部。

第一四条　军人入室时,应先于门外脱帽。但士兵携枪时,不在此限。

第一五条　军人入他室时,应先叩门,俟得应许,始得入内。

第一六条　军人入上官室内时,应于距席约六步之处先行敬礼,然后进至席前。如上官为二人或二人以上,应先向上级者行礼,次及其他。出室时同。

第一七条　军人在室内受领勋章、奖章或其他证书时,应于距席约六步之处先行敬礼,然后进至席前,挟帽于左胁,接受物品后,稍退行礼而去。

第一八条　军人在室内受上官命令、训示或陈述事件或送呈物品于上官时,其敬礼与前条同。

第一九条　军人与上官同席宴会时,不得先上官就席或离席。

第二○条　上官或同级者入室时,在室者均应起立,出室时同。

第二一条　下级者入室时,上官得就席答礼。

第二二条　官佐入士兵室时,室中最先见者应呼立正,在室者均起立。

第二三条　官佐入士兵室时,对于士兵之敬礼,应注目答礼,如戴帽时,举手答礼。

第二节　室外之敬礼

第二四条　室外之敬礼分举手、脱帽二种。

一　举手。立正向受礼者注目,举右手,手指合并伸直,将食指按帽檐之右侧。如有佩刀,左手握刀柄之上部。

一　脱帽。右手执帽檐垂直放下,帽之内部靠近右侧。

第二五条　军人对于军队之敬礼或答礼,仅向其队长行之。

第二六条　军人在室外受领勋章、奖章或其他证书时,应于距席约六步之处先行举手礼,然后进至席前接受物品后,稍退行礼而去。

第二七条　军人在室外受上官命令、训示或陈述事件或送呈物品于上官时，其敬礼与前条同。

第二八条　军人乘车马遇上官时，得就车马上行敬礼。

第二九条　军人与上官同行时，应在其左或其后。如为导引时，不在此限。

第三〇条　军人在途中遇军人之葬仪时，应向灵柩行敬礼。

第三一条　军人到舰上舷梯时，应徐行，从上官之后。离舰下舷梯时，应疾行居上官之先。

第三二条　在舰军人至舱面后部时，应向海军旗行举手礼。

第三三条　士兵受司令或舰长之检阅时，应听上官之号令，行脱帽礼。但在舱面，应行举手礼。

第三四条　士兵应司令或舰长呼点到该长官之前时，应行脱帽礼。但在舱面，应行举手礼。

第三五条　士兵有过犯，受上官之审讯时，应行脱帽礼。

第三六条　士兵在舱面经过官佐前或官佐自其前经过时，应行举手礼。

第三七条　士兵在舱面见有官佐乘舢舨或小汽艇经过本舰近旁时，应行举手礼。

第三八条　士兵携枪时之敬礼，行进中应注目，停止中应立正。

第三九条　士兵两手持物或肩荷物件不能行举手礼时，仅向受礼者注目。

第四〇条　兵卒行经卫兵前，应向卫兵行举手礼，携枪时仅注目。

第三章　军舰之敬礼

第四一条　军舰升降海军旗时，应奏国乐或吹号，在舱面之军人，除携枪者应行举枪礼外，其余均应向旗立正，行举手礼。

第四二条　凡船舶、灯塔、炮台或他处对军舰下旗行礼时，军舰应如式答礼。

第四三条　凡军舰与外国军舰、商船相遇，应俟彼方先下旗行礼，始行答礼，但彼此得同下旗。

第四四条　外国军舰对于中国军舰如有卫兵站队行举枪礼或奏中国国乐致敬时，中国军舰应行相当之答礼，如中国军舰应先行礼者，依式行之。

第四五条　国民政府主席莅军舰时，军舰人员均服礼服，其敬礼如下：

一　海军司令、参谋长、舰长、副长及当值官序列于舷门，其他官佐序列于从舷侧；

二　梯侍六名立于梯侧，军士长或副军士长一人吹号笛；

三　卫兵站队行举枪礼，并奏国乐或吹号；

四　士兵全体站立听副长之号令，欢呼中华民国万岁三次。

第四六条　陆海空军军事最高长官莅军舰时，军舰人员均服礼服，其敬礼如下：

一　海军司令、参谋长、舰长、副长及当值官序列于舷门，其他官佐序列于后舷侧；

二　梯侍四名立于梯侧，军士长或副军士长一人吹号笛；

三   卫兵站队行举枪礼,并奏致敬军乐或吹号;

四   士兵序列于舱面前部。

第四七条   海军部长、次长及特派将官莅军舰时,军舰人员均服公服,其敬礼与前条同。

第四八条   海军司令出入旗舰时,参谋长、舰长副长及当值官送迎于舷门,卫兵站队行举枪礼,并奏致敬军乐或吹号,梯侍二名立于梯侧,军士一名吹号笛。

第四九条   轮机将官或其同等官莅军舰时,舰长、副长及当值官送迎于舷门,梯侍二名立于梯侧。

第五〇条   上、中校之参谋长赴任莅舰或解职离舰时,舰上人员均服公服,其敬礼如下:

一   舰长、参谋长及当值官送迎于舷门,其他官佐序列于后舷侧;

二   梯侍二名立于梯侧,军士一名吹号笛;

三   卫兵半队站队行举枪礼;

四   士兵序列于舱面前部。

第五一条   舰长赴任莅舰或解职离舰时,舰上人员均服公服,其敬礼如下:

一   舰长、副长、参谋长及当值官送迎于舷门,其他官佐序列于后舷侧;

二   梯侍二名立于梯侧,军士一名吹号笛;

三   卫兵半队站队行举枪礼;

四   士兵序列于舱面前部。

第五二条   参谋长出入本舰时,副长、当值官送迎于舷门,梯侍二名立于梯侧,军士一名吹号笛。

第五三条   舰长出入本舰时,副长及常值官送迎于舷门,梯侍二名立于梯侧,军士一名吹号笛。

第五四条   军官代表舰长乘舢舨或小汽艇,悬其长旒任访候之职务者,于其进出本舰时,当值官送迎于舷门,梯侍二名立于梯侧,军士一名吹号笛。如外国军官来访候时,副长亦应送迎于舷门。

第五五条   校官或其同等官出入本舰时,当值官送迎于舷门,梯侍一名立于梯侧。

第五六条   尉官及同等官出入本舰时,副值官送迎于舷门,梯侍一名立于梯侧。

第五七条   他舰舰长乘舢舨或小汽艇悬其长旒来舰时,本舰舰长、副长及当值官送迎于舷门,梯侍二名立于梯侧,军士一名吹号笛,外国舰长来舰时,其敬礼同。惟中校以上舰长,应加卫兵半队,行举枪礼。

第五八条   他舰校尉官或其同等官来舰时,当值官送迎于舷门,梯侍一名立于梯侧。

第五九条   国民政府委员五院院长、各部部长、参谋总长、训练总监、军事参议院院长、全权大使、全权公使、代办、代办使事来舰时,其敬礼依照第四十七条之规定。

第六〇条   驻外领事来舰时,其敬礼依照第五十七条之规定,但仅限于该领事所驻之境内。

第六一条 简任文官来舰时,舰长及当值官送迎于舷门,梯侍二名立于梯侧,军士一名吹号笛。

第六二条 荐任文官来舰时,当值官送迎于舷门,梯侍一名立于梯侧。

第六三条 军舰经过旗舰近旁时,卫兵站队行举枪礼,并奏致敬军乐或吹号,在舱面之人员均须立正。如旗舰与旗舰相遇,由资浅者首先行礼。

第六四条 悬挂将旗之舢舨或小汽艇经过军舰近旁时,军舰依照前条之规定行礼,如该舰为旗舰并资格较深者,不在此限。

第六五条 军舰与军舰相遇时,卫兵站队行举枪礼,吹立正号,舱面人员均应立正。

第六六条 对于悬海军部长或次长旗之舰艇,其敬礼依照第六十三条及第六十四条之规定。

第六七条 第五十四条规定访候之职务,其规则由海军部另定之。

第六八条 海军所属船舶之敬礼,除有特别规定外,依照本条例行之。

第四章　舢舨及小汽艇之敬礼

第六九条 乘坐舢舨或小汽艇时之敬礼,依下列附表所定:

一　附表所列各种敬礼,除举手及注目应于经过受礼者之近旁时举行外,其余均于相距约二十码之处举行。惟对于国民政府主席应于相距约四十码之处举行,礼毕复旧。

二　舢舨张有天幕时,本表所列立桨之敬礼,得以平桨代之,艇上人员无庸起立。

三　附表所列就位注目之敬礼,指挥官或管艇军士应向左或向右看之,令俟至适宜之处,再发向前看之令。

四　舢舨拖带他艇或被他艇拖带或满载货物时,无庸停止行驶。

五　对于荐任以上文官,依本条例有受礼炮之资格者,应比较其官阶,行相当之敬礼。若无受礼炮之资格者,则除行举手礼外,附表所列各种敬礼不适用之。

六　凡轮机官或其同等官所乘舢舨或小汽艇之敬礼,与航海军官同。

七　对于下级者之答礼,仅由最上级者行之。

八　舢舨参列丧礼时,除对于国民政府主席外,不行敬礼。

九　凡遇装载简任以上文武官员灵柩之舢舨时,双桨舢舨应立桨,小汽艇及单桨舢舨亦应参照附表之规定,行相当之敬礼。

第七〇条 军舰升降海军旗时,附近水上之舢舨或小汽艇应立桨或停轮,用帆时,放松主帆脚索。

第七一条 乘坐舢舨或小汽艇者受礼炮时,该舢舨或小汽艇应停止行驶。但国民政府主席、陆海空军军事最高长官所坐之舢舨或小汽艇,不在此限。

舢舨及小汽艇敬礼　附表

行礼者	海军将官	海军将官	上校以下之军官及管艇军士	海军上中校	少校以下军官及管艇军士	海军中校	少校以下军官及管艇军士	少校以下军官及管艇军士	尉官以下之军官及管艇军士	尉官以下之军官及管艇军士	管艇军士
受礼者	国民政府主席	陆海空军军事最高长官	同左	海军部次长海军司令长官海军将官	同左	海军上校	同左	海军中校	同左	海军少校	尉官以下之军官
用桨时	立桨军官及管艇军士行举手礼	平桨军官及管艇军士行举手礼	立桨军官及管艇军士行举手礼	平桨军官及管艇军士行举手礼	立桨军官或管艇军士行举手礼	军官及管艇军士行举手礼	平桨如悬有长帆则立桨军官或管艇军士行举手礼	军官或管艇军士行举手礼	平桨军官或管艇军士行举手礼	军官或管艇军士行举手礼	管艇军士行举手礼
用帆时	放松主帆脚索军官及管艇军士行举手礼	同左	放松主帆脚索军官及管艇军士行举手礼	放松主帆脚索军官及管艇军士行举手礼	放松主帆脚索军官或管艇军士行举手礼	同上	放松主帆脚索军官或管艇军士行举手礼	同上	放松主帆脚索军官或管艇军士行举手礼	同上	同上
小汽艇	停轮军官及管艇军士行举手礼	缓进军官及管艇军士行举手礼	停轮军官及管艇军士行举手礼	缓进军官或管艇军士行举手礼	停轮军官或管艇军士行举手礼	同上	缓进如悬有长帆军官或管艇军士行举手礼	同上	缓进军官或管艇军士行举手礼	同上	同上

（续表）

登岸处相遇时									
单桨舢舨	水兵就位注目军官行举手礼	同左	水兵就位注目军官或管艇军士行举手礼	水兵就位注目军官行举手礼	军官行举手礼	水兵就位注目军官或管艇军士行举手礼	同上	水兵就位注目军官或管艇军士行举手礼	同上
双桨舢舨	水兵听令起立军官及管艇军士行举手礼	水兵就位注目军官及管艇军士行举手礼	水兵听令起立军官及管艇军士行举手礼	水兵就位注目军官及管艇军士行举手礼	军官及管艇军士行举手礼	水兵就位注目军官或管艇军士行举手礼如悬有长旒水兵听令起立	同上	同上	同上
小汽艇	水兵听令起立军官及管艇军士行举手礼	同上	同上	同上	水兵听令起立军官或管艇军士行举手礼	同前	水兵听令起立军官或管艇军士行举手礼	同上	同上

第五章　军队之敬礼

第七二条　军队之敬礼,停止间,应立正;进行间,应由队长发向左看或向右看之令,全队向受礼者注目,队长行撇刀礼。

第七三条　凡行撇刀礼,应依操典规定之姿势。

第七四条　军队与军队相遇时,无论停止或进行,其队长官阶较低者先行敬礼,如系同级,互相行礼。

第七五条　军官率领军队,对于军士率领军队之答礼,仅由队长行之。

第七六条　军队进行间与军队相遇时,各就所向道路之左侧进行,约相距六步之处即行敬礼,俟两相经过后,复旧。

第七七条　军队对于国民政府主席之敬礼,无论停止或进行间,应即列队道旁,上刺刀行举枪礼,并奏国乐或吹号,队长行撇刀礼。军队如未携枪,应立正。队长行举手礼。

第七八条　军队对于陆海空军军事最高长官之敬礼,无论停止或进行间,应即列队道旁,上刺刀行举枪礼,并奏致敬军乐或吹号,队长行撇刀礼。军队如未携枪,应立正,队长行举手礼。

第七九条　军队对于海军部长次长或将官之敬礼,停止间,应上刺刀行举枪礼,并奏致敬军乐或吹号;进行间,由队长发向左看或向右看之令,全体向受礼者注目,队长行撇刀礼,如未携枪,队长行举手礼。

第八〇条　除前条规定外,军队对于军官之敬礼,依第七十二条之规定。对于同等官,仅由队长行礼。

第八一条　第七十七条及第七十八条之敬礼,约距三十步处即应举行。俟经过后,距十五步处,复旧。

第八二条　第七十九条及第八十条之敬礼,停止间,约距十步处即应举行,俟经过约距五步处,复旧;进行间,约距六步处即应举行,俟经过往,复旧。

第八三条　军队对于准尉以上之葬仪,应对其灵柩行礼。如死者之等级低于该队队长,仅由队长行礼。

第八四条　军队参列庆典或祭典行礼时,应列横队或纵队,上刺刀行举枪礼。

第八五条　军乐队之敬礼准用第七十二条之规定。该队队长应用指挥杖行礼,其式与撇刀同。但当奏乐中,仅由队长行礼。

第六章　卫兵之敬礼

第八六条　卫兵对于官佐应行持枪礼,对于军士之敬礼或兵卒之答礼,持枪立正。

一　持步枪时,以持枪立正姿势,同时将左小臂水平横贴胸前,手掌向内,五指略并,微出加护枪之上端。

二　持马枪或手提机关枪时,左手应取之姿势与持步枪同,但手掌无庸护枪之上端。

第八七条　官佐经过卫兵之前约距六步处,该卫兵即应行敬礼,俟经过约距六步处,复旧。

第八八条　军队经过卫兵之前,卫兵持枪立正,如队长阶级在准尉以上者,向队长行持枪礼。

第八九条　准尉以上之葬仪,经过卫兵前,卫兵应向灵柩行持枪礼。

第九〇条　军士葬仪,经过卫兵前,卫兵应向灵柩持枪立正。

第九一条　卫兵对于简任以上文官应行持枪礼,对于荐任文官持枪立正。

第七章　国庆日、纪念日之敬礼

第九二条　国庆日纪念日,舰上人员于午前九时,依下列各款举行敬礼。

一　海军司令、参谋长、舰长、副长序列后望台,其他官佐序列舱面后部,齐向国旗立正,行举手礼。

二　卫兵站队行举枪礼,并奏国乐或吹号。

三　士兵序列舱面,立正听副长之令,欢呼中华民国万岁三次。

第九三条　练营学校及海军所属各官署局所,依照前条之规定,择适宜之处,举行敬礼。

第三编　礼炮

第一章　通则

第九四条　军舰放礼炮时,如该处驻有海军资深官,应先经其认可。但对于国民政府主席、陆海空军军事最高长官或该资深官施放礼炮时,不在此限。

第九五条　施放礼炮之期限,务在与受礼者相遇后二十四小时内行之。如在此时间内不能施行,应向受礼者说明理由。

第九六条　凡军舰对于来舰或离舰者施放礼炮,应俟其登舰后或俟其离舰至适宜之距离时,方可施放。

第九七条　当应受礼炮者之上位旗章已经悬挂时,对于下位之旗章不放礼炮。但外国文武官悬其旗章来访者,不在此限。

第九八条　应悬旗旒之文、武官不悬时,不放礼炮。

第九九条　文、武官兼有数职,均在应受礼炮之例者,应按其最高之职施放礼炮。

第一〇〇条　应放礼炮之海岸、炮台及军舰,依下列之规定:

一　指定放礼炮之海岸、炮台;

二　备有三磅子弹或六磅子弹或十二磅子弹之快炮二尊以上之军舰。

第一〇一条 对于外国国旗、元首、皇储、文、武官或其庆典,应放礼炮,而该军舰不适合于第一百条之规定者,应将不能放礼炮之理由向应受礼者说明之。

第一〇二条 军舱炮台一齐施放炮礼时,各舰及炮台与海军资深官所在之军舰之第二发同时施放。

第一〇三条 日出前及日没后不施放礼炮,停泊中之军舰,于其海军旗悬挂前及降下后亦同。如日没后有应放礼炮情事,于其次日施行之。但特例虽在日出前、日没后,如能识别受礼炮者之旗章时,不在此限。

第一〇四条 有受礼炮资格之文、武官得辞其礼炮。

第一〇五条 对于外国国旗、元首、皇储、文武官或其庆典施放礼炮,应以中国正式承认其政府之国为限。

第二章 对于国民政府主席之礼炮

第一〇六条 国民政府主席礼炮二十一发。

第一〇七条 国民政府主席莅港湾于相当距离时,该处所有军舰、炮台均应依照前条规定施放礼炮。

第一〇八条 国民政府主席莅军舰时,该舰应放礼炮,其他所在各军舰应与该舰一齐施放,离舰时同。

第一〇九条 军舰航行时,如遇悬国民政府主席旗之舰船或到悬有国民政府主席旗之地方,应放礼炮。

第一一〇条 炮台见悬国民政府主席旗之舰船经过该处时,应放礼炮。

第一一一条 国民政府主席如在境内停驻,第一百〇七条规定之礼炮仅于主席初到与最后离去时各施放一次,但第一百〇八条规定之礼炮不在此限。

第一一二条 国民政府主席旗悬于某地时,该地除外国海军对中国国旗放礼炮时应答炮外,其余各种礼炮均不施放。

第一一三条 国民政府主席受礼时不答炮。

第三章 庆典礼炮

第一一四条 国庆日军舰及炮台,应于正午放礼炮二十一发。如有外国军舰同泊一处,所在海军资深官应于前一日派遣军官通知各国军舰。

如在外国港湾应通知该地地方官转告各军舰及各炮台,该地如驻有中国外交官,应先通知该外交官由其转达对于曾鸣礼炮致敬之各国军舰及炮台,应于次日派遣军官致谢。

国内港湾仅有外国军舰停泊时,应由该地方长官派员施行前各项事宜。

第四章　对于文、武官之礼炮

第一一五条　对于文、武官之礼炮,依礼炮附表所定。

第一一六条　对于司令之礼炮,依下列各款所规定。

一　新任司令如为所在海军军官中之资深官,始悬其旗章时,所在次席之海军资深官应对之施放礼炮。

二　海军资深司令因进级换悬旗章时,所在次席之海军资深官应对之施放礼炮。

三　新任司令始悬其旗章或因进级换悬旗章时,所在海军舰长中较为资深者应对之施放礼炮。

四　司令与资深之司令相会时,应对之施放礼炮,舰长与司令相会时,亦同。

五　凡受第一款至第四款之礼炮者,应答以相当之炮数。

第一一七条　司令免职于其解任时,由部下之一舰施以官职相当之礼炮,其平日常驻军舰者,于其离舰时,由所驻之舰施放礼炮。

司令或任舰长之海军上校因进级解任,于其离舰或离署时,由所驻之舰或部下之一舰施以新任官职相当之礼炮。

第一一八条　司令变更放舰悬其旗章时,不施放礼炮,在职中暂撤旗章,随即悬挂者,亦同。

第一一九条　中国领域内炮台对于海军将官之礼炮与军舰同,惟军舰与炮台,无论何时不得交换礼炮。

第五章　对于外国元首、皇储之礼炮

第一二〇条　对于外国元首、皇储,除应悬该国海军旗外,其礼炮之发数与对于国民政府主席同。

第六章　对于外国庆典之礼炮

第一二一条　对于各国庆典应施放礼炮者,规定如下:

一　中国军舰与外国军舰为泊中国港湾,值该国之庆典时;

二　中国军舰泊驻外国,值该国之庆典时;

三　中国军舰泊驻外国,有他国军舰同泊一处,值该舰本国之庆典时。

前项礼炮应俟对方正式通告后举行,但不得过二十一发。

第七章　对于外国国旗之礼炮

第一二二条　中国军舰入外国港湾时,其地有堡垒、炮台或该国军舰确知其可答炮者,应对于该国旗放礼炮二十一发。但该国规定最多之炮数不及二十一发者,依其炮数。

第八章　对于外国文、武官之礼炮

第一二三条　中国军舰与外国总司令或司令之旗章相遇时，如中国海军资深官任职较彼为后者，应依礼炮附表施以相当之礼炮。但在外国港湾应先与该国交换国旗礼炮后，方得施放。

第一二四条　中国军舰同时与数国之总司令或司令之旗章相遇时，中国海军资深官对于他国较为资深之总司令或司令旗章，由上位起依序施放礼炮，如受礼炮者之官阶均相等时，应以最先在该地方者为始，如在外国港湾不论官阶之高下，对于该国总司令或司令之旗章必先施放礼炮，如同时遇一国二总司令或二司令以上之旗章时，仅对上位者施放礼炮。

第一二五条　外国文、武官至中国军舰或炮台访候时，查照在其本国军舰或炮台应受之礼炮炮数，施以同数之礼炮。但不得过十九发，如其炮数较礼炮附表所列之相当官阶减少时，得从中国之例。

外国全权大使、公使至中国炮台所在地或由炮台所在地起程，应由炮台施以同数之礼炮。

第一二六条　如外国军舰炮台对于中国文、武官施以中国规定以外之礼炮时，中国之军舰炮台对于该国与中国相当官阶之文、武官，亦施以同数之礼炮。

第九章　答炮

第一二七条　对于军舰或炮台施放之礼炮应否答炮，规定如下：

一　对于国民政府主席之礼炮不答炮；

二　对于中国文、武官之礼炮，除第三款外不答炮；

三　对于司令旗章之礼炮如发自外国军舰，施以同数之答炮；如发自中国军舰，依第一百一十七条之规定答炮；

四　外国军舰入中国港湾或有数国军舰同时驶入，各于其桅顶悬中国旗章，施放礼炮时，应由驻在港中国军舰循次答以同数之礼炮，无论何处，炮台不得答炮。但答此礼炮者，应由海军资深官所驻之舰施行之。

第一二八条　由中国军舰或炮台对于外国军舰、炮台、国旗、元首、皇储、文、武官或其庆典施放之礼炮应否受答炮，规定如下：

不受答炮者

一　对于元首、皇储之礼炮；

二　文、武官至中国军舰或炮台访候时，所放之礼炮；

三　庆贺大典之礼炮。

受答炮者

一　中国军舰入外国港湾时，对于其国旗之礼炮；

二　中国军舰与外国之总司令或司令会于海上或港湾时，对于其旗章之礼炮。

第一二九条　商船或官用船舶对于将官旗或军舰施放礼炮时，应以礼炮答之，其炮数一艘五发，二艘以上七发。

第十章　施放礼炮或答炮时旗章之悬挂法

第一三〇条　中国军舰与外国军舰或炮台交换礼炮时，或对于外国军舰、炮台、国旗、元首、皇储、文、武官及其庆典施放礼炮时，依下列之规定，悬挂其旗章。

一　对于外国元首、皇储施放礼炮时，依照第一百二十一条之规定。

二　在中国或外国港湾，值外国庆典施放礼炮时，应以该国军舰悬其海军旗于主桅顶为准。

三　到外国港湾，对于该国国旗施放礼炮时，应将该国海军旗悬于主桅顶，外国军舰对于中国国旗施放礼炮，中国军舰答炮时，亦同。

四　对于外国海军军官施放礼炮或答炮时，应将该国海军旗悬于前桅顶。

五　如遇外国文、武官访候应施放礼炮时，应将该国海军旗悬于前桅顶。

第一三一条　对于国民政府委员、各部部长、陆军军官、外交官或领事官施放礼炮时，应将国旗悬于前桅顶。

礼炮附表

阶级	礼炮数	在军舰施行			在其他各处施行		
		区域	时际	期限次数	区域	时际	期限次数
国民政府主席	二十一发	无限制	于其登舰及离舰时	无限制	中华民国领域内	于其到时及去时	无限制
陆海空军军事最高长官 国民政府委员 五院院长	十九发	同上	如访候军舰于其离舰时如来乘军舰于其最初登舰及最后离舰时	同上	同上	于其离去该地方时	同上
军事参议院院长 参谋总长 训练总监 海军部长或各部部长	十七发	同上	如访候军舰于其离舰时如来乘军舰于其最后离舰时	同上	同上	同上	同上
海军部次长	十五发	同上	访候或来乘军舰于其最后离舰时	同上	同上	同上	同上
全权大使	十九发	同上	如乘军舰赴任于其最后上陆时如乘军舰归国于离去所驻国登舰时	同上			

全权公使	十七发	限于所驻国领域内	如访候军舰于其离舰时如乘军舰赴任于其最后上陆时如乘军舰归国于其离去所驻国登舰时	十二个月一次如同日访候数军舰仅一舰施放礼炮		
代办	十五发	同上	同上	同上		
代办使事	十三发	同上	访候军舰于其离舰时		同上	
总领事	十一发	限于所驻国港内	同上	同上		
领事	七发	同上	同前如代理总领事加二发	同上		
海军上将	十七发	无限制	本条例第一百一十七条规定之时际及访候军舰或来乘军舰于其最后离舰时	除本条例第一百一十七条规定之时际外,海外国内十二个月一次,但其进级之时虽在此期限内亦施放相当之礼炮,若同日访候数军舰仅一舰施放礼炮	中华民国领域内	在陆上官署初到任访候炮台时	规定十二个月一次,但其进级时虽在此期限内亦施放相当礼炮
海军中将	十五发	同上	同上	同上	同上	同上	同上
海军少将	十三发	同上	同上	同上	同上	同上	同上
海军代将	十一发	同上	同上	同上	同上	同上	同上
海军上中少校舰长	七发		本军长官受上中少校舰长礼炮时应答炮七响				

第四编　旗章

第一章　通则

第一三三条[①]　海军旗章分下列二种：

一　甲种旗章；

二　乙种旗章。

第一三四条　甲种旗章之名称如下：

一　海军旗；

二　舰首旗；

三　当值旗；

四　运送船旗；

五　工作船旗；

---

① 核原书,缺"第一三二条"。

六　红十字旗。

第一三五条　乙种旗章之名称如下：

一　国民政府主席旗；

二　海军部长旗；

三　海军次长旗；

四　海军上将旗；

五　海军中将旗；

六　海军少将旗；

七　海军代将旗；

八　海军队长旗；

九　长旒。

第一三六条　海军旗章之制式，另图规定。

第一三七条　军舰或鱼雷艇应悬海军旗于后部旗杆。

舰营学校或海军各机关所属之船舶，为海军军人所指挥者，应依前项之规定，悬海军旗。

第一三八条　军舰停泊中，应于上午八时悬海军旗，至日没时降下。

第一三九条　军舰停泊中，当他舰悬海军旗接近本舰或出港、入港及施放礼炮时，虽在上午八时以前日没以后，如能辨识，其旗章应悬海军旗。

第一四〇条　依照前条之规定悬挂海军旗，如在上午八时以前者，应于七时五十五分将海军旗暂时降下，至八时再行悬挂。如在日没以后者，于日没时将海军旗先行照常降下，随即悬挂。

第一四一条　军舰在海洋航行，不悬海军旗。但能望见陆岸或通过炮垒、灯台之近旁时，应依第一百三十九条之规定悬海军旗。

第一四二条　军舰当出港、入港时，虽在上午八时以前日没以后，应依第一百三十九条之规定悬海军旗。

第一四三条　军舰当夜间入港或出港时，应悬白灯二盏，上下相隔一公尺，于后部纵帆杆或其他易见之处。

军舰停泊中，当他舰悬前项白灯出入时，本舰应悬同一之灯。

第一四四条　舢版或小汽艇在离本舰至归还之时间内，应悬海军旗，依照本舰悬挂、降下之时刻。但在本国境内除下列各款规定外，无庸悬挂。

一　关于仪式敬礼时；

二　与外国舰船交接时；

三　至外国舰船访候，虽在第一百三十八条所规定之时限外，其往返时。

第一四五条　军舰停泊中，应悬舰首旗于舰首之旗杆，其悬挂降下之时刻，依第一百三十八条之规定。

第一四六条 军舰悬挂半旗,应依本条例第五编第二章之规定。

第一四七条 军舰停泊中,由舰首经过各桅顶以至舰尾列悬旗旒并于各桅顶悬海军旗者为全舰饰,仅于各桅顶悬海军旗者为舰饰。但对于外国大典行全舰饰时,悬该国海军旗于主桅顶。

第一四八条 行全舰饰时,各桅顶悬海军旗及外国旗章依下列之规定。

一 在二桅以上之军舰,悬国民政府主席旗之桅顶不悬海军旗及外国旗,但对于外国元首、皇储或其庆典应悬该国旗章者,不在此限。

二 在二桅以上之军舰,悬海军部长旗、次长旗或将官旗之桅顶不悬海军旗。但为外国庆典行全舰饰及舰饰时,应同时悬该国海军旗。

三 在单桅之军舰,当国民政府主席旗悬挂时,其桅顶不悬海军旗及外国旗。但对于外国元首、皇储或其庆典应悬该国旗章者,不在此限。

四 在单桅之军舰,应悬海军部长旗、次长旗或将官旗时,应同时悬海军旗于桅顶,对于外国庆典并应同时悬外国旗章。

第一四九条 本舰行全舰饰时,其所在水上之舢板及小汽艇均应悬海军旗。

第一五〇条 对于下列各款军舰,应行全舰饰,如值疾风暴雨,得以舰饰代之,或全行省略。

一 国庆日;

二 总理诞辰纪念日;

三 对于国民政府主席施放礼炮之日;

四 对于外国元首、皇储施放礼炮之日。

第一五一条 前条所列之庆典,如中国军舰与外国军舰同泊一处时,所在海军资深官应于前一日遣部下军官通告各外国海军资深官,如中国军舰在外国港湾时,应通知其所在地方官厅,如该地驻有中国外交官者,应先通知该外交官转行此项手续。对于曾致敬意之外国军舰及炮台,应于次日派遣军官致谢。

国内港湾仅有外国军舰停泊时,应由该地地方长官派员施行前各项事宜。

第一五二条 对于外国庆典应行全舰饰时,规定如下:

一 中国军舰与外国军舰同泊中国各港湾时,值该国之庆典;

二 中国军舰泊驻外国时,值该国之庆典;

三 中国军舰泊驻外国,与他国军舰同泊一处时,值该舰本国之庆典。

上列三款,应俟对方正式通告后举行全舰饰,但当中国军舰入港之际适遇外国庆典,见其军舰均行全舰饰时,虽未接有通告,亦得直行全舰饰。

第一五三条 全舰饰之悬挂及降下时刻,与第一百三十八条之规定同。但因外国庆典行全舰饰时,其悬挂及降下之时刻,应依照该国军舰所定。

第一五四条　军舰行全舰饰,当起锚时,应即降下,改行舰饰。

第一五五条　两艘以上之军舰同泊一处时,所有海军旗舰首旗及全舰饰悬降时刻,当以资深官所在之军舰为准。

第一五六条　两艘以上同泊一处时,应依所在海军资深官之规定,于其一舰之横杆端悬当值旗。

第一五七条　供军用之运输等船舶应悬运送旗于主桅顶,但船长为海军军官,得不悬挂。

第一五八条　供军用之工作船,应悬工作旗于主桅顶。

第一五九条　战时或值事变之际,海军病院之旗杆或病院船之主桅顶,应悬红十字旗,运送海军病院或病院船之治疗材料及附属品物之舟车等,均得悬红十字旗。

第一六〇条　国民政府主席莅军舰或司令部时,应悬主席旗于主桅顶或司令旗杆,乘舢舨时,悬于舢舨之首。

第一六一条　甲种旗章不得与国民政府主席旗同时悬于一桅顶,但遇外国大典行全舰饰或舰饰时,不在此限。

第一六二条　国民政府主席所乘之军舰由日没至日出应悬白灯五盏于主桅楼之后部,中央一盏,左右直悬各二盏,上下相隔一公尺。

第一六三条　对于外国元首,适用第一百六十条及第一百六十二条之规定,悬该国海军旗及白灯。

第一六四条　对于外国皇储,适用第一百六十条之规定,悬该国海军旗。由日没至日出,悬白灯四盏于主桅楼后部,左右直悬各二盏,上下相隔一公尺。

第一六五条　海军部长乘军舰或至司令部时,应悬部长旗于主桅顶或司令旗杆,乘舢舨时,悬于舢舨之首。

第一六六条　海军次长乘军舰或至司令部时,应悬次长旗于前桅顶或司令旗杆。

第一六七条　现任司令之海军将官乘军舰时,应依下列各款分别悬旗:

一　上将　悬上将旗于主桅顶;

二　中将　悬中将旗于前桅顶;

三　少将　悬少将旗于后桅顶;

四　代将　悬代将旗于后桅顶;

五　海军司令驻陆上时,得悬其旗章于驻在港之一舰或其司令旗杆;

六　海军将官乘舢舨时,应悬相当之旗于舢舨之首。

第一六八条　鱼雷艇及小汽艇适用第一百六十条至第一百六十七条之规定,悬乙种各旗章。

第一六九条　现任司令之海军将官乘军舰时,由日没至日出应依下列各款分别悬白灯于主桅楼之后部。

一　上将,中央一盏,左右各一盏。

二　中将,左右各一盏。

三　少将,中央一盏。

四　代将与少将同。

第一七〇条　二艘以上之军舰同在一处,无司令在该处时,资深舰长应悬队长旗于主桅横杆。

第一七一条　长旒为有全舰指挥权之军官旗,应悬之于主桅顶。

虽非军舰之船舶,如其船长为现任海军军官,应依前项之规定悬长旒于主桅顶。舰长因公乘舢舨或小汽艇至外国舰访候时,于其往返均悬长旒于舢舨或小汽艇之首。

第一七二条　一舰或一公署仅应悬乙种旗章一面,如有应悬旗章之官员二人以上同在一舰或一公署时,仅悬上位之旗章,但海军部长或次长旗可与将官旗同时悬挂,队长旗与长旒亦得同时悬挂。外国元首、皇储或其他官员之旗章,适用前项但书之规定。

第一七三条　第一百六十三条、第一百六十四条及第一百六十九条规定之白灯,不得同时在一舰悬挂二种以上,应择最多数之一种悬挂之。

第一七四条　以上各条所规定之旗章,在二桅舰船应悬于后顶桅者得悬于前桅顶,在单桅舰船得悬于一桅顶。

第一七五条　同一桅顶应悬二面以上之旗章者,得同时并悬。

第一七六条　凡施放礼炮悬挂旗章时,应先将旗章卷叠升至桅顶,与礼炮同时展发。

第一七七条　国民政府主席、外国元首、皇储或本国、外国高级文、武官莅军舰应悬挂相当旗章时,当其来舰,视其所乘舢舨或小汽艇之旗章降下,本舰即将其旗章悬挂;当其离舰,视其所乘舢舨或小汽艇之旗章悬挂,本舰即将其旗章降下。

第一七八条　对于外国元首、皇储、文、武官或其庆典悬挂该国旗章,应以中国正式承认其政府之国为限。

第一七九条　旗章之悬挂与降下为本条例所未规定者或,外交上彼此生厚薄之差,认为不均衡时,所在海军资深官得临机处置,但以不损中国之尊严为断,事后应将情由报告海军部。

第五编　丧礼

第一章　通则

第一八〇条　现役海军军人及召集中之续备役、后备役海军军人,其丧礼均依本条例之规定。但死者在犯法受刑中,不在此限。

第一八一条　凡丧礼以死者之长官为主丧。

第一八二条　准尉以上之丧礼，其主丧应于死者同级或下一级军官中，指定一人或数人为丧礼干事。

如无此项军官，得以上一级军官充之。

第一八三条　丧礼干事受主丧之指挥，掌一切丧礼事宜。

第一八四条　葬分水葬、陆葬二种，但水葬限于不能陆葬时行之。

第一八五条　丧礼分下列五种：

一　半旗；

二　发引炮或发引枪；

三　卫队；

四　葬炮或葬枪；

五　丧章。

第二章　半旗

第一八六条　当军舰应悬海军旗、舰首旗时，将各该旗半下，为半旗。

如死者为司令或舰长，应同时将其旗半下。

第一八七条　半旗应依本编第一表之规定，自得讣时或死者殓时起行之。

第一八八条　本国军舰与外国军舰同泊一港，得外国军舰照会，应悬半旗致吊时，即以相当时间举行半旗。

第一八九条　军舰遇有下列各官丧礼，应于当日悬半旗至日没止。

一　军舰停泊地方有本国现役陆军将官或召集中之续备役、后备役陆军将官之丧礼时。

二　军舰停泊外国地方有本国驻扎外交官或领事官之丧礼时。

第一九〇条　水葬者，应于葬时行半旗礼。

第三章　发引炮或发引枪

第一九一条　发引炮每发应隔一分钟至五分钟，其发数依本条例第三编礼炮附表之规定。

第一九二条　海上勤务将官之丧礼，其柩移出本舰载上舢舨时，由本舰或同泊港中之一舰施放发引炮，如该处有可放礼炮炮台，其柩抵岸时该炮台亦应施放。

第一九三条　陆上勤务将官之丧礼，其柩迁出丧家时，由丧礼所在地港中停泊军舰之一施放发引炮。

如该处有可放礼炮炮台，该炮台亦应施放。

海上勤务将官之丧礼，其柩山发地如在陆上，适用本条例之规定。

第一九四条　舰长之丧礼，其柩移出本舰载上舢舨时，由本舰施放发引炮。

第一九五条　军舰遇下列各官丧礼，应于其柩迁出丧家时施放发引炮，如一港内泊有军舰数艘,仅一舰行之。

一　军舰停泊地方有本国现役陆军将官或召集中之续备役、后备役陆军将官之丧礼时。

二　军舰停泊外国地方有本国驻扎外交官或领事官之丧礼时。

第一九六条　发引枪每发应隔一分钟至五分钟由丧礼本舰之卫队或另编队伍施放。以三发为限。

准尉以上之丧礼,无受发引炮资格者,在海上于其枢由本舰移往陆上时,在陆上于其枢迁出丧家时,施放发引枪。

第四章　卫队

第一九七条　卫队于出殡时分列枢之前后,掌道中卫护之事。但其护送路程,不得逾一日以上。

第一九八条　卫队之人数,依本编第二表之规定,如人数不足,临时得由主丧者酌定。

第一九九条　军舰在外国遇本国驻扎外交官或领事官出殡时,应按死者官阶酌定人数,派遣卫队护送。

第二○○条　司令或舰长出殡,如在海上,应将其旗悬于载枢舢舨之首;在陆上,由卫兵一名捧行于卫队之前。

第二○一条　在外国举行出殡时,应用卫兵一名捧海军旗前行。

第五章　葬炮或葬枪

第二○二条　葬炮每发应隔一分钟,其发数依本条例第三编礼炮附表之规定。

第二○三条　将官或舰长陆葬于其枢,下圹时,由卫队施放葬炮,水葬由本舰施放。

第二○四条　葬枪每发应隔一分钟,陆葬由卫队施放,水葬由本舰卫兵或另编队伍施放,以三发为限。

海军军人之安葬,无受葬炮资格者,其枢下圹或水葬时,施放葬枪。

第六章　丧章

第二○五条　丧章以黑纱为之。

殡葬行列中之旗章、乐器及卫队与送丧者之左臂,均应缠丧章。

前项丧章式样,依本编第一至第四图之规定。

第七章　附则

第二○六条　海军军人之丧礼,如不即葬,应以枢至殡所为丧礼终了。嗣后葬时,不再行礼。但待于停枢时,依第五章之规定施放葬炮或葬枪。

第二〇七条　丧礼如有特别原因不能依本条例施行时,得由主丧酌量省略之。

第二〇八条　不能施放发引炮或葬炮时,得以发引枪或葬枪代之。

第二〇九条　遇本国最高文武长官之丧礼,依本条例有受礼炮资格者,待由所在海军资深
　　官参照本条例,酌定礼式。但应即时报告海军部,或临时由海军部以部令定之。

第二一〇条　遇有外国丧礼应致吊时,所在海军资深官得参照本条例,并外国成例处置。
　　但应即时报告海军部,或临时由海军部以部令定之。

第二一一条　本编所称外交官、领事官,系依照本条例有受礼炮资格者。

第二一二条　凡休职、停职者之丧礼,依陆上勤务军人例行之。

第二一三条　同时、同地有两人以上之丧礼,依官职之等级,次第举行应行之礼式。但其
　　间至少应距三十分钟,等级相同时,先对资深者行之。

　　两人以上同时合行丧礼,依等级较高者之应行礼式行之。

第二一四条　本条例自公布日施行。

第一表　半旗

等级	举行半旗之舰	举行半旗之时间
上将	全军各舰	三日
中少将或司令之上校	同上	一日
中少将同等官校官、校官同等官或充舰长之上尉	本舰及同泊一港之舰	一日
尉官、尉官同等官见习生或准尉官	同上	自殁时起至日没止
军士	同上	自殁时起三小时
兵	同上	自殁时起一小时
附记	开始举行半旗,无论本表有无规定,均自殁时或得讣时起,如在日没以后,自次日起。	

第二表　卫队

等级	卫队人数
上中将	二营
中将同等官及少将	一营
少将同等官及上中校	二连
上中校同等官及少校	一连
少校同等官及上尉	二排
上尉同等官中少尉及其同等官及见习生	一排
准尉官	二十四人
军士	十二人
兵	八人
备考	卫队应以死者同级或下一级军官充指挥官,如无此项军官,得以上一级军官充之。 尉官以上之丧礼,其卫队中应附以军乐队。 应受葬炮各官长之丧礼,如在陆上出殡,其卫队中应附以炮队。

●●陆军服制条例民国二十五年（1936年）一月二十日国民政府公布（附图略）

第一条　陆军官佐、士兵及军属之服制，均依本条例之规定。

前项所称军属，指军用文官、军法官、政治训练员、军用技术人员及雇员。

第二条　陆军服制之一切材料，均以采用国产为原则。

第三条　陆军服制分冬、夏两季，夏服着用之期，约自四月下旬起至十月下旬止；冬服着用之期，约自十一月上旬起至四月下旬止，由军政部临时规定。但气候特殊地方不能照上列时期更换时，得由该地最高军事长官酌定之。

第四条　陆军官佐、士兵服制上各科之识别，如下：

步兵　　红色；

骑兵　　黄色；

炮兵　　蓝色；

工兵　　白色；

通信兵　浅灰色；

辎重兵　黑色；

宪兵　　粉红色；

军需　　紫色；

军医　司药　深绿色；

兽医　　浅绿色；

测量　　土黄色；

军乐　　杏黄色。

前项各科识别颜色，如附图第一，但将官不分科。

第五条　陆军官佐服制，分下列三种：

一　大礼服；

二　常礼服；

三　军常服。

第六条　陆军官佐着用大礼服之时，如下：

一　国庆日、元旦日之庆贺宴会时；

二　领受勋章或参列是项典礼时；

三　随从国民政府主席阅兵时；

四　随从最高军事长官于国庆日、元旦日阅兵时；

五　国家有其他大典时；

六　陆军官佐举行婚礼或祭典时。

第七条　陆军官佐着用常礼服之时，如下：

一　谒见或迎送国民政府主席及最高长官时；

二　侍从国民政府主席或最高军事长官巡阅要塞、军港、兵营、舰队、学校时；

三　部队因典礼而举行阅兵时；

四　就职卸职及重要集会时；

五　访候或答拜外国重要文武官员时；

六　参与陆海空军军人婚丧仪节及祭典时。

第八条　陆军官佐着用军常服之时，如下：

一　平时办公及外出时；

二　操练演习及受检阅时；

三　战时。

第九条　参与外国各种仪式典礼时，应着用之服装与本国所规定各项同。

第一〇条　参与重要集会举行晚餐时，上衣着用军常服及礼刀带，其余均同大礼服。

第一一条　陆军官佐大礼服用黑色常礼服、军常服，用草黄色，冬夏两季均同。

第一二条　陆军官佐大礼服各项之制式，依附表第一之规定。

第一三条　陆军军官、候补生、见习军官、学员生、军属人员及士兵不用大礼服。

第一四条　陆军官佐常礼服之制式与军常服同，惟加佩军刀。

第一五条　陆军官佐军常服各项之制式，依附表第二之规定。

第一六条　陆军士兵均着军常服，各项之制式依附表第三之规定。

第一七条　陆军官佐着用大礼服时，束礼带，带肩章，佩礼刀，穿长筒皮鞋，带马刺，用白色手套。但将官以上及参谋人员，加佩饰绪。

第一八条　陆军官佐着用常礼服时，束武装带，带领章，佩军刀，不论科别徒步者，着长裤，穿皮鞋（但带队官应绑裹腿）。乘马者，着马裤，穿马靴，均带马刺，用白色手套。

第一九条　陆军官佐着用军常服时，束武装带。带领章，佩短剑。但阅兵或指挥时，军常服得佩军刀。

第二〇条　陆军见习军官服装与军官佐军常服同。惟领章适用上，士级准束官佐武装，带佩，带短剑。

第二一条　各军事学校学员服装与军官佐同，学生服装与士兵同。

第二二条　陆军官佐阶级及各科识别，大礼服以礼帽、肩章、袖章表示之，常礼服、军常服以领章表示之。

但陆军上将特级、一级者，除领章外，加用袖章表示之。士兵科别、等级以领章表示之，如附图第二、第五、第六及第十六之规定。

第二三条　陆军军属人员之服装，依附表第四之规定，不用领章，不束武装带，其阶级以胸章表示之，胸章制式依附图第三十一之规定。

第二四条　特种业务或特科之军官佐、军属、学员生、士兵等之识别，另以特种符号表示之。军官佐、士兵缀于军服左袖袖口上面,军属人员、学员生缀于翻领前面。特种符号之制式,依附图第三十二及第三十三之规定。

第二五条 陆军官佐、士兵及军属人员,均于军常服上衣左上口袋之内缀衔名符号,一方载明隶属阶级、职务、姓名及年度。其制式如附图第三十四之规定。

第二六条 各部队各军事机关、学校之卫士、传达士兵、炊事兵、饲养兵服装与士兵军常服同(但军事机关、学校之炊事兵亦得着用伕役服装)。公役、伕役等服装式样,依附图第三十六及第三十七之规定,不用领章,不束皮带,其等级以衔名符号标明之。符号式样如附图第三十四之规定。

第二七条 部队之番号(以师及独立旅或独立团为单位)以臂章表示之,臂章式样依附图第三十五之规定。

第二八条 军官佐佩刀之值日、值星带及士兵值勤腕章式样,依附图第三十之规定。

第二九条 兵工技术人员之服装制式另定之。

第三〇条 本条例施行日期以命令定之。

陆军官佐大礼服各项制式 附表第一				
品名	制式			附记
	将官	校官	尉官	
大礼帽 · 帽	质用黑色丝毛织品制凸顶圆形帽顶与帽口同大,帽墙前高约十公分五公厘后高约十一公分五公厘,帽顶上面,周围用宽六公厘之金辫镶圆环一,中用四人参厘宽金辫三道镶成五角形,每道间隔二公厘,帽墙中上部,周围镶六公厘宽金辫一道,由此金辫起,每1/4处更镶以同宽金辫直条各一道,使向上与帽顶金辫衔接,帽墙金辫下再缀宽一公分之金线三道,每道距离五公厘,帽前附从帽檐,用礼服同色质之料为面,蓝色漆皮为底,正中最宽处约六公分,帽檐周边缘以宽一公分之金辫一道,上面用金线绣成梅花两丛,帽檐之上横缀宽一公分二公厘之金辫帽绊一道,两端各附金钮一个,帽墙前面正中置帽章一座(附图第二)	同左式,惟各项金辫及帽檐梅花改用黄色丝线绣成,帽顶五角形用宽六公厘之黄色丝线两道,每道间隔四公厘,帽墙周围横镶宽一公分五公厘之黄色丝辫两道,每道间隔一公分	与校官同。惟帽顶之五角形用宽六公厘之黄色丝辫一道,帽墙周围横镶宽二公分之黄色丝辫一道,准尉不镶丝辫	但驻外武官不分等阶,得用金辫及金线绣制,以壮观瞻
大礼帽 · 帽章	用大礼帽同色质之料为地,凸圆形直径六公分五公厘,中用丝线绣青天白日党徽一座,径二公分,沿党徽周围用金线满绣星芒,芒长约七公厘,星芒之外更用金线绣成梅花,纹章之周边缘以宽一公厘之金线一道(附图第二之一)	同下	同下	将校尉官同式,惟将官及驻外武官用金线制,校尉官用黄色丝线制

（续表）

		将官	校官	尉官	附记
礼服	衣	用黑色丝毛织品制衣,长至臀部,袖长齐手脉,襟上缀金色钮七颗,不用口袋,领用翻领式,高约五公分,领角长约六公分,袖口及翻领上面均附袖饰及领饰,袖饰之上并缀袖章(附图第三)			
	领饰	用礼服同色质之料为地,宽长与翻领同上用金线(黄色丝线)绣梅花一丛,周边绣宽五公厘之金(丝)边一道		将校尉官同式,惟将官及驻外武官用金线制,校尉官得用黄色丝线制	
	袖饰	用礼服同色质之料为地,宽与袖口同长十公分上用金线(黄色丝线)绣梅花一丛(附图第四)			
	袖章	距袖饰上五公厘处横镶宽一公分之金辫三道,每道距离五公厘,再于金辫上面约一公分处用金线绣梅花三朵两朵一朵(平列),表示官阶(附图第五)	于袖饰上边嵌各科颜色丝条一道宽五公厘,距此五公厘上横镶宽一公分之黄色丝辫二道,再于丝辫上一公分处用黄丝线绣梅花三朵两朵一朵	同左,惟横镶宽一公分之黄丝辫一道,准尉不绣梅花	一　上将特级者再于两袖袖章梅花之上加缀圆环形三个成品字形,一级者加缀圆环形三个平列圆环,用金辫制,直径四公分五公厘,环宽五公厘(附图第五之二) 二　驻外武官之袖章,不分等级,得一律用金线绣制
礼服	肩章	用礼服同色质之料为面,黑色丝织品为底,厚一公分,长十二公分五公厘,内端尖头宽四公分五公厘,外端圆盘宽五公分五公厘,沿边及圆盘之边,均用金线镶宽四公厘之边,圆盘正中绣梅花一朵,花之四周绣折带形,更自花朵起绣,光芒五道作外射状圆盘,外边嵌以金质线穗一排,穗之长度八公分,径三公厘,再于章上缀金色立体三角星三颗,表示官等不分阶,三角星直径一公分六公厘(附图第六)	同左式,惟线穗及各项花纹用黄丝线绣制,上缀金色立体三角星两颗	同校官,惟章上缀色立体三角星一颗,准尉不缀星	但驻外武官不分等阶,得一律用金线绣制
	饰绪	用金质(或黄色丝质)线穗两根,附以三股绞成之金质(丝质),宽辫一条,组成之。穗之直径约五公厘,辫宽约一公分五公厘,线穗左端及向右1/3处均束以箍结,左端系于衣襟第二钮上,右端穿于右肩肩章下,使线穗及宽辫横垂胸际,均成弧形,更于绪之左端缀细线穗两条,下垂长约十五公分,其尖端包铜镀金并锈花纹(附图第七)			一　饰绪限于将官以上及参谋人员佩用之 二　将官及驻外武官用金线制,校尉官参谋用黄色丝线制
	钮	礼帽及礼服用铜质制,镀金凸面,圆形上锈梅花一朵,帽钮直径一公分五公厘,衣钮直径二公分二公厘(附图第四)		将校尉官,同式	

（续表）

礼带	带面以金质线织成,蓝色缎为里,宽五公分五公厘,长适度,带面中间,横镶宽二公厘之黑色细条六道,每道距离五公厘,带面两边各距黑条九公厘,带头两端具套环式带扣一个距带扣,左下边约十二公分处附挂刀短带一条,距此短带在后约十四公分处附挂刀长带一条,均宽二公分,亦以金质线织成蓝色丝织品为里,短带带头置铜钩一,两带带尾与具有复扣针及旋转铜钩之小带连接为挂刀之用,各项环扣、带钩、扣针等均镀金,又带扣内面衬以黄色丝织品夹带一幅,带头两端各套同色带箍一个,宽一公分五公厘(附图第八)	但校尉官礼带,得用黄色线织成
带扣	以铜质制镀金套环式,扣之全径五公分,外环宽一公分,正中圆扣径三公分,高六公厘,扣地为蓝色,中嵌白色梅花一朵,花之直径二公分五公厘,外环两边各附长环一,宽二公分(附图第八)	将校尉官,同式
礼裤	色质与礼服同西装式,分长裤、马裤两种,长裤裤管至足背不翻折,裤之外缝用金线镶成三公厘之细线一条,距此细线左右三公厘处各镶宽二公分之金线直条一道,裤腰两旁各作侧袋一个,左侧袋旁置表袋一个 马裤色质同上,亦用西装式,惟臀部左右放大裤管至膝盖向下缩小裤脚,外面各开一长岔,岔口上下缀小钮扣五颗,余与长裤同(附图第九)	一　将校尉官同式,惟校官以下裤缝线条用黄色丝质制 二　着马裤时,顺穿马靴,带马刺
礼刀	礼刀全部长九十四公分,计刀柄长十二公分五公厘,刀鞘长八十一公分五公厘,鞘口宽三公分,刀柄壳及护手均铜质镀金,柄顶镌凸形梅花一朵,周围镌以花叶,壳面全部镌梅花,花纹中部两边凸出处镌圆环一,中嵌梅花一朵,各花空隙处均凿细点,握手部用玳制,上面箍以金线护手,外方上下两面均镌梅花,花纹各花,空隙处凿穿,内方,两面不镌花纹,护手环上面开一小孔,为穿绕刀绪之用,刀鞘为白色镀镍,上部附箍两道,箍后各具圆环,上箍距鞘口约八公分,下箍距上箍约十公分,鞘口、鞘尾及两箍上下均包铜镀金,上镌梅花纹,上箍包铜,长度约十一公分,下箍包铜,长度约七公分,鞘尾包铜,长度约十五公分(附图第十) 刀绪以金质线制成,绪末缀圆形线穗,一穗之中径二公分,长三公分四公厘(附图第二十九)	将校尉官同式。但校尉官以下,刀绪得用黄色丝线制
手套	冬夏均用白色(附图第十一)	将校尉官,同式
皮鞋	用黑色纹皮制鞋筒,齐踝骨之上,筒口左右镶用松紧布,鞋面不开岔,鞋跟后面正中处,置孔附插马刺(图第十一)	同上
马靴	以黑色纹皮制靴筒,齐膝盖下,筒口内面左右各缀坚实小带一条,靴跟后面正中处,置孔附插马刺(附图第十一)	同上
马刺	以钢质制镀镍两端紧贴鞋跟,中置插钉一,不用皮带(附图第十一)	同上

陆军官佐军常服（常礼服）各项制式 附表第二				
品名	制 式			附 记
军帽 帽	军帽用军衣同色质之料制，帽口后半部具可以下移之项护，同时可为耳护，其前面成斜形，正中以小钮扣二颗，扣结之帽口前附以硬胎布制，帽檐正中宽为五公分，帽墙前高十公分，后高八公分五公厘，帽墙两边离帽顶一公分处各开气孔一个，帽顶与帽墙齐，帽墙前面正中置帽章一座，帽顶帽墙里面衬以适宜色布，帽口里面，周围经缘以宽三公分之防汗皮一道，冬夏两季制式同（附图第十三）			一 在冬季气候严寒地方，得兼用绵帽或皮帽 二 将校尉官，同式
	帽钮用铜质制，平面圆形不镂花纹，直径一公分五公厘，底缀铜扣，如铜质产量供不应求时，得兼用胶质者			
帽章	用铜质制珐琅为面，凸圆形直径三公分，中嵌青天白日党徽一座，白日形直径一公分（附图第十三）			
钢盔	以二公厘厚之镕镍合钢制成漆无光之草黄色盔，顶为凸圆形，盔口周围附以盔檐，宽约六公分，后檐宽约八公分，盔顶左面置党徽一座，顶之上面两旁各具凸起小圆形一个，上开气孔，盔之里面附以六公分宽一公分厚之毡垫一层，周围缘以宽十二公分之防汗皮一层，并缀防风皮带及扁钩方圈及活动带扣（附图第十四）			
军衣 衣	用草黄色布或呢制对襟翻领式，领宽五公分，领角为圆形，长约六公分，领口缀铜扣二对，衣襟正中缀钮扣五颗，两旁上下共作明口袋四个，上二袋袋口与第二钮平底边实贴襟上，下二袋袋口与第五钮平围周三边凸出，上二袋袋底为圆形，下二袋袋底为方形，袋口均附盖盖之，中央各缀钮扣一颗，衣长及臀部袖长齐手脉，衣下边不开岔（附图第十五）			一 冬夏两季制式，同 二 将校尉官，同式
钮	用铜质制平面圆形，不镂花纹，直径二公分二公厘，缀于上口袋盖者，直径一公分五公厘，如铜质产量供不应求时，得兼用胶质者（附图第十五）			同上

	将 官	校 官	尉 官	附记
领章	长方形以金色为面，不分兵科，横宽五公分，直长二公分二公厘，中嵌立体三角星三颗两颗一颗，表示官阶，三角星直径一公分（附图第十六）	以各兵科业科颜色之丝织品为地，四边缘以宽三公厘之金线一道，中间横镶宽二公厘之金线两条，每条间隔三公厘，上嵌立体三角星三颗两颗一颗，表示官阶。余与上同	同左式，惟中间横镶宽三公厘之金线一条，准尉不缀星	上将特级者，除用上将领章外另于军衣两袖袖口上面加缀圆环形三个成品字形，一级者加缀圆环形二个，平列圆环用金辫制，直径四公分五公厘环，宽五公厘（附图第五之二）

军裤 长裤	用草黄色布或呢制西装式，裤长至足背，裤脚不翻折，裤腰两旁各作侧袋一个，右侧袋旁，制表袋一个			长裤为平时办公外出及着常礼服时用之
马裤	质料与上同，亦西装式，惟臀部左右两面放大，裤管至膝盖下逐渐缩小，裤脚外面各开一长岔，岔口上下缀小钮扣五颗			长裤为乘马官佐之用，但徒步官佐着马裤时须用裹腿或穿马靴
短裤	质料同上，式与长裤同，惟裤管至膝盖下紧缩，以带束之（附图第十七）			着短裤须用裹腿，为徒步官佐操练之用

（续表）

外套	大衣式	用草黄色呢制衣长齐膝盖至足背二分之一,胸前左右两行各级钮扣五颗,腰部两旁各置暗口袋一个并附袋,盖领用翻领式高约五公分,翻领前角宽约十二公分后领正中宽约九公分,翻领沿边缘以宽五公厘之红色线一道为将官黄色线一道为校官蓝色线一道为尉官,不分兵科更于翻领两面之上缀铜质立体三角星三颗二颗一颗区分官阶,衣之背面置横带二条带端互叠约六公分上缀钮扣二颗为松紧之用,背后横带下正中开一长岔,岔之两边折叠上缀钮扣三颗,腰部左侧开一岔口为穿插刀带之用,前襟两角下各开一扣孔(附图第十八) 大衣用钮以铜质或胶质制,平面圆形直径二公分二公厘,翻领用三角星直径一公分六公厘	一　上将特级一级者另于两袖,袖口上面加缀金辫圆环形三个两个,与军常服同 二　将校尉官,同式
	斗篷式	色质同上式同警钟形,胸襟用暗扣长齐膝盖至足背三分之二,翻领沿边亦缘以宽五公厘之红黄蓝色线区分官等,以铜质立体三角星区分官阶,背后不开岔(附图第十八)	斗篷式外套,限于军官佐服用
雨衣		地质用草黄色漆布制,制式与斗篷式外套同,惟领后附以雨帽(附图第十九)	
手套		用棉纱制冬夏均用土黄色,惟着常礼服时白色(附图第十一)	
皮鞋		用黑皮制鞋筒齐踝骨,鞋面开口穿孔以带束之(附图第二十)	
马靴		用黑皮制靴筒齐膝盖,靴之后跟须凸出小皮一块俾能附托马刺(附图第二十)	
马刺		以钢质制镀镍两端各缀黑皮带一条附以扣搭束于足背之上,正中具刺轴一个为刺激马腹之用(附图第二十)	
裹腿		裹腿分甲乙两种,甲种以军衣同色质之布或呢制,宽约九公分长约二公尺五十公分,尾端附一条宽二公分长九十公分;乙种以黑皮制如靴筒形筒口上下各缀皮带及扣搭为紧束之用(附图第二十一)	甲种裹腿为尉官用乙种裹腿为校官用
军刀		军刀全长九十四公分,计刀柄长十二公分五公厘,刀鞘长八十一公分五公厘,鞘宽三公分,刀柄壳及护手均铜制镀金柄顶镌凸形梅花一朵周围镌成花叶,壳面全部镌梅花花纹,中部两边凸出处各镌圆环一个中嵌凸形梅花一朵,各花纹之空隙处均凿细点,握手外部用角质制上面箍以金线护手,外方上下两面均镌梅花花纹,各花空隙处凿穿内方两面不镌花纹护手环上面开一小孔为穿绕刀绪之用刀鞘为黑色,上部附箍两道箍后各置圆环上箍距鞘口八公分下箍距上箍十公分(附图第二十七)	军刀及刀绪,均不分官等
刀绪		以黑色丝线编成绪末缀椭圆形丝穗,一穗之中径约二公分长约四公分五公厘(附图第二十九)	
短剑		全长三十九公分,剑柄长十一公分二公厘,护手厚三公厘,鞘长二十七公分五公厘,剑柄宽三公分,鞘口宽三公分尾宽二公分二公厘,剑柄用玳瑁制柄之两面中央及顶上均包铜镀金平镌梅花纹玳瑁部份箍以斜形金线护手亦铜制,镀金不镌花纹鞘身为白色镀镍,但鞘口及鞘尾均包铜镀金平镌花纹,鞘口包铜长三公分二公厘,鞘尾包铜长六公分,剑刃长二十六公分,剑柄与剑鞘相接处置弹簧开关一(附图第二十八) 短剑用插袋佩挂插袋以深绛黄色细皮,两层制之袋口上面两边缀小皮带一条,两带带端均具复扣针及针孔系于武装带左侧之下(附图第二十九)	短剑为着军常服时佩用,将校尉官同式
武装带		用深绛色细皮制,各带带面均不砌花纹,腰带宽六公分,肩带及挂刀带均宽二公分五公厘长各适度,距带扣左下边约二十公分处具铜环一,上缀挂刀短带一条带头置铜钩一距短带旁约十四公分处更缀挂刀长带一条,两带带尾均各具旋转铜钩为系刀之用,腰带左边带头上置铜质方框形环扣一纵七公分横八公分框边宽一公分,腰带带尾于二十公分处起每间隔三公分系孔两个共八行十六孔,为穿入复扣针之用环扣之左腰带上加套皮箍一个,肩带分前后,两段前段带头具铜质小环扣,后段带尾系孔俾两带可伸缩连接,各铜质环扣均烧成古铜色使不发光 但乘马官佐之武装带其挂刀长短带可用钢练制成(附图第二十六)	

品名		制　　式						附　记	
军帽	帽	地质用草黄色布或呢制,制式与军官佐军帽同,如呢料缺乏时冬季得兼用布制(附图第十三)						一　宪兵军帽除照上式外,于出勤之时,得戴用服勤军帽,其制式另定之 二　在冬季气候严寒地方,得用棉帽或皮帽	
军帽	帽章	与官佐制式同							
军帽	钢盔	与官佐制式同(附图第十四)							
军衣	衣	地质用草黄色布或呢制,冬夏两季式与军官佐军常服同,惟于腰后左右衣缝上各加缀布绊一个,如呢料缺乏时冬季得用布制内实棉花(附图第十五)							
军衣	钮扣	式与官佐军常服衣钮同,用铜质或胶质制直径二公分二公厘(附图第十五)							
军衣	领章	上士	中士	下士	上等兵	一等兵	二等兵	附　记	
军衣	领章	以各兵科业科颜色之丝毛织品为地,长方形横宽五公分直长二公分二公厘,中间横嵌宽四公厘之蓝色线条一道,上缀铜质立体三角星三颗(附图第十六之一)	同左式,惟缀立体三角星二颗	同左式,惟缀立体三角星一颗	地质宽长同左,惟不嵌蓝色线条上缀立体三角星三颗	同左,惟缀立体三角星二颗	同左,惟缀立体三角星一颗	三角星直径一公分	
军裤	长裤	质料与军衣同,制式与军官佐军常服长裤同(附图第十七)						长裤为徒步士兵冬季之用,有时得用中式	
军裤	短裤	质料与军衣同制式,与军官佐军常服短裤同(附图第十七之二)						短裤亦徒步士兵之用,但须绑裹腿	
军裤	马裤	质料与军衣同西装式,裤之臀部左右放大至膝下逐渐缩小裤脚开岔,缀同色布带两条束之(附图第十七之一)						马裤为乘马士兵之用,顺穿马靴或裹腿	
外套		用草黄色呢或布制(布制者内装棉花),制式与军官佐大衣外套同,惟翻领沿边下缘色线部暗袋不附袋盖背后下面开一短岔不折叠(附图第十八)						冬季外套为防寒计得用羊皮为里	
雨衣		用草黄色防水布制,采帐幕雨衣兼用式(附图第二十二)							
衬衣	衣	以白布制,前短后长无领,胸前开岔缀钮,夏季袖长及肘,冬季袖长齐手脉,衣襟下面两旁各开一小岔							
衬衣	裤	以白布制,前面开岔长达膝盖,裤腰缀腰带两条(附图二十三)							
背心		以深灰色布为面内装棉花或用羊皮为里襟,上缀角质或胶质钮五颗,左襟上部具明口袋一个,长比军衣稍短(附图第二十四)						棉皮背心为士兵防寒之用	
手套		冬夏均用土黄色							
裹腿		用军衣同色之布或呢制,宽约九公分长约二公尺五十公分,尾端缀布带一条,宽二公分长九十公分(附图第二十一)						徒步士兵用	

陆军士兵军常服各项制式　附表第三

(续表)

皮鞋	用本色牛皮制,光面向内,鞋筒高及踝骨之上,鞋口开口穿孔以带束之,鞋底罗列圆钉,鞋跟垫铁(附图第二十五)	但行军作战时,得用麻鞋
布鞋	鞋筒用黑番布底用杂布,制式与皮鞋同,惟鞋筒齐踝骨之下(附图第二十五)	本鞋为士兵操练运动或作业时之用
马靴	用本色牛皮制,光面向内式与官佐马靴同,惟靴筒略短,靴跟附着马刺(附图第二十五)	乘马士兵用
皮腰带	用黄色牛皮制,宽五公分长适度,带头具铜质环扣,宽五公分六公厘直,长六公分,框边宽六公厘,中置扣针一,带尾凿孔七个,每孔相距三公分乘马士兵皮腰带,同上式,惟于带之左下边距扣针约二十三公分处置挂刀皮带一根,并附铜质挂钩及旋转钩各一个,为挂马刀之用(附图第二十六)	

陆军军属人员常服制式　附表第四	
品名	制　式
帽	质用毛织品,制式用硬胎大顶军帽,冬季深青色,夏季青灰色,帽檐以黑色漆皮制,帽墙前面置党徽一座
衣	质用毛织品,制式同中山装,冬夏两季颜色与帽同(但同尉官级以下者,得用棉织品制)
裤	质色与衣同西装式,裤脚翻折
胸章	以丝织品为地,同将官级者用红色,校官级者用黄色,尉官级者用蓝色,横宽六公分,纵长二公分八公厘,周用金线,缘以宽五公厘之花边一道,中间用金线绣梅花三朵二朵一朵,表示官阶,同准尉级者,不绣梅花,花之直径一公分二公厘,此项胸章佩于衣襟左口袋之上(附图第三十一)
符号	以铜质制珐琅为面,正圆形蓝底白字白边,直径三公分二公厘边,宽二公厘,沿边凿小孔三个,中书军属人员之业务名称(如特称符号,附图第三十二)

●●海军服装条例(附件略)民国二十年(1931年)二月二十日国民政府公布,同年(1931年)八月三十一日修正,二十五年(1936年)二月二十七日再修正。

第一条　海军服装分下列七种:

一　大礼服;

二　礼服;

三　公服;

四　常服;

五　晚礼服;

六　晚公服;

七　晚常服。

第二条　大礼服之服用时,如下:

一　国庆日庆贺或宴会时;

二　一月一日庆贺或宴会时；

三　领受勋章或参列其典礼时；

四　随从国民政府主席参列阅兵或校阅舰队时；

五　国家有大典时。

第三条　礼服之服用时，如下：

一　迎送国民政府主席时；

二　受任命后谒见国民政府主席或长官时；

三　就职或卸职时；

四　随从国民政府主席莅军港或部舰营院学校时；

五　访候或答访外国军舰或其他重要文武官员时。

第四条　公服之服用时，如下：

一　国庆日或一月一日在部舰营院或学校时；

二　公假日或舰营学校举行检点时；

三　随从国民政府主席日间宴会时；

四　谒见长官时；

五　参列军舰进水典礼或海军学校证书授与典礼时；

六　参列军法会审时；

七　除第三条第五款外，访候或答访内外文武官员时；

八　舰艇造成初悬海军旗时或除籍下海军旗时；

九　参与海军官佐葬仪时。

第五条　对于外国总统、君主应服之服装，与对于国民政府主席同。

第六条　除服大礼服、礼服及公服时外，均服常服。

第七条　战时或事变之际，依照第二条至第五条所规定应服大礼服、礼服或公服时，均以常服代之。

第八条　常服分黑色、白色二种，服黑色常服时，官佐应用黑裤、黑靴；服白色常服时，应用黑裤、白浅靴。惟士兵无论冬夏，均用黑裤黑浅靴。

第九条　黑色常服为夏季以外寻常所用之常服。

第一〇条　白色常服为夏季所用之常服，通常自六月一日起至九月底止。但因地方气候之寒热，所在资深官长得临时指定之。

第一一条　当盛暑时，依照第二条至第五条所规定，应服大礼服、礼服或公服时，均以夏服代之。

第一二条　在夏季服礼服、公服或黑色常服时，应著夏服裤。但服礼服时，应用黑靴。

第一三条　服公服或黑色常服而用夏服裤时，应戴夏服帽。

第一四条　晚礼服之服用时,如下:

一　国庆日或一月一日晚间宴会时;

二　随从国民政府主席晚间宴会时;

三　国家有大典晚间宴会时。

第一五条　凡遇上级长官或不相隶属之上级机关长官晚间宴会时,均应服晚公服。

第一六条　除服晚礼服或晚公服时,通常晚间宴会均服晚常服。

第一七条　夏季依照第十四条至第十六条所规定,应服晚礼服、晚公服或晚常服时,均应服夏晚礼服、夏晚公服或夏晚常服。

第一八条　在海军制造厂、修理工厂、采煤所或炼煤制造所勤务之准尉以上官佐,其服务中,得服茶褐色之夏服。

第一九条　服大礼服、礼服、公服或应服礼服、公服而服夏服时,应佩带军刀。

第二〇条　在部舰营院或学校服常服时,不用佩刀。但上岸或公出时,虽服常服,亦应佩刀。

第二一条　准尉以上各员服大礼服、礼服或公服时,其刀带缔结上裮之外。服常服、夏服时,缔结上裮之内。

第二二条　海军将官、海军参谋官、国民政府海军参军军事、参议院海军军事参议及驻外海军武官,均应系参谋带于右肩上,副官系副官带于右肩上。但海军将官仅于服大礼服时,系参谋带。

第二三条　入长官室时,不得服外套或雨衣。

第二四条　中士以下当操练或服各种勤务时,应服操作服。

第二五条　准尉以上各员服大礼服时,应用黑漆皮靴;服礼服或公服及常服时,得用黑皮靴。当雨雪时,得用黑皮长靴。

第二六条　准尉以上各员服大礼服、礼服或公服时,应用白色手套。

第二七条　裹腿分黑、黄二种,准尉以上及海军学生用黑皮裹腿,上士以下用黄布裹腿。

第二八条　受有勋章纪念章者,服大礼服、礼服、公服及依照第十一条所规定代以夏服时,均应如式佩带。

第二九条　服制服时,不得将时表、锁链露挂于上裮之外。

第三〇条　当航海中,得不用夏服肩章。

第三一条　在严寒地方服者,其外套之里面得用兽皮,但不得将兽毛露出外面。

第三二条　本条例所规定如与外国交际上有不适用时,得由资深官长临时指定之。

第三三条　本条例自公布日施行。

●●陆军军旗条例民国二十四年(1935年)七月十五日军政部修正公布

第一条 凡陆军各军事机关、学校、部队,除平日升降国旗别有规定外,陆军旗及各级军旗之制式悉照本条例行之。

第二条 陆军旗式,横、直按八与七之比例,用红布或绸为地内嵌面,幅四分之一党旗以为中心(如第一图)。

第三条 陆军各军、师、旅、营、连之旗,按陆军旗或照附图规定。凡高级司令部旌旗上悬黄色小三角旗,中嵌红色之军(师)(旅)等字。团以下之旗,则缀用紫红色之旄,旗地步兵用红色,骑兵用黄色,炮兵用蓝色(但于中间面幅四分之一党旗之周围镶以二公分宽之白边),工兵(交通)用白色,通信兵用浅灰色,辎重用黑色,宪兵用浅红色(如第二、三、四、五、六、七图)。

第四条 各部队旗帜,除步兵团、骑兵团由军事委员会颁授外,其余均由各部队之最高长官遵照规定式样制发。

第五条 特务教导机关、枪步兵炮、迫击炮、运输部队等之旗帜,均用陆军旗(运输部队旗地为黑色),按阶级照一般军队尺寸式样制之。惟各部队旗之上端,加悬白色小方旗,中嵌红色特(教)(机)(炮)(迫)(运)等字(如第八、九、十、十一、十二、十三图)。

第六条 兵站及医院、卫生队、政治训练处之旗帜,用陆军旗,按阶级照军队尺寸式样制之。兵站旗之上端,加悬黑色小方旗,中嵌红色站字。医院旗及卫生队旗之上端,加悬绿色小方旗,中嵌红色十字符号。政治训练处旗之上端,加悬一小党旗(如第十四、十五、十六图)。

第七条 凡未规定之陆军各部队机关,概参照陆军旗,按其性质照阶级、尺寸、式样制用。但少校以上,用绸制;上尉以下,用布制。

第八条 凡战时之识别旗,其使用方法及式样,悉依照军政部所规定之陆军识别旗使用规则及旗式制法行之。

第九条 本条例自修正公布日施行。

●●●维持治安紧急办法民国二十五年(1936年)二月二十日国民政府公布

一 遇有扰乱秩序、鼓煽暴动、破坏交通以及其他危害国家之事变发生时,负有公安责任之军警得以武力或其他有效方法制止。

二 遇有以文字、图画、演说或其他方法而为前项犯罪之宣传者,得当场逮捕,并得于必要时,以武力或其他有效方法排除其抵拒。

三 军警遇有妨害秩序、煽惑民众之集会游行,应立予解散,并得逮捕首谋者及抵拒解散之人。

四　军警遇有前述各项之事变时,应将当场携有武器者立即缴械及逮捕之,并得搜捕嫌疑犯。

五　明知为违犯本办法之人犯而藏匿容留或使之隐避者,得逮捕之。

六　军警于处理事变时,应立即报告该管上级长官,其所逮捕之人犯应立即解送较近之宪兵队。长官、公安局长、县长或检察官讯问后,分别情形,依照危害民国紧急治罪法或其它刑事法规办理。

七　依本办法处理事变之军警,对于严守纪律之人民,应特予保护,并应注意维持治安,恢复秩序。

●●区保安司令部组织暂行条例民国二十五年(1936年)六月二十日行政院公布,同年(1936年)十月二十四日修正。

第一条　为绥靖地方指挥并整理地方团队起见,各省政府得依行政督察区之区划设置区保安司令部。

前项区保安司令部之名称,依行政督察区之名称定之。

第二条　区保安司令部直隶省政府,受省保安司令之指挥、监督,掌理辖区内保安团队及其他有关军务事项,并对于辖区内水陆警察及一切武装自卫之民众组织有监督指挥之权。

第三条　区保安司令部设区保安司令一人,除有特殊情形者外,应由行政督察专员兼任。

不由行政督察专员兼任之区保安司令,由省政府就具有上校以上资格之军官提请内政、军政两部转送军事委员会审查后,函由行政院转请国民政府简派之。

第四条　区保安司令部设副司令一人,参谋一人或二人,均由省政府就合格军官提请内政、军政两部转送军事委员会审查后,函由行政院呈请任命。副官二人,军法助理员一人,办事员二人至四人,书记二人,均由区保安司令就合格人员委任,并呈报省政府备案。士兵若干人,均由区保安司令募补之。区保安司令部编制如附表。

前项副司令之叙上校者,得转请简派之。

第五条　区保安司令由行政督察专员兼任时,司令部与专员公署合署办公。

第六条　区保安司令综理本部事务,监督所属职员。副司令辅助司令处理事务,司令因事故不能执行职务时,由副司令代理之。

参谋、副官、军法助理员、办事员、书记,承长官之命,分别办理主管事务。

第七条　区保安司令得随时召集辖区内各保安团队长官、水陆警察长官及其他武装自卫之民众组织负责人员暨本司令部职员,举行区保安会议,讨论辖区内各种保安事宜。遇必要时,辖区内各级行政人员及地方团体代表经区保安司令之邀请,亦得列席。

前项区保安会议议决案应呈报省政府查核,其重要决议并由省政府转报内政部及军政部备案。

第八条　区保安司令对于辖区内团队及地方治安情形,应随时派员指导视察,每三个月内,司令或副司令至少应巡视一周,实施校阅、指示及考核。

第九条　区保安司令对于辖区内团队及所属职员,应于每年举行总考核一次,拟定奖惩意见,呈请省政府核办。

第一○条　区保安司令部经费,应由省政府编制预算,由省库支拨。

第一一条　区保安司令部之关防,由国民政府依照颁发印信条例制发,其文曰某某省第几区保安司令部之关防。

第一二条　区保安司令部之行文,对省政府用呈,对行政督察专员公署用咨,对所辖各团队及辖区内各县市政府用令,余均用公函行之。

第一三条　区保安司令部办事通则由内政、军政两部定之,呈报行政院备案。

第一四条　本条例自公布之日施行。

区保安司令部编制表

职别	阶级	官佐军属员额	士兵名额	乘马	备考
司令	（上校）少将	一		一	
副司令	（中）上校	一		一	
参谋	（少）中校	二		一	专员兼任之区保安司令部只设一人
副官	上尉中尉	一一			
军法助理员	同上尉	一			
办事员	同上尉同中尉	二二			专员兼任之区保安司令部只设二人
书记	同中尉	二			
女书军士	上士		二—四		
传令兵	上等兵		一		
卫兵	下士一等兵		一五		
号兵	下士		一		
公役	五六等公役		二—三		
炊事兵	一二等兵		一一		
饲养兵	二等兵		一		
合计		一三	一五——一八	三	
附记	乘马得裁减之				

●●参谋本部陆地测量总局组织条例民国二十五年（1936年）七月二十二日国民政府修正公布

第一条　陆地测量总局直隶于参谋本部，掌管全国陆地测量暨制图业务之规划与实施。

第二条　陆地测量总局设总务、经理、三角、地形、航测、制图六科，其系统暨编制依附表所定。

第三条　陆地测量总局设局长一人，承总次长之命，综理本局事务，统辖各省陆地测量局、中央及各区陆地测量学校，并其他有关测政事宜。

第四条　陆地测量总局设副局长一人，辅助局长处理局务。

第五条　总务、经理各科科长，承局长、副局长之命，督率所属分掌关于文书、人事、教育、保管、金钱、物品、经理各事宜。

第六条　三角、地形、航测、制图各科科长，承局长、副局长之命，督率所属分掌关于主管业务之行政、技术各事宜。

第七条　本局设技正，承局长、副局长之命，办理关于测量法式之编审及业务、设计、考核等事宜。

第八条　本局设副官、秘书、军医等职，承长官之命，办理不属于各科之事件及机要、文书、卫生、管理各事宜。

第九条　陆地测量总局因业务上之必要，得设各种测量队及观测所、修造所、修理所。

第一〇条　陆地测量总局为谋技术上之咨询及研究起见，得呈请聘用顾问及设置编译。

第一一条　陆地测量总局所属各局、校、队、所之编制另定之。

第一二条　陆地测量总局服务规程由参谋本部定之。

第一三条　本条例自公布日施行。

●●各省陆地测量局组织条例民国二十五年（1936年）十一月九日国民政府公布

第一条　各省陆地测量局直隶于参谋本部陆地测量总局，并受各该省省政府之指导，办理全省陆地测量及制图业务各事项。

第二条　各省陆地测量局局长由陆地测量总局遴选，测量专门人员呈请参谋本部转呈国民政府任命之。

第三条　局长承陆地测量总局局长之命，督率全局人员，处理一切局务。

第四条　各省陆地测量局设三角、地形、制图三科及直属人员，其系统暨编制依附表之规定。

第五条　科长承局长之命,督率所属人员,办理其主管业务。

第六条　各省陆地测量局三等测量佐(少尉)以上之职员,由局长依法呈请陆地测量总局转呈参谋本部任免之。

第七条　各科如因业务上之必要,得添设助理员,其额数由局长呈准后定之。

第八条　各省陆地测量局之服务规程由参谋本部定之。

第九条　本条例自公布日施行。

●●中央陆地测量学校组织条例 民国二十五年(1936年)十一月九日国民政府公布

第一条　中央陆地测量学校直属于参谋本部陆地测量总局。

第二条　中央陆地测量学校为养成测量人才,得按全国测量业务之需要,分设三科。

一　本科以养成高深学术具有改进测量事业能力为标准。

二　专科以养成学术两科能致实用为标准。

三　简易科以养成单纯技术之初级人才为标准。

依测量学术之发展及事实上之必要,得酌设预科研究科或其他各科,其规则由参谋本部定之。

第三条　中央陆地测量学校之职员如下:

校长;

教育长;

主任教官;

教官;

编译员;

副官;

书记;

军需官;

军医官;

队长;

队附。

职员阶级、人数,依附表之规定。

第四条　中央陆地测量学校职员之职责,如下:

一　校长,承参谋本部陆地测量总局局长之命,综理校务。有事故时,得由教育长代理之。

二　教育长,承校长之命,督率主任教官、教官、编译员、副官暨有关教育之各员,任教育上之计划实施并关于一切研究及管理事项。

三　主任教官,承校长、教育长之命,督率各教官按照教育纲领循序实施。

四　教官,承校长、教育长之命及主任教官之指导,分任学术两科之教授及实习等事项。

五　编译员,承校长、教育长之命及主任教官之指导,任学术两科之译述及编辑。

六　队长,承校长、教育长之命,督同队附管理内务,维持军纪、风纪,并担任军事训练、考核学生之勤惰及思想。

七　副官、书记、军需官、军医官等,承校长、教育长之命,各掌其应担任之职务。

第五条　中央陆地测量学校招收各科学生,其选取资格,除品行优良、体力强健、绝无嗜好为普通必备之条件外,并合于下列之规定者,方得准其投考。

一　本科

甲　曾在专科毕业服务一年以上,年龄在三十岁以内者;

乙　曾在大学专门科毕业,年龄在二十八岁以内者。

二　专科

甲　曾在高级中学毕业,年龄在十八岁以上二十五岁以下者;

乙　曾在简易科毕业服务二年以上,年龄在二十八岁以内者。

三　简易科

曾在初级中学毕业,年龄在十六岁以上二十岁以下者。

第六条　中央陆地测量学校招考各科学生之名额及考试日期,均由校长于考期三个月前呈请核定。

第七条　各科学生修业年限,本科与专科三年,简易科一年半。

第八条　中央陆地测量学校各科学生在修业期内,如犯有下列各款之一者,得令其退学或送回原局:

一　叛党结社确有证据者;

二　紊乱纪律屡戒弗悛者;

三　品行不端有损校誉者;

四　久病旷课不堪造就者;

五　学年考试不能及格者。

第九条　中央陆地测量学校各科学生入校后,应举行下列各项考试:

一　甄别考试,于入校三个月内行之;

二　平时考试,分月考、期考二种,届时由教育长陈明校长,转令主任教官及各教官举行;

三　学年考试,于每学年年终行之;

四　毕业考试,于修业期满时行之。

每届学年考试由校长呈请派员监试,毕业考试由校长呈报测量总局局长转呈参谋总长派员监试。

第一〇条 各项考试之成绩,以专科分数及平均分数皆满六十分者为及格。

第一一条 中央陆地测量学校于各科学生毕业考试完毕后,应将各生考试成绩表呈送测量总局局长转呈参谋本部备案,并请参谋总长莅校授毕业证书。

第一二条 中央陆地测量学校学生毕业后,由测量总局局长呈请参谋本部分发总局及各省测量局任用。

第一三条 中央陆地测量学校之教育纲领及研究要项,由陆地测量总局规定,转呈参谋本部核准施行。

第一四条 中央陆地测量学校考选学生规章及办事细则等,由参谋本部定之。

第一五条 本条例自公布日施行。

●●各区陆地测量学校组织条例民国二十五年(1936年)十一月九日国民政府公布

第一条 各区陆地测量学校直属于参谋本部陆地测量总局,其区号由测量总局规定之。

第二条 各区陆地测量学校为养成初级测量人才,得按业务之需要分设专科及简易科。

一 专科以养成学术两科能致实用为标准;

二 简易科以养成单纯技术之人才为标准。

第三条 各区陆地测量学校之职员如下:

校长;

教育长;

主任教官;

教官;

副官;

书记;

军需官;

军医官;

队长;

队副;

其他职员。

教职员阶级人数依附表之规定。

第四条 各区陆地测量学校职员之职责如下:

一 校长承参谋本部陆地测量总局局长之命,综理校务。有事故时,得由教育长代理之。

二 教育长承校长之命,督率主任教官、教官、副官队长等,任教育上计划与实施并关于一切管理事项。

三 主任教官承校长、教育长之命,指导各教官按照教育纲领循序实施。

四 教官承校长、教育长之命及主任教官之指导,分任学术两科之教授及实习等事项;

五 队长承校长、教育长之命,督同队副管理内务,维持纪律并担任军事训练、考核学生之勤惰及思想;

六 副官、书记、军需官、军医官等承校长、教育长之命,各掌其应担任之职务。

第五条 各区陆地测量学校招收各科学生,其选取资格除品行优良、体力强健、绝无嗜好为普通必备之条件外,并合于下列之规定者,方得准其投考。

一 专科

甲 曾在高级中学毕业,年龄在十八岁以上二十五岁以下者。

乙 曾在简易科毕业,服务二年以上年龄在二十八岁以内者。

二 简易科

曾在初级中学毕业,年龄在十六岁以上二十岁以下者。

第六条 各区陆地测量学校招考各科学生之名额、考试日期及应试科目,均由校长于考期五个月前呈请测量总局转呈核定。

第七条 各科学生修业年限专科三年,简易科一年半。

第八条 各区陆地测量学校各科学生在修业期内,如犯有下列各款之一者,得令其退学或送回原局:

一 叛党结社确有证据者;

二 紊乱军纪屡戒弗悛者;

三 品行不端有损校誉者;

四 久病旷课不堪造就者;

五 学年考试不能及格者。

第九条 各区陆地测量学校各科学生入校后,应举行下列各项考试:

一 甄别考试,于入校三个月内行之;

二 平时考试,分月考、期考二种,届时由教育长陈明校长,转令主任教官及各教官等举行;

三 学年考试,于每学年年终行之;

四 毕业考试,于修业期满时行之。

毕业考试时,由校长呈请测量总局派员监试。

第一〇条 各项考试之成绩,以主科分数及平均分数皆满六十分者为及格。

第一一条 各区陆地测量学校于各科学生毕业考试完毕后,应将各生考试成绩表呈送测量总局转呈参谋本部备案,并请测量总局局长或派员莅临授毕业证书。

第一二条　各区陆地测量学校学生毕业后,由测量总局呈请参谋本部分发总局及各省测量局见习三个月分别任用。

第一三条　各区陆地测量学校之教育纲领,由测量总局规定呈请参谋本部核准施行。

第一四条　各区陆地测量学校考选学生规章及办事细则等由参谋本部定之。

第一五条　本条例自公布日施行。

●●陆军毕业学生遗失文凭请发证明书办法民国二十四年(1935年)七月十日军政部修正令颁

一　陆军各学校毕业员生,凡因遗失文凭请求证明者,均依据本办法办理之。

二　核准发给证明书之陆军学校暂定如下:

　　一　正式陆军军官学校;

　　二　陆军各兵科学校;

　　三　与正式陆军军官学校同等各学校;

三　遗失文凭之陆军学生,如其所肄业之学校仍存在者,均应直接向学校请求发给证明书;

四　前条所称之学校,如已不存在,但其隶属之上级主管机关或接管机关尚存在者,应迳向该机关请求查予证明;

五　前条所列之机关均不存在者,得由该遗失文凭之学生开具下列各项,连同保证书呈请训练总监部核发证明书。

　　一　学校开办年月及校史概要。

　　二　入学及毕业年月与当时校长、教育长姓名。

　　三　班别、期次、修业期及同班毕业人数。

　　四　遗失文凭之经过事实。

　　五　同学或当时学校长官、现充校官(荐任官)二人以上之保证书。

　　六　证明书只作为遗失文凭者之证明文件,其格式如附件。

　　七　本办法自民国二十四年□月施行。

●●军事幼年学校组织条例民国二十四年(1935年)十一月○日军委会核修

第一条　为养成陆海空军各初级军官学校之入伍生,特设立幼年学校(下简称本校)。

第二条　本校之招生就全国各省、市普遍行之。其设置地点及应设校数由军事委员会委员长以命令定之。

第三条　本校隶属于训练总监部,但关于海空军事项训练总监部应商同其主管部会处理之。

第四条　本校之教育纲领由训练总监部会同陆海空各主管部会拟案,呈请军事委员会核定、颁布之。

第五条　依据前项颁布之教育纲领,由各该校校长拟具教育实施细则,呈送训练总监部会同陆海空各主管部会核定之,并呈报军事委员会备查。

第六条　本校设置下列职员:

校长;

教务主任;

教官;

副官;

军需;

军医;

队长;

队附;

区队长;

分队长;

书记;

司书。

第七条　校长承训练总监之命及陆海空各主管部会之指导,综理全校一切事务。

第八条　教务主任承校长之命,督率全校教职员,任教育之计划及实施并处理其他教育攸关事项。

第九条　教官承校长之命、教务主任之指示,分任各课目之教授及实施。

第一〇条　副官、军需、军医均承校长之命,各服膺其职务。

第二条　队长禀承校长之命、教务主任之指导,掌理全部学生之训育及管理。

第一二条　区队长、分队长承队长之命,分任学生之训育及管理。

第一三条　书记、司书各承上官之命,执行其职务。

第一四条　本校每年招生一次,其名额暂定四百名,以招收初中毕业生,年龄在十五至十七岁者为本科,必要时得指定某校兼招高小毕业生,年龄须在十三至十五岁者。设立预科,修业期限均为三年,预科期满成绩合格者,即升入本科肄业,其各课目表另定之。

第一五条　学生由校供给膳宿,均住校内,其服装图书等由校分别贷与或给与之。

第一六条　学生修业期满,由校长呈报训练总监部会同陆海空各主管部会派员组织考试委员会举行毕业考试,其成绩合格者,由训练总监部给予毕业证书;不及格者,降入次期补习之。

第一七条　前项毕业学生应按照陆海空各军校所需要入伍生数目,由训练总监部与陆海空各主管部会预行协议分配后,再咨送各该主管部会,分发各军校充当入伍生。

第一八条　本校之组织系统与编制如附表。

第一九条　本条例自公布日施行。

●●考察(研究)国外军事人员派遣规则 民国二十四年(1935 年)十一月九日军委会拟

第一条　为求军事之改进派往东西各国实地考察或研究,以资借镜之现职职员与教员,一律称为考察员或研究员。

第二条　派遣考察或研究员,由军事委员会统筹核定之。未经核定者,不得派遣。

第三条　考察(研究)员应具之资格如下:

甲　对于考察国军事,尤其所任考察或研究项目均有深刻研究,且与所任职务有关联而学历相当得有证明者;

乙　曾在正式军事学校毕业,服务确有成绩者;

丙　现任军职在少校以上,其年龄在三十岁以上者;

丁　对于外国语言有相当程度者;

戊　品行仪表均须端正,身体强健且不患沙眼者。

上列各项外研究员之资格,尤应要求其出身之兵业科或曾经留学之国别,确与派遣研究之目的有充分之适合者。

第四条　关于考察(研究)事项之主管机关如下:

甲　关于军政事项由军政部主管;

乙　关于海军事项由海军部主管;

丙　关于航空事项由航空委员会主管;

丁　关于军事教育事项由参军训海空各部会分别主管;

戊　关于兵工军需事项由军政部主管;

己　关于军事卫生事项由军医署主管;

庚　关于其他军攸关事项由各关系部会分别主管。

第五条　考察(研究)员派遣之时机及国别,其依据之要项如下:

甲　考察员

一　某种事项虽经一度查报尚未彻底明了或已失时效,须实地再行派员调查时。

二　某种军事建设为我目前急待举办,以某国为最完备,其国情或与我适合,须派员考察以资借镜时。

三　军事上有新的变更,须派员考察以求改良时。

乙　研究员

一　欲改良已办之某项事业,以某国为最合国情,非深刻研究不能彻底时。

二　将作某项军事建设,取材某国非短期考察所能藏事时。

三　某国军事物质上有新发明,有派员研究以资取法之必要时。

第六条　考察或研究之期限规定如下:

考察员三个月至十个月;

研究员半年至一年半。

第七条　考察或研究人员之派遣,通常于九月以前出国,每年不得超过一次。但经军事最高长官之特派者,不在此限。

每次考察员不得过十员,研究员不得过二十员。

第八条　考察或研究员派遣之国数及出国期间,规定如下:

考察(研究)员按需要时派遣之,考察(研究)之国在派遣时,由主管机关决定之。

第九条　各主管机关派遣考察(研究)员时,应将遴选人员姓名、职务、员数、国别、考察或研究事项及方案与经费,于每年一月底以前,密呈军事委员会核定,或由军事委员会另调其他合格人员补入之,并同时将决定人数、派往国别,咨请外交部查照。

第一○条　考察(研究)员之派遣,对外仍用各主管机关名义,其出发前往一切事务,均由各主管机关负责处理。

第一一条　各主管机关于每年三月间,将派遣人员之名册、分担课目,连同过去有关之考察(研究)报告及现在考察进行计划送交训练总监部。

第一二条　训练总监部于接到上项册报时,应即会同各主管机关定期召集各派遣人员施行下列事项:

一　将同赴一国者合为一组,以高级资深者领导之。

二　对同一项目非一人所能胜任者适宜分配,使其分工合作。

三　对现在之考察(研究)实施与应考察(研究)项目须授以必要统一之训练与指导,尤其对于派遣业务上应先明悉本国之情形而有充分准备,并使熟谙各考察国之国情、礼俗及交际。

四　对既往考察(研究)项目中与现在项目性质相同者,须将过去报告分配有关各考察(研究)员分别研究后,并测验其对于该项目应知之范围是否领会,而与以必要之指示。

第一三条　各主管机关于每年三月,将核定考察(研究)方案中之人员及项目咨请外交部转行驻在考察之大(公)使。

第一四条　各派往考察国之大(公)使事前按外交部通知,考察(研究)各件,酌情转知该国外交部或主管机关,于考察(研究)人员到达后,随时指导,予以补助。

第一五条　考察(研究)人员到达某国后,其一切行动应受驻在国大(公)使、武官随时指导,实施考察或研究,并遵守该国一切规章,以资自重。

第一六条　考察(研究)人员到达某国,应晋见驻在国之大(公)使、武官及该国之军事当局,一面以该军事当局决定方法为体,一面尤须以博引旁征各种补助手段为用,以期达成真切观察、彻底研究之主旨。

第一七条　考察(研究)人员于每一国考察(研究)完毕时,应将考察(研究)经过及所得呈报各主管机关备查。

第一八条　各考察(研究)人员应就各自分课任务或应研究事项,逐日将考察或研究之所得加附意见及心得,尤须按我国现状加以适当判断,拟具、取舍意见,编成日记,于每月月终将概要呈报主管机关。

第一九条　考察(研究)人员于任务终了回国后,应将全般经过及其心得与对我国应行仿效举办之事项及办法、意见,根据每月报告作有系统之总报告,附经费报销,于回国两月内呈报主管机关。

第二〇条　各派往考察(研究)国之驻在武官,当考察(研究)人员回国后,对于考察研究各项有变迁或有新发明时,应及时调查补报,以备补充。

第二一条　各主管机关于前各条之报告,平时应指派专门人员缜密审查、整理,至接收总报告时,应汇集有关连之各项参考资料,决定取舍,统筹改进方案。

第二二条　各主管机关派遣考察(研究)人员之经费,应自本机关额领经费内开支报销,但在军事上之必要,由军事最高长官,时派出国考察研究者不在此限。

第二三条　考察人员之旅费,按修正国外军事人员旅费给与规则办理,如有特别费用,须先呈请核准,方得支给。

研究人员之旅费另定之。

第二四条　本规则自奉准之日施行。

●●陆军军队经理要则 民国二十四年(1935年)十一月军政部公布

要　目

第一章　总则

第一条　凡军队金钱、粮食、被服、阵营具、消耗品、马匹之乾韁及营缮等之经理,均依本要则行之。但兵器、军马、卫生材料、兽医材料之经理,仍各依其所定行之。

第二条　本要则关于师及师长之规定,于独立旅及独立旅长适用之。关于团及团长之规定,于独立营队及独立营长队长适用之。

第三条　师军需处主任依陆军师军需处处务规程之规定,行使其职权。

第四条　师长依师司令部条例之规定,于全师经理事务,有统辖监督之权责。

第五条　团军需主任隶属于团长,综理全团经理事务。但关于军需人事、教育及会计事务,承上级军需长官之命,行使其职权。

第六条　团长于全团经理事务之实施,有监督之权责。

第七条　师军需监察委员会依其组织规程之所定,监察全师经理事务。

第八条　师粮服委员会依其规则之所定,统筹全师粮服事务。

第九条　团经理委员会执行全团经理事务。

第一〇条　团经理委员会以团军需主任为主任委员,少校团附及团军医主任为副主任委员,军需及军官若干员为委员,军士若干名为助理员,均由团长派定之,并呈报师司令部备案。

第一一条　团经理委员会办事细则及各员分担事务,由主任委员拟定,呈请团长核准行之,并呈报师司令部备案。

第一二条　团军需主任为全团金钱物品出纳命令官,但须将出纳情形呈报团长。

第一三条　掌管金钱事务之军需官,为金钱出纳官,执行金钱出纳事务。

第一四条　掌管粮服或其他物品之人员为物品出纳官,执行物品出纳事务。

第一五条　各营或连(队)之粮食委员会,受团经理委员会之指挥、监督,执行粮秣经理事务,其组织如次:

粮食委员会组织表

组织 ＼ 区分	营粮食委员会	连(队)粮食委员会
主任委员	营附	连附(队附)
副主任委员	团军需佐	特务长
委员	连附	军需军士 上中下士
助理员	特务长 军需军士　　士兵	兵卒
附记	一　各级粮食委员会委员名额,由各主任委员视其事务情形,呈请主管长官核定之。 二　粮食委员会于每炊衅单位设置之。	

第一六条 各营或连(队)粮食委员会办事细则及各员分担事务,由各主任委员拟定,呈请营长或连(队)长核准行之,并呈报团本部备案。

第一七条 凡关于全师粮服之购办,其契约应由师粮服委员会决定,须呈请主管长官核准,由主任委员、副主任委员签订之,其经办人均应连署。

第一八条 凡应行废品处分之物品,由委员中关系委员调查并会商其处分方法,提出团经理委员会决定后,呈由团长转呈师司令部核办。废品处分权由师军需处主任委托团军需主任时,由物品出纳官拟具处分方法,呈请团军需主任核办。

第一九条 团经理委员会应于年度开始前,编制年度经费使用计划书及委任经理公积金使用计划书,报告团长认可后,呈请师长核准行之。

第二〇条 委任经理公积金,按下列科目区分整理,除利息外,不得彼此流用。但师军需处主任依公积金保管规则之规定,呈明师长核准者,不在此限。

一　粮食公积金;

二　被服公积金;

三　乾糧公积金;

四　阵营具公积金;

五　消耗品公积金;

六　其他属于委任经理科目之公积金;

七　公积金利息。

第二一条 关于金钱物品收支之凭证单据,由主办人员先行查核,呈请师军需处主任或团军需主任签字盖章,填发通知单,送交出纳官办理。

第二二条 整理金钱物品所用之簿籍,悉依陆军军队会计事务规程之规定。

第二三条 师军需处主任对于团军需事务,应施行检查,每检查一次并应于主要簿表记载之。末行,书明检查日期、署名盖章。

前项检查每年举行之次数,由师军需处主任适宜行之。

第二四条 金钱、物品因水、火、盗难及其他不可避免之事故致发生损坏或发见诈伪情事时,由主管人员报告隶属长官转呈主管长官核办。

第二章　金钱事务

第二五条 金柜之管理,由金钱出纳官依照规定行之。

第二六条 金柜收藏之件如下:

一　职务内应行保管之现金及各种有价证券;

二　存款折据及支票;

三　现金出纳簿;

四 出纳官印章。

前项以外之件,非经军需主任特许,不得收藏。

第二七条 金柜常存现金之最高额,由军需主任定之。

第二八条 出纳官对于所掌管之现金,除存留于金柜者外,应存入代理国库之银行。

第二九条 金钱出纳之命令,应由军需主任签字,盖章为凭。

第三〇条 出纳官对于银行存入或支取现金时,其存款折据并支票之存根,均须由军需主任盖章为凭。

第三一条 主管长官及军需主任每月至少须检查金柜及簿记一次,检查后准第二十三条之规定办理。

第三二条 出纳官交代应按陆军军职交代规则办理。

第三章　粮食事务

第三三条 团经理委员会应依据陆军平时给与条例之规定及公积金状况编制本团全年度应需粮食预计书,于年度开始四个月前,呈请团长核准,转呈师长核定行之。如设有粮食委员会者,应将核定之粮食预计书发交该会遵办。

第三四条 师粮服委员会依据核定各单位全年度粮食预计书,将全师全年度所需主副食物费额列入概算书内,呈由师长核准,呈请军政部核办。

第三五条 师粮服委员会依据核定之粮食费额,制定本师粮食经理实施要领,行知各团遵照。

第三六条 师粮服委员会受领之粮食现品或粮食费,依本师粮食经理实施要领交付于各团经理之。

第三七条 粮食委员会应于每月规定期内编制次月份粮食预计表及上月份粮食决算表,呈由营长或连队长转团呈本部核办。各团经理委员会担任粮食事务之委员,应于规定期内汇积各营或连队所送之预计表、决算表,审定后编制次月份全团粮食预计表及上月份决算表,提出会议通过后,呈由团长转呈师司令部核办。

第三八条 前条预计表及决算表之造送日期,由粮服委员会定之。

第三九条 团应受领之粮食由团经理委员会受领后,分配于各粮食委员会,但亦得会同各粮食委员会领受后,即时分配之。

第四〇条 团应受领之粮食,如由师粮服委员会指定供给商人直接交纳时,应于指定期内按照契约标样验收之。

第四一条 团按预计表受领之粮食每月决算有余额时,应列入次月请领额中计算。前项粮食之余额,应折领代金,作为粮食公积金。

第四二条 师军需处改发粮食代金时,应由经理委员会按照粮服委员会预定价格或预算定额支给现金,自行购办之。除有特殊情形外,以购买现品分配于粮食委员会为原则,但副食物不在此限。

第四三条　粮食委员会应于每旬预定副食表,并将每次实施情形具呈营长或连队长转呈团本部察核。

第四四条　团经理委员会主办粮食人员每月对于该团应领之副食费或粮食折价之金额编制请求书提出委员会,呈请团长转呈师司令部给领之。

第四五条　凡因粮秣经理产生之剩余及废品并包装物变卖之价款,照陆军平时给与条例规定为公积金者,依陆军公积金保管规则之规定行之。

第四章　被服事务

第四六条　师粮服委员会应于年度开始前,依据军政部被服给与品种数量制定本师被服经理实施要领,行知各团遵照。

第四七条　师粮服委员会受领之被服现品,依本师被服经理实施要领交付于各团经理之。

第四八条　凡被服改发代金时,应由师粮服委员会购办现品转发之。

第四九条　师粮服委员会受领被服代金购办被服时,应依法报销,并呈请军政部派员监购验收。

第五〇条　下列被服品,悉以现品交付之:

军帽、军衣裤、外套、雨衣、绑腿、饭盒、水壶、皮鞋、杂囊、军毯、特种被服。

前项以外之品种,亦得以现品交付之。

第五一条　团经理委员会于历届受领之被服,视其使用之程度,区分为下列三装,但新成立之军队仅有初次给与者,不在此例。

第一装　本年度内受领之新品。

第二装　上届给与期限内受领之品。

第三装　历届给与期限内受领被服,尚堪使用之品。

第五二条　前条所称第一、二、三装,其使用依下列之标准行之:

一　外出检阅及参加庆典时使用第一装;

二　平常在营内时使用第二装;

三　会操、上课及野外演习时使用第三装。

第五三条　凡军帽、衣裤、外套、雨衣、军毯等被服品,须缀标记,其应注明之事项如次:

一　部队番号及发给年、月、日,由团军需注记之;

二　使用人姓名或号次,由连特务长注记之。

第五四条　被服之修理,由靴工、缝工任之。但于必要时,由团经理委员会报经师粮服委员会核准后,送交军用被服厂或招商修理之。

第五五条　被服之保修费由师粮服委员会编列年度预算,呈由师长转呈军政部核发。但有不敷应用时,经师长核准,得于公积金内支给之。

第五六条　团经理委员会应于每年度经过一个月内,编制全年度现有被服统计表及收发报告表,呈由团长转呈师司令部,汇呈军政部察核。

第五章　其他经理事务

第五七条　关于阵营具、消耗品、乾糧、剪洗等之经理计划及定额之请领受领并决算等事务,准本要则第三章、第四章之规定行之。

第五八条　关于营缮事务,由团经理委员会依照陆军营缮规则拟订实施方法,呈请师司令部核办。

第六章　附则

第五九条　凡军事机关之金钱、粮秣、被服、乾糧、剪洗及其他物品等之经理,得参照本要则行之。

第六〇条　本要则自公布日施行。

●●陆军委任经理规则 民国二十四年(1935年)十一月军政部公布

第一条　陆军军队之给与,依陆军平时给与条例之规定,属于委任经理者,依本规则行之。

第二条　委任经理之科目如下:

一　粮食;

二　被服;

三　阵营具;

四　乾糧费;

五　医药费;

六　洗擦费;

七　公费。

军队教育费及运输汽车费之经理,得准本规则办理之。

第三条　各军队、机关、学校有施行委任经理之必要时,由军政部核定之。

第四条　属于委任经理之给与剩余金存息、赔偿金、废品变价、违约罚金,均应作为委任经理公积金,依公积金保管规则处理之。

第五条　凡军队、机关、学校裁撤时,所有前条之公积金,应呈缴军政部。

第六条　关于委任经理各科目计算、决算之审核，依审计法第十九条之规定行之。

第七条　本规则自公布日施行。

●●陆军经理事务检查规则_{民国二十四年（1935 年）十一月军政部公布}

第一条　军政部对于各军队机关、学校经理事务之检查，依本规则行之。

第二条　经理事务之检查分定期检查与临时检查两种，定期检查为检查经理事务实施之全部预定日期通告被检查之军队、机关、学校行之；临时检查为因临时事实上之必要检查经理事务实施之一部或全部，对于被检查者不为事前之通告。

第三条　前条两种检查通常由军需署呈请军政部长核准行之，但临时检查在紧急时，得于举行后补报之。

第四条　临时检查于军队、机关、学校动员时，亦得施行之。

第五条　检查员实施检查时，认为有关之文书、簿表、凭证、单据，得通知被检查之军队、机关、学校随时送阅。

第六条　检查员对于检查事项认为有违法或失当者，得向该被检查之军队、机关、学校主管长官提出质问书，请其答辩。

第七条　检查员检查完毕后，应即填具检查报告书，附具意见，呈报军需署转呈军政部核办。

第八条　检查员之旅费由军需署照章支给，不得受被检查之军队、机关、学校招待，如有渎职或受贿情事，依法严惩。

第九条　本规则施行细则另定之。

第一〇条　本规则自公布日施行。

●●陆军经理事务检查规则施行细则_{民国二十四年（1935 年）十一月军政部公布}

第一条　本细则依据陆军经理事务检查规则第九条订定之。

第二条　军队、机关、学校经理事务范围内之金钱、物品、保管、出纳以及其他关于一切经理事务之检查，悉依本细则行之。

第三条　经理事务之检查由军政部军需署派员行之，但有时得由军需署委托该军队、机关、学校上级军需长官代行之。

第四条　定期检查于期前半个月，以军政部名义将检查日期、检查员姓名及检查范围通告被检查之军队、机关、学校。又，检查员应于到达检查地点时，将检查次序及时间通知被检查之军队、机关、学校。

第五条　凡定期检查,被检查之军队、机关、学校应于检查员到达时,具备下列各项书表,提交检查员以凭查核。

　　一　应用簿表种类报告表(格式一);

　　二　各月份经费收入报告表(格式二);

　　三　各月份经费支出报告表(格式三);

　　四　各月份现金收支报告表(格式四);

　　五　各月份经费转发报告表(格式五);

　　六　金柜检定书(格式六);

　　七　物品收发报告表(格式七);

　　八　现有物品统计表(格式八)。

第六条　凡临时检查,由检查员就前条书表中依其需要之件,通知被检查之军队、机关、学校,具备提交查核之。

第七条　关于金钱事务之检查,应注意事项如下:

　　一　簿记组织是否完备,登记手续是否合法;

　　二　收入金额与上级机关所发经费数及其他收入数是否相符;

　　三　支出金额是否确当,其数额与凭证单据是否相符;

　　四　账簿上及凭证单据上之数字有无涂改、挖补情事;

　　五　金柜及银行存款与账内结存数是否相符;

　　六　各月计算有无超过预算之定额及各科目经费有无流用,情事是否合法;

　　七　各月计算数与分类账之所载是否相符;

　　八　预计算书是否依期造送。

第八条　关于物品事务之检查,应注意事项如下:

　　一　簿记组织是否完备,登记手续是否合法;

　　二　收发物品之种类、数量与凭证、单据是否相符;

　　三　购入物品会否登账;

　　四　库存品之种类、数量与账内结存者是否相符;

　　五　库存品新旧数量与平日所报有无出入;

　　六　物品之出纳、保管、整理是否适宜;

　　七　现有品之种类、数量与现有物品统计表所列者是否相符;

　　八　物品附件有无缺损。

第九条　前两条应注意事项,检查员须于检查时记入手簿,以为填制检查报告书(格式九)之依据。

第一〇条　检查员对于检查事项,认为有违法或失当情事,依陆军经理事务检查规则第六条之所定办理。

第一一条　检查员检查完毕后,应在各项簿表记载之末行书"自某时起至某时止业经查讫"字样,加盖私章为记。

第一二条　检查员检查完毕回部后,应即根据第七条及第八条之注意填制检查报告书,检同第五条所定各项书表附具意见,呈报军需署转呈军政部长。其有质问答辩者,一并附呈(质问书格式十)。

第一三条　本细则自公布日施行。

●●陆军军需监察委员会组织规程<small>民国二十四年(1935 年)十一月军政部公布</small>

第一条　陆军军需监察委员会于师或独立旅设置之,其组织依本规程之所定。

第二条　师军需监察委员会以副师长(独立旅副旅长)、参谋长、政治训练处长、各级军需主任、各团长、独立营连长为委员,以副师长(独立旅副旅长)或参谋长为主席,政治训练处长为书记长。主席或书记长缺席时,由本会委员临时公推之。

第三条　军需监察委员会之职责如下:

一　稽核经理事务;

二　审查预算、决算;

三　研讨关于军需应兴、应革事宜。

第四条　军需监察委员会会议分大会、常会、临时会。

三种由主席召集之。

一　大会每年一次,于十月中旬举行。

二　常会每月一次,于每月上旬举行。

三　临时会因临时发生事件,有开会必要时举行。

第五条　每次会议,军需主任须将军需状况详细报告。

第六条　每次会议须将议决案呈报师长或独立旅长核定后,公布或实行之。

第七条　师长或独立旅长对于议决案认为有须重行付议时,得交委员会复议。

第八条　本规程自公布日施行。

●●陆军预决算规程<small>民国二十五年(1936 年)一月四日军政部公布,附书表格式略。</small>

第一条　军队、机关、学校办理预、决算,除别有规定外,悉依本规程行之。

第二条　本规程依据国民政府颁布之预算章程、暂行决算章程及审计法订定之。

第三条 军队、机关、学校编造年度概算，依预算章程第二十一条办理。

第四条 军队、机关、学校应于每月十日以前，编造次月份支付预算书五份，呈报或咨送军政部核办。如当月支付预算科目及金额与上月份相同时，得适用上月份之预算，不再造送，但须呈咨军政部备案。

第五条 军队、机关、学校关于营缮工程及购置一切军用物品或标卖废品，应将标样合同、估单、图表说明书并投标章程，附同预算书，呈咨军政部审核。

第六条 军队、机关、学校对于预算发生不足时，得详具理由编造追加预算书，呈咨军政部核办。

第七条 军队、机关、学校应于每月经过后二十日内，编造上月份收入计算书、支出计算书，呈咨军政部核办。

第八条 军队、机关、学校造送经常费支出计算书，应备具书类及附件，分别规定如下：

甲 军队适用者

子 平时

一 支出计算书（三份）；

二 收支对照表（三份）；

三 实有人马统计表（三份）；

四 实有枪械统计表（三份）；

五 经费支出统计表（二份）；

六 各费支出明析表（二份）；

七 俸薪证明册（一份）；

八 饷项证明册（一份）；

九 乾糧费证明册（一份）；

十 单据黏存簿（旅费、运费、修缮费及囚粮费等报告表在内）（一份）。

丑 战时

一 支出计算书（三份）；

二 收支对照表（三份）；

三 经费支出统计表（二份）；

四 经费支出精算表（二份）；

五 单据黏存簿（一份）。

乙 机关学校适用者

一 支出计算书（三份）；

二 收支对照表（三份）；

三 经费支出统计表（二份）；

四 公费、购置费、修缮费、水陆运费、旅费、埋葬费、囚粮费及医药费等附属证明册（二份）；

五　俸薪证明册(一份)；

六　饷项证明册(一份)；

七　乾糰费证明册(一份)；

八　单据黏存簿(旅费、运费、修缮费及囚粮费等报告表在内)(一份)。

第九条　军队、机关、学校如有验收工程、服装、器材、物品之证明书,应附同支出计算书,呈咨军政部核办。

第一○条　军队、机关、学校遇有科目流用情事造报计算时,应另造具经费流用说明书,呈咨军政部核办。但流用之经费,以本项内各目节为限。

第一一条　军队、机关、学校对于附属之部队机关经费,如属代领转发者,应于每月经过十日内编造现金出纳计算书及收支对照表各三份,连同领据黏存簿呈咨军政部核办。

第一二条　军队、机关、学校办理预计算,应注意下列各事项：

一　经临费之预计算应分别编造；

二　全年度各月份支付预算之总数不得超过本年度预算之定额；

三　预计算之内容应在备考或说明栏内详细叙明,如有附件必须检送；

四　丧失时效之案款不得造报预计算；

五　造报计算数目不得超过预算数目,并不得有预算科目以外之支出；

六　收入数目应与领到经费数目相符,余款数目应与金柜存款数目相符。

第一三条　军队、机关、学校对于附属部队机关送呈之预计算及各项书表、册据,须先加审核,再转军政部。

第一四条　军队、机关、学校造送年度决算书,应依照暂行决算章程第十条及审计法施行细则第七条办理。

第一五条　军队、机关、学校造送年度物品出纳计算书,应依照审计法施行细则第十条办理。

第一六条　概算书及决算书依国民政府颁布之格式办理,预计算书类、格式依附件之所定。

第一七条　本规程自公布日施行。

●●陆军军队会计事务规程民国二十五年(1936年)一月四日军政部公布(附簿记格式略)

要　目

第一章 总 则

第一条 陆军军队一切普通会计事务,除别有规定外,依本规程行之。

第二条 本规程所规定之会计事务,分金钱会计、物品会计两类。

前项所称之物品,依陆军物品出纳保管规则之所定。

第三条 本规程所称之会计年度,依预算法第九条之所定,即自每年七月一日起至次年六月三十日止。

第四条 各科目之预算数,依年度预算登记,但在年度预算未成立前,依核定之月份预算登记之。

第五条 本规程规定之账簿,其收支之登记以本机关为主,由日记账过于总账时,概以原方记入。

第二章 会 计 系 统

第六条 军队会计系统如下:

一 总会计 凡处理全团或独立旅全旅、独立团全团之会计,属之。

二 分会计 凡处理全团或直属营全营之会计,属之。

三 附属会计 凡处理师司令部、旅司令部、团本部、直属营部,或营连之会计,属之。

第三章 簿 记 组 织

第七条 本规程所用之簿记,分金钱用及物品用两类。

第八条 金钱簿记之组织如下:

一 通知单;

二 账簿;

三 书表单据。

第九条 金钱会计所用之通知单,区分如下:

一 收入通知单(格式一);

二 支出通知单(格式二)。

前项通知单附属会计,得不设置。

第一〇条 金钱会计所用之账簿,区分如下:

一 日记账(格式三);

二 总账(格式四);

三 收支分类账(格式五);

四 暂记账(格式六);

五 现金出纳账(格式七);

六　银行往来账(格式八)。

前项账簿总会计须全部采用分会计,得仅用(一)、(三)、(四)三种;附属会计得仅用(一)、(三)两种。

第一一条　金钱会计所用之书表单据,区分如下:

一　请款凭单(格式九);

二　发款通知书(格式十);

三　领款收据(格式十一);

四　发款对数单(格式十二);

五　俸薪簿(格式十三);

六　饷项簿(格式十四);

七　饷单(格式十五);

八　所得捐册(格式十六);

九　截旷报单(格式十七);

一〇　截旷册(格式十八);

一一　柜存日报表(格式十九);

一二　每月现金收支实况表(格式二十);

一三　金柜检定书(格式二十一);

一四　营连领款手折(格式二十二)。

前项书表单据得各按事实上之需要,分别采用之。

第一二条　军队实施粮饷划分时,其粮食费之出纳,得准前三条之规定,另设簿记登记之。

第一三条　物品簿记之组织如下:

一　通知单;

二　账簿;

三　书表单据。

第一四条　物品会计所用之通知单,区分如下:

一　收入通知单(格式二十三);

二　发出通知单(格式二十四)。

前项通知单分会计及附属会计,得不设置。

第一五条　物品会计所用之账簿,区分如下:

一　日记账(格式二十五);

二　收发分类账(格式二十六);

三　分户账(格式二十七);

四　物品损耗整理账(格式二十八);

五　物品现记账(格式二十九)。

前项账簿（一）至（四）总会计，须全部采用分会计，得仅用（一）、（二）二种；附属会计，得仅用（五）一种。

第一六条 物品会计所用之书表单据，区分如下：

一 领物收据（格式三十）；

二 解物单（格式三十一）；

三 物品收发旬报表（格式三十二）；

四 月份物品收发报告表（格式三十三）；

五 年度物品收发报告表（格式三十四）；

六 现有物品统计表（格式三十五）；

七 物品增减月报表（格式三十六）；

八 物品配用表（格式三十七）；

九 物品领缴手折（格式三十八）；

一〇 需食单（格式三十九）；

一一 粮食日计册（格式四十）；

一二 粮食决算表（格式四十一）；

一三 需饲单（格式四十二）；

一四 马粮日计册（格式四十三）；

一五 马粮决算表（格式四十四）；

一六 给养旬报表（格式四十五）。

前项书表单据得各按事实上之需要，分别采用之。

第一七条 军队实施粮饷划分时，其粮食现品之收发，得准前三条之规定，另设簿记登记之。

第四章 金钱会计科目

第一八条 本规程所用之金钱会计科目，分现金科目及预算科目两类。

第一九条 现金科目如下：

一 经常费，凡经常费之收入均属之；

二 俸给费，凡官佐之俸薪、士兵、伕役之饷项及军马之乾疆均属之；

三 办公费，凡办公所需之费用均属之；

四 设备费，凡关于设备事项所需之费用均属之；

五 常备金，凡旅运、修缮、购置、埋葬等费及超过二百元之电报费，其超过数皆属之；

六 暂收款，凡来源或用途未确定之收入及预缴款皆属之；

七 暂付款，凡性质或实支数额尚未确定之支付款皆属之；

八 预付附属部队经费，凡预付附属部队经费，其科目尚未决定者皆属之；

九 保管款，凡经收各种保证金尚未呈缴之罚款、赔偿款及旷费等皆属之；

一〇　借垫经费，凡借充经费之款皆属之；

一一　临时费，凡临时之收付均属之，但同时须将费别名称于科目下注明；

一二　经费剩余，凡各科目之经费剩余皆属之；

一三　现金，凡现金之收支皆属之；

一四　公积金，凡属于委任经理性质之经费剩余存息、赔偿金、废品变价及违约罚金等皆属之。

第二〇条　预算科目如下：

一　俸薪　凡官佐之俸薪属之；

二　饷项　凡士兵之饷项属之；

三　乾刍费　凡军马之饲料、掌刍等费皆属之；

四　办公费　凡办公所需之费用属之；

五　教育费　凡关于教育所需之费用属之；

六　医药费　凡依照给与条例支给之医药费属之；

七　草鞋费　凡发给士兵之草鞋费属之；

八　洗擦费　凡洗擦武器所需之费用属之；

九　旅费　凡官兵因公出差之旅费属之；

一〇　运费　凡运输军用物品所需之一切运费皆属之；

一一　修缮费　凡修理营房所需之费用属之；

一二　购置费　凡除依规定发给现品外，其余零星军用物品之购置费属之；

一三　埋葬费　凡官兵死亡之埋葬费属之；

一四　电报费　凡超过二百元之电报费，其超过数属之。

第二一条　第十九条之科目，于总账中采用之。第二十条之科目，于收支分类账中采用之。但第十九条之科目，如事实上需要于收支分类账中，亦得酌量采用之。

第五章　附则

第二二条　本规程规定之通知单、账簿均用直式以本国毛边纸印制，其尺寸规定如下：

甲　通知单

　　纸长　二十九公分；　格长　二十公分；

　　纸宽　四十公分；　格宽　三十二公分（连存根在内）。

乙　账簿

　　纸长　二十九公分；　格长　二十四公分；

　　纸宽　二十二公分；　格宽　十六公分（分十行）。

第二三条　关于簿记登记、保管应注意事项，如下：

一　账簿封面须标明账名、页数，加盖关防，其内面应将军队番号、记账员姓名分别记入,除日记账、现金、出纳账外,并须编制目录。

二　簿表之登记应用楷书,须明了整齐。

三　数字字体分大写、小写二种,合计及总计用大写,如(零、壹、贰、叁、肆、伍、陆、柒、捌、玖),其他用小写如(〇、一、二、三、四、五、六、七、八、九)。

四　金钱单位为元,元以下小数记至分为止,分以下四舍五入,元以上每隔三位,应加一分位标点。

五　簿表登记已毕,必须详细核对,如有错误,随时更正。

六　数字、文字更正时,须于原字上画平行红线二条(如为红字则用黑线),然后记改正之文字于其右方。但数字更正,应将该项数目全部更正。

七　登记时如误翻隔页,须将其间所空之页,画一对角红线,作废。

八　账簿须依顺序记其页数。

九　账簿不得更换、改装、撕毁,非关系人员不许翻阅。

一〇　簿表须妥善收藏。

第二四条　本规程自公布日施行。

●●陆军物品出纳保管规则民国二十四年(1935 年)十一月军政部公布

第一条　凡军队、机关、学校所有被服、粮秣、器材、机械、车辆、图书、仪器、阵营具、卫生材料、消耗品、备用品及其他一切动产、动物之出纳保管,除别有规定外,均依本规则行之。

第二条　物品出纳保管,由物品出纳官掌理之。

第三条　物品出纳官或代理官及分任官,依军队、机关、学校之编制,职掌由其长官就所属职员中派充之。

第四条　物品出纳官对于物品之出纳,应依物品出纳命令行之。

第五条　物品出纳命令权,依军队、机关、学校之编制系统或依物品之管理性质,由其长官分授于各该物品之主管长官。但有时即由其军队、机关、学校之长官自任之。

第六条　物品出纳命令官,不得兼任物品出纳官。

第七条　各军队、机关、学校长官任免物品出纳官及其代理官或分任官时,应将该员姓名及就职、离职月、日并其图章样式,行知物品出纳命令官。但物品出纳命令官为该军队、军事机关、学校长官时,得免行知。

第八条　物品会计事务,军队依陆军军队会计事务规程之所定,机关、学校依中央统一会计制度之所定。

第九条　物品出纳计算书之编造,依陆军预决算规程之所定。

第一〇条　物品应每年施行检查一次,以出纳命令官为检查官。但遇必要时,并得施行临时检查。

前项检查后,应由检查官出具检定书证明之。

第一一条　物品保管,得设物品监守人分掌之。

第一二条　物品监守人对于所保管物品,应于各该配备处所张贴物品配备表,以明其配备状况。

第一三条　凡物品之受领、修理、缴还,均由物品监守人出具凭单,向物品出纳官请求之。但关于个人专用或官舍设备之物品,则由使用人出具凭单,由物品监守人向物品出纳官请领之。

物品出纳官应将前项凭单检呈出纳命令官批准后行之。

第一四条　物品之保管,在个人专用者,则由该使用人负责;官舍设备之物品,则由居住人员负责;公用之物品,则由监守人负责。

第一五条　物品以授受须双方当面点清,如事后发见数目或质量有不符时,由受领者负责。

第一六条　物品出纳官交代时,依公务员交代条例及军职交代条例办理之。

第一七条　物品之转拨应由各该当事长官协议后,报请军政部核准行之。

第一八条　本规则自公布日施行。

●●陆军公积金保管规则民国二十四年(1935 年)十一月军政部公布

第一条　军队、机关、学校之公积金,依本规则保管之。

前项所称之公积金,指属于委任经理性质之经费剩余存息、赔偿金、废品变价及违约罚金而言。

第二条　公积金应由军队、机关、学校之军需人员负责保管,并应存入所在地之中央银行或代理国库之银行。

第三条　公积金应依其性质,于收支分类账内分别立户、登记、整理之。

第四条　公积金之使用,以原属科目为限。但各项公积金超过其全年度定额百分之十时,得由该独立单位长官许可流用,呈报备案。

第五条　凡有公积金之军队、机关、学校,应于月终编制公积金收支报告表,公布之。每年度终了后二个月内,将收支状况报请军政部备案,其有军需监察委员会者,应先送该会审查。

前项公积金,该独立单位长官及军需监察委员会得随时检查之。

第六条　本规则自公布日施行。

●●陆军截旷规则民国二十四年(1935 年)十一月军政部公布

第一条　陆军各军队于发放薪饷时,所有悬缺、开除、调迁、逃亡之截旷及其他按每月定额给与各费实支不满一月者,除别有规定外,均应按实在旷废日数,依本规则呈缴之。

各机关、学校之截旷，准本规则行之。

第二条 士兵开除或逃亡，其直属长官应于事实发生后十二小时内分别具报。其上级各主管长官应于接到报单二十四小时内，依次递呈军政部，俱以报告送出或付邮之时起算。但战时得声叙理由，事后补报。

第三条 团于每月发饷时，应计算各营连截旷数日，如数扣缴。同时，填给截旷收据为凭。

第四条 团于每月发饷完毕后三日内，须填具截旷册，连同旷费呈缴师部。

第五条 旅部及师直属各部队于每月发饷完毕后三日内，须填具截旷册，连同旷费呈缴师部。

第六条 师部于每月发饷完毕后，汇集所属各部队截旷册，并师部之截旷数，汇造总册两份，送军需监察委员会审查后，连同本月份计算书送呈军政部，于发放次月薪饷时，照数扣缴。

第七条 截旷册根据开除、逃亡、调补报单编造之。

第八条 截旷计算均以事实发生之当日起，按照当月天数均摊计算。

第九条 本规则自公布日施行。

●●陆军点名发饷规则 民国二十四年（1935 年）十一月军政部公布

第一条 陆军各军队由中央派员点名发饷时，依本规则行之。

各机关、学校遇有点名发饷情事，亦依本规则办理。

第二条 点发委员应会同各军队军需监察委员会点发，如该会尚未成立，则由高级司令部派员会同点发之。

第三条 点发委员，由军事委员会及军政部各派校官以上若干员充任之。

点发委员应分组点发，每组以三人为限。各组担任点发之军队，由军事委员会临时指定之。

第四条 点发委员因军队分驻过远不能悉数亲点时，得临时通知各军队军需监察委员会单独派员点发，如该会尚未成立，则由高级司令部派员点发，但所派人员应回避直属部队，以杜流弊。

第五条 各军队全月经费领到时，应即将各官兵薪饷分别计算，包成饷包，并造具人马名册，准备听点。

第六条 点发委员应偕同军需监察委员会或高级司令部特派员，将指定之军队对照手折相片全数点发，其有分防在外或担任勤务或住在医院者，亦须往点或取得证明，并须遵照点名发饷委员服务规则第六条规定。

详细列表出具证书呈报备案。

第七条 各军队军需监察委员会或高级司令部特派员奉通知单独点发时，亦须依照前条规定办理。

第八条　下列各军队长官于点名发饷时,应会同点发委员行之。

一　师司令部　师长或参谋长;

二　旅司令部　旅长或参谋长;

三　团本部　团长或团附;

四　营以下　营长以下各官。

点名发饷时,负责军需亦应莅场,以备咨询。

第九条　本规则自公布日施行。

●●陆军点名发饷委员服务规则民国二十四年(1935年)十一月军政部公布

第一条　陆军点名发饷委员,除遵照陆军点名发饷规则办理外,其服行事务依本规则行之。

第二条　点发委员事前不得通知被点军队或泄漏消息。

第三条　各组委员奉到命令之次日,应即会同出发遣赴被点军队之驻在地,与该军队主管长官接洽,即日照点,不得延期。

第四条　点发委员应注意之事项,如下:

一　点名时,监视发饷并抽查饷包,如有疑问,应核对有关之账簿手折。

二　点名监视发饷时,须查对士兵相片或箕斗。

三　名册上所列士兵总数须验对与最近日期下操报单所列人数是否相符,如列有逃亡,应查明曾否按照陆军截旷规则第二条规定呈报,携去服装有无,遵照赔偿规则办理。

四　未应点之公假士兵,应调阅原案。住院之伤病士兵,应在名册内注明,并令另造伤病士兵住院表一份,以备往查或函询各该医院,以资证明。至任守卫或勤务不能到场应点者,须亲往查点。

五　士兵伙食是否由各班长轮流采办,每名月支伙食若干有无列表公布。

六　实有马骡若干,马秣如何采办,饲养秣料定量若干,有无公积金,如何保管。

第五条　点发时,如发现有俘冒情事,应据实呈报,不得隐匿。

第六条　点发委员于点发完毕后,应即回京,于三日内将点发经过填具后列书表,连同应点人马名册、被点军队实有人马统计表(格式四)及实发薪饷乾糇费统计表(格式五),呈报主管部会查核。

一　薪饷乾糇等费统计表(格式一);

二　报告书(格式二);

三　证书(格式三)。

第七条　前条报告,如查有或被举发与该军队实在情形有不符者,该点发委员应负其责。

第八条　点发委员之旅费,由派遣机关发给,不准受被点军队之招待及馈送,并不得有违犯军风纪情事。

第九条　本规则自公布日施行。

●●陆军演习费给与规则 民国二十四年(1935年)十一月军政部公布

第一条　凡军队、学校之定期大演习,其演习费之给与,除别有规定外,依本规则行之。

第二条　演习费分运输费、加给费、卫生材料费、宿营费、杂支费等五种,其预算应根据演习计划办理。

第三条　运输费为运输人马、军品之用,如应用汽车、火车、轮船、民船,其用费除民船按照当地时价支给外,余照公路局、铁路局、轮船公司定价支给之。但领有半票者,支给半价,领有免票者,免给。

第四条　加给费为人员加菜费及军马加饲费与夜间演习之夜食费,各依陆军平时给与条例之所定支给之。

第五条　卫生材料费、宿营费、杂支费均按实支数支给之。

第六条　如因演习毁损人民农作物及住宅或他项什物时,应即呈报统监部核定,赔偿价目由军政部发交当地官厅转给之。

第七条　本规则自公布之日起施行。

●●军队教育费给与规则 民国二十四年(1935年)十一月军政部公布

第一条　军队教育费之给与,除别有规定外,依本规则行之。

第二条　军队教育费定额如附表,凡平时教育所需之书籍、文具、演习、杂支等费用均属之。

第三条　军队教育费,通常按月交付,于军队委任经理之。

第四条　军队教育费实支数目应按月造报,主管长官查核,如有剩余,依公积金保管规则办理。

第五条　军队动员期间停止其教育费之给与,前项动员期间,系以奉令动员之日起至复员止,其期间不满一月者,不在此限。

第六条　本规则自公布日施行。

军队教育费给与表			
区　　分	金　　额		备　　考
师部及直属部队	三五〇	〇〇	
步兵团	三〇〇	〇〇	
骑兵团	一五〇	〇〇	
独立旅部及直属部队	一〇〇	〇〇	
附记	一　本表金额系以月计。 二　本表规定数目系以大洋计算。 三　独立团及各特种团(骑兵团除外)均照步兵团定额支给。 四　各特种兵旅部及直属部队照独立旅部及直属部队定额支给。		

●●陆军军需品运输费给与规则 民国二十四年(1935 年)十一月军政部公布

第一条　军需品运输费之给与,除别有规定外,依本规则行之。

第二条　运输方法分铁道、汽车、轮船、民船、车马、人工六种。

第三条　运输军需品同时可使用两种以上运输方法者,在不妨碍军事中应择其运费低廉者使用之。

第四条　铁道运输费应查照修正铁道军运条例办理。

第五条　轮船、汽车运输费应按公司、路局定价支给之。但免费或领有半价票免票者,应依实在情形办理具报。

第六条　民船、车马、人工运输费,均应按当地时价支给之。

第七条　凡支给运输费,事前应呈请主管长官核准,事后应将运输之品名、数量、起迄地点、运输方法及途程远近,填具运费表,连同凭证单据报销之。

第八条　本规则自公布日施行。

●●俘虏伙食费给与规则 民国二十四年(1935 年)十一月军政部公布

第一条　俘虏伙食费之给与,依本规则行之。

第二条　俘虏伙食费,官长日给二角,士兵日给一角五分。

第三条　俘虏伙食费之支给,由俘虏之日起至分遣之日止。

第四条　俘虏伙食费通常由收容所或指定之收容员经理之。

第五条　俘虏伙食费起支、停支之日期与人数,应呈报所隶长官转呈军政部备案,事后造册检据报销。

第六条　本规则自公布日施行。

●●军用粮秣管理规则 民国二十五年(1936 年)七月二十日军政部公布

第一条　军用粮秣之保管,除依军需品仓库保管规则、陆军物品出纳保管规则及军米保管暂行规则办理外,应依本规则行之。

第二条　本规则所称军用粮秣,以军政部直属仓库所储藏及委托地方机关代管者为范围。

第三条　军用粮秣之储藏,应注意下列各事项:

一　储藏仓库之地点须力避潮湿,并须有适宜之光线及空气;

二　仓库内应按粮秣品种分类储藏;

三　同一库房内所储各品种间须留走道及间隔;

四　堆积之粮秣须与墙壁隔离;

五　粮秣堆积之高度须视仓库情形适宜规定;

六　堆积之粮秣须视库地情形,选用适当材料垫底,并须与地面留适当之距离。

第四条　储藏粮秣之方法,应依其品种性质分别行之。

一　谷、麦、豆应视储藏时间之久暂及变态情形,分别翻包换仓,如有晾晒之必要时,应于热气散放后,再行装置堆积之。

二　米、面粉、麦照上项办法办理外,其必须晾晒时,宜用阴干,不得在阳光下曝晒之。如因事实之必要,并得换包。

三　秣草应与粮食仓库分离,于交通便利适当处所,设置篷厂覆盖之。

四　其他粮秣,除别有规定外,依其性质,参照上项规定办理。

第五条　储藏粮秣应预防之事项,如下:

一　防鼠,应预堆积四周铺置河沙,并堵塞鼠穴,勤于捕杀。

二　防霉,应使空气流通,勤加翻晒,并须于地面铺置炭屑及石灰,对于屋顶及四围板壁,随时检查修葺,谨防飘漏,库外附近沟渠常时疏通。

三　防蛀,应随时抽验,如发见变态,须隔离堆积,尤须注意去陈换新。

四　防火,应禁止吸烟,除安全灯外,其他灯火及易于引火之物不许入库。

五　防空,应有伪装设备。

六　防窃,设有武装库兵者,除哨所外,应勤加巡逻,无武装库兵者,应责成当地公安人员或乡保长负责保管。

第六条　凡粮秣如须晾晒、换包、翻包时,应克日呈报军政部核准行之。事后,并须将经过情形详报备案。

第七条　凡晾晒、换包、翻包,必须雇用民夫时,其费用应切实计算,依工作日数及当地工价,造具预算,直属仓库呈部核给,地方代管仓库呈由省政府核给。

第八条　各仓库储藏之粮秣,每于月终,应填具库储报告表,呈报军政部察核(表式另定之)。

第九条　各仓库员、司如有疏于管理,致使粮秣损坏或发觉其他弊端时,除责令按值赔偿外,并依军法惩治之。

第一〇条　本规则自公布日起施行。如有未尽事宜,随时以命令补充或修正之。

●●陆军师粮服委员会规则 民国二十四年(1935年)十一月军政部公布(附式略)

第一条　陆军师粮服委员执行事务,依本规则行之。

第二条　师粮服委员会以下列人员组织之:

一　主任委员、参谋长;

二　副主任委员、军需处主任;

三　委员、军医、主任、粮服课课长及课员二员、总务课课员及副官各一员;

四　助理员、司书、军士;

前项人员,由师长以命令派定之。

第三条　应由师粮服委员会审议之事项,如下:

甲　关于粮秣经理事项;

一　全师粮秣经理应采用之方针并实施要领;

二　粮食预计表(格式一);

三　粮食购办计划书;

四　粮食决算表(格式二);

五　粮秣公积金使用计划书;

六　粮秣废品事项;

七　关于粮秣采办契约之订立事项;

八　关于粮秣经理应行改良整理事项。

乙　关于被服经理事项

一　全师被服经理应采用之方针并实施要领;

二　被服品购办计划书;

三　年度被服收发报告表(格式三);

四　年度规有被服统计表(格式四);

五　被服公积金使用计划书;

六　被服废品事项;

七　关于被服品之购制、修理契约之订立事项;

八　关于被服经理应行改良整理事项。

第四条　师粮服委员会之决议案,由师军需处粮服课承办之。但关于现品或代金之出纳,仍得军需处主任以命令行之。

第五条　师粮服委员会对于各团编制粮服预计书表之前,应拟定指示之事项,通知各团遵照。

第六条　主任委员、副主任委员对于粮服之购办或使用,须与粮秣厂、被服厂、军需仓库及邻近各师随时联络。

第七条 委员应受主任委员、副主任委员之监督、指挥,随时赴各团营或连队视察粮服经理之实况,以图改良齐一。

第八条 委员会议由主任委员、副主任委员随时召集,但有委员三人以上之提议,亦得召集会议。

第九条 委员会议以主任委员为主席。如因事故不能出席时,由副主任委员为主席;如均不能出席时,得派粮服课长代理之。

第一〇条 委员会议不能取决事项,应由主任委员、副主任委员详具事由,呈请师长核夺。

第一一条 关于开会及会议文书事项,由师军需处主任指派粮服课课员及司书掌理之。

第一二条 师粮服委员会办事细则及委员分掌事务由会议定,呈请师长核准行之。

第一三条 本规则自公布日施行。

●●军政部冬夏季服装验收员服务规则 民国二十五年(1936年)八月军政部修正公布

第一条 本规则依本部工程粮服器材验收规则第十三条订定之。

第二条 本部冬夏季服装验收员(以下简称验收员)从事验收时,除依照本部工程粮服器材验收规则办理外,悉依本规则行之。

第三条 验收员于奉令出发后,应将开始验收月日呈报本部备案,其每日验收时间应以八小时为度,夏季每日上午自七时半起至十二时止,下午自二时起至五时半止;冬季每日上午自八时起十二时止,下午自一时半起至五时半止。但遇有紧急需要时,得以部令变更或由军需署储备司迳行通知提前或延长之。

第四条 验收员对于所验品种,须按照标样制作说明书及契约合同,所订条件切实查验,其查验数以百分之五为最低限度,必要时,得全部查验之。

第五条 验收员于每一品种验收完毕时,除应将查验结果填具验收证明书、验收报告书,分别呈报本部暨给与原经办机关及承制厂商收执外,并须于每包缝口上加盖验讫戳记,以资证明。

前项应用戳记刻就后,应将印模呈报本部备查,戳记文曰"军政部○○组验收员验讫"。

第六条 验收员如发现所验服装之附属材料品质略次而不妨碍使用者,得准照收其能修改者迳令承制厂商修改后复验。

第七条 验收员如发觉所验服装有下列情事之一者,得即封存,并须于当日内胪列事实,拟具办法,呈报本部核办。

一 所用主要材料与规定不符者;

二 制式不合,或尺寸超过公差,或重量不合规定,均不能修改者;

三 工作粗劣,不合规定,不能修改者。

第八条　验收员验收服装,应于承制厂商报验时随到随验,不得借故留难。如遇不符规定之品种,拟定办法呈核后,即应继续查验其他品种,不得因此停顿。

第九条　验收员每日所验品种数量,应逐日填具验收报告表(表式附后),迳送军需署储备司备查。

第一○条　验收员之旅费,除适用本部旅费给与暂行规则之规定外,并视事务之繁简,得照下列各项规定办理。

一　原地出差者,概支驻留日费,另外,月给特别办公费一百元。

二　非原地出差者,月给特别办公费一百四十元。

三　此项特别办公费,系作因公所需汽车、邮电、文具、购置医药以及雇员工人一切费用之用。不足一月者,按日计算,即由验收员迳行按月自出领据报销,不另取商号单据,以省手续。

四　验收完毕时,须分别造具旅费表二份,特别办公费附属表二份,单据粘存簿一份,连同每日所验厂商承制各品种数量之详细笔记,一并呈报备核。

五　旅用办公各费起讫,均以奉令后出发之日起,至验毕销差之日为止。

第一一条　验收员不得接受厂商之任何供应,如有渎职情事,一经查出,从严究办。

第一二条　本规则如有未尽事宜,得随时呈请修正之。

第一三条　本规则自民国○○年○月○日公布施行。

●●陆军被服阵营具保管赔偿规则 民国二十四年(1935年)十一月军政部公布

要　　目

第一章　总则

第一条　陆军被服、阵营具之保管及损失赔偿,悉依本规则行之。

第二条　本规则所指陆军被服、阵营具(以下简称物品),以陆军平时给与条例第四章及第五章附表所定之品种为范围。

第三条　管理物品应设之簿记,依陆军军队会计事务规程之所定。

第四条　物品保管人或使用人对于各项物品,非经军政部核准,不得更易其制式或以他物替换之。

第五条 保管之物品，如有遗失毁损或移交转发时，应随时呈报军政部核准。

第二章 保管

第六条 物品之保管，除依军需品仓库管理规则办理外，并应注意下列各事项：

一 易于引火生虫及具有发热性能之物品，须另室储藏；

二 须有适宜之空气及光线；

三 须慎防掼碎压损；

四 须留适宜间隔。

第七条 保管人或使用人，对于物品之保管应预防之事项，如下：

一 预防尘垢 应勤加刷拭、敲打；

二 预防腐蛀 应勤置看菌药品，依期出陈换新；

三 预防潮湿 应勤加翻晒；

四 预防脆裂 应勤于调和气温；

五 预防鼠咬 应勤于捕杀并堵塞鼠穴；

六 预防锈蚀 应勤于磨擦涂油。

第八条 保管人或使用人，对于保管之物品，应依其品质，按下列各方法分别整理之。

一 棉织类物品 应常洗刷、翻晒、铺平、熨贴。

二 毛织类物品 应于三月至九月间，月晒一次，俟其阴凉，再行收藏，酌置杀虫药品。倘黏尘垢，不宜重刷，雨湿潮透，忌用绞干之法。

三 皮革类物品 在使用时，须每周涂油一次。在储藏时，须每六个月涂油一次。如遇潮湿，只宜阴干，切忌火烤日晒，以防硬化。

四 木器类物品 应常洗拭，不可久晒，以防油漆剥落，板柱开裂。

五 瓷器类物品 宜常洗刷，不可震动。

六 金属类物品 应常磨擦涂油，汗手不可接触，以防生锈。

第九条 物品检查，除别有规定者依其规定办理外，主管军需官对于储藏及使用之物品，每月终须施行检查一次。

第一〇条 前条检查应具报之事项，如下：

一 物品名称、数量；

二 依物品使用程度，区分为堪用、待修、报废三项；

三 保管方法是否妥善；

四 登记簿表与出纳单据是否相符；

五 出纳手续是否合法；

六 检查讲评与改良意见。

前项报告纸格式，由各军队、机关、学校依其检查情形，自行规定。

第一一条　检查时认为应行修理之物品,其破损程度较小者,应自行修理;较大者,得呈报送厂或招商修理之。

前项小修理不得支用保修费;大修理致届满使用期限,得请领保修费。

第三章　赔偿

第一二条　保管人或使用人对于各项物品,如有故意或过失,以致毁损遗失者,均应责令赔偿。

第一三条　物品损失之赔偿,除新品照原价赔偿外,其已开始使用者,依下列之规定:

第一期　照原价赔偿十分之八;

第二期　照原价赔偿十分之六;

第三期　照原价赔偿十分之四;

第四期　照原价赔偿十分之二。

前项期限及原价依附表之所定,其有未经规定之品种,损失赔偿额由军政部核定之。

第一四条　物品损失之赔偿,其责任规定如下:

一　配用时,归使用人赔偿。

二　储藏时,归保管人及分任或代理人共同赔偿,专任保管者摊赔十分之六,分任或代理保管者摊赔十分之四。

三　公共场所使用时,归主管长官及临时负责保管人共同赔偿,主管长官摊赔十分之四,临时负责保管人摊赔十分之六。

四　军队士兵逃亡时,归直隶长官赔偿,直隶连、排长各摊赔十分之三,连值日官摊赔十分之二,团、营长各摊赔十分之一。

独立连属于营长应摊赔之数,独立营属于团长应摊赔之数,均由其直隶长官负担之。

五　机关、学校士兵逃亡时,归其管理人及所隶长官共同赔偿,管理人摊赔十分之四,直隶长官摊赔十分之三,主管长官摊赔十分之三。

六　学生逃亡时,照第五款办理。但所缴赔偿金,得由学校向其保证人追偿之。

第一五条　毁损物品原体存在者,其赔偿金额得报由军政部勘验,依其毁损程度酌减之。

前项之勘验,军政部得委托所管长官代行之。

第一六条　物品损失赔偿金,属于第十三条第一、二、三三期者,应于每月终汇缴军政部;属于第四期者,依陆军公积金保管规则办理之。

第一七条　已赔偿之物品应在物品簿上登记开除。如未届满给与期限者,由军政部换给之。

第四章　附则

第一八条　凡与营房建筑相关连之营用具、厨用具、厕用具,如遇军队离开营房时,由营房保管员负责保管之。

第一九条　本规则自公布日施行。

附表

品名	单位	主要材料	原价（元）	给与期限	第一期	第二期	第三期	第四期	备考
平织布军帽	顶	十六磅粗布	二〇〇	六个月	二个月内	四个月内	六个月内	六个月后	
斜纹布军帽	顶	十磅斜纹布	三〇〇	六个月	二个月内	四个月内	六个月内	六个月后	
平织布便帽	顶	十六磅粗布	一八〇	六个月	二个月内	四个月内	六个月内	六个月后	
草帽	顶		二四〇	一年	三个月内	六个月内	一年内	一年后	
平织布单衣裤	套	十六磅粗布	一三〇〇	一年	四个月内	八个月内	一年内	一年后	
斜纹布单衣裤	套	十六磅斜纹布	二二〇〇	一年	四个月内	八个月内	一年内	一年后	
平织布绵衣裤	套	十六磅粗布	三三〇〇	一年	六个月内	九个月内	一年内	一年后	
呢衣裤	套	纯毛粗呢	九〇〇〇	二年	一年内	一年半内	二年内	二年后	
平织布衬衣裤	套	十四磅粗布	八五〇	六个月	二个月内	四个月内	六个月内	六个月后	
平织布棉衣夹裤	套	十六磅粗布	二〇〇〇	一年	三个月内	九个月内	一年内	一年后	
平织布棉外套	件	十六磅粗布	三〇〇〇	二年	一年内	十八个月内	二年内	二年后	
呢外套	件	纯毛粗呢	一〇〇〇〇	四年	十八个月内	二年半内	四年内	四年后	
平织布绑腿	双	十六磅粗布	二二〇	六个月	二个月内	四个月内	六个月内	六个月后	
线织绑腿	双		三〇〇	一年	六个月内	八个月内	一年内	一年后	
呢绑腿	双	纯毛粗呢	二〇〇	二年	一年内	一年半内	二年内	二年后	
布枕头井套	个		一五〇〇	三年	一年内	二年内	三年内	三年后	
四磅半棉毯	床	废棉	一九〇〇	二年	六个月内	一年内	二年内	二年后	
四磅毛毯	床	废毛	五〇〇〇	十年	三年内	六年内	十年内	十年后	
平织布被单	床	十四磅粗布	一〇〇〇	一年	三个月内	六个月内	一年内	一年后	
帆布鞋	双	八磅帆布	七〇〇	三个月	一个月内	二个月内	三个月内	三个月后	
黄皮鞋	双	甲皮	四二〇〇	六个月	二个月内	四个月内	六个月内	六个月后	

（被服）

（续表）

类别	名称	单位	质料	价	价						备注
	马靴	双	黑纹皮	九	〇〇〇	一年	三个月内	六个月内	一年内	一年后	
	胶布雨衣	件	国货树胶布	三	五〇〇	三年	一年内	二年内	三年内	三年后	
	帆布帐幕式雨衣	件	十行帆布 木柱	四	〇〇〇	三年	一年内	二年内	三年内	三年后	
	雨笠	顶	箬叶篾织		二四〇	六个月	二个月内	四个月内	六个月内	六个月后	
	腰皮带	条	五匣带皮		四五〇	三年	一年内	二年内	三年内	三年后	
	挂刀皮带	条	五匣带皮		九〇〇	三年	一年内	二年内	三年内	三年后	
	铝质水壶	个	铝 八行帆布		九〇〇	六年	二年内	四年内	六年内	六年后	
	铝质饭盒	个	铝 八行帆布		九〇〇	六年	二年内	四年内	六年内	六年后	
	帆布背囊	个	八行帆布		〇〇〇	五年	一年内	三年内	五年内	五年后	
	帆布杂囊	个	八行帆布	四	五五〇	二年	一年内	一年内	二年内	二年后	
	青布单袜	双	十六磅粗布		二二〇	三个月	一个月内	一个月内	三个月内	三个月后	
	青布夹袜	双	十六磅粗布		三〇〇	三个月	一个月内	二个月内	三个月内	三个月后	
	凉席	床		一五	三〇〇	一年	三个月内	六个月内	一年内	一年后	
	夏布蚊帐	床	粗夏布	一〇	〇〇〇	三年	一年内	二年内	三年内	三年后	
	布面皮外套	件	十六磅粗布头一号皮统	三	〇〇〇	六年	二年内	四年内	六年内	六年后	
	布面皮背心	件	十六磅粗布羊皮统	四	〇〇〇	三年	一年内	二年内	三年内	三年后	
	布棉被	床	十四磅粗布		八〇〇	三年	一年内	二年内	三年内	三年后	平织白布制原价三元
	呢军帽	顶	纯毛粗呢		九〇〇	二年	一年半内	一年半内	二年内	二年后	
	布运动帽	顶	十四磅斜纹布		二〇〇	一年	三个月内	六个月内	一年内	一年后	
	布运动衣裤	套	十四磅斜纹布	一	二〇〇	一年	二个月内	六个月内	一年内	一年后	
	浮水具	个	十二行帆布		五〇〇	五年	一年内	三年内	五年内	五年后	
被服	布诊察衣	件		一	五〇〇	二年	六个月内	十二个月内	二年内	二年后	

（续表）

品名	单位	说明	原价						
方帐幕	具	十二行帆布	七五	○○○	十年	二年内	五年内	十年内	十年后
圆帐幕	具	十二行帆布	三五	○○○	十年	二年内	三年内	五年内	十年后
桅灯	盏		一	二○○	五年	一年内	三年内	五年内	五年后
脚踏车	辆	国货钢柱	六○	○○○	五年	一年内	三年内	五年内	五年后
大车	辆		一○○	○○○	十年	二年内	五年内	十年内	十年后
士兵乘骹	副	五厘至一分带皮	三四	○○○	五年	一年内	三年内	五年内	五年后
官长乘骹	副	五厘至一分槽皮	五二	○○○	五年	一年内	三年内	五年内	五年后
帆布马槽	个	六号帆布	四	○○○	二年	一年内	一年半内	二年内	二年后
帆布水桶	个	六号帆布	一	二○○	二年	一年内	一年半内	二年内	二年后
行军钢灶	付	铁钢铁○铅桶共九件	九	五○○	三年	一年内	一年内	三年内	三年后

附记
一　本表所列原价系按最近厂商承制价格或照民国二十年(1931年)至二十二年(1933年)三年统计平均价规定,嗣后价格各有涨落随时以命令更正之

二　本表未列品种其原价数目随时以命令规定之

●●民营军装业登记规则民国二十四年(1935年)十一月军政部公布

第一条　凡民营军装业之登记,依本规则行之。

第二条　前条所称之民营军装业,凡以制造军用被服、阵营具为业者,皆属之。

第三条　凡民营军装业于开业前,应填具登记请求书(格式一)三份,并觅具殷实铺保,呈由当地县市政府转请军政部登记给照。

第四条　凡在本规则施行以前开业之民营军装业,应于本规则施行之日起三个月内补行登记。

第五条　军政部对于登记请求书认为有疑义时,请求人应详细呈明。如遇派员复查时,并有引导、察勘及呈缴有关簿据文件之义务。

第六条　民营军装业登记后,对于登记事项遇有变更时,应声叙原因,呈请备案。

第七条　民营军装业应遵守下列各规定:

一　各种出品之制式或制作方法,如政府有规定者,应遵照其规定制造;

二　承制之军装如超过个人需要数量时,应取得定制之军队、机关、学校正式证明文件;

三　出品批发时,其贩卖人须有固定之铺面及已注册之牌号,并应与其订立正式契约以备查考。

第八条　民营军装业登记后遇有增设分厂、支店时,应依规定另请登记。

第九条　凡普通工厂兼制军装者,其制造军装部分悉依本规则行之。

第一〇条　民营军装业应将全年之产销数量于次年一月内填具报告表(格式二),送呈军政部察核。

第一一条　民营军装业停业时,应将所领执照呈缴注销,但在军需动员期间,不得请求停业或休业。

第一二条　本规则自公布日施行。

●●军需品仓库管理规则民国二十四年(1935年)十一月军政部公布

第一条　军需品仓库之管理,除别有规定外,依本规则行之。

第二条　仓库应设置之簿记,依陆军军队会计事务规程之所定。

第三条　仓库物品之出纳,应遵物品出纳命令官之命令行之。

第四条　仓库物品之出纳应于接奉出纳命令之当日办理完竣,如不能完竣者,应将事由呈报所管长官。

第五条　仓库收藏物品,依下列之规定行之。

一　依发送凭证会同押运员施行严密检查。

二　依物品之种类、性质及新旧程度分别储藏,如须新陈交换之物品,并依其制造年月或保存期限,区分之。

三　收藏旧品,须先行整理。

第六条　储藏物品之名称、数量及其制造年月并主管库员之姓名,须于明显处所揭示之。

第七条　储藏物品如因天灾、地变及其他人力所不能抵抗之事故致有损害时,应即呈报主管长官核办。

第八条　仓库之检查,依下列规定行之:

一　主管库员于物品出纳后,应即施行检查,并将经过报告库长。

二　库长除随时检查外,每十日须施行清洁检查一次。

三　遇有风雨或其他灾变时,库长、库员应立即施行检查。

第九条　检查时如发现储藏物品有异征或损坏者,库长应即查明其品种、数量、状况、原因,报告所管长官核办。

第一〇条　检查时如发现储藏物品应修理者,除本库能修理外,须将其品种、数量、损坏程度及修理意见、用途缓急报告所管长官核办。

第一一条　仓库之警戒,依下列规定行之:

一　库外人员非经库长许可不得入内。

二　仓库附近不许堆集易于引火之物。

三　除电灯及安全灯外,其他灯火不许携带入库内。

四　库内禁止吃烟。

第一二条　仓库须置备消防器具,并训练库兵养成消防技能,担任库内消防勤务。

第一三条　本规则各军队附属仓库或物品储藏室均得适用之。

第一四条　本规则自公布日施行。

●●陆军医院监狱备用被服使用保管规则 民国二十四年(1935年)十一月
军政部公布

第一条　凡陆军医院及监狱备用被服之使用、保管,除别有规定外,依本规则行之。
陆军残废军人教养院备用被服之使用、保管,准此办理。

第二条　本规则所称备用被服之范围,依陆军平时给与条例第四章第八表之所定。

第三条　本规则所称之备用被服,限于军人、军属住院、在狱时使用之。

第四条　军人、军属于入院、狱时随带服装,应由院、狱收缴、整理、保存,俟其出院时发还之。但无队可归或不能归队者,凡给与或贷与之服装,概不发还。

第五条　前条不发还之服装应分别汇缴军政部,或通知原隶军队、机关、学校领回之。

第六条　军人、军属出院、狱时,于原带服装因季节更易或不堪使用时,应由院、狱通知其原隶军队、机关、学校更换之。

第七条　遇有下列情形时，各依其规定办理。

一　伤病士兵出院时原带服装不能使用，其原隶军队、机关、学校不及更换者，借给备用被服一份。

凡出狱之士兵仍回原隶军队、机关、学校者，得准此办理。

二　伤病士兵出院时如无队可归又无力置备服装者，给与衣服一套。

三　已革除军籍之犯兵刑满出狱无力置备服者，给与旧废衣服一套。

前两款之衣服，须于其上加盖印记，以资识别。

四　军人、军属于住院、在狱期间死亡者，按季节殓葬被服一份。

前款如所患病症有传染性者，并得将其生前使用之被服焚毁之。

第八条　依第七条第一款借给之被服，应取具借据，以凭向原隶军队、机关、学校索回之。

第九条　依第七条第二、第三、第四等款损耗之被服，应将事由与品种、数量报请军政部核销，除第四款外，其余并须呈验使用人之领据。

第一〇条　凡使用之备用被服，其整理应依陆军被服阵营具保管赔偿规则之所定。

第一一条　本规则自公布日施行。

●●陆军军需废品处分规则 民国二十四年(1935年)十一月军政部公布

第一条　凡陆军军需废品之处分，依本规则行之。前项废品，凡已届满给与期限，确已不堪使用，或无修理价值及无使用目的之军需物品，均属之。

第二条　军需废品之区分如次：

一　被服废品，凡给与军队、机关、学校各种被服品报废者属之；

二　阵营具废品，凡给与军队、机关、学校各种阵营具报废者属之。

第三条　军需废品之处方，应由军队、机关、学校呈报军政部核准行之。

第四条　凡报缴废品须为原给与之件，其各品种每单位必须具备之部分，依附表之规定。

第五条　各军队、机关、学校报请处分废品时，对于废品种类、数量、领受日期、使用久暂、毁损程度暨预定处分之方法，均须详细申述。

第六条　军需废品处分方法如下：

一　变卖已失军用效能而有价值者；

二　利用失其固有效能而适合别项用途者；

三　转拨甲部队不适需用而可转拨乙部队使用者；

四　焚毁毫无用途者。

第七条　废品变卖，其估价满五百元者，应依法公告投标行之。但经呈准有案者，得适用随意契约。

第八条　废品变卖所得之价款属于委任经理者，依公积金保管规则行之。属于实费经理者,应于一月内呈缴军政部。

第九条　军需物品如未满给与期限已不堪使用者,应详具事由,报请军政部核办。在未核准以前,不得自由处分。

第一〇条　凡经依法处分之废品,应由原给与机关暨原领受军队、机关、学校在其物品簿记上分别注销开除,如系转拨者,新领受军队、机关、学校同时须作收入登记。

第一一条　报废物品在未处分以前,各军队、机关、学校应责成主管人员妥为保管。

第一二条　本规则自公布日施行。

附表				
区分	品　名	单	报缴时必须具备部分	附　记
被服	军(便)帽	顶	一　须有帽顶　二　须有帽墙	钢盔同
	军衣裤	套	一　须有衣有裤 二　衣须有前胸后身 三　裤须有两只裤管 四　夹衣裤须有里 五　棉衣裤须有棉花	衬衣裤、运动衣裤、作业衣裤同
	绑腿	双	一　两只绑腿长度合计须超过原给与绑腿一只之长度	
	绒线背心	件	一　须有前胸二幅	御弹马甲
	大衣	件	一　须有前胸后身 二　呢大衣须有布里 三　棉大衣须有棉花 四　皮大衣须有皮统	
	水壶	个	一　须有壶身	
	饭盒	个	一　须有盒身	
	军毯	床	一　须有四角缀边	棉毛、皮毯均同
	腰皮带	条	一　须有长三十公分以上之皮带	挂刀皮带、板带均同
	杂囊	个	一　须有袋身	
	背囊	个	一　须有囊身	如系木衬,应有木框
	被单	床	一　直长须有一处超过原长三分之二 二　横宽须有一处超过原宽三分之二	
	垫褥	床	一　须有布套 二　须有棉絮	草垫褥不在此限
	棉被	床	一　须有包被 二　须有棉胎	
	雨衣	件	一　须有衣领 二　须有缀纽扣或凿扣孔之衣襟	帐幕式雨衣不须衣襟,须有木柱
	雨笠	顶	一　须有笠筐	
	皮(布)鞋	双	一　须有两只鞋面	

（续表）

被服	马靴	双	一　须有两只靴统		防寒靴同
	蚊帐	床	一　须有帐顶　二　须有帐门一幅		
	皮小机裤	套	一　须有衣有裤　二　衣须有前胸后身 三　裤须有两只裤管　四　里须有皮统		
	皮护面	个	一　须有两眼孔		防毒面具同
	皮护耳	副	一　须有两只耳罩		
	风镜	副	一　须有镜框		
	胸襟	件	一　须有长宽,均超过原长宽二分之一		
	图囊	个	一　须有囊身		
	浮水具	个	一　须有帆布袋身　二　须有木棉		橡皮制不在此限
	调马裤	件	一　须有裤管两只		
	皮背心	件	一　须有前胸二幅　二　里须有皮统		
	枕头	个	一　须有枕心布套		内塞棉花者,须有棉花
	枕套	个	一　须有套下布心		
阵营具	铁(木)床	张	一　须有床身　二　须有床柱三根		
	木桌	张	一　须有桌面　二　须有腿三根		九斗桌须有桌架二个
	椅凳	张	一　须有椅面、凳面 二　须有椅、桌、凳脚三根		
	痰盂	个	一　须有盂身		瓷质者须有盂底
	茶壶	个	一　须有壶身		
	大橱	张	一　须有橱框　二　须有橱顶		
	木架	张	一　须有架梁　二　须有架脚三根		
	铺板凳	副	一　须有木板木器 二　须有原长宽三分之二以上 三　凳须两条,每条须三脚		
	铁(木)锄	柄	一　须有铁锄身　二　须有锄柄		镰刀同
阵营具	扒草具	柄	一　须有木柄		
	扁担	根	一　须有担身		
	箩筐	对	一　须有两只　二　须有筐边		
	垃圾箱	个	一　须有箱盖		
	车辆	辆	一　须有车身　二　须有车轮		
	盆桶	个	一　须有桶底、盆底　二　须有盆墙、桶墙		
	帐幕	付	一　须有幕布　二　须有幕门 三　须有木柱　四　须有铁斧、铁锄、铁椿		
	桅灯	盏	一　须有灯身　二　须有灯环		
	铜(铁)锅	口	一　须有锅身		
	蒸笼	套	一　须有笼身		
	勺瓢	柄	一　须有柄		
	瓦缸	口	一　须有缸底		
	碗盘	个	一　须有碗底、盘底		
	行军锅灶	付	一　须有锅　二　须有灶身		
	马槽	具	一　须有槽身 二　帆布制者,须有铁脚。木质制者,须有木脚		
	鞍具	具	一　须有鞍身　二　须有前、后锹 三　须有木勒　四　须有坐毡		

●●陆军雇佣人员给与规则民国二十四年(1935 年)十一月军政部公布

第一条　陆军军队、机关、学校雇佣人员薪资之给与,除别有规定外,依本规则行之。

第二条　雇佣人员之薪资,依附表之所定,分月给、日给二种。其支给等级,由所管长官核定之。

第三条　雇佣人员之薪资按月给者,依其军队、机关、学校发饷之日期发给之。按日给者,自受雇之第二星期起,于每星期一发给之。但解雇时,即于其当日发给之。

第四条　雇佣人员之薪资,以开始工作之日起支,解雇之日停支。但按月给者,如在雇佣期内死亡时,得支给当月之全额。

第五条　雇佣人员之薪资晋级或减给,区分如次:

甲　按月给者,遇有下列各款情形之一时,得由该管长官呈准进一级支给之。

一　工作满一年毫无过失者;

二　作满六个月勤劳出众者;

三　一年内未请假者。

乙　按月给者,遇有下列各款情形之一时,于其期间内以半数支给之。

一　病假逾一个月者,但因公伤病者不在此限;

二　婚丧事假逾半个月者。

丙　按日给者,遇有下列各款情形之一时,由所管长官呈准进一级支给之。

一　有兼工能力且工作敏捷优良者;

二　每日增加工作在二小时以上者。

丁　按日给者,遇有下列各款情形之一时,于其期间内以半额支给之。

一　病假在一日以上者,但因公伤病者不在此限;

二　事假在四小时以上者。

第六条　凡雇佣人员因防疫奉令停止工作,其停工期间之薪资,照常支给之。

第七条　佣工之服装,得由所隶军队、机关、学校贷与之。

第八条　本规则自公布日施行。

●●军政部制呢厂暂行组织规程民国二十四年(1935 年)十一月□日军政部修正公布

第一条　军政部制呢厂直隶于军政部军需署,掌理军用呢类并原料之调查、采办、试验及职工教育事项。

第二条　制呢厂经军政部军需署之核准,得利用生产余力制售普通毛织品及接受技术人员养成之请托。

第三条　制呢厂设立地点由军政部军需署选定,其名称以所在地地名冠之。

第四条　制呢厂设下列各课:

　一　总务课;

　二　会计课;

　三　营业课;

　四　工务课。

第五条　制呢厂设下列各人员:

　厂长;

　课长;

　课员;

　技术员;

　军医;

　司书;

　特务队长及队附;

　职工及学习职工;

　士兵。

第六条　厂长承军政部军需署长之命及储备司长之指挥、监督,综理本厂一切事务。

第七条　总务课长承厂长之命,督同本课职员办理本厂人事、卫生、筹办文书及不属于他课之事务。

第八条　会计课长承军需署储备司长之命及厂长之指挥、监督,督同本课职员办理本厂岁计、会计、统计事务。

第九条　营业课长承厂长之命,督同本课职员办理成品之出纳、行销事务。

第一〇条　工务课长承厂长之命,督同本课员工办理出品之制造、料品之检验及技术教育等事务。

第一一条　课员承课长之命,分任职务。

第一二条　技术员承上官之命,办理技术事务。

第一三条　军医承上官之命,办理卫生事务。

第一四条　司书承上官之命办理缮印文件事务。

第一五条　特务队长承总务课长之命,办理本厂监护、消防事务。队附辅助队长,服行队务。

第一六条　制呢厂之编制,由军需署拟定,呈由军政部核准公布,转呈行政院暨军事委员会备案。

第一七条　制呢厂得设下列各委员会，由本厂职员、技术员、职工中推选组成。其组织章程，由军需署另定之。

购料委员会；

技术研究委员会；

余料废品清查委员会。

第一八条　制呢厂办事细则，由厂长拟订，呈请军需署备案。

第一九条　制呢厂会计课应遵照军政部军需署所属各厂会计课服务规则服务。

第二〇条　本规程自修正公布日起施行。

●●军政部制呢厂呢价计算规则 民国二十五年（1936 年）七月军政部修正公布

第一条　制呢厂呢价计算应依据本规则办理。

第二条　呢价计算，呢绒类以公尺为单位，毛毯类以条为单位，余品由厂依标准制酌定之。

其成本之分类，如下表：

成本类别＼费别	制售成本																
	制造成本															管理成本	推销成本
直接费	原料	附属材料	染料药品	肥料碱类		油类						直接工资					
间接费				肥料碱类	电料	燃料	油类	工作器具	机器修配	杂料	包制材料	间接工资	折旧费	购料旅运费	杂支		行政费	营业费

第三条　制造成本之计算法如下：

甲　直接材料

　　一　原料由原毛产出，净毛之单价先行计算之，即将每批原毛总价择洗材料费工资及应摊间接费相加，以所产各等净毛数量分摊之，为净毛单价。再依各批制品实用净毛数量总价减去副产物估价，即为该批制品使用原料成本。

　　二　附属材料、染料、药品及直接用于某批制品之肥皂碱类、油类，以该批制品实用数量价值计算之。

乙　直接工资

　　一　先将月资化为日资，再依据各场逐日填报各批制品实用人工之人数、时数，以计算每批制品之直接工资。

二　整理场机器甚多,工作繁复,不便分批计算时,得另按制品每单位需工之多寡,酌定百分比,每单位摊分整理场直接工资之标准。

丙　间接费

一　间接费通常得依机器时间法分摊之。先求得每一机之每小时摊分率,再以摊分率乘该批制品在某一机共占时间数,即为该批制品在某一机应摊之间接费,各场、各机分摊数相加,即得该各场该批制品及间接费总额。

二　整理场机器甚多,工作繁复,不便分批计算时,得另按制品种类及所占各机时间,依前款推算制品每单位共摊整理场间接费几何,作为每单位固定摊分率,再依各批制品数量计算之。

三　间接费之摊分金额如与实费差额过大时,则摊分率应即适宜更易之。

丁　以上甲、乙、丙各项计算之成本总额相加,以制品数量除之,即为每单位之制造成本。

第四条　管理成本及推销成本之计算法,得均以全年度概算制造成本总额分别除行政费及营业费,即各得制造成本每一元之摊分数,再以之乘前条每单位制造成本,即得每单位之管理成本及推销成本。加入每单位制造成本,即为每单位之制售成本。

第五条　制造军用品无论解缴销售或奉准受军事机关委托制造,其价格照前条每单位之制售成本加一成至三成为售价。兼制商品加三成至六成为售价,但商品所加成数须依市价为伸缩之标准。

第六条　制呢厂每三个月应依照第二、第三、第四、第五各条之规定,切实计算呢价,造呈下列各表,季报一次。但制品或物料市价有异常变动时,得随时呈明理由及证据,呈请将成品售价酌量增减之。

一　本季制品分摊成本统计表;

二　本季制品每单位分摊成本售价精密计算表;

三　直接材料表;

四　直接工资表;

五　间接费用分摊表;

六　行政费及营业费分摊表;

七　净毛数量价值表;

八　染料药品表;

九　梳纺整理料品表;

十　剩余经纬纱表;

十一　净毛单价计算表;

十二　净毛毛收支数量价值表。

前项各种表式,由军需署规定之。

第七条　制呢厂于每会计年度终了时，应将所有财产、物料成品款项检结查算一次，造具下列各种书表，呈报核转。但得于造报每年度营业收支计算书类，并案办理。

一　财产目录；

二　损益计算书；

三　资产负债表；

四　收支对照表；

五　全年度收支物料数量价值表；

六　全年度成品生产出纳数量表；

七　全年度副产物及废品变价表；

八　售出成品价值表；

九　结存成品价值表；

十　结存半成品价值表；

十一　结存材料价值表；

十二　其他书表。

第八条　呢价计算之分摊成本金额比较实费，不免有多摊或少摊之差额时，应于下季或年终了处理之。

第九条　废品变价年度结算时。作为营业外之收益。

第一〇条　年度结算时，售出之价款总额减去售品成本为毛利益。毛利益内，除行政费营业费及其他损失为营业利益，再加其他收益即为纯利益。

第一一条　年度结算所获纯利益以其总额百分之六十解部专储保管，为建设军需工厂之需，百分之三十五为公积金，作本厂资金周转及扩充之用，百分之五为员兵工伕奖金。

第一二条　机器、房屋折旧费之保管及奖金之分配，依照另定规则办理。

第一三条　本规则如有未尽事宜，得呈请修正之。

第一四条　本规则自呈准公布之日施行。

●●国民政府硝磺类专运护照规则（附照式略）民国十八年（1929 年）十二月三十一日国民政府公布，二十年（1931 年）四月十一日修正，同年（1931 年）六月五日再修正，二十四年（1935 年）十月二十五日再修正，二十五年（1936 年）十一月二十五日再修正。

第一条　凡运输一切硝磺品类，均应按照本规则领用本府护照。

第二条　此项护照由本府制定用印，交由军政部核发，每届月终由军政部造册，连同照费汇解财政部，并将存呈，报本府备查。

第三条　军事机关领用此项护照，应具运输说明书，呈由直属最高长官转请军政部核发。

公司厂号购运硝磺请领护照，在已设有硝磺专局之省分，应备具请求书、保证书，连同运输说明书及印照费，呈由该省硝磺总局审核，明确后再予转请。其未设专局之省分，则呈由兼管机关办理（书类格式附后）。

第四条　公司、工厂商号应将曾经最高官署核定之全年需用品类、数量先行呈报军政部备案，或呈由硝磺总局转报，以便稽核。

第五条　本照照费仍按本府公布之军用运输护照规则施行细则第十条之规定，每照照费洋五元，印花税费（依照印花税法规定）一元正。惟军事机关请领该照，得酌予免费。

第六条　关于运输硝磺类所有厘税，应行征收或减免办法暨经过关卡之报运手续及车船运费，均仍照向章办理。

第七条　本照运输品类及限量如下：

一　硝（即钾硝，　硝酸钾，　钠硝，　智利硝，　钙硝，　硝酸钙，　空气硝，　硝酸铔，硝酸钡，　硝酸锶）；　磺（即硫磺）；　盐酸钾（即盐酸加里或盐化钾）；　氯酸钾及氯酸盐类过氯酸钾及过氯酸盐类，每照以五千斤为限。

二　硝酸（即硝镪水）；　硫酸（即硫镪水，　或磺镪水）；　红磷；　白磷；　二炭炔化合物；　三氢化盐类；　爆炸酸盐类；　苦味酸盐类；　墨边油每照以二千斤为限。

第八条　军事机关如因军用不适用上项限量时，得呈由军政部酌予变通办理。

第九条　请领护照应具之书类，填注缺略不合规定，或应缴照费、印花税费未纳足者，除声明特别情形经许可者外，概不给照。

第一〇条　本规则自公布日施行。

●●硝磺运单规则 民国二十五年（1936 年）三月三十日财政部修正公布

第一条　凡运输硝磺品类，应按照本规则领用本部硝磺运单。

第二条　硝磺运单分下列两种：

一　外字号运单。　　凡运输硝磺品类，须经本省境外者，除先照章领用国府护照外，应领用本部外字运单，由经过各关局卡查验单照与货品相符，加戳放行。

二　内字号运单。　　凡运输硝磺品类，仅在本省境内者，除免用国府护照外，应领用本部内字号运单，由经过各关局卡查验单货相符，加戳放行。至运输硝磺品类虽在本省境内而须经过海关者，仍应领用国府护照及本部外字号运单。

第三条　外字号运单印黑色内字号运单，即蓝色均系四联，由本部制定发给各省硝磺局或兼办硝磺机关，领收运户需用时，应呈请该管硝磺局或兼办硝磺机关核发。

第四条　各省硝磺局或兼办硝磺机关发给运单时，以第四联截留存根第一联掣给运户收执,限日缴销,第二、第三两联于月终呈送本部盐务署核明,将第二联转送军政部,第三联呈部备查。

第五条 运户运货一批请领运单一张,每张运货数量不加限制,其外字号运单除应填明全批运货之总量外,并应填明全批护照之张数、号数,以凭核对。

第六条 外字号运单每运货一担即一百市斤,应缴单费国币一角。其不满一百市斤者,应作一担纳费,概由运户呈缴各省硝磺局或兼办硝磺机关。于每月终汇缴盐务署,转解本部核收,惟内字号运单免纳单费。

军政、财政两部所属机关领用外字号运单,免纳单费。

第七条 凡运输硝磺品类有未遵照本规则办理者,应由经过各关局卡扣留,报请本部核办。

第八条 本规则自修正公布日施行。

●●稽核智利硝暂行办法
民国十八年(1929年)十二月三十一日国府公布,二十年(1931年)七月七日修正公布,二十四年(1935年)十一月二十五日再修正。

第一条 智利硝进口时,报运者应将总数及运硝人姓名、住址并存放地点报关,由关转报军政部查核,并报实业、财政二部存案,一面由军政部行知存放地方长官知照,以便随时稽核,如该硝另向他关转运时,亦照上项办法办理。倘报运者违反此种规定,应即将硝斤扣留,须令其完备报运手续后,方准起运。

第二条 内地商店购运智利硝,限于农田肥料及工业上和平之用途,不准移作火药或他项之用,并须声明购运数目及觅具妥实铺保,连同各种书类暨照运各费,照第五条一、二两项办理,呈由该管省硝磺总局呈军政部核发。准运护照其未设局之省分,则由就近海关核明,转请工厂农民就近向地方商店购用智利硝,应呈由地方官厅或硝磺局查明核准,方得购用。倘工厂农民直接向口岸洋商购运时,应照内地商店购运办法办理。如购者不照本条遵行,应按第四条办理。

第三条 洋商报运智利硝进口及内地商店贩运或工厂农民购用,地方官厅应切实稽核其管辖境内之进口、贩运、购运各数目及用途,每半年由该管地方长官咨报军政部查核,并咨实业、财政二部存查。

第四条 洋商输入智利硝只以运至通商之口岸为止,内地商店或工厂农民向口岸洋商购运之智利硝如发觉有供给不正或用途不明时,一经查悉,应由军政部会商地方官厅没收其硝斤,并分别科以货价两倍至五倍之罚金。如因上项情事致发生刑事罪案时,并应依法惩办。各举发人有借端诬陷情事,亦应依法反坐。

第五条 智利硝进口时,报运人须按下列二项办法报关,由关核明相符,方得进口或转运。

一 报运人须就地觅具妥实店保,备具保证书及运输说明书、请求书各二份,一份存承转机关,一份送军政部核发护照。

二　照费每张五元,印花税费(依照印花税法规定)一元,其运量每张以五千斤为限。

存根	国民政府 为 发给护照事兹有 　　　　　除分行外,合行发给护照,仰沿途军警关卡查验放行,毋得 　　　　　留难,但不得挟带其他违禁物 品。至于查究,须至护照者。 　　　　　　　　　上给　　　　　　收执 中　华　民　国　　　年　月　日　　　　　日给 　　　　　　　　　限　　　　　缴销

字　第　　　　　　号

智利硝专运护照	国民政府 为 发给护照事兹有 　　　　　除分行外,合行发给护照,仰沿途军警关卡查验放行,毋得 　　　　　留难,但不得挟带其他违禁物 品,致于查究,须至护照者。 　　　　　　　　　上给　　　　　　收执 中　华　民　国　　　年　月　日　　　　　日 　　　　　　　　　限　　　　　缴销

请求书
为呈请发给护照事兹因　　　　　　拟将 自　　　运往　　　请领护照　张,以资证凭而利运行,理合备文,连同保证书暨运输说明书 呈请。 鉴核发给,俾便运行,此呈 军政部转呈 国民政府 　　　　　　　　　　　呈请者 中华民国　　　　年　月　日

保证书
为出具保证书事兹有　　　　因　　　　拟将 　　　　　自　　运往　其种类、数量及用途均属确实,并无别情,甘愿具结保证,理合呈请 鉴核备案此呈 军政部转呈 国民政府 　　　　　具保证书人(某公司商号主管者职名章) 中华民国　　　　年　月　日

运输说明书	
发送处所及主管者职名	
承收处所及主管者职名	
押运职名	
种类	
数量	
用途（或事由）	
起运地点	
到达地点	
经过税关路站	
请发护照年月日	
预计运毕时期	
附记	
请照者职名章	
中华民国　　　　　　　　年　　月　　日	

海军航空处暂行组织条例 民国二十四年（1935 年）十一月十一日海军部修正公布

第一条　海军航空处直隶海军部，掌理所属航空事宜。

第二条　海军航空处设处长一人，由军事委员会遴选海空军官或由海军部遴选海空军官，呈请军事委员会核定，函送行政院转呈国民政府任命之。

第三条　处长承海军部部长之命，综理处务，并监督、指挥所属航空队、航空工厂及航空教育机关之一切事宜。

第四条　海军航空处设置下列各课：

军务课；

机械课；

总务课。

第五条　军务课之职掌如下：

一　关于海军航空各种法制及标志之拟订事项；

二　关于动员作战补充之计划及平战时航空队之配置调遣事项；

三　关于命令及机密文电之拟订事项；

四　关于教育训练及演习事项；

五　关于空中摄影、制图及测候事项。

第六条　机械课之职掌如下：

一　关于航空器之发明改良及修理事项；

二　关于航空器材及通信器材，并兵器之检验、保管事项；

三　关于机械人员之训练、监督事项。

第七条　总务课之职掌如下：

一　关于印信之保管及文件收发并撰拟事项；

二　关于编译宣传及统计并报告事项；

三　关于全处会计、庶务及医务事项；

四　关于全处人员之考勤及军纪、风纪之整饬事项。

第八条　海军航空处如因技术上之需要时，得呈请海军部派拨技术人员助理一切事务。

第九条　海军航空处编制及办事细则另定之。

第一〇条　本条例如有未尽事宜，得呈请海军部转呈军事委员会修正之。

第一一条　本条例自奉准之日施行。

●●国民政府军用运输护照规则施行细则 民国十八年(1929 年)十二月三十一日国府公布，十九年(1930 年)五月六日修正，二十一年(1932 年)三月二十四日再修正，二十四年(1935 年)十一月二十五日再修正。

第一条　关于发给运输护照执行事宜，依照本细则办理。

第二条　发给运输护照规则第二条第一项之区分，如下：

一　军械类枪炮、军刀、矛及其附件；

二　弹药类、火药、爆药、枪弹、炮弹及其装填火药之弹丸、铜火帽、导火线等；

三　用以制造械弹之机器；

四　用以制监械弹之材料，白铅、紫铜、硝镪水、磺镪水及制造械弹之铜铁等。

第三条　发给运输护照规则第二条第二项之区分，如下：

一　军用阵营器材；

二　军用桥梁工作器材；

三　军用电信、电话、电灯器材；

四　军用汽车及其机件并附属品；

五　军用车辆及其他军用器材。

第四条　发给运输护照规则第二条第一、二项之区分，如下：

一　粮秣类；

二　被服类；

三　装具类；

四　军用药物类；

五　军用医药器械及消耗品类。

第五条　发给运输护照规则第二条第四项之区分，如下：

一　军用教育书籍类；

二　军用教育器械类、木枪、木剑、体操、器械、军乐等类。

第六条　运输护照之限量，如下：

一　枪枝　每照以一百枝为限；

二　枪弹　每照以一万粒为限；

三　炮及机关枪　每照以六门为限；

四　炮弹　每照以三百出为限；

五　器械刀矛等　每照以二百件为限；

六　火药爆药　每照以二千斤为限；

七　铜火帽导火线　每照以二千个或二千尺为限；

八　白铅紫铜　每照以五千斤为限；

九　硫磺绿酸钾　每照以五千斤为限；

一〇　硝镪水磺镪水　每照以二千斤为限；

一一　铜铁（非用以制造械弹者不在此限）　每照以五千吨为限；

一二　制造军械弹药机器　每照以制造一种械或弹之机器一全副为限；

一三　米　每照以五百包为限；

一四　面粉　每照以一千五百袋为限；

一五　被服装具　每照以一万件为限；

一六　军用卫生材料或军用教育器　每照以价值一万元为限。

第七条　二项以上同运时，其各项物料之成数，合计不超过定项时，准合填一照，其办法如下：

本细则第六条之第二、第五两项得与第一项枪枝同运。

第二项或第四项得与第三项同运。

第六、第七、第八、第九、第十各项得任便数项同运。

在上列各节规定之外者，二项以上不得并填一照。

第八条　本细则未列各军用物料有应请护照运输者，其种类、限量应由军政部随时转呈本府核办。

第九条　军事机关或军队（地方自卫团体及警察等不在此例）领运已成或移运旧存军需物料、军用器材、卫生材料及军饷行李等项，其运输限量不适用本细则第六条之规定，但须预先报请军政部查核。

第一〇条　运输护照之照费暂定为每照大洋五元,印花税费(依照印花税法规定)一元正。

第一一条　请领护照时,应备之书表缺略及填注不计者,或与本细则规定不符者,应缴照费、印花税费未纳足者,除有特别情形经预先声明外,概作无效。

第一二条　本细则自公布日施行。

●●船舶军运暂行条例<small>民国二十五年(1936年)三月五日军政部公布</small>

第一条　凡各军事机关、各部队之船舶运输均应报请军政部核准,除少数部队或零星军用品可搭乘军政部定期开驶之交通船外,如有大批输送或紧急派遣,应先将下列各项报由军政部核饬,差输管理机关备运。

一　军队番号、兵种、人马数目或军品种类数量;

二　起运日期及输送次序;

三　起运及到达地点;

四　需用船只种类、吨位、只数。

前项交通船之零星军运不及报请军政部核准时,得迳请军政部交通司以迅速方法饬知,差输管理机关洽运。

第二条　凡搭载差轮之军用品,如系购置之件,须领有国民政府护照或军政部执照;如系领用之品,应取有主管机关之证明文件方得起运。

前项护照、执照以及证明文件,应于搭载时,先行交由差输管理机关验明,倘有品种、数量不符或护照执照已逾限期,以及证明文件不具备者,差输管理机关得拒绝装运,但须报告军政部备查。

第三条　凡经差输运送之人员(包括部队新兵、遣散兵、伤病兵及治愈出院官兵)或军用品,其在船位置应由各差轮管理员适宜支配,不得任意占用。但在船之管理、照料,概由各押运人员负责,差轮管理员不负押运责任。

第四条　差轮除专运部队为保持秘密及行动迅速计得不受检查外,其余运输军用品之差轮应受军事检查机关之检查。

前项检查应会同该轮管理员及押运人员迅速行之,总以不误行程为主旨。

第五条　运输部队专轮开行时间,由当地差轮管理机关与乘船指挥长官共同商定,除中途发生特别事故外,不得任意停泊,但定期行驶之交通船,其开行时间由差轮管理机关定之。

第六条　运输部队专轮开往指定地点时,如中途奉有最高军事机关电令改开他处时,可由乘船指挥长官以命令行之。但该轮管理员应立即报告差轮管理机关转报军政部备查。

第七条　凡搭载差轮之部队或军用品均应速装速卸，不得滞延，免误输送程序。

第八条　凡搭乘差轮官兵应遵守一般乘船规则，不得紊乱秩序以维安全。其驾驶台、机器舱、电报室、船员室以及管理员办公室等处，均不得侵扰。

第九条　差轮绝对禁止船上员工及管理员携带眷属乘船，各军事机关、部队乘船人员除持有证明文件之女性军属外，亦不待携带眷属乘船。

第一〇条　差轮专为军运而设，如有假借名义夹带客货或违禁品，一经查觉，除将主使人及客商分别拘究外，并将货品没收。该轮管理员及员工倘有知情不报者，一并究治。差轮管理机关人员如有上项情事经发觉后，从重惩处。

第一一条　凡军人如未经差轮允许强行搭船或强占舱位，干涉行船，殴辱员工等情形，得由差轮管理机关呈报军政部依法惩处。

第一二条　本条例如有未尽事宜，得呈请修正之。

第一三条　本条例自公布日施行。

●●军事机关制发执照证明书规则民国十九年（1930年）十二月三十日国府公布，二十年（1931年）六月二日修正，二十一年（1932年）七月二十八日修正，二十三年（1934年）三月二日复修正，二十五年（1936年）三月十一日再修正。

第一条　为取缔各军事机关、各部队滥发护照及通行证，以杜流弊起见，特订定本规则以资遵守。

第二条　各军事机关、各部队除运输大宗军用物料应遵国民政府军用运输护照及专运护照规则办理外，其寻常军用执照及证明书概依本规则行之。

第三条　下列各机关得制发执照。

一　军政部；

二　海军部。

第四条　上列各最高军事机关之外，概不得制发执照，如须使用执照时，应由各机关部队之主任长官呈请或咨请上列各机关，核准发给（执照式附后）。

第五条　遇有下列事故之一者，得发给执照。

一　官佐奉命出差携带公物者。

二　领用少数物品材料及粮秣等项，其数量在军用运输护照规则施行细则第六条所定限量二分之一以内者。

但第六条未经规定限量各物品，得由军政部核发执照或请领护照。

三　军人（军人家族）灵柩运归原籍或迁移厝葬者。

前项第二款所发执照专为国内军用运输之用，如由国外进口或国内出口之军用物品，不论数量多寡,应一律请颁护照。

第六条　下列各机关得制发证明书。

一　各独立最高军事机关;

二　各师旅以上之司令部;

三　各独立司令部;

四　各独立团营部;

五　各军事学校。

第七条　上列独立军事最高级各机关及各司令部之外,概不得发给证明书。但为兼顾请领证明书便利起见,凡机关之主任长官在简任职以上者,得先期向直属长官具领,以备转发(证明书式附后)。

第八条　发给证明书,应限于下列事项:

一　官佐士兵奉准给假携带分内之行李、物件出离该机关、部队所在地者;

二　官佐士兵奉命出差携有个人佩带用以自卫之军用器具、物品者;

三　该机关所属部队同驻在一省以内,临时颁发该省区内所属驻军各军用物品且时间确有不及请领执照者。

第九条　凡已经销差或免职之官佐及开革或请长假之士兵,一概不得发给执照证明书。

第一〇条　凡领用执照证明书人员,须着军服或佩带证章符号,否则无效。

第一一条　凡领用执照证明书人员,不得转借他人冒用及运带他人之物品。

第一二条　凡领用执照证明书人员,除照内载明物件外,不得挟带其他违禁物品。

第一三条　凡执照证明书内所列物品应纳运费、税捐者,照章缴纳,不得漏免。

第一四条　凡领用执照证明书人员乘坐车船时,应遵守车船一切规则。

第一五条　凡领用执照证明书人员,其限期一经届满,应即呈报缴销,如过期不缴仍行使用者,即为无效。

第一六条　各军事机关、各部队制发执照证明书,领运人或持用人职级、姓名填明,并将发给及缴销年月日数字分别大写,再于缴销日期上加盖"涂改无效过期作废"木戳,以杜流弊。

第一七条　各军事机关、各部队对于已经发出之执照证明书,如查有过限不缴者,应即时饬属追究之。

第一八条　虽经领有执照证明书人员如遇稽查官兵认为有形迹可疑须检查时,应仍受其检查。

第一九条　凡不合本规则而滥发执照证明书及通行条证者,应由军警宪兵严加取缔销毁,以杜流弊。

第二〇条　本规则自公布日施行。

●●中华民国红十字会管理条例民国二十五年（1936 年）七月二十三日国民政府

修正公布

第一条　中华民国红十字会依卫生署及内政部、外交部、军政部、海军部之指定，办理下列事务：

一　辅佐陆海空军战时卫生勤务及平时军事人员之医疗与救护；

二　国内外灾变之救护、振济及伤病之治疗。

第二条　中华民国红十字会应提倡服务精神，普遍征求会员，并完成妇女及青年组织实施有效之服务与训练。

第三条　中华民国红十字会应设立医院，充实医药设备，造就救护人才，并预储各项救护材料。

第四条　中华民国红十字会经费除会务收入及政府补助金外，每年得募款一次，其日期及办法应先呈请卫生署核准备案。

前项会务收入，于本条例施行细则中定之。

第五条　中华民国红十字会设总会于首都，设分会于各地。

总会以卫生署为主管官署，并依其事务之性质受内政部、外交部、军政部、海军部之监督；分会隶属于总会，以所在地地方行政官署为主管官署。

第六条　总会置会长一人及副会长二人，由总会全体理事、监事推选，呈由卫生署转报行政院转呈国民政府聘任之。

总会置理事、监事各若干人，由全国会员代表大会就会员中选举之。理事互选常务理事五人，监事互选常务监事三人，由总会呈请卫生署转报行政院转呈国民政府聘任之。

第七条　前条理事、监事于必要时，得迳由国民政府遴选相当人员聘任之，但不得超过全体理事、监事人数三分之一。

第八条　分会置理事、监事各若干人，由分会会员大会选举之。分会于理事、监事选出后，应陈报总会核准聘任之，并报请地方主官管署备案。

第九条　会长、副会长之任期及总会、分会理事、监事之额数及任期，于本条例施行细则中定之。

第一○条　中华民国红十字会之资产及账簿，属于总会者，卫生署得随时派员检查，并于必要时会同内政部、外交部、军政部、海军部行之。属于分会者，地方主管官署及总会得随时分别派员检查。

第一一条　总会应于每年年度开始前，将下年度进行计划及收支预算呈请卫生署查核，于必要时，会同内政部、外交部、军政部、海军部行之。

分会应于每年度开始前，将下年度进行计划及收支预算陈报总会查核，并报请地方主管官署备案。

第一二条　总会应于每年年度终了后，将上年度收支细数及事业成绩编具报告，分报卫生署及内政部、外交部、军政部、海军部查核。

分会应于每年年度终了后,将上年度收支细数及事业成绩编具报告,陈报总会查核,并报请地方主管官署备案。

第一三条　中华民国红十字会战时随军救护人员之待遇,与军属同。

救护队之编制及其服装之定式,由总会呈请军政部、海军部协商核定。

第一四条　战时随军救护人员及救护材料之载运,准用军属及军用品办法。

第一五条　战时随军救护人员在战地应用卫生材料、房屋、粮食、舟车、马匹、航空机,得分别呈请卫生署、军政部、海军部转行酌拨。

第一六条　办理红十字会除本条例有规定者外,依其他法律之规定订有国际公约者,并准适用,但以经政府批准者为限。

第一七条　本条例施行细则由卫生署及内政部、外交部、军政部、海军部会同拟订,呈请行政院核准公布,并转呈国民政府备案。

第一八条　本条例自公布日施行。

海军医院及医务所组织条例 民国二十四年(1935年)十一月十一日海军部修正公布

第一条　为治疗及收容海军伤病官兵并处理平战时卫生起见,特设海军医院及医务所于重要地点,冠以所在地名,以示区别。

第二条　海军医院及医务所直隶于海军部。

第三条　海军医院及医务所之所在地,如下:

医院　南京;　上海;　马尾;　厦门。

医务所　湖口;　武昌。

第四条　海军医院及医务所设下列各职员:

院长;　管理员;　军医;　司药;　军需;　书记;

司书;　看护长(以上为医院);

所长;　军医;　司药(以上为医务所)。

第五条　院(所)长承海军部部长之命,综理全院(所)一切事宜。

第六条　管理员承院(所)长之命,管理全院(所)军风纪及庶务事宜。

第七条　军医、司药、军需、书记、司书、看护长等,承上官之命,各任本职内业务。

第八条　海军医院及医务所编制另定之。

第九条　海军医院及医务所办事细则另定之。

第一〇条　本条例如有未尽事宜,得呈请海军部转呈军事委员会修正之。

第一一条　本条例自奉准之日施行。

四　财政

●●**财政部职员考勤规则** 民国二十五年(1936年)六月二十七日财政部修正公布

第一条　本部职员之考勤,除法令别有规定外,应依本规则办理。

第二条　本部职员除例假外,应照部定时间到部办公,不得迟到、早退。

第三条　本部职员每日上午、下午到部时,均应于签到簿上亲自签名,由该管长官盖章于后,按时送秘书处登记,并汇呈部长、次长核阅。

第四条　本部职员因不得已事故迟到时,应向该管长官陈明理由,通知秘书处登记,无故迟到,每三次以旷职一日论。

第五条　本部职员因不得已事故早退时,应向该管长官陈明理由,经许可后方得离部,并通知秘书处登记。其须早退在二小时以上者,应照第六条之规定办理。无故早退,每三次以旷职一日论。

第六条　本部委任以下职员请假在三日以内者,应填具请假单,呈请该管长官核准。其在三日以上或继续请假在三日以上者,应由该管长官转呈部长、次长核准。荐任以上职员请假,无论其假期之久暂,应呈请部长、次长核准。请病假在五日以上者,并应取具医生证明书,一并呈核。请假单式另定之。

第七条　本部职员请假应候核准后,方得离职。如确因紧急情形不及守候时,应在请假单内详叙理由,请求追认,但请病假者不在此限。

第八条　本部职员请假,无论其假期之久暂,应将经办事件委托同僚代理,并在请假单内注明代理员名,由代理员承诺盖章。

第九条　本部职员因病或因父母、承重祖父母、配偶丧,继续请假在三十日以内者,支原俸;超过三十日者,从第三十一日起按日支半俸。因事继续请假在二十日以内者,支原俸;超过二十日者,从第二十一日起按日支半俸。女职员因生育继续请假在六十日以内者,支原俸;超过六十日者,从第六十一日起按日停止支俸。

请假须回籍者,程期内得支原俸。

第一〇条　本部职员因病或因父母承重祖父母、配偶丧,请假年终积算逾三十日或因事请假逾二十日者,应仍照第九条之规定办理,应扣半俸,在十二月分俸给内照扣。如仍不敷,应责令照补,其已照第九条之规定执行半俸者,毋庸再扣。

第一一条　本部职员因病或因父母承重祖父母、配偶丧,请假每年不得超过六十日,因事请假不得超过四十日,女职员因生育请假每次不得超过九十日。又因病、因事两项请假,每年合计不得超过八十日,逾限应即解职。但具有特殊情形呈经部长、次长核准者,不在此限。

请假须回籍者,其假期除去程期计算,程期日数除铁道通达地点依实计算外,余照国民政府公布之简任人员来京接受任命规则第十二条所定程限之二分之一计算之。

第一二条　本部职员未经请假或请假未准擅离职守者,或假期已满仍未销假亦未续假者,以旷职论。

第一三条　本部职员旷职一日,申诫;三日,记过;五日,扣薪;七日,解职。

第一四条　本部职员迟到、早退、请假及旷职应由秘书处制成统计月报及年报,分别于月终、年终呈送部长、次长核阅,并分送各主管处传观备查。其依照第十一条或第十三条之规定应受处分人员,并应由秘书处随时报告部长、次长执行之。

第一五条　依照第九条或第十条之规定,应支半俸或停止支俸人员应由秘书处随时报告部长、次长核阅后,发交总务司或主管署会执行之。

第一六条　本规则如有未尽事宜,得随时修正之。

第一七条　本规则自公布日施行。

●●财政部直辖各机关职员考勤规则 民国二十五年(1936年)六月二十七日财政部公布

第一条　本部直辖各机关职员之考勤,除法令别有规定外,应依本规则办理。

第二条　本部直辖各机关长官公出,应叙明事由及离职、返职日期,迳呈部长核示,如不能预定返职日期时,应附带声明,并于离职后每超过七日,将未能返职缘由呈报备核。

第三条　本部直辖各机关长官请假,应叙明事由及假期起讫日期,迳呈部长核示。

第四条　本部直辖各机关长官公出或请假,未奉核准不得离职。如因紧急情形不及守候核准时,应于离职时申叙理由,另文呈报。

第五条　本部直辖各机关长官请假或公出,无论其假期之久暂,应派员代行,并陈明所派员名。

第六条　本部直辖各机关长官公出或请假,事毕返职,应随时报部。

第七条　本部直辖各机关各级职员除例假外,均应按照规定时间到值办公,并于到值时,在签到簿上亲自签名,不得迟到、早退,其无故迟到、早退,每三次以旷职一日论。

第八条　本部直辖各机关各级职员请假,除长官以下之职员应呈由该管长官核准外,其支俸及期限概照财政部职员考勤规则第九条、第十条、第十一条之各规定办理。

第九条 本部直辖各机关各级职员未经请假或请假未准擅离职守者,或假期已满仍未销假亦未续假者,以旷职论,旷职一日,申诫;三日,记过;五日,扣薪;七日,免职。

第一〇条 本部直辖各机关长官以下职员,照第七条、第八条、第九条各规定应受之处分,由各该长官执行之,并按月报部备核,长官应受之处分由本部执行之。

第一一条 本规则如有未尽事宜,得随时修正之。

第一二条 本规则自公布日施行。

●●财政奖章规则 民国二十五年(1936年)三月九日财政部公布

第一条 凡服务于各级财务机关公务员于职务上著有劳绩,合于下列各款之一者,除法令别有规定外,得依本规则给予财政奖章。

一 服务在五年以上,确有劳绩者;

二 办理重要机密案件,特别勤劳者;

三 对于财政有专门著述或有特殊建议,经采纳施行者;

四 办理税务超过比额继续至三年以上者;

五 发觉漏税案件,因而缉获在一万元以上者;

六 劝募巨额公债、库券,缴款迅速者;

七 在非常时期维护财政,确有事实者;

八 其他有特别劳绩,经主管长官胪陈事实,呈准有给予奖章之必要者。

第二条 非财务机关人员于财政上有特殊劳绩,合于下列各款之一者,得给予财政奖章。

一 对于政府财政计划有特殊贡献,增加库收者;

二 捐输巨款于国库者;

三 认销巨额公债、库券,缴款迅速者;

四 协助财政机关办理重大案件,著有劳绩者。外国人民于财政上有特殊勋劳者,亦得给予财政奖章。

第三条 财政奖章之等级,如下:

一 一等一级财政奖章;

二 一等二级财政奖章;

三 一等三级财政奖章;

四 二等一级财政奖章;

五 二等二级财政奖章;

六　二等三级财政奖章；

七　三等一级财政奖章；

八　三等二级财政奖章；

九　三等三级财政奖章。

第四条　财政奖章颁给之次第,如下：

简任初受一等三级,荐任初受二等三级,委任初受三等三级,均得累功递进至一等一级。但因特别劳绩应示优异者,得超一级给予。

聘任人员或非财务机关人员,应按其劳绩分等颁给。

第五条　凡应给予财政奖章者,由主管长官开具事实,呈请财政部长核转行政院批准后,由财政部颁给之。

颁给公务员财政奖章,并由财政部咨请铨叙部备案,颁给外国人民财政奖章,并应咨转外交部备案。

第六条　财政奖章给予时,除注册外,并附给证书。

第七条　财政奖章应于着礼服或制服时,佩于上衣左衿。

第八条　晋受奖章时,应将前受之奖章缴部。

第九条　受奖章者得终身佩带,但有因刑事处分受褫夺公权之宣告,业经确定或因违反法令致受免职处分时,应由部追缴之。

第一○条　财政奖章及证书如有遗失,得声叙缘由,取具现任、荐任职以上公务员一人之证明书,呈请补给。但于奖章及证书上注明补给字样,其原件如经查获,应即呈部注销。

第一一条　领受或补领奖章者须缴纳奖章铸造费,一等六元,二等四元,三等二元。

第一二条　财政奖章及受并证书之式样,依附式之规定。

第一三条　本规则自公布日施行。

●●财政部四川财政特派员公署组织办法 民国二十四年(1935年)九月二十日财政部修正公布

第一条　财政特派员公署直隶于财政部。

第二条　财政特派员承财政部长之命,办理全省国税事宜,在整理四川全省财政期内,并会同四川省财政厅负筹划、整理地方税收及金融币制公债之责。

第三条　财政特派员公署设第一、第二、第三三课。

第一课职掌如下：

一　关于收发事项；

二　关于撰拟文书及章则事项；

三　关于保管文件事项；

四　关于任免事项；

五　关于典守印信事项；

六　关于会计、庶务事项；

七　关于无线电台管理事项；

八　关于卫兵及公役管理事项；

九　关于不属于其他各课之事项。

第二课职掌如下：

一　关于国税征榷事项；

二　关于国税征收机关之设置及变更事项；

三　关于施行税则事项；

四　关于收发票照事项；

五　关于整顿田赋及取缔苛杂税捐事项；

六　关于地方税之清查考核与整顿计划事项；

七　关于调查统计事项；

八　关于编辑出版事项。

第三课职掌如下：

一　关于国税收解事项；

二　关于稽核地方税款及支付事项；

三　关于支拨军政各费稽考事项；

四　关于预算、计算、决算事项；

五　关于簿记事项；

六　关于整顿金融事项；

七　关于整顿币制事项；

八　关于整理债务监督事项。

第四条　财政特派员公署设秘书二人掌理机要文件及长官交办事项。

第五条　财政特派员公署每课设课长一人，课员若干人，办事员若干人。

第六条　财政特派员公署设视察若干人，随时分赴全省各税收机关视察。

第七条　财政特派员公署因办理其他特务及缮写文件表册，得酌用雇员。

第八条　凡财政特派员直接任免之所属各职员、特派员，得予以奖惩及黜陟。

第九条　财政特派员公署经费由特派员造具概算书，呈由财政部核定。

第一〇条　财政特派员公署办事细则及其他关于征收之各种章则由特派员拟呈财政部备案。

第一一条　本办法自公布日施行，并呈行政院备案。

●●主计人员任用条例民国二十五年(1936年)十月三十日国民政府公布

第一条　主计人员之任用,除法律另有规定外,依本条例行之。

第二条　本条例所称主计人员,谓办理岁计、会计或统计之主计官、会计人员及统计人员。

第三条　会计长、会计主任、会计员为主办会计人员,统计长、统计主任、统计员为主办统计人员,余为会计或统计佐理人员。

主办人员之等级,依国民政府主计处组织法第十二条第一项之规定,佐理人员分荐任职、委任职。

第四条　主计官应就具有下列各款资格之一者,各按其关于岁计、会计、统计之学历、经历分别任用之。

一　现任或曾任主计官,经铨叙合格者;

二　现任或曾任会计长或统计长一年以上,经铨叙合格者;

三　在教育部认可之国内外大学或独立学院专修主计学科毕业,并在各官署曾任与简任职相当之会计或统计职务五年以上,著有成绩者;

四　在教育部认可之国内外大学或独立学院专修主计学科毕业,并在公营事业机关主办与简任职相当之会计或统计职务五年以上,著有成绩者;

五　在教育部认可之国内外大学或独立学院充任专任教授,讲授主计学科五年以上,并于主计学术有特殊之著作,经审查合格者。

第五条　会计长或统计长应就具有下列各款资格之一者,各按其关于岁计、会计、统计之学历、经历,分别任用之。

一　现任或曾任会计长或统计长,经铨叙合格者;

二　现任或曾任简任职之会计或统计职务一年以上,经铨叙合格者;

三　在教育部认可之国内外大学或独立学院专修主计学科毕业,并在各官署曾任简任职相当之会计或统计职务四年以上,著有成绩者;

四　在教育部认可之国内外大学或独立学院专修主计学科毕业,并在公营事业机关主办与简任职相当之会计或统计职务四年以上,著有成绩者;

五　在教育部认可之国内外大学或独立学院充任专任教授,讲授主计学科四年以上,并于主计学术有专门著作,经审查合格者。

第六条　会计主任或统计主任应就具有下列各款资格之一者,各按其关于岁计、会计、统计之学历、经历,分别任用之。

一　经高等考试会计或统计人员考试及格或与高等考试相当之特种会计或统计人员考
试及格,并在各级政府主计机关或各机关之办理主计部分组织实习一年以上,成绩
优良者;

二　现任或曾任会计主任或统计主任,经铨叙合格者;

三　现任或曾任荐任职之会计或统计职务一年以上,经铨叙合格者;

四　现任或曾任最高级委任职之会计或统计职务三年以上,经铨叙合格者;

五　在教育部认可之国内外专科以上学校专修主计学科毕业,并在各官署曾任与荐任
职相当之会计或统计职务三年以上,著有成绩者;

六　在教育部认可之国内外专科以上学校专修主计学科毕业,并在公营事业机关曾任
与荐任职相当之会计或统计职务三年以上,著有成绩者;

七　在教育部认可之国内外专科以上学校,教授主计学科三年以上,并于主计学术有专
门著作,经审查合格者;

八　拥有会计师证书,并继续执行会计师业务五年以上,成绩优良,经审查合格者。

第七条　会计员或统计员应就具有下列各款资格之一者,各按其关于岁计、会计、统计之
学历、经历,分别任用之。

一　经普通考试会计或统计人员考试及格或与普通考试相当之特种会计或统计人员考
试及格,并在各级政府主计机关或各机关之办理主计部分组织实习一年以上,成绩
优良者;

二　现任或曾任会计员或统计员,经铨叙合格者;

三　现任或曾任委任职之会计或统计职务二年以上,经铨叙合格者;

四　在教育部认可之国内外专科以上学校专修主计学科毕业,并在各官署曾任与委任
职相当之会计或统计职务一年以上,著有成绩者;

五　在教育部认可之国内外专科以上学校专修主计学科毕业,并在公营事业机关曾任
与委任职相当之会计或统计职务二年以上,著有成绩者。

第八条　荐任职会计、统计佐理人员之任用资格适用第六条之规定。

第九条　委任职会计统计佐理人员之任用资格,适用第七条之规定。

第一〇条　现充各级政府主计机关或各机关主计部分组织之雇员继续服务五年以上而成
绩优良,现支最高薪额者,亦得任为低级委任职会计、统计佐理人员。

第一一条　简任职主计人员之任用,由国民政府交铨叙部审查合格后任命之;荐任职主计
人员之任命,由国民政府主计处送铨叙部审查合格后,呈荐之。

中央政府各机关及省政府或直隶于行政院之市政府主计机关委任职主计人员之任用,
由国民政府主计处送铨叙部审查合格后,委任之。

省政府或直隶于行政院之市政府所属各机关及县、市政府主计机关委任职主计人员之任用，由省政府或直隶于行政院之市政府主计机关呈请国民政府主计处送铨叙部审查合格后，委任之。

县、市政府所属各机关委任职主计人员之任用，由各该政府主计机关呈请省政府主计机关送铨叙机关审查合格后，委任之，并转呈国民政府主计处备案。

第一二条　委任职主计人员之职务有一定期间者，得由各主管机关分别规定任用斯限，依前条第二项、第三项或第四项所定程序，委任之期满解职，并转报铨叙机关备案。

第一三条　委任职主计人员经依法任用后，如调任其他机关之同官等主计职务时，得免送铨叙机关审查，但仍应报请查核登记。

第一四条　公营事业机关主计人员之任用，其名称、等级与简任、荐任、委任职相当者，得适用第五条至第十条之规定。

第一五条　主计人员之官等、官俸，除法律另有规定外，应分别比较所在政府或机关所定俸给标准定之。

第一六条　主计人员除法律另有规定外，非受惩戒处分、刑事处分或禁治产之宣告，不得免职。

第一七条　各级政府主计机关或各机关举办基本国势调查或各项普查、抽查、试查，临时所需统计调查人员其任用资格得于各该统计方案内定之，不受本条例之限制。

第一八条　本条例未规定事项适用公务员任用法之规定。

第一九条　本条例施行细则由铨叙部会同国民政府主计处定之。

第二〇条　本条例自公布日施行。

●●中央各机关会计室组织及办事通则 民国二十四年（1935年）九月二十三日国民政府主计处呈准备案

第一条　国民政府主计处为划一中央各机关会计室组织及办事规则起见，制定本通则，以为订定各该会计室组织规程与办事细则之标准。

第二条　本通则依照国民政府主计处组织法及国民政府主计处办理各机关岁计、会计、统计人员暂行规程制定之。

第三条　各机关会计人员办事处所定名为会计室，冠以所在机关名称。

第四条　会计室主办人员之等级，如下：

一　会计主任，荐任；

二　会计员，委任。

第五条 会计主任、会计员秉承主计长之命,受主计处主管局长之指导,并依法受所在机关长官之指挥,主办各该机关岁计、会计事务。

第六条 会计室之职掌如下:

一 关于概算、决算之核编、整理事项;

二 关于预算内各款项依法流用之登记事项;

三 关于制定统一会计表册、书据等格式事项;

四 关于制具记账凭证事项;

五 关于账目登记事项;

六 关于收支凭单核签事项;

七 关于编送会计报告书表事项;

八 关于财务上增进效力及减少不经济支出之建议事项;

九 其他有关岁计、会计事项。

第七条 会计室对于所在机关之所属机关岁计、会计、事务与人员,经主计处之指定,应负责办理下列各事项:

一 关于所属机关会计人员之指导、监督事项;

二 关于所属机关岁计、会计工作之分配事项;

三 关于所属机关概算、决算会计表册、书据等格式及账目登记报表编制之审订统一事项;

四 关于所属机关计算书审核事项;

五 关于所属机关其他一切岁计、会计事务之指导、监督事项。

第八条 会计室对于会计组织及则例帐册表格等有须修订时,应先拟具方案,呈请主计处核办。

第九条 会计室于每月上旬应将上月工作状况及人事事项依式编缮报告二份,送由主计处主管局分别存转。

第一○条 各机关主办会计人员得出席各该机关有关其职掌之各项会议。

第一一条 会计室视事务之需要,设置佐理人员,分理各项事务。

前项佐理人员由主计处任用之,得适用所在机关职员之名称与等级。

第一二条 会计室对于其他机关行文,应依照所在机关行政之系统与程序,送经长官签名后,以所在机关名义行之。

第一三条 会计室主办与佐理人员应遵守所在机关颁行之服务规则。

第一四条 本通则如有未尽事宜,由主计处修正,呈请核准施行。

第一五条 本通则自呈奉核准之日施行。

●●中华民国二十五年度（1936年）国家普通岁入岁出总预算

民国二十五年（1936年）七月一日国民政府公布

岁入经常临时合计

科　目	预算数（元）	备　考
关税	三一七·九七三·五一四	
盐税	一八九·一八七·二二五	
烟酒税	一六·九八七·三九五	
印花税	一一·三〇〇·〇〇〇	
统税	一三二·七九六·一一七	
矿税	三·六三一·八六二	
交易所税及交易税	一·三五〇·〇〇〇	
所得税	五·〇〇〇·〇〇〇	
银行税	一·六〇〇·〇〇〇	
国家财产收入	五·七九一·七六七	
国家事业收入	二一·二〇一·五三一	
国家行政收入	一〇·九〇一·二三二	
国有营业纯益	四一·三九七·五八三	
协款收入	三·一九八·〇〇〇	
债款收入	一二五·〇〇〇·〇〇〇	
其他收入	一〇三·三四二·二二四	
总计	九九〇·六五八·四五〇	

岁出经常临时合计

科　目	预算数（元）	备　考
党务费	五·四一九·〇八〇	
国务费	一五·五三五·一三〇	
军务费	三二二·〇一九·二〇〇	
内务费	八·八三六·五二〇	
外交费	九·六九〇·二三四	
财务费	六四·五一五·五六六	
教育文化费	四四·三三九·九六二	
司法费	三·二四〇·八九八	
实业费	四·二二六·四四七	
交通费	四·八三五·七三四	
蒙藏费	二·三二〇·七六六	
建设费	五三·一一〇·二二一	
补助费	一〇五·八一六·〇〇〇	
抚恤费	五·六六四·七〇四	
债务费	二三九·〇三七·九〇八	
国有营业资本支出	九六·三三七·七二〇	
第二预备费	五·七一二·三六〇	
总计	九九〇·六五八·四五〇	

中华民国二十五年度(1936年)国家普通岁入岁出总预算

岁入经常门

科　目	预算数（元）	备　考
第一款　关税	三〇三・六七六・〇七三	
第一项　进口税	二六九・二四〇・九四六	
第二项　出口税	一七・〇六九・二八一	
第三项　转口税	一三・二七三・〇〇〇	
第四项　船钞	四・〇九二・八四六	
第二款　盐税	一八九・一八七・二二五	
第一项　粗盐税	一七四・五九二・三五六	
第二项　精盐税	一三・〇〇八・五二六	
第三项　其他盐类税	一・五八六・三四三	
第三款　烟酒税	一六・九八七・三九五	
第一项　烟酒公卖费	五・七六五・九八六	
第二项　烟酒税捐	一一・二二一・四〇九	
第四款　印花税	一一・三〇〇・〇〇〇	
第一项　印花税	一一・三〇〇・〇〇〇	
第五款　统税	一三二・七九六・一一七	主管部原送概算列一二〇・七九六・一一七元经核定增列一二・〇〇〇・〇〇〇元
第一项　卷烟税	八三・六三八・四〇五	
第二项　棉纱税	二三・一一〇・七三八	
第三项　麦粉税	六・五三六・一三九	
第四项　火柴税	一〇・〇四七・三一九	
第五项　水泥税	三・五〇四・六九九	
第六项　熏烟税	四・二三五・八九二	
第七项　火酒税	八六七・一六〇	
第八项　啤酒洋酒税	七六九・九三四	
第九项　汽水税	八五・八三一	
第六款　矿税	三・六三一・八六二	
第一项　矿产税	三・一六一・七二二	
第二项　矿区税	四七〇・一四〇	
第七款　交易所税及交易税	一・三五〇・〇〇〇	
第一项　交易所税	一五〇・〇〇〇	
第二项　交易税	一・二〇〇・〇〇〇	
第八款　所得税	五・〇〇〇・〇〇〇	
第一项　所得税	五・〇〇〇・〇〇〇	
第九款　银行税	一・六〇〇・〇〇〇	
第一项　银行兑换券发行税	一・六〇〇・〇〇〇	
第十款　国有财产收入	五・七三三・一二九	
第一项　国民政府主管	一〇・二〇〇	

（续表）

第二项	军政部主管	五一·八五一	
第三项	海军部主管	四二·三〇〇	
第四项	内政部主管	八·二二八	
第五项	外交部主管	一三·三四二	
第六项	财政部主管	五·五三一·八一四	
第七项	教育部主管	四六·五一二	
第八项	司法行政部主管	三·三九二	
第九项	实业部主管	一〇·五〇〇	
第十项	铁道部主管	一三·五五〇	
第十一项	建设委员会主管	一·四四〇	
第十一款	国有事业收入	二〇·六一一·三八九	
第一项	国民政府主管	三六·二二〇	
第二项	内政部主管	二二〇·八四八	
第三项	财政部主管	一·〇〇〇	
第四项	教育部主管	四二八·六三二	
第五项	司法行政部主管	一六九·二〇一	
第六项	实业部主管	一九·三三四	
第七项	交通部主管	五·四〇八·〇〇〇	本项预算数内包括邮电航三项解款一·四〇八·〇〇〇元，其余四·〇〇〇·〇〇〇元为军电转账款系照历年成案列入
第八项	铁道部主管	一四·〇七四·〇七四	本项预算数内包括各路解款二·九五八·一九七元，交通大学各部份收入九二·七二五元，又各路拨充军费五·〇二三·一五二元，及军运收入六·〇〇〇·〇〇〇元为转账款系照历年成案列入
第九项	建设委员会主管	二五四·〇八〇	各营业机关解款一四一·二八〇元，模范灌溉管理局一一二·八〇〇元
第十二款	国家行政收入	一〇·八八八·二六九	
第一项	国民政府主管	一六八·二〇〇	
第二项	内政部主管	一五三·八八三	
第三项	外交部主管	一·四四五·一九六	
第四项	财政部主管	八二〇·五九一	
第五项	教育部主管	三·九〇〇	
第六项	司法行政部主管	六·三八八·二一二	
第七项	实业部主管	一·五〇七·〇〇七	
第八项	交通部主管	三九九·四八〇	
第九项	建设委员会主管	一·八〇〇	
第十三款	国有营业纯益	四一·三九七·五八三	
第一项	财政部主管	七二·五八三	
第二项	建设委员会主管	一·三二五·〇〇〇	
第三项	未经摊定之营业纯益	四〇·〇〇〇·〇〇〇	原编总概算计列一〇·〇〇〇·〇〇〇元经核定增列如上数

（续表）

科 目	预 算 数（元）	备 考
第十四款 协款收入	二・九九八・〇〇〇	
第一项 财政部主管	二・九九八・〇〇〇	
第十五款 其他收入	六・六六六・一一三	
第一项 国民政府主管	二一・四四〇	
第二项 内政部主管	二一・六五七	
第三项 外交部主管	一・六八〇	
第四项 财政部主管	三・八一五・八三九	
第五项 教育部主管	二・一九四・九六二	
第六项 司法行政部主管	三四四・〇四三	
第七项 实业部主管	九九・九九〇	
第八项 交通部主管	一四一・三六〇	
第九项 铁道部主管	二四・五四二	
第十项 建设委员会主管	六〇〇	
合计	七五三・八二三・一五五	

岁入临时门

科 目	预 算 数（元）	备 考
第一款 关税	一四・二九七・四四一	
第一项 附加税	一四・二九七・四四一	
第二款 国有财产收入	五八・六三八	
第一项 财政部主管	三八・六三八	
第二项 全国经济委员会主管	二〇・〇〇〇	
第三款 国有事业收入	五九〇・一四二	
第一项 交通部主管	一〇・〇〇〇	难民运费
第二项 铁道部主管	二九二・八五〇	各路解款二六二・八五〇元，及各路运送难民运费三〇・〇〇〇元
第三项 建设委员会主管	一二・七二〇	各营业机关解报
第四项 全国经济委员会主管	二七四・五七二	
第四款 国家行政收入	一二・九六三	
第一项 财政部主管	七・九六三	
第二项 全国经济委员会主管	五・〇〇〇	
第五款 协款收入	二〇〇・〇〇〇	
第一项 财政部主管	二〇〇・〇〇〇	四川省协拨四川大学建筑费
第六款 债款收入	一二五・〇〇〇・〇〇〇	
第一项 财政部主管	一二五・〇〇〇・〇〇〇	原编总概算计列一八〇・〇〇〇・〇〇〇元经核定减列如上数
第七款 其他收入	九六・六七六・一一一	
第一项 外交部主管	一〇・八〇〇	
第二项 财政部主管	一〇・〇〇一・一四〇	
第三项 司法行政部主管	三一七・四八二	
第四项 实业部主管	八〇〇・〇〇〇	
第五项 铁道部主管	七八・〇〇〇・〇〇〇	铁路建设公债抵借款
第六项 全国经济委员会主管	七・五四六・六八九	
合计	二三六・八三五・二九五	

岁出经常门

科　　目	预 算 数（元）	备　　考
第一款　党务费	五·〇二九·〇八〇	
第一项　中央执监委员会	四·六〇一·〇四〇	上年度预算中央执行委员会经费五·七六〇·〇〇〇元,中央通讯社一四四·〇〇〇元,哈瓦斯通讯社三六·〇〇〇元,中央新闻检查所八七·一二〇元,共六·〇二七·一二〇元,兹以九三九·一二〇元列为新闻事业费,又以四八六·九六〇元列为新闻事业补助费,分别移列教育文化及补助费类,故本项列如上数
第二项　中央政治委员会	三七八·二四〇	
第三项　第一预备费	四九·八〇〇	
第二款　国务费	一四·八四二·九七六	
第一项　国民政府	二·七一四·〇〇〇	
第一目　国民政府委员会	八八八·〇〇〇	
第二目　文官处	八四〇·〇〇〇	
第三目　参军处	四八〇·〇〇〇	
第四目　主计处	五〇六·〇〇〇	
第二项　五院	四·〇九八·〇〇〇	
第一目　行政院	一·〇四八·〇〇〇	
第二目　立法院	一·五〇〇·〇〇〇	
第三目　司法院	三六〇·〇〇〇	
第四目　考试院	三〇〇·〇〇〇	
第五目　监察院	八九〇·〇〇〇	
第三项　其他机关	七·八八三·九七六	
第一目　侨务委员会	二八八·〇〇〇	
第二目　各侨务局	三六·〇〇〇	本目系上海厦门广州三局经费各为一二·〇〇〇元
第三目　中央公务员惩戒委员会	一九二·三六〇	
第四目　最高法院	八八三·八〇〇	
第五目　行政法院	一六六·九二〇	
第六目　法官训练所	八四·〇〇〇	
第七目　铨叙部	三四八·〇〇〇	
第八目　考选委员会	二八八·〇〇〇	
第九目　审计部	六六〇·〇〇〇	
第十目　各区监察使署	五〇〇·四四八	本目系八区署经费每区署各为六二·五五六元
第十一目　鄂苏浙沪各省市审计处及津浦铁路审计办事处	六六八·七六四	上海湖北两处因增加业务所增经费由审计部就其他三处撙节挹注

（续表）

第十二目　增设各省审计处	二四〇·〇〇〇	本目系增设两处之经费
第十三目　总理陵园管理委员会	三一一·〇五四	
第十四目　总理陵园管理委员会基金	五〇·四六〇	本目系以该会收入拨充，又该会植物园事业费在此项基金内开支
第十五目　冀察政务委员会及所属机关	三·一六六·一七〇	
第四项　第一预备费	一四七·〇〇〇	
第三款　军务费	二九三·〇一四·六〇〇	
第四款　内务费	五·一五八·九一四	
第一项　内政部及所属机关	三·八九五·一三四	
第一目　内政部	六四二·一七〇	
第二目　首都警察厅	二·三四〇·〇〇〇	
第三目　警官高等学校	一八〇·〇〇〇	
第四目　北平古物陈列所	三八·二二〇	
第五目　中央大三角测量队	六六七·〇八四	全国航空测量案正在参谋本部审核，此项经费应俟测量计划确定后支用
第六目　至圣及四配奉祀官俸给费	二二·五〇〇	
第七目　至圣南宗奉祀官俸给费	五·一六〇	
第二项　卫生署暨所属机关	一·一一三·〇〇八	
第一目　卫生署	二八八·〇〇〇	
第二目　中央医院	四二〇·〇〇〇	
第三目　中央助产学校	四二·〇〇〇	
第四目　北平第一助产学校	五五·〇〇八	
第五目　上海海港检疫所	一〇八·〇〇〇	
第六目　厦门海港检疫所	四〇·八〇〇	
第七目　武汉检疫所	一二·〇〇〇	
第八目　津塘秦海港检疫所	二六·四〇〇	
第九目　西北防疫处	五〇·〇〇〇	
第十目　蒙绥防疫处	二八·八〇〇	
第十一目　蒙古卫生院	四二·〇〇〇	
第三项　振务委员会及两办事处	九九·六七二	
第四项　第一预备费	五一·一〇〇	
第五款　外交费	九·二二九·二一二	
第一项　外交部暨所属机关	一·五六六·七九二	
第一目　外交部	九八二·二〇〇	
第二目　宣传费	三二四·〇〇〇	
第三目　驻沪办事处	一八·〇〇〇	
第四目　鼓浪屿会审公堂	一二·〇〇〇	
第五目　视察专员	八八·九九二	

（续表）

第六目　特派员办事处	一四一·六〇〇	
第二项　使领馆	五·八六九·八五五	
第一目　国际联合会代表办事处	一二六·一二〇	
第二目　大使馆	一·四〇四·六九一	
第三目　公使馆	一·三〇六·一四三	
第四目　总领事馆	一·二四二·二二三	
第五目　领事馆	一·〇一四·九三九	
第六目　副领事馆	一九四·二〇三	
第七目　领事分馆	七四·七三六	
第八目　领事签证货单办事处	四六·八〇〇	
第九目　另款	四六〇·〇〇〇	
第三项　国际联合会摊缴会费	一·四五〇·三六五	
第四项　国联会代表出席经费	二四〇·〇〇〇	
第五项　海牙公断院国际事务局摊费	一〇·八〇〇	
第六项　第一预备费	九一·四〇〇	
第六款　财务费	六四·一四一·八四四	
第一项　财务行政费	一·五六七·〇四七	
第一目　财政部	一·二七三·五〇〇	会计委员会经费在内
第二目　广东财政特派员署	一一二·九四七	
第三目　四川财政特派员署	一六八·〇〇〇	
第四目　湖南国税收支事宜处	一二·六〇〇	
第二项　关务费	三一·二三〇·四二四	
第一目　关务署	二一六·〇〇〇	
第二目　江海关监督署	四七·〇三〇	
第三目　津海关监督署	三六·〇九六	
第四目　粤海关监督署	三六·〇九六	
第五目　江汉关监督署	三一·五八四	
第六目　胶海关监督署	二三·七六〇	
第七目　东海关监督署	二三·七六〇	
第八目　闽海关监督署	二三·七六〇	
第九目　厦门关监督署	二一·八五九	
第十目　芜湖关监督署	二一·四二〇	
第十一目　琼海关监督署	二〇·五九二	
第十二目　镇江关监督署	二〇·五二八	
第十三目　浙海关监督署	二〇·四四八	

（续表）

第十四目	长岳关监督署	二〇・一六〇	
第十五目	金陵关监督署	一九・〇〇八	
第十六目	瓯海关监督署	一九・〇〇八	
第十七目	潮海关监督署	一九・〇〇八	
第十八目	蒙自关监督署	一八・七二七	
第十九目	重庆关监督署	一八・一四四	
第二十目	秦皇岛关监督署	一八・〇〇〇	
第二一目	梧州关监督署	一八・〇〇〇	
第二二目	杭州关监督署	一五・五五二	
第二三目	九江关监督署	一五・五四〇	
第二四目	宜昌关监督署	一五・一二〇	
第二五目	苏州关监督署	一二・六〇〇	
第二六目	荆沙关监督署	一二・六〇〇	
第二七目	南宁关监督署	一二・六〇〇	
第二八目	龙州关监督署	八・七九六	
第二九目	腾越关监督署	三・六〇〇	
第三十目	张多关监督署	五一・六〇〇	
第卅一目	海关总税务司署及所属机关	二九・九二四・九八〇	
第卅二目	国定税则委员会	一四一・四二〇	
第卅三目	税务专门学校	九六・〇〇〇	
第卅四目	税务专门学校第一分校	九六・〇九六	
第卅五目	税务专门学校第二分校	一三〇・九三二	
第三项	盐务费	一九・七七三・〇六五	
第一目	盐务署	一二三・八四〇	
第二目	河东盐运使署	六七・一九七	
第三目	两广盐运使署	九〇四・〇六一	
第四目	云南盐运使署	一八三・一九九	
第五目	晋北榷运局	一〇五・三八〇	
第六目	两广盐警缉私队舰	九〇五・一〇一	
第七目	河东缉私统领部	九一・九二二	
第八目	盐务稽核总所及所属机关	八・九〇二・五一五	
第九目	盐务稽核总所主管税警及缉私队	八・三三九・八五〇	
第十目	盐税税款汇解费	一五〇・〇〇〇	
第四项	印花烟酒事务费	五・二〇六・一二七	
第一目	江苏印花烟酒税局	四六七・二八〇	
第二目	浙江印花烟酒税局	五二〇・八七二	

（续表）

第三目	安徽印花烟酒税局	一七一·二〇〇	
第四目	江西印花烟酒税局	一六八·八七二	
第五目	河南印花烟酒税局	一八〇·四〇四	
第六目	福建印花烟酒税局	二〇一·三〇〇	
第七目	湖北印花烟酒税局	二二六·七二〇	
第八目	湖南印花烟酒税局	一五四·四二〇	
第九目	山东印花烟酒税局	二九〇·四五七	
第十目	河北印花烟酒税局	三二一·五六四	
第十一目	四川印花烟酒税局	五五二·四六五	
第十二目	陕西印花烟酒税局	一一四·三〇二	
第十三目	甘肃印花烟酒税局	一〇三·五五二	
第十四目	山西印花烟酒税局	一六二·四六八	
第十五目	察哈尔印花烟酒税局	七三·九二〇	
第十六目	云南财政厅兼办烟酒税事务	一〇三·四六七	
第十七目	贵州财政厅兼办烟酒税事务	七·六〇〇	
第十八目	绥远财政厅兼办烟酒税事务	五四·四六六	
第十九目	宁夏财政厅兼办烟酒税事务	九·三九八	
第二十目	青海财政厅兼办烟酒税事务	二·四〇〇	
第二一目	印花烟酒票照印刷费	四〇〇·〇〇〇	
第二二目	烟酒税款汇解费	一五·〇〇〇	
第二三目	印花税征收督察经费	九〇四·〇〇〇	
第五项 统税事务费		四·〇三二·二五六	
第一目 税务署		六〇〇·〇〇〇	
第二目 苏浙皖区统税局		一·二四二·七三六	

（续表）

第三目　湘鄂赣区统税局	三七四·七八四	
第四目　鲁豫区统税局	五六七·九七六	
第五目　冀晋察绥区统税局	六二九·六七二	
第六目　福州分区统税管理所	六八·〇一六	
第七目　四川财政特派员署附设统税管理处	九八·〇五二	
第八目　上海租界卷烟查缉办事处	七二·〇〇〇	
第九目　税务查缉队	一二八·〇二〇	
第十目　税务署经征啤酒、洋酒税暨兼管火酒统税经费	六六·〇〇〇	
第十一目　统税票照印刷费	一〇〇·〇〇〇	
第十二目　统税税款收解费	八五·〇〇〇	
第六项　矿税事务费	二八七·五〇〇	
第一目　山东中兴矿税处	三一·〇六八	
第二目　山东鲁大矿税处	二四·〇〇〇	
第三目　河南中福矿税处	三七·六八〇	
第四目　河南六河沟矿税处	二七·四二〇	
第五目　安徽裕繁矿税处	二二·八八〇	
第六目　安徽大通矿税处	一五·二一六	
第七目　浙江长兴矿税处	一一·二〇八	
第八目　湖北省矿税处	三五·九四〇	
第九目　江西省矿税处	一九·八〇〇	
第十目　河北省矿税处	四九·七八八	
第十一目　察哈尔财政厅兼管矿产税局	一二·五〇〇	
第七项　硝磺事务费	二四一·〇一四	
第一目　江苏磺矿局	六·五〇〇	
第二目　浙江磺矿局	四·〇四〇	
第三目　安徽磺矿局	八·四〇〇	
第四目　江西磺矿局	一一·一〇〇	
第五目　河南磺矿局	四九·七四四	
第六目　福建磺矿局	一二·一六八	
第七目　湖北磺矿局	一七·三〇四	
第八目　湖南磺矿局	九·六〇〇	
第九目　山东磺矿局·	五·二八〇	
第十目　河北磺矿局	三〇·四六八	
第十一目　广东财政特派员署附设爆烈品专卖处	八六·四一〇	

（续表）

第八项　其他财务费	八〇四·四一一
第一目　中央造币厂审查委员会	九二·八八〇
第二目　币制研究委员会	四三·八八〇
第三目　武昌造币厂保管处	一〇·八〇〇
第四目　杭州造币厂保管处	一一·六四〇
第五目　天津造币厂保管处	一二·七九二
第六目　上海交易所监理员办事处	二一·六〇〇
第七目　财政整理会	三六·〇〇〇
第八目　疏浚河北省海河工程短期公债基金保管委员会	一〇·二〇〇
第九目　华北救济战区短期公债基金保管委员会	五·〇四〇
第十目　储蓄存款保证准备保管委员会	二·七六〇
第十一目　整理内外债委员会	六〇·〇〇〇
第十二目　整理地方捐税委员会	七九·五六〇
第十三目　债券印刷费及事务费	一五〇·〇〇〇
第十四目　国库特种事务费	二六七·二五九
第九项　第一预备费	一·〇〇〇·〇〇〇
第七款　教育文化费	三五·四七八·五五三
第一项　教育部暨所属机关	一·九五五·八三二
第一目　教育部	五四八·〇〇〇
第二目　东北青年教育救济处	三三〇·〇〇〇
第三目　北平图书馆	三五五·四三二
第四目　国立编译馆	一二〇·〇〇〇
第五目　中央图书馆筹备处	四八·〇〇〇
第六目　国立中央博物院筹备处	二四·〇〇〇
第七目　留日学生监督处	一四·四〇〇
第八目　中国童子军总会	八四·〇〇〇
第九目　故宫博物院	三六〇·〇〇〇
第十目　两广地质调查所	四八·〇〇〇
第十一目　全国学术工作咨询处	二四·〇〇〇
第二项　国立各学校	一四·九九六·七八五

（续表）

第一目　中央大学	一・七二〇・〇〇〇	
第二目　中央政治学校	七九六・六〇八	该校附设募义学校及边疆四分校（经费在内）
第三目　上海商学院	一一五・六九二	
第四目　上海医学院	二九八・〇〇〇	添加牙医专科及高级药剂职业学校经费在内
第五目　暨南大学	六三〇・六六四	
第六目　同济大学	七三四・〇〇〇	与上海市政府合办医院经费在内
第七目　浙江大学	七六九・〇九五	
第八目　武汉大学	九四七・一〇〇	添设研究所及国防学科并完成农学院各新增经费在内
第九目　山东大学	五三二・七八二	
第十目　中山大学	一・九〇〇・〇〇〇	
第十一目　杭州艺术专科学校	一二〇・〇〇〇	
第十二目　音乐专科科学校	八二・〇〇〇	本年度增设学额经费在内
第十三目　北京大学	九〇〇・〇〇〇	
第十四目　北平大学	一・四三七・一〇八	
第十五目　北平师范大学	八九七・七一二	
第十六目　北洋工学院	三二一・〇〇〇	
第十七目　北平艺术专科学校	一二〇・〇〇〇	
第十八目　北平蒙藏学校	七二・〇〇〇	
第十九目　清华大学	一・二〇〇・〇〇〇	
第二十目　四川大学	六六九・〇二四	
第廿一目　牙医专科科学校	八四・〇〇〇	
第廿二目　国立戏剧学校	二四・〇〇〇	
第廿三目　西北农林专科学校	六〇〇・〇〇〇	该校本年度添招新生十三班经费在内
第廿四目　筹设国立药学专科学校	二六・〇〇〇	
第三项　国立各研究院	一・五六〇・〇〇〇	
第一目　中央研究院	一・二〇〇・〇〇〇	
第二目　北平研究院	三六〇・〇〇〇	
第四项　留学经费	七一四・〇一六	
第一目　清华大学留美经费	六八八・六五六	
第二目　革命功勋子女留学经费	二五・三六〇	
第五项　特种教育费	一四・八〇〇・〇〇〇	
第一目　各特种学校及各训练班等	一四・八〇〇・〇〇〇	
第六项　其他	九六四・一二〇	

（续表）

第一目　提倡国产科学仪器摊费		二五·〇〇〇	
第二目　新闻事业费		九三九·一二〇	
第七项　第一预备费		四八七·八〇〇	内有特种教育费之第一预备费二〇〇·〇〇〇元应由军政部统筹支配
第八款　司法费		二·一三三·〇一五	
第一项　司法行政部及所属机关		二·一一二·〇一五	
第一目　司法行政部		六〇六·〇〇〇	
第二目　最高法院检察署		一五三·〇六〇	
第三目　首都高等法院		六〇·〇〇〇	
第四目　江苏高等法院第二分院		一四六·七九六	
第五目　江苏上海第一特区地方法院		三四三·二〇〇	
第六目　江苏第七监狱		一〇八·〇〇〇	
第七目　江苏上海第一特区地方法院看守所及民事管收所		二六·四〇〇	
第八目　江苏高等法院第三分院		一一七·三二四	
第九目　江苏上海第二特区地方法院		二〇六·六五五	
第十目　江苏上海第二特区监狱附看守所及民事管收所		一九四·五八〇	
第十一目　首都反省院		八四·〇〇〇	
第十二目　法医研究所		六六·〇〇〇	
第二项　第一预备费		二一·〇〇〇	
第九款　实业费		三·九五六·八四四	
第一项　实业部		一·〇〇五·〇〇〇	
第一目　实业部		一·〇〇五·〇〇〇	
第二项　农务机关		一·一六一·一五〇	
第一目　中央农业实验所		五〇〇·〇〇〇	
第二目　全国稻麦改进所		四八〇·〇〇〇	
第三目　中央农业推广委员会		一三·八〇〇	
第四目　正定棉业试验场		一〇·三五〇	
第五目　中央模范林区管理局		一〇〇·〇〇〇	
第六目　北平模范林场		一五·〇〇〇	
第七目　山东模范林场		一五·〇〇〇	
第八目　中央种畜场		二七·〇〇〇	
第三项　矿务机关		八二·二〇〇	

（续表）

	机关	经费	备注
第一目	裕繁铁矿监督处	一〇·二〇〇	
第二目	地质调查所	七二·〇〇〇	
第四项	工务机关	三一七·六一二	
第一目	世界动力协会中国分会	一·五〇〇	
第二目	中央工业试验所	一〇八·〇〇〇	
第三目	全国度量衡局及附属两所	一六〇·一一二	
第四目	中央工厂检查处	四八·〇〇〇	
第五项	商务机关	一·三一六·二八二	
第一目	国际贸易局	一四五·三六六	
第二目	商标局	一三九·四四〇	
第三目	上海商品检验局	三五五·六七二	宁波南京两分处及上海开办生丝检验新增经费均在内
第四目	汉口商品检验局	二一四·〇四四	沙市万县武穴三分处经费在内
第五目	青岛商品检验局	一六〇·九三〇	济南分处经费在内
第六目	天津商品检验局	一七四·八四〇	
第七目	国产检验委员会	六〇·〇〇〇	
第八目	驻日商务官	六六·〇〇〇	
第六项	其他	三五·四〇〇	
第一目	出席国际劳工组织理事院理事	三五·四〇〇	
第七项	第一预备费	三九·二〇〇	
第十款	交通费	四·七〇三·九三四	
第一项	交通部主管	一·七六二·二七〇	
第一目	交通部	一·〇一四·四〇〇	
第二目	交通职工教育费	七一·一九〇	
第三目	吴淞商船专科学校	一九二·〇〇〇	
第四目	上海航政局及所属办事处	一九五·一二〇	
第五目	汉口航政局及所属办事处	一二八·五二〇	
第六目	天津航政局及所属办事处	一二四·五六〇	
第七目	直辖厦门航政办事处	一八·八四〇	
第八目	直辖福州航政办事处	一七·六四〇	
第二项	铁道部主管	二·八九五·〇六四	
第一目	铁道部	一·四一四·六九四	
第二目	交通大学上海本部	八七七·五〇一	

（续表）

第三目	交通大学唐山工程学院	二三一·三八〇	
第四目	交通大学北平铁道管理学院	一五一·四五二	
第五目	交通大学研究所	六四·五〇〇	
第六目	铁道部主管留学经费	一五五·五三七	
第三项	第一预备费	四六·六〇〇	
第十一款	蒙藏费	二·二六五·六二四	
第一项	蒙藏委员会及所属机关	六二〇·三四八	
第一目	蒙藏委员会	四五二·五八〇	
第二目	蒙藏委员会外差人员经费	二四·〇〇〇	
第三目	蒙藏委员会驻平办事处	四八·七四六	
第四目	蒙藏政治训练班	二六·六〇〇	
第五目	北平喇嘛寺庙整理委员会	五·七〇〇	
第六目	平热台各寺庙喇嘛口粮	一九·八八二	
第七目	张家口牧场	三·九六〇	
第八目	杀虎口牧场	二·八八〇	
第九目	留藏办事人员经费	三六·〇〇〇	
第二项	蒙古部分	一·〇〇八·九八六	
第一目	蒙古地方自治政务委员会	三四二·〇〇〇	
第二目	蒙旗宣化使署	一五〇·五七六	增设五台山行署经费在内
第三目	蒙古各盟旗联合驻京办事处	三九·九〇〇	
第四目	章嘉呼图克图驻京办事处	三一·九二〇	
第五目	章嘉年俸	一二·〇〇〇	
第六目	甘珠尔瓦呼图克图年俸	九五〇	
第七目	绥远省境内蒙古各盟旗地方自治政务委员会	三一一·六四〇	
第八目	绥远省境内蒙古各盟旗地方自治指导长官公署	一二〇·〇〇〇	
第三项	西藏部分	五八三·六八〇	

（续表）

款项目	名称	金额	备注
第一目	护国宣化广慧大师年俸及办公费	四五六·〇〇〇	
第二目	西藏驻京办事处	三六·四八〇	
第三目	西藏驻平办事处	一四·二五〇	
第四目	西藏驻康办事处	一四·二五〇	
第五目	班禅驻京办事处	二八·五〇〇	
第六目	班禅驻平办事处	三四·二〇〇	
第四项	其他	三〇·二一〇	
第一目	西康诺那呼图克图驻京办事处	一一·四〇〇	
第二目	西康民众代表驻京办事处	七·四一〇	
第三目	青海七呼图克图联合驻京办事处	一一·四〇〇	
第五项	第一预备费	二二·四〇〇	
第十二款	建设费	二·二一二·一三〇	
第一项	建设委员会及所属	四九七·八〇〇	
第一目	建设委员会	三六四·八〇〇	
第二目	模范灌溉管理局	一三三·〇〇〇	
第二项	全国经济委员会及所属	一·四〇〇·六八六	
第一目	全国经济委员会	三一二·〇〇〇	
第二目	导淮委员会	二六一·〇〇〇	
第三目	中央防疫处	一一二·八〇〇	
第四目	棉花搀水搀杂取缔会	一八〇·〇〇〇	
第五目	华北水利委员会	八〇·九七六	
第六目	扬子江水利委员会	一五四·五一〇	
第七目	黄河水利委员会	二九九·四〇〇	
第三项	其他	二九一·七四四	
第一目	广东治河委员会	二六一·七四四	
第二目	全国航空建设会	三〇·〇〇〇	
第四项	第一预备费	二一·九〇〇	
第十三款	补助费	六一·四八一·五〇〇	
第一项	地方部分	四六·五九二·一二三	
第一目	江苏省	一·六四四·〇〇〇	
第二目	浙江省	一·六九一·六五三	照财政部与该省府商定拨补办法办理
第三目	安徽省	二·三五六·〇〇〇	
第四目	江西省	四·〇三〇·〇〇〇	庐山管理局补助费一〇〇·〇〇〇元在内
第五目	湖北省	二·四〇〇·〇〇〇	
第六目	湖南省	二·二〇五·〇三〇	内有公路捐振捐系尽收尽拨
第七目	河南省	一·〇四二·三六〇	五角盐税附加尽收尽拨

（续表）

科目	数额	说明
第八目　福建省	六〇〇·〇〇〇	
第九目　山西省	二·四七二·一八〇	内卷烟统税补助费照定额拨付,其余棉纱麦粉火柴水泥火酒等项统税均尽收尽拨
第十目　绥远省	六七四·四〇〇	
第十一目　甘肃省	八〇〇·〇〇〇	内盐税补助费六〇〇·〇〇〇元,卷烟统税补助费二〇〇·〇〇〇元
第十二目　宁夏省	八二〇·〇〇〇	内盐税补助费七二〇·〇〇〇元,卷烟统税补助费一〇〇·〇〇〇元
第十三目　西康建省委员会	一二〇·〇〇〇	
第十四目　南京市	六〇〇·〇〇〇	
第十五目　青岛市	六〇〇·〇〇〇	
第十六目　北平市	八四·〇〇〇	拨补公安局服装费由其他部份移入
第十七目　威海卫行政区	九〇·〇〇〇	
第十八目　印花税拨补助各级地方政府款	二·七六二·五〇〇	
第十九目　湘粤桂三省特种事业费	二一·六〇〇·〇〇〇	内湘省一二·〇〇〇·〇〇〇元,粤省七·二〇〇·〇〇〇元,桂省二·四〇〇·〇〇〇元
第二项　教育文化部分	一〇·六〇〇·〇八八	
第一目　安徽省教育费	一·二〇〇·〇〇〇	
第二目　福建省教育费	一·四四〇·〇〇〇	
第三目　河北省教育费	一·二〇〇·〇〇〇	
第四目　陕西省教育费	四四四·〇〇〇	
第五目　南京市教育费	八九·四〇〇	
第六目　北平市教育费	六〇〇·〇〇〇	
第七目　天津市教育费	七二〇·〇〇〇	
第八目　边远省教育文化补助费	五〇〇·〇〇〇	
第九目　蒙藏回教育补助费	四〇·四〇〇	
第十目　侨民教育补助费	二〇〇·〇〇〇	
第十一目　北平中法大学	二四〇·〇〇〇	
第十二目　中法大学上海部	二一〇·〇〇〇	
第十三目　天津南开大学	二四〇·〇〇〇	
第十四目　东北大学	三〇〇·〇〇〇	
第十五目　厦门集美两校	八〇·〇〇〇	内厦门大学五〇·〇〇〇元,集美学校三〇·〇〇〇元
第十六目　北平中国学院	一二〇·〇〇〇	
第十七目　北平民国学院	一二〇·〇〇〇	
第十八目　中法工学院	七二·〇〇〇	
第十九目　德国中国学院	五·〇〇〇	
第二十目　补助私立专科以上学校	七二〇·〇〇〇	

（续表）

第二一目　总理故乡纪念学校	六〇·〇〇〇	
第二二目　遗族学校	一九四·七六〇	
第二三目　遗族女子学校	一一七·六〇〇	
第二四目　湖南明德学校	二四·〇〇〇	
第二五目　西北公学	二八·八〇〇〇	
第二六目　北平艺文中学	一二〇·〇〇〇	
第二七目　北平大中中学	九·六〇〇	
第二八目　上海肇和中学	二〇·〇〇〇	
第二九目　东北中学	九六·〇〇〇	
第三十目　南渝中学	二〇·〇〇〇	
第三一目　香山慈幼院	一二〇·〇〇〇	
第三二目　南京贫儿第一教养院	二二·八〇〇	
第三三目　中央国术馆体育学校	五六·一六〇	
第三四目　拉萨清真小学	二·〇〇〇	
第三五目　首都民众教育馆	二·四〇〇	
第三六目　中华职业教育社	六·二〇〇	
第三七目　热带病研究所	四·二〇〇	
第三八目　学术文化机关	一八·〇〇〇	
第三九目　班禅驻京办事处附设实补习学校	一七·八〇八	
第四十目　中山文化教育馆	三六〇·〇〇〇	
第四一目　蒙古文化馆	二〇·〇〇〇	
第四二目　日内瓦中国国际图书馆	四八·〇〇〇	
第四三目　世界文化合作中国协会	七二·〇〇〇	
第四四目　上海立达学园	三〇·〇〇〇	
第四五目　孙逸仙博士学院补助费	一〇〇·〇〇〇	
第四六目　中华慈幼协会	八〇·〇〇〇	
第四七目　联华书报社	三〇·〇〇〇	由事业部分移入
第四八目　新闻事业补助费	四八六·九六〇	由党务费移列
第三项　司法部分	三·五一三·八四九	
第一目　江苏省	四一四·四四二	
第二目　浙江省	二〇七·〇〇〇	
第三目　安徽省	一一一·四〇〇	

（续表）

第四目　江西省	二一二·〇〇〇	
第五目　湖北省	三六五·六四〇	
第六目　湖南省	一四〇·一一五	
第七目　河南省	一四五·六一九	
第八目　福建省	一一六·五五六	
第九目　山东省	三九七·八五七	
第十目　河北省	七〇〇·〇〇〇	
第十一目　山西省	二四三·七三二	
第十二目　陕西省	七五·二〇〇	
第十三目　甘肃省	一三六·〇三八	
第十四目　四川省	一三七·五〇〇	
第十五目　云南省	一六·三五〇	
第十六目　贵州省	二四·八〇〇	
第十七目　察哈尔省	二四·五二六	
第十八目　绥远省	三七·二〇〇	
第十九目　宁夏省	五·八二四	
第二十目　青海省	二·〇五〇	
第四项　其他部分	七七五·四四〇	蚕桑改良事业已由经济委员会统筹办理,中国合众蚕桑改良会补助费应予停止
第一目　二十一年江浙丝业短期公债本息	一九〇·三一三	
第二目　上海公共租界纳税华人会	三〇·〇〇〇	
第三目　上海法租界纳税华人会	一五·〇〇〇	
第四目　外交研究会	三〇·〇〇〇	
第五目　古乐传习会	二·〇〇〇	
第六目　蒙古各盟旗津贴	一九·〇五〇	
第七目　中央国术馆	六〇·〇〇〇	由教育部分移入
第八目　中央国医馆	六〇·〇〇〇	由事业部分移入
第九目　中国红十字会	三六·〇〇〇	由事业部分移入
第十目　新加坡拒毒会戒烟医院	三·〇〇〇	由事业部分移入
第十一目　湖南修业棉稻场	六·〇〇〇	由事业部分移入
第十二目　湖南楚怡矿业改进社	一二·〇〇〇	由事业部分移入
第十三目　长沙台田瓷业讲习所	四·〇〇〇	
第十四目　河北改善河道补助费	九三·四八〇	由事业部分移入

（续表）

第十五目　西岸湘岸贴边费	一二四·三六二	内湘岸淮商公会益阳贴边费三·六九六元，湘岸中西南三路转运贴边费六七·〇〇〇元，建昌运商德义祥贴边费五三·六六六元
第十六目　税务机关拨付各种事业补助费	九〇·二三五	本目系将教育事业其他三部分之零星各目合并改称，内含教育部分之福建、鼓楼两民众学校一·〇八〇元，浙西盐务小学七·八〇四元，山海关小学二·七六〇元。事业部分之汉口梅神父医院补助费三六·〇〇〇元，江西育婴所一·二〇〇元，吴淞救生局二·〇〇〇元，追加蔚县救济院五〇〇元，闽江浚河局二·〇〇〇元，其他部分之英美烟厂公会及子弟学校二〇·七一八元，温处各学校及善举经费一二·四八四元，浙江大樹、北渡、海灯维持费五六〇元，浙江石浦、海灯维持费一·五〇〇元，新增湘安湘子、广济两桥修理费四〇〇元，西岸盐商后裔抚恤金四五〇元，河东堰户补助费二二四元，河东池工养病所五五五元等十六目，合计如上数。又，湘安湘子、广济两桥修理费，系由财务费类移入
第十四款　抚恤费	五·六六四·七〇四	
第一项　文职公务员	二三九·二七二	
第一目　应付部分	九二·二七二	
第二目　备付部分	一四七·〇〇〇	
第二项　武职官兵	五·二九二·三九〇	
第一目　应付部分	四·七九二·三九〇	
第二目　备付部分	五〇〇·〇〇〇	
第三项　国立学校教职员	三三·〇四二	
第一目　应付部分	三·〇四二	
第二目　备付部分	三〇·〇〇〇	
第四项　治丧费	一〇〇·〇〇〇	
第十五款　债务费	二三九·〇三七·九〇八	
第一项　内债本息基金	一三二·八三二·一〇〇	
第一目　十七年金融长期公债	三·二〇六·二五〇	
第二目　河北海河工程公债	五〇五·六〇〇	
第三目　二十二年华北救济战区公债	九〇二·〇〇〇	

（续表）

第四目　二十五年统一公债	一〇二·一三七·二五〇	
第五目　二十五年复兴公债	二三·六八一·〇〇〇	
第六目　第三期铁路建设公债	二·四〇〇·〇〇〇	
第二项　外债本息基金	五四·三一九·〇八〇	
第一目　英德续借款	一四·一九八·九四四	
第二目　善后借款	二五·四三二·六四六	
第三目　克利斯浦借款	七·五六三·六九一	
第四目　英法借款	四·七二八·一二五	
第五目　湖广铁路借款	二·三九五·六七四	
第三项　庚子赔款	三九·六五〇·四六七	
第一目　英国	一〇·一四〇·一八二	
第二目　美国	六·七一九·八八五	
第三目　日本	六·六九六·二五〇	
第四目　法国	一四·一〇〇·七八六	
第五目　比利时	一·六八七·九〇八	
第六目　葡萄牙	一八·四八〇	
第七目　西班牙	九·五六七	
第八目　荷兰	二六四·八二五	
第九目　瑞典挪威	一二·五八四	
第四项　借款	二·二九五·九〇九	
第一目　中法储蓄会等借款本息	一·二〇〇·〇〇〇	
第二目　中法实业借款保息	一六八·〇〇〇	
第三目　中法教育基金会美金借款利息	五五·六五〇	
第四目　中法大学加息	一五〇·〇〇〇	
第五目　东方汇理银行借款本息	二八〇·五五九	
第六目　中英庚款董事会黄灾借款本息	四五·七〇〇	
第七目　拨还总理陵园管理委员会借款垫款	三九六·〇〇〇	
第五项　内外债还本付息经手费	二七〇·三五二	内债部分九六·一二四元,外债部分一七四·二二八元
第六项　整理内外债准备金	五·〇〇〇·〇〇〇	
第七项　第一预备费	四·六七〇·〇〇〇	
第十六款　第二预备费	五·七一二·三六〇	
第一项　救灾预备金	二·〇〇〇·〇〇〇	
第二项　第二预备费	三·七一二·三六〇	本年度第二预备费列数较少,非有特殊需要,不得声请动支

岁出临时门

科　目	预算数（元）	备　考
第一款　党务费	三九〇·〇〇〇	中央短波电台一·三三四·〇〇〇元移列建设费内
第一项　中央监察委员会建筑费	三〇〇·〇〇〇	
第二项　国际劳工大会代表出席费	三〇·〇〇〇	
第三项　海员特别党部筹备委员会	六〇·〇〇〇	
第二款　国务费	六九二·一五四	
第一项　行政院机密费	一二〇·〇〇〇	
第二项　西京筹备委员会经费及事业费	七二·〇〇〇	经费及事业费各三六·〇〇〇元
第三项　西京市政建设委员会经费及事业费	三六〇·〇〇〇	经费一八·〇〇〇元,事业费三四二·〇〇〇元
第四项　考选委员会考试经费	四八·一五四	首都普通考试经费系由上年度转列,计二九·六八四元,司法官再试经费二·四七〇元,各省县长考试补助费一六·〇〇〇元
第五项　全国主计会议经费	二〇·〇〇〇	本目系由上年度转列
第六项　救济失业华侨费	二四·〇〇〇	侨乐村管理处裁撤,管理事务交地方政府办理资助费照列
第七项　新增各省审计处开办费	七·二〇〇	两处开办费
第八项　广州侨务局开办费	八〇〇	
第九项　国民政府续聘宝道顾问薪	四〇·〇〇〇	
第三款　军务费	二九·〇〇四·六〇〇	
第四款　内务费	三·六六七·六〇六	
第一项　内政部主管	三·五六二·九六四	
第一目　内政部	九七·〇〇〇	内政会议费三〇·〇〇〇元,内政年监印刷费七·〇〇〇元,运送难民费四〇·〇〇〇元,统计处临时费二〇·〇〇〇元
第二目　整理各省市警政经费	三·〇〇〇·〇〇〇	由内政部统筹支配
第三目　中央大三角测量队	四〇〇·〇〇〇	购置费二三〇·〇〇〇元,建筑费一七〇·〇〇〇元
第四目　北平古物陈列所	七·五〇〇	晾晒费
第五目　内政部县市行政讲习所	五八·四六四	本目系六个月经费
第二项　卫生署主管	一一四·六四二	

（续表）

第一目　中央医院	九四·六四二	建筑新楼扩充设备第三期事业费
第二目　蒙古卫生院开办费	二〇·〇〇〇	
第五款　外交费	四六一·〇二二	
第一项　特别宣传费	一八〇·〇〇〇	
第二项　特别费	一二〇·〇〇〇	
第三项　外国顾问经费	四·〇〇〇	系爱斯加拉顾问四个月薪俸
第四项　摊还国际联合会旧欠会费	一五五·三四三	
第五项　共同委员会中国委员办事处	一·六七九	
第六款　财务费	三七三·七二二	
第一项　财务行政费	二〇〇·〇〇〇	
第一目　财政部顾问经费	二〇〇·〇〇〇	
第二项　关务费	三五·五〇〇	
第一目　海关税务司署	三五·五〇〇	征收附加税所需汇费及银行手续费
第三项　监务费	一〇五·六一八	
第一目　整理淮南监地经费	一〇五·一九六	
第二目　口北蒙监局	四三二	收买硝底余监经费
第四项　统税事务费	一〇·八三四	
第一目　税务查缉队开办费	一〇·八三四	
第五项　硝磺事务费	五·〇四〇	
第一目　河北硝磺局	五·〇四〇	
第六项　清理官产事务费	一六·七二〇	
第一目　察哈尔财政厅兼管官产事务	一六·七二〇	
第七款　教育文化费	八·八六一·四〇九	
第一项　教育部所属机关	三二五·九五二	
第一目　故宫博物院	三二三·三一二	内注沪办事处经费一二三·三一二元，完成仓库经费二〇〇·〇〇〇元
第二目　全国儿童实施委员会	二·六四〇	三个月经费
第二项　国立各学校	二·六八五·四五七	
第一目　中央大学	三六〇·〇〇〇	照核定成案减列半数
第二目　中央政治学校	四〇·二二八	该校所属边疆四分校临时费
第三目　浙江大学	八〇·〇〇〇	建筑理工部分校舍
第四目　武汉大学	一二〇·〇〇〇	完成农学院等部分建筑
第五目　四川大学	四〇〇·〇〇〇	中央与四川省各拨二〇〇·〇〇〇元
第六目　中山大学	一·二〇〇·〇〇〇	
第七目　清华大学	六七·一七六	
第八目　北平大学	二七·七九二	
第九目　上海商学院	三〇·〇〇〇	补拨该校建筑校舍不敷之款，以一次为限
第十目　上海医学院	六〇·〇〇〇	补拨该校建筑校舍不敷之款，以一次为限

（续表）

第十一目　音乐专科学校	四〇·〇〇〇	
第十二目　西北农林专科学校	二六〇·二六一	依照该校所请,将核准之临时费余额分三年度匀列
第三项　生产教育费	八五〇·〇〇〇	
第一目　生产教育费	八五〇·〇〇〇	筹设国立中等模范职业学校经费五五〇·〇〇〇元,补助中等优良职业学校经费三〇〇·〇〇〇元
第四项　教育建设费	五·〇〇〇·〇〇〇	
第一目　教育建设费	五·〇〇〇·〇〇〇	义务教育、民众教育、电影、播音教育等经费
第八款　司法费	一·一〇七·八八三	
第一项　司法行政部所属	一五六·八八八	
第一目　江苏第七监狱建设费	一五六·八八八	
第二项　各省司法建设费	九五〇·九九五	
第一目　江苏省	一六九·八一二	
第二目　浙江省	四〇·〇〇〇	
第三目　安徽省	五〇·〇〇〇	
第四目　江西省	六〇·〇〇〇	
第五目　福建省	六八·二〇七	
第六目　湖南省	二四·四七三	
第七目　四川省	三一·〇〇〇	
第八目　云南省	五三·〇〇〇	
第九目　河北省	五〇·〇〇〇	
第十目　河南省	四〇·〇〇〇	
第十一目　陕西省	三一·二〇〇	
第十二目　甘肃省	六·〇〇〇	
第十三目　山东省	三二六·六九七	
第十四目　宁夏省	六〇六	
第九款　实业费	二六九·六〇三	温溪纸厂借款利息应俟借款成立后,专案办理
第一项　实业部主管	二〇九·四一〇	
第一目　实业各种调查费	一五三·三八〇	
第二目　出席二十一届国际劳工大会	四·〇〇〇	政府代表出席费
第三目　出席二十二届国际劳工大会	二四·〇〇〇	政府代表及劳资代表出席费
第四目　财政实业部青岛渔监实验区委员会	二〇·五三〇	
第五目　世界动力协会中国代表出席费	七·五〇〇	
第二项　农务机关	五·〇〇〇	
第一目　中央模范林区管理局	五·〇〇〇	春季造林费
第三项　商务机关	五五·一九三	

（续表）

第一目	上海商品检验局	二八·七八〇	
第二目	汉口商品检验局	一〇·四〇〇	武穴分处四〇〇元在内
第三目	青岛商口检验局	六·〇一三	
第四目	天津商品检验局	一〇·〇〇〇	
第十款	交通费	一三一·八〇〇	
第一项	交通部主管	三一·八〇〇	
第一目	交通职工教育费	一·八〇〇	
第二目	吴淞商船学校	三〇·〇〇〇	图书、仪器、机件等购置费
第二项	铁道部主管	一〇〇·〇〇〇	
第一目	交通大学上海本部	一〇〇·〇〇〇	购置营造等扩充设备费
第十一款	蒙藏费	五五·一四二	蒙藏招待所建筑费缓列
第一项	蒙藏委员会主管	五五·一四二	
第一目	蒙藏政教领袖展观费	四〇·〇〇〇	
第二目	蒙藏委员会外差人员旅杂费	六·一四二	
第三目	张家口牧场羊种购置费	五·四〇〇	
第四目	杀虎口牧场羊种购置费	三·六〇〇	
第十二款	建设费	五〇·八九八·〇九一	
第一项	建设委员会	四〇·〇〇〇	
第二项	经济建设费	五·九三三·〇〇〇	江西建设费及补助费，如有必要，在本项原定经费内统筹支配
第一目	公路事业费	三·七四〇·〇〇〇	全国经济委员会自营之西北公路运输事业费，另案办理
第二目	农业事业费	二〇〇·〇〇〇	
第三目	卫生事业费	三六〇·〇〇〇	西北及云南卫生事业费，在原定经费内统筹分配
第四目	棉业事业费	六〇〇·〇〇〇	
第五目	蚕业事业费	四〇〇·〇〇〇	
第六目	经济调查研究费	一二〇·〇〇〇	
第七目	专家经费	一五〇·〇〇〇	
第八目	普通管理费	二二六·〇〇〇	
第九目	其他事业费	一三七·〇〇〇	
第三项	水利事业费	五·二八〇·〇〇〇	
第一目	灌溉工程	一·〇八七·六六〇	
第二目	航运整理	八〇〇·〇〇〇	
第三目	疏导河流	六〇〇·〇〇〇	
第四目	修筑堤堰	一·一四〇·〇〇〇	
第五目	测量水道	三五〇·〇〇〇	
第六目	水文气象测量	一〇〇·四三三	
第七目	水工试验	一八七·五〇〇	
第八目	其他事业	二二一·五七九	
第九目	管理费	二七〇·〇〇〇	

（续表）

第十目　永定河修防补助费	八七・四〇八	
第十一目　各水利机关固定事业费	四三五・四二〇	
第四项　导淮事业费	四・八四八・三七五	
第一目　高宝湖区土地清丈费	二三二・〇〇〇	
第二目　一部分借款本息	三一〇・一〇四	
第三目　导淮二年施工计划经费	三・八八九・二二五	
第四目　借用庚款息金	四一七・〇四六	
第五项　湖北堤工事业基金	二・〇四〇・〇〇〇	
第六项　整理海河及永定河事业费	一・一〇〇・〇〇〇	
第一目　永定河中游增固工程经费	一八五・〇〇〇	
第二目　金门闸放淤工程经费	一五〇・〇〇〇	
第三目　官厅水库工程经费	七六五・〇〇〇	
第七项　特种卫生事业费	二七四・七一六	
第一目　中央防疫处事业费	一四八・七一六	
第二目　卫生实验处制造药品事业费	一二六・〇〇〇	
第八项　国联专家招待费	四八・〇〇〇	
第九项　中央短波电台	一・三三四・〇〇〇	中央执行委员会主管由党务费移列
第十项　国防建设费	三〇・〇〇〇・〇〇〇	
第十三款　补助费	四四・三三四・五〇〇	
第一项　地方部分	四〇・六四二・〇〇〇	
第一目　福建省筑路补助费	一八〇・〇〇〇	
第二目　福建省保安队护监补助费	二四〇・〇〇〇	
第三目　湖北省振灾筑路补助费	六〇〇・〇〇〇	
第四目　江西省筑路基金	六〇〇・〇〇〇	
第五目　河南省筑路开河补助费	三六〇・〇〇〇	
第六目　山东省补助费	六〇〇・〇〇〇	盐附税项下月拨五〇・〇〇〇元
第七目　山西绥远两省补助费	三・六〇〇・〇〇〇	
第八目　河南省补助费	六〇〇・〇〇〇	
第九目　南京市首都建设补助费	一九二・〇〇〇	
第十目　威海卫行政区补助费	二〇・〇〇〇	拨还积欠补助费
第十一目　边省留用国税	三三・六五〇・〇〇〇	粤桂两省烟酒税、统税、矿产税留用部分均不在内
第二项　教育部分	四六〇・〇〇〇	
第一目　东北大学设备补助费	二〇・〇〇〇	
第二目　上海肇和中学	五〇・〇〇〇	该校扩充设备费分年拨付

（续表）

科　目		数	备　考
	第三目　孙逸仙博士医学院建筑费	二五〇・〇〇〇	
	第四目　参加第十一届世界运动会补助费	一四〇・〇〇〇	原核定为一七〇・〇〇〇元,另有三〇・〇〇〇元在上年度追加案内
	第三项　其他部分	三・二三二・五〇〇	
	第一目　工业保息费	三・〇〇〇・〇〇〇	
	第二目　国际商会中国分会基金及会费	一二・五〇〇	
	第三目　南京市首都贫民住宅区建筑费	一五〇・〇〇〇	
	第四目　南京市救济难民,散兵、灾农、乞丐等补助费	五〇・〇〇〇	
	第五目　首都地方法院	二〇・〇〇〇	
第十四款　国有营业资本支出		九六・三三七・七二〇	
	第一项　铁道	七八・〇〇〇・〇〇〇	
	第二项　工业	一〇・八〇〇・〇〇〇	
	第一目　重工业	一〇・〇〇〇・〇〇〇	
	第二目　中央机器厂	八〇〇・〇〇〇	专案请列之机料进口关税一四五・〇〇〇元在内
	第三项　农业	六・〇〇〇・〇〇〇	农本局资本
	第四项　渔业	二〇〇・〇〇〇	渔业银团基金
	第五项　电气等业	一・三三七・七二〇	建设委员会主管

●●中华民国二十四年度（1935 年）国家普通岁入岁出第一次追加预算 民国二十五年(1936 年)三月十八日民国政府训令

岁入经常门

科　目	追加预算数	备　考
第一款　烟酒税	三七・九五二｜〇〇	
第一项　烟酒税	三七・九五二｜〇〇	
第一目　宁夏财政厅兼办烟酒税	八・〇二九｜〇〇	
第二目　贵州财政厅兼办烟酒税	二九・九二三｜〇〇	
第二款　统税	二〇〇・〇〇〇｜〇〇	
第一项　卷烟税	二〇〇・〇〇〇｜〇〇	
第一目　甘肃卷烟统税	二〇〇・〇〇〇｜〇〇	
第三款　矿税	一五・〇〇〇｜〇〇	
第一项　矿产税	一五・〇〇〇｜〇〇	

（续表）

科目			数额	备考
		第一目　山东中兴矿税处	一五·〇〇〇|〇〇	
	第四款　国有财产收入		五五〇|〇〇	
		第一项　财政部主管	五五〇|〇〇	
		第一目　津海关监督署	五五〇|〇〇	地租收入
	第五款　国有事业收入		二·四〇〇|〇〇	
		第一项　铁道部主管	二·四〇〇|〇〇	路政营业收入拨助国库,转付新民小学补助费
	第六款　国家行政收入		六三·九〇四|〇〇	
		第一项　国民政府主管	五一·六〇四|〇〇	
		第一目　最高法院	五一·六〇四|〇〇	诉讼费
		第二项　财政部主管	四·八〇〇|〇〇	
		第一目　淮南运副兼办盐地整理事宜	四·八〇〇|〇〇	登记费
		第三项　实业部主管	七·五〇〇|〇〇	
		第一目　汉口商品检验局武穴分处	七·五〇〇|〇〇	
	第七款　国有营业纯益		一八·三七七|〇〇	
		第一项　财政部主管	一八·三七七|〇〇	
		第一目　开封炼硝厂	一·一一三|〇〇	
		第二目　安徽硝矿局	一七·二六四|〇〇	
	第八款　其他收入		五五·四七〇|一一	
		第一项　财政部主管	五五·四七〇|一一	
		第一目　硝矿收入	五五·〇三六|〇〇	湖北硝矿局追加一·〇三八元,河南硝矿局追加五七·五四〇元,安徽硝矿局追减三·五四二元,互抵结果如上数
		第二目　利息收入	三九二|一一	北平档案保管处一九二·一一元,安徽硝矿局二〇〇元
		第三目　杂项收入	四二|〇〇	宁夏财政厅兼办烟酒事务收入
合计			三九三·六五三|一一	

岁入临时门

科　　目	追加预算数	备　　考
第一款　关税	三六·三四〇|〇〇	
第一项　附加捐	三六·三四〇|〇〇	
第一目　张多关监督署	三六·三四〇|〇〇	
第二款　盐税	三二七·六〇〇|〇〇	
第一项　附加捐	三二七·六〇〇|〇〇	
第一目　口北蒙盐局	三二七·六〇〇|〇〇	
第三款　烟酒税	八三·三九七|〇〇	
第一项　附加捐	八三·三九七|〇〇	
第一目　察哈尔印花烟酒税局	八三·三九七|〇〇	

（续表）

科　目		追加预算数	备　考
第四款　国有事业收入		八·二六一|〇〇	交通、铁道两部主管营业收入拨助国库，转付东北两大港筹备委员会
第一项　交通部主管		四·一三〇|五〇	
第二项　铁道部主管		四·一三〇|五〇	
第五款　国家行政收入		九·〇〇〇|〇〇	
第一项　财政部主管		九·〇〇〇|〇〇	
第一目　清理河北官产善后事宜办事处		九·〇〇〇|〇〇	七、八、九三个月验照费
第六款　其他收入		三六·一三三|〇〇	
第一项　杂项收入		一〇·五三一|〇〇	
第一目　海关税务司署		一〇·五三一|〇〇	
第二项　其他应解库款		二五·六〇二|〇〇	
第一目　教育部		四·〇〇〇|〇〇	二十二年度在第一预备费项下支用临时费余额
第二目　扬子江水利委员会		一六·〇〇〇|〇〇	二十三年度经费节余
第三目　水陆地图审查委员会		五·六〇二|〇〇	二十三年度经费节余
合计		五〇〇·七三一|〇〇	
岁入经临总计		八九四·三八四|一一	

岁出经常门

科　目		追加预算数	备　考
第一款　国务费		四七·七六〇|〇〇	
第一项　其他机关		四七·七六〇|〇〇	
第一目　最高法院		四七·七六〇|〇〇	添设民刑各一庭半年度经费
第二款　实业费		六·八七六|〇〇	
第一项　商务机关		六·八七六|〇〇	
第一目　商品检验局		六·八七六|〇〇	增设武穴分处
第三款　补助费		二〇二·四〇〇|〇〇	
第一项　地方部分		二〇〇·〇〇〇|〇〇	
第一目　甘肃省		二〇〇·〇〇〇|〇〇	
第二项　教育部分		二·四〇〇|〇〇	
第一目　新民小学		二·四〇〇|〇〇	
第四款　第二预备费		二三·六一四|一一	
合计		二八〇·六五〇|一一	

岁出临时门

科　　目	追加预算数	备　　考
第一款　国务费	一·九二二｜○○	
第一项　最高法院添庭开办费	一·九二二｜○○	
第二款　内务费	五·五九二｜○○	
第一项　水陆地图审查委员会	五·五九二｜○○	该会前经中央议决裁撤,兹由主管部呈请以其上年度节余经费办理未完工作,经核定姑准延长一年,将经费改列临时门
第三款　财务费	六·七九七｜○○	
第一项　口北蒙盐局经征食盐附捐汇解费	二·五○○｜○○	
第二项　察哈尔印花烟酒税局经征烟酒附捐办公费	四·二九七｜○○	
第四款　教育文化费	四·○○○｜○○	
第一项　出版品国际交换处办公费	四·○○○｜○○	
第五款　实业费	六二二｜○○	
第一项　汉口商品检验局武穴分处开办费	六二二｜○○	
第六款　交通费	八·二六一｜○○	
第一项　东方大港筹备委员会结束费	五·五○五｜○○	
第二项　北方大港筹备委员会结束费	二·七五六｜○○	
第七款　建设费	一六·○○○｜○○	
第一项　扬子江水利委员会航测华阳河地形图经费	一六·○○○｜○○	
第八款　补助费	五七○·五四○｜○○	
第一项　察哈尔省	四四○·五四○｜○○	
第二项　安徽省	一二○·○○○｜○○	照上年度案续拨六个月经费
第三项　彭家珍等四烈士修墓补助费	一○·○○○｜○○	系二十二年度核准补助二万元,案内未经拨付之一部分,改作本年度支出
合计	六一三·七三四｜○○	
岁出经临总计	八九四·三八四｜一一	

●●中华民国二十四年度（1935年）国家普通岁入岁出第二次追加预算民国二十五年（1936年）七月十八日国民政府训令

岁入经常门

科　　目	追加预算数	备　　考
第一款　烟酒税	一・六九六・一八〇|〇〇	
第一项　烟酒公卖费	一・六九六・一八〇|〇〇	
第一目　四川印花烟酒税局	一・六九六・一八〇|〇〇	
第二款　国有财产收入	一〇・二三二|〇〇	
第一项　教育部主管	一〇・二三二|〇〇	
第一目　清华大学	一〇・二三二|〇〇	房地等项租金
第三款　国有事业收入	八・二〇〇|〇〇	
第一项　教育部主管	八・二〇〇|〇〇	
第一目　清华大学	八・二〇〇|〇〇	学费、体育费及农场出产收入
第四款　国家行政收入	六五・一四五|〇〇	
第一项　财政部主管	二・二二〇|〇〇	
第一目　四川印花烟酒税局	二・二二〇|〇〇	罚金等项收入
第二项　司法行政部主管	六二・九二五|〇〇	
第一目　司法行政部	六二・九二五|〇〇	整理法收之增收
第五款　其他收入	三〇〇|〇〇	
第一项　教育部主管	三〇〇|〇〇	
第一目　清华大学	三〇〇|〇〇	刊物收入
合计	一・七八〇・〇五七|〇〇	

岁入临时门

科　　目	追加预算数	备　　考
第一款　国家行政收入	一・〇〇〇|〇〇	
第一项　内政部主管	一・〇〇〇|〇〇	
第一目　水陆地图审查委员会	一・〇〇〇|〇〇	证票收入
第二款　其他收入	八七・三九八|七〇	
第一项　各项杂收	二八・〇一一|三七	
第一目　中比庚款委员会	二〇・〇〇〇|〇〇	拨助中央助产学校
第二目　北平工学院	八・〇一一|三七	利息及杂收
第二项　其他应解库款	五九・三八七|三三	
第一目　国民政府参军处	二・八四三|〇〇	二十三年度经费结余
第二目　行政法院	一一・〇二九|五九	二十二年度经费结余
第三目　中央助产学校	三一・二六六|七四	二十三年度经费结余
第四目　交通大学上海本部	一四・二四八|〇〇	二十三年度经费结余
合计	八八・三九八|七〇	
岁入经临总计	一・八六八・四五五|七〇	

岁出经常门

科　目	追加预算数	备　考
第一款　国务费	五八·六八〇|〇〇	
第一项　其他机关	五八·六八〇|〇〇	
第一目　最高法院	四七·七六〇|〇〇	再添刑事二庭追加半年度经费
第二目　行政法院	一〇·九二〇|〇〇	
第二款　财务费	四一五·三八九|〇〇	
第一项　印花、烟酒事务费	四一五·三八九|〇〇	
第一目　四川印花烟酒税局	四一五·三八九|〇〇	
第三款　教育文化费	一八·七三二|〇〇	
第一项　国立各学校	一八·七三二|〇〇	
第一目　清华大学	一八·七三二|〇〇	增加班级并扩充农业研究所
第四款　第二预备费	四二七|五九	
合计	四九三·二二八|五九	

岁出临时门

科　目	追加预算数	备　考
第一款　国务费	四·七六五|〇〇	
第一项　国民政府修理费	二·八四三|〇〇	
第二项　最高法院添庭开办费	一·九二二|〇〇	
第二款　内务费	五二·二六六|七四	
第一项　中央助产学校建筑费	五一·二六六|七四	建筑校舍及产院甲项工程所需要全款共六六·六五〇元，除准移用该校经费一五·三八三·二六元外，计追加如上数。
第二项　水陆地图审查委员会印刷费	一·〇〇〇|〇〇	印刷审查证票
第三款　教育文化费	八·〇一一|三七	
第一项　国立北洋工学院建筑费	八·〇一一|三七	建筑工程实验馆费用实有超支列报追加一三·四八六·七二元，除准移用该院经费五·四七五·三五元外，计追加如上数。
第四款　司法费	一二·九二五|〇〇	
第一项　最高法院检察署临时费	一二·九二五|〇〇	检举易案鉴定书画
第五款　交通费	一四·二四八|〇〇	
第一项　交通大学上海本部购地费	一四·二四八|〇〇	扩充校址
第六款　补助费	一·二八三·〇一一|〇〇	
第一项　边省留用国税	一·二八三·〇一一|〇〇	就四川印花烟酒税局收支余额核列
合计	一·三七五·二二七|一一	
岁入经临总计	一·八六八·四五五|七〇	

●●中华民国二十四年度（1935 年）国家普通岁入岁出第三次追加预算民国二十五年（1936 年）十月二十八日国民政府训令

岁入经常门

科　目	追加预算数	备　考
第一款　烟酒税	四五〇|〇〇	
第一项　烟酒税捐	四五〇|〇〇	鲁豫区统税局郑州管理所兼办烟酒税收入
第二款　统税	一九〇・三六四|〇〇	
第一项　水泥税	七一・九六四|〇〇	冀晋察绥区统税局经征晋省阳曲西北洋灰厂税款
第二项　薰烟税	一一八・四〇〇|〇〇	鲁豫区统税局郑州管理所经征税款
第三款　国有财产收入	六二二|〇〇	
第一项　财政部主管	六二二|〇〇	北平档案保管处租金
第四款　国有事业收入	四一・二八〇|〇〇	
第一项　建设委员会主管	四一・二八〇|〇〇	直辖营业机关解款
第五款　国家行政收入	四七・二二七|五三	
第一项　司法行政部主管	一・二四四|五三	印状纸、工本等费之增收
第二项　实业部主管	四五・九八三|〇〇	全国度量衡局上海商品检验局（两次追加）之增收及汉口商品检验局添设重庆分处之三个月收入
合计	二七九・九四三|五三	

岁入临时门

科　目	追加预算数	备　考
第一款　国有事业收入	五五二・八〇一|一九	
第一项　教育部主管	一〇・八三九|一九	中央大学学生补缴欠费及东北青年教育救济处补解二十三年度学生报名费
第二项　铁道部主管	四〇三・二四二|〇〇	平汉北宁两路局解款
第三项　建设委员会主管	一二・七二〇|〇〇	直辖营业机关解款
第四项　全国经济委员会主管	一二六・〇〇〇|〇〇	卫生实验处药品售价
第二款　国有营业纯益	二・〇〇〇・八〇五|〇〇	
第一项　财政部主管	二・〇〇〇・八〇五|〇〇	中央银行及开封炼硝厂盈余
第三款　债款收入	一五・〇〇〇・〇〇〇|〇〇	
第一项　财政部主管	一五・〇〇〇・〇〇〇|〇〇	二十四年水灾工赈公债已定用途部分
第四款　其他收入	二・二四三・七〇六|七九	
第一项　国民政府主管	一二三|五八	补收审计部所属苏、浙、鄂、沪各省、市审计处二十三年度收入

（续表）

科目	追加预算数	备考
第二项　财政部主管	二・〇〇〇・〇〇〇|〇〇	公务员捐俸助赈已定用途之款
第三项　教育部主管	二・六一三|四〇	补收东北青年教育救济处二十三年度存款利息
第四项　铁道部主管	三〇・九八二|〇〇	
第五项　建设委员会主管	一三五・〇〇〇|〇〇	首都电厂解款（机件作价）中英庚款董事会借款银行借款等收入
第六项　其他应解库款	七四・九八七|八一	
第一目　二十二年度致祭达赖专使行署经费节余	二・四七四|七七	
第二目　二十三年度法官训练所经费节余	九・四二一|〇〇	
第三目　苏浙鄂沪等省市审计处经临费节余	二・四三二|一〇	
第四目　东北勤苦学生救济费节余	四七・九〇四|四七	
第五目　司法行政部法官临时考试费节余	七五五|四七	
第六目　中央执行委员会拨助法官训练所	一二・〇〇〇|〇〇	
合计	一九・七九七・三一二|九八	
岁入经临总计	二〇・〇七七・二五六|五一	

岁出经常门

科目	追加预算数	备考
第一款　内务费	二七・六六〇|〇〇	
第一项　内政部所属	二七・六六〇|〇〇	
第一目　至圣及四配奉祀官俸给费	二二・五〇〇|〇〇	新增单位
第二目　至圣南宗奉祀官俸给费	五・一六〇|〇〇	新增单位
第二款　实业费	二五・九〇八|〇〇	
第一项　商务机关	二五・九〇八|〇〇	
第一目　上海商品检验局	一九・二〇〇|〇〇	
第二目　汉口商品检验局重庆分处	六・七〇八|〇〇	新机关三个月经费
第三款　建设费	四一・二八〇|〇〇	
第一项　建设委员会	四一・二八〇|〇〇	扩充电矿两试验所所需经费
第四款　补助费	二・〇〇〇|〇〇	
第一项　其他部分	二・〇〇〇|〇〇	
第一目　古乐传习所	二・〇〇〇|〇〇	新增单位
第五款　第二预备费	二四・二一六|〇〇	
合计	一二一・〇六四|〇〇	

岁出临时门

科　目	追加预算数	备　考
第一款　国务费	二三·九七六|六八	
第一项　法官训练所	二一·四二一|〇〇	训练中央党部司法官考试及格人员所需经费,原列经常门改列为临时门
第二项　审计部	二·五五五|六八	特种建筑费用
第二款　内务费	六一·七二〇|〇〇	
第一项　内政部县市行政讲习所	五三·七二〇|〇〇	开办费五千元,五个月经费四八·七二〇元,原系以经临支出分别列报,兹查该所非常设机关应一并列临时门
第二项　汪院长被刺案缉凶赏金	八·〇〇〇|〇〇	
第三款　外交费	八·〇〇〇|〇〇	
第一项　外国顾问俸薪	八·〇〇〇|〇〇	续聘爱斯嘉拉顾问俸薪费
第四款　教育文化费	六一·三五七|〇六	
第一项　东北青年教育救济处	五〇·六二八|八七	东北中山中学移京建筑校舍经费全款七万五千元,除准移用该处同年度经常费二四·三七一元一角三分外,追加如上数
第二项　中央大学	一〇·七二八|一九	该大学二十一年度内曾据造送建筑设备费概算计二十五万六千元,并据声明自行筹有财源二十四万五千四百五十六元六角二分,迨建设竣事实支超过原案一百八十四元八角一分,共计不敷一万零七百二十八元一角九分。嗣于补收学生欠费项下如数筹足,此项收支均为追加,故列如上数
第五款　司法费	二·〇〇〇|〇〇	
第一项　司法行政部	二·〇〇〇|〇〇	刊印司法统计费用
第六款　实业费	一八·七二〇|〇〇	
第一项　全国度量衡局度量衡制造所	一四·四〇〇|〇〇	因赶制川、湘、桂等省所需度量衡器,添雇临时工人等项费用,原列经常门兹按性质改列临时门
第二项　上海商品检验局	四·三二〇|〇〇	办理安徽外销茶叶产地检验费用
第七款　交通费	三七七·五〇〇|〇〇	
第一项　铁路卫生设备费	三七七·五〇〇|〇〇	
第八款　建设费	一七·一六一·〇〇〇|〇〇	
第一项　建设委员会建筑费	三五·〇〇〇|〇〇	添建电气试验所房屋费用
第二项　江河堵口复堤经费	一三·〇〇〇·〇〇〇|〇〇	
第三项　各省工赈款	四·〇〇〇·〇〇〇|〇〇	
第四项　全国经济委员会卫生实验处事业费	一二六·〇〇〇|〇〇	扩充制药室所需经费
第九款　国有营业资本支出	二·一六九·四四四|〇〇	

（续表）

第一项　财政部主管	二·〇〇〇·〇〇〇|〇〇	拨付中央造币之用
第二项　铁道部主管	五六·七二四|〇〇	系京粤线皖浙段测量费，长渝线测量费及经济调查费、修改滇越铁路章程费等，为各路资本支出之一部分，应汇入本款，俾便计入成本
第三项　建设委员会主管	一一二·七二〇|〇〇	拨付西京电厂之用
第十款　补助费	七〇·〇〇〇|〇〇	
第一项　修复西康大金寺补助费	二〇·〇〇〇|〇〇	
第二项　修建西藏热振寺补助费	二〇·〇〇〇|〇〇	
第三项　中华体育协进会筹备参加第十一届世界运动会补助费	三〇·〇〇〇|〇〇	补助筹备及训练之需
第十一款　债务费	二·四七四|七七	
第一项　拨还前新疆宣慰使署借垫款	二·四七四|七七	
合计	一九·九五六·一九二|五一	
岁出经临总计	二〇·〇七七·二五六|五一	

●●公有营业预算暂行标准民国二十五年（1936 年）三月十九日国民政府令饬遵照

一　各级政府为适应一般人民或国家之需要而以营业方式经营之事业，为公有营业。

二　公有营业应依会计年度编制预算，其编审程序及时期与普通预算同。

三　公有营业预算，应依主计处规定之营业机关预算科目，编造之。

四　公有营业编送预算时，应附本年度营业计划书。

五　营业支出中关于管理费用、业务费用之划分，由各该主管机关附表说明之。

　属于管理费用者，应以业务上必要之组织为限，并受核定预算之拘束。

　属于业务费用者，得依营业实际需要，由主管机关核定伸缩之。

　其他费用，以与业务有关者为限，应力求减少，且均应计入盈亏。

六　增置产业之费用，应预定计划编入预算，不得以收入增多自由增支。

●●中央储蓄会章程民国二十四年（1935 年）十月二十四日财政部核准

第一条　中央信托局为顾全旧有各储蓄会储户之利益，增进国民储蓄观念起见，经政府特许设立中央储蓄会，办理按月抽签给彩还本付息之储蓄存款事宜。

第二条　中央储蓄会基金定为国币五百万元,由中央信托局资本项下一次拨足之。如须增加基金时,经中央信托局理事会议决监事会同意,得呈报中央银行核准加拨之。

第三条　中央储蓄会经中央信托局理事会之议决,详订发行按月抽签给彩还本付息之储蓄会单章程,陈请中央银行核转财政部核准后,开始实行。

第四条　中央储蓄会设监理委员会,审核本会资金运用方法,由中央信托局理事长聘任委员组织之。

第五条　中央储蓄会之资产负债实况,每月经监理委员会审核后公布之。

第六条　中央储蓄会会计独立,与中央信托局其他业务划分办理,于每年六月、十二月各决算一次,并于年终为全年决算期编制决算书表,经监理会审核,并请会计师查核后,呈部备案,并公告之。

第七条　中央储蓄会就中央银行分行办事处附设分会、支会及代理处,如无中央银行地点有设立分、支会之必要时,得经中央信托局理事会之决议设立之。

第八条　中央储蓄会设经理一人,副襄理各一人或数人,均由中央信托局理事长派充之。

第九条　中央储蓄会得视事务繁简酌量分科,各科设主任、副主任及办事人员,由中央信托局局长呈请理事长派充之。

第一〇条　本章程自经中央信托局理事会议决,陈请中央银行核转财政部核准施行,并转呈国民政府备案,修改时亦同。

●●中央储蓄会监理委员会规程民国二十四年(1935 年)十月二十四日财政部核准

第一条　中央储蓄会依章程第四条之规定,设立监理委员会。

第二条　监理委员会以委员十一人组织之,除中央信托局监事为当然委员外,其余八人由中央信托局理事长就办理储蓄信托素有经验声望之人员中聘任之,每二年改任三人。

第三条　监理委员会审核中央储蓄会储蓄存款之运用,是否不背储蓄银行法及中央信托局章程运用资金之规定。

第四条　监理委员会互推主席一人及常务委员二人。

第五条　监理委员会每月开会一次,由主席委员召集之。遇必要时,得由主席委员或委员三人以上之提议,召集临时会议。

第六条　监理委员会会议非有委员过半数之出席,不得开会。

第七条　监理委员会会议事项以出席委员过半数之同意通过之,可否同数时,取决于主席。

第八条　监理委员会之审核事宜每月举行一次,于每届委员会开会时,推举委员三人办理之。

第九条　监理委员会每次会议后应编制审核报告书,附具意见,呈报中央信托局理事长。

第一〇条　监理委员会对于储蓄会重要业务有意见时,得提出建议书,呈请中央信托局理事长核定后,交中央储蓄会办理之。

第一一条　本规程经中央信托局理事会决议,陈请中央银行核转财政部核准施行,并转呈国民政府备案。修改时亦同。

●●银制品用银管理规则民国二十四年(1935 年)十一月十五日财政部公布,二十五年(1936 年)五月十八日修正

第一条　凡银制品用银,依本规则管理之。

第二条　自本规则公布之日起,凡制造银器、银饰应以化学银为原料,其必须掺用纯银者,仍照原有习惯办理。

第三条　在本规则公布以前制成之银器、银饰,暂准照旧出售至售罄为止,其未制造成品之银料,不得私行出售。

第四条　自本规则公布之日起一个月内,银制品制造者应将制成之银器、银饰名称、件数及其所含纯银量并现存银料数量报由当地该业同业公会或商会转报当地或就近中央银行或其代理行号查核,转报财政部。其未设有中央银行地方,或报由中国或交通银行,或其他代理行号查核转报。

第五条　银制品制造者需用银料应向中央、中国交通银行或指定之代理行号购买,但应由当地该业同业公会或商会出具不作别用之保结,同负连带责任。

第六条　银制品制造者购买银料,其最高限度以本规则公布前三年该制造者出售银器银饰平均数量为准,其未及三年者,以前一年出售数量为准。

第七条　银制品制造者应将每六月售出银器、银饰所含纯银总量报明当地该业同业公会或商会转报发售银料之中央或中国交通银行或代理行号查核,转报财政部。

第八条　银制品制造者停业时,应将所存银器、银饰、银料按所含纯银量向中央或中国交通银行兑换法币。

第九条　银制品制造者违背本规则之规定,应勒令停业,其有偷漏或意图偷漏情事,依照妨害国币惩治暂行条例第二款第五条论罪。

第一〇条　本规则第二条至第八条所列事项,应由发售银料之银行随时派员稽查,如查有第九条所列情事时,应报由当地行政或司法官署办理。

第一一条　凡属艺术药品及其他工业之用银，准用本规则之规定。

第一二条　本规则自公布之日施行。

●●运输银币银类请领护照及私运私带处罚办法民国二十四年（1935年）十一月二十三日施行

第一条　凡运送银币、银类应由中央、中国、交通三银行运输。

前项规定各银行运输银币、银类均应持有财政部准运护照，方得起运，沿途关卡或军警凭验部照放行。

第二条　在中央、中国、交通三银行未设有分、支行或代理处地方，经委托各银行、钱庄、典当、邮政、铁路、轮船、电报各局、国、地税收机关、县政府及其他公共机关或公共团体收换之银币、银类应即送交距离各该兑换机关最近之中央、中国、交通三银行或其代理行号兑换法币，在运送时，并应由各兑换机关备具证明书，开明银币或银类数目，兑换法币行名，以供沿途军警查验，并一面通知距离最近之兑换法币银行，以资接洽。但通过海关关卡时，应凭财政部护照验放。

第三条　凡依照银制品用银管理规则购买银料者，其运送时，应由发售银料之银行给予证明书，以供查验。但通过海关关卡时，应凭财政部护照验放。

第四条　凡未请领部照或并未携有兑换机关证明书，私行运输银币银类者，经军政警机关或海关查获，即予没收充公。

前项缉获之银币、银类，如查有故存隐匿意图，偷漏出口者，并应将人犯送由当地法院按照妨害国币惩治暂行条例惩处。

第五条　各地人民在兑换法币期限以内，得携带银币、银类向距离最近兑换机关兑换法币。

第六条　除第一、第二、第三、第五各条所规定者外，凡出洋或往来国内之旅客及舟车员役等，概不准运输或携带银币、银类，违者依第四条之规定分别办理。

●●缉获私运银类银币处罚给奖办法民国二十四年（1935年）十一月二十三日修正施行

一　缉获无照私运之银币或银类，应依照运输银币银类请领护照及私运私带处罚办法第四条规定办理。

二　前项充公之银币或银类，送交中央、中国、交通三银行掉换法币后，照下列办法支配奖金：

甲　如为海关或军警机关单独缉获者，照海关无眼线人提奖办法，加倍给奖，即异常劳绩给予百分之六十，寻常劳绩给予百分之四十（例如偷运银币一万元缉获没收后，军警或关员有异常劳绩者，给奖六千元，寻常劳绩者给奖四千元）。

乙　如海关得眼线人告密，因军警机关之协助而缉获者，照海关有眼线人提奖办法加倍给奖，军警及眼线人各得百分之四十，关员得百分之二十（如前例军警及眼线人各得四千元，关员得二千元）。

丙　如军警机关得眼线人告密因而缉获者，眼线人给奖百分之六十，军警给奖百分之四十。

丁　如海关借眼线人告密（无军警之协助）因而缉获者，眼线人给奖百分之六十，关员给奖百分之四十。

戊　如海关因军警之协助（无眼线人告密）而缉获者，军警给奖百分之四十，关员给奖百分之四十。

眼线人姓名应为代守秘密。

三　海关或军警机关缉获私运银币充公或并送法院处治案件，均应按月汇报财政部查核。

●●发行准备管理委员会章程民国二十四年（1935年）十一月三日财政部公布

第一条　财政部为统一发行巩固法币信用起见，特设发行准备管理委员会。

第二条　发行准备管理委员会遵照政府法令，保管法币准备金，并办理法币之发行、收换事宜。

第三条　发行准备管理委员会以下列委员组织之：

一　财政部派五人；

二　中央、中国、交通三银行代表各二人；

三　银行业同业公会代表二人；

四　钱业同业公会代表二人；

五　商会代表二人；

六　各发行银行由财政部长指定代表五人。

第四条　发行准备管理委员会以中央银行总裁为主席，并由委员互推常务委员五人至七人执行日常事务。

第五条　发行准备管理委员会得聘请中外金融界领袖为顾问。

第六条　法币准备金由发行准备管理委员会指定中央、中国、交通三行之库房为准备库，其各地分存数目由发行准备管理委员会决定，并陈报财政部备案。

第七条　发行准备管理委员会每月应检查准备库一次,并将发行数额及准备种类数额分别公告,并陈报财政部备案。

第八条　发行准备管理委员会得酌用人员,分课办事。

第九条　发行准备管理委员会得拟订办事规则,陈报财政部核准备案。

第一〇条　本章程自公布之日施行。

●●发行准备管理委员会分会章程民国二十四年(1935 年)十一月二十七日财政部公布

第一条　发行准备管理委员会分会依照发行准备管理委员会章程第一条之规定,由发行准备管理委员会议决,陈准财政部于通商巨埠设立之。

第二条　发行准备管理委员会分会秉承发行准备管理委员会办理分会所在地法币准备金之保管、检查事宜。

第三条　发行准备管理委员会分会委员由发行准备管理委员会遴选,转请财政部核定、派充,并由财政部于委员中指定一人为主席。

第四条　发行准备管理委员会分会应互推常务委员三人至七人,执行日常事务,应报由发行准备管理委员会转报财政部核准、备案。

第五条　发行准备管理委员会分会,得酌用人员办理会务。

第六条　发行准备管理委员会分会得拟订办事规则,报由发行准备管理委员会转报财政部核准备案。

第七条　本章程自公布之日施行。

●●发行准备管理委员会检查规则民国二十四年(1935 年)十二月二十三日财政部公布

一　本规则依照发行准备管理委员会章程第七条之规定制定之。

二　法币发行数额及其准备金种类、数目定为每月检查一次。

三　法币发行准备金应分别现金准备及保证准备两项检查之。

四　法币发行须按发行数额十足准备,现金准备为六成,以金、银或外汇充之。保证准备为四成,以国民政府发行或保证之有价证券及经财政部认为确实之其他资产或短期确实商业票据充之。

五　现金准备检查如系库存现币、现银,应分别点验。如系寄存分库或存放国外银行者,应核验各该分库存放银行之单据，证明之。

六　保证准备之检查如系库存证券或其他资产，应分别点验。如系寄存分库或寄存国外银行者，应核验各该分库或寄存银行之单据，证明之。

七　凡设有发行准备管理委员会分会地方，其法币发行数额及准备金之种类、数目，由分会检查后，转报发行准备管理委员会汇办，无分会地方由该地中、中、交三行将发行及准备数目填报各该总行，转报发行准备管理委员会汇办。

八　发行准备管理委员会每次检查应将发行数额之准备种类、数目，分别公告，并陈报财政部备案。

九　本规则自公布之日施行。

●●接收发行办法 民国二十四年（1935年）十一月二十九日财政部核准

一　各埠发行行之现金准备，应赶速由三行分别接收，并立即运送至集中地点，限期办妥具报。

二　各埠发行行之保证准备，应赶速由三行分别接收，并责成原发行行开具清单，注明估值或市价，以便函报发行准备管理委员会审核（此项保证准备先为接收，再行审查，如不合格，由发行准备管理委员会以书面说明，交由原接收代表行向原发行行接洽调换或增加，并取具原发行行负责办理之证明书。关于此项保证准备品以何时为处理终了之期，亦应规定）。

三　三行接收各埠发行行之现金准备如不足法定六成数额，应先尽现有数目接收，一面取具原发行行对于上项事实之声明书，函报发行准备管理委员会讨论办法。

四　新印未发之券料及已印收回之钞券均应全部接收，原发行行如有营业准备不足、周转困难者，得与接收行接洽，设法维持接收行。如有困难时，得由三行会商办法，报告本会与财政部商议解决方法。

五　各发行行所报之发行额应由本会计核课，详细审查，核其所报是否与事实符合，一面仍嘱由原发行行负责者以书面声明所报之发行额并无隐漏，此事应速办，迟恐易生枝节。

六　本会原为发行监督机关，每月十日以前应将上月发行及准备情形检查公告。

七　发行准备管理办法应请中、中、交三行妥为详细拟定，报告本会，并通令各地分、支行一体遵照办理。

八　九行发行额以二十四年十一月三日之发行额为限，不得再有增加其暂准照常行使之期限由部规定至于准备不足者如何责分补足办法俟三行接收清楚后详报本会请部核定。

●●兑换法币办法 民国二十四年(1935年)十一月十五日财政部公布

第一条　各地银钱行号、商店及其他公共团体或个人持有银币、厂条、生银、银锭、银块及其他银类者,应于民国二十四年十一月四日起三个月以内,就近交各地兑换机关换取法币,但下列各款不在此限。

一　工业艺术或其他必须用为原料之银类,依照银制品用银管理规则经政府许可者;

二　古币、稀币或有关文化之银质古物;

三　在本办法公布前制成及存有之银质器具及装饰品。

第二条　兑换法币机关如下:

一　中央、中国、交通三银行及其分、支行或代理处;

二　三银行委托之银行、钱庄、典当、邮政、铁路、轮船、电报各局及其他公共机关或公共团体;

三　各处国、地税收机关;

四　各县政府。

第三条　通用银币及厂条以外之一切银类兑换法币,应按其成色估定兑换。

第四条　凡无法币流通地方,持有银币、厂条、生银、银锭、银块及其他银类者,应送交第二条二、三、四各款所列各机关,请其代换法币。

第五条　第二条二、三、四各款所列各机关收兑之银币、厂条、生银、银锭、银块及其他银类,应即送交附近中央、中国、交通三银行兑换法币,如有藏匿或转付其他用途者,以侵占罪论。

第六条　在兑换期间,如有对于银币、厂条、生银、银锭、银块及其他银类之持有人借端敲诈者,以诈欺罪论。

第七条　凡通用银币与法币之兑换,不得有丝毫差价,违者按其情节将法币、银币分别没收或一并没收之。其意图偷漏而高价收换银币、厂条、生银、银锭、银块及其他银类者,依照妨害国币惩治暂行条例第二条第五条办理。

第八条　本办法自公布之日施行。

●●兑换法币收集现金办法 民国二十四年(1935年)十一月二十九日财政部核准

一　各处已经具报三行,已经兑给法币之现金,应由三行各自统筹,早日运送适当地点之库存储,并将数目随时表报本会。

二　未经兑换法币者，应速兑换，并亦照前办法办理。

三　地名券准备现金，除当地设有发行准备管理委员会分会者另案办理外，余应一律照第一条规定办理，其护照由三行向财政部请领。

四　三行运送现金所有运送费用，得开具实支清单，呈请财政部核付。

五　运送现金应由三行专责办理，其经三行委托报明政府者，不在此限。

六　三行未设分、支行处之地点，其兑换法币之职责仍由三行负担，或仍由部颁兑换办法委托其他机关代兑或自设办事处办理，以期达到推行法币及收集现金之目的。三行应从速办理，不可延误。

七　关于收集现金，应分区责成三行分别负责办理，每旬具报，以凭考核。

八　各省自铸银币重量成色种种不一，在二十四年十一月四日以前最近期内，在各该地方照一元，行使者准予兑给法币一元，其向有折扣者兑换法币之时，亦照市价折扣兑给，将来改铸时，如有损耗，由政府负担。

九　以生银掉换法币者，照各该地估定成色以纯银二三·四九三四四八公分（合市平〇·七五一七九）兑换法币一元。

●●收换破损钞票办法

一　凡破损钞票属于下列情形之一者，照全额收换之。

　甲　破痕极微，余留部分在四分之三以上者；

　乙　虽经分裂而片片均能吻合者；

　丙　污损熏焦而签章号码、文字花纹等均可辨认者。

二　凡破损钞票余留部分不及四分之三者，照半额收换之。

三　凡破损钞票属于下列情形之一者不予收换。

　甲　经火熏、水浸、油渍涂染不能辨认真伪者；

　乙　余留部分不及二分之一者；

　丙　拼凑成张不能吻合者；

　丁　故意剪挖、涂改或揭去一面者；

　戊　不能通用之钞票，如样本券作废券等。

四　凡破损钞票其破损情形虽适合第一、第二两条之规定而有故意损坏嫌疑者，得不予收换。

●●辅币条例民国二十五年(1936年)一月十一日国民政府公布

第一条　辅币之铸造专属于中央造币厂,其发行由中央银行专司之。

第二条　辅币之种类如下:

镍币三种

二十分镍币　总重六公分成色纯镍;

十分镍币　总重四·五公分成色纯镍;

五分镍币　总重三公分成色纯镍。

铜币二种

一分铜币　总重六·五公分,成色铜九五,锡锌五;

半方铜币　总重三·五公分,成色铜九五,锡锌五。

第三条　辅币以十进计算,其合法币一元之枚数如下:

二十分镍币　五枚;

十分镍币　十枚;

五分镍币　二十枚;

一分铜币　一百枚;

半分铜币　二百枚。

第四条　辅币之型式,由财政部拟定,呈经行政院转呈国民政府颁布之。

第五条　辅币授受数目,镍币每次授受以合法币二十元为限;铜币每次授受以合法币五元为限。但赋税之收受及中央银行之兑换,不适用此种限制。

第六条　旧有通用辅币,由财政部收回、销毁,改铸之。但于规定期限内,仍准各照市价行使。前项办法及期限由财政部定之。

第七条　辅币因行使日久自然磨损致法定重量减少至百分之五者,得向中央银行兑换新币。但系故意毁损或錾盖戳记致重量减少、形式改变者,即失其流通效力,不得行使及请求兑换。

第八条　伪造辅币及妨害辅币信用者,依法惩治。

第九条　本条例自公布日施行。

●●民国二十五年(1936年)统一公债条例民国二十五年(1936年)二月八日国民政府公布

第一条　国民政府为统一债券名称,换偿旧有各种债券,由财政部发行公债,定名为民国二十五年统一公债。

第二条　本公债定额为国币十四万六千万元,分为五类。甲种债票,定额国币一万五千万元;乙种债票,定额国币一万五千万元;丙种债票,定额国币三万五千万元;丁种债票,定额国币五万五千万元;戊种债票,定额国币二万六千万元。

第三条　本公债换偿旧有各种债券,依原定清偿年限先后,分别如下:

甲种债票换债二十二年爱国库券、短期国库证、十八年关税库券、二十二年华北战区公债治安债券、十九年关税库券等债券。

乙种债票换偿十九年善后库券、二四库券、二十四年整理四川金融库券、二十三年关税库券、二十年卷烟税库券等债券。

丙种情票换偿十八年编遣库券、二十年统税库券、二十年金融短期公债、二十年盐税库券、二十年江浙丝业公债、十八年振灾公债、军需公债、十八年裁兵公债、二十年关税库券等债券。

丁种债票换偿十九年关税公债、七年六厘公债、二十年振灾公债、意庚款凭证、二十四年金融公债、二十三年关税公债、俄款凭证、统税凭证等债券。

戊种债票换偿二十二年关税库券、二十四年水灾、工振公债、整理七厘公债、整理六厘公债、十五年春节库券等债券。

第四条　本公债定于民国二十五年二月一日发行。

第五条　本公债利率定为周年六厘,每年一月三十一日及七月三十一日各付息一次。

第六条　本公债偿还期限,甲种债票定为十二年,乙种债票定为十五年,丙种债票定为十八年,丁种债票定为二十一年,戊种债票定为二十四年。每年一月三十一日及七月三十一日各抽签还本一次,每种债票每次抽还数目各依还本付息表之规定。

第七条　本公债本息基金仍照旧有债券原案规定,在关税项下,除拨付赔款外债外,所余之税款支付由财政部命令总税务司依照五种还本付息表所列,应还本息数月按月平均拨交中央银行,收入国债基金管理委员会本公债户账,专款存储备付。

第八条　本公债还本付息事宜,指定中央银行及其委托之中国银行、交通银行为经理机关。

第九条　本公债债票分为五千元、千元、百元、十元四种。

第一〇条　本公债债票为无记名式,得自由买卖、抵押,如公务上须缴纳保证金时,得作为替代品,并得为银行之保证准备金。

第一一条　对于本公债债票如有伪造及毁损信用之行为者,由司法机关依法惩治。

第一二条　本条例自公布日施行。

●●民国二十五年（1936年）统一公债甲种债票还本付息表

年	月	日	现负数	期次	还本数	付息数	本息总数
二五	七	三一	一五〇·〇〇〇·〇〇〇	一	七五〇·〇〇〇	四·五〇〇·〇〇〇	五·二五〇·〇〇〇
二六	一	三一	一四九·二五〇·〇〇〇	二	九〇〇·〇〇〇	四·四七七·五〇〇	五·三七七·五〇〇
	七	三一	一四八·三五〇·〇〇〇	三	一·二〇〇·〇〇〇	四·四五〇·五〇〇	五·六五〇·五〇〇
二七	一	三一	一四七·一五〇·〇〇〇	四	一·五〇〇·〇〇〇	四·四一四·五〇〇	五·九一四·五〇〇
	七	三一	一四五·六五〇·〇〇〇	五	一·八〇〇·〇〇〇	四·三六九·五〇〇	六·一六九·五〇〇
二八	一	三一	一四三·八五〇·〇〇〇	六	二·一〇〇·〇〇〇	四·三一五·五〇〇	六·四一五·五〇〇
	七	三一	一四一·七五〇·〇〇〇	七	二·四〇〇·〇〇〇	四·二五二·五〇〇	六·六五二·五〇〇
二九	一	三一	一三九·三五〇·〇〇〇	八	二·八五〇·〇〇〇	四·一八〇·五〇〇	七·〇三〇·五〇〇
	七	三一	一三六·五〇〇·〇〇〇	九	三·一〇〇·〇〇〇	四·〇九五·〇〇〇	七·一九五·〇〇〇
三〇	一	三一	一三三·四〇〇·〇〇〇	一〇	二·九〇〇·〇〇〇	四·〇〇二·〇〇〇	六·九〇二·〇〇〇
	七	三一	一三〇·五〇〇·〇〇〇	一一	四·二〇〇·〇〇〇	三·九一五·〇〇〇	八·一一五·〇〇〇
三一	一	三一	一二六·三〇〇·〇〇〇	一二	五·四〇〇·〇〇〇	三·七八九·〇〇〇	九·一八九·〇〇〇
	七	三一	一二〇·九〇〇·〇〇〇	一三	五·四〇〇·〇〇〇	三·六二七·〇〇〇	九·〇二七·〇〇〇
三二	一	三一	一一五·五〇〇·〇〇〇	一四	六·六〇〇·〇〇〇	三·四六五·〇〇〇	一〇·〇六五·〇〇〇
	七	三一	一〇八·九〇〇·〇〇〇	一五	六·六〇〇·〇〇〇	三·二六七·〇〇〇	九·八六七·〇〇〇
三三	一	三一	一〇二·三〇〇·〇〇〇	一六	七·六〇〇·〇〇〇	三·〇六九·〇〇〇	一〇·六六九·〇〇〇
	七	三一	九四·七〇〇·〇〇〇	一七	八·〇〇〇·〇〇〇	二·八四一·〇〇〇	一〇·八四一·〇〇〇
三四	一	三一	八六·七〇〇·〇〇〇	一八	九·〇〇〇·〇〇〇	二·六〇一·〇〇〇	一一·六〇一·〇〇〇
	七	三一	七七·七〇〇·〇〇〇	一九	九·〇〇〇·〇〇〇	二·三三一·〇〇〇	一一·三三一·〇〇〇
三五	一	三一	六八·七〇〇·〇〇〇	二〇	一〇·二〇〇·〇〇〇	二·〇六一·〇〇〇	一二·二六一·〇〇〇
	七	三一	五八·五〇〇·〇〇〇	二一	一〇·二〇〇·〇〇〇	一·七五五·〇〇〇	一一·九五五·〇〇〇
三六	一	三一	四八·三〇〇·〇〇〇	二二	一二·〇〇〇·〇〇〇	一·四四九·〇〇〇	一三·四四九·〇〇〇
	七	三一	三六·三〇〇·〇〇〇	二三	一二·二〇〇·〇〇〇	一·〇八九·〇〇〇	一三·二八九·〇〇〇
三七	一	三一	二四·一〇〇·〇〇〇	二四	二四·一〇〇·〇〇〇	七二三·〇〇〇	二四·八二三·〇〇〇
共　计					一五〇·〇〇〇·〇〇〇	七九·〇三九·五〇〇	二二九·〇三九·五〇〇

●●民国二十五年（1936 年）统一公债乙种债票还本付息表

年	月	日	现负数	期次	还本数	付息数	本息总数
二五	七	三一	一五〇・〇〇〇・〇〇〇	一	七五〇・〇〇〇	四・五〇〇・〇〇〇	五・二五〇・〇〇〇
二六	一	三一	一四九・二五〇・〇〇〇	二	七五〇・〇〇〇	四・四七七・五〇〇	五・二二七・五〇〇
	七	三一	一四八・五〇〇・〇〇〇	三	七五〇・〇〇〇	四・四五五・〇〇〇	五・二〇五・〇〇〇
二七	一	三一	一四七・七五〇・〇〇〇	四	七五〇・〇〇〇	四・四三二・五〇〇	五・一八二・五〇〇
	七	三一	一四七・〇〇〇・〇〇〇	五	七五〇・〇〇〇	四・四一〇・〇〇〇	五・一六〇・〇〇〇
二八	一	三一	一四六・二五〇・〇〇〇	六	七五〇・〇〇〇	四・三八七・五〇〇	五・一三七・五〇〇
	七	三一	一四五・五〇〇・〇〇〇	七	一・三五〇・〇〇〇	四・三六五・〇〇〇	五・七一五・〇〇〇
二九	一	三一	一四四・一五〇・〇〇〇	八	一・五五〇・〇〇〇	四・三二四・五〇〇	五・八七四・五〇〇
	七	三一	一四二・六〇〇・〇〇〇	九	一・八〇〇・〇〇〇	四・二七八・〇〇〇	六・〇七八・〇〇〇
三〇	一	三一	一四〇・八〇〇・〇〇〇	一〇	一・九〇〇・〇〇〇	四・二二四・〇〇〇	六・一二四・〇〇〇
	七	三一	一三八・九〇〇・〇〇〇	一一	四・〇〇〇・〇〇〇	四・一六七・〇〇〇	八・一六七・〇〇〇
三一	一	三一	一三四・九〇〇・〇〇〇	一二	四・〇〇〇・〇〇〇	四・〇四七・〇〇〇	八・〇四七・〇〇〇
	七	三一	一三〇・九〇〇・〇〇〇	一三	四・〇〇〇・〇〇〇	三・九二七・〇〇〇	七・九二七・〇〇〇
三二	一	三一	一二六・九〇〇・〇〇〇	一四	四・〇〇〇・〇〇〇	三・八〇七・〇〇〇	七・八〇七・〇〇〇
	七	三一	一二二・九〇〇・〇〇〇	一五	五・〇〇〇・〇〇〇	三・六八七・〇〇〇	八・六八七・〇〇〇
三三	一	三一	一一七・九〇〇・〇〇〇	一六	五・〇〇〇・〇〇〇	三・五三七・〇〇〇	八・五三七・〇〇〇
	七	三一	一一二・九〇〇・〇〇〇	一七	五・〇〇〇・〇〇〇	三・三八七・〇〇〇	八・三八七・〇〇〇
三四	一	三一	一〇七・九〇〇・〇〇〇	一八	五・〇〇〇・〇〇〇	三・二三七・〇〇〇	八・二三七・〇〇〇
	七	三一	一〇二・九〇〇・〇〇〇	一九	六・〇〇〇・〇〇〇	三・〇八七・〇〇〇	九・〇八七・〇〇〇
三五	一	三一	九六・九〇〇・〇〇〇	二〇	七・〇〇〇・〇〇〇	二・九〇七・〇〇〇	九・九〇七・〇〇〇
	七	三一	八九・九〇〇・〇〇〇	二一	七・〇〇〇・〇〇〇	二・六九七・〇〇〇	九・六九七・〇〇〇
三六	一	三一	八二・九〇〇・〇〇〇	二二	七・〇〇〇・〇〇〇	二・四八七・〇〇〇	九・四八七・〇〇〇

（续表）

年	月	日	现负数	期次	还本数	付息数	本息总数
三七	七	三一	六九·六○○·○○○	三三	七·八○○·○○○	二·○八八·○○○	九·八八八·○○○
	一	三一	六一·八○○·○○○	三四	八·一○○·○○○	一·八五四·○○○	九·九五四·○○○
三八	七	三一	五三·七○○·○○○	三五	八·四○○·○○○	一·六一一·○○○	一○·○一一·○○○
	一	三一	四五·三○○·○○○	三六	八·七○○·○○○	一·三五九·○○○	一○·○五九·○○○
三九	七	三一	三六·六○○·○○○	三七	八·八五○·○○○	一·○九八·○○○	九·九四八·○○○
	一	三一	二七·七五○·○○○	三八	九·○○○·○○○	八三二·五○○	九·八三二·五○○
四○	七	三一	一八·七五○·○○○	三九	九·三○○·○○○	五六二·五○○	九·八六二·五○○
	一	三一	九·四五○·○○○	四○	九·四五○·○○○	二八三·五○○	九·七三七·五○○
共计					一五○·○○○·○○○	九三·三九七·五○○	二四三·三九七·五○○

●●民国二十五年（1936年）统一公债丙种债票还本付息表

年	月	日	现负数	期次	还本数	付息数	本息总数
二五	七	三一	三五○·○○○·○○○	一	一·七五○·○○○	一○·五○○·○○○	一二·二五○·○○○
二六	一	三一	三四八·二五○·○○○	二	一·七五○·○○○	一○·四四七·五○○	一二·一九七·五○○
	七	三一	三四六·五○○·○○○	三	一·七五○·○○○	一○·三九五·○○○	一二·一四五·○○○
二七	一	三一	三四四·七五○·○○○	四	一·七五○·○○○	一○·三四二·五○○	一二·○九二·五○○
	七	三一	三四三·○○○·○○○	五	一·七五○·○○○	一○·二九○·○○○	一二·○四○·○○○
二八	一	三一	三四一·二五○·○○○	六	一·七五○·○○○	一○·二三七·五○○	一一·九八七·五○○
	七	三一	三三九·五○○·○○○	七	二·八○○·○○○	一○·一八五·○○○	一二·九八五·○○○
二九	一	三一	三三六·七○○·○○○	八	二·八○○·○○○	一○·一○一·○○○	一二·九○一·○○○
	七	三一	三三三·九○○·○○○	九	二·八○○·○○○	一○·○一七·○○○	一二·八一七·○○○
三○	一	三一	三三一·一○○·○○○	一○	二·八○○·○○○	九·九三三·○○○	一二·七三三·○○○

(续表)

期次	月	本金余额	期	还本		付息	本息合计
三一	七	三二八·三○○·○○○	一一	六·三○○·○○○	·○○○·○○○	九·八四九·○○○	一六·一四九·○○○
三二	一	三二二·○○○·○○○	一二	六·三○○·○○○	·○○○·○○○	九·六六○·○○○	一五·九六○·○○○
三三	七	三一五·七○○·○○○	一三	六·三○○·○○○	·○○○·○○○	九·四七一·○○○	一五·七七一·○○○
三四	一	三○九·四○○·○○○	一四	六·三○○·○○○	·○○○·○○○	九·二八二·○○○	一五·五八二·○○○
三五	七	三○三·一○○·○○○	一五	八·四○○·○○○	·○○○·○○○	九·○九三·○○○	一七·四九三·○○○
三六	一	二九四·七○○·○○○	一六	八·四○○·○○○	·○○○·○○○	八·八四一·○○○	一七·二四一·○○○
三七	七	二八六·三○○·○○○	一七	八·四○○·○○○	·○○○·○○○	八·五八九·○○○	一六·九八九·○○○
三八	一	二七七·九○○·○○○	一八	八·四○○·○○○	·○○○·○○○	八·三三七·○○○	一六·七三七·○○○
三九	七	二六九·五○○·○○○	一九	一○·五○○·○○○	·○○○·○○○	八·○八五·○○○	一八·五八五·○○○
四○	一	二五九·○○○·○○○	二○	一○·五○○·○○○	·○○○·○○○	七·七七○·○○○	一八·二七○·○○○
四一	七	二四八·五○○·○○○	二一	一○·五○○·○○○	·○○○·○○○	七·四五五·○○○	一七·九五五·○○○
四二	一	二三八·○○○·○○○	二二	一○·五○○·○○○	·○○○·○○○	七·一四○·○○○	一七·六四○·○○○
四三	七	二二七·五○○·○○○	二三	一二·六○○·○○○	·○○○·○○○	六·八二五·○○○	一九·四二五·○○○
共　计				三五○·○○○·○○○		二六一·六六六·○○○	六一一·六六六·○○○

●●民国二十五年（1936年）统一公债丁种债票还本付息总表

年	月	日	现负数	期次	还本数	付息数	本息总数
二五	七	三一	五五〇〇・〇〇〇・〇〇〇	一	二七・五〇〇・〇〇〇	一六五・〇〇〇・〇〇〇	一九二・五〇〇・〇〇〇
二六	一	三一	五四七二・五〇〇・〇〇〇	二	二七・五〇〇・〇〇〇	一六四・一七五・〇〇〇	一九一・六七五・〇〇〇
二六	七	三一	五四四五・〇〇〇・〇〇〇	三	二七・五〇〇・〇〇〇	一六三・三五〇・〇〇〇	一九〇・八五〇・〇〇〇
二七	一	三一	五四一七・五〇〇・〇〇〇	四	二七・五〇〇・〇〇〇	一六二・五二五・〇〇〇	一九〇・〇二五・〇〇〇
二七	七	三一	五三九〇・〇〇〇・〇〇〇	五	二七・五〇〇・〇〇〇	一六一・七〇〇・〇〇〇	一八九・二〇〇・〇〇〇
二八	一	三一	五三六二・五〇〇・〇〇〇	六	二七・五〇〇・〇〇〇	一六〇・八七五・〇〇〇	一八八・三七五・〇〇〇
二八	七	三一	五三三五・〇〇〇・〇〇〇	七	四四・〇〇〇・〇〇〇	一六〇・〇五〇・〇〇〇	二〇四・〇五〇・〇〇〇
二九	一	三一	五二九一・〇〇〇・〇〇〇	八	四四・〇〇〇・〇〇〇	一五八・七三〇・〇〇〇	二〇二・七三〇・〇〇〇
二九	七	三一	五二四七・〇〇〇・〇〇〇	九	四四・〇〇〇・〇〇〇	一五七・四一〇・〇〇〇	二〇一・四一〇・〇〇〇
三〇	一	三一	五二〇三・〇〇〇・〇〇〇	一〇	四四・〇〇〇・〇〇〇	一五六・〇九〇・〇〇〇	二〇〇・〇九〇・〇〇〇
三〇	七	三一	五一五九・〇〇〇・〇〇〇	一一	六六・〇〇〇・〇〇〇	一五四・七七〇・〇〇〇	二二〇・七七〇・〇〇〇
三一	一	三一	五〇九三・〇〇〇・〇〇〇	一二	六六・〇〇〇・〇〇〇	一五二・七九〇・〇〇〇	二一八・七九〇・〇〇〇
三一	七	三一	五〇二七・〇〇〇・〇〇〇	一三	六六・〇〇〇・〇〇〇	一五〇・八一〇・〇〇〇	二一六・八一〇・〇〇〇
三二	一	三一	四九六一・〇〇〇・〇〇〇	一四	六六・〇〇〇・〇〇〇	一四八・八三〇・〇〇〇	二一四・八三〇・〇〇〇
三二	七	三一	四八九五・〇〇〇・〇〇〇	一五	八二・五〇〇・〇〇〇	一四六・八五〇・〇〇〇	二二九・三五〇・〇〇〇
三三	一	三一	四八一二・五〇〇・〇〇〇	一六	八二・五〇〇・〇〇〇	一四四・三七五・〇〇〇	二二六・八七五・〇〇〇
三三	七	三一	四七三〇・〇〇〇・〇〇〇	一七	八二・五〇〇・〇〇〇	一四一・九〇〇・〇〇〇	二二四・四〇〇・〇〇〇
三四	一	三一	四六四七・五〇〇・〇〇〇	一八	八二・五〇〇・〇〇〇	一三九・四二五・〇〇〇	二二一・九二五・〇〇〇
三四	七	三一	四五六五・〇〇〇・〇〇〇	一九	九九・〇〇〇・〇〇〇	一三六・九五〇・〇〇〇	二三五・九五〇・〇〇〇
三五	一	三一	四四六六・〇〇〇・〇〇〇	二〇	九九・〇〇〇・〇〇〇	一三三・九八〇・〇〇〇	二三二・九八〇・〇〇〇

（续表）

期别	年	月	（一）	（二）	（三）	本金余额
三六	三一	七	三二・〇〇一・〇〇〇	一三・一一〇・〇〇〇	九・九〇〇・〇〇〇	四三六・七〇〇・〇〇〇
三七	三一	一	三一・七〇四・〇〇〇	一二・八一三・〇〇〇	九・九〇〇・〇〇〇	四二六・八〇〇・〇〇〇
三八	三一	七	三一・四〇七・〇〇〇	一二・五一六・〇〇〇	九・九〇〇・〇〇〇	四一六・九〇〇・〇〇〇
三九	三一	一	三一・一一〇・〇〇〇	一二・二一九・〇〇〇	九・九〇〇・〇〇〇	四〇七・〇〇〇・〇〇〇
四〇	三一	七	三〇・八一三・〇〇〇	一一・九二二・〇〇〇	一〇・〇〇〇・〇〇〇	三九七・一〇〇・〇〇〇
四一	三一	一	三〇・五一六・〇〇〇	一一・六二五・〇〇〇	一一・〇〇〇・〇〇〇	三八七・二〇〇・〇〇〇
四二	三一	七	三〇・二一九・〇〇〇	一一・三二八・〇〇〇	一三・七五〇・〇〇〇	三七七・三〇〇・〇〇〇
四三	三一	一	二九・九二二・〇〇〇	一一・〇三一・〇〇〇	一三・七五〇・〇〇〇	三六七・四〇〇・〇〇〇
四四	三一	七	二九・六二五・〇〇〇	一〇・七三四・〇〇〇	一六・五〇〇・〇〇〇	三五七・五〇〇・〇〇〇
四五	三一	一	二九・三二八・〇〇〇	一〇・四三七・〇〇〇	一六・五〇〇・〇〇〇	三四七・六〇〇・〇〇〇
四六	三一	七	二九・〇三一・〇〇〇	一〇・一四〇・〇〇〇	一九・二五〇・〇〇〇	三三七・七〇〇・〇〇〇
共计			一・〇三九・八五二・〇〇〇	四八九・八五二・〇〇〇	五五〇・〇〇〇・〇〇〇	

●●民国二十五年（1936年）统一公债戊种债票还本付息总表

年	月	日	现负数	期次	还本数	付息数	本息总数
二五	七	三一	二六○·○○○·○○○	一	一·三○○·○○○	七·八○○·○○○	九·一○○·○○○
二六	一	三一	二五八·七○○·○○○	二	一·三○○·○○○	七·七六一·○○○	九·○六一·○○○
	七	三一	二五七·四○○·○○○	三	一·三○○·○○○	七·七二二·○○○	九·○二二·○○○
二七	一	三一	二五六·一○○·○○○	四	一·三○○·○○○	七·六八三·○○○	八·九八三·○○○
	七	三一	二五四·八○○·○○○	五	一·三○○·○○○	七·六四四·○○○	八·九四四·○○○
二八	一	三一	二五三·五○○·○○○	六	一·三○○·○○○	七·六○五·○○○	八·九○五·○○○
	七	三一	二五二·二○○·○○○	七	二·○八○·○○○	七·五六六·○○○	九·六四六·○○○
二九	一	三一	二五○·一二○·○○○	八	二·○八○·○○○	七·五○三·六○○	九·五八三·六○○
	七	三一	二四八·○四○·○○○	九	二·○八○·○○○	七·四四一·二○○	九·五二一·二○○
三○	一	三一	二四五·九六○·○○○	一○	二·○八○·○○○	七·三七八·八○○	九·四五八·八○○
	七	三一	二四三·八八○·○○○	一一	三·一二○·○○○	七·三一六·四○○	一○·四三六·四○○
三一	一	三一	二四○·七六○·○○○	一二	三·一二○·○○○	七·二二二·八○○	一○·三四二·八○○
	七	三一	二三七·六四○·○○○	一三	三·一二○·○○○	七·一二九·二○○	一○·二四九·二○○
三二	一	三一	二三四·五二○·○○○	一四	三·一二○·○○○	七·○三五·六○○	一○·一五五·六○○
	七	三一	二三一·四○○·○○○	一五	三·六四○·○○○	六·九四二·○○○	一○·五八二·○○○
三三	一	三一	二二七·七六○·○○○	一六	三·六四○·○○○	六·八三二·八○○	一○·四七二·八○○
	七	三一	二二四·一二○·○○○	一七	三·六四○·○○○	六·七二三·六○○	一○·三六三·六○○
三四	一	三一	二二○·四八○·○○○	一八	三·六四○·○○○	六·六一四·四○○	一○·二五四·四○○
	七	三一	二一六·八四○·○○○	一九	四·一六○·○○○	六·五○五·二○○	一○·六六五·二○○
三五	一	三一	二一二·六八○·○○○	二○	四·一六○·○○○	六·三八○·四○○	一○·五四○·四○○
	七	三一	二○八·五二○·○○○	二一	四·一六○·○○○	六·二五五·六○○	一○·四一五·六○○
三六	一	三一	二○四·三六○·○○○	二二	四·一六○·○○○	六·一三○·八○○	一○·二九○·八○○
	七	三一	二○○·二○○·○○○	二三	四·一六○·○○○	六·○○六·○○○	一○·一六六·○○○

（续表）

期次	年	月	本金	利息	本息共计	未偿本金余额
三七	三一	一	四·六八〇·〇〇〇	五·八三四·四〇〇	一〇·五一四·四〇〇	一九四·四八〇·〇〇〇
三八	三一	七	六·二四〇·〇〇〇	五·六九四·〇〇〇	一一·九三四·〇〇〇	一八九·八〇〇·〇〇〇
三九	三一	一	六·二四〇·〇〇〇	五·五〇六·八〇〇	一一·七四六·八〇〇	一八三·五六〇·〇〇〇
四〇	三一	七	六·二四〇·〇〇〇	五·三一九·六〇〇	一一·五五九·六〇〇	一七七·三二〇·〇〇〇
四一	三一	一	六·二四〇·〇〇〇	五·一三二·四〇〇	一一·三七二·四〇〇	一七一·〇八〇·〇〇〇
四二	三一	七	六·二四〇·〇〇〇	四·九四五·二〇〇	一一·一八五·二〇〇	一六四·八四〇·〇〇〇
四三	三一	一	六·二四〇·〇〇〇	四·七五八·〇〇〇	一〇·九九八·〇〇〇	一五八·六〇〇·〇〇〇
四四	三一	七	六·二四〇·〇〇〇	四·七五八·〇〇〇	一〇·八一〇·八〇〇	一五二·三六〇·〇〇〇
四五	三一	一	六·二四〇·〇〇〇	四·三八三·六〇〇	一〇·六二三·六〇〇	一四六·一二〇·〇〇〇
四六	三一	七	六·二四〇·〇〇〇	四·一九六·四〇〇	一〇·四三六·四〇〇	一三九·八八〇·〇〇〇
四七	三一	一	六·二四〇·〇〇〇	四·〇〇九·二〇〇	一〇·二四九·二〇〇	一三三·六四〇·〇〇〇
四八	三一	七	六·二四〇·〇〇〇	三·八二二·〇〇〇	一〇·〇六二·〇〇〇	一二七·四〇〇·〇〇〇
四九	三一	一	六·二四〇·〇〇〇	三·六三四·八〇〇	一〇·〇六九·八〇〇	一二一·一六〇·〇〇〇
共计			二六〇·〇〇〇·〇〇〇	二四六·八五四·四〇〇	五〇六·八五四·四〇〇	

民国二十五年(1936年)复兴公债条例 民国二十五年(1936年)二月二十四日国民政府公布

第一条　国民政府为完成法币政策,健全金融组织,扶助生产建设,平衡国库收支及拨存平准债市基金,由财政部发行公债,定名为民国二十五年复兴公债。

第二条　本公债定额为国币三万四千万元。

第三条　本公债定于民国二十五年三月一日按照票面额九八发行。

第四条　本公债利率定为周年六厘,每年二月底及八月底各付息一次。

第五条　本公债偿还期限定为二十四年,每年二月底及八月底各抽签还本一次,前五年每次抽还总额千分之五,第六年、第七年每次抽还千分之八,第八年、第九年每次抽还千分之九,第十年至第十二年每次抽还千分之十八,第十三年至第十五年每次抽还千分之二十四,第十六年至第十八年每次抽还千分之三十,第十九年至第二十一年每次抽还千分之二十六,第二十二年至第二十四年每次抽还千分之三十九,至民国四十九年二月底本息全数偿清。

第六条　本公债本息指定在关税项下,除拨付赔款、外债及十七年金融长期公债、二十五年统一公债外,所余之税款为基金,由财政部命令总税务司依照还本付息表所列应还本息数目按月平均拨交中央银行,收入国债基金管理委员会本公债户账,专款存储备付。

第七条　本公债还本付息事宜,指定中央银行及其委托之中国银行、交通银行为经理机关。

第八条　本公债债票分为五千元、千元、百元三种。

第九条　本公债债票为无记名式,得自由买卖、抵押。如公务上须缴纳保证金时,得作为替代品,并得为银行之保证准备金。

第一〇条　对于本公债债票如有伪造及毁损信用之行为者,由司法机关依法惩治。

第一一条　本条例自公布日施行。

●● 民国二十五年（1936年）复兴公债还本付息总表

年	月	日	现负总数	期次	还本数	付息数	本息总数
二五	八	三一	三四〇·〇〇〇·〇〇〇	一	一·七〇〇·〇〇〇	一〇·二〇〇·〇〇〇	一一·九〇〇·〇〇〇
二六	二	二八	三三八·三〇〇·〇〇〇	二	一·七〇〇·〇〇〇	一〇·一四九·〇〇〇	一一·八四九·〇〇〇
	八	三一	三三六·六〇〇·〇〇〇	三	一·七〇〇·〇〇〇	一〇·〇九八·〇〇〇	一一·七九八·〇〇〇
二七	二	二八	三三四·九〇〇·〇〇〇	四	一·七〇〇·〇〇〇	一〇·〇四七·〇〇〇	一一·七四七·〇〇〇
	八	三一	三三三·二〇〇·〇〇〇	五	一·七〇〇·〇〇〇	九·九九六·〇〇〇	一一·六九六·〇〇〇
二八	二	二八	三三一·五〇〇·〇〇〇	六	一·七〇〇·〇〇〇	九·九四五·〇〇〇	一一·六四五·〇〇〇
	八	三一	三二九·八〇〇·〇〇〇	七	一·七〇〇·〇〇〇	九·八九四·〇〇〇	一一·五九四·〇〇〇
二九	二	二八	三二八·一〇〇·〇〇〇	八	一·七〇〇·〇〇〇	九·八四三·〇〇〇	一一·五四三·〇〇〇
	八	三一	三二六·四〇〇·〇〇〇	九	一·七〇〇·〇〇〇	九·七九二·〇〇〇	一一·四九二·〇〇〇
三〇	二	二八	三二四·七〇〇·〇〇〇	一〇	一·七〇〇·〇〇〇	九·七四一·〇〇〇	一一·四四一·〇〇〇
	八	三一	三二三·〇〇〇·〇〇〇	一一	一·七二〇·〇〇〇	九·六九〇·〇〇〇	一一·四一〇·〇〇〇
三一	二	二八	三二一·二八〇·〇〇〇	一二	一·七二〇·〇〇〇	九·六三八·四〇〇	一一·三五八·四〇〇
	八	三一	三一九·五六〇·〇〇〇	一三	一·七二〇·〇〇〇	九·五八六·八〇〇	一一·三〇六·八〇〇
三二	二	二八	三一七·八四〇·〇〇〇	一四	一·七二〇·〇〇〇	九·五三五·二〇〇	一一·二五五·二〇〇
	八	三一	三一六·一二〇·〇〇〇	一五	一·七二〇·〇〇〇	九·四八三·六〇〇	一一·二〇三·六〇〇
三三	二	二八	三一四·四〇〇·〇〇〇	一六	三·〇六〇·〇〇〇	九·四三二·〇〇〇	一二·四九二·〇〇〇
	八	三一	三一一·三四〇·〇〇〇	一七	三·〇六〇·〇〇〇	九·三四〇·二〇〇	一二·四〇〇·二〇〇
三四	二	二八	三〇八·二八〇·〇〇〇	一八	三·〇六〇·〇〇〇	九·二四八·四〇〇	一二·三〇八·四〇〇
	八	三一	三〇五·二二〇·〇〇〇	一九	三·〇六〇·〇〇〇	九·一五六·六〇〇	一二·二一六·六〇〇
三五	二	二八	三〇二·一六〇·〇〇〇	二〇	六·一二〇·〇〇〇	九·〇六四·八〇〇	一五·一八四·八〇〇
	八	三一	二九六·〇四〇·〇〇〇	二一	六·一二〇·〇〇〇	八·八八一·二〇〇	一五·〇〇一·二〇〇
三六	二	二八	二八九·九二〇·〇〇〇	二二	六·一二〇·〇〇〇	八·六九七·六〇〇	一四·八一七·六〇〇
	八	三一	二八三·八〇〇·〇〇〇	二三	六·一二〇·〇〇〇	八·五一四·〇〇〇	一四·六三四·〇〇〇

（续表）

番号	月	日	共　计	番号			
三七	二	二九	二六九·二八〇·〇〇〇	二四	六·一二〇·〇〇〇	八·〇七八·四〇〇	一四·一九八·四〇〇
三八	八	三一	二六三·一六〇·〇〇〇	二五	八·一六〇·〇〇〇	七·八九四·八〇〇	一六·〇五四·八〇〇
三九	二	二八	二四八·六八〇·〇〇〇	二六	八·一六〇·〇〇〇	七·六五〇·〇〇〇	一五·八一〇·〇〇〇
四〇	八	三一	二三〇·五二〇·〇〇〇	二七	八·一六〇·〇〇〇	七·四四五·二〇〇	一五·六〇五·二〇〇
四一	二	二九	二一二·二〇〇·〇〇〇	二八	八·一六〇·〇〇〇	六·九六〇·四〇〇	一五·一二〇·四〇〇
四二	八	三一	二〇四·〇四〇·〇〇〇	二九	八·一六〇·〇〇〇	六·九一五·〇〇〇	一五·〇七五·〇〇〇
四三	二	二八	一九五·八八〇·〇〇〇	三〇	八·一六〇·〇〇〇	六·八五五·八〇〇	一五·〇一五·八〇〇
四四	八	三一	一八七·七二〇·〇〇〇	三一	一〇·二〇〇·〇〇〇	六·六三〇·八〇〇	一六·八三〇·八〇〇
四五	二	二九	一七七·五二〇·〇〇〇	三二	一〇·二〇〇·〇〇〇	六·四三〇·〇〇〇	一六·六三〇·〇〇〇
四六	八	三一	一六七·三二〇·〇〇〇	三三	一〇·二〇〇·〇〇〇	六·〇一四·〇〇〇	一六·二一四·〇〇〇
四七	二	二八	一五九·一六〇·〇〇〇	三四	一一·二二〇·〇〇〇	五·九四八·〇〇〇	一五·八九八·〇〇〇
四八	八	三一	一五〇·〇四〇·〇〇〇	三五	一二·二四〇·〇〇〇	五·二六二·〇〇〇	一五·五九二·〇〇〇
四九	二	二八	一三四·二六〇·〇〇〇	三六	一二·二四〇·〇〇〇	五·三六一·四〇〇	一四·九九四·〇〇〇
				三七	一四·二八〇·〇〇〇	五·三六六·八〇〇	一五·六四六·八〇〇
				三八	一二·二四〇·〇〇〇	四·八四八·〇〇〇	一四·二四九·〇〇〇
				三九	一二·二四〇·〇〇〇	四·八一一·二〇〇	一四·八五一·二〇〇
				四〇	一二·二四〇·〇〇〇	四·二一二·〇〇〇	一四·四五三·四〇〇
				四一	一二·二四〇·〇〇〇	三·八一五·六〇〇	一四·〇五五·六〇〇
				四二	一二·二四〇·〇〇〇	三·三九八·〇〇〇	一三·六五七·八〇〇
				四三	一二·二六〇·〇〇〇	三·二二〇·〇〇〇	一三·二六〇·〇〇〇
				四四	一二·二六〇·〇〇〇	二·八八五·〇〇〇	一二·七五五·〇〇〇
				四五	一二·二六〇·〇〇〇	一·九九九·〇〇〇	一四·一九五·〇〇〇
				四六	一二·二六〇·〇〇〇	一·五八五·〇〇〇	一四·〇八五·〇〇〇
				四七	一二·二六〇·〇〇〇	一·一九三·〇〇〇	一四·〇四五·三〇〇
				四八	一二·二六〇·〇〇〇	三·九三五·六〇〇	一四·一〇五·六〇〇
				四九	一二·二六〇·〇〇〇	三·九五七·八〇〇	一三·二六七·八〇〇
共　计			三四〇·〇〇〇·〇〇〇		三三二四·〇〇〇·〇〇〇	三三四·一五二·〇〇〇	六七四·一五二·〇〇〇

●●民国二十五年(1936年)整理广东金融公债条例 民国二十五年

(1936年)九月十九日国民政府公布

第一条　国民政府为整理广东金融,充实毫券,准备发行公债,定名为民国二十五年整理广东金融公债。

第二条　本公债定额为国币一万二千万元。

第三条　本公债定于民国二十五年十月一日发行。

第四条　本公债利率定为年息四厘,每年三月三十一日及九月三十日各付息一次。

第五条　本公债期限定为三十年,每年三月三十一日及九月三十日各还本一次,前二十年每年还本百分之三,后十年每年还本百分之四,至民国五十五年九月三十日本息全数偿清,前项还本,以抽签行之。

第六条　本公债应还本息基金在征收粤区统税项下指拨,由财政部令行税务署依照还本付息表规定每次应还本息数目按月平均拨交中央银行,收入国债基金管理委员会本公债户账,专款存储备付。

第七条　本公债指定中央银行经理还本付息事宜。

第八条　本公债票面分为十元、百元、千元、万元四种,均为无记名式。

第九条　本公债债票得自由买卖、抵押,凡公务上须缴纳保证金时,得作为替代品,并得为银行之保证准备金。

第一〇条　对于本公债有伪造及毁损信用之行为者,由司法机关依法惩治。

第一一条　本条例自公布日施行。

●●民国二十五年（1936年）整理广东金融公债还本付息表

年次	年	月	日	现负数	期次	还本数	付息数	本息合计
一	二六年	三月	三一日	一二〇·〇〇〇·〇〇〇	一	一·二〇〇·〇〇〇	二·四〇〇·〇〇〇	三·六〇〇·〇〇〇
		九月	三〇日	一一八·八〇〇·〇〇〇	二	二·四〇〇·〇〇〇	二·三七六·〇〇〇	四·七七六·〇〇〇
二	二七年	三月	三一日	一一六·四〇〇·〇〇〇	三	一·二〇〇·〇〇〇	二·三二八·〇〇〇	三·五二八·〇〇〇
		九月	三〇日	一一五·二〇〇·〇〇〇	四	二·四〇〇·〇〇〇	二·三〇四·〇〇〇	四·七〇四·〇〇〇
三	二八年	三月	三一日	一一二·八〇〇·〇〇〇	五	一·二〇〇·〇〇〇	二·二五六·〇〇〇	三·四五六·〇〇〇
		九月	三〇日	一一一·六〇〇·〇〇〇	六	二·四〇〇·〇〇〇	二·二三二·〇〇〇	四·六三二·〇〇〇
四	二九年	三月	三一日	一〇九·二〇〇·〇〇〇	七	一·二〇〇·〇〇〇	二·一八四·〇〇〇	三·三八四·〇〇〇
		九月	三〇日	一〇八·〇〇〇·〇〇〇	八	二·四〇〇·〇〇〇	二·一六〇·〇〇〇	四·五六〇·〇〇〇
五	三〇年	三月	三一日	一〇五·六〇〇·〇〇〇	九	一·二〇〇·〇〇〇	二·一一二·〇〇〇	三·三一二·〇〇〇
		九月	三〇日	一〇四·四〇〇·〇〇〇	一〇	二·四〇〇·〇〇〇	二·〇八八·〇〇〇	四·四八八·〇〇〇
六	三一年	三月	三一日	一〇二·〇〇〇·〇〇〇	一一	一·二〇〇·〇〇〇	二·〇四〇·〇〇〇	三·二四〇·〇〇〇
		九月	三〇日	一〇〇·八〇〇·〇〇〇	一二	二·四〇〇·〇〇〇	二·〇一六·〇〇〇	四·四一六·〇〇〇
七	三二年	三月	三一日	九八·四〇〇·〇〇〇	一三	一·二〇〇·〇〇〇	一·九六八·〇〇〇	三·一六八·〇〇〇
		九月	三〇日	九七·二〇〇·〇〇〇	一四	二·四〇〇·〇〇〇	一·九四四·〇〇〇	四·三四四·〇〇〇
八	三三年	三月	三一日	九四·八〇〇·〇〇〇	一五	一·二〇〇·〇〇〇	一·八九六·〇〇〇	三·〇九六·〇〇〇
		九月	三〇日	九三·六〇〇·〇〇〇	一六	二·四〇〇·〇〇〇	一·八七二·〇〇〇	四·二七二·〇〇〇
九	三四年	三月	三一日	九一·二〇〇·〇〇〇	一七	一·二〇〇·〇〇〇	一·八二四·〇〇〇	三·〇二四·〇〇〇
		九月	三〇日	九〇·〇〇〇·〇〇〇	一八	二·四〇〇·〇〇〇	一·八〇〇·〇〇〇	四·二〇〇·〇〇〇
一〇	三五年	三月	三一日	八七·六〇〇·〇〇〇	一九	一·二〇〇·〇〇〇	一·七五二·〇〇〇	二·九五二·〇〇〇
		九月	三〇日	八六·四〇〇·〇〇〇	二〇	二·四〇〇·〇〇〇	一·七二八·〇〇〇	四·一二八·〇〇〇
一一	三六年	三月	三一日	八四·〇〇〇·〇〇〇	二一	一·二〇〇·〇〇〇	一·六八〇·〇〇〇	二·八八〇·〇〇〇
		九月	三〇日	八二·八〇〇·〇〇〇	二二	二·四〇〇·〇〇〇	一·六五六·〇〇〇	四·〇五六·〇〇〇
一二	三七年	三月	三一日	八〇·四〇〇·〇〇〇	二三	一·二〇〇·〇〇〇	一·六〇八·〇〇〇	二·八〇八·〇〇〇
		九月	三〇日	七九·二〇〇·〇〇〇	二四	二·四〇〇·〇〇〇	一·五八四·〇〇〇	三·九八四·〇〇〇
一三	三八年	三月	三一日	七六·八〇〇·〇〇〇	二五	一·二〇〇·〇〇〇	一·五三六·〇〇〇	二·七三六·〇〇〇
		九月	三〇日	七五·六〇〇·〇〇〇	二六	二·四〇〇·〇〇〇	一·五一二·〇〇〇	三·九一二·〇〇〇
一四	三九年	三月	三一日	七三·二〇〇·〇〇〇	二七	一·二〇〇·〇〇〇	一·四六四·〇〇〇	二·六六四·〇〇〇
		九月	三〇日	七二·〇〇〇·〇〇〇	二八	二·四〇〇·〇〇〇	一·四四〇·〇〇〇	三·八四〇·〇〇〇

（续表）

序号	年	日期	余额	期数	本金	利息	合计
一五	四〇年	三月三一日	六九〇〇·〇〇〇	二九	一·二〇〇·〇〇〇	一·三九二·〇〇〇	一·五九二·〇〇〇
		九月三〇日	六八四〇·〇〇〇	三〇	一·二〇〇·〇〇〇	一·三六八·〇〇〇	一·七六八·〇〇〇
一六	四一年	三月三一日	六六〇〇·〇〇〇	三一	一·二〇〇·〇〇〇	一·三二〇·〇〇〇	一·五二〇·〇〇〇
		九月三〇日	六四〇〇·〇〇〇	三二	一·二〇〇·〇〇〇	一·二九六·〇〇〇	一·二九六·〇〇〇
一七	四二年	三月三一日	六二〇〇·〇〇〇	三三	一·二〇〇·〇〇〇	一·二四八·〇〇〇	一·二四八·〇〇〇
		九月三〇日	六一二〇·〇〇〇	三四	一·二〇〇·〇〇〇	一·二二四·〇〇〇	一·二二四·〇〇〇
一八	四三年	三月三一日	五八八〇·〇〇〇	三五	一·二〇〇·〇〇〇	一·一七六·〇〇〇	一·一七六·〇〇〇
		九月三〇日	五八〇〇·〇〇〇	三六	一·二〇〇·〇〇〇	一·一六〇·〇〇〇	一·一六〇·〇〇〇
一九	四四年	三月三一日	五六〇〇·〇〇〇	三七	一·二〇〇·〇〇〇	一·一二〇·〇〇〇	一·一二〇·〇〇〇
		九月三〇日	五四〇〇·〇〇〇	三八	一·二〇〇·〇〇〇	一·〇八〇·〇〇〇	一·〇八〇·〇〇〇
二〇	四五年	三月三一日	五一六〇·〇〇〇	三九	一·二〇〇·〇〇〇	一·〇三二·〇〇〇	一·〇三二·〇〇〇
		九月三〇日	四八〇〇·〇〇〇	四〇	一·二〇〇·〇〇〇	一·〇〇八·〇〇〇	一·〇〇八·〇〇〇
二一	四六年	三月三一日	四六〇〇·〇〇〇	四一	一·二〇〇·〇〇〇	九六〇·〇〇〇	九六〇·〇〇〇
		九月三〇日	四四〇〇·〇〇〇	四二	一·二〇〇·〇〇〇	九二〇·〇〇〇	九二〇·〇〇〇
二二	四七年	三月三一日	四二〇〇·〇〇〇	四三	一·二〇〇·〇〇〇	八八〇·〇〇〇	八八〇·〇〇〇
		九月三〇日	四〇〇〇·〇〇〇	四四	一·二〇〇·〇〇〇	八四〇·〇〇〇	八四〇·〇〇〇
二三	四八年	三月三一日	三八四〇·〇〇〇	四五	一·二〇〇·〇〇〇	七六八·〇〇〇	七六八·〇〇〇
		九月三〇日	三六〇〇·〇〇〇	四六	一·二〇〇·〇〇〇	七二〇·〇〇〇	七二〇·〇〇〇
二四	四九年	三月三一日	三四〇〇·〇〇〇	四七	一·二〇〇·〇〇〇	六八〇·〇〇〇	六八〇·〇〇〇
		九月三〇日	三二〇〇·〇〇〇	四八	一·二〇〇·〇〇〇	六四〇·〇〇〇	六四〇·〇〇〇
二五	五〇年	三月三一日	三一二〇·〇〇〇	四九	一·二〇〇·〇〇〇	六二四·〇〇〇	六二四·〇〇〇
		九月三〇日	二八八〇·〇〇〇	五〇	一·二〇〇·〇〇〇	五七六·〇〇〇	五七六·〇〇〇
二六	五一年	三月三一日	二八〇〇·〇〇〇	五一	一·二〇〇·〇〇〇	五六〇·〇〇〇	五六〇·〇〇〇
		九月三〇日	二六〇〇·〇〇〇	五二	一·二〇〇·〇〇〇	五二〇·〇〇〇	五二〇·〇〇〇
二七	五二年	三月三一日	二四〇〇·〇〇〇	五三	一·二〇〇·〇〇〇	四八〇·〇〇〇	四八〇·〇〇〇
		九月三〇日	二二〇〇·〇〇〇	五四	一·二〇〇·〇〇〇	四四〇·〇〇〇	四四〇·〇〇〇
二八	五三年	三月三一日	二一〇〇·〇〇〇	五五	一·二〇〇·〇〇〇	四二〇·〇〇〇	四二〇·〇〇〇
		九月三〇日	一九二〇·〇〇〇	五六	一·二〇〇·〇〇〇	三八四·〇〇〇	三八四·〇〇〇
二九	五四年	三月三一日	一六〇〇·〇〇〇	五七	一·二〇〇·〇〇〇	三二〇·〇〇〇	三二〇·〇〇〇
		九月三〇日	一四〇〇·〇〇〇	五八	一·二〇〇·〇〇〇	二八〇·〇〇〇	二八〇·〇〇〇
三〇	五五年	三月三一日	一二〇〇·〇〇〇	五九	一·二〇〇·〇〇〇	二四〇·〇〇〇	二四〇·〇〇〇
		九月三〇日	二〇〇〇·〇〇〇	六〇	一·二〇〇·〇〇〇	二四〇·〇〇〇	二四〇·〇〇〇
共计			一二〇·〇一〇·〇〇〇		三八·四〇〇·〇〇〇	七八·二四〇·〇〇〇	一九八·二四〇·〇〇〇

●●民国二十五年（1936 年）江西省整理土地公债条例民国二十

五年（1936 年）九月二十八日国民政府公布

第一条　江西省政府为整理全省土地，发行公债，定名为民国二十五年江西省整理土地
　　公债。

第二条　本公债定额为国币三百万元。

第三条　本公债利率定为周年六厘。

第四条　本公债定于民国二十五年十月一日发行，专充抵借商款担保之用。

第五条　本公债债票分百元、千元、万元三种，概不记名。

第六条　本公债按照票面价额九八实收。

第七条　本公债每年付息两次，以三月三十一日及九月三十日行之。

第八条　本公债以民国二十七年三月三十一日为第一次还本之期，用抽签法，分五年偿
　　还，每半年还本一次，每次抽还总额十分之一，计三十万元，至民国三十一年九月三十日
　　止本息全数还清。

　　前项抽签于每年三月十五日、九月十五日在省政府所在地举行，由财政部审计部派员监
　　视，即于各该月底开始付款。

第九条　本公债还本付息以全省土地登记证、图费收入及因整理土地增收之田赋为基金，
　　由各县征收机关征收，按期解交基金保管委员会拨存于中央、中国、交通及江西裕民银
　　行，专款存储备付。

　　前项基金保管委员会由财政部、审计部、江西省政府及民政厅、财政厅、省地政局各派代
　　表一人，银行公推代表二人组织之。

第一〇条　本公债以前条指定之银行为经理还本付息机关。

第一一条　本公债中签债票及到期息票得用以完纳本省各县一切赋税。

第一二条　本公债债票由省政府主席及财政厅厅长签名盖章，钤盖省政府印信，并将本条
　　例刊明票内。

第一三条　对于本公债如有伪造及毁损信用之行为者，由司法机关依法惩治。

第一四条　本条例自公布日施行。

●●民国二十五年（1936 年）江西省整理土地公债还本付息表

年	月	日	负 债 数	还 本 数	付 息 数	本 息 总 数
二六	三	三一	三·〇〇〇·〇〇〇		九〇·〇〇〇	九〇·〇〇〇
	九	三〇	三·〇〇〇·〇〇〇		九〇·〇〇〇	九〇·〇〇〇
二七	三	三一	三·〇〇〇·〇〇〇	三〇〇·〇〇〇	九〇·〇〇〇	三九〇·〇〇〇
	九	三〇	二·七〇〇·〇〇〇	三〇〇·〇〇〇	八一·〇〇〇	三八一·〇〇〇
二八	三	三一	二·四〇〇·〇〇〇	三〇〇·〇〇〇	七二·〇〇〇	三七二·〇〇〇
	九	三〇	二·一〇〇·〇〇〇	三〇〇·〇〇〇	六三·〇〇〇	三六三·〇〇〇
二九	三	三一	一·八〇〇·〇〇〇	三〇〇·〇〇〇	五四·〇〇〇	三五四·〇〇〇
	九	三〇	一·五〇〇·〇〇〇	三〇〇·〇〇〇	四五·〇〇〇	三四五·〇〇〇
三〇	三	三一	一·二〇〇·〇〇〇	三〇〇·〇〇〇	三六·〇〇〇	三三六·〇〇〇
	九	三〇	九〇〇·〇〇〇	三〇〇·〇〇〇	二七·〇〇〇	三二七·〇〇〇
三一	三	三一	六〇〇·〇〇〇	三〇〇·〇〇〇	一八·〇〇〇	三一八·〇〇〇
	九	三〇	三〇〇·〇〇〇	三〇〇·〇〇〇	九·〇〇〇	三〇九·〇〇〇
合　计				三·〇〇〇·〇〇〇	六七五·〇〇〇	三·六七五·〇〇〇

●●民国二十五年（1936 年）四川善后公债条例 民国二十五年（1936 年）三月三十一日国民政府公布

第一条　国民政府为完成四川剿匪工作，办理善后建设事业，发行公债，定名为民国二十五年四川善后公债。

第二条　本公债定额为国币一千五百万元。

第三条　本公债定于民国二十五年四月一日发行。

第四条　本公债利率定为年息六厘，每年三月底及九月底各付息一次。

第五条　本公债还本期限定为十五年，自发行之日起每届半年抽签还本一次，第一次至第十次各还总额百分之二，第十一次至第十六次各还百分之三，第十七至第二十四次各还百分之四，第二十五次至第三十次各还百分之五，至民国四十年三月底本息全数偿清。

第六条　本公债应还本息以中央征收四川部分盐税项下拨给补助金每月四万元及中央征收四川部分烟酒税项下拨给，补助金每月四万元，并由四川省政府于营业税项下每月拨解五万元为基金，由民国二十四年四川善后公债基金保管委员会兼管之。

前项基金由财政部命令盐务稽核总所及税务署转饬四川盐务及烟酒税征收机关、四川省政府转饬四川营业税征收机关分别按月照数拨解，中央银行重庆分行收入该保管委员会本公债户账，专款存储备付。

第七条　本公债票面分为百元、千元、万元三种,均为无记名式。

第八条　本公债指定中央银行重庆分行及其委托之银行为经理还本付息机关。

第九条　本公债债票得自由买卖、抵押,凡公务上须缴纳保证金时,得作为替代品,并得为银行之保证准备金。

第一〇条　对于本公债如有伪造及毁损信用之行为者,由司法机关依法惩治。

第一一条　本条例自公布日施行。

●●民国二十五年(1936年)四川善后公债还本付息表

年	月	日	现 负 数	次数	还 本 数	付 息 数	本 息 总 数
二五	九	三〇	一五·〇〇〇·〇〇〇	一	三〇〇·〇〇〇	四五〇·〇〇〇	七五〇·〇〇〇
二六	三	三一	一四·七〇〇·〇〇〇	二	三〇〇·〇〇〇	四四一·〇〇〇	七四一·〇〇〇
	九	三〇	一四·四〇〇·〇〇〇	三	三〇〇·〇〇〇	四三二·〇〇〇	七三二·〇〇〇
二七	三	三一	一四·一〇〇·〇〇〇	四	三〇〇·〇〇〇	四二三·〇〇〇	七二三·〇〇〇
	九	三〇	一三·八〇〇·〇〇〇	五	三〇〇·〇〇〇	四一四·〇〇〇	七一四·〇〇〇
二八	三	三一	一三·五〇〇·〇〇〇	六	三〇〇·〇〇〇	四〇五·〇〇〇	七〇五·〇〇〇
	九	三〇	一三·二〇〇·〇〇〇	七	三〇〇·〇〇〇	三九六·〇〇〇	六九六·〇〇〇
二九	三	三一	一二·九〇〇·〇〇〇	八	三〇〇·〇〇〇	三八七·〇〇〇	六八七·〇〇〇
	九	三〇	一二·六〇〇·〇〇〇	九	三〇〇·〇〇〇	三七八·〇〇〇	六七八·〇〇〇
三〇	三	三一	一二·三〇〇·〇〇〇	一〇	三〇〇·〇〇〇	三六九·〇〇〇	六六九·〇〇〇
	九	三〇	一二·〇〇〇·〇〇〇	一一	四五〇·〇〇〇	三六〇·〇〇〇	八一〇·〇〇〇
三一	三	三一	一一·五五〇·〇〇〇	一二	四五〇·〇〇〇	三四六·五〇〇	七九六·五〇〇
	九	三〇	一一·一〇〇·〇〇〇	一三	四五〇·〇〇〇	三三三·〇〇〇	七八三·〇〇〇
三二	三	三一	一〇·六五〇·〇〇〇	一四	四五〇·〇〇〇	三一九·五〇〇	七六九·五〇〇
	九	三〇	一〇·二〇〇·〇〇〇	一五	四五〇·〇〇〇	三〇六·〇〇〇	七五六·〇〇〇
三三	三	三一	九·七五〇·〇〇〇	一六	四五〇·〇〇〇	二九二·五〇〇	七四二·五〇〇
	九	三〇	九·三〇〇·〇〇〇	一七	六〇〇·〇〇〇	二七九·〇〇〇	八七九·〇〇〇
三四	三	三一	八·七〇〇·〇〇〇	一八	六〇〇·〇〇〇	二六一·〇〇〇	八六一·〇〇〇
	九	三〇	八·一〇〇·〇〇〇	一九	六〇〇·〇〇〇	二四三·〇〇〇	八四三·〇〇〇
三五	三	三一	七·五〇〇·〇〇〇	二〇	六〇〇·〇〇〇	二二五·〇〇〇	八二五·〇〇〇
	九	三〇	六·九〇〇·〇〇〇	二一	六〇〇·〇〇〇	二〇七·〇〇〇	八〇七·〇〇〇
三六	三	三一	六·三〇〇·〇〇〇	二二	六〇〇·〇〇〇	一八九·〇〇〇	七八九·〇〇〇
	九	三〇	五·七〇〇·〇〇〇	二三	六〇〇·〇〇〇	一七一·〇〇〇	七七一·〇〇〇
三七	三	三一	五·一〇〇·〇〇〇	二四	六〇〇·〇〇〇	一五三·〇〇〇	七五三·〇〇〇
	九	三〇	四·五〇〇·〇〇〇	二五	七五〇·〇〇〇	一三五·〇〇〇	八八五·〇〇〇
三八	三	三一	三·七五〇·〇〇〇	二六	七五〇·〇〇〇	一一二·五〇〇	八六二·五〇〇
	九	三〇	三·〇〇〇·〇〇〇	二七	七五〇·〇〇〇	九〇·〇〇〇	八四〇·〇〇〇
三九	三	三一	二·二五〇·〇〇〇	二八	七五〇·〇〇〇	六七·五〇〇	八一七·五〇〇
	九	三〇	一·五〇〇·〇〇〇	二九	七五〇·〇〇〇	四五·〇〇〇	七九五·〇〇〇
四〇	三	三一	七五〇·〇〇〇	三〇	七五〇·〇〇〇	二二·五〇〇	七七二·五〇〇
共　计					一五·〇〇〇·〇〇〇	八·二五三·〇〇〇	二三·二五三·〇〇〇

●●民国二十四年（1935 年）电政公债条例民国二十四年（1935 年）九月三十日国民政府公布

第一条　国民政府为整理及扩充电报、电话及无线电，由财政部会同交通部发行公债，定名为民国二十四年电政公债。

第二条　本公债定额为国币一千万元。

第三条　本公债定于民国二十四年十月一日按票面额九八发行。

第四条　本公债年息定为六厘。

第五条　本公债还本付息，指定在交通部国际报费项下，除已指定拨付（一）中英庚款董事会各款借款本息（二）邮政储金汇业局代理收付合同每月透支之款及按月结账找款外之余款为基金，设有不足，另由交通部在其他电政收入项下拨补足额，由交通部命令国际电信局依照还本付息表所载数目每月二十五日平均拨存中央银行，列收国债基金保管委员会本公债户账，专款存储备付，到期本息。

第六条　本公债每三个月还本付息一次，于每年三月六月九月十二月之末日行之。

第七条　本公债分七年半还清，第一年至第三年每年共还总额百分之十二，第四年至第七年每年共还百分之十四，第八年之半年共还百分之八，至民国三十二年三月三十一日本息全数偿清。

前项还本，于每次到期前二十日以抽签定之。

第八条　本公债指定中央银行为经付本息机关。

第九条　本公债债票为五千元、千元、百元三种，均为无记名式。

第一〇条　本公债债票得自由买卖、抵押，凡公务上须缴纳保证金时，得作为替代品，并得为银行之保证准备金。

第一一条　对于本公债债票有伪造或损坏信用之行为者，由司法机关依法惩治。

第一二条　本条例自公布之日施行。

●●民国二十四年（1935年）电政公债还本付息表

年	月	日	现 负 数	期次	还 本 数	付 息 数	本 息 合 计
二四	一二	三一	一〇·〇〇〇·〇〇〇	一	三〇〇·〇〇〇	一五〇·〇〇〇	四五〇·〇〇〇
二五	三	三一	九·七〇〇·〇〇〇	二	三〇〇·〇〇〇	一四五·五〇〇	四四五·五〇〇
	六	三〇	九·四〇〇·〇〇〇	三	三〇〇·〇〇〇	一四一·〇〇〇	四四一·〇〇〇
	九	三〇	九·一〇〇·〇〇〇	四	三〇〇·〇〇〇	一三六·五〇〇	四三六·五〇〇
	一二	三一	八·八〇〇·〇〇〇	五	三〇〇·〇〇〇	一三二·〇〇〇	四三二·〇〇〇
二六	三	三一	八·五〇〇·〇〇〇	六	三〇〇·〇〇〇	一二七·五〇〇	四二七·五〇〇
	六	三〇	八·二〇〇·〇〇〇	七	三〇〇·〇〇〇	一二三·〇〇〇	四二三·〇〇〇
	九	三〇	七·九〇〇·〇〇〇	八	三〇〇·〇〇〇	一一八·五〇〇	四一八·五〇〇
	一二	三一	七·六〇〇·〇〇〇	九	三〇〇·〇〇〇	一一四·〇〇〇	四一四·〇〇〇
二七	三	三一	七·三〇〇·〇〇〇	一〇	三〇〇·〇〇〇	一〇九·五〇〇	四〇九·五〇〇
	六	三〇	七·〇〇〇·〇〇〇	一一	三〇〇·〇〇〇	一〇五·〇〇〇	四〇五·〇〇〇
	九	三〇	六·七〇〇·〇〇〇	一二	三〇〇·〇〇〇	一〇〇·五〇〇	四〇〇·五〇〇
	一二	三一	六·四〇〇·〇〇〇	一三	三〇〇·〇〇〇	九六·〇〇〇	三九六·〇〇〇
二八	三	三一	六·一〇〇·〇〇〇	一四	四〇〇·〇〇〇	九一·五〇〇	四九一·五〇〇
	六	三〇	五·七〇〇·〇〇〇	一五	三〇〇·〇〇〇	八五·五〇〇	三八五·五〇〇
	九	三〇	五·四〇〇·〇〇〇	一六	四〇〇·〇〇〇	八一·〇〇〇	四八一·〇〇〇
	一二	三一	五·〇〇〇·〇〇〇	一七	三〇〇·〇〇〇	七五·〇〇〇	三七五·〇〇〇
二九	三	三一	四·七〇〇·〇〇〇	一八	四〇〇·〇〇〇	七〇·五〇〇	四七〇·五〇〇
	六	三〇	四·三〇〇·〇〇〇	一九	三〇〇·〇〇〇	六四·五〇〇	三六四·五〇〇
	九	三〇	四·〇〇〇·〇〇〇	二〇	四〇〇·〇〇〇	六〇·〇〇〇	四六〇·〇〇〇
	一二	三一	三·六〇〇·〇〇〇	二一	三〇〇·〇〇〇	五四·〇〇〇	三五四·〇〇〇
三〇	三	三一	三·三〇〇·〇〇〇	二二	四〇〇·〇〇〇	四九·五〇〇	四四九·五〇〇
	六	三〇	二·九〇〇·〇〇〇	二三	三〇〇·〇〇〇	四三·五〇〇	三四三·五〇〇
	九	三〇	二·六〇〇·〇〇〇	二四	四〇〇·〇〇〇	三九·〇〇〇	四三九·〇〇〇
	一二	三一	二·二〇〇·〇〇〇	二五	三〇〇·〇〇〇	三三·〇〇〇	三三三·〇〇〇
三一	三	三一	一·九〇〇·〇〇〇	二六	四〇〇·〇〇〇	二八·五〇〇	四二八·五〇〇
	六	三〇	一·五〇〇·〇〇〇	二七	三〇〇·〇〇〇	二二·五〇〇	三二二·五〇〇
	九	三〇	一·二〇〇·〇〇〇	二八	四〇〇·〇〇〇	一八·〇〇〇	四一八·〇〇〇
	一二	三一	八〇〇·〇〇〇	二九	四〇〇·〇〇〇	一二·〇〇〇	四一二·〇〇〇
三二	三	三一	四〇〇·〇〇〇	三〇	四〇〇·〇〇〇	六·〇〇〇	四〇六·〇〇〇
共　计					一〇·〇〇〇·〇〇〇	二·四三三·〇〇〇	一二·四三三·〇〇〇

●●第二期铁路建设公债条例 民国二十五年（1936年）一月三十日国民政府公布，同年四月二十二日修正付息表

第一条　铁道部为实现兴筑新路、整理旧路计划，再发行公债二千七百万元，专充玉萍铁路南萍段之用，定名为第二期铁路建设公债。

第二条　本公债于民国二十五年二月一日发行。

第三条　本公债按票面额九八发行。

第四条　本公债年息定为六厘,按票面额核计,自发行之日起算,每年六月底及十二月底各付息一次。

第五条　本公债自民国二十五年六月三十日起,依照还本付息表规定数额,用抽签法开始还本,分十年六个月二十一次,至民国三十五年六月三十日全数还清,前项抽签于每次还本期前二十日举行之。

第六条　本公债还本付息事宜,由铁道部委托公债基金保管委员会办理,并指定中央、中国、交通三银行为经付本息机关。

第七条　本公债之还本付息以铁道部直辖国有铁路余利为基金,由铁道部按照本公债还本付息表所列数额每月提交公债基金保管委员会,指定承借南萍段铁路建筑款项之银行专户存储,以备到期给付。

第八条　本公债基金由铁道部派代表三人,财政部、审计部各派代表一人,发行银行公推代表二人,共同组织公债基金保管委员会,负责保管。其组织规程由铁道部拟订,呈由行政院核定之。

第九条　本公债不得移作别用。

第十条　本公债票面定为一万元、一千元两种。

第一一条　本公债为无记名式,得自由买卖、抵押,凡公务上须缴纳保证金时,得作为担保品并得为银行之保证准备金。

第一二条　对于本公债如有伪造及毁损信用之行为者,由司法机关依法惩治。

第一三条　本条例自公布日施行。

●●第二期铁路建设公债还本付息表

年　　份	尚欠本额	还　　本	付　　息	本息共计
第一年上半期	27,000,000	1,285,000	675,000	1,960,000
第一年下半期	25,715,000	1,285,000	771,450	2,056,450
第二年上半期	24,430,000	1,285,000	732,900	2,017,900
第二年下半期	23,145,000	1,285,000	694,350	1,979,350
第三年上半期	21,860,000	1,285,000	655,800	1,940,800
第三年下半期	20,575,000	1,285,000	617,250	1,902,250
第四年上半期	19,290,000	1,285,000	578,700	1,863,700
第四年下半期	18,005,000	1,285,000	540,150	1,825,150
第五年上半期	16,720,000	1,285,000	501,600	1,786,600
第五年下半期	15,435,000	1,285,000	468,050	1,748,050
第六年上半期	14,150,000	1,286,000	424,500	1,710,500
第六年下半期	12,864,000	1,286,000	385,920	1,671,920

（续表）

第七年上半期	11,578,000	1,286,000	347,340	1,633,340
第七年下半期	10,292,000	1,286,000	308,760	1,594,760
第八年上半期	9,006,000	1,286,000	270,180	1,556,180
第八年下半期	7,720,000	1,286,000	231,600	1,517,600
第九年上半期	6,434,000	1,286,000	193,020	1,479,020
第九年下半期	5,148,000	1,286,000	154,440	1,440,440
第十年上半期	3,862,000	1,286,000	115,860	1,401,860
第十年下半期	2,576,000	1,286,000	77,280	1,363,280
第十一年上半期	1,290,000	1,290,000	38,700	1,328,700
共　　计		27,000,000	8,777,850	35,777,850

●●第三期铁路建设公债条例 民国二十五年(1936年)二月二十五日国民政府公布

第一条　国民政府为筹集资金兴筑湘、黔、川、桂等干路及补助平绥、正太、陇海、胶济等路，展长旧有路线，由财政部会同铁道部发行公债，定名为第三期铁路建设公债。

第二条　本公债定额为国币一万二千万元，于民国二十五年三月一日及民国二十六年三月一日、民国二十七年三月一日分三次发行，每次债额四千万元。

第三条　本公债按票面额九八发行。

第四条　本公债年息定为六厘，自每次发行之日起算，每年于二月底及八月底各付息一次。

第五条　本公债分二十次还本，每年一次，每次偿还各该次发行总额百分之五，计二百万元，各自每次发行之日起扣足一年开始还本，第一次发行之债票至民国四十五年二月底，第二次至民国四十六年二月底，第三次至民国四十七年二月底，本息全数次第还清。前项还本依照各该次还本付息表之规定，于还本前二十日以抽签行之。

第六条　本公债还本付息指定第一条所定兴筑、展长各新路之余利，及国有其他各路除原有应还债务以外之余利为基金，依照各该次还本付息表所载应还本息数目按月提交中央银行，收入本公债基金保管委员会户账，专款存储备付。在新路未有余利以前，由财政部于国库项下第一年补助基金二百四十万元，第二年补助基金三百六十万元，第三、四两年各补助基金四百八十万元，按期交中央银行收入基金保管委员会户账，一并专储备付。

第七条　本公债基金保管委员会由财政部、铁道部各派代表二人、审计部派代表一人与经理公债银行代表三人共同组织之。其组织规程由财政部、铁道部会同拟订，呈行政院核准、备案。

第八条　本公债还本付息事宜，由财政部、铁道部委托本公债基金保管委员会办理，并指定中央银行为经付本息机关。

第九条　本公债债款专充第一条规定之用途，不得移作别用，并另由财政部、铁道部各派代表二人、审计部派代表一人共同组织债款保管委员会，负责收存。其组织规程由财政部、铁道部会同拟订，呈行政院核准、备案。

第一〇条　本公债价票分一千元、五百元、一百元三种。

第一一条　本公债债票由财政部部长、铁道部部长会同签字发行。

第一二条　本公债债票为无记名式，得自由买卖、抵押，凡公务上须缴纳保证金时，得作为担保品，并得为银行之保证准备金。

第一三条　本公债持票人除依照本公债条例享受各项权利外，不得对于第一条规定各铁路有何权利主张。

第一四条　对于本公债如有伪造及毁损信用之行为者，由司法机关依法惩治。

第一五条　本条例自公布日施行。

●●第三期铁路建设公债还本付息表(年息六厘)

日	期		公债余额	还本	付息	本息合计
二五	八	三一	四〇·〇〇〇·〇〇〇		一·二〇〇·〇〇〇	一·二〇〇·〇〇〇
二六	二	二八	四〇·〇〇〇·〇〇〇	二·〇〇〇·〇〇〇	一·二〇〇·〇〇〇	三·二〇〇·〇〇〇
	八	三一	七八·〇〇〇·〇〇〇		二·三四〇·〇〇〇	二·三四〇·〇〇〇
二七	二	二八	七八·〇〇〇·〇〇〇	四·〇〇〇·〇〇〇	二·三四〇·〇〇〇	六·三四〇·〇〇〇
	八	三一	一一四·〇〇〇·〇〇〇		三·四二〇·〇〇〇	三·四二〇·〇〇〇
二八	二	二八	一一四·〇〇〇·〇〇〇	六·〇〇〇·〇〇〇	三·四二〇·〇〇〇	九·四二〇·〇〇〇
	八	三一	一〇八·〇〇〇·〇〇〇		三·二四〇·〇〇〇	三·二四〇·〇〇〇
二九	二	二八	一〇八·〇〇〇·〇〇〇	六·〇〇〇·〇〇〇	三·二四〇·〇〇〇	九·二四〇·〇〇〇
	八	三一	一〇二·〇〇〇·〇〇〇		三·〇六〇·〇〇〇	三·〇六〇·〇〇〇
三〇	二	二八	一〇二·〇〇〇·〇〇〇	六·〇〇〇·〇〇〇	三·〇六〇·〇〇〇	九·〇六〇·〇〇〇
	八	三一	九六·〇〇〇·〇〇〇		二·八八〇·〇〇〇	二·八八〇·〇〇〇
三一	二	二八	九六·〇〇〇·〇〇〇	六·〇〇〇·〇〇〇	二·八八〇·〇〇〇	八·八八〇·〇〇〇
	八	三一	九〇·〇〇〇·〇〇〇		二·七〇〇·〇〇〇	二·七〇〇·〇〇〇
三二	二	二八	九〇·〇〇〇·〇〇〇	六·〇〇〇·〇〇〇	二·七〇〇·〇〇〇	八·七〇〇·〇〇〇
	八	三一	八四·〇〇〇·〇〇〇		二·五二〇·〇〇〇	二·五二〇·〇〇〇
三三	二	二八	八四·〇〇〇·〇〇〇	六·〇〇〇·〇〇〇	二·五二〇·〇〇〇	八·五二〇·〇〇〇
	八	三一	七八·〇〇〇·〇〇〇		二·三四〇·〇〇〇	二·三四〇·〇〇〇
三四	二	二八	七八·〇〇〇·〇〇〇	六·〇〇〇·〇〇〇	二·三四〇·〇〇〇	八·三四〇·〇〇〇
	八	三一	七二·〇〇〇·〇〇〇		二·一六〇·〇〇〇	二·一六〇·〇〇〇
三五	二	二八	七二·〇〇〇·〇〇〇	六·〇〇〇·〇〇〇	二·一六〇·〇〇〇	八·一六〇·〇〇〇
	八	三一	六六·〇〇〇·〇〇〇		一·九八〇·〇〇〇	一·九八〇·〇〇〇
三六	二	二八	六六·〇〇〇·〇〇〇	六·〇〇〇·〇〇〇	一·九八〇·〇〇〇	七·九八〇·〇〇〇
	八	三一	六〇·〇〇〇·〇〇〇		一·八〇〇·〇〇〇	一·八〇〇·〇〇〇
三七	二	二八	六〇·〇〇〇·〇〇〇	六·〇〇〇·〇〇〇	一·八〇〇·〇〇〇	七·八〇〇·〇〇〇
	八	三一	五四·〇〇〇·〇〇〇		一·六二〇·〇〇〇	一·六二〇·〇〇〇
三八	二	二八	五四·〇〇〇·〇〇〇	六·〇〇〇·〇〇〇	一·六二〇·〇〇〇	七·六二〇·〇〇〇

（续表）

	八	三一	四八·〇〇〇·〇〇〇		一·四四〇·〇〇〇	一·四四〇·〇〇〇
三九	二	二八	四八·〇〇〇·〇〇〇	六·〇〇〇·〇〇〇	一·四四〇·〇〇〇	七·四四〇·〇〇〇
	八	三一	四二·〇〇〇·〇〇〇		一·二六〇·〇〇〇	一·二六〇·〇〇〇
四〇	二	二八	四二·〇〇〇·〇〇〇	六·〇〇〇·〇〇〇	一·二六〇·〇〇〇	七·二六〇·〇〇〇
	八	三一	三六·〇〇〇·〇〇〇		一·〇八〇·〇〇〇	一·〇八〇·〇〇〇
四一	二	二八	三六·〇〇〇·〇〇〇	六·〇〇〇·〇〇〇	一·〇八〇·〇〇〇	七·〇八〇·〇〇〇
	八	三一	三〇·〇〇〇·〇〇〇		九〇〇·〇〇〇	九〇〇·〇〇〇
四二	二	二八	三〇·〇〇〇·〇〇〇	六·〇〇〇·〇〇〇	九〇〇·〇〇〇	六·九〇〇·〇〇〇
	八	三一	二四·〇〇〇·〇〇〇		七二〇·〇〇〇	七二〇·〇〇〇
四三	二	二八	二四·〇〇〇·〇〇〇	六·〇〇〇·〇〇〇	七二〇·〇〇〇	六·七二〇·〇〇〇
	八	三一	一八·〇〇〇·〇〇〇		五四〇·〇〇〇	五四〇·〇〇〇
四四	二	二八	一八·〇〇〇·〇〇〇	六·〇〇〇·〇〇〇	五四〇·〇〇〇	六·五四〇·〇〇〇
	八	三一	一二·〇〇〇·〇〇〇		三六〇·〇〇〇	三六〇·〇〇〇
四五	二	二八	一二·〇〇〇·〇〇〇	六·〇〇〇·〇〇〇	三六〇·〇〇〇	六·三六〇·〇〇〇
	八	三一	六·〇〇〇·〇〇〇		一八〇·〇〇〇	一八〇·〇〇〇
四六	二	二八	六·〇〇〇·〇〇〇	四·〇〇〇·〇〇〇	一八〇·〇〇〇	四·一八〇·〇〇〇
	八	三一	二·〇〇〇·〇〇〇		六〇·〇〇〇	六〇·〇〇〇
四七	二	二八	二·〇〇〇·〇〇〇	二·〇〇〇·〇〇〇	六〇·〇〇〇	二·〇六〇·〇〇〇

注：本公债定于二十五六七年（1936年、1937年、1938年）每年三月一日发行四千万元

●●铁道部收回广东粤汉铁路公债条例（附还本付息表）民国十

八年（1929年）十一月十八日国府公布，二十四年（1935年）十一月十一日修正。

第一条　铁道部为收换广东粤汉铁路民有股票，发行公债，定名为铁道部收回广东粤汉铁路公债。

第二条　本公债以国币二千万圆为最高发行总额。

第三条　本公债专充收换广东粤汉铁路民有股票之用，官股不在此例。

前项民有股票，每股票面价毫洋五圆，换公债票国币四圆。

第四条　本公债于民国十九年一月一日发行。

第五条　本公债年息定为二厘，自发行之日起算，每年于六月三十日及十二月三十一日各付息一次。

第六条　本公债之还本付息以广东粤汉铁路余利为基金，按照还本付息表所载数目每月由该路拨交中央银行，专款存储备付到期本息。

第七条　本公债自发行之日起至民国二十七年十二月三十一日为第一次还本之期，嗣后，每年还本一次，至民国四十三年本息全数还清。

前项还本依照还本付息表之规定，于每年十二月一日以抽签法定之。

第八条　本公债发行后，由铁道部债票持有人及当地商会各派代表一人、审计机关一人组织基金保管委员会，负责保管本公债基金及监督本公债还本付息事宜，其组织章程另定之。

第九条　本公债债票分百圆、四十圆、四圆三种,均为无记名式。

第一〇条　本公债债票得自由买卖、抵押。

第一一条　对于本公债债票,如有伪造及毁损信用等情,由司法机关依法惩治。

第一二条　本条例自公布日施行。

●●粤汉铁路公债还本付息表

年	月	日	本金余额	偿还本金	偿付利息	本息合计
一九	六	三〇	二〇·〇〇〇·〇〇〇		二〇〇·〇〇〇	二〇〇·〇〇〇
	一二	三一	二〇·〇〇〇·〇〇〇		二〇〇·〇〇〇	二〇〇·〇〇〇
二〇	六	三〇	二〇·〇〇〇·〇〇〇		二〇〇·〇〇〇	二〇〇·〇〇〇
	一二	三一	二〇·〇〇〇·〇〇〇		二〇〇·〇〇〇	二〇〇·〇〇〇
二一	六	三〇	二〇·〇〇〇·〇〇〇		二〇〇·〇〇〇	二〇〇·〇〇〇
	一二	三一	二〇·〇〇〇·〇〇〇		二〇〇·〇〇〇	二〇〇·〇〇〇
二二	六	三〇	二〇·〇〇〇·〇〇〇		二〇〇·〇〇〇	二〇〇·〇〇〇
	一二	三一	二〇·〇〇〇·〇〇〇		二〇〇·〇〇〇	二〇〇·〇〇〇
二三	六	三〇	二〇·〇〇〇·〇〇〇		二〇〇·〇〇〇	二〇〇·〇〇〇
	一二	三一	二〇·〇〇〇·〇〇〇		二〇〇·〇〇〇	二〇〇·〇〇〇
二四	六	三〇	二〇·〇〇〇·〇〇〇		二〇〇·〇〇〇	二〇〇·〇〇〇
	一二	三一	二〇·〇〇〇·〇〇〇		二〇〇·〇〇〇	二〇〇·〇〇〇
二五	六	三〇	二〇·〇〇〇·〇〇〇		二〇〇·〇〇〇	二〇〇·〇〇〇
	一二	三一	二〇·〇〇〇·〇〇〇		二〇〇·〇〇〇	二〇〇·〇〇〇
二六	六	三〇	二〇·〇〇〇·〇〇〇		二〇〇·〇〇〇	二〇〇·〇〇〇
	一二	三一	二〇·〇〇〇·〇〇〇		二〇〇·〇〇〇	二〇〇·〇〇〇
二七	六	三〇	二〇·〇〇〇·〇〇〇		二〇〇·〇〇〇	二〇〇·〇〇〇
	一二	三一	二〇·〇〇〇·〇〇〇	一·〇〇〇·〇〇〇	二〇〇·〇〇〇	一·二〇〇·〇〇〇
二八	六	三〇	一九·〇〇〇·〇〇〇		一九〇·〇〇〇	一九〇·〇〇〇
	一二	三一	一九·〇〇〇·〇〇〇	一·〇〇〇·〇〇〇	一九〇·〇〇〇	一·一九〇·〇〇〇
二九	六	三〇	一八·〇〇〇·〇〇〇		一八〇·〇〇〇	一八〇·〇〇〇
	一二	三一	一八·〇〇〇·〇〇〇	一·二〇〇·〇〇〇	一八〇·〇〇〇	一·三八〇·〇〇〇
三〇	六	三〇	一六·八〇〇·〇〇〇		一六八·〇〇〇	一六八·〇〇〇
	一二	三一	一六·八〇〇·〇〇〇	一·二〇〇·〇〇〇	一六八·〇〇〇	一·三六八·〇〇〇
三一	六	三〇	一五·六〇〇·〇〇〇		一五六·〇〇〇	一五六·〇〇〇
	一二	三一	一五·六〇〇·〇〇〇	一·二〇〇·〇〇〇	一五六·〇〇〇	一·三五六·〇〇〇
三二	六	三〇	一四·四〇〇·〇〇〇		一四四·〇〇〇	一四四·〇〇〇
	一二	三一	一四·四〇〇·〇〇〇	一·二〇〇·〇〇〇	一四四·〇〇〇	一·三四四·〇〇〇
三三	六	三〇	一三·二〇〇·〇〇〇		一三二·〇〇〇	一三二·〇〇〇
	一二	三一	一三·二〇〇·〇〇〇	一·二〇〇·〇〇〇	一三二·〇〇〇	一·三三二·〇〇〇
三四	六	三〇	一二·〇〇〇·〇〇〇		一二〇·〇〇〇	一二〇·〇〇〇
	一二	三一	一二·〇〇〇·〇〇〇	一·二〇〇·〇〇〇	一二〇·〇〇〇	一·三二〇·〇〇〇
三五	六	三〇	一〇·八〇〇·〇〇〇		一〇八·〇〇〇	一〇八·〇〇〇
	一二	三一	一〇·八〇〇·〇〇〇	一·二〇〇·〇〇〇	一〇八·〇〇〇	一·三〇八·〇〇〇
三六	六	三〇	九·六〇〇·〇〇〇		九六·〇〇〇	九六·〇〇〇
	一二	三一	九·六〇〇·〇〇〇	一·二〇〇·〇〇〇	九六·〇〇〇	一·二九六·〇〇〇
三七	六	三〇	八·四〇〇·〇〇〇		八四·〇〇〇	八四·〇〇〇

（续表）

	一二	三一	八·四〇〇·〇〇〇	一·二〇〇·〇〇〇	八四·〇〇〇	一·二八四·〇〇〇
三八	六	三〇	七·二〇〇·〇〇〇		七二·〇〇〇	七二·〇〇〇
	一二	三一	七·二〇〇·〇〇〇	一·二〇〇·〇〇〇	七二·〇〇〇	一·二七二·〇〇〇
三九	六	三〇	六·〇〇〇·〇〇〇		六〇·〇〇〇	六〇·〇〇〇
	一二	三一	六·〇〇〇·〇〇〇	一·二〇〇·〇〇〇	六〇·〇〇〇	一·二六〇·〇〇〇
四〇	六	三〇	四·八〇〇·〇〇〇		四八·〇〇〇	四八·〇〇〇
	一二	三一	四·八〇〇·〇〇〇	一·二〇〇·〇〇〇	四八·〇〇〇	一·二四八·〇〇〇
四一	六	三〇	三·六〇〇·〇〇〇		三六·〇〇〇	三六·〇〇〇
	一二	三一	三·六〇〇·〇〇〇	一·二〇〇·〇〇〇	三六·〇〇〇	一·二三六·〇〇〇
四二	六	三〇	二·四〇〇·〇〇〇		二四·〇〇〇	二四·〇〇〇
	一二	三一	二·四〇〇·〇〇〇	一·二〇〇·〇〇〇	二四·〇〇〇	一·二二四·〇〇〇
四三	六	三〇	一·二〇〇·〇〇〇		一二·〇〇〇	一二·〇〇〇
	一二	三一	一·二〇〇·〇〇〇	一·二〇〇·〇〇〇	一二·〇〇〇	一·二一二·〇〇〇
合　计			二〇·〇〇〇·〇〇〇		六·八六〇·〇〇〇	二六·八六〇·〇〇〇

●●所得税暂行条例

民国二十五年（1936 年）七月二十一日国民政府公布，同年十月一日施行。

要　　目

第一章　总则

第一条　凡有下列所得之一者，依本条例征所得税。

第一类　营利事业所得。

　甲　凡公司商号、行栈、工厂或个人资本在二千元以上营利之所得。

　乙　官商合办营利事业之所得。

　丙　属于一时营利事业之所得。

第二类　薪给报酬所得。凡公务人员自由职业者及其他从事各业者薪给报酬之所得。

第三类　证券存款所得。凡公债、公司债、股票及存款利息之所得。

第二条　下列各种所得，免纳所得税。

一　不以营利为目的之法人所得

二　第二类所得

　　子　每月平均不及三十元者；

　　丑　军警、官佐、士兵及公务员因公伤亡之恤金；

　　寅　小学教职员之薪给；

　　卯　残废者、劳工及无力生活者之抚恤金、养老金及赡养费。

三　第三类所得

　　子　各级政府机关存款；

　　丑　公务员及劳工之法定储蓄金；

　　寅　教育、慈善机关或团体之基金存款；

　　卯　教育储金之每年所得息金未达一百元者。

第二章　税率

第三条　第一类甲、乙两项所得应课之税率分级如下：

一　所得合资本实额百分之五未满百分之十者，课税千分之三十；

二　所得合资本实额百分之十未满百分之十五者，课税千分之四十；

三　所得合资本实额百分之十五未满百分之二十者，课税千分之六十；

四　所得合资本实额百分之二十未满百分之二十五者，课税千分之八十；

五　所得合资本实额百分之二十五以上者，一律课税千分之一百。

第四条　第一类丙项所得能按资本额计算者，依前条税率课税，不能按资本额计算者，依其所得额课税，其税率如下：

一　所得在一百元以上未满一千元者，课税千分之三十；

二　所得在一千元以上未满二千五百元者，课税千分之四十；

三　所得在二千五百元以上未满五千元者，课税千分之六十；

四　所得在五千元以上者，每增一千元之额，递加课税千分之十。

前项所得之课税，其最高税率以千分之二百为限。

第五条　第二类所得应课之税率如下：

一　每月平均所得自三十元至六十元者，每十元课税五分；

二　每月平均所得超过六十元至一百元者，其超过额每十元课税一角；

三　每月平均所得超过一百元至二百元者，其超过额每十元课税二角；

四　每月平均所得超过二百元至三百元者，其超过额每十元课税三角；

五　每月平均所得超过三百元至四百元者，其超过额每十元课税四角；

六　每月平均所得超过四百元至五百元者，其超过额每十元课税六角；

七　每月平均所得超过五百元至六百元者,其超过额每十元课税八角;

八　每月平均所得超过六百元至七百元者,其超过额每十元课税一元;

九　每月平均所得超过七百元至八百元者,其超过额每十元课税一元二角;

十　每月平均所得超过八百元以上时,每超过一百元之额每十元增课二角,至每十元课税二元为最高限度。

每月所得之超过额不满五元者,其超过部分免税。五元以上者以十元计算。

第六条　第三类所得应课之税率为千分之五十。

第三章　所提额之计算及报告

第七条　计算所得额之方法如下:

一　第一类之所得以纯益额计算课税;

二　第二类之所得以月计者或以年计者,均按月平均计算课税,其所得无定期或一时所得者,以各该月之所得额计算课税;

三　第三类之所得以每次或结算时付给之利息计算课税。

第八条　第一类甲、乙两项之所得,应由纳税义务者于每年结算后三个月内,将所得额依规定格式报告于主管征收机关。

第九条　第一类丙项之所得,应由扣缴所得税者或自缴所得税者于结算后一个月内,将所得额依规定格式报告于主管征收机关。

第一〇条　第二类之所得,应由扣缴所得税者或自缴所得税者,按照纳税期限,将所得额依规定格式报告于主管征收机关。

第一一条　第三类之所得应由扣缴所得税者或自缴所得税者,于付给或领取利息后一个月内,将所得额依规定格式报告于主管征收机关。

第一二条　主管征收机关对于所得额之报告发现有虚伪隐匿或逾限未报者,得迳行决定其所得额。

第四章　调查及审查

第一三条　主管征收机关于各类所得额经报告义务者报告后,得随时派员调查。

第一四条　主管征收机关决定各类所得额及其应纳税额后,应通知纳税义务者。

纳税义务者接到前项通知后如有不服,得于二十日内叙明理由,连同证明文件请求当地主管征收机关重行调查,主管征收机关应即另行派员覆查决定之。

经覆查决定后,纳税义务者应即依法纳税。

第一五条　纳税义务者接到前条覆查决定之通知后,仍有不服时,得于十日内声请审查委员会审查决定之。

主管征收机关对于声请审查之税款应存放当地殷实银行,俟审查委员会决定后,依其决定为退税或补税。

主管征收机关为前项退税时,应将退税部分之利息一并退还之。

第一六条 纳税义务者对于审查委员会之决定不服时,得提起行政诉愿或诉讼。

第一七条 审查委员会于市、县或其他征收区域设置之。

审查委员会设委员三人至七人,为无给职,由财政部于当地公务员公正人士及职业团体职员中聘任之,任期三年。

审查委员会开会时,主管征收机关长官或其代表应列席。

第五章 罚则

第一八条 不依期限报告或怠于报告者,主管征收机关得科以二十元以下之罚锾。

第一九条 隐匿不报或为虚伪之报告者,除科以二十元以下之罚锾外,并得移请法院科以漏税额二倍以上五倍以下之罚金,其情节重大者,得并科一年以下有期徒刑或拘役。

第二〇条 纳税义务者或扣缴所得税者不依期限缴纳税款,主管征收机关得移请法院追缴,并依下列规定处罚之。

一 欠缴税额全部或一部逾三个月者,科以所欠金额百分之三十以下之罚金。

二 欠缴税额全部或一部逾六个月者,科以所欠金额百分之六十以下之罚金。

三 欠缴税额全部或一部逾九个月者,科以所欠金额一倍以下之罚金。

第六章 附则

第二一条 本条例施行细则及审查委员会组织规程,由财政部拟订,呈请行政院核定之。

第二二条 本条例施行日期以命令定之。

●●所得税暂行条例施行细则 民国二十五年(1936年)八月二十二日行政院公布

第一条 本细则依照所得税暂行条例(以下简称暂行条例)第二十一条规定制定之。

第二条 驻在中华民国境内各国外交官之所得免予征税。

第三条 在中华民国境内居住未满一年之外国人,其所得之来源不出自中华民国境内者,免予征税。

第四条 前两条之规定,以各外国对于中华民国有同一之待遇者为限,适用之。

第五条 凡营利事业本店在中华民国国外,分、支店营业所在国内,或分、支店营业所在国外而本店在国内者,无论其资本是否与本店互为划分,均就其在中华民国境内营业盈利之部份计算其所得额,准用暂行条例第四条税率课税。

第六条　本店及其分、支店营业所同在中华民国境内而其资本互为划分者,应分别计算其所得额。

第七条　称资本者,谓照公司组织实在缴足之股金或其他组织实际投入之本金。

有公积金者,得按其总额以三分之一并入资本计算。

第八条　第一类甲、乙两项营利事业之所得,得依各业习惯每年结算一次,其不满一年者就其营业期间之所得计算课税。

第九条　营业年度变更时,依新旧年度交替期间之所得计算课税。

第一〇条　第二类所得以星期计者,每月按四星期计算课税。

第一一条　第二类所得以月计者,不足一月时,就其所得之实数计算课税。

第一二条　买卖与本业务无关之物品、证券或金银货币而其所得又不在本业务收入项下计算者,以一时营利事业论。

非营业之个人为前项之买卖而不于约定期日以现货交割者,亦同。

第一三条　非营利事业之法人或团体而兼营营利事业者,视为营利事业。

第一四条　称法定储蓄金者,以政府法令规定之储金为限。

第一五条　计算第一类所得时,应就其收入总额内减除营业期间实际开支、呆账、折旧、盘存、消耗、公课及依法令所规定之公积金,以其余额为纯益额,依照暂行条例第三条现定之税率课税。

第一六条　下列各项收入,均属第二类薪给报酬之所得:

一　公务员之俸给、薪金、岁费、奖金、退职金、养老金及其他职务上所得之给与金;

二　自由职业者、其他从事各业者因职业及工作上所受之薪给、年金、报酬及其他金钱之给与。

第一七条　计算自由职业者及其他从事各业者之所得,如有下列各项费用时,应先行扣除以其余额为所得额。

一　业务所房租;

二　业务使用人薪给、报酬;

三　业务上必需之舟车旅费;

四　其他业务上直接必需之费用。

业务人就其居所为营业所者,其房租应比例扣除之,但不得超过租金总额百分之六十。

本条第一项第三款之舟车旅费以受有报酬者为限,但不得超过其各个报酬额百分之三十。

第一八条　自由职业者及其他从事各业者设有两个以上之业务所,各有其独立之账簿者,应分别计算其所得额。

第一九条　依本细则第十二条规定之营利,应于各个交易结数时计算其所得额。

第二○条　扣缴所得税者或自缴所得税者,应依照暂行条例第八条至第十一条规定之期间,向当地主管征收机关申报所得额。

第二一条　无行为能力人及限制行为能力人之所得额,由其法定代理人依照前条规定代为申报。

第二二条　第一类甲、乙两项之营利事业,因合并、解散、歇业、清理,经结算后仍有所得者,应于结算日起二十日内向当地征收机关申报其所得额。

受破产之宣告经清理后仍有所得者,破产管理人依前项之规定,申报其所得额。

第二三条　营业年度变更时,执行业务之负责人应依照本细则第九条规定,于结算日起二十日内申报其所得额。

第二四条　第一类所得之申报人于申报时,应提出财产目录、损益计算书、资产负债表或其他足以证明其所得额之账簿、文据。

第二五条　所得税税款由财政部主管征收机关委托国家银行或邮政储金汇业局征收之,其当地无上列机关者,得指定其他银行商号或处所代为经收。

第二六条　各类所得税之纳税期限,依下列规定:

一　第一类甲、乙两项纳税期限应依各业每年之结算期,于每年三月一日起至五月末日止,或八月一日起至十月末日止,一次缴纳之。丙项所得税于结算申报时缴纳。

二　第二类所得税按月缴纳之。

三　第三类所得税于结算息金申报时缴纳之。第一类丙项、第二类自缴之所得税及本细则第二十二条第一项、第二项、第二十三条应缴之所得税,于结算申报日起二十日内缴纳之。

第二七条　所得税缴纳方法如下:

一　属于第一类甲、乙两项者,由业务负责人自行缴纳;

二　属于第一类丙项者,如有支付所得之机关,由该机关业务负责人代为扣缴。如无支付机关,由纳税义务人或其代理人自行缴纳;

三　属于第二类者,由直接支付薪给、报酬之机关长官或雇主代为扣缴,无支付机关或雇主者自行缴纳;

四　属于第三类者,由付息机关之业务负责人代为扣缴。

第二八条　扣缴所得税者于扣缴税款时,应通知纳税义务人,并将税款向当地经收税款机关缴纳之。前项扣缴所得税者,除支付无记名证券利息及存款利息另以特种表式申报外,应开具各个纳税义务人所得额,申报当地主管征收机关。

第二九条　经收税款机关于收到前条所扣税款时,应掣给主管征收机关规定之正式收据。

第三○条　扣缴所得税者如能依照法定手续、期限、完成其扣缴之职责者,当地主管征收机关得照其扣缴之总额给予千分之五之奖励金。前项奖励金于政府机关不适用之。

第三一条　自缴所得税者于接到当地主管征收机关决定所得税额之通知书后,应各依纳税期限向经收税款机关缴纳所得税。

前项自缴者应向经收税款机关掣取主管征收机关规定之正式收据。

第三二条　财政部主管征收机关应制定各类所得人纳税额通知书,发交各地征收机关,依暂行条例第十四条之规定通知纳税者。

第三三条　当地主管征收机关应于收到申报人申报十五日内,为其所得税额之决定,如申报人请求重行调查时,应自接收请求之日起十日内,重行决定其税额。

第三四条　当地主管征收机关认申报人申报不实时,得指定期限要求申报人提示有关纳税额之证明文据。

申报人对于前项要求怠不履行时,当地主管征收机关得依调查或其他方法,迳行决定其所得额及纳税额,并通知之申报人。受前项通知时,应依纳税期限纳税。

第三五条　当地主管征收机关对于扣缴之税额发现不足时,应责令扣缴所得税者缴足之。

第三六条　纳税义务人对于扣缴之所得税认有应行减除者,得向当地主管征收机关声请退税。

第三七条　财政部主管征收机关应制定各类所得额申报表,发交各地征收机关,由申报者自行具领填报。

前项申报表得由各地征收机关委托当地行政机关、商会、同业公会、邮政局或经收税款机关存备申报者具领,并公告或揭示之。

第三八条　各类所得额申报表不得附征任何费用。

第三九条　当地主管征收机关应设置各类所得名簿,按照申报表及决定通知书之内容,将纳税者姓名、住址、职业、所得额、决定纳税额及其他应行记载事项分别记载之。

第四〇条　所得税额决定通知书应分所得种类编号登记。

第四一条　扣缴所得税者、自缴所得税者或代缴所得税者对于调查、复查、审查人员要求提示之凭证,不得加以拒绝。

第四二条　申报人对于明知不实之所得额故为申报者,除依暂行条例第十九条罚锾或论罪外,其有触犯刑法伪造文书罪之情形者,主管征收机关并应报请法院法办。

第四三条　征收所得税机关人员对于纳税人之所得额、纳税额及其证明关系文据应绝对保守秘密,违者经主管长官查实或于受害人告发经查实后,主管长官应予以撤职或其他惩戒处分,触犯刑法者并应报请法院法办。

第四四条　当地主管征收机关依暂行条例第十八条、第十九条、第二十条各款规定科罚时,应向受罚人送达处分书,对于缴纳之罚款应给予收据。

前项处分书及收据应加盖处罚机关之关防及负责人之名章。

第四五条　股份有限公司或股份两合公司发行股份时，应将股份总额、股票种类、每股金额、营业年度报明当地主管征收机关。

已发行之股票应由各该公司于本细则施行日起一个月内，将前项应报事项报明当地主管征收机关。

第四六条　公司商号、行栈、工厂及营利之个人，应于本细则施行日起一个月内，将姓名、住址、营业资本或股本实额报明当地主管征收机关。

第四七条　本细则所定各种书表、簿册、单据格式由财政部制定之。

第四八条　本细则未尽事宜，财政部得随时呈准行政院修正之。

第四九条　本细则自民国二十五年十月一日起施行。

●●遗产税条例草案

要　目

第一章　通则

第一条　凡中华民国人民于死亡时，遗有财产或凡在中华民国领域内遗有财产者，于继承开始时，均依本条例课征遗产税，以为承受遗产确定之证。

第二条　本条例所称遗产，为被继承人之动产、不动产、其他一切财产上可生收益之权利。

第三条　遗产价值之计算，以继承开始之日为准。

第四条　被继承人之遗产不在同一区域时，应合并计算其总额。

第五条　遗产税按遗产总额计算，但下列各款应于遗产总额内扣除之：

一　捐税及其他公课；

二　被继承人之丧葬费；

三　被继承人之债务；

四　管理遗产及执行遗嘱之必要费用。

第六条　意图减免税额而为隐匿遗产之行为者，除照补税额外，并科以所隐匿税额二倍至五倍之罚金。

第七条　遗产隐匿经人举发因而完税纳罚者，其举发人得受罚金百分之三十之奖赏金，由征收遗产税机关拨付之。

第八条　被继承人在生前分析财产或以遗赠之意思而为赠与之财产，于其分析或赠与时，应先向征收遗产税机关声请登记，并提供其应纳遗产税之同等金额，于继承开始时依本条例课税之。违反前项规定及经人举发者，依本条例第六、七两条办理。

第九条　遗产中之不动产未经纳税而典押买卖或赠与者，其典权人、抵押权人、买受人、受赠人应负代纳遗产税及罚金之义务。

第二章　课税

第一〇条　遗产应课之税率，依超额累进计算，分列如下：

一　遗产价额在三千元以下者免税；

二　自三千至二万元之额课税百分之一；

三　超过二万元至三万五千元之额课税百分之一五；

四　超过三万五千元至五万元之额课税百分之二；

五　超过五万元至七万五千元之额课税百分之二五；

六　超过七万五千元至十万元之额课税百分之三；

七　超过十万元至十五万元之额课税百分之四；

八　超过十五万元至二十万元之额课税百分之五；

九　超过二十万元至二十六万元之额课税百分之六；

十　超过二十五万元至三十万元之额课税百分之七；

一一　超过三十万元至四十万元之额课税百分之八；

一二　超过四十万元至五十万元之额课税百分之九；

一三　超过五十万元至七十五万元之额课税百分之十；

一四　超过七十五万元至一百万元之额课税百分之十二；

一五　超过一百万元至一百五十万元之额课税百分之十四；

一六　超过一百五十万元至三百万元之额课税百分之十六；

一七　超过三百万元至四百万元之额课税百分之十八；

一八　超过四百万元至六百万元之额课税百分之二十；

一九　超过六百万元至八百万元之额课税百分之二十一；

二〇　超过八百万元至一千万元之额课税百分之二十四；

二一　超过一千万元者，增百万元之额，加课百分之五。

第一一条　继承人对于未经缴纳遗产税之遗产欲为处分或分析时，应先向征收遗产税机关提供完税相等之金额。

违反前项规定者，以隐匿税额论，依本条例第六条补税课罚之。其经人举发时，依第七条之规定办理。

第一二条　遗产税以一次完纳为原则，其经完税义务人提出正当理由，请求征收遗产税机关核准者，得分期完纳之。其最长期限，自应纳遗产税之日起，不得逾一年。

第一三条　征收遗产税机关于完税义务人完清遗产税后，应发给完纳遗产税证书。

第三章　免税

第一四条　陆海空军官佐、士兵战时阵亡或因战地服务受伤致死者，其遗产应免课税。

第一五条　被继承人之遗产中，如有历史、美术之物品，经继承人向征收遗产税机关声明保存登记者，应免课税。

但前项物品继承人转让时，仍须照纳遗产税。

第一六条　已纳遗产税之遗产，于五年内再有继承开始情事时，其在前次受遗数额之范围内应免重行课税，其在五年以上十年以下者，减半课税。

第一七条　被继承人以遗嘱将其一定之财产遗赠慈善或公共事业者，应免课税。

第四章　申报

第一八条　负有完纳遗产税义务之人于继承开始十日内，应将死亡事实向所在地征收遗产税机关申报。前项期间在继承人自继承开始之日起算，在遗产管理人及遗嘱执行人自就职之日起算。

前项之义务人应一次或分次提出遗产清册，其提出期间自继承开始之日起不得过三个月，违反前两项之规定者，应科以五十元以上一千元以下之罚金。

第一九条　在前条指定期限终了时怠于完纳而又未经声请展期或声请无理由经驳斥者，征收遗产税机关得向所在地法院请求强制执行。

第二〇条　遗产清册不能依限造报者，应将其事由预向征收遗产税机关声请展期。

前项声请展期以一次为限，其最长期间不得过三个月。

第五章　审查

第二一条　遗产非先经审查，不得征收遗产税。

第二二条　审查由审查遗产委员会根据遗产清册审核，并得依公告或其他调查方法为之。

第二三条　遗产价格经审查遗产委员会认为须付鉴定或估价时，得委托具有特别技术学识之人为之。

第二四条　征收遗产税机关应根据审查之结果,核计其应纳之遗产税额,揭示公布,并应通知完税义务人于一个月内完税。

第二五条　完纳义务人或利害关系人对于审查之结果有异议时,应自受通知或公布之日起三十日内向征收遗产税机关请求覆查或重予鉴估。

第二六条　对于覆查或重予鉴估之结果,完税义务人或利害关系人如再不服,得提起诉愿,在诉愿程序中遗产税之执行不予中止。

第六章　组织

第二七条　征收遗产税之机关由财政部设置之。

第二八条　征收遗产税之机关应各就管辖区域设置审查遗产委员会,其委员以七人至九人为额,除当地征收遗产税机关代表一人外,余就下列人选聘任之。

一　当地司法机关代表一人;

二　当地教育机关代表一人;

三　当地公安机关代表一人;

四　当地地政机关代表一人;

五　当地公正人士一人至三人,其任期以二年为一任,并得连任一次。

第七章　附则

第二九条　本条例施行细则由财政部定之。

第三〇条　本条例之施行日期及区域以命令定之。

●●财政部税务署组织法民国二十五年(1936年)七月十四日国民政府公布

第一条　本组织法依财政部组织法第七条之规定制定之。

第二条　税务署承财政部部长之命,掌理全国货物出产税、货物出厂税、货物取缔税及印花税事务。

第三条　税务署置七科分掌本署事务。

第四条　第一科掌下列事项:

一　关于文件之收发、分配、撰拟、缮校及保管事项;

二　关于印信之典守事项;

三　关于本署及所属机关职员之任免、迁调及训练事项;

四 关于所属机关之设置或裁并事项；

五 关于本署所掌各税税务法规之拟订审核及解释事项；

六 关于税务公报之编辑事项；

七 关于税务所用一切票照、单证之制印及保管事项；

八 关于本科职掌事务之各种表册及报告之编制事项；

九 关于税警服装、械弹之采办及保管事项；

一〇 关于庶务及不属于其他各科事项。

第五条 第二科掌下列事项：

一 关于所属各机关税收成绩之考核及税款之审核事项；

二 关于税款之征收、报解及印花税税款分配之执行事项；

三 关于税务所用一切票照、单证之拟订、核发及有价税票之保管、核发事项；

四 关于收税票照之核对事项；

五 关于征收所管各税进口货品之审核及登记事项；

六 关于本署及所属机关经费之领发事项；

七 关于罚锾及没收货物变价收入之处理事项；

八 关于本科职掌事务之各种表册及报告之编制事项。

前项第七款事项之处理应会同国库司为之。

第六条 第三科掌下列事项：

一 关于卷烟、烟叶各税税务及卷纸取缔之设计、改进及处理事项；

二 关于卷烟、烟叶各税税率之审订事项；

三 关于所属各机关办理卷烟、烟叶各税税务成绩之考核事项；

四 关于卷烟、烟叶退税或免税案件之处理事项；

五 关于卷烟、烟叶、卷纸等税务纠纷及诉愿案件之处理事项；

六 关于卷烟、烟叶、烟丝、卷纸市价之审核及其商号商标之登记事项；

七 关于本科职掌事务之各种表册及报告之编制事项。

第七条 第四科掌下列事项：

一 关于棉纱、矿产各税税务之设计、改进及处理事项；

二 关于棉纱、矿产各税税率之审订事项；

三 关于所属各机关办理棉纱、矿产各税税务成绩之考该事项；

四 关于棉纱、矿产退税或免税案件之处理事项；

五 关于棉纱、矿产各税税务纠纷及诉愿案件之处理事项；

六 关于棉纱、矿产市价之审核及其商号、商标之登记事项；

七 关于本科职掌事务之各种表册及报告之编制事项。

第八条　第五科掌下列事项：

一　关于火柴、水泥、麦粉各税税务之设计、改进及处理事项；

二　关于火柴、水泥、麦粉各税税率之审订事项；

三　关于所属机关办理火柴、水泥、麦粉各税税务成绩之考核事项；

四　关于火柴、水泥、麦粉退税或免税案件之处理事项；

五　关于火柴、水泥、麦粉各税税务纠纷及诉愿案件之处理事项；

六　关于火柴、水泥、麦粉市价之审核及其商号、商标之登记事项；

七　关于本科职掌事务之各种表册及报告之编制事项。

第九条　第六科掌下列事项：

一　关于火酒、啤酒、洋酒、土烟、土酒及印花各税税务之设计、改进及处理事项；

二　关于前款各税税率之审订事项；

三　关于所属机关办理第一款各种烟酒税税务成绩之考核与印花税之推行及监督事项；

四　关于第一款各货物税之退税或免税案件之处理及印花税之免贴事项；

五　关于各种烟酒市价之审核及其商号、商标之登记事项；

六　关于第一款各税税务纠纷及诉愿案件之处理事项；

七　关于本科职掌事务之各种表册及报告之编制事项。

第一〇条　第七科掌下列事项：

一　关于本署所管各税防止漏税之设计、改进及处理事项；

二　关于没收货物之保管事项；

三　关于税警之编制、训练、指挥、调遣事项；

四　关于税警服装、械弹之核发事项；

五　关于税警之其他行政事项。

第一一条　税务署署长综理全署事务，并监督、指挥所属机关及职员。

第一二条　税务署设秘书二人或三人荐任，承署长之命，办理机要文牍及交办事务。

第一三条　税务署设科长七人荐任，科员一百人至一百二十人，助理员三十五人至四十二人委任，承长官之命，办理各科事务，并得酌用雇员办理缮校及其他事务。

第一四条　税务署设技正一人或二人荐任，技士二人至四人委任，承长官之命，办理本署所管各税之技术事务。

第一五条　税务署设编译二人荐任，承长官之命，分掌关系各税制度、法规及图书文件之编译事项。

第一六条　税务署设视察二人至六人荐任，调查员四人至六人委任，承长官之命，分赴各省区考察本署所管各税税务成绩及调查临时发生之案件。

第一七条　税务署设稽核十二人至十六人荐任，承长官之命，稽核征税各货品之产制及征税状况、驻厂、驻场人员办事之勤惰并监视征收所管各税之货品进出口事项。

税务署设印花税督察员十六人至二十人荐任,承长官之命,督察印花税票之推销;印花监制员四人至六人委任,承长官之命,监视征税所用各种税票之印制。

第一八条 税务署设会计主任一人,统计主任一人荐任,科员二十人至二十四人,助理员六人至八人委任,分别办理岁计、会计、统计事务,受署长及财政部会计长之监督、指挥。

第一九条 税务署对外公文以财政部名义行之,但关于下列事项得发署令。

一 遵照部令应行转饬事项;

二 依照部令所定办法督率进行事项;

三 曾经呈部核准事项。

第二〇条 税务署于各省区设税务管理局,办理各税征收事务,其组织以法律定之。

第二一条 税务署办事规则由税务署拟订,呈请财政部核定之。

第二二条 本法自公布日施行。

●●财政部各区税务局暂行章程 民国二十五年(1936年)六月二十二日财政部公布

第一条 财政部税务署为划一组织,办理统税、烟酒税、矿产税及将来开办之他种货物税暨抽查印花税事项,特将全国划为若干税务区,每区设一区税务局。

第二条 区税务局由税务署察酌各地税务情形,呈经财政部核准次第设立。凡未经设立区税务局省份,暂仍由该省原设机关办理。

第三条 区税务局设四课,分掌本局事务。

第四条 第一课掌下列事项:

一 关于印信之典守及文件之收发、分配、撰拟、缮校、保管事项;

二 关于本局职员及分段管理员、驻厂、驻场、驻矿各办事员之考核成绩、任免、迁调事项;

三 需于所辖境内各税务管理所税务分所及分段管理员驻厂、驻场、驻矿各办事员之呈请奖惩事项;

四 关于统税、矿产税、运照、单证之领发、保管事项;

五 关于各税务管理所交代之审核事项;

六 关于本局经费出纳及庶务事项;

七 关于罚金暨没收变价货款之遵章支配及呈解事项;

八 关于本课职掌事务之各种表册及报告之编制事项。

第五条 第二课掌下列事项:

一 关于卷烟、烟叶、棉纱、麦粉、火柴、水泥、火酒、啤酒、洋酒、矿产、土烟、土酒各税之督饬稽征事项；

二　关于各分区税务管理所、税务分所常驻征榷员暨分段管理员、驻厂、驻场、驻矿各办事员办理第一款各税成绩之考核事项；

三　关于第一款各税货品产制、运销情形暨厂商牌号、商标、数量、市价之查报事项；

四　关于第一款各税税务纠纷之遵章处理暨漏税违章案件之处罚事项；

五　关于本课职掌事务之各种表册暨报告之编制事项。

第六条　第三课掌下列事项：

一　关于各厂、商店户产销货品漏税之查缉、防止及派员分赴辖境巡察事项；

二　关于卷烟用纸及各项统税原料工具之取缔事项；

三　关于抽查印花税事项；

四　关于所辖境内各税务管理所、税务分所常驻征榷员征解税款、填送各项表册、照根及驻厂、驻场、驻矿各办事员填送各项表册之审核事项；

五　关于本课职掌事务之各种表册及报告之编制事项。

第七条　第四课掌下列事项：

一　关于本局岁计、会计、统计书表报告之编制事项；

二　关于本局收支凭证之审查及账册之登记事项；

三　关于本局财产、现金、票据之检查事项；

四　关于所属机关应送书表、报告、单据之征集、催告、审核、整理事项；

五　关于其他岁计、会计、统计事项。

第八条　各区税务局设局长一人简任，承财政部长暨税务署长之命，综理局务，并监督、指挥所属各职员及各分区税务管理所。

第九条　各区税务局设秘书一人荐任，承局长之命，办理机要文牍，综核各项文稿及交办事务。

第一〇条　各区税务局设课长四人荐任，依事务繁简置课员若干人，佐理员若干人委任，承长官之命，分办各课事务，并得酌用雇员，办理缮写等事务。

第一一条　各区税务局依事务之繁简，设巡察员四人至六人，内一人荐任，余委任，承局长之命，分赴各地巡察税务状况、成绩及办理临时发生案件。

上海为厂商集中地点，有特殊情形，得由该管区税务局呈准部署设分段管理员若干人荐任，承局长之命，管理各该管段内厂商制销事务，并受该管分区税务管理所指挥、监督。

第一二条　各区税务局依事务繁简设驻厂办事员、驻场办事员、驻矿办事员委任，承局长之命，办理驻在各厂、各场、各矿稽征事务，并受各该分区税务管理所指挥、监督。

第一三条　本章程第九至第十二各条规定之荐任人员，除办理第四课事务之课长由财政部遴员呈荐外，余均由区税务局遴员，呈请税务署核转财政部审核，呈荐委任人员由区税务局遴派，缮具履历黏同本人最近相片，呈请税务署核转财政部审核。委任按文官官等、官俸、表叙级循资晋叙及任免，降调均须呈明税务署遵章办理，报部备案，无故不得更换。

第一四条　各区税务局辖境内由税务署呈准财政部择要设立分区税务管理所及税务分所，其章程另订之。

第一五条　区税务局办事细则另定之。

第一六条　本章程自中华民国二十五年七月一日施行，并呈报行政院转呈备案。

●●财政部各分区税务管理所暂行章程　民国二十五年（1936 年）六月二十二日财政部公布

第一条　本章程依财政部各区税务局暂行章程第十四条之规定订定之。

第二条　税务管理所办理辖境内统税、烟酒税、矿产税事务，负征收之实际责任，受各该区税务局之监督。

第三条　税务管理所以税收多寡、事务繁简，分特等、及一、二、三、四等。

第四条　特等、一等税务管理所设五股，分掌本所事务。其职掌如下：

第一股

一　关于印信之典守事项；

二　关于文件之收发、分配、撰拟、缮校及保管事项；

三　关于本所职员之成绩考核及呈请奖惩、任免、迁调事项；

四　关于所辖境内分段管理员驻厂、驻场、驻矿各办事员、本所征权员及所属各分所各常驻征权员之呈请奖惩事项；

五　关于统税、印花、单照及烟酒税、矿产税税证单照之领发及保管事项；

六　关于所属各分所及各常驻征权员交代之审核事项；

七　关于各厂商暨各分所税款之核收呈解事项；

八　关于罚金暨没收、变价货物之遵章支配及呈解事项；

九　关于本所暨所属各分所经费之领发事项；

一〇　关于本所出纳、庶务及不属于其他各股事项；

一一　关于本所各种表册及报告之编制事项。

第二股

一　关于境内各厂、商铺户、烟区、矿区产销货品漏税之查缉、防止事项；

二　关于派员分赴辖境稽察事项；

三　关于部署暨区税务局饬查案件之查报事项；

四　关于卷烟用纸及各项统税原料工具之取缔事项；

五　关于抽查印花事项；

六　关于奉令及函请遵章抽查及覆查烟酒营业牌照事项；

七　关于驻厂、驻场、驻矿各办事员填送各项表册之审核事项；

八　关于各项照根、单根之查对、核算及分别转呈事项。

第三股

一　关于统税、矿产税之稽征事项；

二　关于统税、矿产税项下各种单照、印花之填发事项；

三　关于所辖境内分段管理员驻厂、驻场、驻矿各办事员、本所征权员以及所属各分所办理稽征、补征统税、矿产税事务之督饬进行及其成绩考核事项；

四　关于统税、矿产税、货品产制、运销情形暨厂商牌号、商标、数量、市价之查报事项；

五　关于统税、矿产税税务纠纷之遵章处理其漏税违章案件之处罚事项。

第四股

一　关于土烟、土酒税之稽征事项；

二　关于土烟、土酒税税证单照之填发事项；

三　关于本所征权员及所属各分所暨各常驻征权员办理稽征土烟、土酒税务之督饬进行及其成绩考核事项；

四　关于土烟、土酒制卖、贩卖、各商户牌号、种类、数量、市价之查报、登记事项；

五　关于土烟、土酒税务纠纷之遵章处理及漏税违章案件之处罚事项。

第五股

一　关于本所岁计、会计、统计书表报告之编制事项；

二　关于本所收支凭证之审核及账册之登记事项；

三　关于本所财产、现金、票据之检查事项；

四　关于所属机关应送书表、报告、单据之征集、催告、审核、整理事项；

五　关于其他岁计、会计、统计事项。

第五条　二、三等管理所分设四股，其第一股职掌与特等、一等管理所第一、第二两股职掌同。第二股职掌与特等、一等管理所第三股职掌同。第三股职掌与特等、一等管理所第四股职掌同。第四股职掌与特等、一等管理所第五股职掌同。

四等管理所分设三股，其第一股职掌与特等、一等管理所第一、第二两股职掌同。第二股职掌与特等、一等管理所第三、第四两股职掌同。第三股职掌与特等、一等管理所第五股职掌同。

凡税务管理所辖境内如并无统税或矿产税厂商以及统税或矿产税事务较简者，其各股职掌得斟酌实况，均匀支配，呈署转呈财政部备案。

第六条　税务管理所辖境内除统税、矿产税由驻厂、驻场、驻矿各办事员稽征，又，管理所驻在地附近各县填发统税、矿产税运照及查验暨补征统税、矿产税，稽征烟酒税并抽查印花税事务由管理所直接办理外，其余各县填发统税、矿产税运照及查验暨补征统税、矿产税，稽征烟酒税并抽查印花税事务由税务分所办理之。

地方偏远并无统税、矿产税而烟酒税收亦属无多之县份，无专设分所之必要者，得由税务管理所呈由税务署转呈财政部核准，派常驻征榷员稽征之。

第七条　各税务管理所辖境内统税、矿产税厂商，应纳税款除由税务署指定由署直接征纳税款者外，均应由厂商直解该管税务管理所核收解署。

第八条　税务管理所设所长一人特等简任，一、二、三、四等荐任，承财政部长暨税务署长之命，综理所务，征榷员及分段管理员、驻厂、驻场、驻矿各办事员行使一切职务，

税务管理所所长按文官官等、官俸、表叙级，无故不得撤换。其办理税务成绩由税务署按期考核，遵照部颁奖惩规则分别奖惩，呈部备案。奖惩规则另订之。

第九条　税务管理所依事务繁简酌设事务员、征榷员、练习征榷员，均委任，按文官官等、官俸、表叙级，承长官之命，分司所内事务及稽查征收事务，并得酌用雇员办理缮校及其他事务。

第一〇条　税务管理所各股股长，除办理第五股事务之股长由部委派外，其余各股股长由所于所属事务员、征榷员中遴派呈署，并由署呈部备案。

第一一条　本章程第六条规定之常驻征榷员，由管理所遴员，呈请税务署委任，第九条规定之委任人员由税务署委派，但在管理所成立之始，得由所遴员试用，同时开具详细履历，黏同本人最近相片，呈报税务署审定登记。经过两次遵章考核成绩优良者，始得呈署核准补实。嗣后，循资晋叙、任免、降调统由税务署核办。如经管理所请求，或管理所对于所属职员因人地或职务关系须与他处职员互相调用时，必须详叙事实，声明理由，呈署核办。以上职员任免、调动均由署报部备案，雇员由管理所酌派，报署备案。管理所长虽有调动，所属职员不随长官为进退，并不得任意更换。

管理所职员经税务署核定任免、迁调后，均须分报区税务局备案。

第一二条　税务管理所遇有部章未经规定或规定发生疑义或及重要或紧急事件，应迳呈税务署核示，其关系重要者，由署转呈财政部核示饬遵，并令行区税务局知照。其部章规定之寻常事件属于区税务局职务范围者，应迳呈区税务局核示，仍报署备案。

第一三条　各税务管理所管辖境内统税、烟酒税、矿产税应依照预算章程切实估计，岁入编制预算书呈请税务署核明，转呈财政部核定，并由管理所呈报区税务局备案。其有常驻征榷员县分，应先由管理所切实调查，订明税额，若于呈报区局审定后，再行汇编预算。如遇产销增旺，即由管理所按照实在情形随时增订税额，呈由区税务局审核确实，

转呈税务署核转财政部追加岁入预算。

第一四条　税务管理所直接征起税款,应逐日解交当地中央银行或中央银行指定之代理处,存入税款户,按旬连同辖境内各厂商、各分所、各常驻征榷员解到税款,于次旬五日内一并呈解税务署核收,一面报明区税务局查核,其缴款办法由税务署另订之。

第一五条　各税务管理所及所属各税务分所经费,依照核定预算数目按月由管理所备具手续,呈署请领,分别支发。但边远地方汇兑不甚便利者,其应支经费得由部署专案核定,按每月预算分配数目,坐支抵解。

第一六条　税务管理所关于设置比较经费交代税款收解事项及调查产销情形各项表册,除迳呈税务署外,均须分呈区税务局查察。

第一七条　税务管理所办事细则另定之。

第一八条　本章程自中华民国二十五年七月一日施行,并呈报行政院转呈备案。

●●财政部各税务分所暂行章程 民国二十五年(1936年)六月二十二日财政部公布

第一条　本章程依财政部各区税务局暂行章程第十四条之规定订定之。

第二条　税务分所办理查验暨补征统税、矿产税,稽征烟酒税,并抽查印花税事务,受税务管理所之指挥、监督,必要时得由税务署或区税务局直接指挥办理之。

第三条　税务分所以税收多寡、事务繁简分特等及一、二、三、四、五等。

第四条　特等及一、二、三等税务分所设二股,分掌本分所事务。其职掌如下:

第一股

一　关于收发、撰拟管卷事项;

二　关于现金出纳及庶务事项;

三　关于本所职员之成绩考核及呈请奖惩任免迁调事项;

四　关于税款之核收呈解事项;

五　关于罚金暨没收、变价货款之遵章支配及呈解事项;

六　关于派员分赴辖境内稽查及饬查案件之查报事项;

七　关于抽查印花税事项;

八　关于预算、计算及各项表册之编制事项。

第二股

一　关于各项统税、矿产税货品之查验、缉私暨补征事项;

二　关于土烟、土酒税之查验、缉私暨征收事项;

三　关于稽征土烟、土酒税证单照之领存、填发事项;

四　关于统税、矿产税运照暨补征统税、矿产税印花、单照之领存、填发事项；

五　关于境内统税、矿产税货品产制、运销情形暨厂商牌号、商标、数量、市价之查报事项；

六　关于境内土烟、土酒制卖、贩卖、各商户牌号、种类、数量、市价之查报、登记事项。

第五条　四、五等税务分所之职掌照前条规定，并为一股办理之。

凡税务分所辖境内如并无统税或矿产税厂商以及统税或矿产税事务较简者，各股职掌得斟酌实况分配，呈署转呈财政部备案。

第六条　税务分所设所长一人，由税务署遴员，呈部审核委任，承主管官署之命，综理分所事务。其四等以下事务、较简之税务，分所所长得由署察酌情形，令饬该管税务管理所遴员，呈署转部审核委任。税务分所所长按文官官等、官俸、表叙级，无故不得更换。其办理税务成绩由该管税务管理所按期考核，详叙事实，呈请税务署按照部颁奖惩规则分别奖惩，呈部备案。

第七条　税务分所依事务繁简，酌设事务员、征榷员、练习征榷员，均委任，按文官官等、官俸、表叙级，承长官之命，分司所内事务及稽查征收事务，并得酌用雇员，办理缮校及其他事务。

第八条　税务分所各股主任由分所于所属事务员或征榷员中遴派，呈署备案。

第九条　本章程第七条规定之委任人员，由税务署遴委，但在分所成立之始，得由分所遴员试用，同时开具详细履历，黏同本人最近相片，呈报税务署审定登记。经过两次遵章考核成绩优良者，始得呈署核准补实，嗣后，循资晋叙、任免、降调统由税务署核办。如经分所请求，或分所对于所属职员因人地或职务关系须与他处职员互相调用时，必须详叙事实，声明理由，呈署核办，均由署报部备案。雇员由分所酌派，报署备案，分所所长虽有调动，所属职员不随长官为进退，并不得任意更换。

税务分所职员经税务署核定任免、迁调后，均须分报该管税务管理所转呈区税务局备案。

第一〇条　税务分所征起税款应逐日解交当地中央银行或中央银行指定之代理处，存入税款户，应按旬呈解，该管税务管理所核收转解。必要时，得由税务署饬由分所直接解署核收给据，由分所呈送管理所抵解。其解款办法，由税务署另订之。

第一一条　各税务分所经费，依部定数目按月由税务署发交该管管理所转发、具领。但边远地方汇兑不甚便利者，其应支经费得由部署专案核定，按每月预算分配数目，坐支抵解。

第一二条　税务分所办事细则另订之。

第一三条　本章程自中华民国二十五年七月一日施行。并呈报行政院转呈备案。

●●财政部各税务分所所长任用保证规则民国二十五年(1936 年)七月十

三日财政部公布

第一条　税务分所长奉委后,应即填具详细履历两份,黏同本人最近四寸半身相片,呈送
税务署察核。

第二条　税务分所长就职时,由财政部派员监督宣誓,应竭诚声明,誓遵定章办理,洁己奉
公,如有营私舞弊,愿受极严厉之惩罚。其誓词另定之。

第三条　税务分所长应于奉委一个月内,觅具殷实铺保,填具保证书,呈署发交该管管理
所审核属实,呈报部署备案保证书式另定之。

第四条　铺保以设于京、沪两市或该管区税务局所在地或该分所所在省份之省会及通商
大埠者为限。

第五条　铺保担保金额,以该被保分所全年经征之统矿、烟酒等税总预算之十分之二为
标准。

第六条　税务分所长任内,如有亏欠或侵蚀公款,其数目在该分所全年税收总预算十分之
二以内者,应由铺保如数赔缴,倘亏欠数目超过十分之二时,铺保除赔缴十分之二外,该
被保人如有避匿情事,仍应负责指交被保人以凭究追。

第七条　税务分所所属内外人员应由各该分所长随时督察,如有违章失职,立即呈请税务
署照章核办,倘平时不加纠察,致有亏欠或舞弊侵蚀情事发生,应由各该分所长负完全
责任。

第八条　各区税务局暨各分区税务管理所对于所属各税务分所征解税款应随时注意稽
察,如无特别事故滞解达一月者,应即派员调查督催,滞解达两月者,应立即电呈部署撤
换,不得稍有因循,违者以扶同徇隐论。

第九条　税务分所长觅具铺保,如对于应保金额一家不能全保者,得觅两家共同负责,倘
觅铺保事实确有困难者,得改觅现任简任或荐任以上文官两人之保证书,呈请财政部核
定办理,但财政部及其所属机关人员不得为担保人。

第一〇条　各税务分所长办理税务,如有营私舞弊查明属实者,应送交法院依法惩处,其
情节较重者得由部迳送军事委员会委员长察核,按军法惩治之。

第一一条　各税务分所长办理税务,如有侵蚀公款查明属实者,除依法惩办暨追缴外,并
应由税务署检同该员履历相片,呈请财政部通饬所属机关,永不录用,倘有徇情擅用者,
以蒙蔽论。

第一二条　本规则自部令公布之日施行,如有未尽事宜,得随时修正之。

保证书式样（铺保用）

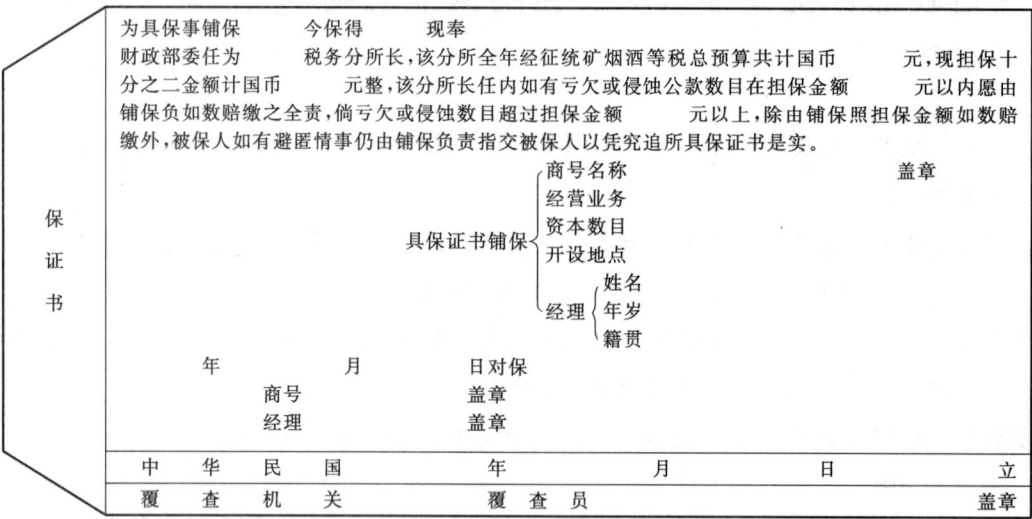

保证书应行注意事项

一　保证书须经税务署审查合格饬令查对属实始生效力，不合格者应令另觅

二　具保商铺如中途倒闭应即呈明税务署，该被保分所长亦应立时另觅妥保呈署核办，匿不呈报者以违背职务论

三　具保商铺业经核准中途不退保，如有特别事故必须退保者，应先期呈明税务署饬知，被保分所长另觅铺保呈署核定后通知原铺保解除其担保责任，在新铺保未经核定以前原铺保仍应继续负责

保证书式样（保人用）

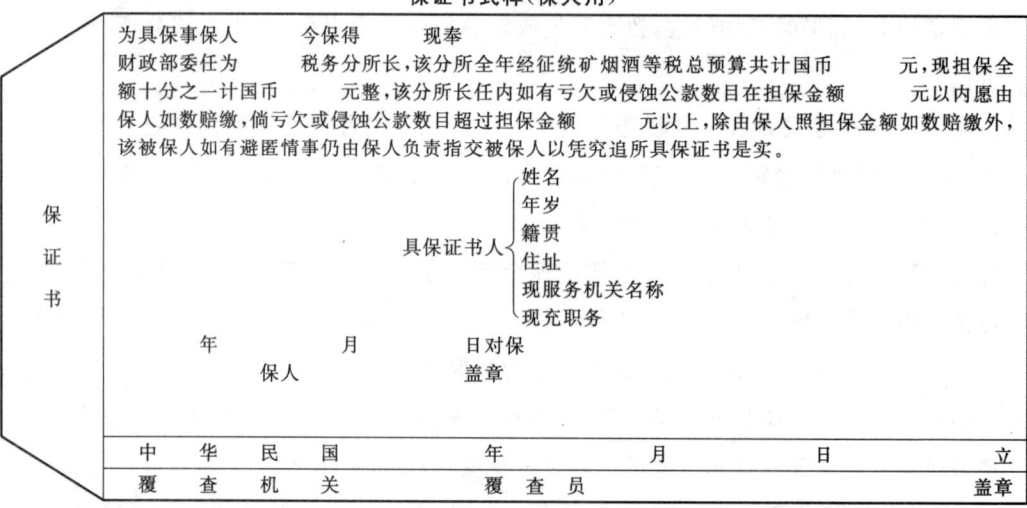

保证书应行注意事项

一　保证书须经税务署审查合格饬令查对属实始生效力，不合格者应令另觅

二　具保人离开现职时应即呈明税务署，该被保分所长亦应立时另觅妥保呈署核，办匿不呈报者以违背职务论

三　具保人业经核准中途不得退保，如有特别事故必须退保者，应先期呈明税务署饬知被保分所长另觅保人呈署核定后通知原保人解除责任，在新保人未经核定以前原保人仍应继续负责

四　人保须觅具两人，每一保人各担保该分所全年经征统矿烟酒等税总预算十分之一之金额，每一保人各填保证书一纸

●●财政部所属税务机关人员选用委员会组织章程民国二十五年

(1936 年)六月二十四日财政部公布

第一条 财政部为整顿税务慎选廉能起见,设立税务机关人员选用委员会,办理本部所属各税务机关人员之审查事项。

第二条 本会委员若干人由部长于本部简任或荐任人员中选派之。

第三条 本会委员派定后,由部长于委员中指定一人为委员长,一人为副委员长。

第四条 应由本会审查选用之人员,暂以各区税务局、各分区税务管理所及税务分所各组织章程所定,应由部核委者为限。

第五条 本会办理前条规定事项,得随时由委员长召集开会。

第六条 本会议决事项须经出席委员过半数之同意。

第七条 本会审查选用人员之标准如下:

一 资格;

二 学识;

三 经验;

四 品行;

五 成绩。

第八条 本会对于选用人员,除书面审查外,得兼以口试行之。

第九条 选用人员经本会审查决定后,开单呈请部长委派,部长认为审查不当时,得交会复审选用人员,无相当缺额委派时,得先予存记,俟有缺出,尽先呈请部座委派。

第一〇条 本会事务由本部秘书处办理之。

第一一条 本章程未尽事宜,得随时修正之。

第一二条 本章程自核准公布之日施行。

●●印花税法民国二十三年(1934 年)十二月八日国民政府公布,二十四年(1935 年)九月一日施行,二十五年(1936 年)二月十日修正。

要 目

第三章 罚则

第四章 附则

第一章 总则

第一条 本法规定之各种凭证，均应依本法完纳印花税。

第二条 印花税由财政部征收之，不得招商包征或勒派。

第三条 下列各种凭证免纳印花税：

一 官署自用之簿据及其他凭证；

二 官署征收税捐所发之凭证及根据征收税捐凭证所发之证照；

三 各级政府或自治机关处理公库金或公款所发之凭证；

四 各级政府所发之公债证券；

五 个人或家庭所用之账簿；

六 教育文化或慈善机关合作社所用之账簿；

七 凡各种凭证之正本已贴用印花税票者，其副本或抄本；

八 凡公、私机关或组织其内部所用不生对外权利义务之单据；

九 催索欠款或核对数目所用之账单；

一○ 车票、船票、航空票、其他往来客票及行李票；

一一 本法税率表内列明免纳印花税者。

第四条 国营事业所用之契约及主要账簿凭证，应依本法缴纳印花税，其种类由财政部与主管部会商订，会呈行政院核定，但国营事业所发之货票及提单免税。

前项所规定纳税免税之种类，于地方公营事业适用之。

第五条 应纳印花税之凭证，应于交付或使用前贴用印花税票。

第六条 同一凭证须备具二份以上，由双方或各方关系人各执一份者，应每份各别贴用印花税票。

第七条 经关系人约定将已失时效之凭证继续使用，或以副本或抄本视同正本使用者，仍应另贴印花税票。

第八条 同一凭证而具有两种以上性质，其税率相同者仅按一种贴用印花税票，其税率不同者按较高之税率贴用。

第九条 已贴印花税票之凭证，因事实变更而修改，原凭证继续使用，其变更部份如须加贴印花税票时，仍应补足之。

第一○条 国外订立之凭证而在国内使用者，于使用前仍应依本法贴用印花税票。

第一一条　应纳印花税票之凭证,不得以邮票代用,违者应令补贴。

第一二条　贴用印花税票,应于税票与原件纸面骑缝处加盖图章或画押。

前项印花税票,不得揭下重用。

第一三条　官署或学校发给应纳印花税之凭证时,应令领受者贴足印花税票,并由各该官署或学校加盖图章。

第一四条　应纳印花税之凭证,应受财政部指定之主管机关依法执行检查。

检查条例另定之。

第一五条　印花税票由财政部规定式样监制,并指定机关发行通用全国。

第二章　税率

第一六条　应纳印花税之凭证及税率,依下表之所定,但每件凭证所贴印花之最高额不得超过二十元。

第一七条　应贴印花税票之凭证以金钱计算应纳之税率者,如所载金额系外国货币,应于交付或使用时,按当地当日市价折合国币计算,如未载明金额,应按原列种类最高之税率贴用印花税票。

第三章　罚则

第一八条　违反第五条至第十条规定不贴印花税票者,酌量情节处应纳税额十倍以上三十倍以下。罚锾其贴用不足定额者,减半处罚。

依前项所定应纳税额之倍数计算不满三元时,处以三元之罚锾。

第一九条　违反第十二条第一项之规定者,依第十八条规定之罚锾减半处罚。

违反第十二条第二项之规定者,依第十八条规定之罚锾加倍处罚。

第二〇条　违反本法所定情事在两件以上者,依第十八条规定之罚锾分别裁定合并处罚。

但合并处罚之金额,不得超过其情事最重之件应处罚锾之三倍。

第二一条　司法机关审理案件时发觉违反本法之凭证应依本法处罚之

第二二条　违反本法之凭证于处罚后,仍令负责人按应纳税率补纳印花税。

第四章　附则

第二三条　本法施行细则由财政部定之。

第二四条　本法施行日期以命令定之。

税 率 表

种 类	性 质	税 率	负责贴印花人	免 税	备 考
一 发货票	凡各业商店售卖货物成交后随货开具载列品名数量或价目之单据皆属之	每件发票其货价满三元以上者贴印花一分,满十元以上者贴印花二分,满百元以上者贴印花三分	立据者		各业商店系指公司、行号、店铺以及其他有营业性质之场所
二 银钱货物收据	凡收到银钱或货物后所立之单据皆属之,但金融业存款收据除外	每件收据其金额或货价满三元以上者贴印花一分,满十元以上者贴印花二分,满百元以上者贴印花三分	立据者		
三 账单	凡旅馆酒楼或其他工商业开列应付账目交给顾客凭以付款之单据皆属之	每件账单其金额满三元以上者贴印花一分,满十元以上者贴印花二分,满百元以上者贴印花三分	立据者		
四 支取或汇兑银钱之单据簿折	凡银行各业商店或个人所出记名或不记名凭以支取汇兑或存放银钱之单据簿折皆属之	单据每件贴印花二分,簿折每件每年贴印花二角	立据者	公营事业所发支取或汇兑银钱之单据簿折或各业工人凭以支取工资之工账簿折免贴支票暂行免贴	本目称单据、簿折者如支票、存款取息单、银钱礼券、汇票、汇单、汇信、期票、庄票、本票、划条、解条押、汇存款单据等
五 支取货物之单据簿折	凡各业商店所出记名或不记名凭以支取货物之单据簿折皆属之	单据每件贴印花二分,簿折每件每年贴印花二角	立据者	单据每件货价未满三元者免贴	本目称支取货物之单据簿折如物品礼券洗染票取货簿等
六 预定买卖货物之单据合同	凡预定买卖货物载有品名或银数之单据合同皆属之	单据每件贴印花二分,合同每件贴印花二角	立据者	单据每件货价未满三元者免贴	本目称单据合同如预约券各项定单货合同等
七 经理买卖有价证券生金银或物品所用之单据簿折	凡经理买卖有价证券生金银或物品所用之单据簿折等皆属之	单据每件贴印花二分,簿折每件每年贴印花二角,合同每份贴印花二角	立据者		本目称单据簿折如交易所经纪人或会员或牙行代人买卖所用合同成单通知书凭折等
八 寄存单据	凡各业商店货栈或保管库等受他人寄存物品文契等项出给寄存人之单据皆属之	每件贴印花二分	立据者	公营事业出给之寄存单据免贴	本目所称单据如货栈单及各项保管凭单等
九 储蓄单折	凡办理储蓄之公私营业出给储户凭以收付储蓄银钱之单折皆属之	每件贴印花二分	立据者	邮政储蓄单折免贴	本目所称单折如储蓄存折存单等
十 租赁单据契约	凡关于租赁各种动产或不动产及承租地亩之单据契约皆属之	每件贴印花二分	立据者	每件租赁金额未满十元者免贴	收取租金时用单据者应依本表第二目银钱收据例用印花簿折者应依本表第四目支取银钱之簿折例贴用印花
					免税栏内所称之租赁金额如系按期继续收取者应以每月租额为标准

（续表）

十一　营业所用之簿册	凡各业商店或银行关于营业上所立之各种总分簿册皆属之	每本每年贴印花二角	立据者	
十二　轮船提单	凡轮船公司或其代理人或船主受客商委托代运货物或银钱所出凭以提取之单据皆属之	出入国境者每张贴印花二角，但国内运输者每张贴印花四分	立据者	公营轮运事业所出提单免贴
十三　转运公司或行栈所发之提单	凡转运公司或行栈受客商委托代办运输货物或银钱出给客商凭向到达地提取之单据皆属之	每张贴印花二分	立据者	
十四　保险单	凡保险公司出给投保者遇有所保事项发生险故时凭以取偿所载保额之证单皆属之	人身保险每件按保额每千元贴印花二分，其超过之数不及千元者，亦以一千元计，财产保险每件按保额每千元贴印花一分，其超过之数不及千元者亦以一千元计，但每件所贴印花最多以三元为限	立据者	凡每件保额不及一千元者免贴，政府所办保险事业及关于劳动保险事业出给之保险单均免贴	如用暂代单可暂免贴，如发生赔偿效力时应照补贴，惟此项暂代单如超过其规定限期仍不发正式保险单者应照保险单贴用印花
十五　承包单据	凡承包人对于顾客包办某种工程或工作所立之单据皆属之	每件按承包金额每一百元贴印花二分，其超过之数不及一百元者亦以一百元计	立据者	每件金额未满十元者免贴	
十六　承顶单据	凡承顶各种动产不动产所立之单据皆属之	每件按承顶价目每一百元贴印花二分，其超过之数不及一百元者亦以一百元计	立据者	每件金额未满十元者免贴	
十七　股票	凡记名或不记名之各种股票及不另发正式股票之认股字据皆属之	每件按票面金额每一百元贴印花一分，其超过之数不及一百元者亦以一百元计	立据者	每件金额未满十元者免贴	凡临时认股字据成立后如逾一年而不能证明已另有正式股票者，应照股票贴用印花
十八　合资营业之字据	凡二人以上集资营业互相订立之合同或章程等皆属之	每件按金额每一百元贴印花二分，其超过之数不及一百元者亦以一百元计	立据者		本目所称互相订立之合同或章程如议单股票万金账簿等如另发股单或股票者其万金账簿，应照本表第十一目营业所用之簿册例贴用印花，订立二份以上者各按其所出资本额贴用印花
十九　借贷或抵押单据	凡以信用或他种担保或以货物抵押向人借贷银钱或货物所立之单据皆属之	每件按金额每一百元贴印花二分，不及一百元者亦以一百元计	立据者	每件金额未满十元者免贴	
二十　债券	凡公司或银行经主管官署核准发行之记名或不记名债券皆属之	每件按票面金额每一百元贴印花二分，不及一百元者亦以一百元计	立据者		
二一　授产遗产或析产单据	凡财产所有者将财产全部或一部在生前或预订于终身后授与继承人或于身后由各关系人共同议定分析遗产所立之单据皆属之	每件按金额每一百元贴印花二分，不及一百元者亦以一百元计	立据者如立据者不及贴印花时由承受财产人负责	每件金额未满五十元者免贴	本目所称单据如分单载有财产之遗嘱或分家书等析产单据订立二份以上者各按其所得额贴用印花

（续表）

二二 比赛票	凡技术比赛或动物比赛所售之有奖票皆属之	按票价每一元贴印花二分	立据者		
二三 娱乐票	凡各娱乐场所售以入场入座之票券皆属之	每件按票价每五角贴印花一分，其超过之数不及五角者亦以五角计	立据者	票价未满五角者免贴	本目所称娱乐票如戏院电影院及其他游艺竞赛场所凭以入门或入座之票券等
二四 婚姻证书	凡因婚姻事件所立之证书皆属之	每件贴印花四角	双方关系人	户籍登记之机关发给之结婚登记证免贴	
二五 延聘契约	凡延聘人员担任工作所立之书据等皆属之	每件贴印花二分	立据者	政府机关及学校所发之聘书免贴	本目所称书据如聘书等
二六 委托书据	凡委托他人经理或代理或保管某种事务所立之书据皆属之	每件贴印花二角	立据者		
二七 保单	凡对于某人或某种物品或某种事项担保其行为品质或前途之妥善或保其不发生某种事实所立之单据皆属之	每张贴印花一角，但每张保单担保之货价或担保修理所收之修理费未满十元者贴印花二分	立据者	雇工保单入学入考试保单暨当本未满十元之当票挂失保单免贴	
二八 证明身分或资格之证照	凡主管官署因证明人民身分或资格所发之各种证书执照皆属之	每张贴印花二元，但司机人配药生助产生看护生等证书每张贴印花五角	领受者	户籍与人事登记证书、旅外侨民国籍证书、华侨登记证、检定小学教员证书、教员受试验科目成绩证明书免贴	本目所称证书执照如律师会计师医师暨各种技术人员证书、交易所经纪人执照、公务员甄别证书、各种考试及格证书、国籍许可证书等
二九 学校毕业证书	凡国立公立私立之各级学校发给学生之毕业证书皆属之	专门学校以上每张贴印花三角，中学校每张贴印花一角	领受者	小学以下免贴	
三〇 旅行护照	凡主管官署关于旅行国内国外及出洋游学或旅居所发之护照皆属之	每照贴印花二元，但侨工护照每照贴印花二角	领受者	外交护照免贴	
三一 运输护照	凡主管官署关于运输行李银钱灵柩或免税货物于国内或国外所发之护照等皆属之	每照贴印花一元	领受者		
三二 关于营业之各项许可证照	凡由主管官署核准发给有关营业之各项许可证照皆属之	专利或采矿执照及公司组织之营业许可证照每照贴印花二元，其他营业执照每照贴印花一元，但按年一换者每照贴印花二角，按季一换者每照贴印花五分	领受者		本目所称证照以非因征收税捐而发者为限，如仅收手续费或登记费者不得以征收税捐论，又本目所称证照如各项营业许可证照、登记证书、专利执照、商标注册证、采矿探矿执照、中西药品检验许可证照等
三三 枪枝执照	凡主管官署因人民购备狩猎或自卫枪枝所发之证照皆属之	狩猎枪照每照贴印花一元，自卫枪照每枝贴印花一角	领受者	清乡所发者免贴	
三四 承领或承租官产执照	凡主管官署因人民或团体承领或承租官产所发之执照皆属之	承领执照每照贴印花一元，承租执照每照贴印花二角	领受者	每件承领承租金额不及十元者免贴	
三五 船舶主要证书	凡主管官署非因征收税捐而发之船舶主要证书皆属之	船舶国籍证书、轮船执照每张贴印花二元，航船快船执照每张贴印花一角	领受者		

●●抽查印花税规则 民国二十四年(1935年)十二月六日财政部修正

第一条　财政部各省印花烟酒税局依本规则之规定,办理抽查印花税事务。

第二条　财政部各省印花烟酒税局应派所属烟酒税分局局长或稽征所主任兼充各市、县抽查印花税委员。必要时,得由该局另派局员办理之。烟酒税分局局长或稽征所主任于必要时,亦得遴选操行廉洁、熟习税法之局所人员助理之。但须将职别、姓名呈报该管印花烟酒税局备查。

第三条　抽查委员在该管印花烟酒税局指定之抽查区域以内,应随时严密执行抽查职务,如奉有直辖上级机关或督查委员交办或人民告发之关于应行抽查事件,应即前往执行。

第四条　抽查委员应于每月终,将抽查商号名称、地点及抽查情形造具月报表,呈送该管印花烟酒税局备查。

各省印花烟酒税局接到上项月报表齐全后,应即汇造简明报告总表,呈送财政部查核。

第五条　各省印花烟酒税局如查有某市、县违反印花税法案件过多时,应即一面知会该管市、县政府注意严切执行检查,一面呈报财政部查核。

第六条　抽查委员执行职务时,应会同当地警察,并携带该管印花烟酒税局所发黏有本人相片之抽查证或该管长官命令,以资识别。

第七条　抽查手续应依照检查印花税规则第七条、第八条、第九条之规定。

第八条　抽查时查获违反印花税法案件,应将查获地点、被查商号凭证、名称、件数及违反事实开具清单,连同证件送由地方政府转送司法机关审理,或由原查获机关先送司法机关审理,一面列单报由地方政府备查,以资便捷。如查获他省、市、县之违反印花税法凭证,应呈送该管印花烟酒税局核转违法商店所在地之司法机关审理。

第九条　抽查时查获之违反印花税法案件,经司法机关处罚后,依照司法机关依印花税法科罚及执行规则第六条第一款之规定,除以罚锾之四成充司法机关办公费及以二成奖给在事出力抽查人员外,其检查机关应得之四成应由抽查机关以二成补助协助抽查之地方政府或警察机关,二成为抽查机关办公费。

第一〇条　抽查人员如有舞弊渎职等情事,一经发觉或被人指控,经查明属实者,应即从严惩办。

第一一条　本规则如有未尽事宜,得由财政部随时修正之。

第一二条　本规则自公布日施行。

●●检查印花税规则民国二十四年(1935年)十二月六日财政部修正

第一条 凡检查各省、市、县印花除上海特区地方另有规定者外,均依本规则之规定办理之。

第二条 各市、县检查印花应由各该管市县政府负责办理,另由各省印花烟酒税局派员抽查,并由财政部随时派员督查。

第三条 各市、县检查印花,应随时随地严密执行,不得预期报告或徇情免查。

第四条 检查人员应遴选操行廉洁、熟习税法者充任。

第五条 违反印花税法案件,无论何人均得告发,检查机关或检查人员接得前项告发时,应立即前往检查。

第六条 检查人员执行检查时,须携带各该原派机关所发检查证或该管长官命令,以资识别。

第七条 检查人员执行检查须在日出后、日入前,并限于商店内行之,不得拦路或侵入住宅。

检查时,对于当事人须以和平态度说明事由,并令其将应贴印花之凭证交出检查,不得操切从事。

第八条 凡检查贮在箱匣内之凭证,应令当事人自行开启、取出,眼同检查,如有抗违,应剀切劝导,倘仍不服,得强制执行之。

第九条 检获违反印花税法凭证,无论件数多寡,检查人员应填具凭证、名称、件数之收据,交当事人收执,俟本案送由司法机关(包括当地法院或兼理司法之县政府,以下同此)裁定后,分别发还缴销。

第一○条 检获违反印花税法凭证,检查人员应将检获地点、被检商号凭证、名称、件数及违反事实列明报告单,连同证件,呈由原派主管机关核明后,转送司法机关,依照司法机关依印花税法科罚及执行规则审理之。如检获他省、市、县之违反印花税法凭证,应呈由原派主管机关核明,转送违法商店所在地之司法机关审理。

第一一条 省、市、县政府执行检查如果异常出力确有成绩者,由财政部咨明主管长官优予奖励。倘有检查不力影响税收者,由财政部咨明主管长官严予惩处。

第一二条 检查人员检获之违反印花税法案件,经司法机关处罚后,依照司法机关依印花税法科罚及执行规则第六条第一款之规定处以四成充检获机关办公费,以二成奖给在事出力检查之人员。

第一三条 检查人员如有受贿、包庇、私擅处罚及其他渎职情事,一经发觉或被人指控经查明属实者,应即送交司法机关依法究办。

第一四条　本规则如有未尽事宜,得由财政部随时修正之。

第一五条　本规则自公布日施行。

●●督查印花税规则 民国二十四年(1935 年)十二月六日财政部修正

第一条　财政部为督促各市、县政府执行检查印花税及各印花烟酒税局执行抽查印花税起见,委派督查委员执行督查职务。前项督查委员由财政部委派各地国税机关人员兼充,必要时,得另行派员办理。

第二条　财政部遇有下列情形之一者,应令督查委员前往督查各商店一切应贴印花之凭证。

一　依据邮局销售印花税票月报表,如查有某市县印花销数不旺时;

二　邮局销售印花税票月报表,经发交该管印花烟酒税局核对,与从前比较所短甚巨时;

三　查核各省印花烟酒税局抽查月报表,如某市、县发觉漏贴案件甚多或认所报有疑义时。

第三条　督查委员执行职务时,除督查一切应贴印花之凭证外,并应注意调查以下各点:

一　市、县政府执行检查月约几次,是否按各商户认真执行;

二　印花烟酒税局执行抽查月约几次,每隔几商户抽查一户;

三　检查或抽查时,查获违反印花税法案件平均月各若干起;

四　检查或抽查人员有无预期通告,徇情免查、私擅处罚、借端骚扰等情弊;

五　有无应贴印花之凭证而商民尚未依法实贴者;

六　督查区域内商业状况如何,平均实在销花数目几何。

第四条　督查委员执行职务时,应督同各该省印花烟酒税局所派之抽查委员或市县政府所派之检查人员严密办理之。必要时,得会同警察自行督查,但仍应依照检查印花税规则第六条至第九条之规定办理。

第五条　督查委员执行职务时,查获之违反印花税法案件,仍应送由地方政府转送司法机关依法审理。如检获他省、市县之违反印花税法凭证,应函送本省印花烟酒税局核转违法商店所在地之司法机关审理。

第六条　督查委员执行职务时,查获之违反印花税法案件经司法机关处罚后,依照司法机关依印花税法科罚及执行规则第六条第一款规定,应得之六成罚锾如系督同抽查机关检获者,应依抽查印花税规则第九条支配之。倘系督同检查机关检获者,应依检查印花税规则第十二条支配之。督查委员不得领受此项奖金。

第七条　督查委员于督查事竣后,应将督查情形详细呈报财政部核办,遇有特别事故时,应随时呈报。

第八条 财政部据报后,如查明检查或抽查确属不力者,应分别咨令将负责人员严予惩处,其检查或抽查异常认真者,亦应分别咨令优予奖励。

第九条 本规则如有未尽事宜,得由财政部随时修正之。

第一○条 本规则自公布日施行。

●●财政部洋酒类税暂行章程 民国二十五年(1936年)七月三日财政部修正公布

第一条 凡在本国境内制销之洋酒类,除进口洋酒系由海关于进口关税内并征洋酒类税,应依关章办理。又,国制洋酒业经呈准派员驻厂征收者,应照就厂征收洋酒类税暂行章程办理外,其余各种洋酒无论外人制造、华人仿造,均按本章程之规定依率纳税。

第二条 洋酒类税由财政部所属各省税务机关经征之。其统税与烟酒税务,未经合并省分暂由征收烟酒机关办理。

第三条 洋酒类税率暂定为值百征三十,按照价值抽收估计价值,以当地海关征收关税估价表为标准,如无海关估价者,得照批发市价檄实征收。前项税率每年修正一次,先期由经征机关调查拟定税率,呈请本部核定颁行。

第四条 洋酒类税以财政部税务署制发之,洋酒税凭证为征收税款之证据凭证,计分一分、二分、三分、五分、一角、二角、五角、一元等九种,商人制销洋酒必须纳税贴证,方准售销。

第五条 洋酒税凭证应里贴于盛酒之单位容器上,其容器须选用能封口之瓶罐,如外运加装木箱者,应报明经征机关,发给查验证实贴箱面,以便沿途查验。

第六条 凡已遵章纳税贴有凭证之洋酒,除关税仍照关章办理外,行销国内各地不再重征。

第七条 已纳税贴证之洋酒拟运往他处销售者,应向当地经征机关报领洋酒运单以凭执运。前项运单及第五条所规定之查验证,均不得收取任何费用。

第八条 经征机关填发之查验证,应将装置洋酒瓶数贴用瓶证枚数填明证内,并于运单内填入查验证号码,如不贴查验证者,即将所运货品详细填入运单,单货不得分离。

第九条 凡出运洋酒运抵销地后,应凭运单报请当地经征机关报验,相符方准销售,如复拟改运或分运他处者,仍须持原运单呈请批注方可起运。

第一○条 各商店对于未贴凭证之洋酒不得贩卖,对于舶来品洋酒,如将整箱拆散零售者,虽照向章不必贴证,应将海关派司存候备查,并应于发卖时开明舶来品洋酒发票,以备查验。倘有发觉假冒情事,以漏税论。

第一一条 违犯本章程暨洋酒类税稽征规则各种规定者,分别处以罚金。前项处罚规则另订之。

第一二条　本章程如有未尽事宜,得随时修正之。

第一三条　本章程自公布之日施行。

●●财政部洋酒类税稽查规则民国二十五年(1936 年)七月三日财政部修正公布

第一条　凡关于稽查洋酒类之私制、私售及查验出厂洋酒事项,应依本规则办理之。

第二条　凡已经遵照修正洋酒类税章程纳税,黏贴凭证领有运单之洋酒,如经过查验单货相符,立予盖戳放行,其进口洋酒无凭证运单可验者,属于整箱或整批之洋酒,饬令缴验海关派司。属于拆箱零瓶者,以经销商号发票为凭,倘无海关派司及发票或核验派司发票所载与货品不符,应随时报请税务署核示,再予处分。

第三条　各省经征机关为防止洋酒私制、私售,得随时派员稽查。必要时,并得调阅其账簿及检查货品。如遇经销未贴凭证之洋酒,认为疑似进口洋酒而不能证明确实时,应先将货品名称、商标及出品公司经理商行逐一查明,报由税务署向海关调查明晰后,令饬遵办。

第四条　稽查人员执行职务时,应由主管机关发给稽查凭证以资识别,并应知会当地警察予以协助办理。

第五条　凡执行查验、稽查人员不得向酒商需索留难,商人亦不得串通舞弊。违者,准其指控,分别究办。

第六条　制销商人对于执行稽查人员之检查账簿,应尽量供给核阅,不得借端抗拒。

第七条　遇有洋酒类漏税或纳税不足定率及私行买卖无凭证之前项酒类者,无论何人均得告发。

第八条　本规则如有未尽事宜,得随时修正之。

第九条　本规则自公布之日施行。

●●财政部洋酒类税处罚规则民国二十五年(1936 年)七月三日财政部修正公布

第一条　凡洋酒类商人违反修正征收洋酒类税章程及稽查规则者,均依本规则之规定,分别处罚之。

第二条　凡商人违反前项洋酒类税章程第四条、第五条、第十条之规定,不于封口盛酒容器上实贴凭证,或假托进口洋酒希图漏税,或将已经用过之凭证揭下重贴者,除将货物充公外,并按照货价处以二倍以上五倍以下之罚金。

第三条　凡商人制销前项洋酒类,其凭证贴不足数者,除责令照数补贴外,并按照漏税凭证税额处以十倍以下之罚金。

第四条 违反洋酒类税章程第七、第八及第九各条之规定,不请领单证或单货分离以及不报查验者,均处以二元以上二十元以下之罚金。

第五条 违反稽查规则第六条规定有抗拒行为者,除强制执行外,视其营业大小处以三元以上三十元以下之罚金。

第六条 伪造或私改洋酒类税凭证者,应照伪造有价证券律惩治。

第七条 凡违反本规则两条以上之规定者,各依本条之规定并科之。

第八条 前项罚金由处罚机关将所罚实数填列部制五联罚单内,分别给发汇报并列表呈核。

第九条 前项罚金以五成充公,五成给奖查获及报告人充公之款应缴送主管机关,每届月终汇解税务署转解部库核收。

第一〇条 本规则如有未尽事宜,得随时修正之。

第一一条 本规则自公布之日施行。

●●财政部就厂征收洋酒类税暂行章程 民国二十五年(1936年)七月三日财政部修正公布

第一条 凡在本国境内设厂制造洋酒经厂商呈请就厂征税者,所有应征之洋酒类税应依本章程之规定办理。

第二条 洋酒类税应由主管区局派员驻厂,就厂一次征足后,通行全国,不再重征。

驻厂员办事规则另定之。

第三条 洋酒类就厂征收税率按洋酒类各暂行章程之规定值百征三十,于驻厂开征时,按照趸售市价为标准,估订各种洋酒每一容量单位应征之税额,分别等级撽实征收,每届六个月,得照当时趸售市价重估修订之。

前项税率如本部改定征收酒税税率时,得同时修改之。

第四条 洋酒类税各级凭证以甲、乙等字为序样瓶,凭证以样瓶二字为识,统由本部税务署制定发交厂商,按照等级实贴瓶颈,洋酒类税印照由部制定,钤盖本部税务署印信,发交驻厂员实贴于箱桶或瓮之上,每月终应由驻厂员将全月贴用各种凭证、印照数目列表呈报主管区局转呈本部税务署,作为计算征收税款数目之标准。

第五条 洋酒类税验单由部制定,钤盖部印,发交驻厂员填发,并于每月月终将填发数目列表呈报查核。其洋酒出口外洋蓝色报单由本部税务署制定交厂商填用。

第六条 各厂制成之各种洋酒应由驻厂员监视厂商,于每瓶瓶颈实贴等级相当之洋酒类税凭证,如为样瓶,即贴样瓶凭证,每箱、每桶或每瓮之上由驻厂员实贴洋酒类税印照,加盖验讫戳记,方准出厂。其运往国内他埠者,应由厂商声请驻厂员填发洋酒验单,交商执运,以备沿途查验。

第七条 厂商应将各种洋酒出厂运销数量逐日据实通知驻厂员查明登记,由驻厂员于每月月终列表,呈报查核厂商账册,并得由驻厂员随时查阅。

第八条 每月月终厂商应将全月各种洋酒出厂总数及应纳税款数目结算清楚,开列清单,连同应缴税款,于次月五日前,送由主管区局转呈本部税务署核收汇解。

第九条 凡已照本章程规定完税之洋酒,每瓶瓶颈贴有等级相当之凭证,每箱、每桶或每瓮之上贴有印照,盖有验讫戳记,执有验单行销国内各地者,准其免纳一切内地税及在国内由此口岸达彼口岸之现行海关税。

第一〇条 凡照本章程规定完税之洋酒运销外洋及大连、澳门时,除海关出口税仍照向章办理外,其已纳之洋酒类税准予按照本章程第十一条之规定,如数退还所有瓶颈所贴凭证及箱、桶或瓮之上所贴印照,一概作为无效。

第一一条 凡照本章程规定免税之洋酒运销外洋及大连、澳门时,应由厂商填具洋酒出口外洋蓝色报单正副本,交由驻厂员汇呈查核,其正本交由厂商随同海关出口报单,送请关员核明签字,加盖海关戳记,并检同船公司负责人员签字证明,确已付货之提单副本于每月月终送署核明,相符填发退税证,方准退税。

第一二条 凡照本章程规定完税之洋酒于出厂后,因酒质变坏或容器破碎以致不能销售而退回者,其已纳之洋酒类税准予退还,惟须由厂商将经理商家或分销处退回洋酒之函件于每月月终呈送本部税务署核明,相符填发退税证,但不得超出本月出厂总数百分之一。

第一三条 凡已照本章程规定完税之洋酒在国内各地行销时,不得重征任何捐税,倘有重征情事,应先由厂商通知本部税务署,并将重征收据送署核明属实,除行文原征机关查究追缴外,准予填发退税证,将重征税款退还,惟至多以不超出出厂时所征税额为限。

第一四条 凡照本章程规定完税之洋酒,于报运外洋及大连、澳门后,重行运回国内各地者,除海关进口税仍照向章办理外,应照洋酒类税率向主管区局补缴税款。违者除洋酒类税仍责令补缴外,并应查明责任,分别情节轻重处以按照货价一倍以上三倍以下之罚金。

第一五条 凡照本章程规定完税之洋酒于报运外洋及大连、澳门后,私自运回国内各地借图偷漏者,以漏税论。除由各地海关及陆路边关将偷税洋酒全部没收外,并由主管区局分别情节轻重,处以按照货价二倍以上十倍以下之罚金。

第一六条 凡照本章程规定完税之洋酒在国内各地行销时,如查有瓶颈未贴凭证,或所贴凭证等级不符,及箱桶或瓮之上未贴印照者,以漏税论,应照本章程第十五条之规定处罚。

第一七条 凡购买整件之瓶颈未贴凭证，箱、桶或瓮上未贴印照之漏税洋酒者，除饬令照章补税外，并得照所漏税额处购买人一倍以上三倍以下之罚金。

第一八条 关于就厂征收洋酒之出厂应由办理统税机关执行查验，所有查验手续及厂商登记各事项均得参照统税办理，其违章应予处罚者亦同。

第一九条 本章程如有未尽事宜，得随时修正之。

第二〇条 本章程自公布之日施行。

财政部征收洋酒类税驻厂员办事规则 民国二十五年（1936年）七月三日财政部修正公布

第一条 凡在本国境内设厂制造洋酒申请就厂征税者，应依修正就厂征收洋酒类税暂行章程第二条之规定，派员驻厂专任监查办理关于洋酒出厂各项事宜。

第二条 每一洋酒厂设主任驻厂员一人，事务较繁之厂添设助理驻厂员一人至二人。

第三条 厂商黏贴洋酒类税凭证时，由驻厂员监视逐瓶按等实贴，俟贴后方准装箱。

第四条 装箱、桶装、瓮装洋酒出厂时，由驻厂员按照厂商所开出厂通知单，验明数量相符，于箱、桶、瓮各容器上亲自黏贴洋酒税印照，加盖验讫戳记，方准出厂。

第五条 已贴凭证印照之洋酒运销外埠时，经厂商声请，即由驻厂员查明核发验单以资执运。

第六条 已贴凭证印照之洋酒运销外洋及大连、澳门时，经厂商填具洋酒出口外洋蓝色报单正副本，即由驻厂员验明签字、盖章，以正本交还厂商，副本汇呈主管区局转呈本部税务署查核。

第七条 装运洋酒之箱、瓶、桶、瓮各容器退还原厂时，由驻厂员责成厂商将旧贴凭证印照铲除净尽，方许入厂。

第八条 驻厂员应将各种洋酒出厂运销数量、所贴凭证等类及应缴税款数目，逐日登记月报表内，于每月月终呈送主管区局，转呈本部税务署查核。

第九条 驻厂员应将贴用各种凭证印照及填发验单数目，逐日登记月报表内，于每月月终呈送主管区局，转呈本部税务署查核。

第一〇条 凭证印照将次用罄时，应由驻厂员预先呈请检发。

第一一条 驻厂员应将所存验单第三联及蓝色报单副本，于每月月终分别汇呈主管区局转呈本部税务署查核。

第一二条 驻厂员对于下列事项应随时报告：

一 发现伪造凭证及旧凭证重用情事；

二 新出洋酒牌名价目及装置；

三　关于厂商营业运销情形与税收有重要关系者；

四　关于洋酒厂开工、停工之日期、时间。

第一三条　驻厂员应常川驻厂,不得擅离,如有要事请假,须先呈奉主管区局核准,方得离厂。

第一四条　驻厂员如遇主管区局或税务署派员到厂查察时,须将情形详细报告。

第一五条　驻厂员如有不遵定章规定办理或其他串同舞弊漏税情事,除免职外,依法惩办。

第一六条　本规则如有未尽事宜,得随时修正之。

第一七条　本规则自公布之日施行。

●●财政部征收啤酒统税驻厂员办事规则民国二十五年（1936年）七月三日财政部修正公布

第一条　凡在本国境内设厂制造啤酒,应依修正征收啤酒税暂行章程第二条之规定,派员驻厂专任监查及办理关于啤酒出厂各项事宜。

第二条　每啤酒厂设主任驻厂员一人,事务较繁之厂,添设助理驻厂员一人至二人。

第三条　箱装、桶装或盒装啤酒出厂时,由驻厂员按照厂商所开出通知单,验明数量相符,于箱、桶、盒各容器上亲自黏贴啤酒税印花,加盖验讫戳记,方准出厂。

第四条　已贴印花之啤酒运销国内外各埠时,经厂商声请,即由驻厂员查核盖章,送请统税机关核发运照,以资执运。

第五条　装运啤酒之箱、桶、盒各容器退回原厂时,由驻厂员责成厂商将旧贴凭证印照铲除净尽,方许入厂。

第六条　驻厂员应将啤酒出厂运销数量及应缴税款数目逐日登记月报表内,于每月月终呈报主管区局转呈税务署查核。

第七条　驻厂员应将贴用印花数目及运往地点逐日登记月报表内,每月月终呈送主管区局转呈税务署查核。

第八条　啤酒印花将次用罄时,应由驻厂员预先呈请核发。

第九条　驻厂员应将所存运照第一联（即通知监运联）,于每月月终,分别汇呈主管区局转呈税务署查核。

第一〇条　驻厂员对于下列事项应随时报告：

一　发现伪造印花及旧花重用情事；

二　新出啤酒之牌名装置及或有啤酒零打出厂情事；

三　关于厂商营业运销情形与税收有重要关系者；

四　关于啤酒厂开工、停工之日期、时间。

第一一条 驻厂员应常驻厂,不得擅离,如有要事请假,须先呈奉主管区局核准,方准离厂。

第一二条 驻厂员如遇主管区局或税务署派员到厂查察时,须将情形详细报告。

第一三条 驻厂员如有私放未贴印花之啤酒出厂或其他串同舞弊等情事,除免职外,依法惩办。

第一四条 本规则如有未尽事宜,得随时修正之。

第一五条 本规则自公布之日施行。

●●财政部征收啤酒统税暂行章程 民国二十五年(1936年)七月三日财政部修正公布

第一条 在本国境内设厂制造之啤酒,均应按照本章程规定完纳啤酒统税。

第二条 啤酒税由本部税务署所属主管区局派员驻厂征收,一次征足,不再重征。

驻厂员办事规则另定之。

第三条 啤酒税率分箱装及桶装两类。

一 箱装 分四十八大瓶(即夸特瓶),七十二小瓶(即品特瓶)两种,每种每箱征收国币二元六角。

二 桶装 按每桶净装容量计算,每一公升(即立脱)征收国币七分,不及一公升者以一公升计算。

第四条 啤酒税印花由本部税务署制发,分箱花暨桶花两类。

一 箱花 凡箱装印花分大瓶箱、小瓶箱两种,大瓶箱花每一全张计分四枚,小瓶箱花每一全张计分六枚,每箱均贴印花一全张,其有分打装盒者,准其按枚分贴,惟仍须合成整箱出厂,以便计算税款。

二 桶花 桶装印花分一公升、五公升、十公升、二十公升、四十公升五种,按每桶净装容量搭配分贴。

第五条 啤酒出厂应由厂商请领啤酒运照,经过海关时,无论进口、出口、复进口、复出口、转口,并应由商加填啤酒黄色报单,连同运照及海关报单一并送请海关代验放行。其填报及核验啤酒黄报单各手续,与各项统税办法同。

第六条 各厂制成之啤酒应由驻厂员监视厂商于每箱或每盒每桶之上实贴啤酒印花,加盖验戳,方准出厂。其运往国内外各埠者,应由厂商声请驻厂员核明,转送统税机关填发啤酒运照交商执运,以备沿途查验。

第七条 厂商应将啤酒出厂运销数量逐日据实通知驻厂员查明登记,由驻厂员于每月月终列表呈报查核,厂商账册并得由驻厂员随时查阅。

第八条　每月月终厂商应将全月啤酒出厂总数及应纳税款数目结算清楚,开列清单,连同应缴税款于次月五日前,呈送本部税务署核收汇解。

第九条　凡已照本章程规定完税之啤酒,每箱、每桶或每盒之上贴有印花,盖有验讫戳记,执有运照行销国内各地者,准免纳一切内地税及在国内由此口岸达彼口岸之现行海关税。

第一〇条　凡运销外洋及大连、澳门之啤酒,除海关出口税仍照向章办理外,其已纳啤酒税准予按照本章程第十一条之规定如数退还,所有箱、桶或盒上所贴印花一律作为无效。

第一一条　凡运销外洋及大连、澳门之啤酒起运时,应由厂商填具啤酒出口外洋黄色报单,俟该酒确已出洋后,取具海关所征出口税收据,连同船公司提单副本及原领运照,于每月月终一并送请税务署核明、填发、退回出厂时,原纳啤酒税之退税证准予抵缴下月应缴税款。

第一二条　啤酒出厂后如有酒质变坏或容器破碎确系遭受损失者,其已纳之啤酒税准予退还,惟须由厂商将经理商家或分销处退回啤酒之函件,于每月月终呈由本部税务署核明相符,填发退税证,方准退税,但不得超过本总数百分之一。

第一三条　凡已照本章程规定完税之啤酒在国内各地行销时,不得重征任何捐税。倘有重征情事,应先由厂商通知本部税务署,并将重征收据送署核明属实,除行文原征机关查究追缴外,准予填发退税证,将重征税款追还,惟至多以不超过出厂时所缴税额为限。

第一四条　凡报运外洋及运澳门之啤酒于出口后重行运回国外各地者,除海关进口税仍照向章办理外,并照啤酒税率向本部税务署补缴税款。违者除啤酒税仍责令补缴外,并由署查明责任,分别情节轻重,处以按照货价一倍以上三倍以下之罚金。

第一五条　凡报运外洋及大连、澳门之啤酒于出口后私行运回国内各地借图偷漏者,以漏税论。除由各地海关及陆地边关将漏税啤酒全部没收外,并由本部税务署查明责任,分别情节轻重,处以按照货价二倍以上十倍以下之罚金。

第一六条　凡在国内各地行销之啤酒,如查有箱、盒或桶之上未贴印花,以漏税论,应照本章第十五条之规定处罚。

第一七条　关于啤酒之登记、查验及违章处罚各事项,其他统税章则内所规定与本章程不相抵触者,均得援照办理。

第一八条　凡购买整箱或整盒、整桶未贴印花漏税啤酒者,除饬令照章补税外,并得照所漏税额处购买人一倍以上三倍以下之罚金。

第一九条　本章程如有未尽事宜,得随时修正之。

第二〇条　本章程自公布之日施行。

●●制造卷烟用纸管理规则 民国二十五年(1936年)五月二十二日财政部公布

第一条　凡商人设厂专制或兼制卷烟用纸,除遵照卷烟用纸购运规则卷烟查验处罚章程关于卷烟用纸各规定办理外,应照本规则办理。

第二条　纸厂制造卷烟用纸,应将下列各款先呈财政部税务署核准登记后,方得开始制造。

一　名称;

二　组织(独资或公司);

三　资本;

四　经理负责人之姓名、籍贯、住址;

五　总分厂及营业所所在地;

六　卷烟用纸、商标纸卷长、宽度及每平方公尺重量并每箱装载之卷数;

第三条　纸厂遵照前条声请登记时,应备具下列各件:

一　志愿书;

二　机器说明书(报明设置部数及每机每小时出产能力);

三　每月制销卷烟用纸标准概算书;

四　实业部登记执照及商标局关于商标之注册执照;

五　经理人印鉴;

六　卷烟用纸之样品及说明。

第四条　纸厂如系兼营制造卷烟用纸者,所有关于卷烟用纸之原料及成品应另立账册登记。其存置卷烟用纸之仓库,亦应单独设置,不得与别项纸类相混。

第五条　纸厂开始制造卷烟用纸前,应先呈请财政部税务署派员驻厂监视,该项驻厂人员之办公室应由纸厂设备。

第六条　纸厂于主管统税机关派员或驻厂员调查关于卷烟用纸之账簿或存货等项时,应将账簿存货交阅,遇有谘询事件,并应详细陈述。

第七条　纸厂制造卷烟用纸以制成卷形适合于机制烟厂之应用者为限,其运销时,应按登记报经核准之卷数装入木箱,并须于箱面显明处印有商标暨内装卷数及每卷长、宽度之标记。

第八条　纸厂对于所制卷烟用纸应逐日造具出品日报表,将当日工作时间及用去原料暨制成纸卷数量分别填注,由负责人签名盖章,交由驻厂监视员考核、转报。

第九条　卷烟用纸只限售与税务署核准登记之正式烟厂或纸商,该纸厂于售货时,应先向各烟厂纸商索阅税务署发给之准购单或运照,并须验明所购之纸与准购单或运照所载数量及长、宽度数相符,方得交货,同时,须将准购单或运照之第一联截存于月终时,连同月报表缴呈税务署备查。

第一〇条　卷烟用纸装运出厂时,应将所凭准购单或运照号码暨承销商号及卷数长、宽度数分别填注规定之两联式报单上,送交驻厂员查核。该员除截留一联备案外,须将存根一联盖章交还该厂收存备查,并于验明箱装内容与所报完全相符后,应即监视封固,在箱外贴一编有号码及出厂年、月、日之特许证,加盖出厂验戳于黏贴骑缝处,并将该特许证之号码及出厂日期填注于随货运输之准购单或运照上,以凭查对。

已出厂之卷烟用纸如有退回原厂者,须先报明统税机关,转呈税务署发给退运证,于运达到厂时,报由驻厂员验明该货与退运证内所列数量及长、宽数悉属相符,方准入厂,并须将原贴特许证铲除,不得重用。

第一一条　纸厂如于厂外另设发行所或发行分所时,所有关于卷烟用纸之运售、存贮,应遵照卷烟用纸购运规则及指定堆存卷烟用纸公栈暂行办法中关于纸商之各规定办理,并须先行呈请税务署核准登记。

上项发行所或发行分所,如有一切违章行为,由原纸厂负完全责任。

第一二条　纸厂如欲停业或移转商号,应先向主管统税机关将停业移转日期暨所有成品及原料实在数目报候派员查验,相符即行封存,呈请税务署酌核处置。

第一三条　制成之卷烟用纸如因损坏或水渍或有其他原因不堪销售及凡不成卷形者,均应一律报请主管统税机关派员会同驻厂员监视溶毁,不得私运出厂。

已出厂之卷烟用纸遇有上项情形不堪使用时,应凭税务署发给之退运证,将纸退回原厂,候派员监视溶毁。

第一四条　制造卷烟用纸之纸浆(不论固体、液体),概不准运出厂外销售或转让他人。

第一五条　纸厂如有违犯本规则者,由主管统税机关查明情节轻重,依照下列办法分别议处。

一　情节轻微者予以警告,并得处以五元以上五百元以下之罚金;

二　情节较重或屡次违犯者,主管统税机关得勒令停止制造,并呈请税务署撤销其登记;

三　所犯情节在其他法令章则中定有处罚条文者,即依各该条文处罚。

第一六条　本规则所列书表格式另定之。

第一七条　本规则如有未尽事宜,得由财政部以部令行之。

第一八条　本规则自公布日施行。

●●手工土制卷烟取缔规则 民国二十五年(1936年)一月二十二日财政部公布

第一条　财政部为整理卷烟税收分期、禁手工土制卷烟起见,特依征收卷烟统税条例第六条及第七条之规定制定本规则,分别取缔之。

第二条 凡前经呈准登记之手工卷户,其登记案应照本规则规定期间抽签撤销之。

第三条 第二条所称抽签期间定为十六个月,分作四期,其日期如下:

一 自公布之次日至民国二十五年四月三十日为第一期;

二 民国二十五年五月一日至八月二十一日为第二期;

三 民国二十五年九月一日至十二月三十一日为第三期;

四 民国二十六年一月一日至四月三十日为第四期。

第四条 应行撤销之卷户应照前条规定每期撤销四分之一,第一期至第三期以抽签定之,其自第三期抽签后所余四分之一,即为第四期撤销之户,届期即应完全撤尽。

前项抽签方法,其详细手续临时规定公告之。

第五条 抽签后应行撤销登记之卷户,应将登记证及烙印卷机连同未用完之零星卷纸、烟叶、烟丝及特许证一并报请销毁,如其卷纸尚系原刀货件,得于报经验明后,准照原领官价退还。

前项官纸无论零星、整刀,于登记撤销后,如不遵照缴销,即以私纸论,应依卷烟用纸购运规则处罚之。

第六条 未经抽中撤销登记之卷户,暂准继续卷制,均应先向本部税务署购领官有卷纸,并领取特许行销证(简称特许证)。

卷户购领前项官纸时,应缴纳纸价其价格及卷户领用特许证办法均临时规定公告之。

第七条 卷户购领前条卷纸卷制烟枝,应依下列规定办理,俾与机制烟件有所区别,违则撤销登记。

一 不用牌名只准于烟枝上加印某某为记之标识或某某人制之戳记,并应一律用中国文字,不得加印洋文。

二 分十枝、二十枝、五十枝三种,以软纸包装,包面须印明与烟枝上所加同样之标识,不得用硬纸包壳或其他式样之包壳。

前项烟枝制成后,应由卷户将所领特许证自行逐包粘贴于封口处,并加盖与烟枝上所印同样之标识,方准行销。

第八条 卷户依照前条规定制烟销售,其售价每五万枝最高不得超过六十元,并只准就地行销,不发运照不得转运外埠。

第九条 自本规则施行日起,各卷户所有卷机数量一律不准添置,即有损坏更换,亦不得超过原有数量。

第一〇条 登记之卷户卷制烟枝不购用官纸或不粘贴特许证者,其所制烟枝应予没收充公,其登记原案应予撤销,并处以十元以上二百元以下之罚金。又,虽购用官纸,但以卷制冒牌烟枝者,于撤销该卷户之登记外,并应视同烟厂烟商依照卷烟查验处罚章程处罚之。

第一一条　撤销登记之卷户,除依第五条办理外,其呈准使用之烟枝戳记或标识,应由该管统税机关予以注销,并呈报本部税务署备案。

第一二条　未经登记或业经撤销登记之卷户私制烟枝者,应视同烟厂烟商依照卷烟查验处罚章程处罚之。

第一三条　自本规则施行之日起,所有前经核准之各省区手工土制卷烟征税单行办法应一律废止之。

第一四条　本规则自公布之日施行。

●●取缔私制购运手工卷烟使用器具规则民国二十四年(1935年)十二月三日财政部公布

第一条　凡因卷制手工卷烟使用一切器具之制造或运售及购用,其取缔办法除其他法令、章则已有规定仍应适用外,均应依照本规则办理。

第二条　本规则所称手工卷烟使用之一切器具如下:

一　铁质及杂有木质或以电力运动之各种手摇卷烟机;

二　木质或镶有铁质之各种手推卷烟机;

三　其他关于手工卷制上直接需用之一切卷烟器具。

第三条　关于前条规定之各类手工卷烟使用器具,应一律禁止制造或运售及购置。其在产烟区域附近范围已奉核准登记之贫民手工卷户所用之卷烟器具,曾经当地主管统税机关验明、编号、烙印,呈报有案者,在卷户禁绝期限未满以前,暂准照旧使用。

第四条　违反第三条之规定,不论其为制造或运售及购用,除将机具没收销毁外,并应按照价值处以十倍以下之罚金。

第五条　本规则如有未尽事宜,得随时修改之。

第六条　本规则自公布之日施行。

●●汽水征税暂行办法民国二十四年(1935年)十一月十三日财政部修正公布

第一条　在汽水统税稽征章程未公布施行以前,凡国内制造及舶来汽水,均应遵照本办法办理。

第二条　汽水税率分舶来品及国内制造品两种,如下:

一　舶来汽水一市斤瓶(即一磅瓶),每瓶征税银元贰分;

半市斤瓶(即半磅瓶),每瓶征税银元一分;

二 国内制造汽水一市斤瓶（即一磅瓶），每瓶征税银元一分；

半市斤瓶（即半磅瓶），每瓶征税银元伍厘。

第三条 汽水税暂由各省印花烟酒税局经征之。

第四条 汽水纳税后，应由经征机关发给凭证实贴，方准销售出运者，并须请领运单。

第五条 汽水凭证由财政部装印颁发，在新凭证尚未制发以前，应准暂将领存之汽水印花由各省印花烟酒税局加盖"汽水征税凭证"字样紫色戳记分发应用，其运单暂由省局刊发。

第六条 业已纳税贴证之汽水，运销各地不再重征。

第七条 对于汽水征收、报运、稽查等各手续，在汽水统税稽征章程尚未公布施行以前，应暂照各省原订办法办理。

第八条 凡漏税汽水一经查获，应照下列处罚：

一 完全漏税者应照所漏税额处以五倍以上十倍以下之罚金；

二 税不足额者应照所漏税额处以五倍以下之罚金。

第九条 本办法自公布之日施行，如有未尽事宜，得随时修正之。

●●火酒统税征收条例 民国二十五年（1936年）十月八日国民政府公布

第一条 凡在国内设厂制造或自外国输入之火酒，均应遵照本条例完纳火酒统税。

军用教育用及公立医院用之火酒，得酌予免税，其详细办法由财政部会同关系主管机关拟订，呈请行政院核准行之。

第二条 火酒统税为中央税，由财政部税务署所辖统税区局及统税管理所征收之。

第三条 火酒统税税率分下列二类：

一 普通酒精每一公升征收国币一角三分；

二 改性酒精及木酒精（淡椰子酒及杂醇油在内）每一公升征收国币六分五厘。

第四条 凡自外国输入之火酒，除由海关征收进口税外，应按照前条规定之税率分别征收统税。

第五条 完纳统税之火酒运销各省区，不再重征。

第六条 完纳统税之火酒均应贴足统税印花，运销时并愿请领运照。

第七条 关于火酒统税之征免手续及登记查验规则，由财政部拟订，呈由行政院核准行之。

第八条 本条例自公布日施行。

●●火酒掺充土酒处罚规则民国二十五年（1936年）一月十八日行政院公布

第一条 为防止火酒掺充土酒妨害国内酿商营业起见，除有毒火酒应遵照民国二十一年七月公布之取缔火酒规则第五条之规定办理外，凡以普通无毒火酒掺充各种土酒希图获利者，依照本规则处罚之。

第二条 以大宗普通火酒掺充土酒作批发营业者，处二百元以上一千元以下之罚金。

第三条 零沽商店以火酒掺充土酒零星售卖者，处十元以上二百元以下之罚金。

第四条 违犯本规则第二、第三两条规定，除依各本条处罚外，查获货物应予没收。

第五条 经营土酒商店绝对不得兼营火酒事业，如有违犯，以掺充土酒论。

第六条 前项罚金提成支配，应照火酒统税稽征规则第二十四条规定办法办理。

第七条 本规则如有未尽事宜，得随时修正之。

第八条 本规则自公布之日施行。

●●长收提成给奖办法民国二十四年（1935年）七月一日施行，财政部呈经行政院转呈国民政府备案（表略）

一　本长收提成给奖办法以各项统税、矿产税之直接征收机关及其附属查验机关为限（详表另附）。

二　长收提奖以因征收查缉得力并无其他原因者为限（如增设商厂、矿区、增多产量及增加税率之类均其他原因）。

三　长收数额应合并计算（如各项统税不得以某一项税收有盈即作为长收，应将其余各项税收合并计算定其盈绌）。

四　长收提奖应以当年度实收数（即减除退税之净数）超过当年度预算数为标准，但上年度实收数超过当年度实算数而于核定当年度预算案内并未增列者，即以上年度实收数为当年度考核标准（如二十二年度实收数为壹百万元而二十四年度预算数为八十万元，则应以二十三年度实收数一百万元为二十四年度考核税收盈绌之标准）。

五　长收提奖为长收总数百分之十。

六　支配奖金应按奖金全数先提二成作为福利基金，余款再分作十成，以三成提归主管机关作为特别奖金，奖励特别出力人员；以七成按直接征收机关及其附属查验机关人数、薪俸比例分配之。福利基金办法另定之。

七　凡长收机关人员如未满一年度去职者，其应得奖金截日计算，但因犯过失撤职者不得分奖。

八 提成给奖应由税务署会同会计司,于年度终了后,列表呈请决定。

九 本办法自二十四年七月一日施行。

●●财政部关务署组织法 民国二十五年(1936年)七月十四日国民政府公布

第一条 本组织法依财政部组织法第六条之规定制定之。

第二条 关务署承财政部部长之命,掌理全国关务行政。

第三条 关务署置下列各科:

一 总务科;

二 关政科;

三 税则科。

第四条 总务科掌下列事项:

一 关于文件之收发、分配、撰拟、缮校及保管事项;

二 关于典守印信事项;

三 关于本署职员之任免、迁调及训练事项;

四 关于本署财产物品之登记及管理事项;

五 临于本署现金票据证券之出纳及保管事项;

六 关于本科职掌事务之各种表册及报告编制事项;

七 关于本署庶务及不属于其他各科事项。

第五条 关政科掌下列事项:

一 关于关政之规划及施行事项;

二 关于各种关务法规之拟订、审核及解释事项;

三 关于各归之组织及关卡之设置或裁并事项;

四 关于各关人员之任免、迁调、训练、考绩之监督事项;

五 关于税务所用一切票照、单证之审核、拟订及考核事项;

六 关于征免税项之考核事项;

七 关于货物进出口之禁止及漏税之防止事项;

八 关于违禁科罚案件之处理事项;

九 关于各关关产管理及建筑修缮工程之监督事项;

一〇 关于海关代管事务之监督事项;

一一 关于本科职掌事务之各种表册及报告之编制事项;

一二 关于关政之其他事项。

第六条 税则科掌下列事项：

一 关于关税税则之审订、修改及解释事项；

二 关于倾销货物税税率之审定、修改及解释事项；

三 关于税则分类与估价争议事件之处理事项；

四 关于条约上有关税则之审核事项；

五 关于国际贸易情形之研究及考查事项；

六 关于奖励实业案件之审查及核定事项；

七 关于本科职掌事务之各种表册及报告之编制事项；

八 关于税则之其他事项。

第七条 关务署署长综理全署事务，并监督、指挥所属机关及职员。

第八条 关务署设秘书二人荐任，承署长之命，办理机要文牍及交办事务。

第九条 关务署设科长三人荐任，科员二十四人至三十人，助理员九人至十五人委任，承长官之命，办理各科事务。

第一〇条 关务署设编译二人荐任，承署长之命，分掌关于关税制度、法规及图书、文件之编译事项。

第一一条 关务署设视察二人担任，承署长之命，分赴各关考察关务成绩及查办临时发生之案件。

第一二条 关务署设会计主任一人担任，统计员一人，科员八人至十人，助理员三人至五人委任，分别办理岁计、会计、统计事务，受署长及财政部会计长之监督、指挥。

第一三条 关务署因事务之必要，得酌用雇员。

第一四条 关务署对外公文以财政部名义行之，但关于下列事项得发署令：

一 遵照部令应行转饬事项；

二 依照部令所定办法督率进行事项；

三 曾经呈部核准事项。

第一五条 关务署办事规则由关务署拟订，呈请财政部核定之。

第一六条 本法自公布日施行。

●●财政部各关监督署暂行组织章程 民国二十四年(1935年)十一月十九日财政部修正公布

第一条 各关设监督一员，承财政部长及关务署长之命，监督、指挥所属职员办理海关行政事务，并对于税务司行使监督之职权。

第二条 各关监督署置下列各课：

一　总务课　设课长一员,掌理文牍、庶务、收发、出纳及一切不属他课事务;

二　计核课　设课长一员,掌理审核各项账目、表册及编制、统计各事务。

各课酌设课员四人至八人,助理各课事务。

第三条　各关监督、简任课长,荐任课员由各该监督遴请关务署转呈财政部委任。

第四条　各关监督署因善写文件得酌用雇员。

第五条　各关监督署应依据本章程拟具办事细则,呈由关务署转呈财政部核准、备案。

第六条　本章程自公布日施行。

●●惩治偷漏关税暂行条例民国二十五年(1936 年)七月四日民国政府公布

第一条　凡偷漏关税者,处三年以上七年以下有期徒刑。

漏税额在一千元以上者,处七年以上十年以下有期徒刑;在五千元以上者,处十年以上有期徒刑;在一万元以上者,处死刑或无期徒刑。

第二条　凡因偷漏关税而有下列行为之一者,处无期徒刑:

一　持械拒捕伤害人未致重伤者;

二　公然聚众持械拒捕时在场助势者;

三　公然聚众威胁缉私员警时在场助势者。

第三条　凡因偷漏关税而有下列行为之一者,处死刑:

一　持械拒捕杀人或伤害人致死或重伤者;

二　公然为首聚众持械拒捕者;

三　公然为首聚从威胁缉私员警者;

四　勾结外人或叛徒者;

五　组织秘密团体者。

第四条　明知为漏税货物而为之运送销售或藏压者,处三年以上七年以下有期徒刑。

第五条　稽征关员或铁路、公路、舟车、航空机人员明知为漏税货物而放行或为之运送销售或藏匿者,依下列处断:

一　漏税额未满一千元者,处五年以上十年以下有期徒刑;

二　漏税额在一千元以上者,处十年以上有期徒刑;

三　漏税额在五千元以上者,处死刑或无期徒刑。

因收受贿赂或其他不正利益而放行或运送者,处死刑或无期徒刑。

因过失而放行或运送者,处五年以下有期徒刑或三千元以下罚金。

第六条　铁路、公路、舟车、航空机人员发觉漏税货物而不通知稽征关员或军警机关者,处三年以上七年以下有期徒刑。因强暴胁迫为之运送能通知而不通知者,亦同。

第七条　本条例第一条至第四条及第五条第一项、第二项之未遂犯罚之。

第八条　偷漏关税行为本条例所未规定者,依刑法、海关缉私条例及其他关于漏税法令办理。

第九条　本条例所称漏税货物,谓未领完税凭证运销执照之进口货物。

稽查进口货物运销章程,由财政部定之。

第一〇条　犯本条例之罪者,在戒严区域内,由该区域最高军事机关审判之。其他区域,由地方法院或兼理司法机关审判之。

第一一条　本条例施行期间定为一年。

第一二条　本条例自公布日施行。

●●稽查进口货物运销暂行章程民国二十五年(1936年)五月二十三日行政院公布

第一条　财政部为防止走私保护正当商业起见,对于运销国内各处之进口货物除法令别有规定外,依照本章程之规定稽查之。

前项应行稽查之进口货物种类,由财政部随时查明规定之。

第二条　凡商人将规定稽查之进口货物装载内河轮船、民船、汽车等,由进口口岸转运各处销售者,应向海关缴验纳税证据,请领运销执照,方得起运。

第三条　凡商人将规定稽查之进口货物装载火车转运各处销售者,应向海关缴验纳税证据,请领完税路运凭证外,并加领运销执照,方得起运。

第四条　所领运销执照于货物到达指运地点时,应由商人送交当地同业公会(如无同业公会者送交当地商会)收存。

第五条　当地同业公会或同会于收到前项运销执照后,应设立簿册,将所述货物之名称、数量、来源、到达日期、运销执照号数、起运日期及运货商人之姓名、住址等项,详细登记,以备查考。

第六条　凡经同业公会或商会登记之货物,如再运向其他地方分销时,应由商人向该同业公会或商会报明,经查核与原登记名称、数量相符,在登记簿内注明,并发给分销执照,方得起运。

第七条　前项运销及分销执照之有效期间,应由发给之海关或同业公会或商会按运销路程远近分别规定,其运销执照用过后,应由同业公会或商会截存,按月汇交原发海关。

其分销执照应由原领商人于程限期满后三日内,寄还原发之同业公会或商会注销。

第八条　凡应领运销或分销执照之进口货物在转运时,得由沿途军警查验,如无运销或分销执照,应即扣留,通知附近海关照章处理。

第九条 本章程内所载之运销及分销执照式样,由财政部规定颁行之。

第一〇条 凡趸销购用转运本章程所定进口货物之商号、工厂及转运公司,均应向财政部指定机关注册领照,其领照办法另定之。

第一一条 凡商号、工厂及转运公司趸销购用或转运本章程所定之进口货物,均应分别将其来源、销售、存储、转运各情形备其簿册,详细记载。

第一二条 所有同业公会、商会、商号、工厂及转运公司设备之簿册,由海关或财政部指定之机关随时派员稽查之。

第一三条 凡商人违反本章程第四条、第六条之规定者,应按情节之轻重处以所运货价二成以下之罚金。

第一四条 凡商人违反本章程第十条之规定者,应按情节之轻重,处以二百元以上五千元以下之罚金。

第一五条 凡商人不依本章程第十一条之规定设簿登记或为虚伪之登记者,应按情节之轻重处以一百元以上三千元以下之罚金。

第一六条 凡内河轮船、民船、汽车及火车运输未领执照之货物,应分别处罚如下:

一 商营者吊销其执照并停止营业;

二 官营者撤惩起运地点之负责人员。

第一七条 凡由同业公会或商会举发之漏税私货因而缉获者,应按关章于充公或罚款项下提出四成给奖,其查明商人有违反本章程第四条、第六条、第十条、第十一条规定之行为而向海关或财政部指定之稽查机关举发者,应将按前条规定处罚之罚金全数给予该会。

第一八条 凡依本章程之规定查获未经缴纳关税之货物,应按照海关缉私条例处理之。

第一九条 凡依照本章程应行处罚事宜,由海关或财政部指定之稽查机关办理之。

第二〇条 本章程自公布之日施行。

●●防止路运走私办法

一 海关得在各铁路沿线重要车站设立稽查处。

二 关员得在各铁路重要车站并随车查缉私。

三 关员认为必要时,得在各处车站检查旅客行李。

四 关员在站或随车执行缉私职务时,不得妨碍站内及行车秩序及延误行车时刻。

五 铁路应凭海关完税凭证运输,如有无照洋货到站,托运经路员通知驻站关员后,应由关员直接处理。

六　关于私货之扣留,无论在起运站中途或到达站,应由关员负责办理,由路局协助。

七　关员执行缉私,应日夜常川驻站办公。

●●防止路运走私办法施行细则民国二十五年(1936年)五月十三日行政院令准照办

一　洋货由铁路运输必须领有海关完税凭证:

甲　凡向铁路托运之洋货,路局须凭海关完税凭证,方可允予托运。

乙　发给海关完税凭证章程应由海关规定,在各路车站揭贴、布告,俾便周知。

丙　海关完税凭证样张应由海关送交各路局转发各车站查照。

丁　凡须呈验海关完税凭证始准运输之洋货种类,应由海关开列清单,送各路局查照,此项清单得随时修改之。

二　起运车站办理手续:

甲　领有海关完税凭证之洋货向铁路报运时,应由商人先将凭证交由驻站关员查验,无讹即于凭证上签字盖戳,交还商人,持向路局,托运铁路人员应将完税凭证黏于铁路货票或包裹票上,以备到达站关员查验。如该站并无关员驻在,凡领有完税凭证之洋货,即可由铁路验证,准其托运。

乙　如遇有未领海关完税凭证之洋货,铁路应拒绝承运,并通知驻站关员直接处理。

丙　路局如因特殊原因承运未领海关完税凭证之洋货时,该局应即通知驻在该站之关员。如无关员驻站,应迅即通知该货到达站转知驻在该站之关员或就近驻有关员之站转知关员直接处理,同时,并在货票或包裹票上注明该货并无海关完税凭证。

三　到达车站办理手续:

甲　货物或包裹到站时,应由驻站关员向站长取阅货票或包裹票,凡附有海关完税凭证者,应由关员在货票或包裹票上签字后,将完税凭证取去。其注有并无海关完税凭证者,关员亦应在货票或包裹票上签字后直接处理。如到达站并无驻站关员者,应按下列办法办理:

一　货票或包裹票所附之海关完税凭证应由该站代为收存,转送就近驻有关员之车站转交关员;

二　货票或包裹票上注有并无海关完税凭证者,应由附近海关于接到起运站通知后,派员前往该到达站,在该货票或包裹票上签字后直接处理。

乙　凡海关充公货物之运费、保管费及其他杂费,应由海关按路章照付。

四　检查旅客行李,遇有必要时,关员得在各站或随车检查旅客随身携带行李。

五　沿铁路各站设立海关稽查处。

甲　海关得于各铁路沿线重要车站设立稽查处。

乙　关于择站设立稽查处事宜,应由海关审度情形决定,并与路方会商后实行之。

丙　凡设有海关稽查处之车站,应由海关列表送交路方转知各站。

丁　在设有海关稽查处之车站,其关员办公处所应由海关与关系路局商定之。

戊　铁路所设之电话(除行车电话外)及电报,应准关员使用,但以不妨碍路务为准,并应照章核收电报费。

六　关、路两方合作办法:

甲　凡路运货物或旅客行李,如经海关查明按海关缉私条例应予扣押者,铁路方面经海关请求,应即将该货移交海关处理。

乙　铁路警察对于在各处车站及列车上执行职务之关员,应予妥为保护。

丙　铁路人员如自动扣留私货移送海关,或向关员报告消息因而将私货缉获或与海关合作缉获私货者,均由海关照章发给奖金,以资鼓励,所发奖金数目悉以当时适用之章程为准。

丁　扣留车运货物因而发生商人抗议情事,均由海关负责办理之。

戊　关员在站或随车执行缉私职务时,不得妨碍站内及行车秩序及延误行车时刻。

己　海关得在各处车站不分昼夜派员驻守。

七　本细则得由任一方面征得对方同意随时修正之。

●●设匦告密办法 民国二十五年(1936年)六月三日财政部通令

一　在海关及分关分卡所在地设告密匦,准一般商民对于私运、私销、私藏事项投文告密。

二　告密文件除申叙私运、私销、私藏具体事实暨犯私人或商店、工厂之姓名、住址外,告密人并须开具姓名、住址。

三　海关分关分卡对于告密人之姓名,绝对严守秘密。

四　告密人除投文告密外,并得依照向例亲到海关分关分卡或当地军警口头告密。

五　告密人如因附近无告密匦,得用电报或邮件向关卡告密。

六　告密文件由海关或分关分卡主管负责人员亲自拆开,必要时,并得随时秘邀告密人询问或同往所指存私地点查缉私货。

七　因告密而获得私货者,经关卡处理后,照新定眼线给奖办法奖赏告密人。

●●缉获私货从优给奖办法 民国二十五年(1936年)六月三日财政部通令

一　海关据眼线报告因以缉获私货者,由关处分后,以处分所得之款给予该眼线奖款五成。

二　各机关及军警(包括路警在内)辑获私货移送海关处理者,由关处分后,以处分所得之款给予奖款五成。

三　商伙、厂伙举发其本商号或本工厂私运、私销情事,海关因以缉获私货者,由关处分后,以处分所得之款给该举发人奖款五成。

四　海关查获私货如系邀同军警(包括路警在内)到场帮助执行者,给予该帮助军警奖款一成。

●●财政部盐务总局组织法 民国二十五年(1936年)七月十四日国民政府公布

第一条　本法依财政部组织法第二十六条之规定制定之。

第二条　盐务总局直隶于财政部,承部长之命,办理全国盐税征收及其他一切盐务,并兼管硝磺事务。

第三条　盐务总局置下列各科:

一　总务科;

二　税务科;

三　产销科;

四　税警科;

五　经理科。

第四条　总务科掌下列事项:

一　关于文件收发、分配、撰拟、缮校及保管事项;

二　关于典守印信事项;

三　关于本局及所属机关职员之任免、迁调及训练事项;

四　关于盐务章则之拟订事项;

五　关于盐务公报之编辑事项;

六　关于本局现金、票据、证券之出纳及保管事项;

七　关于本科职掌事务之各种表册及报告之编制事项;

八　关于庶务及不属于其他各科事项。

第五条　税务科掌下列事项:

一　关于税务之设计改进及处理事项；

二　关于税务章则及税率之拟订修改事项；

三　关于盐税收入预算之拟编事项；

四　关于征税之考核及税款之审核及报解事项；

五　关于减税、免税案件之处理事项；

六　关于税务所用一切票照、单证之拟订、考核及缴销事项；

七　关于硝磺之征税或专卖事项；

八　关于本科职掌事务之各种表册及报告之编制事项；

九　关于税务之其他事项。

第六条　产销科掌下列事项：

一　关于食盐产销之设计、改进及处理事项；

二　关于盐及硝磺产销章则之拟订事项；

三　关于制盐许可及产盐销盐之估计及调节事项；

四　关于盐质之检定及农业、工业、渔业用盐变性或变色之指导事项；

五　关于仓坨之设置、管理、产盐之收放及盐价之平定事项；

六　关于盐副产物之管理及取缔事项；

七　关于盐垦整理及划归地方升科事项；

八　关于硝磺之统制、产制及改良事项；

九　关于盐及硝磺产销所用一切票照、单证之拟订、考核及缴销事项；

一〇　关于本科职掌事务之各种表册及报告之编制事项；

一一　关于盐民生计之改良及失业盐民之救济事项；

一二　关于产销之其他事项。

第七条　税警科掌下列事项：

一　关于各产盐场区警务之设计、改进及处理事项；

二　关于各产盐场区水陆税警之编制、训练、指挥、调遣事项；

三　关于制盐、放盐及盐副产物之稽查事项；

四　关于盐场仓坨及盐务官署之保卫事项；

五　关于盐斤及硝磺私制、私运之查禁事项；

六　关于本科职掌事务之各种报告及表册之编制事项；

七　关于税警之其他事项。

第八条　经理科掌下列事项：

一　关于营造、修缮各种工程之设计及监督事项；

二　关于各种物品之购办及供应事项；

三　关于财产、公物之登记及保管事项；

四　关于税警服装、械弹之采办、保管及发给事项；

五　关于盐务所用一切票照、单证之印制、保管及发给事项；

六　关于本科职掌事务之各种表册及报告之编制事项；

七　关于经理之其他事项。

第九条　盐务总局设总办一人简派，承财政部部长之命，综理全局事务，并指挥、盐督所属机关及职员。盐务总局设会办一人聘任，辅助总办处理收税、放盐事务。

第一〇条　盐务总局设科长五人，由总局遴选合格人员，呈请财政部部长核准任用，承长官之命，分掌各科事务。

第一一条　盐务总局设秘书二人，承长官之命，办理机要文件及其他交办事务。

第一二条　盐务总局设科员一百人至一百五十人，助理员三十五人至五十人，承长官之命，办理各科事务。

盐务总局设技正二人或三人，技士四人至六人，承长官之命，办理盐务及硝磺之技术事务。

第一三条　盐务总局设视察员二人，调查员二人至四人，承长官之命，分赴各盐区考察盐务成绩及查办临时发生之案件。

第一四条　盐务总局得酌用雇员，办理缮校及其他事务。

第一五条　盐务总局经财政部部长之核准，于各产盐区域设置盐务管理局，办理各该区域之盐税征收及其他事务。

第一六条　各盐务管理局设局长一人，副局长一人，总务课长一人，产销课长一人，税警课长一人。

前项人员，由盐务总局、总办遴选合格人员，呈请财政部部长核准任用之。

第一七条　盐务管理局局长承盐务总局之命，办理各该局事务，指挥、监督所属机关及职员。盐务管理局副局长辅助局长，处理收税、放盐事务。

第一八条　盐务管理局按事务之繁简，设课员、视察员及技术员，其名额及人选由盐务总局分别拟定，呈请财政部部长核准任用之，并得酌用雇员。

第一九条　盐务管理局所辖盐场，得由盐务总局划分区域设置，盐场公署管理之。

盐场公署依下列标准，分为四等：

一　年产二十万公吨以上者，为一等；

二　年产十万公吨以上者，为二等；

三　年产五万公吨以上者，为三等；

四　年产不满五万公吨者，为四等。

第二〇条　盐场公署各设场长一人，办理各该场盐税之征收、盐质之产制、检定及秤放等事务,并指挥税警。

场长由盐务总局任免、迁调,并受盐务管理局之指挥、监督。

第二一条　盐场公署设场务员、雇员,其名额及人选由盐务总局核定任用之。但月薪在五十元以下之人员,得由盐务管理局遴选任用,并呈报盐务总局核准、备案。

第二二条　盐场公署因事务之需要,经盐务总局核定,得酌设收税或秤放等办事处、税警派出所,由各该场长直接指挥,并受盐务管理局之监督。

第二三条　盐务总局对外公文以财政部名义行之,但关于下列事项得发局令:

一　遵照部令应行转饬事项;

二　依照部令所定办法督率进行事项;

三　曾经呈部核准事项。

第二四条　盐务总局设会计主任一人,统计主任一人,科员五十人至六十五人,分别办理岁计、会计、统计事务,受盐务总局、总办及财政部会计长之监督、指挥。

盐务总局所属各机关之岁计、会计、统计事务,由主计处设主计人员,依法办理之。

第二五条　盐务总局在就场征税未完成时,经财政部部长核准,于不产盐之重要省区暂设临时盐务办事处,由盐务总局直接管辖,办理清理存盐及征税完纳未足额之盐税等事务,其员额不得超过盐务管理局员额之半数。

第二六条　盐务总局各盐务管理局及盐场公署办事规则由盐务总局拟订,呈请财政部核定之。

第二七条　本法自公布日施行。

●●财政部所属缉私机关互相缉获私运货物处理章程民国二十五年(1936年)二月二十日财政部公布

第一条　财政部所属关务、税务、盐务缉私机关,除关于缉私事务应随时尽量互助外,所有互相缉获私运货物,其充公、充赏处理办法,悉依照本章程办理。

第二条　各缉私机关缉获之私货(包括私盐)及人犯,如非其本机关所管辖者,应送由就近各该主管机关照章处理。但如所获私盐有污秽劣质不合食用或不能变价时,应由缉获机关通知就近盐务机关,于必要时,派员会同销毁。又,如所获进口私货须兼完关税及税务署主管各税者,其在设有海关地方应送由海关处理,其在未设海关地方应送由税务署所属机关处理。上项处理机关于处理时,应先征询有关系机关意见,于处理后,并须将处理情形通知查照。

第三条　凡充公私货之运具,如船舶、航空机、车辆及牲畜等,应由缉获机关斟酌情形,各自依章处理。

第四条　凡辑获机关按照本章程第二条规定,将所获之私货及人犯送交其就近主管机关后,所有实垫费用,如水脚用费等项,应凭正式收据向就近主管机关如数领还归垫。

第五条　凡由缉获机关送交就近主管机关之私货及人犯,就近主管机关依章处理后,所有充公变价之款除拨还第四条之费用暨变价时所支费用外,所余之款应分十成支配,线人充赏四成,出力缉获人员三成,解库三成。其线人及出力人员应得成数,应由处理机关照收后支给之。如处有罚金,亦应照此办理。但海关与税务署已有特别规定者(如私运卷烟用纸),不在此例。

第六条　凡私货因损坏或特别原因不能得价及污秽劣质不合食用之私盐,照第二条规定应予销毁时,对于此项私货及盐不给奖金,惟第八条规定不在此例。

第七条　凡私货不能得价时,所有应拨交第四条所载各项费用,仍应由处理机关呈请另行拨还。

第八条　凡缉获私货,如缉获人员有特著劳绩,须从优给赏,适遇缉获之货不能得价时,应由处理机关呈请另行斟酌。

第九条　本章程自公布之日施行。

中华民国法规大全

（1912—1949）

点校本

第十卷 补编
行政(续) 司法 考试 监督 党务

下册

商务印书馆 辑印

韩 君 玲 点校

商务印书馆
The Commercial Press
创于1897

2016年·北京

目　录

五　实业

六　教育

七　交通

九、司法

十、考试

十一、监察

十二、党务

附表格目录

五　实业

●●实业部各司分科规则民国二十四年(1935年)十二月十三日实业部修正公布,二十

五年(1936年)五月四日再修正,同年(1936年)七月八日再修正。

第一条　总务司置下列各科:

第一科;　第二科;　第三科;　第四科。

第二条　总务司第一科,掌下列各事项:

一　关于全部文书之收发、分配及校对事项;

二　关于典守印信事项;

三　关于宣达部令及对外公布事项;

四　关于职员、雇员进退之纪录及考勤事项;

五　关于附属机关职员之纪录及审核事项;

六　关于不属各科文稿之撰拟事项;

七　关于文件保存事项。

第三条　总务司第二科,掌下列各事项:

一　关于本部经费之收支事项;

二　关于钱币之保管事项;

三　关于契约、票据、有价证券之保管事项。

第四条　总务司第三科,掌下列各事项:

一　关于本部应用物品之购置及分配事项;

二　关于本部官产、官物之保管及修缮事项;

三　关于管理夫役、卫生事项;

四　关于部内公共卫生事项;

五　关于附属机关官产、官物之稽核事项;

六　关于一切不属其他各科事项。

第五条　总务司第四科,掌下列各事项:

一　关于公报之编纂事项;

二 关于图书、杂志、报告之编辑事项；

三 关于图书之征集、保管事项；

四 关于本部刊物之发行事项。

第六条 农业司置下列各科：

第一科； 第二科； 第三科。

第七条 农业司第一科，掌下列各事项：

一 关于农业之保护、监督及奖励事项；

二 关于农业团体之登记及监督事项；

三 关于国际农业会议之参加及国外农业之考查事项；

四 关于农村经济、文化、卫生事项；

五 关于农民银行之促进事项；

六 关于田租之调查事项；

七 关于农产品之展览及审查事项；

八 关于农产标本之征集及整理事项；

九 关于农业智识之增进事项；

一〇 关于农业之调查及统计事项；

一一 关于农业技师之登记、考核事项。

第八条 农业司第二科，掌下列各事项：

一 关于各项农作物之改良及天灾、病虫害之防除及检查事项；

二 关于籽种之检查、改良及介绍、奖励事项；

三 关于农田水利事项；

四 关于土壤肥料之调查、改良事项；

五 关于农用器具之改良事项；

六 关于农地之整理事项；

七 关于农产制造事项；

八 关于农业测候事项；

九 关于农业试验场事项；

一〇 关于养蜂保护及奖励事项。

第九条 农业司第三科，掌下列各事项：

一 关于蚕桑业之推广、监督及改良事项；

二 关于蚕种之检查、制造、改良事项；

三 关于蚕桑病虫害之防除事项；

四 关于蚕桑试验场事项；

五　关于蚕桑业团体之监督事项；

六　关于蚕桑智识之增进事项。

第一〇条　工业司置下列各科：

第一科；　第二科；　第三科。

第一一条　工业司第一科，掌下列各事项：

一　关于工业之保护及监督事项；

二　关于工厂之登记及考核事项；

三　关于工业取缔事项；

四　关于工业标准事项；

五　关于度量衡事项；

六　关于工业团体之登记及监督事项；

七　关于工业技师之登记及考核事项。

第一二条　工业司第二科，掌下列各事项：

一　关于工业之奖励、指导及调节事项；

二　关于工业发明之审核及奖励事项；

三　关于工业特许事项；

四　关于国货证明事项；

五　关于劝工场所之指导、监督事项。

第一三条　工业司第三科，掌下列各事项：

一　关于国营工业之筹设、管理及改进事项；

二　关于民营工业之改良及推广事项；

三　关于工厂设计之审定事项；

四　关于工业原料及工业品之征集、试验及检定事项；

五　关于手工业之改良事项；

六　关于工业之调查及统计事项；

七　关于国际工业会议事项。

第一四条　商业司置下列各科：

第一科；　第二科；　第三科；　第四科。

第一五条　商业司第一科，掌下列事项：

一　关于国营商业之设计、管理事项；

二　关于民营商业之保护、监督事项；

三　关于交易所之登记、监督、检查事项；

四　关于保险公司及特种营业之核准、登记、监督事项；

五 关于商业专营特许之审核事项；

六 关于调节物价事项；

七 关于商业金融之调查及其调节之研究事项。

第一六条 商业司第二科,掌下列事项：

一 关于商品检验事项；

二 关于商约、商税之研究事项；

三 关于发展国际贸易及商品之海外展览事项；

四 关于商埠、海港之经营事项；

五 关于驻外商务官之指导、监督事项；

六 关于国际商业之调查、报告事项；

七 关于国际汇兑之调查及其调节之研究事项。

第一七条 商业司第三科,掌下列事项：

一 关于公司商号、商标之登记事项；

二 关于会计师之登记、考核、监督事项；

三 关于商品陈列、展览及劝业场所之指导、监督事项；

四 关于国内商业及国货推销之调查、提倡事项；

五 关于商业之奖励、改良、推广事项。

第一八条 商业司第四科,掌下列事项：

一 关于商业团体之登记、监督事项；

二 关于商人及商业团体之争议事项；

三 关于国际商业会议事项；

四 关于增进商业知识之劝导、设计、监督事项。

第一九条 渔牧司置下列各科：

第一科； 第二科； 第三科。

第二〇条 渔牧司第一科,掌下列各事项：

一 关于渔业之保护、监督、奖励、取缔事项；

二 关于渔业权之核准、登记及撤销事项；

三 关于渔业争议事项；

四 关于渔业警察事项；

五 关于渔业团体之登记及监督事项；

六 关于水产动植物之保护事项；

七 关于水产种子、水产品之试验、检查、改进及取缔事项；

八 关于水产标本之征集及整理事项；

九　关于渔税事项；

一〇　关于渔港事项；

一一　关于渔民智识之增进及生活之改善事项。

第二一条　渔牧司第二科，掌下列各事项：

一　关于畜牧业之监督及奖励事项；

二　关于国有牧场、种畜场事项；

三　关于畜牧种子之试验、检查及改良事项；

四　关于家畜之保护及改良、繁殖事项；

五　关于畜牧团体之登记及监督事项；

六　关于畜牧之调查及统计事项；

七　关于畜牧智识之增进事项。

第二二条　渔牧司第三科，掌下列各事项：

一　关于兽疫之检查及防除事项；

二　关于牲畜之检查及隔离事项；

三　关于牲畜产品检验标准之审定事项；

四　关于兽疫血清之制造及检定事项；

五　关于兽疫防治所、兽医院及兽医团体之指导、监督事项；

六　关于兽疫之调查及统计事项；

七　关于兽医技术之增进事项。

第二三条　矿业司置下列各科：

第一科；　第二科；　第三科。

第二四条　矿业司第一科，掌下列各事项：

一　关于矿业之监督、保护及奖进事项；

二　关于矿藏发现之奖励事项；

三　关于矿务交涉及争议事项；

四　关于矿业警察事项；

五　关于矿业经济之调节及救济事项；

六　关于矿产物输出、入之核准及限制事项；

七　关于矿业团体之登记及监督事项；

八　关于矿业技术增进事项。

第二五条　矿业司第二科，掌下列各事项：

一　关于国营矿业权之设定事项；

二　关于国家保留区之划定事项；

三　关于矿业权之核准、撤销事项;

四　关于矿区税之核定及征收事项;

五　关于国营矿业预算、决算之稽核事项;

六　关于矿业官股本息之核计事项;

七　关于矿业簿记表册之审核事项。

第二六条　矿业司第三科,掌下列各事项:

一　关于国营矿业之筹设及管理事项;

二　关于地质调查及矿床探定事项;

三　关于矿业监察及指导事项;

四　关于矿区勘定及矿质分析事项;

五　关于矿场保安及灾变之救济事项;

六　关于矿业用地事项;

七　关于矿业技师之登记、考核事项;

八　关于矿业调查及统计事项。

第二七条　劳工司置下列各科:

第一科;　第二科;　第三科。

第二八条　劳工司第一科,掌下列各事项:

一　关于劳工团体之登记及监督事项;

二　关于劳资纠纷之调解及仲裁事项;

三　关于工人或工会相互间纠纷之处理事项;

四　关于农人与地主间纠纷之处理事项;

五　关于劳资协作之指导及改善事项。

第二九条　劳工司第二科,掌下列各事项:

一　关于工人生活之改良及保障事项;

二　关于工厂、矿场安全或卫生设备之指导及检查事项;

三　关于工人卫生及教育事项;

四　关于工人失业及伤害之救济事项;

五　关于工人保险及养老恤金事项;

六　关于工人工作能率及服务状况之考查事项;

七　关于劳工之移殖及职业介绍事项。

第三○条　劳工司第三科,掌下列各事项:

一　关于侨外华工之调查及保护事项;

二　关于国际劳工会议事项;

三　关于各国劳工刊物之编译事项；

四　关于各国劳工事务之调查事项；

五　关于侨华各国工人之调查事项。

第三一条　合作司置下列各科：

第一科；　第二科。

第三二条　合作司第一科，掌下列各事项：

一　关于合作社之登记、监督事项；

二　关于合作社之纠纷处理事项；

三　关于合作社之联络、调整事项；

四　关于合作社系统之规划事项；

五　关于合作行政人员之训导考核事项；

六　关于合作论著之编审及研究事项；

七　关于合作事业之调查、统计事项；

八　关于其他合作事项。

第三三条　合作司第二科，掌下列各事项：

一　关于合作事业促进工作之指导、监督、考核事项；

二　关于合作教育之普及事项；

三　关于合作人材之培养、甄录事项；

四　关于合作资金之调剂事项；

五　关于合作金融系统之规划事项；

六　关于合作金融机关之联络事项；

七　关于合作事业之奖惩事项。

第三四条　本规则自公布日施行。

●●实业部专门委员会规则 民国二十五年(1936年)五月十二日实业部修正公布

第一条　实业部依组织法第二十三条之规定，设专门委员若干人组织专门委员会。

第二条　专门委员由部长就下列人员中，聘任或选派之：

一　国内外专家；

二　办理实业或建设事项卓著成绩者；

三　现任或曾任实业或学术团体重要职员负有声望者。

第三条　专门委员之资格，由部长随时聘任或指定人员组织专门委员资格审查委员会审查之。

第四条 专门委员之任务如下:

一 承办委托事项;

二 解答咨询事项;

三 其他建议事项。

第五条 专门委员会得分下列各组:

一 农业;

二 林业;

三 矿业;

四 工业;

五 商业;

六 垦业;

七 渔业;

八 畜牧业;

九 劳工;

一〇 合作;

一一 经济;

一二 实业法规;

一三 其他。

各组专门委员,每组至多以五人为限。

第六条 专门委员会研究调查或建议事项,由各委员个别担任。遇必要时,得分组或联合讨论。

第七条 专门委员任期均为二年,但合同定有年限者,不在此限。

第八条 专门委员除定有合同及专任者外,均为名誉职。但出席议会或赴各地调查时,得酌给川资及膳宿费,对于特种研究,得酌送酬劳金。

第九条 专门委员对于本部委托或咨询事项,非得本部同意,不得向外发表。

第一〇条 专门委员会以部长为主席,部长因事不能出席时,由次长代理主席。

第一一条 专门委员会设总干事一人,处理会内日常事务,由本部技监兼任之。

第一二条 专门委员会每组各设干事一人为各组会议之召集人,由部长指定本部重要职员分别兼任之。

第一三条 专门委员会设事务员二人至四人,担任整理议案及会议纪录事项,由部长派员兼充之。

第一四条 专门委员会办事细则及会议规程由专门委员会另定之。

第一五条 本规则自公布日施行。

●●实业部处理人民呈请案件限期规则民国二十五年（1936年）一月四日实业部公布，同年（1936年）六月二十五日修正。

第一条　本部处理人民呈请案件，除援照行政院处理公文改良办法最急件即日办出，急件不得逾三日外，应按本规则之限期办理之。

第二条　凡人民呈请登记、注册、领照、请奖案件，本部主管科应于文到五日内随文办稿呈核。

前项呈请案件，须经本部关系各署司科会签者，得延长三日；须经参事厅或技术厅审核者，得延长七日；须经审查委员会审查者，得延长十五日。

前两项规定之限期，于各部会派员会同审查之工业奖励或须经调查研究试验之工业技术奖励等案件，不适用之。

第三条　凡人民呈请登记、注册、领照、请奖案件，如有不合法定程式或附件不完备者，本部主管科拟稿饬令。补正时，应附发关于法定之程式，并详明指示办法，俟补正后，仍依前条之规定办理。

前项法定程式，由主管科备齐、付印，并加说明。

第四条　凡人民对于本部一般呈请案件，除诉愿及会计师惩戒案另有规定外，适用本规则第二条第一、二两项之规定。

第五条　前三条所定之限期，如确有特殊情形难以办竣者，本部主管科须陈经该管署司长官许可，如超过五日以上，须转呈本部部长核准。

第六条　凡人民呈案请件到部，其应依本规则所定限期者，本部总务司第一科须于分送各署司拟办时，加盖下列戳记，并于第一行填明日期。

本案应于　　日内办稿呈核，

遵照规则得延长　　　日，

本案业于　　日内办理完竣。

主管科办竣后，应于第三行填写日数，其得延长限期者，并于第二行证明。

第七条　本部各署专科所办稿件，经判行送缮校室后，除最急件、急件须立时办理外，应于五日内缮校完竣，送印封发。

第八条　凡人民呈请登记、注册、领照、请奖案件，由省市主管官署核转本部者，如不合法定程式或附件不完备时，该官署应于文到七日内饬令补正，并依第三条之规定附发关于法定之程式加以说明。

第九条　凡由省市主管官署核转本部之人民一般呈请案件或前条之呈请案件，其程式并无不合或业经遵令补正者，该官署应于十日内核转本部办理。

第一〇条　前条之呈请案件或由省市政府核转之人民呈请案件，除由本部咨令原转官署外,并得将处理内容及收发日期以本部署司名义通知原呈请人。

第一一条　本部对于呈请案件之准驳,如系令经省市主管官署转知者,该官署应于奉令之日起五日内通知原呈请人。

前项呈请案件,如系由本部填发执照或证书者,省市主管官署应将本部附发之送达证令原呈请人,于收到执照或证书时,签字盖章,填明收到日期,由该官署于五日内呈送本部备查。

第一二条　本规则自公布日施行。

●●实业部统计处组织规程民国二十五年(1936年)五月十三日国民政府公布

要　目

第一章　总则

第一条　本规程依照国民政府主计处组织法及国民政府主计处办理各机关岁计、会计、统计人员暂行规程制定之。

第二条　实业部统计长办事处所定名为实业部统计处。

第三条　统计长承主计长之命,并依法受实业部部长之指挥、监督,主办实业部及所属各机关之统计事务,并指挥监督处内职员及实业部所属各机关办理统计人员。

第四条　统计长得出席实业部部务会议。

第五条　统计处依事务之需要,分设三科一研究室,每科设科长一人,由主计长荐任,承长官之命,分掌各科事务。研究室设主任一人,由统计长自兼。

第六条　统计处各科各设科员六人至十四人,均由主计长委任,承长官之命,分理各科事务。

第七条　统计处得酌用雇员,承长官之命,助理事务。

第八条　统计处因技术上之需要,得呈请主计长聘请名誉专员,遇必要时,并得呈请酌聘专员。

第九条　统计处各科科长及专员均为研究室之当然研究员,各名誉专员并得为研究室之名誉研究员。

第一○条　实业部所属机关办理统计人员除直接受统计长之指导、监督外,并依法受所在机关长官之指挥。

第一一条　实业部所属各机关未经设置统计人员,其统计报告得由统计长呈准实业部部长令饬该机关指定人员负责办理。

前项经指定负责办理统计之人员,统计长得直接指导其统计工作。

第一二条　统计处遇必要时,得调遣处内及实业部所属各机关统计人员,分赴各地调查,并得就地训练人员助理调查统计工作,同时呈请主计处备案。

第一三条　统计处视事实之需要,得呈准实业部部长委托部内及其所属机关职员代行登记及调查,或调用职员佐理各项事务。

第二章　分科职掌

第一四条　第一科分掌事务如下:

一　关于登记调查并编制农、林、渔、矿、畜牧及其他天然资源统计事项;

二　关于拟订上项统计进行计划图表报告等格式及统一方法等事项;

三　关于指导考核实业部及其所属各机关主办上项统计人员之工作事项。

第一五条　第二科分掌事项如下:

一　关于登记调查并编制工商劳工合作及其他经济统计等事项;

二　关于拟订上项统计进行计划图表报告等格式及统一方法等事项;

三　关于指导、考核实业部及其所属各机关主办上项统计人员之工作事项。

第一六条　第三科分掌事务如下:

一　关于登记调查并编制公务人员及其工作之统计事项;

二　关于办理实业部及所属各机关统计人员之任免、迁调、训练及考核、奖惩等事项;

三　关于汇编、核校、绘制、印刷各种统计图表等事项;

四　关于工作报告之编制及处务会议之纪录等事项;

五　关于办理文书、典守印信及不属其他各科事项。

第一七条　研究室分掌事务如下:

一　关于特种实地调查或访问事项;

二　关于专门问题之研究事项;

三　关于国内外有关实业统计材料之征集与编译事项。

第三章　会议

第一八条　统计处每星期举行处务会议一次,由统计长召集之,以统计长为主席。

第一九条　统计长于必要时,得呈请主计长及实业部部长召集全国实业统计会议,以统计长为主席。

第二〇条　各项会议规则另定之。

第四章　附则

第二一条　统计处各种办事细则另订之。

第二二条　本规程如有未尽事宜,由主计会议修改,呈请核准施行。

第二三条　本规程自呈准之日施行。

●●实业部及附属机关雇员考绩规则民国二十五年(1936年)一月二十九日实业部公布

第一条　本部及所属各机关雇员之考绩,依本规则行之。

第二条　雇员考绩于每年十二月就各该员一年成绩考核之。

第三条　雇员工作不满一年者,不予考绩。

第四条　本部雇员考绩分初核、覆核,以总务司第一科科长执行初核,总务司司长执行覆核,呈请部、次长核准施行。

附属机关雇员考绩,以其直接上级长官执行初核,该机关长官执行覆核,呈报本部核准备案。

第五条　雇员考绩标准依各该员平日工作、能力、操行三项,分别以分数定之,最高分数如下:

一　工作五十分;

二　能力二十五分;

三　操行二十五分。

第六条　雇员考绩之等次,依前条考绩之总分数定之,如下:

九十分以上者为一等,八十分以上者为二等,七十分以上者为三等,六十分以上者为四等,不满六十分者为五等,不满五十分者为六等,不满四十分者为七等。

以满六十分为合格,但工作不满三十分者,仍以不合格论。

第七条　雇员考绩、奖惩,依下列之规列:

一　等升用;

二　等加薪;

三　等记功;

四　等不予奖惩;

五　等记过;

六　等减薪;

七　等解职。

前项应升用人员,其资格不合公务员任用法之规定或无缺额时,得改为委任待遇,或酌加薪给,或给予一次奖金。但委任待遇不得超过委任十三级,加薪不得超过规定雇员之最高额奖金,由五圆起至三十圆止。应加薪人员如所支薪给已至规定最高额,得改为委任待遇,或给予一次奖金。

升用人员最多不得逾现有雇员员额二十分之一,加薪人员不得逾十分之一。但雇员人数过少之附属机关,得斟酌核定。

第八条　本规则自公布日施行。

●●建设委员会、经济委员会组织章程民国二十四年(1935年)十一月三十日
建设委员会公布,二十五年(1936年)七月八日修正第二条

第一条　建设委员会为统筹本会经济事宜起见,特设经济委员会。

第二条　本委员会委员由建设委员会令派之,并指定主任委员、副主任委员各一人,主任委员因事不能执行职务时,得由副主任委员代理之。

第三条　本委员会之职权如下:

一　讨论及拟定建设委员会之经济方针;

二　审查建设委员会一切拟办之建设方案;

三　计划建设委员会新创事业及扩充事业之经济方案;

四　整理建设委员会各项事业上之经济负担;

五　审核建设委员会各项事业之全年度收支概算;

六　筹划及支配建设委员会经费;

七　指导主管处科调度款项;

八　审核各财务合同契约;

九　其他建设委员会交议之经济问题。

第四条　本委员会每月开会一次,由主任委员召集之,于必要时,得召集临时会议。

第五条　本委员会应将会议议决事项及研究所得结果报告建设委员会委员长,以备采择施行。

第六条　本委员会设秘书二人,掌理会内文书会议纪录及方案整理事宜,由建设委员会指定人员充任之。

第七条　本委员会设书记一人至二人,襄助秘书办理会议通知、纪录事宜,由建设委员会总务处指定人员充任之。

第八条　本章程自公布之日施行。

●●建设委员会模范灌溉管理局暨所属机关职工出差旅费规则 民国二十四年(1935年)十一月十五日建设委员会核准

第一条 本局员工警役出差旅费,均照本规则之规定办理。

第二条 本局员工警役出差外埠时,应照本章规定支给旅费,旅费分舟车费、膳宿杂费、特别费三项,出差者应按等级照下表支给,非因特殊情形经局长特许者,不得越级。

第三条 舟车费包括旅行必须之一切舟车轿马等费,凡领有免票或已由公专备者,不得另支舟车费。

第四条 膳宿杂费应撙节据实报销,每日总计不得逾前表之最高限度,上、下舟车时,力钱、赏钱及在所驻地每日开支之车马零星费用,均应列入膳宿杂费项下,不得另行列报,并于附注栏内注明数目,船行期内不得开支宿费,供膳者不得开支膳费。

第五条 特别费包括因公所需邮电费暨遇特别情事临时雇用人夫轿马,并其他一切因公必需之费用。

第六条 凡奉令出差者应即填具出差证,酌量经办事件所需最少时间,于证上填明起讫日期,递呈主管职员、股长、局长核准后,送总务股登记。非必要时,不得迟误,但因病或不得已事故阻滞时,得取具当地医院医证或声叙情形,呈请延期。

第七条 出差员司随带行李以火车、轮船及长途汽车所许者为限,如携带重量公物必须另支运费者,得在特别费项下按实开支,但须在摘要栏内注明。

第八条 出差员司事实上必须随带工匠、警役者,得呈请局长核准,按照前表工匠、警役等级,核实支给旅费,由出差员司附带报销。

第九条 出差员司预支旅费者,得填具预支款项单,呈经股长转呈局长核准,凭向总务股领款,于销差时结算。

费用 / 等级	舟车费			膳宿杂费每日最高限度	特别费
	火车	轮船	舟车轿马		
员司月薪在二百元以上者	二等	官舱	按实开支	通商口岸六元、内地三元	按实开支
员司月薪在一百元以上者	二等	官舱	同上	通商口岸四元、内地二元	同上
员司月薪未满一百元者	三等	房舱	同上	通商口岸三元、内地一元	同上
练习生、监工	三等	房舱	同上	通商口岸二元、内地一元	同上
工匠、警役	三等	统舱		一元	

第一〇条　出差事竣后,应即日将销差日期通知总务股,总务股接到销差通知,即在出差证上销差日期栏内注明盖章,送还出差人。

第一一条　出差者应于销差后五日以内,将出差工作日记簿及旅费支出计算书,依照支出单据证明规则,连同一切单据,并附取回之出差证,送总务股审核,经局长核准报销后,领取全部旅费,或预支以外之不足金额,或缴还预支之溢支金额,如销差逾三十日尚未将旅费呈请核销,即以不报销论,不得再请报销。但有特殊情形,经局长核准,不在此限。

第一二条　出差一切费用均应据实报销,各种单据除实系无法取得者外,须一律附缴,倘能取得之单据竟不附呈或称遗失而无充分理由者,概不得报销。

第一三条　出差工作日记簿及旅费支出计算书由局长另订格式,发给填用。

第一四条　本规则自呈奉建设委员会核准之日施行。

●●建设委员会职员给假规则 民国二十三年(1934年)八月二十三日国民政府建设委员会修正公布,二十四年(1935年)九月五日再修正。

第一条　本会职员因事或因病必须离职者,须依照本规则请假。

第二条　请假人员须填具请假单,经由主管长官核转委员长、副委员长、秘书长核准后,方得离职,但遇急病得由医生或亲友代填。

第三条　请假在一日以下者,由该管长官核定之。

第四条　请假人员确因紧急事故不及等候委员长、副委员长、秘书长核准时,得由主管长官先行准其离职,如未经长官核准即行离职者,以旷职论。

第五条　职员给假计分下列各项:

一　事假;

二　病假;

三　婚丧假;

四　休息假;

五　途程假。

第六条　事假全年合计准给十四日,逾限按日扣薪;全年事假逾六十日者免职。

第七条　病假全年合计准给二十日,逾限得以事假限定余剩日数抵销。不足抵销时,按日扣薪。全年病假逾一百二十日者,免职。

病假在二日以上者,须提出医药证明文件,否则以事假论。

第八条　婚丧假准给日数,至多不得过下列规定:

一　本人结婚　　二十日

二　父母或承重祖父母或配偶丧　　三十日

第九条 职员服务已满二年，所请各假合计在三十日以下，经主管长官认为劳绩昭著者，得呈请给予休息假，一次至多不得过六十日，其假期内薪俸照常支给。休息假每次须于销假满二年后，方得再给。

第一〇条 职员确因特殊事故必需返家回籍而请假，其途程远者，得由主管长官查核情形，并按照往返所需最短时日，酌给途程假，每年以一次为限。

第一一条 职员确系因公积劳致疾或受伤而请病假者，得经主管长官特别声叙缘由，呈经委员长核准，免受本规则第六条第七条之处分，但以每年不得过三十日为限。

第一二条 职员擅离职守者或假期已满不销假者，以旷职论。

第一三条 旷职未满七日者，按日扣薪；逾七日者，免职。

第一四条 请假人员须将经办事件委托同事代理，在假单上注明其职务，较重要者，应呈请主管长官派员代理。

第一五条 事假或病假期满时，应即续假，其手续与请假同，续请事假者，不得过两次。本规则第五条三、四、五项各假，概不得续请。

续假未奉核准不回职者，按日扣薪。

第一六条 计算全年假期日数均自每年一月起至十二月终止，到差未满一年者，第一年照比例扣算递减。星期日及例假日，均不在一切假期内计算。

第一七条 关于请假、旷职各事宜，应由总务处文书科登记，每届月终汇呈委员长、副委员长、秘书长核阅。

第一八条 本规则自公布之日施行。

●●建设委员会直辖机关职员给假规则民国二十二年（1933年）十二月二十七日建设委员会修正公布，二十四年（1935年）九月七日再修正。

第一条 本会直辖机关职员因事故必须离职者，应依照本规则给假。

第二条 职员给假，计分下列各项：

一 事假；

二 病假；

三 婚丧假；

四 休息假；

五 途程假。

第三条 事假每年合计准给十四日，逾限按日扣薪。全年事假逾六十日者，免职。

第四条 病假每年合计准给二十一日，逾限以事假论。全年病假逾一百二十日者，免职。

第五条 婚丧假准给日数，至多以下列规定为限，逾限或其他婚丧，概以事假论。

一　本人结婚　　　　　　十五日

二　父母或承重祖父母丧　三十日

三　本生父母或配偶丧　　十五日

第六条　职员服务已满二年,所请各假合计在二十日以下,且经该管长官认为劳绩昭著者,得一次给予休息假,但至多不得过五十日。其假期内薪俸照常支给,休息假每次须于销假满二年后,方得再给。

第七条　职员确因返家回籍而请假者,得由该管最高级长官查核情形,并按照往返所需最短时日酌给途程假,但每年以一次为限。

第八条　职员服务已满二年,确系因公积劳致疾或受伤而请病假者,得经该管最高级长官声叙该员平日成绩以及伤病缘由,呈经本会核准,免受本规则第三条、第四条之处分,但以每年不得过三十日为限。

第九条　各机关所在地如发生无法避免之特殊时疫时,经该机关最高级长官将流行状况及期间呈报本会后,在该期间内,如有职员经医生证明确系患流行疫症,得由该管最高级长官呈请免受本规则第三条、第四条之处分。

第一○条　职员请假应亲笔填写假单,经该管最高级长官核准后,方得离职。但遇急病得由医生或亲友代填请假在一日以下者,得由其上级长官核定之。

第一一条　请假职员确因紧急情形不及候该管最高级长官之核准时,得由其上级长官先行核准其离职,并在假单签注情形,请求追认。

第一二条　请假职员须将经办事件委托同事代理,在假单上注明其职务,重要者应呈请上级长官派员代理,请假职员须将经办事件交于代理人后,方得离职。

第一三条　病假在一日以上者,须由各机关许可之。医生书面证明婚丧或途程假,须请同事一人书面证明,如查有填载不实,有意欺蒙情事,除所请假每一日改作事假二日计算外,请假职员应受记过以上之处分,证明人徇情共同蒙蔽者,亦应受惩戒。

第一四条　职员有下列情事之一者,以旷职论:

一　未奉令出差,未曾请假,或请假未经核准,擅离职守者;

二　出差限满不回,亦未请准延长期限者;

三　假期已满尚未销假,亦未续假者;

四　续假未准仍不依限销假者。但确因路途阻隔不及依限销假者,得由该管最高级长官酌免处分。

第一五条　旷职未满七日者,按日扣薪,逾七日者,免职。

第一六条　事假或病假期满时,应即续假,其手续与请假同。续请事假者,不得过二次。本规则第二条三、四、五项各假,概不得续请。

第一七条　职员在假期内如有受任其他方面工作,未经本会特许者,应予免职,并扣其应得之薪金。

第一八条　计算全年请假日数均自每年一月起至十二月终止。

到差未满一年者,自到差之月起比例计算。星期日及例假日,不在一切假期内计算。

第一九条　关于请假、旷职各事宜,除须随时呈请本会核准者外,应由各机关登记,每届月终填具全体职员状况月报表,呈报本会备核。

第二〇条　直辖机关最高级长官给假规则另定之。

第二一条　本规则自二十三年一月一日施行。

●●合作社法施行细则民国二十四年(1935 年)八月十九日实业部公布,二十五年(1936 年)六月三十日修正。

第一条　本细则依合作社法(以下简称本法)第七十五条之规定,制定之。

第二条　本法及本细则所称主管机关,在县为县政府,在市为市政府,在隶属行政院之市,为社会局。

第三条　合作社之设立,以社员能实行合作之范围为准。

在同一能实行合作之范围内,非有特殊情形呈经所在地主管机关核准,不得设立二个同一业务之合作社。

第四条　前条合作社范围,如超过一市或一县以上时,其主管机关为社址所在地之市、县政府或社会局。

第五条　合作社依本法第三条之规定经营业务,得于名称上用信用、供给、生产、运销、消费、公用、保险等名词表明之。

第六条　本法施行前成立之合作社,应自本法施行之日起三个月内,向所在地主管机关依法声请登记,其与本法及细则抵触者,于登记时自行改正。

第七条　本法施行前成立之合作社,其实际性质不合本法之规定者,应即按照性质,各依其关系法令更改名称。

第八条　合作社于必要时,得呈准所在地主管机关设立分社。

第九条　依本法第六条之规定,合作社得呈请财政主管机关免征所得税及营业税。

第一〇条　合作社业务不受任何行规之限制。

第一一条　合作社章程应载明下列各事项:

一　名称;

二　责任;

三　社址;

四　业务;

　　五　社股金额及其交纳或退还之规定；

　　六　保证责任合作社社员之保证金额；

　　七　营业年度起止日期；

　　八　盈余处分及损失分担之规定；

　　九　公积金及公益金之规定；

　　一〇　社员资格及入社、退社、除名之规定；

　　一一　社务执行及理事、监事任免之规定；

　　一二　定有成立期限或解散事由者，其期限或事由；

　　一三　其他处理社务事务。

第一二条　合作社向所在地主管机关为成立之登记时，应附送创立会决议录章程及社员名册。

第一三条　合作社登记成立后，应即开始经营业务，但因天灾人变或不可抗之事由，得呈准所在地主管机关延长之。

第一四条　合作社成立登记证由省主管厅印制分发，所在地主管机关转发。在隶属行政院之市，由社会局印发。

第一五条　所在地主管机关应备置合作社登记簿，其式样由省、市主管厅、局定之。

第一六条　所在地主管机关对于合作社之成立登记及变更、解散、合并、清算之登记，应呈请省主管厅备案，并汇报实业部。在隶属行政院之市，由社会局汇报实业部。

第一七条　合作社章程之变更，须经社员大会议决，并附具决议录，向所在地主管机关登记。

第一八条　社股金额在同一社内必须一律，社股不得数人共有。

第一九条　社员认购社股，得依章程之规定以货币以外之财物估定价值，代付股款。

第二〇条　社员认购社股，第一次所缴股款不得少于每股四分之一。

第二一条　有限责任合作社增减每股金额，须经社员大会议决，其议决减少时，须通知或公告债权人，并指定一个月以上之期限得提出异议。

　　前项期限由债权人表示异议时，合作社非将其债务清偿或提供相当之担保者，不得减少社股金额。

第二二条　保证责任合作社减少社员之保证金额时，准用前条之规定。

第二三条　合作社因减少社股金额或保证金额声请登记者，应叙明公告结果，附送社员大会决议录、财产目录及资产负债表。

第二四条　合作社之公积金超过股金总额时，其每年应提之数，由社员大会决定之。

第二五条　合作社公积金超过股金总额时，其超过部分得由社员大会决定，作为经营业务或公共事业之用。

第二六条　合作社理事、监事不得兼任其他同性质合作社之理事、监事。

第二七条　合作社得依章程之规定设候补理事及候补监事,其人数不得超过理事、监事之半数,在未递补前,不得参加理事会或监事会。

第二八条　社员大会开会以理事会主席为主席,理事会主席缺席时,以监事会主席为主席。社员召集大会时,临时公推一人为主席。

第二九条　合作社社员人数超过二百人以上时,社员大会得就地域之便利分组举行,并依各组社员人数推选代表出席全体代表大会。

第三〇条　法人为社员时,其表决权由其代表一人行之,仍为一权。

第三一条　社员大会及代表大会之开会及决议,如有违反本法第四十六条、第四十七条及本细则第二十九条、第三十条之规定时,社员得声请所在地主管机关宣告其决议案为无效。

第三二条　合作社每届年度终了时,应将本法第三十三条所规定书类于社员大会承认后,呈报所在地主管机关。

第三三条　所在地主管机关得派员审查合作社账簿及本法第三十二条、第三十三条规定之各种簿录、书表等,于必要时,并得指导该书类之编造及记载方法。

第三四条　合作社依本法第五十三条第一、二、三、四各款解散,向所在地主管机关登记时,应叙明解散事由,其依第二款、第四款解散者,加具社员大会决议录。

第三五条　合作社清算人就任后,应呈报所在地主管机关。

第三六条　所在地主管机关得随时令清算人报告清算事务,于必要时,并得派员检查之。

第三七条　清算人清算完结后,呈报所在地主管机关或法院时,应附送社员大会承认之清算终了报告书。

第三八条　合作社联合社社股金额,每股不得超过五十元。

第三九条　合作社联合社之设立,以业务上联合之需要为准,得不依现有之行政区域。

第四〇条　除前二条外,本细则关于合作社之规定,合作社联合社准用之。

第四一条　本细则与合作社法同日施行。

●●实业部中央农业实验所基金保管委员会章程民国二十五年(1936年)七月二十八日实业部公布

第一条　本委员会定名为实业部中央农业实验所基金保管委员会,秉承部令,掌理下列事务:

一　基金之保管;

二　基金之存放;

三　基金之运用；

四　基金账目之审核。

第二条　本委员会额定委员九人，以下列人员充之：

一　实业部总务司司长、农业司司长、会计主任；

二　实业部中央农业实验所正、副所长；

三　热心农业、素著声望者四人。

第三条　本委员会委员由实业部部长分别派充或聘任之，以中央农业实验所所长为主任委员，并指定聘任委员一人为副主任委员。

第四条　前条派充之委员，遇本职解除时，应由中央农业实验所呈请实业部部长改派聘任之；委员如因事去职，委员会得开会票选继任人员，由主任委员呈请实业部部长改聘。

第五条　本委员会每半年开常会一次，由正、副主任委员联名召集，遇必要时，经委员三人以上之书面请求，亦得由正、副主任委员联名召集临时会。

第六条　本委员会须过半数之委员出席，方得开会。出席委员过半数之同意，方得决议。遇开会不足法定人数时，得改开谈话会，将讨论结果函征全体委员意见。如得过半数之同意，即作为正式决议。

第七条　本委员会基金之运用，应以与农业有关而稳妥可靠者为限。

第八条　本委员会基金之支用，除以生产为目的者外，概以利息部分为限。

第九条　运用基金及支用利息须由中央农业实验所拟具计划书，提请委员会议决之。

第一〇条　本委员会决议案由主任委员呈请实业部核准备案后，交由中央农业实验所执行之。

第一一条　本委员会开会应由中央农业实验所将运用基金及支用利息情形造具报告，送委员会审核。遇每年度终了时，应造具总报告，经委员会通过后，由中央农业实验所呈请实业部审核、备案。

第一二条　本委员会委员，均为名誉职。但开会时，得酌支车马费。

第一三条　本章程自公布日施行。

●●实业部中央农业实验所与各地方农场技术合作办法 民国二十五年(1936年)三月十六日实业部公布

一　中央农业实验所与各地方农场专谋技术合作，并不干涉各该场现有行政系统及其经费预算。

二　中央农业实验所对于各地方农场技术合作之事项，如下：

1　由中央农业实验所将试验研究已具成效之(甲)改良农作物种籽，(乙)各项病虫害防治方法，（丙）输入并制造各项牲畜血清等，与各地方农场订定合作办法，从事推广。

2 中央农业实验所就各地方农场需要情形，随时派员视察，以便商讨。

3 中央农业实验所就实际需要情形，分别举办各项讨论会，召集各地方农场主管人员参加讨论，其办法临时拟定通知。

4 由中央农业实验所就实际需要情形分别举办各项讲习会，召集各地方农场技术人员予以短期训练，以求技术进步与统一，其办法临时拟定通知。

5 其他各地方农场请求研究事项。

三　各地方农场对于中央农业实验所之技术合作，履行下列各事项：

1 中央农业实验所之改良农作物种籽发交各地方农场推广时，各地方农场应按规定日期将试验成绩及办理经过函报中央农业实验所。

2 中央农业实验所之农情调查，各地方农场有代为调查及报告之义务。

3 各地方农场对于各项试验研究如有新发现及特殊情形，应随时函报中央农业实验所研究参考。

4 其他各项农业技术合作，如病虫害防治、牲畜血清介绍等项，应将办理情形按规定日期函报中央农业实验所。

四　本办法所称地方农场，系指全国公立、私立大学农学院、农业学校之附属农场、各市厅、局所属之农业院、农林局、农业改良场及普通或特种农事试验场等而言。

五　本办法如有未合事宜，由实业部修正之。

六　本办法自部令公布之日施行。

●●实业部西北种畜场暂行组织规程 民国二十五年（1936年）九月四日实业部公布

第一条　实业部西北种畜场所掌事务，如下：

一　关于家畜繁殖及改良事项；

二　关于纯种饲养及保护事项；

三　关于种畜比较试验事项；

四　关于畜产制造事项；

五　关于饲料作物栽培事项；

六　关于种畜品评会事项；

七　关于与民间牝畜配种事项；

八　关于种畜推广及指导事项；

九　关于畜产调查事项；

一〇　关于家畜卫生及医疗事项；

一一　关于其他种畜试验事项。

第二条　种畜场置场长一人荐任，技术主任一人，事务主任一人荐任或委任，技术员二人至五人，事务员二人至五人，技术助理员四人至八人，均委任。

第三条　场长承实业部部长之命，综理全场事务，监督指挥所属职员。

第四条　技术主任、技术员、技术助理员，承长官之命，办理技术事务。

第五条　事务主任、事务员，承长官之命，办理文牍、会计等事务。

第六条　种畜场因事务之必要，得酌用雇员。

第七条　种畜场于必要时，得设种畜分场。

第八条　分场主任及其他办事人员，由场长就本场原有职员呈请派充。

第九条　种畜场得招收练习生，其办法由实业部定之。

第一〇条　种畜场应设畜产品标本陈列室。

第一一条　种畜场每年应征集畜产品，开品评会一次。

第一二条　本规程自公布日施行。

●●私立养鸡场登记暂行规则 民国二十四年（1935 年）十一月五日实业部公布

第一条　凡中华民国人民以科学方法改良养鸡，设立新式养鸡场，应依本规则之规定，呈请登记。

第二条　养鸡场之登记，向所在地之县、市政府行之。

第三条　呈请登记之养鸡场，应备具下列各款：

一　须有新式改良之各种设备；

二　须确定改良计划及进行步骤；

三　养鸡场管理员须具有养鸡学识及经验。

第四条　呈请登记时，应填具下列事项，由设立人签字盖章，附呈备核。

一　名称；

二　地址；

三　面积；

四　鸡场内部之构造及新式器具之设置；

五　鸡之种类及羽数；

六　资本额数；

七　场主之姓名、住所、年岁及资历；

八　技术人员之额数及其姓名、住所、年岁、资历；

九　已成立者应填明成立年、月。

第五条　呈请登记之养鸡场，如系合资经营，应将所立合同随文抄送。

第六条　县、市政府于核准登记后，应呈报省主管厅，汇报实业部备案。

第七条　核准登记之养鸡场，地方政府应予以保护。

第八条　核准登记之养鸡场，应于每年年终将所得成绩报告于县、市政府，依次核转实业部备查。其成绩优良者，得依农产奖励条例分别给奖。

第九条　养鸡场休业时，应呈报所在地之县、市政府依次核转实业部备查。

第一〇条　隶行政院之市私立养鸡场登记及转部备案调查之程序，均由社会局行之。

第一一条　本规则自公布之日施行。

●●农本局组织规程民国二十五年(1936年)六月二十五日国民政府公布

第一条　农本局以调整农业产品流通、农业资金藉谋、全国农村之发达为宗旨，由实业部联合国内各银行组织之。

第二条　农本局设于首都，因事实上之必要，得呈经实业部核准，于各省、市、县重要地点酌设分局或专员。

第三条　农本局得酌量产业、交通情形，呈经实业部核准，划全国为五区，分年进行一切业务计划，于五年内完成之。

第四条　农本局资金，分下列三种：

一　固定资金，　由政府自二十五年度起至二十九年度止，于每年度之始，拨给国币六百万元；

二　合放资金，　由各参加银行等自二十五年度起至二十九年度止，于每年度之始，合缴国币六百万元；

三　流通资金，　由各参加银行等组织之，农贷团于每年度之始与农本局协定数额。

第五条　农本局业务分下列两部分：

甲　农产部分

一　经营农产品仓库事务，并得商各铁路局建筑仓库，廉价租与经营之；

二　受政府委托，代理买卖农产品事务；

三　一般农产品之运销或代理运销事务；

四　抵押品中农产部分之处分事务；

五　其他经理事会议决关于农产改进及调整事务。

乙　农资部分

一　各县及各农村创办农业银行、农业合作社、农民典当,经审查认为有补助必要者,得在固定资金内拨款、投资、提倡,并随时加以考察、监督,但其条件数额应由理事会分别限制之。

二　联合及介绍各参加银行等,为一般农产品抵押、借款,或各县及各农村农业银行、农业合作社、农民典当以放款所收抵押品之再抵押、借款。

三　经理事会议决得酌放改良农产借款或规定数目,协商各县及各农村农业银行、农业合作社向农民酌放信用借款。

四　其他经理事会议决关于资金运用及倡办农村牲畜事项。

第六条　农本局固定资金除第四条第一款规定外,于每年度决算时,其盈余之数应全数拨充之。如有亏耗损及原有固定资金时,由政府拨款补足。

第七条　农本局各参加银行等合放资金周息至多不得过八厘,由农本局给予合放资金凭证,各参加银行等得将合放资金数目列入法定农业贷款。前项合放资金凭证,经农本局之许可,得抵押或让与于其他金融机关。

第八条　农本局各参加银行等合放资金于五年届满时,农本局得征求各参加银行等之同意,继续合放,或分期发还,或发行农业债券掉换之。

第九条　农本局各参加银行等组织之农贷团流通资金,各依其投资之条件、期限及利率办理之。

第一〇条　农本局遇必要时,得呈经实业部转请政府核准发行农业债券,但其数额以农本局固定资金之总额为限。

第一一条　农本局营业收入得经理事会议决,酌提准备金,遇放款有损失时,以准备金抵补之。

第一二条　农本局每年度决算有赢余时,得呈经实业部核准,酌提红利,为各参加银行之酬金。

第一三条　农产品税率及国营铁路、轮船农产品运费之规定,各主管机关应征求农本局意见,尽量采纳。

第一四条　农本局设理事二十三人,组织理事会,内代表各参加银行者十二人,由银行推举,余由实业部呈请简派。

前项呈请简派之理事,以实业部长、内政部长、财政部长、铁道部长、交通部长、全国经济委员会秘书长、实业部农业司司长、中央农业实验所所长、上海商品检验局局长为当然理事。理事长由理事互推之。

第一五条　下列事项应经理事会审定:

一　业务计划及分区进行办法;

二　各项章则及其施行次序;

三　分局及专员之设置及裁撤;

四　发行债券；

五　预算决算；

六　本规程所规定及其他重要事项。

第一六条　农本局设总经理一人，协理二人，由实业部在理事中遴请。派各地之分局主任人员及专员由总经理委派，并呈报实业部备案。

第一七条　农本局总经理承实业部之命，总理全局事务，并指挥、监督各地分局及专员，协理辅助总经理办理局务。总经理因事不能执行职务时，得委托协理一人代理之。

第一八条　农本局须依本规程详订章则，呈请实业部核准，遇有增订修改时，亦同。

第一九条　本规程自公布之日施行。

●●农本局办事章程 民国二十五年（1936年）十月一日实业部公布

第一条　本章程依据农本局组织规程第十八条之规定订定之。

第二条　本局设农产、农资、会计三处，稽核、研究、事务三室。

第三条　农产处掌理农本局组织规程第五条所载农产部分事务。

农产处得分设二科：

第一科　掌理仓库及其关连事项；

第二科　掌理运销及其关连事项。

第四条　农资处掌理农本局组织规程第五条所载农资部分事务。

农资处得分设二科：

第一科　掌理发展农业生产之投资事项；

第二科　掌理提倡农村信用合作金融事项。

第五条　农产、农资两处事务为进行便利起见，总经理得随其业务经营之性质，分别划分调整之。

第六条　会计处掌理业务费、事务费之会计，出纳事务，会计处得分设二科。

第一科　掌理业务费、事务费簿记表册事项；

第二科　掌理业务费、事务费之收入、支出事项。

第七条　处得设处长一人，科得设科长一人，办事员、助理员、练习生各若干人，均由总经理委任之。事务繁剧时，经理事会之议决，得添设副处长、副科长各一人，办事员、助理员、练习生名额以必要者为限，由总经理提出，经理事会之议决规定之。

第八条　稽核室掌理稽核全局业务、事务一切账款。

第九条　稽核室设总稽核一人，副总稽核一人，稽核若干人，总稽核由理事会委任之，余由总经理会同总稽核委任之。

第一〇条　研究室掌理各项研究事务。

研究室得设主任、副主任各一人，由总经理委任之。研究专员若干人，由总经理聘任、特约或派充之。

聘任或特约之研究专员，不支薪俸，但得酌致津贴。

第一一条　事务室掌理文书、庶务及人事事务。

事务室得分设三股：

第一股，　掌理印信之典守、使用及文书之撰拟、缮校、收发、保管、印刷事项；

第二股　掌理一切人事事项；

第三股　掌理一切庶务及各项事务费开支之收支、登记与报告事项。

第一二条　事务室得设主任一人，股得设主管员一人，办事员、助理员、练习生各若干人，名额以必要者为限，由总经理提出，经理事会之议决规定之。

第一三条　本局得设主任秘书一人，秘书二人，办理总协理交办事项。

第一四条　本局因业务上之必要，经理事会之决议，得增设裁并或变更各处室、科股。

第一五条　本局因业务事务之繁简，各处室、科股职员得令其兼任。

第一六条　各处室科股办事细则由总经理另定之，呈送理事会核准、备案。

第一七条　分局或专员办事处章程另定之。

第一八条　本章程经理事会议决，呈奉实业部核准，公布之日起施行。

●●农本局理事会章程 民国二十五年（1936年）十月一日实业部公布

第一条　本章程依据农本局组织规程第十八条之规定订定之。

第二条　本会设于农本局内。

第三条　本会设理事长一人，会议时以理事长为主席。如因事不能出席时，由理事中互推一人，为临时主席。

第四条　本会每月开常务会议一次，必要时，得由理事长或经理事三人以上之请求，召开临时会。

第五条　本会会议应有理事过半数之出席，始得开会；出席理事过半数之同意，始得决议；可否同数时，取决于主席。

第六条　本会理事任期，除当然理事外，概为五年。

第七条　本会理事均为无给职。

第八条　本会每次开会，理事如因事不克到会时，须先期函知本会，并得委托其他理事代表，但不得同时代表二人以上。

第九条　本会文书事务，指定农本局职员兼任。

第一〇条　本章程未尽事宜，得提出理事会修改之，并呈报实业部备案。

第一一条　本章程自呈奉实业部核准公布之日起施行。

●●实业部农业合作专款保管委员会章程民国二十五年(1936年)七月一日实业部公布

第一条 实业部为保管农业合作专款,设立农业合作专款保管委员会。

第二条 本委员会由实业部部长、政务次长、常务次长、参事二人、总务司司长、农业司司长、合作司司长、会计主任并聘请行政院秘书长、全国经济委员会秘书长组织之,以实业部部长为主席。

第三条 本委员会之职权,如下:

一 关于专款之保管事项;

二 关于专款之存放事项;

三 关于专款之预算、决算事项;

四 关于专款之稽核事项。

第四条 本委员会保管之专款,专供各省办理农村合作事业贷款之用,其经贷机关及贷款之支配,须经委员会之议诀。

第五条 各经贷机关应于每事业年度开始前,预计本年度需用专款数额,拟具计划书,呈部由主管司提请委员会议决之。

第六条 专款利息之用途,须经委员会议决。

第七条 专款之收支,由主管司依据各经贷机关之报告,每三个月编造报告表一次,每年度终了编送总报告一次,送请委员会通过后公布之。

第八条 本委员会议决案件,由主席交主管司分别执行之。

第九条 本章程自公布日施行。

●●狩猎法施行规则民国二十四年(1935年)十月二十五日实业部公布,二十五年(1936年)十月六日修正。

第一条 本规则依狩猎法第十八条规定制定之。

第二条 本法第二条猎具之种类、名称及限制由内政、实业两部就各地方情形另定之。

第三条 本法第三条各类鸟兽之名目,由实业部另定之。

第四条 狩猎证书分甲、乙两种,甲种狩猎证书,依本规则所附第一、第二书式,印蓝色文字;乙种狩猎证书,依第二、第三书式,印红色文字。

凡以狩猎为职业者,发给甲种狩猎证书,以狩猎为娱乐者,发给乙种狩猎证书。

第五条 狩猎证书自该狩猎地本年开猎日起至翌年闭猎日止,为有效期间。

第六条 乙种狩猎证书费,除依本法第六条第二项规定外,加收手续费国币十元。

第七条 中华民国人民请领狩猎证书者,应申明请领证书之种类,并开具本法第六条第一项一至四各款事项,附缴同条第二项之证书费及本人最近二寸半身照片二张,呈请狩猎地之县、市政府或隶属行政院之市主管局核办。

但请领乙种证书者,并须附缴本规则第六条之手续费国币十元。

第八条 无中华民国国籍人民请领狩猎证书者,除申明请领证书之种类,开具本法第六条第一项一至四各款事项,附缴同条第二项证书费及本人最近二寸半身照片二张外,并须附具各该国领事之国籍证明书,呈请狩猎地所属之省主管厅或隶属行政院之市主管局核办。但请领乙种证书者,并须附缴本规则第六条之手续费国币十元。

所指狩猎地在通商口岸以外时,并须呈验内地游历护照。

第九条 前条呈请案,省主管厅应先征求狩猎地县、市政府之意见,市主管局应先征求本市警察机关之意见,再呈实业部转请核办。

第一〇条 领有狩猎证书者,使用猎具应遵守内政、实业两部公布之名称、种类及限制,其未经公布之猎具,得呈由狩猎地之市、县政府验明、核准临时使用,但仍须呈请内政、实业两部核准、备案。

第一一条 中华民国人民请领之狩猎证书,由狩猎地之县、市政府或院属市之主管局制发。无中华民国国籍人民请领之狩猎证书,由狩猎地所属之省主管厅或院属市之主管局刊印,于奉准后填发。

第一二条 隶属行政院之市主管局及县、市政府,应将发给各种狩猎证书情形每年造具清册两份,呈由主管机关分转内政、实业两部备查。

第一三条 狩猎证书在有效期间内,因污坏或遗失请求更换或补给者,向呈请时之原官署为之,并依本法第六条第二项缴费。

第一四条 狩猎人所携带之证书、猎具及所获鸟兽,狩猎地公安人员得检查之。如为无中华民国国籍之人民狩猎地在通商口岸以外时,其内地游历护照亦同。

第一五条 实业部依本法第十二条之规定,划定禁猎区域时,其区域与期限除于实业公报内公告外,并由该区域主管官署布告周知。如有各省、市、县政府或警察机关指定或人民呈由地方官署划定时,除先期布告外,并须将区域期限暨理由依次报实业部备案,禁猎区域及期限之变更、废止或继续时,亦同。

第一六条 违反本法第五条、第七条之规定者,依行政执行法第五条之规定办理,其冒用他人证书狩猎者,亦同。

第一七条 违反本法第九条、第十条之规定,不服狩猎地市、县政府或公安人员制止者,得撤销其狩猎证书。

违反本规则第四条第二项之规定,冒领甲种狩猎证书者,亦同。

第一八条 本规则与狩猎法同日施行。

广市尺三寸

长市尺四寸

甲种狩猎证书一

某官署为发给狩猎证书事　兹据某呈称，以狩猎为职业，请给予甲种狩猎证书。核与狩猎法相符合，行发给甲种第　号证书。此证

计　开

狩猎者年龄

籍贯

职业

住所或居所

捕取鸟兽之种类及名称

所用猎具之名称

狩猎区域

某官署长官签名盖章

中华民国　年　月　日

附印狩猎法及施行规则全文

粘贴狩猎者相片

寸三尺市广

长市尺四寸

甲种狩猎证书二

某官署为发给狩猎证书事　兹据某呈称，以狩猎为职业，请给予甲种狩猎证书。核与狩猎法相符合，并呈经实业部转奉国民政府核准在案，合行发给甲种第　号证书。此证

计　开

狩猎者年龄

国籍

职业

住所或居所

捕取鸟兽之种类及名称

所用猎具之名称

狩猎地域

有效期间

护照号数

某官署长官签名盖章

中华民国　年　月　日

附印狩猎法及施行规则全文

粘贴狩猎者相片

广市尺三寸

长市尺四寸

乙种狩猎证书一

某官署为发给狩猎证书事　兹据某呈称，以狩猎为娱乐，请给予乙种狩猎证书。核与狩猎法相符合，行发给乙种第　　号证书。此证

计开

狩猎者年龄

籍贯

职业

住所或居所

捕取鸟兽之种类及名称

所用猎具之名称

狩猎区域

某官署长官签名盖章

中华民国　年　月　日

附印狩猎法及施行规则全文

粘贴狩猎者相片

寸三尺市广

长市尺四寸

乙种狩猎证书二

某官署为发给狩猎证书事　兹据某呈称，以狩猎为娱乐，请给予乙种狩猎证书。核与狩猎法相符合，并呈经实业部转奉国民政府核准在案，合行发给乙种第　　号证书。此证

计开

狩猎者年龄

国籍

职业

住所或居所

捕取鸟兽之种类及名称

所用猎具之名称

狩猎地域

有效期间

护照号数

某官署长官签名盖章

中华民国　年　月　日

附印狩猎法及施行规则全文

粘贴狩猎者相片

●●狩猎法鸟兽分类表民国二十五年(1936 年)四月十八日实业部公布

甲 鸟类

一 伤害人类之鸟

尚未发见

二 有害牲畜禾稼林木之鸟

鹭类

苍鹭　Ardea cinerea, L.

苍鹎　Nycticorax nycticorax,(L.)

鹰类

隼　Falco Peregrinus, Tunstall

鹞　Accipiter nisus,(L.)

黄鹰　Astur palumbarius,(L.)

髭兀鹰　Cypaetus barbatus, Cuvier

墨兀鹰　Otogyps calvus, Scopoil

喜玛拉亚兀鹰　Cyps himalayensis, Hume

狗颈雕　Vultur monachus, L.

鸱鸺类

角鸱　Budo maximus, Gerini

缟鸱　Budo blackistoni, Seebohm

鹦鹉类

缘朝云　Psittacula derbyana,(Fraser)

长尾鹦鹉　Psittacula longicauda,(Boddaert)

乌鸦类

渡乌　Corvus corax, L.

鸦　Corvus corone, L.

大嘴乌鸦　Corvus coronoides,(Vig. and Horsf.)

白脖鸟　Corvus terquatus,(Lessen.)

山鸟　Corvus frugilegus, L.

慈乌　Coloeus neglectus,(Schlegel.)

鹊　Pica pica，(L.)

山鹊　Cyanopica cyana，(Pallas.)

Urocissa erythrorhyncha，Boddaert，

星乌　Nucifraga caryocatactes，(L.)

松鸦　Garrulus glandarius，(L.)

鹩　Pyrrhocorax pyrrhocorax，(L.)

文鸟类

素娥　Munia atricapilla，Vieillot

文鸟　Oryzornis oryzivora，(L.)

尖尾文鸟　Uroloncha striata，(L.)

梅花雀　Amandava amandava，(L.)

雀类

松　Pinicola enucleator，(L.)

交嘴　Loxia curvirostra，(L.)

班交嘴　Loxia leucoptera，Gmelin

燕雀　Fringilla montifringilla，(L.)

家雀　Passer saturatus，Stejneger

Passer taivanensis，Hartert

山麻雀　Passer rutilans，(Temminck.)

白发鹀　Emberiza leucocephala，Gmelin

乡鹀　Emberiza rutila，Pallas

寒雀　Emberiza aureola，Pallas

峋鹀　Emberiza sibirica，SusHkin

蓬雀　Emberiza apodocephala，Pallas

韩鹀　Emberiza cioides，Brandt

赤鹀　Emberiza fucata，Pallas

田鹀　Emberiza rustics，Pallas

小鹀　Emberiza pusilla，Pallas

黄眉雀　Emberiza chrysophrys，Pallas

苇雀　Cychramus pallasii，Cabanis

铁爪子　Calcarius coloratus，Ridway

游禽类

鸬鹚　Phalacrocorax sinensis，S. & N.

秋沙鸭　Mergus merganser，(L.)

三　有益禾稼林木之鸟

鹭类

　白鹭　Egretta alba，L.

　沙鹭　Ardeola bacchus，(Bonaparte)

鹳类

　白鹳　Ciconia alba，L.

　乌鹳　Ciconia nigra，L.

鹰类

　鸢　Milvus lineatus，(Gray)

　花豹　Buteo hemilasius，T. & S.

　土豹　Buteo plumipes，(Hodgson)

雉类

　雷鸟　Lagopus lagopus，(L.)

　松鸡　Tetrastes bonasia，(L.)

　松雷鸟　Tetraophasis szechuenysis，Madaraz

　鹧鸪　Francolinus chinensis，Muller

秧鸡类

　秧鸡　Rallus aquaticus，L.

　小秧鸡　Porzana pusilla，pallas

　江鸡　Gallinula bhloropus，(L.)

　凫翁　Gallicrex cinerea，(Gmelin)

　骨顶　Fulice atra，L.

鹤类

　丹顶鹤　Grus japonensis，(Müller)

　灰鹤　Grus orientalis，(Blyth)

　白头鹤　Grus monachus，Temminck

　白衣鹩鹤　Sarcogeranus Ieucogerauns，(Pallas)

　赤颊鸧鹤　Pseudogeranus vipio，(Pallas)

　闺秀篓鹤　Anthropoides virgo.(L.)

鹬类

　小鸻　Charadrius minor，Wolf & Meyer

　白鸻　Charadrius alexandrinus，L.

鹬襟鸻　Pluvialis fulvus，(Gmelin)

田凫　Vanellus vanellus，(L.)

尖尾鹬　Eloria acuminata，(Horsfield)

三趾鹬　Tringa ochroqus，(L.)

麻鹬　Numenius arquata，(L.)

山鹬　Scolopax rusticola，(L.)

田鹬　Capella gallinago，(L.)

青鹬　Capella solitaria，(Hodgson)

玉鹬　Rostratulla benghalensis，(L.)

布谷类

布谷　Cuculus canoras，L.

杜鹃　Cuculus intermedius，Vahl.

光棍好过　Cuculus micropterus，Gould

翡翠类

山鸿　Halcyon pileata，(Boddaert)

赤鸿　Halcyon Coromanda，Latham

蜂虎类

绿尾虎　Merops ornatus，Latham

蓝须锋虎　Melittophagus athertoni，(T. & S.)

戴胜类

戴胜　Upupa epops，L.

鸺鸱类

鸺鹠　Scops stictonotus，Scharpe

虎鸦　Asio otus，(L.)

仓鸮　Asic flammeus，(Pontop)

青叶鸮　Ninox scululata，(Raffles)

北小鸮　Athene plumipes，Swinhoe

南小鸮　Glaucidium whiteleyi，Blyth

鸮　Strix urlensis，Pallas.

夜鹰类

蚊母鸟　Caprimulgus jotaka，T. & S.

南夜鹰　Caprimulgus monticolus，Franklin

雨燕类

褐雨燕 Apus (Cypselua) pekinensis. (Swinchoe)

雨燕 Apus (Cypselus) pacificus, Latham

针尾燕 Hirundapus (Chaetura) cautacutus,(Latham)

小雨燕 Collocalis inopina, Thayer & Bangs

啄木鸟类

灰头啄木 Picus Canus, Gmelin

黄鸮啄木 Picus chlorolophus, Vieillot

赤鴷 Dryobates major, (Swinhoe)

花啄木 Dryobates calanisi, (Malherbe)

白背啄木 Dryobates leucotos, (Bechstein)

小鴷 Yungipicus semicoronatus, Bonaparte

小翼啄木 Micropternus brachyurus, (Vieillot)

黑啄木 Dryocopus martius. (L.)

鸫鸮 Jynx turquilla, (L.)

叫天子 Alauda arvensis, L.

滨鹨 Chionophilos alpestris, (L.)

鹡领类

花鹨 Anthus richardi Vieillot

黄鹡鸰 Budytes flavus, (L.)

灰鹡鸰 Budytes cinereus, (L.)

白鹡鸰 Motacilla alba, L.

山鹡鸰 Dendronanthus indicus,(Gmelin)

鹟类

鹟 Muscicapa sibirica, Gmelin

黄鹟 Xanthopygia narcissina, (Temminck)

琉璃鹟 Cyanoptila cyanomelaena, (Temminck)

小斑鹟 Alseonax latirostris,(Raffles)

仙女鹟 Niltava davidi,La Touche

紫带子 Terpsiphone incei,(Gould)

三光鸟 Terpsiphone atrocaudata,(Eyton)

鸫类

黑鸫 Turdus cardus,Temminck

白腹鸫 Turdus pallidus, Gmelin

颊尾鸫　Turdus naumanni Temminck

红脖鸫　Turdus rufficollis, Pallas

中国鸫　Merula sinensis,(Cuvier)

白眉　Geocichla sibirica,(Pallas)

石鸫　Monticola saxitilis,(L.)

顿鸡　Oreocincla varia,(Pallas)

野鹟　Saxicola torquata,(L.)

郎鹟　Phoenicurus auroreus,(Pallas)

青鹟　Ianthia cyanura,(Pallas)

鹪鹩类

鹪鹩　Troglodytes idius,(Richmond)

四川鹪鹩　Troglodytes szechuanua, Hartert

莺类

鹟　Locustella ochotensis,(Middendorff)

剖苇　Acrocephalus orientalis,(T. & S.)

小剖苇　Acrocephalus bistrigiceps,(Swinhoe)

绵鹟　Cisticola tintinnabulans,(Swinhoe)

柳莺　Phylloscopus affinis(Tickell)

灰眉柳莺　Phylloscopus armandi,(Milne-Edwards)

黄尾柳鹭　Reguloides proregulus,(Pallas)

柳鹟　Aaanthopneuste tenellipes, Swinhoe

冠柳鹟　Acanthopneuste occipitallis,(Blyth)

鹟莺　Seicercus castaneiceps,(Gray)

树莺　Horornis cantans,(Heugl.)

燕类

家燕　Hirundo rustica, L.

巧燕　Hirundo daurica,(L.)

岩燕　Delichon urbica,(L.)

沙燕　Riparia riparia,(L.)

山椒鸟类

华南山椒鸟　Pericrocotus speciosus,(Latham)

短嘴山椒鸟　Pericrocotus brevirostris,(Vigors)

灰颏山椒鸟　Pericrocotus griseigularis, Gould

　　粉红山椒鸟　Pericrocotus roseus,（Vieillot）

　　灰山椒鸟　Pericrocotus eincereus, Lafresnaye

　　云南山椒鸟　Campephaga melaschista, Hodgson

伯劳类

　　灰伯劳　Lanius excubitor,L.

　　大伯劳　Lanius sphenocercus,Cabanis

　　虎伯劳　Lanius tigrinus, Drapiez

　　褐伯劳　Lanius cristatus L.

　　伯劳　Lanius bucephalus,T. & S.

　　红背伯劳　Lanius schach, L.

　　黑颈伯劳　Lanius nigriceps,Franklin

　　缅甸伯劳　Lanius collurioides,Lesson

鸸类

　　黑龙江鸸　Sitta amurensis, Swinhoe

　　中国鸸　Sitta sinensis, Verreaux

　　山鸸　Sifts montium, La Touche

　　彩鸸　Sitta nebulosa, La Touche

　　灰鸸　Sitta villosa, Verreaux

　　云南鸸　Sitta yunanensis, O. Grant

山雀类

　　灰山雀　Parus major, L.

　　山雀　Parus monticolus, Vigors

　　蓝山雀　Parus cyanus, Pallas

　　黄腹山雀　Parus venustulus, Swinhoe

　　日雀　Periparus ater,（L.）

　　绿凤头山雀　Periparus beavani,（Jerdon）

　　褐凤头山雀　Periparus dichroides,（Prezevalski）

　　黑烟山雀　Poecile cinctus,（Bodd.）

　　白眉山雀　Poecile superciliosus, Prezevalski

　　湖泽山雀　Poecile Palustris,（L.）

　　黑斑黄山雀　Maclolophjus spilonotus,（Blyth）

　　黄眉山雀　Sylviparus modestus,（Burton）

　　十姊妹　Aegithalos caudatus,（L.）

红头山雀　Aegithaliscus concinnus,（Gould）

白头翁类

紫翅白头翁　Sturnia vulgaris, L.

灰白头翁　Spodiopsar cineraceus,（Temmnick）

丝毛白头翁　Sturnus sericea,（Gmelin）

灰头白头翁　Sturnia malabarica, Gmelin

白头翁　Sturnia sturnia,（Pallas）

噪林鸟　Sturnia sinensis,（Gmelin）

八哥　Aethiopsar cristatellus,（L.）

旋木雀类

旋木雀　Certhia familiaris, L.

西藏旋木雀　Certhia himalayana, Vigors

石花　Tichodrom muraris,（L.）

四　可供食品或用品之鸟

雁鸭类

天鹅　Cygnus cygnus,（L.）

鹄　Cygnua minor,（Pallas）

洪雁　Cygnopsis eygnopsis,（L.）

大雁　Anser anser,（L.）

豆雁　Anser fabalis,（Latham）

黄鸭　Casarca ferruginea,（Pallas）

绿头鸭　Anas platyrhynchus, L.

小野鸭　Anas crecca. L.

巴鸭　Anas formosum, Georgi

尖尾鸭　Anas acuta, L.

白眉鸭　Anas querquedula, L.

罗纹鸭　Anas falcata, Georgi

广嘴鸭　Spatula clypeata, L.

鸳鸯　Aix galericulata, L.

红头鸭　Nyroca ferina,（L.）

凤头鸭　Nyroca fuliguls,（L.）

白颊鸭　Bucephala clangula,（L.）

秋沙鸭　Mergus merganser,（L.）

雉类

石鸡　Alectoris pubesceus，(Swinhoe)

半翅　Perdix barbara，Verreaux

鹌鹑　Coturnix coturnix，(L.)

血雉　thaginis sinensis，David

角雉　Tragopan caboti，(Gould)

凤头雉　Lophophorus I'huysii，V. & G.

鹇鸡　Crossoptillonmantchuricum，Swinhoe

马鸡　Crossoptillon auritum，(Pallas)

白鹇　Gennaeus nycthemerus，(L.)

松鸡　Pucrasia xanthospila，Gray

雉野鸡　Phasianus colchicus，L.

锦鸡　Chrysolophus pictus，L.

沙鸡类

沙鸡　Syrrhaptes paradoxus，(Pallas)

鸠鸽类

野鸽　Columba lixia，Gmelin

石鸽　Columba rupestris，Pallas

金背斑鸠　Streptopelia orientalis，(Latham)

花斑鸠　Streptopelia chinensis，(Scopoli)

灰斑鸠　Streptopelia decaocto，(Frivaldszky)

以上供食用鸟类

鸬鹚类

鸬鹚　Phalacrocorax sinensis，S. & N.

鹰类

鹰

黄鹰　Astur Palumbarius，(L.)

鹞　Accipiter nisus，(L.)

雀鹰　Accipiter virgatus，(Temminck)

以上供渔猎用鸟类

鹦鹉类

绿朝云　Psittacula derbyana，(Praser)

海南鹦鹉　Psittacula fasciata，(Müller)

长尾鹦鹉　Psittacula longicauda，(Boddaert)

小鹦鹉　Loriculus vernalis，(Sparrm)

鸣禽类

百灵　Melanocorypha mongolica，(Pallas)

画眉　Turdus naumanni，(Temminck)

红点颏　Calliope calliope，(Pallas)

蓝点颏　Cyanosylvis suecica，(L.)

绣眼　Zosterops simplex. Swinhoe

素娥　Munia atricapilla，Vieillot

文鸟　Oryzornis oryzivora，(L.)

尖尾文鸟　Uroloncha striata，(L.)

锡嘴　Coccothraustes japonicus，T. & S.

蜡嘴　Eophona personata，T. & S.

黄雀　Chrysomitris spinus，(L.)

红鹍　Acanthus linaria，(L.)

交嘴　Loxia curvirostra，(L.)

梅花雀　Amandava amandava，(L.)

以上供玩赏用鸟类

乙　兽类

一　伤害　八类之兽

狮子鼻猴　Rhinopithecus roxellanæ，Milne-Edwards

短尾狒狒　Macacus tibetanus，Milne-Edwards

虎　Panthera (Felis) tigris，(L.)

豹　Panthera (Felis) pardus，(L.)

狼　Canis lupus，laniger Hodgson

二　有害牲畜禾稼林木之兽

虎　Panthera (Felis) tigris，(L.)

豹　Panthera (Felis) Pardus，(L.)

狼　Canis lupus laniger Hodgson

豺　Cuon primaevus，Hodgson

狐　Vulpes vulpes，(L.)

貉狸　Nyctereutes procyonoides，Gray

狼獾　Gulo luscus，L.

黄鼠狼　Mustela sibirica，Pallas.

白鼬　Mustela ermina，L.

褐熊　Ursus mandchuricus，Heude

黑熊 $\begin{cases} \text{Selenarctos ussuricus，Heude} \\ \text{Selenarctos thibetanus，(Cuvier)} \end{cases}$

罴　Ailuropus melanolecus，Milne-Ed wards

灵猫　Viverra zibetha，L.

树狸　Viverricula hanensis，Matschie

野兔 $\begin{cases} \text{Caprolagus sinensis，Gray} \\ \text{Lepus timidus，tolai，Pallas} \end{cases}$

豪猪　Hystrix subcristata，Swinhol

花松鼠　Eutamias asiaticus，(Gmelin)

松鼠 $\begin{cases} \text{Callasciurus erythracus，styani，} \\ \text{(Thomes)} \\ \text{Sciurus vulgaris，L.} \\ \text{Sciurus castaneoventris，Gray} \end{cases}$

鼯鼠 $\begin{cases} \text{Petaurista xanthc is，(Milne-Edwards)} \\ \text{Petaurista yunnanensis，(Andersen)} \end{cases}$

地鼠　Apodemus agrarius，Pallas

巢鼠 $\begin{cases} \text{Micromyus minutus，B. Ham.} \\ \text{Micromys minutus，pygmaeus，Milne-Edwards} \end{cases}$

仓鼠 $\begin{cases} \text{Cricetulus grisus，(Milne-Edwards)} \\ \text{Cricetulus triton，(de Winton)} \end{cases}$

鼹 $\begin{cases} \text{Microtus mandarinus，Milne-Edwards} \\ \text{Microtus melanogaster，(Milne-Edwards)} \end{cases}$

地排子　Myospalax fontanieri，Milne-Edwards

野猪 $\begin{cases} \text{Sus scrofa chirodontus Heude} \\ \text{Sus scrofa moupinensis，Milne-Edwards} \end{cases}$

三　有益禾稼林木之兽

树鼩　Tupaia belangeri chinensis，Andersen

刺猬 $\begin{cases} \text{Erinaceus dealbatus，Swinhoe} \\ \text{Erinaceus hanensis，Matschie} \end{cases}$

鼩鼱 { Sorex annexus Thomas
Sorex bedfordise，Thomas

香鼠 { Crocidura，lasiura，Dobson
Crocidura microtis，Ptrs.

鼹鼠　Talpa leptura，Thomas

小蝙蝠 { Pipistrellus tralatitius pumiloides，(Thomas)
Myotis pequinius，Thomas
Myotis sowerbyi，Howell

蝙蝠 { Vespertilio chinensis，Tomes
Vespertilio murinus，L.

鼠蝠 { Murina hutoni fuscus，Sowerby
Murina hutoni rubellr.　Thomas

花鼻蝠 { Rhinilophus rouxi sinicus，Andersen
Rhinilophus ferrumequinum.　Schreber
Hipposideros armiger Swinhoei，(Poters)

兔蝠　Plecotus ariel，Thomas

四　其他可供食品或用品之兽

虎　Panthera（Fells）tigris，(L.)

野猫 { Felis microtis，Milne-Edwards
Felis euptilura，Elliot

豹　Panthera（Felis）pardus，(L.)

狼　Canis lupus，laniger，Hodgson

貉　Nyctereutes procyonoides，Gray

狐　Vulpes vulpas，(L.)

水獭　Lutra lutra，(L.)

藏獭 { Lutra lutra，chinensis，Gray
Lutereola major，Hilzheimer

貂　Martes zibellina，(L.)

獾　Meles Ieptorhyuchus，Milne-Edwards

黄鼬　Mustelr sibirica，Milne-Edwards

白鼬　Mustela ermina，L.

褐熊　Ursus mandchuricus，Heude

黑熊 $\begin{cases} \text{Selenarctos ussuricus，Heude} \\ \text{Selenarctos thibetanus，(Cuvier)} \end{cases}$

罴　Ailuropus melanolecus，Milne-Edwards

云猫　Viverra zibetha，L.

野兔 $\begin{cases} \text{Caprolagus sinensis，Gray} \\ \text{Lepus timidus，tolai，Pallas} \end{cases}$

旱獭　Marmota sibirica，(Radde)

穿山甲　Manis pentadactyla，L.

牛　Bos grunniens，L.

野牛 $\begin{cases} \text{Budorcas sinensis，Lydekker} \\ \text{Budorcas bedfordi，Thomas} \end{cases}$

麖子　Capreclus bedfordi，Thomas

麂　Muntiacus reevesi，Ogilby

梅花鹿　Cervus mandarinus，Milne-Edwards

麋　Cervus xanthopygus Milne-Edwards

麝　Moschus moschiferus，L.

獐　Hydropates inermis，Swinhoe

野猪 $\begin{cases} \text{Sus scrofa moupinensis，Milne-Edwards} \\ \text{Sus scrofa chirodontus，Heude} \end{cases}$

野马　Equus hemionus，Pallas

江猪　Neomeris phacaenoides

说明　一　本表所列鸟兽,如经学术上研究之结果或事实上之发见,必须修正时,得随时修正之。

　　　　二　除本表所列鸟兽外,如各地方续有发见,得由主管官署或学术机关拟定类别,报请本部核定。

●●狩猎法猎具种类名称及限制表民国二十五年(1936 年)十月十二日实业部公布

甲　铳器类

一　旧式猎枪(凡各地狩猎所习用之旧式枪类以铁砂、铅丸等配置火药施放者均属之)

二　新式猎枪

　　1　鸟枪(凡单筒、双筒、三筒等各式鸟枪均属之);

　　2　猎枪（凡单筒、双筒、三筒等各式猎枪均属之）；

　　3　汽枪（以利用空气压力射击而枪身长度在二市尺四市寸者为限）；

　　4　来复枪（以专供狩猎之用者为限）。

乙　弓弩类

　　一　弓（凡弹弓、箭弓等均属之）

　　二　弩（凡箭弩、拨弩、伏弩、地弓、窝弓、搬弓、坑弓、机弓等均属之）

丙　网索类

　　一　网罗（凡线网、丝网、麻网、铁丝网等均属之）

　　二　绳索（凡马尾索、套绳、踢绳、吊绳、缚索等均属之）

丁　镖矛类

　　一　镖（凡齿镖、单刃镖、双刃镖等均属之）

　　二　矛（凡梭镖、镖枪、板枪、棒头枪、钩连枪、戈等均属之）

戊　刀叉类

　　一　刀（凡猎刀刃、单刀、大刀、弯刀、马刀等均属之）

　　二　剑

　　三　刃（凡铁叉、钢叉、竹叉等均属之）

　　四　耙（凡铁耙、齿耙、钉耙等均属之）

己　钩夹类

　　一　钩（凡铁钩、叉子钩、饵钩、钓钩等均属之）

　　二　夹（凡铁夹、铁抓机、木夹、竹夹、竹弓、网拍等均属之）

　　三　伞（凡铁伞、虎伞等均属之）

庚　杆竿类

　　一　杆（凡木杆、木棒等均属之）

　　二　竿（凡粘竿、发竿、刀竿等均属之）

辛　笼栏类

　　一　笼（凡竹笼、木笼、网笼、栈笼、雀媒捕鼬箱等均属之）

　　二　栏（凡栅栏、围栏、虎圈、梭圈等均属之）

　　三　筒（凡竹筒、黏筒等均属之）

壬　板输类

　　一　板（凡背板、榨板、插板等均属之）

　　二　轮（凡猎车、陷轮等均属之）

说明　一　凡使用本表甲铳器类猎具狩猎者，除汽枪外，于请领狩猎证书时，并应依法请
　　　　　领枪照。

二　凡使用本表甲铳器类一项之旧式猎枪利用触线自发者及乙弓弩类二项之弩者，必须于设置处所树立显明之标志，以防危险。

三　查各地猎具名称不一，本表势难尽举，凡狩猎者呈报所用猎具之名称时，准按核定类别、名称分别援用，但仍须附注俗名。

四　凡本表未经公布之猎具，得呈由市、县政府验明、核准临时使用，但仍须依照狩猎法施行规则第十条之规定，呈转内政、实业两部备案。

五　本表如有应行修正之处，得随时修正之。

●●全国公路植树监督规则 民国二十五年（1936 年）四月二十七日国民政府公布

第一条　凡建筑或管理公路机关，应将公路植树经费列入该路预算，其由人民承办者，亦同。

第二条　建筑公路时，建筑机关或承办人应同时拟定植树计划，实行植树。

第三条　公路建筑完成时，有未经植树者，其管理机关或承办人应于当年春季或秋季拟定植树计划，即行植树。已植树而有枯损或不全者，应于每年春季或秋季补植齐全。

第四条　本规则公布前各地已成之公路，如未植树或已植树而有枯损或不全者，由该路管理机关或承办人于本规则公布后第一年春季或秋季一律补植。

第五条　公路建筑完成经过第一年春季植树时节后，由所在省政府建设厅或实业厅、市政府工务局或公安局派员执行初查，实业部派员复查。

第六条　公路植树成绩优良者，其负责人员得由实业部于复查后，呈请褒奖之。

第七条　建筑及管理公路机关或承办人不遵本规则第一条、第二条、第三条、第四条之规定植树，或因保护不周致所植树株成活不及百分之六十者，经复查属实，其负责公务员以废弛职务论，依法惩戒。其由人民承办者，令将负责人撤换。

第八条　公路植树之培养及整理，由该路管理机关或承办人任之。

第九条　公路植树完竣，该路管理机关或承办人及当地县、市政府公安机关地方自治人员，均应负保护之责。

第一〇条　实业部所派复查人员及省、市厅局所派初查人员如有报告不实者，按情节轻重分别惩戒。其依第九条应负保护责任人员，因保护不力致树株损坏至百分之三十以上者，查明责任所在，分别酌予惩处。其由人民承办者，依第七条末段之规定办理。

第一一条　人民对公路树有下列情事之一者，依违警罚法办理：

一　砍伐、拔取或攀折公路树者；

二　在公路树下燃火或抛掷引火物者。

第一二条　人民对公路树有下列情事之一者,依行政执行法第五条之规定办理:

一　于公路树上拴系牲畜或晒晾衣物者;

二　于公路树上擅行安设用具者;

三　窃取公路树之支柱者。

第一三条　行人、车马误损公路树或其支柱者,按其损坏程度估价责令赔偿。

第一四条　人民或机关因建筑或交通等关系必须迁移公路树者,应报经该路管理机关核准。其由人民承办者,报经当地公安机关核准。

第一五条　本规则自公布日施行。

●●实业部复查公路植树办法民国二十五年(1936 年)五月十二日实业部公布

一　本办法依全国公路植树监督规则第五条之规定制定之。

二　省政府建设厅或实业厅、市政府工务局或公安局对于公路植树之初查报告,应于每年六月以前呈送本部查核。

三　本部派员复查各地公路植树,于每年六月至八月三个月内行之。

四　本部派员执行复查时,除通知初查机关外,应令各该公路管理机关或承办人派员随同照料。

五　本部复查人员应将所查公路名称、里数、植树总数、所植树种成活比率及损坏或枯死株数,分别列表报部。

六　本部复查人员于执行职务时,遇有发生疑问之处,应由各该公路管理机关或承办人所派随同照料人员详细说明。

七　本部复查人员认为必要时,对于各地公路植树之实施计划得予指导,并应将指导情形呈报本部备查。

八　本部复查人员于执行职务时,不得受任何方面之供应。

九　本办法自公布之日施行。

●●各省市主管官署核办矿业呈请案件限期暂行规则民国二十五年(1936 年)五月五日实业部公布

第一条　本规则依据矿业法第二十一条暨同法施行细则第四十六条及第四十七条第一项第二款各规定订定之。

凡关于矿业呈请案内文件或手续未经完备应行更正、补呈或订正各事项之限期,各省、市主管官署均依本规则办理。

第二条　关于矿业呈请案件批饬、更正或补齐手续时,所定限期应从矿商收到通知之次日起算,即以邮局双挂号收据上所戳到达局之日期为文件到达之根据,并以遵饬补呈文件时邮局在呈文封面上所戳邮出日期,为办毕呈复之根据。

第三条　关于矿业呈请案件批饬、更正或补齐手续时,按照手续之繁简,特规定限期如下:

一	更正或补呈矿图	二十日至三十日
二	呈送矿质标本或矿床说明书	十日至十五日
三	呈送矿质分析表	二十日至三十日
四	呈送公司章程或合办契约	十五日至二十日
五	呈送推定代表人全体连署呈文或决议书	十五日至二十日
六	呈缴各项税费	十五日至二十日
七	呈送施工计划或工程报告书	二十日至二十五日
八	令饬声叙事项	十日至十五日
九	呈送许可书证明书或各项保结	二十日至二十五日
一〇	各项协商或协定事项	二十日至二十五日
一一	补正各种文件	十五日至二十日
一二	补缴各项费用	十五日至二十日
一三	其他应行限期办理事项	限期临时核定

凡同时批饬办理二项以上事件者,以其中限日最长者为基本限期,每多一项,按照该项原定限日每五日增加一日,但最长不得逾四十日。

第四条　凡同时批饬办理二项以上事件,在限期内尚未完全遵办,亦未声明故障者,如法定之限期催告程序尚未终了,则应给之催告限期,即以该事件在本规则内原定之日数为准。

第五条　凡矿商对于不能依限遵办之事件,应于限内声明故障,请求展期。如经主管官署查明属实后,再行,就所述理由核定展期日数。

第六条　本规则自公布日施行。

●●矿场法 民国二十五年(1936年)六月二十五日国民政府公布

第一条　本法适用于同时雇用在坑内工作之矿工五十人以上之矿场。

第二条　关于矿工之工作及待遇、矿场之安全及卫生,除依本法规定外,适用工厂法及其施行条例之规定。

第三条　本法所称主管官署为省或直隶于行政院之市之矿业主管行政机关。

第四条　矿工患有下列病症之一者,矿业权者不得令其在坑内外工作:

一　患精神病者;

二　患癫病者;

三　患肺结核或喉头结核者;

四　患急性传染病者;

五　患肋膜炎、心脏病、脚气、关节炎或急性泌尿生殖器病,经医师证明有加剧之虞者;

六　病后尚未回复健康,经医师证明须加调养者。

第五条　女工及童工不得在坑内工作。

第六条　矿工屡次违反应遵守之各种法规,或不遵从预防危险及临时救急之命令时,矿业权者得不经预告终止工作契约。

第七条　矿业权者对于坑内工程险恶经矿业监察员告知而不为改良时,矿工得不经预告终止工作契约。

第八条　在坑内工作之矿工,除以监视为主之工作外,每日工作时间以八小时为限。但间歇工作经主管官署许可者,不在此限。

第九条　坑内温度在摄氏表三十度以上时,每日至少应有二次之休息时间,每次应在二十分钟以上。

第一〇条　矿业权者遇有灾变或灾变将发生须为急迫之处置时,对于为救济或预防灾变者,得延长工作时间二小时,其工资照平日每小时工资额加给三分之二。

第一一条　在坑内工作之矿工,自入坑口时至出坑口时,为工作时间。

鱼贯出入坑口之矿工每班工作时间,自本班矿工入坑终止至本班矿工出坑开始计算。

坑内工作不能中途停止者,自达到工作地点起至离开工作地点止,为工作时间。

第一二条　矿业权者对于坑内工作之矿工,须定入坑时刻、出坑时刻、休息时刻及休假日,揭示于易见场所。

前项入坑时刻为入坑开始及入坑终止之时刻,出坑时刻为出坑开始及出坑终止之时刻。

第一三条　矿业权者对于坑内工作之矿工,应分别给与号牌于入坑口时交该管人员,出坑时取还。

第一四条　矿业权者如以工作物或采选所得矿质之数量为计算工资之标准者,应依法定度量衡计算,不得任意折扣。

第一五条　矿业权者于歇业或破产时,应尽先清偿所欠矿工工资。

第一六条　矿业权者除依矿业法第一百零一条选任主要技术人员外,关于矿内安全事项,应设保安员;关于安全灯、火药、机械及电气等,应各设专员管理之。但因特殊情形,得以一人兼任二种以上职务。

第一七条　矿业权者依法令所规定应遵守之技术事项,主要技术人员与矿业权者同负其责。

第一八条　矿业权者及主要技术人员遇有危险或危险将发生时,应立即为应急或预防之处置。

前项处置,矿业监察员提出意见时,须协商行之。

第一九条　矿业权者为防止水患、火灾、沼气或煤尘之爆发、土石、煤块之崩坠及其他灾变,应有各种安全设备,并为其他适当处置。

第二〇条　煤矿坑内发见沼气足致危险时,矿业权者除为前条之处置外,应立即报告主管官署。

第二一条　矿场之出入坑口至少应有两处坑内通风巷道,应备进风道及出风道各一个以上。

第二二条　无经验之矿工,非经两个月以上之实地训练,不得令其在坑内单独工作。

第二三条　矿业权者关于矿工普通卫生,应依下列之规定:

一　设置合于卫生之公共浴室及休息室于坑口附近;

二　设置适当之厕所;

三　以清洁饮料供给矿工。

第二四条　矿业权者于有多量粉尘飞散之选炼场,应依下列之规定:

一　场内充分供给新鲜空气;

二　为避免粉尘混入饮料之设备;

三　食堂及盥洗室设于距离选炼场较远之处。

在有害气体或粉尘飞扬之选炼场,除前项规定外,应常备石碱或其代用品与其他之必要品,令矿工于食前盥漱。

第二五条　矿业权者关于矿工之医疗救急,应依下列之规定:

一　聘请或特约有经验之医师;

二　常备救急及医疗上必要之药品、材料、器具;

三　设诊疗所,其矿工在一千人以上者,应设医院。如在同一地域有多数矿场时,得合并设立之。

第二六条　矿业权者关于矿场职业病之防止,应依下列之规定:

一　为防止职业病发生之设备;

二　以预防方法指示矿工并限其遵行。

第二七条　矿业权者于矿场中发生急性传染病时,除防治外,应立即报告所在地地方官署。

第二八条　矿业权者应以卫生常识、防险知识及安全方法训练矿工。

第二九条　主管官署对于矿场之安全卫生认为必要时,得命矿业权者为一定之行为,或予以限制,或严为禁止。

第三〇条　矿业权者违背第十八条第一项、第十九条、第二十一条之规定,或不从第二十九条之命令者,处一百元以上五百元以下之罚金。

第三一条 矿业权者违背第四条、第五条、第八条、第十条之规定者,处五十元以上三百元以下之罚金。

第三二条 矿业权者违背第九条、第十三条、第十四条、第二十条、第二十二条至第二十七条之规定者,处一百元以下之罚金。

第三三条 前三条之处罚关于技术部分者,于主要技术人员及负有直接监督责任者,均适用之。

第三四条 本法施行规则由实业部定之。

第三五条 本法施行日期以命令定之。

建设委员会直辖矿业机关职员薪级起讫表

职别	最低级薪		最低级薪	
局长总工程师	二等三级	360	一等一级	600
副局长副总工程师	二等六级	300	二等一级	400
工程师	二等九级	240	二等一级	400
副工程师	三等三级	150	二等八级	260
助理工程师	三等九级	90	三等二级	160
工务员	四等三级	60	三等八级	100
课长	三等四级	140	二等四级	340
副课长、井厂处主任、医院院长、总稽查、总段长	三等八级	100	二等九级	240
股长、分段长、副主任	三等九级	90	二等十二级	180
绘图员、分院长、课员、副股长、医师	四等三级	60	二等十二级	180
事务员、站长、车长	四等九级	30	四等一级	70
药师	四等七级	40	三等六级	120
稽查	四等十一级	20	四等一级	70
司事、练习生	四等十二级	15	四等七级	40

●●上海鱼市场股份有限公司章程
民国二十五年(1936年)五月八日实业部公布,同年(1936年)九月十七日修正。

要 目

第一章 总则

第一条 实业部为维护发展渔业起见,集合渔业商民,组设官商合办上海鱼市场股份有限公司,简称上海鱼市场。

第二条 本场建设于上海市杨树浦定海桥,专营各种鱼介类及其制品之委托交易,并得自行运销。又,为调剂及供给需要起见,得举办附属事业。

第三条 本场开业后,上海市区内不得另有性质相同或类似之营业。

第四条 本场于国内鱼货产销重要地点以及上海市区内必要之处,为收集、销售、转运鱼货之便利起见,得酌设办事处或贩卖机关。

第五条 本场营业取公开拍卖办法,并逐渐减低佣金,以轻鱼商、渔民负担。一切事项,均应依照本部核准之本场营业规程等办理。

第六条 本场公告方法以登报通告为主,必要时,并得通函知照。

第二章 股份

第七条 本场股本总额定为国币一百二十万元,分为一万二千股,每股国币一百元,官商各认半数。

商股认不足时,暂由官垫,陆续售出。但商股至少须缴三十万元以上。

第八条 本场股票概用记名式,其承受与让与,均以中华民国国民为限,不得抵押与外国籍人。

第九条 本场股票分一股、五股、十股、五十股、一百股五种,盖用本场图章,编列号数,并由理事长及常务理事全体签名盖章。

第一〇条 本场股票如有让与或出售时,应由原主于股票背面签名盖章,向本场过户登载股东名簿。如因承继关系须更改户名时,应由继承人持股票及合法证明书交本场查核,明确后方可更改。以上二项,均每张纳手续费国币一元及应贴之印花税。

第一一条 本场填发股票时,股东应将签名及图章式样交存本场,以为支取利息及过户等事之凭证。

第一二条 凡以堂记牌号或法团名义入股者,应将代表人姓名、住址报告本场存记。

第一三条 凡因股票之遗失或毁灭请求换给新股票者,须具正式申请书,由二人以上之保证人签名盖章,出具切实保证,并自行登载本场所指定之上海报纸三日以上,声明作废。俟满三个月,别无异议、纠葛,由该股东出具收据,向本场补领新股票,并纳补票费每张国币一元及应贴之印花税。

股票如有毁损、污染致字迹模糊,不能证明股东之权利时,其请求换给新股票之手续,亦同。

第一四条　每次召集股东会时,应于公告期间停止股票过户。

第三章　组织

第一五条　本场设理事十五人组织理事会,官方理事八人由实业部指派,商方理事七人由商股就一百股以上股东选任之。

第一六条　本场设常务理事五人,由商股理事互选三人,由实业部就官股理事指派二人,并由实业部在常务理事五人中指定一人为理事长。

第一七条　本场设监察人五人,官方监察人三人,由实业部指派。商股监察人二人,由商股就五十股以上之股东中选派之,并由全体监察人互推一人为常驻监察人。

第一八条　本场理事长如由官股理事充任,则常驻监察人应就商股监察人中推选之。如系商股理事充任,则常驻监察人应就官股监察人中推选之。

第一九条　理事任期三年,监察人任期一年。

官股理事监察人得连派连任,商股理事监察人得连选连任。

第二○条　理事长为理事会理监联席会议及股东会之主席。

第二一条　本场设总经理一人,副经理一人或二人,均经理事会推选,由实业部派充之。但被选者不以理事为限。

前项总经理、副经理任期均为三年,得连选连任。

第二二条　总经理遵照法令,并秉承理事会决议之业务方针,处理全场业务。遇有重要事项时,商承理事长、常务理事办理之。副经理辅助总经理处理全场业务,并于总经理缺席时,代行其职务。

第二三条　本场为经营业务起见,得酌设各课室,并分股办事,其规则另订之。

本场重要技术人员、事务人员,均应呈报实业部备案。

第二四条　本场设卸卖人、经纪人,承办鱼介类及其制品之卸卖与买卖事项,其章程另订之。

第四章　理事会

第二五条　理事会承实业部长之命,掌理下列事项:

一　审定业务方针;

二　审核预算、决算之各项表册及营业报告书;

三　审核重要契约；

四　审定各项章则；

五　议定股东会之召集；

六　议定经理、副经理提议事项；

七　执行股东会议决事项及其他法定事项。

理事会、常务理事会办事规程另定之。

第五章　监察人

第二六条　监察人之职务,如下：

一　保管理事会交存之股票；

二　监察本场之业务；

三　审核预算、决算及其表册；

四　检举职员有无违法失职情事；

五　检查库存及一切账目情形；

六　股东会议决交办监察事项及其他法定事项。监察人常驻监察人办事规程另定之。

第六章　理监联席会

第二七条　理事、监察人之联席会议简称理监联席会议,其职务如下：

一　股东红利及职员酬劳金之分配案；

二　理事会不能裁决之权限争议；

三　不属于理事会、监察人会范围以内事件。

第二八条　理监联席会议开会时,理事及监察人应各有过半数之出席,以出席之过半数决议一切事项。可否同数时,取决于主席。其议事录由主席签名盖章,交由理事会保存之。

第二九条　理监联席会议由理事长召集之,但理事及监察人有五人以上之提议时,亦得召集之。

第三〇条　非理事兼任之总经理、副经理亦得列席,于理事会及理监联席会议申述意见,并参加讨论,但无表决权。

第七章　股东会

第三一条　本场股东会分常会、临时会两种。

第三二条　股东常会每年开会一次,由理事会于每年结算后二个月内召集之。

第三三条　股东临时会由理事或监察人认为必要时召集之,或有股份总数二十分之一以上之股东具书声明理由,请求理事会召集之。

第三四条　本场股东会之议决权及选举权,每股一权。其十一股以上之股份,七折计权;一百零一股以上之股份,五折计权,零数不计。

第三五条　本场于股东会前,按照股东住址,寄发入场券。

第三六条　股东因故不能到会时,得出具委托书,签名盖章,委托其他股东代表。

第三七条　机关、公司、行号为本场股东时,应出具证明书,派遣代表人到会,或依前条之规定,委托其他股东代表之。

第三八条　召集股东常会,须于一个月前通知各股东。

召集股东临时会,须于十五日前通知各股东。

通知书应载明召集宗旨及提议事项。

第三九条　股东会讨论事项,以通知书载明之议案为限。股东得于开会前五日,经七人以上之连署,提出议案,由理事会列入议事日程。

第四〇条　股东开会时,除公司法别有规定外,非有股份总额过半数以上及股东过半数以上出席,不得开议。非有出席人表决权过半数,不得决议。

第四一条　理事会应于每届营业年度终造具财产目录、资产负债表、损益计算书、营业报告书、公积金及股息红利分派之议案,于股东常会开会前三十日送交监察人查核。监察人对于此项表册,应核对簿据,调查实况,报告其意见于股东会。

第四二条　股东会之决议录,由主席签名盖章,交理事会保存之。

第八章　结算及盈余之分配

第四三条　本场以每年六月为营业年度,每届营业年度终了时,总结算一次。

第四四条　每届营业结算如有盈余,先提十分之一为法定公积金,再提股份年息八厘。如尚有余,即作为股东红利及职员酬劳金,其分配额由理监联席会议按百分率议决,提经股东会承认后分派之。

第四五条　本场营业盈余,于提存公积金后按股息八厘不足分派时,商股得尽先按照八厘分配,仍不足时,由下年度利益项下尽先补足之。

第九章　附则

第四六条　本场营业规程及办事细则另订之。

第四七条　本章程未尽事宜,悉照公司法股份有限公司及公司法施行法各规定办理。

第四八条　本章程如有应行修改之处,由股东会依法议决,呈请实业部核定。

第四九条　本章程自呈奉行政院备案之日施行。

●●上海鱼市场股份有限公司营业规程民国二十五年(1936年)五月七日实业部公布

要　　目

第一章　总纲

第一条　本规程依上海鱼市场股份有限公司章程第四十六条之规定制定之。

第二条　鱼市场交易之鱼货,其种类规定如下:

一　海产鱼类;

二　淡水鱼类;

三　咸干鱼类;

四　其他水产品。

前项鱼货输入上海之第一次交易,须在鱼市场行之。

第三条　市场每日开闭时间,由鱼市场酌定公布之。

第四条　鱼市场休假日期规定,如下:

一　国庆日;

二　元旦日;

三　上海商业习惯上一般休业之日。

鱼市场认为必要时,得于休业日开市。

第二章　卸卖人

第五条　鱼市场卸卖人以中华民国人民为限,由鱼市场就海鱼业、河鱼业各派一人,遇必要时,鱼市场得加派一人。

第六条　卸卖人得置代理人,惟须以原有海鱼、河鱼两业为限。

第七条 卸卖人之代理人应填具志愿书、履历,由卸卖人呈报鱼市场登记,经核定后,发给证章。更换时,亦同。

第八条 卸卖人专以代货主卸卖鱼货为业务,关于海鱼者,得由海鱼业承办之。关于河鱼者,得由河鱼业承办之。其他水产品,暂由鱼市场随时指定之。

第九条 卸卖人应遵守鱼市场一切章则,如有违背时,鱼市场得予以处分,其处分办法另定之。

第一〇条 卸卖人海鱼部份,对货主得收取货价百分之二之服务费,但货主未借货本者,减半收费。

卸卖人河鱼部份,对货主得收取每担三角之服务费。

前项海鱼、河鱼所收之服务费,应各以四分之一为鱼市场之装卸费。

第三章 经纪人

第一一条 鱼市场经纪人以中华民国人民为限,名额暂定届四十人。如有必要时,经理事会之议决,得随时增减之。

第一二条 有下列各款情事之一者,不得为鱼市场经纪人:

一 无行为能力者;

二 受破产宣告者;

三 褫夺公权尚未复权者;

四 处一年以上徒刑执行完毕或赦免后未满五年者;

五 在鱼市场受除名处分未满三年者。

第一三条 凡愿为鱼市场经纪人者,应填具志愿书、履历,连同经营鱼业经验证明文件,并备具保证金五千元及股实铺保两家之保证书,送交鱼市场审查,核准后,呈由实业部发给营业执照。但原为鱼行同业公会会员及有本市场五十股股权以上之股东,依规定声请为经纪人者,鱼市场应尽先核准。经纪人如经理事会之许可,得以其他保证方法代替现金,惟交易之货款应当日清结。

第一四条 经纪人对于鱼市场,应负由其交易所生之一切责任。

第一五条 经纪人不得采用不正当方法参加拍卖,拍卖时,不得使用暗语、暗号。

第一六条 经纪人得置代理人代理其业务。

第一七条 经纪人置代理人时,须将代理人之履历书送经鱼市场审核、认可后,方为有效。代理人解职时,经纪人须将其解职情由向鱼市场报告备查。

第一八条 经纪人须在鱼市场指定地点内设置营业所。

第一九条 经纪人关于交易所用账册、单据,其格式由鱼市场规定之,并得随时调取、检查,如有咨询,应即答复。

第二〇条　经纪人及其代理人均由鱼市场发给证章，无证章者，概不得入场参加拍卖。如遇遗失、毁损，应请求补给。

经纪人或代理人所领证章，不得出借或赠与别人。

第二一条　经纪人对于鱼市场章则务须切实遵守，不得违背。

第二二条　经纪人歇业时，须提出歇业理由书，并将营业执照及入场证章缴还鱼市场，但有交易关系尚未了结或货款尚未付清时，不得歇业。

第二三条　经纪人受除名处分时，如有未了交易关系，该经纪人应自行了结，不能了结者，由鱼市场指定其他经纪人代为了结。如有损失，由该经纪人负担。

第二四条　经纪人违反下列情形之一者，鱼市场得暂行停止其交易或予除名。

一　依第四十五条第一款之规定追取货款而不交付者；

二　延付货款者；

三　有妨害鱼市场业务之行为确有实据者；

四　十日以上未曾向鱼市场购入鱼货者；

五　每月所购鱼货其总值不满五千元者；

六　违背鱼市场章则者。

第四章　经纪人公会

第二五条　经纪人应组织经纪人公会，以增进其营业上之共同利益及矫正其弊害。

第二六条　经纪人公会所定之规约及其决议事项，须经鱼市场认可，始生效力。鱼市场若认为不当时，得令其为一部或全部之更正。

第五章　交易方法

第二七条　货主委托交易之鱼货应由其本人或代理人出具委托书交由鱼市场交易。

委托书应注明鱼货种类数量及其最低售价，其未注明售价者得由鱼市场代以适当之价格售出。

第二八条　鱼市场接受货主委托书后，其鱼货已起岸运至鱼市场者，应即检查、点收，掣给收条。

第二九条　委托交易之鱼货货主不得任意撤回委托，但有不得已情形，经鱼市场许可者，不在此限。

依前项委托之鱼货，仍须缴纳相当之经手费，其数额另定之。

第三〇条　委托交易之鱼货，其已送交鱼市场点收持有收据者，由鱼市场负责保管，如有损失，应由鱼市场赔偿，但重量应有之减耗及因气候关系与不可抗力致遭损失者，不在此限。

未经起岸点交鱼市场之鱼货,得以样品为标准,托由鱼市场交易,但此项鱼货应由货主自行负责保管。

第三一条 委托交易之鱼货,由鱼市场以拍卖方法售出之。但遇下列各项情形之一时,鱼市场得以其他方法售出。

一　认为事实上不宜适用拍卖方法售出者;

二　鱼货数量过多或到场过迟,认为拍卖发生困难者;

三　适用拍卖方法有抑低货价之虞者;

四　认为有适用其他买卖方法之必要者。

第三二条 施行拍卖时所用之言语,以国语为主,但得酌用当地通用语言。

第三三条 鱼市场拍卖鱼货,应以货主委托之先后为次序。

第三四条 鱼货有下列情形之一者,鱼市场得拒绝交易:

一　已腐败或有碍于卫生者;

二　法令禁止捕捉或禁止售卖者。

第三五条 参加拍卖者,以鱼市场卸卖人、经纪人及其代理人为限。

第三六条 经纪人在上海市区域内收买鱼货,非经由鱼市场者,鱼市场除估计其鱼价照章收取经手费外,并得予以除名处分。

第三七条 鱼货买卖交易成立后,鱼市场应即登记簿据。

第三八条 拍卖价格,鱼市场如认为不适当时,得随时停止拍卖。

第三九条 委托交易之鱼货如未达指定价格时,准用前条之规定办理。

第四〇条 买卖交易成立并经登记簿据后,鱼市场对卸卖人及经纪人应即各送结算书一份,双方对于已确定之交易,不得发生异议。

第四一条 买卖成立后,经纪人应即将所购鱼货接收,并即搬离拍卖场。

第四二条 鱼货一经接收,应由经纪人负责保管。如有损失与鱼市场无涉,其未经起岸点交鱼市场之鱼货仅以样品作标准而售出者,经纪人亦应于交易成立后即时接收,并即搬离鱼货放存处所,不得延宕。关于此项鱼货之接收,如有争执,由鱼市场解决之,双方均应遵守,不得异议。

第四三条 经纪人对于购入之鱼货,如无正当理由延不接收及搬离者,一切损失由经纪人担负。

第四四条 鱼货售得价金除扣除经手费及其他应交款项外,鱼市场应即日如数交给卸卖人,转给货主。

第四五条 经纪人应缴鱼市场之货款,每五日清结一次,但有下列情形之一时,鱼市场得随时追取。

一　未付货款其数额超过规定之最高限度者,其最高限度由鱼市场酌定公布之。

二 经纪人受除名处分或被停止参加拍卖时。

第四六条 经纪人不能交付所欠货款时,鱼市场得就保证金中扣除之。如有不足,向保证人追缴。

第四七条 经纪人受客委托所为交易,鱼市场只认该受托之经纪人为交易主体,其委托者关于交易上之一切事项,除得迳与其所委托之经纪人直接办理外,与本场不生任何关系。

第四八条 经纪人受客委托买货,得收取货价百分之一五之手续费。

第六章 公断

第四九条 经纪人与委托人因委托关系发生争议请求本场公断时,鱼市场应就职员及经纪人公会职员中临时推定公断员三人以上,组织公断会,审议判断之。

公断员有涉及本身或其亲属利害关系之事件,须声请回避。

第七章 佣金

第五〇条 鱼市场受委托交易之鱼货,对于货主收取货价百分之七之佣金。

第五一条 鱼市场于所收佣金中,照下列数额分给卸卖人、经纪人。

一 卸卖人得百分之一.二五。

二 经纪人得百分之一.七五。

第五二条 除本规程所定征收各费外,卸卖人、经纪人不得再收其他费用。一切陋规,概行革除,违者除照章处分外,并呈实业部严予惩办。

第五三条 前两条所定数额,鱼市场如认为有必要得,随时变更之,并呈实业部备案。

第八章 附则

第五四条 凡本规则所未规定之一切事项,鱼市场得临时揭示施行之。

第五五条 本规程自公布之日施行。

●●实业部中央工业试验所化学试验规则 民国二十四年(1935 年)十二月五日实业部修正公布

第一条 本规则依中央工业试验所(以下简称试验所)组织条例第十三条制定之。

第二条 请求试验者,应具声请书,连同样品试验费送至试验所。

第三条 声请书应记载下列事项:

一 物品名称;

二 如系原料,须注明产地;

三　如系制造品,应详细注明制法及所用原料并制造人姓名、住址与经历;

四　请求试验目的及事项;

五　请求者姓名、住址与职业。

第四条　试验样品所需用之数量及试验费,附表另定之。

第五条　凡请求试验之样品,须严密包封,保存固有之性质及形状,如系液体或气体,须盛于密塞之玻璃瓶内,并用火漆封固之。

第六条　经营工商业者请求派员前往调查、指导或试验,经试验所承诺时,除照缴试验费外,并担负人员之往返旅费及搬运各费。

第七条　凡请验物品之全体不能均一者,其样品之采取须求普遍与均匀,并须能代表该物之全体。

第八条　试验所收到试验样品说明书及试验费时,应即发给收据,并按到所先后依次试验。

第九条　请求者于请求时,要求提前或限期试验,经试验所承诺时,应加倍缴纳试验费。

第一〇条　试验所接试验样品后分作二份,一份试验,一份编号保存备查。保存期限视物品之性质而定,但至多以一年为限。

第一一条　试验样品遇有不敷试验或意外损失时,得通知请求者补送,重行试验,惟不再收费。

第一二条　试验所试验结果应以呈送之试验样品为凭。

第一三条　试验样品在保存期内,请求者如有特别理由请求复验,经试验所认为正当时,得予免费。否则,仍须照章缴费。

第一四条　试验完毕后,由试验所发给试验报告,请求者请求将试验报告译成外国文时,视文字多寡,须缴纳二元以上五元以下之译费。

第一五条　请求者于试验报告外,如欲请求发给试验证书,应于声请书中填明,并缴证书费十元。

第一六条　试验证书须经所长主任签名盖章,方能有效。

第一七条　请求者如欲宣示试验所试验样品之结果,应照录试验所证书之原文,不得任意改变或增减之。

第一八条　试验样品概不发还,但申请时预先声明并经试验所核准者,不在此限。

第一九条　凡经他处试验之物品,请求试验所复验者,应将原试验机关之试验报告及余留样品一并送所,以备参考。

第二〇条　请求者因特别情形欲取消试验时,已缴之费概不发还。

第二一条　本规则如有未尽事宜,得随时修正之。

第二二条　本规则自部令公布之日施行。

●●实业部中央工业试验所化学试验收费表民国二十四年(1935年)十二月五日实业部修正公布

一　燃料及其副产品(液体燃料详第八项中)

　　1　煤(Coal)炭(Chaicoal)焦炭(Coke)需用重量二公斤以上

　　甲　实用分析

　　　　水份(Moisture)

　　　　挥发物　(Volatile Matter)　　　　　　　　　　一元

　　　　固定炭　(Fixed Carbon)　　　　　　　　　　　一元

　　　　灰份(Ash)　　　　　　　　　　　　　　　　　一元

　　　　硫　(Sulphur)　　　　　　　　　　　　　　　一元

　　　　磷　(Phosphorus)　　　　　　　　　　　　　二元

　　　　煤性　(Coking Property)　　　　　　　　　　一元

　　　　热量　(Heating Value)(由测热器测定)　　　　三元

　　　　全项分析　　　　　　　　　　　　　　　　　　八元

　　乙　特殊分析

　　　　氢　(Hydrogen)　　　　　　　　　　　　　　　四元

　　　　氧　(Oxygen)　　　　　　　　　　　　　　　　四元

　　　　氮　(Nitrogen)　　　　　　　　　　　　　　　四元

　　　　灰之熔点　(Fusion Point of Ash)　　　　　　十元

　　2　煤膏　(Tar)需用重量四公斤以上

　　　　比重　(Specific Gravity)　　　　　　　　　　一元

　　　　黏度　(Viscosity)　　　　　　　　　　　　　二元

　　　　蒸馏试验　(Distillation Test)　　　　　　　三元

　　　　残膏软点　(Soft Point of Residue)　　　　　一元

　　　　沥青成分　(Total Bitumen)　　　　　　　　　二元

　　　　水份　(Water)　　　　　　　　　　　　　　　二元

　　　　残膏之浮标试验　(Floating Test of Residue)　一元

　　　　全项分析　　　　　　　　　　　　　　　　　　九元

　　3　煤之低温蒸馏试验　(Low temperature Carbonization Test of Coal)　需用量四公斤

　　　　　　　　　　　　　　　　　　　　　　　　　　二十元

　　4　油页鉴别试验　(Distillation Test of Oil Shale)　需用量四公斤　　十五元

　　5　气体燃料(需用量四立方公尺)

实用分析

一氧化碳 （Carbon Monoxide）		一元
氧 （Oxygen）		一元
二氧化碳 （Carbon Dioxide）		一元
氮 （Nitrogen）		一元
水份 （Moisture）		一元
碳氢物 （Hydrocarbon）		二元
不饱和气 （Unsaturated Gas）		三元
氢 （Hydrogen）		三元
沼气 （Marsh Gas）		三元
热量 （Heating Vatue）		三元
全项分析		十五元

二　矿石

1　金属类　需用量二公斤

甲　实用分析

金属成份 （Metallic Constiluents）

普通矿石 （Common Metal）　定性		二元
定量		四元
碱金属 （Alkaline Earth Metal）　定性		三元
定量		六元
贵重金属 （Noble Metal）　定性		四元
定量		八元
非金属成份 （Non-Metallic Constituents）　　定性		三元
定量		六元

乙　特殊分析

水份 （Maisture）		一元
不溶解物 （Insoluble Matter）		一元
灼热减量 （Loss on Ignition）		一元
结合水份 （Combined Water）		二元

2　土石类

子　黏土瓷土耐火土等

Ⅰ　化学分析　需用重量二公斤以上

甲　实用分析

水份　（Moisture）　　　　　　　　　　　　　　　　一元

灼热减量　（Loss on Ignition）　　　　　　　　　　一元

氧化矽　（Silica）　　　　　　　　　　　　　　　　一元

氧化铝　（Alumina）　　　　　　　　　　　　　　　一元

氧化铁　（Iron Oxide）　　　　　　　　　　　　　　一元

氧化钙　（Calcium Oxide）　　　　　　　　　　　　一元

氧化镁　（Magnesia）　　　　　　　　　　　　　　　一元

全项分析　　　　　　　　　　　　　　　　　　　　五元

乙　特殊分析

氧化锴　（Titanium Oxide）　　　　　　　　　　　　二元

氧化钾　（Polassium Oxide）　　　　　　　　　　　四元

氧化钠　（Sodium Oxide）　　　　　　　　　　　　四元

丙　示性分析

黏土质　（Clay Substance）　　　　　　　　　　　　三元

长石质　（Feld Spar）　　　　　　　　　　　　　　三元

石英质　（Quartz）　　　　　　　　　　　　　　　　三元

Ⅱ　物理试验　需用重量十公斤以上

甲　原性试验　（Original Propertics）　　　　　　　二元

原色　（Color）

杂质　（Visible Objectionable matters）

硬度　（Hardness）

乙　塑干性试验　（Plastic and Dry Propertics）　　四元

收缩水　（Shrinkage Water）

气孔水　（Proe Water）

黏性水　（Water of Plasticity）

体收缩　（Dry Volume Shrinkage）

线收缩　（Dry Linear Shrinkage）

横断力　（Dry Transverse）

普通黏力　（General Plasticity）

丙　烧成性试验　（Fired Properties）　　　　　　　八元

烧成火度　（Firing Temperature）

色　（Color）

硬度　（Hardness）

　　　线收缩　（Linear Shrinkage）

　　　体收缩　（Volume Shrinkage）

　　　吸水率　（Absorption）

　　　气孔率　（Porossty）

　　　横断力　（Transverse Strength）

　　　组织状　（Structure Condition）

　丁　耐火度试验　（Defor Mation Temperature）　　　　　　　　八元

　戊　水簸分析　（Elutriating Analysis）　　　　　　　　　　　六元

　己　陶化限　（Best Firing Range）　　　　　　　　　　　　　八元

　丑　钾长石、钠长石等

Ⅰ　化学分析　需用量二公斤

　甲　实用分析

　　　水份　（Moisture）　　　　　　　　　　　　　　　　　　一元

　　　灼热减量　（Loss on Ignition）　　　　　　　　　　　　一元

　　　氧化矽　（Silica）　　　　　　　　　　　　　　　　　　一元

　　　氧化铝　（Alumina）　　　　　　　　　　　　　　　　　一元

　　　氧化铁　（Iron Oxide）　　　　　　　　　　　　　　　　一元

　　　氧化钾　（Potassium Oxide）　　　　　　　　　　　　　四元

　　　氧化钠　（Sodium Oxide）　　　　　　　　　　　　　　四元

　　　全项分析　　　　　　　　　　　　　　　　　　　　　　十元

　乙　特殊分析

　　　氧化锆　（Titamum Oxide）　　　　　　　　　　　　　　一元

　　　氧化镁　（Magnesia）　　　　　　　　　　　　　　　　一元

　　　氧化钙　（Calcium Oxide）　　　　　　　　　　　　　　一元

Ⅱ　物理试验　需用量十公斤

　甲　耐火度试验　（Deformation Temperature）　　　　　　　八元

　乙　烧成性试验　（Fired Propertics）　　　　　　　　　　四元

　　　色　（Color）

　　　烧成状态　（Fired Condition）

　寅　滑石菱苦土白云石等

　　　化学分析　需用量二公斤

　甲　实用分析

　　　水份　（Moisture）　　　　　　　　　　　　　　　　　　一元

灼热减量　（Loss on Ignition）　　　　　　　　　一元

氧化矽　（Silica）　　　　　　　　　　　　　　一元

氧化铝　（Alumina）　　　　　　　　　　　　　一元

氧化铁　（Iron Oxide）　　　　　　　　　　　　一元

氧化钙　（Calcium Oxide）　　　　　　　　　　一元

氧化镁　（Magnesia）　　　　　　　　　　　　　一元

全项分析　　　　　　　　　　　　　　　　　　五元

乙　特殊分析

氧化钾　（Potassium Oxide）　　　　　　　　　四元

氧化钠　（Sodium Oxide）　　　　　　　　　　四元

卯　矽石石英砂等

Ⅰ　化学分析　需用量二公斤

甲　实用分析

水份　（Moisture）　　　　　　　　　　　　　一元

灼热减量　（Loss on Ignition）　　　　　　　　　一元

氧化矽　（Silica）　　　　　　　　　　　　　　一元

氧化铁　（Iron Oxido）　　　　　　　　　　　　一元

全项分析　　　　　　　　　　　　　　　　　　三元

乙　特殊分析

氧化铝　（Alumina）　　　　　　　　　　　　　一元

氧化钙　（Calcium Oxide）　　　　　　　　　　一元

氧化镁　（Magnesia）　　　　　　　　　　　　　一元

氧化钾　（Potassium Oxide）　　　　　　　　　四元

氧化钠　（Sodium Oxide）　　　　　　　　　　四元

Ⅱ　物理试验　需用量十公斤

甲　熔点　（Fusion Point）　　　　　　　　　　八元

乙　熔融试验　（Melting）　　　　　　　　　　四元

　　色　（Color）

　　熔融状态　（Melting Condition）

丙　节分析　（Screen Analysis）　　　　　　　　一元

丁　水簸分析　（Elutriating Analysis）　　　　　六元

戊　比重　（Specific Gravity）　　　　　　　　一元

全项分析　　　　　　　　　　　　　　　　　十五元

辰　氟石等

　　化学分析　需用量二公斤

甲　实用分析

　　水份　（Moisture）　　　　　　　　　　　　　　　　　　一元

　　灼热减量　（Loss on Ignition）　　　　　　　　　　　　一元

　　氟化钙　（Calcium Fluoride）　　　　　　　　　　　　　三元

　　炭酸钙　（Calium Carbonate）　　　　　　　　　　　　一元

　　全项分析　　　　　　　　　　　　　　　　　　　　　　四元

乙　特殊分析

　　硫酸盐及氯化物　（Sulphate and Chloride）　　　　　　二元

　　氧化铁　（Iron Oxide）　　　　　　　　　　　　　　　一元

　　氧化矽　（Silica）　　　　　　　　　　　　　　　　　一元

巳　水晶石等

　　化学分析　需用量一公斤

甲　实用分析

　　氟　（Fluorine）　　　　　　　　　　　　　　　　　　三元

　　氟化钙　（Calcium Fluoride）　　　　　　　　　　　　　三元

　　矽氟酸钠　（Sodium Silico-Fluoride）　　　　　　　　　二元

　　全项分析　　　　　　　　　　　　　　　　　　　　　　六元

乙　特殊分析

　　氧化铁　（Iron Oxide）　　　　　　　　　　　　　　　一元

　　盐基类　（Bases）　　　　　　　　　　　　　　　　　八元

3　其他

　子　石墨　（Graphite）　　　　　　　　　　　　需用重量一公斤以上

甲　实用分析

　　水份　（Moisture）　　　　　　　　　　　　　　　　　一元

　　挥发物　（Volatile Matter）　　　　　　　　　　　　　一元

　　固定炭　（Fixed Carbon）　　　　　　　　　　　　　　一元

　　灰份　（Ash）　　　　　　　　　　　　　　　　　　　一元

　　全项分析　　　　　　　　　　　　　　　　　　　　　　三元

乙　特殊分析

　　比重　（Specific Gravity）　　　　　　　　　　　　　　一元

　　燃烧时间　（Ignition Interval）　　　　　　　　　　　　一元

氧化矽　（Silica）　二元

氧化铁及氧化铝　（Iron Oxide and Alumina）　二元

氧化钙及氧化镁　（Calcium Oxide and Magnesia）　二元

丑　石棉　（Asheslos）　需用重量二公斤以上

甲　实用分析

水份　（Moisture）　一元

灼烧减量　（Loss on Ignition）　二元

纤维长度　（Length of fiber）　一元

酸溶解物　（Acid Soluble）　二元

全项分析　四元

乙　特殊分析

氧化矽　（Silica）　三元

氧化铁　（Iron Oxide）　三元

氧化铝　（Alumina）　三元

氧化镁　（Magnesia）　三元

寅　石灰石　（Lime-Stone）　需用重量一公斤以上

水份　（Moisture）　一元

盐酸中不溶解物　（Acid Insoluble）　一元

氧化铁及氧化铝　（Iron Oxide and Alumina）　一元

氧化钙　（Calcium Oxide）　二元

氧化镁　（Magnesia）　二元

二氧化炭　（Carbon Dioxide）　三元

全项分析　八元

三　五金及合金

1　五金或合金　（Metal or Alloy）　需用重量一公斤以上

金属成份　（Metallic Constituents）　十五元

2　钢铁　（Iron and Steel）　需用重量二公斤以上

总炭份　（Total Carbon）　四元

石墨炭份　（Graphite）　三元

结合炭份　（Combined Carbon）　一元

矽　（Silica）　二元

锰　（Manganese）　二元

磷　（Phosphorus）　二元

硫　（Sulphur）　　　　　　　　　　　　　　　　　二元

全项分析　　　　　　　　　　　　　　　　　　　十二元

四　水

1　工业用水　需用容量四公升以上

悬浮物　（Suspended Matter）　　　　　　　　　　一元

游离二氧化碳　（Free Carbon Dioxide）　　　　　一元

总固形物　（Total Solids）　　　　　　　　　　　一元

有机物及挥发物　（Organic and Volatile Matter）　一元

矿物成分　（Mineral Matter）　　　　　　　　　　八元

矽酸　（Silica）

氧化铁　（Iron Oxide）

氧化铝　（Alumina）

氧化钙　（Calcium Oxide）

氧化镁　（Magnesia）

硫酸盐　（Sulphates）

氯化物　（Chlorine and Chloride）

炭酸盐　（Carbonate）

酸性炭酸盐　（Bicarbonate）

暂时硬度　（Temporary Hardness）　　　　　　　一元

永久硬度　（Permanent Hardness）　　　　　　　一元

全项分析　　　　　　　　　　　　　　　　　　　十一元

2　饮料用水　需用重量四公升以上

悬浮物　（Suspended Matter）　　　　　　　　　　一元

浑浊　（Turpended matter）　　　　　　　　　　　一元

色　（Color）　　　　　　　　　　　　　　　　　一元

嗅味　（Odor）　　　　　　　　　　　　　　　　一元

酸碱度　（Acidity or Alkalinity）　　　　　　　　一元

蒸发余留物　（Residue on Evaporation）　　　　　一元

游离氨态氮　（Free Ammonia nitrogen）　　　　　一元

蛋白质氮　（Albuminoid Ammonia nitrogen）　　　二元

亚硝酸盐　（Nilrites）　　　　　　　　　　　　　一元

硝酸盐　（nitrates）　　　　　　　　　　　　　　一元

游离氯及氯化物　（Chlorine and Chloride）　　　　一元

硬度　（Hardness）　　　　　　　　　　　　　　　　一元

铅　（Lead）　　　　　　　　　　　　　　　　　　一元

锌铜及铁　（Zinc，Copper and Iron）　　　　　　　二元

氧之吸收量　（Oxygen Consumed）　　　　　　　　一元

全项分析　　　　　　　　　　　　　　　　　　　十三元

五　酸

1　硫酸　（Sulphuric Acid）　需用容量二公升以上

甲　实用分析

比重　（Specific Gravity）　　　　　　　　　　　一元

硫酸　（Sulphuric Acid）　　　　　　　　　　　二元

灼后余留物　（Residue on Ignition）　　　　　　一元

亚硫酸　（Sulphurous Acid）　　　　　　　　　二元

亚硝酸　（Nitrous Acid）　　　　　　　　　　　二元

硝酸　（Nitric Acid）　　　　　　　　　　　　二元

盐酸　（Hydrochloric Acid）　　　　　　　　　二元

全项分析　　　　　　　　　　　　　　　　　　九元

乙　特殊分析

铅　（Lead）　　　　　　　　　　　　　　　　二元

铁　（Iron）　　　　　　　　　　　　　　　　二元

锑　（Antimony）　　　　　　　　　　　　　　二元

砒　（Arsenic）　　　　　　　　　　　　　　　三元

锌　（Zinc）　　　　　　　　　　　　　　　　二元

硒　（Selenium）　　　　　　　　　　　　　　二元

2　盐酸　（Acid Hydrochloric）　　　　　　　需用容量二公升以上

甲　实用分析

比重　（Specific Gravity）　　　　　　　　　　一元

总酸量　（Total Acids）　　　　　　　　　　　二元

氯化氢　（Hydrogen Chloride）　　　　　　　　二元

游离氯　（Free chlorine）　　　　　　　　　　二元

铁　（Iron）　　　　　　　　　　　　　　　　二元

总固形物及矽土　（Total Solids and Silica）　　一元

硝酸或硝酸盐　（Nitric Acid or Nitrate）　　　二元

硫酸或硫酸盐　（Sulphuric Acid or Sulphate）　二元

亚硝酸 （Nitrous Acid） 二元

全项分析 十二元

乙 特殊分析

砒 （Arsenic） 三元

3 硝酸 （Nitric Acid） 需用容量二公升以上

甲 实用分析

比重 （Specific Gravity） 一元

总酸量 （Total Acids） 二元

硝酸 （Nitric Acid） 二元

硫酸 （Sulphuric Acid） 二元

盐酸 （Hydrochloric Acid） 二元

低级氧化氮 （Lower Nitrogen Oxides） 二元

游离氯 （Free Chlorine） 二元

总不挥发物 （Total Non-Volatile Solids） 一元

全项分析 十一元

乙 特殊分析

碘 （Iodine） 二元

铁 （Iron） 二元

4 醋酸 （Acetic Acid） 需用容量二公升以上

甲 实用分析

比重 （Specific Gravity） 一元

总酸量 （Total Acid） 二元

蚁酸 （Formic Acid） 一元

醋酮 （Acetone） 二元

乙醇 （Ethyl Alcohol） 一元

总固形物 （Total Solid） 一元

全项分析 六元

乙 特殊分析

糖醛 （Furfurol） 一元

醜酸 （Sulphuric Acid） 一元

亚醜酸 （Sulphurous Acid） 一元

盐酸 （Hydrochloric Acid） 一元

铜铅铁钙 （Copper，Lead，Iron，and Calcium） 各二元

　　　蚁醛　（Formaldehyde）　　　　　　　　　　　　　　　一元

六　碱

　1　纯碱及洁碱　（Carbonate and Bicarbonate of Sodium or potash）　需用重量一公斤以上

　　甲　实用分析

　　　水份　（Moisture）　　　　　　　　　　　　　　　　一元

　　　水中不溶解物　（Water Insoluble）　　　　　　　　一元

　　　盐酸中不溶解物　（Acid Insoluble）　　　　　　　一元

　　　总碱量　（Total Alkali）　　　　　　　　　　　　二元

　　　氢氧化钠　（Sodium Hydroxide）　　　　　　　　二元

　　　炭酸氢钠　（Sodium Bicarbonate）　　　　　　　二元

　　　炭酸钠　（Sodium Carbonate）　　　　　　　　　二元

　　　全项分析　　　　　　　　　　　　　　　　　　　八元

　　乙　特殊分析

　　　氯化钠　（Sodium Chloride）　　　　　　　　　　一元

　　　硫酸钠　（Sodium Sulphate）　　　　　　　　　　一元

　　　亚酼酸钠　（Sodium Sulphite）　　　　　　　　　一元

　　　矽酸钠　（Sodium Silicate）　　　　　　　　　　一元

　　　硫化钠　（Sodium Sulphide）　　　　　　　　　　一元

　　　铝酸钠　（Sodium Aluminate）　　　　　　　　　一元

　2　烧碱　（Caustic of Soda or Potash）　需用重量一公斤以上

　　甲　实用分析

　　　水份　（Moisture）　　　　　　　　　　　　　　　一元

　　　总碱量　（Total Alkali）　　　　　　　　　　　　二元

　　　氯氧化钠　（Sodium Hydroxide）　　　　　　　　二元

　　　炭酸钠　（Sodium Carbonate）　　　　　　　　　二元

　　　不溶解物　（Insoluble Matter）　　　　　　　　　一元

　　　全项分析　　　　　　　　　　　　　　　　　　　六元

　　乙　特殊分析

　　　氯化钠　（Sodium Chloride）　　　　　　　　　　一元

　　　硫酸钠　（Sodium Sulphate）　　　　　　　　　　一元

　　　矽酸钠　（Sodium Silicate）　　　　　　　　　　一元

　　　铝酸钠　（Sodium aluminate）　　　　　　　　　一元

　3　硇精　（Ammonium Hydroxide）　需用重量一公斤以上

甲　实用分析

比重 （Specific Gravity）	一元
硇精 （Ammonium Hydroxide）	二元
氯化物 （Chlorides）	一元
硫酸碱 （Sulphates）	一元
炭酸盐 （Carbonates）	一元
硫化物 （Sulphides）	一元
全项分析	五元

七　油质（动物油质物油）　需用重量二公斤以上

甲　实用分析

水份 （Moisture）	一元
比重 （Specific Gravity）	一元
屈折指数 （Refractive index）	一元
熔点 （Melting Point）	一元
碱化价 （Saponification Value）	一元
不碱化价（Unsapble Matter）	一元
碘价 （Iodine Number）	三元
酸价 （Acid Number）	一元
可溶性脂肪酸 （Soluble Fatty Acid）	一元
不溶性脂肪酸 （Insoluble Fatty Acid-Hehnerno）	一元
可溶挥发脂肪酸 （Soluble Volatile Fatty Acid-Reiehert-Meisslno）	一元
不溶挥发脂肪酸 （Insoluble Volatile Fatty Acid-Pole Nake No）	一元
醋酸化价 （Acetyl Value）	二元
全项分析	十二元

乙　特殊分析

热试验 （Heating Test-Browne Mettod）	一元
冷试验 （Cold Test）	二元
华氏脱试验 （Worstolls Test）	三元
毛门试验 （Maumene Test）	一元
花生油检定试验 （Rehard Test for Peanut oil）	一元
芝麻油检定试验 （Bandouin Test for Sesame oil）	一元
松香油检定试验 （Liebermann Storch Test）	一元
棉子油检定试验 （Halbhen Test for Cotton Seed oil）	一元

八 矿物油

1 石油 （Crude Petroleum） 需用容量三公升以上

实用分析

颜色气味 （Color and Odor）		一元
比重 （Specific Gravity）		一元
黏度 （Viscosity）		一元
蒸馏试验 （Distillation Test）		三元
水及渣滓 （Water and Sediment）		一元
热量 （Heating Value）		三元
硫 （Sulphur）		二元
引火点 （Flash Point）		一元
全项分析		十元

2 汽油 （Gosoline）需用容量三公升以上

甲 实用分析

比重 （Specific Gravity）		一元
颜色 （Color）		一元
铅氧化钠试验 （Doctor Test）		一元
腐蚀性试验 （Corrosion Test）		一元
蒸馏试验 （Distillation Test）		三元
全项分析		五元

乙 特殊分析

热量 （Heating Value）		三元
酸度 （Acidity）		二元
硫 （Sulphur）		二元

3 灯油 （Kerosene） 需用容量三公升以上

甲 实用分析

比重 （Specific Gravity）		一元
颜色 （Color）		一元
引火点 （Flash Point）		一元
着火点 （Fire Point）		一元
蒸馏试验 （Distillation Test）		三元
燃灯试验 （Burniny Test）		一元
游离酸 （Free Acid）		一元

全项分析　　　　　　　　　　　　　　　　　　　　七元

乙　特殊分析

硫　（Sulphur）　　　　　　　　　　　　　　二元

矿物酸及水　（Mineral Acid and Water）　　二元

始凝点　（Cloud Test）　　　　　　　　　　二元

4　柴油　（Fuel oil）　需用容量三公升以上

甲　实用分析

引火点　（Flash Point）　　　　　　　　　　一元

黏度　（Viscosity）　　　　　　　　　　　　一元

水及渣滓　（Water and sediment）　　　　　一元

热量　（Heating Value）　　　　　　　　　　二元

全项分析　　　　　　　　　　　　　　　　　　六元

5　润滑油　（Lubricating oil）　需用容量三公升以上

甲　实用分析

比重　（Specffic Gravity）　　　　　　　　　一元

引火点　（Flash Point）　　　　　　　　　　一元

着火点　（Fire Point）　　　　　　　　　　　一元

始凝点　（Cloud Test）　　　　　　　　　　二元

凝固点　（Cold Test）　　　　　　　　　　　二元

冷流点　（Pour Point）　　　　　　　　　　二元

黏度　（Viscosity）　　　　　　　　　　　　一元

蒸发试验　（Evaporation Test）　　　　　　一元

全项分析　　　　　　　　　　　　　　　　　　八元

乙　特殊分析

肥皂　（Soap）　　　　　　　　　　　　　　一元

炭渣　（Corbon Residue）　　　　　　　　　一元

摩擦试验　（Friction Test）　　　　　　　　一元

可碱化价　（Saponification Value）　　　　　二元

汽油中不溶解物　（Tarry Matter insoluble in Gasoline）　一元

矿物酸　（Mineral Acid）　　　　　　　　　二元

成胶试验　（Gumming Test）　　　　　　　　一元

九　烟草(Tobacco)　需要重量一公斤以上

颜色　（Color）　　　　　　　　　　　　　　一元

水份　（Moisture）　　　　　　　　　　　　　　一元

灰份　（Ash）　　　　　　　　　　　　　　　　一元

水中可溶解灰份　（Water Soluble Ash）　　　　一元

水中可溶解灰份之碱度　（Alkalinity of Water Soluble Ash）　　　一元

尼可丁　（Nicotine）　　　　　　　　　　　　　四元

挥发油（Volatile oil）　　　　　　　　　　　　一元

全项分析　　　　　　　　　　　　　　　　　　八元

一〇　酒类

　甲　实用分析

1　蒸馏酒（Distilled Liquids）　需用容量二公升以上

比重　（Specific Gravity）　　　　　　　　　　一元

颜色　（Color）　　　　　　　　　　　　　　　一元

乙醇　（Ethyl Alcohol）　　　　　　　　　　　一元

总酸量　（Total Acids）　　　　　　　　　　　一元

酯　（Esters）　　　　　　　　　　　　　　　　二元

醛　（Aldehydes）　　　　　　　　　　　　　　二元

杂醇油　（Fusel oil）　　　　　　　　　　　　　一元

全项分析　　　　　　　　　　　　　　　　　　七元

　乙　特殊分析

糖份　（Sugar）　　　　　　　　　　　　　　　一元

挥发酸　（Volatile Acid）　　　　　　　　　　一元

糖醛　（Furfurol）　　　　　　　　　　　　　　一元

甲醇　（Methyl Alcohol）　　　　　　　　　　　一元

糖精　（Saccharine）　　　　　　　　　　　　　一元

糊精　（Dextrin）　　　　　　　　　　　　　　一元

2　压榨酒　（Pressed Wines）　需用容量二公升以上

　甲　实用分析

比重　（Specific Gravity）　　　　　　　　　　一元

颜色　（Color）　　　　　　　　　　　　　　　一元

乙醇　（Ethyl Alcohol）　　　　　　　　　　　一元

总固形物　（Total Solids）　　　　　　　　　　一元

灰份　（Ash）　　　　　　　　　　　　　　　　一元

总酸　（Total Acids）　　　　　　　　　　　　一元

挥发酸　（Volatile Acids）　　　　　　　　　一元

不挥发酸　（Non-volatile Acids）　　　　　　一元

总氮量　（Total Nitrogen）　　　　　　　　一元

蛋白质　（Proteins）　　　　　　　　　　　二元

氨基酸　（Amino-Acids）　　　　　　　　　二元

糖份　（Sugar）　　　　　　　　　　　　　一元

糊精　（Dextrin）　　　　　　　　　　　　一元

甘油　（Glycerol）　　　　　　　　　　　　一元

杂醇油　（Fusel oil）　　　　　　　　　　　一元

防腐剂　（Preservatives）　　　　　　　　　二元

全项分析　　　　　　　　　　　　　　　　十五元

乙　特殊分析

醛　（Aldehydes）　　　　　　　　　　　　一元

糖醛　（Furfurol）　　　　　　　　　　　　一元

丹宁　（Tannin）　　　　　　　　　　　　　一元

糖精　（Saccharine）　　　　　　　　　　　一元

甲醇　（Methyl Alcohol）　　　　　　　　　一元

无机酸　（Inorganic Acids）　　　　　　　　一元

二　调味品类　（Condiments）　　　　　　　　一元

1　酱油　（Soya-Sauce）　需用容量二公升以上

甲　实用分析

比重　（Specific Gravity）　　　　　　　　　一元

总固形物　（Total Solids）　　　　　　　　一元

灰份　（Ash）　　　　　　　　　　　　　　一元

食盐　（Salts）　　　　　　　　　　　　　一元

总酸量　（Total Acids）　　　　　　　　　　一元

挥发酸　（Volatile Acids）　　　　　　　　　一元

不挥发酸　（Non-Volatile Acids）　　　　　　一元

糖份　（Sugar）　　　　　　　　　　　　　一元

糊精　（Dextrin）　　　　　　　　　　　　一元

总氮量　（Total Nitrogen）　　　　　　　　一元

蛋白质　（Proteins）　　　　　　　　　　　一元

氨态氮　（Ammonia Nitrogen）　　　　　　　一元

氨基酸　(Amino-Acids)	一元
酯　(Esters)	二元
色度　(Color Intensity)	一元
防腐剂　(Preservatives)	二元
全项分析	十四元

乙　特殊分析

微生物之检验　(Detection of micro-organism)	三元

2　酱油精　(Non-Fermentated Sauce)　需用容量二公升以上

甲　实用分析

比重　(Specific Gravity)	一元
水份　(Moisture)	一元
总固形物　(Total Solids)	一元
总氮量　(Total Nitrogen)	一元
蛋白质　(Proteins)	一元
氨基酸　(Amino-Acids)	一元
总酸量　(Total Acids)	一元
脂肪　(Crude Fats or Ether Extract)	一元
灰份　(Ash)	一元
食盐　(Salts)	二元
糖份　(Sugar)	三元
全项分析	十一元

乙　特殊分析

砒　(Arsenic)	一元
水溶解无氮素物　(Water Soluble Free From Nitrogen Compounds)	一元
安息酸　(Benzoic Acid)	一元
水杨酸　(Salicylic Acid)	一元
硼酸　(Boric Acid)	一元

3　醋(Vinegar)　需用容量二公升以上

甲　实用分析

比重　(Specific Gravity)	一元
总固形物　(Total Solids)	一元
乙醇　(Ethyl Alcohol)	一元
醋酸　(Acetic Acid)	一元

　　　　糖份　（Sugar）　　　　　　　　　　　　　　　　一元

　　　　糊精　（Dextrin）　　　　　　　　　　　　　　　一元

　　　　酯　（Ester）　　　　　　　　　　　　　　　　　一元

　　　　灰份　（Ash）　　　　　　　　　　　　　　　　　一元

　　　　色度　（Color Intensity）　　　　　　　　　　　一元

　　　　全项分析　　　　　　　　　　　　　　　　　　　七元

　　　乙　特殊分析

　　　　游离无机酸　（Free Mineral Acids）　　　　　　一元

　　　　总氮量　（Total Nitrogen）　　　　　　　　　　一元

　　　　氨基酸　（Amino-Acids）　　　　　　　　　　　一元

　　　　酒石酸　（Tartaric Acid）　　　　　　　　　　　一元

　4　调味精（Condiment）　需用重量半公升以上

　　　甲　实用分析

　　　　水份　（Moisture）　　　　　　　　　　　　　　一元

　　　　总氮量　（Total Nitrogen）　　　　　　　　　　一元

　　　　谷酸钠　（Sodium Glutamate）　　　　　　　　　四元

　　　　氯化钠　（Sodium Chloride）　　　　　　　　　一元

　　　　杂质　（Impurities）　　　　　　　　　　　　　一元

　　　　全项分析　　　　　　　　　　　　　　　　　　　六元

　　　乙　特殊分析

　　　　毒性物之检验　（Detection of Poisons）　　　　三元

　　　　结晶形　（Crystal）　　　　　　　　　　　　　　一元

　5　酱色（Caramel）　需用容量二公升以上

　　　甲　实用分析

　　　　比色试验　（Colorimetry）　　　　　　　　　　二元

　　　　沉淀试验　（Precipitate Test）　　　　　　　　二元

　　　　味　（Taste）　　　　　　　　　　　　　　　　一元

　　　　毒性物质　（Poisons）　　　　　　　　　　　　三元

　　　　全项分析　　　　　　　　　　　　　　　　　　　六元

　　　乙　特殊分析

　　　　无机盐　（Inorganic Salts）　　　　　　　　　三元

三　蛋白质食品类

　1　牛乳（Milk）　需用容量二公升以上

　　甲　实用分析

　　　比重　（Specific Gravity）　　　　　　　　　　　　　　一元

　　　水份　（Water）　　　　　　　　　　　　　　　　　　一元

　　　总固形物　（Total Solids）　　　　　　　　　　　　　一元

　　　总酸　（Total Acids）　　　　　　　　　　　　　　　一元

　　　粗蛋白质　（Crude Proteins）　　　　　　　　　　　　一元

　　　酪素　（Casein）　　　　　　　　　　　　　　　　　一元

　　　蛋白质　（Albumin）　　　　　　　　　　　　　　　　一元

　　　脂肪　（Crude Fat）　　　　　　　　　　　　　　　　一元

　　　乳糖　（Lactose）　　　　　　　　　　　　　　　　　一元

　　　灰份　（Ash）　　　　　　　　　　　　　　　　　　　一元

　　　全项分析　　　　　　　　　　　　　　　　　　　　　八元

　　乙　特殊分析

　　　微生物之检验　（Detection of Micro-organism）　　　　三元

2　炼乳（包括加糖炼乳与不加糖炼乳）　（Condensed Milk and evaporated Milk）　需

用容量三公升以上

　　甲　实用分析

　　　水份（Water）　　　　　　　　　　　　　　　　　　　一元

　　　总固形物　（Total Solids）　　　　　　　　　　　　　一元

　　　灰份　（Ash）　　　　　　　　　　　　　　　　　　　一元

　　　脂肪　（Crude Fat）　　　　　　　　　　　　　　　　一元

　　　全氮量　（Total Nitrogen）　　　　　　　　　　　　　一元

　　　酪素　（Casein）　　　　　　　　　　　　　　　　　一元

　　　蛋白素　（Albumin）　　　　　　　　　　　　　　　　二元

　　　乳糖　（Lactose）　　　　　　　　　　　　　　　　　一元

　　　蔗糖　（Sucrose）　　　　　　　　　　　　　　　　　一元

　　　防腐剂　（Preservatives）　　　　　　　　　　　　　一元

　　　全项分析　　　　　　　　　　　　　　　　　　　　　八元

　　乙　特殊分析

　　　微生物之检验　（Detection of Micro-organism）　　　　三元

3　蛋品类　（Egg Products）　需用重量一公斤以上

　　甲　实用分析

　　　水份　（Water）　　　　　　　　　　　　　　　　　　一元

　　　　总固形物　（Total Solids）　　　　　　　　　　　　　　一元

　　　　灰份　（Ash）　　　　　　　　　　　　　　　　　　　一元

　　　　脂肪　（Crude Fat）　　　　　　　　　　　　　　　　一元

　　　　游离脂肪酸　（Free Fatty Acids）　　　　　　　　　　二元

　　　　全氮量　（Total Nitrogen）　　　　　　　　　　　　　一元

　　　　蛋白质氮　（Proteins Nitrogen）　　　　　　　　　　二元

　　　　非蛋白质氮　（Non-Proteins Nitrogen）　　　　　　一元

　　　　全项分析　　　　　　　　　　　　　　　　　　　　八元

　　乙　特殊分析

　　　　安态氮　（Ammonia Nitrogen）　　　　　　　　　　一元

　　　　硝酸态氮　（Nitrate Nitrogen）　　　　　　　　　　一元

　　　　亚硝酸态氮　（Nitrite Nitrogen）　　　　　　　　　一元

　　　　全磷酸　（Total Phosphoric Acid）　　　　　　　　三元

　　　　硼酸　（Boric Acid）　　　　　　　　　　　　　　一元

　　　　硫　（Sulphur）　　　　　　　　　　　　　　　　一元

　4　豆乳（Bean Milk）　需用容量二公升以上

　　甲　实用分析

　　　　比重　（Specific Gravity）　　　　　　　　　　　　一元

　　　　水份　（Water）　　　　　　　　　　　　　　　　一元

　　　　总固形物　（Total Solids）　　　　　　　　　　　　一元

　　　　灰份　（Ash）　　　　　　　　　　　　　　　　　一元

　　　　总酸　（Total Acids）　　　　　　　　　　　　　　一元

　　　　总氮量　（Total Nitrogen）　　　　　　　　　　　　一元

　　　　蛋白质氮　（Proteins Nitrogen）　　　　　　　　　一元

　　　　非蛋白质氮　（Non-Proteins Nitrogen）　　　　　　一元

　　　　脂肪　（Crude Fat）　　　　　　　　　　　　　　一元

　　　　全项分析　　　　　　　　　　　　　　　　　　　七元

　　乙　特殊分析

　　　　防腐剂　（Preservatives）　　　　　　　　　　　　二元

　　　　硫　（Sulphur）　　　　　　　　　　　　　　　　一元

　　　　微生物之检验　（Detection of Micro-organism）　　三元

一三　糖类及其制品

　1　蔗糖（Cane Sugar）　需用重量二公斤以上

甲　实用分析

色度　（Color Intensity）　一元

水份　（Moisture）　一元

灰份　（Ash）　一元

旋光度　（Polarization in angular degrees）　二元

蔗糖　（Sucrose）　二元

还原糖　（Reduciug sugar）　二元

酸度　（Acidity）　一元

不溶解物　（Water insoluble）　一元

全项分析　八元

乙　特殊分析

晶形　（Crystal）　一元

2　葡萄糖（Glucose）　需用重量二公斤以上

实用分析

色度　（Color intensity）　一元

水份　（Moisture）　一元

灰份　（Ash）　一元

葡萄糖　（Glucose）　二元

糊精　（Dextrin）　一元

酸度　（Acidity）　一元

全项分析　五元

3　蜂蜜（Honey）　需用重量二公斤以上

实用分析

水份　（Moisture）　一元

灰份　（Ash）　一元

旋光度　（Polarization in angular degree）　一元

还原糖　（Reducing sugar）　一元

蔗糖　（Sucrose）　一元

左旋糖　（Levulose）　二元

右旋糖　（Dextrose）　二元

糊精　（Dextrin）　一元

游离酸　（Free Acids）　一元

全项分析　八元

一四　果实类及其制品

   甲　实用分析

      水份　（Water）   一元

      总固形物　（Total Solid）   一元

      不溶解物　（Insoluble Matter）   一元

      灰份　（Ash）   一元

      酸度　（Acidity）   一元

      酒石酸　（Tartaric Acid）   二元

      苹果酸　（Malic Acid）   二元

      柠檬酸　（Citric Acid）   二元

      总糖份　（Sugar）   一元

      还原糖　（Reducing Sugar）   二元

      蔗糖　（Sucrose）   二元

      全项分析   十二元

   乙　特殊分析

      淀粉　（Starch）   一元

      糊精　（Dextrin）   一元

      蛋白质　（Proteins）   一元

      果酱胶　（Pectin）   一元

      灰份碱度　（Alkalinity of the Ash）   一元

      硫　（Sulphur）   一元

      精胶　（Gelatin）   一元

      氯化物　（Chloride）   二元

一五　谷类

   甲　实用分析

 1　米（Rice）　需用重量二公斤以上

      水份　（Moisture）   一元

      灰份　（Ash）   一元

      粗蛋白质　（Crude Protein）   二元

      粗纤维　（Crude Fiber）   二元

      脂肪　（Crude Fat or ether extract） 一元

      淀粉　（Starch）   一元

      糊精　（Dextrin）   一元

　　糖份 （Sugar） 一元

　　矿物质 （Mineral Matter） 一元

　　全项分析

　乙　特殊分析

　　蛋白质态氮 （Proteins Nitrogen） 三元

　　非蛋白质态氮 （Non-Protein Nitrogen） 一元

　　冷水浸出物 （Cold water soluble extract） 一元

　　氯 （Chlorine） 一元

2　麦及麦粉(Flour)　需用重量二公斤以上

　甲　实用分析

　　水份 （Moisture） 一元

　　灰份 （Ash） 一元

　　淀粉 （Starch） 一元

　　糊精 （Dextrin） 一元

　　糖份 （Sugar） 一元

　　总氮量 （Total Nitrogen） 一元

　　粗蛋白质 （Crude Portein） 一元

　　脂肪 （Crude Fat or Ether Extract） 一元

　　粗纤维 （Crude Fiber） 一元

　　麦筋 （Gluten） 一元

　　全项分析 八元

　乙　特殊分析

　　酒精浸出物 （Alcohol Soluble Matter） 三元

　　蛋白素及氮基酸氮 （Globulin Albumen and Amino-Nitrogen） 三元

　　磷 （Phosphorus） 三元

3　淀粉(Starch)　需用重量二公斤以上

　甲　实用分析

　　水份 （Moisture） 一元

　　灰份 （Ash） 一元

　　淀粉 （Starch） 一元

　　全氮量 （Total Nitrogen） 一元

　　脂肪 （Crude Fat） 一元

　　粗纤维 （Crude Fiber） 一元

　　　　全项分析　　　　　　　　　　　　　　　　　　　　五元

　　乙　特殊分析

　　　　显微镜检查　（Detection of Micro-organism）　　　三元

　　　　糊精　（Dextrin）　　　　　　　　　　　　　　　一元

　　　　糖份　（Sugar）　　　　　　　　　　　　　　　　一元

　　　　钾　（Potassium）　　　　　　　　　　　　　　　一元

　　　　钠　（Sodium）　　　　　　　　　　　　　　　　一元

　　　　磷　（Phosphorus）　　　　　　　　　　　　　　一元

　　　　钙　（Calcium）　　　　　　　　　　　　　　　　一元

　　　　铁　（Iron）　　　　　　　　　　　　　　　　　一元

一六　茶（Tea）　需用重量二公斤以上　　　　　　　　　一元

　　甲　实用分析

　　　　杂质　（Dust Slems and Foreige Leaves）　　　　一元

　　　　水份　（Moisture）　　　　　　　　　　　　　　一元

　　　　水浸出物　（Water Extract）　　　　　　　　　　一元

　　　　丹宁　（Tannin）　　　　　　　　　　　　　　　二元

　　　　茶素　（Coffine）　　　　　　　　　　　　　　　三元

　　　　灰份　（Ash）　　　　　　　　　　　　　　　　一元

　　　　水溶性灰份　（Water Soluble Ash）　　　　　　　一元

　　　　不溶性灰份　（Water Insoluble Ash）　　　　　　一元

　　　　酸中不溶解灰份　（Ash Insoluble in acid）　　　　一元

　　　　全项分析　　　　　　　　　　　　　　　　　　　九元

　　乙　特殊分析

　　　　石油醚可溶物　（Petroleum Ether Extract）　　　三元

　　　　灰中可溶性磷酸　（Soluble Phosphoric Acid in Ash）　三元

　　　　灰中不溶性磷酸　（Insoluble Phosphoric Acid in Ash）　三元

　　　　水溶灰份之碱度　（Alkalinity of the Soluble Ash）　二元

　　　　蛋白质　（Protein）　　　　　　　　　　　　　　二元

　　　　挥发油　（Volatile off）　　　　　　　　　　　　二元

　　　　颜料　（Pigments for coloring or Facing）　　　二元

　　　　白腊物质　（Paraffin and Waxy Snbstance）　　　二元

一七　肥料　（Fertilizer）　需用重量二公斤以上

　　（天然肥料人造肥料）

甲　实用分析

水份　（Moisture）　　　　　　　　　　　　　　　　　　一元

总磷酸　（Total Phosphoric Acid）　　　　　　　　　四元

总氮量　（Total Nitrogen）　　　　　　　　　　　　　一元

氧化钾　（Potassium Oxide）　　　　　　　　　　　　四元

全项分析　　　　　　　　　　　　　　　　　　　　　八元

乙　特殊分析

粗细检验　（Fineness）　　　　　　　　　　　　　　　一元

水溶性磷酸　（Water Soluble Phosphoric Asid）　　　四元

柠檬酸盐中不溶性磷酸　（Citrate-Insoluble Phosphoric Acid）　四元

柠檬酸盐中可溶性磷酸　（Citrate-Soluble Phosphoric Acid）　四元

有机及氮态氮　（Organic and Ammonical Nitrogen）　四元

氮态氮　（Ammonical Nitrogen）　　　　　　　　　　四元

硝酸基及氮态氮　（Nitric and Ammonicol Nitrogen）　四元

硝酸氮　（Nitrogen in Nitrate State）　　　　　　　四元

一八　工业原料

1　植物质鞣剂　（Vegetable Tannin）　需用重量二公斤以上

水溶性物总量　（Total Soluble Matter）　　　　　　一元

非鞣质　（Non-Tannin matter）　　　　　　　　　　四元

鞣质　（Tannin Matter）　　　　　　　　　　　　　四元

水份　（Moisture）　　　　　　　　　　　　　　　　一元

灰份　（Ash）　　　　　　　　　　　　　　　　　　一元

全项分析　　　　　　　　　　　　　　　　　　　　　八元

2　鞣膏（Tannin Extract）　需用重量二公斤以上

水溶性物总量　（Total Water Soluble Matter）　　　一元

鞣质　（Tannin Matter）　　　　　　　　　　　　　四元

非鞣质　（Non-Tannnin Matter）　　　　　　　　　四元

糖份　（Sugar）　　　　　　　　　　　　　　　　　二元

淀粉或糊精　（Starch or Dextrin）　　　　　　　　　二元

溶解度　（Solubility）　　　　　　　　　　　　　　二元

水份　（Moisture）　　　　　　　　　　　　　　　　一元

灰份　（Ash）　　　　　　　　　　　　　　　　　　一元

全项分析　　　　　　　　　　　　　　　　　　　　　十三元

3　盐（Salt）　需用重量二公斤以上

　　甲　实用分析

　　　　水份　（Moisture）　　　　　　　　　　　　　　　　　　　　　　一元

　　　　水中不溶解物　（Water Insoluble）　　　　　　　　　　　　　　一元

　　　　硫酸钙及硫酸镁　（Calcium Sulphate and Magnesium Sulphate）　一元

　　　　氯化钠　（Sodium Chloride）　　　　　　　　　　　　　　　　　二元

　　　　氯化钾　（Potassium Chloride）　　　　　　　　　　　　　　　　四元

　　　　氧化钙及氯化镁　（Calcium Chloride and Magnesium Chloride）　二元

　　　　硫酸钠　（Sodium Sulphata）　　　　　　　　　　　　　　　　　二元

　　　　全项分析　　　　　　　　　　　　　　　　　　　　　　　　　　十一元

　　乙　特殊分析

　　　　氧化铁及氧化铝　（Iron Oxide and Alumina）　　　　　　　　　二元

　　　　二氧化炭　（Carbon Dioxide）　　　　　　　　　　　　　　　　二元

　　　　五氧化二磷　（Phosphorus Pentaoxide）　　　　　　　　　　　　二元

4　豆及豆饼（Beans and Bean-cake）　需用重量二公斤以上

　　甲　实用分析

　　　　水份　（Moisture）　　　　　　　　　　　　　　　　　　　　　　一元

　　　　粗蛋白质　（Crude Protein）　　　　　　　　　　　　　　　　　三元

　　　　蛋白质态氮　（Proteins Nitrogen）　　　　　　　　　　　　　　三元

　　　　非蛋白质态氮　（Non-Proteins Nitrogen）　　　　　　　　　　　三元

　　　　脂肪　（Crude Fat）　　　　　　　　　　　　　　　　　　　　　三元

　　　　粗纤维　（Crude Fiber）　　　　　　　　　　　　　　　　　　　三元

　　　　灰份　（Ash）　　　　　　　　　　　　　　　　　　　　　　　　一元

　　　　水溶性无氮质物　（Water Soluble Free From Nitrogen Compounds）　一元

　　　　全项分析　　　　　　　　　　　　　　　　　　　　　　　　　　十四元

　　乙　特殊分析

　　　　氨态氮　（Ammonia Nitrogen）　　　　　　　　　　　　　　　　四元

　　　　硝酸态氮　（Nitrate Nitrogen）　　　　　　　　　　　　　　　　四元

　　　　亚硝酸态氮　（Nitrite Nitrogen）　　　　　　　　　　　　　　　四元

5　石灰（Quick lime）　需用重量二公斤以上

　　　　实用分析

　　　　灼热减量　（Loss on Ignition）　　　　　　　　　　　　　　　　一元

　　　　盐酸中不溶解物　（Hydrochloric acid Insoluble Matter）　　　　一元

有效石灰质　（Available lime）　　　　　　　　　　　　　一元

氧化铁及氧化铝　（Iron Oxide and Alumina）　　　　　　一元

氧化钙　（Calcium Oxide）　　　　　　　　　　　　　　二元

氧化镁　（Magnesia）　　　　　　　　　　　　　　　　二元

二氧化炭　（Carbon Dioxide）　　　　　　　　　　　　三元

全项分析　　　　　　　　　　　　　　　　　　　　　　八元

6　明矾　（Alum）　需用重量二公斤以上

　甲　实用分析

　　不溶解物　（Water Insoluble）　　　　　　　　　　一元

　　氧化铝　（Alumina）　　　　　　　　　　　　　　二元

　　氧化钾　（Potassium Oxide）　　　　　　　　　　四元

　　铁　（Iron）　　　　　　　　　　　　　　　　　二元

　　硫酸基　（Sulphuric Radical）　　　　　　　　　　二元

　　全项分析　　　　　　　　　　　　　　　　　　　八元

　乙　特殊分析

　　碱度及酸度　（Basicity or Acidity）　　　　　　　二元

　　锌　（Zinc）　　　　　　　　　　　　　　　　　二元

　　氧化钙　（Calcium Oxide）　　　　　　　　　　　二元

7　硼酸及硼砂　（Boric Acid and Borax）　需用重量二公斤以上

　实用分析

　　结晶水　（Water of crystallization）　　　　　　　一元

　　氧化硼　（Boron Oxide）　　　　　　　　　　　　一元

　　氧化钠　（Sodium Oxide）　　　　　　　　　　　一元

　　硫酸盐　（Sulphates）　　　　　　　　　　　　　一元

　　氯化物　（Chlorides）　　　　　　　　　　　　　一元

　　氧化铁　（Iron Oxide）　　　　　　　　　　　　　一元

　　全项分析　　　　　　　　　　　　　　　　　　　五元

8　漂白粉（Bleaching Powder）　需用重量二公斤以上

　甲　实用分析

　　有效氯　（Available Chlorine）　　　　　　　　　四元

　乙　特殊分析

　　氧化铁及氧化铝　（Iron Oxide and Alumina）　　　二元

　　氧化钙　（Calcium Oxide）　　　　　　　　　　　二元

氧化镁　（Magnesia）　　　　　　　　　　　　　　　二元

二氧化炭　（Carbon Dioxide）　　　　　　　　　　　三元

9　蜂蜡　（Bee wax）　需用重量二公斤以上

甲　实用分析

水份　（Moisture）　　　　　　　　　　　　　　　一元

比重　（Specific Gravity）　　　　　　　　　　　　一元

熔点　（Melting Point）　　　　　　　　　　　　　一元

碘价　（Iodine Value）　　　　　　　　　　　　　三元

酸价　（Acid Value）　　　　　　　　　　　　　　一元

碱化价　（Saponification Value）　　　　　　　　　二元

酯价及比值　（Ester Value and Ratio Number）　　　二元

松香质　（Resin）　　　　　　　　　　　　　　　一元

全项分析　　　　　　　　　　　　　　　　　　　九元

一九　工业成品

1　酒精　（Alchol）　需用容量二公斤以上

甲　实用分析

比重　（Specific Gravity）　　　　　　　　　　　　一元

颜色　（Color）　　　　　　　　　　　　　　　　一元

嗅　（Odor）　　　　　　　　　　　　　　　　　一元

乙醇　（Ethyl Alcohol）　　　　　　　　　　　　　一元

醛　（Aldehyde）　　　　　　　　　　　　　　　二元

杂醇酒　（Fusel Oil）　　　　　　　　　　　　　　二元

游离酸　（Free Acid）　　　　　　　　　　　　　一元

蒸发残渣　（Residue or Evaporation）　　　　　　　一元

糖醛　（Furfurol）　　　　　　　　　　　　　　　一元

全项分析　　　　　　　　　　　　　　　　　　　八元

乙　特殊分析

硫酸反应　（Sulphuric Acid Reaction）　　　　　　　一元

Chameleon 反应　（Chameleon Reaction）　　　　　　一元

硫化氮及氨反应　（Hydroxide，Sulphide and Ammonia Reaction）　　一元

2　纸（Paper）　需用重量二公斤以上

甲　化学试验

水份　（Moisture）　　　　　　　　　　　　　　　一元

纤维　（Cellulose）　　　　　　　　　　　　　　四元

铁物质　（Mineral Matter）　　　　　　　　　　四元

耐水剂　（Sizing Agent）　　　　　　　　　　　四元

不纯物　（Impurities）　　　　　　　　　　　　四元

乙　物理试验

重量及厚薄　（Weight and thickness）　　　　　一元

伸强度　（Tensile strength）　　　　　　　　　一元

破裂度　（Bursting Strength）　　　　　　　　一元

耐折度　（Folding Strength）　　　　　　　　　一元

耐水度　（Sizing Degree）　　　　　　　　　　一元

吸水度　（Water Absorbing Degree）　　　　　一元

滤过度　（Filtering Degree）　　　　　　　　　一元

气体透过度　（Gas Penetrating Degree）　　　一元

光线透过度　（Light Penetrating Degree）　　一元

全项分析　　　　　　　　　　　　　　　　　　七元

3　玻璃（Glass）同种制品五件以上

甲　实用分析

（1）　定性分析

著色金属之检定　（Metallic Coloring matter）　四元

主要成份之检定　（Principle Constituents）　　四元

（2）　定量分析

氧化铅　（Lead Oxide）　　　　　　　　　　　一元

氧化铝　（Alumina）　　　　　　　　　　　　一元

氧化铁　（Iron Oxide）　　　　　　　　　　　一元

氧化钙　（Calcium Oxide）　　　　　　　　　一元

氧化钡　（Barium Oxide）　　　　　　　　　　一元

氧化镁　（Magnesia）　　　　　　　　　　　　一元

氧化钾　（Potassium Oxide）　　　　　　　　三元

氧化钠　（Sodium Oxide）　　　　　　　　　　三元

氧化锰　（Manganese Oxide）　　　　　　　　一元

氧化矽　（Silica）　　　　　　　　　　　　　一元

氧化硼　（Boron Oxide）　　　　　　　　　　一元

全项分析　　　　　　　　　　　　　　　　　　十二元

乙　特殊分析

耐酸试验　（Resistance Against Acid）　四元

耐碱试验　（Resistance Against Alkali）　四元

急热急冷试验　（Spalling Test）　四元

全项分析　九元

4　珐琅(Enamel)同种制品五件以上

甲　实用分析

（1）　定性分析

著色金属之检定　（Metallic Coloring matter）　四元

主要成分之检定　（Principle Constituents）　四元

（2）　定量分析

氧化铅　（Lead Oxide）　一元

氧化铝　（Alumina）　一元

氧化铁　（Iron Oxide）　一元

氧化钙　（Calcium Oxide）　一元

氧化镁　（Magnesia）　一元

氧化钾　（Potassium Oxide）　四元

氧化钠　（Sodium Oxide）　四元

氧化锰　（Manganese Oxide）　一元

氧化矽　（Silica）　一元

氧化硼　（Boron Oxide）　一元

乙　特殊分析

铅之检验　（Detection of lead）　四元

耐酸试验　（Resistance Against Acid）　四元

5　陶瓷器类(Ceramics)每项目须用同种制品二件以上

实用分析

外观检定　（Apperance）　一元

致密度试验　（Porocity）　一元

渗透试验　（Permeability and Renetration）　二元

水性溶物　（Water Soluble Matter）　二元

耐火度试验　（Defonmation Temperature）　七元

耐酸试验　（Resistance Against Acid）　四元

耐碱试验　（Resistance Against Alkali）　四元

急热急冷试验　(Spalling Test)　　　　　　　　　二元

6　水泥(Cement)　需用重量二公斤以上

　甲　实用分析

　　灼热减量　(Loss on Ignition)　　　　　　　　　一元

　　水份　(Moisture)　　　　　　　　　　　　　　一元

　　无水硫酸　(Anhydrous Sulphuric Acid)　　　　二元

　　氧化镁　(Magnesia)　　　　　　　　　　　　二元

　　氧化钙　(Calcium Oxide)　　　　　　　　　　二元

　　不溶解残渣　(Insoluble Residue)　　　　　　一元

　　全项分析　　　　　　　　　　　　　　　　　七元

　乙　特殊分析

　　氧化铝　(Alumina)　　　　　　　　　　　　　一元

　　氧化铁　(Iron Oxide)　　　　　　　　　　　　一元

　　氧化矽　(Silica)　　　　　　　　　　　　　　一元

　　氧化钾　(Potassium Oxide)　　　　　　　　　四元

　　氧化钠　(Sodium Oxide)　　　　　　　　　　四元

7　肥皂(Soap)　需用重量二公斤以上

　甲　实用分析

　　水份　(Moisture)　　　　　　　　　　　　　　一元

　　总碱质　(Total Alkali)　　　　　　　　　　　一元

　　总油脂物　(Total Fatty Matter)　　　　　　　一元

　　游离碱或游离脂肪酸　(Free Causlic or Free Fatty Acid)　　一元

　　游离炭酸钠　(Free Sodium Carbonate)　　　　二元

　　化合碱质　(Combined Alkali)　　　　　　　　一元

　　不溶解物　(Insoluble Matter)　　　　　　　　一元

　　甘油　(Glycerol)　　　　　　　　　　　　　　一元

　　松香质　(Resin)　　　　　　　　　　　　　　一元

　　氯化物　(Chlorides)　　　　　　　　　　　　一元

　　矽酸钠　(Sodium Silicate)　　　　　　　　　一元

　　全项分析　　　　　　　　　　　　　　　　　十一元

　乙　特殊分析

　　硼砂　(Borax)　　　　　　　　　　　　　　　二元

　　糖份　(Sugar)　　　　　　　　　　　　　　　一元

杂质　（Impurities）　　　　　　　　　　　一元

8　靛青（Indigo）　需用重量半公斤以上

水份　（Moisture）　　　　　　　　　　　一元

靛青　（Indigotin）　　　　　　　　　　　三元

灰份　（Ash）　　　　　　　　　　　　　一元

全项分析　　　　　　　　　　　　　　　四元

9　墨水（Ink）　需用容量一公斤以上

沉淀物　（Precipitate）　　　　　　　　　一元

溶解物　（Soluble Matter）　　　　　　　一元

黏度　（Viscosity）　　　　　　　　　　　一元

丹宁　（Tannin）　　　　　　　　　　　　二元

还原剂　（Reducing Agent）　　　　　　　二元

酸度　（Acidity）　　　　　　　　　　　　二元

染料　（Dyestuff）　　　　　　　　　　　二元

全项分析　　　　　　　　　　　　　　　八元

10　油漆（Paint and Varnish）　需用重量一公斤以上

甲　实用分析

总溶剂　（Total vehicle）　　　　　　　　二元

颜料　（Pigment）　　　　　　　　　　　三元

稀薄剂　（Thinner）　　　　　　　　　　二元

油　（Oil）　　　　　　　　　　　　　　三元

水份　（Water）　　　　　　　　　　　　一元

全项分析　　　　　　　　　　　　　　　八元

乙　特殊分析

涂漆试验（如光泽耐水、耐酸、耐碱、耐醇、耐热、耐光等）

11　橡皮（Rubber）　需用重量一公斤以上

树胶　（Resin-Aeetone Extract）

不溶解物　（Insoluble Matter）

氮　（Nitrogen）

灰　（Ash）

硫　（Sulphur）

橡皮　（Rubber）

填料　（Fillers）

颜料　（Pigment）

全项分析

二十　凡上表未列举之化验物品或其项目并收费数额，均可依照类推或临时察看情形，酌量核办。

二十一　指导、改良、研究、设计、证明等特殊问题，视问题之繁简难易酌定之。

●●工厂设置哺乳室及托儿所办法大纲_{民国二十五年（1936年）四月二十二日实业部公布}

第一条　本大纲依修正工厂法施行条例第二十条制定之。

第二条　工厂平时雇用已婚女工达一百人以上者，应设置哺乳室。其未满一百人者，得联合附近工厂设置之。

第三条　工厂平时雇用已婚女工达三百人以上者，除设置哺乳室外，并应设置托儿所。未满三百人者，得联合附近工厂设置之。

第四条　女工亲生之子女，其年龄在六星期以上十八个月以下者，得寄托于哺乳室；十八个月以上六岁以下者，得寄托于托儿所。

第五条　工人请求哺乳室或托儿所代办供给其子女衣食时，得收取其实际费用。

第六条　请求寄托于哺乳室或托儿所之儿童，应经体格检查，并施种牛痘。

经前项检查后，发现有传染病、精神病、吃音病及残废之儿童，哺乳室或托儿所不得收容。

第七条　哺乳室或托儿所应使空气清洁，温度适宜，光线柔和，于可能范围内在室外种植草木，并酌留空地，以便儿童游戏、运动。

第八条　哺乳室，由工厂酌量经济能力为下列之设备：

一　儿童用之卧床被褥、枕席、浴盆、便具、坐椅、摇篮；

二　乳母用之坐椅、衣橱、盥洗处；

三　办公用之桌椅、文具、登记簿、寒暑表、衡度体重及身长器具、医药用品；

四　其他。

第九条　托儿所，由工厂酌量经济能力为下列之设备：

一　儿童用之卧床被褥、枕席、浴具、坐椅、教育玩具、运动器具、图书、衣橱、厕所；

二　办公用之桌椅、文具、登记簿、寒暑表、衡度体重及身长器具、医药用品、教材；

三　其他。

第一〇条　工厂设置哺乳室及托儿所相近者，所有一切设备在不感缺乏时，得互相移用。

第一一条　哺乳室或托儿所应视事实需要，雇用有抚育儿童经验及卫生常识之保姆，必要时，得酌雇看护。

雇用保姆或看护人数达二人以上时,应指定一人为主任。

第一二条　哺乳室或托儿所寄托时间,每班自开工前十分钟起至放工后十分钟止,经保姆或看护同意时,得延长之。

第一三条　寄托哺乳室之儿童,其年龄未满六个月者,每三小时哺乳一次;六个月以上者,每四小时一次,每次最多不得过二十分钟。

第一四条　工厂设置哺乳室或托儿所时,应呈报当地主管官署备案。

第一五条　工厂于不抵触本大纲范围内,得拟订哺乳室或托儿所管理规则,呈请当地主管官署核准,并揭示之。

第一六条　本大纲自公布之日施行。

●●蚕种制造条例民国二十五年(1936 年)二月十八日国民政府公布

第一条　凡为制造蚕种之营业者,依本条例之规定。

第二条　蚕种制造者应开具下列事项,缴纳证书费五元、印花税一元,呈请所在地商品检验局查明,转呈实业部核发蚕种制造场许可证。其未设商品检验局地方,应呈请所在地省、市主管机关查明,转呈实业部核发。

一　蚕种制造场名称及地址;

二　饲育场所所在地;

三　场主简明履历;

四　主任技术员简明履历并附证明文件;

五　对于所制蚕种量设备之桑园;

六　蚕室间数及面积;

七　蚕具制种用具及检种用具;

八　蚁量及制造种类;

九　原蚕种或普通种之品种名称;

一○　冷藏处所。

蚕种冷藏取缔办法,由实业部定之。

第三条　各省、市之主管机关得呈准实业部设立蚕业监管所或代理机关,掌理蚕种监管事宜。

第四条　蚕种制造之主任技术员,应具有下列资格之一:

一　曾在国内外大学或专科学校之蚕科毕业者;

二　曾在中等蚕业学校或农业学校蚕科三年毕业,并具有养蚕制种二年以上之经验者;

　　三　曾在其他中等程度蚕科二年毕业,并具有养蚕制种三年以上之经验者。

第五条　蚕种制造者以用原蚕种为限。

　　蚕种制造者每年所制蚕种之原种品种及其交杂方式,应由商品检验局或各省、市主管机关呈准实业部指定之。

第六条　蚕种制造应于春、秋两期行之。

　　夏期制种各省、市得斟酌实地情形,呈由实业部核定之。

第七条　蚕种制造者应有防除蚕病必要之设备。

　　前项所称蚕病,系指微粒子病、硬化病、软化病、脓病、蚕蛆病等。

第八条　蚕种制造者对于蚕室、蚕具及制种用具等,均应消毒。

第九条　原蚕种应由中央直辖蚕业机关或省、市立蚕业机关制造之,但其他蚕种制造场经商品检验局或各省、市主管机关审查认为合于下列之条件者,呈由实业部核准后,得制造之。

　　一　有合格之原蚕种专用桑园者;

　　二　有合格之原蚕种专用蚕室及蚕具者;

　　三　主任技术员除具有第四条各款资格之一外,并曾得原蚕种制造之经验二年以上之证明文件者。

第一〇条　制造原蚕种之蚕儿应用一蛾育,但经商品检验局或省、市主管机关许可者,得变更之,至多以三蛾育为限。

第一一条　蚕种制造者关于原蚕种之制造,应用纯粹种及固定种。

第一二条　制造原蚕种应用袋制、框制或袋制散卵制造,普通种应用框制,或散卵,或平附,但散卵以用袋制或框制者为限。

第一三条　原蚕种应受蚕卵、蚕儿、蚕蛹、蚕茧及母蛾之检查,普通种应受蚕儿、蚕蛹、蚕茧及母蛾之检查,但经商品检验局或省、市主管机关转呈实业部之核准,得抽查之。

　　前项应受检查之蚕卵、蚕儿、蚕蛹、蚕茧及母蛾,均不得以其他蚕卵、蚕儿、蚕蛹、蚕茧及母蛾掉换。

第一四条　原蚕种、普通种及即时浸酸种,母蛾检查毒率之标准,如下:

　　一　原蚕种母蛾于每一收蚁批内有微粒子之毒率在百分之三以上者,为不合格。

　　二　普通种母蛾微粒子之毒率在未满百分之三者,全部合格;百分之三十以上者,为不合格。但在百分之三以上未满百分之三十者,应行全部再检查。

　　即时浸酸种母蛾用混袋制者,微粒子毒率在未满百分之五者,为合格;在百分之五以上者,为不合格。如非混袋制,依前项第一款之规定。

第一五条　蚕种制造者行冷藏蚕种时,应在领有许可证之冷库或冰库储藏。

第一六条　各省、市主管机关依第三条规定所设之蚕业监管所或代理机关,应随时派员赴各蚕种制造场实施检查,并将检查结果呈报实业部。

第一七条　外国输入之蚕种,应经商品检验局检查合格后,方准销售或让与。

第一八条　实业部对于外国输入之蚕种,得以命令限制之。

第一九条　依第十三条、第十四条及第十七条规定检查合格之蚕种,应于连纸或容器上粘贴合格证,并加盖商品检验局或各该省、市主管机关图记。无合格证或未加盖图记者,不准销售或让与。

前项合格证分原蚕种与普通种,由实业部制印颁发,每枚收费一分,各省、市主管机关所收之费,以半数缴解实业部,为提倡改良蚕种之用。

第二〇条　凡检查不合格之蚕种,应焚毁之。

第二一条　蚕种制造者每年应将所制蚕种之品种名、化性、制造额数,分别填注,呈由商品检验局或该省、市主管机关转呈实业部备案。

第二二条　蚕种制造专以试验研究为目的者,不受本条例之限制,但应开具下列各款,呈由商品检验局或该省、市主管机关转呈实业部备案。

一　机关名称及地址;

二　制造或购入品种;

三　研究之目的;

四　研究之时期;

五　研究之方法;

六　研究及主管者简明履历。

第二三条　商品检验局、各省、市主管机关、蚕业监管所或代理机关职员,不得投资于制造蚕种之营业,并不得兼充蚕种制造场职员。

第二四条　商品检验局、各省、市主管机关、蚕业监管所或代理机关职员,于施行检查时,如蚕种制造场之主办人员与本人有亲属关系者,应行回避。

第二五条　未经实业部核发许可证而为制造蚕种之营业者,科五十元以下罚镪,并禁止其出售蚕种。如蚕种业已出售,除令退还售价外,再科以与售价相等之罚镪。

第二六条　违反第五条第一项、第十条、第十一条、第十二条或第十三条第二项之规定者,科三十元以下罚镪,其蚕儿、蚕茧或蚕种没收之。

有前项情形二次以上者,得并撤销其许可证。

第二七条　违反第十七条或第十九条第一项之规定者,除令退还蚕种售价外,科以与售价相等之罚镪。

第二八条　违反第四条、第七条、第八条、第九条或第十五条之规定者,停止其业务。

前项处分如已依照各该条规定改正者,应即撤销之。

第二九条　违反第二十条之规定者,科五十元以下罚镪,得并撤销其许可证。

第三〇条　蚕种制造者将合格证让与他人使用者,科以合格证费十倍之罚镪,得并撤销其许可证。使用失效之合格证者，亦同。

第三一条　购买蚕茧供制造蚕种之用者，科五十元以下罚锾，得并撤销其许可证。其蚕茧、蛾口茧及已制成之蚕种没收之。

第三二条　有下列各款情形之一者，科五十元以下罚锾，没收其蚕种，得并撤销其许可证。

一　于产卵后之母蛾，用某种方法减灭微粒子者；

二　蛾盒内所装之母蛾，以其他母蛾调换者；

三　应行全部再检查之蚕种，不遵章检查、挖补，迳行发售者。

第三三条　商品检验局、各省、市主管机关、蚕业监管所或代理机关职员，违反本条例第二十三条、第二十四条之规定者，应付惩戒。

第三四条　本条例施行细则由实业部定之。

第三五条　本条例自公布日施行。

●●蚕种冷藏取缔办法民国二十五年（1936年）三月三十一日实业部公布

第一条　本办法依蚕种制造条例第二条第二项之规定制定之。

第二条　蚕种冷藏之类别，如下：

一　独立冷库或冰库，以冷藏蚕种为专业者；

二　独立冷库或冰库，于一部分或一时期冷藏蚕种者；

三　附设于蚕种制造场之冷库或冰库。

第三条　供给储藏蚕种用之冷库、冰库，应呈经所在地商品检验局，转呈实业部核发蚕种冷藏许可证。其未设商品检验局地方，应呈经所在地省、市主管官署，转呈实业部核发。

前项之许可证之发给，以中华民国人为限。

第四条　呈请核发蚕种冷藏许可证者，应开具下列事项，附缴证书费五元、印花税一元。

一　冷库或冰库；

二　独立或附设；

三　经理人及管理人姓名、履历；

四　容积；

五　储种数额；

六　浸酸设备。

第五条　冷藏库主管理，须依下列之规定：

一　第二条第一、二两款之冷库、冰库，除管理人应具有冷气工程知识及经验外，并须另聘或特约蚕种制造条例第四条规定资格之人员共同管理；

二　第二条第三款之冷库、冰库,除蚕种制造场固有主任技术员外,并须另聘或特约具有冷气工程知识及经验人员共同管理。

第六条　经营冷库、冰库者所藏蚕种,以领有许可证蚕种制造场之蚕种为限。

第七条　经营冷库、冰库者应于每年二月七月以前,将所藏蚕种数目及场名呈报主管官署,转呈实业部查核。

第八条　违反第三条第一项之规定者,依行政执行法第五条之规定办理。

第九条　违反第五条、第六条之规定者,得停止其业务。

前项停止业务之处分,经主管官署查明确已完全改正时,得撤销之。

第一〇条　违反第七条之规定,经一次警告仍不遵办者,得停止其业务。

第一一条　本办法自公布日施行。

●●实业部商品检验局生丝检验施行细则民国二十五年(1936年)八月二十四日实业部修正公布

第一条　本细则依商品检验法(以下简称本法)第十八条之规定制定之。

第二条　生丝检验,为下列二类:

一　分量检验,　公量、净量、除胶等;

二　品质检验,　均匀、洁净、清洁条份、断头拉力(分单丝、双丝)、抱合力等。

第三条　生丝检验应由检验局依品质检验之结果,评定品级。

生丝品质检验方法及品级标准,另定之。

第四条　凡输出国外之生丝,应向所在地商品检验局(以下简称检验局)填写报验单,连同生丝及检验费,报经检验,给予证书,方得报关输出。

第五条　生丝贸易应遵照检验局检验公量与品级之结果,为计算价值之标准。

第六条　下列各种之生丝,免予检验:

一　双宫土丝及废丝;

二　非本国出品;

三　在一担以内之样丝;

四　赛会或供科学研究等用非卖品之生丝。

前项双宫土丝或废丝,应于包外标明。

第七条　生丝检验、拣样办法,如下:

一　公量检验

一　受检验数量为每批包数百分之四十,如有零数比例递加;

二　每件拣样丝两份,每份数量以四百五十公分为度;

三　每包烘条不得抽至二条以上；

四　所拣样丝应盛以铅盘,一系红色标记,一系白色标记。

二　除胶检验

一　采取样丝为每批重量十分之一,如有零数,比例递加；

二　就每件生丝内任择十绞,再就十绞中检取一百公分作为样丝,分作两份,其一份应系以棉带标记。

三　品级检验

一　品级检验以五件为一批,每件拣样丝五条,每批共拣样丝二十五条；

二　抽取前目之样丝,应偏及件内各部,每包不得过一条。

第八条　检验次序以报验先后为准,其手续限于收到报验单及生丝后工作十四小时内施行完毕。

第九条　生丝检验时之拆包、打包,由检验局为之,但得知照报验人到场。

第一〇条　检验完毕,由负责检验人员在检验单上签字,依本法第十一条之规定,发给证书或检验单。

第一一条　生丝检验后,检验局应在每包生丝上加扣标识。

第一二条　生丝证书有效期间,以六个月为限。

第一三条　甲局检验之生丝转运至乙局所在地,应填写转口报告单,连同甲局所发之证书,送由乙局查核,确系原包装与证书记载相符者,在原证书上签注"放行"字样,准予免验。但查有不符时,应重行检验。

第一四条　依本法第十三条请予补发证书或换发证书,经检验局查核认为无充分理由时,得重行检验。

第一五条　依前两条重行检验之生丝,应按照本细则第四条之规定办理。

第一六条　证书在有效期间遗失,除应依法报请补发外,并须将原发证书号数及遗失情形登载当地著名日报两日以上,声明作废。

第一七条　生丝检验给证后,如须变更包装,应报请检验局核准,派员监视改装,并重加标识。

第一八条　检验局施行生丝检验,得制定补充办法,但须呈准本部备案。

第一九条　本细则自公布之日施行。

●●取缔棉花搀水搀杂暂行条例 民国二十五年(1936年)三月二十三日国民政府修正公布

第一条　本国棉花,以含水分百分之十一,含杂质百分之零点五为法定标准。

第二条　本国棉花在市场买卖,以含水分百分之十二,含杂质百分之二为最高限度,但各省因地理气温之关系所产棉花原含水分不多者,得以法定标准为最高限度。

第三条　本国棉花所含水分、杂质超过最高限度者,禁止买卖。但黄花、红花、脚花及废花原含杂质较多而不合整理者,不在此限。

第四条　意图不法利益,于棉花内搀水或搀杂者,处三年以下有期徒刑、拘役,或科或并科一千元以下罚金。

第五条　纱厂花行或其他棉商收买含有水分或杂质超过最高限度之棉花者,停止其使用或转卖,并得处一千元以下罚金。

打包商、运输商等承接前项棉花而处理之者,得处一千元以下罚金。

第六条　纱厂购买棉花遇有所含水分超过法定标准者,应依其超过之量照价扣除,其不满法定标准者,应照价补偿。

第七条　纱厂购买棉花遇有所含杂质超过法定标准者,其在百分之一点五以内,应依其超过量照价扣除。逾百分之一点五者,加倍扣除,其不满法定标准者,应照价补偿。

第八条　棉花所含杂质,以棉子、子棉、碎叶、铃片、棉枝、泥土六种为限,如有其他杂质,依第四条处罚之。

第九条　意图不法利益,将中棉种与美棉种混杂轧花,或以粗绒搀入细绒,或以黄花、红花、脚花或废花搀入白花者,处一千元以下罚金。

第一〇条　棉商经办或买卖之棉花,应在包外加盖厂名或行名及棉花名称之标记。违者,停止其运销,并得处三百元以下罚金。

第一一条　棉商均应登记,其未遵章登记者,停止其营业或处三百元以下罚金。

第一二条　棉花搀水、搀杂,取缔机关有派员至棉业行厂查验之权。

第一三条　主管或查验人员如有串通舞弊或故意挑剔留难情事,除应负刑事责任外,其因而损害营业人利益者,并应负赔偿之责。

第一四条　出口棉花依商品检验法办理之。

第一五条　本条例自公布日施行。

●●取缔火酒规则民国二十一年(1932年)七月行政院公布,二十五年(1936年)一月十八日修正。

第一条　为防止火酒搀水混充饮料起见,凡燃烧用、工业用及其他不纯洁之火酒,均依照本规则取缔之。

第二条　燃烧用或工业用之火酒,均应由出品厂家依下列各成分配合,其包装上须用华文标明有毒字样,注明配合成分于显明之处,以资识别。纯净之火酒,亦应于包装上用华文标明纯洁字样,并注明其成分。

甲　燃烧用火酒之配合成分

醇（酒精）	Alcohol	90—95％
木精	Wood spirit	45—50％
石油	Petroleum	0.5—0.375％
氮苯	Pyridine	0.5％
一烷紫	Methyl violet	加至现色

乙　工业用火酒之配合成分

1	醇（酒精）		95—97.5％
	木精		5—2％
	石油		6—0.5％
2	醇（酒精）		99％以上
	苯		1％以上
3	醇（酒精）		98％以上
	苯	Benzene	2％以上
	一烷紫		加至现色

4　其他成分之配合经主管官署特许者

第三条　进口火酒，除奉令特准进口者外，由实业部商品检验局依前条所订标准检验之。未经检验或检验不合规定者，不许进口。

第四条　本国制造之火酒，不依第二条之规定者，经查出或告发得有确证时，得禁止其贩运与售卖。

第五条　经告发以有毒火酒搀和饮料，得有确证，或经官厅查觉者，依刑法第一百九十一条移送法院惩处之。

（刑法第一百九十一条原条文为：制造、贩卖或意图贩卖而陈列妨害卫生之物品者，处六月以下有期徒刑、拘役，得并科或易科一千元以下罚金。）

第六条　本规则自呈准公布之日起三个月后施行。

●●实业部货物产地证书签发规则 民国二十五年（1936年）六月五日实业部修正公布

第一条　本部依化简税关则例国际公约第十一条之规定，制定货物产地证书，发给需要此项证书之出口商。

第二条　货物产地证书，以实业部之商品检验局或检验分处为主管签发机关。未设检验局或检验分处之地，由海关监督签发。无监督者，二税务司代签。

第三条　货物产地证书之请领，应由出口商向就近主管签发机关领取请求单，自行逐项填明，并呈验货物提单发票或其他足资证明之文件（如货物原产地商会或同业公会之证明书），连同证书费，呈缴候发。

第四条　主管签发机关对于请求单及附件，如核无虚伪情事，应照所填报告，签发货物产地证书。

第五条　呈请签发产地证书之物品，不论一种或多种，如系分销者，每一分销地应请领证书一张。

第六条　货物产地证书费，每张收国币二元。

第七条　经商品检验局给有合格证书，准许出口之物品，得不另请货物产地证书。

第八条　工业制造品不适用本规则之规定。

第九条　本规则自公布日施行。

●●商标法 民国二十四年（1935年）十一月二十三日国民政府修正公布，原公布日期十九年（1930年）五月六日。

第一条　凡因表彰自己所生产、制造、加工、拣选、批售或经纪之商品，欲专用商标者，应依本法呈请注册商标所用之文字、图形、记号或其联合式，应特别显著，并应指定名称及所施颜色。

　　商标所用之文字，包括读音在内。

第二条　下列各款，均不得作为商标呈请注册：

一　相同或近似于中华民国国旗、国徽、国玺、军旗、官印、勋章或中国国民党党旗、党徽者；

二　相同于总理遗像及姓名别号者；

三　相同或近似于红十字章或外国之国旗、军旗者；

四　有妨害风俗秩序或可欺罔公众之虞者；

五　相同或近似于同一商品习惯上所通用之标章者；

六　相同或近似于世所共知他人之标章，使用于同一商品者；

七　相同或近似于政府所给奖章及博览会、劝业会等所给奖牌褒状者，但以自己所受奖者作为商标之一部份时，不在此限；

八　有他人之肖像、姓名、商号或法人及其他团体之名称者，但已得其承诺时，不在此限；

九　相同或近似于他人注册商标，失效后未满一年者，但其注册失效前已有一年以上不使用时,不在此限。

第三条 二人以上于同一商品以相同或近似之商标各别呈请注册时,应准在中华民国境内实际最先使用并无中断者注册。其呈请前均未使用或孰先使用无从确实证明时,得准最先呈请者注册。其在同日呈请者,非经各呈请人协议妥洽,让归一人专用时,概不注册。

第四条 同一商人于同一商品使用类似之商标,以作联合商标为限,得呈请注册。

第五条 外国人民依关于商标互相保护之条约,欲专用其商标时,应依本法呈请注册。

第六条 因商标注册之呈请所生之权利,得与其营业一并移转于他人。

承受前项之权利者,非呈经更换原呈请人之名义,不得以之对抗第三人。

第七条 凡在中华民国境内无住所或营业所者,非委托在中华民国境内有住所或营业所者为代理人,不得为商标注册之呈请及其他程序,并不得主张商标专用权或关于商标之权利。

前项代理人除有特别委托之权限外,于本法及其他法令所定关于商标之一切程序及诉讼事务,均代表本人。

第八条 前条代理人之选任、更换或其代理权之变更、消灭,非呈经商标局核准注册,不得以之对抗第三人。

第九条 商标局于商标有关系之代理人认为不适当者,得令更换之,并得将其关于商标所代理之行为作为无效。

第一〇条 商标局于居住外国及边远或交通不便之地者,得依职权或据呈请,延展其对于商标局所应为程序之法定期间。

第一一条 凡为有关商标之呈请及其他程序者,延误法定或指定之期间时,其呈请及一切程序得作为无效,但认为确有事故窒碍时,不在此限。

第一二条 凡声明事由呈请关于商标之证明图样之摹绘及书件之查阅或抄录者,商标局除认为须守秘密者以外,不得拒绝。

第一三条 商标自注册之日起,由注册人取得商标专用权。

商标专用权以呈准注册之图样及所指定之商品为限。

第一四条 凡以普通使用之方法而表示自己之姓名、商号或其商品之名称、产地、品质、形状、功用等事者,不为商标专用权之效力所拘束。但自商标注册后以恶意而使用同一之姓名、商号时,不在此限。

第一五条 商标专用期间,自注册之日起,以二十年为限。

前项之专用期间,得依本法之规定,呈请续展,但每次仍以二十年为限。

第一六条 商标专用权得与其营业一并移转于他人,并得随使用该商标之商品分析移转,但联合商标之商标权不得分析移转。

第一七条　商标专用权之移转,非经商标局核准注册,不得以之对抗第三人。其以商标专用权为质权之标的物时,亦同。

第一八条　商标专用权除得由注册人随时呈请撤销外,凡在注册后有下列情事之一者,商标局得依职权或据利害关系人之呈请,撤销之。

一　于其注册商标自行变换或加附记,以图影射而使用之者;

二　注册后并无正当事由迄未使用已满一年或停止使用已满二年者;

三　商标权移转后已满一年未经呈清注册者,但因继承之移转不在此限。

前项第二款之规定,于联合商标仍使用其一者,不适用之。

商标局为第一项所定撤销之处分,应于六十日以前,通知商标专用权者或其代理人。

因受第一项所定撤销之处分有不服者,得于六十日以内依法提起诉愿。

第一九条　商标专用期间内废止其营业时,商标专用权因之消灭。

第二〇条　商标专用或其专用期间续展之注册,违背第一条至第四条之规定者,经商标局评定作为无效。

第二一条　商标局应备置商标簿册,注录商标专用权或关于商标之权利及法令所定之一切事项。

凡经核准注册之商标,分别注录于商标簿册,并发给注册证。

第二二条　商标局应刊行商标公报,登载注册商标及关于商标之必要事项。

第二三条　注册事项遇有呈请变更或涂销时,经商标局核准后,应登载商标公报公告之。

第二四条　商标专用或其专用期间续展之注册,应由呈请人于呈请时,缴规定之注册费,但经商标局核驳时,应发还之。

第二五条　呈请注册者应就各商品之类别,指定其所使用商标之商品。

前项商品之分类方法,于施行细则定之。

第二六条　商标局于呈请专用之商标审查员审查后,认为合法者,除以审定书通知呈请人外,应先登载于商标公报,俟满六个月,别无利害关系人之异议或经辩明其异议时,始行注册。

呈请专用期间续展之商标,经审查合法者,应换发注册证,并登商标公报公告之。

审定商标自行变换或加附记以图形影射而使用之者,商标局得依职权或据利害关系人之呈请,撤销之。

第二七条　商标呈请人对于核驳有不服者,自审定书送达之日起三十日以内,得具不服理由书,呈请再审查。

对于再审查之审定及审定商标因受前条第三项所定撤销之处分有不服时,得于六十日以内,依法提起诉愿。

第二八条　商标异议准用前条之规定。

经过异议之注册商标,于前条诉愿决定后,对手人不得就同一事实及同一证据请求评定。

第二九条　下列事项,得由利害关系人请求评定:

一　依第二十条规定其注册应无效者;

二　应认定商标专用权之范围者。

违背第一条或第二条第一款至七款规定,其注册应无效者,审查员得请求评定。

注册之商标违背第二条第八款、第九款、第三条或第四条规定者,自登载商标公报之日起已满三年时,概不得请求评定。

第三〇条　请求评定时,应呈请求书于商标局,凡关评定事项各当事人所呈之书状,商标局应抄示对手人,令依限具书,互相答辩,并得发诘问书令之陈述。

第三一条　评定依评定委员三人之合议,以其过半数决之。

评定委员由商标局长就各该事件指定之。

评定委员于该事件有利害关系或向曾参与者,应行回避。

第三二条　评定得就书状评决之,但认为必要时,应指定日时,传集当事人口头辩论。

关于评定之各当事人延误法定或指定之期间时,评定不因之中止。

第三三条　关于评定事件有利害关系者,得于评定终结以前呈请参加,其准驳应询问当事人,并由评定委员合议决定之。

参加人关于评定之行为,与其所辅助当事人之行为相抵触者,无效。

第三四条　对于评定之评决有不服时,自评定书送达之日起三十日以内,得请求再评定,其一切程序适用关于评定之规定。

第三五条　对于再评定之评决有不服时,得于六十日以内,依法提起诉愿。

第三六条　关于商标事件经评定之评决确定后,无论何人,不得就同一事实及同一证据请求为同一之评定。

第三七条　凡非营利事业之商品有欲专用标章者,须依本法呈请注册。

前项之标章,准用关于商标之规定。

第三八条　商标注册费及其他关系商标事件应缴之公费,于施行细则定之。

第三九条　本法施行细则由实业部定之。

●●实业部处理广东经办案件暂行办法 民国二十五年(1936年)九月五日实业部令公布

一　实业部为统一广东经办公司商标,特许渔业、矿业会计师、技师、技副、渔轮长、渔捞长等案件,规定本办法处理之。

甲　关于公司案件

二　凡广东地方政府核准发给公司注册执照之公司,应将所领执照,连同原报登记文件二份、印花税二元,呈由广东建设厅转送实业部验换公司执照,其执照费免予再缴。

三　实业部审查前项文件,如认为于法不合时,得纠正之,并俟遵照改正后,再行发给执照。

乙　关于商标案件

四　凡中华民国十八年十一月以后领有广东地方政府商标注册证书者,应将原证书连同商标图样十张、印板一枚、印花税二元,迳呈实业部商标局依法审查,其注册费免予再缴。

五　依前项呈请审查之商标,遇有必须核驳者,得限期令其修改,以一次为限。修改后仍不合法时,即核驳之,所缴印花税发还。

六　商标经实业部商标局核驳后改用另一商标呈请注册者,其注册各费另行依法呈缴。

七　未领注册证之商标,无论呈请中或公告中,所经程序概不生效,应另行依法向实业部商标局呈请注册。

八　广东地方政府所办商标异议或评定各案件,概不生效。

九　不依本办法领取实业部商标局注册证书者,其原领之广东地方政府商标注册证书无商标专用权之效力。

丙　关于特许渔业案件

一〇　凡经广东地方政府核准发给渔业法施行规则第四条第五、六、七、八各款特许渔业执照之渔业人,应将所领执照连同原报登记文件二份及印花税一元,呈由广东建设厅转送实业部验换渔业执照,其登记费免予再缴。

一一　实业部审查前项文件,如认为于法令不符时,得纠正之,并俟遵照改正后,再行发给执照。

丁　关于矿业案件

一二　凡经广东地方政府核准开采之各矿案,应由各矿商依照矿业法之规定补具应缴各文件,连同印花税二元,呈由广东建设厅转请换给部照,其各该案之呈请公费、执照费等免予再缴。建设厅应将以前经收各矿业呈请案内公费、执照费,查明分户开列清册,送部查核。

一三　凡经广东地方政府核准开采之各小矿案未领有部照者,各矿商应依照矿业法内小矿业权各规定,补具应缴各文件,连同印花税二元,呈由广东建设厅核明,填换本部预印之小矿业执照,建设厅应即将执照报单、登记事项、矿图及其他应备各文件转部备案,其公费、执照费依前项之规定办理。

一四　凡从前经农商部核准给照之矿,应由广东建设厅查明是否继续开采,如确已废弃时，应呈部撤销其矿业权。

　戊　关于会计师、技师、技副、渔轮长、渔捞长案件

一五　凡领有广东地方政府会计师、技师、技副证书或渔轮长、渔捞长登记证者，应开具履历，并详细声叙学历及服务经验，连同证明文件及原领证书或登记证，缴纳印花税二元，迳呈实业部验换证书或登记，其证书费、登记费免予再缴。

一六　呈验证书登记证经查验资格与现行会计师条例、技师登记法、技副登记条例或渔轮长、渔捞长登记暂行规则规定不合者，其原领证书或登记证无效，所缴印花税发还。

　己　关于其他案件

一七　除上列各案件依本办法之规定外，如有其他经办案件，其职权不属于地方政府者，应由广东建设厅随时呈候核办。

附则

一八　本办法规定执照证书或登记证之验换，统限于民国二十五年十二月三十一日为止，逾期一律作新案办理。

一九　本办法自公布日施行。

●●实业部驻外商务官章程 民国二十五年（1936年）二月二十九日实业部公布，同年（1936年）四月十四日修正第二条。

第一条　实业部为明了国际贸易状况而资改进本国工商业起见，得设商务官于本国驻外使馆或驻外使馆所在地以外之重要商埠。

第二条　商务官分类如下：

　甲　商务参事简任，派在驻外大使馆；

　乙　商务秘书荐任，派在驻外使馆或公使馆；

　丙　商务专员荐任，派在使馆所在地以外之重要商埠。

第三条　商务官职务如下：

　一　关于驻在国金融、交通税则及一般实业之调查报告事项；

　二　关于国产推销宣传事项；

　三　实业部、外交部及财政部交办事项；

　四　实业部国际贸易局委托事项；

　五　本国实业机关团体请托调查事项；

　六　其他关系各项实业事项。

第四条　商务官承实业部长之命，兼受驻在地本国驻外大使或公使之指挥、监督，办理前条规定职务，并得委托驻外领事协助执行。

第五条　商务官得因职务上之需要,经实业部核准,设置中文及洋文秘书或办事员。

第六条　实业部于派定商务官后,应即通知外交部转知派驻国政府。

第七条　商务官办事细则另定之。

第八条　本章程自公布之日施行。

●●实业部国产检验委员会暂行规程民国二十五年(1936 年)三月二十日实业部公布,同年(1936 年)十月八日修正。

第一条　实业部为施行检验、促进改良国产商品起见,设立国产检验委员会(以下简称本会)。

第二条　本规程称国产者,为在国内销售之本国产品或制品。

第三条　本会之任务如下:

一　关于国产商品品质、等级之鉴事项;

二　关于国产商品搀杂作伪之取缔事项;

三　关于国产检验人员之训练事项;

四　关于其他与国产检验有关事项。

第四条　本会设委员十一人至十五人,由实业部部长指派部员或聘请专家充任之,商业司司长暨主管科科长为当然委员,未派定专任主任委员前,并得以商业司司长兼主任委员。

第五条　本会为举办各种检验,得呈准实业部聘请专家为设计专员。

第六条　本会置下列各组:

一　总务组;

二　稻麦检验组;

三　茶叶检验组;

四　牲畜产品检验组;

五　蚕丝检验组;

六　桐油检验组。

第七条　本会设组主任六人,组副主任六人至十二人,技术员十人至三十人,事务员八人至二十人,商承主任委员分任各组事务。

前项组主任、组副主任、技术员、事务员均由实业部派充之。

第八条　本会各组主任、副主任、技术员及事务员得指派部员兼任之。

第九条　本会得招收练习生,并酌用雇员,其额数由主任委员酌拟,呈请实业部核定之。

第一〇条　本会各种检验事务,未经设立专组者,得推定委员或设计专员负责主持之。

第一一条　本会应依据本规程第三条之任务,拟定各项方案或办法,由主任委员呈请实业部核准施行。

第一二条 本会会议分全体会议及设计会议,均由主任委员随时召集之。全体会议由全体委员、组主任、组副主任及设计专员出席;设计会议依各种检验分别举行,由有关系各委员、组主任、组副主任及设计专员出席。

第一三条 全体会议及设计会议均由主任委员主席。

第一四条 本会办事细则及会议规则另定之。

第一五条 本规程自呈准公布之日施行。

●●度量衡器具营业条例施行细则 民国二十五年(1936年)九月十四日实业部 修正公布

第一条 凡以制造、贩卖或修理度量衡器具为业者,应备具声请书(式附后),并依照度量衡器具营业条例第三条、第四条之规定,附缴执照费,连同印花税费一元,向当地县、市政府或主管局呈请核发许可执照。

第二条 声请颁发许可执照者,除依前条之规定呈送书件外,并须觅具殷实商店证明其无度量衡器具营业条例第七条各情事。

第三条 县、市政府收到声请书,应交检定分所审核,合格者,除批示外,即将声请书连同执照费八成及印花费转呈省主管厅,省主管厅收到书、费,经交省检定所覆核后,发给执照,并连同执照费五成,咨报全国度量衡局备案。

第四条 直隶行政院之市应依第一条程序,向主管局呈请经交市检定所审核后,发给执照,并连同执照费五成,咨报全国度量衡局备案。

第五条 凡审核不合格者,应由检定所或分所指示修正,呈候覆核。

第六条 各省、市政府对于度量衡器采用公造、公卖制度者,得停发营业执照,其已发出者,得公告限期收回之。

第七条 凡度量衡营业者抗不登记或登记不合格者,应由当地主管机关停止其营业执行。停止营业后私自营业者,得援用度量衡法第十九条办理。

第八条 凡度量衡营业者,如有迁移住址或暂时歇业时,均须向当地检定所或分所声报备案。

第九条 凡于检定所或分所管辖区域内取得许可执照者,如设分店或分厂于本区域或其他区域时,应备具声请书,连同本店或本厂原领许可执照及印花税费一元,向当地主管检定机关呈请核发证明书件。

前项证明书件由当地主管检定机关发给,不得收费,并报当地县、市政府或主管局及全国度量衡局备案。

分店或分厂所领证明书件,于其本店或本厂营业许可有效期间届满时,失其效力。

第一〇条　许可执照或证明书件不得让与或转借。联名领照之店主或厂主,其中有人退出时,其所领执照应报由当地主管机关批注盖印,并转报全国度量衡局备案。

第一一条　度量衡营业者死亡,其法定继承人继续营业时,应将原领营业执照报由当地主管机关批注盖印,并转报全国度量衡局备案。

第一二条　度量衡营业者,其本店或本厂分店或分厂歇业时,应将原领执照或书件缴销。

第一三条　许可执照或证明书件遗失时,应于登当地报纸三日后,备具印花税费一元,声请补发。其声请补发执照者,并应补缴照费五分之一。

第一四条　度量衡营业者由贩卖或修理改制造业或由制造改贩卖或修理业时,应另行声请领照,其原缴照费不得抵算。

第一五条　领有许可执照或证明书件者,应悬于显明易见之处。

第一六条　度量衡制造或修理者,应依照度量衡检定规则各条之规定,将出品送请当地检定机关检定之,并依照检定费征收规程缴纳检定费。

第一七条　度量衡营业者应将出品数量、售卖价格按月填表,呈报当地检定机关。

第一八条　当地主管检定机关得随时稽查度量衡营业者之成器。

第一九条　本细则自公布之日施行。

●●会计师条例民国二十四年(1935年)五月四日国民政府修正公布,二十五年(1936年)二月二十二日再修正。

第一条　会计师受公务机关之命令或当事人之委托,办理关于会计之组织管理、稽核调查、整理清算证明及监定各项事务。

　　会计师得充任检查员,清算人、破产管财人、遗嘱执行人及其他信托人。

　　会计师得代办纳税及登记事务,并得代撰关于会计及商事各种文件。

第二条　会计师受实业部之监督,但省或直隶于行政院之市之实业行政官署依本条例之规定,于不抵触实业部命令范围内,亦得行使监督权。

第三条　在会计师考试未举行以前,凡中华民国人民具有下列资格,经实业部审查合格者,得为会计师。

一　在国立或国内经教育部立案,在国外经教育部认可之公、私立大学、独立学院或专科学校之商科或经济科毕业者;

二　曾在专科以上学校教授会计主要科目二年以上,或在各级政府或其所属机关或在有实收资本十万元以上之公司任会计主要职员二年以上,或在会计师事务所助理重要会计事务二年以上者。

前项资格审查规则，由实业部定之。

第四条　有下列各款情事之一者，不得为会计师：

一　受禁治产之宣告者；

二　因损害公私财产被褫职或解雇者；

三　受破产之宣告尚未复权者；

四　受褫夺公权之处分尚未复权者；

五　有反革命行为判决有案者；

六　吸用鸦片或其代用品者；

七　受除名撤销证书之惩戒者。

第五条　审查合格者，由实业部发给会计师证书。

前项证书费五十元、印花税二元，于呈请时，附缴审查。不合格者，发还之。

第六条　实业部置会计师登记簿，于核给证书时登记下列事项：

一　姓名、年龄、籍贯、住所；

二　资格；

三　证书号数；

四　发给年、月、日。

第七条　省或直隶于行政院之市之实业行政官署置会计师登录簿，记载下列事项：

一　前条各款所载事项；

二　事务所；

三　助理员之人数、姓名、略历；

四　开始业务年、月、日；

五　加入之公会；

六　登录事项之变更；

七　停止执行业务之原因及年限；

八　曾否受惩戒。

第八条　会计师开始执行业务前，应具声请书，连同证书呈由所在地实业行政官署验明，登录于会计师登录簿。

第九条　会计师遇有第十一条情事时，应向所在地实业行政官署自行声请撤销登录，但其事由消灭时，得再请登录。

第一〇条　省或直隶于行政院之市之实业行政官署，于会计师登录时，应呈报实业部，并通知该省、市各法院备案。撤销登录时，亦同。

第一一条　会计师不得兼任公务员或工商业主、经理人员或董事、理事。

第一二条　会计师对于其有利害关系之事件，不得执行业务。

第一三条　会计师不得利用会计师地位,在工商业上为不正当之竞争。

第一四条　会计师受委托办理事件时,得与委托人约定受取相当公费,其公费章程由实业部定之。公务机关命令会计师办理事件时,应酌给费用。

第一项之委托与第二项之命令,会计师非有正当理由不得拒绝。

第一五条　会计师于登录后,不得有下列各款情事:

一　与非会计师共同行使业务或使非会计师用本人名义行使业务,但使有会计师证书之助理员代理时,不在此限;

二　受债权人专任索债之委托;

三　为会计师业务外之保证人;

四　于合法约定报酬及实际费用外,为额外之需索或与委托人订立成功报酬之契约;

五　收买业务上所管理之动产或不动产;

六　未得公务机关命令或委托人许可宣布业务上所得之秘密;

七　对于受命受托事件有不正当之行为,或违背废弛其业务上应尽之义务。

第一六条　会计师非加入所在省或市之会计师公会,不得在该省或市内执行业务。所在省市未设有公会者,应加入附近省、市之会计师公会。

凡领有会计师证书者,会计师公会不得拒绝其加入。

第一七条　会计师公会置下列职员:

一　理事三人至十五人;

二　监事一人至五人。

第一八条　会计师公会应公同订立章程,呈由所在地实业行政官署转呈实业部核准。

第一九条　会计师公会章程,应规定下列各款事项:

一　会员之入会、出会;

二　职员选举方法、职务任期;

三　会员会及职员会之会议方法;

四　维持会计师信用之方法;

五　会费;

六　其他处理会务之要项。

第二〇条　会计师公会成立后,应将其职员之姓名、住所呈报所在地实业行政官署备案,有变更时,亦同。

第二一条　会计师公会应将会务及会员业务概况,向所在地实业行政官署每半年呈报一次。

第二二条　会计师有违反本条例及会计师公会章程之行为者,得由会计师公会决议或由关系人举发,向所在地实业行政官署声请交付惩戒。

实业行政长官接受前项声请后,应呈报实业部交会计师惩戒委员会。

会计师惩戒委员会之组织,由实业部定之。

第二三条　惩戒分下列三种:

一　申诫;

二　六个月以上三年以下之停止业务;

三　除名撤销证书。

第二四条　会计师之惩戒,依下列之规定:

一　违反第十五条第一款、第二款、第三款或第四款之规定者,应予申诫或停止业务;

二　违反第十一条、第十二条或第十五条第五款、第六款或第七款之规定者,应予停止业务或除名;

三　于执行会计师职务后发见有第四条各款情事之一或第十三条之情事者,应予除名。

第二五条　本条例自公布日施行。

六　教育

●●教育部统计室组织规程民国二十四年（1935 年）十一月十九日行政院训令

第一条　本规程依照国民政府主计处组织法、国民政府主计处办理各机关岁计、会计、统计人员暂行规程暨中央各机关统计室组织及办事通则制定之。

第二条　教育部统计主任办事处所，定名为教育部统计室。

第三条　统计室之职掌如下：

一　关于教育部统计册籍、图表格式之制订及编制统一办法之推行事项；

二　关于教育部统计材料之登记调查及整理汇理事项；

三　关于教育部统计报告之编纂事项；

四　其他有关统计事项。

第四条　统计室对于教育部之所属机关统计事务，经主计处之指定，应负责办理下列各事项：

一　关于所属机关统计人员之指导、监督事项；

二　关于所属机关统计工作之分配事项；

三　关于所属机关统计册籍、图表格式之审查制订及编制统计方法之统一事项；

四　关于所属机关统计报告之审核、汇编事项；

五　关于所属机关统计工作及人事报告之核转事项。

第五条　统计主任承主计长之命，受主计处主管局长之指导，并依法受教育部主管长官之指挥，主办教育部之统计事务。

第六条　统计室设科员四人至六人，雇员六人至十人，均由主计长任用，承长官之命，佐理各项事务。

第七条　统计室视事实上之需要，得呈请教育部部长指定各司处人员，在原司处中负责担任登记统计工作。

前项人员对于办理统计工作，应受统计主任之指挥。

第八条　统计室于必要时，得呈准教育部部长委托部内及其所属机关职员代行登记及调查或调用职员，佐理各项事务。

第九条 统计室得派定职员在部内各司处中抄录有关统计之表册、文簿,从事登记。

第一〇条 统计主任得出席教育部有关其职掌之各项会议。

第一一条 统计室为谋统计事务与行政事务之联络起见,得呈请教育部部长设置教育部统计委员会,其组织规则另定之。

第一二条 统计室办事细则另定之。

第一三条 本规程自呈准之日施行。

●●教育部统计室办事细则民国二十五年(1936年)二月二十二日国府主计处核准施行

要　　目

第一章　总则

第一条 本细则依照教育部统计室组织规程第十二条之规定制定之。

第二条 本室事务,除遵照国民政府主计处办理各机关岁计、会计、统计人员暂行规程及中央各机关统计室组织及办事通则所规定者外,悉依本细则办理,其有与教育部各司处有关联之事项,于不抵触上项范围内,并依教育部处务规程办理之。

第二章　职权

第三条 本室事务由统计主任分配所属职员办理之,遇有事务增繁原有职员不敷分配时,得按照组织规程第八条规定,呈请调员襄助。

第四条 本室对于经主计处指定直接指导、监督之教育部所属机关统计人员,或呈经教育部指定之统计工作人员,均得直接分配其工作。其未经指定者,得呈请教育部主管长官令行照办。

第三章　统计工作

第五条　本室每届教育部编制年度概算之前,应拟具下年度统计工作计划,经教育部经计委员会或会同教育各司处审议后,呈送主计处核准。

第六条　本室统计工作由统计主任分配于各职员后,承办职员应按其资料之性质分别登记于登记册中,或编制图表及说明等,送呈统计主任核办。

第七条　本室之统计资料登记由统计主任指定本室职员或委托教育部各司处中职员随时办理之,并按期送统计主任核阅。

第八条　本室统计报告之造送,除主计处交办者应迳行呈复外,其经规定之经常统计报告,应依统计法施行细则之规定行之。

第九条　本室于各项册籍、图表格式之制定与统计结果公布以前,应先呈送主计处核定。

第四章　文件处理

第一〇条　本室收到文件,由收发员摘由、编号、填注收到日期、时刻、附件件数,登入收文簿,按日送统计主任核阅。其封面有密件或亲启字样者,应即送统计主任亲自拆阅。

第一一条　本室收到文件,经计主任核阅后,批明办法,分交职员办理。

第一二条　本室文件应视其性质,分别最要、次要。最要者,限期办毕,如须查卷或因其他情形,得由承办职员陈明理由,酌予延长之。

第一三条　本室承办文件职员收到交办文件后,应即分别拟稿,其有疑难者,应随时签呈请示。其应付存查者,送统计主任核准、归档。

第一四条　本室承办文件职员,于文件办竣后,签名负责送统计主任核阅、判行。其属部稿者,经统计主任核签后,依部定判稿手续办理。

第一五条　本室发出文件,由收发员摘由、编号、填注发出日期、时刻、附件件数,登入发文簿,分别将文件送发稿者归档。其属部稿者,应依部定发交及归档程序办理。

第一六条　本室关于统计资料及其他应单独保管,其档案由统计主任指定职员分门别类妥为保管,并依类登录于登记簿。

第一七条　本室未经核准公布之文件,各职员应绝对严守秘密,如有泄漏,从严惩办。

第五章　行文程式

第一八条　本室对外行文,以教育部名义行之。

第一九条　本室对内行文程式如下:

一　关于主计处方面

对主计处用呈;

对主计处各局用呈；

对主计处各局部文组织用函；

对主计处所派其他机关之主办计政人员用函。

二 关于教育部方面

对教育部主管长官用呈；

对教育部指定之指挥、监督长官用呈；

对教育部所属机关经指定受本室指导、监督之办理统计人员用函。

对教育部其他各司处，视其性质或依照部内向例办理，或呈请交办。

第二〇条 本室应行请示或报告各项事件，应按其性质分别行之。凡属主计处主管者呈由主管局转呈，属教育部者呈由教育部主管长官指定之指挥、监督长官转呈。

第六章 工作报告

第二一条 本室每月应报告之工作事项如下：

一 关于工作之成绩事项；

二 关于有关统计事务之会议纪录事项；

三 关于所属职员之任免、迁调、奖惩事项；

四 关于所属职员之考勤事项。

凡经主计处指定，受本室指导、监督之教育部所属机关统计人员各种工作报告，由本室核办。

第二二条 本室于每月上旬，将上月之各种工作报告送至主计处统计局存转，其有规定格式者，依照规定办理。

第二三条 本室各种工作报告，除呈报主计处外，并应视其性质，分呈教育部备查。

第七章 服务

第二四条 本室办公时间依教育部之规定，于必要时，得延长之。

第二五条 本室职员须按时到室办公，不得迟到、早退，但因公外出者，不在此限。

第二六条 本室职员在办公时间，不得会客，但因公接见者，不在此限。

第二七条 本室职员，除于教育部考勤簿按照签到外，并应于本室考勤簿签到，不得托人代签。

第二八条 本室职员请假，依政府职员给假条例办理，并应于事前呈准及请派代理人。

第二九条 本室职员请假手续，依教育部规定行之。但统计主任请假时，并须呈经主计处统计局转呈核准。

第三〇条 各种例假循例休息，但有紧急事件，仍得临时召集办公。

第三一条　本室值班出勤办法,依教育部规定行之。

第八章　附则

第三二条　本细则如有未尽事宜,由统计主任呈请主计处修改之。

第三三条　本细则自呈奉主计处核准之日施行。

●●各省市教育厅局办理统计暂行办法 民国二十五年(1936 年)六月十六日教育部颁行

一　各省、市教育厅局应依照地方行政机关统计组织暂行规则第三条、第四条、第六条之规定,设置统计股或专办统计人员。

二　各省、市教育厅局统计组织对于厅局及其所属机关团体之统计报告材料,应负责整理、汇编。

三　各省、市教育厅局统计组织对于教育部令行厅局办理有关统计事项,应即妥速办理,呈由主管长官核定呈部。

四　各省、市教育厅局至少每年度应编印该省、市教育统计报告一次。

五　各省、市教育厅局之统计工作,应遵照统计法及统计法施行细则之规定办理。

六　行政院、直辖市兼管教育行政之社会局及威海卫管理公署,关于教育统计工作,依本办法办理之。

七　本办法如有未尽事宜,由教育部修正之。

八　本办法自公布日施行。

●●职业学校设置顾问委员会办法 民国二十五年(1936 年)四月二十七日教育部训令

一　各职业学校为谋增进训练效率、适合实际需要起见,应依照本办法之规定,设顾问委员会。

二　顾问委员会由学校聘请,与学校同性质农、工、商各界专家或领袖五人至七人,为委员。

三　顾问委员会开会时,由校长主席训育教务实习,各主任均应出席。

四　顾问委员会委员概为名誉职,但出席会议时,得酌送旅费。

五　顾问委员会每三月开会一次,遇必要时,得由校长召开临时会。

六　顾问委员会之任务,如下:

　　一　关于学生之服务道德及精神训练事项;

　　二　关于职业学科教材之审核及选择事项;

　　三　关于学生校内外实习之指导及接洽事项;

　　四　关于毕业学生之就业事项;

　　五　关于其他学校设施之建议事项。

七　各校附近如有同性质之职业学校,得联合组织顾问委员会,其委员名额得酌量增加。

八　顾问委员会议决事项,由校长斟酌执行之。

九　本办法自教育部颁布之日施行。

●●●各省市教育行政机关设置职业指导组暂行办法

一　各省、市教育行政机关应斟酌实际需要情形,设置职业指导组。

二　各省、市教育行政机关,除设置职业指导组外,并应遵照各省、市教育行政机关及中小学校施行升学及职业指导办法大纲第五条之规定,组织升学及职业指导委员会,负职业指导事业之讨论、计划及建议之责。

三　职业指导组附设于各该省、市教育行政机关内,并指定专任人员主持之。各组办事员指定厅局职员兼任或酌雇用专职人员,其人数视事务繁简酌量规定。

四　职业指导组之组织,按事业范围繁简,酌分为下列四股:

　　1　文书股　掌理文书印刷及不属其他各股之一切事务;

　　2　介绍股　办理求职人登记,接洽求人机会,介绍供求接洽及代办招考事宜;

　　3　研究股　调查各种职业内容及学校概况,编辑刊物,编定各级学生必读图书目录,施行智力及职业测验,统计各种参考材料,研究特别问题;

　　4　推广股　举行职业指导演讲,代各校设计,视察各校指导工作。

五　职业指导组之工作范围,暂定如下:

　　1　实施指导　凡有下列各种问题者,得请求职业指导组之指导。

　　　　a. 择业问题;

　　　　b. 训练问题;

　　　　c. 就业问题;

　　　　d. 改业问题;

　　　　e. 修学问题;

　　　　f. 升学问题。

2　调查职业　调查当地主要职业内容状况，以为职业指导之参考。

3　调查学校　调查与当地学生升学有关之学校状况，以为升学指导之参考。

4　试行智力及各项职业测验　选择智力及各项职业测验，施行试验，并研究其结果。

5　研究统计　研究求人、求职统计，以作供求之比较，并根据学校学生与社会各机关容量之调查，以作人才统制之依据，供教育行政机关之参考。

6　辅导各校　对于各级学校实施指导者，应与以切实之协助，或代拟计划，或随时视察，或对于有问题之学生代施指导。

7　代办招考　凡各机关团体选用人员时，指导组可代办招考事宜，或代为选择人员。

8　职业演讲　指导组应聘请各业专家轮流赴各级学校演讲职业内容，并聘请职业指导专家演讲职业指导问题。

9　搜集图书　凡关于职业指导之书籍、刊物及职业状况学校情形等印刷品，均应尽量搜集，以供参考。

10　出版刊物　凡关于职业及学校内容调查材料或其他指导性质之文字，均应编成刊物，以供参考，并随时发表各种统计研究。

六　职业指导组之工作手续，暂定如下：

1　指导与介绍之重要手续

  a. 指导

   一　登记；

   二　初步面洽；

   三　个别调查；

   四　测验；

   五　面洽指导。

  b. 介绍

   一　登记；

   二　初步面洽；

   三　测验或考试；

   四　介绍接洽；

   五　任用。

2　实施职业指导主要手续为个人调查表内载学业成绩、操行、体格、家境、兴趣等，此种调查应由各校负责主持，作为各校实施指导之一部分工作。

3　介绍工作最主要之表式为求人与求职卡片。求人卡片应列职务性质、需要资格、报酬数目等。求职卡片应列个人资格、原就职务、希望、报酬等。

●●小学规程 民国二十五年(1936年)七月二十四日教育部修正公布

要　目

第一章　总论

第一条　本规程根据小学法第十七条之规定订定之。

第二条　小学为施行国民义务教育之场所,其实施方针根据小学法第一条之规定。

第三条　小学收受六足岁至十二足岁之学龄儿童,修业年限六年。

第四条　为推行义务教育起见,各地并得设简易小学及短期小学。

简易小学办法,由各省、市教育行政机关订定,呈请教育部核准、备案。

短期小学,依照教育部短期小学规程办理之。

第五条　小学学年、学期及休假日期,依照修正学校学年、学期及休假日期规程之规定,办理之。

第二章　设置及管理

第六条　各县、市为推广设立小学,便于管理起见,应依照修正市、县划分小学区办法划分学区。

第七条　师范学校及训练师资之专科以上学校所附设之小学,除供师范学校学生实习外,其性质与单设之小学同。

第八条 供各省、市或训练师资之专科以上学校为试验教育而设之小学,称某某实验小学。

第九条 省立小学,以所在地地名之。县、市以下公立小学,以区域较小之地名为校名。有地名立别相同之公立小学二校以上时,得以数字之顺序别之。私立小学应采用专有名称,不得以地名为校名。

第一〇条 小学由各级教育行政机关分别管辖之,其范围如下:

一　省立小学、省立实验小学及省立师范学校附属小学由省教育厅管辖;

二　市立小学、市立实验小学、市立师范附属小学及市内之私立小学由市教育行政机关管辖;

三　县、区、乡、镇设立之小学及县境内私立小学由县教育行政机关管辖。

教育行政机关以外各机关所特设之小学,由所在地主管教育行政机关监督、指导之。

第一一条 小学应于每学期开始后一个月内,将全校组织概况、学级编制、教职员名册、儿童名册等,呈报主管教育行政机关核准、备案。

第一二条 省立小学及国立专科以上学校之附属小学与实验小学,应于每学期开始后一个月内,将本学期儿童名册、上学期毕业儿童名册等报告所在地县、市教育行政机关存查。

第一三条 实验小学应将实验计划及结果按年呈报主管教育行政机关,转呈教育部。

第一四条 非中华民国之人民或其所组织之团体,不得在中华民国领土内设立教育中国儿童之小学。

第一五条 私立小学之设置,除依据小学法及本规程之规定外,应遵照修正私立学校规程办理。

第三章　经费

第一六条 小学开办费,其校舍建筑及设备两项应为六与四或七与三之比。

第一七条 小学经常费支配,应以如下之百分比为原则。

教职员俸金约百分之七十;

图书、仪器、运动器具、教具等设备费及卫生费约百分之十五;

实验、文具、水电、薪炭等消耗费约百分之九;

旅行、保留等特别费约百分之三;

预备费约百分之三。

前项预备费,非经主管教育行政机关核准,不得动用。

第一八条 小学经费标准,由各省、市教育行政机关订定,呈请教育部备案、施行。

第一九条 小学经费之开支应力求撙节核实,其公开审核等办法由各省、市教育行政机关订定,呈报教育部核准、施行。

第四章　编制

第二〇条　小学学级,应于儿童入学时,依其年龄、智力等分别编制。

第二一条　小学学级编制,依小学法第七条之规定,其学额每学级以四十人为原则,至少二十五人。

第二二条　初级小学之二部编制,视学校情形,得分半日制或间时制。

科目／分钟／年级	低年级		中年级		高年级	
	一年级	二年级	三年级	四年级	五年级	六年级
公民训练	60		60		60	
国语	420		420		420	
自然社会(常识)	150		180		180	
					150	
算术	60	150	180	210	180	
美术劳作(工作)	150		90		90	
			90		60	
音乐体育(唱游)	180		120	150	180	
			90		60	
总计	1020	1110	1230	1290	1380	

说明

一　公民训练与其他科目不同,重在平时训练。表内所列为团体训练时间,每日以十分钟为准(并入朝会等集会中)。

二　低、中年级常识科包括社会、自然及卫生之知识部份(卫生习惯部份纳入公民训练)。

三　四年级起,算术科加教珠算。

四　高年级社会科得分为公民(公民知识)、历史、地理三科,时间支配公民三十分钟,历史九十分钟,地理六十分钟。

五　高年级自然科包括卫生之知识部份(习惯部份纳入公民训练)。

六　低年级工作科包括美术、劳作作业;唱游科包括体育、音乐作业。

七　总时间,各校得依地方情形,每周减少三十或六十分钟。

八　时间支配以三十分钟一节为原则,视科目性质得分别延长至四十五分或六十分。

第五章　课程

第二三条　小学教学科目及每周教学时间,列表如下。

第二四条　小学课程应依照教育部规定之课程标准,其教学应依照课程标准之总纲、教学通则及各科教学要点等规定实施。

第二五条　各地方乡土教材由学校或当地主管教育行政机关编辑,呈请上级教育行政机关审定之。

第二六条 小学供儿童阅读之各种读物,应为语、体、文,小学教员并应以国语为教授用语。

第二七条 小学教材要目,其全国通用部份,由教育部依照课程标准之规定另订之;其地方特殊部份,由各省、市主管教育行政机关订定,呈请教育部备案、施行。

第二八条 实验小学为便利教学起见,得将各科教材组织为联合之各个单元,不分科目总合教学。但须另编要目,呈请主管教育行政机关备案。

第六章　训育

第二九条 小学训育应以公民训练为中心,由教员利用儿童课内外各种活动,并联络家庭及本地公共机关,加以积极之指导。

第三〇条 小学为训练儿童团体生活,应作种种集团活动,并得指导儿童组织简单易行之自治团体。

第三一条 小学为便利个别训育起见,得施行训导团制,小学教员均负直接训育儿童之责任。

第三二条 小学为增进教训效率起见,应随时联络儿童家长,讨论关于教训等之实际问题。

第三三条 小学儿童不得施以体罚。

第三四条 小学公民训练标准及实施办法,依教育部之规定。

第七章　设备

第三五条 小学校址应择便于儿童通学之地点,并须有善良之环境。

第三六条 小学校舍建筑应质朴坚固,适于教学管理及卫生,并应采用本国材料。

第三七条 小学应有运动场、工场或农场、校园,其面积均须足敷应用。

第三八条 小学儿童所用桌椅,宜适合儿童身长之比例。

第三九条 小学应参照学校卫生设施方案,力求充实关于卫生及运动之设备。

第四〇条 小学关于图书、仪器、教具等设备,应力求充实。

第四一条 小学应备有关于教学、训育等各种重要簿籍图表。

第四二条 小学设备标准,由教育部另定之。

第八章　成绩考查

第四三条 小学儿童学业成绩考查,除平时考查外,并分别举行临时试验、学期试验、毕业试验。

第四四条 临时试验由教员于每月月终举行之,每学期内至少须举行三次。

第四五条 学期试验由教员于学期终举行之,但将届毕业之一学期,免除学期试验,而以平时成绩为学期成绩。

第四六条　毕业试验由小学校长会同各科教员于修业期满时举行之。

第四七条　小学儿童学业成绩计算方法、体育考查方法及儿童升级、留级办法,由省、市教育行政机关订定,函请教育部核准、备案。

第四八条　小学儿童之操行成绩,以公民训练之成绩为准。

第九章　入学及毕业

第四九条　小学儿童入学年龄为六足岁,但有特别情形者,得展缓至九足岁。

第五〇条　小学各学级遇有缺额,在每学期开学后两个月内,应随时收受插班生。

第五一条　小学儿童因身体或家庭之特殊情形,得请求休学一学期或一学年,期满复学。

第五二条　小学儿童因身体或家庭之特殊情形,经学校调查属实者,得准予转学或退学。

第五三条　小学儿童修业期满,试验成绩及格,依照小学法第十五条之规定,由学校给予毕业证书。

第一〇章　学费及其他费用

第五四条　小学不收学费,但得视地方情形依照小学法第十六条之规定,呈请主管教育行政机关核准,酌量征收之。

前项征收学费之小学,应设置百分之四十以上之贫寒儿童免费学额。

第五五条　小学不得以收费、免费为编制学级标准。

第五六条　小学必需之学用品等,得由学校发给,或由学校或地方教育行政机关组织消费合作社,以极低廉之价格售诸儿童。

第五七条　小学除有特别情形,呈经主管教育行政机关特别核准,得向较殷实之儿童家庭募集图书、建筑、临时捐外,不得向儿童征收任何费用。

第一一章　教职员

第五八条　小学设校长一人,每学级设级任教员一人,并得酌量情形,添设专科教员。但平均每两学级之教员人数,应以三人为度。

第五九条　小学应单独或联合设校医或看护,其有六学级以上者,得酌设事务员,但须呈请主管教育行政机关核准。

第六〇条　小学教育员应在学校或学校所在之区域内居住。

第六一条　小学校长总理全校事务,除担任教学外,并指导教职员,分掌校务及训教事项。

第六二条　分具有下列资格之一者,得为级任教员或专科科员:

一　师范学校毕业者;

二　举制师范学校本科或高级中学师范科或特别师范科毕业者；

三　高等师范学校或专科师范学校毕业者；

四　师范大学或大学教育学院教育科系毕业者。

第六三条　小学级任及专科教员无前条所列资格之一者，应受主管教育行政机关所组织之小学教员检定委员会之检定。

小学教员检定规程及小学教员检定委员会组织规程另定之。

第六四条　具有第六十二条资格之一或经检定合格之教员服务二年以上，具有成绩者，得为小学校长。

第六五条　小学教员由校长依小学法第十二条之规定，于学年开始一月前聘任之。初聘以一学年为原则，以后续聘任期为二学年，聘定后，应即呈报主管教育行政机关备案。遇有不合格者，主管教育行政机关得令原校更聘。

第六六条　小学因地方特殊关系无从延聘第六十二条所规定资格或已受检定之教员时，得以具有小学教员检定规程所规定之试验检定资格之一者，为代用教员，但应呈请主管教育行政机关核准。具有第六十二条资格之一或经检定合格之教员服务未满二年者，遇该地方合格校长不敷任用时，得任为代理校长。

第六七条　具有第六十二条资格之一或经检定合格之小学教员，得声请主管教育行政机关予以登记。

前项登记之声请，主管教育行政机关不得拒绝。

第六八条　经登记之小学教员，主管教育行政机关应以每学年开始两个月前，公布其姓名、学历、经历。一次但遇人数过多时，得分期公布之。

小学聘请教员，除因特殊情形经由主管教育行政机关许可者外，应以登记公布者为限。

第六九条　主管教育行政机关为调整师资起见，得遵照修正师范学校规程第九十三条之规定，将所属师范学校毕业生分配于各地方，由小学校长尽先聘用之。

第七〇条　小学教员经校长聘定后，中途如有自请退职情事，须商请校长同意，或得有替人后，方得离校。

第七一条　小学教职员之俸给，应根据其学历及经验而为差别，但至少应以学校所在地个人生活费之两倍为标准。

第七二条　小学教职员俸金以月计者，每年作十二个月计算。

第七三条　小学教职员在校时间每日八小时，任课时间每日至多二百四十分钟。

第七四条　小学女教职员在生产时期内，应予以六个星期之休息。

其代理人之俸金，应由学校呈请主管教育行政机关另行支给。

第七五条　小学教员继续在一校任职满十年，得休假一年，从事研究考查，将其成绩送由原校转呈主管教育行政机关。

前项休假教员仍支原俸,但取不兼任任何有给职务者为限。

第七六条 小学教职员之俸给等级表、年功加俸办法,由省、市教育行政机关规定,呈请教育部备案、施行。

第七七条 小学教职员养老金及恤金办法,依照国民政府公布之学校教员养老金及恤金条例办理。

第七八条 小学教职员不随校长或主管教育行政人员之更迭为进退,非有下列情形之一者,不得解职:

一 违犯刑法证据确凿者;

二 行为不检或有不良嗜好者;

三 任意旷废职务者;

四 成绩不良者;

五 身体残废或身有痼疾不能任事者。

第七九条 小学教员,非有第七十八条各款情形之一而被解职者,得声叙理由,呈请主管教育行政机关查明纠正。

第八〇条 小学教员因故解职后,应由校长声叙理由,呈报主管教育行政机关存案备查。

第八一条 小学教员进修确有成绩者,应予加俸或其他奖励。其进修及奖励办法,由各省、市教育行政机关订定办法,呈请教育部核准、施行。

第八二条 幼稚园主任及教员之任用待遇及保障,适用本章各条之规定。

第一二章 辅导研究

第八三条 小学教员应参加本校及本地关于教育研究之组织,研究儿童生活所表现之事实及教训方法。

第八四条 小学有教员五人以上者,应组织教育研究会,研究改进校务及教学训育等事项,以本校全体教员为会员,每月至少开会一次,以校长为主席。

第八五条 小学在一学区内应联合组织本区小学教育研究会,研究改进本区小学教育。以学区内全体小学教员及本区教育委员为会员,每两个月至少开会一次,以主管教育行政机关所指定之本区小学校长或教育委员为主席。

第八六条 小学在直隶于行政院之市或县市内应联合组织全市或全县、市小学教育研究会,研究改进本地方小学教育。以主管教育行政机关所指定之各学区小学代表等为会员,每半年至少开会一次,以市、县教育行政长官或督学为主席。

第八七条 小学在五县、市至七县、市内应组织省分区小学教育研究会,研究改进本省分区小学教育。以省教育厅所指定之各县、市小学代表为会员,每年至少开会一次,以省立师范学校校长或附属小学校长或省立小学校长或省督学为主席。

第八八条　小学在全省应组织全省小学教育研究会,研究改进全省小学教育。以省教育厅所指定之省分区小学代表及省教育厅厅长主管科长、督学等为会员,每两年至少开会一次,以省教育厅厅长或其代表为主席。

第八九条　教育部得召集全国各省、市小学代表及初等教育主管人员,开全国小学教育研究会,研究改进全国初等教育。其规程于召集该项研究会时,另定之。

第九〇条　各省得由省教育厅指定省分区内之省立小学或省立师范学校附属小学为该省分区之中心小学,各市、县教育行政机关得指定各学区内之一小学为中心小学。

前项中心小学,应充分以研究所得,供给该省分区或该学区内之小学参考实施。

第九一条　幼稚园主任及教员及与小学教育有关系之教育人员,均得参加小学教育之研究。

第九二条　各种小学教育研究会应由各级教育行政机关负辅导之责。

第九三条　省、市以下小学教育研究会组织规程,由省、市教育行政机关订定,呈请教育部备案。

第一三章　附则

第九四条　本规程于必要时,得由教育部修改之。

第九五条　本规程自中华民国二十五年七月二十四日修正,公布施行。

●●学校毕业证书规程 民国十八年(1929年)八月教育部公布,二十一年(1932年)五月修正,二十二年(1933年)六月十二日复修正,原题二十五年(1936年)二月一日再修正为学校毕业修业证书规程,现改今名。

第一条　各级学校学生修业期满成绩及格者,由各该校给予毕业证书。

在举行中小学毕业会考各地之中小学,其毕业证书应俟会考及格后发给。

第二条　各学校所用毕业证书,应依照本规程所规定之式样。

第三条　各学校毕业证书应依照下列规定,呈请或函请教育行政机关验印。

一　专科以上学校毕业证书由教育部验印;

二　中等学校(专科以上学校之附属中学同)

毕业证书由所在地之教育厅或行政院直辖市教育行政机关验印;

三　小学毕业证书(中等以上学校之附属小学同)由所在地之行政院直辖市教育行政机关或市、县教育行政机关验印。

第四条　中等以上学校毕业证书,应贴毕业生最近二寸相片一张。

第五条　专科以上学校毕业证书,应贴印花三角;中等学校毕业证书,应贴印花一角。

第六条　凡证书均须置备存根簿,编定号数,载明学生姓名及所修学科,存校备查。

第七条　本规程自公布日施行。

第一种证书式样

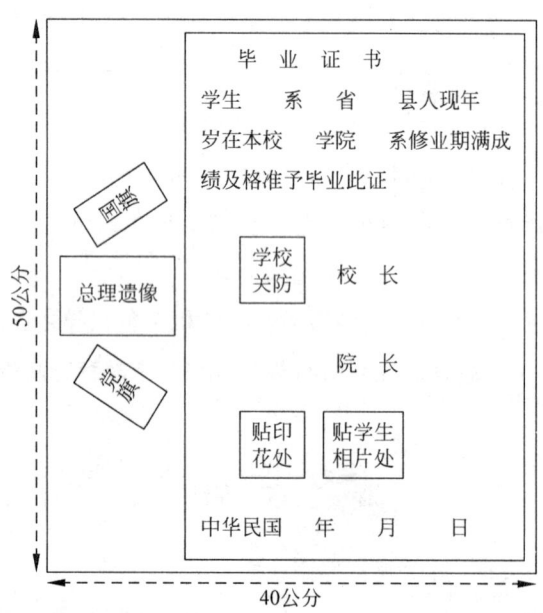

说明

一　第一种证书大学毕业生用之。

二　本校之下应该注明该毕业生所属之学院及学系。

三　署名处应于校长之上冠以国立或某省立或私立某大学字样;院长之上冠以某学院
字样,并于名下加盖小章。

四　纸幅以五十公分宽、四十公分长为度。

五　学生相片上应由学校加盖钢印。

六　纸张用中国白宣纸,虚线处得加边栏。

七　证书后面应载明某字第几号,与存根簿相连,骑缝填写加盖学校关防。

八　教育部验印处在证书下方年干之上。

九　本证书式样独立学院毕业生适用之,但证书上本校学院校长及院长等字样应分别
照改。

第二种证书式样

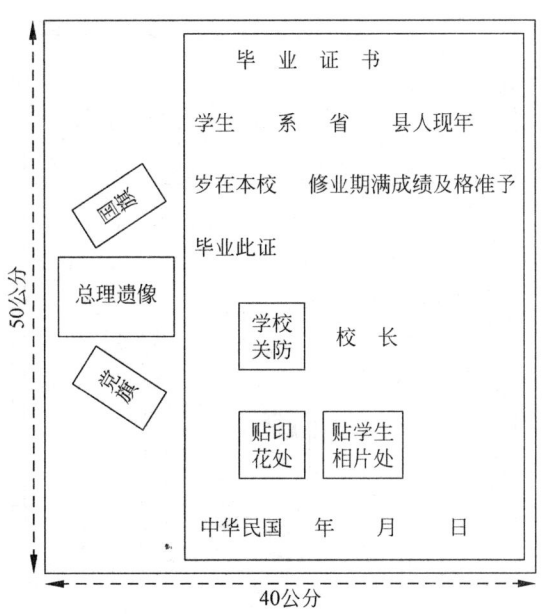

说明

一　第二种证书专科学校及大学专修科毕业生用之。

二　本校之下在设有两种以上专科之专科学校,应注明该毕业生所属之专科,在大学专修科应注明某学院某专修科。

三　署名处应于校长之上,冠以国立或某省、市立或私立某校字样,并于名下加盖小章。

四　纸幅以五十公分宽、四十公分长为度。

五　学生相片上应由学校加盖钢印。

六　纸张用中国白宣纸,虚线处得加边栏。

七　证书后面应载明某字第几号,与存根簿相连,骑缝填写加盖学校关防。

八　教育部验印处在证书下方年干之上。

第三种证书式样

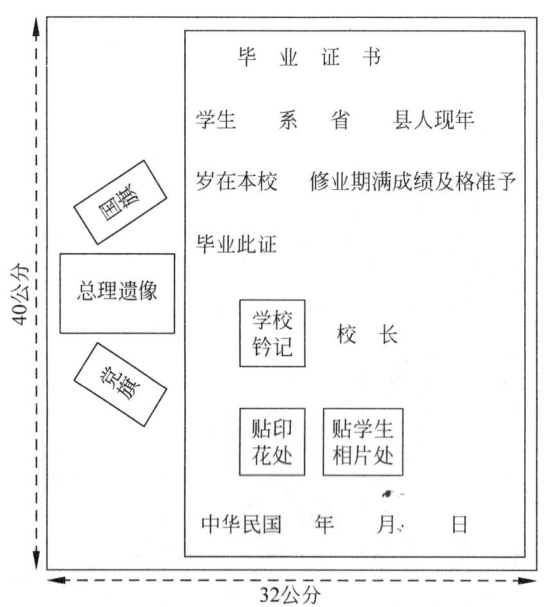

说明

一　第三种证书中等学校毕业生用之。本校二字之下，在高、初级合设之中等学校，应分别填注初级或高级，在附设特别师范科或幼稚师范科之师范学校或设二科以上之职业学校，均应分别填注科别。

二　署名处应于校长之上，冠以某省、市、县立或私立某校字样，并于名下加盖小章。

三　在专科以上学校附属中等学校，其主任人员并应署名。

四　纸幅以四十公分宽、三十二公分长为度。

五　学生相片上应由学校加盖钢印。

六　纸张用中国白宣纸，虚线处得加边栏。

七　证书后面应载明某字第几号，与存根簿相连，骑缝填写加盖学校钤记。

八　教育行政机关验印处在证书下方年干之上。

第四种证书式样

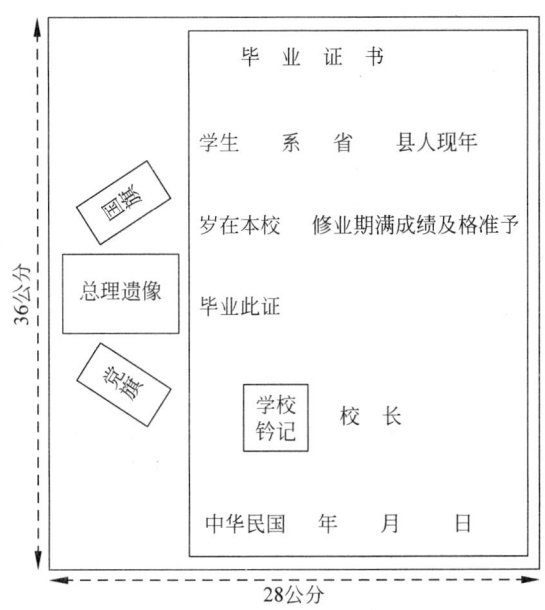

说明

一 第四种证书小学及单独设立之初教小学毕业生用之。在小学之初级毕业者,其证
书应于本校二字下,填注初级字样。

二 署名处应于校长之上,冠于某市、县立或私立某校字样,并于名下加盖小章。

三 在中等以上学校之附属小学,其主任人员并应署名。

四 纸幅以三十六公分宽、二十八公分长为度。

五 纸张用中国白宣纸,虚线处得加边栏。

六 证书后面应载明某字第几号,与存根簿相连,骑缝填写加盖学校钤记。

七 教育行政机关验印处在证书下方年干之上。

●●赣鄂皖豫闽等省特种教育委员会组织规程 民国二十四年(1935 年)

四月十一日教育部公布

第一条 教育部为继续设计及督导赣、鄂、皖、豫、闽等省施行特种教育起见,特设赣、鄂、
皖、豫、闽等省特种教育委员会。(以下简称本会)

第二条 本会委员,分为下列二种:

甲 当然委员

　1 行政院指定之代表一人;

2　军事委员会指定之代表一人；

3　教育部政务次长及常务次长；

4　管理中、英庚款董事会代表二人（中、英各一人）；

5　中、法庚款董事会代表一人；

6　教育部社会教育司司长、普通教育司司长、总务司司长；

7　教育部长指定之参事一人、督学一人；

8　办理特种教育省份之教育厅厅长。

乙　聘任委员　由本部就熟悉办理特种教育省区情形及热心特种教育人士聘任三人至五人。

第三条　本会设常务委员三人，以本部社会教育司司长、普通教育司司长、总务司司长任之。

第四条　本会之任务，如下：

一　计划特种教育施行方案；

二　分配特种教育推进之经费；

三　办理特种教育之调查、统计；

四　研究关于特种教育各项问题；

五　编纂特种教育事业报告。

第五条　本会决议事项送请教育部长核定、施行。

第六条　本会设总干事一人，由本部派定之，承常务委员之命，处理日常事务。本会有必要时，得酌设干事，由教育部部长派任或指定本部职员兼任之。

第七条　本会每半年开常会一次，遇必要时，并得开临时会，概由常务委员呈请教育部长核准、召集之。

第八条　本会各项议事细则及办事细则另订之。

第九条　本规程自公布日施行。

●●赣鄂皖豫闽等省中山民众学校规程 民国二十五年（1936 年）六月二十七日教育部公布

第一条　赣、鄂、皖、豫、闽等省匪区收复县份，办理特种教育以中山民众学校为实施之中心。

第二条　中山民众学校（以下简称中山民校）由各该省教育厅管理之，并受所在县教育行政机关之指导、监督。

第三条　中山民校之设立、变更及停办,均由教育厅决定之。

第四条　中山民校应冠以本省所在县名称,并以数字之顺序别之。

第五条　中山民校经费由教育厅拨给之,但地方每年至少应筹经费十分之一补助之,以期将来完全由地方接办。

第六条　中山民校分设下列班次:

一　成人班　招收年龄十六岁以上五十岁以下之民众,以三十人至五十人为一班,每日上课二小时,于日间或晚间行之,四个月毕业。

二　妇女班　妇女满二十人者,得专设妇女班,不满二十人时,与男子同班。

三　高级班或职业补习班　本校成立一年以上,办理著有成绩者,遇必要时,得呈准设立高级班或职业补习班,其办法另定之。

第七条　中山民校以办理成人班、妇女班为原则,必要时,得附设儿童班,但须按照小学或短期小学规定办理,并须特别注意加入有关矫正思想各科目。

第八条　中山民校应辅导地方事业之进行,其项目如下:

一　举行有关管教养卫之通俗讲演;

二　参加地方自卫工作,并指导组织农村自卫团体;

三　协助编组保甲及壮丁训练;

四　辅导农村及农业推广;

五　推行新生活运动及识字运动;

六　倡导劳动服务;

七　举办公共卫生;

八　其他地方改进事项。

第九条　中山民校设校长一人,教师一人,班次在两班以上者,得酌量增设教师人数。

校长、教师由教育厅就将特种教育师资训练班毕业者任用之,不足时,得以考询及格者补充之。

第一〇条　中山民校校长由教育厅、民政厅会呈省政府委为,所在地区公所或区署服务员协助区政之进行,不支薪给。

第一一条　中山民校成人班课程及教学要点规定如下:

一　国语　(包括公民常识)宣揭三民主义,扬破赤匪之错误与罪恶,纠正或指导民众之思想与言行,更教以礼义廉耻与忠孝仁爱、信义和平等美德,表扬历史上为民族、为国家争生存而牺牲之伟人事迹,解释国家现在所处地位和国际环境,以引起其爱国思想及行动。同时授以普通文、应用文、歌曲等,使之能读书阅报,以增长其知识。

二 算术 注重日常生活之计算能力,养成民生观念。

三 劳作 授以农业常识、家事常识、家庭工艺、农事副业技能,并指导其组织各种合作社。

四 自卫 (包括体育)施行保甲、侦察、看护、卫生等之训练。

五 音乐 注重含有复兴民族意识之歌词及采择地方有关良好习俗之歌谣。

第一二条 中山民校成人班、妇女班授课时数百分比规定,如下表。

课程 时数 班别	成人班	妇女班
国语	40％	40％
算术	15％	15％
劳作	15％	20％
自卫	25％	15％
音乐	15％	10％
合计	100％①	100％
说明	1. 各班授课节数及每节时间,视班别、班数及科目性质分别规定。 2. 表内百分比得酌量实际情形,略加更动。 3. 自卫劳作得酌量教学情形,于日间行之。	

第一三条 中山民校教科书应采用教育部编辑之特种教育课本,但为适应环境及特殊需要,得由各该省教育厅另编补充教材,并呈报教育部备案。

第一四条 中山民校不收学杂等费,并酌发书籍及文具。

第一五条 中山民校校舍应利用公共房屋,必要时,并得借用民屋。

第一六条 中山民校得设辅导委员会,由校长聘请地方人士为委员,协助校务之进行。

第一七条 中山民校废止星期日及寒暑假(固定纪念日不在此限),惟得视地方需要(如农忙等)与习惯停课若干日,但放假总日数不得超过修业期间六分之一。

第一八条 中山民校于每班成立及结束时,应将学生名册、修业成绩呈报备查,并于每四个月拟具工作计划呈核。按月将工作经过列表报告,年终须编制工作总报告,工作月报表格式由各该省教育厅另定之。

第一九条 中山民校校长、教师之进修及奖惩等办法,由各该省教育厅另定之,并呈报教育部备案。

第二〇条 中山民校经费处理办法另定之。

第二一条 中山民校规程施行细则,由各该省教育厅订定之,并呈报教育部备案。

第二二条 本规程自公布之日施行。

---

① 原书如此,疑有出入。

教育部教科用书编辑委员会规程民国二十五年(1936年)七月十一日教育部公布

第一条 教育部为便利中小学及民众教科用书之编印起见,设立教科用书编辑委员会。

第二条 本委员会之职务,如下:

一 完成初级及高级小学教科用书;

二 完成初级及高级中学国文、历史、地理;

三 计划民众学校读本及民众补充读物之编印事宜,并从速促其完成;

四 与部外机关及专家接洽关于以上各书之编印事宜;

五 依本部之委托,管理及支配关于以上各书之编印经费。

六 其他经本部部长特别委托办理事项。

第三条 本委员会置委员四人至六人,由本部部长就部内外专家指定或延聘之。

国立编译馆馆长为当然委员。

本委员会设主任委员一人,由部长就委员中指定之。

第四条 本委员会于有必要时,得分为中小学教育组及民众教育组,并得调用或雇用职员。

第五条 本委员会委员概为无给职,但到会时,得酌支旅费。

第六条 本规程得由本委员会之决议,提请本部修正之。

中等学校训育主任、公民教员资格审查条例民国二十五年(1936年)二月二十日第五届中央常务委员会第六次会议通过

第一条 全国各中等学校训育主任、公民教员资格之审查,由训育主任、公民教员资格审查委员会依本条例行之,训育主任、公民教员资格审查委员会(以下简称审查委员会)之组织另定之。

第二条 本条例所称训育主任、公民教员,系指现任或志愿担任中等学校规程所规定之训育主任或教导主任及公民课程之教员。

第三条 全国各中等学校之训育主任或教导主任、公民教员,均应受审查委员会之审查,其在各该地审查委员会开始办公三月后未经审查或审查而不合格者,不得继续充任。

第四条 全国各中等学校训育主任、教导主任、公民教员,须由本人迳向审查委员会请求审查,或由

(一)各中等学校,(二)各级教育行政机关,(三)各级党部提请审查之。

第五条 凡本党党员(包括预备党员)或尚未入党而对于三民主义曾有研究之人员而符合

下列资格之规定者,得请求受中等学校训育主任、公民教员资格之审查。

甲 具有教育行政机关所规定中等学校教员资格并曾任中等学校训育职务者,得请求受中等学校训育主任资格之审查。

乙 具有下列资格之一者,得请求受中等学校公民教员资格之审查。

一 在专门以上学校研究社会科学毕业而有教学经验或经试验检定合格者;

二 具有教育行政机关所规定之中等学校教员资格,曾教授社会科学者;

三 具有教育行政机关所规定之中等学校教员资格,对于社会科学确有研究而有著作者。

第六条 凡请求审查者,除应呈缴本条例第五条所规定资格之各种证明文件外,并应呈缴下列各件。

一 本人最近二寸半身相片二张;

二 志愿书;

三 履历书。

第七条 凡本党党员符合下列各款资格之规定者,得免审查,但须提出证明资格之文件,向各该地审查委员会请求登记。经登记后,取得中等学校训育主任、公民教员之资格。

一 取得中等学校训育主任及党义教师之检定或审查合格证书,且系高级中学以上学校毕业而有中等学校训育工作经验及教学经验二年以上者;

二 曾任检定党义教师或审查党义教师资格委员会委员,且系高级中学以上学校毕业而有中等学校训育工作经验及教学经验二年以上者;

三 现任或曾任训育主任、公民教员资格审查委员会委员者。

第八条 凡经审查合格及具有本条例第七条资格之训育主任、公民教员,均由审查委员会给予合格证书。

第九条 各地遇有缺乏本条例第五条及第七条所规定资格之人员时,得由各该校长拟聘对于党义确有认识与信仰,对于训育事宜及公民教学确有研究与经验,且具有合于教育行政机关所规定中等学校教育资格者,向各该地审查委员会申述理由,经核准后,为代用训育主任、公民教员。

第一○条 各中等学校聘用代用训育主任、公民教员之前,须将各该员之志愿书、履历书、学校毕业证书及其他证明教员资格之文件及最近二寸半身相片二张,有著述者连同著述一并呈送,经审查合格,发给代用证书后,方得聘任。

第一一条 凡非党员经审查合格之训育主任、公民教员及代用人员,得由审查委员会代请省或特别党部委员二人介绍,为本党预备党员。

第一二条 凡经审查合格之训育主任、公民教员或代用人员经学校聘定后,至少每一学期应将其工作概况呈报审查委员会一次,以凭考核。

第一三条　本条例如有未尽事宜,得由中央民众训练部提请中央执行委员会修正之。

第一四条　本条例由中央执行委员会决议施行。

●●中等学校训育主任、公民教员登记规则 民国二十三年(1934年)四月

九日前中央民众运动指导委员会颁布施行,　二十五年(1936年)三月一日第五届中央执行委员会民众训练部修正。

第一条　中央民众训练部(以下简称本部)为便全国各中等学校训育主任、公民教员服务,并使各省、市训育主任、公民教员资格审查委员会易于指导考核起见,特制定本规则。

第二条　凡经审查合格之中等学校训育主任、公民教员,均须依照本规则向本部履行登记。

第三条　履行登记时,须由原发审查合格证书之省或市审查委员会负责转呈,请求登记个人不得直接声请。

第四条　登记时,须将合格人员之姓名、年龄、籍贯、性别、是否党员及合格证书号数,造具表册,连同本人最近二寸半身相片二张,呈报本部办理之。

第五条　登记后,由本部发给登记证,其证式另定之。

第六条　凡领有登记证者,其取得之资格即可适用于全国各地,不受区域之限制。惟变更服务地点时,须凭登记证向到达地之审查委员会报告、备案,同时,并须报告原在地之审查委员会备查。

第七条　前条报告备案手续,须于工作开始后一月内行之,过期不履行者,由所在地审查委员会查明,限期报告,如再延误,得呈请本部予以处分。

第八条　各省、市审查委员会应于每学期开始后一个月内,将各该省、市内中等学校训育主任、公民教员造具统计表册,呈报本部备案。

第九条　本规则如有未尽事宜,由本部修改之。

第一〇条　本规则由本部颁布施行。

●●训育主任、公民教员资格审查委员会组织条例 民国二十五年

(1936年)二月十日第五届中央常务委员会第六次会议修正通过

第一条　本条例依据中等学校训育主任、公民教员资格审查条例第一条之规定,订定之。

第二条　省或市(行政院直属市)得设立训育主任、公民教员资格审查委员会(以下简称审查委员会),其委员人数为五人至七人,除由各该省或特别市党部委员互推一人及教育行政长官一人为当然委员外,余由各该省或特别市党部会同当地教育行政机关,选聘专

门以上学校毕业且富有教育经验之党员充任，分别呈报中央民众训练部及教育部备案。

第三条 省或市（行政院直属市）之审查委员会担任审查下列各级学校训育主任及公民教员之资格。

一 省、市（行政院直属市）立或县、市立之中等学校及呈准立案之私立中等学校。

二 在该省市内各大学或高等专门学校所附设之中等学校。

第四条 未设党部之地区，由当地最高教育行政机关酌量情形拟定办法，呈准中央民众训练部行之。

第五条 审查委员会为常设机关，其委员为义务职。其协助办理审查事务之各职员，均由省或市（行政院直属市）党部及其最高教育行政机关职员兼任之。

第六条 本条例如有未尽事宜，得由中央民众训练部提请中央执行委员会修正之。

第七条 本条例由中央执行委员会决议施行。

●●中等学校训育主任、公民教员工作大纲 民国二十四年（1935 年）八月十六日前中央民众运动指导委员会颁行， 二十五年（1936 年）三月一日第五届中央执行委员会民众训练部修正。

壹 训育主任、公民教员共同之工作

甲 关于补助学校行政者

一 襄助校长实施有关党义教育之法令与计划。

二 协助校长充实有关党义教育之设施。

三 商承校长制订训育方案。

四 商承校长于每学期开始时，拟具工作实施计划书一份，呈送直辖教育行政机关转送训育主任、公民教员资格审查委员会备核。

乙 关于指导学生生活者

一 总理纪念周、各种纪念日及各种集会应因时制宜，讲演总理遗教、革命史实、□□[①]罪恶、国难经过，并依照中央施政方针作时事报告。

二 指导并鼓励学生参加课外活动，使党义教育能渗透于学生全部生活之中。

三 考查学生所阅刊物及交友种类与平时之言论行动，以便侦悉其对于本党之态度及其思想生活。

四 用各种暗示方法警觉学生，以养成其民族意识、爱国观念。

五 实际参加学生团体之集会活动，以收指导实践之效。

---

① 共匪。

丙　关于自身修养者

一　精研总理遗教及本党重要宣言、决议案，并多阅本党先进之言论著述。

二　爱护党国，教励品行，实行新生活，为学生表率。

三　注意研究下列各项：

1　我国现行教育政策；

2　青年心理、心理卫生与群众心理；

3　国际及国内时事。

贰　训育主任之工作

甲　执行事项

一　执行有关训育之法令；

二　执行训育会议及训育指导委员会关于训育之决议案；

三　执行校长交办事项。

乙　规画事项

一　依据训育方案，制订训育实施办法。

二　制订学生操行考查办法。

三　制订学生奖惩办法。

四　计划学校与家庭及社会间之联络办法。

五　制订教室、寝室、膳堂、自习室等处公约。

六　制订其他关于训育上之计划与表格。

丙　指导事项

一　与学生共同生活，实行人格熏陶。

二　指导学生日常生活事项，并推行新生活运动。

三　处理学生间之纠纷及其他偶发事项。

四　指导学生服务社会事项。

五　指导学生劳动实习。

六　调查学生思想个性及其家庭状况。

七　考查学生请假、旷课及缺席总理纪念周与各种集会事项。

八　考查训育实施效果。

九　其他。

丁　进修事项

一　训育理论之探讨。

二　训育实施方法之研究。

叁　公民教员之工作

甲　规画事项

一　制订公民教学方案。

二　依据训育方案，制订公民训练实施办法。

三　计划学生思想诱导方法。

四　制订其他关于教学上必需之计划及表格。

乙　指导事项

一　领导学生出外参观。

二　考查学生对于公民训育之反应。

丙　进修事项

一　公民课程及教法之研究。

二　有关公民训练问题之研究。

肆　注意事项

甲　训育主任与公民教员应互相联络，相辅而行。

乙　训育主任与公民教员应设法联络全教职教员（尤注意于军事童子军团长及体育教员），一致实施党义教育。

丙　公民国文、史、地等科教材应力谋连贯。

●●中等学校训育主任、公民教员工作成绩考核办法民国二十五年（1936年）三月一日第五届中央执行委员会民众训练部颁行

一　各省、市中等学校训育主任及公民教员（以下简称公训人员）工作成绩，由各该地训育主任、公民教员资格审查委员会（以下简称审查委员会）依本办法考核之。

二　公训人员工作成绩考核范围，依中等学校训育主任、公民教员工作大纲规定之工作，分别考核之。

三　公训人员工作成绩考核方式分下列两种：

甲　各省、市审查委员会遵照中央规定之"中等学校训育主任工作报告表"及"中等学校公民教员工作报告表"式样，印制函发所在地最高教育行政机关，转饬各中等学校校长，于每学期终了时，详实填报，取凭考核。

乙　各省、市审查委员会得会同所在地最高教育行政机关派员实地视察。

四　各省、市审查委员会于每学期开始前，将上学期考核结果呈报中央民众训练部，并分送各该省、市党部暨教育行政机关备查。

五　本办法由中央民众训练部颁布施行。

●●学校附设小学教育通信研究处办法大纲民国二十五年（1936年）五月二十三日教育部训令

一　为改进小学教育，便利小学教员进修起见，下列各校应附设小学教育通信研究处（下简称通信研究处），指导小学教员研究进修。

　　甲　师范大学；

　　乙　大学教育院系或独立之教育学院；

　　丙　著有成绩之省、市立师范学校及附属小学；

　　丁　著有成绩之省、市立小学；

　　丙、丁两种由主管教育行政机关指定之。

二　通信研究处之任务，如下：

　　甲　用通信方法征集小学教育实际问题，加以研究、解答。

　　乙　解答小学教员书面提出有关小学教育之实际问题。

　　丙　视小学教员之需要，分别科目，用通信方法指导现任小学教员进修。

　　丁　发行通信研究刊物。

三　通信研究处之组织，由主办各校自定之。但应有专究初等教育人员三人以上，主持其教育问题，并应提供学生研究作解答之准备，然后由主持者会议决定解答之。

四　进修学员之成绩，应规定期限，予以考试。及格者，给予证明文件，俾作为进修成绩之一种。

五　主办通信研究之各校应将通信研究处组织规则、主持人员姓名、经历及小学教员进修学程等，迳呈或转呈教育部备案。

六　本大纲由教育部通令施行。

●●教育部补助公私立优良职业学校办法民国二十五年（1936年）七月一日教育部令颁

一　本办法系依照本部呈奉行政院核准之"改进中等职业教育办法大纲"第三条订定之。

二　本部为奖助优良公、私立职业学校起见，自民国二十五年度起，设置公、私立职业学校补助费额。

三　补助费之给予，应以公立及已立案私立职业学校之办理成绩优良而经费困难者为限。

四　补助费之给予农、工两科职业学校，每年应占补助费总额百分之七十，商及家事职业学校，每年应占百分之三十。

五　补助费由本部就生产教育费预算项下每年拨给该预算二分之一以上之数额充之，其用途以扩充职业科实习与研究设备为限。其有特殊情形经部核准者，得以所得补助费百分之二十，补助添设职业主要学科之技术教员。

六　各省、市教育厅局原定之公立及补助私立职业学校充实设备经费，不得因已受中央补助费而予以减缩，否则本部得拒绝拨发补助，或采其他必要之处置。

七　补助费之给予每次一年为期，如中途发现用途与原定计划不符时本部得停止其补助费之一部或全部。

八　各省、市教育厅局就所属公、私立职业学校选择成绩优良、经费困难者一校至三校，从严加具致语向本部申请补助，由本部付审查会（详见第十款）审核本部，并将根据派员视察之报告提出若干优良职业学校，一并提付审查。

九　各省、市教育厅局依照前款申请补助时，对于所请补助费之用途，应附扼要之说明与计划。

一○　补助费之给予，由教育部组织中等职业学校补助费审查委员会审核决定。

审查委员会之组织权限，如下：

1　组织

甲　设委员七人，内四人就部外专家聘任。

乙　设秘书一人，指定委员一人兼任。

丙　凡在公、私立职业学校任有职务者，不得充任委员。

丁　委员为无给职，但开会时，由部酌送旅费。

戊　委员任期二年，得连任。

己　委员开会时之主席，由部就委员中指定之。

2　权限

甲　委员会对于各省、市呈请补助之学校及本部视察报告认为办理尚有成绩者，得按其成绩与需要详加审查，议定补助费之给予。

委员会议决，除有重大情形，得由本部提示理由，移付委员会复议外，应视为最终之决定。

乙　关于本项补助之各种规章，得由委员会拟订，送部核定施行。

丙　委员会执行职务时，除查询事件外，不直接对外收发公文。

一一　各省、市教育厅局申请补助，应于每年五月底以前，将申请书面送达本部，由本部于每年六月召集审查委员会审核。但二十五年度之申请期限定为七月底，审查委员会之召集由本部另定之。

申请补助书应叙明之事项：

一　申请补助之详细理由；

二　申请学校之收支经费概况——应附送本年度详细预算，并摘记下列事项。

一　学校收入

1　公费；

2　学费；

3　资产及基金；

4　各项捐款；

5　补助费（各项补助费应详细注明来源，如中央或地方政府机关、庚款机关及其他公共团体之类）。

二　学校支出

1　俸给费；

2　办公费；

3　设备费；

4　特别费等。

三　申请学校之教学与设备概况

一　本学年教职员人数及校长、教务训育实习等主任之姓名、资历、待遇。

二　本学年各科、各年级学生人数。

三　各科课程表。

四　实习场所设备概况。

五　图书、仪器、机器、标本模型、工具等价值及大概目录。

六　房屋及其他设备。

七　最近毕业生就业情形。

四　申请补助充实各科实习与研究设备时，应申叙下列事项：

一　申请补助扩充职业图书、仪器、机器、标本、模型工具等时，应记载拟请补助之费额，并附送拟购各件之要目。

二　拟添置其他设备时，应记载拟请补助之费额与其他必要之说明。

五　申请补助添设主要学科之技术教员时，应申叙添置之计划（其已预定人选者，并附述其姓名、资历）与拟请补助之费额。

●●各级学校设置免费学额及公费学额规程 民国二十五年（1936 年）五月六日教育部公布

第一条　各级学校为奖助家境清贫、体格健全、资禀颖异、成绩优良之学生起见，应遵照本规程之规定，设置免费学额及公费学额。

第二条 免费学额,免除学费之缴纳。

前项所谓学费,兼包括各校所收体育费、图书费、实验费及其他类似费用。

第三条 全国各级公立学校暨全国各级私立学校,均应依下列规定,设置免费学额。

一 小学 小学以不收学费为原则,其因特殊情形征收学费之小学,应设置全校儿童数百分之四十以上之免费学额,民国二十五年度至少应设置百分之二十,以后应逐年增设,限至民国二十八年度一律达到百分之四十之标准。

二 中等学校、初高级中学及初高级职业学校,应设置全校学生数百分之十五以上之免费学额,民国二十五年度至少应设置百分之八,以后应逐年增设,限至民国二十八年度一律达到百分之十五之标准。

三 专科以上学校 专科以上学校应设置全校学生数百分之十以上之免费学额,民国二十五年度至少应设置百分之五,以后应逐年增设,限至民国二十八年度一律达到百分之十之标准。

第四条 公费学额除依第二条免收学费外,并应依第十六条之规定,给予最低限度之缮宿、制服、书籍等费。

第五条 全国各级公立学校除设置免费学额外,并应一律依下列规定设置公费学额。

一 小学 公立普通小学及短期小学,民国二十五年度至少应设置全校学童数百分之四之公费学额,以后并应逐年酌量增设。

二 中等学校 初高级中学及初高级职业学校,民国二十五年度至少应设置全校学生数百分之三之公费学额,以后并应逐年酌量增设。中等师范学校之公费待遇,依师范学校规程之规定办理。

三 专科以上学校 公立专科以上学校,民国二十五年度至少应设置全校学生数百分之二之公费学额,以后并应逐年酌量增设。

各级私立学校之经费,比较充足或受有政府补助者,亦应酌量设置公费学额。

第六条 全国各级公立学校设置公费学额之经费,应以在学校经常费内撙节开支为原则。

第七条 各级学校应于每年暑假开始前,就各该校学生概数与本规程规定之比额,订定下年度应设之免费学额与公费学额,并呈报主管教育行政机关。

主管教育行政机关对于前项呈报之不符规定者,应责令改订。

第八条 各级学校于每学年末,应将本年度内所已设置之免费学额、公费学额以及免费生、公费生名册,呈报主管教育行政机关。

第九条 各级学校应设置之免费学额及公费学额,应酌量分配于该校各年级学生,其分配于次年度新招学生之学额,并应于招考时,载入招考简章,以资公告。

第一〇条 凡学生家境清贫,其家庭无力担负子弟就学费用者,得觅具二人以上之切实保证书,向原籍县、市(包括普通市及直辖于行政院之市)或居住在三年以上之县、市主管教育行政机关申请证明。

第一一条　各县、市主管教育行政机关应各组织免费及公费学额审查委员会,对于前条申请执行审核,其合格者提请县市长给予家境清贫证明书。

前项委员会由各该县、市长聘请地方公正人士三人组织之,并以县、市主管教育行政机关人员为当然委员,委员会办事细则由各县、市主管教育行政机关订定,呈报该管教育行政机关备案。

在审查委员会尚未成立前,前项审查与证明得暂由县、市主管教育行政机关秉承县、市长办理。

第一二条　凡声请免费或公费之待遇者,应依下列规定为之。

一　投考学生　投考学生应于报名时,呈缴家境清贫证明书,其因特殊情形不及于报名时,呈缴者得于录取后一星期内补缴。

二　在校学生　在校学生应于每学年开始前,呈缴家境清贫证明书。

第一三条　各级学校依照本规程规定,兼设有免费学额及公费学额者,其公费学额应给予家境清贫而入学考试成绩或在校成绩较优之学生。

各校录取新生及在校学生,其申请免费或公费待遇者,如超过各该校应设置之免费或公费学额,各该校应以其免费或公费学额给予入学考试成绩较优或在校成绩较优之学生。

第一四条　凡受有免费或公费待遇之学生,如其操行与学绩平均不及乙等者,各校得停止其免费或公费待遇,其详由各校斟酌定之。

第一五条　各级学校对于免费、公费学额之给予,应由校长遴聘教职员若干人组织委员会(称免费学额委员会或称免费暨公费学额委员会),共同审定,以示公开,而杜瞻徇。

第一六条　各级学校依本规程设置之公费学额,其给予学生之费用,由各校依照当地生活情形,就下列范围酌量定之。

普通小学　每人每年十元至三十元;

初中及初级职业学校　每人每年四十元至八十元;

高中及高级职业学校　每人每年六十元至一百元;

专科以上学校　每人每年一百五十元至二百五十元;

短期小学公费学额之待遇,由各校斟酌各地情形定之。

第一七条　各级学校免费及公费学生,如有冒充清贫或伪造家境清贫证明书等情事,经查明属实者,得由各校向各该生或其保证人追缴各费,并得停止发给成绩证明书或毕业证书,其参加审查资格之人员,倘有徇情蒙混情事,并应受惩戒处分。

第一八条　各省、市教育厅局及公立、私立专科以上学校,于每学年开始后两个月内,应将办理免费及公费学额经过情形,分别呈报教育部备案。

第一九条　各校所设之各种奖学学额,其经费系出自公私机关团体或私人,并非由本校经常预算内开支者,仍应概予维持,并不得以之抵充本规程所规定之免费学额或公费学额。

第二〇条　本规程自公布之日施行。

●●实施失学民众补习教育办法大纲民国二十五年(1936 年)八月四日行政院第二七三次会议通过

第一条　教育部为使全国超过义务教育年龄之失学民众于短期间内逐渐受到补习教育起见,制定本办法大纲。

第二条　失学民众应受之补习教育,如下:

一　公民教育(注重民族意识与现代生活常识);

二　识字教育。

除前两项外,有便利时,得施行自卫训练。

第三条　实施失学民众补习教育之场所,为民众学校。

第四条　失学民众补习教育,各省、市应自二十五年度起尽六年内普及之(各省、市有特别情形者,得呈准将限期缩短或延长之)。每年每县、市内应添设民众学校二十校至四十校,每校每年至少办两期,每期约为三个月至六个月(在乡村地方应避免农忙时期),每期以举办两班为原则。

前项民众学校,得附设于各小学与其他学校及公共机关内,但仍应以半数单独设立为原则。

第五条　失学民众补习教育,应先自十六岁至三十岁之男女实施,继续推及年龄较长之民众。

第六条　实施失学民众补习教育时,得强迫入学。

第七条　实施失学民众补习教育各县、市,应自二十五年度起,就县、市教育经费内酌提若干成充民众学校经费,必要时,并应由省补助之。

第八条　民众学校之教本,由教育部编印,并得斟酌各地方情形,免费发给之。

民众学校施教之附属设备,如播音、电影等,亦得由教育部斟酌各地方情形,予以补助,其办法另定之。

第九条　实施失学民众补习教育各省、市,应依照本大纲之规定办理,其有必须变通者,应经教育部核准。

各省、市主管教育行政机关,应逐年将实施失学民众补习教育计划于每年七月十五日以前,呈报教育部备核。

二十五年度上项计划,至迟应于九月十五日以前呈部备核。

第一〇条　本大纲施行细则由教育部体察各地实际情形规定之。

第一一条　本大纲自呈奉行政院核准日施行。

●●实施失学民众补习教育办法大纲施行细则 民国二十五年(1936年)

九月九日教育部公布

要　目

第一章　总则

第一条　本施行细则根据实施失学民众补习教育办法大纲第十条之规定订定之。

第二条　全国超过义务教育年龄之失学民众,在实施失学民众补习教育六年期限内(即民国二十五年八月至民国三十一年七月),应一律入民众学校受补习教育,各省、市有特别情形者,得将限期缩短或呈准酌量延长之。

第三条　失学民众补习教育应遵照中华民国教育宗旨及其实施方针,切合实际生活之需要,使失学民众于短期内受到公民教育(注重民族意识与现代生活常识)、识字教育,有便利时,并得施行自卫训练。

民众学校课程为国语(包括公民)、算术、乐歌、体育(施行自卫训练者得不设体育)。

第四条　民众学校不收学费。

第五条　民众学校课本由教育部编印,并斟酌地方情形免费发给,至其他优良课本,经教育部审定者,各省、市亦得采用。

民众学校补充课本,得由各省、市自编,但须送由教育部审定。

第二章　强迫入学

第六条　在民众学校已定收容当地失学民众之地方,凡身体健全之失学民众应由所在地办理。失学民众补习教育机关依其年龄及家庭状况,督令入民众学校,并得由各省、市订定强迫入学办法。

前项强迫入学办法应报部备案。

第七条 在实施失学民众补习教育限期内超过义务教育年龄之失学民众,除依本细则第八条受民众学校教育者应认为已完成其补习教育外,其曾入短期小学或普通小学肄业一年者,或已受他种训练及已在私塾家庭或场厂、公司、商店受有与民众学校程度相当之教育,经当地民众学校考查及格予以证明者,均以曾受民众补习教育论。

第三章 施行程序

第八条 各省、市应于民国二十五年度令饬所属县、市,依照自治区、坊、乡、镇之区域(自治组织尚未完成者,得照保甲制或原有乡村之区域)为实施失学民众补习教育之单位,分期设立民众学校。

第九条 各县、市所设立之民众学校至少应有半数为单独设立,其余得附设在各级学校或公共机关内,每校至少二班,每班每日学约二小时,教学时间得在假期或夜间行之(在乡村地方应避免农忙时期),各以四个月为完成期(必要时得缩短为三个月或延长为六个月,但教学总时数不得少于二百小时),计全年可办两期,共计四班,每班五十人,计每校每年可教二百人。第一年度内,大县应设立四十校,中县三十校,小县二十校,以后每县、市每年应增设二十校。

第一〇条 凡超过义务教育年龄(十二岁)之失学民众,均应入校学习,但应先自十六岁至三十五岁之男女实施,继续推及年龄较长及较幼之民众。民众学校之分班,在应受补习教育人数较多之地方,得依年龄、性别或职业种类,分别编级、授课。

第一一条 各县、市除在本办法大纲施行细则颁布以前已设立之民众学校,应继续办理外,仍应遵照本细则第九条之规定,分年增设足额。

第一二条 实施失学民众补习教育各省、市,应依照实施失学民众补习教育办法大纲及本细则之规定办理,其有特殊情形必须变通者,应呈请教育部核准、备案。

第一三条 各省、市应根据实施失学民众补习教育办法大纲及本细则之规定,拟具各省、市六年实施计划大纲,并将第一年度详细实施计划至迟于二十五年九月十五日以前,呈送教育部。以后每年度详细实施计划及上年度实施经过,均应于七月十五日以前,以呈报教育部备核。

第四章 师资

第一四条 单独设立之民众学校,其班数在两班以下者,设校长兼教员一人。其班数在两班以上者,得增加教员。

第一五条 教育部于必要时,在中央设立民众教育师资干部讲习班,由各省、市选派办理民众教育人员来京讲习,讲习完毕,仍回各省、市办理训练民众学校师资事宜。

第一六条 各省、市应自实施失学民众补习教育开始后，分区设立民众教育师资训练班，招收相当于初级中学毕业程度之学生（教育不甚发达之地方得兼收高小毕业程度之学生），予以一月至两月之训练。其课程以研究民众学校教材、教学方法及自卫技能为中心，训练期满考试及格者，予以证明书，准其充任民众学校校长或教员。

第一七条 各省、市各机关、学校、团体附设民众学校之师资，得由附设机关指定文理精通、常识丰富人员充任之。

各省、市并得斟酌情形，令派公务人员充任民众学校长或教员。

第五章 校舍设备

第一八条 各乡、镇单独设立之民众学校，得充分利用当地原有机关、学校或公所、祠堂、寺庙等房屋，并得借用或租用民房，其无可利用或租借者，得暂建极简单之棚舍应用。

第一九条 各乡、镇之民众学校，其桌椅无可利用者，得由学生自备。

第二〇条 各乡、镇民众学校单独设立者，应在六年期内逐渐充实设备，以备改为小学或其他民众教育机关之用。

各重要乡、镇民众学校施教之附属设备，如播音、电影等，由教育部斟酌各地方情形，予以补助，其办法另定之。

第六章 经费

第二一条 办理失学民众补习教育经费，在直辖市者，由市政府统筹；在省区所属各县、市者，以省、县、市斟酌分担为原则。

第二二条 省、市失学民众补习教育经费，应按照地方情形，在省、市教育经费项下及在省、市总收入项下提出若干成或指定专款充之。

第二三条 县、市失学民众补习教育经费，应按照地方情形，指定学产或特种捐税充之，并得劝导人民尽力捐助。

第七章 机关

第二四条 失学民众补习教育之实施，中央由教育部主办之，各省、市由省、市主管教育行政机关主办之，各县、市由主管教育行政之科局主办之。

第二五条 各县、市应分区指定民众教育馆或中心民众学校或其他主要民众学校担任各该区民众学校辅导、考核之责，并兼办全区播音教育及电影教育等事宜。

第八章 奖惩

第二六条 失学民众补习教育办理之状况，于地方行政人员考核时，应视为特别注重事项。

第二七条 人民捐助办理失学民众补习教育者,得照捐资兴学奖励办法,从优奖励之。

第二八条 关于推行失学民众补习教育之奖励办法,由教育部另定之。

第九章 附则

第二九条 本细则自公布日施行。

促进注音汉字推行办法 民国二十五年(1936年)四月教育部修正公布

一 民众学校课本及短期小学课本所有文字,完全用注音汉字。

二 初级小学国语课本生字表,完全用注音汉字。

三 初级小学之常识、高级小学之国语、社会(或公民、地理、历史)、自然课本,应完全用注音汉字。

四 初小一年级上学期入学之始,应先授注音符号,俟练习纯熟后,再授汉字正文,嗣后,凡新编之初小国语教科书,应于第一册前,另编首册专用注音符号,编成故事,供教学之用。教学方法以先综合后分析(拼音练习及各个符号之认识)为准。

　前项规定,在教授注音符号之师资缺少之地方,得由当地教育行政机关暂予变通办理。

五 自民国二十五年七月起,凡新编之小学及民众学校用教科图书,须一律遵照本办法办理,否则不予审定。

六 各省、市各级师范学校应教学注音符号,使师范毕业生均有教学注音符号之技能。

七 在过渡期内,各小学必须于国语科内抽出一部分时间,专教注音符号。

八 自民国二十五年一月起,凡编辑儿童及民众读物者,一律须用注音汉字印刷。

九 由本部及各省市教育行政机关劝令,各新闻纸在可能范围内,尽量用注音汉字印刷。

教育部播音教育委员会规则 民国二十五年(1936年)七月二十二日教育部公布

第一条 教育部为增进播音教育效率起见,设播音教育委员会(以下简称本委员会)。

第二条 本委员会以委员七人至九人组织之,其人选由教育部长就下列人员中聘任或派充之。

一 中央广播事业管理处代表一人;

二 播音教育技术或教育专家三人至五人;

三 教育部普通教育司司长、总务司司长、社会教育司司长。

第三条　本委员会设主任委员一人,处理日常事务,其人选由教育部社会教育司司长充任之。

本委员会得设秘书一人,由教育部部长派专门人员任之。

第四条　本委员会之职务,如下:

一　计划播音节目及供给播音材料之方法;

二　计划播音教育事业之推广;

三　供给技术上之指导;

四　研究一切关于播音教育之问题。

第五条　本委员会决议事项,送请教育部长核定、施行。

第六条　本委员会事务,由教育部主管司职员兼办之。

第七条　本委员会每月举行例会一次,由主任委员召集之。

第八条　本委员会委员为无给职,但外埠委员来京开会时,得酌送旅费。

第九条　本规则自公布之日施行。

●●●市县划分小学区办法 民国二十五年(1936年)五月四日教育部修正公布

一　各市、县应遵照实施义务教育暂行办法大纲施行细则第九条之规定,划分全市、县为若干小学区,以为实施义务教育之最小单位。

二　小学区之划分,每区取约有人口一千人为原则,但得视户口之疏密、地方交通情形以及地方原有自治或保甲之组织,斟酌变通之。

三　各市、县为管理便利起见,应合五小学区至十小学区为联合小学区。

四　每一联合小学区设学董一人,每一小学区设助理学董各一人,均由主管教育行政机关遴选本地有资望并热心教育之人员任之,办理下列各事项:

1　宣传义务教育之重要;

2　拟具区内义务教育实施计划;

3　劝导区民集款兴学;

4　调查学龄儿童;

5　筹设学校;

6　劝导或强迫儿童入学;

7　督促改良私塾。

前项学董及助理学董,在施行保甲制度之地方,并得由区长联保长或保长兼任,均为无给职,但于必要时,得酌支公费。主管教育行政机关为增进办理义务教育之效能起见,得酌量予以短期训练。

五 地积较广人口较多之市、县,每三个以上联合小学区或每一自治区得设教育委员一人,秉承主管教育行政机关长官指导区内一切教育事宜,由主管教育行政机关选有小学校长资格并办理教育确有成绩之人员任之。

前项教育委员,得由区内优良小学之校长兼任之。

六 各县、市划分小学区完成时,应将办理情形呈报省教育厅,以凭审核。

七 各省、市于办理全省、全市划分小学区完成时,应将办理情形呈报教育部,以凭审核。

八 本办法自二十五年六月一日起施行。

●●教科图书审查规程 民国二十四年(1935年)十一月十五日教育部修正公布

第一条 学校用教科图书,依法须经教育部审定,其未经审定发给执照或经审定已失时效者,不得发行,学校并不得采用。

第二条 教科图书发行人或著作人,应于发行前呈送稿本及印刷样张各二份,请求审查稿本须一律用正楷抄写或用打字机打成(其自愿用排样者听),其正、副稿本所用纸张、页数、行数、字数以及图表格式、位置、横书、直写等,须完全相同,连同稿本呈送之。印刷样张须将正文二页及封面著作人姓名、定价等印出。

第三条 学校用教科书含有科学名词及外国人名、地名及其他专名者,须编中外名词相互对照表(科学名词已经教育部公布者,应以公布者为标准),附于书后,以便查考。

第四条 呈请审查教科图书时,应随同稿本样张呈纳审查费。小学用教科图书按全书定价之三十倍呈纳,中等学校教科图书按全书定价之二十倍呈纳,各种挂图按全国定价之十倍呈纳。

第五条 呈请审查教科图书时,须将稿本全部一次送齐,凡未完成及不按第二、第三、第四各条之规定者,不予审查。

第六条 教科图书定价过高者,教育部得酌量实在情形,令其减低。经审定后,如定价必须增加者,应说明理由,呈请核示。

第七条 呈请审查之教科图书除不予审定者外,其内容如有应行修改者,由教育部饬具呈人依照签注于六个月内修正或改编,再送审查,逾期呈送修正或改编本者,不予审查。

前项修正本或改编本,应照第二条之规定呈送正、副本二份。

第八条 呈送修正本或改编本暨审定后之印本,应于修改处加签,载明前次稿本中原签册数、页数、行数。

前项印本应呈送二份。

第九条 教科图书之稿本经审定后，方准付印，印本呈送复核无误后，由教育部发给审定执照。

第一〇条 已经审定之教科图书，由教育部将下列各项在教育部公报上宣布之。

  一 书名；

  二 册数；

  三 定价；

  四 著作人姓名；

  五 送审者；

  六 某种学校用；

  七 审定日期；

  八 执照号数；

  九 失效日期。

第一一条 已经审定之教科图书，应在每册书面上载明教育部审定字样，并须于底面中注明某年、某月经教育部审定字样暨执照号数。

第一二条 教科图书经审定后，如遇事实变更或其内容有不适当处须加修改，经教育部饬令修正者，发行人或著作人应即从事修正，于三个月内将修正本二份呈核，逾期即取消其审定效力。

第一三条 教科图书审定之有效时期，中等学校为三年，简易师范学校及小学各为四年，届期满四个月前，应再送审查，再送检查时，应按照第四条之规定，另呈纳审查费。

第一四条 发行人违反第一条之规定或对于禁止发行之命令故不遵守者，予以行政处分或科以法律上相当之处罚。

第一五条 本规程自公布日施行。

●●教育部电影教育委员会规则 民国二十五年（1936年）七月二十一日教育部公布

第一条 教育部为增进电影教育效率起见，设电影教育委员会（以下简称本委员会）。

第二条 本委员会以委员五人至七人组织之，其人选由教育部长就下列人员中聘任或派充之。

  一 中央党部宣传部电影事业指导处代表一人；

  二 技术或教育专家二人至四人；

  三 社会教育司司长、总务司司长。

第三条 本委员会设主任委员一人，处理日常事务，由教育部社会教育司司长充任之。

  本委员会设秘书一人，由教育部部长派专家充任之。

第四条 本委员会之职务，如下：

一　计划外国教育影片之选购及交换；

二　计划教育影片之摄制；

三　计划电影教育事业之推广；

四　研究关于实施电影教育之各项问题。

第五条　本委员会决议事项送请教育部长核定、施行。

第六条　本委员会事务由教育部主管司职员兼办之。

第七条　本委员会每月举行委员会议一次，由主任委员召集之，开会时，由主任委员主席。

第八条　本委员会委员为无给职，但外埠委员来京开会时，得酌送旅费。

第九条　本规则自公布日施行。

●●各省市实施电影教育办法民国二十五年(1936 年)八月二十二日教育部训令

一　教育部为督促各省、市实施电影教育，特制定本办法。

二　为普遍实施教育电影起见，各省、市教育厅局(或社会局)应于主管社会教育之科股指定职员一人，办理电影教育行政事宜(得兼办播音教育事宜)。各省并应就全境划定教育电影巡回放映区，分区设置放映人员，办理教育电影放映事宜。

三　教育电影巡回放映员及助理员由各省、市教育厅局任用，但放映员之任用，以教育部训练合格之人员为限，其服务办法另定之。

四　教育电影巡回放映区设放映员一人，助理员一人，并应置备各项器材，如下：

1　十六厘放映机；

2　家庭发电机(110V 交流 1,250W)；

3　放映机内之灯泡(备用)；

4　布幕；

5　杂件(接片、胶擦片、水机、油钳等)。

以上各件需费约一千元，为放映电影必要之设备，各区均须设置。

6　幻灯机；

7　公共演讲机(110V，交流)；

8　唱片。

以上各件为补助器材，如因经费困难，得暂缓设置。

五　放映机件除 4、5 二项外，由教育部统筹定购或定制，发给各省、市教育厅局备价领用。

六　放映员、助理员之薪俸、购置放映机件之费用及经常费由各省、市教育经费项下筹支，但经费确系困难之省份，得由教育部斟酌情形，补助其购置机件费用之一部份。

七　教育影片由教育部统筹免费配给，其配给办法另定之。

八　教育电影巡回放映员应将该区内各县、市平均支配放映日期，每到达一县、市，应会同县、市政府教育科局或省立中等以上学校、省立社教机关之主管人员，按照该县境内之中小学校、社教机关及重要乡镇，商定放映程序。

九　教育电影之放映，以不收费为原则。

十　各省、市中等学校及民众教育馆，应尽经费可能范围内，单独举办电影教育，所需技术人员及设备得援照教育电影巡回放映区之办法办理。

十一　各地已有营业电影院者，应由当地教育行政机关督促营业电影院设置"儿童电影日"，每月放映适合儿童教育之影片，数次以低廉代价供给儿童观览。

十二　各省、市教育机关自制之教育影片，应呈送教育部，发交电影教育委员会审定，其成绩优良者得酌予奖励。

孔庙财产保管规则 民国二十五年（1936年）五月二十七日教育部财政部内政部公布

第一条　本规则所称孔庙财产，系指孔庙之房屋、田地及其他一切产款而言。

第二条　孔庙财产之保管，依下列之规定：

甲　国有者由内政部保管之。

乙　省或直隶行政院之市所有者（省、市内旧府学宫），由省民政厅或市社会局保管之。

丙　县或隶属省政府之市所有者，由县政府或市政府保管之。

丁　特殊行政区（如威海卫管理公署设治局等）所有者，由各该官署保管之。

第三条　孔庙财产应由保管机关切实清查、整理。前项财产之收益，应先作纪念孔子、修缮孔庙及拨充办理各该地方教育文化事业之用。

第四条　孔庙房屋除经核准利用办理教育文化事业外，不得任意占用，其原有之大成殿仍应供奉孔子遗像或牌位，专充纪念孔子之用，孔庙正门上之名称匾额与庙内各项碑礼器等，均须保留。

第五条　孔庙房屋应由保管机关负责修缮，其有使用者，并由使用机关酌量负担修缮费用。

第六条　孔庙财产须经保管机关核准，方得使用。

第七条　孔庙之房屋、田地，非内政部转呈核准，不得处分。

第八条　保管孔庙财产之机关，应将保管实况依照内政部所定孔庙实况调查表查填，递报内政部备案，如有变动，并应随时具报。

第九条　孔庙财产，如在本规则公布前经已拨充办理各该地方教育文化事业之用者，不得再行变更，并应由当地保管机关清查、整理后，转报内政、教育两部备案。

第一〇条　本规则自公布日施行。

七 交通

●●**交通部各司分科职掌规则**民国十六年（1927年）九月十二日交通部公布，二十二年（1933年）十二月十六日修正，二十五年（1936年）三月十一日再修正。

第一条 本规则依交通部处务规程第八条之规定，新定之。

第二条 总务司设下列各科：

一 机要科；

二 文书科；

三 统计科；

四 出纳科；

五 庶务科。

第三条 总务司机要科掌下列事项：

一 关于部令及规章之公布事项；

二 关于印信之典守及颁发事项；

三 关于本部职员及所属各机关主管及高级职员之任免、奖惩及人事登记事项；

四 关于图书室及交通陈列室之监督事项；

五 其他不属各科之总务事项。

第四条 总务司文书科掌下列事项：

一 关于文件收发事项；

二 关于文件分配事项；

三 关于款项收送事项；

四 关于到文销号事项；

五 关于文件撰拟事项；

六 关于档案保管事项；

七 关于缮校文件事项。

第五条 总务司统计科掌下列事项：

一 关于统计资料之搜集事项；

二 关于统计表格之编订事项;

三 关于统计图表之绘制事项;

四 关于统计册报之刊行事项;

五 关于本部所属各机关办理统计之指导事项。

第六条 总务司出纳科掌下列事项:

一 关于本部经费收支事项;

二 关于本部现金账目之登记事项;

三 关于现金之出纳、保管事项;

四 关于款项之调拨事项;

五 关于有价证券及其他票据之保管事项;

六 关于本部房地产契据之保管事项。

第七条 总务司庶务科掌下列事项:

一 关于纪念周及各项典礼开会之司仪及记录事项;

二 关于公用物品之保管及购置事项;

三 关于本部房地产之保管及其修翻事项;

四 关于警卫及卫生事项;

五 其他一切庶务事项。

第八条 电政司设下列各科:

一 管理科;

二 工务科;

三 业务科;

四 人事科;

五 财务科;

六 材料科。

第九条 电政司管理科掌下列事项:

一 关于电政机关之设置、裁并及管理区域之划分事项;

二 关于电政交涉事项;

三 关于国际电报公约、合同、规章之审核事项;

四 关于电政规章及电政文件之编译事项;

五 关于电报检查事项;

六 关于公营、民营电气、交通事业之监督事项;

七 关于新闻、振务、气象、电报、凭照及电信、机件、护照之核发事项;

八 关于电政统计资料之搜集事项;

九 其他不属各科之电政事项。

第一〇条 电政司工务科掌下列事项：

一 关于电报、电话线路工程之设计、改良及扩充事项；

二 关于电报、电话线路工程之审定、查勘、建筑、验收及修养、测量事项；

三 关于电报、电话线路工程建筑规章之编订事项；

四 关于电报、电话工务处之设立及其人员名额之规定事项；

五 关于各局台之设计、改良及扩充事项；

六 关于各局台工程之审定、查勘、建筑及验收事项；

七 关于各局台工程管理规章之编订事项；

八 关于电报、电话工程管理区域之划分事项；

九 关于工程册款、册报之稽核事项；

一〇 关于电务技术员、报务员、话务员及技工名额之规定事项。

第一一条 电政司业务科掌下列事项：

一 关于电报、电话业务之监督、改良及发展事项；

二 关于电报、电话业务规章之编订事项；

三 关于电报、电话线路报务、话务之调度事项；

四 关于电报、电话价目之拟定事项；

五 关于医院电报费折合率之审定事项；

六 关于国际电报价目及报费摊分之商定事项；

七 关于各项报务表册之稽核事项；

八 关于各局台短收国内、国际电报费之查补事项；

九 关于各局台电报挂号费及译费之稽核事项；

一〇 关于政务、军务电报费之稽核事项；

一一 关于电报稽核表册格式之拟订事项；

一二 关于电政业务员名额之规定及增减事项。

第一二条 电政司人事科掌下列事项：

一 关于电政机关高级职员之任免、调派、考核及奖惩、抚恤事项；

二 关于电务技术员、报务员、话务员、业务员及技工之任免、调派、考核、奖惩及抚恤事项；

三 关于电政机关报差及公役之管理事项；

四 关于电政机关临时雇用员工薪给之拟定事项；

五 关于电政机关人员出差旅费及请假规章之编订事项；

六 关于工务业务各项员工之训育事项。

第一三条 电政司财务科掌下列事项：

一　关于电政机关预算、决算之核转事项；

二　关于出纳及会计规章之编订事项；

三　关于电政合同及房地产契据之保管事项；

四　关于电政款项之出纳、保管事项；

五　关于电政机关经费之划拨事项；

六　关于电政机关现金出纳及款项划拨之稽核事项；

七　关于电政机关收支之监督事项；

八　关于电政债务之审核、整理事项；

九　关于电政人员缴纳保证金事项；

一〇　关于国际电信局与水线及无线电公司往来款项之审核事项；

一一　关于电政资产之置备事项。

第一四条　电政司材料科掌下列事项：

一　关于各局台材料收支概算之核定事项；

二　关于各局台请领材料之审核事项；

三　关于购置材料项目、程式、数量之审定事项；

四　关于各局台材料收支、保管之稽核事项；

五　关于材料之核发、调拨事项；

六　关于各局台材料运输之稽核事项；

七　关于各局台机料运修之审核事项；

八　关于电信机件之修造数量拟定事项；

九　关于各局台材料册报之稽核事项。

第一五条　邮政司设下列各科：

一　邮务科；

二　审计科；

三　空运科。

第一六条　邮政司邮务科掌下列事项：

一　关于邮政机关之设置、裁并事项；

二　关于邮政机关高级职员之任免、调派、考核、奖惩及抚恤事项；

三　关于邮政员工之人事事项；

四　关于邮政业务之监督、改良及发展事项；

五　关于邮政路线之扩展及变更事项；

六　关于邮资核定及邮票印行事项；

七　关于邮政规章之编订及邮政合同之审核事项；

八　关于参加国际联邮会议及邮政公约或协定之审订、解释事项；

九　关于邮务请愿陈诉之裁断事项；

一〇　关于邮政人员之训育及考试事项；

一一　关于邮件之运输及检查事项；

一二　关于邮政代理机关之监理事项；

一三　关于邮政统计资料之搜集事项；

一四　其他不属各科之邮政事项。

第一七条　邮政司审计科掌下列事项：

一　关于邮政款项之审核事项；

二　关于邮政机关预算、决算之核转事项；

三　关于邮政材料及工程之审核事项；

四　关于储金汇业局之设置、裁并事项；

五　关于储蓄利率汇兑金额及汇费之核定事项；

六　关于储金汇兑请愿陈诉之裁断事项；

七　关于邮政保险及款项划拨之审核事项；

八　关于邮政财务之调剂及投资营业之审核检查事项；

九　关于邮政资产之审核及邮用物品之置备事项；

一〇　关于邮政表册单据格式之审订事项。

第一八条　邮政司空运科掌下列事项：

一　关于国营邮运航空事业之管理、经营事项；

二　关于国营邮运航空资本之划拨事项；

三　关于国营邮运航空合同及股票之保管事项；

四　关于邮运航空资率之核定事项；

五　关于邮运航空路线之核定事项；

六　关于国际邮运航空事业之计划联络事项；

七　关于国际航空法规及公约之审订、解释事项；

八　关于邮运航空技术人员之考验事项；

九　关于公用民用航空事业之立案及监督指导事项；

一〇　关于公用民用航空器材之检定及发给护照事项；

一一　其他有关邮运、航空事项。

第一九条　航政司设下列各科：

一　航务科；

二　船舶科；

三 海事科。

第二○条 航政司航务科掌下列事项：

一 关于航政机关之设置、裁并事项；

二 关于航政机关高级职员之任免、调派、考核、奖惩及抚恤事项；

三 关于航政机关员工之人事事项；

四 关于国营航业之筹划、管理事项；

五 关于航政规章之编订事项；

六 关于航政各种证书凭照之制发事项；

七 关于航政机关预算、决算之核转事项；

八 关于民营航业之监督、指导事项；

九 关于航业同业公会之监督、指导事项；

一○ 关于航政统计资料之搜集事项；

一一 其他不属各科之航政事项。

第二一条 航政司船舶科掌下列事项：

一 关于造船之监督事项；

二 关于船舶规章之编订事项；

三 关于船舶丈量、检查、登记之覆核事项；

四 关于船舶信号、符号之编制事项；

五 关于船舶之注册及证书执照之核给事项；

六 关于船厂、船坞、码头之计划、监理事项；

七 关于船舶保险事项；

八 关于航业及造船之补助、奖励事项；

九 关于航线之审定、区分事项；

一○ 关于水上运输之规划、取缔事项；

一一 其他有关船舶事项。

第二二条 航政司海事科掌下列事项：

一 关于航路之测绘及疏浚事项；

二 关于航路及海员规章之编订事项；

三 关于港口之设计、建筑及河海工程事项；

四 关于航路标识之设置、监理事项；

五 关于海上保安设备及载重线之监察事项；

六 关于航政人员之训育事项；

七 关于海员及引水人之管理事项；

八 关于船员之检定及证书之核给事项；

九 关于海员工会及民船船员工会之监督、指导事项；

一〇 关于救护海难及监督打捞或毁灭沉船事项；

一一 关于海事纠纷之处理事项；

一二 其他有关海事事项。

第二三条 本规则自公布日施行。

●●交通部编审委员会章程 民国二十五年（1936年）三月二十日交通部公布

第一条 交通部为审核法规、编译书报、出版刊物、管理图书，依交通部组织法第五条之规定，置编审委员会。

第二条 编审委员会分下列各组：

一 法规组；

二 刊物组；

三 方案组；

四 图书组。

第三条 法规组掌下列事项：

一 关于法规草案之厘订事项；

二 关于法规草案之审查事项；

三 关于法规之修正事项；

四 关于法规之解释事项。

第四条 刊物组掌下列事项：

一 关于交通年鉴之汇编事项；

二 关于交通公报之汇编事项；

三 关于交通职工月刊之审核事项；

四 关于其他刊物之编订或汇编事项。

第五条 方案组掌下列事项：

一 关于交通部工作报告汇编事项；

二 关于交通部工作计划之汇编事项。

第六条 图书组掌下列事项：

一 关于购置图书之审查事项；

二 关于图书室之管理事项。

第七条 编审委员会设委员长一人，委员十二人至十六人，由部长聘任或派充之，并得酌派部内职员兼任委员。

第八条 编审委员会各组以主任一人、委员若干人组成之，主任由委员长呈请部长就委员中指定之。委员之分组由委员长指定之,并得兼任两组以上任务。

第九条　委员长主持本会一切事务,各组主任商承委员长,处理各该组事务,委员分组办事。

第一○条　编审委员会会议分大会、组会二种。

第一一条　委员会大会由委员长召集之,各组主任及委员均应出席,遇必要时,应请有关之厅、司、会、局、室、处主管人员,到会发表意见。

会议时,以委员长为主席;委员长缺席时,由委员互推一人,为临时主席。

第一二条　委员会组会由各组主任召集之,会议时,得用谈话会之方式。

第一三条　编审委员会汇编各项刊物,应由主管厅司、会、局、室、处指定人员担任,搜集材料,起草文稿,送会汇编。

第一四条　应编入交通公报之文件,应由各厅、司、会、局、室、处指定人员随时抄录,送会汇编。

第一五条　编审委员会因事务上参考之必要,得调阅各厅、司、会、局、室、处之文卷。

第一六条　图书室章程另定之。

第一七条　本章程自公布之日施行。

●●交通部供应委员会组织章程民国二十五年(1936年)二月六日交通部公布,同年三月十八日修正,同年六月八日再修正。

第一条　交通部为统一购置、储运、修造及检验所辖各机关需用物品及材料起见,设供应委员会。

第二条　本委员会设委员长、副委员长各一人,委员三人至五人,由部长就本部高级职员中遴员兼任之。

第三条　本委员会分五组办事,其职掌如下:

一　总务组　掌理文书、印信、庶务、营业、计核及不属于其他各组事项;

二　购置组　掌理机料之调查、采购及料价之比较事项;

三　修造组　掌理机料之制造、修理及装配事项;

四　检验组　掌理机料之检查及试验事项;

五　储运组　掌理机料之登记、保管、收发及转运事项。

第四条　本委员会各组设主任一人,由部长遴员派充,承委员长之命,处理各组事务,各组并得分股办事,每股设股长一人,由委员长遴选,呈请部长派充,承主任之命,处理各该股事项。

第五条　本委员会设工程师、技术员各若干人,由委员长遴选,呈请部长派充之。

第六条　本委员会除总务组外,各组主任、各股股长、工程师、技术员由本部技术人员兼任,或调用各附属机关技术人员充任。

第七条　本委员会设事务员、雇员各若干人,由委员长遴员呈请部长核准派充之。

第八条　本委员会设专门委员若干人，办理技术上设计、审核及研究事宜，由部长派充或聘任之。

第九条　本委员会得设下列各修造厂，其组织规程均另定之。

一　电信机料修造厂；

二　船舶机料修造厂；

三　飞机机料修造厂。

第一○条　本委员会购置、检验点收机料时，由部长随时派员监办，会计事务由会计处派员办理，银钱出纳由总务司出纳科办理之。

第一一条　本委员会职员工役名额，由委员长拟具，呈请部长核准之。

第一二条　本委员会办事细则由委员长拟具，呈请部长核准、施行。

第一三条　本章程自公布日起施行。

●●交通部供应委员会办事细则民国二十五年（1936年）五月二十一日交通部公布，同年（1936年）九月三十日增修第二条末段条文。

要　目

第一章　总则

第一条　本细则依交通部供应委员会组织章程第十二条之规定制定之。

第二条　本会委员长综理会务，并分配各职员职务。副委员长协助委员长处理会务，遇委员长因公出差或请假时，由副委员长代理之。委员长、副委员长同时缺席时，得委委员一人代理之。

第三条　本会处理公文，依附图一之程序办理之。

第四条　本会处理购料、验料、收料，依附图二之程序办理之。

第五条　本会处理发料，依附图三之程序办理之。

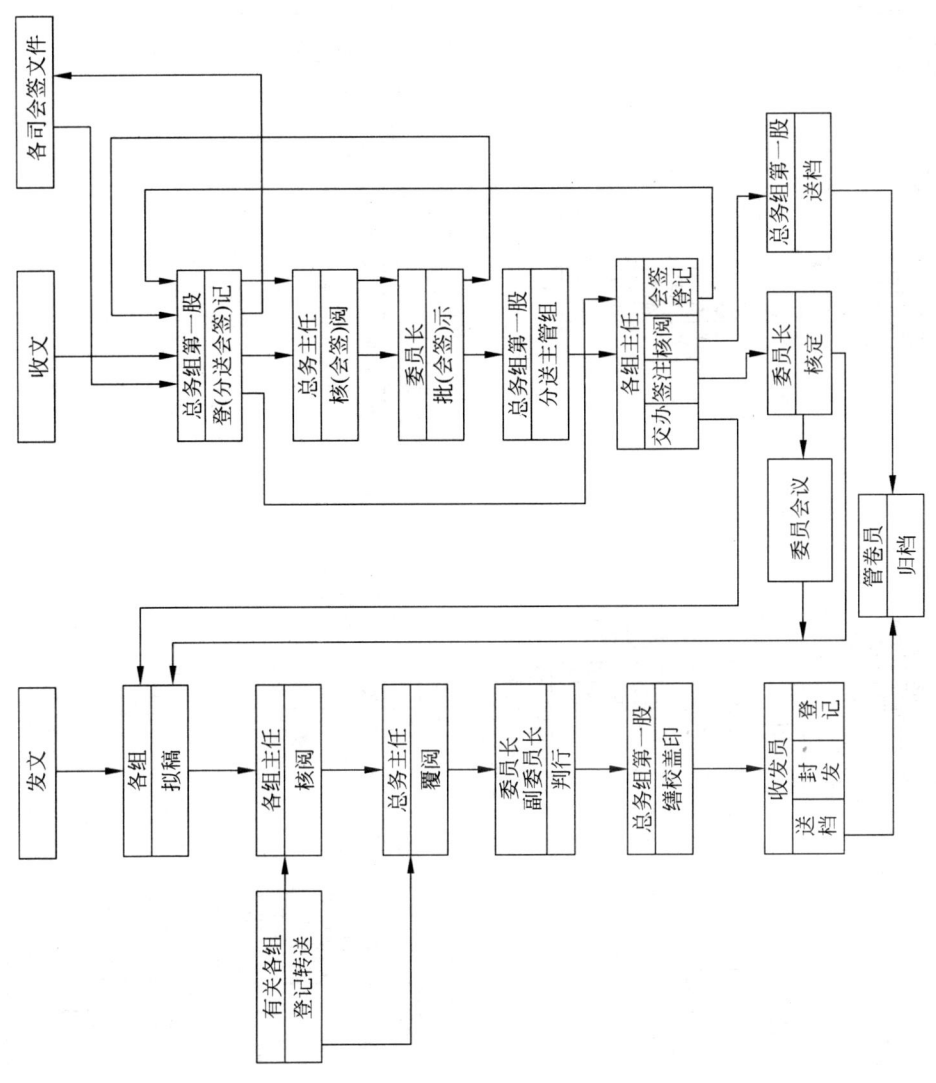

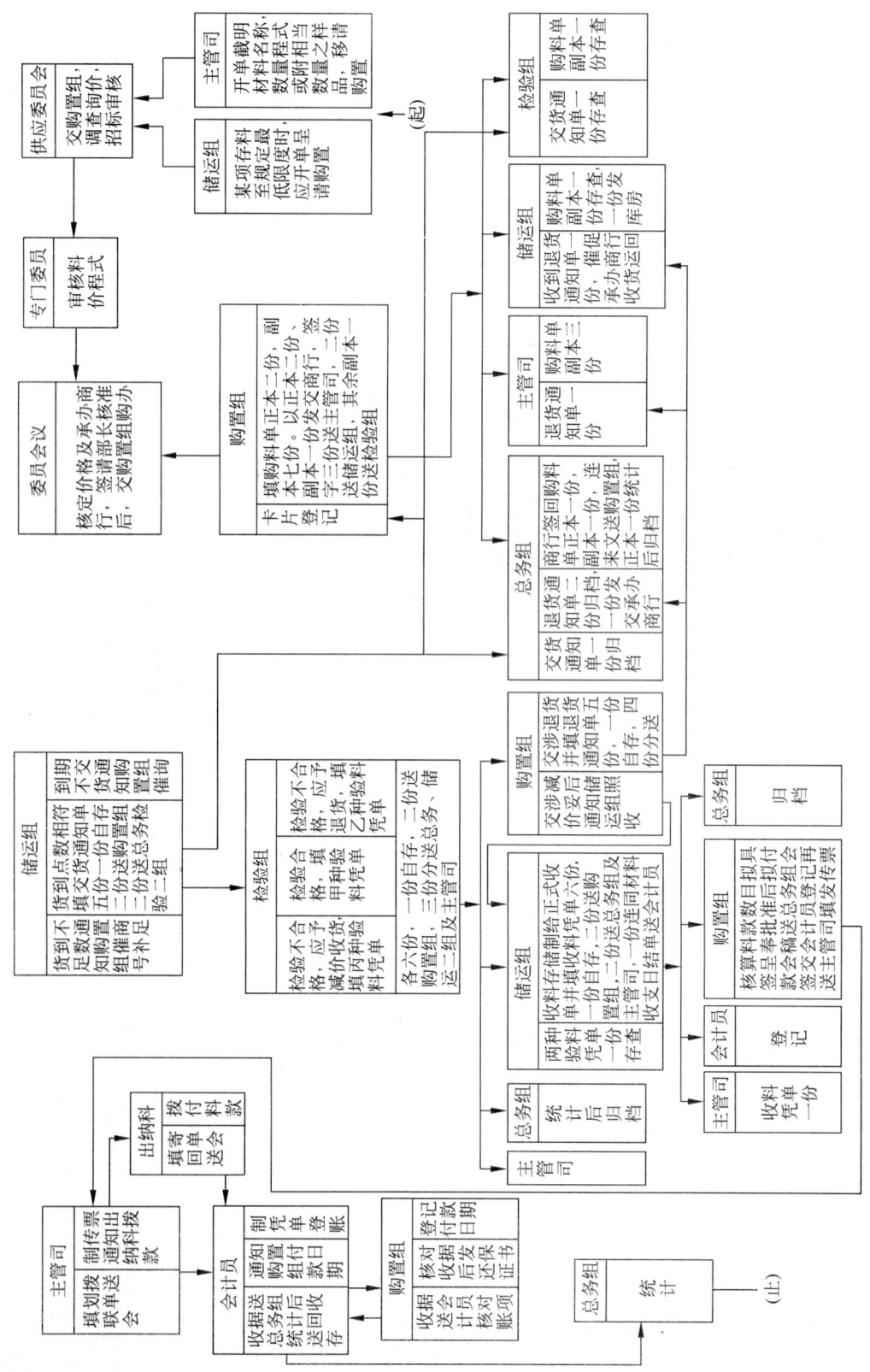

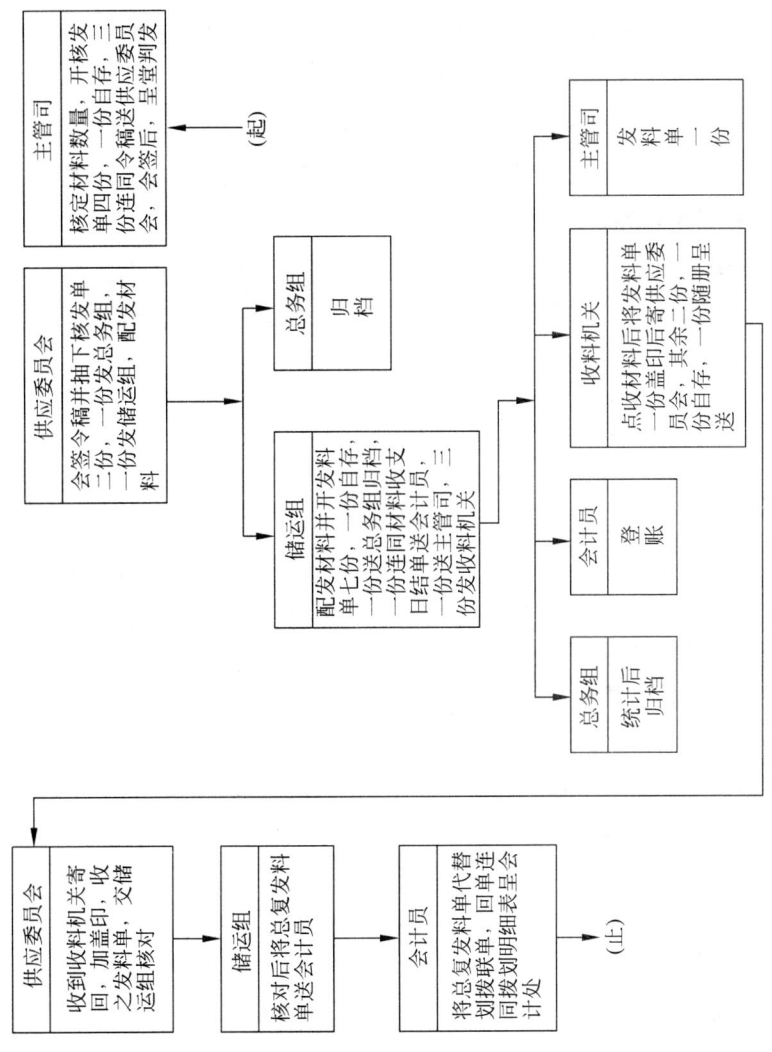

第二章　会议

第六条　本会会议由委员长、副委员长及委员组织之，会议时，各有关之组主任及专门委员得列席参加。

第七条　本会每二星期开会一次，由委员长主席，遇有重要事项时，得由委员长召集临时会议。

第八条　本会会议须有委员过半数以上出席，方得开会。委员因故不能出席时，得指定负责人员临时代表出席。

第九条　本会会议以多数取决，可否同数时，由主席决定之。

第一〇条　本会每次开会，由总务组秉承委员长之命，汇集议题，编印议事日程，于寄发开会通知书时，一并附送各委员先行研究。

第一一条　各委员提案，于开会前三日，用书面送交委员长，列入议事日程。

第一二条　本会会议遇委员长不能出席时，由副委员长代理；主席、副委员长亦不能出席时，互推委员一人，为临时主席。

第一三条　本会会议由总务组纪录。

第三章　总务组

第一四条　总务组第一股掌理下列事项：

一　关于文书之撰拟、缮校、收发及保管事项；

二　关于编印议事日程及会议纪录事项；

三　关于人事之登记及考核事项；

四　关于不属其他各组、各股事项。

第一五条　总务组第二股掌理下列事项：

一　关于修造厂出品之营业计核及接洽事项；

二　关于事务费、运费、保险费之请领事项；

三　关于文具、印刷品及各种零星物品之配发及庶务事项；

四　关于废料之登记及研究事项。

第一六条　总务组第三股掌理下列事项：

一　关于购料之统计事项；

二　关于发料及存料之统计事项；

三　关于运输费用之统计事项；

四　关于料价之统计事项；

五　关于验料之统计事项；

六　关于其他统计事项。

第四章　购置组

第十七条　购置组第一股掌理下列事项：

一　关于招标及询价事项；

二　关于调查商行及厂家出品事项；

三　关于征集及送验货样事项；

四　关于调查及记录料价事项；

五　关于比较料价事项。

第一八条　购置组第二股掌理下列事项：

一　关于签订购料单事项；

二　关于核算及请拨料款事项；

三　关于购料交涉事项；

四　关于各行商缴纳之保证金及保函事项；

五　关于购料之登记事项；

六　关于本组文书之收发、撰拟、保管事项。

第五章　修造组

第一九条　修造组掌理下列事项：

一　关于机料之制造事项；

二　关于机料之修理事项；

三　关于机料之装配事项。

第二〇条　修造组置工程设计室，掌管机料修造之设计事项。

第六章　检验组

第二一条　检验组第一股掌理下列事项：

一　关于有线电报、电话机料之检查与试验事项；

二　关于有线电报、电话线路材料之检查与试验事项；

三　关于无线电报、电话机料之检查与试验事项。

第二二条　检验组第二股掌理下列事项：

一　关于邮政材料之检查与试验事项；

二　关于航政材料之检查与试验事项；

三　关于印刷品纸张之检查与试验事项。

第二三条　检验组第三股掌理下列事项：

一　关于试验器材之保管及修理事项；

二 关于试验方法及设备之设计事项；

三 关于检验结果之整理分析及登记事项；

四 关于废料检验事项；

五 关于其他检验事项；

六 关于本组文书之收发、撰拟、保管及不属于其他各股事项。

第七章 储运组

第二四条 储运组第一股掌理下列事项：

一 关于保管存料及存料保险事项；

二 关于点收及配发材料事项；

三 关于填发护照、邮寄材料事项；

四 关于材料之分存事项；

五 关于指挥各分库配发材料事项。

第二五条 储运组第二股掌理下列事项：

一 关于办理材料计价事项；

二 关于缮写发料细数单事项；

三 关于登记总库材料分类账事项；

四 关于汇登各分库材料分类账事项；

五 关于编制材料分类月报表事项；

六 关于本组文书之收发、撰拟、保管及不属于第一股事项。

第八章 附则

第二六条 本细则自公布之日施行。

●●交通部供应委员会采购材料招标章程 民国二十五年(1936年)四月三日交通部公布

第一条 各投标商行须向本会领取特制标函，所有材料名称、数量、程式与投交本会之限期，均由本会预为填注。凡各商行未用本会特制标函投标者，概作无效。

第二条 各项材料之式样与品质，必须与本会标函内指定之程式相符，方为合格。投标者之货样，应于投送标函时，送交本会选择，并将所报材料之制造厂家名称及其所在地就标函内详细注明。

第三条 各项材料之交货地点及交货日期，均须依照本会标函内之规定办理，但投标时预料未能照规定日期交货或未经本会规定交货日期者，应由投标商行将最短交货期间分别在标函内注明,如所报系现货,其交货期限应为签订购料单后七日以内交货。

第四条　各项标价均包括关税、附税、运费、码头费及上下装卸一切费用在内,并应将"码头交货"之价(F.I.B.)及包括"货价联运费保险费"之价(C.I.F.)分别注明,以资比较。

第五条　投标商行应将标函签字封固,加盖火漆图章,于规定期限内送达南京交通部供应委员会,逾期不收。

第六条　商行投标时,应依本会规定之数目缴纳投标押款,此项押款不得封入标函之内,须同时用汇兑或其他方法向本会缴纳之。俟标函选定后,不得标者,凭收据照数发还;得标者,须于签回购料单及缴纳银行保证书后,始予发还。

标函程式单等每分另取费五元,无论得标与否,概不退还。

第七条　各项材料标价有效期间,由本会于标函内规定之,但最多不超过十五日,自开标之日起算,在此期间内,其标函不得更动。

任何标函有不合前项之规定者,概作无效。

第八条　本会有保留审核及拒绝任何标函暨选购标函所开全部或一部分材料之权,其标函之选择并不限定选取价格最低者。

开标以后,再行声明减价者,其声明减价部分认为无效。

第九条　标函照规定日期、时间,在本会当众开标,其结果由本会于开标后在交通公报上公布之。

第一〇条　得标者,由本会正式通知,并分别依本章程第十二条及第十三条规定之期限内,签回购料单,并缴纳保证书。前项购料单或保证书逾规定期限十日尚未签回或缴纳者,或于标函有效期间内声明不能按照标函承办者,其投标时所缴之押款即予没收,并取消其得标承办权,所有本会业已签字之该项材料购料单,作为无效。

第一一条　得标之商行承办一千元以上之期货者,应向本会缴纳所承办材料全部总价百分之七之银行保证书,依第十五条之规定支付总价百分之二十五价款时,得标商行应取具殷实银行或商店之保证。

前两项保证书格式,由本会规定之,并免费供用。

第一二条　不付定金之购料单,其交货期限自承办商行签回购料单之日起算,如商行购料单在本会签发六日以后或未注明日期者,均自本会签发之第七日起算。

第一三条　应付定金之购料单,其交货期限依下列之规定:

一　承办商行应于本会签发购料单后六日内,将购料单签回,再由本会通知领定金,于通知书到达之六日内按照第十一条规定备具银行保证书缴交本会,并具领定金,其交货期限即自拨付定金之日起算。

二　承办商行在外埠,其定金须本会汇拨者,交货期限自本会汇拨之第四日起算。

三　承办商行应缴之保证书逾期缴纳,致定金迟延拨付者,或商行临时声明不领定金者,其交货期限均自本会通知具领定金之第十日起算。

第一四条 承办商行交付各项材料，均须由交通部部长派员照章详为检验，合格后始予点收。

第一五条 货款之交付，依下列之规定：

一 一千元以上之期货，本会于签订购料单时，先付定金总价百分之二十五，其余货款俟材料交到依前条规定验收后，由商行开具发单请付之。如购料单内所列材料不止一项者，其价款得分数次请付，每次至少须系材料一项或一项以上之全部余款，不得将整项料价分拆请付，但该项材料如系订明分批交货者，得分批请付之。

二 现货或未满一千元之期货，除不付定金外，其付款办法与上款一千元以上之期货付款办法相同。

第一六条 承办商行对于所订购料单内之任何一项材料，如不能依期交货者，除不可抗力外，无论为期货或现货及该项之全部或一部，每迟交一天，应扣除该项材料总价千分之一，为延期交货之罚款，即就银行保证金或其应得款项内扣除之。如承办之某项材料系购料单订定分批交货者，其交货逾期罚款，即就该项材料按批计算。

第一七条 每项材料全部交货迟延逾二个月时，由本会书面通知该商行，将原订购料单内该项材料作为无效，另行订购。除照扣前条规定之罚款外，所有因废约而发生之已付定金利息损失及本会另行订购因价格高涨而受之损失，均应由该商负责赔偿。

每项材料一部分交货迟延，逾二个月时，除已交部分仍予接收外，其迟交部分应就购单注销所有迟延交货罚款及废约赔偿，均照该项材料全部迟延及废约办理。但因不可抗力而迟延者，除得由本会通知承办商行废约外，不科罚款及责令赔偿。

第一八条 每项材料全部或一部因不合程式或货样而退换者，其退换部分换到日期如逾原订交货日期，应依交货迟延之规定处罚。

无论某项材料全部或一部，如三次交验仍不合用者，应将该部分定货取销之，并应依迟延交货之规定处罚。

第一九条 本章程自交通部公布之日施行。

●●供应委员会及经转机关转运材料办法 民国二十五年（1936年）十月二十二日交通部公布

一 供应委员会拨发各局台材料，应于接到主管司拨料公文后一星期内，配就运出，逾期应将理由声明。

二 经转机关转运材料应于材料到后五日内转出，逾期应将理由声明。

三 供应委员会装运材料，如系直接可以运到或交邮递寄者，应填列甲种运料报告单，除将各联骑缝处及应行填注事项详细填列，并将第一联存储运组备查外，以第二联送主管司，第三联随同提单或提前寄交收料机关收存，俟材料运到后，将该联呈司。

四　供应委员会装运材料,如须经过数处接转者,应填列乙种报告单,除将各联骑缝处及应行填注事项详细填列,并将第一联存储运组备查外,以第二联送主管司,第三联至第八联随同提单一并寄交,经转机关每经过一处,于材料转出以后,填寄一联呈司,并将其余数联随同材料或提前寄交沿途接转机关,循序转递,直至收料机关为止,俟材料运到,由收料机关将第八联呈司。如材料仅经一、二处转运,所有用余之联单,由收料机关随第八联一并呈司。

五　供应委员会发运材料填用护照时,应将护照号数填入报告单,随同材料寄交经转机关,转递至收料机关为止,俟材料运到,由收料机关将号数填入报告单后,再连同钤单寄还供应委员会,储运组按月汇总送主管司注销。其经转机关如须分批分路转运,不能分用此项护照时,得另填护照,所有填列号数、手续与前相同,惟缴销手续应由收料机关寄还填用该项护照之经转机关,呈部注销。

六　供应委员会装运材料,应将各箱所装料件另缮装箱单,随同材料发交收料机关,照单点收。

七　供应委员会及经转机关转运材料路由,应遵照部颁经转材料局名表办理,但因交通情形有所变更或发生障碍时,得改用其他路由转运,务期运输迅速,费用低廉。

八　各经转机关转运材料应设法随提随运,不再经过局内,以免增加费用。

九　收料机关接到承运机关函知或提单后,应立即提取点收,不得无故稽延。但收料机关或经转机关于点收或接转时发觉装箱或包裹损坏时,得拒绝收转,并立即向承运机关交涉赔偿,或一面接转,一面声明保留赔偿请求权,并随时呈部查核。

一〇　各经转机关转运材料所需各项费用,在未曾起运以前,应先向当地转运公司及夫役等估报价单,择廉交运。

一一　各经转机关每月所交各项费用,如为电政管理局,应按照组织通则第十五条第二款之规定办理;如为各特等电报局、电话局、无线电台,应于月终分项列表,呈部核准后列册支报;如为其他各电报局,其所支费用总数在三十元以下者,得呈报该管理局核销,由管理局按月汇开清单,呈部备案;其超过三十元者,并应报由管理局转呈候核。

一二　本办法自公布日施行。

●●交通部统计室组织规程民国二十五年(1936年)二月十八日国民政府令准施行

第一条　本规程依照国民政府主计处组织法、国民政府主计处办理各机关岁计、会计、统计人员暂行规程暨中央各机关统计室组织及办事通则制定之。

第二条　交通部统计主任办事处所,定名为交通部统计室。

第三条　统计室之职掌如下:

一　关于交通部统计册籍、图表格式之制订及编制统计统一办法之推行事项；

二　关于交通部统计材料之登记、调查及整理汇编事项；

三　关于交通部统计报告之编纂事项；

四　其他有关统计事项。

第四条　统计室对于交通部之所属机关统计事务，经主计处之指定，应负责办理下列各事项。

一　关于所属机关统计人员之指导、监督事项；

二　关于所属机关统计工作之分配事项；

三　关于所属机关统计册籍、图表格式之审查、制订及编制统计方法之统一事项；

四　关于所属机关统计报告之审核、汇编事项；

五　关于所属机关统计工作及人事报告之核转事项。

第五条　统计主任承主计长之命，受主计处主管局长之指导，并依法受交通部主管长官之指挥，主办交通部之统计事务。

第六条　统计室设科员十人至十四人，雇员二人至四人，由主计长任用，承长官之命，佐理各项事务。

第七条　统计室依事务之需要，得分设电政、邮政、航政、总务四种，由统计主任指定职员，分理各组事务。

第八条　统计室就事实之需要，得呈请交通部主管长官指定人员，在部内各部分组织中负责担任登记统计工作。

前项人员，对于办理统计工作，应受统计主任之指挥。

第九条　统计室于必要时，得呈准交通部主管长官委托部内及其所属机关职员代行登记及调查，或调用职员佐理各项事务。

第一〇条　统计室得派定职员，在部内各部分组织中抄录有关统计之表册、文簿，从事登记。

第一一条　统计主任得出席交通部有关其职掌之各项会议。

第一二条　统计室为谋统计事务与行政院事务之联络起见，得呈请交通部主管长官设置交通部统计委员会，其组织规则另定之。

第一三条　统计室办事细则另定之。

第一四条　本规程自呈准之日施行。

●●交通部技术官室办事细则　民国二十五年(1936年)三月十日交通部修正公布，同年(1936年)四月二十一日再修正。

第一条　本办事细则依交通部处务规程第十一条之规定制定之。

第二条　技术官室，分下列四组：

　一　普通组；

　二　土木组；

　三　机械组；

　四　电气组。

第三条　普通组掌下列事项：

　一　关于技术人员之调查及登记事项；

　二　关于技术文件书之撰译事项；

　三　关于技术统计资料之搜集事项；

　四　关于技术官室仪器之保管、维持事项；

　五　关于不属其他各组事项。

第四条　土木组掌下列事项：

　一　关于港口技术上之设计、审核事项；

　二　关于航路测绘、疏浚各项技术上之设计、审核事项；

　三　关于船厂、船坞、码头各项技术上之设计、审核事项；

　四　关于航空场站之设计、审核事项；

　五　关于本部及附属机关建筑物之设计、审核项；

　六　关于本部及附属机关房地产之调查事项；

　七　关于其他土木工程事项。

第五条　机械组掌下列事项：

　一　关于轮船上机械之设计、审核事项；

　二　关于海上保安设备之研究事项；

　三　关于航空器材技术上之设计、审核事项；

　四　关于汽车及其他各项运输工具之设计、审核事项；

　五　关于机械工程上机料程式之编订事项；

　六　关于燃料油料之研究事项；

　七　关于其他机械工程事项。

第六条　电气组掌下列事项：

　一　关于电信工程技术上之设计、审核事项；

　二　关于电信线路、工程、建筑程式之编订事项；

　三　关于电信机料程式之编订事项；

　四　关于航海、航空、无线电设备技术上之设计、审核事项；

　五　关于民国电信事业技术上之指导事项；

　六　关于电信技术上之研究事项；

　七　关于电气之试验事项；

八 关于其他电气工程事项。

第七条 每组各设组主任一人,由技监于技术官中遴选,呈请部长派充之。

第八条 技监主持技术官室一切事务,组主任承技监之命,处理各该组事务,技术官分组办事,其分组由技监指定之。

第九条 技术官室处理事务与行政有关者,应与主管之司、局、会会商办理。

第一〇条 技术官室对于各项设计、审核试验事项,应分别拟具计划书、审查报告或试验报告,呈请部、次长核阅。

第一一条 本办事细则自公布日施行。

●●交通部职工补习班章程 民国二十五年(1936年)五月二十二日交通部公布

第一条 交通部为提高低级职员及工人之知识技能,以增进工作效率起见,设立职工补习班。

第二条 职工补习班设主任、副主任各一人,由总务司司长、职工事务委员会主任委员分别兼任之。主任、副主任之下设事务教导两股,各设股长一人,由总务司庶务科科长及职工事务委员会第三组总干事分别兼任之。每股设助理员一人,由主任、副主任聘本部职员兼任之,均不另支薪津。

第三条 职工补习班设教员若干人,由主任、副主任聘本部职员兼任之,均不另支薪津,但得酌给车、膳费。

教员得兼任一股助理员。

第四条 助理员及教员如有服务不力者,得由主任、副主任随时改聘之,并将改聘情由呈报部、次长备案。

第五条 凡属交通部书记、打字生、勤务生、卫士暨工役等,均须进班补习,但书记之曾受高中以上教育者,得免补习。

凡职工对于某一项或数项课目确曾修习,已超过现在授课之程度者,经考核认可,得免其补习该项课目。

第六条 职工补习班分下列三组:

甲组 书记、打字生、勤务生等属之;

乙组 卫士等属之;

丙组 工役等属之。

各组均设高、初二级,按照职工程度高低分别编级。

第七条 各组、各级补习期间,均为一年,凡在初级补习期满成绩及格者,得升入高级。

第八条 各组科目如下:

甲组 初级

总理遗教；　国文；　英文；　算术；　中外历史、地理；　书法。

甲组　高级

总理遗教；　国文；　英文；　法制概要；　经济概论；　公文程式；　书法。

乙组　初级、高级课目同,程度浅深不同。

总理遗教；　国文；　典范令；　操练；　拳术。

丙组　初级、高级课目同,程度浅深不同。

总理遗教；　国语；　算术；　常识。

第九条　各组、各级补习职工,每周于工作时间外,至少受课六小时,其课程表另定之。

第一〇条　职工补习班学生,非经准假,不得缺席。其请假逾全学期授课总时数三分之一者,不得参与学期考试。

第一一条　各组、各级补习职工补习期满,成绩及格者,由班填具毕业证书,呈部验印核发。

第一二条　补习职工免收学杂等费,并由班供给必需之书籍、讲义、文具。

第一三条　职工补习班经费,由班编造预算书,呈请部、次长核发之。

第一四条　职工补习班为商讨班务,得举行班务会议,全体职、教员均须出席。

第一五条　职工补习班学生奖惩规则另定之。

第一六条　本章程自公布日施行。

●●交通部职工补习班学生奖惩规则 民国二十五年(1936年)五月二十二日交通部公布

第一条　本规则依据交通部职工补习班章程第十五条之规定订定之。

第二条　职工补习班学生奖励办法,分为下列四种：

一　奖品；

二　奖状；

三　奖金；

四　加薪。

第三条　职工补习班毕生有下列各款之一者,给予奖品：

一　学期成绩总平均分数列甲等者；

二　学期成绩总平均分数列乙等,并未迟到、早退、请假或旷课者。

第四条　职工补习班学生有下列各款之一者,给予奖状：

一　毕业成绩总平均分数列甲等者；

二　学业成绩总平均分数列乙等,并未迟到、早退、请假或旷课者。

第五条　毕业成绩总平均分数列甲等前十名者,除给奖状外,酌给奖金。

第六条　毕业成绩总平均分数列甲等前五名者,除给奖状及奖金外,得由班主任、副主任呈请部、次长核予加薪。

第七条　职工补习班学生惩戒办法,分为下列四种:

一　警告;

二　记过;

三　扣薪;

四　革职。

第八条　职工补习学生有下列各款之一者,予以警告。

一　无故迟到或早退者;

二　未经请假擅自旷课者。

第九条　职工补习班学生有下列各款之一者予以记过。

一　警告满三次者;

二　忽视职教员之指导者。

第一〇条　职工补习班学生有下列各款之一者,予以扣薪。

一　记过满三次者;

二　不专心补习致成绩低劣者。

第一一条　凡经扣薪满三次而犹不知悔改者,或在班中犯过情节较重者,得由班主任、副主任呈请部、次长予以革职处分。

第一二条　本规则自公布日施行。

●●交通部邮电机关职工补习教育实施通则民国二十五年(1936年)四月二十九日交通部公布

第一条　本部为提高职工知识,增进职工技能起见,办理职工补习教育,饬由各邮电机关设立职工补习班。

第二条　职工补习班分初级及高级两种,补习期限初级班及高级班各两年,学期起讫日期依教育部之规定。

第三条　邮电机关之职工,除邮务员、技术员及一、二等报务员外,均须视其程度,分别编入初级班或高级班。但职务特繁或程度较高者,经主管长官之核准,得免补习。

第四条　凡在初级班补习期满成绩及格者,得升入高级班。

第五条　职工补习班每班人数至少须二十人,至多以五十人为度。人数不足额者,得暂缓开班;人数过多者,得分期开班。

第六条　职工补习班之职工,每日于工作时间外,上课两小时。

第七条　职工补习班设主任一人,以各该机关长官充之,副主任一人,事务员一人或二人,教员若干人,均由主任就各该机关职员中指派兼充之,概不另支薪津,但事务员及教员得给车费。

第八条　职工补习班之课程,由各该机关拟订,呈部核定之。

第九条　职工补习班应于每学期开始后一个月内,将教职员、学生及课程分配等,呈部备案,并由部随时派员视察。

第一〇条　职工补习班应于每学期结束后半个月内,将学生成绩及经费支出等列表,呈部备核。

第一一条　各机关职工补习班经费,应列入各该机关年度概算呈核。

第一二条　凡在各机关职工补习班补习之职工,免收学杂各费,并由各该机关供给必需之书籍、文具。

第一三条　职工补习班毕业考试,由部派员监视,补习职工之成绩及格者,由各该机关填具毕业证书呈部验印核发。

第一四条　职工补习班学生成绩考查规则另定之。

第一五条　职工补习班职教员及毕生奖惩规则另定之。

第一六条　本通则自公布日施行。

●●交通部邮电机关职工补习班奖惩规则民国二十五年(1936年)四月二十九日交通部公布

第一条　本规则依据交通部邮电机关职工补习教育实施通则第十五条订定之。

第二条　本部于每学期终结后,举行各邮电机关职工补习班职教员及学生之成绩考核。班主任之考核由本部行之,其他职教员之考核由班主任初核,并由各该机关转呈本部核定之。学生之考核由教员初核,班主任复核,并由各该机关转呈本部核定之。

第三条　职工补习班职教员之奖励办法,如下:

一　记功;

二　奖状;

三　奖章。

第四条　职教员有下列各款之一者,予以记功。

一　一学期内未请假者;

二　对于补习班管理或教学认真负责者;

三　对于职工补习教育有所贡献者。

第五条　职教员有下列各款之一者,给予奖状。

一　记功二次以上者;

二　服务职工补习班一学年而有劳绩者。

第六条　职教员有下列各款之一者,给予奖章。

一　受奖状二次以上者；

二　服务职工补习班二年以上，成绩优异者。

第七条　职教员如有服务不力或成绩大差者，由班主任解除聘约，并呈部备案。

第八条　职工补习班学生之奖励办法，如下：

一　记功；

二　奖状；

三　奖章。

第九条　学生有下列各款之一者，予以记功。

一　学期考试成绩列甲等者；

二　学期考试成绩列乙等而从未旷课、迟到、早退或请假者。

第一〇条　学生有下列各款之一者，给予奖状。

一　学年或毕业考试列甲等者；

二　学年或毕业考试列乙等而从未旷课、迟到、早退或请假者。

第一一条　学年或毕业考试列甲等前三名，并未旷课、迟到、早退或请假者，除给奖状外，发给奖章。

第一二条　学生之惩戒办法，如下：

一　警告；

二　记过。

第一三条　学生有下列各款之一者，予以警告。

一　无故迟到、早退者；

二　未经请假擅自缺席者。

第一四条　学生有下列各款之一者，予以记过。

一　警告在三次以上者；

二　每月旷课时数超过受课时数三分之一者；

三　忽视职教员之指导者。

第一五条　本规则自公布日施行。

●●各区邮政管理局组织通则 民国二十五年(1936年)一月十日交通部公布

第一条　邮政总局为处理邮政事务之便利，划分全国为若干邮区，每邮区置一邮政管理局，并分置一、二、三等邮政支局、邮政代办所等。

邮区之设置及变更，由邮政总局呈请交通部核定之。

第二条　邮政管理局设局长一人，承邮政总局局长之命，管理全区邮政专务。

邮政管理局局长，由邮政总局局长就相当资历之邮务长中遴选，呈请交通部派充之。

第三条　邮政管理局置下列各股,股以下分组办事。必要时,得呈准邮政总局,增设他股。

一　本地业务股;

二　内地业务股;

三　总务股;

四　计核股。

前项各股,各设股长一人,由邮政总局局长就相当资历之甲等邮务员中遴选派充,承长官之命,处理各该管事务。

邮政管理局所属之支局达十五所者,其本地业务股股长得以副邮务长充任之。各邮区内一、二、三等局所达一百所者,其内地业务股股长得以副邮务长充任之。邮区每年全部邮政收入达五十万元以上者,其计核股股长得以副邮务长充任之。

股长以副邮务长充任者,须呈请交通部派充。

其他如因公务需要,须派副邮务长充任股长时,得由邮政总局呈请交通部核定派充之。

股员、组长、组员均由邮政管理局局长就所属邮务员佐派充之,承长官之命,办理事务。

第四条　一、二、三等邮局,按业务之繁简,各分为甲、乙二级,一等甲级邮局局长以相当资格之副邮务长充任,由邮政总局遴选,呈请交通部派充之。

一等乙级邮局局长以一等六级以上之甲等邮务员充任,二、三等邮局局长以三等二级、乙等邮务员以上之人员充任。但因公务情形需要,得派邮务佐署理三等邮局局长。

第五条　各邮区设巡员四人至八人,由邮政管理局局长就所属邮务员中遴选,呈请邮政总局委派,承长官之命,巡查各局一切事务。

第六条　各邮区之邮务员佐及信差等之名额,由邮政总局核定,呈报交通部备案。

第七条　各区邮政管理局应按期编造下列账目、报告,分别呈报邮政总局、邮政储金汇业局。

一　邮局、储汇局岁入、岁出概算书;

二　邮局、储汇局季账及每季收支计算书;

三　邮局及储汇局联合财务月报。

第八条　各邮区收支款项,应用该区邮政管理局名义,由局长及计核股股长会同签字。

第九条　各区邮政管理局订定各项契约,除另有规定外,均应呈请邮政总局核准。

第一○条　各区邮政管理局办事规则另定之。

第一一条　本通则自公布日施行。

●●邮政代办所规则 民国二十四年(1935年)十一月二十日交通部公布

第一条　凡地方情形有置邮需要而业务尚未达设局程度时,设邮政代办所。

第二条　邮政代办所按地域所在,分隶于邮政管理局或二、三等邮局。

第三条　邮政代办所名称，应冠以所在地地名或街道名称。

第四条　邮政代办所应办之事务，由主管邮政管理局规定之。

第五条　代办人办理邮务，应遵守邮政章则，并服从主管邮局及邮政管理局巡员之指挥。

第六条　代办人如有办理不善，或违犯章则情事，应即予撤换，其涉有刑事嫌疑者，并应送请司法机关审理之。

第七条　邮政代办所营业时间，按当地商号营业时间规定公告之。

第八条　代办所发售邮票、明信片、特制邮简及印花税票，均应按票面价值收受现款，如系辅币，应遵照邮政管理局核定公告之折合率计算，不得擅行订定。

第九条　邮政代办所所售之邮票、明信片、特制邮简及印花税票，均应按定额向主管邮局具领，不得经售其他来源之邮票等。

第一〇条　邮政代办所之招牌、信箱、邮戳以及办理邮务所需之单据、簿册等，均由主管邮政管理局发给应用，代办人不得自制前项招牌、信箱，及邮局通告应悬置或张贴显明之处。

第一一条　邮政代办所置代办人一人，由邮政管理局或其代表遴选正当、殷实商号主人，委派之。

第一二条　邮政管理局委派代办人，须发给执照。前项执照，应于该代办人卸职时，缴销之。

第一三条　代办人于奉派之初，对于经办事务，得前往主管邮局实习或由邮局派员训练之。

第一四条　代办人于奉委时，应取具两家殷实商号保证书各一纸，其保证金额总数不得少于国币二百元。

如遇保证商号迁徙、闭歇或其主人亡故时，代办人应立时报告主管邮局，并呈送新具保证书。

第一五条　代办人应于商号内划出房屋一间或相当地位，专为办理邮务之用。

第一六条　代办人对于经办之一切邮政事务，除已公布者外，不得向外宣泄。

第一七条　代办人接待公众务须谦和，并不得假借邮政名义干预外事。

第一八条　代办人对于邮件之妥速投递、寄件人之便利以及启迪民众之邮政知识，均应随时切实注意，遇有邮务应行改良事项，应向主管邮局陈述意见，其本地及邻近之一切情况与邮务有关者，应即向主管邮局详细报告。

第一九条　代办人应将邮政款项与私人款项分开保管，不得混杂，并应照章造报账册。

第二〇条　代办人不得利用邮袋装运私人物件。

第二一条　代办人或其使用人或任何受其委办之人，对于代办所经管之各类邮件、包裹及邮政款项、公物，如有丧失、毁损情事，除因不可抗力者外，概由代办人负责赔偿。

第二二条　代办人之月薪及津贴，由主管邮政管理局核定之。

第二三条 代办人告退,须于一个月以前向主管邮局书面声请,但告退未奉批准或虽经批准而尚未有人接替时,不得擅自停办邮务。

第二四条 代办人因代办所改设邮局而停止职务者,其平时办事成绩如属优良,得按其服务期间,每满一年给予等于半个月薪额之奖金。

第二五条 本规则自公布日施行。

●●无着邮件处理处章程民国二十五年(1936年)八月二十八日交通部公布

第一条 无法投递及无法退还之邮件,由无着邮件处理处处分之。

第二条 无着邮件处理处之所在地及其管辖范围,依下列之规定。

一 第一无着邮件处理处,设于北平邮政管理局内,凡北平、河北、山西、河南、陕西、甘肃、新疆及山东各邮区属之。

二 第二无着邮件处理处,设于上海邮政管理局内,凡上海、浙江、江苏、安徽、江西、湖南、湖北、东川及西川各邮区属之。

三 第三无着邮件处理处,设于广东邮政管理局内,凡广东、广西、福建、云南及贵州各邮区属之。

第三条 无着邮件处理处设主任一人,由所在地之邮政管理局局长兼充,处员若干人,由主任就所在地邮政管理局局内之邮务发佐中调用。

第四条 无着邮件处理处处分无法投递、无法退还之邮件,得开拆其封装,并检阅其内容。

第五条 邮件经无着邮件处理处检阅后,获知寄件人地址者,应将原件装入特制封套加封,退还寄件人。

前项退还之件,除原系欠资邮件外,不另收费。

第六条 邮件经无着邮件处理处检阅后,仍不能获知寄件人地址者,分别按下列方法处分之。

一 邮件内装物品系无价值或不能作买卖标的者,自交寄日起满邮政法第三十三条规定之期间后,消毁之。其性质易于腐坏或不能久存者,得随时消毁之。

二 邮件内装物品系有价值或能作买卖标的者,自交寄日起满三年后,无人认领,即将该物品变卖或移转收为公款,其性质易于腐坏不能久存或有消灭数量之虞者,得先行变卖,将卖价保存至满三年为止,自该邮件交寄之日起算。

第七条 无着邮件处理处应于每年度终了,将所处分之邮件分别情形列表,呈报邮政总局备核。

第八条 本章程自公布日施行。

●●邮政储金汇业局办事规则

民国二十四年(1935 年)十一月二日交通部公布,二十五年(1936 年)七月十日修正。

要　目

第一章　通则

第一条　本规则依邮政储金汇业局组织法第十五条之规定制定之。

第二条　本局各处室执行职务,除另有规定外,悉依本规则之规定。

第三条　本局各处室得按事务性质分课处理,其分课执掌规则由本局定之。

第四条　本局各处室职员由局长按照事务之繁简分配之。

第五条　本局缮写文件及清理汇票,得酌用雇员,其名额、薪级呈由邮政总局,转呈交通部核定之。

第二章　权责

第六条　本局局长综理局务,副局长襄助局长分掌营业会计事务。局长因公离职时,指定副局长一人代理,但重要事件仍应商承局长办理。

第七条　本局各处室主管长官依职掌规定,指挥、监督所属职员,处理事务。

第八条　本局职员处理事务,应服从主管长官之命令。但遇有事实上发生困难时,得陈述理由,请主管长官核办。

第九条　本局职员处理事务,得陈述意见于主管长官,听候采纳。

第一〇条　本局各处室所办事务有互相关联者,由各主管长官会商办理,其意见不同者,应陈明局长、副局长核定之。

第一一条　本局各处室办理事件遇有必要时,应互相移付或通知。

第一二条　本局职员对于所管机密事务及尚未宣布之文件,应严守秘密,不得泄漏。

第三章　职掌

第一三条　总务处掌下列事项:

一　关于印信之典守事项;

二　关于各处室文稿之会签事项;

三　关于本局普通文电之收发、分配、撰译及缮校事项;

四　关于本局卷宗之整理及保管事项;

五　关于宣示及调查事项;

六　关于职员之任免、调迁、考绩、恤养、保证、请假及其他一切人事管理事项;

七　关于本局资产公物之管理及保险事项;

八　关于本局房地产之建筑、修缮及经租事项;

九　关于消防、卫生、体育等设备事项;

一〇　关于各种图书、杂志及参考书籍之管理事项;

一一　关于本处文件之撰拟事项;

一二　关于庶务及其他不属各处之事项。

第一四条　营业处掌下列事项:

一　关于各种业务之办理、设计及扩充事项;

二　关于各种有价证券、行市及变迁之调查事项;

三　关于各地金融状况、汇价变迁及各业信用之调查事项;

四　关于本局与各邮区及各分局款项之协解、调拨及准备事项;

五　关于本局存款、放款之处理事项;

六　关于分局与邮区各项存款之支配、放款之监督、审核事项;

七　关于农业放款办事处之指挥、监督事项;

八　关于金银、货币之买卖事项;

九　关于各项投资之办理事项;

一〇　关于国内外邮政汇兑款项及本局银行汇兑款项之办理事项;

一一　关于现金之收付各项票据之收解及钞票之领用、推行与收兑事项;

一二　关于营业上之一切调查、宣传、统计及报告事项;

一三　关于营业各种表册之编制、审核事项;

一四　关于本处文件之撰拟事项;

一五　关于其他一切营业事项。

第一五条　计核处掌下列事项:

一　关于储汇会计之办理、设计及改善事项；

二　关于本局投资物品、抵押品、保险单合同及其他重要契据之登记及保管事项；

三　关于本局投资物品及其所保管其他物品本息之收取以及应收、未收利息之核算事项；

四　关于本局收支款项凭单之编制、核签事项；

五　关于本票、汇票、划条及支票等等之会签事项；

六　关于本局各种账目、表册、单据之审核、处理及登记事项；

七　关于本局周计表、财务月报表、收支计算表、投资损益表、外币兑换损益表以及其他各种会计统计表报之编制事项；

八　关于年度收支预算书、决算书及损益表等之审核、编制事项；

九　关于财产目录之编制事项；

一〇　关于各分局、各邮区储汇账目之审核及派员查核事项；

一一　关于储汇会计法规以及各种表册、单据格式之拟订事项；

一二　关于库存及银行往来之检查事项；

一三　关于各邮区、各分局各项储汇会计书表、报告及账目之稽核事项；

一四　关于全国储汇表报之汇总编制及转呈事项；

一五　关于本局收支之统计及贷借对照表之统制事项；

一六　关于本局保管库之管理、出租及征收租费事项；

一七　关于本处文件之撰拟事项；

一八　关于其他一切储汇会计事项。

第一六条　储金处掌下列事项：

一　关于各项储金业务之指示计划及扩充事项；

二　关于各区储金数字之汇集及综核事项；

三　关于各项储金之宣传及调查事项；

四　关于各项储金规章及单式之拟订、修改事项；

五　关于储金准备之调度事项；

六　关于储金统计图表之绘制及年报之编纂事项；

七　关于储金表册之编制及审核事项；

八　关于储金出版物及储金单簿邮票之核发事项；

九　关于本处文件之撰拟及翻译事项；

一〇　关于其他一切储金事项。

第一七条　汇兑处掌下列事项：

一　关于汇兑业务之指示计划及扩充事项；

二　关于邮政汇兑之调查及宣传事项；

三　关于各项汇兑规章及单式之拟订、修改事项；

四　关于各地汇兑之兴革事项；

五　关于汇兑账簿之登记及表册报告之编制、审核事项；

六　关于各项汇票之清理事项；

七　关于国际邮政汇兑之一切事项；

八　关于汇兑资费之审核事项；

九　关于本处文件之撰拟事项；

一〇　关于其他一切汇兑事项。

第一八条　保险处掌下列事项：

一　关于保险业务之办理、设计及扩充事项；

二　关于保险之调查及宣传事项；

三　关于保险规章及单式之拟订、修改事项；

四　关于保险费率之拟订及修改事项；

五　关于保险各项账簿之登记及表册报告之编制、审核事项；

六　关于本处文件之撰拟事项；

七　关于其他一切保险事项。

第一九条　秘书室掌下列事项：

一　关于本局机要文电之撰译、收发及保管事项；

二　关于各处文稿之覆核事项；

三　关于法规之撰拟、增订及修改事项；

四　关于诉讼事务及涉及法律案件之处理、审核事项；

五　关于局务会议事项；

六　关于局长、副局长之特交事项。

第四章　考勤

第二〇条　本局办公时间每日八小时，其时间分配由局长随时规定。但各处室因职务繁忙或有特别事务，得由主管长官临时延长之。

第二一条　本局职员均须按照规定时间办公，不得迟到、早散，如因故迟到或须先行退值者，须陈明理由，经主管长官许可。

第二二条　本局各处室应置考勤簿职员，到局时，须亲笔签到该项考勤簿，应于规定到局时间后一刻钟内，呈送主管长官核阅后，送由秘书室汇呈局长签阅。

第二三条　星期日或休假日各处应派一人轮值，由主管长官预先指定，遇有临时事务，值日员应即时呈报主管长官核夺，总务处庶务员应轮流值宿。

第二四条　职员因病或因特别事故不能到局时,应照章具书,向主管长官请假。

第二五条　职员出差请假及差竣假满,均须注明于考勤簿备查。

第二六条　各处室对于所属各职员请假事由及日数,应随时登记于每月终列表,移送总务处办理。

第二七条　职员在办公时间内,非因公事不得接见宾客。

第二八条　本局职员请假规则另定之。

第五章　文书

第二九条　本局文件之收发,统由总务处办理,各处室文件之收发,应由主管长官派员办理。

第三〇条　到文分重要、次要、寻常三种,重要到文凡须随到随办之文件属之;次要到文凡例行而须办复者属之;寻常到文凡无须办复者属之,均应分别用"收文呈阅夹"及"到文簿"送由总务处长核阅,重要及寻常者,送秘书室转呈局长、副局长核批,发交主管处室分别办复或存查。次要者,迳由总务处用"送办簿"登记号数、件数,分送主管处室签收核办。

前项重要到文特别紧急者,得由总务处长按其情形,迳行提呈局长、副局长核办,或送由主管人员先行拟办。

第三一条　凡机密文件注明亲启或密启字样者,均应由总务处处长或秘书原封分别送请局长或副局长亲拆。

第三二条　凡有互相关联之文件,应由关系之主要处室拟稿或会同拟办,但会办者须会同签署。

第三三条　各处室所办文件应逐件摘由、署名,经主管长官核签,登入"送稿簿",送由总务处登记、编号、分类,备具"发文送判夹"及"发文簿",汇送总务处处长会签后,送由秘书室核转局长、副局长核行。但遇有应行会签者,须先送有关系之主管长官会核、签署。

第三四条　局长、副局长核定之稿件,发交总务处缮校、登记,用印封发。

第三五条　凡稿件遇有修改之处,应由负责人员加盖名章。会签稿件修改时,亦同。

第三六条　本局文件缮发后,均由总务处归档、保管,其会签之文稿经相关处签注需要副稿者,并应抄送、备查。

第六章　庶务

第三七条　本局一切文具单式由总务处随时向邮政总局供应处请领存储,各处室就所需数额填具领物单,经主管长官签字后,向总务处领用。其他应用物品须就便购用者,应由各主管长官移请总务处核办,其价在拾元以上者,须填具请办单,送经计核处核转局长、副局长核准。

第三八条　本局所有应用家具由总务处购置、保管,并编号、登记、存查。

第三九条　本局应用家具如遇不需用或损坏不堪修理时,退由总务处处理之。

第四〇条　凡请领购入、发出、取回及现存之物品,均应由总务处随时登册、调查。

第四一条　本局公役人等之勤惰,由总务处考核之。

第七章　库存

第四二条　本局库存现金分大宗与零星两种,大宗者由营业处副处长及营业处主管出纳人员共同负责保管;零星者由主管出纳人员负责保管。

前项零星款项,系为备并分发柜台日常周转之需,其总额不得超过二万元。

第四三条　本局一切库存现金,由计核处处长亲自或指派该管处课长随时查点之。

第八章　会议

第四四条　本局为征集意见、整饬局务起见,由局长、副局长随时召集局务会议,其列席人员临时指定之。

第四五条　局务会议之决议案,由局长核定、施行。

第九章　附则

第四六条　本规则自公布日施行。

●●推行儿童储金办法

第一条　交通部邮政储金汇业局为养成儿童储蓄美德,对于儿童之储金,依本办法之规定办理之。

第二条　依本办法办理之储金,以存簿储金为限。

第三条　各地邮政储金机关均办理此项储金,并得就入学儿童先行试办。

第四条　储金人年龄未满二十岁者,得依本办法之规定存入储金,其愿按照普通存簿储金存入者听。

第五条　储金存入以储金簿为凭,支取以印鉴为凭,储金簿上特加盖"儿童储户"戳记,以资识别。

第六条　储金人每次存入储金须满一元,不满一元者,得领取储金格纸,陆续购贴储金邮票,或领取储蓄袋,将款贮入,俟满一元,始行存入。

第七条　储金存入每户每月不得超过二十元,总额不得超过二百元。

第八条　储金支取每月不得超过二次,每次不得超过存款五分之一,立账后不满六个月,
　　不得将存款提清,终止账目。

第九条　储金利率视普通之存簿储金,增加半厘按过息五厘计算。

第一〇条　储金邮票以现行之五分及一角为准,邮政储金机关认为必要时,得增印一分或
　　二分者两种。

第一一条　邮政储金机关除制备储金格纸外,并另备储蓄袋,分赠储户。

第一二条　其他事项适用邮政储金法令之规定。

第一三条　本办法自交通部核准之日施行。

●●推行儿童储金应行注意事项

一　呈请交通部,转呈行政院,饬教育部,转饬各地教育机关,提倡儿童储蓄。

二　由各地邮政储金机关派员前往各学校,阐明儿童储蓄之意义,并致力于以下数点:

　　甲　在各中、小学校讲演储蓄美德,以鼓励学生储蓄之兴趣;

　　乙　印制宣传储金单,分送各学生阅览;

　　丙　绘画储金宣传图案,分送各中、小学校张贴,以供众览;

　　丁　印制储金存提简章,使各学生明了储蓄手续。

三　派员定期往各学校收取存款及开户,并分发储金格纸、储蓄袋。

四　委托各学校代售储金邮票。

五　由邮政储金汇业局备具储蓄宣传杯,分甲、乙、丙三等,每逢征求儿童储户时,就各地
　　儿童中介绍立账最多者,给以甲等杯,其次给以乙等杯、丙等杯,以资鼓励。

●●邮运航空器乘客取缔规则 民国二十五年(1936年)三月二十七日交通部修正公布

一　有神经病或传染病者、酒醉者、幼童无人监护者,均不得乘坐航空器。

二　乘客不得携带违禁物、危险物、测绘仪器、望远镜或照相机。

三　乘客不得于航行中测绘或速写地图。

四　乘客不得于航行中抛掷物品。

五　乘客不得于航行中吸烟、酗酒或喧哗、斗殴。

六　乘客不得拒绝官厅或邮运航空机关合法之检查。

七　乘客不得私带他人寄发之信函。

八　乘客违反第二款或第三款之规定者,扣留其物品,送交该管官厅处分;违反第四款或第五款之规定者,强令其在次站离机;违反第六款之规定者,拒绝其乘坐;违反第七款之规定者,应补纳加倍邮资,交邮局寄递。

九　依前款之规定被强令离机或拒绝乘坐之乘客,不得请求退票。

一〇　乘客违反第二款至第四款或第六款之规定者,其形迹如有犯罪嫌疑,得由邮运、航空机关送交主管官厅究办。

一一　本规则自公布日施行。

●●中国航空建设协会章程 民国二十五年(1936 年)行政院第二十三次会议决议修正通过

要　目

第一章　总则

第一条　本会由中国航空协会及全国航空建设会合并而成,定名为中国航空建设协会。

第二条　本会以集中全国官民力量,倡导社会协助,政府充实空防,发展航空建设事业为宗旨。

第三条　本会设总会于南京,设分会于各省及直辖市,并得于各县、市及海外侨民居留地方设立支会。

第四条　本会受行政院之指导、监督,办理下列各事务。但关于航空建设计划,应呈由行政院会商军事委员会处理之。

一　关于航空救国计划事项;

二　关于倡导社会各种航空建设事项;

三　关于航空建设基金之筹募、保管及支配事项;

四　关于会员之征求事项;

五　关于飞机捐之征募事项;

六　关于培养、训练及介绍航空人材事项;

七 关于民用航空事业之指导及协助事项；

八 其他前中国航空协会及全国航空建设会经办事项。

前项各款事业，由总会规定办法，经行政院之核定，由总会与各分会及支会分工合作。

第二章 组织

第五条 总会设会长一人，委员若干人，由行政院聘任之。总会设常务员五人至七人，由会长于委员中指派之，并于常务委员中指定一人为主任常务委员，报告行政院备案。

第六条 分会设会长一人，委员若干人，由总会聘任之，并于委员中指定三人至五人为常务委员，报告行政院备案。

第七条 支会之组织另定之。

第八条 总会及分会会长、委员及常务委员，皆为无给职。

第九条 总会设总干事一人，干事若干人，由会长派充之，并报告行政院备案。

第一〇条 分会设总干事一人，干事若干人，由分会会长派充之，并报告总会备案。

第一一条 总会及分会得分股办事，其办事细则由总会订定，呈报行政院核准、施行。

第三章 会员及会费

第一二条 本会会员分为个人会员及团体会员。

甲 个人会员

一 普通会员 年纳会费二元（军警及学生减半）。

二 特别会员 年纳会费十元。

三 名誉会员 年纳会费五十元。

四 永久会员 一次纳足会费五百元以上。

乙 团体会员 年纳会费五十元以上。

第一三条 凡属中华民国国民，由会员二人之介绍，经会长之许可，照章纳费者，得为本会会员。

团体会员，以依法组织之团体，并经会长许可者为限。

第四章 财务

第一四条 总会经费由总会编制、概算，依法呈请核定支付之。

第一五条 分会经费由分会编制、概算，呈由总会转请核定，在所收会费内支付之。

第一六条 分会所收之会费、经募之基金及经收之各种飞机捐款，应于每月终报解总会。报解之前，应随收随送于当地之国家银行存储。

第一七条 总会所收各种捐款、会费及基金，均应随收随送中央银行存储。

第一八条　各种捐款、会费(除依本章程第十五条之规定外)、基金,应专用于航空建设事业,非经总会之决议,行政院之核准,不得动用。

第一九条　前中国航空协会及全国航空建设会所有财产,均由本会接收之。

第五章　附则

第二〇条　本章程未尽事宜,得由总会呈准行政院,转呈国民政府修正之。

第二一条　本章程自国民政府核准之日施行。

●●交通部电信机料修造厂章程民国二十五年(1936年)四月十日交通部公布

第一条　交通部为制造、修理、装配电信机料,置电信机料修造厂。

第二条　电信机料修造厂隶属于交通部供应委员会。

第三条　电信机料修造厂设总理一人,由供应委员会修造组主任兼充,综理全厂事务。

第四条　电信机料修造厂设主任工程师一人,由供应委员会委员长遴员,呈部派充,承经理之命,管理下列工务事项。

一　关于出品之研究、设计、绘图暨图样保管事项;

二　关于材料工具之购置、审核、保管、领用、配发、登记事项;

三　关于出品之检验、出纳、保管、登记事项;

四　关于出品售价之估计事项;

五　关于工徒工作之支配、指导及统计事项;

六　关于工徒进退考勤事项。

第五条　电信机料修造厂设工程师一人至三人,由供应委员会委员长就技术人员中遴选,呈部调充之,承主任工程师之命,襄理工务,并得设绘图员、监工员、检验员若干人,由供应委员会委员长呈部派充,或调技术人员充任之。

第六条　电信机料修造厂设会计员一人,助理会计员一人至二人,承交通部会计长之命,受经理之监督,办理下列事项。

一　关于账目之处理事项;

二　关于收支凭单之核缮及单据之审核事项;

三　关于解拨款项、库存现金及银行往来之检查事项;

四　关于材料账之稽核及出品之成本计算事项;

五　关于各种会计报表之编制事项;

六　关于会计账册、书表、凭证、单据之保管事项;

七 关于盈亏之结算事项。

第七条 电信机料修造厂设事务员三人至五人,雇员三人至五人,由供应委员会委员长呈部派充或雇用之,承经理之命,受主任工程师之指导,分别办理下列事项。

一 关于现金出纳事项;

二 关于人事登记事项;

三 关于文书事项;

四 关于庶务事项。

第八条 电信机料修造厂雇用工匠,招收学徒,其章程另定之。

第九条 电信机料修造厂年度终了时,应决算盈亏。

第一〇条 本章程自公布之日施行。

●●交通部电政管理局组织通则 民国二十五年(1936年)五月十三日交通部公布,同年(1936年)六月一日施行。

第一条 交通部为处理电政事宜,设电政管理局,其设置处所及管辖区域,以部令定之。

第二条 电政管理局承交通部之命,指挥、监督所属各电政机关,并直接处理所在地之电信事务,其有特殊情形之电政机关,应直隶于交通部者,另以部令规定之。

第三条 电政管理局置下列各课室,课以下分股办事。

一 总务课;

二 报务课;

三 话务课;

四 工务课;

五 会计室。

第四条 总务课分三股,职掌如下:

一 文书股,掌关于文件之撰拟、收发、记录、保管及典守印信事项;

二 出纳股,掌关于现金出纳事项;

三 庶务股,掌关于本局庶务及不属其他各课、股事项。

第五条 报务课分三股,职掌如下:

一 有线股,掌全区有线电报报务事项;

二 无线股,掌全区无线电报报务事项;

三 营业股,掌全区有线、无线电报营业事项。

第六条 话务课分三股,职掌如下:

一 市内股,掌全区市内电话话务事项;

二　长途股,掌全区长途电话话务事项;

三　营业股,掌全区市内及长途电话营业事项。

第七条　工务课分三股,职掌如下:

一　机械股,掌全区电信机械事项;

二　线路股,掌全区电信线路事项;

三　材料股,掌全区电信材料事项。

第八条　会计室掌全区会计事项,其组织另定之。

第九条　未设市内或长途电话,或已设而营业清简之区,不设话务课,其职掌归并于报务课。

第一○条　课之事务清简者,得减少设股。

第一一条　电政管理局设局长一人,由交通部派充之。

第一二条　电政管理局各课设课长一人,由交通部就相当资历之一等电务技术员或一等报务员中遴选派充之。

工务繁要省区之局,得设总工程师一人,执行工务。课长职务,由交通部就具有相当资历及工务学识之一等电务技术员中遴选派充之,不另设课长。

各股设股长一人,由交通部就相当资历之一、二等电务技术员或一、二等报务员中遴选派充之。

总务课课长及所属股长得由局长遴员,呈请交通部核准派充之。

第一三条　各课办事人员及报差工役之名额,由交通部按各同局事务之繁简,分别规定之。

第一四条　总工程师、各课长、股长,承长官之命,处理各该课、股事务,办事人员分办长官交办事务。

第一五条　电政管理局办理下列事项,应先呈请交通部核准。

一　关于全区员工之任免、奖惩、调派、考绩、恤养事项。

二　关于本局超过五十元之临时急要开支事项。

三　关于核准所属各机关之临时急要开支事项。其每月合计限额,以部令定之。

四　关于订定规章或契约事项。

五　关于关联两区以上之电信事项。

六　其他规章别有规定事项。

在前项第二、三两款规定之限额内所开支之临时急要款项,交通部认为不合时,得核驳之。

第一六条　电政管理局临时急要开支,除呈经核准者外,每月合计不得超过一百元。

第一七条　电政管理局遇有紧急情形不及呈部核示时,得酌量调派本区员工,但须同时呈报。

第一八条　电政管理局应于每月终,将经办事项分别汇报、备核。

第一九条　电政管理局收支款项应用该局名义,由局长及会计室主办人员会同签名、盖章。

第二〇条　电政管理局应按期编制岁出、岁入概算书、电务季账、每季收支计算书及其他表册,呈报备核。

第二一条　各电政附属机关之组织另定之。

第二二条　电政管理局办事细则另定之。

第二三条　本通则施行区域及施行日期以部令定。

●●交通部电政管理局办事细则 民国二十五年(1936年)十月一日交通部公布

要　　目

第一章　通则

第一条　本细则依电政管理局组织通则第二十二条之规定制定之。

第二条　电政管理局各课室执行职务,除另有规定者外,悉依本细则之规定办理。

第三条　电政管理局事务由局长核行,局长因公离局时,得指定总工程师或课长一人代行,并呈部备案。

第四条　电政管理局各课室主管人员,承局长之命,指挥、监督所属职员处理一切事务。

第五条　电政管理局各课、室、股所办事务有互相关联者,由各主管人员会商办理,意见不同时,应陈明直属主管人员核定之。

第六条　各职员对于经办事件及尚未宣布之文件,应严守秘密,不得泄漏。

第七条　每月办公时间,除电报、电话之传递、收发及线路、机械之测量、修理,应由主管人员视事务繁简情形,分别支配派员轮值外,定为八小时,其上、下午时间之分配,由局长规定,呈部备案。但因事务繁忙或有特别事故时,得酌量延长之。

第八条　星期日、例假日及散值后,应酌派人员轮值。

第九条　各职员在办公时间内,除因公接洽外,不得延见宾客。

第一〇条　各员工、差役在局办事时间,应佩证章,其式样另定之。

第一一条　所属各机关主管人员之服务成绩,由各关系课、室会同考核之。

第一二条　电政管理局各课室及所属各机关员工、递报生、报差等之调派、考核、奖惩、请假、训练事项,由总务课会同各关系课室分别办理之。

第一三条　电政管理局对于本区内不属部办电信事业之情况,应随时调查、呈报。

第一四条　本部规定各项报册、图表,应由电政管理局遵限造送。

第一五条　电政管理局及所属各机关之临时急要开支,应由各关系课室分别查核办理。

第二章　职掌

第一六条　总务课掌理下列事项:

一　关于印信之钤用及典守事项;

二　关于本局机要文件及不属于其他各课室文书之撰拟事项;

三　关于文件之收发、摘由、编号、分配、缮写、校对事项;

四　关于案件图书之整理、分类、编号、登记、保管事项;

五　关于本局现金及银行存款之出纳及记账事项;

六　关于本局现金、票据、存折及其他各项契据之保管事项;

七　关于本局库存现金、银行往来表册及各项单据之填造、核对事项;

八　关于所属各机关现金及银行存款之稽核及查对事项;

九　关于本局及所属各机关临时急要开支月终呈报事项;

一〇　关于所属各机关房地产、家具之调查、登记及审核事项;

一一　关于本局仆役之管理事项;

一二　关于本局器具、物品之购置、登记、编号、保管事项;

一三　关于本局房屋之管理、修缮、清洁、卫生、消防事项;

一四　关于不属其他各课室之事项。

第一七条　报务课掌理下列事项:

一　关于全区有线电、无线电报务及营业之指导及改进事项;

二　关于全区有线电报线路之调度及增减事项;

三　关于报务及营业规章之拟订事项;

四　关于全区无线电路之计划开放事项;

五　关于全区官军电报报费之催收及欠费凭单之汇转事项;

六　关于全区私事官电之取缔事项;

七　关于所属各机关电报营业状况之调查事项;

八　关于所属各机关报底之抽查事项;

九　关于所属各机关报务表册之汇转事项；

一〇　关于所属各机关本省电报稽核表册之核转事项；

一一　关于本局有线电、无线电报务之处理事项；

一二　关于本局电报营业之处理及稽查事项。

第一八条　话务课掌理下列事项：

一　关于全区市内电话、长途电话话务及营业之指导及改进事项；

二　关于全区市内电话之增设事项；

三　关于市内电话、长途电话话务规章之拟订事项；

四　关于全区长途电话线路之调度及增减事项；

五　关于全区市内电话及长途电话营业收入表册之稽核及汇编事项；

六　关于全区市内电话、长途电话营业状况之调查事项；

七　关于全区长途话费之催收事项；

八　关于全区市内电话及长途电话营业价目及省际通话价目之拟订事项；

九　关于处理部办长途电话与委托省办之长途电话及与非部办市内电话之联络通话事项；

一〇　关于本局市内电话、长途电话话务及营业之处理并稽查事项。

第一九条　工务课掌理下列事项：

一　关于全区电报及长途线路之测勘、建设、维持、修理事项；

二　关于全区机械改良、调整之指导事项；

三　关于全区机线测验之指导事项；

四　关于全区工程预算、决算之编制、审核事项；

五　关于全区工务报告之审核事项；

六　关于本区内工程之验收事项；

七　关于全区电信材料之汇计事项；

八　关于所属各机关电信材料之请领事项；

九　关于所属各机关开支材料之稽核事项；

一〇　关于所属各机关自购电信材料之价格及运费之审核事项；

一一　关于机械线路、图表之绘制事项；

一二　关于电信材料之发运及转运事项；

一三　关于本局市内电话、全区电报及长途电话工程之规划、设计事项；

一四　关于本局报话线路机械之装撤、迁移、维持、修理事项；

一五　关于本局机械之改良、调整事项；

一六　关于本局电池之配置、保养事项；

一七　关于本局修机报告之编制事项；

一八　关于本局机线之测验事项；

一九　关于本局材料之请领、询估、购置、点收、保管事项；

二〇　关于无线电材料转口凭证之核发事项；

二一　关于广播、无线电收音机之检验事项。

第二〇条　电政管理局会计室处理事务手续，悉依交通部附属机关会计主任（员）办公室办事细则之规定办理。

第三章　权限

第二一条　所属各机关每月临时支出在三十元以下者，营业处每月临时开支在二十元以下者，应由管理局切实审核，分别准驳，并按月列表，呈部备核。

第二二条　所属各机关人员，除局长、工程师、课长、工务员、业务长、支局主任外，电政管理局于急要时，得在本区内调遣，惟应随时呈部备案。

第二三条　各附属机关因业务上或技术上之必要，须改用他种机械或变更接通局数及通信方式者，应先叙明原由，呈部核准。

第二四条　本区电信线路修养事务有须与邻区互相联络者，应协商办理，意见不同时，呈部核夺。

第二五条　所属电报线路及长途电话线路应划分段落，交由沿线所属各机关管理。但重要干线经部规定者，得设工务员管理之，其管理区域及驻在地，另以部令定之。

第二六条　电政管理局奉令订购材料，应于交到时，报请验收。

第四章　考勤

第二七条　电政管理局应置考勤簿，总工程师、课长及主任以下各职员，均应亲笔签到，不得迟到或早退。考勤簿应于规定到局时间后一刻钟内，送呈局长核阅，并签名。考勤簿格式另定之。

第二八条　总工程师、课长或主任以下各职员，因病或不得已事故，请假在一星期以内者，应呈送局长核准。假期内职务须派人代理，如假期逾一星期者，应由局长呈部核夺。

本人不克自行请假时，得托人代填请假单。

第二九条　电政管理局应将各课室职员请假事由、日数及代理人之姓名随时登记，按月列表，呈部备核。

第三〇条　总工程师及课长以下各职员服务成绩，应于每年六月底及十二月底考核一次。股长以下各职员由股长出具考语，股长由课长出具考语，总工程师、课长由局长出具考语，填表呈部审核。

第五章　文书

第三一条　收到文件随时由总务课登记,填明收到日期、摘由、编号,呈送局长核阅后,分送各主管课室承办。

第三二条　承办文件之拟稿员及股长、主任、课长、总工程师,均应依次署名,呈送局长判行。如有关其他课室事务之文件,应先送该课室会签,如系数人共同拟办者,均应署名。

第三三条　发文经局长判行后,由总务课登记、编号、缮校、钤发。

第三四条　收发文办理完毕后,须按其性质分别归档,妥为保存。

第六章　会计及出纳

第三五条　电政管理局公款,除本部另有特别规定者外,应送存本部指定之银行,提取时,应由局长、会计主任会同签名。

第三六条　电政管理局收支款项,应按照本部规定期限,按月造送收支计算书、财务月报表,连同附表及支款单据,呈部审核。

第三七条　收支计算书、财务月报表及附表,除造报本部会计处外,应加造一份,迳送电政司备查。

第三八条　电政管理局经收所属各机关解款,应用电政司名义送存本部指定之银行,按月向银行索取结单,连同送金收据,呈部备核。

第三九条　所属各机关造送之请款书,应严加审核,再行汇齐,呈部听候核拨,有浮滥错误情事者,应随时驳斥更正。

第四〇条　电政管理局按月应将所属各机关收入、支出及收支两抵结存结欠数目,造送各附属机关,收支盈亏月报表呈部查核。

第四一条　所属各机关之现金收入数目,每半年应列表呈部备核。

第四二条　其他会计事项,照部颁电政会计规程办理。

第七章　附则

第四三条　本细则自公布日施行。

●●国内电报营业通则 民国二十四年(1935年)七月二日交通部公布,二十五年(1936年)五月十八日修正,同年(1936年)七月二十七日再修正,九月一日起实行。

要　目

第一章　总则

第一条　凡中华民国境内各处互相往来之电报,完全经由本国有线电或无线电传递者,称为国内电报(以下简称电报)。

中国境内往来之电报,于其传递之过程中,曾经交由中、日两国所有烟台、大连水线(以下简称烟大水线)或大北大东电报公司所有上海、香港水线(以下简称沪港水线)经转者,除本通则或其他法令另有规定外,亦视为国内电报。

第二条　交通部所辖电报局、无线局、无线电台、电报收发处及电报、电话营业处或代办处（以下简称电局），接收传递及投送公众电报，悉依本通则办理。

第三条　在未设电局之处来往电报，由邮局或铁路车站接转，一切办法依"邮转电报章程"、"邮转电报章程施行细则"及"路电接线递电及结算报费规则"办理。

第二章　电报种类

第一节　分类

第四条　电报分五种，如下：

一　官军电报（包括作战或剿匪区域之军务电报）；

二　局务公电（包括纳费业务公电）；

三　私务电报；

四　公益电报；

五　特种电报。

第五条　私务电报分下列五类：

一　寻常电报；

二　加急电报；

三　交际电报；

四　新闻电报；

五　加急新闻电报。

第六条　公益电报分下列四类：

一　航行安全电报；

二　气象电报；

三　水位电报；

四　振务电报。

第七条　特种电报，系指下列各类电报：

一　邮转电报；

二　铁路电线经转电报；

三　国内船舶无线电报；

四　特约减费电报。

第二节　官军电报

第八条　下列各机关因公发寄之电报，列作官军电报（简称官电），照寻常电报价目减半收费。

一　中央党部执行委员会、监察委员会、中央政治会议及其直辖之各会、处；

二　国民政府及其直辖之各院、部、会、处；

三　五院直辖之各部、会；

四　各省党部及中央党部直辖之各市党部；

五　各省政府及行政院直辖之各市政府或地方机关；

六　师长及独立旅旅长以上之军事长官；

七　各海军舰队或要港司令；

八　各空军司令；

九　上列各机关所派之委员代表或职员(以持用各该机关主管长官预先署名盖章之印电纸所发者为限)；

一〇　中央党部直辖之各特别党部(以持用中央党部印电纸发致中央党部之要电为限)；

一一　各县、市党部或省党部直辖之各区党部(以持用省党部印电纸发致中央党部或各该省党部之要电为限)。

除上列各机关及人员外，其他政军机关主管长官因报告军务、灾情或关于地方治安紧急事务所发之电报，列作全价官电，照寻常电报价目收费(华文密语与明语同价)，仍依官军电报之次序传递。

第九条　作战或剿匪区域军事机关所发军务电报，每一百字先收材料费五角(不及百字之数以百字计)，其余未收之报费，作为欠费，由电局按月填单，送请发电机关加盖印章后，呈送交通部核办。

第一〇条　官军电报电文应力求简短，并不得涉及私事，电局如发见官军电报之电文涉及私事者，即将电报扣留，呈请交通部核办。

第一一条　中央及各省党政军机关发寄官军电报，除依本通则之规定外，应遵照"官军电报收费及限制办法"办理。

第三节　局务公电

第一二条　交通部所辖各电政机关因急要公务或业务发寄之电报，列作局务公电(简称公电)，依"交通部电政机关发寄公电规则"办理。

发报人、收报人或任何一方之代表，对于所发或收到之电报在第一百五十六条规定之保存电底期内，均得向电局声请以公电代为查询，或指示关于该电之任何事项。此项公电须由声请人按第九十条之规定缴费，称为纳费公电。

第四节　私务电报

第一三条　寻常电报　无论中外人民、公私团体或政府机关所发之电报，不合官电、公电以及其他各类私务电报之规定者,列作寻常电报。

第一四条　加急电报发报人,如欲电局将其所发电报提在其他各类私务电报之前传递及投送,愿照寻常电报价目加倍付费者,得发寄加急电报。

上项电报应由发报人于该电之首书一"急"字,洋文电报书一"Urgent"或"D"字作为纳费业务标识,另加一字计费(参看第五十一条)。

第一五条　交际电报办法另定之。

第一六条　新闻电报及加急新闻电报。新闻报馆、期刊报馆或通讯社之新闻记者,经交通部核准颁给新闻电报凭照者,得发寄新闻电报或加急新闻电报,详细办法依"新闻电报规则"办理。

第五节　公益电报

第一七条　航行安全电报。　关于船舶或航空器航行时人命安全之电报,列作航行安全电报。

第一八条　气象电报。　气象测候机关报告气象之电报,列作气象电报。

第一九条　水位电报。　海关或水利机关报告水位之电报,列作水位电报。

第二〇条　振务电报。　华洋振务团体因办理临时或特别急振所发之电报,列作振务电报。

第二一条　关于本节各类电报之办法,另定之。

第六节　特种电报

第二二条　邮转电报。　在未设电局而有邮局地方发寄电报,可交邮局转寄至最近电局拍发,其由已设电局地方发往未设电局而有邮局地方之电报,亦可发至距离目的地最近之电局,再交邮局寄至目的地,一律不另加收邮递资费,此项电报称为邮转电报。在电局递寄时,照电局递电程序办理。在邮局递寄时,凡遇可通快邮之处照快信递寄,不通快邮之处照挂号信递寄。

第二三条　铁路电线经转电报。　交通部及铁道部为便利通信,特将全国电报线网与各铁路之电线联络通报,凡在未设电局而有车站地方发寄电报,或由他处发往仅有车站未设电局地方之电报,以及车上旅客途中所发或他处发致车上旅客之电报,均可由铁路车站代为收发、转递或投送,此项电报称为铁路电线经转电报。所有路局应得之过线费均由电局就报费内贴付,不向发报人加收。

第二四条　国内船舶无线电报。　船舶上职员或乘客于航行时发往中国陆地,或由中国陆地发往船上职员、乘客之寻常、加急、官军等电报,经由交通部注册之船舶无线电台及交通部所辖各海岸电台转递者,称为国内船舶无线电报,其详细办法另定之。

第二五条　特约减费电报。　交通部邮政机关、国有铁路各管理局、中央、中国、交通等银行以及其他公私团体或机关与电局订有互惠或他种特约者,所有发寄之电报得照交通部特定之减费办法收费。

第三章　传递电报之次序

第二六条　电局对于各种电报,依照下列之次序传递及投送。

一　防空电报;

二　航行安全电报;

三　官军电报;

四　气象电报,　水位电报;

五　加急公电,　纳费业务公电;

六　加急电报,　加急新闻电报;

七　寻常公报;

八　寻常电报,　新闻电报;

九　振务电报,　交际电报;

一〇　迟缓公电。

所有种类相同之电报,在发报局照发报人交到之先后拍发,在转报局照收到之先后与本局去报同样转发,在收报局照收到之先后投送。

第四章　电报寄法及书法

第一节　寄法

第二七条　发寄电报可向电局索取空白去报纸或自备端正纸张,按照本章规定之书法缮就,交电局拍发,其在未设电局之处可交邮局或铁路车站转发。

第二八条　发报人得于电报纸备注栏内书明"有线电发"或"无线电发"字样,指定其电报由有线电报无线电传递,此项路由标识,概不计费。

第二九条　发报人指定之路由,电局于可能范围内均应照办,如指定之路由在阻断期内或报务过于拥挤者,除官军电外,电报局得改变其他路由传递。电局对于官军电报如有更改发报人指定路由之必要时,应先征得发报人之同意。

第三〇条　电局对于发往某处之电报,如遇线路阻断或机器损坏,须俟修复后方可发出者,应由收报员据实详告发报人,如发报人仍愿交发时,须在电报上注明"此电愿俟线路恢复后再发"等字,由收报员在备注栏内改注 JADAY 密语(即此电如因线阻稽延,由发报人负责),该项密语递至收报局时,仍应译成文字,以便收报人查照。

电局对于发往某处之电报,因须经过检查知有稽延之可能时,准用前项之规定。

第三一条　发报人经电局向其要求确保本人之证明时,必须照办。

第三二条　电局对于电报之内容认为妨害公共秩序或善良风俗者,得拒绝收受或停止其传递。

第三三条　电局收受密语电报,在军事期间,认为有检查之必要时,得依法要求发报人说明意义或交阅密本,如遇拒绝说明,或说明不确实,或拒绝交阅密本时,得停止其传递。

第三四条　发报人如欲适用各项特别业务办法者,依本通则第九章之规定办理。

第二节　书法(华、洋文电报均可适用之规定)

第三五条　电报之各部分必须缮写清楚,收报人之姓名、住址尤须详细开明,如有添注、涂改或挖补之字码,应由发报人签字或盖章证明之。

第三六条　除官军电报及跟转电报外,每分电报只准有收报地名一处。

第三七条　收报人如已将其住址及名称在当地电局挂号者,发报人得用该收报人之电报挂号字样代替其住址及名称,华、洋文挂号字样均照电文应收价目作一字计费,无论华文或洋文电报,均可互相通用。电报挂号章程另定之。

第三八条　收报人如装有市内电话者,发报人得以该收报人所装电话之号码代替其住址,但收报人之名称仍须书写。格式如下:

甲　华文电报

（收报地名）　　（电报号码代替住址）

　　南京　　　　　话 42046

（收报人名称）

　　王良＝

乙　洋文电报

（收报人名称）　（电话号码代替住址）

　　Jones　　　　Telephone21456

（收报地名）

　　Nanking

凡以电话号码代替收报人住址之电报,如该收报人并未与电局约定将各地来报由电话传送者,概由收报局查明收报人住址,交由报差投送。但发报人如必欲收报局将其电报用电话传送于收报人者,可依下列格式在电话号码之前加注"话传"或"TF"纳费业务标识,电局即予照办。

丙　话传华文电报

（纳费标识）　　（收报地名）

```
TF＝                南京
（电话号码代替住址）          （收报人名称）
42046                    王良＝
```

丁　话传洋文电报

```
（纳费标识）      （电话号码）
  TF＝          21456
（收报人名称）    （收报地名）
  Jones          Nanking
```

凡当地电话号码分为数区者，应于号码之前注明分局或分区名称，以免错误。格式如下：

戊　华文电报

```
（收报地名）  （电话号码代替收报人住址）
  北平        话东(2105)（指东分局电话）
（收报人名称）
  王诚＝
```

己　洋文电报

```
（收报人名称）
      Jones
（电话号码代替收报人住址）
  Telephone Passy5047（指 Passy 区电话）
（收报地名）
  Paris＝
```

庚　"话传"华文电报

```
（纳费标识）      （收报地名）
  TF＝        上海
（电话号码代替住址）          （收报人名称）
  话租(81233)（指租界电话）    高秉钧＝
```

辛　"话传"洋文电报

```
（纳费标识）      （收报人地名）
  TF＝Settlement      79542
    （收报人名称）  （电话号码）
    Smith      Shanghai
```

上海华界电话号码之前，无须注明"华界"或 Chinese City 字样。

第三九条　收报人如在当地邮局租有邮政信箱者,发报人得用该收报人之邮箱号数代替其住址,但收报人之名称仍须书写。格式如下:

甲　华文电报

（收报地名）　（邮箱号数）（收报人名称）

　　　青岛　　邮箱(275)　　黄永孚＝

乙　洋文电报

（收报人名称）　　（邮箱号数）

　　Pauli　　　Postol Box342

（收报地名）

　　Nanking

第四○条　电报仅有收报人名称、住址而无电文者,概不收受。

第四一条　发报人于电文之末署名与否,悉听其便。惟必须在电报纸下端指定之处书明本人之详细姓名、住址或机关名称及电话号码,以备查考。

第三节　华文电报书法

第四二条　华文电报除收报地名外,应由发报人将所书文字逐字译注电码（华文明语私务电报不得仅书电码而无文字）,其愿照第六十五条之规定将华文明语电报交电局代译者听。

第四三条　华文电报所用电码之书法,以下列二种为限。

甲　1234567890

乙　一二三四五六七八九○

以上二种书法在同一电报内,只准采用一种。

华文电报内亦可夹用阿拉伯数目字（必须书于括弧内）及下列符号。

甲　标点符号·句号或小数点,读号? 问号

乙　其他符号()括弧/分数式斜画

第四四条　华文电报之各部分,应照下列次序书写:

甲　纳费业务标识,　例如"急"或"交际"。

（照章不必用者毋庸填写）

乙　收报地名,　例如南京。　（邮转电报、路转电报或代办处代送之电报,其接转局名均归电局加注）

丙　收报人住址及名称,　例如"中山路"(767)号丁子鸿

丁　电文,　例如"款到"。

戊 发报人署名， 例如"王诚"或"诚"（用否任便）。

己 代日韵目， 例如"东"或代日、代时电码例如 9901 9801（用否任便）

庚 政务电报署名或日期后所书之"印"字。（表示盖有印信传递时改为 Seal）

第四五条 照第三十七条之规定，用电报挂号字样代替收报人住址及名称之华文电报，应将挂号字样书于收报地名之前，例如"0022 南京"。由某挂号户收转某人之华文电报，其收报人名称应按照下列格式书写。

（挂号字样）（收报地名） （收转某人）

　　0222 　　 北书＝ 　 转王维诚

第四六条 华文电报收报人住址及名称与电文之间应用一双画记号隔开，如有署名，亦应与电文隔开，例如"南京中山路（767）号丁子鸿＝款到＝王诚"，上述双画记号并不计费，发报人如有遗漏，应由电局收报员询明代加。

第四七条 华文分送电报之各个收报人住址及名称间，亦应以双画记号隔开，例如"南京中山路（767）号丁子鸿＝太平路（甲 3）号大昌祥＝"其数个收报人住址及名称如系用挂号字样及详细住址联合书写者，除各个住址及名称之间须用双画记号隔开外，应将收报地名书于末一住址及名称之后，例如"0222＝中山路（767）号丁子鸿＝太平路（甲 3）号大昌祥＝南京"。

第四八条 华文电报收报人住址内之门牌号数及电文内之各项数目，均得由发报人用阿拉伯数目字书写，以省字数。此项数目字应由发报人在其前后书一括弧符号，以免与电码混淆。凡门牌号数前后注有甲、乙、丙等区别字者，应一并书于括弧之内。电局收报员如查有发报人漏书上项括弧时，应即请其加注至门牌号数，有甲、乙、丙等区别字者，应分别改成罗马字母 A、B、C 等，以便传递。

例一 　南京 　　中 　　山 　　路 　　一千一百零五 　　 号

Nanking 　0022 　　1472 　　6424 　　（1105） 　5714

例二 北平 　　前 　　门 　　大 　　街 　　甲三 　　号

Peiping 　0467 　　7024 　　1129 　　5894 　　（A3） 　　5714

例三 　六四〇九元 　　三元 　　七五分 　　三、七五元

（6409）0337 　　（3）0337 　　（75）0433 　　（3、75）0337

华文明语电报内所用阿拉伯数目字之后，必须加注"号"、"元"、"角"、"斤"、"件"等单位字，借以表示其确系门牌号数或银钱货物等数目。此项单位字发报人如有漏注者，电局收报员应请其添注。

例四 南京华侨路（17）号王元良

例五 上月收（500）元本月收（455.75）元已汇（900）元

例六　购新米（1000）石

例七　缺（102）号书速装（1000）册

例八　贵局甲（112）号函悉（除门牌号数外，甲、乙、丙等字不得与数目字连成一组
　　　书写。）

例九　一日至五日售（211）（304）（289）（259）（202）吨

华文电报内如杂有阿拉伯数目字，在电文内并无明白贯串之意义，或不允加注单位字
者，全电应照密语计费。

例十　电悉购（10000）丁鸿

例十一　南京华侨路（17）号王元良鉴（887）（749）福（4）

第四节　洋文电报书法

第四九条　洋文电报所用字母数码及符号，以下列者为限。

甲　字母　ABCDEFGHIJKLMNOPQRSTUVWXYZE

乙　数目字　1234567890

丙　标点符字　。句号，读号：综号？问号，主有号×－连号或横画

丁　其他符号　（）括弧/分数式斜画一字下横线罗马数目字（ⅠⅡⅢ等），虽可照用，但
仍照乙项阿拉伯数目字传递。

重音字母 E 只准用于明语之内，暗语及缀字内概不准用。

×乘号于传递时以 X 代之，并作一字计算。a 30 1° 等字样为电报机所不能传递者，
须由发报人以意义相同之字句代之，例如 a30 代以 30 Ponlr a 或 30 a 1°代以 Primo
代以 Bin dismond 等是。

第五〇条　洋文电报之各部分，应照下列次序书写。

甲　纳费业务标识，　例如或 D 或 SLT（照章不必用者毋庸填写）

乙　收报人名称住址或挂号字样，　例如 Jones 707 Chungshan Road 或 Socony

丙　收报地名，　例如 Nanking

丁　电文，　例如 Arrive Monday

戊　发报人署名，　例如 John（用否任便）

由某挂号收转某人之洋文电报，其收报人名称应按下列格式书写。

（收报人名称）　　（由 Swirs 挂号户收转）　　（收报地名）

　Smith　　　　　　　　c/oSwirs　　　　　　　Shanghai

第五节　纳费业务标识书法

第五一条　加急、交际、新闻三类私务电报以及使用第九章第二节至第十一节所载特别业务办法之电报,均须由发报人于电报之首(参看第四十四条及第五十条)书明下列纳费业务标识。

何项电报	纳费业务标识	传递时之简式
加急电报	急	=D=
交际电报	交际	=SLT=
新闻电报	新闻	=Press=
使用下列特别业务办法之电报		
校对	校对	=TC=
预付回报费	预回……元	=RP…(银元)=
送妥电知	电知	=PC=
送妥函知	函知	=PCP=
分送	分送……分	=TM…(分数)=
各收报人名址全录	全录	=CTA=
专送	专送	=Express=
跟转	跟转	=FS=
改发	由……改发	=Redirected　from…(地名)=
亲启	亲启	=MP=
露封	露封	=Oken=
电局留交	电留	=TR=
邮局留交	邮留	=GP=
邮局挂号留交	挂留	=GPR=
必须由电话传送	话传	=TF=

各类特约减费电报应注之纳费业务标识,另定之。

发报人所书业务标识必须由电局收报员改为简式,俟传递至收报电局后,重行改为文字。

第五章　电语种类

第一节　分类

第五二条　电报所用文字分类如下:

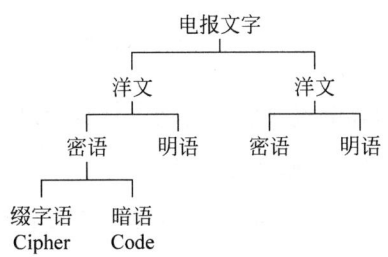

第二节　华文明语

第五三条　华文明语,系以中国文字缮成而意义明显贯串成文者。此项明语课成电码时, 必须按照交通部公布之"明密电码新编"所载明码译出。

第五四条　电报之电文完全以华文明语缮成者,为华文明语电报。

华文明语电报如有下列各款情形时,以明语论。

甲　依照第四十八条之规定,用阿拉伯数目字书写之门牌号数及各项数目,并无秘密之意义者。

乙　银行及钱业电报电文末尾或首端加注之密码对号字。　(以一字为限并限用四码)。例如(9717)及表示发电日期及号数之阿拉伯数目字,(以四码一组为限)例如九日第二号电书为(0902),十四日第一号电书为(1401)。上述对号字及日期号数必须书写于括弧之内,并于其后各加一"号"字,但中间并无其他文字或数目间隔者,仅须于第二括弧后加一号字,例如(6717)(1401)号。

丙　商务标识。该项标识之前后必须有货品名称证明,例如"寿星纱",如用阿拉伯数目字组成者,应照代替数目办法,书于括弧之内,并于其后加一"标"、"牌"、"号"等字,例如(808)牌其用洋文字母及阿拉伯数目字组成者,例如(CHF45)等,依照第八十七条之规定办理。

丁　电报挂号字样(用于电文内者以上下文义足以证明其为挂号字样者为限)。

戊　电码新编内所载代日、代时电码或代日韵目(毋庸书于括弧之内)。

第三节　华文密语

第五五条　华文密语,系以中国文字缮成,但其电码系照另编密码本译出者,此项密码每字必须以四个或五个数目字为一组。又,文字过于简略晦涩不合明语之规定者,以密语论。

第五六条　电报之电文完全以华文密语缮成,或以华文明语及密语混合缮成者,为华文密语电报。华文电报内亦可含有用阿拉伯数目字书写之门牌号数及各项数目(参看第四十八条),或对号字商务标识(后二项毋庸书于括弧之内,单位字用否任便)。

第四节 洋文明语

第五七条 洋文明语,系以国际电报通信准用之,一国或数国文字缮成而有明显之意义,且每一辞句均保存其所用文字之原来意义者。

第五八条 电报之电文完全以洋文明语缮成者,为洋文明语电报。

前项电报内虽有下列各款情形,仍为洋文明语电报。

甲 用阿拉伯数目字书写之门牌号数及各项数目并无秘密之意义者,该项数目无须书于括弧之内;

乙 电报挂号字样;

丙 商务标识;

丁 汇兑行市;

戊 信号及船舶电报内所用各组字母代表国际信号密本之信号者;

己 寻常或商务通信上习用之缩写字样,如 Fob Gif Caf Svp Lds Yd Dr Ymca(以字典所载或交通部特准行用者为限)。

庚 银行电报暨同类电报电文首端之对号字或对号数目(Check Word or Check number),惟该项对号字所含之字母或对号数目所含之数目字,至多以五个为限。

第五节 洋文暗语

第五九条 洋文暗语,系以杜撰之字构成,或以真字构成而不含其所用文字之原来意义者,或以真字与杜撰之字混合构成者。

暗语字每字所含之字母至多以五个为限(逾此作缀字论),其组织成字之法并无限制(重音字母 E 不准行用)。

第六〇条 电报之电文完全以洋文暗语字缮成或以暗语字及明语字混合缮成者,为洋文暗语电报。

第六节 洋文缀字语

第六一条 洋文缀字语分为两种:

甲 以单个或成组之数目字构成而含有秘密之意义者(并无秘密意义者不作缀字语论);

乙 字语名称或结合成组之字母不合明语及暗语之规定者。

以数目字及字母混合组成之字样含有秘密之意义者,不准行用。

第六二条 电报之电文完全以洋文缀字语缮成或含有缀字语者,为洋文缀字语电报。洋文电报之电文不合明语或暗语之规定者,亦以缀字语电报论。

第六章　电报价目及译费

第一节　普通规定

第六三条　电报价目按字规定,每一电报以所有之字数乘每字之价目,即为该电应纳之报费。但依第七章之规定,其应计报费之字数较少或较多于实有之字数时,以应计报费之字数为准。

第六四条　电报价目按国币计算,现行国内电报每字价目如下:

甲　发往他省者

电文 报类	华文明语	华文密语	洋文明语 或密语	附　　注
寻常电	一角	二角	二角	
加急电	二角	四角	四角	照寻常电价加倍计费。
官军电	五分	五分	一角	华文明语及洋文照寻常电价减半计费。 华文密语与明语同价,军务电参看第九条。
全价官电	一角	一角	二角	华文明语及洋文(包括外国驻华使领所发洋文全价官电),照寻常电同样计费。 华文密语与明语同价,参看第八条。
新闻电	二分五厘		五分	洋文以英文明语及罗马字拼音、日文为限。
加急新闻电	一角		二角	照寻常电同样计费。 洋文以英文明语及罗马字拼音、日文为限。

乙　发往本省者

电文 报类	华文明语	华文密语	洋文明语 或密语	附　　注
寻常电	七分	一角四分	一角四分	
加急电	一角四分	二角八分	二角八分	照寻常电价加倍计费。
官军电	三分五厘	三分五厘	七分	华文明语及洋文照寻常电价减半计费。 华文密语与明语同价。 军务电参看第九条。
全价官电	七分	七分	一角四分	华文明语及洋文(包括外国驻华使领所发洋文全价官电),照寻常电同样计费。 华文密语与明语同价,参看第八条。
新闻电	二分		四分	洋文以英文明语及罗马字拼音、日文为限。
加急新闻电	七分		一角四分	照寻常电同样计费。 洋文以英文明语及罗马字拼音、日文为限。

丙　发往本城者

除新闻电及加急新闻电适用乙表所开价目外,均照甲表所开价目四分之一收费。

第六五条　各种华文明语电报经发报人请求,电局代为译成电码拍发者,除交际或邮转电报照章免费代译外,每字一律收取译费银元一分(代译一部分者亦同)。如遇实在字数与应计报费之字数不同时,其译费按照应计报费之字数计算。至寻常、加急、交际三类华文明语来报,由投送之电局按照第九十九条之规定代为译成文字者,不收译费。

第二节　特别规定

第六六条　电报除经电局线路传递外,其须经铁路电线或邮局转递者,一律适用第六十四条规定价目,不另加收任何费用。

第六七条　电报除经电局线路传递外,须经沪港水线转递者,应照第六十四条规定价目加倍收费(与香港或澳门往来者另有特定价目)。

第六八条　电报除经电局线路传递外,须经烟大水线传递者,亦适用第六十四条规定价目,但官军电报应按寻常电报价目,同样计费(交际电报不得经由该水线转递)。

第六九条　国内各处与库伦往来之电报,以华文或英文明语书写者为限,每字价目一律定为银元二角。

第七〇条　国内各处与香港或澳门往来电报之价目,另定之。

第七一条　航行安全电报、国内船舶无线电报及各项特约减费电报之价目,另定之。

第七二条　各项特别业务附加费之价目,于第九章内规定之。

第七章　报费之计算及征收

第一节　普通规定

第七三条　发报人书于电报纸上之文字数目字及符号等,凡须传达于收报人者,均须依本章之规定计字收费,但标点符号非经发报人正式请求,不为传递,亦不计费。

电报报头内所列之发报局名、去报号数、报类字数、交到日期及时刻等,均由电局填注,并不计费。

路由标识,无论由电局或发报人填注,均不计费。

第七四条　在无论何种电报内,下列各款概作一字计费。

甲　纳费业务标识;

乙　标点符号(以经发报人正式请求传递者为限);

丙　括弧(规定免费者除外);

丁　字下横线(不论长短);

戊　分数式斜画(门牌号数内所用者,例如 15/B IS/4 免予计费)。

第七五条　电报费,除本通则另有规定或经交通部核准由收报人缴付者外,均向发报人征收。

第七六条　发报人为便利起见,得向电局缴付保证金,记账发电。

记账发电保证办法另定之。

第七七条　电报费按国币银元征收,但在当地通用货币与国币价值相差之处,得按照交通部规定之换算率折合当地通用之货币征收之。

辅币进出,按照电局公告之价率计算,成色较低之银币或辅币,均须按照市价贴水。

第七八条　电局收到电报及报费后,应填发收据,但预缴保证金各户所发之记账电报;或经交通部核准由收报人付费之电报,仅由收报员在发报人所执电报签收簿上填明收到时刻等项,不给收据。

第七九条　报费如有短收,得于三个月以内向发报人或收报人补收。

第八〇条　报费如有溢收,于三个月内;经发报人或收报人之声请,应将溢收之费退还纳费人。

第八一条　电报之报费应向收报人补收者,除本通则另有规定外,须先付报费,再交电报。

如收报人拒绝缴付或电报无法投递以致补收无着时,仍应向发报人征收之。

第二节　收报地名及收报人住址、名称特别规定

第八二条　各种电报使用华文或洋文挂号字样,代替收报人住址及名称者,其挂号字样及收报地名均照电报挂号章程第十一条及第十二条之规定计费。

例一　华文明语电报

0222　　北平

(挂号字样作一字,收报地名作二字,共作三字计费。)

例二　华文密语电报

0222　　北平

例三　洋文明语或密语电报

Swire　Shanghai

(以上二例挂号字样及收报地名均各作一字,每例各作二字计费。)

例四　由挂号户收转某人之电报

0222　　北平＝转王维诚＝

(除挂号字样及收报地名照电报挂号章程计费外,其余各字照第八十三条之规定计费。)

第八三条　各种电报之收报地名暨收报人住址及名称详细书写者(使用电话号码或邮箱号数代替住址者,亦作为详细书写论),按下表所列办法计费。

收报地名暨收报人住址及名称计费办法

电文种类		附　注
华文明语或密语	以二字作一字计费,如有尾数不满二字者,亦作一字计费。	说明(一)(三)
洋文明语或密语	按字计费	说明(二)

说明:

一　各种华文电报之收报人住址及名称详细书写者,连同收报地名之字数,以二字作一字计费,如有尾数不满二字者,亦作一字计费。

例一　南京中央大学王英

收报地名二字,住址名称六字,合计八字,应作四字计费。

例二　上海东门路(676)号王鸿

收报地名二字,住址名称七字,合计九字,应作五字计费。

例三　南京话(42046)钱国英

例四　北平话东(2105)王诚

例五　青岛邮箱(275)黄永孚

以上第三、四两例各为七字,第五例为八字,均作四字计费。

例六　上海大华饭店邹国良先生钱佩萃女士

例七　北平王府井大街(56)号沈雄时转金达卿

以上两例均为十六字,应各作八字计费。

二　各种洋文电报之收报人住址及名称详细书写者,一律按实有之字数计费。

三　华文电报之收报人职衔(例如校长、局长、委员)、称谓(例如先生、女士、君、兄、夫人、老太太),均准列入收报人住址及名称内计算字数,但各种套语(例如鉴勋鉴)均应列入电文按字计费。

第八四条　各种分送电报之收报地名及各个收报人住址及名称,分别按照第八十二条及第八十三条之规定计费。

例一　使用华洋文挂号字样之电报

0222＝Socong＝Swire　南京＝

(以上共三个挂号字样,作三字计费,其收报地名在华文明语电报内作二字计费,在华文密语或洋文电报内作一字计费。)

例二　住址、名称详细书写之华文电报

南京中山路(676)号丁子鸿＝太平路(20)号大昌祥＝

(共十八字,应作九字计费。)

例三　各种书法联合使用之电报

0222 北平＝话东(2105)王诚＝前门大街(甲 3)号泰昌

除挂号字样及收报地名照电报挂号章程之规定计费外,其余十三字作七字计费。

第三节 华文电报特别规定

第八五条 华文电报译成电码后,明语以四个数目字作一字计费,密语以四个或五个数目字作一字计费。华文电报内如有以不及四个或超过五个数目字书成一字者,除代替门牌号数或各项数目者外,均认为洋文缀字将全电照洋文缀字语电报例计费。

第八六条 各种华文电报内所用代替门牌号数或各项数目之阿拉伯数目字,依照第四十八条之规定书写者,应照下列办法计费。

甲 在华文明语电报内,每组以一个至四个阿拉伯数目字作一字计费,逾此每多一个至四个数目字加一字计费,如有字母"以门牌号数前后所注者为限,别种数目之前后不准使用"或小数点亦照一个数目字计算,括弧符号免予计费。

例一 (9)(A3)(5134)各作一字计费,单位字另加。

例二 (12017)(14.25)(43992165)各作二字计费。

乙 在华文密语电报内,每组以一个至五个阿拉伯数目字作一字计费,逾此每多一个至五个数目字,加一字计费。字母小数点及括弧符号之计费办法,与华文明语电报相同。

例三 (12)(15BIS)(47.25)各作一字计费。

例四 (200000)(55495.6875)各作二字计费。

第八七条 华文电报之住址或电文内杂有少数洋文字母名称字句或商务标识者(至多以不超过住址或电文内所有华文各字之总数为限),应准书于括弧之内。除洋文各字按照洋文价目计费外,其余各字及括弧符号均照华文价目计费,全电仍列作华文电报。电报之电文全部或大部分用洋文书写,惟其收报人住址及名称用华文明语书写或杂有华文明语者,全电应列作洋文电报,其华文各字译成电码后,按照洋文缀字语计费。

第四节 洋文电报特别规定

第八八条 洋文明语以一个至十五个字母作一字计费,洋文暗语或缀字语电报内含有明语字者,亦照此计算,如内有阿拉伯数目字并无秘密意义者,以一个至五个数目字作一字计费(有秘密意义之数目字作缀字语论)。洋文暗语每字至多以五个字母为限(逾此作为缀字语),缀字语以一个至五个字母或数目字作一字计费。

第八九条 洋文电报之书写及计费详细办法,另定之。

第五节 纳费公电特别规定

第九〇条 纳费公电照下列办法计费:

甲 收报人对于收到电报之字句发生疑义,认为传递有误,要求电局发电向原发报局或发报人查复者,所有往来公电均不收费。

乙　收报人请求查询来报之发报人姓名或住址,或发报人请求查询电报于何时送妥者,其发出之公电免予计费,惟应预收六字之回报费(无论回电字数多寡,双方均不再找算)。

丙　发报人请转知收报人速拍回电,或注销业已发出之电报者,应收一字之报费。又,请求注销原电之公电,如须对方电局回电证实者,并须预付六字之回电费。

丁　发报人或收报人因任何其他事项,要求电局所发之公电,均按六字计费。如须对方电局回电者,并须预付六字之回报费。但仅须对方电局函覆或挂号函覆者,只须预付平常信或挂号信之邮资。

戊　纳费公电及其回电,均照寻常电价目计费。原电如系华文,不论属于何种报类,其纳费公电各字应照华文明语寻常电价目计费。原电如系洋文,其纳费公电各字,应照洋文寻常电价目计费。

第八章　电报投递及专力费

第一节　投递

第九一条　电报到达目的地后,电局应按其报类及收到次序,依照本通则之规定,分别派差投送收报人寓所(私宅、行号、办公处等),或由电话传送,或由专线传递,或存电局,或邮局留交。

第九二条　电报送至收报人寓所,可交与本人亲收,或交其成年家属、用人或旅舍住宅之阍人代收。但收报人曾用书面指定代表收受或发报人曾经用"亲启"或"露封"纳费业务标识指定由收报人亲收或露封投递者,均应依照办理,其注明"亲启"者电局应在封套上写明"本人亲收"标识,并嘱报差注意此项电报不得采用电话或专线传送等办法。

第九三条　电报之收受人必须在电报封套所附之回单上签名或盖章,并填写收到时刻,交报差带回。平日来报较多之商行或机关,宜自备专收电报之印记,并指定人员随时收受电报。

第九四条　报差送报,如遇收报人寓所门户关闭或无人允为代收时,应于该处留一通知,并将电报携回,俟收报人或其代表到局领取。但电报无须按照特别谨慎之办法投送,而收报人之寓所又系素所稔知确实无疑者,可将电报连同回单投置于收报人信箱之内,待下次送报时,收取回单。

第九五条　按照前条规定通知收报人到局领取之电报,逾十二小时未来领取者,应再送一次,如仍未能投送者,应即按照无法投递电报之办法办理。

第九六条　电报因任何理由未能投送时,收报局应立即用公电将无法投递之原因通知发报局,转知发报人,一面将该电之原来地名及收报人住址、名称公告招领。

发报人收到上项无法投递之通知后,得照本通则第十二条及第九十条之规定,将原电之收报人住址、名称用纳费业务公电加以补充、更正或证实,以便收报局再予投送。

第九七条　电报自到达收报局后,逾四十二日未能送达收报人者,应予销毁,但邮局留交之电报不在此例。

第九八条　送交到埠船舶旅客之电报,在可能范围内,应于收报人未登陆以前投送,如已不及者,得将电报投交该船舶之经理人。

第九九条　寻常、加急或交际三类华文明语来报,均由电局代为译成文字后投送,不收译费。

第二节　留交

第一〇〇条　电局留交之电报,暂存电局收发处,听候收报人或其委托之代表到局领取。

此项收报人或代表,如经电局要求证明确系本人时,应即为证明。

第一〇一条　邮局留交之电报,其递交办法及留存期限,依邮局定章办理。

第三节　专力费

第一〇二条　收报人住址与电局在同一城市之内或虽不在同一城市之内但距离电局不逾五里者,电局投送电报均不收取送力。

如收报人住址不在电局免费投送区域以内,收报局得斟酌情形,将电报交邮局递寄或雇差专送,但发报人依照第一百十四条之规定指明须用专送方法者,必须照办,所有雇差专送电报之费用,除发报人业已预付外,均向收报人收取。其价目如下:

一　离局五里以外十里以内者,银元二角。

二　离局十里以外者,每十里加收银元二角五分。不及十里之数,均照十里计算。例如,四十五里应照五十里计算,其十里以内之一段收费二角,十里以外至五十里之一段加收一元,共计一元二角。

三　专差搭乘汽车、火车、汽船之费用,或过河之渡资,照实需之数加收,除渡资照往返两次计算外,其余均以去程一次为限。同时投送二份或二份以上之电报时,只收专力费一份,但不属于同一收报人者,不在此限。

第一〇三条　依第九十八条规定投送之电报,如需要费用者(例如雇船费等),得向收报人索取垫付之费用。

第九章　各项特别业务

第一节　普通规定

第一〇四条　本章各项特别业务办法,对于同一电报,除第一百零五条规定不适用者外,均准联合使用。

第一〇五条　各项特别业务办法,对于下列电报,不适用之。

特别业务办法	不适用该办法之电报						
校对	交际	新闻	(加急新闻电在内以下均同)	振务	气象		
	邮转	水位					
预付回报费	新闻	振务	气象	水位			
送妥通知	新闻	振务	气象	邮转	水位		
分送	振务	邮转					
专送	交际	新闻	气象	邮转	水位		
跟转	交际	新闻	振务	气象	邮转	船舶	水位
改发	新闻	振务	气象	邮转	船舶	水位	
亲启或露封	交际	新闻	振务	气象	邮转	水位	船舶
留交	新闻	振务	气象	船舶	水位		
电话收发	官军	新闻	振务	气象	船舶	水位	
派员收取	官军	新闻	振务	气象	船舶	水位	航行安全
委托代收	官军	新闻	振务	气象	船舶	水位	航行安全
	邮转	铁路	电线经转				

第二节　校对

第一〇六条　发报人为增进所发电报之准确起见,得于电首书明"校对"(＝TC＝)纳费业务标识,要求电局于传递时,将其电报重拍一遍,加以校对。

无论寻常或加急电报,其校对费均照寻常电报价目二分之一加收。

第三节　预付回报费

第一〇七条　发报人如须收报人发寄回报,愿为预付报费者,得于电报之首书明"预回……元"(RP……＝)纳费业务标识(空格内填预付之回报费数目,以元为单位),并将预付之数连同原电报费一并缴付。

第一〇八条　前条电报到达目的地时,应由收报局照电报内所开之数填一"预付回报费凭单",连同电报送交收报人。

上项凭单,自填发日起三个月内,持单人向任何电局发寄电报时,均准用以抵付报费,但以一次为限,逾期作为无效。

第一〇九条　持用预付回报费凭单发寄电报,如应付报费超过该单所开之数目时,其超过之数应由持单人补足之。如应付报费低于凭单所开之数目时,其余额之退还,依第一百五十二条之规定办理。

第一一〇条　预付回报费凭单未经收报人使用者,其预付报费之退还,依第一百五十一条之规定办理。

第四节　送妥通知

第一一一条　发报人如欲收报电局于电报送妥后立即将送妥时日用电报通知本人者,得于电首书明"电知"(＝PC＝)纳费业务标识,除别有规定外,另照寻常电报价目加付六字之报费,即可照办。发报人如欲收报局将送妥时日用邮函通知者,得书明"函知"(＝PCP＝)纳费业务标识,并照邮局定章加付挂号信之邮资。

第五节　分送

第一一二条　发报人得要求送报电局将其电报分送于同在该局投送范围以内之数个收报人(或同一收报人之数个住处),此项电报除应于电首书明"分送……份"(＝TM……)之纳费业务标识,并按分抄之份数加付抄费外,只按一电计费,每份应收之抄费,按该份所含之计费字数计算,不逾五十字者,收费银元二角;逾五十字者,每五十字加收银元二角;不足五十字者,以五十字论(交际电报之抄费减半计算),应收抄费之份数与各收报人住址、姓名之数目相等(例如全电共有收报人之住址、姓名二个,即应书明"分送二份",其抄费亦照二份收取)。

第一一三条　分送电报抄送时,除官军通电内所列各收报人住址及名称完全照录外,每份只载该份应列之收报人住址及名称一个,其余收报人名称、住址及纳费业务标识"分送……份"(＝TM……＝)均不列入,如发报人欲抄送电报之电局将所有各收报人住址及名称完全开录者,应于"分送……份"之下另加一"全录"(＝CTA＝)纳费业务标识。

第六节　专送

第一一四条　电报到达收报局时,因收报人住于电局免费投送区域以外(免费投送区域见第一百零二条),须用比较邮递迅捷之方法投送者,谓之专送。

发报人如欲收报局将其电报用专送方法递交收报人者,应于收报人住址及名称前,书明"专送"(Express)纳费业务标识。该项专力费由送报同向收报人收取(专力费价目见一百零二条),倘电报未能送达收报人或收报人拒绝缴付时,应由发报人补付。

第七节　跟转

第一一五条　发报人如恐电报到达目的地时,收报人或已他往,得要求电局将其电报跟随收报人之行踪转往他处。

此项电报应于电首书明跟转(＝FS＝)纳费业务标识,除第一段之报费由发报人缴付外,其余各段之报费于每次转发时累积计算,注明于报头内,由投送电局向收报人收取。

惟电报未能送达或收报人拒绝缴付时,应由发报人负责照付。

此项电报之收报人如拒绝补付报费,仍应将电报交付(参照第八十一条)。

第一一六条 跟转电报仅列有收报人地址一处者,如经该处告知收报人新地址时,收报局应即将该项地址加入该电,转往其新收报地点以后,各地均照此办理,直至该电送妥,或无人告知新地址时为止。

第一一七条 发报人开列数处地址之跟转电报,电局应照所列地址之先后依次转递,至电报送妥或送至最后一次为止。

第一一八条 跟转电报如遇无法投送,且无人告知新地址时,最后之电局应即以公电通知原发报局转知发报人,该公电内应载明须向发报人补收之转递报费数目。

第八节 改发

第一一九条 无论何人经证明其确系本人后,得要求电局将各方发致本人之电报照其所开新地址改发,一切手续均照跟送电报办法办理。惟纳费业务标识应改用"由……局改发"(＝Redirected from……＝)字样,仍照一字计费。

第一二〇条 改发电报应以书面或纳费公电声请,无论收报人或具有代收电报资格之人均可提出,如遇所有改发报费无法收取时,声请人应负缴付之责。

第一二一条 改发电报声请人得预付改发电报所需之报费,但以改发一次者为限。其愿按照加急电报价目预付改发报费者,得要求添加"急"(＝D＝)纳费标识,列作加急电报改发。加急电报亦得声请列作寻常电报改发,遇此情形,原电内所注(＝D＝)纳费业务标识应即删去,报头内所列字数并予更正。

第九节 亲启

第一二二条 发报人如欲电局将其电报投交收报人亲自开拆者,应于电首书明"亲启"(＝MP＝)纳费业务标识,此项电报收报局投送时,按照第九十二条之规定办理。

第十节 露封

第一二三条 发报人如欲电局将其电报露封投送者,应于电首书明"露封"(＝Open＝)纳费业务标识,此项电报收报局投送时,按照第九十二条之规定办理。

第十一节 留交

第一二四条 发报人如欲将所发电报于到达目的地后暂留电局听候收报人或其代表前往电局领取者,应于电首书明"电留"(＝TR＝)纳费业务标识。其须由收报局送存当地邮局暂留听候领取者,应书明"邮留"(＝GP＝)纳费业务标识。如须邮局挂号留交者,应书明"挂留"(GPR＝)纳费业务标识,分别加收信函邮资或挂号信邮资。

第十二节　电话收发电报

第一二五条　电话局或电话公司之用户如欲将他处发来之电报由当地电局用电话传送,或欲将发往他处之电报由电话传交电局发递者,得依照"市内电话收发电报办法",向当地电局注册办理。交通部电话局之用户除依照前项办法注册者外,如欲发寄电报得由电话传交电局照发,其报费由电局记账,于月终由电局派员收取或由电话局代收,其详细办法及施行地域另定之。

第十三节　专线收发电报

第一二六条　往来电报较多之商行或住户为谋收发电报之敏捷与便利起见,得依照"商用专线收发电报规则"与当地或其附近之电局接洽,装设专线收发电报。

第十四节　派员收取电报

第一二七条　发报人之住址如在电局免费投送区域以内者(免费投送区域见第一百零二条),得用电话通知当地电局派员前来收取,其详细办法及施行地域另定之。

第十五节　委托代收电报

第一二八条　电局为便利公众通讯,得委托中国旅行社或其他机关代收电报,除按照电局定章收费外,不另加收任何费用。

第十章　声诉

第一二九条　电局处理业务如有下列各款情形,发报人或收报人均可随时通知电局派员前往调查、纠正,或呈报交通部核办。

一　传递电报迟延或错误者;

二　电报投送迟延或错误者;

三　对于报费、译费、专力费或任何其他费用计算错误者;

四　收报员接收电报时缺乏礼貌或故意迁缓者;

五　代译电码错误或华文明码来报并未代译者(以寻常、加急及交际电报为限);

六　报差送报需索酒资或节赏者;

七　办理任何事项不遵照本通则或其他一切电政法令之规定者。

第一三〇条　收发报人对于情节较重之事项,例如电局泄漏电报,秘密故意浮收报费、译费、专力费等,或遇向电局声诉无效时,均可详叙事实,迳向交通部声诉。

第一三一条 关于电报迟延错误，或未经送达之声诉经查明确系因电局业务上之过失所致者，除将电局经办人员照章处罚外，所有该电之报费即依第十二章之规定退还纳费人。

第十一章 责任

第一三二条 电局对于往来电报之有无及其内容，均应严守秘密，但经法院或当地警察机关依法请求查阅或调阅时，不在此限。

第一三三条 电报之传递及处理应力求迅速、准确，但遇电报因无论何种原由迟滞错误或不能送达时，发报人、收报人除得依照第十章或第十二章之规定向电局或交通部声诉或请退报费外，不得要求任何损害赔偿。

第一三四条 交通部为改进电报业务，特指定各繁要电局设置业务稽查员及稽查报差，随时向发报人或收报人征询对于电局业务有无不满或报差送报是否迅捷。

上项业务稽查员出勤时，除佩带电局证章外，携有电局发给之报照上黏贴本人相片，并载明姓名、职务及交通部电报业务稽查办法条文。至稽查报差，均穿着电局报差制服，以便识别。

发报人或收报人对于电局业务稽查员或稽查报差征询之事项，均宜详实答复，对于电报章程手续及各项省费办法如不明了，均可随时询问。

第十二章 退费

第一节 普通规定

第一三五条 各项退费之声请，除关于未经使用之预付回报费应依第一百五十一条或第一百五十二条之规定办理外，均须自原电电文之日起于六个月内行之，逾期不予受理。

第一三六条 关于退费之声请，应由发报人或收报人向当地电局为之，并须附缴证明文件，电局收到上项声请后，应即转呈电政管理局核办，其情节明显、证据确实者，准予退费后，再行呈报管理局备案。

第一三七条 核准退还之报费，自通知发出之日起逾六个月不来领取者，以抛弃论，嗣后，不得再行具领。

第一三八条 分送电报退费时，应以各收报人之数目分所收报费之总数，所得之数，即为每份应退之费。

第一三九条 电报因被检查而致到达迟延者，不得声请退费。

第一四〇条 发报人或收报人更正或查询电报不依第十二条及第九十条之规定请由电局发寄纳费业务公电，而迳由发报人与收报人直接往来者，无论原电有无错误，所发更正或查询电报之报费均不退还。

第一四一条　第一百四十四条至第一百四十八条及第一百五十四条规定准退之费,以各该未经送到或经注销、延搁、错误扣留之原电报费及未经照办或行使之特别业务附加费为限,若因原电未到或延搁、错误扣留而发其他电报或使其他电报成为无用时,此项报费不在退还之列。

第二节　注销电报之退费

第一四二条　各种电报于尚未发出以前经发报人请求注销者,准退全部报费,其业已发出而用纳费公电追销者,不在此例。

第三节　业务错误之退费

第一四三条　电局对于本节所指各项电报经发报人或收报人声请退费或声诉电局处理不合时,应即转呈管理局核准后,将报费之全部或一部退还纳费人。

第一四四条　各种电报因电局手续上之关系,未曾到达目的地或未曾送达收报人者,准退还全部报费。

第一四五条　各种电报因传递时将报头内所列发报局名错误以致失其效用者,准退还全部报费。

第一四六条　各种电报因电局业务上之过失,其到达收报人之时间较邮递所需之时间为迟者(可通航空邮递或快递邮件之处,以航邮或快邮所需之时间为准),准退全费,但第三十条规定之情形不得认为电局业务上之过失。

第一四七条　各种电报于传递时遗漏或错误一字或数字者,除已在第一百四十六条规定之时限内用纳费业务公电更正外,准将遗漏各字之报费退还,但经证明因遗漏一字或数字以致全文意义变动或费解者,准退全部报费。

第一四八条　各项特别业务电局漏未照办者,应将该项特别业务之附加费及纳费业务标识之报费一并退还。

第一四九条　因电局业务上之错误而发之纳费业务公电,除依照第九十条甲款免费发寄者外,准将公电报费或邮资全部退还。

第一五〇条　电局所致之错误已在第一百四十六条规定之时限内用纳费业务公电纠正者,仅将该项业务公电所纳之费退还,原电报费不在退还之列。

第四节　预付回报费之退还

第一五一条　预付回报费之凭单,未经收报人使用或接收者,所有发报人预付之报费准予全部退还,但此项退费之声请必须于凭单有效期间即自填发日起三个月内为之,逾期不予退还。

第一五二条　收报人持用预付回报费凭单所发电报之报费低于发报人预付之数者,该项余额准予退还,但不满银元四角之余额,不在此例。

前项退费之声请,应于凭单填发日起六个月内为之,逾期不予退还。

第一五三条　附有预付回报费之电报,如其回报因电局之错误失其效用,业经电局准予退费者,原电之报费准予一并退还。又,如原电错误业经电局准予退费而且使预付报费之回报失其效用者,所有预付之回报费亦准发还。

第五节　电报停止传递或遇阻之退费

第一五四条　电局依照第三十二条或第三十三条停止传递之电报,应退全部报费。

第一五五条　船舶电报经海岸电台通知原发报局不能将电报发交船舶电台时,该发报局应即自动将该电之海岸费及船舶费退还发报人。

第十三章　电底之保存及交阅录送

第一五六条　电局对于各种电报之原底及其有关系之文件,自电报交到之下月起算保存二十个月。

第一五七条　电报原底一经交入电局,无论如何不得索还,但在前条规定之保存电底期间,原电之发报人、收报人或其代表人经证明属实者,有要求查阅电底或其抄件之权,每次应纳查阅电底费银元四角,并不得将电底或抄件携出电局门外。

第一五八条　在第一百五十六条规定之保存电底期内发报人、收报人或其代表人得要求电局录送电底之抄件或供给电底之相片,按照下列办法付费。

甲　录送电底抄件每份不逾一百字者,应付抄费银元四角;逾一百字者,每加五十字增付银元二角;不及五十字者,亦照五十字计算。

乙　供给电底相片,除按照电局委托照相馆所定之价目付费外,每份加付电局手续费银元五角。

第十四章　附则

第一五九条　国际电信公约附属电报规则所载各项规定与本通则不相抵触者,对于国内电报准用之。

第一六〇条　自本通则施行之日起,所有民国十一年(1922年)一月一日施行之"电报收发规则"、十八年(1929年)十月施行之"电报收发办法"、二十三年(1934年)一月一日施行之"国内华文电报收报人姓名、住址书写及计费办法"、二十三年三月一日施行之"电话号码代替收报人住址办法"、二十三年五月一日施行之"国内交际电报规则"以及二十三年九月一日施行之"华文电报内用阿拉伯数目字书写门牌号数及各项数目办法"应即废止。

第一六一条　本章程自民国二十四年(1935年)九月一日施行。

●●国内交际电报规则民国二十五年(1936年)五月十八日交通部公布

第一条　本规则依国内电报营业通则第十五条之规定制定之。

第二条　国内交际电报只准用中文或英文明语书写,其电文以叙述下列各事为限:

甲　庆贺

关于年节、婚姻、寿诞、添嗣、典礼、纪念、就职、升迁、开张、迁居、毕业、升学、出洋、考取、发明、成功、胜利、得奖事项。

乙　吊唁

关于丧亡殡葬事项。

丙　慰问

关于疾病、灾荒、失慎受伤、被盗、遇险、失败事项。

丁　欢迎、欢送。

戊　答谢上述庆吊、慰问、欢迎、欢送之来电或来函。

第三条　中文交际电报之电文分为"自撰"及"成文"两种。

"自撰"电文由发报人自拟辞句。

"成文"电文由电局就第二条所述各事项拟适当辞句若干条,印于空白交际电报纸背面,任凭发报人选用,此项空白交际电报纸可向各地电局索取。

英文交际电报之电文,均由发报人自拟。

第四条　交际电报之价目定为中文每字国币二分,每电(不论自撰或成文电文)至少二十字起算;英文每字四分,每电至少十字起算。不满起算字数者,概照起算字数计算。

第五条　中文交际电报之收报地名及收报人姓名、住址称谓等,均适用华文明语私务电报减费办法之规定(例如"南京"或"张家口"均作二字计费,"中山路新生里九号丁子鸿老伯"未逾十三字作三字计费,"中山北路首都饭店马鸿遇王乃安先生"共十六字作六字计费)。

"自撰"电文按字计费,"成文"电文每条不论字数均按八字计费,发报人署名及称谓等一律按字计费(例如"愚侄王诚恭贺"按六字计费)。

第六条　中文交际电报可交由电局译成电码拍发,不收译费。

第七条　中文交际电报必须于电首书明"交际"二字,作为纳费标识。英文交际电报必须于电首书明 SLT 三字母,作为纳费标识,此项中、英文标识,概作一字计费。

第八条　交际电报送交收报人之纸张及封套,分绯色及素色两种,除关于吊唁者用素色外,其余均用绯色(答谢吊唁之交际电报亦用绯色)。

第九条　交际电报之发报人得请求附赠邮政总局储金汇业局发行之礼券,与收报人由收报电局随电投送。上述发报人及收报人所在地点均以当地邮局发行该项礼券之处为限,详细办法依照"交际电报附赠礼券办法"之规定办理。

第一〇条　交际电报得适用"分送"、"送妥通知"及"预付回报费"三种特别业务办法,依照下列各款之规定办理。

甲　"分送"。所有纳费标识及收报人住址、姓名暨称谓之计算字数办法,均与其他私务电报相同,分抄费价目,按私务电报价目减半计算。但附赠礼券之交际电报不适用"分送"办法。

乙　"送妥通知"。"送妥电知"按交际电报价目加收十字之报费;"送妥函知"加收挂号信之邮资,其纳费标识"电知或 PC"及"函知或 PCP",均作一字计费。

丙　"预付回报费"。预付之回报费不得低于国币四角,其纳费标识"预付……或 RP",作一字计费。

第一一条　不用分送办法之交际电报,亦得列有数个收报人姓名,但以属于同一住址者为限(例如"上海大华饭店邹国良先生钱佩贞女士")。

对方电局投送上项电报时,仅交付于第一收报人。第一收报人不在时,得交付于第二收报人,其余顺序类推。

第一二条　交际电报得由数个发报人署名,连同各种称谓一律按字计算(例如"弟金士先葛良同贺",共作八字计费)。

第一三条　交际电报在当日二十一时以后次日八时以前达到对方电局者,均俟至次日八时以后投送。

第一四条　须经国有铁路电线接转之电报,除京沪、沪杭甬路外,不得列为交际电报。

与关外各处往来之电报,不得列为交际电报。

第一五条　各处与香港往来之交际电报,以经由陆线传递者为限,除照第四条价目收费外,应另加深圳、香港租线费,中文每字一分,英文每字二分。

第一六条　交际电报除依本规则办理外,其他事项适用国内电报营业通则之规定。

第一七条　本规则自民国二十五年七月一日施行。

●●交际电报附赠礼券办法 民国二十五年(1936 年)五月十八日交通部公布

第一条　交际电报附赠邮政储金汇业局发行之礼券,其发报及收报之电局暂以下列电局为限。

一　江苏　南京　上海　镇江　吴县　铜山　无锡

一　浙江　杭州　鄞县　(宁波)　绍兴

一　安徽　怀宁　(安庆)　芜湖　蚌埠

一　江西　南昌　九江

一　湖北　汉口　武昌　宜昌　沙市

一　湖南　长沙

一　福建　福州　厦门

一　四川　成都　巴县　（重庆）

一　河北　北平　天津

一　山东　济南　青岛　烟台

一　河南　开封　郑县

一　山西　阳曲　（太原）

一　陕西　长安

一　贵州　贵阳

各地电局设有分收发处者,得指定最重要之分收发处一处或数处办理,交际电报附赠礼券业务。

第二条　交际电报附赠礼券之金额,自国币二元起至二十一元止,不得带有不满二元之零数。

第三条　礼券分为绯色及素色二种,由发报人自行指定之。

第四条　附赠礼券,每份收取手续费国币一角。

第五条　各电局及其分收发处办理交际电报附赠礼券业务之时间,视当地业务需要及情形分别规定公告之。

第六条　发报人欲附赠礼券者,须向电局或分收发处索取"附赠礼券声请单",依式填明,连同礼款及手续费一并交付,由电局或分收发处掣给收据为凭。

第七条　附赠礼券之交际电报到达对方电局后,由电局依照发报人指定之颜色、金额,备具邮政储金汇业局发行之礼券,连同电报派差持送收报人,由收报人在礼券回执及电报回单上签名盖章后,仍交原差带回电局存证。

第八条　礼券之持券人得凭券向邮局存作储金或兑换国币,并可向邮电机关十足行使或购买邮票或交付电报费电话费等,一切办法依照邮政储金汇业局之规定办理。

第九条　收报人谢绝收受礼券或将礼券退还电局时,应由收报电局拍发公电通知发报电局,转知赠券人。除所纳报费及手续费等概不退还外,并就礼款内扣除拍发公电手续费四角。

第一〇条　本办法于国内交际电报规则施行之日施行。

●●同文电报发寄办法 民国二十四年(1935 年)十二月六日国民政府令发,二十五年(1936 年)一月一日施行。

一　同一电文之电报发寄数个收报地处者（例如一电同时发寄上海、北平、汉口等处）,名曰同文电报。

二 同文电报收报地名不得连列一起,每电只能书写一个收报地名,即发寄若干地处者,应分为若干份。

三 同文电报交电报局发寄时,各份中只须有一份全录电文,其余各份得在电底上分别书明收报地名及收报人姓名、住址,并注明"电文同第某号致某处电",毋须全录电文(例如上海吴市长勋鉴电文同第某号至汉口张市长电……)。

四 凡系通电而欲收报人知悉者,应于每份收报地名之前,加注纳费业务标识"通电"或"CIRCULAR"字样(例如"通电"南京国民政府主席钧鉴……)。

五 非通电而欲使收报人知悉该电,同时并发致某处某人者,应在电文内叙明"除分电某处某人外"等字样。

六 一电发致数人在同一地方者(例如南京国民政府林主席、行政院汪院长),应仍照分送电报办法,注明"抄送若干份"字样,毋须照同文电报分作数份发寄。

七 本办法由交通部呈请行政院,转呈国民政府通饬遵行。

●●处理无法投送电报办法 民国二十五年(1936年)八月十日交通部令发

一 各局遇有无法投送之电报,除应将不能投送原因以公电通知发报局,转知发报人,并登记备查外,并应按照下列各项分别同时处理。

  1 按照原开收报局之姓名、地址查明地段,向该地段邮局、邮差详细探询。

  2 如收报人地址简略,无法查明邮局地段者,可向当地最高邮局设法探询。

  3 开具电报招领通告,揭示局门(通告式样参照招领电报通知书)。

二 除按照上项办法办理外,并应婉商当地中西各报馆免费刊登招领电报新闻,其登载手续规定如下:

  1 凡无法投送之电报,应于当日填就招领电报通知书,在规定时间(与报馆分别订定)以前,送请各报刊登翌日之本埠新闻栏内,每电以登载一次为度。

  2 该项新闻如能商请各报登载固定地位,俾易引起公众注意最为适宜,其不愿照办者听。

  3 电报招领通知书分华文、洋文两种,华文电报填用华文通知书送交华文报馆;洋文电报填用洋文通知书,送交洋文报馆。当地如无洋文报馆者,应一并送交华文报纸刊登。

三 在本办法实行前,各局如有自订之招领无法投送电报办法者,应于本办法收到后一律按照本办法办理,其所用通知书表等亦应改换,以资划一。

四 无法投送之电报一经送妥,应即通知发报局转知发报人,并将探送经过情形于登记簿内详细载明,以备参考。

五 本办法自二十五年九月一日起实行。

●●划一纳费公电收费办法 民国二十四年(1935年)七月七日交通部训令,同年(1935年)八月一日起实行,二十五年(1936年)二月四日修正。

一　收报人对于收到电报之任何部份(住址、电文、署名等)发生疑义,认为传递有误,要求电局发电向原发报局或转向发报人查复者,所有往来公电均免收费。

二　收报人请求查询来电之发报人姓名或住址者(指来电内本无此项姓名或住址者而言),其发出之公电免予计费,惟应于电首书明(＝RP……＝)(虚点地位填入六字报费之数目,该项数目国内电报以银元为单位,国际电报以金、法郎为单位),并征收六字之回报费(无论回电字数多寡,双方均不再找算去报局及回报局,并应照此列册)。

三　发报人补充或更正原电之任何部份者,所有补充或更正之字按字计费(例如补充住址二字应收二字之报费,更正电文一字应收一字之报费)。惟发报人补充或更正华文私务电报之收报人住址、名称者,所有补充或更正各字应照国内电报营业通则第八十三条之规定核收报费(例如补充或更正华文明语寻常电之住址不逾十三字者,概照三字收费)。

四　发报人请求查询电报于何时送妥者,其发出之公电免予计费,惟应于电首书明(＝RP……＝),并征收六字之回报费(无论回电字数多寡)。

五　发报人请转知收报人速拍回电或注销业已发出之电报者,应收一字之报费。至请求注销原电之纳费公电,如须对方电局回电证实者,必须预付六字之回报费(无论回电字数多寡),并于电首书明(＝RP……＝)字样纳费标识。

六　除上述各项公电及其回电外,发报人或收报人因任何其他事项要求电局所发之公电均按六字计费,此项公电如须对方电局回电者,必须预付六字之回报费(无论回电字数多寡),并于电首书明(＝RP……＝)字样纳费标识。其须对方电局用邮函答复者,国内仅须预付平常信之邮资,国外则须付四十生丁(照折合率合成银元,并分别凑足或抹成五分或一角),(并用＝Letter＝)为纳费业务标识以代(＝RP……＝)。如发报人要求此项覆函挂号邮寄者,国内须付挂号信之邮资,国外须付八十生丁,并以(＝Letter Rcm＝)为纳费标识。

七　纳费公电及其回电每字应收之报费,按照下列办法计算:

甲　原电如系国内华文电报,不论属于何种报类或电文,其纳费公电各字概按国内华文明语寻常电价目计费。

乙　原电如系国内洋文电报,不论属于何种报类或电文,其纳费公电各字概照国内洋文寻常电价目计费。

丙　原电如系国际电报,不论属于何种报类或电文,其纳费公电各字概照国际寻常电报全价计费。

附纳费公电格式举例

一　收报人请求查复来电之任何部份者。

(1)
纳费公电之标识	发报局名	收报局名	号数	（实在字数）	（日期）	（经转路由）
ST	Peiping	Tientsin	86	6	17	Via Empiradio ＝

原电号数	原电日期	原电收报人挂号字
439	Sixteenth	6892

（请复原电文第一第四第九字）
One four nine
［用 One four……不必用 first. Fouth……］

(2)
（纳费公电之标识）	（发报局名）	（收报局名）	（号数）	（实在字数）	（日期）
ST	Calcutta	Hankow	648	6	2

（原电号数）	（原电日期）	（原电收报人）
56	First	Brown

（请复电文内某字以后各字）
Words after jugox

(3)
（纳费公电之标识）	（发报局名）	（收报局名）	（号数）	（实在字数）	（日期）
ST	Wuhsien	Chinkiang	522	4	18

（原电号数）	（原电日期）	（原电收报人挂号字）
427	Seventeenth	Socony

（请覆全部电文）
Text

二　收报人请求查询来电之发报人姓名或住址者。

(1)
纳费公电之标识	发报局名	收报局名	号数	（实在字数）	（原电日期）
ST	Weihaiwei	Chefoo	218	7	4

（预付回报费若干或用挂号邮函答复）Rp…(or＝Letter RCM)

（原电号数）	（原电日期）	（原电收报人挂号字）	（经转路由）
＝394	third	6855	Via Cgra ＝

（请查示发报人名或住址）Give name (or address) sender

(2)
（纳费公电之标识）	（发报局名）	（收报局名）	（号数）	（字数）	（原电日期）
ST	Geneva	Peiping	52	7	17

（原电号数）	（原电日期）	（原电收报人名）
750	Sixteenth	Robinson

（预付回报费若干）Rp…………＝
（请查示发报人姓名或住址）Give name(or address) sender

三　发报人请求更正或补充原电之收报人姓名住址者。

(1)
（纳费公电之标识）ST
（原电号数）527
（原电日期）twentythird
（收报局名）Nanking
（发报局名）Peiping
（计费字数/实在字数）3/9
（日期）25　＝
（更正为）read
（某字）戴部长

(2)
（纳费公电之标识）ST
（原电号数）315
（原电日期）Sixteenth
（收报局名）Nanking
（发报局名）Shanghai
（号数）3657
（计费字数/实在字数）4/10
（日期）17　＝
（投送）Deliver
（原电收报人姓名）王国华
（某处）中央军校

(3)
（纳费公电之标识）ST
（原电号数）527
（原电日期）Twentythird
（收报局名）Rome
（发报局名）Shanghai
（原电收报人挂号字）Sinoconsul
（号数）573
（计费字数/实在字数）1/5
（日期）25　＝
（更正为）Read
（某字）Sinolegate

四　发报人请求更正或补充原电之电文者。

(1)
（纳费公电之标识）ST
（原电号数）4267
（原电日期）Eleventh
（收报局名）Tsinan
（发报局名）Hankow
（号数）547
（计费字数/实在字数）1/9
（日期）12　＝
（请改）Replace
（电文第几字）Third
（某字）0577
（为）by
（某字）0578

(2)
（纳费公电之标识）ST
（原电号数）346
（原电日期）Second
（收报局名）Tientsin
（发报局名）Nanking
（原电收报人挂号字）5353
（号数）643
（计费字数/实在字数）1/7
（日期）4　＝
（请补充）Insert
（某字）5502
（于某字之后）After 0577

(3)
（纳费公电之标识）ST
（原电号数）4267
（原电日期）Eleventh
（收报局名）Vienne
（发报局名）Tientsin
（原电收报人）Kriechdaum
（请改）Peplace
（号数）365
（计费字数/实在字数）1/8
（日期）12
（电文第三字）Third
（某字）20
（为）by
（某字）2000
（经转路由）Via Cgra

五　发报人请求查询电报已否送妥者。

(1)
- （纳费公电之标识）ST
- （发报局名）Weihaiwei
- （收报局名）Foochow
- （号数）225
- （实在字数）9
- （日期）16　＝
- （预付回报费若干）Rp………＝
- （原电号数）645
- （原电日期）Thirteenth
- （原电收报人名）大达洋行
- （请查示已否送妥）Confirm delivery

(2)
- （纳费公电之标识）ST
- （发报局名）Saigon
- （收报局名）Tsingtan
- （号数）225
- （实在字数）6
- （日期）16　＝
- （预付回报费若干）Rp………＝
- （原电号数）645
- （原电日期）Thirteenth
- （原电收报人名）Johnson
- （请查示已否送妥）Confirm delivery
- （经转路由）Via Cgra-Tsf　＝

六　发报人请转知收报人速拍回电者。

(1)
- （纳费公电之标识）ST
- （发报局名）Changanche
- （收报局名）Weihsien
- （号数）65
- （计费字数/实在字数）1/9
- （日期）7　＝
- （原电号数）57
- （原电日期）Fifth
- （原电收报人名）泰丰祥
- （请转知收报人速拍回电）Inform addressee hurry reply

(2)
- （纳费公电之标识）ST
- （发报局名）Chinkiang
- （收报局名）Manila
- （号数）65
- （计费字数/实在字数）1/7
- （日期）7　＝
- （原电号数）57
- （原电日期）Fifth
- （原电收报人名）Kuomintang
- （请转知收报人速拍回电）Inform addressee hurry reply
- （经转路由）Via Cgra-Rca　＝

七　发报人请求注销原电，毋庸复电证实者。

(1)
- （纳费公电之标识）ST
- （发报局名）Hankow
- （收报局名）Shanghai
- （号数）2942
- （计费字数/实在字数）1/7
- （日期）7　＝
- （原电号数）2869
- （原电日期）Sixth
- （原电收报人名）国货公司
- （请注销）Cancel

(2)
- （纳费公电之标识）ST
- （发报局名）Nanking
- （收报局名）Tokyo
- （号数）126
- （计费字数/实在字数）1/4
- （日期）7　＝
- （原电号数）286
- （原电日期）Sixth
- （原电收报人名）Gaimudagen
- （请注销）Cancel
- （经转路由）Via Cgra　＝

八　发报人请求注销原电，并须复电证实者。

(1)
| (纳费公电之标识) ST | (收报局名) Wuchang | (发报局名) Pahsiensze | (号数) 225 | (计费字数/实在字数) 1/7 | (日期) 10 | (原电号数) 384 | (原电收报人姓名) 万朗轩 | (请注销) Cancel |

(预付回报费若干) Rp…… (回电六字应收报费之数目) =

(2)
| (纳费公电之标识) ST | (收报局名) Berlin | (发报局名) Shanghai | (号数) 2251 | (计费字数/实在字数) 1/5 | (日期) 10 | (原电日期) Nineth | (原电收报人名) Grunewald | (请注销) Cancel |

(预付回报费若干) Rp…… (原电号数) 384 (原电日期) Nineth (经转路由) Via Cgra-Transradio =

九　发报人因收报人业已他往，请求将原电转递者。

(1)
| (纳费公电之标识) ST | (收报局名) Tientsin | (发报局名) Shanghai | (号数) 15615 | (计费字数/实在字数) 6/11 | (日期) 27 | (北平) Peiping | (投送某处) 北京饭店 |

(原电日期) Twentyfifth (原电号数) 14805 (原电收报人名) 万朗轩 (请转速至) Reforward =

十　纳费公电之回电应以 Rst 为标识，其格式如下：

(1)
| (纳费公电回电之标识) Rst | (收报局名) Peiping | (发报局名) Tientsin | (号数) 951 | (实在字数) 6 | (日期) 17 | (所请覆述原电中之三字) 6043 0005 2601 |

(原来纳费公电日期) Seventeenth (原电回电号数) 86 (原来纳费公电号数) 6892 =

(2)
| (纳费公电之标识) Rst | (收报局名) Chefoo | (发报局名) Weihaiwei | (号数) 58 | (实在字数) 6 | (日期) 4 | (原电收报人挂号字) 6855 | (所请查示之发报人姓名或地址) 李德馨（或海岸街六号） |

(原来纳费公电日期) Fourth (原来纳费公电号数) 218 =

(3)
| (纳费公电之标识) ST | (收报局名) Foochow | (发报局名) Weihaiwei | (号数) 132 | (实在字数) 9 | (日期) 17 | (原电收报人名) 大达洋行 | (已于某日某时送妥) Delivered 13. 20 13th |

(原来纳费公电日期) Sixteenth (原来纳费公电号数) 225 =

(4)　(纳费公电回电之标识)　(收报局名)　(发报局名)　(号数)　(实在字数)　(日期)　(经转路由)
　　　Rst　　　　　　　　　Shanghai　　Berlin　　367　　4　　10　　Via Cgra-Transradio
　　　　　　　　　　　　　　　　　　　　　　　　　　　　　　　　　　　　　＝

　　　(原来纳费公电号数)　(原来纳费公电日期)　(原电收报人挂号字)　(已注销)
　　　2251　　　　　　　　Tenth　　　　　　　　Grunewad　　　　　Cancelled

附注　一　纳费公电及其回电拍发时，均应用 Plcl number 为机上流水号数。

　　　二　关于国际电报之纳费公电，其字数列实在字数栏内须填入，所有计费字数无须填入，以免引起外国电政机关之疑议。

以上两项应由各局饬知值机员切实注意为要。

●●国内收报人付费电报办法<small>民国二十五年（1936年）五月二十七日交通部公布</small>

第一条　国内各处往来电报之发报人或收报人，得依本办法之规定，与电报局订约，由收报人给付报费。

前项电报称为国内收报人付费电报。

第二条　由发报人订约者，应向当地电局索取空白声请书，填明下列各事项，送交电局转呈交通部电政司核办。

一　声请人姓名、职业及详细住址（如有电报挂号者，并将挂号字样注明）；

二　发报地名

三　收报人姓名及详细住址（如有电报挂号者，并将挂号字样注明）；

四　拟发电报之种类。

第三条　交通部电政司接到声请书后，用公电饬知收报电局向收报人接洽，经其同意，即令填具"照付国内收报人付费电报报费愿书"，签名盖章，并预付足敷半个月报费之预存金于收报电局，由该局呈复电政司，饬知发报电局通知发报人，准予开始拍发电报。

前项预存金金额，由收报电局估计来报字数核定之，但收报人已按照记账发电保证办法缴付保证金或银行保证信者，得酌予减少或免付预存金。

第四条　由收报人订约者，应用书面向当地电局声明，凡自国内某处某人发致本人之某种电报由本人担任报费，经当地电局同意，即填具"照付国内收报人付费电报报费愿书"，签名盖章，并依前条规定履行交付预存金之手续，由该局呈请交通部电政司，转饬发报电局查照，并通知发报人补具声请书，准予开始拍发电报。

第五条　经核准拍发电报之发报人由电局发给"电报签收簿"Pass Book 一本或数本（其封面、背面"账户第　号"四字应改为"国内收报人付费去报户第　号"，洋文 Account No……改为 Inland　Collect authorization　No……），嗣后发电，即由电局收报人员就签收簿签名为凭，不给收据。

第六条　发报人应将图章或签名之式样送交电局存查，遇发报时，应于电报纸下端盖章或签名，以资对证。

第七条　电报纸备注栏内发报人注明 Collect 一字作为业务标识（此项标识并不计费），遇发报人漏注时，应由电局收报人员代注。

第八条　发报电局应每月按户填造国内收报人付费电报清单三份，一份邮寄交通部电政司，一份邮寄收报电局，一份存局备查。前项清单至迟须于次月十日以前寄出，以便收报电局核对报费。

第九条　收报电局应按月依照来报报底填造账单，向收报人结算报费前项账单，至迟须于次月五日以前送出。如账单上之报费与发报电局寄来之清单不符时,得由收报人与收报电局核对更正,分别增补或减除之。

收报人接到账单后,至迟须于五日内照付。如至第六日尚未照付者,收报电局即将各处发来之收报人付费电报向收报人逐一收取报费,方予投送。再逾五日仍未照付者,即由收报电局将预存金扣抵,如有不足,仍须追缴,同时用公电报告电政司,转知发报电局撤销发报人依照本办法之发电权。

第一〇条　国内收报人付费电报之报费,经收报电局向收报人收取无着时,仍应由发报人负责给付。

第一一条　国内收报人付费电报经发报人请求适用分送办法时,应由收报电局将分送办法及其他收报人姓名预先征求担任付费之原收报人书面同意,即将抄费运同报费列入账单,一并结算收取。

第一二条　凡经由沪港水线、烟大水线、铁路电线或部局转递之国内电报请求准用本办法之规定者,应于声请书内特别注明,并经交通部电政司核准始予照办。

第一三条　新闻记者所发国内收报人付费电报,应依新闻电报规则办理,不适用本办法之规定。

第一四条　交通部电政司遇必要时,得随时停止本办法之施行,或撤销任何发报人之发电权,或停止投送任何收报人之电报。

第一五条　本办法自民国二十五年六月一日起施行。

●●交通部驻沪国际报话费核算处组织章程民国二十五年(1936年)四月二十九日交通部公布

第一条　交通部国际报话费核算处设于上海,职司稽核及结算国际电报、电话费事宜。

第二条　本处设主任一人,由交通部派充,受电政司司长之指挥、监督,综理全处事务。

第三条　本处分无线及水线两股,其职掌如下:

甲　无线股

一　国际无线电报话费之稽核事项;

二　国际无线电报话费表册之编制事项;

三　国际无线电报话费之对外结算事项;

四　国际无线电报话费之统计事项。

乙　水线股

一　国际水线电报费之稽核事项;

二　国际水线电报费表册之编制事项;

三　国际水线电报费之对外结算事项；

四　国际水线电报费之统计事项。

第四条　本处设股长二人，核算员四十人至六十人，均由交通部派充，承长官之命，分掌事务。

第五条　本处设事务员二人，承长官之命，办理文书出纳及其他杂务。

第六条　本处设书记二人，助理事务员所掌事务及收发译电缮写等事。

第七条　本处处理事务及职员考勤、请假、旅费等项，均准用交通部处务规程之规定，但电务技术员、报务员、调处服务者应依各该章程办理。

第八条　本章程自公布日施行。

●●装设收发长途电话专线暂行办法民国二十五年（1936年）四月一日交通部公布

第一条　交通部未设市内电话各处，凡欲装设专线以求收发长途电话之敏捷与便利者，依本办法之规定办理之。

第二条　请求装设专线者应开具姓名、职业及其详细住址，向最近电报局或报话营业处（以下简称局处）声请之。

第三条　局处接受请求后，应即估计实需工料费用，呈请电政管理局核办。

第四条　请求装设专线而经电政管理局核准者，应依照核定之工料费一次缴清，并预存保证金二十元，方可派工装设。

第五条　在同一区域内联合数家用户同时请求装设专线者，所有线路工料费依线路之远近按户分摊之。

第六条　专线装户得自备机料，填具声请书，请求局处派工装设，除保证金仍应照缴，工程费亦由装户负担外，机料费免予缴纳。

第七条　装户请求装设之专线，除自备之话机及保证金外，概归交通部所有所缴各费，概不退还。

第八条　装户对于去话专力费及通话费等，仍应照章按次缴纳，并须按月另缴专线维持费，依线路之长度计算，每一公里每月一元，不满一公里者，亦照一公里计算。

装有专线之来话不收专力费。

第九条　同一区域内装户在五家以上互相通话者，每月每户加收交换费一元；在十五家以上者，每月每户加收交换费二元；满五十家时，得由交通部酌量情形，改为市内电话，其办法另定之。

第一〇条　装户应将每日之长途话费于五日内清付，如有拖欠得于保证金内如数扣抵，并停止接转来去长途电话。如停止接转已逾七日而不将保证金补足者,即将话机撤除,所余欠费仍应追缴。

第一一条 装户所缴保证金应于撤机后三日至三个月内凭保证金收据向局处领取,逾期不再发还。如装户将收据遗失,应觅取殷实铺保出具保单,经局处查明属实,方得照发。

第一二条 装户使用局处之机件,于撤机时,如有损坏或遗失,须照原价赔偿。

第一三条 本办法自公布日施行。

●●交通部国内长途电话营业通则民国二十五年(1936年)十月十五日交通部公布

要　目

第一章　总则

第一条 交通部所属电话局、电报局、电报、电话营业处及代办处(以下统称为电局),办理长途电话业务者,悉依本通则之规定。

第二条 各电局长途电话营业时间由电政管理局按照当地业务情形分别拟订,呈请交通部核定之。在规定时间以外概停通话,惟在营业时间终了时,对于正在通话之长途电话仍应继续办理完毕。

第二章　通话种类

第三条 长途电话之通话,分下列三种:

一　叫号通话　发话人叫接某地某号电话并未指定某某人前来接话者属之。

二　叫人通话　发话人叫接某地某号电话,并指定某某人前来接话,或指定与合用电话之某一用户自用小交换机之某一分机或商店机关等之某一部分通话者属之。

三　传呼通话　发话人叫接某地某人而受话人并未装有电话,须由受话电局派差传呼
受话人至电局,或指定就近之长途电话零售处或公用电话处通话者属之。

第四条　叫号、叫人及传呼通话均分为寻常与加急二类。

一　寻常　叫号、叫人及传呼通话悉依挂号次序通话者属之。

二　加急　叫号、叫人及传呼通话经发话人之声请,将其所发长途电话提在其他各类寻
常通话之前,按线通话,或通知受话电局提前派差传呼受话人至电局通话者属之。

第五条　加急叫号加急叫人及寻常传呼、加急传呼之开放地点,由电政管理局于呈请交通
部核定后公告之,传呼通话以受话人在电局营业区域以内者为限,其未定营业区域者以
离局三公里为限。

第三章　挂号

第六条　使用长途电话除依照当地电局规定预缴保证金或填具声请书外,须先挂号依次通话。
发话人赴长途电话零售处或公用电话处挂号者,应预付一次或一次以上之通话费。

第七条　话务繁忙时,电局对于繁忙电路中之同一发话用户或发话人发至同一受话地方
之挂号,得限制其次数。

第八条　发话人挂号后,在未经收到接通之通知以前,对于已挂之号,除传呼通话外,得作
下列之更改:

一　寻常改为加急;

二　叫号改为叫人。

第四章　通话次序及手续

第九条　长途电话通话次序,依下列之规定:

一　加急通话;

二　寻常通话。

同属加急通话或寻常通话,无论叫号、叫人或传呼,均以挂号之先后为序。

发话人按照第八条之规定变更通话种类者,以其更改之挂号时间为次序。

第一○条　如长途电话受话人被叫通话时,适值其为市内通话者,受话电局得征询受话人
之同意,中断其市内通话,改接长途电话。

第一一条　发话人以市内或专线电话作长途通话之手续:

甲　叫号通话手续

由发话人呼叫发话电局长途台,经电局人员之询问,依次告知受话地名、受话电话号码、
通话种类及自己电话号码。

例如：　南京,三一二三四一,寻常叫号,二二六三三;或上海租界,九四三二一一,加急叫号,四一五二〇。

乙　叫人通话手续

由发话人呼叫发话电局长途台,经电局人员之询问,依次告知受话地名、受话电话号码、受话人姓名、通话种类、自己电话号码及姓名。

例如：　南京,三一二三四,王永生,一寻常叫人一二二六三三,李长春。

发话人除指定某一受话人外,同时得另指定该受话人之代表一人,或指定该受话人之另一电话号码,以资替代。

例如：　南京,三一二三四,王永生或张文清,一寻常叫人一,二二六三三,李长春。或天津,五〇六二七或三三二二,一马小亭一,寻常叫人,一南三二八二,周元庆。

丙　传呼通话手续

由发话人呼叫发话电局长途台,经电局人员之询问,依次告知受话地名、受话人姓名、住址、通话种类、自己电话号码及姓名。

例如：　南京中山路花家巷九号,沈思廉,一寻常传呼一,二二六三三,李长春。

发话人除指定某一受话人外,同时得指定另一人为受话人之代表,俾受话人不在时,即由其代表代为接话,是项受话人代表以与受话人在同一住址者为限。

例如：　南京中山路花家巷九号,沈思廉或吴子良,一寻常传呼一,二二六三三,李长春。

丁　发话人俟电局人员纪录完毕,重行复述一遍,然后依照电局人员之指示,静候通话。

第一二条　发话人赴电局长途电话零售处或公用电话处(以下统称为零售处)通话手续：

甲　叫号通话手续

发话人至零售处挂号,填明通话种类、受话地名、　受话电话号码及自己姓名、住址。

乙　叫人通话手续

发话人至零售处挂号,填明通话种类、受话地名、受话电话号码、受话人姓名及自己姓名、住址。

发话人除指定某一受话人外,同时得另指定该受话人之代表一人,或指定该受话人之另一电话号码,以资替代。

丙　传呼通话手续

发话人至零售处挂号,填明通话种类、受话地名、受话人姓名、住址及自己姓名、住址。

发话人除指定某一受托人外,同时得指定另一人为受话人之代表,俾受话人不在时,即由其代表代为接话,是项受话人代表以与受话人在同一住址者为限。

丁　挂号手续完毕后,在零售处静候通话。

第五章　计费及收费

第一三条　长途电话通话费应由发话人或发话之电话用户以国币交付电局。

第一四条　长途电话按次收费通话时间不足一次者,亦按照一次计费。

话务繁忙时,电局得将连续通话次数限制至三次为度,限制时间之通话在可能范围内,应于开始接线前通知发话人,在正式拆线以前,应由发话电局通知双方通话人。

每次通话时间及价目另定之。

第一五条　长途通话收费时间之计算规定,如下:

一　叫号通话收费时间之计算。　自指定之受话电话用户与发话用户开始通话之时起算,至发话方面发出终止通话信号之时为止。

前款收费时间应将下列二点包括在内:

甲　双方接通后,由最初接话人另行传呼他人

前来接话所需之时间;

乙　由用户自用小交换机转接至某一分机所需之时间。

二　叫人通话收费时间之计算。自指定之受话人或其代表,或指定之自用小交换机之某一分机,或指定之商店机关等之某一部份,与发话人通话之时计算,至发话人发出终止通话信号之时为止。

三　传呼通话之收费时间。自指定之受话人或其代表与发话人通话之时起算,至发话人发出终止通话信号之时为止。

第一六条　收费时间之计算,以发话电局之记录为准。

发话人应缴话费如超过或不及预缴之数者,电局应分别退还或补收,并同时另给正式收据。

第一七条　传呼通话价目与叫人通话价目相同,不另收专力费。

第一八条　加急通话按寻常通话规定价目加倍收费。

第一九条　连续通话在二次以上者,自第二次起之收费办法,依下列之规定:

一　寻常通话不论叫号、叫人或传呼,均按寻常叫号价目收费;

二　加急通话不论叫号、叫人或传呼,均按加急叫号价目收费。

第二〇条　如有下列情形之一致未能通话者,均应照收销号费:

一　受话方面未应振铃唤叫;

二　指定之受话电话系属空号;

三　经发话指定之受话人住址有错误或不明,致无法通知受话人;

四　受话人未叫到或不愿接话;

五　受话人已叫到而发话方面未应振铃唤叫;

六　受话人已叫到而发话人未叫到或不愿接话;

七　受话人接受传呼通知后逾一小时未来接话；

八　受话人住址逾第五条规定之距离。

第二一条　如有下列情形之一致未能通话者,均不收销号费：

一　线路或机器发生障碍,致未能叫到受话电局用户,而发话人因此请求销号时；

二　受话用户业已叫到,因线路或机器发生障碍,致未能回叫发话用户时；

三　发话人挂号后接受话人发来电话先行通话,因而请求销号时；

四　发话人挂号后因线路拥塞,致寻常通话守候至二小时,加急通话守候至一小时,尚未能通话而请求销号时,但传呼通话已由受话电局派差前往传呼者,仍应照收销号费。

第二二条　长途电话除电局因公所发局务通话另有规定外,其他任何机关通话概须照章收费。

第二三条　发话人请求销号而于挂号时曾预付通话费者,除照第二十条及第二十一条第四款但书之规定应缴销号费外,其预缴之通话费应由电局退还之。

第二四条　电话用户拖欠长途通话费者,除以其电话保证金扣抵外,如有不足,仍须追缴。

第二五条　凡将电话借与他人传发长途电话者,所有应付长途电话费概由该出借电话用户负责。缴付该出借电话之用户,得向借用人按照电局规定数目收取话费,惟不得私自多收,借以牟利。

第二六条　发话人至零售处通话者,由零售处给予正式收据,如有不给收据或浮收等情事,得由发话人开明地点、日期、时间及本人姓名、住址等,报告当地电局或迳呈交通部查明处罚。

第二七条　话费如有短收或多缴,发话电局与发话人得于三个月内,互相清算之。

第二八条　通话人对于电话机件应谨慎使用,如有损坏,应照值赔偿。

第六章　特别业务

第二九条　特约通话　长途电话经发话人与电局商定,按日在指定之两电话机关于预约之一定时刻,作一定时间之通话者,称为特约通话。

此项特约通话之挂号期间,至少须满一个月,通话费须预先缴纳,并须由请求人与电局订立合同,以资信守。

第三〇条　定时通话　长途电话经发话人于挂号时,在规定营业时间以内预定通话时刻者,称为定时通话。

此项定时通话,至少须于预定通话时刻前若干时预先挂号,其时间由电局规定公布之。

第三一条　夜间通话　长途电话于夜间规定之某时至某时内通话,其通话价目较日间通话价目低廉者,称为夜间通话。

第三二条　特约通话及定时通话,如届预定通话时刻适遇长途话线已被占用者,应俟该项业已接通之电话话毕后,方行接通。

第三三条　特约通话、定时通话、夜间通话及其他长途电话特别业务得由电政管理局呈请交通部核准办理,其详细办法另定之。

第七章　责任

第三四条　电局对于长途电话,为确定通话已否开始,或完毕,或测定通话是否畅达起见,得随时抽听。电局人员对于发受话人之姓名、住址、电话号码、曾否挂号通话及通话次数内容等,均应严守秘密,但经当地官厅依法查询时,不在此限。

第三五条　电局对于长途电话之传接及处理应力求迅速准确,但遇长途电话因无论何种原由迟滞错误或不能通话时,除发话人得依第二十一条及第二十三条之规定免缴销号费或向电局退费外,电局对任何人不负损害赔偿责任。

第三六条　长途电话通话时,如因违背法令致被阻止不能继续通话者,其已经通话之时间仍应计费。

第八章　附则

第三七条　本通则自民国二十五年十二月一日起施行。

●●长途电话夜间减价办法民国二十四年(1935年)十月九日交通部训令

一　长途话务繁忙之局,得施行夜间减价办法,以资疏匀话务。
二　普通及普通加急通话夜间价目,一律按照日间价目七折计算。
三　普通及普通加急通话夜间销号费,一律按普通通话日间价目三分之一计算。
四　适用本办法之长途电话,以每日下午八时至次日上午六时间之普通通话及普通加急通话为限。预告、传呼、预约等通话价目,日夜一律。
五　适用本办法之长途去话范围,以交通部指定之各地为限。
六　本办法施行地点及日期,另以命令定之。

●●国际电话营业通则民国二十五年(1936年)二月十日交通部公布

要　目

第一章　总则

第一条　凡经中国与外国间之电路所通之电话,称为国际电话。

第二条　国际电话依照本通则及国际电信公约之规定办理。

第二章　通话种类及优先权

第三条　国际通话分下列三种:

一　政务通话;

二　业务通话;

三　私务通话。

第四条　政务通话为下列各级官吏所要求之通话:

一　国家元首;

二　中央各院、部、会、署主管长官;

三　陆军海军或空军总司令;

四　缔约国之常驻外交官或领事。

非本条第四款内列举之领事所要求之通话,如受话人为上述各款之各级官吏者,亦作为政务通话。

第五条　业务通话为国际电话主管机关间,完全关于国际电话业务管理上之通话。

第六条　凡不属于政务或业务之通话,概称为私务通话。

第七条　政务通话对于其他各种通话,得有优先权。

第八条　急要之业务通话对于私务通话,有优先权。

第九条　国际通话对于国内加急长途电话,有优先权。

第一〇条　国际电话按照通话性质,分为三类:

一　叫号通话(只认电话号码);

二　叫人通话(指明电话号码发话人与受话人姓名及其他特指事项);

三　传呼通话(受话人未装电话者适用之)。

第一一条　发话人请由受话人付费之电话,概不接受。

第一二条　国际电话经发话人在规定营业时间以内预定通话时刻,并经先行挂号者,称为定时通话。此项定时通话如为业务与电路状况所容许,应在相近预定通话时刻设法接通。

第一三条　同一等级之通话应按照挂号之先后依次接通,但第十二条规定之定时通话不在此例。

第三章　挂号

第一四条　凡欲"叫号通话"者,应先呼叫其电话交换所,经交换所之请求,须告知下列各款:

一　受话地名;

二　受话之电话号码,如电话号码不明,告以受话人之姓名、住址;

三　发话人电话号码;

四　预定通话时刻及其他特指事项。

第一五条　凡欲"叫人通话"者,应先呼叫其电话交换所,经交换所之请求,须告知下列各款:

一　受话地名;

二　受话人电话号码,如电话号码不明告以受话人之姓名、住址;

三　发话人电话号码;

四　关于足以确定发话人与受话人之各项通知(如两方之姓名、所在服务机关或团体之名称、所在机关内某一部份之名称、分机之电话号码、通话用何种语言等);

五　预定通话时刻及其他特指事项;

六　如为政务通话发话人,必须说明其所要求者为政务通话,并报告其官衔。

第一六条　关于"叫人通话",发话人得以受话人或发话人两个以上之电话号码,或受话人或发话人之代表姓名通知话务员,惟须指明呼叫之先后。

第一七条　使用"传呼通话"方法与使用"叫人通话"方法同。

第一八条　发话人未装电话者,可往电话交换所填单通话。

第一九条　发话人在未经收到接通之通知以前,得更改其通话纪录单上之项目。

第二〇条　线路拥塞时,得限制发话人之挂号次数。

第四章　通话之预备

第二一条　发话局接到受话局下列各项报告之任何一项后,应即转知发话用户。

一　受话者可叫到;

二　受话人因不顾谈话叫不到或其他原因不能接受通话;

三　关于传呼通话,受话局已设法通知受话人来局接话。

第二二条　来话如系"传呼通话",除受话人无法等觅外,须尽力设法通知受话人。

第二三条　用户如因话机或线路发生障碍或其他相类原因不能通话时,得由另一话机完毕其通话。

第五章　收费

第二四条　国际通话价目由交通部规定,所有发话人应付之通话费应以中国国币缴付。

第二五条　政务通话按照私务通话同样收费。

第二六条　"叫人通话"及"传呼通话"价目与"叫号通话"价目相同。

第二七条　每次通话费至少以三分钟计算,以后每加计费时间一分钟加收每次三分钟通话费之三分之一,最后通话不满一分钟之时间,亦照一分钟计算。

第二八条　"叫号通话"之计费时间以双方话机均已接通,双方用户可以开始谈话时算起;"叫人通话"之计费时间以双方话机均已接通,所指定之通话人可以开始谈话时算起。

第二九条　话务员认为不能谈话之时间,不计入计费时间内。

第三〇条　关于第二十七条所规定之计资时间及第二十九条所规定之无效时间,应由话局决定之。

第三一条　未装电话之发话人请求通话时,应先行缴足最初三分钟之通话费,迨通话完毕后,再行计算话费总数,如有差额,应则补缴。

第三二条　国际通话计费时间可以延长至十二分钟,如无他人等候通话,则可延长至十二分钟以上。话务繁忙时,话局得限制通话时间至十二分钟以下。

第三三条　发话人得预先请求话务员于双方谈话时予以间断,并将经过之计费时间通知本人。

第六章　销号

第三四条　发话人在未开始谈话以前,得随时请求销号,但发话人请求销号时,如在收到第二十一条所列各种报告之一种后,应缴纳销号费。

第三五条　接通电路手续完毕后,如有下列情形之一者,本次通话应作为销号并照收销号费。

一　受话方面无回音;

二　用法通知收话人;

三　受话人叫不到或不愿接话;

四　受话人叫到而发话方面无回音;

五　受话人叫到而发话人叫不到或不愿接话。

第三六条　如有下列情形之一者,不收销号费。

一　第三十五条所列各款系因话机或线路发生障碍所致者;

二　发话人于(甲)挂号之时起,或(乙)纪录单内容更改之时起,二小时内未接任何报告因而销号者;

三　话务员于(甲)接到发话及受话两方面可以通话之报告后,或(乙)指定之通话时刻起一小时内不能接通通话者。

下列各款,不适用本条第二款之规定:

一　定时通话如第十二条所规定者;

二　如报告在二小时以内达到,但因发话人不答复或因答复迟缓(如系因话机或线路发生障碍所致者除外)致话务员不克转知发话人时,发话人不能以此为理由而不付销号费。

第七章　附则

第三七条　本通则自民国二十五年二月十五日起施行。

●●船舶无线电台条例施行细则 民国二十五年(1936 年)八月十三日交通部公布

要　目

第一章　通则

第一条　本细则依船舶无线电台条例(以下称条例)第十七条之规定制定之。

第二条　条例第二条第一款所称之载客船舶,系指载客十二人以上之航海船舶;第二款所称之运货船舶，系指不载客之航海船舶。

条例第六条所称构造简单之船舶，系指构造粗陋无法装置电台之航海船舶。

第三条　本细则所称船舶，系指条例第二条及第七条所规定之应装船舶无线电台及得装船舶无线电台之各种船舶。

第四条　船舶所有人或经理人应负责监督其雇用之船长、船员以及服务电台之员役对于电台收发之电信保守秘密，并不得截收该台无权接收之电信。

第五条　船舶所有人或经理人应负责监督其雇用之船长、船员以及服务电台之员役，于船舶停泊港内时，不得收发遇险通信以外之电信，或将航行时所收电信递与陆上任何人，或收受陆上任何人之电信而于离港后拍发，或以任何方法妨害陆地电信机关之营业。

第二章　证书

第六条　船舶所有人或经理人于船舶装设无线电台以前，应详细开具下列各事项，呈请交通部核给许可证。

一　船舶之种类、名称、国籍、总吨数、净吨数、船籍港登记机关及年月日。

已航行之船舶，应将船舶国籍、证书号数一并开列。

二　所有人名称及国籍。

有经理人者应将经理人名称及国籍一并开列。

三　船长姓名及国籍。

四　航线之起讫及经过处所。

五　电台之每日工作时间。

六　电台之机器说明书及其制造厂家。

前项呈请书格式另定之。

第七条　电台装设竣工后，应由船舶所有人或经理人详细开具下列各事项，呈请交通部派员查验合格，方予规定呼号并发给船舶无线电台证书。

一　机器之全部价值；

二　机器线路图；

三　天线电力（以"启罗瓦特"计算并附"公尺安培"数目）；

四　主要及备用发报机程式及制造厂家；

五　主要机及备用机电源之情形；

六　主要发报机周率及波长暨备用发报机周率及波长（周率以每秒千周计算，波长以公尺计算）；

七　主要及备用收报机程式及制造厂家；

八　自动报警器程式（无者阙）；

九　无线电罗盘程式(无者阙);

一〇　报务员值更员之人数及姓名;

一一　每日工作时间;

一二　报费结算之方法及结算之处所。

前项呈请书格式另定之。

第八条　新造船舶应装设无线电台者,须依本细则第六、第七两条之规定办理后,方得请领国籍证书。

第九条　已航行之船舶装有电台者,无论已否依照"船舶无线电台机器装设使用暂行办法"领有船舶无线电台执照,均应于本细则施行后六个月以内,遵照本细则第六、第七两条之规定办理。

第一〇条　国际航海船舶自民国二十六年一月一日起,应先领有船舶无线电台证书,方得请领国际航海安全证书或国际航海无线电报安全证书。

第一一条　船舶无线电台证书有效期间为五年,自填发日起算。

第一二条　电台更换机器时,应先呈请交通部发给许可证,并换发证书。

第一三条　电台遇有遗失证书或变更其所载事项时,应即声叙情由,呈请补发或换发证书。

第一四条　船舶所有人或经理人呈请发给或换发证书时,除依条例第三条第二项之规定缴纳证书费外,每张并纳印花税一元补发证书者,照换发证书纳费。

第一五条　依照条例第四条之规定得免装设电台之航海船舶,应于航行前呈请交通部发给免装证书,其已航行者,应于本细则施行后六个月内呈请之。

前项呈请格式另定之。

第三章　机件

第一六条　条例规定应装之电台于其主要收发报机以外,应另装备用机,备用机之原动力及电源须完全独立,不得借用船舶推进机之原动力或总电源,并须能继续维持六小时之工作。但主要收发报机内已有上述一切备用设备者,不必另装。

前项主要发报机之射程不得少于一百海里,备用机之射程不得少于八十海里。

第一七条　条例规定得装之电台得免装备用机,但应于主要电源外,另备独立之临时电源。

第一八条　新装发报机如系火花式者,其成音周率下之电力在变压器进口方面,不得超过三百瓦特。自民国二十六年一月一日起已装之火花式发报机除合于前项规定者外,一律不得再行使用,但得改为备用机。

第一九条　收报机应附有矿石式收报机之设备。

第二〇条　在通信时,收发报机之换给及周率(或波长)之更改应即迅速。

第二一条　电台所装自动报警器之程式,须呈请交通部核准。

第二二条 自民国二十六年一月一日起,五千吨以上之载客船舶除装设收发报机外,须另装能接收遭难求向及射向电台各种周率之无线电罗盘一具,其程式须呈请交通部核准之。

第四章 电波

第二三条 电台对于所发电波,必须保持其应用周率之准确。

第二四条 电台主要发报机除能发射每秒五○○千周(波长六○○公尺)之甲种第二式(成音周率调幅之等幅波)或乙种(火花式)电波外,最少须能再发射另一经交通部核准周率(于每秒三六五与五一五千周间择定之)之甲种第二式或乙种电波,其备用机须能发射每秒五○○千周(波长六○○公尺)之甲种第二式或乙种电波,所有上述各机之成音周率不得少于一百。

第二五条 乙种电波之周率以仅用每秒五○○千周(波长六○○公尺)为宜,此外,应以每秒三七五千周、四一○千周、四二五千周及四五四千周(波长八○○公尺、七三○公尺、七○五公尺及六六○公尺)四种为限。

第二六条 电台之装设短波发报机者,其周率应在每秒四○○○至五七○○千周、六一五○至六六七五千周、八二○○至八九○○千周、一一○○○至一一四○○千周、一二三○○至一三三五○千周及一六四○○至一七七五○千周(波长七五至五二、六三公尺、四八、七八至四四、九四公尺、三六、五九至三三、七一公尺、二七、二七至二六二、三二公尺、二四、三九至二二、四七公尺及一八、二九至一六、九○公尺)之范围内,由交通部指定一个至三个。

第二七条 电台收报机须能接收自每秒一○○至二五六○○千周(波长三○○○至一一、七二公尺)之电波,但其业务并无利用此项宽大周带之必要者,得呈请交通部核减之。

第五章 报房位置及设备

第二八条 电台报房应位于距离水面最高并静寂之处所。

第二九条 报房内应有下列之设备:

一 报房与瞭望台间应有电话或话筒或其他有同等功用之设备;

二 应备一准确而具有秒针之时钟;

三 应备有可靠之备用灯;

四 应备有充分之工具及机器零件,以供修理机器及维持工作之用;

五 应备具下列各项文件:

一 无线电日记簿、登记报务员及值更员姓名、到值、退值时刻、普通及有关海上人命安全之报务、关于遭难及紧急通信等详细情形暨试验自动报警器及处理蓄电池等项;

二　依字母次序排列之呼号表；

三　海岸电台及船舶电台表；

四　特种业务电台表；

五　现行国际电信公约及其附属之无线电信普通规则及附加规则；

六　现行国际海上人命安全公约；

七　船舶无线电台条例及本细则；

八　常与通报各处之电报价目表；

九　船舶电报收费规则。

第三〇条　报房内所有机件之危险部份，均应遮盖或隔离之。

第六章　报务员及值更员

第三一条　船舶无线电台报务员合格证书分为一等、二等及三等三种，值更员合格证书不分等，其章程另定之。

第三二条　每一电台至少须有报务员一人。

第三三条　凡三千吨以上之载客船舶及五千五百吨以上之运货船舶，未备自动报警器而在海上航行时间逾八小时者，应添设报务员或值更员人数，如下：

一　在海上航行逾八小时而未满四十八小时者，应添报务员或值更员一人；

二　在海上航行逾四十八小时者，应添报务员及值更员二人。

第三四条　一等报务员非在船舶或海岸电台任事满一年者，不得在三千吨以上之载客船舶或五千五百吨以上之运货船舶充任电台领班。非在船舶或海岸电台任事满六个月者，不得在三千吨未满之载客船舶或五千五百吨未满之运货船舶充任电台领班。

二等报务员非在船舶或海岸电台任事满六个月者，不得在三千吨未满之载客船舶或三千吨以上五千五百吨未满之运货船舶充任领班。

二等报务员不得在三千吨以上之载客船舶或五千五百吨以上之运货船舶充任领班。

三等报务员仅能在航行内河之载客或运货船舶之电台服务。

第三五条　报务员及值更员应绝对服从船长之命令与指挥。

第三六条　船舶上如有关于报务员之雇用、解雇或更调情事，应立将其姓名及证书号数呈报交通部备案。

第七章　每日工作时间

第三七条　电台之每日工作时间，按船舶种类及设备情形，规定如下：

一　未备自动报警器者。

甲　一等业务　三千吨以上之载客船舶及五千五百吨以上之运货船舶，应连续工作不得间断。

　　乙　二等业务　三千吨未满之载客船舶及三千吨以上五千五百吨未满之运货船舶在海上航行时间未逾八小时者，应全时间工作。在海上航行时间逾八小时者，其工作时间应依照船舶无电线台每日工作时间表之规定办理，并不得少于八小时。

　　丙　三等业务　一千六百吨以上三千吨未满之运货船舶，其工作时间应依照船舶无线电台每日工作时间表之规定办理，并不得少于六小时。

　　丁　内河船舶业务　航行内河之船舶每日至少应有六小时工作。

　二　备有自动报警器者。

各种船舶一律按照船舶无机电台每日工作时间表之规定办理，并不得少于二小时之工作，其余时间可由报务员或值更员用自动报警器守听之。

第三八条　非连续工作之电台，于遇险电信接收尚未完竣或与通信圈内之其他电台通信未毕时，不得停止工作。

第八章　遇险电信

第三九条　船舶遭遇危险时，船舶无线电台应立即用每秒五〇〇千周（波长六〇〇公尺）之电波发出遇险呼叫，无线电报用 SOS，无线电话用 mayday 各三次，其后接以 de 字及遇险船舶电台呼之号三次，最后紧接遇险电文即该船名称位置、遇险情形及所需救助方法等。

　发报时所用电波，以甲种第二式或乙种为宜。

第四〇条　船舶遭遇危险立待援救者，方得使用遇险信号或自动警号（即以十二画于一分钟内发出）。

　如因他故待援，或拟先发警告以备于必要时再用遇险信号或自动警号者，应先以紧急信号行之，无线电报用三组之 XXX 符号相间连发，无线电话用 pan 字连发三次组成之。

第四一条　电台于遇险信号或自动警号既经发出后，认为情形变迁已无须他助时，应即仍用遇险电波通知各电台。

第四二条　遇险船舶之电台得用任何方法使援救者注意，其地点及请求援助之事项不受任何拘束。

第四三条　任何船舶之电台收到遇险呼叫时，应立将足以干扰此项呼叫之发电停止，并注意守听，以便对于遇险电文立予答复或并转出，一面仍应作尽力往救之处置。

　如因特殊情形不能立时往救，或无援救能力，或按当时情状认为驰救无理由或无必要者，应即将未能往救缘由通知遇险船舶。

第四四条　船舶航行时如遇冰山、漂流物、热带风及其他与航行有直接危险者，应由电台于可能范围内迅速将该项危险消息报告附近各船舶及距离海港最近之航政官署，该项报告应冠以安全信号,无线电报用三组之 TTT 符号相间连发,无线电话用 Securite 字连发三次组成之。

第九章　气象报告

第四五条　船舶航海时,应由船长定时或随时将海上气象状况用无线电报告附近海岸电台、航政官署或气象机关,凡于任何时间察觉风力在"盘福脱表"十度以上者,应同时报告附近船舶。

前项船舶报告气象之办法另定之。

第十章　公众通信

第四六条　电台除执行第八章规定之遇险电信及第九章规定之气象报告通信外,得于法令或条约允许之范围内,开放公众通信。

第十一章　避免干扰

第四七条　电台通信时,应使用足以获得良好结果之最小电力。

第四八条　电台使用时,除遇险信号外,不得干扰其他电台之业务。

第四九条　电台于答复遇险电文时,须避免干扰其他电台之答复。

第五〇条　使用每秒五〇〇千周(波长六〇〇公尺)波之电台与其他电台通信时,每满十分钟应稍停片刻。

第十二章　检查

第五一条　电台之检查,由交通部船舶无线电台检查员执行之。

前项检查员由交通部就无线电工程师或技术员中遴选派充之,分驻各航政局或海岸电台。

第五二条　船舶电台检查,分为下列三种:

一　给证检查;

二　定期检查;

三　临时检查。

第五三条　给证检查于呈请发给电台证书时,由交通部令饬检查员举行之,其主要查验事项如下:

一　主要发报机及备用机之程式及制造厂家;

二　主要机及备用机之电源情形;

三　发报机电波周率之准确性;

四　天线电力(以启罗瓦特计算,并附公尺安培数目);

五　天线方式及高度长度；

六　主要收报机及备用机之程式及制造厂家；

七　自动报警器之程式及试验情形；

八　无线电罗盘程式及测验情形；

九　蓄电池状况；

一○　报房位置及设备；

一一　报务员值更员姓名人数及其证书号数。

第五四条　定期检查由检查员就领有证书之电台按季举行之，其主要查验事项如下：

一　舶舶无线电台证书；

二　国际航海安全证书或国际航海无线电报安全证书；

三　报务员、值更员证书；

四　无线电日记簿；

五　收发报机及蓄电池等；

六　发报机电波周率之准确性；

七　自动报警器；

八　无线电罗盘之准确性。

第五五条　临时检查由交通部视当时之需要或应船舶之请求，随时令饬检查员举行之，其查验事项包括第五十三条及第五十四条所列各款及经特别指定之事项。

第五六条　检查员于每次检查完毕后，应填具船舶无线电台检查报告表，并将查验详细结果通知船长或其代表。

前项之通知概不收费。

第五七条　检查员在检查时，如发见机器损坏一时不能通信，或违反条例及本细则之规定情节重大者，除呈送检查报告表外，应电请交通部核办，

交通部得酌量情形，通知海关或航政局暂时制止该船舶之航行。

第五八条　检查员执行职务时，须佩带证章，遇必要时，并须携有证明文件。

第十三章　附则

第五九条　关于电台之装设及运用等事宜，未经条例及本细则规定者，应依照国际电信公约及其附属之无线电信普通规则、无线电信附加规则、电报规则及国际海上人命安全公约之规定办理。

第六○条　本细则与船舶无线电台条例同时施行。

船舶无线电台每日工作时间表

地带	西限度	东限度	工作时间（格灵威基平均时刻）		
			二等业务船舶电台之未备自动报警器者	三等业务船舶电台之未备自动报警器者	船舶电台之备有自动报警器者
甲 东大西洋 地中海 北海 波罗的海	西经30度格林兰海岸	东经30度至非洲海岸之南地中海黑海及波罗的海之极东经30度至挪威之北	8—10 12—14 16—18 20—22	8—10 12—13 16—17 20—22	8—8.30 12—12.30 16—16.30 20—20.30
乙 西印度洋 东北冰洋	甲地带之东限度	东经80度锡兰之西海岸至亚当桥再西向环印度海岸	4—6 8—10 12—14 16—18	4—6 8—9 12—13 16—18	4—4.30 8—8.30 12—12.30 16—16.30
丙 东印度洋 中国海 西太平洋	乙地带之东限度	东经160度	0—2 4—6 8—19 12—14	0—1 4—5 8—9 12—14	0—0.30 4—4.30 8—8.30 12—12.30
丁 中太平洋	丙地带之东限度	西经140度	0—2 4—6 8—10 20—22	0—2 5—5 8—9 20—22	0—0.30 4—4.30 8—8.30 20—20.30
戊 东太平洋	丁地带之东限度	西经70度美洲海岸之南美洲西海岸	0—2 4—6 16—18 20—22	0—2 4—5 16—17 20—22	0—0.30 4—4.30 16—16.30 20—20.30
己 西太平洋及墨西哥湾	西经70度美洲岸及南及美洲东海岸	西经30度格林兰海岸	0—2 12—14 16—18 20—22	0—2 12—13 16—17 20—22	0—0.30 12—12.30 16—16.30 20—20.30

●●船舶无线电台机器装设使用暂行办法民国电信局暂时适用，民国二十五年（1936年）三月十七日修正。

第一条　凡船舶上设立无线电台，以供航行时与海岸无线电台及船舶无线电台间之通信者，其装设及使用均依本办法之规定。

第二条　凡新造之船舶，应俟无线电机器装竣，经国民政府交通部发给船舶无线电台执照后，方得请领行驶执照。

第三条　装设船舶无线电机器时，应由该船舶之代表人将下列各项详细填明，呈请国民政府交通部立案。

甲　船舶之名称、国籍、注册机关及载重吨数；

乙　公司或所有人名称；

丙　船长姓名；

丁　航线及停泊港口；

戊　预定无线电业务时间；

己　拟向何处购买无线电台机器。

第四条　船舶无线电机器装设工竣，应将下列各项详细填明，呈请国民政府交通部派员查验，核给执照，但交通部认为无查验之必要时，得迳给执照。

一　机器之来源程式及价值；

二　机器接线图发信机装置及收信机装置；

三　天线电力；

四　标准波长；

五　业务时间；

六　通信费率及结算机关。

第五条　凡已在行驶之船舶，应即依照第三条之规定，向国民政府交通部立案装设无线电机器，并依第四条之规定于装设工竣后，呈请国民政府交通部派员查验，发给执照。

前项呈请立案装设机器请发执照等手续，限自本办法公布之日起三个月内办理完了。

第六条　凡在本办法尚未核准施行以前，业经装置无线电机器者，应依第四条之规定，呈请查验，补给执照，并将第三条规定应报各项呈请立案。

第七条　船舶无线电台于请给执照、补给执照或换给执照时，每张应缴纳执照费贰拾元、印花税费一元。

前项执照之有效时期，自填发之日起以两年为限，满期换给新照。

第八条　执照如有遗失或其所载事项有变更时，须声叙理由，呈请交通部补给或换给之。

第九条　船舶无线电机器应有如下列能力之常用、备用两种，但吨数较小之船舶得只装常用机一种。

甲　常用机须在日间于六十海里之范围内能互通清晰之信号者。

乙　备用机其原动力须于少许时间内能开始动作，并有完全独立性质，不得借用该船别种动力，且能日夜通报六小时通信范围至少能达五十海里者。

第一○条　船舶无线电机器除常用、备用两种外，得添装短电波无线电机器一种。

第一一条　船舶无线电各种发信机之最大天线电力规定如下：

甲　减幅波式三启罗华得；

乙　常幅波式一千华得；

丙　短电波式二百五十华得。

第一二条　船舶无线电台发信电波长度以六百公尺,短电波以六十公尺为标准波长。

第一三条　凡关于船舶定向通信之电报,其波长应为四百五十公尺,短电波之定向波长为八十公尺。又,气象报告之电报,其波长应为六百公尺。

第一四条　船舶无线电台互相通信时,其波长除四百五十公尺及八十公尺外,得自由会商决定之。但于该次通信终了后,仍须回复其标准波长。

第一五条　船舶无线电台之呼号,由国民政府交通部于发给执照时核定之。

第一六条　船舶无线电台相互间暨船舶无线电台与海岸无线电台间,无论所用之机器程式是否相同,均应互相通讯。

第一七条　船舶无线电台发射电波,须确守下列各项:

甲　电波必须纯粹;

乙　如用减幅电波,其减幅率须极小;

丙　如以火花自天线上直接发射电波者,除船只遭遇危险外,不得用之。

第一八条　船舶无线电台在距海岸电台六十海里以内,不得用波长六百米达与其他船舶无线电台通信。

第一九条　船舶无线电台非在距离海岸二百里以上,不得使用强大之天线电力。

第二〇条　船舶无线电台如施行机器试验时,须用最低之电力。

第二一条　船舶无线电台使用时,须极力避免干扰其他无线电台之通讯。

第二二条　船舶无线电台在停泊港口期内,非有下列情形之一,不得使用:

甲　该船遭遇危难时;

乙　经被难船只呼叫时;

丙　在未设立海岸电台及有线电报局之港口,欲与陆地通信时。

第二三条　船舶无线电台所收发之无线电信,均应于日记簿中详细载明。

第二四条　船舶无线电台对于所收发之电信,有保守秘密之义务,惟各项广播电信及经国民政府交通部饬报者,不在此限。

第二五条　船舶无线电台于该船遭遇危难时,应即发遭难之呼叫…——(SOS),并将当时紧要情形简明叙上。

第二六条　船舶无线电台遇有船舶遭难之呼叫时,无论若何情形,应立即收受或答问,并须尽力往救,同时别种业务均应暂时停止。

第二七条　船舶无线电台遇有船舶遭难之呼叫,因特别情形不能立时往救时,须将其原因立时通知该遭难船舶。

第二八条　关于收受船舶遭难呼叫之机器装置,如有便利之新发明时,应从速改良之。

第二九条　船舶无线电台因其业务时间之多寡,分为下列三等:

甲　业务时间日夜无休息者,为一等业务电台;

乙　每日定有业务时间者,为二等业务电台;

丙　无一定之业务时间者,为三等业务电台。

第三〇条　二等、三等业务电台每小时之最初十分钟,亦须守听。

第三一条　一等业务电台至少应有使用无线电机器之一等电务员一人,二等电务员二人,三等电务员一人;二等业务电台至少应有一、二等电务员各一人;三等业务电台至少应有一等电务员一人。

第三二条　船长有管理该船无线电台业务之权,电务员于船舶航行时,应完全听船长之指挥。

第三三条　在船舶电台服务之电务员,其薪水及待遇应较在海岸电台服务者为优。

第三四条　船舶无线电台之收发室应位于接近船长之办公室,并须有指定舱位供电务员起居之所。

第三五条　船舶无线电台报费之征收及结算办法,按照万国无线电通例之规定办理。

第三六条　船舶无线电台之机器程式、业务等第标准、波长呼号收费办法及其他必要事项,由国民政府交通部公告之。

第三七条　国民政府交通部得随时派员验查船舶无线电台之执照及各种有关系之簿籍、图表等。

第三八条　国民政府交通部选派船舶无线电台工程师常川驻在各海岸电台,随时临船检验其机器,并担任修理。

第三九条　船舶无线电台应于每停泊港口年纳检验费一百元,但遇修理时,其费用由该船舶支付之。

第四〇条　寄泊中国水面之船舶无线电台执照为万国无线电公约一缔约国政府所发给者,每次检查费十五元,须修理时,并应担负其费用。

第四一条　部派委员临船检查时,应有交通部委任状,以资证明。

第四二条　违反本办法第十六条至第二十七条及第三十条之规定者,交通部得按其情节之轻重,处以二百元以上二千元以下之罚金。

第四三条　电信条例、船舶无线电台条例、无线电信材料制造买卖及入口条例、万国无线电公约暨业务通例以及国民政府交通部颁布之无线电法规命令与船舶无线电台有关系者,均适用之。

第四四条　本办法如有未尽事宜,由国民政府交通部随时修改之。

第四五条　本办法自交通部核准之日起施行。

●●船舶无线电台报务员、值更员核发合格证书章程_{民国二十五}

年(1936年)八月十三日交通部公布

第一条　船舶无线电台报务员、值更员各种证书之核发,以考验行之。

前项考验每年举行一次,由交通部指定日期、地点,登报通告之。

第二条　船舶无线电台报务员合格证书分为一等、二等、三等三种,值更员合格证书不分等,凡持有上项合格证书者分别称为一等、二等、三等报务员或值更员,其应具有之学识与技能,依下列规定:

甲　一等报务员

一　电学及无线电报电话原理、移动电台各式机器之管理及实际运用智识;

二　上项机器附属之电动发电机、蓄电池等工作之理论及实用智识;

三　在航程中电台损坏时之修理智识;

四　拍发及收听电码之速度每分钟密码不得少于二十组,明语不得少于二十五组,并须准确无错(密码每组以五个字体组成,其中字母、数目字、标点符号单用或合用均可,惟每个数目字或标点符号作两个字体计算,明语平均以五个字体作为一组计算);

五　准确收发无线电话之能力;

六　国际电信公约及其附属之规则(关于交换无线电信及报费等尤须详悉)及国际海上人命安全公约关于无线电部份;

七　地理常识(重要航线及电信路由等)。

乙　二等报务员

一　电学及无线电报学初步理论及实用智识、移动电台各式机器之调整及实际运用智识;

二　上项机器附属之电动发电机、蓄电池等工作之初步理论及实用智识;

三　在航程中电台轻微损坏之修理智识;

四　拍发及收听电码每分钟之速度不得少于十六组密码,并须准确无误;

五　国际电信公约及其附属之规则(关于交换无线电信及报费等尤须知悉)、国际海上人命安全公约关于无线电部份;

六　地理常识(重要航线及电信路由等)。

丙　三等报务员

一　电学及无线电报学概要;

二　拍发及收听电码之速度每分钟不得少于十六组密码,并须准确无误;

三　国际电信公约附属规则之大要(注重无线电信收发及电报收费部份)。

丁 值更员

一 接收并了解自动警号遇险紧急及安全等信号；

二 收听电码每分钟之速度不得少于十六组密码，并须准确无误；

三 调整船上收报机之智识；

四 电学及无线电报学大意。

第三条 凡属中华民国国民，身体健全，年龄在十六岁以上四十岁以下，中、英文精通而具有第二条各项规定之学识及技能者，得向交通部呈请考验，并指明愿领何种证书。

呈请考验时，应缴报名费一元及最近四寸半身照片两张，不论及格与否，概不退还。

第四条 一、二等报务员考验科目分党义、国文、英文、地理、电信业务规则、电机及无线电学暨电码收发等七种，其成绩除电信业务规则、电机及无线电学暨电码收发等三种每种必须满八十分外，其余四种之总分数以满二百五十分为及格。

三等报务员考试科目分党义、国文、英文、电信业务规则、电学及无线电学暨电码收发等六种，其成绩除电信业务规则电学及无线电学暨电码收发等三种每种必须满八十分外，其余三种之总分数以满一百八十分为及格。

值更员考试科目分党义、国文、英文、收报机之调整、无机电学暨收听信号及电码等六种，其成绩除无线电学及收听信号电码两种每种必须满八十分外，其余四种之总分数以满二百五十分为及格。

第五条 报务员或值更员于考验合格领取证书时，应缴证书费二元、印花税一元。

第六条 三等或二等报务员在电台继续服务满二年以上，著有成绩，经船长证明者，得请求升等考验。三等报务员经考验合格升列二等后，至少须再继续服务满二年，始得再请求升等考验。

第七条 报务员、值更员合格证书之有效期间定为三年，期满时须换领证书，方得继续服务。

换领证书者应于期满前后之五个月内，觅取原服务电台主管人员出具之服务年期证明书，并重摄四寸半身相片两张，连同第五条规定各费一并呈送交通部核办。其旧证书应于领取新证书时缴销，如中途改就他职，逾六个月以上，或无从觅取服务年期证明书，或呈请换领证书逾限者，均应重行考验。

第八条 报务员、值更员遗失证书时，应将证书号数及遗失日期处所登报声明，并照第五条之规定缴费，连同所登报纸暨重摄相片，呈请交通部补发。

第九条 报务员及值更员有下列情事之一者，由交通部吊销其证书，并公告之。

一 泄漏通信秘密者；

二 妨碍国营电信机关之业务者；

三 船舶遭遇危险时不尽职守者；

四　受徒刑以上之刑事处分者；

五　品行恶劣经查明属实者；

六　违犯关于电信之法令规章或国际电信公约及其附属规则，经交通部审核认为情节
　　重大者。

第一〇条　因前条事项被吊销证书之报务员或值更员，不得再请核发证书。

第一一条　本章程与船舶无线电台条例施行细则同时施行。

●●交通部广播无线电台组织通则民国二十五年(1936年)七月三十日交通部公布

第一条　交通部设置广播电台，悉依本通则之规定组织之。

第二条　广播电台设工程师一人，综理一切事务，由交通部就电务技术员中遴选派充，并
　　由部指定电信机关指挥、监督之。

第三条　广播电台置播音、技术、事务三股。

第四条　播音股掌下列事项：

一　关于节目之拟订及时间之支配事项；

二　关于广播稿件之撰拟事项；

三　关于转播节日事项；

四　关于其他一切播音事项。

第五条　技术股掌下列事项：

一　关于工程之计划改良及费用之估计事项；

二　关于机件之装设、试验、调整、维持及修理事项；

三　关于机料之请领、购置、保管及预算事项；

四　关于其他一切技术事项。

第六条　事务股掌下列事项：

一　关于文书之收发、缮校事项；

二　关于现金之出纳及单据之保管事项；

三　关于营业之处理、稽核事项；

四　关于其他不属各股事项。

第七条　各股设股长一人，播音、技术两股股长由交通部就电务技术员中遴选派充之，承
　　主管长官之命，分掌所属事务，事务股长由工程师兼充之。

第八条　事务简单之广播电台，不置事务股，或不分股。

第九条　广播电台不置事务股时，该股所掌事项得设雇员一人至三人办理之，或由交通部

指定之电信机关代为办理。

第一〇条　广播电台各股办事人员由交通部调派，电务技术员、报务员、业务员或雇员充任之。

前项人员之名额，由交通部视事务之繁简，核定之。前项人员之任免，悉依各该章程之规定。

第一一条　广播电台播音员之名额及其任用办法，由交通部另定之。

第一二条　广播电台得设机工及差役，由交通部视机务及事务情形，核定其名额。

第一三条　广播电台之预算及收支计算书表等，由交通部指定之电信机关代为编制。

第一四条　本通则自公布日起施行。

●●请领无线电材料进口护照办法

民国二十三年（1934 年）五月二十一日交通部修正公布，二十四年（1935 年）一月三十日再修正，二十五年（1936 年）三月十七日再修正。

第一条　凡输入无线电材料应依电信条例第七条之规定向交通部请领护照，其属于军用者，应呈由军政部或海军部核准，转咨交通部填发。

第二条　输入之材料属于收音用品者，领照时应依式填具声请书，连同发货票及其抄件三份，并缴印花一元及应纳之护照费。

第三条　输入之材料属于发射用品者，领照时除依前条之规定外，并详叙用途，其代人订购者，并须附缴订购人所具之用途证明书。

第四条　发射用品出卖时，出卖商行应取得买主之声请书，呈交通部核发许可证后，方得出卖。转卖时，亦同。

用买卖以外之方法移转发射用品之所有权时，准用前项之规定。

第五条　输入材料价值在国币五十元以下者，护照每张应纳照费国币四元，料价超过五十元者，每五十元加收照费二元，其超过之数不满五十元者，以五十元计。

输入材料属于军用者，仅贴一元印花，免纳照费。

第六条　请领护照时所呈发货单，须经原厂家签字盖章，开列所运材料之名称、种类、程式、数量、单价、总价等，并附缴说明书目录及线路图。

附缴各件如于以前领照时曾经缴过者，得免其缴纳，但有变更者，不在此限。

第七条　如材料急须进口而发货单未到时，得由声请人开具材料之名称、种类、程式、数量及价值等清单，先期请领护照，于发照后二十日内补缴发货单，逾限者，嗣后不得再享此项便利。

第八条　依前条之规定请领护照者，应预纳保证金国币五百元，于补缴发货单时扣除照费及印花余数发还，如有不足，应照数补纳，其常川请领者，于每月终结算一次，并补足五百元之数。

第九条　请颁护照及许可证之空白声请书,得向交通部免费领取。

第一〇条　已进口之无线电材料须转运他处时,应请领转口护照,其办法由交通部另定之。

●●学术试验无线电台设置规则民国二十三年(1934 年)七月三日交通部公布,二十五年(1936 年)三月十七日修正。

第一条　本规则依电信条例第三条之规定制定之。

第二条　凡以研究无线电信学术为目的,专供试验而设之收发无线电信机器,称为学术试验无线电台(以下简称试验电台),其装设及使用均依本规则之规定。

第三条　下列各机关团体或个人经声请交通部核准后,得设置试验电台。

一　国立大学、学院、理工专门学校;

二　在国民政府教育机关立案之私立专门以上理工学校及理工科学学会等合法团体;

三　中华民国国民从事于无线电学术之研究及改良,能在实际上有所贡献,并经前两款学校或团体负责证明,交通部认为合格者。

第四条　请求设置试验电台者,应将下列各项由本人或负责代表人于声请时,详细开明。

一　本人或负责代表人之姓名、履历及地址;

二　私立学校或学会之立案机关及其立案年、月;

三　关于第三条第三款之证明文件;

四　电台之名称、地址、组织及概算;

五　电台之机件程式及工程计划(附具有关图说);

六　负责试验人员之姓名、履历;

七　机器制造厂家或自行配制。

第五条　试验电台负责试验人员须具有收发莫尔斯信号之技能。

第六条　试验电台发信机之发射电力,依下列之规定:

一　个人设置者,最大不得超过五十华脱;

二　学会或国立及私立专门以上学校设置者,最大不得超过一〇〇华脱。

第七条　试验电台所用发信机电波之周率,以下列规定者为限:

一　五六〇〇〇—六〇〇〇千周(波长五.三五—五公尺);

二　二八〇〇〇—三〇〇〇〇千周(波长一〇.七—一〇公尺);

三　一四〇〇〇—一四四〇〇千周(波长二一.四—二〇.八公尺);

四　七〇〇〇—七三〇〇千周(波长四二.八—四一公尺);

五　三五〇〇—四〇〇〇千周(波长八五—七五公尺);

六　一七一五—二〇〇〇千周(波长一七五—一五〇公尺)。

第八条　试验电台所用周率应力求稳定,使与原定周率相差不过千分之二,并须避免多次波之发生。

第九条　试验电台应于呈准设置后六个月内,装置完竣,并开具下列各项声请,交通部派员查验,发给执照及指定电台呼号。

一　机器程式;

二　机器详细接线图;

三　发信机之发射电力天线最大电流及其高度;

四　电波方式及其周率;

五　通信方式及与其通信电台之地址、呼号波长及电力;

六　每日发射时间。

第一〇条　在本规则未公布以前已设之试验电台,应于三个月内,依照开具第四条及第九条各款事项声请交通部派员查验,补给执照。

第一一条　执照之有效期间规定如下:

一　凡在上半年填发者,自填发日起至本年年底期满;

二　凡在下半年填发者,自填发日起至次年六月底期满。

第一二条　执照期满时,如欲继续设置,应于期满前一个月声请交通部换给新照,其有效期间为自旧照失效之次日起满一年。

第一三条　执照如有遗失或所载工程事项有所变更时,应声叙理由,补缴照费,声请交通部补给或更换之。

第一四条　声请发给换给或补给执照时,均应附缴照费十元,印花免贴。

第一五条　试验电台负责代表人或负责试验人员遇有更动,应随时报告交通部。

第一六条　执照不得移转、顶替或租让。

第一七条　试验电台除专供学术试验之用外,不得作其他任何通信及广播之用,并不得截取其他电台通信。如属于无意中收得,亦应绝对保守秘密,但遇有遇险呼叫时,不在此限。

第一八条　试验电台不得扰乱或妨碍陆、海、空军通信及国营或公众通信机关之业务。

第一九条　试验电台之收信机应避免足以发生强大自振动之装置。

第二〇条　试验电台因故及自愿停止使用时,应将天线立即拆除,并将执照缴销。

第二一条　试验电台之呼号电波发射时间与其通信之电台及其他有关事项,经交通部规定或核准后,不得自行变更。

第二二条　试验电台如与其他电台通信时,应依交通部所定学术试验电台通报纪录格式详细填注,按季汇寄交通部查考。

第二三条　交通部得随时派员检查电台之机件执照及各项有关系之簿籍、图表,各电台不得托故拒绝。

第二四条　试验电台应于每年五月底及十一月底,将试验成绩报告交通部。

第二五条　违反本规则之规定者,交通部得依情节之轻重,酌定期间停止其试验或撤销其执照,并得依照电信条例第二十一条之规定办理。

第二六条　本规则自公布日施行。

●●民营广播无线电台暂行取缔规则 民国二十一年(1932 年)十一月二十四日 交通部公布,二十五年(1936 年)三月十七日修正。

第一条　凡用无线电话、发射机、广播言语及音乐者,称为广播无线电台(以后简称广播电台),其装设及使用均须依照本规则之规定。

第二条　凡中华民国之公民完全华商之公司、经在国民政府立案之学校团体或其他合法之组织,得在中国境内设立广播电台,但须呈由交通部领得许可证后,始得装置。其非完全华商之公司及非完全华人国籍之团体,须经在国民政府注册领有注册证书者,始得请领许可证,在中国境内设立广播电台。

第三条　凡请领广播电台许可证时,须将下列各项由负责代表人详细填呈:

一　公司或团体之名称、组织、地址及主管人之姓名;

二　设立广播电台之目的;

三　广播电台之名称组织及概算;

四　无线电话发射机之电力地址及详细工程计划(附图说);

五　播音室之地点。

第四条　请领上项许可证时,应缴纳证书费每张十元,印花税一元。

第五条　许可证之有效期间为六个月,过期作废,其有因特别事故致电台未能在期内设立完竣者,得于期满前一个月申述理由,呈请交通部展期三个月,但以一次为限。

第六条　广播电台架设完竣,其工程机件及一切设备须经交通部派员查验,认为合格后发给广播电台执照,同时应将许可证缴销。

第七条　请领上项执照时,应缴纳执照费每张五十元、印花税一元,并随缴保证金二百元或殷实铺保一千元,此项保证金如未经扣除罚金或扣除而尚有余剩时,得于取销电台时或执照期满时发还之。

第八条　执照在正式规则颁布后,仍须请领新照。

第九条　执照如有遗失或其中所载事项有所变更,应随时呈报交通部,并于一星期内补叙理由,呈请交通部补发或更换。

第一〇条　补请执照或更换执照仍应依照第七条之规定,缴纳执照费及印花税费,其由交通部令饬更换者,不在此例。

第一一条 广播电台之执照不得移转、顶替或租让。

第一二条 广播电台之呼号，须由交通部指定之。

第一三条 广播电台所用之周率，须由交通部指定，并须随时测验、调整，使上下相差不得逾指定数量千分之二。

第一四条 天线上之谐波电力当力谋减少，以免干扰其他电台，如谐波电力过大，交通部得随时令其改良或饬其停止播音。

第一五条 广播电台在播音时间每隔三十分钟，须将呼号及所用周率作简单之报告。

第一六条 凡执照内所注以及第十、第十一条规定各项，遇必要时，交通部得随时令其更改。

第一七条 广播电台之业务，以下列为限：

一 公益演讲；

二 新闻报告（必要时交通部得制止之）；

三 音乐歌曲及其他节目；

四 商业报告（不得逾每日广播时间十分之二）。

第一八条 交通部得将政府机关之政令、消息、布告以及宣传品之与民众有关者，发交广播电台播送，其重要者并得令其提前播送。

第一九条 遇有船舶电台或航空电台遇险呼救时，广播电台或亲自闻得，或经交通部所属之海岸电台或陆地电台之通知，应立即停止播音，以避干扰而利救险电报之传递。必俟救险电报之传递确已终止或能确定不致发生干扰时，始得继续照原节目播音。

第二〇条 凡广播电台未领有交通部之广播电台执照及领有执照而已被取销或已遗失，未经呈请补发者，均不得播音。

第二一条 交通部得随时派员检查广播电台之文件、执照及各项有关系之簿籍、图表，或视察其工作。届时，各广播电台不得托故拒绝。

第二二条 广播电台不得触犯下列之任何一项：

一 扰乱或妨害国有海、陆、空及公众通信电台之业务；

二 不服从交通部所派检察员之指导与监督；

三 播送不真确之消息或新闻；

四 与任何一电台叫通有类如通报情事；

五 传递私人消息；

六 播送危害治安或有伤风化之一切言论、消息、歌曲、文词；

七 扰乱其他广播电台之播音。

第二三条 国际无线电公约及其附则之规定有关于广播电台而与本规则不相抵触者，均适用之。

第二四条 国民政府交通部颁布之各种无线电法规及命令暨暂行各种无线电章程，与广播电台有关而与本规则不相抵触者,均适用之。

第二五条　凡违犯本规则之任何一条者,交通部得按其情节之轻重,予以下列之处罚:

一　停止播音;

二　取销执照;

三　没收机件及处以五十元以上二千元以下之罚金。

第二六条　广播电台如有违犯本规则之规定,应由该主管人员负完全责任。

第二七条　本规则有未尽事宜,由交通部随时修正、公布之。

第二八条　本规则自公布之日施行。

●●电线经过铁路装置规则民国二十五年(1936年)三月十八日铁道部公布

第一条　本规则所称电线,包括供电电信及其他一切电线。

第二条　电线须经过铁路时,应依照本规则规定之装置办法,缮具图说申请,或函经铁路局核准或认可后,方得施工。但国营事业机关之紧急工程,得于通知路局后即行施工。

第三条　电线跨越轨道应在车场范围以外,每一车站之车场界限应由铁路局依据该站扩充计划指定,倘事实上确有窒碍,得由双方商定之。

第四条　电线跨越铁路时,不得附挂于铁路电杆上,并应择适宜地点与轨道成直角,电线与轨顶间之垂直距离电信线不得小于八公尺,供电线应依照电压等级分别之。○至七五○伏者,不得小于八公尺,七五一至一五○○○伏者,不得小于八○五公尺,一五○○一至四○○○○伏者,不得小于九公尺,超过四○○○伏者,每增一千伏,应递增一公分。

第五条　轨道两旁之电杆、板桩、扳线等,不得设立于铁路堤堑斜坡上,如为填土,应距堤脚二公尺以上;如为挖土,应距坡顶水沟二公尺以上;坡顶无水沟者,应距堑顶三·五公尺以上;如在平道,应距最近钢轨三·五公尺以上。

第六条　电线跨越铁路时所用之导线,应为铜线或其他具有同等张力而不易锈蚀之道线。其截面不得小于第一及第二两表之规定,供电线所受实际张力应在道线极限张力百分之五十以内,电信线之垂度应照第三表之规定,在跨越一段内之道线不得有接头或分枝。

市内电话线在十对以上,得用铅包架空电缆。

第七条　在跨越一段内之供电线电杆上,应于横担下装有接地之护栏,如装用铁丝网,其网与轨顶间之垂直距离不得小于八公尺。

第八条　电线跨越轨道,与铁路所设之电线交叉时,电压较高之线应占较高地位,其两道线间之最小距离不得小于第四表之所规定。

第一表 电线截面之最小限度

导品线类	杆距(公尺)			
	40	50	60	80
	导线截面(方公厘)			
硬性或半硬性铜线	13	13	13	13

第二表 电信线截面之最小限度

导品线类	杆距	
	40公尺以内	40—50公尺
	导线截面(方公厘)	
硬性铜线	5.0	6.5

第三表 电信线之垂度

杆距(公尺)	温度(摄氏)					
	40°	30°	20°	10°	0°	−15°
	垂度(公尺)					
40	43.0	34.5	28.0	23.0	18.5	14.5
45	56.0	45.0	37.0	30.0	25.0	19.0
50	68.0	55.0	44.5	36.0	30.0	23.5

第四表 交叉电线间之最小距离(公尺)

上面线路 / 下面线路	供电子线路(伏)			电信线路(包括电缆及吊线)	板线吊线及避雷地线
	0—750	751—7500	7501—40000		
电信线路(包括电缆及吊线)	1.20	1.20	1.30	0.60	0.60
电线路 0—750伏	0.60	0.90	1.20	不得交叉	不得交叉
751—7500伏	参阅第九条	0.90	1.20	不得交叉	不得交叉
7501—40000伏	参阅第九条	参阅第九条	1.20	不得交叉	不得交叉
扳线、吊线及避雷地线	0.60	0.90	1.20	0.60	0.60

第四表所规定之距离,用于四万伏以上之供电线路时,每超过一千伏应递加一公分,如自跨越点至两线路最近各杆间距离之和在三十公尺以上,每超过一千公尺应递加十二公分,但所加之数不必超过一公尺。

第九条 铁路所设电线之电压若较跨越电线为高,则跨越电线应依照第四表所规定之距离在铁路所设电线之下跨越轨道,同时,跨越电线与轨顶间之距离仍须依照第四条之规定,此项跨越电线如在铁路所设较高电压线之上跨越而过,则其建筑强度至少须与被跨越电线之强度相等,但供电线无论如何不得在铁路所设电信线之下跨越轨道,此项被跨越电信线离地面之高度应为八公尺。

第一○条 在跨越一段内之电杆应用木杆、钢筋混凝土杆、钢杆或钢塔,其应力分列如下:

甲 木杆

一 木杆之梢径不得小于一五公分,计算时所用之资用应力,凡属干路不得超过极限应力百分之三十,支路不得超过百分之五十。

二 木杆栽入地中之深度,应按照第五表之规定。

第五表 木杆栽入地中之深度(公尺)

杆长(公尺) \ 地土性质	埋入泥土中之深度	埋入石块地中之深度
12.0	1.8	1.2
13.5	2.0	1.4
15.0	2.1	1.4
16.5	2.1	1.5
18.0	2.3	1.5
20.0	2.4	1.8

乙 钢筋混凝土杆

一 混凝土杆之内应备有钢筋,其张应力应为每方公分一一○○公斤。

二 混凝土之最瘠成分(以容量计),应为水泥一份,砂二份,碎石四份。

三 混凝土之压缩应力应为每方公分四五公斤。

丙 钢杆及钢塔

一 钢杆及钢塔如用极限张应力在每方公分三千八百至四千八百公斤之间,而屈服点在极限张应力百分之五十以上之钢料构造者,其资用应力不得超过第六表之规定,如用特殊强韧之钢料者,得酌量增加之。

第六表 各种钢料之资用应力

建筑用钢		资用应用(每方公分之公斤数)
张应力		1400
压缩应力	$\frac{L}{R} < 150$	$1400 - 6\frac{L}{R}$
	$\frac{L}{R} > 150$	$1100 - 4\frac{L}{R}$
螺栓及铆钉切应力		1000
承压应力		1800

二 第六表所载之长细比例$\left(\frac{L}{R}\right)$,不得超过第七表之规定,L 为不受支撑部份之长度,R 为回转半径。

表七表　钢料长细比例之最大限度

受压部份之性质	长细比例 $\frac{L}{R}$
主要肢体	150
次要肢体	200
不重要肢体(不计算应力)	250

三　钢杆、钢塔各部之厚度,不得小于第八表之规定。

第八表　钢料之最薄限度

钢料之表面		主要肢体	其他肢体
镀锌	在易于锈蚀地点	6.0公厘	4.5公厘
	普通地点	4.5公厘	3.0公厘
涂漆		6.0公厘	6.0公厘*

* 若 $\frac{L}{R}$ <125者得减至4.5公厘

四　钢杆主要肢体各节衔接处所用螺栓或铆钉之数目,除根据第六表之规定计算外,应再加百分之十,但至少应加一个。

第一一条　在跨越一段内之电杆、横担及碍子等之纵面强力,应能支持与线路同一方面之电线总拉力,如线路全部为最上等之供电线建筑,则此项电杆、横担及碍子等应备纵面强力须能支持道线总拉力三分之一以上,但不得小于各道线最强一根之拉力。又,电杆强力不足上述之规定时,可用镀锌铁拉线补足之。

第一二条　在跨越一段内之电杆上,应用双横担、双碍子之装置。

第一三条　在跨越一段内之电杆上,除装置通常之电线护网、护栏外,不得附装其他设备或作线路之终点。

第一四条　通过轨道下之电缆应装于适当之地管内,或用厚度五公分以上之陶器盖护之,电镀装置之顶面应在铁路所属地面下或路基面下至少有一公尺之深度。

第一五条　人井之位置与最近钢轨间之距离,不得小于三·五公尺。

第一六条　在铁路地段内敷设电线时,一切工程应受铁路工程司之检查,但国营事业机关之紧急工程得于工程完竣后,会同铁路工程司检查之。

第一七条　在铁路地段内敷设电线一切装置,每年应会同铁路工程司检查一次,如铁路局认为有改善之必要时,得用书面通知整理之。

第一八条　在铁路地段内敷设电线,如违背本规则之规定,铁路局得用书面通知拆除或改正之。凡在本规则公布以前所装置之经过铁路电线,应于接到铁路局书面通知后九个月以内,一律改正完竣。

第一九条　经过铁路之电线依照本规则之规定敷设后,如铁路局认为有必须更动时,得随时通知迁移或拆除之。

第二〇条　本规则自公布日施行。

本规则施行后,所有民国十九年五月本部公布之输电线路经过铁路地面装置规则,应即废止。

●●交通部颁给民有电气事业执照规则 民国十六年(1927年)七月二十日交通部公布,二十五年(1936年)三月十七日修正。

第一条　经营民有电气事业者,得依电气事业取缔条例第十三条之规定及本规则所定办法,呈请国民政府交通部核给营业执照。

第二条　凡请领民有电气事业营业执照者,不论电灯、电话、电车或其他电气事业,概照资本总额每千分之二纳费,但至少每张取费三十元。

第三条　资本额满五百元以上者,作一千元计,不满五百元者不计。

第四条　因增加资本呈请换给执照者,不论原定资本额之多寡,应照增加之数,按每千分之二收取照费。

第五条　公司让渡由承受人改组或改换名称者,应呈请换给营业执照,其照费仍依第二条之规定收取之。

第六条　经营电气事业者因违背法令而取消其执照时,其已缴之照费,概不发还。

第七条　资本总额应以呈请立案时所报实数填入营业执照为准,不得虚报,如原定资本过巨,招股不能足数,不得已而减少资本额者,应于请发执照时声明理由,呈请更正。

第八条　凡请领营业执照者,除应缴照费外,每张贴用印花税一元,于请领时一并缴纳。

第九条　遇国民政府交通部或主管公署派员查验时,电气事业者应随时将执照缴验。

第一〇条　本规则未尽事宜,随时由国民政府交通部令修改之。

第一一条　本规则于公布日施行。

●●建设委员会电气试验所组织章程 民国二十五年(1936年)八月七日建设委员会公布

第一条　建设委员会为检定电气标准及办理各种有关电气事业之试验起见,特设电气试验所。

第二条　本所办理下列各事项:

一　关于各种电气最高标准之保管事项;

二　关于各省、市电气校验处所及各电气事业之标准仪器、电表、电机及其他有关电气之材料之校验事项;

三　关于电气取缔规则所规定由本会办理之查验事项；

四　关于其他有关电气事业之试验及研究事项。

第三条　本所设所长一人,处理全所事务。

第四条　本所依工作上之需要,得设工程师一人至二人,副工程师二人至三人,试验员三人至六人,科员一人至二人,办事员二人至三人,均由建设委员会派充。

第五条　本所设第一、第二、第三、第四四股,分掌各项事宜。

一　第一股职掌如下：

1　关于文书之收发及保管事项；

2　关于材料之收发、登记及保管事项；

3　关于仪器机械之修配及装箱事项；

4　关于其他总务事项。

二　第二股职掌如下：

1　关于各种标准之保管及检验事项；

2　关于电表及电气测验仪器之校验事项；

3　关于高压试验及高压设备之保管事项。

三　第三股职掌如下：

1　关于电机部份之管理事项；

2　关于电机及其他机器之试验事项；

3　关于照明部份之试验事项。

四　第四股职掌如下：

1　关于机械仪器之试验事项；

2　关于电气事业之查验事项；

3　关于电气技术之研究事项；

4　关于不属于其他各股之技术事项。

第六条　各股各设股长一人,得由工程师或副工程师兼任之。

第七条　本所业务章程及办事细则另订之。

第八条　本章程自公布之日施行。

●●建设委员会电气试验所业务章程民国二十五年(1936 年)八月七日建设委员会公布

第一条　凡各省、市电气校验机关、发电厂、工厂等所用电气标准仪器表、机器及材料等,均得声请本所试验。

第二条　凡电光、电力及电热之研究工作,本所得接受外界委托,代为办理。

第三条　本所试验收费依照附表办理之,凡表中未列项目,由本所临时酌定之。

第四条　凡委托本所代办研究工作,须先声叙研究范围及目的,本所得酌量接受,或拒绝之。凡接受之研究工作,本所得酌收费用。

第五条　关于电气事业之查验事项,电气事业人须先声叙试验范围,连同工作物之规范书,送交本所约期试验。

第六条　凡委托本所代办之试验或研究工作,如有保守秘密之必要者,应向本所书面声明。

第七条　凡电表或其他物品寄至本所试验时,须装置于至少十二公厘(半英寸)厚之木板箱中,箱内周围须衬油纸一层,再裹以五十公厘(二英寸)以上厚之细竹花或麻丝一层,以免途中着潮受损。其他机器材料在寄运前,亦须包装完固,以免运输时震动损坏。

第八条　应付试验费及寄回运费,须与送验品同时寄运或亲送,缴本所包件上须书明"寄送南京西华门建设委员会电气试验所"字样。

第九条　凡送验品业已损坏,本所无法试验者,当退还原寄送人,并将所缴试验费发还。

第一〇条　凡因争议送请本所试验之电表、仪器、机器或其他有关电气材料,应由物主眼同争议之对方拆卸装箱,会同封印,并填注声请书,共同签印送请试验。如有不合上项手续,本所得拒绝按受之。

第一一条　本所办理交流试验均用五十周波电流为标准,如须以其他周率试验者,应于送验时声明之。

第一二条　凡将电表、仪器、机器或其他有关电气材料送至本所试验者,须将该件之用途详细说明。

第一三条　凡经本所试验之电表、仪器等,均加本所封印,并附试验证明单。

第一四条　本章程自建设委员会公布之日施行。

●●建设委员会电机制造厂营业所暂行办事规则民国二十四年(1935年)十月二十一日建设委员会核准

要　　目

第五章　附则

第一章　总则

第一条　营业所除遵照建设委员会及本厂颁布之法规命令外,均应遵守本规则。

第二条　营业所设主任一人,司帐员一人,由本厂任用之。其余员役由主任视营业繁简,呈经本厂核准后,任用之。

第三条　主任承本厂之命,掌理各该营业所全部事务。

第四条　主任受本厂特别委任时,得为本厂代表。

第五条　司帐员及其他员役均承主任之命,处理其职务。

第六条　主任及其他员役均应觅取保人,经本厂核准具定式保证书,存厂备查。

第七条　主任及司帐员等遇有交替时,应出具报告书,报告本厂,报告书式另定之。

第八条　营业所每半年支出经常费,应于每期二个月前编列预算,送候本厂汇呈建设委员会核准。

第九条　营业所对外契约合同,非经本厂核准不得迳自订立。

第一〇条　营业所图章由本厂刊发,交主任收执,如须新刻章戳,其有关营业所字样者,应于事先报经本厂核准。

第一一条　营业所收文或发文,均须填列收文簿或发文簿,以资查考。

第一二条　外来文件应由主任签阅,缮发文件应由主任签署,但受主任委托者,不在此限。

第二章　营业

第一三条　营业所办事时间应依本厂之规定办理,并得由主任就该地情状,酌量延长报告本厂。

第一四条　营业所售货价格除有特殊情形呈经本厂核准者外,应依照规定价格一律发售,不得任意增减。

第一五条　营业所售货应给顾客回佣或津贴,均应依照本厂规定办法办理。

第一六条　营业所除推销本厂出品外,不得兼售别家货物,如遇顾客托购,应呈请本厂核准,不得迳予代销。

第一七条　顾客委托定制或代办货物,均应酌收定洋。

第一八条　遇有记账取货,均应取具保单,保明发货限度,满额不得再发。其保人应以该地殷实商铺,并经调查确实呈经本厂核准者为限。

第一九条　营业所就各该营业区域内,应随时调查有无冒牌或其他有关本厂营业各事宜,呈报本厂。

第三章　货品

第二〇条　营业所应将繁销货品酌量常备外,其特种货品至少须备具样本或说明书,以供顾客之参考。

第二一条　营业所售出电池非在本厂规定掉换时期内,不得准予掉换。其他货品除装运不慎致有损坏或制造有不良之处者外,亦不得准其掉换。

第二二条　营业所向本厂添配各货,其邮运、关税等费除规定应由本厂负担者外,其余概归营业所向买主结算。

第二三条　营业所存货平时应由主任随时检查、登记,每半年度终了应各盘查一次,造具定式清册,报告本厂。

第二四条　营业所生财装修以及所有存货,均应估计投保火险数额,呈请本厂核办。

第四章　帐务[①]

第二五条　营业所帐务组织由本厂规定发交各营业所依照办理,不得擅自更改。

第二六条　营业所应用各种帐簿、单据及表格,均由本厂印发,不得自行购用。

第二七条　营业所各种帐簿、单据及表格,均应由主任审核,签字盖章。

第二八条　营业所经常费用除照核定预算由本厂按月拨给据实开支外,不得在售得货价客户定洋及收回帐款内移垫支用。

第二九条　营业所收到货价定洋及收回帐款后,应随时交由本厂指定之银行克日汇寄本厂。

第三〇条　营业所无论何项付款,均应依式开单,经主任盖章签字者,方得照付。

第三一条　营业所记帐客户应于每月月底开具往来清单,由主任按户核对分别发寄、催收,并呈报本厂。

第三二条　营业所帐务上各种报告,应按期填报,不得延误。

第三三条　营业所各种帐簿、单据、表格、文件,均应妥为保存,在未经本厂核准前,概不得销毁。

第五章　附则

第三四条　本规则自呈奉建设委员会核准后施行。

---

① "帐"通"账"。现代汉语使用"账"。

●●建设委员会电业人员训练所组织章程民国二十五年(1936 年)五月十

五日建设委员会公布

第一条　建设委员会为训练电气事业工作人员,特设电业人员训练所。

第二条　本所由建设委员会令派委员九人,组织训练委员会,并就中指定一人为主任委
员。训练委员会掌办下列事项:

一　关于本所训练大纲事项;

二　关于本所预算、决算事项;

三　关于本所教员选聘及解聘事项;

四　关于本所其他重大事项。

第三条　本所设所长一人,教务长一人,事务主任一人,由建设委员会令派之,所长及教务
长均由本所委员兼任。

第四条　本所教务会议由所长、教务长、事务主任及各班主任教员及教员组织之,掌办下
列事项:

一　关于本所编制课程事项;

二　关于本所训练细目事项;

三　关于本所其他教务事项。

第五条　本所主任教员专任教员及兼任教员,由所长提出本所训练委员会通过后聘任之,
并呈报建设委员会备案。

第六条　本所设事务员、书记各二人,由所长派任,呈报建设委员会备案。

第七条　本所办事细则另定之。

第八条　本章程自公布之日施行。

●●造船奖励条例民国二十五年(1936 年)十月九日国民政府公布

第一条　凡属于中华民国人民或公司所有之新造船舶,得依本条例之规定给予造船奖
励金。

前项所称公司,指海商法第三条第三款规定之公司而言。

第二条　受造船奖励金之船舶,以总吨数五百吨以上之钢质轮船为限,其余额依下列之
规定:

一　五百吨以上一千吨未满者,每吨十二元;

二　一千吨以上二千吨未满者,每吨十六元;

三　二千吨以上三千吨未满者,每吨二十元;

四　三千吨以上五千吨未满者,每吨二十四元;

五　五千吨以上每吨二十八元。

第三条　造船奖励金之数额,由交通部编入每年预算。

第四条　受奖励金之船舶,以在本国船厂建造者为限,其承造之船厂应依照下列之规定并经交通部认可。

一　备有必需之工厂、船台、干船坞及各项器械者;

二　有船体专任技师及船机专任技师各一人以上者。

前项专任技师,以曾依技师登记法领有造船科或船机料工业技师证书者为限。

第五条　愿受造船奖励金者,应于建造前填具声请书,并开具下列事项,呈送交通部审核。

一　船舶设计纲目;

二　船图;

三　船体、船机制造说明书。

前项设计纲目及船图种类,由交通部定之。

第六条　受造船奖励金者,对于所造之船体、船机及其属具,如需用外国成品时,应先经交通部核准。

第七条　交通部接到声请书后,调查承造船厂是否合于第四条之规定,并会同海军部审定其设计纲目、船图及制造说明书。

第八条　审定合格认为应给予造船奖励金时,由交通部发给许可证书于声请人。

第九条　领有许可证书者,其船舶之建造,交通部应派员监督之。

声请人违背关于监督上之命令时,交通部得撤销许可,并追缴许可证书。

第一〇条　领有许可证书而制造之船舶,在相当时期中,交通部应派员丈量其总吨数,并令试航及测定其最高速率。

第一一条　船舶造成后经交通部检查合格,即行发给奖励金。

第一二条　受奖励金之船舶,在十年以内,不得变更国籍,如租与外人使用时,应先经交通部核准。

第一三条　受奖励金之船舶,非经交通部核准,不得任用外籍船员。

第一四条　已领取奖励金而违反第十二条或第十三条之规定者,交通部得随时追缴其奖励金。

第一五条　因建造新船将原有旧船拆毁者,除新船应得之奖励金外,并给予拆毁旧船之奖励金,其金额以每旧船两吨作新船一吨计算。

第一六条　以诈伪之行为取得造船奖励金者,除追缴原领奖励金外,并送司法机关惩处。

第一七条　本条例施行日期以命令定之。

●●国营招商局组织章程民国二十五年（1936 年）二月八日交通部修正公布

要　　目

第一章　　通则

第一条　国营招商局直隶于交通部，办理国内外航运事业。

第二条　本局设总局于首都或上海市，并视业务情形，在各埠酌设分局或办事处。

第二章　　总局

第三条　本局设总经理一人，综理局务，副经理二人，辅助总经理处理局务，均由交通部长遴请简派。

第四条　总经理、副经理任期均为五年，期满得连任，第一任副经理一人任期三年。

第五条　总经理因进行日常业务得签订下列合同，但关于订立购料或工程合同时，应分别适用或准用交通部附属机关购料章程或建筑工程规则之规定。

一　关于轮船油漆、修理及订购所需煤炭物料之合同；

二　关于起卸货物之合同；

三　关于使用码头趸船及存货交货之合同；

四　关于雇用船长、船员、业务长及其他船上服务人员之合同；

五　关于雇用码头员工之合同；

六　关于雇用引水人之合同；

七　关于租赁轮船、拖船及驳船之合同；

八　关于代办商代售客票、揽运货物佣金及垫款汇款办法之合同。

第六条　总局置总务、业务、船务三课及会计室金库。

第七条　总务课掌下列事项：

一　关于关防之典守事项；

二　关于文书之收发、撰拟及卷宗之保管事项；

三　关于人事事项；

四　关于调查、统计事项；

五　关于房地产之管理事项；

六　关于庶务事项；

七　关于普通用品之采办及保管事项；

八　其他不属于各课事项。

第八条　业务课掌下列事项：

一　关于航线船只之分配及调度事项；

二　关于客货营运事项；

三　关于码头、栈房之经营及管理事项；

四　关于分局办事处业务考核事项；

五　关于各轮业务考核事项；

六　其他关于业务事项。

第九条　船务课掌下列事项：

一　关于海员之进退及考核事项；

二　关于船舶之建造及修理事项；

三　关于船舶设备事项；

四　关于船舶之检验事项；

五　关于各种发动机及其附属品之检验事项；

六　关于各种强弱电气设备之设计、检验及修理事项；

七　关于燃料物料之检验事项；

八　关于燃料物料之采办及保管事项；

九　关于机器厂管理事项；

一〇　其他关于船务事项。

第一〇条　金库掌下列事项：

一　关于款项之出纳、保管及其登记事项；

二　关于证券、契据、合同等保管事项。

第一一条　总局设课主任三人，金库主任一人，承总经理、副经理之命，分掌各该课库事务，其事务特繁之课，得设副主任一人，佐理主任职务。

第一二条　总局设课员、助员六十人至七十人，会计员十二人至十四人。

第一三条　总局各课得分股办事。

第一四条　总局设秘书二人，办理机要事务。

第一五条　总局设工程师二人至四人，办理技术事务。

第一六条　总局各课主任副主任及工程师，由交通部任用，秘书由总经理呈请交通部核准后任用之。

926 中华民国法规大全(1912—1949)(点校本)第十卷 补编

第一七条 总局课员、助员均由总经理派充,并呈报交通部备案。

第一八条 各课担任技术事项之人员,应以技术人员充之。

第一九条 总局会计事务由会计室掌理,其组织另定之。

第二○条 总局承交通部之命,得聘任顾问。

第三章 分局办事处

第二一条 分局及办事处,由总经理呈请交通部核准后设立之。

第二二条 分局办事处按业务之繁简、收入之多寡,分下列各等,由总经理呈请交通部核定之。

分局

一等分局;

二等分局;

三等分局。

办事处

一等办事处;

二等办事处;

三等办事处。

第二三条 分局隶属于总局,办事处隶属于分局或直属于总局各分局,营业管辖区域由总经理呈请交通部核定之。

第二四条 分局各设经理一人,由交通部任用。办事处各设主任一人,由总经理呈请交通部核准后任用。

第二五条 分局得设下列各股、室:

一 总务股;

二 业务股;

三 会计室。

第二六条 分局暨办事处设办事员、助员,其名额依下列规定标准:

分局

一等分局十人至十五人;

二等分局八人至十二人;

三等分局六人至九人。

办事处

一等办事处四人至六人;

二等办事处三人至五人;

三等办事处二人至四人。

前项人员均由总经理派充,呈报交通部备案。

第二七条　分局及办事处之营业,均不得采用包缴制,但未经设立局处之商埠,得由总经理呈请交通部核准,委托代办商代理,酌给佣金。

第四章　附则

第二八条　本局业务进行状况,应按期编制报告,呈送交通部审核。

第二九条　本局总分局及办事处职员之薪级,应由交通部核定之。

第三〇条　本局全部预算,应呈由交通部核定之。

第三一条　本局年终盈余之分配,呈由交通部核定之。

第三二条　本局得另订各项细则,呈请交通部核准施行。

第三三条　本章程自公布日施行。

●●国营招商局职员章程 民国二十五年(1936 年)七月二日交通部公布

要　　目

第一章　总则

第一条　本章程所称职员,包括总局秘书课主任、副主任、金库主任、工程师、课员、助员、练习生及分局办事处经理主任、办事员、助员、练习生而言。

会计人员除别有规定外,准用本章程之规定。

第二条　课员名额总局不得超过三十四人,办事员一等分局不得超过六人,二等分局不得超过五人,三等分局不得超过三人,一、二等办事处不得超过二人,三等办事处不得超过一人。

第三条　总局因事务上之需要,得酌用练习生十二人至二十人。

第四条　职员对于与本局或所属往来交易之银行、钱庄、商号或个人,不得有借贷情事。

第二章　任免

第五条　具有下列资格之一者,得任为秘书课主任、金库主任、副主任、分局经理、一等办事处主任。

一　具有公务员任用法第三条第一、第二、第三各款之资格及商业经验者;

二　在国内外大学或独立学院专科学校修商业、财政、经济等科毕业,并具有商业或航业经验三年以上者;

三　充本局一等最高级课员或二等办事处主任,继续服务满三年以上,成绩优良者;

四　在本规则未施行以前经甄别合格者。

第六条　具有技术人员任用条例第三条所列各款资格者,得任为工程师,但以在国内外大学或独立学院专科学校造船、驾驶机械、电气、土木工程等科毕业或具有同等资历,经交通部审查合格者为限。

第七条　具有下列资格之一者,得任为二、三等办事处主任及课员、办事员、助员。

一　合于委任职公务员资格者;

二　在高级中学以上学校或旧制中学毕业,经考试合格者;

三　本章程未施行以前,经甄别合格者。

办事处主任除前项各款资格外,并须有商业经验。

第八条　练习生非经考试合格,不得录用,其考试办法另定之。

第九条　凡初次任用之职员,一律先行试用三个月,试用期满,经主管人员考核成绩优良者,照章任用,平常者辞退之。

第一〇条　本局职员无故不得免职,但因机关裁并员额减少而裁退或衰病残废不能服务而辞退者,不在此限。

前项裁退人员成绩素优者,由局存记,遇有缺额,尽先补用。

第一一条　经管出纳及货物之职员,非缴纳保证金或取具殷实商店保证书后,不得任职。

前项保证金及保证书金额,另定之。

保证金以现金或公债票缴纳之,缴纳现金者,由本局与以五厘周息。

第一二条　保证金于该员去时退还之,如有亏空公款情事,应按数扣除。

第一三条　职员均须觅保证人,填具保证书,交局存查,其格式另定之。

第一四条　保证人以殷实商号之营业人为限。

第一五条　职员之保证人,在本局由总经理认许;在附属机关,应由主管人认许,方为有效。如经认为应更换保证人时,应即更换。

级	薪	总　局	分局及办事处	
1	680	总经理 副经理		
2	640	总经理 副经理		
3	600	总经理 副经理		
4	560	总经理 副经理		
5	520	总经理 副经理		
6	490	总经理 副经理		
7	460	总经理 副经理		
8	430	总经理 副经理		
9	400			
10	380		分局经理	
11	360	工程师 秘书 正副主任	分局经理	
12	340	工程师 秘书 正副主任	分局经理	
13	320	工程师 秘书 正副主任	分局经理	
14	300	工程师 秘书 正副主任	分局经理	
15	280		分局经理	
16	260		办事处主任	
17	240		办事处主任	
18	220		办事处主任	
19	200		办事处主任	股长
20	190	股长 一等课员	办事处主任	股长
21	180	股长 一等课员	办事处主任	股长
22	170	股长 一等课员	一等办事员	
23	160		一等办事员	
24	150		一等办事员	
25	140		一等办事员	
26	130	二等课员	二等办事员	
27	120	二等课员	二等办事员	
28	110	二等课员	二等办事员	
29	100	二等课员	二等办事员	
30	95	一等助员		
31	90	一等助员		
32	85	一等助员		
33	80	一等助员	一等助员	
34	75		一等助员	
35	70		一等助员	
36	65	二等助员	二等助员	
37	60	二等助员	二等助员	
38	55	二等助员	二等助员	
39	50	二等助员	二等助员	
40	45			
41	40			
42	35	练习生	练习生	
43	30	练习生	练习生	
44	25	练习生	练习生	
45	20	练习生	练习生	

第三章 薪给

第一六条 本局职员之薪给,依下列薪级表之规定,按月支给之,但任职不满一月者,按日
计算。

第一七条 职员之薪金应于月终发给,不得预支。

第四章 考绩及奖惩

第一八条 职员成绩于每年十二月由主管人员分别考核一次,考绩表另定之。

第一九条 职员之奖励分下列四种:

一 嘉奖;

二 记功;

三 晋级;

四 晋等或擢升。

第二〇条 职员有下列事实之一者,在总局由总经理,在附属机关由主管人员呈请总经
理,于年终考绩时,酌予前条之奖励。

一 一年以内未经请假,并不迟到、早退者;

二 一年以内勤慎尽职、办事无误者;

三 对于局务有特殊劳绩或有新计划者;

四 处置危难得当,因而人命财产有所保全者。

第二一条 职员晋等或练习生擢升为助员,助员擢升为课员,均应俟有缺额,方得为之。
无缺额时,得予存记过缺,尽先补用。

第二二条 职员非服务满一年,不得进级。但因成绩特别优良,由总经理开具事实,呈经
交通部核准者,不在此限。

第二三条 职员之惩戒分下列六种:

一 申诫;

二 记过;

三 罚俸;

四 降级或降等;

五 停职;

六 免职。

第二四条 职员有下列事实之一者,在总局由总经理,在附属机关由主管人员呈请总经理
酌予前条之惩诫,但申诫、记过两项,附属机关主管人员得迳行处分后,呈报总局备案。

一 迟到或早退;

二　未经请假擅自离职或请假逾期不到；

三　办事疏忽；

四　行为不检；

五　贻误要公；

六　违反命令；

七　泄漏机密；

八　营私舞弊；

九　触犯刑章。

第二五条　职员记功、记过，得互相抵消。

第二六条　职员之奖惩，除事关重大应专案呈报交通部查核者外，其余得于办理完毕后，汇报交通部备案。

第五章　请假

第二七条　职员非因不得已事故不能到局服务者，不得请假。

第二八条　请假分事假、病假、婚丧假三种。

　事假　每年不得逾一月；

　病假　一年以内逾一月者，按日扣薪；

　婚丧假　父母、祖父母或配偶之丧得请假二十日。

　本身结婚得请假十五日，道远者，得酌给程途假。

第二九条　职员请假须按式填具请假单，如病假逾三日者，须附呈医生诊断证明书，呈请核准。

第三○条　职员请假非呈经核准派代，并将经手事件交代理人后，不得离职。

第三一条　职员因病或急事不及自行请假者，得托人代请，但有贻误情事，仍由本身负责。

第六章　出差

第三二条　职员调动或因局务派遣外出者，得支旅费。

第三三条　旅费自出差之日起至公毕之日止，按日计算，但中途因私事迟延者，不得开支。

第三四条　旅费分下列各项：

一　舟车费；

二　膳、宿杂费；

三　特别费。

第三五条　轮船、火车各依定价支给，在交通不便地方，所有船车、轿马等费，实用实报。

　总副经理出差，得开支头等车船票，膳、宿杂费每日不得逾十二元；其余职员得开支二等车船票,秘书、正、副主任、工程师膳、宿杂费每日不得逾八元;股长、一等课员及分局经理、办事处主任膳、宿杂费每日不得逾六元;二等课员及一等办事员以下膳、宿杂费每日不得逾四元。

特别费,实用实报。

第三六条　出差人员奉派地点在本市内者,不得开支旅费,但必要费用得据实开支。

第三七条　总局职员请领旅费时,应于出发以前开单预计,送由总经理核定,各附属机关职员由各该主管人员核定。

总局职员出差公毕回局,应将承办事务缮具详细报告,呈送总经理核阅,同时,并将所用旅费开账连同单据送主管课核销,各附属机关职员应送主管人员核阅,所有旅费单据应送由各该机关转呈总局核销。

第七章　恤金

第三八条　职员因公受伤或因公致病而至身体残废、精神丧失者,得酌给恤金,其数额不得逾退职时月薪额之六倍。

第三九条　职员在职亡故者,得酌给遗族恤金,其数额不得逾亡故时薪额之二倍,其因公亡故者,不得逾八倍。

第四〇条　职员应给恤金者,应由总局将其服务年限、成绩及所拟恤金数额,呈请交通部核准。

第八章　附则

第四一条　本章程如有未尽事宜,得由总局另订各项细则,呈请交通部核准后施行之。

第四二条　本章程自公布日施行。

●●国营招商局轮船勤务生规则 民国二十五年(1936年)七月十一日交通部公布

要　目

第一章　总则

第一条　凡国营招商局（以下简称本局）各轮船侍应旅客之勤务生，均应遵守本规则及本局其他有关之一切规章及通告。

第二条　本局各轮船勤务生，须具备下列之资格，始得雇用：

一　年龄在十八岁以上五十岁以下者；

二　粗识文字者；

三　身体健康并无不良嗜好，经检验合格者；

四　品性端正，并有确实保证者；

五　志愿努力服务，并恪守局章者。

第三条　勤务生于受雇时，应妥觅相当保证人，按照本局规定格式填具保证书及志愿书，并呈缴本人最近半身四寸相片二张，经本局审查合格后，方得指派各轮船服务。

在雇用期内，如本局认为有须更换保证人之必要时，勤务生自奉到通知之日起一个月内，应另觅妥保，否则即予解雇。

弟四条　勤务生应服从本局之调动、派遣，不得借故推诿。

第二章　工资

第五条　勤务生每月工资自十二元起至十六元止，按月由各轮船支给之，并供给白饭。

第六条　勤务生每月工资发给之次数与日期，应与各轮上其他员工相同。

第七条　勤务生如遇有本人婚嫁、父母、妻子疾病、死亡或其他重大事故时，得特别借支工资，但至多以一个月之工资为限，并自借支之次月份起，分四个月平均扣除之。

第八条　轮船在岁修期内，勤务生之工资照给，其派在船上服务者，并供给白饭。

第九条　轮船在短期应差不满两个月时，勤务生仍应一律随轮服务，其工资照给，并供给白饭。

第一〇条　轮船在长期应差两个月以上或停航时，勤务生一次给予两个月之工资，一律遣散。

第一一条　勤务生之酒资以照票价一成为最高额，并须集中照各勤务生之工资额比例分配之，但不得向乘客需索，否则一经察觉或经乘客举发，即予从严处罚。

第三章　服务

第一二条　勤务生在船服务应服从船长、事务长及其他上级职员之命令。

第一三条　勤务生在船服务应穿着制服,并佩带证章于胸际衣襟上。

前项制服及证章,均由本局规定制发之,如有遗失,应即陈明管理人员备价补领,解雇时应即缴还。

第一四条　勤务生侍应乘客须谦和有礼,尽职招待,不得有侮慢之言动,即遇乘客有不合时,亦应报告主管人员和平处理。

第一五条　勤务生对于船上一切设备及公私物件,均应随时爱护,不得任意毁损、耗废或私自携去。

第一六条　勤务生对于船上一切机械及属具等,非经主管人员之许可,不得擅自使用或玩弄。

第一七条　勤务生对于船上公共卫生应随时注意,并保持舱室等各部分之整洁。

第一八条　勤务生应随时注意船上之安全,如发觉有任何危险,或可疑情事,或有不妥之旅客时,应立即报告主管人员。

第一九条　勤务生之夜间轮流值班,应遵照管理人员之规定,不得自由更动。

第二〇条　勤务生于轮船靠岸时,应设法防止小贩、流氓、闲杂人等之上船,如有争执,即报告主管人员,妥为处理之。

第二一条　勤务生如发现乘客中有患病者,应即报告管理人员斟酌办理。

第二二条　勤务生在船服务期间,若有受伤或患病者,应即报告主管人员为之医治,或于船抵埠后令其下船医治,并报告总局。

第四章　管理

第二三条　勤务生在船起居、膳宿之处所及时间,均由管理人员指定之,不得任意更动。

第二四条　勤务生无论请假与否,均不得私自派人顶替,并不得私雇下手。

第二五条　勤务生不得在船上设摊贩卖,或向乘客兜售任何物件。

第二六条　勤务生不得在船上集会,但因公由主管人员召集者,不在此限。

第二七条　勤务生不得有罢工、怠工、阻碍开航、停航或其他任何聚众要挟之行为。

第二八条　勤务生不得有损害本局及各轮船之信用、名誉及营业之行为。

第五章　外出及请假

第二九条　勤务生于轮船抵埠后,应俟所待应之旅客均已上岸,并完毕其应为之事务,经报告管理人员,得其许可后,方准离船。

第三〇条　勤务生因公外出时,应由管理人员签发公出单,始得离船。回船时,即将原单
缴还,但因紧急要公未及预开公出单时,得于公出回船后补开之。

第三一条　勤务生于到船后,如有紧急事故必须暂时离船者,应将详细事由报告管理人
员,经其查明并签发紧急假出单,记明回船时刻,方准离船,事毕回船时,即将原单缴还。

第三二条　勤务生于轮船停泊时,得报明管理人员轮流离船,但至迟应于开船前四小时到
船服务,如轮船在上午九时以前开船者,各勤务生至迟应于前一日下午八时以前到船
服务。

管理人员于每次按时点名,并纪录缺旷及迟到者之姓名、次数,迟到三次者以旷工一日
论,至月终结算,呈报照扣工资。

第三三条　勤务生因病或因事请假在半日以内者,须经主管人员许可,若请假在半日以上
者,应预先开具请假单,填明事由、期限,其因病请假在三日以上者,并须附具医生诊断
书,送经管理人员许可签字,转呈主管人员核准后,汇送本局总务科登记。续假时,亦
同。如工作繁忙或请假单所开事由经主管人员认为无请假之必要时,得不准其请假或
续假。

第三四条　请假或续假未经核准而不到船工作者,以无故旷职论,但其后已奉核准者,不
在此限。

第三五条　勤务生之请假期限,依下列各款之规定:

一　丧假以二十日为限;

二　婚假以十五日为限;

三　除前二款外,每年事假不得超过三十日。超过三十日,照扣其超过部份之工资。超
过二个月以上者,并应即予解雇;

四　病假每年不得超过三个月,超过三个月者,照扣其超过部份之工资。超过六个月
者,并应即予解雇。

第六章　奖惩

第三六条　勤务生之奖励,分为加薪、给奖、记功三项。

第三七条　勤务生有下列事实之一者,得酌量加薪、给奖或记功。

一　关于改善业务之建议,经采择施行具有成效者;

二　消灭临时之重大危害者;

三　轮船发生海难时,竭力救护旅客生命及公众财物者;

四　防杜将发生之危害致不成为事实者;

五　举发弊窦或嫌疑之乘客,经查明属实者;

六　发见偷窃,人赃并获者;

七　一年内工作勤慎从无过误及请假者；

八　具有特别技能而品性纯良者；

九　有其他相当劳绩者。

第三八条　勤务生之惩戒分为开除、扣薪、记过、申诫四项。

第三九条　勤务生有下列情事之一者，应予开除：

一　吸用毒品者；

二　患花柳病者；

三　勒索酒资、私卖铺位或携带无票客人乘船者；

四　夹带私货、梢包或违禁物危险品者；

五　盗窃财物者；

六　侮慢旅客或侮辱职员屡戒不悛者；

七　酗酒、赌博屡戒不悛者；

八　受刑事处分者；

九　顽忽职务致损害公家利益者；

一〇　擅离职守者；

一一　不服调派、指挥情节重大者；

一二　违犯本规则第二十七条、二十八条者；

一三　其他与前列各项情节相当者。

第四〇条　勤务生有下列情事之一者，得按其情节酌量扣薪、记过或申诫。

一　请假逾限者；

二　不按规定穿着制服或佩带证章者；

三　遗失或损坏公物或旅客物件者；

四　怠忽职务者；

五　不在指定地点卧息者；

六　携带物品逾限者；

七　喧哗、戏谑，妨碍旅客安宁者；

八　其他与前列各项情节相当者。

第四一条　勤务生受记功三次者，给奖或加薪；受申诫三次者，扣薪或作为记过一次，记过三次者开除。

第四二条　违犯本规则之属于司法范围者，除依本规则惩戒外，并得移送法院究办。

第四三条　违犯本规则第三十九条及四十条之规定致公家受损害者，除依本规则惩戒外，并得令其赔偿。

第七章 抚恤

第四四条 勤务生于服务期内,因执行职务而致伤病者,经本局查明属实后,按其情节,酌给医药费予以治疗,在治疗期间工资照给,但至多以一年为度,期满暂行停职,必要时,并得予以解雇。

前项医药费之数额,至多不得超过其三个月之工资。

第四五条 勤务生于服务期内,因执行职务而致重伤者,除依前条之规定办理外,如治疗期满尚未痊愈或已成为残废致不能任事时,得按其情节或残废部份之轻重,酌给抚恤费,分期或一次给予之,其数额至多以一年之工资为限。

第四六条 勤务生于服务期内,因执行职务而致死亡时,经本局查明属实后,除一次给予五十元以上一百元以下之丧葬费外,并酌给其遗族抚恤金,分期或一次给予之,其数额至多以一年之工资为限。前条所称遗族,以依法得受扶养权利者为限。

第四七条 前三条之规定,如勤务生因故意或重大过失而致伤病或死亡时,不适用之。

第四八条 勤务生在船服务满三年后,于服务期内非因执行职务而致死亡时,得酌给其遗族抚恤金,但其数额至多以三个月之工资为限。

第八章 附则

第四九条 本规则如有未尽事宜,得随时修正之。

第五〇条 本规则自公布之日施行。

●●国营招商局取缔无票乘轮办法 民国二十五年(1936年)三月十四日交通部令颁

一 应就各埠码头或趸船上装设栅门,并指定旅客上、下路线出入口,于入口处设检票员。

二 搭船旅客应先向各埠码头或趸船上设立之售票处购妥船票,并须经过检票员验明无误,方准上船。

三 迎送旅客人等须凭接、送票上船,各码头出入口处如有未持接送票强欲上船者,检票员得请宪警加以阻止。

前项接、送票由迎送旅客人等向售票处或代售处索取,不收票费。

四 由宪兵司令部酌派宪兵随轮保护查票时,宪兵须随同弹压。

五 难民输送应依照内政、交通、铁道三部公布之铁路轮船运送难民章程办理,由地方政府正式备文运送,如无地方政府正式文件,不准上船。

六 凡查有无票乘船者,不论军民人等,均应照章补票,如有不遵,即于船抵第一次停靠码头时,饬令登岸,并分别送交当地军警机关予以适当之处置,其处置结果应由各该军警机关以书面通知各该埠总分局或办事处。

七 军人眷属乘船须购全票,其使用半票者,应按章补票,随从或勤务兵应按所购客票之舱位、等级乘坐,如有越级,应照章补足票价。

八 由交通部分函宪兵司令部暨有关各省、市政府请分别通饬各埠宪兵及各埠公安机关,于招商局轮船抵埠时,酌派宪警前往码头,照章维持上、下秩序。

九 各埠招商总分局或办事处应与当地宪警长官随时洽商、联络,并须于船舶抵达码头之前,通知当地宪警机关,届时酌派宪警莅场,维持秩序。

一〇 护轮宪兵每轮应派若干及如何换班衔接,由宪兵司令部规定,随时通知招商局。

●●船员检定章程民国二十四年(1935 年)三月二十六日交通部公布,同年(1935 年)十二月十二日修正。

要　　目

第一章　通则

第一条 本章程所称船员,系指在轮船上服务之驾驶员及轮机员而言;前项所称轮船,系指专用或兼用轮机运转之船舶。

第二条 船员均须经交通部检定合格,发给船员证书,始得服务。但在不满二百总吨之轮船服务者,其检定章程另定之。

第三条 驾驶员分甲、乙、丙三种,轮机员分甲、乙二种,各种驾驶员及轮机员分下列等级:

一 驾驶员

船长; 大副; 二副; 三副。

二 轮机员

轮机长; 大管轮; 二管轮; 三管轮。

第二章　资历

第四条　船员检定分原级检定、升级检定及编级检定。

第五条　原级检定,依下列各款之规定:

一　在舱面继续服务及充当驾驶员共满八年,并曾充或现充船长者,得受船长原级检定。

二　在舱面继续服务及充当驾驶员共满六年,并曾充或现充大副者,得受大副原级检定。

三　在舱面继续服务及充当驾驶员共满四年,并曾充或现充二副者,得受二副原级检定。

四　在舱面继续服务已满二年,并曾充或现充三副者,得受三副原级检定。

五　在机舱继续服务及充当轮机员共满八年,并曾充或现充轮机长者,得受轮机长原级检定。

六　在机舱继续服务及充当轮机员共满六年,并曾充或现充大管轮者,得受大管轮原级检定。

七　在机舱继续服务及充当轮机员共满四年,并曾充或现充二管轮者,得受二管轮原级检定。

八　在机舱继续服务已满二年,并曾充或现充三管轮者,得受三管轮原级检定。

第六条　大副服务满三年,其他各级船员服务满二年者,得受升级检定,但均以领有各该级证书者为限。

第七条　编级检定,依下列各款之规定:

一　在舱面服务及从事驾驶员工作共满四年者,得受二副编级检定。

二　在舱面服务已满二年者,得受三副编级检定。

三　在机舱服务及从事轮机员工作共满四年者,得受二管轮编级检定。

四　在机舱服务已满二年者或有第九条第二款至第四款所规定之资格者,得受三管轮编级检定。

五　在本国或外国商船专科学校、海军学校或其他相当学校毕业者,得受二副、三副或二管轮、三管轮编级检定。

第八条　驾驶员舱面服务时间之计算,依下列标准:

一　从事轮船驾驶员工作者,均作舱面服务计算。

二　充任轮船舵工、水手职务者,其工作亦作舱面服务计算,但舵工以二年为限,水手以一年为限,曾任两职者,仍以二年为限。

三　在本国或外国商船专科学校、海军学校或其他相当学校毕业生,除依第七条第五款之规定得受二副或三副之编级检定外,其在校学习驾驶课程之时间作舱面服务计算,但以二年为限。

四　在其他专科学校毕业,其学习驾驶课程之时间作舱面服务计算,但以二年为限。

五　练习生在船上练习航海时间作舱面服务计算,但以二年为限。

六　领江之资历作舱面服务计算,但满十年者以四年为限,未满十年者以二年为限。

在舱面非学习或非从事驾驶员之工作及在未满五十总吨轮船之工作,均不作舱面服务计算。

第九条　轮机员机舱服务时间之计算,依下列标准:

一　从事轮机员工作者,均作机舱服务计算。

二　充任轮船机匠、电灯匠、铜匠、加油等职务者,其工作时间作机舱服务计算,但以二年为限。

三　在机械工厂实习轮机制造或修理之时间作机舱服务计算,但以二年为限。曾在工厂及机舱服务者,合计仍以二年为限。

四　在本国或外国商船专科学校、海军学校或有机械试验厂之工业专科学校毕业生,除依第七条第五款之规定得受二管轮或三管轮之编级检定外,其在校学轮机课程之时间作机舱服务计算,但以二年为限。

五　在专科以上之学校毕业,其学习数理课程之时间以二分之一作机舱服务计算,但以一年为限。

第一〇条　甲种轮机员工作之轮机,其汽机须在一千匹实马力以上,油机须在二千五百匹锁制马力以上,乙种轮机员工作之轮机,其汽机须在一百八十匹实马力以上,油机须在三百七十匹锁制马力以上。

第一一条　声请甲种船长原级检定者,至少须已充任远洋轮船船长职务二年以上,但曾在本国或外国商船专科学校、海军学校或相当学校毕业或曾经考验及格而领有甲种船长证书者,虽现充乙种船长职务,亦得声请甲种船长原级检定。

声请乙种船长原级检定者,至少须已充任远洋轮船大副或近海轮船船长职务二年以上,但曾在本国或外国商船专科学校、海军学校或相当学校毕业或曾经考验及格而领有乙种船长证书者,虽现充丙种船长职务,亦得声请乙种船长原级检定。

声请甲种大副原级检定者,至少须已充任远洋轮船大副职务二年以上。

声请乙种大副原级检定者,至少须已充任近海轮船大副职务二年以上。

其他驾驶员声请原级检定者,至少须在其所请证书种类轮船上充任各该职务一年以上。

第一二条　声请船长、轮机长、大副、大管轮检定者年龄须满二十七岁,声请其他各级船员检定者须满二十二岁。

第一三条　曾充海军军官者,得附具履历及各种证明文件,依本章程之规定声请检定。

第一四条　外籍船员请领证书时,除依本章程之规定外,并须呈缴国籍证书及曾在中国轮船服务二年以上而领有技术品行优良之证明书,但在外国确有长期航海经验而技术特别优良者,其在中国服务年限得酌量缩减。

前项所列书表,均须用中国文字,原件系外国文字者,应译成中文,连同原件或其照片,一并呈送。

第一五条　有下列情事之一者,不得受检定:

一　受一年以上徒刑之宣告,或褫夺公权尚未复权者;

二　受撤销船员证书之处分者;

三　受收回船员证书之处分,尚未满期者。

第三章　手续

第一六条　声请检定者,须呈送履历调查表、服务或实习报告书、体格检查表、其他证明文件及最近半身相片三张。

第一七条　声请检定者之服务资历,应以各该员之本管船长或船东或船东代理人所签具之服务报告书或证明书为准。其工厂资历,应以该工厂厂长所签具之实习报告书为准。

第一八条　声请升级检定者,须执有本管船长所签具在服务期间任事勤敏、技术增进、品行良善之服务报告书。

第一九条　本管船长或船东或船东代理人或工厂厂长为船员签具服务报告书、实习报告书或证明书时,须亲自签名盖章,如证明事件有虚伪捏冒情事,援刑法第二百一十二条之规定送法院治罪。

第二〇条　声请检定者须经交通部指定之医师检验体格,证明下列各款:

一　身体健全;

二　目力良好无色盲病;

三　耳听聪敏;

四　无神经病。

前项证明如发生疑义时,交通部得另指定医师重行检验。

第二一条　声请检定者应缴证书费五元、印花费二元及下列考验费。

船长或轮机长　十元;

大副或大管轮　八元;

二副或二管轮　六元;

三副或三管轮　四元。

考验费不论声请者为新领或换领证书,应按其等级分别缴纳。

第二二条　声请检定而未应考验或考验不及格者,发还证书费、印花费,声请检定者经审查合格免予考验时,发还考验费。

第四章　考验

第二三条　船员检定考验科目,如下:

甲　驾驶员考验科目

一　普通科目

国文;

外国文;

游泳。

二　驾驶科目

驾驶学(包括天文、驾驶、气象、罗经、海图);

船员职务(包括货物装运、船舶管理);

引港学(包括避碰章程信号);

船艺(包括造船轮机常识)。

乙　轮机员考验科目

一　普通科目

国文;

外国文;

游泳。

二　轮机科目

机械常识;

轮机学;

绘图学;

机舱服务。

各级船员考验各科细目另定之。

第二四条　声请检定者,除甲种船员及乙种船长外,得以口试代笔试。

第二五条　检定不合格者,得于两个月以后补考不及格科目,或六个月以后重行全部考验,或经审核其学识、经验、品性,酌给低一种或低一级或二级之证书。

第五章　证书

第二六条　驾驶员证书分下列三种:

一　甲种驾驶员证书　受检定合格,堪充远洋轮船驾驶员者发给之。所称远洋轮船,系指航行达于国外而航线在四百五十海里以上者。

二　乙种驾驶员证书　受检定合格,堪充近海轮船驾驶员者发给之。所称近海轮船,系

　　　　指航行中国海岸或航行达于国外而航线不及四百五十海里者。

　　三　丙种驾驶员证书　受检定合格,堪充江湖轮船驾驶员者发给之。所称江湖轮船,系指航行江湖或港口而航线距最近陆地不逾二十海里者。

第二七条　曾在本国或外国商船专科学校、海军学校或相当学校毕业,富有天文、驾驶、船艺等学识及航海各种经验者,发给甲种或乙种驾驶船员证书。如系船上练习舵工水手出身者,发给乙种或丙种驾驶员证书。

第二八条　领有甲种驾驶员证书者,得充乙种或丙种同级之职务;领有乙种证书者,得充丙种同级或甲种低一级之职务;领有丙种证书者,得充乙种低一级之职务。

　　领有驾驶员证书,并曾充高一种低一级之职务满二年者,得声请检定,换给高一种原级证书。但非在本国或外国商船专科学校、海军学校、其他相当学校毕业者,须经考验合格,始得换给甲种证书。

第二九条　轮机员证书分下列二种:

　　一　甲种轮机员证书　曾在本国或外国商船专科学校、海军学校或相当学校毕业,富有机械及轮机经验,经检定合格,堪充甲种轮机员者,发给之。

　　二　乙种轮机员证书　曾在机械工厂实习或轮船机舱服务,合于第七条及第九条之规定,领有证书,经检定合格,堪充乙种轮机员者,发给之。

第三〇条　领有乙种轮机员证书,并曾充相当轮机员职务满二年者,得声请检定,换给甲种同级证书。

　　但非在本国或外国商船专科学校、海军学校或其他相当学校毕业者,须经考验合格,始得换给甲种轮机长证书。

第三一条　在总吨数一千吨以下,行驶一定航线轮船服务之船员,应受该轮船航线或马力之限制,此项航线及马力并须注明于船员证书上。

第三二条　船员证书自发给之日起,以五年为有效期间。

第三三条　船员证书遗失时,应即登报声明作废,并应取具本管船长或船东或船东代理人之证明书。

　　将遗失情形呈报交通部审核补发,并缴证书费、印花费。船员证书破损时,应将原证书缴销,呈请换发新证书,并缴证书费、印花费。

第六章　免考

第三四条　声请船长或轮机长之检定者,如具有下列资格之一,经审查合格后,得免予考验,发给证书。

　　一　未经领有交通部船员服务证书、商船职员证书或船员证书,而在中国充任船长或轮机长在十年以上者。

二　领有交通部船员服务证书、商船职员证书或船员证书后,曾在中国充任甲种或乙种
　　船长或甲种轮机长在五年以上者。

前项船长,以在总吨数超过一千吨之轮船服务者为限。

第三五条　声请检定者,除依前条之规定外,如具有下列资历之一,经审查合格后,得免予
　考验发给证书。

一　领有交通部船员服务证书、商船职员证书,曾充任各该级职务一年以上而无过失,
　　请求原级检定者。

二　领有交通部船员服务证书、商船职员证书或船员证书,曾充任各该级职务二年以上
　　而无过失,请求升级检定者。

第七章　罚则

第三六条　船员犯下列各款行为之一者,经交通部查核属实,得撤销或收回其证书。

一　因职务上应为而不为,或不应为而为,以致破坏船舶或损失他人生命财产者,撤销
　　其证书;

二　私自夹带或贿纵他人私带违禁物品者,撤销其证书;

三　因酗酒或其他失当行为,致发生碰撞或搁浅情事,得按其情节轻重,撤销或收回其
　　证书;

四　现处徒刑或褫夺公权尚未复权者,撤销或收回其证书。

前项收回证书,由交通部按其情形,酌定收回之期间,期满后,得由该船员呈请发还。

第三七条　船员证书撤销后,交通部得酌量情形,予以检定考验或改发低一种或低一级或
　低二级之船员证书。

第八章　附则

第三八条　本章程自公布日施行。

●●未满二百总吨轮船船员检定暂行章程民国二十三年(1934 年)四月九日交通部公布,二十四年(1935 年)十二月十二日修正。

第一条　本章程所称轮船,指二十总吨以上未满二百总吨专用或兼用轮机运转之船舶而言。

第二条　本章程所称船员,如下:

一　驾驶员;

二　轮机员。

驾驶员分正舵工、副舵工,轮机员分正司机、副司机。

第三条　船员之检定,由交通部派员赴各航政局及各航政局办事处所在地举行之。

第四条　船员检定分升级检定、原级检定二种,升级检定依下列之规定:

一　曾在舱面工作满二年而有相当技能者,得受副舵工检定;

二　充副舵工满二年,执有副舵工证书者,得受正舵工检定;

三　曾在机舱工作满二年而有相当技能者,得受副司机检定;

四　充副司机满二年,执有副司机证书者,得受正司机检定。

曾充或现充正舵工、副舵工或正司机、副司机之职务满一年者,得受原级检定。

第五条　受检定者年龄须满二十岁。

第六条　声请检定者应于检定期前,向船籍港之航政局或航政局办事处呈缴履历报告书、最近二寸半身相片二张、检定费一元、印花费一元、体格检查费二元,转呈交通部检定。

第七条　船员体格检查,由交通部指定医师在检定时举行之。

第八条　检定合格者由交通部发给证书,毋庸另缴证书费。其不合格者,得领回印花费。

第九条　船员检定科目如下:

一　驾驶员检定科目

国文;

引港;

操舵术;

气象;

船员职务;

避碰章程。

二　轮机员检定科目

国文;

锅炉;

汽机或油机;

副机;

机舱管理。

上列各科目,除国文外,得以口试举行之。

第一〇条　船员证书自发给日起以五年为有效期间。

第一一条　船员证书遗失时,应即登报声明作废,并将遗失实情呈报交通部审核补发新证书。船员证书污损时,得将原证书缴销,呈请换发新证书。补发或换发新证书时,应缴证书费二元、印花费一元。

第一二条　船员如因职务上过失以致损伤人命、破坏船舶或违反法令者,交通部得按其情节轻重,撤销或暂时收回其证书。

第一三条　本章程公布后,船员在每次受雇卸职及调船或调职时,均须先到当地航政局或航政局办事处免费登记,不登记者,其服务资格无效。

第一四条　未领有证书之船员,应于本章程公布日起六个月内声请检定。

第一五条　本章程自公布日施行。

附书式一　未满二百总吨轮船船员声请检定书

姓　　名		履历报告书	
年　　龄		二寸半身相片	
籍　　贯		检　定　费	
住　　址		印　花　费	
声请等级		体格检查费	

谨呈

交通部　航政局

交通部　航政局办事处转呈

交通部

中国民国　年　月　日　声请人　　　　盖章　　　　署名

附书式二　未满二百总吨轮船船长履历报告书

姓名	年龄	籍贯	住址		已领证书	请领证书	出身		
船名	船之种类	航线起讫	总吨数	轮机种类	马力	职别	工作时间	船东	船籍港
备考									
中华民国　　年　　月　　日　船员　　盖章　　　署名									

●●海事报告暂行办法民国二十五年(1936 年)十月十五日交通部公布

一 本国轮船除二百吨以下,并专行驶内江者外,如遇有失事故障等,应依照海商法第五十条之规定,作成海事报告。

二 海事报告应送呈航政局盖印签证。

三 海事报告之签证得于下列处所为之。

　一 失事后,轮船或该船长等最先到达港所之航政局;

　二 轮船船籍港之航政局。

四 海事报告应由船长为之,但除有特殊情形外,须由大副或轮机长共同签名。

五 海事报告之签证,分为下列二种:

　甲种 凡因轮船失事、故障等致发生共同海损,即海商法第七章各条所规定之关系时,用之;

　乙种 仅为单纯海损,无共同海损时,用之。

六 海事报告书由交通部印发,各航政局处失事轮船船长应就近按照下列费用,亲自向应为签证之航政局领用之。

　甲种,每次四元。

　乙种,每次二元。

七 轮船如已向航政局为乙种海事报告之签证后,发现共同海损情事,得重为第二次甲种海事报告之签证。

八 海事报告之签证,每次应备四份,一份由航政局呈部备案,一份由航政局存查,二份发交船舶所有人或船长。

九 轮船失事如在外国时,应系照规定格式作成海事报告,呈请当地领事官或官厅盖印签证。但仍应将二份寄呈船籍港之航政局,分别呈部存查。

一〇 海事报告之签证如无特别原因,应于失事后一月内为之。

一一 本办法自公布之日施行。

●●海关管理航海民船航运章程民国二十二年(1933 年)十七日行政院公布,二十四年(1935 年)九月二十七日修正,二十五年(1936 年)八月八日再修正。

一 凡中国航海贸易民船(以下简称航海民船),不论其容量多寡,均应向海关注册,请领航运凭单及往来挂号簿(此项航海民船,系指在中国沿海行驶,经营国内或外洋贸易之民船而言)。

凡航海民船容量二百担以上者,可向海关注册经营国内或外洋贸易。其容量未满二百担者,仅可向海关注册经营国内贸易,不准经营外洋贸易。

凡具有特殊情形之地方,如两广等处各水道内所有容量未满二百担之民船,亦可向海关注册经营外洋贸易,由关另订章程管理之。但该项民船如在他处地方经营外洋贸易,一经查获,海关得将船货一并充公。

前项民船呈请注册之船名,不得与同区域内已注册民船船名之字形或字音相同,或易于相混。

二 凡航海民船,未经注册擅在海面行驶,经营国内或外洋贸易者,一经查获,海关得将船货一并充公,或处该船业主或船长以国币五百元以下之罚金,或除将船货充公外,并科以罚金。

三 凡航海民船容量二百担以上者,其业主或船长呈请注册时,应呈验交通部所发国籍证书,并领取海关所制之航海贸易民船请领航运凭单及往来挂号簿申请书,逐项填明,由该船业主或船长签印,并另觅民船船商公会,或殷实店铺,或银号,在该项申请书内签印,保证该船业主或船长在书内所报各项均属确实,并切实遵守一切关章,呈由海关审查无误,即取该口地名一字编号(如沪字第　号),注册发给航运凭单。所编注册号数,应在该船大桅下段及水手房外之板上明显烙印,并须遵照本章程第六条内规定之颜色,在船首之两旁及船尾将注册号数书明,但烙印及书写号数时,应将编号之华字地名一并标明,倘不遵照以上注册手续办理,即不发给该船往来挂号簿,其未领有挂号簿擅自开行者,得照本章程第二条罚办之。至容量未满二百担之航海民船呈请注册之手续,亦按上列办法办理,惟无庸呈验国籍证书。

四 凡航海民船领到海关航运凭单准备开行时,应由关发给该船往来挂号簿,载明该船注册号数,并将该船是否准许往来外洋或国内贸易及该船往来行驶航线,一并注入簿内,以凭查考。

五 凡已注册之航海民船,应于每年一月间,向就近海关或海关卡所重行登记。登记时,应先领取海关所制之航海贸易民船续领航运凭单及往来挂号簿申请书,逐项填明,由该船业主或船长签印,并另觅民船船商公会,或殷实店铺,或银号,在该项申请书内签印,保证该业主或船长切实遵守一切关章。如违本条之规定,海关得将该船充公,或处该船业主或船长以国币二百元以下之罚金,或除将该船充公外,并科以罚金。

六 凡航海民船在船头两旁及船尾书写注册号数时,其容量二百担以上往来外洋贸易者,应用白字黑地;经营国内贸易者,应用黑字白地;其容量未满二百担经营国内贸易者,用黑字白地,外加黑长方框。又,容量未满二百担之民船在具有特殊情形之地方,按照特订章程(参阅本章程第一条)准予往来外洋贸易者,应用白字黑地外加白长方框,船头两旁如有相当地方,其字之大小应高在一公尺以下,半公尺以上,宽度须比例相称,船尾之字可酌量规定,其式应自地名起向右横列。以上书写注册号数手续,由该船业主或船长办理完竣后,应请由海关验看是否合格,如违本条之规定,得照本章程第二条罚办之。

七　凡航海民船容量二百担以上,经营国内贸易者,如欲改营外洋贸易或经营外洋贸易者,改营国内贸易时,应向海关呈请,经关查明核准后,即由关在该船往来挂号簿内将航线照予更改,并由该船将船首、船尾原书注册号数遵照本章程第六条之规定改换颜色,重行书明后,方准按照新航线行驶。如违本条之规定,得照本章程第二条罚办之。

八　凡航海民船无论靠岸或航行时,应将下列各项单照常置船上,以备关员随时查验。甲、航运凭单;乙、往来挂号簿;丙、该管机关所发自卫军火执照(指置有自卫军火者而言);丁、所载货物之舱口单。

上项舱口单应照规定格式,将装载货物件数、起运、指运口岸及其他一切事项逐一填明,不得遗漏,并应注明何舱、何货,其散舱货物亦应将货物重量、容量于单内详细列明。至其他单据,如提货单、售货单以及货主信件、民船装货簿等,如经关员调验,亦须即时检呈,倘无以上各项单照或有意规避关员查验者,得照本章程第二条罚办之。

九　凡航海民船驶抵已设关卡口岸,应由该船船长立将航运凭单、挂号簿及舱口单直接呈关报请进口,如由已设关卡口岸开行,亦应报请结关,其进口或结关时,均应请由该处海关按照所报各项登入挂号簿内。如驶往外国口岸贸易者,该船业主或船长应将挂号簿呈由驻在该处之中国领事或该国海关或地方官署,将进出口情形登入挂号簿内。如违本条之规定,得将船货一并充公,或将该船业主或船长处以国币二百五十元以下之罚金,或除将船货充公外,并科以罚金。

一〇　海关得随时令航海民船之业主或船长,将自挂号簿内末次登记之日起所有该船往来行程详细说明,如不遵办或其说明海关认为有违章情形时,海关得将该船扣留,并得按照本章程第二条罚办之。

一一　凡往来外洋贸易之民船,不得驶往中国沿海未设关卡之地方贸易。违者得将该船及所载货物连同正在装卸之货一并充公,或将该船业主或船长处以国币七百五十元以下之罚金,或除将船货充公外,并科以罚金。

凡经营国内贸易之民船不得驶往国外地方贸易,违者得将船货一并充公,或将该船业主或船长处以国币五百元以下之罚金,或除将船货充公外,并科以罚金。

一二　凡航海民船容量二百担以上者,遇有售卖过户情事,应向海关呈验换发国籍证书,由关重行注册,换发航运凭单及往来挂号簿后,方准行驶。其容量未满二百担之民船,遇有售卖过户情事,亦应按照上列办法办理,惟无庸呈验国籍证书。如违犯本条之规定,海关得将该船充公,或将该船业主或船长处以国币二百元以下之罚金,或除将该船充公外,并科以罚金。

一三　凡渔船不得经营贸易,违者即将船货充公。

一四　凡航海民船,无论经营国内或国外贸易,不得从事渔业,违者得将该船业主或船长处以国币二百元以下之罚金。

一五　凡渔船欲经营贸易者,应由该船业主或船长呈请海关核准后,将该船渔业执照或按照现行渔业章程所领与渔业执照有同等效力之单照呈关存留,并应按本章程之规定呈请注册请领航运凭单及往来挂号簿,作为贸易民船。嗣后,该船如呈请改为渔船时,海关应将原有该船渔业单照发还,并在该船往来挂号簿内注销,即不得再经营贸易,如违本条之规定,海关得按照本章程第十三条或第十四条罚办之。

一六　凡航海民船,无论经营国内或国外贸易,如欲改营渔业,应由该船业主或船长呈请海关核准后,将所领渔业执照或按照现行渔业章程所领与渔业执照有同等效力之单照呈验,由关于该船往来挂号簿内注明改为经营渔业,不得再行贸易。如违本条之规定,海关得按照本章程第十三条或第十四条罚办之。

凡注册经营国内贸易之航海民船,如欲在未设关卡地方贸易后改营渔业者,得于改业以前末次结关时,由该船业主或船长呈请海关核准后将所领渔业执照或按照现行渔业章程所领与渔业执照有同等效力之单照呈验,由关在该船往来挂号簿内注明"某年、某月、某日装有某项货物或空船压载,自某处结关,遵照国内贸易章程开往某处,将来该船到达指运口岸,将货卸清后,准其改营渔业某日为止"。但该船在改营渔业之时,不得兼营贸易,如于未经准许恢复经营贸易以前有私行装运货物情事,海关得按照本章程第十三条罚办之。

一七　凡已注册之航海民船,如在海面沉没或因拆卸及他故停止行驶时,应向原注册海关报明,请将原注册号数取销,违者得将该船业主或船长或保证人处以国币一百元以下之罚金。

一八　凡中国沿海设有关卡,准许航海民船往来外洋贸易之各地,应由海关列入航海民船挂号簿内。

一九　本章程除在沿海各关卡显明之处分别张贴外,并应印入航海民船挂号簿内。

二〇　本章程遇必要时,得修正之。

二一　本章程自公布之日施行。

航海贸易民船请领航运凭单及往来挂号簿申请书一

窃(姓名)现有自置、带船名(船名)一艘,拟在中国沿海往来贸易,所有关于航运事宜,自应遵照海关管理航海民船航运章程办理,理合备文,呈请鉴核准予注册,并发给特运凭单及往来挂号簿,俾资营业。谨呈。

关税务司

船名	
船舶种类	
帆桅数目	
船长	
船宽	
船深	
容量	
业主姓名、住址	
船长姓名、住址	
航行路线	
船员人数	
自卫枪械	
发给自卫枪械执照机关及执照号数	

具呈人（姓名、住址）签印

兹保证,该具呈人以上所报事项完全无讹,并切实遵守海关一切章则,如有违犯关章情事,愿负完全责任。

保证人（商号、住址）签印

中华民国　　　　　年　　　　月　　　　日

（此书系备容量未满二百担之民船所用）

航海贸易民船请领航运凭单及往来挂号簿申请书二

窃（姓名）现有自置、带民船（船名）一艘,业经呈奉交通部航政局发给国籍证书,在案兹拟行驶贸易,所有关于航运事宜,自应遵照海关管理航海民船航运章程办理,理合检同国籍证书备文呈请。　　鉴核准予注册,并发给航运凭单及往来挂号簿,俾资营业。谨呈。

关税务司

船名	
船舶种类	
帆桅数目	
船长	
船宽	
船深	
容量	
业主姓名、住址	
船长姓名、住址	
航行路线	
国籍证书号数	
国内外贸易	
船员人数	
自卫枪械	
发给自卫枪械执照机关及执照号数	

具呈人(姓名、住址)签印

兹保证,该具呈人以上所报事项完全无讹,并切实遵守海关一切章则。如有违犯关章情事,愿负完全责任。

保证人(商号、住址)签印

中华民国　　　　　年　　　　月　　　　日

(此书系备容量二百担以上之民船所用)

航海贸易民船续领航运凭单及往来挂号簿申请书三

窃(姓名)自置、带民船(船长)一艘,前于　年　月　日曾奉

贵关发给第　号航运凭单及往来挂号簿,准予行驶贸易。在案兹查该项单簿按章已届续领之期,理合检齐,该项单簿备文呈请

鉴核,准予换发新航运凭单及往来挂号簿,俾资营业。谨呈。

关税务司

船名	
船舶种类	
帆桅数目	
船长	
船宽	
船深	
容量	
业主姓名、住址	
船长姓名、住址	
航行路线	
国籍证书号数	（容量未满二百担之民船无须填具此款）
国内外贸易	（容量未满二百担之民船仅准在国内贸易）
船员人数	
自卫枪械	
发给自卫枪械执照机关及执照号数	

具呈人（姓名、住址）签印

兹保证，该具呈人以上所报事项完全无讹，并切实遵守海关一切章则。如有违犯关章情事，愿负完全责任。

保证人（商号、住址）签印

中华民国　　　　年　　　　月　　　　日

●●航商组织补充办法民国二十三年(1934 年)三月二十一日国民政府公布,二十五年(1936 年)九月十九日修正。

一　凡轮船或民船、公司、行号,应遵照工商同业公会法及商会法,分别组织同业公会加入商会(理由)。本项之规定系二十年九月交通部撤销航业公会组织规则前,训练部通函各地航业团体应依商人团体组织法规改组或组织之旧案为根据,惟轮船与民船之营业范围、运转动力及其经营者之意识彼此不同,征之事实混合组织至多不便,故为规定分别组织之原则。

二　未设立公司行号之轮船或民船曾正式向官厅登记者,得以其牌号为参加同业公会之单位(理由)。轮船或民船之未设立公司、行号者,多以其船只牌号直接经营业务,除有移动性质外,几与普通商店无异,而其营业状况、资本数量、使用人数且有超过普通商店若干倍以上者,自不能不使有参加团体组织之机会,故设本项以为之救济。

三　轮船或民船业同业公会之区域除依照工商同业公会法之规定外,经最高监督机关之核准,得依其航行区域分别在各该公司、行号所在地立公会,如该公司、行号有总、分公司行号时,并应各别加入各该所在地之各该同业公会,如该地同业不满七家及未设立公司、行号者,得加入航线所经任一县、市之各该同业公会。

(理由)轮船或民船之航线常跨数县、市或数省,其未设公司、行号者又来往无定,故其组织之区域有不能完全应用县、市之规定者,前此长江各埠航商请求另订单行法规,即以此为理由之一,故规定本项,以为之救济。

四　轮船或民船业同业公会之最高监督机关为交通部,除关于成立解散及有关会务组织等事项应随时呈由地方政府转送交通部核准,并分送实业部备查外,其关于航业行政上重大事项,应迳呈交通部核办。

(理由)同业公会与商会有一贯之系统,依法以实业部为最高监督机关,而航业行政又属交通部之职权,为维持航业行政之便利及商人团体之系统一贯,故为本项之规定。

●●铁道部分掌事务章程民国二十一年(1932 年)八月十五日铁道部修正公布,二十五年(1936 年)九日三十日再修正。

第一条　参事办事处称参事厅,设下列各组:

一　法制组;

二　审复组;

三　编订组;

四　纂修组。

第二条　参事厅法制组掌下列事项：

一　关于法案、命令之撰拟事项；

二　关于法案、命令之核议事项；

三　关于法案、命令之解释及适用事项；

四　关于本部规章撰拟、审查事项；

五　关于法规会议事项；

六　关于部长、次长特交事项；

七　关于本厅不属各组事项。

第三条　参事厅审复组掌下列事项：

一　关于铁道政策及施政方针之拟议事项；

二　关于合同条约之拟议及适用事项；

三　关于各路法规之起草事项；

四　关于行政诉讼、诉愿事项；

五　关于陈诉及控告事项；

六　关于评议各种条陈事项。

第四条　参事厅编订组掌下列事项：

一　关于本部公布之法规编辑事项；

二　关于各路法规核准、备案、登记事项；

三　关于府院令行各种法规编存事项；

四　关于各院部令行各种法规编存事项；

五　关于法规、合同、条约之印行、保管事项；

六　关于有关法规之公文函电记录事项；

七　关于工作报告事项。

第五条　参事厅纂修组掌下列各事项：

一　关于铁道史料征集事项；

二　关于铁道史编纂印行事项；

三　关于铁道史编纂会议事项；

四　其他关于撰著事项。

第六条　秘书办事处称秘书厅，设下列各室：

一　机要室；

二　研究室。

第七条　机要室分设二组，研究室分设四组。

第八条　机要室第一组掌下列事项：

一　关于机密公文函电之收发、撰拟事项；

二　关于密电之收发、翻译及保管事项；

三　关于电码之编制及分发使用事项；

四　关于机密文件及重要合同保管事项；

五　关于典守印信事项。

第九条　机要室第二组掌下列事项：

一　关于秘书厅公文收发事项；

二　关于部务会议事项；

三　关于秘书厅一般公文函电撰拟事项；

四　关于秘书厅一般不属其他室组事项。

第一〇条　研究室第一组掌下列事项：

一　关于国有铁路经济之调查及研究事项；

二　关于铁路行政效率之研究事项；

三　关于国有铁路有关系各地方经济之调查及研究事项；

四　关于国有铁路有关系之各种交通问题之调查及研究事项；

五　关于特种调查及研究事项。

第一一条　研究室第二组掌下列事项：

一　关于执行本部及附属机关统一统计行政事项；

二　关于本部及国营、公营、民营各铁路及公路各项统计之征集、整理、登记、编制、考核、指导事项；

三　关于全国统计本部主管表件之编送事项；

四　关于国有铁路统计刊物之编制事项；

五　关于绘制各项铁道统计图表事项；

六　关于各国铁道统计之调查、编译事项。

第一二条　研究室第三组掌下列事项：

一　关于文件之迻译事项；

二　关于编造行政报告事项；

三　关于铁道公报、铁道半月刊等刊物之编辑事项；

四　关于各种有关铁路出版物之介绍事项；

五　关于报章记载之摘剪保管事项；

六　关于宣传文字之撰拟、编印事项。

第一三条　研究室第四组掌下列事项：

一　关于图书阅览室之管理事项；

二　关于图书之购置、登记、分类编目、流通及保管事项；

三　关于本部中西报章之订阅及管理事项；

四　关于本部公报及出版品、印刷招登广告发行管理事项；

五　其他研究室收发及庶务事项。

第一四条　总务司设下列各科：

一　文书科；

二　人事科；

三　育才科；

四　会计科；

五　事务科。

第一五条　总务司文书科掌下列事项：

一　关于公布部令事项；

二　关于公文函电之撰拟事项；

三　关于文件之收发、分配事项；

四　关于文电卷宗之保存、借阅事项；

五　关于文件之缮校事项。

第一六条　总务司人事科掌下列事项：

一　关于本部及所属各机关职员任免之登记事项；

二　关于本部及所属各机关职员之考成及奖惩、抚恤事项；

三　关于本部及所属各机关职员之叙薪事项；

四　关于所属各机关职员之谒见事项；

五　其他关于人事事项。

第一七条　总务司育才科掌下列事项：

一　关于铁道行政及技术人员之养成及训练事项；

二　关于交通大学事项；

三　关于毕业生之分发实习事项；

四　关于铁道附属学校事项；

五　关于留学事项；

六　关于其他与铁道有关之学务事项。

第一八条　总务司会计科掌下列事项：

一　关于本部行政经费之预算、决算事项；

二　关于本部款项之收支及保管事项；

三 关于部款出纳之登记事项;

四 关于本部财产之保管事项。

第一九条 总务司事务科掌下列事项:

一 关于本部物品之购置及保管事项;

二 关于本部官署之清洁及修理事项;

三 关于对外交际典礼及指挥差役事项;

四 其他一切庶务事项。

第二○条 业务司设下列各科:

一 营业科;

二 运输科;

三 劳工科。

第二一条 业务司营业科掌下列事项:

一 关于铁道营业设备需要之审定事项;

二 关于客货营业及特别营业之调查事项;

三 关于编订及修改客货运输通则并审核各路附则事项;

四 关于客货运价之规定及审核并修改增减各事项;

五 关于与铁道有关之各种运输营业之调查事项;

六 关于省有、民有及专用铁道业务之监督及调查事项;

七 关于铁路警务事项;

八 关于铁路附属事业之监督及调查事项;

九 关于国道业务事项;

一○ 关于国际铁路营业事项;

一一 其他不属于本司各科事项。

第二二条 业务司运输科掌下列事项:

一 关于铁道运输之整理及机车车辆之调度与支配事项;

二 关于国有铁道行车之监督及计划事项;

三 关于审核、添购、改造及修理机车车辆及购买行车材料各事项;

四 关于与铁路有关各种运输及行车之调查事项;

五 关于编订及修改行车规章事项;

六 关于核转各项运输账目事项;

七 关于审查各路电报电话及行车电话事项;

八 关于行车事变路线通阻等报告之稽核事项;

九 关于各种车证或凭单之制订及审查事项;

一〇　关于其他运输上之一切事项。

第二三条　业务司劳工科掌下列事项：

一　关于铁道员工之待遇及保障事项；

二　关于铁道工人教育事项；

三　关于铁道工会组织之调查事项；

四　关于铁道工人争执纠纷之裁决事项；

五　关于铁道工资之增减事项；

六　关于铁道工人生活之改良事项；

七　关于铁道工人之其他事项。

第二四条　财务司设下列各科：

一　理财科；

二　计核科；

三　债务科；

四　调查科。

第二五条　财务司理财科掌下列事项：

一　关于铁道款项之调剂、保管事项；

二　关于铁道改良、扩充建设之筹款事项；

三　关于铁道财产之处理事项；

四　关于铁道土地之收买、租借、处分事项；

五　关于铁道附属事业之财务事项；

六　关于国道财务事项；

七　其他不属于本司各科事项。

第二六条　财务司计核科掌下列事项：

一　关于铁道预算、决算之编制、审核事项；

二　关于铁道账目单据款项及债务账目之稽核事项；

三　关于铁道会计事项；

四　关于国有铁道预算之监督、执行事项；

五　关于省有、民有铁道财务之监督事项；

六　关于审核国有铁道收支计算书事项；

七　关于派员稽核国有铁道账目事项；

八　关于国有铁道购料款项支出之审核事项。

第二七条　财务司债务科下列事项：

一　关于国有铁道债务之整理、偿还事项；

二　关于发行国有铁道公债事项；

三　关于国有铁道借款合同之审查及修改事项；

四　关于省有、民有铁道债务之审核事项。

第二八条　财务司调查科掌下列事项：

一　关于国有铁道经济之调查计划事项；

二　关于国有铁道及国道已成、未成线有关系各地方经济状况之调查研究及规划发展事项；

三　关于国有铁道终点及沿线附属区域市街港埠之经济设计事项；

四　关于特别调查事项。

第二九条　工务司设下列各科：

一　工程科；

二　机务科；

三　设计科。

第三〇条　工务司工程科掌下列事项：

一　关于保养铁道国道工程之监督、管理、扩充及改良事项；

二　关于建筑、保养国有铁道及国道工程施工程序之核定、工事进行之监理事项；

三　关于建筑、保养国有铁道及国道工程时期工程购料、用料之核定考查事项；

四　关于国有铁道及国道工程用料工厂之建设经营事项；

五　关于建筑、保养国有铁道终点沿线附近市街港埠施工程序之核定及工事进行之监理事项；

六　关于国有铁道、国道附属事业之各项设备工程之监核事项；

七　关于省有、民有铁道及省道工程事宜之监核事项；

八　其他不属于本司各科事项。

第三一条　工务司机务科掌下列事项：

一　关于保养国有铁道及国道机务之监督、管理、扩充及改良事项；

二　关于建筑、保养国有铁道及国道机械施工程序之核定工事进行之监理事项；

三　其他建筑、保养国有铁道及国道工程时期、机务购料之核定、考查事项；

四　关于国有铁道及国道机务用料工厂之建设、经营事项；

五　关于国有铁道及国道附属事业之各项设备机务之监核事项；

六　关于国有铁道及国道之电务事项。

第三二条　工务司设计科掌下列事项：

一　关于国有铁道及国道系统及敷设次第之规划事项；

二　关于国有铁道终点及沿线附属区域市街港埠之技术规划事项；

三　关于国有铁道及国道展长扩充或变更路线之规划事项；

四　关于国有铁道及国道各项机厂及用料工厂之规划事项；

五　关于省有、民有铁道及省道路线之审查、核定事项；

六　关于国有铁道及国道建筑、保养成绩及工事用款之编辑事项；

七　其他属于国有铁道及国道及附属事业一切附带建设之规划事项。

第三三条　各会处分掌事务规则另定之。

第三四条　本章程自公布日施行。

附铁道部案语

案查二十一年十月部令第八八五号，业务司劳工科改隶总务司，财务司调查科改隶业务司，统计科改隶总务司，财务司增设产业科，其职掌如下：

一　关于铁道产业之处理事项；

二　关于铁道土地之购售、租借、整理、经营事项；

三　关于铁道附属事业财产之处理事项；

四　关于铁道产业之调查、登记事项；

五　关于铁道动产证券及不动产契约之保管事项。

●●铁道部直辖国有铁路编制概算及执行预算暂行规程民国二

十三年（1934年）七月二十三日铁道部公布，同年（1934年）十二月十一日修正，二十五年（1936年）五月二十一日再修正。

要　目

第一章　通则

第一条　铁道部直辖国有铁路管理局或委员会，编制概算及执行预算，除法令有特别规定者外，均依本规程办理。

第二条　年度预算在未经国民政府主计处编制总预算,经立法院通过公布以前,称为概算,各路所编之概算称为一级概算,铁道部汇编各路之概算称为二级概算。

第三条　铁路概算书分资本支出、营业进款、营业用款、岁计账、盈亏账及盈亏拨补账等,均按照部颁会计则例分类标准,分别编制。

第四条　铁路概算书除按照上条规定编制总概算外,并须编制下列四种分概算,其格式另定之。

一　资本支出分概算;

二　员工薪工分概算;

三　材料分概算;

四　零小新工作分概算。

第五条　各路应按照会计年度,自每年七月一日起至次年六月三十日止,编造全年度概算书。

第六条　概算书格式由铁道部规定颁发,各路按照编造以归一律。

第七条　各路编造概算应按照格式内之次序依次填写,如某项为某路所,无者或本年度并无此项收支者,则该项数目毋须填写,并书一无字以资表识。

第八条　概算书格式内所列比较及增减各栏,均应照填,不得忽略、遗漏,并须将增减理由分条说明。

第九条　资本支出项下,建筑时偿还债款利息等项,应于备考栏内注明。

第一〇条　资本、营业、岁计、盈亏及盈亏拨补各账表,均须由总稽核局长或委员长及会计处长分别签名盖章,共同负责。

第一一条　凡概算书内有改正数目或文字之处,须用红字,并须由编制员加盖图章,以明责任。

第二章　编制原则

第一二条　概算案为铁路管理及行政之标准,应以最经济、最完整之办法执行业务,使得最高之营业效能为原则。

第一三条　各路编制概算须根据第十二条之原则确立一施政方针,并应以下列各点分别编制之。

1　资本支出一项应有资产建筑、扩充、改良之整个计划。

2　总务费性质比较固定,除有特别重要原因外,不能逐年增加。

3　运务费、用车务费用,均应以营业进款为相当之比例。

4　设备品维持费应以业务之繁简而定相当之比例。

5　工务维持费比较为固定性质,如因特别情形必须增加时,亦应预先筹划详细说明。

第三章　编制程序

第一四条　各路年度概算之编制,应按照规定之施政方针,由各处拟定概数,经局务会议核定呈部。

第一五条　次年度营业用款概算之编制,应于七月三十一日以前由各处处长通知其所辖组织各最低之单位,各就其职掌之范围,将其应需员工人数之多寡及薪工之等级以及办公费及其他一切费用等,均按照本规程所定计算方法分别估计,编制概算草案,递转至主管处长核转。

第一六条　各处长汇集其所属编制之概算草案,提出处务会议核定。各单位之概算草案再加以各该处本身之各项费用,汇编成一处之概算草案。

第一七条　各处之概算草案应分送总稽核局长或委员长,并送会计处汇编。

第一八条　各路总稽核收到各处概算时,应加审核,如有应行增减事项,并应于会计处汇编以前,与各处洽商办理。

第一九条　各处呈送进款用款概算书时,应将该期内拟具之资本支出及其工程计划详细开列,连同分配某款在某项目下之清单一并呈送,其为该路年度内财政状况所不能负担者,除有特别重要工程经部核准筹有的款者外,不能列入。

第二〇条　会计处将各处送到之各项用款概算及进款概算,按式汇编,分送总稽核局长或委员长。

第二一条　局长或委员长应将会计处编送之概算提出,局务会议共同讨论,议决通过后,交由会计处编造四份,经总稽核局长或委员长签字后,应于每年十一月三十日以前呈部核转。

第四章　一级概算书计算方法

第二二条　凡概算数目均应以国币计算,每项计算数目至元为止,其元以下零数须四舍五进。

第二三条　资本支出概算数目之计算方法,应按照施工计划为下列各项之估计:

1　工资总数;

2　材料价值。

第二四条　营业进款概算数目之计算方法如下:

1　参照常态状况之最近三年度营业进款决算报告之平均数;

2　参照货吨运价之变更及其他有关营业进款事项;

3　参照最近沿路物产及人口之统计;

4　参照最近车辆设备状况及将来之实行计划。

第二五条 营业用款概算数目之计算方法另订之。

第二六条 营业用款与营业进款之比例,应由部斟酌各路情形核定之。

第二七条 岁计账、盈亏账及盈亏拨补账概算之计算方法,应根据部颁会计则例、各种契约及部令,业经确定应行收支之总数,列之。

第五章 审核

第二八条 各路概算书呈送到部后,由会计处将各项说明及四种分概算所列数目与总概算内所列各项目数目核对之。

第二九条 各路概算书内所列各项数目,审核其营业用款与营业进款是否超过第二十六条部定比率,及所列数目是否依照计算方法编制。

第三〇条 会计处对于各路概算书认为有应行修改者,先送有关系之各厅、司、处核签意见后,再呈部长令饬重编呈核。其认为无须修改者,仍送有关系之各厅、司、处核签意见后,再呈部长准予核转,令饬路局及总稽核知照。

第三一条 会计处将各路一级概算书呈经部长核定后,分类汇编二级概算书三份,并按照主计处所订程式分资本收支、营业收支、营业外收支盈亏及盈亏拨补等科目,编制各种概算书表各三份,经部长、会计长签字盖章后,附具审核意见等及原呈一级概算书二份,在次年一月十五日以前转送主计处。

第六章 预算之执行

第三二条 各路预算经国民政府公布,并经本部分配颁行后,各路局局长或委员长应责成各处长就其所辖范围依照核定预算数目严厉奉行,并由驻路总稽核监督之。

第三三条 营业预算各项目节之数目核定后,均以不超出原列之数为原则。如有不得已时,只限于在同一目下流用。

第七章 追加预算或非常预算

第三四条 各路非有重大意外事故或非常变迁临时需要,不得轻事更张原定数目率请追加。

第三五条 追加预算非经法定程序呈请核准、修改,令饬遵照后,不发生效力。

第三六条 凡因天灾事变发生,如水、火、兵燹及其他凡人力所不能抵抗,为事前所不能预料者,因而影响路政急须整理、救济而又在原定预算数内无可缩减、流用时,得呈请追加,由部审核,依法呈请追加之。

第三七条 各路呈送追加预算时,应备具下列各项:

1 事变详细情形报告书;

2 设施或救济计划及表式;

3　经过总稽核签字证明编呈之追加预算书。

第三八条　如遇特别紧急事项,得先以急电呈部核办,同时,仍应按上条之规定办理,追加手续。

第三九条　追加预算核准后,由部转饬各路及驻路总稽核遵照执行之。

第八章　附则

第四〇条　各路如有不按本规程所定之程式方法按时编送者,除由部按其情节予该路长官相当处分外,得参酌各该路前年度之决算数及上年度之预算数,代为列入二级概算。

第四一条　本规程实施后,如有未尽事宜,由铁道部会计处拟具修改条文,呈请修改之。

第四二条　本规程自呈准国民政府备案之日施行。

●●铁道部出版品代售办法 民国二十五年(1936年)四月十日呈奉核准

第一条　凡本部定价发售之出版品,各商号或团体如愿代售者,均得向本部图书室接洽办理。

第二条　代售之商号,以经向地方主管官署注册,领有营业执照者,为合格团体,以经合法登记者,为合格。

第三条　凡请求代售出版品之商号或团体,应先向本部图书室索取代售出版品声请单,依式填明,加盖印章,迳送图书室经审查合格后,再行通知来部正式签订代售契约。

第四条　代售出版品之商号或团体,应审察推销能力,酌定每批领销各种出版品数目,将来售余退还时,不得超过原数百分之四十。

第五条　按照出版品种类,代售酬金分为甲、乙两种。

(甲种,规程通则表册等出版品属之,乙种除规程通则表册外,其他皆属之)甲种抽取百分之二十,乙种抽取百分之四十,均照本部图书室所印出版品价目表抽取之,所有推销上所需费用,概由代售人自理。

第六条　代售之出版品每种得酌量另发数册,作为样本由代售人陈列宣传,但停止代售时,仍应交还。

第七条　代售之出版品如有因保管不慎而致污损等事,应由代售人负责赔偿。

第八条　代售出版品之商号或团体每隔三月结账一次,届期应将所售得之书价按照第五条之规定扣除酬金外,悉数缴付本部图书室,转送出纳科,掣给正式收据为凭。

第九条　代售之出版品如查有缺少页数时,即得将原书退还调换。

第一〇条　本办法自呈奉核准之日施行。

●●铁道部工程局组织规程民国二十五年(1936年)十月六日铁道部公布

第一条　铁道部为建筑新路或扩展旧路起见,得设置工程局(或工程处)。

第二条　工程局分为下列二种:

一　建筑新路之工程局;

二　扩展旧路之工程局。

第三条　各工程局之名称及其所辖路线,于各该局组织专章定之。

第四条　工程局掌理各该路全线测勘、建筑、设备、会计及其他附属事项。

第五条　同时兴工之路线总长不满二百公里者,不设工程局,只设工程处,办理前条所规定之事项。

第六条　兴筑路线在未设工程局或工程处以前,得先设工程筹备处,办理测勘定线及其他应行筹备事宜。

工程处工程筹备处之组织,视各该路情形定之。

第七条　各新路在工程时期已成之段通车附带营业,由工程局或工程处兼理之,至全线工程完竣后正式通车营业时,工程局或工程处应即撤销,改设管理局。旧路延长线已成之段通车营业,其办法另定之。

第八条　新路工程局设下列各课、段、厂,分掌第四条所规定之事项:

一　总务课;

二　工务课;

三　会计课;

四　材料课——材料厂;

五　各工务总段——各工务分段;

六　机器厂。

旧路延长线工程局之组织,得视事实需要,酌量变更之。

第九条　总务课设下列各股,分掌事务:

文书股　掌关于文牍、案卷、关防收发、编订章则及全路员司进退考绩事项;

警务股　掌关于全路警务事项;

医务股　掌关于全路员工之治疗卫生之设施及其防疫事项;

地亩股　掌关于地亩之征收、保管及出租事项;

庶务股　掌关于本路庶务及不属于他课事项。

第一〇条　工务课设下列各股,分掌事务:

设计股　掌关于测勘路线之审核、建设工程之设计及制图、估计与编造工程规范等事项;

工事股　掌关于工程招标及其审核,并考核工程开支工程用料暨工程进展等事项;

电务股　掌关于全路电报、电话及其他电务事项。

第一一条　会计课设下列各股,分掌事务:

综核股　掌关于稽核全路收支、调拨款项及文书人事等事项;

簿记股　掌关于编造全路概算、决算、各项单表报告统计及登记全路总账簿册等事项;

出纳股　掌关于本局款项收支及记载事项。

第一二条　材料课设下列各股及材料厂,分掌事务:

采办股　掌关于材料之审定、采办、转运等事项;

账务股　掌关于编制材料账册及其稽核统计事项;

材料厂　掌材料之验收、保管、支配、分发事项。

第一三条　工务总段督率所属各分段,掌理各该段内一切工程之实施事项。

第一四条　同时兴工之路线总长在四百公里以上者,得因事实之需要,呈请将总务课所管地亩事务划出,另设地亩课,并得将工务课改设工程、设计两课。

第一五条　工程局为办事便利起见,得呈请于适当地点设立办事处所。

第一六条　工程局因全路保安上之需要,得呈请设置警务段及分段。

第一七条　新路已成之段通车附带营业时,得呈请增设运输课。

第一八条　机器厂掌理机械工具之装配、修理及其他机务事项。

第一九条　工程局设置下列职员:

局长兼总工程司一人;

副总工程司一人(设置副局长时,由副总工程司兼任,同时与工之路线总长在六百公里以上者,得设副总工程司二人,分驻统率各工段);

正工程司、副工程司、帮工程司各若干人(总段工程司由正工程司或副工程司充任,分段工程司由副工程司或帮工程司充任);

秘书一人;

课长每课一人,股主任每股一人,课员若干人(工务课长由副总工程司或正工程司充任,运输课得设副课长一人);

厂长每厂一人;

段长每段一人;

医师、工程助理员、工程实习生、工程生、事务员、司事各若干人。

本条所列各项职员,其名额未经规定者,由各工程局视事务之繁简,拟具名额,呈请核定,其任用手续,除新路工程局及会计人员另有规定外,均照附表办理。

第二〇条　局长兼总工程司承长官之命,管理全路事务,主持全路工程,并指挥、监督所属各职员。

第二一条　副局长承长官之命,辅助局长办理全路事务;副总工程司承长官之命,辅助总工程司办理全路工程事务。

第二二条　总段工程司、分段工程司课长、股主任、厂长、警务、段长、医师及其他同等职员,各承长官之命,分掌各该管事务。

第二三条　秘书承长官之命,办理机要事务。

第二四条　正工程司、副工程司、帮工程司、工程助理员、工程实习生、工程生、课员、事务员、司事等,各承长官之命,分任事务。

第二五条　各工程局遇有特别情形或因事实需要,添设其他附属机关或职员时,须先行呈请核准。

第二六条　凡新路工程局对于工程事项请示或呈报之文件,应呈由新路建设委员会分别指示核转,其他应向部请示或备案者,并应呈由新路建设委员会会商各主管厅司、会、处后,转呈核办。

第二七条　凡旧路延长线工程局办理主管事项,应迳呈部核办。

第二八条　各工程局各课段厂办事细则由局拟订,呈请核定之。

第二九条　本规程自公布日施行。自施行之日起,十八年九月二十一日修正公布之铁道部直辖工程局组织规程应即废止。

　　附表

由部直接任免者
- 局长
- 副局长
- 总工程司
- 副总工程司
- 处长
- 副处长
- 课长
- 副课长
- 正工程司
- 副工程司
- 其他相等职员

由局呈准任免者
- 秘书
- 帮工程司
- 医师
- 其他相等职员

由局任免呈报备案者 {
股主任
课员
工程助理员
工程实习生
工程生
事务员
司事
}

●●铁道部新路工程局职员任用规则 民国二十五年(1936年)十月六日铁道部 公布

第一条 各新路工程局职员之任用,除会计人员另有规定外,悉依本规则行之。

第二条 工程局局长、副局长(或工程处处长、副处长)、总工程司、副总工程司、正工程司、课长暨其他相等之高级职员,由新路建设委员会委员长呈请部长派充。

第三条 副工程司、帮工程司、副课长、医师暨其他相等之职员,由新路建设委员会委员长委派,呈部察核备案。

秘书由局长呈请新路建设委员会委员长派充,呈部察核备案。

第四条 股主任、课员、工程助理员等由局长派充,呈报新路建设委员会委员长察核,呈部备案。

第五条 工程实习生、工程生、事务员、司事等由局长就核准预算及名额范围以内酌量派充,呈请新路建设委员会备案,并由会按月汇报本部备案。

第六条 各新路向本部及各路局调用或临时借调人员,应呈请新路建设委员会察核,呈部核办。

第七条 新路建设委员会委员长视工程之需要,得临时调动新路职员,但须呈部备案。

第八条 各新路新任职员,除由部路调用者外,一律试用六个月,自到差之日起算,试用期满应由各该主管长官切实考复,其成绩呈请局长分别去留,呈报新路建设委员会委员长察核,呈部备案。

第九条 各新路新任技术人员,如前条之规定,于试用六个月后考绩留用者,应由局长呈请新路建设委员会委员长呈部铨叙,

第一〇条 本规则自部令公布日施行。

●●铁道部新路工程局职员薪给章程民国二十五年(1936年)十月六日铁道部公布

第一条 新路工程局职员薪给,除另有规定外,悉依本章程办理。

第二条 新路职员分技术人员与非技术人员两种,其薪额分别依本章程附表一及附表二之规定支给。

第三条 局长、副局长、总工程司、副总工程司、正工程司、课长及其他相等之高级职员,由新路建设委员会委长长呈请部长核叙薪级。

秘书、副工程司、帮工程司暨其他相等之职员,由局长呈请新路建设委员会委员长核叙薪级,呈部备案。

股主任、警务长、课员、医师及工程助理员等,由局长核叙薪级,呈请新路建设委员会委员长察核,呈部备案。

工程实习生、工程生、事务员、司事等,由局长就核准预算范围内核叙薪级,汇呈新路建设委员会备案。

第四条 新路工程局职员核叙薪级,技卫人员应与本部所颁技术人员登记证书内所叙资位、等级相同,但曾在部路任职者,得依其原薪级或核叙较高之级,非技术人员应依其学识之高下、资历之深浅,职掌之繁简定之。

第五条 技术人员之进级,依铁路技术员登记叙用及保障规则之规定,并一律受其保障。

非技术人员之进级,依国有铁路局职员薪给章程第五条第二项之规定。

第六条 局长、副局长(处长、副处长)得酌给公费,由新路建设委员会委员长呈部核定,但至多不得逾月薪之半,技术员得依本章程附表一之规定,支给差费。

第七条 职员除支薪水差费外,不得再支房租、夫马等费,但在段工作人员因工程艰巨,特别辛劳,或所在地方有特殊困难情形者,得由局长呈请新路建设委员会委员长准予提高差费数目。

第八条 职员出差或他调,依国内出差旅费规则之规定,照支旅费。

第九条 本章程自部令公布日施行。

附录一　新路工程局技术人员薪费表

等	级	薪额	局长兼总工程司	副总工程司	正工程司	副工程司	帮工程司	工程助理员	工程实习生	工程生	差费
一	一 二 三 四	600 550 500 450	450—600								
二	一 二 三 四	400 360 320 300		360—500	300—450						
三	一 二 三 四	280 260 240 220				240—360	160—300				200
四	一 二 三 四	200 180 160 140									150 120
五	一 二 三 四	120 100 90 80	$200	$150	$120	$90	80—180	60—100			90
六	一 二 三 四	75 70 65 60					$60	$30	$15	$15	60 30 15

附录二　新路工程局非技术人员薪红表

级别	薪额	秘书课长	厂长	医师	股主任	警务长	警务段长	课员	事务员	司事
一	600									
二	550									
三	500									
四	475									
五	450									
六	425									
七	400									
八	380									
九	360									
十	340									
十一	320									
十二	300	220—360	220—360							
十三	285									
十四	270			150—340						
十五	255									
十六	240									
十七	230									
十八	220				150—240	150—240				
十九	210									
二十	200									
二十一	190									
二十二	180									
二十三	170									
二十四	160									
二十五	150									
二十六	140									
二十七	130						60—180	60—180		
二十八	120									
二十九	110									
三十	100									
三十一	95									
三十二	90									
三十三	85								45—120	
三十四	80									
三十五	75									
三十六	70									
三十七	65									
三十八	60									30—60
三十九	55									
四十	50									
四十一	45									
四十二	40									
四十三	35									
四十四	30									

●●铁道部新路工程局处职员出差旅费暂行规则民国二十五年（1936年）十月十七日铁道部分布

第一条 新路工程局处职员因公出差，依本规则报支旅费。

第二条 职员出差应预计往返日期，填具出差旅费预算书，连同所奉命令或手谕送由主管人员转呈局长（或处长）批准预支旅费。前项出差旅费预算书应照填二份，一份交会计课查核，一份发还出差职员备查。

第三条 旅费分舟车费、膳宿杂费及特别费三种，依下表之规定报支。

月薪数目	舟车费			膳宿杂费（以每日计算）	特别费
	火车	轮船	舟车轿马		
四百五十元以上者	一等	一等	按实开支	十二元	按实开支
二百元以上者	二等	二等	按实开支	八元	按实开支
一百元以上者	二等	二等	按实开支	六元	按实开支
不满百元者	三等	三等	按实开支	四元	按实开支
随从	三等	三等	按实开支	二元	按实开支

第四条 前表所称月薪，系专指薪俸而言，其公费差费津贴等不得合并计算。

第五条 出差在本路沿线地点者，其膳宿杂费依第一三条表列数目半数报支。

第六条 出差地点距办公所在处所五公里内者，不得报支旅费，但得酌支交通费，最多每日不得过八角。

第七条 凡支有固定差费之职员，出差在本路沿线地点者，不得报支膳宿杂费。其在本路沿线地点以外者，得照本规则之规定报支旅费，但应按出差日期扣除其固定差费。

第八条 出差所乘之舟车系由公家预备或领有免费证者，不得报支舟车费，若为减费优待，应除去所减之费报支。

第九条 乘船期内不得开支宿费，由船供膳者，并不得报支宿费，但杂费得按定数三分之一报支，上下舟车力钱、赏钱等，并在出差地每日所须之车马费及零星杂用，均列入杂费项下，不得另行列报，并于摘要栏内分别详注其数。

第一〇条 特别费包括邮电及因特别事故临时雇用人夫、车马及其他因公必须之费用。至交际费，须于出差以前声叙理由，经局长（或处长）特准者，得在特别费项下列报。

第一一条 旅费按照出差必经之路程计算，如因特别情形必须变更路程，非声叙缘由，呈经核准，不得报支。

第一二条 出差职员携带行李，应各依其等级，按照轮船火车所定之数量为限，不得另报行李费。但携带公物必须开支运费时，得按实支数在特别费项下列报。

第一三条 出差职员如必须携带随从，应事前呈经局长（或处长）核准，并以一人为限。但因任务关系率带之工匠、警察等之人数,不在此限,惟亦应事前呈准。

第一四条 旅费自起程之日起至销差之日止,除因疾病及特别事故阻滞经证明确实仍得按日计算外,其因私事稽延之日期,以请假论,不得并列报支。

第一五条 出差期中遇有免职撤差处分,依已到地点往返之日期报支旅费,若犯有刑事者,于其发觉之日起,停止旅费。

第一六条 出差职员应于销差十五日内填具出差旅费日记簿、工作日记簿、出差旅费支出计算书、领款收据,并检附开支旅费之一切单据,呈由主管人员转送审核。逾期未报,即将预支之旅费在其薪俸内照扣,逾三个月未报者,不得再报。

第一七条 出差一切费用,除轮船、火车、膳费、杂费有因事实关系难以取具单据外,其宿费及特别费均应随时索取单据,以为报销之根据。倘于可以取得之单据,竟未取得或已取得而遗失,又无充分理由者,一概不得报支。

第一八条 凡职员奉令调往本路以外之机关服务,及嗣后仍由本路调回或在本路调动服务地点者,均应以调差论,其旅费应照部颁调差旅费规程之规定,分别在调用机关或本路报支,凡新委到差及去职者,均不得援用。

第一九条 本规则自公布之日施行。

●●铁道部购料委员会组织规程 民国二十五年(1936年)一月四日铁道部修正公布

第一条 铁道部为统一全国国有铁路采购材料事权及办理有关材料一切事务,特设购料委员会。

第二条 购料委员会暂置总务、计核、考查、料款四组及驻沪办事处,并因事务之需要,得设材料总厂及材料试验所。

第三条 总务组掌下列事项:

一 办理经购材料之招标及价格审核事项;

二 办理经购材料之拟订合同事项;

三 办理经购材料之检验及监督、制造事项;

四 办理经购材料之关税及验收事项;

五 考核各路使用材料、机械、工具成绩之优劣及规定其标准事项;

六 其他不属于各组之事项。

第四条 计核组掌下列事项:

一 各路材料收发数量与价目之登记及其统计稽核事项;

一 各路材料分类编号及名称之统一事项;

三　各路请购材料之审核事项；

四　各路材料之调剂及支配事项。

第五条　考查组掌下列事项：

一　材料样品之搜集及保管事项；

二　材料市价之调查及编制事项；

三　提倡采用国产材料事项；

四　设计制造铁路材料事项；

五　其他有关考查事项。

第六条　料款组掌下列事项：

一　料款之出纳事项；

二　料款之登记事项；

三　其他有关本会会计事项。

第七条　驻沪办事处掌下列事项：

一　办理经购材料之询价事项；

二　办理本会与各行商在沪应行接洽事项；

三　办理其他有关采购之调查事项。

第八条　材料总厂掌下列事项：

一　材料之存储、保管事项；

二　材料之收发事项；

三　材料之账务事项。

第九条　材料试验所掌下列事项：

一　各种材料之化学、物理及耐久试验事项；

二　其他一切有关材料试验事项。

第一〇条　购料委员会设委员长一人，委员六人，委员长由部长指派，政务次长兼任委员，由部长遴员派充。

第一一条　委员长承部长之命，总理本会一切事务，指挥、监督所属各职员，委员襄助委员长，办理本会各项事务。

第一二条　购料委员会特设料款保管委员三人，由部长指派常务次长、总务司长、会计长兼任，负保管各路料款、购料基金及有关购料一切款项之责，其规程另订之。

第一三条　购料委员会各组设主任一人，驻沪办事处设正、副主任各一人，材料总厂设厂长一人，材料试验所设所长一人，均由委员长陈请部长派充。各组主任及驻沪办事处主任，得由委员兼任之。

第一四条　购料委员得设工程司、专员、工务员、事务员各若干人，均由委员长陈请部长派充。

第一五条 购料委员会设雇员若干人,由委员长派充。

第一六条 购料委员会于必要时,得在国内重要商埠及国外设立办事处,办理本会特定事项。

第一七条 为便利购料起见,由部斟酌各路应购材料数值及经济情形,令饬各路拨解款项,交由料款保管委员保管,作为购料基金。

第一八条 本会办事细则另订之。

第一九条 本规程自公布日施行。

●●铁道部购料委员会办事细则 民国二十五年(1936年)八月十二日铁道部训令

要 目

第一章 总则

第一条 本细则依据二十五年一月四日本部修正公布之铁道部购料委员会组织规程第十八条之规定制定之。

第二条 本会委员得兼任各组主任,组主任请假时,得请委员长指定委员一人代理职务。

第三条 本会各职员任务,由各组主任秉承委员长之命,分配之。

第二章 会议

第四条 本会每两星期举行委员会议一次,其日期于开会前一日由委员长通知各委员,如届时因事不能开会,得延期举行。

第五条 本会委员会议由委员长主席,委员长因事不能出席时,得由委员长指定委员一人为临时主席,讨论结果须经委员长核准,方得施行。

第六条 本会委员会议至少须有主席暨委员四人以上之出席,方得开会。

第七条 本会委员会议以出席委员过半数取决之,同数时,由主席决定。

第八条 遇有紧急事项,得陈由委员长核定办理,或召集临时会议解决之。

第九条　各委员提案,应于开会前三日,呈由委员长发交总务组编列议事日程,先期分送各委员。

第一〇条　委员会议开会时,应置会议纪录簿,会议完毕后,应将组录印送各委员暨各组正、副主任。

第一一条　料款保管委员得出席本会委员会议,于料款保管事项有表决权。

第一二条　本会各组主任得列席本会委员会议。

第三章　会务

第一三条　本会总务组所掌事项,得分下列三部份办理之。

一　文书　办理人事、庶务、拟稿、缮写、打字、收发、案卷暨其他文书事项。

二　采购　会同驻沪办事处办理经购材料之招标、订约、关税、验收、提货,审核验收报告,处理合同纠纷暨其他事项

三　核验　办理审核材料价格,检验材料,监造材料,考核各路使用材料机械工具成绩之优劣及规定其标准暨其他技术事项。

第一四条　本会计核组所掌事项,得分下列三部份办理之。

一　审核　办理各路请购材料及各路材料之调剂与支配之审核暨其他审核事项;

二　登记　办理各路材料收发数量与价目之登记暨其他应行登记事项;

三　统计　办理各路购料、用料、存料统计及材料分类、编号、名称之统一暨其他统计事项。

第一五条　本会考查组所掌事项,得分下列两部份办理之。

一　调查　办理材料样品之搜集与保管材料市价之调查与编制暨其他应行调查事项;

二　设计　办理国产材料之采用、各种材料之制造暨其他应行设计事项。

第一六条　本会料款组所掌事项,得分下列三部份办理之。

一　财务　办理银行押汇、银行担保、付款、传票、银行结价催解料款暨其他关于财务事项。

二　会计　办理料款基金登记、料款收支登记、收支报告、料款预算、结算暨其他关于会计事项。

三　出纳　办理料款收付暨其他关于出纳事项。

第一七条　本会各组内部事务由各组主任秉承委员长之命,指定职员一人,负指导、监督各该部份事项之责。

第一八条　本会各组处理事务办法,由各组拟订,呈请委员长核定之。

第一九条　本会各组间如关于职权发生疑义,不易解决时,应提出委员会议解决之。

第二〇条　本会驻沪办事处材料总厂、材料试验所暨在国内重要商埠及国外所设办事处之办事细则,另定之。

第四章　购料

第二一条　本会购料事宜,除遵照现行铁道部购料暂行规程外,悉依本细则之规定办理之。

第二二条　各路请购材料单经部核准发交本会后,应即招标或函询。所有招标或函询事宜,得交由驻沪办事处办理之。

第二三条　凡应招标购办之材料,应拟具招标章程,提出本会委员会议通过后,登报招标。

第二四条　开标应先期呈部请派员监视,其关系重要者,应先期函知有关系之司、会、处暨路局选派人员到会共同处理。但驻沪办事处经办之标函,其重要者,应依照本条规定办理外,普通者,得由该处指派若干人员会同开拆,开列比较表,送由本会审查,必要时,得由该处选择订购。

第二五条　选标后,应将合同文稿呈部,经核定后,由委员长暨承商签订合同三份一份,交承商收执一份,由本会编存一份,交路局存查。

第五章　验收及付款

第二六条　承商所办材料之报税验收事项,得由本会办理,惟验收员应由主管司、会,会同本会,呈部指派之。

第二七条　本会应根据承商启运材料及交货日期,通知请购材料之路局提货暨验收员验收。

第二八条　验收员验收报告由部发交到会,经审核后始得付款。

第二九条　凡收付材料款项,均托由银行代理之。

第六章　附则

第三〇条　本细则如有未尽事宜,得随时呈请部长核准修正之。

第三一条　本细则自部令核准之日施行。

●●铁道部购料委员会料款保管规程民国二十五年(1936年)二月十日铁道部公布

第一条　本规程依据铁道部购料委员会组织规程第十二条之规定订定之。

第二条　保管委员之任务如下:

一　关于各路料款购料基金及有关购料一切款项之存储事项;

二　关于料款之会计及出纳事项;

三　关于料款预算、决算审核事项。

第三条　保管委员额定三人，以常务次长为主任委员，会计长为委员，主管会计事项，总务司长为委员，主管现金出纳事项。

第四条　购料委员会料款组之会计出纳事务，应分别由负责保管委员指挥办理。

第五条　购料委员会料款组之会计股人员，应由会计长调派。

第六条　各路解到料款，应于当日送存指定之。银行并由料款组会计股制具传票，呈经保管委员二人之签署。

第七条　料款之支付，应由料款组会计股根据原始单据或其他必要文件，制具传票，呈经保管委员二人之签署。

第八条　料款之支付，应以记名式支票行之，由主任保管委员及委员一人签发。

第九条　保管委员得出席购料委员会会议。

第一〇条　本规程自部令公布日起施行。

●●铁道部购料委员会承商登记规则 民国二十五年（1936年）九月十七日铁道部修正公布

第一条　本会为审慎购料、安全交易、节省临时调查时间起见，特订定承商登记规则。

第二条　凡商行之欲承办本会材料者，无论中外国籍，均须依照本规则先行向会登记。

第三条　各商行欲向会登记，应先正式具函本会，申请经核准后，然后由本会发填登记表格送会。

第四条　本会登记表格，暂分为下列三种：

甲　登记请求书——内注明

一　商号名称；

二　国籍；

三　公司性质（组织）；

四　资金数额；

五　总公司地址；

六　外商在华地址；

七　经理董事或其他负责人姓名；

八　来往银行；

九　登记日期。

如登记者系本国制造厂，则（五）、（六）二项改为"营业所地址""制造厂地址"，此外再加"技术人员姓名及资历"一项。

乙 材料登记表——内注明

一 登记材料之类别及名称；

二 材料之来源；

三 来源商行是否制造厂家；

四 来源商行之地址；

五 商标；

六 独家经理或普通经理。

如登记者系制造厂，则第(六)项改为"每年产量"，如登记者系本商，则第(三)、(四)二项改为"木质"与"出产地"。

丙 材料分类名称表——按部定八大分类，将本会经常采购之材料表列之。

上述三表之式样，应另订之。

第五条 登记商行在取得上项表格后，应详实填载，连同应缴之登记费，一并送会，由会调查、复核后，呈由本会委员会会议核定之。

第六条 登记经核准后，所有登记费应由本会料款组入册给据，由会备函寄发，其未经核准商行所缴之登记费，应即原数退还。

第七条 本会对已经登记之商行发给一登记证，内注明登记号数，以作在会登记之凭证。此号数在各商向会投标或报价时，应注明于标函或报价单上，俾便查考。

第八条 本会核收登记费金额，一律暂定为国币拾元正。

第九条 登记经核准之各商行，因事过境迁关系，每年度应重填调查表全份，呈会备案，不另收费。此项调查表格式，另订之。

第一〇条 本会为维护登记商行之利益起见，遇有函询购买材料时，对已登记各该项材料之商行，如无特殊情形，应遍发询价单(惟各商在连续四次不能向会报价时，本会即认为该商无承办能力，嗣后对该项不能报价之材料可不再寄发询价单)。除公标外，凡未经核准登记之商行向会报价，本会不予接受。

第一一条 凡新设立或未经登记之商行，在本会公标时期内投标，本会亦得接受，惟须令其履行登记手续后，方准给标。

第一二条 关于"承商登记须知"，应另订之。

第一三条 本规则如有未尽事宜，得随时提会修正通过之。

●●承商登记须知

一 凡商行之欲承办本会材料者，无论中外国籍，均须按章先行在会登记。

二 各商登记时，应先行正式具函本会，申请陈明商行性质、制造或经营商品之种类、营业状况、财政组织等，经核准后，然后发给登记表格填具送会。

三　本会登记表格，暂分下列三种：

　　甲　登记请求书；

　　乙　材料登记表；

　　丙　材料分类名称表。

四　登记商行填写登记表格时，应注意下列各点：

　　甲　各表须一律按实详填，不得草率从事；

　　乙　登记请求书内"商号名称"一项应中、英文并注（无英文商号名称者不在此限）；

　　丙　填写材料登记表时，先应详阅材料分类名称表（即本会经常采购材料名称表），除在该表上将确能承办之各项材料用红笔划一底线外，复应按项填录于材料登记表，两表须一并送会；

　　丁　材料登记表内"材料来源"一项，务必详实填告，倘登记者非系制造厂家或独家经理之商行，材料来源不一，则亦应择要尽详，分别填录（至多以五家为限）；

　　戊　材料登记表如不敷应用时，可向会补索，倘自行依样划制者，亦可。

五　登记商行将登记表格填回时，应连同应缴之登记费，一并送会，其数额暂定国币拾元正。

六　商行对登记之材料，如有货样、图样及规范等，应提选一份，送会存查。

七　各商行经登记后，如有地址迁移、组织更易及经理变更等情事，应即函知本会俾符实情。

●●专用铁道条例民国二十四年（1935年）十一月二十六日国民政府公布

第一条　本条例依铁道法第二条第二项之规定制定之。

第二条　凡建筑铁道专供所营事业运输之用者，称为专用铁道，应依本条例办理。

　　专用铁道不得为所营事业以外之客货运输，但铁道部因公益上之必要，得令其附带运输客货。

第三条　凡拟筑之专用铁道，如有一端直接与国营或公营铁道联接者，应先商请其主管机关建筑之。

第四条　专用铁道应受铁道部之指导及监督。

第五条　建筑专用铁道，应先备具下列各款书类、图说，送请铁道部核准。

　　一　所专供之用途及建筑理由书；

　　二　所营事业之经历、投资总数及其经营成绩，如系民营并应附具该事业已得官署核准登记或正式准许之凭证；

　　三　路线实测图及说明书；

　　四　建筑费用预算书；

　　五　行车动力说明书；

　　六　路用资本总额及其确实凭证；

　　七　开工、竣工时期。

第六条　铁道部审查前条所列各种书类、图说,认为合格并查验资本确实足额者,应准立案,发给执照。但因公益上之必要,得于准许立案之时,于执照中载明附加条件。

执照之程式及应记载之要件,由铁道部定之。

第七条　专用铁道应依铁道部核定期限开工、竣工,若因不得已之事故,不能依限开工或竣工时,应声请铁道部核准展期。

第八条　专用铁道关于建筑工程及行车保安各项规则,均应呈请铁道部核准。

第九条　专用铁道于施工时期,应将进行状况每月呈报铁道部查核。

第一〇条　路线穿过道路之处,应备栅门,派人守望。如横断交通频繁之道路,应筑天桥或隧道,至其他须防危险之处,并应为相当之设备。

第一一条　路线横断河川有架桥筑墩之必要时,以不妨阻行船及水流为度,河岸如有堤坝等建筑物,应维持其现状,并防止其危险之发生。

第一二条　关于道路、桥梁、河川、沟渠等工程之设施,应先呈请该管地方行政官署核准。

第一三条　工程完竣,应先请铁道部派员履勘,呈报核准后,方得行车。

第一四条　专用铁道遇有国营、公营或民营铁道,须接续或横断该铁道,或须与其平行或须收买之者,经铁道部核准,不得拒绝。

前项收买价额之决定,准用民营铁道条例第六十四条之规定。

第一五条　专用铁道如因延长路线或扩充改良,须增加资本时,应将理由及筹款计划呈请铁道部核准。

第一六条　专用铁道关于所有权之移转,非双方联署,呈请铁道部核准立案换给执照,不生效力。其以管理权委托于他人时,应附具合同抄本,呈请铁道部核准。

第一七条　铁道部得随时派员至专用铁道调查工程材料、财产实况及所营事业之运输各项情形,遇必要时,并得检阅有关系之文卷、账册,如认为办理不善,铁道部得随时纠正之。

第一八条　不依本条例呈请核准,擅行建筑专用铁道者,铁道部得停止其工程或运输,并得按其情节处以一千元以下罚锾,仍限定期间令其依本条例之规定补请核办。

第一九条　本条例未公布以前,曾经前交通部或铁道部正式批准立案之专用铁道,应自本条例施行日起六个月内,依本条例之规定,呈请铁道部换发执照。

第二〇条　本条例自公布日施行。

●●国营铁道管理局组织系统表说明书 民国二十五年(1936年)六月二十六日铁道部训令

一　各路局之等级暂照旧章。

二　各路局以局长制为原则,每局设局长一人,一等局视事务之繁简,设置副局长一人或二人,二等局设副局长一人。

三　各路局设总务、工务、车务、机务、会计五处,处之下设课,其名称一律依组织系统表之规定分别裁并、改正。原设课数少于规定者,不必照表增设每课,得由局酌量分股办事,每处设处长一人,一等路事务较繁之处,得各设副处长一人,每课设课长一人,各处、课应需员额,由部视事务之繁简核定之。

四　一等局设秘书二人至四人,二等局设秘书一人至三人,三等局设秘书一人至二人,由部核定之。

五　总务处设下列各课:

    一　文书课　各路总务处原有之文书、机要、通译、编译、编查、审核、稽查等课,均改并为本课;

    二　人事课　各路总务处原有之考绩及机要、公益两课之一部份,均改并为本课;

    三　事务课　各路总务处原有之庶务课,均改为本课;

    四　卫生课　各路医务长室及公益课之一部份,均改并为本课,医院及诊疗所属之。如各路卫生事务较简,原未设置者,得设主任医师,属于总务处;

    五　产业课　各路总务处、工务处原有之产业、地产、兴业等课,一律改为产业课,隶属于本处;

    六　材料课　各路原有材料课者,仍照旧其原设材料处者,暂仍其旧。惟应将处内及各厂所组织尽量缩小,至相当时期裁撤,改为材料课,均隶属于总务处;

    七　材料厂及材料分厂隶属于材料课;

    八　各路教育委员会及其他专设教育机关一律裁撤,由总务处人事课内指定人员办理之。

六　工务处设下列各课、段:

    一　工程课　各路工务处原有之总务、文牍、事务、稽核、工事、工务等课,均改并为本课;

    二　设计课　各路工务处原有之技术课或室、设计工程师室暨原工程课内之设计事务,均改并为本课;

    三　工务段　凡一、二等局设工务段其下得设分段,三等局设工务段,工务修理厂及林场、苗圃等皆属之。

七　审务处设下列各课、段:

    一　计核课　各路车务处原有之总务、文牍、计核、稽核等课,均改并为本课;

    二　运输课　仍照旧,各调度所属之;

    三　营业课　各路车务处原有之商务、港务等课,均改并为本课,各营业所及办理联运事务者皆属之;

    四　电务课　各路车务处原有之电信课,均改称本课,其原设电工课者,将电信事务划归本课办理,电务段及无线电台均属之;

    五　车务段　各路均设车务段,不设分段。

八　机务处设下列各课、段、厂:

    一　稽核课　各路机务处原有之总务、文牍、事务、计核、计理等课,均改并为本课;

二　工事课　各路机务处原有之技术、厂务、段务等课,均改并为本课,电工课之电力一部份,亦并入之;

三　机务段　凡一、二等局设机务段,其下得设分段,三等局设机务段;

四　机厂、电厂。

九　会计处设下列各课:

一　综核课　照旧,并将各路会计处原有之总务、文牍等课,均并入本课,物料点查员属之;

二　检查课　照旧,站账检查员及各路原设之印票所、印票室均属之;

三　出纳课　在国库未成立以前,暂隶属于本处,各路原有之驻外收支所属之。

一〇　全路统计由会计处汇总办理之。

一一　凡一等局得于路线所经过之重要地点,呈部核准设立办事处。

一二　各路局于必要时,得呈准设立特种或临时机关,其职员均由路局原有职员兼充,不得另支薪津等费。

一三　各路局为课事务之联络及增加工作效率起见,应由局长、副局长、处长组织局务会议,各处于必要时,得由处长暨所属课长等组织处务会议,各处课、段处理事务,如与他处、课、段关联,而必须沟通意见或应迅谋解决者,得由主管课、段随时召集有关系课、段会议商决之。

一四　各路车工机各段之划分,应尽可能范围内,使其起讫地点相同,以便联络。

●●附各处课职掌

总务处

文书课掌理

一　撰拟公文、函电及起草规章事项;

二　收发、缮校、分配文件及保管文卷、图册事项;

三　编辑公报、年鉴、法规及管理图书事项;

四　典守关防、办理机要文电及不属于他股事项。

人事课掌理

一　全路员工之任免、迁调、考绩、奖惩、差假及动态登记事项;

二　员工训练、教育事项;

三　员工恤养、储蓄、乘车证及有关员工福利事项。

事务课掌理

一　全局庶务及公役进退事项;

二　一切文具用品之供应、保管事项;

三　本课收支账目事项。

卫生课掌理

一　全路医务之设施、医药之购备及医务员工之考成、训练事项；

二　全路卫生清洁及防疫事项。

产业课掌理

一　全路房产地亩之丈购、立界、保管、运用、租赁事项；

二　全路房地契据、图册之保管、登记及整理事项；

三　沿线地界标志之抽查、整理及一切有关产业事项。

材料课掌理

一　全路材料账目之登记及编造单册、统计、预、决算事项；

二　全路材料之请购、支配、调拨及稽核事项；

三　材料之招标、询价、开标、审核、标单、比较价格定购材料及关于购料纠纷事项。

材料厂及材料分厂掌理

材料收发、登记、保管、转运、编造、册报事项。

工务处

工程课掌理

一　本处文书、人事事务及不属于他课事项；

二　施工备料及工程之考核事项；

三　稽核工料用款，编造预、决算，填造账单、薪单及工程统计事项。

设计课掌理

一　测量设计制图事项；

二　工程标准材料规范及施工细则事项；

三　关于技术之研究、改良及试验事项。

工务段及工务分段掌理各本段工务事项。

车务处

计核课掌理

一　本处文书、人事事务及不属他课事项；

二　稽核薪单、账单，编造预、决算及车务统计事项；

三　物料之颁发、保管及考核数量事项。

运输课掌理

一　行车设备安全事变及统计事项；

二　军事运输事项；

三　调度所常理列车调度及机车车辆之支配及登记事项。

营业课掌理

一　客运业务运价、招徕及附属营业事项；

二　货运业务运价、招徕及经济调查事项。

电务课掌理

一　全路电报、电话、电气路签及无线电台事项；

二　稽核报务及训练报生事项。

车务段掌理本段车务事项。

电务段掌理本段电务事项。

机务处

稽核课掌理

一　本处文书、人事事务及不属于他课事项；

二　机务账目之稽核、编造、机务材料之预算事项；

三　机务统计事项。

工事课掌理

一　设计制图、施工配料、考核厂段工作及机厂、电厂之设备改良事项；

二　机车调度、运转、车辆查验、列车及水站之设备事项。

机务段及机务分段掌理各本段机务事项。

机厂掌理机车车辆之修造、装配及机件事项。

电厂掌理电灯电力之供给及电气营业事项。

会计处

综核课掌理

一　本处文书、人事事务及不属于他课事项；

二　概算、决算收支账目事项；

三　款项之筹划、调拨及债务之整理事项；

四　全路总账簿册及各项表单报告、财务统计事项。

材料点查员掌理点查材料厂存料事项。

检查课掌理

一　检查客货运票据登记、客货运进款账目事项；

二　车站票据、账册印刷、保管事项；

三　编造业务进款统计及表单报告事项；

站账检查员掌理查核车站账目事项。

出纳课掌理

一　全路款项之收支、存放及有价证券等之保管事项；

二　全路员工薪饷之支发事项。

●●国有铁路财产估计施行纲要民国二十五年(1936年)六月十日铁道部公布,同年(1936年)八月二十四日修正第十一条。

第一条 铁道部为明了国有各路财产状况及求得其真确价值之估定,特制定本纲要以举办各路财产总调查,并确定其价值之总额。

第二条 办理财产估计由每路局各组织本路财产估计委员会,依本纲要之规定负责办理。

第三条 各路财产估计委员会(以下简称委员会)应就各该路之总、车、工、机、会五处,其有总稽核及材料处者,加入总稽核办公室及材料处,现有员司选派组织。

第四条 委员会委员及职员,除必须派出办理调查或测量等事得照章支给旅费外,其余均不另支薪津。

第五条 关于委员会组织规程、办事细则及其他一切章制,另订之。

第六条 委员会办理关于本纲要第一条所列事项时,得将路有财产种类划分为(一)工务、(二)机务、(三)地产、(四)材料、(五)账项等五组。

第七条 委员会工作应照下列三步骤进行:(一)清查全路财产;(二)估计各类财产单位之价值及其折旧,并编制财产价值细目表;(三)估定全路财产之总价值。

第八条 委员会应以各类财产之用途,采择估计标准及核定折旧。

第九条 为便于调查而免遗漏起见,各组所属财产应就其性质分类制表,调查表式另定之。

第一〇条 关于办理本纲要第六条规定各组所属财产,分类如下:

  甲　工务组　(一)路基;(二)隧道;(三)桥梁;(四)轨道;(五)房屋;(六)码头;(七)车站属具;(八)器具。

  乙　机务组　(一)机车;(二)客车;(三)货车;(四)机厂;(五)电厂;(六)一切工场设备;(七)渡轮。

  丙　地产组　(一)自用地产;(二)出租地产;(三)未出租地产。

  丁　材料组　(一)经常材料;(二)非经常材料;(三)储用物品。

  戊　账务组　(一)现金;(二)债款;(三)应收应付账;(四)未来之借贷;(五)无形资产。

第一一条 各项财产之估计,均以截至二十五年六月三十日为止。

第一二条 本纲要第七条所列工作步骤第一项清查工作,限期半年办理完竣。

第一三条 委员会于每月月终,应将是月工作报告铁道部,以备查考。

第一四条 铁道部为监督各委员会工作进行起见,得随时派员分赴各路调查。

第一五条 各路全部财产估定后,应将财产总报告呈部审核决定。

第一六条 各路全部财产价值估定后,如未设有资本支出分类簿者,应即增设,并将各个财产之价值详细登记，以资考核。其簿式另定之。

第一七条　各铁路因办理估计，如清丈地亩等事，增加支出时，应在原有预算内撙节动用，如原有预算无法动用时，得核实造具预算，呈部核定。

第一八条　本纲要自部令公布之日施行，如有未尽事宜，得由部随时修正公布，或由各路局呈部核准修正之。

●●国有铁路财产估计委员会组织规程 民国二十五年（1936年）六月十日铁道部公布

第一条　本规程根据铁道部公布国有铁路财产估计施行纲要第五条订定之。

第二条　委员会设委员十一人，列席委员若干人，以总务、会计、工务、机务四处处长，其有总稽核及材料处者，得加入总稽核及材料处处长，为当然委员，余由各该路局局长或管理委员会委员长就本路职员遴选派充，同时并指定一人为主任委员，一并报部备案。

第三条　委员会得向本路各处、署、室调用职员，协助工作，但事先须报请路局长或管理委员会委员长核准。

第四条　委员会委员及职员，除依部颁纲要第三条有特别规定者外，概不另支津贴。

第五条　委员会开会期为隔一星期一次，但遇必要时，得临时召集之。

第六条　委员会开会时，得临时邀约本路关系各处、署、室人员列席，以备咨询。

第七条　委员会应制定进行方案，为工作之根据。

第八条　委员会应制定现在及将来计算财产价值之标准。

第九条　委员会依部颁纲要第十一条之规定，应于每月月终，将是月工作情形呈由该管局、会报部考核。

第一〇条　委员会应于估计完竣后，提出全路财产估计总报告，呈由该管局、会报部审核决定之。

第一一条　委员会办事细则另定之。

第一二条　本规程自部令公布之日施行，如有未尽事宜，由部随时修正公布，并得由路局呈部核准修正。

●●国有铁路财产估计委员会办事细则 民国二十五年（1936年）六月十日铁道部公布

第一条　本细则根据国有铁路财产估计委员会组织规程第十一条订定之。

第二条　委员会设秘书一人,估计员、测绘员及书记各若干人,均由会报请该管路局局长或委员长,就本路员司中指派兼任,秉承主任委员分任办理会务。

第三条　秘书之职掌如下:

1　关于印信、案卷之保管事项;

2　关于一切文件之撰拟事项;

3　关于会议程序及议案之编制事项;

4　关于会议时之记录事项;

5　关于办理其他交办事项。

第四条　估计员之职掌如下:

1　关于各项财产值之调查、审计及账务之清算事项;

2　关于搜集及供给本会研究参考之资料事项;

3　关于答复、咨询事项;

4　关于办理其他交办事项。

第五条　测绘员之职掌如下:

1　关于全路地亩之测量事项;

2　关于地亩图之绘制事项;

3　关于整理其他交办事项。

第六条　书记之职掌如下:

1　关于整理会议记录事项;

2　关于缮校文书事项;

3　关于协助秘书办理一切日常会务事项;

4　关于办理其他交办事项。

第七条　委员会职员凡遇必要时,经主任委员之认可,得赴外站或其他处所调查参观,并得以出差论。

第八条　委员会职员因职务关系必要时,得请由会向各处、室调取文卷或要求供给某种资料,以备参考研究之需。

第九条　委员会例会定为每隔一星期举行一次,临时会由主任委员随时召集之。

第一〇条　每次开会记录应于开会后五日内由主任委员核定发布。

第一一条　委员会一切文书均以主任委员名义行之。

第一二条　本细则由铁道部订定,颁发施行,如有未尽事宜,得由各路局或管理委员会呈部核准修正之。

●●中华民国国营铁路建筑标准及规则民国二十五年(1936年)六月十日铁道部修正公布

要　　目

第一章　通则

一　凡中华民国国营铁路之新工程及旧工程之须改造者,悉应遵照本规则办理。

二　本规则内各条之规定,如有必须变通办理之处,应呈候铁道部核准施行。

三　中华民国国营铁路分为二类,如下：

　　一　干路；　　二　次要路。

四　凡铁路之分类,或为干路,或为次要路,应由铁道部核定之。

第二章　路线之位置

五　曲线及坡度之表述法　铁路曲线应以弦长二〇公尺相对心角之度数表述之(三六〇度为一周),其相当半径之公尺数亦应注明,以备参考。已知曲线之度数,欲求其相当半径之公尺或呎数,可参阅第一表。

　　铁路纵向坡度应以百分数表述之,例如平距每一〇〇公尺上升或下降一公尺,其坡度为百分之一·〇。

六　曲线及坡度最大限　干路之最锐曲线应为四度(半径约二八六公尺),最陡坡度应为百分之一·〇,次要路之最锐曲线应为五度(半径约二三〇公尺),最陡坡度应为百分之一·五。前述最陡坡度,均包括曲线上坡度折减率在内。

注　例如曲线为四度,其坡度折减率应为百分之〇·〇六乘四(参阅第一一条),即百分之〇·二四,则坡度之最大限在干路应为百分之〇·七六,在次要路应为百分之一·二六。

不必需要之陡坡及顺运输方向较长上坡,应尽量避免之集合。陡坡于少数段内较散布于全线为宜,干路或次要路因特殊地势或其他特殊关系,致曲线及坡度在事实上有必须超过本条规定之最大限时,应遵照第二条办理之。

七　直线之最小限　同向曲线间之直线,在干路至少应长一〇〇公尺,在次要路至少应长六〇公尺。异向曲线间之直线,在干路至少应长五〇公尺,在次要路至少应长三〇公尺,准备超高度所需之长度,不在此项最小限内。

八　曲线之超高度　曲线之超高度通常应将外轨起高全数,但若轨道中线因超高而发生之坡度与轨道原坡度之和,较路线下所采用之最陡坡度为大,则外轨及内轨得各分别起高及降低超高度之半数。

超高度之公厘数,可于第二表求得之。该表系依据下式 $E = 0.009864DV2$ 计算之,E 为轨距线处超高之公厘数,D 为曲线之度数(弦长二〇公尺),V 为列车之速率,以每小时若干公里计。

凡遇不用介曲线时,如无困难应使单曲线全部或复曲线之较锐曲线全部保持超高度之全数,而以百分之 $17/V$ 之坡度在直线上或较直曲线上逐渐降落之。V 为列车最高速率,以每小时若干公里计。

通常所用超高度不得大于一二五公厘,列车之速率应调整之,使与所用最大超高度适合。

九　介曲线　凡二度(半径约五七三公尺)及较二度更锐之曲线,均应采用介曲线。凡四度(半径约二八六公尺)及较四度更锐之曲线,其介曲线之长度不得小于五五公尺。凡曲线之度数小于四度而列车速率必须限制者,其介曲线长度之公尺数不得小于速率之每小时公里数。此项速率系按超高度一二五公里计算之。

介曲线之全长应自始迄终逐渐增高,俾直线上并无超高度,而圆曲线之全部起高至超高度之全数。介曲线或为三次方程抛物线,或为螺形线,或为其他式样,得由工程司择用之。

一〇　竖曲线　凡坡度变更至百分之〇·二或更大者,其两坡之交角应采用竖曲线,使成弧形。此项竖曲线应为抛物线,起讫点与两端切线相联接,其长度应依坡度变更之大小为比例。坡度变更每百分之〇·一,凸形交角之竖曲线,干路不得短于二〇公尺,次要路不得短于一五公尺。凹形交角之竖曲线,干路不得短于四〇公尺,次要路不得短于三〇公尺。

一一　曲线上之坡度折减率　坡度折减率通常每一度(弦长二〇公尺)应减百分之〇·〇六,凡六度(半径约一九一公尺)及六度以上之曲线,每一度得仅减百分之〇·〇五。

一二 例停地点、重要桥梁及隧道之减小坡度 凡列车例停之地点如车站、车场、岔道、煤水站及重要桥梁等处之最陡坡度应较路线上所采用者减小百分之〇·六,如遇曲线,仍须依按坡度折减率折减之。但此项最陡坡度,无论如何不得超过百分之〇·七。隧道内坡度之减小,得由工程司择定之,但亦不得超过百分之〇·七。

第三章 路线横截面

一三 单线及双线之横截面,凡属干路,应按照:第甲～四〇一～,一甲～四〇一～,二甲～四〇二～,一及甲～四〇二～二号等图之规定;凡属次要路应按照:第甲～四〇三～一及甲～四〇三～二号等图之规定。

第四章 标准建筑限

一四 除隧道及铁路桥外,凡固定建筑物如跨轨桥及贴近或下临轨道建筑物等之最小净空,均应按照第甲～四一一～一号图之规定。

一五 单线及双线隧道之最小净空,应分别按照第甲～四一一～三及甲～四一一～四号等图之规定。

一六 铁路桥之最小净空,应按照第甲～四一一～二号图之规定。

一七 曲线上净空限之加宽,应分别按照第甲～四一一～一甲～四一一～二甲～四一一～三及甲～四一～一四号等图附注办理。

一八 车辆最大限应按照第甲～四一二～一号图之规定。

一九 车辆载积限应按照第甲～四一二～二号图之规定。

第五章 标准载重

二〇 凡干路或路线具有改为干路可能性者之铁路桥,应按古柏氏 E 五〇标准载重设计之。次要路之铁路桥,则按古柏氏 E 三五标准载重设计之。前述各项载重,详见钢桥规范书附则(二)。

第六章 铁路钢桥

二一 凡固定铁路钢桥之设计材料及工作条件,悉应按照钢桥规范书之规定。

第七章 轨距及折缘槽

二二 轨距应于两轨头内侧面,由轨顶向下一五公厘处,量度之。

二三 直线上之标准轨距应为一四三五公厘,或多或少相差不得大于三公厘。

二四 曲线上之轨距,应按下表加宽之。

曲线度数 (弦长二〇公尺)	二·五及 二·五以下	三	三·五	四	四·五	五	五·五
加宽公厘数	〇	二	四	六	八	一〇	一三
曲线度数 (弦长二〇公尺)	六	六·五	七	七·五	八		八·五及 八·五以上
加宽公厘数	一五	一八	二〇	二二	二四		二六

五度(半径约二二九公尺)以上之曲线,应于内轨之内侧设置护轨。

二五　交道岔及正轨与护轨间之折缘槽在轨距线之净宽应为四五公厘,曲线上交道岔若其轨距须加宽时,则折缘槽亦应加宽以抵补之。

第八章　轨道

甲　轨条

二六　截面　钢轨之标准截面,干路应为每长一公尺,重四三公斤(第甲～四二四～一号图),次要路应自每长一公尺,重三〇公斤(第甲～四二一一号图),至每长一公尺,重三五公斤(第甲～四二三一号图)。四三公斤钢轨每条下业经铺设第三五条所规定轨枕最多数,尚虞不敷负荷运输时,应改用标准截面,每长一公尺,重五〇公斤(第甲～四二六一号图)。

二七　长度　钢轨之标准长度应为一〇公尺或一二公尺,由工程司斟酌当地气候极限相差情形,以择用之。

二八　接节　无论在直线上或曲线上两边轨条之接节,通常应互相间错之。

二九　轨条之欹置　轨条向内欹置之斜度应为四十分之一,此项欹置应以采用斜顶面之垫钣,以引起之为宜。

三〇　钢轨规范书第甲～一一～二五号,凡在国内外招标订购钢轨,均适用之。

乙　轨条之扣件

三一　鱼尾钣　适用于各项截面钢轨之鱼尾钣,应分别按照第甲～四二一～二、甲～四二三～二、甲～四二四～二及甲～四二六～二号等图之规定。

三二　鱼尾螺栓及螺帽　适用于各项截面钢轨之鱼尾螺栓及螺帽,应分别按照第甲～四二一～二、甲～四二三～二、甲～四二四～二及甲～四二六～二号等图之规定。

三三　道钉　道钉得用钩头式或螺纹式,由各路工程司择定之。每种道钉之尺寸应分别各项截面之钢轨,按照第甲～四二一～二、甲～四二三～二、甲～四二四～二及甲一四二六一二号等图之规定。

三四　鱼尾钣规范书第甲～一二～二五号、鱼尾螺栓及螺帽规范书第甲～一三～二五号、螺纹道钉规范书第甲～一四～二五号及钩头道钉规范书第甲～一五～二五号，凡在国内外招标订购时，均适用之。

丙　轨枕

三五　普通枕木　普通枕木之截面，应如下列之一：

甲种……宽二三公分，厚一五公分；

乙种……宽二〇·五公分，厚一五公分。

由工程司依按运输需要而择用之，其长度应为二·四四公尺，每条钢轨内铺设之数，凡长一〇公尺者，不得大于一八，亦不得小于一四；长一二公尺者，不得大于二二，亦不得小于一六。各该钢轨长度内之轨枕布置，应按照甲～四三一～一及甲～四三一～二号等图之规定。

三六　桥梁枕木　桥梁枕木之尺寸及其间隔，应按照钢桥规范书之规定。

三七　道岔枕木　道岔枕木之截面，普通枕木若为甲种，应为宽二三公分，厚一八公分；若为乙种，应为宽二〇·五公分，厚一八公分。

三八　国产普通枕木规范书第甲～四一～二五号及普通枕木规范书第甲～四二～二五号，在国内外招标订购时，分别适用之。道岔枕木规范书第甲～四三～二五号及桥梁枕木规范书第甲～四四二五号，凡在国内外招标订购时，均适用之。

丁　垫钣

三九　铺设浸制木枕之轨道，应以采用垫钣为宜，适用于每公尺三五公斤至五〇公斤钢轨之垫钣，应分别按照第甲～四二三～三、甲～四二四～三及甲～四二六～三号等图之规定。

四〇　垫钣规范书第甲～一六～二五号，凡在国内外招标订购时，均适用之。

第九章　车站内之设备

甲　车站内轨道

四一　车站内之轨道，凡属可能均应设在平直线上。若有坡度，不得大于第一二条之规定；若有曲线，不得大于三度（半径约三八二公尺）。但车站内轨道停留旅客列车之一段，无论如何不得设置于较百分之〇·二更陡之坡度，或较一度（半径约一一四六公尺）更锐之曲线上。

四二　车站内曲线轨道，得酌量情形，免设超高度。

四三　车站内邻近两轨道中心线之最小距离，应以四·五公尺为宜。

四四　轨尖之摆度，不得小于一〇〇公厘。

四五　正道之辙岔应用一二号或一〇号，副道所用者宜以八号为最小，干路之正道如有需要，得用一四号。

注　辙岔号 N 为岔心中线长度与其底宽之比例。

例如

$$N=\frac{ab}{cd}=\frac{1}{2}\times 半F角之余切$$

兹将各号辙岔之号数及其岔心角之相当度数,列表如下:

N	八	一〇	一二	一四
F	七·九"一〇"	五·四三"二九"	四·四六"一九"	四·五"二七"

四六　道岔规范书第甲～一七～二五号,凡在国内外制造时,均适用之。

四七　所有车站应设置会车道至少一股,其长度应足敷停留该路驶行之最长空货列车一列,包括机车及煤水车在内。干路上会车道之有效长度,无论如何不得小于六〇〇公尺,同时,并须预留将来展长至一〇〇〇公尺之地位。

四八　车站布置之设计有关将来扩展之可能性者,应顾及或准备之。俾实行扩展时,得仅就原有布置施以最少之改动。

乙　站台

四九　旅客站台之高度,由最近轨道之轨顶起算,应为六八〇公里。

五〇　旅客站台之宽度,不得小于四公尺。

五一　两轨道间旅客站台之宽度,不得小于七·五公尺(参阅第五七条)。

五二　旅客站台两端之坡度,不得陡于一〇分之一。

五三　旅客站台之长度,至少应与该路驶行最长旅客列车除机车及煤水车外之长度相等。干路上旅客站台之长度,无论如何不得小于二七〇公尺。

五四　货物站台之高度,由最近轨道之轨顶起算,应为一一〇〇公里。

五五　货物站台在货栈靠近轨道一边之宽度,不得小于二·五公尺。

五六　两轨道间货物站台之宽度,不得小于九公尺(参阅第五七条)。

五七　由站台外沿至最近直线上轨道中线之距离,应为一六八〇公里。

五八　站台上所有柱及灯杆,应距站台外沿至少两公尺。

丙　量载规及秤桥

五九　凡属较大之车站,均应有量载规及秤桥之设备。

丁　转车台

六〇　转车台之长度应为至少三〇公尺。

戊　水塔及水鹤

六一　水柜之容量不得小于一〇〇立方公尺，每一水站应预备地下蓄水池之地位。

六二　每一水站应设置水鹤二具，水鹤须有每一分钟至少五立方公尺之放水量，并以设置于两会车道间为宜。

六三　水鹤口之高度，须高出轨顶至少三·五公尺。

第十章　轨道标志

六四　轨道沿线应设立半公里及一公里里程标。（第甲～五五一～二号图）

六五　坡度变更处，应设立坡度标（第甲～五五一～一号图），以标示坡度及长度。

六六　曲线内轨之内侧，应于全长之中心设立曲线标（第甲～五五一～三号图），以标示半径及长度。

六七　桥梁两端桥墩之顶面，均应漆写桥梁之公里整数，若两里程标间之桥梁数在一座以上，则按公里之顺序加标甲、乙等字于公里整数之后。

六八　隧道之号数及公里数应于入口处标示之。

六九　未设栅门之平交道处，应于道路上设立平交道标（第甲～五五四～一号图）。

七〇　行近平交道、长桥、隧道或前程有视线障碍物处，应于轨道之左侧设立鸣汽牌（第甲～五五三～一号图）。

七一　凡转辙之闯车点即两轨道中线相距三·八公尺处，应设立警冲标（第甲～五五二～一号图）。

第十一章　保安及防御设备

七二　凡轨道之末端，应设立缓冲挡。

七三　凡铁路与交通频繁之道路或道路与两条轨道以上之铁路平交时，应设立栅门。凡行驶汽车之道路面，除与铁路在同一水平面者外，应于距离最近钢轨一公尺内具有百分之二之下坡，并于前进三公尺内，具有百分之二·五之下坡，更向前进六公尺内之坡度，无论上坡或下坡，不得大于百分之二·五。前述各项距离均与铁路垂直，凡遇平交角较九〇度为小时，应考虑道路之改向，俾在铁路界内之一段，得与铁路正交。

七四　与铁路贴近并平行之道路，如其交通繁盛，且较高于铁路或与铁路同高，应酌量情形筑墙设栅，或用其他方法阻隔之。

七五　隧道内每间隔三〇公尺，应设置工人避车洞。每间隔六百公尺，应设置摇车避车洞，两毗邻之避车洞，应交错分设于轨道之两边。

七六　长桥之宽度若不敷工人避车，应每间隔五〇公尺设置避车台，两毗邻之避车台应交错分设于轨道之两边。

●●国内联运规章

●中华民国铁路国内联运会议章程_{第二次联运会议议定,见民国四年(1915 年)}

六月七日部令。

经第六次联运会议第十九案修改,奉民国七年(1918 年)十二月三十一日第三九〇九号部令批准,第
九次联运会议第四及第五案,见民国十年(1921 年)七月九日第二一五五及第二一五六号部令。

民国十七年(1928 年)十月九日奉铁道部令公布,民国二十年(1931 年)十月三十日呈准修改,二十五
年(1936 年)八月十二日最后修正。

第一条　本会议定名为中华民国铁路国内联运会议。

第二条　本会议专任讨论及建议关于与会各路之国内联运改良事项。

第三条　本会议召集开会日期及地点,由上届会议假定之,或由联运处处长临时酌定之。

第四条　本会议由联运处处长定期召集之,以现任联运各路车务处处长为出席会员,代表
各该路到会。如遇车务处处长因事不能到会时,得由该路另派熟悉车务具有经验者代
理之。联运处业务司各联运路,得各遴派列席会员。

第五条　与会各路拟派之出席会员及列席会员等姓名、职别应先期呈报联运处,汇呈铁道
部核定。

第六条　本会议开会时,以联运处处长或副处长为主席。

第七条　与会各路如有议案提出,本会会议须于距会期六星期以前,将议题附简略之说明
送呈联运处审核,俾可至迟得于开会三星期以前由联运处将议题分发与有关系之各路,
悉心研究,以作开会之准备。

第八条　议决之议案,非经铁道部核准,不得施行。

第九条　本章程如有未尽事宜,得提出本会议修正之。

第一〇条　本章程呈请铁道部核准施行。

●中华民国铁路国内联运会议议事规则_{第二次联运会议议定,见民国四年}

(1915 年)六月七日部令,经第六次联运会议第十九案修改,奉民国七年(1918 年)十二月三十一日第
三九〇九号部令批准,民国二十年(1931 年)十月三十日呈准修改。

第一五条　联运各路各派出席会员一人,列席会员若干人。联运处只派列席会员,不派出
席会员。

第一六条　出席会员各有一表决权,如因事缺席时,其表决权应以文字委托该路列席会员

一人代行。表决列席会员,除受有委托外,只有发言权,无表决权。

第一七条　议案之表决,以出席会员过半数之同意通过之。惟表决权主席毋须加入,如遇可否之数相等时,得取决于主席。联运处长或副处长不能出席为主席时,可嘱托本会公推出席会员一人为主席,该出席会员既被推为主席,其原有之表决权应用文字移交该路原派来之一列席会员。

第一八条　出席会员总数五分之四为开会法定人数。

第一九条　本会议无论何项章程,凡经部批准者,如须增改,须经出席会员五分四以上之大多数通过。

第二〇条　议事日程由主席编定之。

第二一条　本会议秘书由联运处遴派,并呈报部长。秘书受主席直接指挥,管理会议记录及会场一切文书事项。

第二二条　本会议得由联运处遴派事务员若干人,办理一切会议事务,并呈报部长核定。

第二三条　会议时间俟开会时,由出席会员表决之。

第二四条　本会议事项须详载记事录,并由秘书于闭会时,将最后之记事录送由出席会员签押。除送出席会员各一份回呈局外,并由主席将记事录呈报部长。

第二五条　凡外国籍会员,得用其本国语在会场发言,但须有人当场译成中国之语,以便记录。至刊印记录,仍照旧办理。每次会议须于闭会以前,将下届开会日期及其他地点暂行议定。

第十四次联运会议第一议决案,见民国十七年十月二十五日第一三三九号部令。

附注　关于本规则中京沪及沪杭甬两路,本会议作一路论,见民国五年三月十六日部令。

●中华民国国内联运会计会议议事规则第三次会计会议第一案,见民国四年(1915年)六月七日部令,经第七次会计会议第一案修改,奉民国七年(1918年)十二月三十一日第三九〇六号部令批准,民国二十年(1931年)十月三十日呈准修改。

第三〇条　本会议定名为中华民国铁路国内联运会计会议。

第三一条　本会议应认为中华民国铁路国内联运会议之附属会议,于联运会议闭会后,即行开会,由联运处处长召集专任讨论及条陈关于国内联运账务事项。如遇有事故,须召集特别会议时,无论何时,得由联运处处长召集之。

第三二条　与会各路各派出席会员一人,列席会员若干人。联运处只派列席会员,不派出席会员。

第三三条　会议主席由到会出席会员中公推一人为主席。

第三四条　出席会员各有一表决权,各出席会员缺席时,准由该路列席会员代行表决,惟其表决权须用文字移交受托之列席会员。

列席会员只有发言权，除本路出席会员缺席按照以上规定办法受有委托外，无表决权。

第三五条　出席委员五分之四为开会法定人数。

第三六条　本会议无论何项章程，凡经铁道部核准者，如须增改，须经出席会员总数五分之四以上大多数通过。

第三七条　本会会议议决之案，须经过半数通过。如遇可否之数相等时，得由主席决定之。

第三八条　议事日程由主席编定之。

第三九条　本会秘书应由联运处选派，呈明部长，受主席直接指挥，管理会议记录及会场上一切文书事项。

第四〇条　凡会议事件须详载记事录，于闭会时，秘书应将最后核定记事录之钞本通送各出席会员签押，每一出席会员另送一分存查，秘书处留一分备案，并检取一分，用主席名义呈送联运处转呈铁道部。

第四一条　议决之议案，非经铁道部核准，不得施行。

附注　关于本规则第三二及第三四两条，见民国五年三月十六日部分，沪杭甬及京沪两路在本会议作一路论。

●国内联运委员会章程第十三次联运会议第二十四案见民国十四年（1925 年）十一月十四日第四三二三号部令，第十四次联运会议审查报告见十七年（1928 年）十月二十五日第一三三九号部令。

第四五条　本委员会以国内客货联运各路之委员每路一人，会同铁道部业务司暨联运处各委员组织之。

上项委员，由关系各路及联运处业务司分别遴选，由联运处呈请铁道部委派。

第四六条　本委员会遇有应行讨论之各铁路间客货联运及互用车辆问题发生，应由联运处随时召集在南京开会。但如应行讨论之问题须调查当地情形者，得在南京以外其他地方开会，以期就便考察。

第四七条　本委员会开会时，以联运处处长或副处长为主席。

第四八条　本委员会设秘书一员，由联运处委派，于开会时办理记录及一切文书事项，所有开会前后一切函件及其他事务，应由联运处处理之。

第四九条　本委员会会议情形应详细载入记录，于开会时，由秘书将最后核定之记录分送到会各委员签字。

第五〇条　凡关于客货联运及互用车辆各问题，应开送联运处应否开会讨论，或通函会商,由联运处核定之。

第五一条　本委员会议决事项应由列席委员多数表决,遇可否同数时,由主席决定之。

每一委员有一表决权,凡不能到会与议者,得委托代表或其他委员代表之。惟必须出具委托书,并载入记录。

第五二条　所有提出本委员会各议案,其议决之办法应即暂为实行,俟下次国内联运会议开会时,再行提出追认,并呈铁道部核定。[①]

●旅客联运

第六〇条　所有各路间之旅客联运,应遵照部颁之现行客车运输通则办理,下列附加各条,于各路间之旅客联运,均适用之。

第六一条　参与国内旅客联运之各路,应择沿路重要车站先行陆续开作联运车站,办理旅客行李及包裹联运,并其他杂项客车运输。

各重要联运站应办理接送联运行李及包裹,以便客商。

第一次联运会议第二案,见民国四年六月七日部令。

第十三次联运会议第三案,见民国十四年十日三十一日第四一六〇号部令。

第十五次联运会议第五案及第六案,见民国二十年四月二十五日第六八六七号部令。

第六二条　车站洋文名称之拼法,应用各该站所属之路采用之拼法。

第十六次联运会议第六十二案,见民国二十二年十二月二十日第七七四〇号部令。

第一次联运会议第二十三案,见民国四年六月七日部令。

第六三条　车站名称如有相同者或两相近似者,其拼法应采用中国邮务局所用之拼法。

第四次联运会议第二十案,见民国五年十二月二十八日第一九八四号部令。

第六四条　各路如有更改车站名称之必要时,应报告联运处处长,以便通告各路。

附注　所有各站之华文及英文名称,悉用各该站所属之路之通用名称。

第七次联运会议第三十四案,见民国九年二月二十七日第五四一号部令。

第七次联运会议第十四案,见民国九年二月二十七日第五四五号部令。

第六五条　此后所有国内各铁路间单程联运客票,均用纸版式。所余现用之三路或三路以上之长联式客票,俟用罄时,即改用纸版式,其长联式客票仍在使用者,应在各路联站收回,纸版票则在到达站收回。

附注

从前规定联运客票,除邻近两路得互相商定办法使用纸版票外,所有联运各路均须使用

[①]　原书缺第五十三至第五十九条。

长联票,每路一联(见第二次联运会议第二十九案及民国四年六月七日部令)。

凡一年之内售出客票不及五十张之车站,得使用纸票,该项纸票之上所有到达站名及票价均空白不印,以免印存大宗车票之费。

附注　联运空白票式均见车站账目格式中其目,如下:

站账式1(2－2)联运客票(寻常列车),站账式1(2－4)联运客票(特别快车)。

如用硬纸票者,须用横式,并须用水印将售票路洋文名称之起首字母印于票之一面。

联运客票之一面,应印英文或法文,其他之一面则印中文。

联运各路须将售票之年月日注明票上,如以为必须将列车次数标明者,得用一特制之戳记标明之。票之号数,每组均自○○○○号起。

各种联运客票均应加盖"不准转借"字样。

联运票如用长联运票者,票价内应加入印费大洋一角。

第三次联运会议第七案,见民国五年三月十五日部分。

第十二次会计会议第二案,见民国十年七月二十七日第二三一六号部令。

第一次会计会议第五及二十一案,见民国四年六月七日部令。

见第五次联运会议记录第七页,即英文记录第五页。

第二次会计会议第十六案,见民国四年六月七日部令。

第四次联运会议第十四案,见民国五年十二月二十八日第一九八四号部令。

第八次联运会议第九案,见民国九年十二月十七日第三五五○号部令。

第十五次联运会议第三十三案,见民国二十年四月二十四日第六八五四号部令。

第一次联运会议第四及第五两案,见民国四年六月七日部令。

第六六条　联运票价,应按联运各路之联轨站票价单内所列各该路之本路票价,分别加总计算。

联运各路应将各该路之联轨站票价单送交清算股,编造联运价单分送其他关系各路核定,并编入各该路之票价单内。联运价目表应用中国文字制印,张贴联运各站显明之处,俾众周知。

各路之本路票价有更改时,须通知联运处,由该处订定实行日期,通知各路实行。

附注　清算股编造之旅客联运价目表汇编一书,发交各路备用者,即汇列所有联运价单者也。

第十六次联运会议第二十二案,见民国二十二年十二月十四日第七六四九号部令。

第六七条　所有各路间互相联运旅客之联轨站,如下:

平汉及粤汉(汀鄂段)间	汉　口
平汉及陇海间	郑　州
平汉及道清间	新　乡

| 平汉及正太间 | 石家庄 |
| 平汉及平绥北宁间 | 丰　台 |

附注　平汉、平绥、北宁路曾互相商定,凡旅客持有取道丰台之联运客票,得改道北平,不另收费。

北宁(平津段)及津浦间	天津总站
北宁(津辽段)及津浦间	天津东站
津浦及胶济间	济　南
津浦及陇海间	徐州府
津浦及首都轮渡间	浦　口
津浦及首都轮渡与京沪间	南京江边
渐赣及沪杭甬间	上海北站

第六八条　联运各路在联轨站查验联运客票,应用下列字母之铗剪,以资辨认。

湘　鄂	
平　汉	H
道　清	A
正　太	C
平　绥	K
北　宁	M
津　浦	T
胶　济	B
陇　海	L
京　沪	S
沪杭甬	N

第一次联运会议第二十三案,又第一次会计会议第二十二案,见民国四年六月七日部令。

第十二次联运会议第十一案,见民国十二年六月六日第二三〇五号部令。

第六九条　旅客如乘坐特别快车者,应于购票时声明,另购特别快车加价票。如须占用床位者,即应另购特别快车坐位并床位票。

第二次联运会议第十一案,见民国四年六月七日部令。

附注

对于旅客之乘坐取道浦口往来北平上海之联运通车者,任何两站间,如此项旅客众多,可印头二等车票,将普通票价与特别快车附加费一并算入,印于票内,以备发售。惟卧车票应另行印售(第十次联运会议第十案,见民国十年十一月十四日第三三三三号部令)。

凡遇有需要情形时,得在任何两站间发售含有特别快车附加费之特种来回游览票,该项特种来回游览票应加印红色垂直线,以示区别。通常办法应就来回两方各将特别快车附加费加入来回票价之内(第十一次联运会议第九案,见民国十一年五月十五日第一〇五六号部令),参考车站账目格式书内应用于特别快车之联运空白票式[站账式 1.(2-4)]。

使用硬纸附加票之路,应凭经售路之需要,给以本路适用之该种附加票,以便经售路转发各车站及其境内之各经售处出售。俾得由他路售出之特别快车加价等硬纸票与本路所使用者归于一律,该项附加票应按售票各站或各经售处编印联号,并须印有特别符号,以示区别。向他路取到该种附加票之路,应即将收到之票认为本路所有之票,无论由该路各车站或由该路管辖之各经售处售出后,联运账内均应按照通常办法清算之。

附注

从前通用联运账式 17 及 18 两种,应以现经修正之站账式 1(6)代之,其现存联运账式 17 及 18 两种之各站,仍得使用,俟用竣后,再改用修正之式样(站账式 1(6)参看车站账目格式)。

第七〇条　凡发出空白联运票,须用不能磨灭之铅笔誊写,每一旅客应各发票一张。

第十三次联运会议第七案,见民国十四年十月三十一日第四一五六号部令。

第七一条　凡预留专用之包房,如已付过联运票价及房内所有床位费者,应誊用预定座位票[站账式 1(18)]。凡旅客购买联运票如声请定座者,即由起程站电知各关系路预定座位。若未声明预留者,则听其自便。

第十三次联运会议第十二案,见民国十四年十月三十一日第四一一〇号部令。

第十六次联运会议第二十四案,见民国二十二年十二月十五日联字第七六八一号部令。

第七二条　联运来回游览票在各车站间发售,并遵照部颁之修订来回游览票发行规则办理(发行规则见附件一)。

各路如有应行增加之发售站或游览地点,应由各路自行酌定,呈部核办,并通知各路。

来回游览票期限以路线长短为定,有效期间之标准,由联运处酌核办理。

来回游览票之式样应查照站账式一(4)采用区间票本式,分列去程及回程各区间,并附以孩童检查券。惟票内文字因来回站点之不同,应随宜变换之。

设有某站所发来回游览票为数甚微,得以空白来回游览票代之,该项票式应与印就者相同,惟将各区间之到达站名及路径留出空白,以备发售时誊载。

第十六次联运会议第二十五案,见民国二十二年一月四日第七九一九号部令。

第十六次联运会议第三十七案,见民国二十三年二月二十八日第八五六三号部令。

第十三次联运会议第十案,见民国十四年十月三十一日第四一六二号部令。

第七三条　中国周游票经过一定之路径者,在各车站发售,并遵照部颁之国内周游票发行规则办理(发行规则见附件二)。

中国周游票应采用区间票本式,特加编制,以期与部定条款适合。

第七四条　关于团体联运票之发售，应遵照部颁之客车运输通则各条款办理。

　　附注　关于团体联运票票价之计算，应参阅旅客联运价目表。

第七五条　关于学生减价票之发售，应遵照部颁之客车运输通则所载各条款办理。

　　附注　关于各该票发售之手续，应查照车站账目则例办理。①

●优待票

第八〇条　铁路员工任事在二年以上，本身及其父母、妻或夫、子女得请领联运优待票，均以完毕其行程为止。倘请领优待票至联运路某站，而该站并非联运站者，可另给凭证一张，持向到达站距离最近之联运站，购买优待票。

　　第二次联运会议第十二案，见民国四年六月七日部令，经第三次联运会议第十六案修改，奉民国五年四月八日部令核准。

　　又经第五次联运会议第二十二案修改，奉民国七年一月十八日部令核准。

第八一条　铁路员工本身及或以上规定各家属联运优待票，得一次或分次请领，但家属优待票不论分领、合领，每年合计不得过五人，本身及家属每年均各得请领往返单程联运优待票各一次。员工本身或其家属领头二等联运优待票者，随带仆役得附带请领二等联运优待票，每年以一人往返各一次为限。领三等联运优待票者，不得附带请领仆票。如父母或妻或夫身故，必须回籍者，该员工虽于本年期内已经购过优待票，得再请领特别来回票一次或单程二次。至该员工本籍最近之车站，员工任事在两年以上，如非因过失被撤者，得发给联运优待票一次，至该员工所到达之车站。

　　第十六次联运会议第四十案见民国二十三年一月二十七日第八一六八号部令。

　　又见民国二十三年五月十八日第九五五五号部令。

第八二条　员工优待票应照普通票价核收四分之一，其以上所规定各家属之优待票，则核收半价。孩童在十二岁以下者，应照普通成人核收票价四分之一，其在四岁以下者，免费。

　　第十三次联运会议第十一案，见民国十四年十一月五日第四二一四号部令。

第八三条　此项优待票仅适用于寻常列车，但如快车尚有座位而各该路之规章对于优待票之适用并不予以禁止者，亦得许其乘坐。惟须照付快车加价全份，其需用床位者，并照付床位费。

第八四条　行李免费重量与普通旅客所准带之免费重量相同，其逾限重量应照普通运价

---

　　①　原书缺第七六至第七九条。

核收运费。部路员工及其家属得凭两路或两路以上之乘车证或优待票,凭照起联运行李票直达最后到达站。

第十六次联运会议第四十七案,见民国二十二年十二月二十七日第七八四三号部令。

第八五条　优待票之全票或一部份未经用过者,其票价得由该员工办事处所之首领转请售路之车务处长,照数退还。

第八六条　优待票之发售,应以请领该票之员工所属铁路各首领所发之凭照或受有该路发给该项凭照之委任各员所发之凭照为准。该项凭照用以购买单程票或来回票之出发车票者,其有效期间应自填发之日起以七天为限。其用以购买回程车票者,则以两个月为限,填发之日均作一天计算。凡用以购买回程车票之凭照于填发时,须标明回程字样。

该项凭照必须由填发处所之首领签字,并须填明日期,加盖该处正式章记。

员工联运优待票得照实在人数购票,惟所持凭照应由段长或站长签证。

第十三次联运会议第五案修正,见民国十四年九月五日第四二一号部令。

第十六次联运会议第四十二案,见联运处民国二十二年十二月二十二日第三四三二号函。

第八七条　此项优待票不得转给他人,倘有代本规则规定以外之人购置者,一经查出,应即撤差。

第八八条　凡优待券凭照行使于各铁路间已经加入之联运车站,铁路员工得持该凭照向各该本路起站换购普通车票,直达他路讫站。

第十五次国内联运会议第四十三案。

第八九条　凡优待券凭照行使于各铁路间未经加入之联运车站,铁路员工欲自服务之路往他路者,须另在他路之联轨站换购自他路联轨站至讫站之普通车票。

第十五次国内联运会议第四十三案。

第九〇条　铁路员工在差身故,其灵柩经由铁路运回原籍或其他地点埋葬者,灵柩及护柩一人之运费全免。员工服务在两年以上者,其父母妻或夫及子女之灵柩运费应凭该员工办事处所之首领所具信函,核减半价,无论其运费系全免或半价,均应由联运各路直达联运以完毕其行程为止。倘到达站并非联运站者,应另给凭函持向到达站距离最近之联运站换票转运,本规章第八六条第二节及第八七条之规定于该项信函均适用之。

所有在联运路程以内之轮渡费及中转时之装卸费,应按照本规章第一六五条之规定办理。

铁路员工本身或以上规定各家属之灵柩,如由货车运输,前项之规定并适用之。

附注

一　参看民国五年四月一日部令核准之第三次联运会议第三十案,内开享有购买优待票利益之人员,除照缴普通票价外,不得按照优待办法购买周游游历游览及其他相类之各种车票。

二　本章程规定之优待办法，仅适用于按月支付薪工各级之员役。所有按日付给工资之工役不能认作完全为铁路服役者，应否予以优待之处，可由各该管处首领酌量情形办理，但以不违背章程者为限（见第八次联运会议记录二五页，奉民国十年三月二十二日第八九九号部令批准）。

三　关于本规章第九〇条之规定，参看民国七年二月十四日部令，内开"凡员司遇有家属运柩须由该员出具切结，倘有冒滥情弊，除追补车价外，即予斥革，其工役人等遇有前项事故，则须邀同相当保户二人出具保结，倘查有冒滥情弊，照章十倍处罚，借杜弊混。"

四　凭照之式样为站账式一（8）（参看车站账目格式）换回该项凭照所发出之车票，即用普通车票加盖"优待戳记"，其在发售优待票较多之站，准用特种空白优待票［车站账目格式站账一（2—6）发售］（参看第十三次联运会议第九案及第十五次会计会议第六案，经民国十四年十一月五日第四二一四号部令核准）。

●退还票价

第九五条　关于联运票价之退还，应遵照铁道部颁布之客车运输通则内所载退还票价各条款办理。但下列附加各款于联运均适用之。

第九六条　车票如系由经售处售出者，必须向发售该票之经售处请求退还。

第九七条　凡有请求退还票价情事，不分数目多少，得迳由车务处长决定退还，无庸商诸他路，而该票之未用部分于呈送清算股之报告书内，应即作注销之票填报。

惟该路车务处处长须慎为查察，确知该项请求系属真实，以免关系各路同受欺蒙。

各项退还之票价，无论其系商得他路同意然后退还，或系由退还票价之路自行核办者，均须按月将各路所应摊还之票价等项，用一种表式清单报告清算股及其他关系各路。

第十五次联运会议第二十七案，见民国二十年四月二十五日第六八八〇号部令。

第五次联运会议第五案，见民国七年一月二十八日部令。

第十六次联运会议第六十三案，见民国二十二年十二月二十六日第七八〇六号部令。

第六次会计会议第四案，见民国七年一月二十八日部令。

第九八条　凡旅客因不可抗之事变，未能毕其购票之路程，改由其他联运路径达于讫站，且所绕行之路确系适当而合于通则所规定者，将关于该票暨新路径各情事报告清算股，俾便将该票原有票价就新路径所经各路线比例摊分之。

凡旅客除铁路过失外，无论何种原因未能于规定期间内完毕其行程者，其所持车票概不得展长期限。

第十三次联运会议第六案,见民国四年十一月五日第四二一三号部令。

第十六次联运会议第六十三案,见民国二十二年十二月二十六日第七八〇六号部令。

第九九条　联运旅客在中途遗失车票,应照章补票。惟有证明,则免予处罚。

第十五次联运会议第二十六案,见民国二十年四月二十五日第六八七七号部令。

●行李

第一一〇条　联运行李之挂号,应查照部颁客车运输通则内关于行李各条款,并下列各附则办理之。

第一一一条　联运挂号行李应用之单式,如下:

站账式 1(11−2)行李票—联运;

站账式 1(13−2)保险行李票—联运;

站账式 1(12)—价值声明书。

附注　所有各项单式应查照车站账目格式,关于各该单式之用法,应查照车站账目则例办理之。凡两站间遇有运输繁重时,得酌用特种印刷之行李票。

凡联运行李,同时须用绳系及黏贴两种标签。

第七次联运会议第十九案,见民国九年二月二十七日第五五〇号部令。

第十一次联运会议第十一案,见民国十一年五月十五日第一〇四八号部令。

第十五次联运会议第三十八案,见民国二十年四月二十八日第六九〇八号部令;第三十九案,见民国二十年五月二十一日联运处第一二五五号公函。

凡联运行李须加黏贴到达路卸站标签一纸,各路规定一色,由到达路印就地名,分送各起运路发贴,庶卸下行李时,一望而知,且装车时,亦可分别安置。签上第一横行注明此件联运行车运到(用中号字),

签上第二横行注明　某某铁路,

签上第三横行注明　某某车站(用大号字)。

湘鄂路　白　色　(黑字)

平汉路　淡青色　(黑字)

陇海路　深黄色　(黑字)

道清路　白　色　(红字)

正太路　淡青色　(红字)

平绥路　暗红色　(黑字)

北宁路　粉红色　（黑字）

津浦路　绿　色　（黑字）

胶济路　蓝　色　（黑字）

京沪路　淡黄色　（黑字）

沪杭甬路　淡黄色　（黑字）

横式长　五英寸半

宽　　　　　　四英寸

第十五次联运会议第四十案，见民国二十年五月二十一日联运处第一二五五号及一二五一号公函。

由各路特制布质号牌一种，一端系以铅丝上，留空白地位，以便旅客购买，自行填写，系于行李之上。其不愿购用者，听从旅客之便。凡起票之行李经铁路认为有加封之必要时，得令旅客交由行李房用铅丝加封，并于铰链处当场用铅印钤封，其费用另行规定，向旅客收取。

凡中途验关各站站名，须用橡皮图章加盖于行李票上。

第六次联运会议第六案，见民国七年十二月三十一日第三八九九号部令。

第一一二条　凡所有车票送至行李房，请求将行李挂号者，均须加盖行李字样之戳记，以防一票使用多次之弊。

第一次会计会议第十一案，见民国四年六月七日部令。

第一一三条　联运行李之逾限重量，应收运费及保险费，应按联运价目表内所载联运各路里程相加之总数计算。

凡旅客交铁路运送之联运行李，除应收运费外，所有中途装卸费概不另收。

联运行李票运费、杂费总数下，应填写中文数字，以资明晰，而免涂改。

凡联运行李旅客不购车票请求运送者，应按照联运行李实在重量核收运费。

联运保险行李之收入，应按各关系路里数摊算派分。

第一次联运会议第二十八案，见民国四年六月七日部令。

第十六次联运会议第四十八案，见民国二十二年十二月二十六日第七八二八号部令。

第十六次联运会议第五十二案，见民国二十二年十二月二十日第七七二九号部令。

第十六次联运会议第七十九案，见民国二十二年十二月二十三日第七七八二号部令。

第一一四条　行李在联轨站由此路交付彼路者，应在该联轨站缮具联运行李暨包裹交付证书（联运 8）及联运行李暨包裹损坏、遗失、迟误各情报告书（联运 9）各四份，两站站长各乙份，两关系路之检查课各乙份。

第一次会计会议第十七案，见民国四年六月七日部令。

附注　联运 8 及 9 之式样，可参看附件八及九。

第一一五条　铁路对于旅客所托运行李应负之责任,凡一路与旅客所订之合约(即行李收据及保险行李收据),在其他各关系路均为有效。

第一一六条　旅客如将行李收据遗失,则在交件行李之时,须查照通则内关于前项之规定凭取保领件证书(站账式17)交付。

但依此办法交付行李之铁路应认为其他各关系路之经理人倘因误交发生要求赔偿情事,数目在五百元以上者,误交之路须将要求之情由电知各关系路,以便追查。

第一次会计会议第十案,见民国四年六月七日部令。

第一一七条　联运行李在中途提取时,应查照下列办法处理之,其在中途车站提取者,应以联运站为限。

第二次联运会议第二十五案见民国四年六月七日部令。

第十六次联运会议第八十案,见民国二十二年十二月二十三日第七七八四号部令。

甲　旅客于报运时声明提取者

旅客如欲将行李挂号至中途车站提取者,可以照办,其出发车站之行李司事必须出具行李票,按照该旅客所持客票等次,核定免费行李重量,开列行李票上。如有逾限重量,即照该旅客所欲挂号运往之车站核收运费,并于旅客票上盖戳。如下:

行李运至……车站

倘旅客在中途车站请将行李挂号运至终止之站者,该中途车站之行李司事如见客票上盖有上项戳记,即可承认准将上项行李重新挂号。如有逾限重量,应照章核收未毕行程之运费,并须于行李上标明该旅客所持客票之详情。

乙　旅客在中途声明提取者

旅客有欲在铁路允可停车之站中途下车,而下车地点尚未达行李挂号运往之站者,倘所带行李系由同一列车装运,在中途提取并不至发生无谓之耽搁,则得于下车之前一停车地点预先知照车守提取行李。如遇有此等情事,站长应向旅客收回行李票,注明某年某月某日行李在某站卸下等字样,且须查验该旅客所持之车票,并询明是否仍须继续进行未毕路程。倘仍须继续前进者,即将该行李票留存在站,旅客将行李交回时,须重行过磅,倘重量超过行李票原载重量,须另出行李过量之附加票一张,并应收取此项行李之运至行程终止车站逾限重量运费。如交回行李重量较起程时原有之重量为轻,则原付之运费概不退还,但新重量须注明行李票上。倘旅客于所持车票有效期间以内不复继续进行者,该行李票应由站长缴交总局,所有已付之未曾经行路程之运费,概不退还。

丙　旅客在中途车站提取一部分者

旅客如欲在中途车站提取行李一件或数件者,亦可照办,惟须将全份行李卸下,所有该旅客不欲提取之行李,即留存在站,直至该旅客重行乘车时为止。如此办法,旅客必须将所持车票及行李票交出查验,由站长在行李票上签注。如下:

行李　　件,计重　　公斤,　业于　　年　　月　　日　在　　站提取。

注明后,仍将行李票交还旅客,倘旅客复将前项行李交回运往行程终止之车站,须将此项行李票交出查验,由站长将全份行李重行过磅,如重量加多或须加收运费者,须另给行李附加票一张。如重量较轻于起程时原有之重量,并不将原收运费退还,但新重量须注明行李票上,站长并应于原有行李票上注明此项行李于某日由某列车运往行程终止车站等字样,所有寄存该项行李囤存费,应按当事之路定章核收。

丁　旅客中途在车上提取一部份者

旅客如欲提取行李一件或数件自行保管者,可以照办,惟须将车票及行李票交出查验,由行李司事在行李票上签注。如下:

行李　　件,计重　　公斤,　在　　站提出,

由旅客自行保管运至到达站。

第一一八条　1　所有索偿情事,必须用文字知照终止之路,由该路函商其他各路核办,一经证明某路应负其责,即由某路赔偿。倘不能证明应由某路负责者,赔偿之款应由与运各路按照里数摊认。

第一次联运会议第二十八案,见民国四年六月七日部令。

2　联运行李发生误运情事,应由起运路查明经手负责人员,酌予处分。

3　联运行李如中途站或到达站查出逾重百分之二以下,免补运费。如超过百分之二以上者,由到达站向旅客补费,并由起运路照章将负责站员惩罚。

第十五次联运会议第三十五案、第三十六案,见民国二十年四月二十八日第六九〇九号及六九一〇号部令。

第十六次联运会议第八十五案,见民国二十二年十二月二十三日第七七七九号部令。

第一一九条　凡联轨之站所有联运旅客自带之行李,由各路用倒车机车拖挂车辆直送联轨站,其迎送办法与时间,由各路规定之。

第十五次联运会议第三十四案,见民国二十年四月二十七日第六八九〇号部令。

第一二〇条　凡联运行李应于联运列车上加挂联运行李车一辆,或就原有行李车内画出一部份专装联运行李,俾与普通行李分装,以期起卸迅速而免错误。

● **包裹** 见民国二十二年(1933 年)七月一日第五七〇一号部令

第一三〇条　联运包裹之运输,应按照部颁之客车运输通则内所载包裹各条暨承运及授受联运包裹办法(见附件四),并下列附加各款办理之。

第一三一条　关于联运包裹应用之单式如下:

站账式 1(14－4)包裹票一联运;

站账式 1(15－2)－保险包裹票－联运;

站账式 1(12)－包裹价值声明书;

站账式 1(16)－代客收款交货凭单。

附注　以上所列各单式应查照车站账目格式,关于各单式之应用,应查照车站账目则例。

凡两站间之运输,倘值繁重之时,得用特印之票组,以便起票。

第七次联运会议第十九案,见民国九年二月二十七日第五五〇号部令。

第一三二条　凡联运之包裹,除贴用普通签条外,每件均应另黏特种签条,用大号字载明到达站名。

遇有包裹性质不能贴用普通签条之时,应用麻制或布制之特别签条,此种签条可即系著物上,藉供黏贴普通签条之用。

第十三次联运会议第十六案,见民国十四年十月三十一日第四一四五号部令。

凡联运包裹,须加黏到达路卸站标签一纸,各路规定一色,由到达路印就站名,分送各起运路发贴。庶卸下包裹时,一望而知,且装车时,亦可分别安置。标签尺寸及颜色,见第一一一条。

第十五次联运会议第三十九及四十案,见民国二十年五月二十日联运处第一二五五号公函。

由各路特制布质号牌一种,一端系以铅丝上,留空白地位,以便旅客购买,自行填写,系于包裹之上。其不愿购用者,听从旅客之便。

第十五次联运会议第四十案,见民国二十年五月二十一日联运处第一二五五号及一二五一号公函。

凡联运包裹,应按照联运包裹加封办法办理(加封办法见附件五)。

见民国二十三年七月一日第五七〇六号部令。

第一三三条　一　联运包裹运费,得凭寄包裹人之请求,俟包裹运到后,由到达站向收包裹人收取。见民国二十三年三月二十日第八八一六号部令。

二　运费到付之联运包裹收据第一、第二、第三张应一律用红色加印"到付"二字,以示区别。

三　到付包裹之运费,应由到达站负责向收包裹人收取。倘收包裹人拒绝照付运费时,到达站应即通知起运站向寄包裹人收取,俟接得起运站收清运费之通知后,方得将包裹交付收包裹人。其未将运费收清或尚未接到起运站收清运费之通知而将包裹交付收包裹人者,所有未收之运费,概由到达路负责赔偿。

四　凡包裹内装易于腐坏之物品,或估计其价值低于运费而无相当之保证者,概不得按到付办法运输。

五　起运站运出到付包裹,应与预付包裹分别造送运送包裹报单,并于附记栏中注明

"到付"二字,到达站收到到付包裹,运费亦应与预付包裹分别造送收到包裹报单,并于附记栏中注明"到付"二字,并应由各本路"会计处"汇送"联运处"、"清算股"查核。

第一三四条　联运包裹如中途站或到达站查出逾重百分之二以下,免补运费。如超过百分之二以上者,由到达站向收件人补费,并由起运路照章将负费站员惩罚。

第十六次联运会议第八十五案,见民国二十二年十二月二十三日第七七七九号部令。

第一三五条　联运包裹发生误运情事,应由起运路查明经手负责人员,酌予处分。

第十五次联运会议第三十六案,见民国二十年四月二十八日第六九〇九号部令。

第一三六条　所有包裹运费及保险费等项,应按联运各路里程相加之总数计算,其进款亦按各路里程比例分摊。

凡交铁路运送之联运包裹,除应收运费外,所有中途装卸费概不另收。

联运鲜货包裹,应按普通包裹运价六折收费。

联运包裹票运费、杂费总数下,应填写中文数字,以资明晰,而免涂改。

第十六次联运会议第九十四案,见民国二十二年十月二十四日第六九一九号部令。

第十六次联运会议第五十二案,见民国二十二年十二月二十日第七七二九号部令。

第一三七条　关于代客收款交货之佣金,应由起运与到达路均分之(铁路代收包裹货价规则见附件六)。

联运各路之代客收款交货包裹运输,应每月结账一次,由清算股编造之。

铁路运送包裹起码运费,无论本路或联运,均定为二角。

第六次联运会议第七及第十七案,见民国七年十二月三十一日第三八〇八第三九〇〇及第三九〇七等号部令。

第一三八条　凡包裹联运繁重之各路间,得以专用车辆直达过轨运送,其办法由关系各路商订,呈部核准施行(平汉、陇海、津浦、京沪四路联运包裹直达运输办法)。

第十五次联运会议第六十八案,见民国二十年四月二十九日第六九二五号部令。

第十六次联运会议第九十七案,见民国二十二年十一月二十日第七三四八号部令。

●公务包裹

第一五〇条　凡铁路包裹如系购自市上之材料,藉备铁路公务之用者,应照普通包裹运费减半。如系规章及报单等类,在部路或各路间互相传送者,应一律免费。

第十三次联运会议第十七案,见民国十四年十一月十日第四二七一号部令。

第一五一条　各路联接客车上指定一车装置部路及或各路间递送公文信件专用箱一具,专装公文信件及公用小包件,并由联轨站长及车长负责沿途发送。至重大包件,仍用联运公务包件票运送。

第十五次联运会议第四十一案,见民国二十年五月十八日联运处第一二三八号公函。

第一五二条　甲　凡公务包裹之运输,应填用公务包裹票[参阅车站账目格式内站账式1(14-12)]。

乙　凡在市上订购公务材料之应填发公务包裹票,以便于转运时减半收费。

丙　1　如路局中之一处向他路局之一处传送公布品、各项客货票报单及其他类似性质之物品,应由发运之处填发公务包裹票,以便于转运时照章免费。

　　2　设有某路代他路购买材料等,将本路材料转售他路,此项包裹应减半收费。又,某路代他路购印之客货票,除联运票外,亦应照半价核收。

　　3　照上述各规定填发公务包裹票时,应由填发人员注明免费或公务运价等字样。

第一五三条　公务包裹应与普通包裹由同一列车起票运送,并即用普通联运包裹票[站账式1(14-4)],加填公务包裹字样。

第十一次联运会议第十二案,见民国十一年五月十五日第一〇四九号部令。

●移民乘车优待办法

第一六〇条　移民乘车优待办法,照民国十四年旧交通部颁发京奉、津浦、京绥、京汉四路发售移民减价规则办理以后,无论何路加入移民联运,亦照此办法办理(发售规则见附件三)。

第十五次联运会议第四十二案,见民国二十年四月二十三日第六八一九号部令。

●杂项运输

第一六五条　凡租用专车、包车、花车暨额定座位以及由客车运送牲畜、车辆、灵柩、生金元宝等项,并其他客车杂项运输之价率及办法,应遵照部颁之客车运输通则办理。

第一六六条　关于杂项运输之联运,应用杂项客运联运票[站账式1(1-72)],该票之式样应参阅车站账目格式,所有起票手续应查照车站账目则例办理。

第一六七条　凡旅客联运价目表内所载各路站之距离,如用以计算杂项运输之运费时,应按联运里程之总数计算。凡运费之征收,如系按照运输通则所规定之起码数目核计者,应就关系各路运输里程比例均分之。

第九次联运会议第十七案,见民国十年七月二十七日第二三一八号部令。

第一六八条　凡车辆主有之路,应各将本路所有包车及花车区分类别,以便计算租费,并具报联运处长,以资通行,各路查照。

第七次联运会议第二十四案,见民国九年二月二十七日第五三七号部令。

附注 各路包车、花车分类表及其租费之规定,均见旅客联运价目表。

●游历经理处第四次联运会议第十案,见民国五年(1916年)十二月二十八日第一九八四号部令。

第一八〇条 游历经理处如通济隆及万国卧车公司所用之分段车票,应一律收回,代以中华国有铁路之通票。游历经理处如遇游客须旅行某一路之各分段,致通票不能适用时,该路应供给该经理处以适用之票,或准其开具换票凭证,以便向车站换取该项客票。

游历经理处应准代售各种床位票及特别快车票。游历经理处售出之各路、本路客票及各路换回经理处之换票凭证,所发出之各该路、本路客票,均不得用以将行李挂号联运。

第一八一条 游历经理处得发售或开具换票凭证,换取中国境内或由中国往外洋或由外洋至中国之各种通票,并得于中华国有铁路应得之联运票价内除去票之印费后,按照下列办法扣取佣金。

现行联运办法无论将来若何扩张,或有所增加,均应按照本条办理。惟经联运会议议决,作为特别例外者,不在此列。

凡遇租用花车或订开专车等事,系由游历经理处代办,其费亦由该经理处代为收缴者,应给予佣金。凡售与演剧团、音乐队、马戏团、角技团及学生之减价票,概不给予佣金。

第八次联运会议第十四案,见民国九年十二月二十八日第三六八〇号部令。

第十一次联运会议第二十五案,见民国十一年六月五日第一三一六号部令。

第十六次联运会议第六十三案,见民国二十二年十二月二十六日第七八〇六号部令。又,见民国二十三年六月三十日部电。

第十二次联运会议第十五案,见民国十二年五月三十日第二二一五号部令。

第十六次联运会议第七十四案,见民国二十二年十二月八日第七五五五号部令。

游历经理处应得之佣金,应按照该经理处所售国内联运客票进款比例计算,由该项进款中扣去百分之五。但若有某经理处在某一会计年度所售国内联运客票进款(只限于头二等及头二等附带之三等票价总数而言),达该年度内联运客票进款总数百分之五者,应准照该经理处所售各项应得佣金之联运客票中(国内、中日等)中华国有铁路应得之票价,加给百分之二·五。此项加给之佣金,应以联运处清算股所发账单为准,由各路按照所得此项客票进款数目比例分给之。

第一八二条 中华国有各路对于各该路区域以内各经理处之各分处,应以由各该路出发之各种客票供给之。经理处之分处,如不在铁路区域以内者,遇有旅客托其代办客票时,应准其开具换票凭证,持向起程之车站换取应用之客票。惟此项特权,必须该分处不能自向其他分处取得应用之票时,方可行使。

第一八三条　依照第一八〇条之规定,中华国有铁路与有接洽之经理处,以在下列各处者为限:

平汉路	汉口	北平
平绥路	北平	
北宁路	北平	天津
津浦路	天津	
京沪路	上海	
沪杭甬路	上海	
胶济路	青岛	天津

第一八四条　现所委托之经理处,如下:

通济隆公司

万国卧车公司

日本国际观光局

美国运通公司

中国旅行社

第四次联运会议第十九案修改,奉民国七年一月二十五日部令核准。又,第六次联运会议第九案,见民国七年十二月三十一日第三九〇一号部令。又,第十二次联运会议第十七案,见民国十二年五月三十日第二二一四号部令。又,第十二次联运会议第十八案,见民国十二年五月三十日第二二一九号部令。

第一八五条　经理处所经售之三等联运票,除售给向经理处购买头二等票旅客之仆从外,概不给予佣金。

第十三次联运会议第二十案,见民国十四年十一月六日第四二二八号部令。

第一八六条　如有愿依照旅行业注册章程办理之行号,请求加入经理处,须先将其字号呈请联运处提出联运会议经会议通过,方得该经理处订立合同。

第十六次联运会议第六十三案,见民国二十二年十二月二十六日第七八〇六号部令。

第一八七条　所有各经理处之经售联运客票合同,概由联运处签订,关于该项合同之草拟,联运处应先与业务司及各关系铁路商洽,呈部批准后签定。其关于经售各路客票合同,应由各该路于呈部批准后签订。合同标准由联运处制定,以中文为主,英文为辅。

第十三次联运会议第十九案,见民国十四年十一月六日第四二三一号部令。

第十五次联运会议第六十七案,见民国二十年八月二十五日联运处第一六五五号公函。

附注

一　经理处出售之客票退还票价办法,可参看第九六条退还票价办法。其付给经理处之五厘佣金,应在退还款内扣回。参看第一至第六次联运会议记录第一六八页。

二　游历经理处造送售出客票各项报告书办法,可参看第四一四及第四三一等条。

●宣传事业

第一九五条　所有铁路公共宣传事业,应汇归联运处经管,其由各路刊行之行车时刻表式、图片暨招贴通告项,应以属于本路者为限,并应将各该项印刷品若干份检送联运处备案。

联运处应随时拟具宣传计划暨具体办法,呈部批准。各路对于联运处,应有必要之襄助,并协力合作,以谋宣传事业之进行。

各路及招商局编撰中、英文联运旅行指南,送联运处汇编,并提倡联运宣传。

第十三次联运会议第二十三案,见民国十四年十一月十日第四二七〇号部令。

第十五次联运会议第五十二及五十三案,见民国二十年四月二十四日第六八五九号部令。

附注

一　各路对于联运处之襄助及合作方法,应参考第十三次联运会议记录附件一。

二　参考第五次联运会议记录第二二七页关于广告事件之记载。

三　编辑中、英文联运旅行指南及提倡联运宣传,应参考第十五次联运会议记录第五十二及五十三两案。

第一九六条　联运处应随时仿照"布拉索"式编刊行车时刻表,汇览所有行车时刻表、票价及其他应行通告事件暨各项办法之改订等事,均载其内。各项适宜之广告,得斟酌招揽刊入前项书内。

第三次联运会议第三案,见民国五年三月十五日部令。

第一九七条　各项宣传印刷品之散布,应由各路分任,其地段如下:

平汉路　　北平及该路路线所经区域;

平绥路　　该路路线所经区域(北平不在其内);

北宁路　　该路路线所经区域(北平、天津不在内)满洲、朝鲜、日本及其他外洋各国;

津浦路　　天津及该路路线所经区域;

京沪及沪杭甬路　　该两路路线所经区域;

胶济路　　济南及该路路线所经区域。

第四次联运会议第十六案,见民国五年十二月二十八日第一九八四号部令。

第一九八条　无论何路,如有广告登某种报纸,而该报系在他路管理局所在地点者,则发刊广告之路应先将该项广告送交该路阅看,以免重复,致多糜费。

第四次联运会议第十八条,见民国五年十二月二十八日第一九八四号部令。

第一九九条　凡与联运办法有关系之联合广告,应由联运处拟具,送登各报。该项广告暂限于联运办法,其联运行车时刻表不得包括在内,仍由各路将该项行车时刻表与各该路、本路行车时刻表合并,送登广告。

联运办法之广告费,应由联运处支付,归入该处开支项下,并由各路摊还。

各路应将各该路境内重要报纸开单,函送联运处,以便送登前项广告。

第七次联运会议第三十一案,见民国九年二月二十七日第五三八号部令。

●行车时刻表

第二一〇条　各路行车时刻表,应于每年五月一日更改之。每年应于一月下半月开一行车时刻表会议,以便商定各路间通车时刻办法。

如更改有关联运时刻表,应于一月前报告联运处审核,并通知有关各路。

第七次联运会议第三十案,见民国九年一月十五日第七八号部令。

第十五次联运会议第二十三案,见民国二十年四月二十五日第六八七八号部令。

第二一一条　各路印发行车时刻表时,应按其他各路车站数目分别发寄,以资应用。

联运各路编制各该路行车时刻表时,应将每天分为二十四小时,以代替午前十二小时、午后十二小时之办法。

由联运处印联运通车简明时刻表,于发售来回周游票时,夹于票上。

第三次联运会议第九案,见民国五年三月十五日部令。

第十六次联运会议第十五案,见民国二十二年十二月十一日第七五九九号部令。

第十六次联运会议第十六案。

第十五次联运会议第二十四案,并奉部令核准。

第二一二条　应采用中国海滨时刻,并登入各项联运宣传印刷品内,北宁路应在丰台将此项时刻转达平汉、平绥两路。

第五次联运会议第二十四案,见民国七年二月二日部令。

●联运通车

第二一五条　凡联运通车行经两路或两路以上者,例如北平、浦口间之联运通车,其办法大纲应照下列之规定,即凡所有需用车辆之资本及维持费,应由有关系各路,按照列车经行各该路之里程比例摊认之。

在未能合资购置车辆以前而所用车辆仅由一路供给者，其他有关系各路对于车辆所属之路，应付给常年租金，此项租金计算方法，除按照车辆现在成本扣算付息外，应再加每年折旧费、维持费，以此三项相加之总数，就列车经行有关系各路之里程比例分摊各路，摊得之数即为各该路应付之租金。第十二次联运会议第十八案，见民国十年十一月二十三日第三四一九号部令及民国十九年十一月七日及十八日部令。

第十二次联运会议第四案，见民国十二年六月二十一日第二五三一号部令。

●价目表

第二二○条　价目表如有更改之处，各路须互行交换通知。

第四次联运会议第十九案，见民国五年十二月二十八日第一九八四号部令。

第二二一条　联运客票价目表每半年印发一次。

第十五次联运会议第五十四案，见民国二十年四月二十四日第六八五五号部令。

●电报

第二二五条　联运各路因联运事务互通电报，一概免费。

第一次联运会议第二十四案，见民国四年六月七日部令。

第二二六条　铁路间互通电报，对于铁路长官、员司及车辆名称，应用电传减写表之电码。

第七次联运会议第二十八案，见民国九年二月二十七日第五三一号部令。

第二二七条　车站名称之电码目前所用者，仍继续有效，各路应将各该路之车站名称及所用电码开单送给其他各路，借资参考，并应抄送联运处备案。

附注　电传减写表应参阅铁路电传减写表原书。

●问事处

第二三○条　通都大邑应设立问事处，以备公众查询，并售客票于立意旅行之旅客。

此项问事处在关系两路或两路以上之地方者，当为合办处，其合办费用由各关系铁路按照各该路每月由处发售之客票票价比例摊认之。

第七次联运会议第二案，见民国九年二月二十七日第五三二号部令。

第二三一条　在设立此项问事处地方，经关税章程认可时，该问事处得接收挂号起运包裹及行李，并得收取微费，以偿由城市问事处至车站之运费。

●中国国际旅行社

第二三五条 中国国际旅行社由各路先行筹备试办,俟有成效,再行扩充。

第十五次联运会议第五十一案,见民国二十年四月二十四日第六八五一号部令。

●货物联运

第三〇〇条 货物联运,除依照本规章办理外,应遵照部颁之现行铁路货车运输通则、货车负责运输通则及办事细则办理,其在本路段内时,得适用本路附则,但以不影响其他联运者为限。

第十六次联运会议议决暂行办法第一条,见民国二十二年九月二十三日第六六一六号部令。

第三〇一条 办理货物联运之车站,应以各联运路办理货物联运,各站一律加入办理起运及卸载为原则,其有特殊情形未能加入者,应由该路呈准后,再行通知各路。

第十六次联运会议议决暂行办法第二条及第八次联运会议第二十二案,见民国九年十二月十五日第三五一五号部令及民国二十二年十一月□日部电。

第三〇二条 各路互相接递联运货物,除别有规定外,应在下列各联轨站办理之。

第八次联运会议第二十四案,见民国九年十二月十五日第三五一六号部令,及第十六次联运会议议决暂行办法第三条,见民国二十二年九月二十三日第六六一六号部令。

湘鄂及平汉间　　　汉口江岸车站

平汉及陇海间　　　郑州车站

平汉及道清间　　　新乡车站

平汉及正太间　　　石家庄车站

平汉及平绥间　　　广安门车站

平汉及北宁间　　　丰台车站

平绥及北宁间(除平绥路环城支线外以丰台为两路各站之联轨站)丰台车站

北宁及平绥间(平绥环城支线各站与北宁路各站之联轨站)东便门车站

北宁及津浦间　　　天津总站

津浦及陇海间　　　徐州府车站

津浦及胶济间　　　济南府车站

津浦及首都轮渡与京沪间　　　南京江边车站

京沪及沪杭甬间　　　＼上海北站及麦根路车站

沪杭甬及浙赣间　　闸口车站

第三〇三条　联运运费以先付及到付两种为限,先付者统由起运站核收现款;到付者统由到达站核收现款。此外,装卸及其他杂费,由起运站及到达站酌量情形,一次或分别核收之。

货主负责运输货物及半价或减价付现运输货物,概不办理到付。

第十六次联运会议议决暂行办法第五条,见民国二十二年九月二十三日第六一六号部令。

第三〇四条　联运货物运费,按各关系路应得运费之总和计算之。各关系路应得运费,按各联轨站至各该路起运站或到达站之里程及运价计算之。

民国二十三年六月七日呈准修改。

第三〇五条　各项联运货物,除订有特价专价者外,应依照部颁货物分等表所规定之等级,分别核收运价。

民国二十三年六月七日呈准修改。

联运货物之装卸费及过江驳运费及其他杂费,应照各路现行价目表计算之。其在联轨站转载者(除因有特殊情形另行规定外),不另收装卸费。

第十六次联运会议议决暂行办法第六条,见民国二十二年九月二十三日第六六一六号部令。

凡专价货物负责费,应按货等表规定原来等级全价加收一成。

第十六次联运会议议决第五十八案,见民国二十二年十一月二十七日第七四三五号训令。

第三〇六条　专价货物之附加价即照核收负责费办法,亦按货等表原来等级之全价,按成核算加收。见民国二十三年二月九日第八三五六号部令。

第三〇七条　凡联运货物系优先或最优先装运者,各路运费均应照优先或最优先运价核收之。

第十六次联运会议议决暂行办法第七条,见民国二十二年九月二十三日第六六一六号部令(本条删)。

第三〇八条　各路计算货物负责费时,所有各项加价均不得计算在内。

第十六次联运会议议决第五十九案,见民国二十二年十一月三十日第七四六六号部令。

第三〇九条　将普通运费算至分位为止,厘位用四舍五入法以定出入(如四厘九毫舍去不计,五厘则进为一分)。

依据运费算得之负责费、优先、最优先及附加各费,遇有为数极小不及一分时,概作一分计算。

联运运费总数遇有奇零不及五分者,应作五分;不及一角者,应作一角计算。惟各本路所得之数,如有奇零,仍照奇零计算。如有多余之零数,概归起运路所有。

见民国二十三年一月五日第七九二三号部令。

第三一〇条　联运客货车运输每批货物之起码运费,应照客货车运输通则内所规定者为准。至各关系路分摊方法,应按彼此应得运费为比例。

参照第九次联运会议第十七案,见民国十年七月二十七日第二三一八号部令及民国二十三年六月七日呈准修改。

第三一一条　凡装载联运牲畜之车辆,无论所装牲畜若干,其每车每公里运费至少须达二角五分,方能挂赴他路。

第十六次联运会议第十九案,见民国二十二年十二月二十日第七八〇六号部令。

第三一二条　凡货运之联运里程为二十公用或不满二十公里者,其运费应按二十公里分别照各路联运路之运价核收,即以各该联运路整车或不满整车价目表内所列自起运站或到达站至联轨站之运价与该货物重量及二十公里相乘后,再以联运实际里程除之,即为各该联运路应得之运费。各该联运路应得运费之和,即为该货物之运费。

第十六次联运会议第九十一案,见民国二十三年二月二十一日第八四七六号部令。

第三一三条　凡货运之联运里程在五百公里以上者,其运费应按照下列递远递减办法核减之。

第十六次联运会议第九十二案,见民国二十二年十月四日第六七三二号部令。

一　本办法以适用于客商托运之联运货物为限。

二　联运货物运价,除按各路经行里程照各该路现行运价各自零点里程起计算运费外,并得照下列第三条规定之百分率,再给与联运货物递远递减之折扣。

三　联运货物经行在五百公里以上者,方得适用此项办法。

四　除经行各路之递远递减百分率外,联运货物处远处减之百分率,规定如下:

里　程	减收
501－600	1％
601－700	2％
701－800	3％
801－900	4％
901－1000	5％
1001－1100	6％
1101－1200	7％
1201－1300	8％
1301－1400	9％
1401－1500	10％

1501—1600	11％
1601—1700	12％
1701—1800	13％
1801—1900	14％
1901—2000	15％
2001—2100	16％
2101—2200	17％
2201—2300	18％
2301—2400	19％
2401—2500	20％
2500 以上	20％

五　联运货物里程,应按经行之各铁路由起运站至到达站台并计算,不论在某一路行驶之远近。

六　各路特价货物以适用联运递远递减办法为原则,如有不适用者,应呈部核办。

七　各路专价货物在各该路段内不适用联运递远递减办法,但各该段内之里程,仍应接续计算。

八　凡指定起讫站地点等之特种联运货物,不适用此项联运处远处减办法。

九　联运减价计算方法,由联运处规定,呈部公布之。

一〇　整车与不满整车之联运货物均适用之。

一一　铁路负责与货主负责之联运货物,均适用之。

一二　凡依特定例或另有规定优待办法,已经享受铁路减价运输利益者,概不得适用本办法。

一三　此项递远递减办法,暂行试办一年。

一四　本办法自民国二十二年十一月一日起施行。

第三一四条　凡同一起讫地点可以经行两路径之货物,应由里程较短之路径运送,如托运人指定经由里程较长之路径,并愿担任比较长路径之较多运费,须于托运单上特约事项栏内注明之。凡同一起讫地点可以经行两路径之货物,如货商所指定之路径里程较长而运费返较少者,则铁路应收运费较少路径之运费,而仍由里程较短之路径运送之,其所收运费应按照各该实际承运路之应得运费比例分配之。

民国二十三年六月七日呈准。

第三一五条　倘各路间有商订特别联运运价者,其分摊办法,即于商订该项运价时酌定之。

第七次联运会议第四十一案,见民国九年二月二十七日第五五四号部令。

第三一六条　凡办理货物联运之各路,应将各该路联轨站至本路其他各站之普通价目及特价、专价并其附带条件开送联运处清算股编制。

1　货物联运运价表汇编。

2　货物联运特价专价(用于特定契约者)表、汇编货物联运运价表之格式,以适于车站员司及客商应用为原则,凡客商索取者,应收取印刷费。

第十一次联运会议第二十四案,见民国十年六月二日第一二四七号部令。

第三一七条　联运货物起运站或到达站或各路会计处对于货票记载之运费、装卸费及其他杂费发现错误时,应即电知各关系方面(由联运处清算股发现时,则以更正单通知),统由到达站填发订正单订正,分别照章补收或退还之。

第十六次联运会议议决暂行办法第十条,见民国二十二年九月二十三日第六六一六号部令。

第三一八条　凡联运货物因货商有捏报或装载逾量情事,一经发觉,应由发现之路追收应补之运费及罚款,或执行相当之办法。其所补之运费,应按各关系路应得之数分摊。惟所有罚款应归发现路所有,但如在两路授受时发现者,应以交付通知书签字为准。如在签字前发现时,应归交付路所有;在签字后发现时,应归按收路所有。

第十二次联运会议第十三案,见民国十二年五月二十八日第二一六号部令,及第十六次联运会议议决暂行办法第十三案,见民国二十二年九月二十三日第六六一六号部令。

附注　关于补收运费及罚款之收取,应查照车站账务则例办理之。

第三一九条　联运货票所记载之运费、装卸费及其他杂费等,到达站应负查核、处理之责。倘有错误而到达站未查出,如系短收而短收之款收货人或托运人未能照缴,无法补收时,即该项短收之款应由起运路及到达路平均摊认。如有溢收之款无法退还时,该项溢收之款应由起运路及到达路平均分有之。

第十六次联运会议议决暂行办法第十一条,见民国二十一年九月二十三日第六六一六号部令。

第三二〇条　凡联运货物货商请求指定列车运输,或一件货物重在三公顿以上,或体积在五立方公尺以上,或长度跨载两车或两车以上者,起运路须先向联运各路商洽同意后,始得联运。

第十六次联运会议议决暂行办法第十四条,见民国二十二年九月二十三日第六六一六号部令。

第三二一条　联运零担货物在起运站起运时,须于每件货物上拴系坚韧标签两个,其不能拴系者,应于显明处黏贴软纸标签两个,整车货物除原车送至到达站者外,亦应每件拴系或黏贴标签一个。

第十六次联运会议议决暂行办法第十五条,见民国二十二年九月二十三日第六六一六号部令。

第三二二条　如联运货物与本路货物同为普通或特种时，应分别将联运货物提前装运。

第十六次联运会议议决暂行办法第八条，见民国二十二年九月二十三日第六六一六号部令。

第三二三条　联运货物所用之车牌，其种类与本路所用者同。但须于中间标明一红色（联）字，并注明经由某路（格式附后），以资识别。

第十六次联运会议议决暂行办法第十七条，见民国二十二年九月二十三日第六六一六号部令。

第三二四条　凡整车货物不得在中途站卸下一部分，如欲在中途卸下一部分者，须先起票至所欲卸之站，所余未卸之货由该站运赴终站，应作为另批再行起票。

第十一次联运会议第十四案，见民国十一年五月三十日第二二〇四号部令。

第三二五条　凡遇有一批货物或其一部分留落在后或误发、误卸或转运过站者，其运赴应达之站时，须另填货票，并须将该项货物原起货票号数在该票内填明。

第九次联运会议第二十四案，见民国十年七月二十七日第二三一九号部令。

第三二六条　凡联运货物按整车装运者，该项货物在联轨站交付时，应以关于互通车辆所用之交付通知书为证。

第九次联运会议第二十六案，见民国十年八月十七日第二五五六号部令。

凡整车及不满整车联运货物在联轨站授受时，应由交付路站长会同查验封印铅弹、篷布绳索有无异状，如无异状，接收路站长应即在交付路站长所填联运货物交付须知书各联加盖中文名章发收。如有异状，应由交付路站长重加整理，另行加封。倘封印铅弹损坏过甚，货物有损失可疑之痕迹，应即会同卸车点验，点验后另行装车，仍由交付路加封。凡遇有封印铅弹发现异状，由交付路整理加封或卸车点验，另行装车。交付路站长应将重封及点验详细情形，注明于交付通知书各联内。

前项卸车点验各货物如有损失情事，其装卸费由交付路及接收路分担，沿路零担货物在联轨站授受时，应由交付路站长与接收路站长会同逐件点验，如发现损失情事，应由交付路站长在交付通知书内注明。

凡货物在联轨站授受时，如发现包裹破损，应由交付路负责整理联运货物。如在中途发生意外事变时，该中途站应电知起运站及到达站，以便转知托运人及收货人。

第十六次联运会议议决暂行办法第二十三条，见民国二十二年九月二十三日第六六一六号部令。

第三二七条　各路对于客商要求损失赔偿时，如一经证明确系应由铁路负责者，应迅速赔偿之。

第十六次联运会议议决暂行办法第十九条，见民国二十二年九月二十三日第六六一六号部令。

第三二八条　铁路负责联运货物在运送期内，如有损失在何路发生者，即应由何路负责赔偿。其不能证明在何路发生者，应由经运各路按照所得运费比例摊认。关于赔偿款项，应由经运各路互相通知清理。

第十六次联运会议议决暂行办法第十八条，见民国二十二年九月二十三日第六六一六号部令。

所有赔偿手续，悉照货车负责运输通则第六章之规定办理。惟货主要求赔偿时，以向到达站请求处理为原则，但客商要求在起运站处理者，起运站亦应受理，同时，并应电知到达站以免重复。

第十六次联运会议议决暂行办法第十九条，见民国二十二年九月二十三日第六六一六号部令。

第三二九条　凡按照货车负责运输通则第三十二条之规定拍卖货物之款项，应先扣除拍卖费用，次及各路垫款，次及运费及杂费，再次则及到达站之保管费。如拍卖之款扣除拍卖费后，不足各路垫款之全数，则按各该路垫款之多寡比例分配。如扣除垫款后，不足各路运费及杂费时，则按运费及杂费之多寡比例分配。如扣除各费外，仍有余款而货商逾一年尚未领取者，则归到达路所有。

第十六次联运会议议决暂行办法第十二条，见民国二十二年九月二十三日第六六一六号部令。

第三三〇条　铁路互运材料运价，每公吨每公里按九厘计算。所有因互运材料过轨机车车辆之车租及延期费，概按照本规章所规定之办法办理。

第十六次联运会议第九十五案，见民国二十二年十月二十四日第六九一九号部令。

各路互运损坏机车车辆，按车身实在重量，每公吨每公里四厘五毫核收运费。

铁路互运材料押运人来回免费乘车证，由请运路先期向经行路索取。

第十六次联运会议第十一案，见民国二十二年十二月二十七日第七八四二号部令。

第三三一条　凡公务用品不及一整车者，应视其货物之等级，比照普通货物不满整车之运价，减半核收。

第十三次联运会议第十八案，见民国十四年十月三十一日第四一五七号部令。

附注　所有路程之计算，应参阅货物联运运价表。

附注　关于铁路材料之运输应用铁路公务运输货票发运（站账式52－2），此项票式应参考站账格式。

第三三二条　货票每路应用一组，不分到达路为何路，一面并须由各路会计处长将其发给各站备用之，联运货票数目码号通知联运处清算股。

第八次联运会之记录第四十七页。

第三三三条　联运货票及提货单，应按照所附之格式，印制之。

所有联运货物应用票据,由联运各路按照部颁格式,自行印备。

第十六次联运会议议决暂行办法第九条及第二十二条,见民国二十二年九月二十三日第六六一六号部令。

第三三四条 关于货车负责运输通则第四十条之货物,如货商自愿负责请求联运时,亦得办理联运。民国二十三年六月七日呈准修改。

●货车

第三五〇条 联运车辆由此路驶交彼路时,应由联轨站登记车辆交付通知书。此项交付通知书(联运 20)须复写甲、乙、丙、丁、戊(五联),载明车辆号数、主有路、载重量吨数及其他移交纪要,由交付站长填具,签交接收路站长签收之。接收路站长对于该书所载各节,务须详细查对,以便接收之路按照交付通知书内所载情节,担负使用车辆之租费。

车辆交付通知书五联之分配,如下:

甲联寄送联运处清算股,以备核计车租及延期费。乙、丙两联交接收路联轨站,以便该站将乙联保存,丙联送该路车务处运输课。丁联由交付路联轨站交由本路站长登记保存,以便接收时验封。戊联寄呈本路车务处运输课。

车辆由此路驶往彼路,除按照前项办法填具车辆交付通知书外,每一车应另填过轨路程单一份(联运 20 甲)。每份分甲、乙两联,由交付路联轨站站长逐项填明,将甲联存于交付车号架内,乙联交由接收路站长签收,随车应用。每经由联轨站交接时,应由两路联轨站站长将单内应填各项填明、签字,如此运转,直至原车返回原路。

车辆交付通知书为计算车租及延期费之根据,交付车辆路站长对于本章程规定办法须负责办理,并须于每日由第一班列车将前一日之交付通知书寄送联运处清算股。

凡车辆在联轨站由此路移交彼路接管者,无论其为装运货物通过联轨站,或仅到联轨站为止,往返均须于车辆交付通知书内分别填载。至此项车辆应如何计算租费,由联运处清算股派员,会同有关系各路代表到各联轨站,按照当地情形公同商定。

第七次联运会议第七案,见民国八年十二月十日第三三七四号部令及第十六次联运会议议决暂行办法。民国二十二年九月二十三日第六六一六号部令。

第十次国内联运会议第十案,见民国十年十一月二十三日第三四二〇号部令。

附注 凡于开具交付通知书遇特别情形时,须留心按照本章程第三五七条又三五八条及三六〇条办理。

第三五一条 联运各路点收联运货车,应以迅速为原则,于收到交付路之通知书后,应于一点钟内接收,否则由两路车务处严行取缔。

第十六次联运会议议决暂行办法第二十六条，见民国二十二年九月二十三日第六六一六号部令。

第三五二条　联运处清算股应备联运车辆登记单，记录各路互通之车辆。俾无论何时，可以查知某路车辆停在某路，并须于每月月底或因特别事故遇必要时，将此路停在彼路之车辆及彼路停在此路之车辆，分别列单，送致各路，以备查考。

该登记单内所记之交付日期，即用交付通知书上所开之日期交付之，时刻则概置不计。凡车辆驶到联轨站后，即作为当日第二十三点五十九分钟移交过路，由此算至车辆交回出租路之日第二十三点五十九分钟为止，以免计算钟点之烦。例如有车一辆至十二日下午一点钟交与他路，而在十六日下午四点钟退还出租之路，其租用日数应照下开方法计算。

十二日二十三点五十九分钟至十三日二十三点五十九分钟，一天。

十三日二十三点五十九分钟至十四日二十三点五十九分钟，一天。

十四日二十三点五十九分钟至十五日二十三点五十九分钟，一天。

十五日二十三点五十九分钟至十六日二十三点五十九分钟，一天。

共计　四天。

第三五三条　联运处清算股须逐日将各联运路间互通之车辆及其吨数核算结余，并按照第三五六条规定之费率，计算车租等项之借贷数目，分别列账，于每月月底造送关系各路清单一份，开列各该路应付或应收他路结余数目。所有该结余之每日数目，须一并开列在内。

第三五四条　联运处清算股每日须将吨数结余，呈报联运处处长备案。

第三五五条　联运路互通车辆结余吨位，应由联运路酌量运输情形，互为协定相当限度。倘逾此限度以外，如有负责联运货物交到联轨站时，应由接收路将货物卸下保管之，一面自行备车装运。此项装卸费用及保管手续，应由接收联运货物之路完全负责（此项装卸保管等费应由接收路担负，不得向客商索取）。接收路遇有收到联运货物过多，无法保管时，应由两路车务处商酌办理。

第十六次联运会议议决暂行办法第二十八条，见民国二十二年九月二十三日第六六一六号部令。

第三五六条　每次吨数结余之租费，应按每吨大洋三角之画一费率核计，但交还期限以车辆在各路行驶之里程为计算标准，每经过一路，其里程为一百公里或不满一百公里者，往返以二日为限，每递加一百公里或不满一百公里者，递加一日。在此期限以内交还者，核收车租。超过上项期限交还者，即按照车辆载重量每顿每天洋二元之费率，向租用之路核收延期费。

凡按照本条之规定联运车辆与装货改途送还原有路者，其计算交还期限方法，除到达路外,亦按上项办法每经过一路,其里程为一百公里或不满一百公里者,以二日为限,每递加一百公里或不满一百公里者,递加一日。超过此项期限,另行核收延期费。

联运车辆改途送还原有路,在到达路计算交还期限办法,应按行驶较长之里程计算之。

第九次联运会议第十一案,见民国十年六月二十二日第一九六〇号部令。

第十六次联运会议议决暂行办法第三十条,见民国二十二年九月二十三日第六六一六号部令。

说明

例如由北宁路送联运车辆至陇海路之开封,按照各路里程表由天津至徐州为六七四公里,往返应为八天,由徐州至开封为二七七公里,往返应为四天。

一　倘北宁路于一日在天津送津浦路,津浦于四日在徐州送交陇海路,陇海于九日送回津浦路,津浦于二十日送回北宁路,则陇海应付北宁四至九日共五天之车租及一天之延期费。津浦应付北宁一至四日、九至二十日前后共十四天之车租及六天之延期费。

二　倘北宁路于一日在天津送交津浦路,津浦于四日在徐州送交陇海路,陇海改途于九日在郑州送交平汉路,平汉于二十一日在丰台送交北宁路,则开封至郑州为八五公里,较之开封至徐州二七七公里为短,其送交期限应仍按徐州至开封之里程计算,以四天为限。郑州至丰台为六八三公里,应按八日计算。按照以上办法,陇海应付北宁四至九日共五天之车租及一天之延期费,津浦应付北宁一至四日共三天之车租,平汉应付北宁九至二十一日十二天之车租及四天之延期费。

三　倘北宁路所送交陇海路之车终点系商丘,而非开封,则由徐州至商丘为一四六公里,此车之交还期日应为三天。倘按照第(一)说明之日期顺回程送交津浦,则陇海应付北宁四至九日共五天之车租及两天之延期费。倘此车按照第(二)说明日起改途送回北宁,则由商丘至郑州为一九六公里,仍与商丘至徐州之里程同,未逾二百公里,其交还期限仍为三天。

四　倘北宁所交陇海之车,其终点为马牧集而非开封,由徐州至马牧集为一二六公里,则此车之交还期日应为三天。倘按照第(一)说明之日期顺原程交津浦,则陇海应付北宁四至九日共五天之车租及两天之延期费。倘此车按照第(二)说明改途送回北宁,由马牧集至徐州为一二公里,而由马牧集至郑州为二一六公里,则应取较长里程计算,交还期限应为四天,陇海应付北宁四日至九日五天之车租及一天之延期费。

车辆行经三路或三路以上者,其车租及延期费之规定,于车辆所经各路均适用之。

车辆载货由此路驶往彼路而违背第三六六条之规定者,该项车辆发生延期费时,应归误载货物应负责任之路认付,自离开出租路之日起算起至交回之日为止。

第三五七条　凡车辆所载货物运至联轨站,或将原车接运,或将货物盘车过轨,应听接收之路自择。其盘车费用应归接收之路担任,惟在联轨站盘车时,应准宽限六点钟,免收租用费。凡照此处理之车辆若往来于接收路之岔道时,须将该项车辆统列在造送联运处清算股之交付通知书内,该项车辆之交付通知书须另行开具并注明"盘车"字样,联运处清算股即不将该项车辆加入吨数结余之内。但如超过免费时间者,应即知照出租之路。俾遇必要时,可向接之路核收延期费,车内所载货物如未依照本条之规定盘车者,租用之路不得向货主收回租用费及延期费。但该路如用本路车辆装运,必须收取该项费用者,不在此例。

如依照本条之规定盘车者,盘车费用不得取给于货商。

第四次联运会议第三十二案,又第五次联运会议第十三案,见民国六年一月二十七日第二六八号部令及七年一月二十五日部令。

如为军运,须以同等互换联运车辆过轨之后,到达站只能顺回程方向整运挂回原路或将空车送回,不得扣留使用,或装运前往他路,或超过回程方向之货物,并于该车上附贴盖有转送站名之回路证,以期醒目,违则按章处罚。

第十四次联运会议议决案,见民国十七年十月二十五日第三三九号部令。

第三五八条　倘因水灾、桥梁损坏或其他类似事项致断交通,得免收车租及延期费。惟当事之路必须立将车辆延误情形及其延搁时期知照关系路及联运处清算股,以便核免车租等项。倘该路仍然使用该项车辆在本路装运物,所有延搁期间内车租等项,不得准予免计。

第十三次联运会议议事录第十九页,见民国十四年十一月四日第四二〇四号部令。

联运车辆烧轴或其他损坏在十小时以上四十八小时以内修理者,准予免计车租及延期费。超过四十八小时以上者,其超过之期间照章计算,车辆损坏情形及修复日期应由接收路机务处按月填造联运车辆损坏月报,寄送联运处清算股。

二十三年二月第八三四七及九〇四四号部令。

第三五九条　凡车辆由一路送往别路为装运本路材料之用,或作别用者,应用联运公物运输货票。〔站账式25(2),起票至别路装车之站票内,须将车辆号数及应作何用详晰填明,又,同属一批之车,无论辆数多寡,均可共填一票。〕

第十一次联运会议第二十二案,见民国十一年五月三十日第一一九六号部令。

第三六〇条　租车之路如遇水灾或其他事变,致断交通时,外路之车得假道其他居间联运之路驶回原路,惟不得向居间之路收取租费。但如载有货物,则仍应照章核收租用费。又,交通中断之路在联轨站将该项车辆交付过路时,交付通知书上须注明"因路中断假道驶回"字样,并须由该路缮具特别通知书,送交联运处清算股,报告各项情节。

联运处清算股遇有此等情事,应即担负追踪车辆之责任,至车辆驶回出租路时为止,并不得将该项车辆统列于吨数结余之内,其在中途装载货物者,不在此例。

第五次联运会议第十四案,见民国七年一月二十八日部令。

第三六一条　互通车辆账目仍按月开造结算,倘有错误,无论何月份之账,应于该月份后六个月内知照联运处清算股,逾期则不受理。

第三六二条　联运车辆应在联轨站由接收路验车人员负责检验,如查得车辆或因损坏,或因装载不合法不便行驶者,得拒绝接收,两路人员应各备一种特别登记册,登记车辆损坏情形,由两路会签,每月将此项登记册抄送各该管机务处处长一份。倘有不便行驶之车辆停在联轨站,该项车辆之租用费及延期费,应归输送此项损坏车辆至联轨站之路担任。

第三六三条　凡车辆交付接收之路时,其接收之路应与自有之车辆一律看待,当车辆在接收之路经管期内,所有该车辆应需之物品及小修费均应归接收路担任。

第三六四条　车辆一经此路移交彼路,在接收租用期内,如因使用不当以致损坏或配件遗失等情,应由接收之路担负责任。但此项损坏如可证明确因建造不良所致,或该项车辆前在联轨站移交过路时曾经报告业已损坏者,应即由出租之路出资修理。

第三六五条　车辆在接收之路行驶时,倘有损坏应须大修者,应由主有路俟该项车辆驶回,与接收路接洽后从事修理。接收路遇车辆损坏只能出资略加修理,至该车辆能自输转驶回为度。其大修之费用,遇必要时,应由承修之路按月开送账单,详列工作费用、所用材料之价值及重量以及工厂中杂费及汽机费用。凡修理之费应从廉计算,其普通工作费用不得并计。

车辆主有路或修理路之机务会计,须先取得担负损坏责任路之机务会计对于修理费之认可,方得开送账单,向负责路之会计处长收取修理费。

第十三次联运会议议事录第十二页,见民国十四年十一月四日第四二〇二号部令。

第三六六条　凡空车交还出租之路时,须在原先接收之联轨站交车。

但为利用车辆起见,并得顺回程方向装载货物运至本路或经过路之各站,如无货装运,应即将空车顺原程送回原有路,倘违背本条之规定,则为误用。每误用一次,应由误用路照车辆载重量每吨另付罚金二元,归原有路所有。凡属外路联运车辆,如因故改途驶回原有路时,照本规章第三六〇条办理外,应由到达站电知各关系之联轨站,声明改途理由,以便查核。

各路对于他路之联运车辆,绝对不准发作车运。

第四次联运会议第三十三案,见民国六年一月二十七日第二六八号部令,及第十六次联运会议议决暂行办法第二十九条,见民国二十二年九月二十三日第六六一六号部令说明。

例如北宁路有联运车辆经由津浦路至陇海路开封站,其卸空后之交还办法如下:

上例北宁路为原有路,津浦路为经过路,陇海路为到达路,开封为到达站。

一　如北宁车至到达路陇海(开封站)卸空后,无货可装,必须将空车交还原有路(北宁)时,须在原先接收之联站(徐州府)交车。

二　到达路(陇海)有货可装,可许其经由原路径运回原有路(北宁),或运至原程经可之路(津浦)(但以运经徐州以北各站为限,不得运往徐州以南),或越过原有路之路(沈海),或顺回程装至本路(陇海)各站(但不得运往徐州以东),或以路径较短而装载联运货物经过他路(平溪)运往原有路(北宁),或越过原有路之路(沈海)。

三　经过路(津浦)收到到达路(陇海)退还原有路(北宁)之空车时,应将该空车送回原有路(北宁)。如有货可装,可许顺回程装至其本路各站(但不得装至徐州以南),或原路或越过原有路之路(沈海)。

四　无论空车或重车到达路(陇海)及经过路(津浦),倘不照以上各项说明办理而将车送交其他各路(如道清、正太、胶济、京沪等),或在本路相背方向行驶(此车由陇海交到徐州,只能往北行驶,如往南行,则为相背方向),或再行送交到达路(陇海),即为误用,应由误用之路每次按车辆载重量每吨另付罚金二元,此项罚金矿归原有路(北宁)所有。

五　倘此车因装货或铁路中断,送由平汉经丰台回原有路,应由到达站(开封)电知徐州、天津、丰台、郑州各交接车辆之关系站以及各关系路车务处,并声明改途理由。

第三六七条　凡此路车辆驶入他路时,该路车务处长应将他路车辆在该路之行动填入车务第五种报单,送交该车辆主有路车务处长。

第九次联运会议第十二案,见民国十年六月十六日第一八九〇号部令。

第三六八条　各路货车之颜色,应用各该路目前所取者,分列于下:

平汉路　　　　　　车身灰色　　　　　字白色

平绥路　　　　　　车身棕色　　　　　字黑色

北宁路　　　　　　车身黄色　　　　　字黑色

津浦路　　　　　　车身红色　　　　　字黑色

道清路　　　　　　车身棕色　　　　　字白色

陇海路　　　　　　车身红色　　　　　车白色

京沪、沪杭甬路　　车身深灰色　　　字黄色

正太路　车身赭色　　字黄色

胶济路　车身棕色　　字白色

所有车辆须用华、英文书明路名之简称,其书写之法,以显而易见为主。

第十一次联运会议第二案,见民国十一年五月十六日第一〇五八号部令。

●客车

第三七〇条 客车载运特别团体或系军事运输,方可由此路驶至彼路。联运处清算股对于此项客车,须另行记账,各等客车每日之租价如下:

花车(除铁路人员应用应予免费外)	洋十五元
头等车卧车及饭车	洋十五元
二等车及混合车	洋十五元
三等车	洋十五元
守车及邮政车等	洋十五元

第三七一条 各铁路间如商定经常之通车办法,须有客车直接通行之规定者,则不得适用此项规则,得由当事各路间另订特别办法,以资遵守。

第三七二条 客车除延期费及租费外,概照货车各规则办理。惟客车之交付通知书(联运账式 20),须由联轨站另行填具。

附注 凡在联轨站应行登记之运送车辆交付通知书之式样(联运账式 20),可参看附件第三十一。

●机车

第三七五条 联运机车租费,每日第一千磅引力租价洋三元,机车引力有零数时,不满五百磅者,按五百磅计算,五百磅以上者按一千磅计算。

第十五次联运会议第四十六案及四十七案,见民国二十年七月二十五日第三二七号部令及二十年十月八日联运处第一五八九号电。

●各路互用篷布绳索

第三八〇条 联运各路以其本路敞车或平车(以下简称敞车)装运联运货物需用篷布、绳索时,必须用该本路之篷布、绳索随车直通,此项篷布、绳索概不另计租金。凡原来附有篷布、绳索之敞车,如联轨站交还时,短少篷布或绳索者,即以遗失论,应由失路赔偿主有路。其赔偿价格,篷布每张二百元,绳索每条三十元。其办法即于车辆交付通知书内注明,报由联运处清算股清算之。倘遗失路事后复将已失之篷布、绳索觅得,亦不准再行要求退还主有路销账。

第十六次联运会议议决暂行办法第三十三条,见民国二十二年九月二十三日第六六一六号部令。

第十六次联运会议议决暂行办法第三十七条,见民国二十二年九月二十三日第六六一六号部令。

第三八一条　凡铁路负责联运所用之篷布、绳索,应将其号数填列于联运货票右上角专备栏内。

民国二十三年六月七日呈准修改。

第三八二条　联运各路送还他路原未附带篷布、绳索之敞车时,如利用该项车辆装运需用篷布、绳索之联运货物由装运货物之路覆系其本路篷布、绳索者,该项货物之到达路于货物卸下后,应即从速将篷布、绳索送还主有路,不得继续使用。

各路对于此项篷布、绳索送还主有路之期限,应照第三五六条所订送还车辆之期限办理,倘超过此项期限,仍不得送递者,即作遗失论,由主有路报由联运处清算股,照第三十六条之赔偿规定办理。

第十六次联运会议议决暂行办法第三十八条,见民国二十二年九月二十三日第六六一六号部令。

第三八三条　各路在联轨站彼此授受各项篷布、绳索之手续,分别规定如下:

甲　联运直通敞车所附属于该车之篷布、绳索,其授受之手续应与该车辆之授受合为一体,整个授受即将篷布、绳索之路别号数(及张数、条数)记入车辆交付通知书及路程单内,一并授受之。

乙　凡送还他路未附有篷布、绳索之敞车,如利用该项敞车装运需用篷布、绳索之联运货物时,应由装运货物之路覆系其本路之篷布、绳索,除由起运站用篷布、绳索寄送单与其本路联轨站外,在各联轨站授受时,均应以联运篷布等项送达通知书为授受之凭证。

丙　凡各路送还附带篷布、绳索之敞车,如无货可装或所装之货无须使用篷布、绳索时,其篷布、绳索应妥为折叠、捆束,系以标签,在标签上填明该篷布、绳索之号数及原属车辆之路别及车号,送交联轨站查封,并与原属之车辆一同授受。

第十六次联运会议议决暂行办法第三十四条、第三十五条及第三十八条,见民国二十二年九月二十二日第六六一六号部令。

第三八四条　凡联运互通篷布、绳索,在联轨站授受时,应由双方检查,如有损坏情事,并应由授方在车辆交付通知书内注明盖章,以明责任。其损坏之篷布、绳索,应由主有路修理,其修理费应由损坏路负担之。如遇有篷布、绳索损失赔偿情事,其赔偿数目应列入车辆账式内清理之。

第十六次联运会议议议暂行办法第三十六条,见民国二十二年九月二十三日第六六一六号部令。

第三八五条 凡货物由货主负责联运者,所用篷布、绳索每三百公里或不满三百公里,每篷布一张,应向货主核收租费银洋一元;每绳索一条,核收租费银洋二角五分。但货物由铁路负责联运者,所用篷布、绳索,概不收取租费。

第十次联运会议第二十四案,见民国十年十二月十九日第三六八〇号部令。

第三八六条 凡篷布、绳索用以遮盖系缚货主负责运输之货物所收租费,应归主有路所有。

第三八七条 凡所用篷布、绳索之号数及租费,均应填列于货票中。

民国二十三年六月七日呈准修改。

第三八八条 关于货主负责篷布、绳索租费之清算事项,应由联运处清算股办理之。

第三八九条 联运处清算股应根据货票上所填列之篷布、绳索号数及租费,与各联轨站所寄之联运车辆交付通知书或联运篷布等项送达通加书互相核对。

所有篷布、绳索之租费,即列入货物联运账内。

●水陆联运

第三九五条 国有铁路与国营招商局联运大纲

一　凡国营招商局轮船航线所经各埠与国有铁路有联运可能者,均得协议订约实行联运。

二　国营招商局与国有各铁路管理局同为国营交通事业,其合作之必要对于各铁路联运有优先订约之权利。

三　路局及船局定约后,须各于可能范围内尽量载运联运客货。

四　凡联运行李及货物,如发现损短情事,应查明责任所在,各按定章办理。

五　关于轮船班期、车行时刻务使互相衔接便利运输,如临时遇有大批客货,得互通电报,预为知照,俾早准备。

六　路局、船局所筑码头、栈房,遇有联运货物装卸时,得尽先使用之。如须收租费,务照原定价格从廉核收,以示优异。

七　路局各车站附近,如船局于必要时,自购或租借地基建筑码头、栈房,以备存储联运货品,路局须尽速铺设岔道,以便衔接路轨,便于运输。其建筑费用由船局照路章规定担任之,如遇不能铺设岔道时,双方另筹搬运方法,使其衔接,可于订约时各地情形规定之。

八　双方为办事便利起见,于必要时,得在船局航线所经各埠及路局车行起讫各站互派办事员或设立办事处负责办理联运事宜,其费用各自担负之。

九　路局与船局得双方议定印制关于联运应用之印刷品,以便使用,其费用由双方分担之。

一〇　路局、船局实行磋商订约联运时,应以本大纲为原则。

一一　本大纲如有未尽事宜,得由铁道部联运处会商各关系路局与招商局随时修订之。

一二　本大纲由联运处与招商局签定之日起施行。

第十五次联运会议第二议案,见民国二十年四月十八日部令。

第三九六条　国有铁路与国营招商局办理水陆负责货物联运,应由联运处代表国有各路与招商局签订合同,其有订立细则之必要者,并应由当事之路与招商局分别商订联运则,但不得与合同抵触(合同见附件八)。

第十六次联运会议第二十案,见民国二十二年九月三十日第六七一九号部令。

第三九七条　中国民营航业公司参加水陆联运办法,如下:

一　中国民营国营航业公司均得参加水陆联运,但以二十二年十一月已在各航线常川营业及自置有码头栈房者为限。

二　各民营航业公司拟参加水陆联运者,须先行呈请交通、铁道两部核准。

三　参加水陆联运各轮船公司设水陆联运联合办事处,其经费按照各该公司装载联运货物顿位比例分担之。

四　联运货物分配按各该公司现在常川营业之轮船比例联运,但如因设备不周,客商不愿报运者,不在此例。

五　参加联运各轮船公司须遵守铁道部联运处及各路局分别与国营招商局订立之合同及办事细则。

六　在民营国营航业公司联合办事处未成立以前,铁道部联运处及各路局与招两局分别订立之合同及办事细则,如期实行。

民国二十二年十二月二十一日第七七四六号部令。

●铁路与公路联运

第四〇〇条　筹备国道汽车路与铁路联运。

第十五次联运会议第四案,见民国二十年四月二十五日第六八六四号部令。

第四〇一条　铁路与公路联运大纲

一　为运输便利起见,铁路与公路得办理客货联运。

二　联运业务包括旅客行李、包裹、货物等项,其实施程序,由铁路、公路双方斟酌情形,随时协定之。

三　凡公路欲与铁路办理联运,须合下列之规定:

甲　凡公路局或汽车公司须由省府自办或照章立案已经批准设立者;

乙　公路全线已修理平整桥梁、水沟及铺垫石子,均已完备,且有固定员工时常培修,

不致因雨雪妨碍行车,延误联运;

丙 公路载运旅客须备整洁篷车,如用敞车装载联运行李或包裹,须有完好篷布遮盖。其运输能力,须适合联运需要,以不感车辆缺乏为度;

丁 公路须有相当设备,铁路认为不致妨碍联运者。

四 铁路、公路联运站点,由双方议定之。

五 联运运价以铁路、公路运价之和为原则,如有特殊情形者,得由双方分别呈请核减双方运价。如有变更时,应于充分时期以前通知对方。

六 铁路、公路运费应以一次核收为原则。

七 铁路、公路双方代收之运费,其拨付及保证办法,由铁路与公路双方商订之。

八 凡与铁路办理联运之公路,与连接之水路,如与铁路营业发生妨害者,不得办理联运。

九 联运合同由铁路、公路双方商订后,分别呈准施行。

一〇 铁路与公路办理联运,以不妨害其他铁路营业为原则。

一一 公路与铁路联运关于行李、包裹、货物之接运及其他一切办法,应于可能范围内,依照铁路章程办理之。

第十六次联运会议第二十一案,见民国二十二年九年二十七日第六六七二号部令。

旅客联运会计规则

第四一〇条 中华国有各铁路间及与民有、省有各铁路间联运,关于稽核联运各站造送之各种联运报单一切事务,完全交由联运处清算股办理,清算股应按照联运会议陆续议定各规则,经部核准者,代各铁路办理此项稽核事务,并将联运进款分摊各路。联运进款分摊有关联运各路时,一律用现款交付,不得互相抵账。

第八次会议第一及第二案,见民国八年四月二十九日第一一七五号部令。

第十八次会计会议第四案,见民国二十三年二月五日第八二八八号部令。

联运进款与他种款项画分以清界限,并必须按期交付。

联运处清算股。所办事件应于每年由会计会议开常年会议时,派员检查之。

第十四次联运会议第七案,见民国十七年十月二十五日部令,及十五次联运会议第四十九案,见民国二十年四月二十三日第六八三一号部令。

第四一一条 联运各铁路及联运处清算股,关于国内联运事务应用单式,规定如下:

各站应用账目格式

站账式1(1)硬纸票

站账式1(2)联运客票(普通特别及优待)

站账式 1(4)簿式联票

站账式 1(5)联运条纸票

站账式 1(6)特别快车加价票、座位票或床位票

站账式 1(8)优待票凭照

站账式 1(11)行李票

站账式 1(12)运送保险行李或包裹票价值声明书

站账式 1(13)联运保险行李票

站账式 1(14)包裹票

站账式 1(15)保险包裹票

站账式 1(16)代客交货收价凭证

站账式 1(17)杂项联运货票

站账式 1(18)预定座位票

站账式 1(21)学生旅行联运车票凭证

站账式 7(2)售出车票报单

站账式 12(1)运送行李报单

站账式 12(2)收到行李报单

站账式 12(3)运送包裹联运报单

站账式 12(4)收到包裹联运报单

站账式 12(5)运送杂项客运报单

站账式 12(6)收到杂项客运报单

站账式 17　　赔偿损失保单

联运　8　　联运行李并包裹交付证书

联运　9　　联运行李并包裹损失及迟延报告书

检查课应用单式

联运　12　　收回客票月报单

联运　21　　退还票价月报单

联运处清算股应用单式

清算　1　　更正账目清单

清算　2　　旅客进款清单

清算　3　　甲售出客票分类表

清算　3　　乙售出行李包裹等分类表

清算　4　　旅客运输月结总清单

清算　5　　月结平准表

清算	6	月结账略
清算	7	代客交货收价清单
清算	8	运输收入清单

附注

一 所有各种站账式,应参考车站账目格式原书,其联运及清算各式,应参考本书附件。

二 所有关于站账式条款,应参考车站账目则例。

第四一二条 所有联运单据应用中国文字刊印。联运行李包裹票据所列品名、站名应用中文填写,其日期亦应以中华民国纪元为标准。

第十六次联运会议第五十二案,见民国二十二年十二月十九日第七七二〇号部令。

第四一三条 车站暨检查课应用各票及报单,由各路按照议定格式大小及颜色自行置办。

各路置办自用报单及车票等项所有印刷等费,应归各该路自行担任。

联运处清算股自用各种单据,应由该股自行置办,所有印刷等费归入该股费用之内。

附注 倘各路在当地置办各种票据有困难情形者,联运处清算股可以代为置办,但该项用款须向该路收回。

第四一四条 联运各站应将售出及收回各种票据造具报单,呈送本路检查课,该课将核对车站解款、所应知之进款概要,分别登记后,应即将该项报单汇送联运处清算股,以便详细稽核,此项报单应由各站于下列限期以内造送检查课,再由该课依期汇送联运处清算股查核。

第十五次会计会议第二案,见民国十四年十二月九日第三〇一三号部令。

单式种类　　类别　　各站呈送限期　　检查课汇送清算股限期

第十七次会计会议第五案,见民国二十年四月二十九日第六九二四号部令。

车站报单

站账式 7(2)	售出车票月报单	五	日	次月二十日以前
站账式 12(1)	运送行李月报单	五	日	次月二十日以前
站账式 12(2)	收到行李月报单	五	日	次月二十日以前
站账式 12(3)	运送包裹月报单	五	日	次月二十日以前
站账式 12(4)	收到包裹月报单	五	日	次月二十日以前
站账式 12(5)	运送杂项寄送月报单	五	日	次月二十日以前
站账式 12(6)	收到杂项客运月报单	五	日	次月二十日以前

检查课报单

联运 12	收回客票月报单	次月二十日以前
联运 12	退还票价月报单	次月二十日以前

在联运铁路境内所有代售联运票之经理处,对于造具售票或凭证报单所用单式及呈送

手续,应照联运车站一律办理。

凡造具此项报单,须遵照下列规定办法办理,俾联运处清算股易于核对。

甲　联运车站站名应照联运处清算股发给之名单次第填写。

乙　所有发出之空白联运票,无论其到达地点为何站,售票各站须按照联号依次填写。

丙　各种联运票无论本月有无售出,各站应将未售之票最后号码填入报单。

丁　收回客票月报单内(联运 12),只须将收回票首尾两号填入,所有收回之孩童票应填入指定之一栏内。

寻常单程票、来回游历票、周游票、优待团体票等项,分别填入该项报单之内。

凡由经理处售出之各种车票,须与车站售出者分别填写,并须将经理处之名称注明。

检收联运票中间一联,各站应将所收之票保存。但收票情形系专归到达路具报中间之路,无庸将所收之票填入报单。倘收回之票系来回游历票者,则到达之路须将在其本路所收回之起程票情形具报。至收回之各票,除因特别情形应请送阅外,均毋须送交联运处清算股。

戊　造送退还票价月报单时(联运 21),须将所有退价之票全票或一部分之票,一并呈缴。

第四一五条　联运处清算股为稽核各站报单起见,应自备专册一本,登记各站每月所存之联运票最后之号码,各路检查课如须发给各站新号联运票,以备发售,或由各站收回旧号联运票时,均应按月知照联运处清算股。

第四一六条　联运处清算股于收到本规章第四一四条所载之各报单时,凡关于售出联运票之起讫号码票价计算方法、废票核减之票价及所附之相当凭证等项,均须详加审核。至于收票及售票报单,亦须互相核对,如查有错误情事,应用更正账目清单(清算 1)知照当事之路,但所错之数如只有一角或在一角以下者,除错误性质关系重要外,联运处清算股得不追查之。

第四一七条　更正账目清单应用三联,正张发交车站,副张由检查课备案存根,留股存查。正、副清单均应寄交与有关系之检查课,由该课分别注册,并转发车站,更正账目清单内所列数目应认为准确之数。倘有所争执者,须在正张上附以说明,寄还联运处清算股,如解释得当,则由联运处清算股另再填发更正账目清单一纸,并将原列之数一并开明,而将该单所列数目登入本月分联运账目之内。

联运处清算股对于车站账目之错误,若认为错误性质关系重要者,除填发更正账目清单外,并于必要时,得另发专函或拍电知会。

第四一八条　联运处清算股稽核各号呈报之账目后,即按联运票价分配表内所载各路应摊成数分摊各路,其分摊办法规定如下:

甲　摊派数目应算至分数为止,其不及半分之零数,即无须算入。惟半分及在半分以上者,应作为一分计算,如有溢出或不及之小数,均记入售票之路账内。

乙　所有多收或少收之数(参阅本规章第四一六条),应记入售票之路账内。

第四一九条　各路造送之退还票价月报单(联运 21),应由联运处清算股审核,将退还之款数,连同本月分联运进款,一并计算,分配与有关系之各路。

附注　车票如系代售联运票之经理处售出者,退还之票价应用下列方法计算之。

甲　应行退还之票价　　　　　　　　　　　　　　　　　　　　　　　洋元

乙　扣除前数百分之十(至多以两元为限)　　　　　　　　　　　　　洋元

丙　应找旅客之尾数　　　　　　　　　　　　　　　　　　　　　　　洋元

丁　扣除甲项百分之五前付经理处之佣金　　　　　　　　　　　　　　洋元

戊　应找经理处之尾数　　　　　　　　　　　　　　　　　　　　　　洋元

(参阅第五次会计会议洋文记录第三页)

第四二〇条　各铁路转送联运处清算股各该路各车站所造送之联运报单内开列之数,与所收到联运处清算股发给之本月分更正账目清算内开列之数两者相加后,除去各该路退还票之报单内开列之数,即为各该路本月分应收之总共联运款数。此项总数应与平准表(清算 5)进款栏内各该路借方项下所记之数相符,又与各该路本月分月结账略(清算 6)进款栏内所列之总数相符。

联运处清算股应将各路各站所报收入总数按月每路分送一表(清算 8),寄送各该路表内须将每站旅客、行李、包裹、杂项四项收入数目分别列明,所有更正项目清单内开列之相差数目,均须与表之下方逐一填明表列结总之数,除照更正账目清单所开相差数目应加应减外,即为应入各该路该月分借方之数。

第十三次联运会议第六案,见民国十一年三月八日第五五三号部令。

第四二一条　联运清算股应按月代各路各编旅客进款清单(清算 2)一份单内,须按照营业进款分类则例,将各该路本月分应摊各种联运进款分类一一开明,其总数应与平准表进款栏内各该路贷方项下所列之数及各该路本月分月结账略进款栏内所列之数相符。

联运处清算股并须按月造送各该路检查课经行各该路之旅客客票分类表(清算 3 甲)一份,将每两车站间之旅客数目及其进款开明,并须按照营业进款分类则例将本路(分类表为何路编造者即指何路而言)与他路发生之运输分别注明。该项分类表乃旅客进款清单之辅助账单,其中所列进款之总数必须与旅客进款清单内各项下所列数目相符,编送此项分类表之用意,系为各路检查课计算旅客里程等项列入各该路年报之用。旅客进款清单(清算 2)及其附带之售出客票分类表(清算 3)须就各站呈送之,联运报单编造。

第四二二条　联运处清算股为本股应用起见,应编造旅客进款月结总清单一份(清算 4),开明各路收入之总数及分摊各路之总数。该项总清单须依据现行(联运 14)编造,但联运处清算股凭其经验所得之结果以为应行修正时，得修正之。

此项总清单应用各站呈送之报单直接编入，联运处清算股即用以编造统计，并作编造平准表及账略之根据。

第四二三条　联运处清算股每月应由旅客运输月结总清单（清算 4）编出一月结平准表（清算 5），该表进款栏内应开明各铁路借贷两方之联运账目。借方数目须与各该路各车站呈送之报单内所列数目之总数加入更正之数目，并除去退还票价之数目后所得之实数，核对相符。贷方之数则须与各该路之旅客进款清单（清算 2）内所列之总数核对相符。又，表内所列代客交货收价之一栏，应填入代客交货收价进款清单（清算 7）内所载收入之数目。至赔偿等栏内，须开明所付赔偿之情节，并按照本规章第四二五条之规定各该路应摊赔偿之数目。又，依照本规章第四二六条之规定所应结算填付联运包裹之关税一并开明。

所有进款及代客交货收价赔偿等栏内所列数目应转入总结栏内，总结栏内借贷两方之差数是为借贷之余数，即各该路是月应收或应付之数。

第四二四条　联运处清算股每月应按编制平准表办法（参阅本规章第四二三条）为各路编制月结账略一份（清单 6），账略内所列各项账目之总数须与平准表内相当各栏内所列各账路之账目相符，并须开明授受该项账略之路结欠某路及某路结欠该路各若干。

第四二五条　联运处清算股应按月造送各路代客交货收价清单一份（清算 7），此项清单须就各路联运车站呈送之收到包裹报单（站账式 1(2)）编造，并将单内所列之总数分别列入本月份平准表及月结账略代客交货收价栏内各该路借方或贷方项下，以便与其他联运账目之结余一并结算。

第四二六条　代他路填付赔款之路，须按月专函致联运处清算股，详细报告赔偿款数以及商定之分摊办法及关系各路托代赔偿之证明等项。联运处清算股应即据该项报告将款摊派关系各路，分别列入本月份平准表及月结账略赔偿栏内各该路借方或贷方项下，以便与其他联运账目之结余一并结算，并须编送关系各路赔偿清单一份，开明各该路应摊款数等项，以作报告之用。

第四二七条　依照本规章第四二○至第四二六各条之规定，联运处清算股应造送各路之报单及清单等项，不得迟至第二个月二十日以后。

第四二八条　各铁路间账目之结余，应于收到联运处清算股月结账略后十日内如数清结。
第十七次会计会议第四案，见民国二十年四月二十九日部令。

附注

凡经行津浦特别快车之旅客，奉有部令发给车票或乘坐包车时，联运处清算股得暂将该项车票作为未经出售而将发出该项车票之路所抄账底，留备考证。所有该项账目各款应由联运处清算股列入凭账，俟奉有部令再作处分。其发票之路应负责将关于各该款之部令抄送联运处清算股,并于发出车票后将关于各该款所有账目列表呈部(参考第十一次联运会议第十案,见民国十一年五月四日第一○三四号部令)。铁道部及各机关人员乘车记账,联运票价奉民国二十二年四月十五日会字第四七七五号部令制定,列账手续二则。

一 本部及各机关人员联运乘车记账经部核准饬办者,其票价须按月由发票路饬站另填报单站账式七(二)(单内应注明奉部电或令第○号,以便查封),并接应行分摊运费之路,每路开列详细附单,记明票员到站票价,奉部令第几号等项(报单及附单均应与普通联运乘车分开填列),一并送缴本部联运处清算股单独计算分配,连同附单分别通知各关系路查核入账,并记明本部及各机关人员记账乘车票价,暂不找现。

二 前项票价按月由发票路填列账单,呈部核销或转送各该机关索款,如票款索回由部令发票路收账,并立即找付各关系路,其本部人员乘车票价奉部令准予核销,及各机关人员乘车票价奉令由财政部转账者,亦由发票路负责通知各关系路查照转账。至未奉部令转账又未索回票价者,则各关系路应按照本部颁定各机关人员乘车记账办法第六条规定,各路奉本部令准记各机关账者,应先行列平七、三、三、(本路)项下,年底应结账时如款仍未收入,则由各该路盈亏内列销办法办理。嗣后,各路记账联运票价奉有本部电令准许记账者,均应按照上项列账手续办理。其未经本部核准擅予记账者,所有该项票价关系路应得之部份,应由该发票路员负责收账归还,不得请求转账。

第四二九条 联运处清算股发出各项报单所列账目应认为准确无错,如查有错误,须函知联运处清算股,由该股于下次发出之报单内更正之。

第四三○条 中日周游票销数无多之车站,曾准予发行账联换票凭证以替代实在之车票,该项凭证旅客得用以换取周游程中一部份之普通车票,有时须用国内联运票或本路车票以变换凭证。倘用联运票交换,则联运处清算股须按车站报单内所载情节摘录登记。如用本路车票交换,则应由各该路检查课将售票情形具报联运处清算股,并将换票凭证一并附送该股联运处清算股稽核。中日联运报单时,对于此项换票凭证曾否列入报单及该项票价曾否照登各该路账内,均须一一检查。

第四三一条 按照各铁路与代售游历票之各经理处所定售票规则(参阅第一八○至一八七各条),各经理处应按下列办法造送售票报单。

一 各经理处应用站账式7(2)报单,将代售之各种联运票或凭换票凭证换取之。联运票各项账目具报,并将以上票价解送路局,其日期不得迟至下月三日以后,以便路局将报单转送联运处清算股。

二 各经理处之各分处如发行换票凭证向各路换取车票,而不在本规章第一八○条规定以内者,则应另备一种报单,呈送各该路,此种报单以各路视为便利者为定。

三　各经理处除照议定成数扣取售得之票价佣金外,不得于运送之代售联运及换票凭证报单内再有别项折扣,如有退还票价等项,应按照双方协定办法向铁路方面取还。

附注

关于本条第二节之规定,各铁路与联运处清算股间曾经函商订定,凡设在中国境内之游历经理处,其所在地点在何路区域以内报单,应即造送何路所有发出之换票凭证,无论系向何路车站换取联运票,应统归入该项报单之内,一并计算。例如北平经理处发出换票凭证一张,向上海车站换取车票,该项票价应即算与北宁铁路是也设在中华国有各铁路区域以外之各经理处所发出之换取联运票凭证,可向何路车站换取车票,应即将应缴票价算交何路,由该路检查课按月列入站账式 7(2)单内送交联运处清算股。各车站凭游历经理处换票凭证所发出之车票,应于车站报单内作为注销之票填报,并须将换票凭证附入报单,一并呈送,以资证明。

联运处清算股须将游历经理处发出换取联运票之凭证项下所收入之票价,根据该项账目报单分摊各路,并记入专册,用以证明各铁路换给车票之凭证确已由各游历经理处照章算付票价。

第四三二条　长江各轮船公司应行摊得之国内周游票价,系由上海游历经理处经手交付,其办理手续规定如下:

一　联运处清算股摊派国内周游票价时,须将轮船方面应得之票价在联运报单内列入长江轮船公司名下,归入京沪路账内,并按月造送京沪铁路清单一份,开明所收该项账款数目等情。

二　各铁路须查照联运处清算股每月造送之账略内(清算 6)所开各该路应付之该种款项,发付京沪铁路。

三　京沪铁路关于长江各轮船公司之账目,应立一□记账,备游历经理处支付款项之用,并与各经理处议定付款手续,当以简便为要。

第四三三条　联运处清算股每年须编造上下两半年度之联运总清单各一份,一至六月三十日止、一至十二月三十一日止,提出联运会议审核。

第四三四条　凡计算联运票款,其零数不及五分者,应按五分计算。

第十一次会计会议第四案,见民国九年十二月十七日第三五五二号部令。

第四三五条　无论何路,如收受小洋或他种低价货币,以致有所损失者,所有该项损失应由收款之路担认。

第四三六条　收回之票须自发出该票之月起保存三个月后,方准销毁。

第四三七条　凡关于账目事件,应与他路会商者,须函由联运处清算股转行各路商办。

第四三八条　关于发售联运客票事件,如查有错误或有不正当之行为者,须分别函知联运处清算股及当事之铁路。

第四三九条　交换购买优待票凭证(即站账式 1(8)),发出之车票应即用普通车票,而于票上加盖优待字样之戳记,以示区别。若遇发出优待票较多之站,可用特种单程空白优待票,所有交换凭证须按月随同售出车票报单,送交联运处清算股。清算股将该项报单核对后,应即将凭证送还原发行之铁路查核。

第十三次联运会议第九案及第十五次会计会议第六案,见民国十四年一月十五日第四二一号部令。

●货物联运会计规则

第四五〇条　中华国有各铁路间及与民有、省有各铁路间联运,关于稽核联运各站造送之各种联运报单一切事务,完全移交联运处清算股办理。清算股应依照国内联运会议议决,并经部随时核准之各规则代各铁路办理之,并由该股将联运进款分摊各路。

凡公运、赈运及其他减价联运账目之清算事宜,由各路分别报送联运处清算股清算。但所有报单及货票等项,应与全价之联运货物划分。

联运处清算股所核之账目,应于每年联运会计会议时,由各路会计处指派一稽核员稽核之。

第八次联运会议第一及第二案,见民国八年四月二十九日第一一七五号部令。第十八次会计会议第四案,见民国二十三年二月五日第八二八八号部令。

第四五一条　联运各路及联运处清算股关于货物联运应用单式,规定如下:

民国二十三年六月七日呈准修改。

1　联运各站应用单式

联运责式 1 甲　联运负责货运货票

联运责式 2　　联运运费暨杂费订正单

站账式 23(12)联运货物收据及货票

站账式 24(2)联运动物收据及货票

站账式 25(2)联运公物收据及货票

站账式 38(1)运出联运货物撮总表

站账式 38(2)运进联运货物撮总表

站账式 42(4)寄呈货运业务各种票据点验单

联运责式(5)提货单

联运责式(31)变更单

2　联运处清算股应用单式

清算——25 更正账目清单

清算——26(甲)联运货物月结表

专备清算股用

清算——26(乙)联运货物月结总表

清算——27(甲)联运货物进款类别表

清算——27(乙)联运货物进款类别概略表

清算——28 联运货物月结平准表

清算——29 联运路对于他路联运运费月结表

附注　一　各站所用单式,应参考铁道部所颁行之站账格式;清算股所用单式,应参阅
本规章附件。

附注　二　关于各站单式之用法,应参考车站账目则例。

第四五二条　所有各联运站应用之票据及报单等项,应由各路按照定式之大小及颜色自
行置办,其印刷等费,概归各路自行担任。

联运处清算股所用之各项单据,应由该股自行置办,所有印刷等费,即归入该股经费
项下。

第四五三条　各路会计处对于各联运站呈缴之联运货票,不论先付或到付,只负整理之
责,不必稽核,以省时间而免重复工作。所有先付货票应随票据点验单 42—(4)每五日
由各路会计处汇送清算股一次,到付货票应随票据点验单每日由各路会计处汇送清算
股一次。

各联运站应将应行分别造送之运出、运进联运货物撮总表 38—(1)及 38—(2),呈送本
路会计处检查课。该课于核对所应知之进款数目,并分别登记后,即将该表汇送联运处
清算股,以备详细稽核。

第十六次会计会议议决第二十四案,见民国二十三年六月七日呈准修改。

第四五四条　所有各项货票及报单,由各联运站造送会计处检查课,及再由该课汇送联运
处清算股,应按下列期限以内办理之。

货票及报单名称	各联运站送检查课期限	由检查课汇送清算股期限
各项先付货票	每一日(随发随寄)	每五日
各项到付货票	每一日(随发随寄)	每一日
联运运费暨杂费订正单	应随同所订正之货票同时送寄	同　上
各项货物收据或提货单	每一日(随收随寄)	每五日
变更单	每一日(随收随寄)	每五日

以上票据应随同票据点验单 42—(4)按期送寄之

运出联运货物撮总表 38—(1)次月七日次月十五日以前

运进联运货物撮总表 38－(2)次月七日次月十五日以前

以上报单应随同报单点验单 42－(2)，按期送寄之。

凡造送运出联运货物撮总表时(站账式 38－(1))，应将到达站名依照联运处清算股所发给之站名、次序填写，并应将下次待发之联运货票最后号码填入该表之下端。

民国二十三年二月三日第八二七〇号部令及二十三年三月十一日第二七八四号部代电。

凡注销作废货票之送寄，应与他项货票同，所有该票之全联应随票据点验单 42－(4)逐日照寄之。

随同票据点验单所送寄之货票运出者为清算股，联运进者为货物收据联。货物收据遇有遗失时，得以通知书(即货票第四联随货交由到达站报局)代之。

第四五五条　联运处清算股为稽核各联运站报单起见，应自备专册，登记各联运站每月所存各种货票之尾号。

各路会计处检查课于发给新号货票与各联运站，或自各联运站将旧号货票收回时，均须按月将详细情形及货票号码知照联运处清算股。

第四五六条　联运处清算股于接到各项货票及撮总表时，为应稽核工作之需要，应具下列审核之程序：

一　关于货物运费之审核；

二　关于计算方法之审核；

三　关于核减运费之审核；

四　关于运出及收回货票之核对；

五　关于撮总表款数之审核。

如查有错误，关于第一至第四项者，应用更正账目清单(清算 25)，将所差之数目分别知照当事路(即予超运路知照在到达路处理)。其有关于第五项之错误，货票款数与撮总表所载不符者，应用更正账目清单知照起运路处理。但所差之数如只有一角或不足一角者，除错误性质关系重要外，联运处清算股得不追查之。

第四五七条　更正账目清单(清算 25)应用四联式，其第一联交由到达路会计处检查课，转发当事车站即货物到达站；第二联寄到达路检查课备查；第三联寄起运路检查课知照；第四联留作联运处清算股存根。

更正账目清单内所列之数目应认为准确，倘有所争执者，应在原单上附注栏内加以说明，交由本路检查课寄还联运处清算股。如清算股认为解释得当，并应将数目更正时，则根据原单另行填发更正账目清单，并将新单所列之数目于最近月份货物联运账内整理之。

联运处清算股对于各联运站报单之错误，若认为错误性质关系重要者，除填发更正账目清单外，并于必要时，另发错误通知单及专函或用电报知照各路。

第四五八条　联运处清算股应将各站货票上所列之数目,按照联运运价表内所载各路按摊得之数目分配各路,其零数处理办法规定如次:

一　分配数目计至分数为止,其不及分数者,用四舍五入办法以定出入;

二　所有溢收及少收之零数(为数甚微不必填发更正账目清单者),均应归在起运路项下计算之。

第四五九条　联运处清算股为该股应用起见,编造运货路联运货物月结表(清算 26)及联运货物月结总表(清算 26(乙))内注明各路收入总数及分摊各路之数目。该项数目系按各联运站所呈送之货票及撮总表所列之数目直接编入,该股即用之以作编造联运货物月结平准表及……路对于他路联运运费月结表之根据,其格式由该股经验所得之结果以为应修正时,得修正之。

第四六〇条　联运处清算股为便于各联运路明了各本路货物联运营业之消长及应编造统计之需要起见,代各联运路按月编制联运货物进款类别表(清算 27(甲)),每路一份,所有该路于该月份所摊得之货物联运各项进款以及在该路运行各种货物之量数必须一一列明,其分系如次:

一　关于进款之类别,应将进款中之运费、装卸费以及其他杂货按类分列;

二　关于进款之来由,应分列由本路运出所得及由他路运进所得各若干;

三　关于运费之填列,应将该路所有各站与其各联轨站间运输所得之运费,一一分别列明;

四　关于运费之分系,应按部颁货物分等表所分之门类,一一分系之。

第四六一条　联运处清算股为应结算联运账目之需要,应凭……路联运货物月结表(清算 26(甲))及联运货物月结总表(清算 26(乙))所列之数目编制联运货物月结平准表(清算 28)。该表分别列明各联运路之月度实收,及应得各总数以及各该路之应得应付各差额。

第四六二条　联运处清算股按照编制联运货物月结平准表办法代联运各路编制……路对于他路联运运费月结表(清算 29),每路一份,该表分别列明某路代收其他各路联运运费数目及其他各代收某路联运运费数目,并仍将某路对于其他各路应得应付之差额一一列明,即以作为各联运路间清拨联运结余之标准。

第四六三条　联运处清算股应按本规则第四五六条至第四六二条之规定,将应编制之各项单表于该股收到各站报单之次月十五日以前,发给各路查照。

第四六四条　各路间账目之结余,应于收到联运处清算股所造送之……路对于他路联运运费月结表后十月以内,如数清结。

第四六五条　联运处清算股每年须编造上下两半年度之联运成绩报告表各一份,一至六月三十日止、一至十二月三十一日止,提出联运会议审核之。

第四六六条　凡关于联运账目事件应与他路会商者,须函由联运处清算股与各路商办。

第四六七条　关于发出联运货票,如查有与定章不符或有错误之处,应及时知照联运处清算股及有关各路。

●互通车辆会计规则

第四八〇条　国有各铁路间互通车辆之各项账单,应由联运处清算股依照国内联运会议议决案,并经铁道部随时核准之各规则编造之。

联运处清算股清算账目工作应于每年会计会议时,由各路会计处长推举稽核员稽核之。

第十次会计会议第五案,见民国九年六月二十六日第一六三一号部令。

第四八一条　联运各路及联运处清算股关于互通车辆应用之单式,规定如下:

联轨站应用之单式

联运 20	联运车辆交付通知书

联运处清算股应用之单式

清算 50	车辆登记单
清算 51	互通货车登记册
清算 51(甲)	互通货车每日结余清单
清算 51(乙)	货车车租清单
清算 52	货车延期费清单
清算 53	未回货车清单
清算 54	客车车租清单
清算 55	互通车辆月结账略
清算 60	货车吨数结余日报单

附注　所有各种单式参见附件三二至三九

第四八二条　互通车辆之各种单册,应用中文编印。联轨站应用之单式,应由各路依照规定格式自行制备。联运处清算股所用之各种单式,应由该股自行印制,所有费用即归入该股经费之内。

第四八三条　交付通知书(联运 20),应由各联轨站按照互通车辆章程内规定办法,造送联运处清算股。

第四八四条　联运处清算股应将联轨站造送之交付通知书内所载各节分别记入车辆登记单内(清算 50),该项车辆登记单之格式,由联运处清算股规定。遇必要时,得随时修改之。

第四八五条　联运处清算股应按月将每两路间互通之货车登入互通货车登记册(清算 51),

记明每日互通之各种货车数目及其吨数。此项记载应就各联轨站造送之交付通知书记入之,并须按日将每路交出及收回之车辆分别结一总数。此二者相差之载重量吨数,即为应收车辆之吨数结余。其互通货车登记册之格式,应由联运处清算股规定。遇必要时,得随时修改之。

第四八六条　联运清算股应按月将每两路间互通之车辆编造互通货车每日结余清单[清算51(甲)],开列每日属于此路而被彼路留用之车辆数目及其吨数之结余。该项数目可就互通货车登记册(清算51)查得之,又,所记入之每日吨数结余应结一总数,以计算该月应付车租之总吨数。

第四八七条　联运处清算股应按月将每两路间应付之车租就每日结余清单[清算51(甲)]内所列吨数结余之总数,开列货车车租清单[清算51(乙)]。倘关于车租有所改正或特别记载者,应于该项清单内一并记入,该项清单内所列之总数应即为该两路彼此应行清算之车租总数。

第四八八条　联运处清算股应按月将每两路间应付之延期费开列货车延期费清单(清算52),该项清单应就该股所立车辆登记单(清算50)填造,并将延期日数栏内之总数乘以延期费率,以计算该两路彼此应付之延期费。

第四八九条　联运处清算股应将每两路间未交回之货车开列未回货车清单(清算53),此种清单应于每月最后一日编造,或因特别事故遇必要时,得随时编造之。该项清单应截至编造日之最后时间为止,凡属于此路而被彼路留用各车辆之详细情形均须逐项开列单内,所列车辆总数及其载重量吨数,应与该两路同日之互通货车每日结余清单(清算51(甲))内开列各数两相平准。

第四九〇条　联运处清算股应按月将每两路间应付之客车车租开列客车租费清单(清算54),该项清单应就该股所立之车辆登记单填造之。单内所列之总数,即为该两路彼此应行清算之客车车租。

第四九一条　联运处清算股应按月编制互通车辆月结账略(清算55)一份,账略中开明某路与其他各路之借项(即结欠其他各路之款项)或贷项(即其他各路结欠该路之款项)及结余净数。是项结余净数,即为结算该月份互通车辆账目该路应付或应收某他路之结余净数。

此种账略之规定,系备各路根据所开数目,依照会计则例及分类表记入该项簿册之用。

第四九二条　依照本章程第四八六至四九一各条之规定,联运处清算股应行造送之各项互通车辆账目清单,不得迟至结算之第二个月十日以后。

第四九三条　各铁路间账目之结余,须于第二个月末日以前清结。

第四九四条　联运处清算股发出之各项清单,应认为准确无误,如有错误,须函知联运处清算股,由该股于下月份清单内更正之。

第四九五条　联运处清算股应呈送联运处处长货车吨数结余日报单(清算60)一份,以备查核。

此项报单式样及造送办法,应由以联运处处长酌定之。

●附国有铁路行车规章第二〇三条所载调车、机车之速率应一律改为十六公里令<small>民国二十三年(1934年)二月七日铁道部通饬</small>

案查关于行车规章第二〇三条所载调车、机车之速率中西文本不符一节,经于二十年十月六日业字第一〇八八号训令饬即一律改为十公里,以策安全。在案兹查每小时十公里之速率,事实上实嫌过低,对于调车效率不无影响,所有中西文本行车规章第二〇三条所载调车、机车之速率亟应一律改为十六公里,以利调车而增效率。除分令外,仰即遵照办理,此令。

●附修改国内联运规章第三二一条,并定期实行令<small>民国二十三年十月三十日铁道部通饬</small>

查联运各路办理货物联运,每因经行本路里程过少,所收运费甚至不足偿付车租,亏耗甚巨。国内联运规章第三一二条应改为"凡联运货物经行某路其里程不足十公里者,该路运费应按十公里核收",定自本年十二月一日起实行。至计算该项运费方法,如某路货运价目表所列运价系按二十公里起码者,应将所列二十公里运价折半,即为该路十公里运价。除分令外,合亟令仰遵知(南浔用)照,此命。

附件一

●承运及授受联运包裹办法

一　联运各路承运及受授运输包裹,除按照客车运输通则及国内联运规章办理外,应照下列各条办理之。

二　凡托运普通联运包裹,如未将包裹按照加封办法加封者,应令托运人如法加封,其已经如法加封封条及图章或签字,均属完好者,应于封条上加盖起运站戳记,或于铅丝绞掞处用铅印钤封。(如图)

三　保险联运包裹应由起运路起运站按照客车运输通则第八十三条之规定查验后,照联运包裹加封办法加封。

四　联运包裹由站交车或由车交站或两路转运站授受时,应由双方会同查验封条铅印及图章或签字,如有变动,应由授方于授受凭证中注明,双方签字。其有另行加封之必要者,应再加封,由双方于封条两端骑缝盖章。

五　联运包裹所用封条,应由联运各路用坚韧之棉纸印制,宽八公分,长十六公分,上印
　　"某某铁路封条"字样,绿底白字,四围白边,由路局印发各站,以备包裹托运人取用。

六　捆扎联运包裹所用铅丝,应由路局置备分发各联运站,以备应用。包裹托运人向站
　　购用时,按包裹计算,无论大小,每件取价洋五分。

七　联运包裹之装卸及搬运,必须注意以防损及包裹封志。

八　联运包裹运输繁重之各站间,应将体积较小之包裹用布袋装运,其办法如下:

　甲　此项布袋应由各路局制备,分发所属各站应用。

　乙　此项布袋应用白帆布缝制,袋外之两面印某某铁路第某号,其一面并缝皮插袋一
　　　个,内插铜牌一块,上刻起讫站名及经由站名,两面照刻。惟起讫站名互相更易,
　　　俾两站互用,其式如下。袋之式样、尺寸及数目,由各路斟酌需要情形,自行
　　　规定。

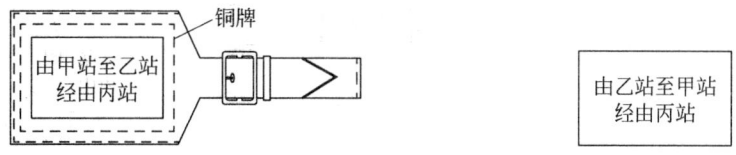

　丙　同装一袋之联运包裹,以起运站及到达站相同者为限。

　丁　装袋联运之包裹收据第二张(车队长收执)及第三张(存根)上,均应注明"装某路
　　　第某号袋"字样,而将同装一袋之包裹收据第二张第一信封,并将布袋号码、起讫
　　　站名、经由站名、包裹票张数、包裹件数及共计重量,于封面逐项填明,其式如下:

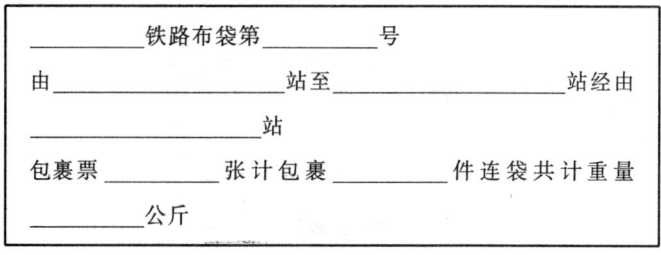

　戊　装运联运包裹之布袋,须用铅丝捆缚,绞挽坚固,并于绞挽处用起运站铅印钤封,
　　　所有授受等手续,概按普通联运包裹办理。

　己　联运包裹之装袋钤封及拆卸,须由站长监察办理。

　庚　装运联运包裹之布袋运抵到达站后,如该到达站有包裹运往该项布袋之原起运
　　　站时,得利用此项布袋装运,惟必须插袋中铜牌调面,倘一时无包裹运往者,应即
　　　将卸空布袋填用普通包裹票(种类栏内填明回空布袋,重量栏内填明布袋件数),
　　　交最近开行之列车免费运还原起运站。

用布包装者封条应
如图粘贴加盖图记
布包

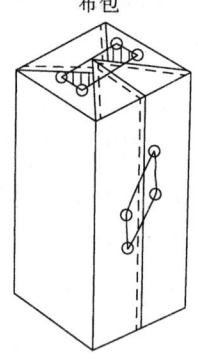

用木箱装者封条应
如图粘贴加盖图记
木箱

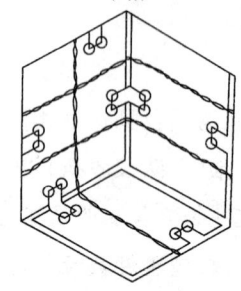

皮箱　皮包　柳条包　铺盖卷

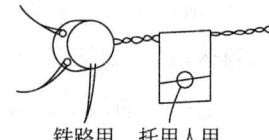

用皮箱装者用铅丝加封分别
铅印及棉纸封条盖用图记

铁路用　托用人用

附件二

●联运包裹加封办法

一　普通联运包裹托运人,除用布包或箱装将包裹包装完密,捆扎坚固,标明收包裹人及托运人姓名、住址外,应照下列各条办理之。

二　托运人在托运前,应于包裹之包皮夹缝处用起运路封条骑缝封固,并在封条四角加盖图章或签字(如图),所需封条可向起运站索取,免收费用。其常有包裹交由铁路联运愿用自制封条者,亦可。惟该项封条必须用坚韧之棉纸制印。

三　凡包裹之包皮,其质地或形状未能贴用封条或加盖图章或签字者,应用成条之铅丝捆扎,如该包裹原用麻绳捆缚者,铅丝须于绳下穿过,然后绞掇坚固,再将起运路封条纵横裁取四分之一,折叠黏裹铅丝绞掇处,并由托运人于封条之黏口骑缝加盖图章或签字(如图),所需铅丝由托运人自备,或向起运站购用,按包裹计算,无论大小,每件取价洋五分。

四　凡属十公斤以上之包裹,除照以上各条办法加封外,应加用麻绳或篾条捆缚,俾便装卸搬运,以免损及封志。

五　保险联运包裹,须由起运站按照保险价值声明书查验内容,托运人不得加封。

附件三

●铁路代收包裹货价规则

第一条　代收货价之包裹,指定下列各站办理:

平汉路　汉口大智门　郑州　新乡　石家庄　保定府　北平前门
湘鄂路　徐家棚　蒲圻　岳州　长沙东站
陇海路　潼关　灵宝　陕州　会兴镇　洛阳东站　郾师　氾水　郑州　开封　兰封
柳河　商丘县　砀山　徐州府　新浦　孝义
道清路　清化　焦作
平绥路　张家口　南口　北平
北宁路　北平正阳门　天津总站　天津东站　唐山　北戴河海滨　山海关　营口　沈阳城站
津浦路　天津东站　天津总站　济南府　徐州府　蚌埠　浦口
胶济路　周村　潍县　博山　青岛
京沪路　上海北站

沪杭甬路　杭州　上海北站

第二条　代收货价之包裹,寄货人须于托运时,填具声明书,将包内物品暨实在价值报明,方能收运。其托收银数,以不逾所报价值为限。

第三条　承运包裹之站,应发给托运人凭单一张,并以代收货价通知书知照到达站,收价交货。代收货价之包裹票,应用普通包裹票填写,但须用红笔加注(代收货价)等字样,以示区别。

第四条　到达站于包裹运到时,应从速通知收货人于七日内来站交款提货,并应于收到货款之次日,用收款通知书知照起运站。

第五条　起运站一经收到前项收款通知书,应将代收货价迅即付给托运人,换回前发凭单。

第六条　倘到达站未收清货价,即将包裹交付收货人,所有损失,概由该路负责赔偿。

第七条　包裹一经由起运站起运,所托代收货价之数目,即不能更改。

第八条　倘收货人于包裹运到后七日内不来提取,到达站应即知照起运站,请向托运人询明如何处置,用书函答覆,以凭办理。倘收货人于逾限后复来提货,则除限内七日不计外,每逾限一日,应缴囤存费一角,上项囤存费,归到达路所有。

第九条　寄货人交运代收货价之包裹时,除运价外,应按照所报包裹价值,每元缴佣金一分,每件以二角五分起码计算。佣金遇有奇零不及五分者,作五分算;五分以上不及一角者,作一角算,余类推。

所有已经交付之佣金,无论因何理由,概不退还。

第一〇条　代收货价之佣金,归起运与到达两路平分之。

第一一条　所有各路运送代收货价包裹之账目,由联运处清算股按月清算一次。

第一二条　铁路一切规章,除本规则特有规定者外,均适用之。

附件四

●国有铁路、国营招商局水陆负责货物联运合同民国二十三年(1934年)五月二十九日第二四七八八号指令

为谋发展铁路与轮船业务及便利客商起见,根据第十六次国内联运会议议决案,由联运处代表国有铁路与国营招商局订定水陆负责货物联运合同。其条文如下:

第一条　国有铁路与国营招商局办理水陆负责货物联运,应按照本合同所规定办理之。各铁路与招商局所有现行货物运输各种规章细则与本合同不相抵触者,对于水陆负责货物联运,概得施行于各该管范围之内。

第二条　办理水陆联运之铁路路线及轮船航线如下:

甲　铁路路线

京沪、沪杭甬路、津浦路、胶济路、陇海路、北宁路、平绥路、平汉路、正太路、道清路、湘

鄂路。

乙　轮船航线

津、沪、粤间各航线；

川、汉、沪、粤间各航线。

上列各路线及航线,得酌量营业情形,随时由双方商定增减之。

第三条　办理水陆联运之联接地点如下：

塘沽青岛(大港)、海州(老窑)、上海(吴淞)、宁波浦口(仅限办理浦口以西上下水联运)、南京(仅限办理南京以西上下水联运)、汉口武昌。

第四条　办理水陆联运之各路车站及轮船各口岸,规定如下：

甲　铁路方面

京沪路——南京、镇江、丹阳、常州、无锡、苏州、上海北站；

沪杭甬路——闸口、南星桥、杭州、拱宸桥、长安、硖石、上南、日晖港、曹娥江、余姚、宁波；

陇海路——干支线各站；

津浦路——浦口、蚌埠、徐州、临城、兖州、泰安、济南、德州、沧州、天津、济宁、滕县、枣庄、南驿、柳泉、明光、福履集、大汶口、临淮关；

胶济路——济南、周村、张店、博山、辛店、青州、潍县、坊子、二十里铺、虾蟆屯、高密、胶州、蓝村；

北宁路——前门、丰台、天津总站、天津东站、唐山、塘沽；

平绥路——西直门、宣化、张家口、大同、丰镇、平地泉、绥远、包头；

平汉路——石家庄、顺德、邯郸、彰德、新乡、郑州、许州、堰城、驻马店、大智门；

正太路——太原、榆次；

道清路——李河、李封、常口；

湘鄂路——萍乡、醴陵、株州南站、株州北站、易家湾、长沙东站、长沙南站、新河白、水汨罗、洋楼司、赵李桥、蒲圻、岳州、鲇鱼套；

乙　轮船方面各口岸暂行规定如下：

天津、塘沽、烟台、威海卫、青岛、海州、上海、宁波、温州、福州、厦门、汕头、香港、广州、重庆、宜昌、沙市、汉口、九江、安庆、芜湖、南京、浦口、镇江。

办理水陆联运各车站及各口岸,得酌量营业情形,随时由双方商定增减之。

第五条　凡水陆联运货物,除铁路自办输运外,联运各路须照本合同之规定,尽先与招商局办理联运。

第六条　水陆联运货物运到联接地点时,应由接运方面尽先装运之。

第七条　办理水陆联运之货物,无论整批与零件,其重量以无限制为原则。但一件货物之重量超过一公吨以上或体积庞大,难以入舱及装车者,应由起运方面先向联运方面洽商,同意后,方可承运。

第八条 遇有大批货物运输,于必要时,应由起运方面须先电报通知关系方面,俾便准备接运。

第九条 水陆联运运费,应以经行各路及航线之现行运价相加计算为原则。

第一〇条 水陆联运货物运费之计算方法,铁路及轮船均按公斤、公吨、公尺计算之。

第一一条 凡水陆联运货物由铁路起运者,铁路部分运费按整车抑或零担运费核收,应按照铁路负责货物联运暂行办法办理。其由轮船起运者,每批货物重量为二十吨或二十吨以上,铁路运费概按整车运价核收,不满一吨之零数,亦按一吨计算。其不足二十吨者,概按零担运价核收,轮船部分运价概按实在重最或折合重量核收,起码运费铁路方面零担每票为国币五角,整车每吨为国币五角,轮船方面每票为国币五角。

第一二条 水陆联运货物之运费,应一次收足,暂以先付及到付两种为限。先付者统由起运站或口岸核收现款;到付者统由到达站或口岸核收现款。此外,装卸及其他杂费属于起运者,由起运站或口岸核收。属于到达及中途转运者,统由到达站或口岸核收。

第一三条 水陆联运货物客商得委托铁路或船局代为报关,并垫付关税。其详细办法,由招商局与各关系路分别商酌办理。

第一四条 凡垫付之关税或其他垫款,由铁路垫付者,应由铁路通知招商局,由招商局负责在到达口岸向客商收取,归还铁路。由招商局垫付者,应由招商局通知到达路,由到达路负责在到达车站向客商收取,归还招商局。

第一五条 水陆联运货物之保水火险事项,在铁路与轮船主办水火险以前,暂由客商自理或委托铁路或轮船代办。

第一六条 水陆联运货物如遇有因货商捏报等情事,其所有罚款应归发现方面所有。如于两方面授受时发现,应以授受凭证为准,即在签字前发现时,应归交付方面所有;在签字后发现时,应归接收方面所有。

第一七条 水陆联运货物损失之赔偿责任,规定如下:

一 铁路方面

凡由铁路运输及保管时发生损失者,应由铁路方面按照铁路定章负责赔偿。

二 轮船方面

凡由轮船运输及保管时发生损失者,应由轮船方面按照轮船定章负责赔偿,如海关有特殊规定办法者,得遵照之。

上项责任之转移,以授受凭证签字时为准。

三 损失责任不明时,应由铁路与轮船双方共同负责赔偿,按照该批货物所得运费比例摊认。但铁路方面负责赔偿之最高额以按照运费比例计算应行摊赔之数,另限轮船方面负责赔偿之最高额,以每件国币三百五十元为限。

四 赔偿损失之货物如有运费、关税及其他杂费,应一并由负责方面照数赔偿。

第一八条 水陆联运货物遇有损失时,客商应凭货物收据或提货单向到达车站或口岸请求赔偿。

第一九条　水陆联运货物遇有损失请求赔偿时,应自发现之日起六个月内,提出请求赔偿书,过时无效。铁路或轮船方面接到客商请求赔偿书时,经调查确实应立即赔偿,至迟不得超过两个月(自接到请求赔偿书之日起算)。

第二〇条　水陆联运货物遇有变价、拍卖情事,应先扣除拍卖费,次及各路及各轮船垫款,次及运费及杂费,再次则及到达站或口岸之保管费。如拍卖之款扣除,拍卖后不足各路及轮船垫款之全数,则按各该路及轮船垫款之多寡比例分配。如扣除垫款后不足各路及轮船运费及杂费时,则按运费及杂费之多寡比例分配。如扣除各费外,仍有余款而货商逾一年尚未领取者,则归到达路或船局所有。

第二一条　水陆联运进款应由联运各路及招商局各自指定,经有关各方面同意之殷实银行负责,按期代收、代付,不得拖欠。

第二二条　水陆联运账目,应由联运处清算股按照国内联运会计规则清算之。

第二三条　水陆货物联运价目表,由招商局与联接各路会商,以货物为标准编订,招商局之运价表送联运处汇总编发。

第二四条　水陆联运单据格式应归一律,如有更改之必要时,应由联运处与招商局双方商订之(单据附后)。

第二五条　铁路与轮船所用之单据,应由双方按照程式各自印用。

第二六条　凡关于水陆联运会衔之宣传印刷品其费用,应由各关系路与招商局平均分担之。

第二七条　招商局对于联运处经费,应照各路成例比例担负。

第二八条　如招商局轮船因故缺乏或铁路运输因故发生阻碍不能办理联运时,应即互相通知,暂时停止联运。但已由轮船起运及已运到接运地点之货物,应由铁路接收负责处理。其已由铁路起运及已运到接运地点之货物,应由招商局负责设法接运至到达地点。

第二九条　各铁路与招商局得根据本合同,斟酌当地情形,商订水陆负责货物联运办事细则,由双方分呈主管机关核准实行。

第三〇条　各铁路与招商局如有一方面不能履行合同或细则之规定时,应由联运处及招商局双方斟酌情形,会商办理之。

第三一条　本合同有效期间,自实行之日起暂定一年,合同期满后继续与否,双方均应于期满一个月以前通知。倘期满废止,所有在合同有效期间以内发生之联运事项,仍应继续办理,并享有各种权利及担负各种责任。

第三二条　本合同如有未尽事宜,得随时由双方同意,分别呈准修订之。本合同共签正、副本各两份,各执一份,以昭信守。

铁道部联运处处长俞　梜　　　　　　　　　　　　　　　　　　　　　　官章

副处长杨先芬　　　　　　　　　　　　　　　　　　　　　　　　　　　章

国营招商局总经理刘鸿生　　　　　　　　　　　　　　　　　　　　　　官章

中华民国二十三年四月一日订于铁道部

附注　本规章附格式三十八件颇占篇幅,删去未编。

●●中华民国铁路货物运输通则 民国二十四年(1935年)九月十二日铁道部公布,同年(1935年)十二月五日修正,二十五年(1936年)三月二十四日再修正,同年(1936年)十月二十九日再修正。

要　目

第一章　总纲

第一条　中华民国铁路货物运输,应依照本通则之规定办理之。

各铁路得参照各本路特殊情形,酌定附则,但以不与本通则抵触为原则,并须呈部核准后施行。

本通则于货物联运,除另有规定外,亦适用之。

第二条　各铁路应在各车站备有下列各项规章、表册,俾便众览或揭示之。但已失效用者,应即时撤去。

一　货物运输通则;

二　货物分等表;

三　货物运价表及各站距离里程表;

四　其他公众须知之有关货运各项规章、表册。

第三条　铁路员工与货商,概不得授受酬金。

第四条　铁路员工对于货商,如有侮慢、留难、疏忽或勒索情事,货商可据实报告车务处或路局或铁道部,以便查办。

第五条　货商对于铁路货运规章及运价等项,如有不明了之处,得随时请求解释。

第二章　铁路与货商之责任

第六条　铁路之责任。凡铁路运输之货物,除本通则第七条规定由货主负责者外,均由铁路负责运输。凡铁路负责运输之货物,倘有损失,除其原因为本通则第八条所列各项之一者外,概归铁路赔偿。

第七条　铁路不负责运输之货物。凡下列各项货物托由铁路运输者,应由货主负责。倘有损失,铁路不负赔偿之责。

一　活禽兽、活虫鱼;

二　灵柩、尸骨、尸骨灰;

三　金银、金银货币、钞票、有价证券等类;

四　一切重要文件、珠宝、古董及其他特殊贵重物品;

五　普通货物分等表内载明之枪械、爆炸品及危险品,惟汽油、煤油、柴油、酒精、鞭爆、火柴、电影片、油布、油纸或其他另有规定者,不在此限;

六　凡系转账性质之记账、减费或免费运送,无现款运费收入者;

七　铁路认为有特殊困难,经呈明铁道部核准者。

第八条　铁路不负责任之损失。凡货物之遗失、损坏,其原因为下列各项之一者,铁路概不赔偿。

一　凡货物损失属于天灾、战事、群众暴动或其他意外事变,非人力所能抵抗者;

二　凡货物因税捐、检疫、防疫或法律等问题而致损失者;

三　凡货物每件内装有数种物品而致彼此碰坏或伤损者;

四　凡易于破坏物品因包装不妥致受伤损破裂者;

五　凡桶、瓶、篓、罐等因封口不坚、接头不固而致漏泄或水气蒸化、发酵、腐朽,货物因此遗失、损坏或低减价值、重量者;

六　凡货物之体质及重量自然减缩者;

七　凡因货物具有燃烧性自然燃烧者;

八　凡容易腐坏货物之自然腐化者;

九　凡货物原件内,有潮湿以致霉烂、减重,或货物受有鼠啮、虫伤者;

一〇　凡因托运人或收货人或押运人自己之疏忽、遗忘而致货物损失者;

一一　凡托运之货物因不按实情填报而致受损失者;

一二　凡货商自备车辆,因该车辆设备不善或失于修理而致货物损失者;

一三　凡货物包装无异状,其内容发生货名不符、性质变化以及残缺短少者;

一四 凡货商自行装卸之货物,因装卸或装载之不妥善而致货物受有损失者;

一五 凡货商自装之整车货物,如其自加之封印无异状,其内装货物发生货名不符、件数短少、重量减轻以及因包装破坏货物受有损失者;

一六 凡因运输延迟而致货物低减其时价者。

第九条 货物之保火险。凡铁路运输之货物,铁路可代向保险公司投保火险,一切皆按保火险章程办理。如托运人不愿投保火险或自觅保险者,听之。托运人如欲委托铁路代保火险时,须于托运单之特约栏内注明"请代保火险"字样。凡不委托铁路代保火险之货物,如因火灾而受损害者,其责任概归托运人自负之(删)。

第一〇条 铁路负责期限。铁路对于托运之货物,其负责期限自承运之时起至将货物交到收货人之时止。惟货物运抵到达站逾二十四小时(日夜时间在内)仍不提取者,即照章核收保管费代为保管(参阅本通则第二十一条第六项)。铁路对于专用岔道发出或到达之货物,其负责期限,在起运站,自货车引入铁路货场界内,经铁路负责人员验收完毕,填发货票或提货单之时起。在到达站,以货车送入专用岔道内之相当地点,经收货人签字接收后为止。

第一一条 货商之责任。凡托运之货物,如因自行爆发起火。或包装不妥,或货商及其使用人之故意或疏忽,以致损害他人货物或铁路财产者,应由该货商担任一切损害赔偿责任。

凡货商非得铁路许可不得擅自移动车辆,否则,因此发生事变或损坏车辆及其他附属品等情事,均应负赔偿之责。

各站货场内绝对禁止吸烟或其他易肇危险之行为,如因货商或其使用人之疏忽致肇事端,应由该货商完全负责。

凡货商对于铁路或对于其他受损害之货商,应负赔偿责任时,其赔偿标准,如铁路已有规定者,应照规定办理。其未经规定者,则临时估定之。

第三章 货等运价及其他费用

第一二条 货物之分等。凡铁路运输之货物,除另有规定者外,分为六等,其分等表另订之。

第一三条 货物运价。货物运价除订有特价及另有规定外,各路应按照货物分等表内所分等级分别规定整车及不满整车运价。所有一切运价,均应呈部核准,公布施行。

凡货物分等表内未经列入之货物,应照二等运价核算运费。如由货商或站长事前电商车务处长接洽妥协者,得按货物分等表内类似货物之等级核算运费,但事后均须呈部核定等级。

第一四条 优先及最优先装运费。凡铁路运输之整车货物,其按本通则第三十四条之规定请求优先装运者,除照收运费外,并应另照运费加收二成,作为优先装运费。请求最优先装运者,除照收运费外,并应另照运费加收四成,作为最优先装运费(删)。

第一五条　运费计算法。凡整车及不满整车货物运费,应依照下列规定计算之。

甲　里程单位及起码里程,整车及不满整车货物,均以公里为单位计算里程,其不及一公里者,亦作一公里计算,但起码里程应为二十公里。

乙　重量单位及起码重量

一　整车货物。整车货物以公吨为单位计算重量,其不及一公吨者,亦作一公吨计算,但其起码重量应按照货物分等表内规定某种货物装某种车辆之起码重量计算。如货物实在重量超过表内规定之起码重量者,则照货物之实在重量计算。

二　不满整车货物。不满整车货物以二十五公斤为单位计算重量,其不及二十五公斤者,亦作二十五公斤计算,其起码重量应为五十公斤。

丙　起码运费及运费尾数。整车货物之起码运费,应按车辆载重量,每公吨核收国币五角。不满整车货物之起码运费,每一货票应核收国币五角,运费之尾数不及一分者,均作一分计算。

丁　运价之加成或减成。运价有加成或减成时,应先照普通价率计算运费,然后分别加成或减成。

戊　运费之比较。凡托运之货物,如有两种或两种以上之计算运费方法同可适用时,铁路应指示货商按照计算运费最少之方法托运之。

第一六条　度衡之标准。铁路所用之度衡,以公用制为标准,其与市制度衡比较如下:

甲　每公里即一千公尺,合三千市尺,每公尺合三市尺。

乙　每公吨即一千公斤,合二千市斤,每五十公斤合一百市斤。

第一七条　整车货物之定义。凡托运货物由同一托运人,用同一托运单,由同一起运站,独用一车(除本通则第二十二条丙项之规定外),运至同一到达站,交同一收货人者,为整车货物,适用整车运价。

第一八条　混合报运之货物。凡每一托运单内所托运之货物,如为数种同等或两等或两等以上之货物,其运费应照下列规定计算之。

甲　整车货物　每一托运单内所托运之整车货物,应以一种为原则(以现行货物分等表所载每一货物名称为一种)。如货物之性质、形状、重量及体积不相侵害,并经铁路许可者,得以数种货物混合报运,至多以十种为限,其运价应按照其中最高等货物之等级计算。其重量则视所运货物之种类暨装载货物车辆之吨位,按照货物分等表内规定之起码重量,择其最大者,作为总重量计算运费。但货物之实在总重量超过择取之总重量时,则应按照货物之实在总重量计算运费。

乙　不满整车货物　每一托运单内所托运之不满整车货物,应不限制种类,但以同一等级为原则。如有不同等级货物混合托运者,其运价须按照其中最高等货物之等级计算,其重量则按实在总重量,并参照第十五条规定计算。

第一九条　过大、过长或过重之货物。凡货物之过大、过长或过重者,应照下列规定计算运费。

甲　凡货物每件重量或体积超过下列规定,如铁路能利用不满整车货车装运者,得按照不满整车货物计算运费,否则应作为整车运输,按照下列(乙)项或(丙)项计算运费。

　　一　重量超过一公吨者;

　　二　板形者,长超过六公尺,宽超过一公尺八公寸;

　　三　柱形者,长超过六公尺,直径超过五公寸;

　　四　其他立体形者,长超过二公尺,宽超过一公尺五公寸,厚超过一公尺五公寸。

乙　凡货物因过大或其他原因,须独装一车而不能将车辆之容积及或载重量装足者,其运费应按该货物之整车运价及该车辆之载重量二分之一计算。但该货物之实在重量,如超过车辆载重量二分之一者,应照实在重量计算之,其不及一公吨者,均作为一公吨。

丙　凡货物因过长或过重或其他原因一车不敷装载,须用两车或两车以上者,其运费应按该货物之整车运价及所用车辆总载重量二分之一计算之。但该货物之实在重量如超过车辆总载重量二分之一,应照实在重量计算之。其不及一公吨者,亦作为一公吨。此项连接车辆,至多以三辆为限。

第二〇条　量度木料或石料方法。凡木料或石料不能衡得其重量者,应先按其形状求得其体积,然后与各该种木料或石料每立方公寸所折合之公斤数目相乘计算运费,其详细办法如次:

甲　两端圆径不等之圆形木料或石料,将两端切口之圆径量得,各自乘之,相加以二除之,再以七八五四乘之,更以长度乘之,即得其体积。

乙　两端圆径不等而两端切口又不平,圆径不易量得之圆形木料或石料,将两端圆周量得,各以圆周率三.一四一六除之,即得两端之圆径,然后再按甲项求其体积。

丙　两端宽厚不等之方形木料或石料,两端之宽厚各相乘之,相加以二除之,然后以长度乘之,即得其体积。

各种木料,每立方公寸折合重量之标准,列后。

名　称	已经干燥者每一立方 公寸折合之公斤	新伐或侵水者每一 公寸折合之公斤	备　考
柞　木	〇.七六	〇.九一	其他性质较柔软之木料,按照杨木计算, 较坚硬之木料,则照柞木计算。
色　木	〇.七四	〇.九七	
水曲柳	〇.六〇	〇.七七	
杨　木	〇.五七	〇.八九	
黄波罗	〇.五七	〇.七〇	
榆　木	〇.五一	〇.六九	
楸　木	〇.五一	〇.六七	
红　松	〇.四三	〇.五七	
白　松	〇.四一	〇.七八	

各种石料折合重量之标准,列后。

名　称	每立方公寸折合之公斤	备　考
花岗石	二.七二	
白云石	二.七〇	
石板石	二.八〇	

第二一条　杂费。凡货物有下列情形之一项或一项以上者,铁路应依照各该项之规定,核收费用。

一　装费。货物由铁路装卸夫装车者,铁路应核收装费,其费率由各路另定之。

二　卸费。货物由铁路装卸夫卸车者,铁路应核收卸费,其费率由各路另定之。

三　调车费。整车货物须由铁路将车辆调入、调出专用岔道及特有规定之公用岔道者,铁路应核收调车费,其费率由各路另定之。

四　车辆延期费。货车调妥后,以备货商自行装卸,而超过六工作小时者,铁路应核收车辆延期费,其费率自超过六工作小时算起,每车辆载重量一公吨,每十二小时或不及十二小时,核收国币五角。

五　车辆留置费。货商托运整车货物,经铁路调妥车辆,备其装用而不用时,自铁路调妥车辆时起至货商声明不用时止,其间之留置时间,或整车货物经货商按照本通则第四十九条之规定。请求中途售运时,自停车之时起至起运站接到其他变更通知时止,其间之留置时间,铁路均应核收车辆留置费,其费率每车辆载重量一公吨,每留置一小时或不及一小时,核收国币壹角。

六　保管费。货物须由铁路仓库或货场保管者,铁路应核收保管费,其保管费率由各路另定之。

七　保火险费。货物于运输及或保管时,经货商依本通则第九条之规定,请求铁路代保火险者,铁路应核收保火险费,其保火险费率由各路另定之(删)。

八　检查费。货物于运输及或保管时,由货商请求铁路施行检查者,铁路得核收检查费,其费率整车货物每公吨核收国币一角五分,不满整车货物每五十公斤核收国币五分(参阅本通则第四十五条)。

九　变更费。货物托运后,经货商请求变更者,铁路应核收变更费,其变更费率及办法由本通则第五章另定之。

一○　取保领物手续费。货商无论因何原因不能将货票交出而请求取保领物者,铁路应依本通则第四十六条之规定,核收取保领物费。

第二二条　运费之交付。凡铁路运输之货物所有运费,须以先付为原则。但铁路得斟酌情形,准许货商到付或记账或存付(即由货商预缴之存款内扣付者)或保付(即由货商觅具殷实商铺担保,于货物到达后缴付运费)。惟各项危险品及容易损坏、腐化或价值不足抵偿运费及杂费或铁路不负责运输之货物,均不办理到付。

第二三条　运费、杂费之退还或补收。凡铁路对于运费或杂费,如有溢收或短收时,应由到达站分别退还或补收之。

凡退还运费或杂费时,均须向领款人索取收据。如车站当日现款不足,得通知领款人于次日或数日内补领,如领款人不能久候,得由车站填发"货商领款证明书",由领款人于六个月内持至或寄交会计处领取,逾期无效。其应补收之运费或杂费,须由托运人或收货人负责照缴,不得延误。

凡铁路对于运费或杂费,如有溢收,经货商发现者,得自提货之日起算于六个月内请求铁路退还之,逾期无效。

第二四条　铁路对于运费及或杂费之索抵权。铁路对于短欠运费及或杂费之货物,得扣留以待清付。倘于六个月内未能清付铁路,得将该项货物拍卖或用其他方法变卖之,即以变卖所得之款,抵偿所欠款项及其他各项用费。

如系牲畜或易坏物品,或货物之价值铁路认为不足抵偿所欠运费及或杂费时,得酌量情形,随时变卖之。

凡变卖所得之款,除扣抵所欠款项及其他费用外,如有剩余,当交还货商;如不足抵偿,仍应由货商补价。

第四章　托运及承运

第二五条　货物之包裹。凡托运货物用包、箱、桶、篮、篓、袋或其他方法所装者,均应包裹严密或封锁坚固,以防中途有遗失损坏之虞。

第二六条　货物标志及收货人姓名、地址。凡货商托运货物须将标志并收货人姓名、地址及到达站名详晰标明,如系不能用普通方法标明者,应由托运人于每件上系以牢固之牌签,将所需注明之各项标明之。其货物如有旧标志或人名、地址等,应由托运人设法涂去,始得托运。

第二七条　容易爆炸或破碎货物之标志。凡容易爆炸或破碎之货物,须由托运人在货件外面各方用红色显著标明"注意爆炸"或"注意破碎"字样,并应于托运单内,分别注明之。

第二八条　填具托运单。凡货商托运货物,须于铁路规定之货场办公时间内,将货物送至车站货场或专用岔道,填具铁路所备之托运单,按照托运单内托运人应填各栏逐项据实填写,不得遗漏或捏报,并须签字或盖章。如托运多种货物,托运单不敷填写时,应由托运人另附货名清单,并押盖与托运单上同一之印章。但托运人备有专用岔道者,其送货时间得不受铁路货场办公时间之限制。

第二九条　爆炸品、危险品或毒性品等。凡爆炸品、危险品及毒性品等须照货物分等表所载运输该项物品之特别规定办法办理,并须于事前与铁路接洽妥协,始得托运。

前项物品,如按不满整车托运时,除另有规定者外,每一托运单所托运者至少以二千公斤计算运费。

第三〇条　违禁品。凡违禁品,如无相当官厅所发护照,铁路概不承运。

第三一条　检查及承运。凡经托运人填具托运单请求承运之货物,铁路必须分别按照本通则第十七条、第十八条及第二十五条至第三十条各条之规定检查后,始得过磅,经过磅员司在托运单上加盖名章,即为承运。但货物因包装或其他关系不便逐件检查,经托运人声明内容并无捏报者,亦得先予承运。

倘所托运之货物于承运时,查出与托运单内所载各项不符,或未按本通则第十七条、第十八条及第二十五条至第三十条各条规定分别办理者,须俟托运人加以更正及或整理后,方予承运。但无论在托运时或承运后,如查出有本通则第五十六条所列捏报情事者,应按照该条之规定处罚之。倘遇包装有不固或损坏之痕迹,惟尚堪运输之货物,托运人如于托运单注明"内有损坏者若干件或包装不固者若干件"等字样,亦可承运。

第三二条　货票之发给。凡托运之货物,托运人须按照本通则所规定之托运手续完全履行后,由铁路发给"货票",其请求发给"提货单"者,发给"提货单"(参阅本通则第八章),其请求发给"代收货价货票"者,发给"代收货价货票"(参阅本通则第九章)。但不负责运输之货物,概不发给提货单或代收货价货票,惟须在货票上加盖"货主负责"戳记。

第三三条　承运之限制。凡托运之货物,无论何时,如无相当地位堪以容纳铁路,得暂时拒绝接收。

第三四条　装运之顺序。凡铁路对于已承运之货物,必须按照货物到站托运次序之先后给车装运,惟对于下列特种货物,一经承运,应较普通货物尽先给车装运,仍照普通运价核收运费:活禽兽、死禽兽、鲜鱼类、鲜肉类、鲜茧、鲜蚕、鲜湿蛋黄、鲜湿蛋白、牛奶、瓜果、蔬菜、花草、鲜桑叶、树苗、冰等。但货物经铁路认为在运输上或公益上有必要时,得尽先给车装运,不受上项规定之限制。

第三五条 货物之装卸。凡货物之装卸,概由铁路办理之,并照章核收装卸费。但整车货物,如有特别情形,经铁路认可,归货商自装或自卸或自装卸者,得分别免收其装费或卸费或装卸费。惟装卸时,须有铁路负责人员在场监视。

凡整车货物之在专用岔道装卸者,应由货商自雇工人,按照铁路所定之装卸规则办理之。铁路免收装费或卸费或装卸费,但在装卸时间,铁路得斟酌情形,随时指派负责人员到场监视。

第三六条 专用岔道整车货物之托运。凡整车货物须在专用岔道内装车者,托运人应先将货物照章堆齐,然后填具托运单,向铁路托运,经铁路派员检查相符,方得按照本通则第三十四条之规定,依次拨车装运。

第三七条 货商自装车辆之加封。凡货商自装整车货物之车辆,必须在铁路货场内会同铁路员司,按照铁路规定之整车加封办法,各自加封。

第三八条 货物装车之限制。装载货物之重量,不得超过车辆之载重量。如有超过情事,应按照本通则第五十八条及第五十九条之规定办理。

凡用敞车或平车装载货物之高度、宽度,须在铁路所定装载限制之内,其长度以不妨碍车钩之连接及手闸之运用为限。

第三九条 篷布、绳索之供给。凡托由铁路运输之货物,用敞车装运或在货场露天堆存时,所需篷布、绳索由铁路供给,不另收费。如托运人自备篷布、绳索装运时,应由起运站填给"回头空件证",免费负责运回。

第四○条 货场办公时间。每日自上午八时起至下午五时止,为铁路各站、货场、公事房办公时间,在此时间内办理货物托运及领取等手续。但自上午六时起至下午八时止,凡托运人或收货人得在货场搬运货物。此外,如有特别情事,经铁路之许可者,得于上项规定时间以外,随时接洽办理。

第四一条 货物之押运。凡托由铁路运输之货物遇必要时,经铁路之许可,托运人得派人随车押运,每车至多以二人为限,应照章购三等客票,并须于托运单内注明押运人姓名。惟装载爆炸品、危险品及毒性品之车内,押运人概不得乘坐。

第四二条 押运人应遵守之事项。押运人应随身携带货票或提货单,以便稽查,并应遵守路章,听从路员指挥,在车上尤不得吸烟及携带灯烛等类。

第四三条 货物运到之通知。凡货物运抵到达站时,铁路为便利货商起见,得于可能范围内通知收货人,但通知之收到与否,铁路不负责任。

第四四条 货物重量及等级之复核。凡货物运至到达站或中转站,铁路认为必要时,得将货收重行过磅或核对等级或复核运费及杂费。倘有不符,应照章订正,分别补收或退还运费及或杂费。但货物之重量与原票面记载相差不超过百分之二者,或重量之自然缩减者,仍以原票面记载之重量为准,不另订正。

第四五条 货物之检查。凡铁路运输之货物,如由铁路发现遗失、损坏或错误时,应请收货人或托运人会同检查,但铁路遇必要时,亦得迳行施以检查,将检查结果知照托运人或收货人,概不收取检查费。如货物运抵到达站交货时,收货人对于货物认为有遗失、损坏或错误之疑点,得请求铁路予以检查。除货物之遗失、损坏或错误之责任属于铁路者外,应照章缴纳检查费。

第四六条 货物之领取。货物运抵到达站,收货人或持提货单之人领取货物,必须将"货票"或"提货单"交出,并在"货票"或"提货单"上签名盖章,始得领取。但收货人或持有提货单之人如将货票或提货单遗失,除提货单遗失应照本通则第七十三条之规定办理外,其货票遗失者,收货人得觅具妥实铺保,签具"取保领物证",领取货物。凡觅具铺保签具"取保领物证"领取货物者,每一整车货票应核收手续费国币二元,每一不满整车货票核收手续费国币五角。

收货人或持提货单之人务须将"货票"或"提货单"妥加保存,倘有遗失被他人冒领,货物铁路不负责任。

第四七条 无人认领或收货人拒绝收受之货物。凡货物运抵到达站后无人认领者,或遇收货人拒绝收受时,铁路得将该项货物暂存货场保管,核收保管费,并照下列各项办法分别处理之。

一 凡货物运抵到达站已过十日尚无人领取者,或遇有收货人拒绝领货时,铁路应即据情知照托运人,询问关于该项货物之处置方法。惟对于容易腐烂或价值特别低廉之货物,铁路认为不足保证其应缴费用者,铁路得随时自行拍卖或用其他方法处理之。

二 凡在上开知照发出以后,托运人之回答尚未接到以前,如收货人前来领取货物时,准将原货交付,一面再行知照托运人。

三 凡货物运抵到达站后,经过六个月无人认领,如托运人仍无相当处置方法之通知,或收货人仍拒绝收受时,铁路得将该项货物变价、拍卖或施行其他铁路认为适当权宜之处置。

第四八条 货物之拍卖。凡货物遇有变价、拍卖情事,除扣出运费及杂费外,如有余款,自拍卖成立之日起铁路代为保管一年。一年之内托运人或收货人得随时取具殷实铺保,填写"领取余款请求书",经铁路查对铺保合格后领取之。如逾期不领,即作为铁路所有。倘变卖之款不足抵付一切费用者,须由托运人或收货人负责照补。但铁路规定实行拍卖时,应于可能范围内知照托运人或收货人。

第五章 运输之变更、换票及阻滞

第四九条 运输之变更。凡货物业经铁路承运后,托运人如欲采下列变更之一或同时变更一种以上者,均作一次变更,每变更一次,须缴变更费国币一元。其变更之手续,应将变更事项记入"变更托运请求书",押盖与托运单上同一之印章或签字。除尚未取得货票或提货单者外,应连同货票或提货单迳向起运站请求之,俟铁路认可,即可照办。

一 取消托运;

二 停止装运(凡请求停止装运者必须同时取消托运);

三 中途停运;

四 中途停运之解除;

五 运回原站;

六 变更到达站;

七 停止交货;

八 停止交货之解除;

九 变更收货人。

第五〇条 请求变更之限制。第四十九条所列运输变更,应受下列各项之限制。

一 对于到达站及其他各项运输变更,不得有取巧行为;

二 对于每一托运单内所载货物之一部份,不得请求第四十九条所规定之变更;

三 不满整车货物之变更,只限于取消托运、停止交货、停止交货之解除、变更收货人及在未装车以前之变更到达站;

四 货物运抵到达站业已卸车者,不得再有变更到达站之请求。

第五一条 中途停运或停止交货逾期之处理。凡托运人请求中途停运或停止交货时,自停止之时起经过二十四小时后,如托运人仍无切实办法者,铁路得迳行采取认为适当之处置,因此所生一切损失,应由托运人负责。

第五二条 变更到达站运费之计算。凡货物尚未运抵原到达站以前,请求变更到达站者,如系由货物所在站前进或驶入支线或他路,应按照自原起运站经由货物所在站至新到达站之运价计算运费。如系由货物所在站沿原线后退或后退以后再驶入支线或他路,应按照自原起运站至货物所在站之运价及自货物所在站至新到达站之运价分别计算运费。但其总数不得少于自原起运站至新到达站之运费。

凡货物已经运抵原到达站以后,请求变更到达站者,无论由货物所在站前进或后退或驶入支线或他路,均按自原起运站至货物所在站之运价及货物所在站至新到达站之运价分别计算运费,但其总数不得少于自原起运站至新到达站之运费。

第五三条 变更货物杂费之计算。下列杂费及因变更所生之费用,均须另外计算。

一　因变更所生之装卸费。

二　取消托运时,自承运之时起至将货物取出之时止,其间之货物保管费。但第一次取消托运而不将货物搬出场外,并声明在二十四小时以内仍行托运者,得免收保管费。惟第二次取消托运,无论继续托运与否,须自第一次承运之时起至将货物搬出或续行托运之时止,核收保管费。

三　停止装运时,自车辆拨给之时起算至铁路收到停止装运通知之时止,核收其间车辆之留置费(参阅本通则第二十一条)。

四　中途停运时,自停车之时起算至起运站接到其他变更通知之时止,其间车辆之留置费(参阅本通则第二十一条)。

五　因第五十一条规定之处理所生之一切费用。

第五四条　整车货物换票运输。凡收货人对于运到之整车货物,如于该车到达工作六小时之内,未卸车之前,请求原车不卸,托运至某站者,应将货票交出,照托运手续填具托运单,经铁路另发货票,铁路得免予卸车,仍利用原车运输。此项换票运输,得不受三十四条规定之限制,但不得有取巧之行为。

第五五条　运输阻滞货物运费及杂费之计算。如遇天灾、事变铁路运输发生阻滞,最短期内不能恢复时,铁路应即查明已经准备起运必须经过灾变区域之货物,凡尚未装车者,不得装运。其已经装车并收清费用者,应即通知托运人起卸,除应收之杂费外,退还全部运费。不论已未装车,如托运人请求改运某站,并不经行灾变区域而尚有通行列车时,铁路仍可照运,但须将已收运费与至新定到达站之运费比算差额,分别补收或退还。如遇前项灾变情事,货物已运至中途站停留时,铁路应即知照托运人,询问关于该项货物之处置方法,分别按照下列办法办理。

一　如托运人请求一俟交通恢复继续运输时,必须铁路认为在最短期内运输确有恢复之可能,方可照办。

二　如托运人请求将货物运回原起运站时,铁路应予免费运回,并退还其已收之全部运费。

三　如托运人请求将货物改运某站(非原起运站)时,铁路应将由原起运站至原到达站之运费与原起运站至新达站之运费比算差额,分别补收或退还。

四　如托运人请求将货物卸于该中途站时,铁路应退还其未运路程之运费。

凡在中途站停留或改运时所需各项杂费,概不征收。惟第四项之请求,经铁路承认后及第一、第二、第三各项请求经铁路将货物运抵各该到达站后,所有杂费均应照章核收。

第六章　货物之捏报、私运及整车货物之逾重、逾量

第五六条　货物之捏报。凡铁路运输之货物,各货商有捏报情事,应按照下列各项规定分别补费及处罚,概自原起运站至原到达站计算之。

一　倘查有高等货物捏报低等者,其全批货物运费应照该高等货物之运价计算补收,并照补收之数,加十倍处罚。

二　倘查有爆炸品或其他危险品捏报为普通货物者,其运费应照该爆炸品或危险品之运价计算补收,并照补收之数加十五倍处罚。此项捏报物品在路上运输时察出者,除补收运费及罚金外,铁路可将其货由车上卸下,改装别车,其装卸各费应由托运人担任。倘有损坏其他货商之货物或铁路上之财产等情,该托运人应担任一切损失赔偿。

三　倘查有混合报运之整车货物超过十种以上者,其运费应照其中最高等货物之不满整车运价计算补收,并照补收之数,加倍处罚。

四　倘查有混合报运之整车货物超过十种以上,同时并有捏报等级,或以爆炸品、危险品捏报普通货物情事,除照捏报之高等货物或爆炸品、危险品按不满整车运价计算补收,并照补收之数加倍处罚外,再照补收加罚之总数,分别加十倍或十五倍处罚。

第五七条　货物之私运。倘查有私运货物者,如系普通货物,应照所定之运价核收运费,并照所收之数十倍处罚。如系爆炸品或危险品或毒性品,应照所定之运价核收运费,并照所收之数十五倍处罚。如系漏税物品,除应照所定之运价核收运费外,并应将关系人连同货物一并送交当地主管官厅究办。如系违禁品,除应将关系人连同货物一并送交当地主管官厅究办外,得免予追补运费。

第五八条　整车货物之逾重。凡整车货物之重量,应以车辆载重量为限,倘有超过情事,应照下列各项分别处理。

一　凡整车货物重量在起运站或铁路第一次过磅发现超过车辆载重量在百分之二或以内者,如为铁路所装载,其逾重部份应按整车运价以每百公斤为单位(不足百公斤亦照百公斤计)计算运费;如为货商所装载,其逾重部份应按照整车运价以每百公斤为单位(不足百公斤亦照百公斤计)加倍计算运费,免予卸车。倘超过百分之二时,应即将所有逾重部分卸下。

二　凡在中途站查出整车货物重量超过起运站或铁路第一次过磅所磅重量在百分之二或以内者,免予计费。倘超过百分之二,如为铁路所装载,其逾重部分应按整车运价以每百公斤为单位(不足百公斤亦照百公斤计)补算运费;如为货商所装载,其逾重部份应按整车运价以每百公斤为单位(不足百公斤亦照百公斤计)加倍补算运费。倘超过车辆载重量百分之五时,所有逾重部分均应卸下,另按不满整车货物运送,并将其超过起运站或铁路第一次过磅所磅重量之部分,如为铁路所装者,按不满整车运价补算运费;如为货商所装者,按不满整车运价加倍计算。

三　凡在到达站查出整车货物重量超过起运站或铁路第一次过磅所磅重量而在百分之二或以内者,免予计费。倘超过百分之二而未在百分之五或以内者,如为铁路所装载,所有超过部分应按整车运价以每百公斤为单位(不足百公斤亦照百公斤计)补算运费;如为货商所装载者,其逾重部分应按整车运价以每百公斤为单位(不足百公斤亦照百公斤计)加倍补算运费。倘超过百分之五时,其超过起运站或铁路第一次过磅所磅重量,如为铁路所装载者,应按不满整车运价补算运费;如为货商所装者,应按不满整车运价加倍计算。

凡逾重货物之运费,概自起运站至到达站计算核收。

凡托运人自行装车,因装运逾重致车辆损坏者,所有修理各费,概归托运人担付。

第五九条　整车货物之逾量。凡用敞车装载之整车货物,以装载规为准不得逾限。倘在起运站查出超过装载规,应即将超过部分卸下。如在中途站查出,除应将超过部分卸下,另行送至到达站外,倘系商人自装者,其卸下部分并应按不满整车运价以每百公斤为单位(不足百公斤亦照百公斤)补收运费。如在到达站查出逾量,倘系商人自装者,其逾量部分应按不满整车运价以每百公斤为单位(不足百公斤亦照百公斤计)补收运费;如系铁路所装者,无论在中途站或到达站查出,其卸下部分应先补收运费。

第七章　赔偿损失办法

第六〇条　请求赔偿手续。凡货物之全部或一部份遇有损坏或遗失(凡货物如按照应运抵到达站之时起算已过期一个月仍未运到,而铁路亦不能确定该项货物之所在时,亦作为遗失论),货商请求赔偿时,应由托运人或收货人凭"货票"或"提货单"向起运站或到达站请求之。

无论托运人或收货人在请求赔偿之前,须到场会同处理车站站长查验货物损失之情形,并由铁路在货票或提货单上注明"损坏或遗失若干件及其重量",托运人或收货人应立时或于最短期内填具铁路所备之"赔偿请求书"一份,连同有关之各项单据(如货物价格证明单据货票或提货单及货名详细单)等,一并提交该处理站长。站长接到该项请求书后,须迅速转送车务处长查核办理,并开具"赔价请求书"收据二纸,交付请求赔偿者,以为日后领取赔偿金之凭证。如不依照上述一切手续而请求赔偿者,铁路得拒绝处理之。

货物运抵到达站,如发现一部份损失,经会同铁路查验后,其未受损失部分应由收货人先行提出,并在"货票通知书联"及"货票"或"提货单"内注明领出件数,签名盖章,其"货票"或"提货单"仍归收货人持执,俟填具"赔偿请求书"时缴回铁路。但收货人不愿领出该项未受损失部分时,铁路应暂为保管,照章核收保管费。

第六一条　赔偿之处理。凡货物如有遗失或损坏,托运人或收货人请求赔偿时,铁路应自收到赔偿请求书之日起至多于一个月内,按照下列各项规定,分别处理之。

一　如于未经决定赔偿以前,铁路将遗失货物查出,并将该货物完整送交请求赔偿者或其代表人收纳,则铁路认为解脱赔偿之责。

二　如货物有遗失或损坏，铁路亦得斟酌情形，将品质相同之货物抵偿已遗失或损坏之货物。

三　货物如有遗失或损坏，应由铁路赔偿时，其赔偿价格之限制以该项货物在起运站托运时之同样货物普通市价为标准，其已缴之运费及杂费一并退还，惟该项市价不得超过托运单内填明之数目。凡在托运单内虽经填明价值，然其实价仍须由请求赔偿者证明之。至铁路对于货物之一部份之损失，则照该损失部份对于全部货物之比例数赔偿货价，并退还运费及杂费。核准之赔款，如无法通知赔偿声请人，铁路将"原货物赔偿声请书"所记载之事项及核准赔款之款额等项，在起运站及到达站布告一月，如逾期仍无人领取，应自核准赔偿之日起代为保管一年，一年之内赔偿声请人得随时凭赔偿声请书收据领取之。如逾期不领，即归铁路所有。

第六二条　赔款后查出已失货物之处理。铁路在已付赔款以后，如将遗失货物查出，须即通知请求赔偿人，可将铁路已付之赔款退还，领取货物。如发出此项通知后，逾一个月尚无人领取，则该项货物当由铁路自决处理之。

如因地址不明无法通知时，铁路应将查出货物情形在起运站及到达站布告一个月，如逾期仍无人领取，铁路得将该项货物自决处理之。

第六三条　请求赔偿权之消除。货物之损失赔偿请求权，除特别规定者外，概自发现损失之日起算经过六个月，即行消除。

第八章　提货单之发行

第六四条　提货单之性质及效用。铁路所发行之"提货单"为有价证券，与现货有同等之价值，可作押借或买卖之用。故对于提领货物之人，不问其是否提货单上所载之收货人，只须在提货单有效期内持有提货单，并在该提货单之背面经由原托运人或由原托运人所签让之人正式签让者，即有提领货物之权。但由原托运人签让时，并应在提货单背面押盖与原托运单及货票通知书上同一之印章。

第六五条　发行提货单之限制。凡铁路运输之货物，货商均可请求发给"提货单"。但下列各种货物，不在此例：

一　铁路不负责运输之货物；

二　容易损坏、腐化之货物；

三　价值低廉，不足以抵偿运费之货物；

四　在专用岔道内卸车之货物；

五　铁路代收货价之货物。

第六六条　提货单有效期间。铁路所发行之提货单，其有效期间自发行之日起算以六个月为限，过期作废（例如二月二日所发之提货单至八月一日下午十二时满期，过十二时即行作废）。

第六七条　提货单上之铁路印章。铁路所发行之提货单上，须盖有铁路局之凸印、会计、处长之官章、发行站站长及填发员之名章，始发生效力。

第六八条　提货单不得涂改。提货单内所记事项不得涂改，倘有涂改，作为无效。

第六九条　提货单内所载货物之价值。提货单内所载货物之起运时，价值系与托运人在托运单内所填报之价值相同。铁路对于托运人所填报之价值，当严厉监督，力求真确，但不负证明之责。

第七〇条　提货单之换发。凡发行提货单之货物，如托运人按照本通则第四十九条之规定请求变更时，原提货单应即作废，另发新单。

第七一条　承受提货单之查对。凡提货单押借或买卖之时，承受人应先向起运站或到达站调查，经站长在提货单附记栏签字，证明确实，方可承受。

第七二条　承受提货单后之通知。凡押得或买得铁路所发行之提货单时，承受人须即备函（或用电话），将提货单号数、发行日期、货名、起运站、本人通讯处及电话号数等项通知到达站，以便遇事接洽。

第七三条　提货单遗失之声明。凡提领货物必须将提货单交出，如将提货单遗失时，须立即取具殷实铺保，至货物所在站填写"提货单遗失声明书"，交与站长，由站长发给"提货单遗失声明书收据"，同时，并应登报或以其他方法声明证号提货单遗失作废。但在声明遗失提货单之前，货物被持有该提货单之人领取者，铁路概不负责，并对于提货单遗失之声明，亦不予接受。

第七四条　提货单遗失后提货方法。提货单经声明遗失后，声明人得任择下列三项之一，办理之。

一　银行或商号保证提货。如提货单遗失而急欲提领货物者，除须照本章第七十三条所开通知车站声明遗失外，可以铁路认可银行或殷实商号之"银行或商号保证状"提货，其保证款额应为提货单上所开货物价值运费及杂费之共计额，另加三成之总数。被保证人并须出具"银行或商号保证状提货请求书"，连同银行或商号保证状，交与货物所在站站长，由站长发给"银行或商号保证状收据"，先行提领货物。该项银行或商号保证状，自提货单发行之日起算经过六个月而无缪辘者，被保证人始得将站长所发之银行或商号保证状收据交还提货站撤回之。在保证期内，如有人持该号提货单向铁路提领货物者，铁路应即一面据情查究，一面通知被保证人立即来站，会同与持单人交涉，俟缪辘清楚后，须将提货单连同站长所发之银行或商号保证状收据一并交还，始得撤回保证状或提领保证状内所保之款额。倘铁路通知发出后，经过十日，被保证人置之不理，或竟无法通知者，如持单人有相当理由，铁路得以该保证状向保证银行或商号提取状内所承保款项之总额，交付持单人，以为原货之代价。惟持单人须取具殷实铺保，并在交还之提货单上注明"收到原货代价

国币　元　角　分"，签名盖章，经站长查核认可后，始得领款。

二　押款提货。如提货单遗失而急欲提领货物者，除须照本章第七十三条所开通知车站声明遗失外，亦可以押款提货。其押款之数目应照提货单上所开货物价值运费及杂费之共计额，另加三成之总数，一律缴纳，现款并具"押款提货请求书"，交与货物所在站站长，由站长发给"提货押款收据"，先行提领货物。该项押款自提货单发行之日起算满六个月而无缪轕者，押款人始得将站长所发之提货押款收据交还提货站提回之，但不给予利息。

在押款期内如有人持该号提货单向铁路提领货物者，铁路应即一面据情查究，一面通知押款人立即来站，会同持单人交涉，俟缪轕清楚后，须将提货单连同站长所发之提货押款收据，一并交还，始得提领押款。倘铁路通知发出后经过十日押款人仍置之不理，或竟无法通知者，如持单人有相当理由，铁路得将押款之全额交付持单人，以为原货之代价。惟持单人须取具殷实铺保，并在交还之提货单上注明"收到原货代价国币　元　角　分"，签名盖章，经站长查核认可后，始得领款。

三　到期提货。凡业经声明遗失提货单之货物，自提货单发行之日起算，经过六个月有效期间而无缪轕者，声明人得于期满后十日之内，取具殷实铺保，填写"到期提货请求书"，连同提货单遗失声明书收据，一并交还与货物所在站站长，领取之。

如声明人不于所定期满后十日内之限期提领货物，铁路得将该项货物变价、拍卖。拍卖后如有余款，原声明人除按照本通则第四十八条之规定办理外，并须将提货单遗失声明书收据交还，始得领取。

自声明人向铁路声明遗失提货单之日起至提货单有效期满之日止，有人持该号提货单向铁路提领货物者，或货物业经铁路照章拍卖而有余款，声明人尚未具领以前，有人持过期废单前来领款者，铁路应即一面据情查究，一面通知声明人立即来站，会同持单人交涉，俟缪轕清楚后，须将提货单或过期废单及提货单遗失声明书收据，一并交还，始得提领货物或余款。倘铁路通知发出后经过十日，声明人仍置之不理，或竟无法通知者，如持单人有相当理由，铁路得将货物或余款交付持单人，但持单人须取具殷实铺保，并在交还之提货单上签收并盖章。

第九章　代收货价

第七五条　代收货价货物之限制。凡铁路运输之货物，货商均可托由铁路代收货价，但下列各种货物，不在此例：

一　铁路不负责运输之货物；

二　容易损坏、腐化者；

三　价值低廉，不足以抵价运费者；

四　每一货票货物价值超过一千元以上者(运费、杂费不包括在内)；

五　记账运输、存付运输、保付运输暨发行提货单者。

第七六条　代收货价手续费。铁路代收货价，应按照代收款额百分之一核收手续费。但每一货票货物之手续费，起码应为二角五分，托运人应在领取代收货价货票时缴付，由铁路填发车站杂项进款收据。倘收货人拒绝领货，此项手续费概不退还。

第七七条　代收货价之请托，凡货商欲托铁路代收货价，须在"托运单"上"特约事项"栏内填"请代收货价"等字暨货价之银数，并在数字上加盖托运人之印章，铁路即根据此数填在"代收货价货票"内。凡托运人填注银数时，必须用墨笔写国文大写数字，如壹、贰、叁、肆、伍等，不得涂改，托收之货价应以国币为本位。

第七八条　货价之限制。托运人所填报之代收货价，应以不超过"托运单"上"起运时价值"栏内银数为限。但如运费、杂费等由托运人在起运站付讫者，而欲铁路向收货人代为收回时，得将此项费用加入代收货价银数内。

第七九条　代收货价货票之发给。代收货价之货物，一经承运，每一"托运单"除填发"代收货价货票"，由托运人寄交收货人用以付款提货外，并发给"代收货价领款凭证"，应由托运人保存，用以领取货款。托运人对于已经起票之货物，不得请求将代收货价数目增加或减少。

第八〇条　代收货价货票不得押借或涂改。"代收货价货票"及"代收货价领款凭证"不得押借或买卖，其内所记事项不得涂改。倘有涂改，作为无效。

第八一条　收货人付款提货。收货人接得托运人寄到之"代收货价货票"，应即带同该货票付款提货。

第八二条　货价之领取。铁路交付代收货价，由原起运站办理之。托运人接到原起运站通知领取货价时，应即在铁路所发之"代收货价领款凭证"上押盖与原"托运单"上同一之印章，持往该站，领取代收之货价。

第八三条　"代收货价领款凭证"遗失之处理。"代收货价领款凭证"如有遗失，须即由托运人填具"代收货价领款凭证遗失声明书"，通知起运站，由该站给以"代收货价领款凭证遗失声明书收据"，同时，托运人须登报或用其他方法声明遗失之"代收货价领款凭证"作废。经过十日后，如无镵辖，方得取具殷实铺保，向该站领取货价。

第八四条　"代收货价货票"遗失之处理。"代收货价货票"如有遗失，应依照本通则第四十六条所规定取保领物办法处理之。

第十章　附则

第八五条　本通则定于中华民国二十四年十月一日起施行。

第八六条　本通则自公布施行之日起，所有从前货车运输通则、货车负责运输通则、货车负责运输提货单章程、铁路代收货价章程,概行作废。

第八七条　本通则如有未尽事宜,得由铁道部随时修正之。

●●铁路负责火险办法民国二十五年(1936年)五月十二日铁道部训令,同年(1936年)七月一日起实行。

一　各路对货物火灾损失,除货物运输通则第七条所规定铁路不负责运输之货物及第八条所规定铁路不负责任之损失原因中第(一)、(七)、(十)、(十一)及(十二)各项外,无论在运输途中或保管期内,应一律负责。

二　货物在运输途中之火灾损失,应由各路自行负责赔偿,但亦得酌量情形,向保险公司投保火险,惟不向货商收取保险费。

三　货物在仓库及货场内保管期中之火灾损失,应由各路向保险公司投保火险,但不向货商收取保险费。

四　各路投保火险,应以国营或华商经营之保险公司为限。

五　本办法施行后,各路原订保险合同有与本办法抵触者,应即废止,向货商收取保险费之办法,同时亦应取消。

●●中华民国铁路列车及车辆统计暂行规则民国二十五年(1936年)六月十三日铁道部公布,同年(1936年)十月五日修正。

第一条　为考核各路列车行驶及车辆运用效率起见,特定本统计规则。

第二条　本规则所用各种统计名词、单位及其解释,如下:

　一　列车统计

　　1　"列车"——凡机车一辆拖带任何车辆一辆或数辆者,为"列车"。如遇山路崎岖,将列车分为数节,每节另用一机车拖带者,每节应作一列车计算。

　　2　"旅客列车"——凡机车一辆拖带客车一辆或数辆者,为"旅客列车"。如旅客列车上挂有路务车辆或挂有装载行李、包裹邮件及其他旅客杂项运输之货车者,仍作为旅客列车。如例行旅客列车上挂有货车,作为载运旅客之用者,亦作为旅客列车。凡自动客车一辆或数辆自动行驶者,亦作为旅客列车。

　　3　"货物列车"——凡机车一辆拖带货车一辆或数辆者,为"货物列车"。如货物列车拖带空客车,并不载运旅客者,或拖带巡查车或其路务车辆者,仍作为货物列车。如货物列事专为载运军队或旅客之用,亦作为货物列车。

4　"混合列车"——凡机车一辆拖带客车一辆或数辆,并货车一辆或数辆者,为"混合列车"。如混合列车上挂有路务车辆,仍作为混合列车。

5　"路务列车"——凡机车一辆拖带客车一辆或数辆,或货车一辆或数辆,或客车一辆或数辆,并货车一辆或数辆,或守车一辆,纯为运载路局员工或本外路材料,或因意外情事廓清轨道者,为"路务列车"。

6　"列车公里"——上述各种列车所行驶之公里,为列车公里。旅客列车所行驶之公里为旅客列车公里,货物列车所行驶之公里为货物列车公里;混合列车所行驶之公里为混合列车公里,混合列车公里应按该列车所有客车公里与所有货车公里之比例,分配为旅客及货物列车公里;路务列车所行驶之公里为路务列车公里,凡铺设路轨、分配枕木、铁轨、石碴及其他材料所用之路务列车,其确实公里应自开车处起算至距工程地点最近之车站为止,自此车站起至工程地点所行里程应以每小时十公里计算,至确实里程可以照算时为止。

7　"列车行驶钟点"——凡上述各种列车自开行站开行之时分起,至到达站到达之时分止,其间所经之钟点为"列车行驶钟点"。旅客列车所行驶之钟点,为旅客列车行驶钟点,其他列车类推。混合列车行驶钟点,应按混合列车公里之分配方法分配之。

8　"每列车钟点之列车公里"——以列车钟点除列车公里所得之数,为"每列车钟点之列车公里",亦即每列车之平均速度。

9　"延人公里总数"——所有旅客人数(包括军队等)与其所经行公里相乘之积,为"延人公里总数"。

10　"每列车公里之客车公里"——以旅客列车公里除客车公里所得之数,为"每列车公里之客车公里",亦即每旅客列车之平均客车辆数。

11　"每列车公里之客座公里"——以旅客列车公里除客座公里所得之数为"每列车公里之客座公里",亦即每旅客列车之平均客座。

12　"每列车公里之延人公里"——以旅客列车公里除延人公里所得之数,为"每列车公里之延人公里",亦即每旅客列车之平均旅客人数。

13　"每列车钟点之延人公里"——以旅客列车行驶钟点除延人公里所得之数,为"每列车钟点之延人公里"。

14　"列车载重吨公里"——就货车言,为车辆重量(空车为车皮重量,重车为车皮重量与所载货物重量相加之和)与车辆所行公里相乘之积;就列车言,为全列车所挂车辆吨公里相加之和。

15　"机车拖运吨公里"——凡机车规定所能拖运吨数与机车所行公里相乘之积,为"机车拖运吨公里"。

16　"列车载重占机车拖运百分数"——以机车拖运吨公里除列车载重吨公里,再乘以一百所得之数,为"列车载重占机车拖运百分数"。

17　"货物吨公里"——所有货物吨数与其所经行公里相乘之积,为"货物吨公里",亦即货物延吨公里总数。

18　"每列车公里之列车载重吨公里"——以货物列车公里除货物列车载重吨公里所得之数,为"每货物列车公里之列车载重吨公里",亦即每货物列车之平均载重总吨数。

19　"每列车公里之货车公里"——以货物列车公里除货车公里所得之数,为"每列车公里之货车公里",亦即每货物列车之平均货车辆数。

20　"每列车公里之货车吨公里"——以货物列车公里除货车吨公里所得之数,为"每列车公里之货车吨公里",亦即每货物列车之平均货车容量吨数。

21　"每列车公里之货物吨公里"——以货物列车公里除货物吨公里所得数,为"每列车公里之货物吨公里",亦即每货物列车之平均货物净重吨数。

22　"每列车钟点之列车载重吨公里"——以货物列车钟点除货物列车载重吨公里所得之数,为"每列车钟点之列车载重吨公里"。

23　"每列车钟点之货物吨公里"——以货物列车钟点除货物吨公里所得之数,为"每列车钟点之货物吨公里"。

二　客车统计

1　"客车"——客车即载运旅客之各种客车、卧车、饭车及行李车、邮政车、暖汽车、发电车、旅客列车用车、长车(即守车)及自动客车。凡为路务用之巡查车、发薪车、医药车、特制验重车、特制发料车、救援车、起重车及自动车等,均作为路用特种车辆,可勿庸按照本规则计算各项统计。

2　"客车辆数"——即全路所有客车之辆数。

3　"客车座位"——即全路所有客车座位相加之和。

4　"客车公里"——凡客车所行之公里为"客车公里",如客车挂于货物列车,其所行公里仍作为客车公里。行李、邮政、暖汽、发电及旅客列车用车、长车等所行公里,应作客车公里计算,惟不计客座公里。

5　"客座公里"——凡客车座位与客车所行之公里相乘之积,为"客座公里"。

6　"延人公里占客座公里百分数"——以客座公里除延人公里,再乘以一百所得之数,为"延人公里占客座公里百分数"。

7　"每客车每日之客车公里"——以每日客车辆数除每日客车公里所得之数,为"每客车每日之客车公里"。

8　"每客车每日之客座公里"——以每日客车辆数除每日客座公里所得之数,为"每客车每日之客车公里"。

9　"每客车每日之延人公里"——以每日客车辆数除每日延人公里所得之数,为"每
　　客车每日之延人公里"。

10　"每客车座位每日之延人公里"——以每日所有客车座位除每日延人公里所得之
　　数,为"每客车座位每日之延人公里"。

三　货车统计

1　货车即装载货物之各种货车及货物列车用车、长车(即守车)。

2　"货车辆数"——即本路及外路货车在本路运用者之辆数。本路及外路在本路之
　　货车正在修理及待修者暨过轨外路者不计。

3　"货车吨数"——即上述各运用之货车载重吨数相加之和。

4　"货车公里"——凡货车所行公里为"货车公里",如货车挂于货物列车为载运军队
　　或旅客之用或挂于旅客列车者,其所行公里概作货车公里。

5　"货车吨公里"——凡货车载重吨数与所行公里相乘之积,为"货车吨公里"。

6　"空货车吨公里占共计货车吨公里百分数"——以空、重货车吨公里合计数除空货
　　车吨公里,再以一百乘之所得之数,为"空货车吨公里占共计货车吨公里百分数"。

7　"货物吨公里占重货车吨公里百分数"——以重货车吨公里除货物吨公里,再以一
　　百乘之所得之数,为"货物吨公里占重货车吨公里百分数"。

8　"每货车每日之货车公里"——以每日所有货车辆数除每日货车公里所得之数,为
　　"每货车每日之货车公里",亦即每货车每日之平均速度。

9　"每货车每日之货车吨公里"——以每日所有货车辆数除每日货车吨公里所得之
　　数,为"每货车每日之货车吨公里"。

10　"每货车每日之货物吨公里"——以每日所有货车辆数除每日货物吨公里所得之
　　数,为"每货车每日之货物吨公里"。

11　"每货车吨每日之货物吨公里"——以每日所有货车吨数除每日货物吨公里所得
　　之数,为"每货车吨每日之货物吨公里"。

12　"挂出车辆"——凡在站停留挂出及由本站中转他站及由本站过轨他路之货车,
　　为"挂出车辆"。

13　"停站时间"——凡在站停留及由站中转及由站过轨之货车,自到站之时起至挂
　　出之时止,其间停留时间为"停站时间"。

14　"钟点"——即货车在站中转或过轨所耗之钟点。

15　"延吨时"——凡货车载重吨数与该货车在站中转或过轨钟点相乘之积,为"延吨时"。

16　"每货车平均停站钟点"——以货车挂出辆数除停站钟点所得之数,为"每货车平
　　均停站钟点"。

17 "每货车吨平均停站延吨时"——以挂出货车载重吨数除停站延吨时所得之数,为"每货车吨平均停站延吨时"。

18 "停站时间之原因(钟点)及百分数"——即货车停留各原因各所占之停留钟点及各原因钟点所占停站钟点总数之百分数。

第三条 本规则所订之报单及统计种类如下:

一 关于旅客列车者

1 旅客列车报单……(运统 1)……(车长用)

2 旅客列车统计日报……(运统 1 甲)……(处用)

3 旅客列车统计月报……(运统 1 乙)……(处用)

4 旅客列车统计……(运统 1 丙)……(部用)

5 客车统计……(运统 1 丁)……(部用)

二 关于货物列车者

1 货物列车报单……(运统 2)……(车长用)

2 货物列车统计日报……(运统 2 甲)……(处用)

3 货物列车统计月报……(运统 2 乙)……(处用)

4 货物列车统计……(运统 2 丙)……(部用)

5 货车统计……(运统 2 丁)……(部用)

三 关于货车停站者

1 货车出入日报单……(运统 3)……(站用)

2 货车停站统计月报……(运统 3 甲)……(处用)

3 货车停站统计……(运统 3 乙)……(部用)

前项各种报单统计格式及说明,依附件之规定。

第四条 各路车务处长应负责将各该路处站及车长所填各项列车及车辆报单,按照本规则所定办法格式及说明,分别妥慎填造,无论何路,不得违背此项办法,并不得将各项报单格式擅行更改,以昭划一。自本规则各项报单格式实行之日起,所有性质相同之各种报单未经本部特准填用者,应一律废止,以免重复。

第五条 各路车务处长及有关人员,应将所管各段站列车及车辆统计,互相比较,切实考核。

第六条 各路列车及车辆统计,以按列车区段分别填造为原则,路线较短而全路行车密度又大略相同之路,得不分段填造。

第七条 凡行车统计采用分段填造者,列车车长对于列车经行各列车区段,须各填造报单一份。例如一列车由甲段某站开至乙段某站,则应对于起运站之甲段及到达站之乙段分别各填一份。如该列车行经数段路程,则沿路经过各段均应分别各填一份,如该列车起讫地点同在一列车区段,则仅填一份。

第八条　各列车车长应将旅客或货物列车报单交由各列车区段之最后车站,寄呈车务处。

第九条　站长对于每日各车长交到之旅客及货物列车报单,应于翌日第一次列车汇寄车务处。

第一〇条　车务处每日根据各站所寄到之旅客及货物列车报单,详加审核后,编具旅客及货物列车统计日报。

第一一条　车务处每月根据旅客及货物列车统计日报,填造旅客及货物列车统计月报,至迟于每月后二十日内寄呈本部,并抄送各车务段段长及有关各处。

第一二条　本部秘书厅统计室每月根据各路旅客列车统计月报,编造旅客列车统计及客车统计,根据各路货物列车统计月报,统造货物列车统计及货车统计,并于年终编制统计年报。

第一三条　站长应负责查明货车出入日报单填报之确实,经签名盖章后,即寄呈车务处。

第一四条　车务处根据各站所报之货车出入日报单,编造货车停站统计月报,至迟应于每月后二十日内寄呈本部。

第一五条　本部秘书厅统计室,每月根据各路货车停站统计月报,编造货车停站统计,并于年终编制统计年报。

第一六条　本规则自中华民国二十五年七月一日施行。

●●中华民国铁路列车及车辆调度通则 民国二十五年(1936年)五月七日铁道部公布,同年(1936年)六月二十三日修正第七十八条。

要　目

第一章　总则

第一条　各路关于列车调度车辆、支配车辆、登记等事宜,概按本通则办理之。

第二条　各路如有特殊情形,得酌订附则,但不得与本通则抵触,并须呈部核准。

第三条　各路应在运输课设立调度所,秉承车务处长、副处长暨运输课长之命,办理本通则有关各项事务。

路线较长之路,得斟酌情形,将全线分为若干区,各设调度分所,其邻近总局之分所应由调度所兼管之。

调度所及调度分所应分组办理行车配车及登记事宜,其事务较简之路,得合并办理之。

第四条　调度所设主任调度员、副主任调度员、调度员、副调度员、课员、事务员、司事等职,除主任调度员规定一人外,其他人员各路得依事务繁简酌量规定之。

调度分所设副主任调度员一人及调度员等各若干人。

各路得斟酌情形,由机务处指派机务调度员驻调度所及调度分所办理机务调度事宜,并受主任调度员及副主任调度员之节制。

第五条　调度所,应根据下列二项,预定本年各月运输计划。

一　根据过去运输统计及未来运输需要,预计本年各月、各区段间应有之客货列车次数及运输能力。

二　根据机车车辆、轨道、桥梁及其他有关行车设备等情形,预计本年各月、各区间能有之客货列车次数及运输能力。

第六条　调度所及调度分所,应依照下列各原则,办理各项事务。

一　列车行驶之安全、迅速与准确;

二　支配车辆之经济与公允;

三　列车编组之适当;

四　机车牵引力之充分利用;

五　车辆登记之详实。

第七条　调度所及调度分所之职掌如下:

一　关于全路行车时刻之订定事宜;

二　关于各站处理行车之指挥及考核事宜;

三　关于临时列车之开行及例行列车之停驶事宜;

四　关于行车事变发生时之处理事宜;

五　关于车辆支配之执行事宜;

六　关于车辆运用效能及支配方法之研究事宜;

七　关于篷布、绳索等货车附属品之管理运用及分配事宜;

八　关于列车之编组事宜;

九　关于机车之调度及支配事宜;

一〇　关于充分利用机车牵引力之研究及计划事宜;

一一　关于车辆状况之登记事宜;

一二　关于货车在站停留时间及中转时间之督察事宜；

一三　关于有关各种报单之审核及填报事宜。

第八条　各车务段长,对于该管段内各站办理行车、配车等人员,应随时切实督察有无违背本通则暨调度所及调度分所所发函电各规定。

第九条　各站及列车人员,应遵行调度所及调度分所所发一切关于调度事宜之命令。

各站报告调度所或调度分所各事项,应简明、确实。各站间关于调度事宜遇有争执时,应即请示调度所或调度分所决定之。

第一〇条　各站及列车人员,对于各项调度事宜,虽在调度所或调度分所督率之下,仍应遵照各项规章与本通则办理,不得因有调度所或调度分所借辞诿卸责任,如有意见,应尽量陈述,以资核夺。

第一一条　各车务段长对于各该段内调度事务如有意见,应随时与调度所或调度分所接洽办理。

第一二条　各站及列车人员办理各项调度事宜遇有不当时,应受调度所或调度分所随时之纠正,其情节重大者,调度所或调度分所得呈请核办。

第一三条　调度所主任调度员、副主任调度员及调度员等,应常赴各站及随车视察关于调度各项事宜。

第二章　列车调度

第一四条　办理列车交会避让事务,应照下列规定之优先顺序。

一　联运特别快车；

二　特别快车；

三　快车；

四　普通旅客列车；

五　混合列车；

六　直达零担货物列车；

七　联运货物列车；

八　特种货物列车(装有牲畜及易腐等物品)；

九　普通货物列车。

注　救援列车、公务列车、军运列车,得随时斟酌缓急,决定其优先之顺序。

第一五条　调度所及调度分所得因时制宜,酌量变更前条所列之顺序,各站长及其他人员均应遵照办理。

第一六条　遇有列车因故不能在原定地点交会避让时,调度所或调度分所应妥筹变更办法,必要时,并应预先通知关系各站。但站长亦应预先计划,随时向调度所或调度分所询问请示。

第一七条 加开旅客或军运列车或停驶规定之旅客列车,调度所或调度分所须先奉车务处长、副处长、运输课长之命,始得办理。但遇必要时,得先行办理,再行呈报备案。

第一八条 加开临时货物列车或停驶例行货物列车,调度所或调度分所得斟酌情形办理之。

第一九条 工机等处如欲使货物列车在两站间或中途小站装卸材料,须先与调度所或调度分所商洽办理。

第二〇条 工机等处如欲开行公务列车,应先商准车务处。

第二一条 各项列车之加开与停驶,调度所或调度分所应先用电报通知有关各处及各段、站。

第二二条 各项客、货列车,非经调度所或调度分所之准许,不得扣留。

第二三条 货物列车遇必要时,调度所或调度分所得酌令提早开行,各站亦得请准提早开行。

第二四条 调度所或调度分所,得将各项列车酌量照下列规定行驶之。

一 使两列车在指定区段内合并行驶;

二 使列车(旅客列车、混合列车除外)中途停驶或变更车次行驶;

三 使列车在指定区段内分割行驶。

第二五条 列车到达与开行时,站长应随时将下列各项报告调度所或调度分所。

一 列车车次;

二 列车到开或通过之实在时刻;

三 列车到开或通过迟早之时刻及其原因。

第二六条 调度所或调度分所接到前条报告,应在列车运行图(运行1甲)或列车运行表(运行1乙)上分别记载。

第二七条 各站遇有行车事变,除照行车通则及各该路附则办理外,并应立将详细情形报告调度所或调度分所,该站站长本人或派胜任人员守候电话,以便随时询问。

第二八条 如列车在两站间发生事变,车长除照章办理外,如车上携有电话机,应将详细情形立即报告调度所或调度分所,并应由该车长或派胜任之人守候电话。

第二九条 凡遇行车事变,调度所或调度分所接到报告后,应审度情形,从速筹备救援事宜,并酌量扣留其他有关列车于相当地点或停止驶行,俟路线清理或修复后,应立即设法恢复行车原状。

调度所应将事变及处理情形,报告车务处及运输课。

第三〇条 遇有大雾或大雪至行车发生困难时,站长应即报告调度所或调度分所。

第三一条 调度所调度分所及各站均应备置行车命令记录簿(运行2),除寻常事务外,双方均应详细登记。

第三二条 调度所每日应编造行车概况日报(运行3),呈送车务处及运输课。

第三章　车辆支配

第三三条　各站站长应于每日十八时根据客车出入登记簿（运登 1），填造车辆状况日报（运配 1）之客车部份，报告调度所或调度分所，登记于客单状况日报（运配 2）内。

第三四条　调度所应择定相当主要站为备用客车停留站，酌将备用车辆分本各停留站备用。

第三五条　遇有旅客请求加挂客车或包车或开行专车时，各站除照章办理外，应即报告调度所或调度分所筹备。

第三六条　车务段长应随时查察旅客情形，如旅客及混合列车所挂车数有增减必要时，并应通知调度所或调度分所办理。临时遇有旅客过多，段长或站长应立即通知调度所或调度分所，以便酌挂相当客车。

第三七条　各次旅客及混合列车所挂客车，遇有损坏或其他原因，必须摘下时，站长应即报告调度所或调度分所，指定备用车替换或补充之。

第三八条　各站之备用客车及列车上所挂客车，非经调度所或调度分所许可，不得随意挂送或摘下。

第三九条　临时加挂之客车用毕后，除短时间可利用外，调度所或调度分所应即饬送停留站。

第四〇条　各站站长应于每日十八时根据货车出入日报单（运登 2），填造车辆状况日报（运配 1）之货车部份，报告调度所或调度分所，登记于货车状况日报（运配 3）内。

各机厂所在站站长，并应根据客货车出入厂登记簿（运登 3），另行填造车辆状况日报，报告调度所或调度分所。

各联轨站站长，并应于每日十八时根据货车过轨登记簿（运登 4），填造货车过轨日报（运配 4），报告调度所或调度分所，登记于货车过轨总日报（运配 5）内。

第四一条　每日十八时，中途行驶列车（未到达终点站者）所挂之客货车辆及附属品，应由调度所或调度分所查明，分别填入客车状况日报及货车状况日报内。

第四二条　各站应于每日十八时，将所需要之货车及附属品填入站用之货车请求及支配表（运配 6）之各相当栏内，报告调度所或调度分所，登记于所用之货车请求及支配表内。

第四三条　调度所收到各站货车状况及请求车辆等报告应参照各站货车供求情形通盘筹划妥为分配。

第四四条　凡设有调度分所各路调度分所收到各站报告，应即汇报调度所。

调度所收到各分所报告，应即审核各分所管辖区内货车供求情形，酌盈补亏配给各分所。调度分所应将调度所所配给之车辆，按照该管区内各站货车供求情形，酌盈补亏配给各站。

第四五条　调度所或调度分所于货车支配后遇有必要时,仍得随时变更之。

第四六条　各站收到调度所或调度分所配给之货车,应照货物运输通则、细则及各该路附则之规定分配之。但装运上行或下行或至某路之货物,得由调度所或调度分所于配车时指定之。

第四七条　各路应按货运及行车情形,指定若干主要站为空车停留站,以便空闲货车之集散。调度所或调度分所应随时注意各站卸空后之货车,如无相当用途,宜使之集中空车停留站。

第四八条　各站遇有重车卸空后无货可装,又未接到支配命令时,应即报告调度所或调度分所,如临时有货托运,拟利用卸空之重车时,应即请求调度所或调度分所配给,经许可后,方可使用。

第四九条　调度所或调度分所应按各站零担货物情形,规定附挂零担车之车次及应挂车数。

第五○条　各站需用整车、零担车或合装零担车时,应照本通则第四十二条所规定请求之。所请货车经调度所或调度分所配给后,必须装运该项零担货物,不得移作他用。

第五一条　调度所每日应编造配车状况日报(运配7),呈送车务处及运输课。

第五二条　本通则第三十三、第四十、第四十一及第四十二各条内关于报告时间之规定,各路得酌量情形,改订列入各该路附则内。

第四章　列车编组

第五三条　各路应就各站行车设备及客货运需要情形,规定全线若干站为列车编组站。

第五四条　调度所或调度分所对于列车编组站编组列车,应随时查核督察,遇必要时,并应指定编组方法。

第五五条　旅客列车及混合列车,其同一车次各组所需客车之种类及辆数,应以一律为原则。

第五六条　旅客列车及混合列车之始发站,于每次列车开行前半小时,除混合列车之货车照第六十一条办理外,应将该次列车所挂客车种类、车号等顺序报告调度所或调度分所,记入列车组织单(运配8)。

第五七条　旅客列车及混合列车在中途各站摘挂客车时,该摘挂站应将所摘挂客车种类、车号及所挂客车在列车上之位置,报告调度所或调度分所,如需在中途站摘下客车时,调度所或调度分所应预先通知摘车站准备。

第五八条　货物列车及混合列车之货车编组,应由始发站或编组站参照本站待发货车与各站请求留轴货车、机车牵引数及调度所或调度分所之指示,斟酌办理之。

第五九条　各站对于待重、空车辆应先登记于待发货车支配簿(运配9)内,并将车辆种类、重空辆数、到达站及调整、重调、整长报告调度所或调度分所。

第六〇条　调度所或调度分所接到各站待发货车报告后,应即登记于待发货车支配表(运配 10)内,其中途各站之待发货车,应酌量指定在途或将开之列车挂运。

第六一条　货物列车或混合列车之始发站或编组站,于每次列车开行前半小时,应根据车号记录簿(运登 5)填就编组通知书(运配 11),分别交车长及司机,并除混合列车之客车照第五十六条办理外,应将该次列车所挂货车之吨量、种类、车号、重空、起讫站及列车上运输用之篷布、绳索顺序报告调度所或调度分所,记入列车组织单及在站货车辆数表(运登 6)内,并将该列车之调整总数同时报告调度所或调度分所。

第六二条　货物列车或混合列车在中途各站摘挂货车时,摘挂站应将所摘挂货车之吨量、种类、车号、重空及起讫站等项报告调度所或调度分所。如系临时加挂货车时,应填造编组通知书,分别交车长及司机。

第六三条　货物列车及混合列车到达终点站时,该站站长应即将所挂之货车吨量、种类、车号、重空等项报告调度所或调度分所,以便复核。

第五章　机车运用

第六四条　各次例行列车宜用何种机车,应预为规定。其不定期列车之机车,在可能范围内,亦应预定,除有特别情形外,不得任意变更,以免影响行车及配车。如有变更,应由机务段预先通知调度所或调度分所。

第六五条　各机务段每日应将牵引各次例行列车之机车及调车机车号数预为指定,并将在机车房修理洗炉及备用之机车数、日号数通知调度所或调度分所,如有变更,亦应预先通知。

第六六条　开行专车或一列车需用两机车驶行时,应由调度所或调度分所与机务段接洽办理。

第六七条　例行列车之机车,如不能准时出机车房时,应由机务段预先通知调度所或调度分所。

第六八条　机车出机车房前,如因故须减挂车辆时,应由机务段通知调度所或调度分所。机车出机车房后或牵引列车行至中途站,如因故须减挂车辆时,应由司机填具机力不足证明书(运行 4),报告站长,转报调度所或调度分所。

第六九条　调车机车之配置,应由调度所斟酌各站需要情形,秉承车务处长、运输课长之意旨,与机务处商洽规定之。

第七〇条　进机车房之机车,如需洗炉或修理时,机务段应于进房后半小时内通知调度所或调度分所,除须送厂大修者外,并应即预计洗竣或修竣时刻,一并通知。

第七一条　调度所或调度分所每日应分别填造机车牵引成绩日报(运行 5)及机车状况日报(运行 6),送呈机车务处。

第六章　车辆登记

第七二条　调度所或调度分所,对于车辆登记,应采用卡片登记制度,其各路设有车辆登记股,采用簿册登记制度者,调度所或调度分所勿庸登记。

第七三条　调度所或调度分所采用卡片登记制度者,应根据列车组织单随时将车辆到达及出发之日期时刻等项记入移动车辆登记片(运登7甲),分别站名及车次顺序排列,同时记入固定车辆登记片(运登7乙),分别种类、顺号排列,以便稽核。

第七四条　调度所或调度分所应根据移动车辆登记片及固定车辆登记片,分别考查各项车辆运行状况、各站车辆延误情形及各站存留车辆数目,以便充分利用为最经济之支配,该登记片亦应妥善保存。

第七五条　各路设车辆登记股,采用簿册登记制度者,其登记办法另行规定。

第七六条　各站对于货车登记,应备货车出入日报单(运登2),专为填报各该站一日内出入货车之用,并随时将出入总数登记于在站货车辆数表内,以资稽核。

第七七条　货车在站延误,除应由站长随时督率减少外,各该管车务段长应随时查察督促,务期货车在站停留时间减少。

第七八条　调度所或调度分所收到前项日报单,除比照规定之标准在站中转及过轨时间稽核其延误原因外,并将其在站中转及过轨平均时间记入各站货车停留时间表(运登8),以资比较。

第七九条　调度所或调度分所稽核各站货车延误,如认为原因不充足时,应填货车延误查询单(运登9),寄交该管车务段,转饬各该站查明寄回,以便查核。

第七章　附则

第八〇条　本通则定于中华民国二十五年七月一日起施行。

●●铁道部货等运价委员会组织规程 民国二十五年(1936年)二月十五日铁道部修正公布

第一条　本部为改进货等及各路客货运价起见,特设货等运价委员会。

第二条　本会以业务司司长、帮办、联运处处长、副处长、营业科科长为当然委员,并以业务司司长为主席委员,综理本会一切事务业务。帮办为副主席委员,辅助主席委员处理本会一切事务。

第三条　本会设专任委员暨兼任委员各若干人,由部长遴员委派或调派部路人员兼充,专任委员应专在本会办事。

第四条　本会暂设货等运价二组，分掌事务。

一　货等组掌下列事项：

　　一　关于货物等级之改进、增订及鉴定各事项；

　　二　关于改进货等之调查及编制表式各事项；

　　三　关于货物标本之征集各事项；

　　四　关于改进货等撰拟规章各事项；

　　五　关于改进货等一切计划事项；

　　六　关于改进货等之其他事项。

二　运价组掌下列事项：

　　一　关于各路货物运价、特价等之改进、审订各事项；

　　二　关于客运票价及客车杂项运输、包裹、行李、邮件等运价之改进、审订各事项；

　　三　关于各项杂费之改进、审订各事项；

　　四　关于改进联运运价各事项；

　　五　关于改进运价之调查及编制表式各事项；

　　六　关于改进运价、撰拟规章各事项；

　　七　关于改进运价一切计划事项；

　　八　关于改进运价之其他事项。

第五条　本会各组设主任一人，由主席委员就本会委员遴请部长派充，承主席委员及副主席委员之命，掌理本组事务。

关于本会总务事项，由业务司营业科科长兼办之。

第六条　本会视事务之需要，得设事务员若干人，由主席委员会呈请部长委派或调派部、路人员兼充，并得配用雇员。

第七条　本会遇有必要时，得随时由主席委员召集会议。开会时，以主席委员为主席，主席委员缺席时，由副主席委员代理之。

第八条　本会会议时，得商请本部有关系之各厅、司、会、处、局派员列席。

第九条　本会各委员得随时拟具议案，送由本会核定，于开会时，提出讨论之。

第一〇条　本会办事细则及会议细则，由会拟订之。

第一一条　本规程自公布日施行。

●●国营铁道记账运货章程民国二十五年（1936 年）三月五日铁道部公布

第一条　国营铁道记账运货，依本章程办理之。

第二条　运商由国营铁道常川运输大量货物，声请将运费暂行记账者，应先备具声请书，呈请路局核准，声请书格式依附表之规定。

第三条　前条声请书,经路局审查合格批准后,运商应缴纳押款及银行保单。

第四条　记账运货押款数额,以最近一年内托运货物运费最多之月全月运费为准,但不得少于一万元押款,按照银行所存利息每半年付给一次。

第五条　银行保单由运商向殷实银行取具担保,额数按照押款增加一倍,其格式依附表之规定。

第六条　会计处收到运商押款及银行保单,先分别填进收据,俟将保单查验属实,通知车务处,后方得指定日期开始记账。记账期内保户发生变动时,运商须更换保单。

第七条　记账运货期内,如查待某月运费超过原缴押款数额,由会计处与车务处会商补缴押款数目,并增加保单款额,通知该商限期遵办。倘逾期不办,应通令各站暂停该商记账,所有欠款限期清缴。

第八条　记账运商在沿线各地至少设有公司或商号一处,并指定负责人以便按期来局缴款及接洽关于记账等事项。

第九条　运商呈准记账运货后,按声请书所开起运站点,另开清单,向会计处购领记账货物托运单,每册按成本计价,嗣后,如增加起运站点,须另行呈局核准。

第一〇条　运商所领记账货物托运单,应逐张加盖公司或商号印章,分交指定车站经理人签字盖章。填用该项印章式样及各站经理人之签字盖章式样,每站二份,函送会计处,以一份存处备查,一份发交各该车站鉴别。

第一一条　记账托运单每册只限一站,经理人负责签发。各站未奉到会计处所发该商印章及经理人签字盖章式样或式样不符时,不得填发。记账货票、运商印章及其经理人签字盖章式样有变更或遗失时,运商应通知会计处查照更换,如未通知被人冒用,运商仍须负责缴纳欠费。

第一二条　记账货物托运单每号三联,第一联记账凭证,第二联车站存查,第三联运商存查。其格式分甲、乙两种,依附表之规定,各路得斟酌情形采用之。运商托运货物时,由经理人依式填注,将一、二两联交起运站填发货票,第二联存站备查,第一联送会计处,以作记账之凭证。

记账商人托运货物,应以该商本人货物为限。如代其他商人转运货物,一经查出,应即停止记账。

第一三条　记账运费,由会计处于每月十日以前,将上月份结算通知运商,于十日内向会计处清缴。倘逾期不缴,应通知车务处转饬车站,暂停该商记账。所欠运费限期追缴,逾限仍未清缴,由押款内扣抵。押款不足时,应由具保银行负责代缴欠费,须计算利息,自限满之日起至缴清之日止,每百元每日利息四分,一并缴纳。

第一四条　路局如欠运商款项未经核准发给者,不得拨抵记账运费,如借故缓交,仍按前条规定办理。

第一五条　运商歇业或停止记账,经路局查明并无欠款,得发还押款及保单,运商应同时将路局收据缴回销案。

第一六条　起运站应收之装卸、调车等费记入记账货票者,亦得照填托运单中,一并记账。但到达站应收各费,须缴现款,不得记账。

第一七条　记账运货办事细则,得由各路局斟酌情形拟订,呈部备案。

第一八条　本章程自公布日施行。

●●铁路检查毒品暂行办法民国二十五年(1936年)六月五日修正

第一条　禁烟督察处检查铁路旅客行李或货物包件夹带之毒品,以站外施行为原则。但据有密报,认为必要时,得会同铁路员警在站内或车上施行不拘地点之特别检查。

第二条　铁路员警为切实协助缉私,并防范旅客之生命危险,须注意防止列车上之旅客在行车时中途丢包及挟私跃车,如有不肖员丁携带毒品,更应立即检举。禁烟督察处因杜绝上项情弊,应派遣便衣密查随车验查,并会同铁路员警办理。但遇有特殊情况,得单独严厉执行,事后通报路警知照。

第三条　铁路负责运输之货物、行李、包裹等件,如有夹带毒品情事,经督察处得有确报,应在起运时未入站以前,或于到达站经客商提取后,在站外施行检查。如在起运时,送站以后或到达时提取以前,无论车上、站内、中途行驶,督察处遇有报告情况紧急时,应会同铁路员警严行监视,至到达站再行眼同检验,完毕后,加以"禁烟督察处验讫"字样之封条,并由眼同检验人员会同签字盖章,以昭妥慎。

第四条　督察处检查员兵及便衣密查施行检查手续,无论为特殊检查或普通检查,均以严密简捷而不致疏忽烦扰为主旨。但施行特别检查,所有拆验情形,应由检查员兵负责书面报告,加以铁路员警签字盖章证明,分呈备查。

第五条　执行检查职务,无论督察处人员或路警员工,如有包庇徇纵情事,双方均有互相监视、随时检举之责,其情节重大者,应立即严拿,解送就近有军法职权之机关,依法惩办。如事属轻微或发生嫌疑情形,得通知对方主管人员请为负责,于当事人职务终了时,扣留查明,解送法办。设因职务上双方发生纠葛,应各呈明主管机关核办。

第六条　检查事务,以禁烟督察处及所属机关之持有正式凭证人员会同铁路员警,依本办法之规定执行之。

第七条　为双方执行职务,免滋误会起见,禁烟督察处应给予缉私便衣密查以划一之凭证。其格式应通知路局,正本附以像片,以利公务而杜冒充。

第八条　在禁烟督察处未设有缉私机关或巡缉团队之处,各该地方禁烟机关或其他军警团队得有确报,须在铁路车站或车内检查烟毒品时,亦得适用本办法第一条之规定。

第九条　凡国有及商营各铁路或矿山专设之铁路,均依本办法之规定办理。

第一〇条　本办法自公布之日施行。

●●中华民国铁路客车运输通则

民国二十四年(1935年)十二月七日铁道部修正公布,二十五年(1936年)一月一日实行,二十五年(1936年)三月十六日再修正,同年(1936年)十月八日再修正。

要　目

第一章　总纲

第一条　本通则于中华民国各铁路之客车运输均适用之。

各路局得参照各本路情形,酌定附则。但不得与本通则抵触,并须呈部核准。

客车联运除另有规定外,均适用本通则之规定。本通则自实行之日起,所有从前客车运输各项规则,一概作废。

第二条　铁路概用首都天文研究所所规定各时区之时刻。

第三条　各铁路列车开到时刻,均以行车时刻表刊布之。

行车时刻,铁路应以力求准确为主,但因事故不能担保无稍迟缓。

第四条　各铁路客票价目及运费,均另列表刊布。其订定或修改,概由各该路局呈请铁道部核定实行。

第五条　铁路计算客票价及比照客票核收之各费,其尾数不及五分者,概作五分计算;五分以上一角以下者,概作一角计算。

铁路计算行李、包裹杂项客运运费及杂费之尾数,均算至分位为止。其不及一分者,概作一分计算。

第六条　凡铁路各项票价及运费、杂费等,除另有规定者外,皆须预先照付现款,所有支票、汇票、期票等,如未与路局先期接洽,概不收受。

第七条　各车站须备下列各项规章,俾便众览或揭示之。其已失效用或经修改者,应随时撤去或更正之。

一　客车运输通则;

二　行车时刻表、里程表;

三　客票价目表;

四　其他公众须知各项章程、规则。

第八条　各铁路车站均逐日办公。

客票房售票时间,大站在每次客车开行前二小时发售客票,车开前五分钟停止售票。小站在每次客车开行前一小时发售客票,车到月台后停止售票。惟终点、大站及重要各站须常开一窗,发售客票。行李房除另有通告外,均随时收发行李、包裹等项,但每次客车开车前十分钟停止办公。

第九条　旅客购买客票须于未离开票房窗口时,自行查阅所购客票之等级、站点、日期及所付款项是否相符。如有错误,立即更换,过后概不承认。

第一〇条　车站月台,除乘车旅客入月台时,须交验客票外,所有接送旅客人等入月台时,须交验月台票。至铁路执行职务人员,不在此例。

月台票分为普通月台票及定期月台票两种,一经发售,不得退换。

普通月台票每张国币五分,其有效时间以该次列车停驻之际为限,并于持票人离开月台时收回。

出站收票时,除查系无票乘车之旅客应按照第四十五条之规定办理外,其未持普通月台票或持用已失时效之普通月台票者,应加倍补票。

定期月台票票价及发行办法,得由各铁路斟酌需要情形,于附则内另定之。

第一一条　凡旅客非持有正式客票,概不得乘车,但持有特种乘车凭证者,不在此限。

第一二条　旅客误乘列车致与原购客票之路径错误时,铁路应给以相当之凭证,于最近相当之他次列车送回起程站。如系联运旅客,即送回原定路径最近之联站,概免予收费。

第一三条　凡患疫症或患传染病或患神经病者,铁路认为于该旅客之本身恐有危险或有妨害公众之卫生或安宁时,得拒绝载运。

第一四条 旅客有下列行为之一,不服路员制止者,得遣之下车,其所持客票即作为无效。如情节重大者,并送主管官署依法办理。

  一 妨害铁路运输之安全;

  二 妨害路员执行职务;

  三 妨害公众卫生或安宁;

  四 当列车行动时登车或下车;

  五 自车窗抛掷易致伤人之物品;

  六 掷弃易燃或未熄之物品于车中地板上、坐位上或车窗缝内;

  七 由车窗递取行李。

第一五条 旅客毁坏车上装置物件者,须照修配价目赔偿。

第一六条 旅客或托运人等擅自携带商货、危险品厌恶品、违禁品或隐匿于行李、包裹等件之内,交由铁路装运者,除照第六十二条之规定办理外,如因之发生损害情事,并须由该旅客或托运人等负责赔偿。

第一七条 旅客不得携犬入客车,但自包专用车辆不在此限。

第一八条 旅客因铁路事变所受伤害,如系因不可抗力或因旅客过失所致者,铁路概不负责。

第一九条 铁路员工暨客商概不准授受酬金。

第二○条 铁路员工如有越理慢客及疏忽或舞弊情事,可将详情报告车务处或路局、铁道部,以便查办。

第二一条 铁路客车承运行李、包裹、牲畜等项,按照本通则规定各条款所担负运输上之责任,以收受完毕出具铁路正式收条交给物主或寄货人为始,以运至到达车站于规定时间二十四小时内由提货人提取时为止。倘在规定时间二十四小时内提货人未经提取,则期限届满之后,铁路亦解除运输上之责任,当以栈主之地位,照各该物品之存栈办法继续照料。

第二二条 凡行李、包裹等项,由铁路存栈者,其责任之限制与铁路所负运输上责任之限制相同,其损失赔偿,亦以本通则所规定铁路运输上应负之赔偿责任为限。

第二三条 凡客车运送之行李、包裹、牲畜等项,铁路概收受代运,如有欠短运费、保管费或其他用费等款,铁路可将该项物品扣留,以待所欠各款清偿。倘于相当期内未能清付欠款,铁路可将该项物品拍卖或用其他方法变卖之,以变卖所得之款抵偿所欠款项及其他各项费用。

第二章　旅客运输

第一节　客车票价及座位

第二四条　旅客座位普通分为三等,各等客票之颜色,规定如下:

　　头等客票

　本路用红色,联运用黄色。

　　二等客票

　本路用白色,联运用绿色。

　　三等客票

　本路用蓝色,联运用棕色。

第二五条　凡孩童未满四岁者,免收票价。其已满四岁至十二岁以下者,减半核收。凡已满十二岁及十二岁以上者,照付全价。但免收票价之孩童,不得占用座位。

第二六条　客票概按列车之座位数目发售。

第二七条　旅客已购买之任何客票,不得转售他人。

第二八条　凡旅客乘坐特别快车及或卧车需用床位者,应各按情形,照第二十九及三十条之规定,另购特别快车加价票及或卧车床位票。计算特别快车加价费时,如经行两路或两路以上者,当按联运里程计算。

第二九条　特别快车加价费,规定如下:

　每经行一百公里或不满一百公里,

　头等六角;

　二等三角;

　三等一角五分。

　凡孩童已满四岁至十二岁以下者,减半核收。已满十二岁及十二岁以上者,照收全价。

第三〇条　卧车床位费,规定如下:

　头等上铺三元五角,下铺四元五角;

　二等上铺二元五角,下铺三元;

　三等上铺一元,中铺一元二角,下铺一元五角。

　凡旅客预定床位,必须先购客票及卧车票,方能照留。

　孩童欲留床位者,必须购有孩童票,方准照留,并须照付床位全费。惟孩童两人合用一床位者,得合购床位票一张。

第二节　预定座位、包房车辆及专用列车

第三一条　旅客如须预定客车座位,必须在二十四小时前,先向车务处长或段长或站长接洽,倘与运输情形尚无窒碍,可为照留。其办法如下:

一　白日旅行预定头等客车房间者,至少须购四人客票;

二　预定卧车房间留为专用,除照人数购普通客票外,尚应查照未占用之床位若干,另付客票半价,并须依照房内床位之数,另付床位费(例如房内有床四架,旅客一人预定独用,该旅客除以全价购买普通客票一张,又以半价购买普通客票三张外,应另付床位费四份。如旅客二人预定该房独用,则除以全价购买普通客票二张,又以半价购买并普通客票二张外,应另付床位费四份,其余仿此);

三　旅客所预留之座位或房间,如须缴付特别快车加价时,其占用之坐位或床位,须按全价缴付加价费,其未占用之坐位或床位,则按半价缴付。

第三二条　凡旅客人数众多,且在同一起讫站点上下车,欲定用车辆全辆者,须在四十八小时前,预向车务处或车站接洽。倘与运输情形尚无窒碍,可为照办,惟每定用一车须先缴付定洋十五元。凡定用车辆,至少应购后开客票之数。但无论定用何种车辆,每车应收票价最少以三十五元为起码。

每头等客车一辆,至少须购头等客票二十份;

每二等客车一辆,至少须购二等客票三十五份;

每三等客车一辆,至少须购三等客票五十份;

每混合车全辆,至少须按该车各等,照前定应购客票之数减半购用;

每卧车一辆,应按该车床位数,照购客票及床位票。如实在旅行人数超过以上之规定票数,仍应照实在人数核收票价。

本条所称客票,包括普通客票及定期来回回数周游票、学生团体旅行换票证等各项减价客票。

凡定用车辆附挂于特别快车者,应按客票数目加收特别快车加价费。凡已定车辆不用者,应通知取销,但在开车前二十四小时尚未通知者,概不退还定洋。

凡按本条情形定用车辆,为便利旅客起见,如经车务处长特别许可,得在中途各站及到达站停留,但须照第三十三条核收延期费。

第三三条　旅客欲定包车、花车以便旅行者,须于四十八小时前预函车务处长或车务段长接洽。倘与运输情形尚无窒碍,可为照办。惟每定用一车,须先缴付定洋十五元。

凡定用包车,　其租费如下:

一　特种包车　每公里银元三角五分,至少以五十元起码;

二　包车　每公里银元二角五分,至少以三十五元起码;

三　小号包车　每公里银元一角五分，至少以二十元起码。

除上列车租外，旅客仍照人数按头等计算票价，仆从照人数按二等计算票价。车中原有之一切设备不另收费，但附挂于特别快车者，应按客票数目照缴特别快车加价费。

凡定用包车、花车不用者，应先通知取消，但在开车前二十四小时尚未通知者，概不退还定洋。

如专用车辆欲在中途车站、到达站停留，应与车务处长特别订定，方准照办。每停留一小时或不及一小时，每车应收费银元一元，但每次停留，每车收费至少以五元为起码。

第三四条　旅客如需专开列车，至少须于需用之四十八小时前函商车务处长或车务段长，倘与运输情形尚无窒碍，可为照办。其办法如下：

甲　旅客如需专开列车，其专车费除应缴之票价与运费外，单程每公里应收银元三元，如事先声明来回，并在到达后二十四小时以内回程者，其回程每公里应收银元二元。如在到达后超过二十四小时以外回程者，其回程每公里仍应收银元三元。

乙　专开列车费，无论单程或来回，至少以银元一百元为起码。

丙　凡旅客人数头等满一百人，或二等满一百五十人，或三等满三百人者，并无论单程或来回程，里程须在五十公里以上者，除免收专车费外，并得适用团体减价办法，按普通列车票价收费。但专车由旅客指定开行及到达钟点者及团体实在人数不足上列规定人数者，均不得免收专车费价。专车乘客所持客票不同等者，应按下列折合法计算。

头等客票一张作三等客票三张，二等客票一张作三等客票二张。

如因旅客过多，寻常列车座位不敷应用而加开专车者，概不另收专车费。

丁　凡专开列车在中途停车或不照原定时刻开行，致铁路因此受有损失者，每小时或不满一小时，应收延期费银元十元。

旅客如预先函知，更改原定开行时刻，以免铁路受有损失者，准予免收延期费。

第三节　客票减价办法

第三五条　定期乘车票　定期乘车票在指定车站之间，可照寻常票价减价发售，并须依照定期乘车票发行规则办理［参阅附件（一）］。

第三六条　回数乘车票　回数乘车票在指定车站之间，可照寻常票价减价发售，并须依照回数乘车票发行规则办理［参阅附件（二）］。

第三七条　来回票　来回票在指定车站之间，可照寻常票价减价发售，并须依照来回票发行规则办理［参阅附件（三）］。

第三八条　国内周游票　国内周游票在指定车站之间，可照寻常票价减价发售，并须依照国内周游票发行规则办理（参阅附件（四））。

第三九条　团体减价票　铁路对于团体旅行,得依照下列办法发售团体减价票。

　甲　团体旅行须具备下列各条件

　　一　一家或一会一社或同一机关,其人数满二十人或二十人以上者;

　　二　一起讫站点相同者;

　　三　旅行目的相同者;

　　四　所乘车次、车位相同者。

　乙　团体票价按寻常价目照后开成数核减二十人团体单程减百分之十五,来回减百分之三十。

二十一人至四十九人团体单程减百分之二十,来回减百分之四十。

五十人以上团体单程减百分之二十五,来回减百分之五十。

但按照上列减折办法计算,无论单程或来回程;每等每客最少应收车费如下:

头等一元;

二等七角五分;

三等五角。

凡团体中有孩童,合于孩童减价之例者,计算人数时,应以两孩童作一人算。

其寻常单程或来回程票价,头等不及一元,二等不及七角五分,三等不及五角者,概不减折。

　丙　团体旅行购买团体票时,必须由团体代表签字或盖章,于四十八小时以前函致车务处或车站,转知车务处,并将下开各款列明:

　　一　代表姓名、住址、职业;

　　二　团员人数、姓名、住址;

　　三　旅行目的;

　　四　起程、回程日期;

　　五　拟乘第几次车、何等车位;

　　六　起讫站点;

　　七　团体旗上有何标识。

倘所请发售团体减价票之函件有疑义时,铁路得拒绝发售。团体旅行购买团体票后,如回程日期有更改时,必须先一日由代表知照回程起行车站站长,否则车上若无坐位,铁路不负责任。

　丁　团体票有效期间,由车务处长按照后开条件决定之。

　　一　持单程团体票者,其有效期间按时刻表内最慢客车时刻外,每路程三百公里或不满三百公里,得加一天,在此期限内须毕其行程。

　　二　凡购来回团体票者,对于回程期限须于购票时声明,但自购票之日起至回达起程站之日止,至多不得超过两个月,逾期作废,不得请求宽展。

戊　团体票行李免费重量与同等普通客票相同。

己　持团体票者,如乘特别快车及或需用卧车床位时,应照章缴纳特别快车加价费及或床位费之全价,不得核减。

庚　团体票既经发售后,若非交通梗阻不得请求退还票价。即使交通梗阻不能旅行,亦必于团体票未满期限之前请求退还票价,方能允准。

第四〇条　学生团体旅行换票证　铁路对于学生旅行,得照下列办法发给学生团体旅行换票证。

甲　凡正式学校学生团体及同行之教员,其人数满十人或十人以上,合于下列规定之一者,均得请求发给团体旅行换票证,但单程或往返之票价,均须于起站缴清。

一　同时由同站起行,乘同次同等车,赴同一站下车者,得发给单程或往返团体旅行换票证。

二　启行时经一路径回程别经一路径,仍至起站地点下车者,得发给往返团体旅行换票证。

三　假期回籍,同时,由同站启行乘同次同等车分赴各站下车而仍回至起站者;得发给往返团体旅行换票证。此项团体旅行换票证,每一下车站各给一纸,回程时,同站同证各生必须同日乘同次车遄回,其未同行者,须照章另购普通客票。

乙　团体旅行换票证单程按普通票价减百分之二十五,往返按普通票价减百分之五十。

丙　团体旅行换票证有效期间,去程与普通单程票同,回程按旅行期之长短核定。

丁　凡请求发给团体旅行换票证者,应由校长于四十八小时以前,用钤盖校印并亲自署名盖章之书函,详叙人数、车等、起讫站名、往返日期等项,送由启程路线之车务处或车站,转知车务处核办。如系假期回籍,并须于书函内填明各学生之姓名及其到达站名、假期起止日期。

戊　车务处接到请求书函时,如审核符合,应即发给团体旅行换票证,由旅行人持向起站照核减之数付款,换取客票。但书函有可疑之点,车务处得拒绝发给团体旅行换票证。

己　凡旅行学生年龄未满十二岁者,仍可照乙项核减之数,再行减收半价。

庚　学生团体乘车,除本条所定外,并应依照本通则第三十九条之规定办理。

第四节　客票之有效期间

第四一条　寻常单程票之用于一路者,其有效期间,除另有规定者外,短程者即以售票之日为限,长程者则限于原列车行毕路程为止。

联运单程客票之有效期间,应按里程计算,每三百公里或不及三百公里为一天,但至少以三天为限,概自售票之日起开始计算。在有效期间内任何一日,旅客均可乘车,惟仍应在有效期间最后一日之二十四点钟前完毕行程,但旅客如未能于售票日乘车者,于乘车时,须将客票持交起程站,另行加盖乘车日期。

旅客使用客票应按照各客票所规定有效期限日数内完全毕其行程,惟如遇有特殊原因在起站上车时,尚在有效期限内者,铁路得特准毕其行程,但以原乘列车为限。如系联运票,须在衔接站转车者,在未下车前,应向该列车查票员声明,并请求签字证明赴衔接站,改乘最近列车毕其全程,否则,概须照章补票。

第四二条 凡持联运票之旅客所经沿途各车站遇有停车车站,准其中途下车,惟下车地点若非客票所指到达之末站,则须将客票送交站长签字,以备于原客票有效期内继续行程之用。否则,客票失其效力,不能继乘车以完未毕之路程。

第四三条 定期乘车票、回数乘车票、来回票、国内周游票之有效期间,均于各该发行规则内规定(参阅附件(一)、(二)、(三)、(四))。

第五节 客票之查验及补价

第四四条 旅客客票应各自收执,俾易查验,如遇路员请求查票时,无论何时,均须将客票交出查验。如客票已使用完毕,并应在到达站或车内缴交收票人。倘旅客当查票或收票时,无论因何情由不,能将客票交出查验或交还收票人者,概照无票乘车办理。

第四五条 旅客如有下列情形之一者,应在车上补票,并加收罚款,所补票价应照寻常单程票价补收,算至该旅客指定之到达站为止。惟加收之罚款,则照应补收之寻常单程票价半数算至该次列车前方停止之站,如乘特别快车,加价费应一并计算在内,至于起程地点如有可疑之处,所补票价及加收之罚款,应照该次列车起站起算。

一 无票乘车;

二 越站乘车;

三 越等乘车。

但以上三种旅客在上车时或于越站、越等之前,先向车守或查票员声明,得免加收罚款。

四 所持客票已撕破,致票上号数日期难以辨认;

五 将游览来回票、普通来回票之来回两半张互相错用;

六 持用已失效力之客票。

铁路收取前项补费时,概给予补价票,此项补价票在查票或收票时,旅客均应交出查验或交收票人收回。倘旅客对于补票情事有不服或有所陈诉时,应将当日情形及补价票号数函向该管路局或车务处长,查明办理。如有多收补费之处,当将逾额之款退还。

铁路对于无票乘车又不遵章补票之人,有遣之下车之权。遣之下车后,应交路警处理。

第六节 客票票价之退还

第四六条 旅客已购客票,除照下列各条之规定得请求退还票价外,概不得向铁路索还票价。

第四七条 凡旅客请求退还票价,除特有规定外,均应按退还之数扣除百分之十。但对于每一旅客应进票价所扣之总数,不得超过二元。

第四八条 旅客已购客票而车上业无座位者,得于该票有效期间内,用乘最近之他次相当列车。惟须将事实通知站长,并将客票交由站长签字,倘旅客因车上业无座位,欲辍其旅行而于开车后一点钟内,向站长声明者,得请求退还票价全数,免予折扣。

第四九条 旅客已购客票,因该等已无座位,愿改乘次等座位者,如当时先向车上查票员、稽查员或车长索取字据者,事后得向路局请求退还原付票价与所乘次等座位票价相差之数,免予折扣。

第五〇条 旅客已经购票或上车后,如因患病或其他原因,具有充分之理由不克即乘该次列车前往者,可立即告知站长,并将客票交由站长签字,用乘最近之他次相当列车。其或不能旅行者,经站长签字为凭,得请求退还票价。

第五一条 持用本路或联运客票之旅客,如因特别情事中途停止旅行,经在停行之站亲自告知站长,将客票交由站长签字为凭,并于客票日期失效后十日内将退款请求书送交路局者,得请求退还未用地段之票价,其咎在铁路者,并免予折扣。

第五二条 铁路因天灾、事变不能运送旅客至到达站者,应免费送回起站,并将票价完全退还,免予折扣。如系联运铁路得改由其他并不迂远之联运路,径送该旅客至到达地点,不另收费,其改定之路径应于原票上注明之。如旅客不由铁路改定之路径而自择其他路径者,则铁路仅将原购联运票未用部分之票价退还。联运旅客送回至起程站点或改由其他联运路径送至到达地点者,其联运单程票之有效期间应自票上签字之日起算,按路线中断站点至起程站点或经越新改之路径至到达站之里程计算之。

第五三条 凡客票未经全用请求退款者,其已经行之路应按该路单程寻常票价计算,由原付票价内扣除。如系联运客票退还票价,应按实在经行里程单程票价核扣。如停行之站非联运站者,应算至前方最近之联运站为止。持用联运票之旅客,如已经经行各段之寻常票价或有超过所付之票价者,即无票价退还,如随带行李已经运越未用地段,则应将免磅行李之运费由退还票价中扣去。若旅客已购车票,拟乘某次列车,行李已经装车,因有第四十八条车上业无座位之情形而辍其旅行者,其行李费可按上列之(一)或(二)两项办法办理。

一 按照旅客之请求,将行李在前方最便之站卸下,送回原站,免予收费。

二 按照旅客之请求,将行李运抵到达站,应核收免磅行李之运费。

第三章　行李运输

第五四条　凡旅客携带之物件,除轻便易于提携,能置于车座上之搁物架或座位下,不致妨碍他客者,如手提箱、被包及随身应用之小件行李可随身携带入车外,均应作为行李,交由铁路运送。旅客自行携带入车之物件,概由旅客自行负责照管,铁路不负责任。

第五五条　凡下列各物品,不得作为行李运送:

一　危险品;

二　违禁品;

三　易坏物品;

四　不洁或易污损他物之物品;

五　车轿类;

六　牲畜类;

七　商货;

八　行李中装有前列各物品者;

九　每件重量在一百公斤以上(合二百市斤)或体质笨大者。

第五六条　金银货币、纸币、有价证券及其他贵重物品,概不照行李运送。

第五七条　铁路运送行李收费办法:

一　旅客托运行李,无论持用何种客票,其每张免费重量规定如下,但有特别规定者,不在此限。

头等八十公斤(一百六十市斤);

二等六十公斤(一百二十市斤);

三等四十公斤(八十市斤)。

孩童半价票,其免费重量当按其等次,照上列各数减半。

二　超过上列免费重量之行李,以十公斤(二十市斤)为单位递进计算。运费不及十公斤者,亦作十公斤计算。每十公斤(二十市斤),每公里收运费一厘。

三　凡行李由寻常客车或专车装运,如因件数过多,须装行李车一辆或不止一辆而又不便过磅者,每二十吨车一辆,作十二公吨收费。其他载重量之车辆,以此比例类推。

四　持来回票者,其往返两程之行李,均准照章核算,免费重量。

五　持有联运乘车票之旅客,在中途下车后,欲将其行李重行报运时,亦得照章核算,免费重量。

第五八条　旅客欲托运行李,应连同客票交由铁路过磅核定免费重量,铁路收受承运后,即填给行李票,并将客票交还。

联运行李如物主已将验关等事办妥,可于先一日在联运车站登记托运。

第五九条　旅客行李得托由铁路保险运送,每件以保至一千元为最高限度。但铁路认为运输上有窒碍或因该项行李恐有易于损坏之虞时,得拒绝保险。

第六〇条　保险行李,除照章核收运费外,每保银一百元,每一百五十公里或不及一百五十公里,收保险费二角五分,至少以一元为起码。

托运保险行李应将内容价值声明,经铁路查验相符,始收受承运。铁路收受保险行李后,应即填给保险行李票。

第六一条　旅客交由铁路托运之行李,必须捆扎坚固,封锁完密。如包装不牢固,除旅客声明遇有意外情事,自行完全负责外,铁路可拒绝运送。

第六二条　旅客自行携带或托运之行李,铁路认为有疑义时,得眼同旅客检验之,如查有夹带货物者,应分别按照下列办法办理。

一　如系商货,应照包裹运价补收运费,并照所收之数十倍处罚。如旅客携带厌恶品于客车者,应照同样办法办理。

二　如系危险品,应照包裹运价补收运费,并照所收之数十五倍处罚。

三　如系漏税物品,除应照包裹运价补收运费,并照所收之数十倍处罚外,仍应将关系人连同货物,一并送交当地主管官厅究办。

四　如系违禁品,除应将关系人连同货物一并送交当地主管官厅究办外,得免予追补运费。

第六三条　遇税关、税局检验行李时,旅客须预先注意检验地点,并亲自到场照料。

第六四条　行李之提取手续

一　行李照章仅得在行李票内所注明之车站提取,但联运旅客在中途下车者,如先期通知欲提取行李全部或一部,与路章及税关章程无碍,亦可准其提取。如系提取一部者,应由路员在行李票上注明。如系提取全部,应即将行李票缴回,所有已付未经过路程之运费,概不退还。惟中途所提取之行李,仍得重行托运至到达站点。

二　行李运抵到达站后,概凭缴回之行李票交付。但别人持有行李票冒领之事,铁路概不负责。倘旅客不能交出行李票,必须觅具殷实铺户或有信用之人填具遗失票据取保领件证明书,并缴手续费五角,方得提取行李。

三　旅客至到达站提取行李,如车站未能交付时,得请求车站将已到站提取行李日期及时刻为之登记。

第六五条　行李运至到达站经过二十四小时后未经提取者,每件每二十四小时或不满二十四小时收保管费一角。逾六个月未经提取者,铁路得将行李当众拍卖,所有变卖之款,除扣去保管费及其他一切费用外,记入旅客账内,其余款经旅客请领,应即发还。其请求发还之时效规定为一年,自变卖之日起算。倘逾期未经请领,铁路得将该款没收。

第六六条　凡行李自预计到达之日起过一个月,倘未运到者,认为遗失物主,得照第六十九条之规定请求赔偿。

业已认为遗失之行李,尚复查出者,铁路设知旅客住址,应即通知该旅客接到此项通知后,得于七日内向到达车站或托运车站要求提取,免付一切用费。惟已受赔偿费者,须照数缴还,如旅客于通知后逾六个月不来提取,铁路可按照第六十五条之规定拍卖之。

第六七条 旅客欲将行李交站暂行储存者,或遗留在车上或站上之行李由铁路储存者,每天或不满一天每件收费一角,交站储存之行李应填给行李包裹储存凭证,旅客取件时,概凭凭证交付上项。交站或由路储存之行李如逾六个月不取者,铁路得按照第六十五条之规定办理。

第六八条 行李或物件因物主之疏忽遗在铁路之候车室或车上时,如由本路发电查询或电示办法,其电费须由物主照付,但行李遗失情事并非旅客之咎,当免收电费。

第六九条 凡交由铁路运送或储存之行李,如有遗失或损坏,应由铁路负责者,自发现遗失或损坏之日起于六个月内,物主应向铁路请求赔偿,逾期无效。铁路接到此项请求后,应照查实价值,负责赔偿,但最大之限额如下:

甲 皮包、皮箱或箱每只最多以一百元为限;

乙 铺盖每捆最多以三十元为限;

丙 网篮每件最多以十元为限,但网篮内装物件如有遗失,铁路概不负责。

保险行李,除因天灾、事变非人力所能抵抗者外,如有遗失,概照保险数目赔偿。如有损坏,照查实损坏之程度赔偿,最多仍以保险数目为限。

第七〇条 旅客行李,自铁路收受托运发给物主行李票之时起,至将行李交给物主之时止,当由铁路照管,此外均应由旅客自行照料。

第四章 包裹运输

第七一条 凡物品,除下列各项外,均得作为包裹由铁路客车运送。

不得作为包裹运送之物品,规定如下:

一 危险品;

二 违禁品;

三 车轿类;

四 牲畜类;

五 不洁或易污损他物之物品,但封装严密坚固,并标明物品之性质者,不在此限。

第七二条 金银货币、纸币、有价证券及其他贵重物品,概应作为保险包裹,交由铁路运送。

第七三条 凡用箱、篮或相当方法装贮之鲜货食品装箱、装包或整块之冰、以陶器装置之花草、树秧等易坏物品,如由货主自负损坏责任,均得作为包裹运送。

第七四条 尸骨或尸骨灰概须盛以坛、罐或铁箱,严密封固,外面裹以白布,标明内装尸骨或尸骨灰字样,方得作为包裹运输。如旅客有在行李中私带情事,应照包裹运价补收运费,并加倍处罚。

第七五条　凡托运之包裹,至重以一百二十公斤(二百四十市斤),至大容积以六百立方公寸为限。但包裹重量、体积之形状铁路认为不便装运者,得拒绝运送。

第七六条　游猎枪械每包重量不逾十五公斤(三十市斤),电影片、漂白粉及钙炭粉装在铁质匣内,外面再装木箱,每件重量不逾五十公斤者,均得照包裹运送。

第七七条　包裹须按每件重量核算运费,其有两包或数包捆成一件者,亦可照一件计算。

第七八条　铁路运送包裹收费办法,规定如下:

二百五十公里以内		七厘
自二百五十一公里至五百公里	每公斤每五十公里或不及五十公里	五厘五毫
自五百零一公里至七百五十公里		三厘七毫五
自七百五十一公里起		二厘五毫

包裹起码运费,无论本路或联运,每票均定为二角。包裹重量以每公斤为单位递进计算,其畸零不满一公斤者,以一公斤论。

第七九条　包裹得托由铁路保险运送,每件以保至一千元为最高限度。但铁路认为运输上恐有窒碍或因该项包裹恐有易于损坏之虞时,得拒绝保险。

第八〇条　保险包裹,除照收运费外,每保银一百元,每一百五十公里或不及一百五十公里,收保险费二角五分,至少以一元为起码。

第八一条　托运之包裹,经铁路收受承运后,应即填给包裹票,由寄货人寄交收货人签字或盖章,以凭提取包裹。

第八二条　凡托运保险包裹,应由寄货人或物主向车站索取保险行李或包裹价值声明书,自行填明物件价值、名称、内容以及保险数目,交由铁路查验相符,始收受承运。

铁路收受保险包裹后,应即填给保险包裹票。

第八三条　凡包裹欲由某次列车运送者,至迟须于该次列车开行前三十分钟送到车站。

第八四条　凡托运包裹,必须捆扎坚固,封锁完密,于每件上标明收货人之姓名、住址,或系以牢固之牌签,详细标明之。如系第七十三条之易坏物品,并应注明(易坏物品)字样。

第八五条　包裹运抵到达站,铁路不负通知收货人之责。倘运到后逾七日未来提取者,每二十四小时或不满二十四小时,每件重量未超过六十公斤及体积未超过三百立方公寸者,收保管费一角。如重量超过六十公斤或体积超过三百立方公寸者,每件收保管费二角。

包裹概凭缴回之包裹票交付,倘收货人未能交出包裹票者,必须觅具殷实铺户或有信用之人填具遗失票据取保领件证明书,并缴手续费五角,方得提取包裹。

如系易坏物品,一经运到,应即速提取,不在相当期内提取,铁路无须知照寄货人或收货人,得将此项包裹变卖之,除扣去运费暨其他费用外,将余款付给收货人,即与交货无异。

第八六条　包裹运抵到达站后,若收货人不允收受或不来提取,到达站应通知起运站转询寄货人如何处置。收货人不允收受或逾期未来提取之包裹,寄货人如欲将原件退还起运站,应照收回程运费及其他一切费用。如逾六个月尚未提取,亦未接有货主通知处置办法,铁路得将包裹当众拍卖,所有变卖之款除扣去保管费及一切费用外,应记入货主账内,其余款经货主请领应即发还,其请求发还之时效规定为一年。自变卖之日起算,倘逾期未经请领,铁路得将该款没收。

第八七条　凡包裹内藏有易坏物品,经铁路发觉时,得依照第八十五条第三项之规定办理或销毁之,其损害其他包裹或物件者,应由该包裹货主担任损害赔偿责任。

第八八条　包裹自预计到达之日起过一个月尚未运到,其原因应归铁路负责者,寄货人得按第八十九条之规定请求赔偿,但请求赔偿遗失包裹之时效规定为六个月,自发现损失之日起算。倘赔偿后将包裹查出,而赔偿之款尚未交付者,铁路当即知照寄货人或收货人,并即停付赔款。如交付赔款后于一年内将包裹查出者,铁路当立即知照寄货人或收货人,由货主于十五天内退还赔款,一面将包裹提去,上项查出之包裹货主得请求将包裹在起运站或到达站交付,免收一切费用。

第八九条　凡托由铁路运送之包裹,如有遗失或损坏,咎在铁路者,应照查实价值负责赔偿,但每件最大限度以六十元为限。

第九〇条　保险包裹,除因天灾、事变非人力所能抵抗者外,如有遗失,概照保险数目赔偿。如有损坏,查实损坏之程度赔偿,最多仍以保险数目为限。

第九一条　铁路运送包裹,对于缴纳关税或其他捐税或物件被税关、捐局扣留,无论发生何种情事,概不负责。

第九二条　载运包裹如因天灾、事变不能运抵到达站时,可退回寄货人,免予收费,并将已付之运价退还。如系联运包裹,倘路局不能由其他联运路径转运至到达站时,亦可照此办理。

第九三条　凡托运之包裹,铁路得眼同物主拆开查验,其启封捆束概由物主照料。

如查有危险物品、漏税品或违禁品隐匿于包裹之内者,应分别按照第六十二条(二)、(三)、(四)各项规定办理。

第九四条　铁路代收货价包裹,可照该规则之规定办理(参阅附件五)。

第五章　牲畜类运输

第九五条　活牲畜由旅客列车装运,概归物主自负危险责任。其价目如下:

活牲畜名目	价目条件
牲畜　装具须坚固,合于内容重量之用,又便于移动者	照普通包裹价目及其条件
犊	每头每公里运价银元一分至少一元起码
猫	每头每公里运价银元半分至少五角起码
牛	每头每公里运价银元四分至少四元起码
牝牛及小牛跟随	每头每公里运价银元四分至少四元起码
鸡鸭	见家禽价目
犬　只在车守车内装运,并须载领圈、练条、嘴套	每头每公里运价银元一分至少一元起码
驴	每头每公里运价银元二分至少两元起码
小野禽兽　装具须坚固,合于内容重量之用,又便于移动者	照普通包裹运价及其条件
羊	每头每公里运价银元五厘至少五角起码
野兔家兔	见小野禽兽运价
家禽　鸡鸭等装具须坚固,合于内容重量之用,又便于移动者	照普通包裹运价及其条件
骡马　(高度一.五公尺或一.五公尺以上者)	每头每公里银元五分至少五元起码
□	每头每公里银元四分至少四元起码
小马(高度不及一·五公尺者)	每头每公里四分至少四元起码
幼马(跟随牝马者)	每头每公里一分至少一元起码

附注　高度应由前蹄尖量至鬃脊为标准,幼马须与牝马并发,一车按两头计费,即起码六元或五元。

第九六条　凡牲畜之装卸均由物主或其代表自行办理。

凡运送牲畜铁路不负供给饮料或食饲之责,倘与铁路商办,应另收代办费。

第九七条　凡起运牲畜须于二十四小时前通知并须于列车开行前一小时将牲畜送到车站。

第九八条　凡押运牲畜之人应照普通三等旅客核收票价。

第九九条　凡飞禽等如装置太挤致互相践踏者铁路可拒绝运送。

第一〇〇条　活牲畜或家禽运至到达车站时收货人拒绝提取则到达车站应即电知起运车站通知寄货人,倘寄货收货两方面既经通知后,仍不提取,铁路可将此等货物变卖。

第六章　车辆类运检

第一〇一条　凡车辆等欲由客车运送者概归物主担负危险责任,其运价如下:

物品		每辆每公里运价	每辆起码运费
汽车或摩托车		三角 二辆或二辆以上第一辆每公里三角其余每公里二角	三十元 二辆或二辆以上第一辆每辆起码三十元其余每辆二十元
两轮马车		八分	十元
四轮马车		一角	十五元
两轮脚踏车		一分	一元
旅客自用两轮脚踏车（每客一辆为限）		五厘	二角
三轮脚踏车		三分	七角五分
摩托脚踏车		八分	三元
人力车		四分	四元
小孩车	精制	一分	一元
	粗制	五厘	五角
旅客自用小孩车（每客一辆为限）	精制	五厘	五角
	粗制	二厘	二角
折叠小孩车		五厘	五角
抬轿		八分	五元
彩舆（彩舆内所坐新娘另购三等客票）		八分	五元

附注　客车发运旅客自用脚踏车保管费率比照六十五条收保管费一角。

第一○二条　凡汽车及摩托脚踏车，须于托运以前，将该车之油柜倾泻无余，洗濯洁净，使不至发生蒸汽。

第一○三条　凡灵柩欲由客车运送者，概归物主担负危险责任，并须有负责之人，按照所乘车等购用客票，随车运送，照料起卸。

凡交由铁路承运之灵柩，木质包扎，必须坚固完密，并须呈验护照，否则，铁路可拒绝承运。

运送灵柩，须预先通知，以便布置。否则，铁路不能担保由某次列车运送。

灵柩由客车运送者，每具运价按头等票价加倍核收，至少以五元为起码。如需专用车辆运送者，除照付运费外，应加收车租如下：

三等客车或行李车每公里收费三角起码，运费二十五元；

棚车每公里收费二角起码，运费十元。

第一○四条　凡空棺欲由客车运送者，每具运价按头等客票加半核收，至少以三元为起码。

第七章　金银货币及其他有价证券运输

第一○五条　金银货币及其他有价证券由客车运送，概归物主担负危险责任。其运价如下：

甲　货币或金银及金叶等，按价值每千元或不满千元，照下列运价计算。

路　程	运　价
一百五十公里以内	一元
一百五十公里以上三百公里以内	一元八角
三百公里以上四百五十公里以内	二元一角
四百五十公里以上六百公里以内	二元四角
六百公里以上七百五十公里以内	二元六角
七百五十公里以上九百公里以内	二元七角五分

九百公里以外,每一百五十公里或不满一百五十公里者,应加收运费一角。

乙　钞票、公债票、股票及其他流通证券(已通用或已签字预备发行者)、邮票、印花税票等,应各按其票面计算价值,并按照本条甲项所规定之价率十分之一核收运费,以一元为起码。

丙　铜币应照三等货运价加半计算(即比照货车装运铜币,运价加收百分之五十)。

丁　凡计算设银或银块运价,每银一两应作银元一元四角计算。若系金块、金叶,每金一两作银元一百元计算。

戊　已作废之钞票、公债票及其他已作废之流通证券等,一经路员查验属实,应照普通包裹计算运价。凡新钞票及其他证券等尚未签字发行者,亦照此办理。

已　邮政明信照普通包裹之运价计算。

第一〇六条　凡旅客携带银钱入客车者,无论多寡,均应身负危险责任。其免收运价之数,销票为二千元,镍辅币为二百元,铜辅币为二十元。如超过上项规定,应按超过之数,照章缴付运费。如经查出隐匿不报,除照收运价外,并须加收运价之半,作为罚金。

附件一

定期乘车票发行规则

第一条　定期乘车票,由各铁路局车务处发售。

第二条　定期乘车票,分为下列四种:

一　一个月定期乘车票;

二　三个月定期乘车票;

三　六个月定期乘车票;

四　十二个月定期乘车票。

第三条　定期乘车票计分三等,各等颜色规定如下:

头等红色;　二等白色;　三等蓝色。

第四条　定期乘车票,照各该铁路普通客票价,由各路体察情形,分别时期久暂,路程远近,酌拟折扣,呈部核定公布施行。如遇修改时,亦应照此办理。

凡学生购买定期乘车票时,准按寻常定期乘车票减收半价,其在十二岁以下者,准按寻常定期乘车票价核收四分之一。

第五条　旅客按照第二条之规定购买定期乘车票时,由路局填明适用期限。

第六条　定期乘车票之使用,除国家机关外,均以记名式为限。如有借用情事,经铁路查出,除将该票没收,并不退还票价外,得照该票总价向当时持用人收取三分之一之罚款。

第七条　定期乘车票在适用期限内,如票价有增减时,旅客不得向铁路索取所减之数,铁路亦不得向旅客索取所增之数。

第八条　持用各等定期乘车票者,所带行车如逾各该等普通客票之规定免费重量时,仍照章收费。

第九条　除天灾、事变及其他特别原因停车至三日以上外,持票人无论何种缘由不得因未用该票而向铁路索取一部分之票价。前项因事停车在三日以上时,应从停车日起算至开车之前一日止,照购买该票原价,按日核计,退还票价。

第一〇条　定期乘车票遗失时,应速觅妥实铺保,出具切结,向车务处声明作废。

如因遗失乘车票声请补发时,须缴纳补发费一元。

第一一条　持有定期乘车票者,应于适用期限经过后一星期内,将该票送还原发售之车务处。

第一二条　凡旅客请购定期乘车票者,须开明姓名、职务、年龄、住址,并附以三公分方之半身相片二张,送交发售该票之铁路车务处,其照相一张黏贴票上,一张归路局存案。

第一三条　铁路一切规章,除本规则特有规定者外,均适用之。

附件二

回数乘车票发行规则

第一条　回数乘车票由各铁路局印订成册,分为十回及二十回两种,交由各车站发售。

第二条　回数乘车票分为三等,各等颜色规定如下:

头等红色;　二等白色;　三等蓝色。

第三条　回数乘车票之适用期间,自发行之日起算十回者,以二个月为限;二十回者,以四个月为限,逾期无效。

第四条　回数乘车票依各路各站普通旅客票价,以下列折扣发售:

十回,七五折;

二十回,六五折。

第五条　回数乘车票之使用。每次以一人为限。

第六条　持回数乘车票者,如用床位或乘坐特别快车,应照章缴费,所带行李如超过普通客票免费重量,应照章收价。

第七条　回数乘车票由查票人照章剪验收票时,由收票人就原册循序截取一张,若持票人自行撕去,其撕去之票作为无效。

第八条　持回数乘车票者,须依指定地段乘车,如中途下车时,仍截取一张。有越过票上所载地段者,应照章补价。

第九条　回数乘车票一经发售,概不退换。

第一〇条　回数乘车票在适用期限内,如票价有增减时,铁路概不追缴及退还。

第一一条　回数乘车票如有遗失,不再补发。

第一二条　持回数乘车票者,应照票面等级乘坐。如愿越等级时,应照章补价。

第一三条　铁路一切规章,除本规则特有规定者外,均适用之。

附件三

来回票发行规则

第一条　来回票分为下列二种:

一　普通来回票用名片式,本路适用之;

二　游览来回票用联单式,本路及联运均适用之。

该两种来回票,倘有某站所发售者,为数甚微,得另印空白来回票代之。

第二条　来回票应分三等,其各等颜色规定如下:

头等,　本路用红色,　联运用黄色;

二等,　本路用白色,　联运用绿色;

三等,　本路用蓝色,　联运用棕色。

第三条　来回票票价　头、二等,均各按普通单程票价,两份七五折计算。三等,均按八五折计算。

第四条　本路游览来回票及普通来回票,其发售及到达站名有效期间及发售时期,由各该路列表公布之。

联运游览来回票发售及到达站名有效期间及发售时期等项,均列表附后。

游览来回票之有效期间,应自售票之日起开始计算,在有效期间内任何一日,旅客均可乘车。惟仍应在有效期间最后一日之二十四点钟前完毕行程,但旅客如未能于售票日乘车者,于乘车时,须将客票持交起程站另行加盖乘车日期。

第五条　凡持用普通来回票或游览来回票乘坐特别快车者,须另缴特别快车加价费。

第六条　凡持有普通来回票之旅客,不得在中途站下车。持有游览来回票之旅客得在中途站下车,但下车时,应即时将车票交由该站站长签字,始得继续乘车。

第七条　凡持有来回游览票之旅客因在中途站下车,致该票有一部份未用时,非经照章交由该站站长签字证明,概不退还票价。

第八条　凡持有普通或游览来回票之旅客,如于该票有效期间内未能毕其行程者,不得请求展期。惟得照章请求退还票价,倘旅客欲再行乘车时,应另行购票。

第九条　铁路一切规章,除本规则特有规定者外,均适用之。

发售联运游览来回票站点表

	路别	站 别
游览站点	湘鄂	岳州 长沙 东丰陵 安源
	平汉	汉口大智门 新店 郑州 新乡 顺德 石家庄 保定 梁格庄 北平前门
	陇海	临潼 华阴 会兴镇 洛阳东 郾师 郑州 开封 商丘 连云
	道清	清华 焦作 道口
	正太	太原 榆次 阳泉 娘子关
	平绥	包头 绥远 大同 张家口 青龙桥 南口
	北宁	北平正阳门 天津东 北戴河海滨 秦皇岛 山海关 辽宁总站
	津浦	天津东 天津总 济南 万德 泰安 曲阜 兖州 邹县 徐州 滁州 东葛浦口 下关
	胶济	青岛 坊子 潍县 青州 博山 周村
	京沪	南京 镇江 丹阳 常州 无锡 苏州 昆山 南翔 上海北
	沪杭甬	松江 嘉兴 杭州 南星桥

发售站点	各路国内旅客联运站(惟清化、焦作、道口三站不得发售至新乡、郑州两站)	

发售时期	除至下列各游览站有特别规定外,长年均可发售。	站 别	发 售 时 期
		新店	自每的四月一日起至十一月底止
		郾师	自每年四月一日起至四月底止
		华阴 大同	自每年三月一日起至十月底止
		秦皇岛 山海关	自每年五月一日起至十月底止

有效期间 凡距离在一千公里以内者,为一个月,在一千公里或一千公进而以外者。为六星期。(附注)至新店游览站 自发售日起至同年十一月底止。

至秦皇岛山海关游览站 自发售日起至同年十月底止。

至北戴河海滨游览站 自五月至九月发售者均至十月底止,其余各月发售者,以一个月或六星期为限。

至青岛游览站 自五月至八月发售者,均至九月底止。其余各月发售者,以一个月或六星期为限。

附件四

国内周游票发行规则

第一条 国内周游票按普通票价减价发售,其周游路径规定如下:

第一周游路径

南京－天津－北平－汉口－轮船－上海－南京

第二周游路径

南京－上海－轮船－汉口－北平－天津－南京

第二条 国内周游票指定下列各站发售之。

平汉路

北平前门·石家庄·新乡·郑州·汉口·大智门

正太路

太原府

北宁路

北平正阳门·天律总站·天津东站·辽宁总站·辽宁南满站

平绥路

张家口·大同府

津浦路

天津总站·天津东站·济南府·浦口·南京

胶济路

青岛

京沪路

上海北站·南京

沪杭甬路

杭州

第三条　国内周游票之发售,限于头二两等。

第四条　国内周游票之有效期间,以两个月为限,自售票之日起开始计算。在有效期间内任何一日,旅客均可乘车,惟仍应在有效期间最后一日之二十四点钟前完毕行程。但旅客如未能于售票日乘车者,于乘车时,须将客票特交起程站,另行加盖乘车日期。

第五条　国内周游票之印制用册本式,各等颜色规定如下:

头等黄色,　二等绿色。

票册分下列两种:

甲　铁路头等,　轮船特等;

乙　铁路二等,　轮船特等。

国内周游票,可由订有合同各游历经理处经售。

第六条　国内周游票,在铁路部分,按普通票价七折计算,另加轮船部分汉口、上海间之特等舱位,普通票价全价。

凡周游票,如由周游路径以外之站发售者,除照收周游票价外,并加收由售票站至周游路径最近车站之来回票价,按普通两单程客票七折核算。

儿童周游票,应照铁路、轮船价减半核算。

第七条　持用周游票之旅客携带行李如未逾下列重量者,免收运费。

铁路头等八十公斤;

二等六十公斤;

轮船三百五十英磅或四十立方英尺；

持孩童周游票者，其行李免费重量应照上列各数减半。

行李挂号按下列各地段办理，如欲于一段内再分段挂号者，亦听其便。

辽宁、汉口间；

汉口、上海间；

上海、辽宁间。

凡旅客将行李挂号者，须亲自接洽办理，所有沿途搬运，如由车至船、由船至车者，概归旅客自理。

第八条 凡持有周游票之旅客，如欲乘坐特别快车及或占用床位者，须按照经行各路现行定章照购床位票及或特别快车加价票。

第九条 凡要求退还国内周游票未用部分之票价，须合于本通则退还票价之规定，方可照办。

第一〇条 凡持有周游票之旅客，其出发路径或先取道汉口或先取道浦口，均听自便。但须于购票时，先行声明，俟经行第一段时，并须重行声明，以便收票员收票时，将应收之一张收回而免错误。

南京、上海间之一段乘车、乘船，均听旅客自便。如欲乘车，可向轮船公司索取凭证，到站换取车票。

第一一条 周游票册内各票，须依次使用，但应自票册之前面或后面起用，当视旅客所选定之出发路径系先取道汉口抑先取道浦口为转移。倘票册内未用各票（即前途应用者）有一遗失者，则全册之票均作无效。如出票册自行撕下一张交验者，亦认为无效。

第一二条 凡持用周游票之旅客，均得享受中途下车之便利，其办法与持用普通联运客票者相同。

第一三条 周游票册后面附有减价凭证，以备旅客往游路径以外各名胜地点之用。

凡持此项减价凭证到站购票者，按普通票价减收三成，但须将票册连同交验，否则无效。

凡前往发售周游票之本路各名胜地点，不得适用票册内附印之减价凭证。

平汉路不在此限，所有适用减价凭证之各地段规定如下：

正太路　石家庄至太原往返

平绥路　北平至南口往返

　　　　北平至张家口往返

平汉路　高碑店至梁格庄往返

胶济路　济南至青岛往返

京沪路　上海至苏州往返

沪杭甬路　上海至杭州往返

第一四条　凡持用周游票之旅客,如未预定轮船舱位以致临时无相当舱位者,可改乘他等舱位或候搭下班轮船,票册内由汉口至上海或由上海至汉口一张,须于上船之先,持往各轮船公司换取船票,方可上船。

第一五条　加入发售国内周游票之各轮船公司,如下:

一　国营招商局;

二　怡和轮船公司;

三　日清汽船会社;

四　太古轮船公司。

第一六条　铁路一切规章,除本规则特有规定者外,均适用之。

附件五

代收包裹货价规则

第一条　凡依照铁路客车运输通则第四章,包裹运输托运之联运及本路包裹货商均可依照本规则托由铁路代收包裹货价,惟下列各种包裹,不在此例。

一　尸骨、尸骨灰;

二　容易损坏、腐化者;

三　每一包裹票内物品托收之货价超过一千元者(运费、杂费不包括在内)。

第二条　代收货价之包裹如有损坏或遗失,铁路所负责任应视该项包裹为普通包裹,抑为保险包裹,分别按照客车运输通则第八十九条或第九十条之规定办理之。

第三条　铁路代收包裹货价应按照代收款额百分之一核收手续费,但每一代客收款凭证之手续费起码应为二角。包裹运费及代收货价手续费得先付或到付,但包裹如有遗失或损坏,其责任在铁路者,手续费得退还或免收。倘收包裹人拒绝领货,其责任不在铁路者,此项手续费及运费概不退还,或向寄包裹人补收之。

第四条　凡货商欲托铁路代收包裹货价,须填具代收包裹货价申请书(暂用保险行李或包裹价值声明书),将收包裹人姓名、详细住址、包内物品名称、实在价值暨托收银数一一填明,并签字盖章,其托收银数以不逾填明价值为限。但运费、杂费由寄包裹人在起运站付讫而欲铁路向收包裹人代为收回时,得将此项费用加入托收银数内,铁路即根据此数填在"代客收款凭证"内,寄包裹人填注托收银数时,必须用墨笔写国文大写数字,如壹、贰、叁、肆、伍等,不得涂改,托收之货价应以国币为本位。

第五条　代收货价之包裹一经承运,每一申请书除填发"包裹票",由寄包裹人寄交收包裹人用以付款提货外,并应发给"代客收款凭证",由寄包裹人保存,用以领取货款。寄包裹人对于已经起票之包裹,不得请求将代收货价数目增加或减少。

第六条　收包裹人接到寄包裹人寄到之"包裹票",应即带同该包裹票,按照票内所列代客收款银数付款，由到达站将款数验明收清后，方准提货。

第七条 到达站应于收到货价之次日用收款通知书知照起运站，起运站一经收到前项收款通知书，应立即通知寄包裹人。寄包裹人应即在"代客收款凭证"上押盖与原申请书上同一之印章，赴站缴还凭证，领取代收之货价。

第八条 "代客收款凭证"如有遗失，须由寄包裹人填具"代客收款凭证遗失声明书"（暂用提货单遗失声明书），通知起运站，由该站给以"代客收款凭证遗失声明书收据"，同时寄包裹人须登报或用其他方法声明遗失之"代客收款凭证"作废。经过十日后，如无缪辖，方得取具殷实铺保，向该站领取货价。铁道部优待学术团体年会会员乘车办法民国二十一年（1932 年）六月十八日铁道部公布，二十五年（1936 年）六月十五日第一次修正，同年（1936 年）九月六日第二次修正。

一 本部为学术团体举行年会，赴会会员往返乘车起讫站点不同，特订办法，以示优待。

二 前项所称学术团体，以曾经教育部或省、市政府立案之学术会社为限，其他私人团体不得援例请求优待。

三 各学术团体举行年会时，应将开会日期、地点及赴会人员姓名、年龄、籍贯、经行铁路起讫站点、乘车等级、往返日期开列清单，并检同该学术团体赴会人员乘车证明书样张各六十份，先期呈由教育部或省、市政府核转本部，以凭核减票价，并分发经行各路局饬站验收凭证，核收票价，换给车票。

四 赴会会员乘车票价比照团体旅行减价乘车办法办理，其各项附捐加价，应照章缴纳。

五 赴会会员以本人为限，如随带眷属、仆从，应照章购票。

六 如需用卧车床位，应照章缴纳床费之全价。

七 随带行李以路局所规定免费重量为限，逾量照章缴纳全价。

八 本办法如有未尽事宜，得随时修正之。

赴会会员乘车证明书式样

正　面

```
┌─────────────────────────────────────────────┐
│                          会 会员              │
│                          社 社员  乘车证明书    │
│                                               │
│   会                                          │
│   社 员姓名      君                            │
│                                               │
│   经行铁路起讫站点由   路   站经  路至  路   站 │
│   乘车等级    等                              │
│                   单程                        │
│   车价折扣         来回  折                    │
│                                               │
│   有效期间自  年   月   日起至  年   月   日止  │
│                             会                │
│                             社 盖章           │
│                                               │
│   中 华 民 国     年    月    日               │
└─────────────────────────────────────────────┘
```

背　　面

```
注意

一　此项证明书限用一次,每张只限会员一人用。如随带仆从,应照
　　章购票,并不得转借他人。

二　此项证明书如分路购票,每经行一路应各备一张,交由各该路起
　　站站长验明换购减价票。如购联票,只备一张,交启程路起站站
　　长验明,换购减价联票。

三　此项证明书准带行李重量与普通客车同,逾量照章核收运费。

四　持用此项证明书,应遵守各经行铁路普通规章办理。
```

●●国营铁路问讯处办事规则民国二十五年(1936 年)八月一日铁道部公布

第一条　铁路为便利客商及发展营业起见,在沿线各大站设立问讯处。

第二条　问讯处隶属于所在车务段段长管辖,并受所在站站长之监督、指挥。

第三条　问讯处得依事务之繁简,设置下列员工:

一　主任一人;

二　事务员　人;

三　司事　人;

四　夫役　人。

第四条　主任综理本处一切事务,员司及夫役分内勤及外勤两种。内勤专司答复旅客问讯及处内一切事务,外勤专司招待或照料客商及处外一切事务,并协助内勤一切事务。

第五条　问讯处员司须就车务处原有人员或站员中具有下列资历者遴选,指派专任或兼充之。

一　通晓中、英文字,并能以国语、英语应对中外旅客者;

二　对于客货运输及联运章则以及其他业务上情形熟悉者;

三　精神振作、态度谦和、勤慎耐劳、言语清晰者。

第六条　所有遴选指派,在问讯处服务之员司,得由车务处酌量派员训练,授以客货运输暨联运章则,并其他业务上相当常识。

第七条　夫役须选态度谦和、工作勤慎、堪任照料而有妥实铺保者加以训练,授以照料上所需要之一切常识。

第八条　主管车务段随时拟就关于行旅问答中、英文各五条,发交主任及员司,答复后,由主管车务段改正发还。

第九条 问讯处替班员司应轮流在主管车务段实地研究关于客货运输及联运新旧规章，并练习电话，简明问答。

第一〇条 问讯处职掌如下：

甲 答复客商问讯事项

一 关于本路及联运旅客列车车次、时刻、票价事项；

二 关于本路及联运货物列车车次、时刻暨运价事项；

三 关于本路及联运旅客行李、包裹及杂项运输事项；

四 码头各轮船进出口日期及票价暨各旅馆情形及价目事项；

五 航空时刻及票价事项；

六 公路时刻及票价事项。

乙 发售及分送各项章则各种印刷品事项

一 部颁各项章则；

二 本路出版各项章则；

三 运价表；

四 票价表；

五 本路沿线风景片；

六 各项游览广告；

七 行车时刻表；

八 其他各项书表。

丙 代客定用包车或预定客车、包房及床位事项

一 预定包房倘遇有人数不足时，不得代留；

二 所有预定包房及床位之标签(见附件一)，

均应预先填妥，于客车到站时，交与值班站长，按号插放；

三 旅客列车如在夜间开行，主任或员司应亲自上车，对于购用床位之旅客加以相当照料；

四 所有预定床位办法应切实照章办理，随时登记(见附件二)，并填用床位支配表(见附件二)，此表应公开陈列，以供众览，并对于各代售客票机关亦应秉公办理，不得有所偏私。

丁 代客储存行李、代雇旅行代步、代客留言并代客设计及指导名胜游览程序、膳宿以及各地风土人情、习惯等事项。

戊 经收款项

经收之款项应由经收人详细登记，逐日送由主任稽核，并将经收款项交由站长，转解会计处。

第一一条 问讯处办公房屋应就车站售票房或候车室附近,酌量隔置一所,以资办公之用。办公室前面设置木制柜台,台上垫以玻璃,中置行车时刻表、客票价目表及其他有关问讯处之各种单表。

第一二条 办公室装置本路及商用电话各一具,专备客商问讯之用。倘非属于问讯事件,不论路员或外人,均不得备用。当值人员闻电话铃响,应立即取下听筒,以谦和语意答复。

第一三条 办公室外面设置黑漆木板通告牌一方,如有通告招领行李事件及行车股或电报房对于客车误点及本路或外路交通阻碍等各项有关旅客所应知悉之电报、电话,抄送到处,并经值班站长用长途电话探询明确,用书面通知证明时,应将此项消息在该通告板上公布,俾众周知。

第一四条 办公时间得由各路斟酌,列车开行时刻及其需要另行规定之。

第一五条 问讯处主任及员司一律穿著铁路所定制服。

第一六条 照料夫役应穿戴制服、制帽,夏季黄色布质(两套以备替换),春、秋、冬黑粗呢,冬季加大衣一件,制帽上钉制某路某站问讯处红字,左胸绣以某路某站问讯处横式红字,并各备自行车一辆,以备外勤之用。

第一七条 问讯处主任及员司,每人每月得连续歇班二天。歇班期间,由主管车务段派替班员司接替,替班由主任为始,每日轮流,连续歇班二日。其替班办法,由主管车务段另定之。

第一八条 替班员司于每次替班后,应将该问讯处情形,连同本人意见,报告主管车务段长核夺。

第一九条 问讯处应备下列各种簿册、单表:

一 考勤簿;

二 交接簿;

三 经收及缴付款项簿;

四 预定头二等卧车床位、包房,发记簿支配表;

五 预定头二等卧车床位票签。

第二〇条 凡问讯处员司每日到值、散值时,均应在考勤簿上填明日期、时刻,亲自签名。

第二一条 问讯处员司每日散值时,应将已办及已办未完或未办事件在交接簿上详细记载,俟下班时,交与上班员司接洽,并将手续移交清楚,以便继续办理。其有交接不清,因而发生错误时,主任应共同负其责任。

问讯处员工之工作,应由主管段长、站长、主任等随时稽察,如见有衣冠不整、精神萎靡、态度欠和、不依时上下班、不按章登记各簿表、支配床位不合理、侮慢旅客及其他怠忽职务办事欠妥行为,应即依照铁路员工服务条例及员工奖惩规章,分别拟请处分,呈由车务处转呈路局核办。

第二二条 问讯处应用一切办公文具材料等,由车务处领发。

第二三条 本规则如有未尽事宜,得随时呈部核准增修之。

第二四条 本规则自公布之日起实行。

●●国营铁路押解罪犯乘车减价办法 民国二十五年(1936 年)九月八日改订公布,同年十月一日实行。

第一条 司法官厅或地方行政长官派员携带公文押送罪犯,经由各路乘车,得按寻常票价核收半价现款。

第二条 运送罪犯,须先期由司法官厅或地方行政长官备具正式公文,知照铁道部或迳与各路局接洽,并出各路局发给凭证,以凭持往各站购票运送。

第三条 前条正式公文之内,应注明下列各项:

一 解犯机关及收犯机关名称;

二 罪犯人数及姓名;

三 前项罪犯由解犯机关派员押送,抑由收犯机关派员迎提;

四 押送或迎提人员人数及姓名;

五 依照本条第三项分别注明——罪犯及押送人员乘车日期及起讫地点,并押送人员是否回程及回程乘车日期,或迎提罪犯人员去程乘车日期及起讫地点,并解同罪犯回程乘车日期。

第四条 押送或迎提人员于解押罪犯乘车时,应与罪犯同坐,其坐位由铁路局指定,但以最低之等级车而便于防护者为限。

第五条 押送或迎提人员无论来回或单程,均按普通原价减半核收现款。

第六条 本办法自公布日施行。

●●国营铁路押解罪犯乘车减价凭证填用办法 民国二十五年(1936 年)九月八日改订公布,同年(1936 年)十月一日实行。

一 此项减价凭证,按照国营铁路押解罪犯乘车减价办法,由各铁路局填发。

二 此项减价凭证系三联式,第一联为罪犯及押送人员乘车或迎提人员去程乘车半价购票之用;第二联为押送罪犯人员回程乘车或迎提人员提解罪犯回程乘车半价购票之用;第三联为存根。

三 铁路局接到司法机关或地方行政长官正式公文或奉铁道部令饬运送罪犯,应即由路局将此项凭证按照下列办法填写清楚,加盖路局关防、编列号数,送交原领机关备用。

此项凭证应用墨笔填写,如系迎提罪犯所用者,应将第一联内"押送罪犯共(　　)名"等字及第二联内"押送"及"现已事毕"各字样涂去。如系押送罪犯所用者,应将第一联内"前往(　　)迎提罪犯"等字及第二联内"迎提"及"提解罪犯共(　　)名"等字样涂去。但押送罪犯人并不回程时,所有第二联凭证应即注销,无须填发第三联存根,应比对一、二两联填写及涂去不用字句。

四　此项凭证持用人应按凭证上所填乘车日期持赴上车站验明,按照证上所填人数交付半价现款,换取最低等车票乘车,并由各该站将凭证收缴路局查核。

五　凭证内填写各项持用人不得添注、涂改,否则无效。

六　铁路一切运输规章,持用人均须遵守。

七　本办法自公布日施行。

○○铁路管理局	押解罪犯乘车减价凭证第一联	今有(　　)派(　　)共(　　)人前往(　　)迎提罪犯,押送罪犯共(　　)名,于　月　日由(　　)乘车至(　　)站按照国营铁路押解罪犯乘车减价办法填给此证,持赴起程站验明,交付半价现款,换取最低等车票　张,此证即由该站收缴,本局核销。 中华民国　年　月　日填发	字第 号

字第　　　　　　　　　　　　　　　　号

○○铁路管理局	押解罪犯乘车减价凭证第二联	今有持用第一联凭证之押迎送提罪犯人员(　　)共(　　)人,提解罪犯共(　　)名,现已事毕,仍由(　　)站原程回至(　　)站,按照国营铁路押解罪犯乘车减价办法填给此证,持赴上车站验明,交付半价现款,换取最低等车票　张,此证即由该站收缴,本局核销。 中华民国　年　月　日填发	字第 号

字第　　　　　　　　　　　　　　　　号

○○铁路管理局	押解罪犯乘车减价凭证存根	为(　　)派(　　)共(　　)人前往(　　)迎提罪犯,押送罪犯共(　　)名,于　月　日由(　　)站乘车至(　　)站,并提解罪犯共(　　)名,押送人员(　　)共(　　)人,于　月　日仍由(　　)站原程至(　　)站,按照国营铁路押解罪犯乘车减价办法,除填发第一联及第二联凭证外,第一联凭证并将第二联凭证注销外,合填存根备查。 中华民国　年　月　日填发	字第 号

●●国营铁道检拾遗失物处理规则(附领取证)民国二十五年(1936年)一月二十二日铁道部公布(同日施行)

第一条　国营铁道所辖各处人员及驻路警察署所属员警在铁路沿线范围内及列车上检拾遗失物时,悉依本规则处理之。

第二条　检拾遗失物时,应即当场详细查询,如有失主认领,经说明品类、数目、形状相符,即令出据具领。倘对失主有可疑之处或属贵重物品,应令取具妥保,方得给领,并应将处理情形呈报主管处署查核。检拾无人认领之遗失物,如系违禁物或危险物,无论路警或其他路员检拾者,概交警察段转呈警署依法核办。如系普通物品,除银钱或有价证券应随时呈缴路局保管外,一律交由站长保管,应将物品种类、数量、形状等项布告招领,仍由车警两方人员分别填报主管处署,转呈备案,并应将拾物人之姓名、职务查明,填列。布告应载明检拾遗失物之月、日、地点及遗失物之种类、数量、认领处所及限期。

第三条　列车行驶时,检拾无人认领之遗失物,除违禁或危险物应交当地警察段依法处理外,其余均应交由最近到达站站长依照前条办理。

第四条　检拾鱼肉、鲜果、蔬菜及其他易于腐坏不便保存之遗失物,当场无人认领者,应由站长会同警务人员招商拍卖,所得价款呈缴路局存储,并布告沿线各站招领。

第五条　检拾牲畜等遗失物,经招领逾七日无人认领者,应照前条办理,如事后失主认领时,除应偿还各费依第七条规定外,并应偿付喂养费,于变价款内扣除之。

第六条　凡待领之遗失物,应备置专簿详细登记,存库保管。

第七条　失主于招领期内认领失物或价款,须令将失物之品类、数量、形状、内容、颜色、包装情形、遗失地点一一说明,并填具领取证,经查核无误,始准发还。但对于失主有可疑之处或属贵重物品,须另具铺保或保证人,方得返还。

前项遗失物之保管、招领、脚力等费,应于认领时照数偿还。领取证于附表定之。

第八条　贵重遗失物失主必须亲赴存物站,依照前条规定取保认领。至于普通失物失主,如不在存物站,得说明前条所开各点,函向存物站述明前条第一项所开各点,将失物运至失主所在地之车站,发还失主,除应偿还前条第二项规定各费外,并应补缴运费。

第九条　招领物经失主领还时,应随时由车警两方人员分别呈由各该管长官转呈备查。

第一〇条　遗失物或变卖之价款,经招领或保管逾六个月尚无人认领者,即行充公。

第一一条　充公物品应由车务处会同警察署招商拍卖,得价呈缴路局列收。

第一二条　路局得于充分物品变价内提取三成,交由关系处或警察署奖给拾得及保管人员,警察署并应呈报铁道队警总局备案。

第一三条　检拾遗失物,如系铁路公物,应即就近送交各该管部份查收。属于其他机关者,亦应通知领取,如系路运货物,应即送交站长照章办理。

第一四条 本规则自公布之日施行。

前颁查获遗失物品处置规则暨各路所颁同样规定,概行废止。

领 取 证

具领取证人	姓 名	年 龄	籍 贯	职 业	住 址	附 记

今因在(某处)遗失(某物)(○○○○车站○○警务总分段所)检拾招领,业经照章陈请核准,如数领到,理合,将领到物件填具领取证,存案备查。

计 开

物品种类	数 量	遗失地点	附 注

共计 件

具领取证人(具名盖章)(注明职业、住址)

保证人(具名盖章)(注明职业、住址)

(普通遗失物说明相符,无须觅保证人。)

中 华 民 国 年 月 日

●●建筑铁路征收土地暂行办法 <small>民国二十五年(1936年)六月十五日铁道部训令</small>

第一条 铁道部为谋铁路建筑工程之迅速进行适应需要起见,关于土地之征收,除依土地法及土地法施行法、土地征收编之规定外,并得依本办法之规定办理。

第二条 关于建筑铁路征收土地事宜,各铁路工程机关应派员专责办理。

第三条 建筑铁路征收土地于测量定线后,应由铁路工程机关按照勘定路线范围,绘具界址图,一面呈请履行法定手续,一面依土地法第三百六十五条但书之规定,得即进入界线内动工。

第四条 路线界椿钉立后,由铁路工程机关派员会同该管地政机关代表查传各土地所有权人前往指界,眼同丈量实用面积,并查明土地种类,分别制图造册,以凭给价。

第五条 各铁路工程机关应制定征收土地执照,按照图册分别填明各土地所有权人被征收之土地面积及其种类与补偿金数目,盖印,连同图册副本一并送请该管地政机关,分别查明各该被征收土地。如无其他纠葛,各该土地所有权人应即将所有契据、粮串等分别呈验,另立移转契约后,再将该项征收土地执照分别发给。

第六条 上项征收土地执照应用四联单式,第一联批明发交原土地所有权人存执,以为免粮凭证;第二联为所有权人持往领价之用;第三联存地政机关,于发价时比对,随后连同第二联与应附之契约等送还铁路工程机关,与第四联存根核对存案。

第七条 征收土地上之附着物,如房屋、树木、青苗等项,应于丈量面积时,一并将其种类、数量勘验明确,详列清册,依照土地法第三百四十四条及第三百八十一条之规定办理。其须迁移者,同时酌定迁移期限,另制三联单式之附着物、补偿金或迁移费等。执照第一联用以领费,第二联为给费时之比对,第三联为存根,由铁路工程机关将第一、二两联连同清册副本,一并送请该管地政机关,按照所附注之征收土地执照号数随同发给。

第八条 每一市、县区域内,因征收土地所应给予之补偿金及迁移费等价款,应由铁路工程机关分段、分批计算总额,拨交各该管地政机关商定最近发给日期,于十日前先行公告,届期,并派员会同办理之。

第九条 征收土地内如所有权属于团体者,其补偿金等应由该团体负责代表人具领,如属于多数人所公有者,应具委托书委托一人具领。

第一〇条 征收工地之残余部份,如所有权人声请一并征收者,应即依照土地法第三百四十七条之规定,查明情形,办理之。

第一一条 建筑铁路需用公有土地时,应由铁路工程机关一面将所需公地范围报部层转,国民政府核准,无偿拨用;一面通知该公地保管机关,先行进入该地实施工作。

第一二条 凡系无主之土地,经查明属实,应由铁路工程机关通知该管地政机关,一律无偿收用。

第一三条 征收土地之面积,应用公尺、公亩计算,同时注明折合当地通用亩数,以凭发价。

第一四条 各铁路工程机关得依据本办法,会同该管地政机关拟订施行细则暨各项补偿金及迁移费价格表,呈部咨行该管省政府,并呈报行政院备案。

第一五条 征收土地,以足敷铁路使用及将来必需之各种建筑用地为度。

第一六条 铁路工程机关,于每一省区内,征收土地事务,办竣后,关于减免土地赋税事项应依照土地赋税减免规程之规定办理,并应分别按照各县、市所征收之土地造具总清册绘制地图,呈部备案,其有关之各项契约,暂由各铁路工程机关负责保管之。

第一七条 本办法自呈奉核准之日施行。

●●国营铁道工厂管理规则 民国二十五年(1936年)七月二十九日铁道部公布

第一条 国营铁道工厂之管理,除应适用工厂法及工人雇用服务等各项有关法令外,并应适用本规则。

第二条　工厂应备工人名册,其式样依照附表所规定,将应行填写之各栏分别详细填写,并汇报路局备查。

第三条　工厂因事实上之需要雇用临时工人时,应由主管人员将雇用缘由、名额、时限、工资呈请厂长转呈核办。

第四条　临时工人受雇时,应出具志愿书,载明得由工厂随时解雇,并不得要求其他利益。其工资应照工作日数计算,于每月发放时或解雇时发给。

第五条　工人年龄在十四岁以上未满十八岁者,得收为艺徒,但只准使任轻便工作。

第六条　工厂应于入口处置备工人名牌箱,该箱于工作时间以前十分至三十分钟开启,工人应于规定工作时间以前到厂,亲将名牌挂上,至规定停工时间以后出厂,复亲将名牌摘除,概不得请托旁人替代,违则请托人及替代人均受同等处分,各级工匠头目及管牌员徇情不报者,并分别惩罚。其在厂外工作者到工、离工时刻应由该工作地点主管人员填具,厂外工作时刻报单呈报工厂。

第七条　工人每日在厂工作以实际操作净工八小时为度,凡在厂休息及预备时间,如挂牌、洗手、更衣等所占之时间,概不以工作时间计算。

第八条　工厂每日工作起讫时间,得由路局随季节气候关系自行规定,总以实在工作八小时为度。

第九条　因不得已之急要工作,于规定工作时间外,须留原班或其中一部份工人延长工作或继续加开夜工,或于休假日核派一部份或全厂工人工作时,每加净工一小时,作为两小时计算。其每日延长时间,不得超过四小时。

但工作性质有间歇非连续操作者,如原动力房司机升火等,每加工一小时,即作一小时计算,并得延长时间至五小时。厂中工作如系日夜轮班,应规定轮换班次及时间,其仅作夜工,不作日工者,给资之计算与专作日工者同,其夜班之延长工作亦与日班同,夜工应与日工定期轮替。

第一〇条　加工或延长工作之给资,应照加工时间之规定计算,但每月所有加工工资不得超过全厂工资总数百分之二十五。

第一一条　工人上工时,应遵照主管人员所分派之工作,于规定时间内完成之。如故意延误致不能不加工者,应严予惩处。

第一二条　直接管理工作及材料人员应于规定工作时间先到后退,其他员司之工作及休息时间,均与工人同。

第一三条　直接管理工作人员或工匠首领应于每日上工时,依工作单所定之程序,交各级工匠头目分配各工人工作,并督促指挥之。

第一四条　厂长应随时巡视各部份工人工作情形,并应定期召集各部份主管人员举行厂务会议,审核上期已完成之工作及讨论本期内应进行之工作,并规定实施办法,交由各主管人员负责办理。

第一五条　主管人员应随时巡视工人工作情形,并考察其工作之效率,鉴定其工作之优劣,呈报登记,以为奖惩之标准。

第一六条　各级工匠头目于工作时间应在厂指导、监督,并严禁各工匠无故擅离工作地点。

第一七条　主管人员每届月终,应将所收工作单清理一次,分别已竣工、未竣工、未动工三项,呈请厂长备核。

第一八条　厂内各处工人不得有喧哗、饮酒、吸烟、私阅书报、赌博、睡眠、斗殴、聚谈密议及一切任意结合妨害工作、逾越范围、扰乱秩序之行为。

第一九条　各工人对于所用机件,当按时洗擦洁净,无论工作已经完成或未完成之件,均应安放妥当,不得任意乱置工具,并应谨慎使用及保管,不得毁损。

第二〇条　工人对于使用材料应力求撙节,不得浪费,如有余剩材料,应即交还。

第二一条　凡属工厂物料,无论价值大小、是否废置,一概不准私带出厂。违者,以偷窃论。如工人奉派在厂外工作时,须携带工具材料应由工匠头目递请主管人员签发物料出门证,持交门卫验明后,方准携带出厂;其携带私人物件时,亦同。

第二二条　工厂一切建筑物及设备品,均须爱护,不得任意涂抹、毁损。

第二三条　工厂中停留待修之机车车辆及一切附件,不论是否废置,非经主管人员许可,不得任意拆卸。

第二四条　工人不得私自请人替工,亦不得私制物品,各级工匠头目应随时查察,如有徇隐,应同受惩罚处分。

第二五条　非经局长特许,员工不得在厂内贴布或散发任何宣传文件,违者,视情节轻重,分别处罚该管首领,予以失察处分。

第二六条　员工于工作时,非得主管首领特许后,不得接见宾客。

第二七条　主管人员及各级工匠头目对于所管范围内各场所之各种卫生及保安设备,应随时力求完善。

第二八条　员工之衣、帽、鞋、伞及一切私人物件,均应放在指定地点,不得任意安置。

第二九条　员工在厂工作时间内不得无故出厂,遇有公私事故必须出厂时,员司应自行报告主管人员,得其许可,工人应由各级工匠头目递请主管人员核发出门证,并领取名牌,方得出厂。

第三〇条　工人因事或因病请假之期限及待遇办法,应照员工请假规则办理。但各部份工人每日请假人数不得超过各该部份工人总数百分之若干,其百分比率由各路局核定之。

第三一条　工人不论开革或自行辞退,均应将领用工具如数点交,并缴还符号,如有短少物件或毁损工具情事,除将其应得之工资扣抵外,不足时,应由保证人负责赔偿之。

第三二条　工厂放工时,各级工匠头目应监视工人收拾器具,并将灯火熄灭,俟一切整理妥当后,方准出厂。

第三三条　工厂放工后,除看守人员负责巡逻外,各工人不得在厂内逗留,看守人亦不得容留外人。

第三四条　各员工对于工作品或工具有发明或改良者,主管人员得声叙情形,连同发明或改良物品呈请奖励之。

第三五条　本规则自公布之日施行。

●●铁道部铁道队警总局派驻各路警察署医官服务暂行规则 民国二十五年(1936年)十月一日铁道部核准

第一条　警察署医官执行职务,除遵守警察署一般规章外,并依本规则之规定。

第二条　警察署医官承署长、副署长之命,并受行政股主任之指导,办理该署段所及驻在护路队之体格检查暨卫生防疫等事项。

第三条　警察署医官除医务诊疗事项应仍照向例由驻在路医院办理外,其执行事项如下:

一　关于考选学警及选补兵警之身体检查事项;

二　关于官佐、员司、士兵、长警身体检查之鉴定事项;

三　关于官佐、员司、士兵、长警之健康检查事项;

四　关于士兵、长警驻所饮食、服装等清洁检查事项;

五　关于士兵、长警营养状态及训练动作是否合乎卫生之视察事项;

六　关于士兵、长警卫生保健之督促实施事项;

七　关于士兵、长警卫生常识之讲演事项;

八　关于公众卫生一般之注意事项;

九　关于各种传染病之预防事项;

一〇　关于卫生警察之训练事项;

一一　关于卫生警察勤务之指导事项;

一二　关于卫生勤务统计报告之编审事项。

第四条　前条第一、二、三项所列官佐、员司、士兵、长警各种体格检查办法,另订之。

第五条　警察署医官对于各种体格检查,务须破除情面,遵照规定办法切实执行,不得接受任何请托或关说,违则从严撤惩。

第六条　警察署医官对于该署段所及驻在护路队之一般卫生保健事项,应将检查或视察情形,并附具整顿改善意见,呈报警察署核办。

第七条　警察署医官对于卫生及防疫事项,得呈请警察署转函驻在路卫生机关协助办理。

第八条　警察署医官应将每日工作情形登载工作日记簿,呈署查核。

第九条　本规则自公布之日施行。

●●铁路警察制服规则民国二十五年(1936年)四月十三日铁道部分布(附图略)

第一条　铁路警察职员、长警之制服,悉依本规则之规定。

第二条　铁路警察制服春、秋、冬用黑色,夏季用黄色,其质料用国产毛织品或绵织品,员警一律。

第三条　帽依下列各款制成之:

1　徽　铜质,全徽三角形,高六公分,上嵌党徽,径二公分三公厘,下飞轮轮中嵌白色国花,径二公分,国花中镶红色警字,党徽国花均微凸(附图)。

2　章　白色布带一道,宽比帽墙窄一公分(附图)。

3　檐　革或漆布,表黑裹绿(附图)。

第四条　衣依下列各款制成之:

1　制式　中山装式,长齐拇指(附图)。

2　钮扣　径二公分,轮形,铜质,凸面中镶篆文"路警"二字,花纹大衣径三公分(附图)。

第五条　袴用马袴式短袴,长过膝下,口用扣二枚,扣接于腿间(附图)。

第六条　外套长过膝,表黑裹蓝(附图)。

第七条　雨衣用披风式,与帽并连,质用国产橡皮、胶布(附图)。

第八条　荐任待遇警官以上着深统皮靴,装马刺;委任以下警官着半统皮靴,长过踝,两边用橡筋,不缀带扣,装马刺;长警靴长过踝,质革色黑,上开用带扣(附图)。

第九条　领星轮形附着于领之两端,主任警官用。简任金质红底中五角星;荐任银质黄底,中五角星;委任铜质蓝底五角星。领章长警左边缀铜字,标明署或队之名称;右边缀铜质阿拉伯数字号码,其号码依各署或队自为起讫(附图)。

第一〇条　肩章质与制服同,下端用白铜,宽五公分,长十一公分五公厘,下端铜质起铁路式边,中镶驻在路路名,高二公分五公厘,宽与上端同。于上端开孔,以钮扣扣于制服肩上,下端联于制服肩与袖缝处,警官肩章上端级金丝边缘,长警不用金边,余均同(附图)。

第一一条　袖章质用金色丝道,成直角人字形,左右分垂,简任待遇一、二级,四窄道,二宽道;三、四级,三窄道,二宽道;五、六级,二窄道,二宽道;七、八级,一窄道、二宽道。荐任待遇,一、二、三级,四窄道,一宽道;四、五、六级,三窄道,一宽道;七、八、九级,二窄道,一宽道;十、十一、十二级,一窄道,一宽道。委任待遇三级,五窄道;四、五、六级,四窄道;七、八、九级,三窄道;十、十一、十二级,二窄道;十三、十四、十五、十六级,一窄道,窄道阔一公分,宽道阔二公分,道之距离五公厘,道左右各长六公分,缀于警官制服左右袖口,金道两端距袖口沿八公分(附图)。

第一二条　臂章为警长、警士佩带,呢质黑底白道,左右斜垂缀,左臂肩与肘间,警长一等三白道,下缀白色五角星三枚;二等二白道,下缀白色五角星二枚;三等一白道,下缀白色五角星一枚。警士一等三白道,二等二白道,三等一白道,布道左右各长五公分,宽一公分,两道距离五公厘,底板边缘八公厘(附图)。

第一三条　武装带为警官佩用,质革色黑,宽六公分,长八公寸至一公尺二公寸,首端用铜质扣,附近尾端凿孔二列,每列五孔至八孔骈列,距铜扣约三分之一。附垂佩短剑皮鞘以二窄带连系主带上,上部斜佩右肩,分长、短二带,宽二公分半,长带六公寸至八公寸,短带二公寸至三公寸。两带以铜扣在胸前相钩接,主带围束腰间(附图)。

第一四条　腰带为警长、警士束腰之用,色黑质革,宽五公分,长八公寸至一公尺二公寸,首端扣用铜质,附近尾端凿孔七至九于胸前扣接(附图)。

第一五条　裹腿用马蹄式,质色与衣同,委任以下警官及长警用(附图)。但衣质不适制作时,得用番布质。

第一六条　手套、棉毛织品一律白色(附图)。

第一七条　制服换季改着日期,由铁道部铁道队警总局以命令行之。

第一八条　在气候严寒等地方,帽及大衣得酌用皮制,但须呈由铁道部铁道队警总局核定之。

第一九条　护路队员兵,除特别呈准应用陆军制服外,准用本规则之规定。

第二〇条　铁甲车队员兵制服,仍依陆军之规定,遵军政部制定之图样。

第二一条　本规则自公布之日施行。

●●铁道部公务员交代条例施行规则 民国二十五年(1936 年)三月七日铁道部分布

第一条　本规则依公务员交代条例第十四条之规定订定之。

第二条　本部暨直辖各机关及其所属负有保管责任人员前后任交代,除遵照公务员交代条例办理外,应适用本规则。

第三条　前条负有保管责任人员,依下列规定,按照主管事务,分别办理交代手续。

一　本部各厅、司、会、处、局室等主管人员;

二　本部各厅、司、会、处、局所属各科、股、室、组等主管人员;

三　交通大学校校长及所属各院院长与其他所属负有保管责任人员;

四　各路、局、会局长、副局长、委员长、委员、总稽核；

五　各路处室、课段、站所、库、医院、队部等主管人员或其他同等职务人员；

六　各路扶轮中学、小学校校长及其所属负有保管责任人员。

第四条　依公务员交代条例第二条规定,前后任应交代事项如下：

一　经费实领、实支及其余存数

领支实数,应凭正式传票及单据造具清单,余存数以现款或银行折据及结单并核对支票。

二　经收各款项已解、未解数

经收各款及其已解、未解数,应结算至移交清楚之日为止,由负责人员于账册内签字盖章,并应根据账册及各项单据造具清单,其未解之数以存折及现款为凭。

三　票照存根及未用票照与票照性质类似之合各种单证

各项票照、存根及未用票照与票照性质类似之各种单证,应分别造具清单,并应由负责人员于已发票照最后一张存根上注明,签字盖章。

四　领售及余存印花税票或其他债券。

领售及余存印花税票,应开列清单至各种债票、息票或其他有价证券等,应将票面金额及起讫号码开列清单。

五　公有财产及物品

各项主管部份之财产目录及各项材料、物品、家具、清册、房屋、地亩、契据、租约、保结、图折等件,并应开列清册。

六　印章及各种文卷、图书、表册、簿记、收支凭证、印信关防,官章、各种文卷、图书、表册、员工、警察名册等,应分别开列清单。

各项簿记应将名称、册数并记明,每册页数开列清单,由前任各该主管人员于各簿记登记,最后一行注明日期,签名盖章,后任或接收人员经接收后,并应注明日期,签名盖章。

收支凭证应编列号码,开列清册,并注明登记之账册。

其属于一部份主管之移交,应就各该主管部份办理签署手续,同前。

所有清册开列之件,后任或接收人均须逐件查验,点收清楚,并须调查卷宗账簿有无遗漏、错误。

第五条　本部各厅、司、会、处、局、室主管人员及交通大学校校长、各路、局、会局长、副局长、委员长、委员、总稽核之交代,应由部长派员监盘。

本部各厅、司、会、处、局所属各科、股、室、组等、交通大学各院所及各路、处、课、校等,应由各该直接主管人员派员监盘,并报部备案,其以下人员之交代,亦应由各该主管部份派员监盘,并呈报各该主管长官查核。

第六条　凡款项交代收入之款,以票据印簿为凭,支出之款以单据为凭,财产、物品以财产目录、财产增损表及以前移交清册为凭,凡前任内经置各项财产,均应列入财产目录,解款应以甲、乙解款联单或批回及银行票据为凭,划拨或垫款以往来文电及领款机关印收单据为凭。

第七条　凡交代不清或逾限期,仍延不交代者,应由监盘呈明主管长官酌核情节轻重,分别议处,并限期严追,但有特别情形者,得由前、后任会同监盘人员,于限期内,呈请主管长官酌核宽限。

第八条　本规则自公布日施行。

●●国营铁道员工请假通则民国二十五年(1936年)七月二十五日铁道部公布

第一条　国营铁道员工之请假,除临时雇用者外,悉依本通则之规定。

第二条　员工请假,分下列五种:

事假、病假、婚假、丧假、分娩假。

第三条　员工请假应填具请假书(须附证件者连同证件),呈经局长核准,并将职务移交代理人后,方得离开职守。请假书式样及指定代理人办法,由各路局于请假规则内定之。

各段厂员工,如确因紧急事故不及依前项手续办理,经直接主管首领查核属实,得先予准假,以三日为限,一面仍应补具请假书,呈局核准。

第四条　员工请假日数,应按年截计,如假期涉及两年,应分别计算,不得以上年或次年未请假之日数互相抵补。

第五条　员工请事假,每年积计不得逾十四日。

第六条　新到差之员工请事假日数,不得逾下列之规定:

一月至三月到差者,十四日;

四月至六月到差者,十一日;

七月至九月到差者,七日;

十月至十二月到差者,三日。

第七条　第五、第六两条规定之事假日数,于必要时,得由路局以命令酌减或停止之。

第八条　各段站员工无星期假者,每月得给例假二日,其轮流休假办法由各路局于请假规则内规定之。

第九条　员工请病假每年积计,以一个月为限。逾一个月者,按逾限日数扣发薪工半数;逾两个月者,停给薪工,但得保留原资,以不超过三个月为限。

第一○条　病假在一日以上者,应呈验本路医师证明书,如无本路医师,得请当地领有政府检定合格证书之医师出具证明书。

第一一条　员工结婚,应提出证件,经同事二人负责证明及直接主管首领查明属实,得请给婚假十五日,其非在服务所在地举行婚礼者,得请给路程假。

第一二条　员工遇有亲属丧事,应提出证件,经同事二人负责证明及直接主管首领查明属实,得照下列规定,请给丧假及路程假:

一　承重祖父母、父母、承重祖翁姑、翁姑丧假二十日;

二　配偶丧假十五日。

分次请给丧假者,总计日期不得逾前项之规定。

第一三条　路程假之期限应按路程远近,呈请局长核给,但往返至多不得逾十日。

第一四条　女性员工因分娩期近,经医师证明,得请给分娩假两个月。

第一五条　员工因执行职务而致伤病,必须请假时,应取具本路医师诊断书及直接主管首领之证明,呈局核准,得照铁路员工服务条例第十九条第三项之规定办理。

第一六条　员工满一年未请事假者,第二年得请加给优待假十日;满二年未请事假者,第三年得请加给优待假二十日;满三年未请事假者,第四年得请加给优待假三十日,但均须呈经局长核准。如因职务关系满三年未便准给优待假者,得酌核给予其他奖励。

第一七条　凡未请假,或请假未经核准擅行离职,或假满未经续假而不销假者,除有特别情形提出事由证明,确系不及按照手续办理者外,均以旷职论。每旷职一日,罚薪二日,连续旷职至十五日或半年积计至一个月者,撤职。

第一八条　各路局得按照各该路情形,依照本通则拟订员工请假规则,呈部核准备案。

第一九条　本通则自公布日施行。

●●铁道部实施铁路职工教育计划纲要 民国二十年(1931年)十月十七日铁道部公布,二十五年(1936年)七月十日修正。

要　目

第一章　总则

第一条　本部依据中国国民党第二次全国代表大会"励行工人教育补助工人文化机关之设置"之决议案,并按照本部工作分配年表所规定,实施铁路职工教育。

第二条　铁路职工教育之实施,分学校教育、补助教育两种,在学校教育方面,设立职工学校;补助教育方面,设立职工教育馆。

第三条　本部为适合铁路职工教育程度起见,职工学校内先行设立识字班及公民班,俟初步教育实施后,视各路需用职工技术情形,再设立技术班。至补助教育之职工教育馆,应尽先设立。

第四条　为便利职工识字起见,得于未设职工学校地点,视人数多寡,分别设立巡回识字班,其设立标准另定之。

第五条　为实施职工识字便利起见,由本部设立职工教育实施人员训练所,养成职工师资,俟训练完毕后,派往各路办理职工教育事宜。其训练期间、人数、地点分定如下:

甲　期间　暂定为三个月;

乙　人数　暂定为六十人;

丙　地点　暂定为北平或南京。

第六条　各路职工学校职工教育馆之设立、废止、变更,由本部斟酌情形分别规定之。

第七条　职工学校、职工教育馆、职工教育实施人员训练所等办事细则,另定之。

第二章　学制及课程

第八条　职工学校各班之毕业年限,规定如下:

一识字班　暂定为一年;

二公民班　暂定为一年半;

三技术班　暂定为两年。

第九条　职工学校各班之课程,除技术班另定外,识字及公民班之课程暂定如下:

甲　识字班

一　识字;

二　写字;

三　注音符号;

四　算术。

乙　公民班

一　三民主义;

二　国语;

三　数学；

四　社会自然科学常识；

五　外国语；

六　铁路常识。

第一○条　职工学校教育之教学时间以工余为原则，但有特殊情形时，得由学校当局呈请本部核准，由部转知路局，于工作时间内酌予通融。

第一一条　凡不满四十岁之职工，应一律毕业于职工学校识字班。不满三十五岁之职工，应一律毕业于职工学校公民班。

第一二条　各路设立职工学校之数目及地址，由本部规定之。

第三章　职工教育馆

第一三条　凡全路职工数在四千人以上者，得设立职工教育馆一处；八千人以上者，得设立职工教育馆两处，余类推。

凡全部职工人数在二千人以上者或一站职工在千人以上者，均得设立教育分馆一处。但全路职工不满二千人时，得联合临近铁路合设职工教育馆或分馆。

各路如经费困难，可于职工学校内附设职工教育馆，所有教育馆之职员暂由职工学校教职员兼充之。

第一四条　职工教育馆附设下列各课，以补学校教育之不及。

一　休闲；

二　讲演；

三　书报；

四　组织；

五　健康；

六　生计。

第四章　职教员之任免及待遇

第一五条　职工学校职工教育馆之教职员，均由本部总务司聘任之。

第一六条　职工学校职工教育馆教职员之待遇，另定之。

第五章　校舍馆址及设备

第一七条　职工教育馆、职工学校，均以建筑专用馆舍为原则，但在未建筑以前，暂借用扶轮学校或其他公共处所。

第一八条　凡实施职工教育之处应分期设立体育场、公园、游息所等，以为职工身体之保育。

第一九条 凡职工学校教室内用具、椡椅等项,均应特制,以期适合于职工身体。

第六章 经费概算

第二〇条 职工学校职工教育馆等处开办经常、临时各费,由本部核定之。

第七章 奖惩

第二一条 有下列情事之一者,由部奖励之:

　甲　路局

　　子　全路职工于实施职工识字教育,两年内完全毕业于职工学校识字班者;

　　丑　实施职工识字教育时期内,兼办职工公民教育及技术教育确有成绩者;

　　寅　对于职工学校校舍及职工教育馆之建筑及设备优良者。

　乙　个人

　　子　办理或推行职工教育异常出力者;

　　丑　毕业于职工学校,品学优良者。

第二二条 有下列情事之一者,由部惩戒之:

　甲　路局

　　子　对于职工教育推行不力者;

　　丑　对于职工学校校舍、职工教育馆之建筑及设备有意玩忽者。

　乙　个人

　　子　违反三民主义者;

　　丑　办学不力者;

　　寅　凡不满四十岁之职工,在实施职工教育两年期间内,尚不能毕业于职工学校识字班者。

第二三条 前二条之奖惩方法,另定之。

第八章 附则

第二四条 本纲要自公布日施行。

●●**国营铁道职工教育实施人员服务通则**民国二十一年(1932年)六月十一日铁道部核准施行,二十五年(1936年)七月十日修正。

要　目

第一章　总则

第一章　总则

第一条　本通则依据本部实施铁路职工教育计划纲要第十五、十六、二十三各条,订定之。

第二条　本通则适用于国营铁路职工学校及职工教育馆之服务人员。

第二章　任免

第三条　职工教育实施人员由本部总务司听任之,其任期定为半年,

职工教育实施人员任用规则另定之。

第四条　职工学校及职工教育馆之职教员任用标准,如下:

甲　职工学校识字班之职教员以人格高尚、服膺党义,并其有下列资格之一者为合格。

一　省、市、县立或由立案之私立高级中学师范科或旧制师范本科毕业者;

二　省、市、县立或已立案之私立初级中学或旧制师范讲习所毕业,曾任初级小学校教职员二年以上者;

三　曾在初级小学校担任职教员或办理民众学校五年以上者。

乙　职工学校公民班之职教员,以人格高尚、服膺党义,并具有下列资格之一者为合格。

一　国立、省立或已立案之私立大学或专科学校毕业者;

二　省、市、县立或已立案之私立高级中学师范科或旧制师范本科毕业,曾任高级小学以上学校或民众学校职教员一年以上者;

三　曾在高级小学以上学校担任职教员五年以上,或办理民众学校确有经验成绩昭著者。

丙　职工学校技术班之职教员,以人格高尚、服膺党义,并具有下列资格之一者为合格。

一　国立、省立或已立案之私立大学理科或专门理科学校毕业者;

二　省、市、县立或已立案之私立高级中学理科毕业,曾就所学实习一年以上者;

三　曾任或现任交通部门技术人员,其经验宏富成绩昭著者。

丁　职工教育馆之职员,应以人格高尚、服膺党义,并具有下列资格之一者为合格。

一　国立、省立或已立案之私立大学或专科学校毕业,曾办社会教育一年以上者;

二　省、市、县立或已立案之私立高级中学或旧制师范本科毕业,曾办社会教育三年以上者;

三　曾办社会教育事业五年以上,确有经验成绩昭著者。

第三章　服务

第五条　职工学校及职工教育馆之职教员,非因疾病、婚丧及确有其他不得已事故,不得请假。

第六条　凡职工学校之校长或职工教育馆之馆长,因不得已事故请假在一星期以上者,须先将请假理由及代理人呈报本部总务司核准后,始得离职。

第七条　凡职工学校及职工教育馆之职教员在工作时间,因特别事故临时请假须托人代授或代理,并须经该校长之核准。如在一星期以上者,须书面陈明请假理由及代理人,由该校长、馆长呈报本部总务司备案。

第八条　各校馆之职教员每学期请假至多不得过一周,但因特别事故,经本部总务司核准者,不在此限。

第九条　各校、馆之职教员在服务地点,对于各该地路局规章及行政不得借端妨害或违反。但在教育行政上,如遇有与路局规章或行政相抵触者,须事先由各该校长、馆长具情,呈报总务司转呈部长审核处理之。

第四章　考绩

第一〇条　职工教育实施人员之考绩,于每学期终了行之。

第一一条　职工教育实施人员考绩之标准,依其职务之种类分别订定之。

第一二条　各校、馆教职员之考绩,除由本部总务司派人视察外,各该校、馆之校长或馆长应就各该校馆之职教员平素服务之实况,按照表列项目逐一详细填注、密封,汇送本部总务司审核。

各校长及馆长之考绩,由本部总务司之视察员就视察所得,按照表列项目填报,迳呈本司审核。

第一三条　考绩报告书表经本部总务司审核后,认为有奖惩之必要者,呈报部长分别奖惩之。

第五章　奖励

第一四条　职工教育实施人员之奖励方法,如下:

一　奖状;

二　记功;

三　加薪。

第一五条　有下列各款之一者,给予奖状:

一　忠于职务、劳绩卓著者;

二　对于职工教育有贡献者。

第一六条　有下列各款之一者,记功:

一　受奖状二次以上者;

二　一学期内未请假者;

三　服务二年以上,办事勤慎、不辞劳瘁者。

第一七条　有下列各款之一者,加薪:

一　记功三次者;

二　办理职工教育异常出力,经视察员报告确有成绩者。

第六章　惩诫

第一八条　职工教育实施人员,如有反动行为、煽惑职工、藉端聚众、罢工、怠工或聚众要挟扰害治安者,除解职外,按其首从送法院惩办。

第一九条　职工教育实施人员,除有特别情节应依照本通则第十八条之规定处分外,其惩诫方法如下:

一　申诫;

二　记过;

三　解职。

第二○条　有下列各款之一者,申诫。

一　工作不力、服务不忠实者;

二　校务或馆务不见进步者。

第二一条　有下列各款之一者,记过。

一　废弛校务、馆务或旷课学生课业者;

二　对于校舍、馆所、器具、图书、保管不周者;

三　校风败坏,毫无成绩者。

第二二条　有下列各款之一者,解职。

一　违背党义及规章者;

二　操守不谨、怠于工作者;

三　侵蚀公款者;

四　学力浅薄、不能胜任职务者。

五　记过满三次者。

第七章　待遇

第二三条　职工教育实施人员之待遇,得援用本部铁路员工服务条例第四章之原则,酌斟情形办理之。

第八章　附则

第二四条　本通则之各种实施细则,另定之。

第二五条　本通则自公布日施行。

●●国营铁道职工教育实施人员任用规则民国二十一年(1932年)七月五日核准施行,二十五年(1936年)七月十日修正。

第一条　本规则依据国营铁道职工教育实施人员服务通则第三条第二项订定之。

第二条　铁路职工教育实施人员,受本部总务司之指挥、监督。

第三条　职工学校校长及各级职工教育馆长,均由本部总务司遴员充任。

第四条　职工学校及职工教育馆职教员任用资格之标准,依国营铁道职工教育实施人员服务通则第四条之规定办理之。

第五条　职工学校及职工教育馆之职教员,由本部总务司遴员,取具毕业证书服务证件(如有著作,应并附送)及所填资历表,经审查合格者,聘任之。

第六条　职工教育实施人员之待遇、奖惩等事项,依国营铁道职工教育实施人员服务通则第十四条至二十三条之规定,办理之。

第七条　职工教育实施人员之薪给标准,另定之。

第八条　职工教育实施人员之任期,定为半年。

第九条　职工学校、职工教育馆之职教员,有违犯职工教育实施人员服务通则第二十二条规定之一者,得随时解除其职务。

第一〇条　职工教育实施人员在任期已满后,由本部总务司考核,其服务成绩决定其去留。任期已满后一个月内尚未接到聘任通知书者,即作为解约。

第一一条　职工教育实施人员经解约或解职后,即停止薪给。

第一二条　职工教育实施人员,如中途因不得已事故自请辞职者,应于事先半月前,通知本部总务司,方可解约。

第一三条　本规则自公布日施行。

●●铁路职工补助教育实施规则民国二十一年（1932 年）七月五日铁道部核准施行，二十五年（1936 年）七月十日修正。

要　目

第一章　总则

第一条　本规则依实施铁路职工教育计划纲要订定之。

第二条　补助教育之实施，依实施铁路职工教育计划纲要第十三条之规定，得按各路各站职工情形，酌量呈请铁道部核准，设立下列各种补助教育机关。

一　职工教育馆；

二　职工教育分馆；

三　职工游息所。

第二章　行政

第三条　职工教育馆及游息所直隶于本部总务司。

第四条　职工教育馆及职工教育分馆各设馆长一人，职工游息所设主任一人，受本部总务司之指挥、监督，掌理各该馆所一切事宜。

第五条　职工教育馆分馆及游息所视事务之繁简，得设馆员或所员若干人助理之，但须经本部总务司核准。

第六条　职工教育馆分馆及游息所应酌量举办休闲、讲演、书报、组织、健康、生计之各种社会教育事业。

第七条　各职工教育馆及游息所关于社会教育之设施，应与各该路站之铁路职工学校实行连络，以符补助教育之本旨。

第八条　各职工教育馆及游息所之办事细则，由各该馆馆长或主任订定之，并呈报本部总务司备案。

第三章　组织

第九条　职工教育馆应酌设休闲、讲演、书报、组织、健康、生计各组。

第一〇条 职工教育馆工作实施办法,规定于下:

一 休闲组。以养成良好习惯,增进欣赏志趣为目标,如组织新剧、音乐会、娱乐会、茶社等属之。

二 讲演组。以锻炼说话能力,发展人人思想为目标,如组织讨论会、演说会、谈话会等属之。

三 书报组。以提高阅书能力,增进政治兴趣为目标,如组织阅报室、读书会等属之。

四 组织组。以倡导群体生活,养成纪律习惯为目标,如集会之训练及其他关于组织事项者属之。

五 健康组。以增进卫生知识,锻炼健康体魄为宗旨,如田径赛与各项运动及防疫、清洁等卫生事项,皆属之。

六 生计组。以增进服务之效力,充实生活上应需之智识与能力为目标,凡组织信用生产消费及职业各种合作社等属之。

第一一条 职工教育分馆及游息所,得依前条之规定酌设各组。

第一二条 职工教育分馆及游息所各组之工作实施办法,依第十条之规定。

第四章 经费

第一三条 各职工教育馆分馆及游息所之经费,由本部总务司编造预算,呈请部长审核,令饬各路局拨发之。

第五章 附则

第一四条 本规则如有未尽事宜,由本部总务司呈请部长核准修正之。

第一五条 本规则自公布日施行。

●●铁路职工学校教育实施暂行通则 民国二十一年(1932年)七月十日铁道部核准施行,二十五年(1936年)七月十日修正,同年(1936年)九月十五日再修正。

要 目

第七章 设备与经费

第八章 附则

第一章 总则

第一条 本通则依据本部实施铁路职工教育计划纲要订定之。

第二条 本通则适用于职工学校识字班、公民班及技术各班。

第二章 行政与组织

第三条 职工学校直隶于本部总务司。

第四条 职工学校每校设校长一人,受本部总务司之指挥、监督,综理学校一切行政事宜。

第五条 职工学校得聘教员若干人,关于学校之训育、教务、体育、卫生等事项,得由校长指定教员分别担任之。

第六条 职工学校学生在五班以上者,得设事务人员。

第七条 职工学校视其学校事务之繁简,得雇用校工若干人。

第三章 学额与编级

第八条 职工学校每校各级招收职工之学额,至多不得过五十名。

第九条 职工学校之学级编制采用单式编制、复式编制,由各校斟酌情形办理之。

第四章 课程与教材

第一〇条 职工学校,除技术班之课程另订外,关于识字班及公民班之课程,暂定如下:

识字班第一期

科 目	节 数	分 钟
识字	十一	四一〇
习字	五	一七五
纪念周	一	四〇
周会	一	三五

识字班第二期

科 目	节 数	分 钟
识字	九	三二〇
习字	三	一〇五
纪念周	一	四〇
周会	一	三五
算术	四	一六〇

公民班(一二三期,同)

科　目	节　数	分　钟
国语	七	二七〇
算术	四	一四〇
自然社会常识	三	一〇五
铁路常识	二	七〇
纪念周	一	四〇
周会	一	三五

说明

一　改点钟制为分钟制,每日以一百二十分钟计算,除下课休息十分钟外,将一百一十分钟分成四十分钟者一节,三十五分钟者二节,共三节授课。

二　识字班识字科包括缀法、注音两科;公民班国语科包括缀法、作文科目。

三　外国语一科取消,各校如应学生之要求时,可另设外国语补习班,以资补救。

四　公民班暂不设机械、工程、行车、电气、绘图各科,移作技术班之主要科目。

第一一条　职工学校所采用之教材,须经本部总务司之审定,方得采用。

第五章　教学与考查

第一二条　职工学校之各科教学过程及教学方法,得由各校长及教员酌按职工之学力及智力,分别参考现行各种教学法,拟定之。

第一三条　职工学校学生修学成绩之考查法,另定之。

第六章　学制与休假

第一四条　职工学校识字班修业期间定为一年,公民班定为一年半,技术班定为两年。

第一五条　职工学校寒暑假之起讫时间,由本部总务司定之。

第一六条　职工学校星期日照常授课,不得休假。

第一七条　职工学校关于下列纪念日,准予休假:

一　一月一日中华民国成立纪念日;

二　三月十二日总理逝世纪念日;

三　三月二十九日革命先烈纪念日;

四　八月二十七日孔子诞辰纪念日;

五　十月十日国庆纪念日;

六　十一月十二日总理诞辰纪念日。

上列纪念日准予休假,并须举行纪念仪式及演讲。

第七章　设备与经费

第一八条　职工学校之设备,须力求完善,以适合职工身心之发展为原则。

第一九条 职工学校每校之经费,由本部总务司编造核算,呈请部长批准,指令路局拨给之。

第八章 附则

第二○条 本通则如有未尽事宜,由本部总务司呈请部长核准修正之。

第二一条 本通则自公布日施行。

●●铁路职工学校规程 民国二十一年(1932年)七月十一日铁道部核准施行,二十五年(1936年)七月十日修正。

要 目

第一章 总则

第一条 本规程依据铁路职工学校教育实施暂行通则制定之。

第二条 职工学校之设立、废止或变更,由本部总务司定之。

第三条 职工学校以设在某铁路沿线,定名为铁道部直辖某线某某职工学校。

第二章 组织

第四条 职工学校设校长一人,教员若干人,由本部总务司遴员聘任之。

第五条 职工学校不设专任训育主任及教务主任,每两级或三级设级任教员一人,由校长指定之,担任各级教管事项。

第六条 职工学校关于训育事宜,得召集训育会议。关于教务事宜,得召集教务会议处决之。

第七条 训育会议及教务会议由校长、各级任教员组织之,开会时,以校长为主席。

第八条 级任教员商承校长,并服从训育会议及教务会议之议决案,执行本级之教管事项。

第九条　职工学校在五班以上者,得设事务员一人,由本部总务司派充之。

第一〇条　职工学校职教员之组织,依下列之规定任用之。

学生总数	开办班数	教室	每周教学时数	校长	校长每周担任钟点	教员	教员每周担任钟点	事务员	校工
二〇〇	四	二	三二	一	四	二	一四	兼	一
二五〇	五	二	四〇	一	四	二	一八	一	一
三〇〇	六	三	四八	一	四	三	一五	一	一
三五〇	七	三	五六	一	四	三	一七	一	一
四〇〇	八	四	六四	一	四	四	一五	一	二
四五〇	九	四	七二	一	四	四	一七	一	二
五〇〇	一〇	五	八〇	一		五	一六	一	二
五五〇	一一	五	八八	一		五	一七	一	二
六〇〇	一二	六	九六	一		六	一六	一	二
六五〇	一三	六	一〇四	一		六	一七	一	三
七〇〇	一四	七	一一二	一		七	一六	一	三
七五〇	一五	七	一二〇	一		七	一七	一	三
八〇〇	一六	八	一二八	一		八	一六	一	三
八五〇	一七	八	一三六	一		八	一七	一	三
九〇〇	一八	九	一四四	一		九	一六	一	三
九五〇	一九	九	一五二	一		九	一七	一	四
一〇〇〇	二〇	十	一六〇	一		十	一六	一	四
备注									

第三章　职务

第一一条　校长掌下列事项:

一　对外代表学校,接洽一切事项;

二　对内督率职教员及校工,力谋校务之发展

三　召集校务会议及其他各种会议,并执行其议决案;

四　校务分掌之支配;

五　全校学级之编制;

六　督率职教员之服务;

七　考查职教员之勤惰;

八　学校行政事项之呈报;

九　保管校产及经费;

一〇　计划学校设备及建筑;

一一　处理其他校务事项。

第一二条　训育会议掌下列事项:

一　确定训育之目标及实施方法；

二　编制训育上之各种表簿；

三　编制训育上之各种公约；

四　处理学生之奖惩事项；

五　指导学生之自治及集会；

六　管理学生之体育及卫生事项；

七　指导学生之课外活动；

八　处理其他关于全校训育事项。

第一三条　教务会议掌下列事项：

一　确定教学之目标及方法；

二　编制教务上之各种表簿；

三　办理考试事项；

四　考核学生成绩；

五　综察比较各级、各科教学之成绩，以资改进；

六　计划全校图书、仪器、标本之设备；

七　举办学生成绩展览等事项；

八　处理其他关于全校教务事项。

第一四条　级任教员掌下列事项：

一　处理训育会议及教务会议议决所分配之工作；

二　执行训育会议及教务会议关于本级之议决事项；

三　关于本级学生举行之考查；

四　关于本级学生个性之训练；

五　指导本级学生课外作业；

六　考查本级学生各项成绩；

七　调查并统计本级学生之出席与缺席；

八　其他关于本级学生之教管事项。

第一五条　事务员执掌下列事项：

一　采办学校用品；

二　指挥校工服务；

三　保管校具及仪器标本事项；

四　经管经济出纳；

五　编造预决算；

六　撰拟并保管文件；

七　缮印讲义及表簿。

第四章　任课

第一六条　校长、教员任课时间规定如下：

甲　校长任课时间

一　十班以下之学校，每周任课时间不得少于二〇〇分钟；

二　十班以上之学校，得免予任课。

乙　教员任课时间

一　级任教员每周任课时间至多不得超过一二〇〇分钟，不得少于一〇〇〇分钟；

二　兼任教员每周任课时间暂不规定标准，得按事实上之需要，由校长分配之，并按此例减少薪给。

第五章　学校报告事项

第一七条　职工学校应于学期开始两周内，造具学校行政计划书一份，呈送本部总务司备案。

第一八条　职工学校应于学期开始后一个月内，造具教职员及学生一览表各一份，呈送本总务司备查。报告表程式，另定之。

第一九条　职工学校应于每月月终造具学校概况报告表一份，呈送本部总务司备查。报告表程式，另定之。

第二〇条　职工学校应将校内一切器物分类造册，呈报本部总务司备查，嗣后，如遇有添置，应按月呈报本部总务司。

第二一条　职工学校其校内器物如有损失，应由校长按月陈报，如不陈报，即以未受损失论。

第六章　给薪

第二二条　职工学校教员之月薪，依下表之规定。

职别＼级别＼薪额	一	二	三	四	五
校长	80	75	70	65	60
级任教员	60	55	50	45	40
事务员	40	35	30	25	20

第二三条　校长薪俸之支给,除酌核其资格外,并以学校班数多寡为标准,制定薪级,如下:

一　十五班至二十班者,为第一级;

二　十班至十五班者,为第二级;

三　五班至十班者,为第三级;

四　三班至五班者,为第四级;

五　三班以下者,为第五级。

第二四条　级任教员支给薪俸之等级,除酌核其资格外,按其服务成绩确定之。

第二五条　兼任教员支给薪俸之等级,除酌核其资格及服务成绩外,按其每周担任钟点多寡,确定之。

第二六条　事务员支给薪俸之等级,除考核其服务成绩外,按其学校事务之繁简,确定之。

第二七条　职工学校新聘职教员之月薪,开学前到校者,自任事之日起支,开学后到校者,自到校授课之日起支。

第七章　学生成绩考查

第二八条　职工学校学生学业成绩之考查,以平时记分及定期试验方法行之。

第二九条　平时记分,于授课时间行之。

第三〇条　定期试验,于每月终了举行月考一次。

第三一条　评定学生每月各学科成绩,应以平时记分及月考分数平均计算之。

第三二条　评定学生毕业成绩,应以各月考之平均分数与毕业试验分数平均计算之。

第三三条　评定成绩分甲、乙、丙、丁四等:

甲　八十分以上;

乙　七十分以上;

丙　六十分以上;

丁　不满六十分。

第三四条　学生成绩在丙等以上者,为及格;丁等,为不及格。各科均及格者,准予毕业。

第三五条　毕业成绩各科总平均分数及格,其中有一门不及格者,仍准予毕业。

第三六条　毕业成绩两门以上之学科不及格,而总平均分数仍及格者,准予补考。补考后,仍为两门以上不及格者,留级。

第三七条　毕业成绩总平均分数不及格者,留级。

第三八条　各项考试规则及操行成绩考查方法,由学校拟定,经本部总务司核准施行。

第八章　附则

第三九条　本规程自公布日施行。

●●铁路职工学校视察规程 民国二十一年(1932年)部核准施行,二十五年(1936年)七月十日修正。

第一条　本规程依据铁路职工学校教育实施暂行通则第十二条订定之。

第二条　本部总务司得随时派员视察各路职工学校,视察表格式另定之。

第三条　视察员由本部总务司遴员派充。

第四条　视察员承本部总务司之命,视察指定各该区域内职工学校教育事宜。

第五条　视察职工学校,应注意之事项,如下:

　一　关于学校行政方面者;

　二　关于设备方面者;

　三　关于训育方面者;

　四　关于教学方面者;

　五　关于学生活动方面者;

　六　关于经费方面者;

　七　关于本部总务司指定视察事项。

第六条　视察员视察各职工学校时,得检查学生名额,并试验学生成绩。

第七条　视察员视察各校时,得召集学校教职员开会征求意见及指示校务进行方法。

第八条　视察员视察各校时,不得受学校及其他方面一切供应。

第九条　视察员对于第五条所列各项及其他视察所得,应详细报告本部总务司。

第一〇条　视察员视察区域及期间与其任务之分配,由本部总务司订定之。

第一一条　本部总务司对于各路职工学校,得按视察结果分别成绩之优劣,予以奖惩。其奖惩办法依国营铁道职工教育实施人员服务通则第十四条至二十二条之规定办理之。

第一二条　本规程自公布日施行。

●●铁路职工学校学生奖惩暂行规则 民国二十五年(1936年)七月十日铁道部修正公布

第一条　本规则依据本部铁路职工识字教育强迫施行办法第六条至第十二条订定之。

第二条　本规则适用于各学校已经注册入学之职工。

第三条　铁路职工学校学生之奖励办法,暂定为下列三种:

　一　奖金;

　二　奖章;

　三　奖品。

(一)毕业考试总平均分数列甲等前三名,品行优良,并未旷课及请假者,发给奖金。奖

金办法,依下列之规定:

第一名　奖金二十元;

第二名　奖金十五元;

第三名　奖金十元。

(二)有下列情事之一者,得给予奖章:

甲　毕业考试总平均分数列甲等第四、五、六名,并未无故迟到早退或缺席者;

乙　毕业考试总平均分数列甲等第四、五、六名,品行佳良,并记大功在一次以上者。

(三)有下列情事之一者,得给予奖品:

甲　毕业考试总平均分数列甲等者;

乙　毕业考试总平均分数列乙等,并未无故迟到早退或缺席者;

丙　毕业考试总平均分数列乙等,并品行佳良,记大功在一次以上者。

第四条　凡曾经受有第三条所定三种奖励之学生,得由各校按其知识技能之特长,呈请本部转饬各该主管路局酌予提升。

第五条　铁路职工学校学生之惩罚办法,暂定为下列三种:

一　记过;

二　留级;

三　除名。

(一)有下列情事之一者,应予记过。

甲　无故迟到或早退在三次以上者;

乙　未经请假而擅自缺席者;

丙　不守校规者;

丁　不服从师长之训导者;

戊　不知爱护公物者。

(二)在修学期间旷课时数超过受课总时数三分之二以上者,留级。

(三)连续留级二次者,开除其学籍及职务。

第六条　本规则自公布日施行。

●●铁路职工教育馆规程民国二十一年(1932年)八月九日铁道部核准施行,二十五年(1936年)七月十日修正。

要　　目

第一章　总则

第一条　本规程依据铁路职工补助教育实施规则制定之。

第二条　各级职工教育馆之设立、废止或变更,由本部总务司定之。

第三条　各级职工教育馆设置之标准,依本部实施职工教育计划纲要第十三条之规定办理之。

第四条　各级职工教育馆均直隶于本部总务司。

第二章　组织

第五条　职工教育馆及职工教育分馆各设馆长一人,职工游息所设主任一人,并各设职员若干人,均由本部总务司遴员聘任之。

第六条　各级职工教育馆内部组织应设下列各组,但就各该路经济情形,得合并设置两组或三组。

一　休闲组;

二　讲演组;

三　书报组;

四　组织组;

五　健康组;

六　生计组。

第七条　各组设干事一人,承馆主任之命,处理本组事务,并设助理干事若干人襄助之。

第三章　职务

第八条　馆长或主任掌理下列事项:

一　遵照职工教育法令,掌理全馆所一切事宜;

二　计划全馆所事务之进行与兴革;

三　对外代表本馆所接洽事项;

四　支配馆所事务之分掌;

五　考核职员之勤惰;

六　督率职员之服务；

七　馆所行政事项之呈报；

八　馆所经费事项之支配；

九　其他。

第九条　休闲组干事掌理关于下列各项事业活动之指导。

一　职工茶社；

二　同乐会；

三　音乐会；

四　剧团；

五　职工旅行团；

六　公园；

七　棋类比赛会；

八　书画展览会；

九　其他。

第一〇条　讲演组干事掌理关于下列各项事业活动之指导。

一　国语研究会；

二　语言竞赛会；

三　雄辩会；

四　巡回演讲；

五　化装演讲；

六　名人演讲；

七　学术演讲；

八　其他。

第一一条　书报组干事掌理关于下列各项事业活动之指导。

一　图书馆；

二　阅报室；

三　壁报处；

四　问字处；

五　代笔处；

六　职工刊物；

七　职工画报；

八　其他。

第一二条　组织组干事掌理关于下列各项事业活动之指导。

一　职工新村；

二　工会；

三　自治会；

四　同学会；

五　其他。

第一三条　健康组干事掌理关于下列各项事业活动之指导。

一　球类比赛会；

二　国术团；

三　卫生运动；

四　拒毒宣传；

五　种痘宣传；

六　医药宣传；

七　其他。

第一四条　生计组干事掌理关于下列各项事业活动之指导。

一　生产合作社；

二　信用合作社；

三　运销合作社；

四　职业合作社；

五　副业提倡；

六　家庭工业；

七　其他。

第一五条　各组事务得按其繁简,酌分为若干股,其职务由各该组助理干事分任之。

第四章　薪给

第一六条　职工教育馆长、主任及职员之月薪,依下列之规定。

职别 ＼ 薪额 等级	一	二	三	四
职工教育馆馆长	80	75	70	65
职工教育分馆馆长	75	70	65	60
职工游息所主任	60	55	50	45
干事	55	50	45	40
助理干事	20	15	10	5

第一七条　职工教育馆馆长或游息所主任及职员之薪级,于每年年终由本部总务司考核,其服务成绩,酌予升级或降级。

第五章　馆务报告事项

第一八条　新创立之职工教育馆所,应于开幕后两周内,造具馆所行政计划书一份,呈送本部总务司备案。

第一九条　已经成立之职工教育馆所,应于每年度春季一月十五日以前,秋季七月十五日以前,分别造具本年春、秋两季行政计划书各一份,呈送本部总务司备案。

第二〇条　职工教育馆所应于每年度开始后一个月内,造具职员一览表一份,呈送本部总务司备查,一览表格式另定之。

第二一条　职工教育馆所应于每月月终造具馆务概况报告表一份,呈送本部总务司备查,报告表格式另定之。

第二二条　职工教育馆所应于每年度开始前三个月,造具本馆所本年度经常费预算书一份,呈由本部总务司转呈部长核准后,转路局按月照拨。

第二三条　职工教育馆所应于每月月终前一周内,造具本月馆所经费支出计算书一份,由本部总务司核销。

第二四条　职工教育馆所应将馆所内一切器物,分类造册,呈报本部总务司备查,嗣后如遇有购置,应按月呈报本部总务司。

第二五条　职工教育馆所其馆内器物,如有损失,应由馆长或主任按月陈报。如不陈报,即以未损失论。

第六章　考绩及奖惩

第二六条　职工教育馆长或主任及职员之考绩办法,另定之。

第二七条　职工教育馆长或主任及职员之奖惩事项,依国营铁道职工教育实施人员服务通则第十四条至二十二条之规定,办理之。

第七章　附则

第二八条　本规程自公布日施行。

●●铁路职工教育馆成绩考查规则民国二十一年(1932年)八月九日铁道部核准施行,二十五年(1936年)七月十日修正。

第一条　本规则依据国营铁道职工教育实施人员服务通则第十二条订定之。

第二条　职工教育馆之成绩考查方法,分下列两种:

一　派员视察；

二　考核各职工教育馆每月月终造送之工作报告表。

第三条　视察员,由本部总务司派员充任之。

第四条　职工教育馆成绩考查之范围,依下列之规定：

一　关于组织事项；

二　关于职员事项；

三　关于经费事项；

四　关于设置事项；

五　关于事业实施事项；

六　关于将来计划事项；

七　关于本部总务司特命考查事项。

第五条　视察员于每次视察终结时,应将视察经过及所得结果汇报本部总务司。

第六条　本部总务司据视察员之报告,并依每月各职工教育馆造送之工作报告表,详加审核,分别按其成绩之优劣,予以奖惩。

第七条　职工教育馆馆长或职员之奖惩办法,依国营铁道职工教育实施人员服务通则第十四条至二十二条之规定,办理之。

第八条　职工游息所成绩考查,依照本规则办理之。

第九条　本规则如有未尽事项,由本部总务司呈准部长修改之。

第一〇条　本规则自公布日施行。

●●铁路职工识字教育强迫施行办法民国二十一年(1932年)十月十八日铁道部核准施行,二十五年(1936年)七月十日修正。

第一条　本办法依据本路实施铁路职工教育计划纲要第十一条订定之。

第二条　本办法适用于铁路职工学校识字班。

第三条　职工识字教育实施期限,暂定为两年,各路分期举行。

第四条　凡设有职工学校之地段内,不满四十岁不识字之职工,应于学校开学时,一律强迫入学。

第五条　凡不满四十岁之职工,在规定实施教育期限内,不毕业于职工识字教育机关者,得由各主管路局查明,开除其职务。但已具有相当之程度,经识字教育机关考试取得证明书者,不在此限。

第六条　职工入学受课,不得无故缺席暨有迟到、早退情事,倘因有特别事故不能到校受课者,须向学校请假,否则记过。

第七条　职工入学在一学季中，旷课时数超过受课总时数三分之二以上者，留级。

第八条　因旷课留级之职工，得由学校呈请主管路局，停止其年终奖金。

第九条　连续留级二次之职工，其学籍与职务同时革除有特别情由者，不在此限。

第一〇条　一学季永未迟到、早退并未缺席者，酌予奖金或奖品。

第一一条　凡各学科毕业试验成绩特别优良者，酌给奖金或奖品。

第一二条　每月或每学季终了，学校当局应统计职工修学之勤惰，分别予以奖惩。

第一三条　本办法呈奉部长，饬令各路局转令所属，严厉执行。

第一四条　本办法自公布日施行。

●●全国公路交通委员会组织规程 民国二十五年（1936 年）六月十六日行政院核准备案，同年（1936 年）六月十七日国民政府核准备案，同年（1936 年）七月一日各省市政府公布施行。

一　全国经济委员会暨互通汽车各省、市（苏、浙、皖、京、沪、闽、赣、湘、鄂、豫等省、市）为发展公路交通及统筹划一管理起见，共同组织全国公路交通委员会。

二　委员会之职掌如下：

甲　互通汽车各省、市划一公路交通法规及管理之筹议事项；

乙　互通汽车各省、市公路交通事业之促进事项；

丙　互通汽车各省、市公路交通安全卫生设备之协助事项；

丁　互通汽车各省、市一切公私道路之考察及建议关于发展改良事项；

戊　有关公路交通事业之提倡研究事项；

己　互通汽车办法之改进事项；

庚　保管互通汽车各省、市解交之互通汽车附捐通行费及其审查登记暨公告事项；

辛　附捐通行费用途之支配及其发给事项。

三　委员会设委员若干人，由全国经济委员会暨互通汽车各省、市政府各委派代表一人充任之。

四　委员会得设办事处，办理日常事务，办事处地点暂附设于南京全国经济委员会。

五　委员会设常务委员二人，主持办事处事务，由全国经济委员会指派之委员充任之。

六　委员会每季举行常会一次，其地点及日期由常务委员于开会前二十日通告各委员。

七　委员会常会之主席，由委员轮流担任之。

八　委员会委员因紧急事项，经其他委员二人之副署，得召集临时会议。

九　委员会得聘请专门委员列席会议。

一〇　委员会为研究及举办各种专门事业起见，得设立专门委员会或其他附属机关。

一一　所有常会及临时会议之决议案,由委员会函请全国经济委员会函转各省、市主管机关,查酌办理。

一二　委员会办事处之组织章程办事细则及经临预算,由常会决定之。

一三　委员会各项收支账目应报告常会,由常会指定委员审查之。

一四　本规程经全国经济委员会召集之各省、市全权代表会议议决通过后,函准各省、市政府同意,定期同时公布施行,并由全国经济委员会报请国民政府暨行政院备案。

●●各省市互通汽车章程 民国二十五年(1936 年)六月十六日行政院核准备案,同年(1936 年)六月十七日国民政府核准备案,同年(1936 年)七月一日各省、市政府公布施行。

一　全国经济委员会暨参加互通汽车各省市(苏浙皖京沪闽赣湘鄂豫等省市)为划一管理公务交通及便利互通汽车起见,特订定本章程。

二　各省市自用汽车(包括乘人汽车、运货汽车及机器脚踏车,不包括营业组织之自用大客车)除照各省市原车捐额普遍附加互通汽车捐税百分之十外,均得通行其他省市之一切公私道路,无须另缴任何通行费用,但如有侵占营业情事,应严厉处罚,其取缔办法另定之。

三　各省、市营业汽车(包括乘人汽车、运货汽车及机器脚踏车,不包括公共汽车及长途汽车)及营业组织之自用大客车(系指旅馆、旅行团体及其类似营业组织之车辆)通过专营公路时,应照章缴纳通行费,其征收办法另定之。

四　凡公共汽车、长途汽车与省、市政府订有专约行驶一定路线者,不在互通汽车规定之内。如有行驶路线跨越两省、市以上者,其纳捐办法另定之。

五　凡运货汽车,如系实心车胎,不论载重大小,均不得互相通行。又,运货汽车之总重量,如在五吨以上者,暂时不得互相通行。

六　各省、市所征收之互通附捐,得由本省、市保留百分之十,其余百分之九十应解缴全国公路交通委员会。各省官营公路所征收之通行费,得由本省保留百分之九十,其余百分之十应解缴全国公路交通委员会。商营公路所征收之通行费,免予缴解。

七　上项互通附捐及通行费解款、付款办法另定之。

八　本章程第二条规定之各种汽车车主,应向居住所在地之省、市领照缴捐,其在其他某一省、市之逗留日期,不得逾三十天。

九　本章程第三条规定之各种汽车车主,应向车行开设地点之省、市领照缴捐,其在其他某一省、市逗留日期,不得逾十五天。

一○　凡逗留其他某一省、市之车辆,如已超过规定之逗留期限时,应向所逗留省、市之征收车捐机关缴付逾期费,并不另领号牌。上项逾期日数在一月以内者,应照所逗留省、市季捐捐率三分之一,缴纳逾期费,至原省、市之车损,仍应照缴。

一一 某省、市车辆到达其他省、市后,其车捐有效限期已届,不能返原省、市缴捐时,则下届车捐,得由逗留省、市征收车捐机关代收、代解。

一二 在某省、市内查获属于其他省、市之漏捐车辆,其补捐部份应照第十一条办理,并得依照当地漏捐罚则处罚之。

一三 代收其他省、市车捐及补捐,由征收机关发给各省、市,通用三联收据,并给予临时捐牌为凭,一面将收据通知联函送原省、市收捐机关备查。上项临时捐牌,应于该车辆回达原省、市时,凭向收捐机关换领正式捐牌。

一四 代收其他省、市车捐及补捐,每季结算一次,将代收捐款交解清楚。

一五 本章程第二条、第三条所准许互通车辆以外之各种车辆,如须通行其他省市之公路时,应另行领照缴捐。

一六 各省、市所发给之试车牌照,非得原发照机关之特别书面许可,不得互相通行。

一七 各种汽车通行其他省、市时,应遵守其通行省、市之一切交通规章,如有违章情事,应照违章地点之省、市规章处罚。如违章汽车已离开,违章地点之省、市经通知后,得由车主所在地省、市之管理车务机关代为执行。所收罚款得由执行机关保留百分之十五,作为手续费。

一八 凡在互通汽车各省、市境内驾驶汽车者,均须领有全国公路交通委员会颁发之统一汽车驾驶人执照。

一九 本章程如有未尽事宜,得由全国经济委员会及互通汽车各省、市代表会议修正之。

二〇 本章程经全国经济委员会召集之各省、市全权代表会议通过后,函准各该省、市政府同意,定期同时公布施行,并由全国经济委员会报请国民政府暨行政院备案。

九、司 法

●●司法院法规研究委员会规程民国二十四年(1935 年)十二月二十日司法院公布

第一条　司法院为研究现行司法法规,设法规研究委员会。

第二条　本会设委员若干人,由司法院院长就所属各机关职员中遴派,以一人为常务委员,处理会务。常务委员有事故时,由委员中互推一人代理之。

第三条　本会研究之问题,依下列规定,提出之。

一　由司法院及其所属各部、院、会交议者;

二　由各级法院建议,经司法院院长认为应付研究者;

三　由本会委员提出者。

第四条　本会每月至少开会二次,开会时,以常务委员为主席。

第五条　本会为便利研究起见,得依问题之性质及类别,分期或分组研究之。

第六条　本会所研究之问题,有须特别调查者,呈请司法院行之。

第七条　本会对于各项法规研究之结果,应具报告或建议书,呈送司法院。

第八条　本会得请司法院调派职员,兼办本会事务。

第九条　本会得聘请专门学者为顾问。

第一〇条　本规程自公布之日施行。

●●司法院法规研究委员会办事细则民国二十五年(1936 年)二月六日司法院公布

第一条　本会研究法规,分为下例各组:

第一组　关于法院组织处务及不属于他组之司法法规;

第二组　关于民事法规;

第三组　关于刑事法规;

第四组　关于监所及其他行刑之法规;

第五组　关于行政诉讼及公务员惩戒之法规。

第二条　本会委员至少应担任一组之研究事项,委员之分组,由常务委员征询委员本人意见定之。

第三条　本会收到研究之问题,由常务委员依其性质,分配该组委员一人或数人研究。

分配数人研究时,以名次在前之一人为主任。

第四条　受分配之委员,应就研究结果,提出意见书于常务委员。

第五条　常务委员收到前条意见书,应连同关系文件,即送本组各委员,并定期召集组会。

前项组会,以常务委员为主席。

第六条　组会于研究之问题,以出席委员过半数之同意议决之。可否同数时,取决于主席。

第七条　意见书之性质涉及他组者,常务委员应召集有关系之组开联席会议。

第五条、第六条之规定,于联席会议准用之。

第八条　组会对于提出之意见书,认为有再付研究之必要者,得交原委员再行研究,或推定其他委员会同研究。

第九条　意见书经组会议决后,应推定委员一人,依照决议起草研究报告或建议书,于五日内送交常务委员。

前项研究报告或建议书应由常务委员连同关系文件印送本会全体委员。

第一〇条　各委员对于研究报告或建议书如有修正意见,应于十日内提出修正理由书于常务委员。

第一一条　常务委员收到前条之修正理由书,应印送本会全体委员,并定期召集大会。

第六条之规定,于大会准用之。

第一二条　研究报告或建议书未经委员于期内提出修正理由书者,即作为大会通过,由常务委员呈送司法院。

第一三条　大会或组会每次开会地点,由常务委员临时酌定之。

第一四条　本会秘书承常务委员之命,办理本会一切事务。

其他办理事务人员襄助秘书,分办文书纪录及其他事务。

第一五条　本会因缮印文件,得就司法院录事中调用兼任。

第一六条　本会每二月应将工作情形,呈报司法院。

第一七条　本细则自公布之日施行。

●●司法院会计室组织规程民国二十四年(1935 年)十月二十二日国民政府主计处训令,司法院会计室第一二八号。

第一条　本规程,依照国民政府主计处组织法及国民政府主计处办理各机关岁计会计统计人员暂行规程暨中央各机关会计室组织用办事通则,制定之。

第二条　司法院会计主任办事处所,定名为司法院会计室。

第三条　会计室之职掌如下:

一　关于概算、决算之编审、汇转事项；

二　关于预算内各款项依法流用之登记事项；

三　关于制订统一会计表册、书据等格式事项；

四　关于账目之登记事项；

五　关于收支计算书之编核、汇转事项；

六　关于编送会计报告书表事项；

七　关于收支凭单之核签事项；

八　关于财务上增进效力及减少不经济支出之建议事项；

九　关于本室职员之人事事项；

一〇　关于本室文件之收发、撰拟、缮校、保管事项；

一一　关于编造本室工作报告事项；

一二　其他有关会计事项。

第四条　会计主任秉承主计长之命，受主计处主管局长之指导，并依法受司法院主管长官之指挥，主办司法院岁计会计事务。

第五条　会计主任得出席司法院有关其职掌之各项会议。

第六条　会计室设书记官二人至四人，录事一人至三人，由主计长任用，承长官之命，分理各项事务。

第七条　会计室遇有会计组织之更改及则例、账册、表格之修订，应签具方案，呈请主计处核办。

第八条　会计室对于主计处之岁计会计报告及工作报告，应依照主计处之规定办理。

第九条　会计室办事细则另定之。

第一〇条　本规程自呈准之日施行。

●●司法院会计室办事细则 民国二十四年（1935年）十月十一日国民政府主计处指令，司法院会计室第二四八号。

第一条　本细则依照司法院会计室组织规程第九条之规定制定之。

第二条　本室为便于办事起见，得将所有工作划交各职员负责办理，以专责成。

第三条　本室遇特殊事项，须严守秘密者，会计主任得临时指派职员办理之。

第四条　本室人事事项，由会计主任呈报主计处核办。

第五条　本室应行请示或报告主计处及司法院各事项，应按其性质分别行之。

第六条　本室收入文件，由收发员摘由、登记，注明收到年、月、日、时、附件件数，送会计主任核阅后,分别交主管职员签具意见,再分别核转办理。

第七条 办理文件应查案者,得填具调卷单,向管卷员调取,阅毕送还,仍将原调卷单收回。

第八条 文件经会计主任核判后,即送缮校印发。凡未经核判之件,概不得印发或公布。

第九条 凡承办司法院文件,经会计主任核稿后,应呈由秘书长,呈院长判行。

第一〇条 本室收到文件,如与司法院各科有关联性质者,应会核办理之。

第一一条 凡发出文件由收发员摘由、编号,填注发出年、月、日、时、附件件数,登入发文簿,分别送发,将稿件连同来文归档、编存。如属于司法院之文件,应依照院定发文手续办理。

第一二条 管卷员收到各项归档文件,应摘由、编号,填注归档日期、附件件数,登入档案登记簿,分类归档保存。

第一三条 关于款项收支,本室依照中央各机关统一会计制度之规定,由主管职员依据凭单制具传票,送经会计主任盖章。如系现金收付,同时须由出纳人员在传票上盖章,证明收讫后,交还本室会计主任加盖印章,转交各主管职员,记账保存。

第一四条 每日现金结存数应与当日之库存表互相核对。

第一五条 每旬款项收支,由本室主管职员缮具旬报,分呈备核。

第一六条 每月编制收支对照表及支出计算书,连同单据粘存簿,由会计主任呈由秘书长,转呈院长核署后,送审计部核销。

第一七条 本室办公时间,依司法院之规定。

第一八条 本室职员须按时到室办公,不得迟到、早退,但因公外出者,不在此限。

第一九条 本室置考勤簿,各职员每日到室办公,均须亲自签到考勤簿,由指定职员管理,按时呈阅。

第二〇条 本室职员请假办法,依院定规则办理。

第二一条 本室对于主计处岁计会计报告及工作报告,依照主计处之规定办理。

第二二条 本细则如有未尽事宜,得随时修改,呈请备案。

第二三条 本细则自呈奉主计处核准备案日施行。

●●司法院统计室组织规程 民国二十四年(1935年)十一月十一日国民政府训令,司法院第八九六号。

第一条 本规程,依照国民政府主计处组织法、国民政府主计处办理各机关岁计会计统计人员暂行规程暨中央各机关统计室组织及办事通则,制定之。

第二条 司法院统计员办事处所,定名为司法院统计室。

第三条 统计室之职掌如下:

一 关于司法院统计册籍、图表、格式之制订及编制统计统一办法之推行事项;

二　关于司法院统计材料之登记调查及整理汇编事项；

三　关于司法院统计报告之编纂事项；

四　其他有关统计事项。

第四条　统计室对于司法院之所属机关统计事务，经主计处之指定，应负责办理下列各事项：

一　关于所属机关统计人员之指导、监督事项；

二　关于所属机关统计工作之分配事项；

三　关于所属机关统计册籍、图表、格式之审查、制订及编制统计方法之统一事项；

四　关于所属机关统计报告之审核、汇编事项；

五　关于所属机关统计工作及人事报告之核转事项。

第五条　统计员承主计长之命，受主计处主管局长之指导，并依法受司法院主管长官之指挥，主办司法院之统计事务。

第六条　统计室设书记官二人至四人，雇员一人至三人，均由主计长任用，承长官之命，佐理各项事务。

第七条　统计室视事实之需要，得呈请司法院主管长官指定人员，在院内各部分组织中，负责担任登记、统计工作。

前项人员，对于办理统计工作，应受统计员之指挥。

第八条　统计室于必要时，得呈准司法院主管长官，委托院内及其所属机关职员代行登记及调查，或调用职员佐理各项事务。

第九条　统计室得派定职员，在院内各部分组织中，抄录有关统计之表册、文簿，从事登记。

第一○条　统计员得出席司法院有关其职掌之各项会议。

第一一条　统计室为谋统计事务与行政事务之联络起见，得呈请司法院主管长官设置司法院统计委员会，其组织规则另定之。

第一二条　统计室办事细则另定之。

第一三条　本规程自呈准之日施行。

●●司法院统计室办事细则　民国二十五年(1936年)二月二十二日国民政府主计处训令，司法院统计室第七三号。

要　目

第一章　总则

第一条　本细则依照司法院统计室组织规程第十二条之规定制定之。

第二条　本室事务,除遵照国民政府主计处办理各机关岁计、会计、统计人员暂行规程及中央各机关统计室组织及办事通则所规定者外,悉依本细则办理。其有与司法院各部分组织有关联之事项,于不抵触上项范围内,并依司法院处务规程办理之。

第二章　职权

第三条　本室事务由统计员分配所属职员办理之,遇有事务增繁,原有职员不敷分配时,得按照组织规程第八条规定,呈请调员襄助。

第四条　本室对于经主计处指定直接指导、监督之司法院所属机关统计人员,或呈经司法院指定之统计工作人员,均得直接分配其工作,其未经指定者,得呈请司法院主管长官令行交办。

第三章　统计工作

第五条　本室每届司法院编制年度概算之前,应拟具下年度统计工作计划,经司法院统计委员会或会同司法院各部分组织审议后,呈送主计处核准。

第六条　本室统计工作由统计员分配于各职员后,承办职员应按其资料之性质,分别登记于登记册中或编制图表及说明等,送呈统计员核办。

第七条　本室之统计资料登记,由统计员指定本室职员或委托司法院各部分组织中职员随时办理之,并按期送统计员核阅。

第八条　本室统计报告之造送,除主计处交办者应迳行呈复外,其经规定之经常统计报告应依统计法施行细则之规定行之。

第九条　本室于各项册籍图表格式之制定与统计结果公布以前,应先呈送主计处核定。

第四章　文件处理

第一〇条　本室收到文件,由收发员摘由、编号,填注收到日期、时刻、附件件数,登入收文簿,按日送统计员核阅,其封面有密件或亲启字样者,应即送统计员亲自拆阅。

第一一条　本室收到文件经统计员核阅后,批明办法,分交职员办理。

第一二条　本室文件应视其性质分别最要、次要,最要者,即日办竣;次要者,限期办毕。如须查卷或因其他情形,得由承办职员陈明理由,酌予延长之。

第一三条　本室承办文件职员收到交办文件后,应即分别拟稿,其有疑难者,应随时签呈请示。其应付存查者,送统计员核准归档。

第一四条　本室承办文件职员于文件办竣后,签名负责送统计员核阅判行,其属院稿者,经统计员核签后,依院定判稿手续办理。

第一五条　本室发出文件由收发员摘由、编号,填注发出日期、时刻、附件件数,登入发文簿,分别将文件送发稿件归档,其属院稿者,应依院定发文及归档程序办理。

第一六条　本室关于统计资料及其他应单独保管之档案,由统计员指定职员分门别类妥为保管,并依类登录于登记簿。

第一七条　本室未经核准公布之文件,各职员应绝对严守秘密,如有泄漏,从严惩办。

第五章　行文程式

第一八条　本室对外行文,以司法院名义行之。

第一九条　本室对内行文,程式如下:

一　关于主计处方面

　　对主计处用呈;

　　对主计处各局用呈;

　　对主计处各局部分组织用函;

　　对主计处所派其他机关之主办计政人员用函。

二　关于司法院方面

　　对司法院主管长官用呈;

　　对司法院指定之指挥、监督长官用呈;

　　对司法院所属机关经指定受本室指导、监督之办理统计人员用函;

　　对司法院其他各部分组织,视其性质或依照院内向例办理,或呈请交办。

第二○条　本室应行请示或报告各项事件,应按其性质分别行之。凡属主计处主管者,呈由主管局转呈。属司法院者,呈由司法院主管长官指定之指挥、监督长官转呈。

第六章　工作报告

第二一条　本室每月应报告之工作事项,如下:

一　关于工作之成绩事项;

二　关于有关统计事务之会议纪录事项;

三 关于所属职员之任免、迁调、奖惩事项;

四 关于所属职员之考勤事项。

凡经主计处指定,受本室指导、监督之司法院所属机关统计人员之各种工作报告,由本室核转。

第二二条 本室于每月上旬,将上月之各种工作报告造具二份,送呈主计处统计局存转,其有规定格式者,依照规定办理。

第二三条 本室各种工作报告,除呈报主计处外,并应视其性质,分呈司法院备查。

第七章 服务

第二四条 本室办公时间,依司法院之规定,于必要时得延长之。

第二五条 本室职员须按时到室办公,不得迟到、早退。但因公外出者,不在此限。

第二六条 本室职员在办公时间不得会客,但因公接见者不在此限。

第二七条 本室职员,除于司法院考勤簿按照签到外,并应于本室考勤簿签到,不得托人代签。

第二八条 本室职员请假,依政府职员给假条例办理,并应于事前呈准及请派代理人。

第二九条 本室职员请假手续,依司法院规定行之。但统计员请假时,并须呈经主计处统计局转呈核准。

第三〇条 各种例假循例休息,但有紧急事件,仍得临时召集办公。

第三一条 本室值班出勤办法,依司法院规定行之。

第八章 附则

第三二条 本细则如有未尽事宜,由统计员呈请主计处修改之。

第三三条 本细则自呈奉主计处核准之日施行。

●●司法行政部会计室组织规程 民国二十五年(1936年)三月十八日国民政府训令,司法院第二七四号。

第一条 本规程,依照国民政府主计处组织法及国民政府主计处办理各机关岁计会计统计人员暂行规程暨中央各机关会计室组织及办事通则,制定之。

第二条 司法行政部会计主任办事处所,定名为司法行政部会计室。

第三条 会计室之职掌如下:

一 关于概算、决算之核编、整理事项;

二 关于预算内各款项依法流用之登记事项;

　　三　关于制定统一会计表册、书据等格式事项；

　　四　关于制具记账、凭证事项；

　　五　关于账目登记事项；

　　六　关于收支凭单之核签事项；

　　七　关于编送会计报告书表事项；

　　八　关于财务上增进效力及减少不经济支出之建议事项；

　　九　其他有关岁计、会计事项。

第四条　会计室对于所在机关之所属机关岁计、会计事务，经主计处之指定，应负责办理下列各事项。

　　一　关于所属机关会计人员之指导、监督事项；

　　二　关于所属机关岁计、会计工作之分配事项；

　　三　关于所属机关概算、决算、会计表册、书据等格式及账目登记报表编制之审订、统一事项；

　　四　关于所属机关计算书审核事项；

　　五　关于所属机关其他一切岁计、会计事务之指导、监督事项。

第五条　会计主任承主计长之命，受主计处主管局长之指导，并依法受司法行政部主管长官之指挥，主办司法行政部岁计、会计事务。

第六条　会计主任得出席司法行政部有关其职掌之各项会议。

第七条　会计室设科员四人至十人，书记官二人至五人，雇员三人至五人，均由主计长任用，承长官之命，佐理各项事务。

第八条　会计室遇有会计组织之更改及则例、账册、表格之修订。应拟具方案，呈请主计处核办。

第九条　会计室对于主计处之岁计、会计报告及工作报告，应依照主计处之规定办理。

第一〇条　会计室办事细则另定之。

第一一条　本规程自呈准之日施行。

●●司法行政部统计室组织规程民国二十五年(1936年)三月二十日国民政府训令，司法院第二九一号。

第一条　本规程，依照国民政府主计处组织法、国民政府主计处办理各机关岁计会计统计人员暂行规程暨中央各机关统计室组织及办事通则，制定之。

第二条　统计室之执掌如下：

　　一　关于司法行政部统计册籍、图表格式之制订及编制统计统一办法之推行事项；

二　关于司法行政部统计材料之登记、调查及整理、汇编事项；

三　关于司法行政部统计报告之编纂事项；

四　其他有关统计事项。

第四条　统计室对于司法行政部之所属机关统计事务,经主计处之指定,应负责办理下列各事项。

一　关于所属机关统计人员之指导、监督事项；

二　关于所属机关统计工作之分配事项；

三　关于所属机关统计册籍、图表格式之审查、制订及编制统计方法之统一事项；

四　关于所属机关统计报告之审核、汇编事项；

五　关于所属机关统计工作及人事报告之核转事项。

第五条　统计主任承主计长之命,受主计处主管局长之指导,并依法受司法行政部主管长官之指挥,主办司法行政部之统计事务。

第六条　统计室设科员四人,书记官三人,雇员二人,均由主计长任用,承长官之命,佐理各项事务。

第七条　统计室视事实之需要,得呈请司法行政部主管长官指定人员,在部内各部分组织中,负责担任登记、统计工作。

前项人员,对于办理统计工作,应受统计主任之指挥。

第八条　统计室于必要时,得呈准司法行政部主管长官委托部内及其所属机关职员代行登记及调查,或调用职员佐理各项事务。

第九条　统计室得派定职员,在部内各部分组织中,抄录有关统计之表册、文簿,从事登记。

第一〇条　统计主任得出席司法行政部有关其职掌之各项会议。

第一一条　统计室为谋统计事务与行政事务之联络起见,得呈请司法行政部主管长官设置司法行政部统计委员会,其组织规则另定之。

第一二条　统计室办事细则另定之。

第一三条　本规程自呈准之日施行。

●●中央公务员惩戒委员会职员给假规则民国二十四年(1935 年)六月二十九日中央公务员惩戒委员会呈准司法院备案

第一条　本会职员,非因疾病及确系不得已事故,不得请假。

第二条　凡职员请假,须具请假书,载明事由及日期,呈经书记官长核准,但简任职人员之请假,须经委员长之核准。

第三条　凡职员请病假或事假半日者,得陈由长官许可,于考勤簿内注明,免具请假书。

此项临时假,每月超过二次以上者,仍应具请假书。

第四条 凡请假之职员,应将经办事件托同事一人代办,但须得长官之许可,如无相当人员代办时,应请书记官长或委员长派员暂行代理。

第五条 凡职员假期已满未能销假者,应即续假。

第六条 凡职员未经请假而擅离职守,或假期已满而不续假,亦不销假到会服务者,以旷职论。但因特别障碍,事后声请补假,经核准者,不在此限。

第七条 凡旷职一日至五日,按日扣俸,六日以外者,过一日扣俸二日,逾十日者,撤职。

第八条 凡职员因事请假,每年积计不得逾十四日。逾限者,按日扣俸,但因特别事故经核准者,不在此限。其每年新到职员应照到职月份,比例给假。

第九条 凡职员因病请假每年积计以三星期为限,但确罹重病者,得延长五星期。如超过规定日数而事假亦已请满者,应按日扣俸。

凡请病假者,长官得调阅医生诊断书。

第一〇条 凡职员因病重已过规定假期,仍无治愈希望者,应即辞职或请委员长派员代理。

第一一条 凡职员遇婚丧大事请假者,其假期由书记官长或委员长分别其在京或回籍及路程之远近,核定之。

第一二条 凡女职员因生育得请生育假二个月,逾限者,作为病假,照本规则第九条办理。

第一三条 凡职员销假应具报告,由总务科依照报告填明销假时日,存案备考。

第一四条 凡每月终,由总务科将各职员请假日数及事由列表送书记官长,转呈委员长核阅后,交科备查。

第一五条 凡例假日,不算入假期之内。

第一六条 本规则自公布日施行。

●●国民政府政务官惩戒委员会秘书处组织规程民国二十一年(1932年)十二月二十六日国民政府公布,二十四年(1935年)八月一日修正。

第一条 本规程依国民政府政务官惩戒委员会处务规程第六条规定制定之。

第二条 本会设主任秘书一人,承本会委员之命,指挥、监督本处职员办理一切事务,并设秘书二人至五人,襄助主任秘书,办理各项事务。

第三条 本处设主任书记员一人,书记员七人至十五人,承长官之命,办理各项事务。

第四条 本处因事务之繁简,得酌用书记缮写各项文件。

第五条 本处主任秘书以本府秘书兼任,秘书以本府秘书文官处参议兼任,均由国民政府主席派定之。

主任书记员及书记员,由主任秘书陈明文官长,就文官处职员中调派兼任之。

前项人员于必要时,得调用其他机关人员兼任之,书记得由主任秘书商由文官处文书、印铸两局调用。

第六条　本处庶务由文官处庶务人员随时办理,不另派员,会计同。

第七条　本处人员遇有本府交办不关惩戒之案件,仍应随时办理,由主任秘书指导之。但本会事务繁冗,原有人员不敷分配时,亦得由主任秘书陈明文官长,在文官处职员中临时加派,襄同办理之。

第八条　本处一切应需之经费,暂在国民政府委员会经费内一并开支、造报。

第九条　本处办事细则另定之。

第一〇条　本规程如有未尽事宜,得由国民政府政务官惩戒委员会决议修正之。

第一一条　本规程自公布日施行。

●●司法院考绩委员会办事细则 民国二十五年(1936年)一月十日司法院公布

第一条　本细则依考绩委员会组织通则第五条制定之。

第二条　本会设委员五人至七人,由院长指派秘书长及其他高级职员充之,以秘书长为主席。

第三条　本院职员考绩应由主管人员填具,考绩表依次初核或覆核后,密封汇送本会。但应由院长直接考核者,不在此限。

第四条　本会收到前条之考绩表后,应由主席召集开会,共同审查。

为前项审查时,得命考核人员列席说明。

第五条　本会审查完竣,应将审查结果缮具报告,连同考绩表,密呈院长核定。

第六条　本会文书记录等事务,由秘书长指派本院职员办理。

第七条　本细则自公布日施行。

●●司法院录事服务规则 民国二十二年(1933年)十月十六日司法院公布,同日施行。

第一条　本院录事,由秘书长承院长之命雇用后,分派各科服务。

第二条　录事应按法定时间到院服务,遇有紧要事件不能停止者,虽逾法定时间,仍应继续办理。

第三条　录事到值、散值,应亲自签名于考勤簿,若因疾病或其他事故不能服务时,除急病得由他人代行请假外,须亲具请假书,呈由该管科主任送秘书长核准。

第四条　录事请假,逾七日者,分别扣薪,逾四星期或一年合计逾五十日者,撤退。但因重病或特别事故,经秘书长特许者,不在此限。

第五条 录事之考成,由该管科主任掌之,其标准如下:

一 办事之勤惰;

二 书法之优劣;

三 缮写之迟速。

第六条 录事应各置日记簿一本,逐日记载缮写字数及所办理之事件,于每星期六呈由该管科主任送秘书长核阅。

第七条 录事对于缮写或办理之文件,不得遗失、污损,其未经宣布者,并应严守秘密。

第八条 录事缮写或办理文件定有时限者,不得逾限。倘因为时急迫或有其他事故不能如限完竣者,得商陈交办之人,量予展限。

第九条 录事服务满三个月,办事勤奋、缮写端捷者,记功一次。

凡记功二次以上,或该管科主任认为有特别成绩者,得请秘书长加薪或提升。

第一〇条 录事有违第三条、第六条、第七条、第八条之规定者,由秘书长分别轻重,予以记过、减薪或撤退之处分。

凡记过及二次者,减薪及三次者,撤退。

第一一条 录事之功过,准互相抵销。

第一二条 本规则自院长核准之日施行。

●●司法院司法公报规程 民国十七年(1928年)十二月二十四日司法院公布,二十年(1931年)一月二十二日修正。

第一条 司法院依国民政府司法院处务规程第二条第十款之规定,由秘书处刊行司法公报。

第二条 司法公报每星期六日出版一册,每册约以三十页为率,如文件繁多,得增加页数。

第三条 司法公报每册均于封面里幅刊登总理遗像,并附刊遗嘱。

第四条 司法公报每期依次刊登下列文件:

甲 法规

乙 命令

一 国民政府令;

二 司法院令;

三 司法行政部令;

四 其他机关涉及司法之命令。

丙 解释

丁 批文

戊 咨文

己 公函

庚 电文

辛 裁判

　　一 判决；

　　二 决定。

壬 杂录

第五条 刊登文件，以业经发表而毋须秘密者为限。

第六条 凡已登载国民政府公报之文件，司法公报毋须刊登，但与司法有关系之文件，不在此限。

第七条 应刊登之文件由司法院秘书处、参事处于文件稿上盖一（登公报）戳记，每日由掌理编辑之科员取交，录事照抄，并于科员或书记官中指定校对专员，将抄件校对后，由秘书处付印。

司法院所属各机关应抄送刊登之文件，由各该机关照前项办理后，即将抄就及校对无讹文件，送司法院秘书处付印。

前件抄送后，应否登载及登载之先后，由秘书长核定。

第八条 抄送文件须于每周星期一日，将前一周抄出之件汇送司法院秘书处，其有应刊登而漏未抄送者，秘书处得指定应登之件，请予抄送。

第九条 抄送文件应逐件注明发文或来文年、月、日及号数，送交照登。其附抄刊登之文件，亦同。

第一○条 抄送文件送到后，应刊登者，即按期付印，并于初印稿内详细校对，不得错简。

各机关抄送稿错简者，各该机关校对员负责本院抄稿及初印稿错简者，本院校对员负责各于稿面上盖一校对员员名戳记。

第一一条 凡编幅过长文件，在本期内刊登未完者，应于本文截断之末注明（未完）字样，即于下期公报内续登之。

续登之件应于标题下注明（续第几期）字样，仍未完者，依次注明（再续或三续）等项字样。

第一二条 本规程自公布日施行。

●●司法行政部法医学审议会组织大纲 民国二十五年（1936年）五月二日司法行政部公布

第一条 司法行政部为计划改进法医及协助解决医学上之疑难问题起见，特设立法医学审议会（以下简称本会），其会址附设于法医研究所。

第二条 本会之任务如下：

一　建议与法医有关事项；

二　编辑法医学教材；

三　审议司法行政部交议事项；

四　议复法医研究所送议事项。

第三条　本会设审议委员若干人，其中三人由司法行政部指派法医研究所所长及技正充任，余均由部延聘专家充任之，并于委员中指定五人为常务委员，法医研究所长为当然常务委员，处理日常事务及召开委员等会议。

前项委员得按事实分组，每组设正、副主任，负初步审议之责，其审议结果应报告于委员会议决议之。常务委员得开常务会议，其开会期间均于办事细则规定之。

第四条　本会开委员会议及于必要召集临时委员会议时，均由常务委员互推一人为主席，非有委员过半数出席（以住居沪地者为限），不得开会。会议事件以出席委员过半数取决之，可否同数，取决于主席。

前项委员会议期间，于办事细则规定之。

第五条　本会委员任期暂定二年，但期满得继续延聘。

第六条　本会委员均为名誉职。

第七条　本会为任务上需要，得呈请司法行政部另聘专科顾问若干人议复案件，其任期及办法，准用前两条之规定。

第八条　本会关于编案开会通知纪录、印刷保管等事项及其他一切事务，得调用法医研究所人员兼任，但不得兼薪。

第九条　本会办事细则，应于拟定后，呈由司法行政部核准。

第一〇条　本组织大纲自公布日施行。

第一一条　本组织大纲如有未尽事宜，得随时呈请修改之。

●●●中央国医馆处方鉴定委员会章程 民国二十四年（1935 年）十一月二十一日

司法行政部训令，所属各机关第五八五四号。

第一条　本馆为处理法院委托鉴定案件，设立处方鉴定委员会。

第二条　前条之鉴定，以当事人不服当地国医分支馆或医药团体之鉴定，经法院函请本馆重行鉴定者为限。

第三条　本委员会设委员七人至九人，由馆长聘任之，并指定一人为主席。

第四条　本委员会会议由主席召集之，须有委员过半数之出席，方得开会。出席委员三分二以上之同意，方得议决。

第五条　本馆收到鉴定案件，应即交委员会处理之。

第六条 本委员会收到前条交到案件,应由主席指定委员一人作初步审查。

初步审查意见分送各委员签注后,应由主席召集会议决定,并推定委员一人作成鉴定书。

第七条 初步审查意见提出会议,如不得出席委员三分二之同意时,应由主席另行指定委员一人复审查。

复审查意见分送各委员签注后,仍由主席召集会议决定,并推定委员一人作成鉴定书。

第八条 初步审查意见与复审查意见提出会议,如均不得出席委员三分二之同意时,应由主席呈请馆长裁决,裁决后,由馆长指定委员一人作成鉴定书。

第九条 前三条之鉴定书均由全体委员签名盖章,交主席送呈馆长核定,仍以本馆名义函送法院。

第一〇条 本章程自常务理事会议决通过之日施行。

●●司法行政部考绩委员会办事细则 民国二十四年(1935年)十二月二十日司法行政部公布

第一条 本细则依考绩委员会组织通则第五条制定之。

第二条 本委员会设委员十人至十五人,由本部政务次长、常务次长及由部长指定之本部高级职员充之,以政务次长为主席,常务次长为副主席。

关于检察官考绩之汇核,最高法院检察署检察长,为本委员会当然委员。

第三条 本部及所属机关职员考绩,应由主管人员依公务员考绩法施行细则第二条之规定填具考绩表,依次初核、复核或汇核后,密封送呈本委员会。

第四条 本委员会收到前条之考绩表后,由主席、副主席指定委员若干人先行初步审查。

为前项审查时,得命考核人员列席或书面说明。

第五条 初步审查完毕后,应将审查结果书面报告正、副主席。

正、副主席接受前项报告后,应定期召开会议汇核,但不受多数决拘束。

第六条 正、副主席应将会议结果填入考绩表,呈部长核定,并得加具意见。

第七条 本委员会得酌调本部职员,办理文书纪录等事项。

前项办事人员,对于本会一切事项,应严守秘密。

第八条 本细则自公布之日施行。

●●最高法院检察署考绩委员会办事细则 民国二十四年(1935年)十二月二十日司法行政部公布

第一条 本细则依考绩委员会组织通则第五条制定之。

第二条 本委员会设委员三人至五人,由检察长、书记官长及由检察长指定之检察官充之,以检察长为主席。

第三条　本署书记官考绩,应由主管人员依公务员考绩法施行细则第二条之规定填具考绩表,送经其配置之检察官或书记官长初核后,密封送呈本委员会。

第四条　本委员会收到前条之考绩表后,由主席指定委员若干人先行初步审查。

为前项审查时,得命考核人员列席说明。

第五条　初步审查完毕后,应将审查结果书面报告主席。

主席接受前项报告后,应定期召开会议汇核,但不受多数决拘束。

第六条　主席应将会议结果填入考绩表,呈部核定,并得加具意见。

第七条　本委员会得调该署职员,办理文书纪录等事项。

前项办事人员,对于本委员会一切事项,应严守秘密。

第八条　本细则自公布日施行。

●●最高法院职员给假规则民国二十四年(1935年)六月二十九日最高法院呈准司法院备案

第一条　本院职员,非因疾病及确系不得已事故,不得请假。

第二条　凡职员请假,须具请假书,载明事由及日期,各庭呈由庭长,书记厅由书记官长转呈院长核准,但庭长或书记官长直接向院长请假。

第三条　凡请假职员,应将经办事件委托同事一人代办,但须得长官之许可,若无相当人员代办时,应请院长派员暂代。

第四条　凡职员假期届满,须具销假书销假,未能销假者,应即叙明理由,呈请续假。

第五条　凡职员未经请假而擅离职守,或假期已满而不销假亦不续假者,均以旷职论。但因特别障碍,事后声叙理由补假,经院长核准者,不在此限。

第六条　凡旷职未满一星期者,按日扣俸。在一星期以上者,由院长酌量情节轻重,分别交付惩戒或警告。

第七条　凡职员因事请假,每年合计以二星期为限。新到差者,按到差月分比例给假。逾限者,按日扣俸。但因特别事故经院长核准者,不在此限。

年以历计,由一月至十二月为一年。

第八条　凡职员因病请假,每年合计以三星期为限,逾限者,得以未请假之假期抵销,不足抵销时,应按日扣俸。但推事按月应办案件数目平均计算并无缺少者,不在此限。

凡请病假者,院长得调阅医生诊断书。

第九条　凡职员确罹重病,非短时间所能痊愈者,除依前条请假外,得由院长核准,再延长五星期。

第一〇条 凡职员因婚丧事故请假者,其假期由院长分别其在京回籍及路程之远近,核定之。

第一一条 凡女职员因生育得请生育假两个月,逾限者,视为病假,照第八条及第九条办理。

第一二条 凡职员之请假、销假、续假或旷职,由各该庭长或书记官长随时稽查,并于每月终,将请假、销假、续假或旷职之职员姓名、期间及事由,列表转呈院长鉴核,各庭庭长及书记官长请假、销假、续假或旷职,由书记厅每月终列表,呈院长鉴核。

前项表件,交书记厅汇编总表存查。

第一三条 凡例假日,不算入假期之内。

第一四条 本规则自公布日施行。

●●最高法院检察署职员给假规则 民国二十四年(1935年)八月十二日检察署呈准司法院备案

第一条 本署职员,非因疾病及确系不得已事故,不得请假。

第二条 职员请假,应依定式缮具请假书,载明事由及日期,呈请检察长核准。但书记官以下职员,须经书记官长核转。

各科书记官请假,除依前项规定外,应报告本科科长,记录科书记官,并应报告配置之检察官。

销假时,应于原请假书内载明销假日期,送呈核阅。

第三条 凡请假职员,应将经办事件委托同事一人代理,但须得长官之许可。若无相当人员代理时,应请检察长派员暂代。

第四条 凡职员假期已满未能销假者,应即叙明理由,呈请续假。

第五条 凡职员未经请假而擅离职守,或假期已满而不销假亦不续假者,均以旷职论。但因特别障碍事后声请,得检察长核准者,不在此限。

第六条 凡旷职未满一星期者,按日扣俸。在一星期以上者,由检察长酌量情节轻重,分别提付惩戒或警告。

第七条 凡职员因事请假,每年合计以二星期为限,逾限者,按日扣除薪俸。但因特别事故经检察长核准者,不在此限。

第八条 凡职员因病请假,每年合计以三星期为限,逾限得以未请事假之假期抵销,不足抵销时,应按日扣除薪俸。但确罹重病非短时间能治愈者,得以检察长之核准,再延长五星期。

第九条 凡职员因重病延长假期已满,仍无痊愈希望者,应即辞职或请派员代理。

第一〇条 凡职员遇婚丧大事请假者,其假期由检察长分别在京或回籍及路程之远近,核定之。

第一一条　凡女职员因生育请假者，假期以两月为限。逾期未能销假时，视为病假。

第一二条　凡职员之请假、续假或旷职，应由长官随时稽查，并令登记人员于月终将其姓名及期间事由，列表呈送检察长核阅，并交文牍科存查，汇编总表。

第一三条　凡例假日，不算入假期之内。

第一四条　本规则呈准之日施行。

●●高等法院及分院处务规程民国二十四年(1935年)六月二十八日司法院公布，二十五年(1936年)三月二十一日修正。

要　目

第一章　总纲

第一条　高等法院及分院处理事务，除法令别有规定外，依本规程行之。

第二条　法院文件以该院或院长名义行之，但应以民刑事庭或书记室名义行之者，不在此限。

　　检察事务，分别以检察处首席检察官、检察官或书记室名义行之。

　　文件遇有会衔必要时，以院长及首席检察官名义行之。

第三条　法院办公时间依司法行政部命令办理，其事务繁要者，得延长之。

　　休假日期依法令之所定，但应派员值日。

第四条　办公人员每日应亲注到散时刻于考勤簿,如因事故不能到院时,应填请假书,向长官请假。

第二章　院长及首席检察官

第五条　本院及分院不置首席检察官时,其检察官职权与首席检察官同。

第六条　高等法院院长监督该院及所属法院暨其他县司法机关,并监狱看守所。

　　　　高等法院首席检察官监督该院及所属法院检察处,并其他县司法机关检察事务。

第七条　高等法院院长或首席检察官对于所属职员请假、辞职或其他紧急事故,得暂予处理,或临时派员代理,并应立即呈报司法行政部。

第八条　院长或首席检察官行使职权得发布命令,必要时,以言词行之。

第九条　关于检察部分增员加俸事宜,首席检察官应会同院长,呈请司法行政部核办。

第一○条　院长应就簿表及其他方法考查所属职员办事成绩及其操行,首席检察官考查所属职员办事成绩及其操行,亦同。

第一一条　院长对于所属各院审判事务,首席检察官对于该区域内检察事务,得考查其进行程序,并应注意审限。

第一二条　关于本院行政事务,院长为征集意见,应召集所属职员会议,其出席人员得提议事件,但不采表决制。

　　　　前项会议,首席检察官、检察官、书记官均得出席。

第一三条　院长或首席检察官因事故不能执行职务时,由资深庭长、检察官或院长指定之庭长、首席检察官指定之检察官分别代行其职务,并应呈报司法行政部。

第一四条　法院司法警察之进退、奖惩及训练事宜,由首席检察官会同院长行之。

第一五条　首席检察官为侦查及调度司法警察之便利,应与该管长官会商办法,令行所属检察官办理。

第一六条　法院行政事务,除本规程及其他法令别有规定外,由院长行之。

第三章　民、刑事庭

第一七条　民、刑案件应依收交号数或性质,按照事务分配表分配之。其配受之推事,因事故不能担任者,应由庭长自办,或指定他庭员担任,或与他庭员配受之案件互易。

第一八条　裁判之评议簿,由庭长负责保管。

第一九条　配受案件之推事,拟定裁判书,经审判长核定后,应送院长察阅。

第二○条　民、刑事庭推事每届月终,应将本月未结案件开具理由,送由院长核阅。

第四章　检察官

第二一条　检察官事务之分配,由首席检察官定之。

第二二条　检察官撰拟文件,应送首席检察官核定。

第二三条　检察官办理案件至相当程度或有特别情形时,应即报告首席检察官,在院外办事时,亦同。

第二四条　配受案件之检察官每届月终,应将本月未结案件开具理由,送由首席检察官核阅。

第五章　书记室

第一节　通则

第二五条　书记室以书记官长或主任书记官及书记官组织之。

第二六条　法院书记官长承院长命令,处理书记室及院内行政事务,并指挥监督书记官。

检察处主任书记官承首席检察官命令,处理书记室及处内行政事务,并指挥、监督该处书记官。

第二七条　书记官长、主任书记官有事故时,应分别呈明院长、首席检察官,指定书记官代理其职务。

第二八条　书记官有事故时,由书记官长、主任书记官指定其他书记官代理其职务,并分别呈明院长、首席检察官。

第二九条　高等法院置文牍科、民事科、刑事科、监狱科、统计科、会计科,各科置主科书记官一人,其事务较繁者,得分股办事。高等法院分院及事务较简之高等法院,得不分科或并科办理。

高等法院及分院检察处得就事务性质,指定书记官一人或数人分别办理纪录、编案及文牍事务,毋庸分科。

第一项主科书记官兼任之。

各种应用簿册,由司法行政部定之。

第三〇条　书记官于配受文件应立即登入办案日记簿,其有疑义或关重要者,应向长官请示办法,但民、刑事件应先送配受该案之庭长、推检核阅。

第三一条　承办文件,应注意下列事项:

一　应编新号之件,即用卷面装置;

二　分别速办或缓办之件,其应缓办者须注明理由,送呈长官核阅;

三　应按限办理之件,于文面、卷面须注明限期;

四　应会同或会衔之件,即时会商办理;

五 应移办之件,须立即移送,并于收文簿内记明。

第三二条 承办文件,除依法令属于书记官职权者外,应送主管长官核阅后,再送院长或首席检察官核定。

第二节 文牍科

第三三条 文牍科掌下列事项:

一 选拟文件、保管印信、律师登录及本院暨所属职员任免、奖惩事项;

二 收发文件并缮状处、问事处事项;

三 保存卷宗事项;

四 其他不属于各科事项。

第三四条 诉讼卷宗及行政卷宗应分别保存,诉讼卷宗并应依结案年月顺序,分别民、刑编号,保存之。

第三五条 保存之文件,非有调取权人署名、盖章,不得检付。调取卷宗时,应立即登记卷宗调取簿,返还时亦同。

第三节 民事科

第三六条 书记官接收诉讼文件,应按照收受日时,立即登入收案簿,分别新、旧案件,送庭长核阅。

第三七条 书记官应将其经办事件及收发之日时,登载事件报告簿,逐日送由配受推事,转送庭长核阅。

逐日审理案件,应先期登记审判报告簿,送院长核阅。其定期宣判案件,亦同。

第三八条 书记官应于每月上旬,将上月份庭长、推事受理已结、未结案件,造具月表二份,送由推事转经庭长核阅后,以一份送院长,一份送统计科。

第四节 刑事科

第三九条 书记官处理事务,除本节另有规定外,准用本章第三节之规定。

第四〇条 案件确定后,应将裁判正本连同卷宗移送本院检察官,其已执行者,应于移送文内记明。

第五节 监狱科

第四一条 监狱科掌下列事项:

一 监所之修建及改良事项;

二　监所之作业、教诲及教育事项；

三　监所之戒护、给养、卫生及医治事项；

四　人犯之出入及脱逃、缉捕事项；

五　关于监所之其他事项。

第四二条　书记官对于监所应行改良事项，得签注意见，或拟具计划，陈请院长核办。

第六节　统计科

第四三条　统计科掌编制表册及核转各种统计事项。

第四四条　编制统计应以各种簿册书表及各种文件为根据，其重要之点应附说明。

第四五条　检察处书记官应将有关统计材料，按时送科编制。

第四六条　转报所属各机关表册，应注意下列事项：

一　原报表册有错误时，应予指正或更正；

二　原报表册无错误时，除留存一份备查外，应迅予转报；

三　逾限未报者，应予催告，于必要时，并将情形报告长官。

第七节　会计科

第四七条　会计科掌下列事项：

一　本院及所属各机关收支概算、预算、计算、决算事项；

二　民、刑事状纸、司法印纸请领及发售事项；

三　关于款项出纳事项；

四　关于司法收入整理事项；

五　关于案内之款项物品保存事项；

六　关于购置物品及丁役训练管理等庶务事项；

七　其他会计事项。

第四八条　主科书记官在统一会计制度施行以前，应遴选有会计学识经验之人员充之。

第四九条　关于监所收支之概算、预算、计算、决算，应会同监狱科办理。

第五〇条　计算、决算书单、领款总簿、收支对照表及俸给、薪津、工饷等簿，应按时呈送院长核阅。

第五一条　法院一切款项，应存储于国家银行，如当地无国家银行时，应存储于其他殷实银行或商号。前项存款数目及利息，应于结账时期，专案报部。

第五二条　书记官长及主科书记官，对于下列事项，应负稽查之责。

一　每月支用之款是否超过预算；

二　每月结存之款是否与现存数目相符；

三　收支各项单据是否完全；

四　支用各款及购置物品是否核实。

第五三条　保管现金及案内贵重物品，均应详细登记保管簿，并逐件标明号数。

第五四条　会计科簿册，于每周之末，由书记官长分送院长、首席检察官核阅。

第六章　附则

第五五条　高等法院及分院，并其配置之检察处各种处务细则，得由各该院处自行拟订，呈报司法行政部核定备案。

第五六条　本规程自公布日施行。

●●高等法院考绩委员会办事细则民国二十四年(1935年)十二月二十日司法行政部公布

第一条　本细则依考绩委员会组织通则第五条制定之。

第二条　本委员会设委员七人至九人，由高等法院院长、首席检察官、书记官长、主任书记官及由院长指定之庭长、典狱长充之，以院长为主席。

第三条　本委员会之职权，如下：

一　关于本院书记官考绩汇核事项；

二　关于分院及所属法院书记官考绩汇核事项；

三　关于分监长、主科看守长、看守长、教诲师、教师、医士、药剂士及法院看守所所长、所官考绩汇核事项；

四　关于各县承审员及管狱员、看守所所长考绩汇核事项。

第四条　关于前条职员之考绩，应由主管人员依公务员考绩法施行细则第二条之规定，填具考绩表，依次初核、复核或汇核后，密封送呈本委员会。

第五条　本委员会收到前条之考绩表后，由主席指定委员若干人，先行初步审查。

为前项审查时，得命考核人员列席或书面说明。

第六条　初步审查完毕后，应将审查结果书面报告主席。

主席接受前项报告后，应定期召开会议汇核，但不受多数决拘束。

第七条　主席应将会议结果填入考绩表，呈部核定，并得加具意见。

第八条　本委员会得调本院职员办理文书、纪录等事项。

前项办事人员，对于本委员会一切事项，应严守秘密。

第九条　本细则自公布日施行。

●●高等法院分院考绩委员会办事细则 民国二十四年(1935 年)十二月二十日司法行政部公布

第一条　本细则依考绩委员会组织通则第五条制定之。

第二条　本委员会设委员五人至七人,由高等法院分院院长、首席检察官、书记官长、主任书记官及由院长指定之庭长充之,以院长为主席。

第三条　本院书记官考绩应由主管人员,依公务员考绩法施行细则第二条之规定,填具考绩表,送经其配置之推事、检察官或书记官长初核后,密封送呈本委员会。

第四条　本委员会收到前条之考绩表后,由主席指定委员若干人先行初步审查。

为前项审查时,得命考核人员列席或书面说明。

第五条　初步审查完毕后,应将审查结果书面报告主席。

主席接受前项报告后,应定期召开会议汇核,但不受多数决拘束。

第六条　主席应将会议结果填入考绩表,呈高等法院复核,并得加具意见。

第七条　本委员会得调该院职员办理文书、纪录等事项。

前项办事人员,对于本委员会一切事项,应严守秘密。

第八条　本细则自公布日施行。

●●地方法院及分院处务规程 民国二十四年(1935 年)六月二十八日司法院公布,二十五年(1936 年)三月二十一日修正。

要　目

第一章　总纲

第一条　地方法院及分院处理事务,除法令别有规定外,依本规程行之。

第二条　法院文件,以该院或院长名义行之,但应以民、刑事庭或书记室名义行之者,不在此限。

检察事务分别以检察处首席检察官、检察官或书记室名义行之。

文件遇有会衔必要时,以院长及首席检察官名义行之。

第三条　法院办公时间,依司法行政部命令办理,其事务繁要者,得延长之。

休假日期,依法令之所定,但应派员值日。

第四条　办公人员每日应亲注到散时刻于考勤簿,如因事故不能到院时,应填请假书向长官请假。

第五条　分院不置院长、首席检察官时,其推事、检察官之职权,与院长、首席检察官同。

第二章　院长及首席检察官

第六条　地方法院院长监督该院及其分院,并看守所。

地方法院首席检察官监督该院及分院检察处检察事务。

第七条　院长或首席检察官行使职权,得发布命令,必要时,以言词行之。

第八条　关于检察部分增员加俸事宜,首席检察官应会同院长,呈请高等法院院长及首席检察官核办。

第九条　院长应就簿表及其他方法,考查所属法院及看守所职员办事成绩及其操行。首席检察官考查所属职员办事成绩及其操行,亦同。

第一〇条　院长对于该院及分院审判事务,首席检察官对于该院及分院检察事务,得考查其进行程序,并应注意审限。

第一一条　关于本院行政事务,院长为征集意见,应召集所属职员会议,其出席人员得提议事件,但不采表决制。

前项会议,首席检察官、检察官、书记官均得出席。

第一二条　院长因事故不能执行职务时,由资深庭长或院长指定之庭长代行其职务,其无庭长者,由资深推事或院长指定之,推事代行其职务。

首席检察官因事故不能执行职务时,由资深检察官或由首席检察官指定之检察官代行其职务。

前二项情形,应分别呈由高等法院院长或首席检察官转报司法行政部。

第一三条　法院司法警察之进退、奖惩及训练事宜,由首席检察官会同院长行之。

第一四条　法院行政事务,除本规程及其他法令别有规定外,由院长行之。

第三章　民、刑事庭

第一五条　民、刑案件,应依收文号数及性质,按照事务分配表分配之。其配受之推事因事故不能担任者,应由庭长自办,或指定他庭员担任,或与他庭员配受之案件互易。

第一六条　配受案件之推事拟定裁判书后,应送院长察阅,合议庭推事拟定裁判书,经审判长核定后,亦同。

关于简易程序之民、刑案件,其裁判书得于宣示或送达后,呈送院长察阅。

第一七条　案件以合议行之者,其裁判之评议簿由庭长负责保管。

第一八条　民、刑事庭推事每届月终,应将本月未结案件开具理由,送由院长核阅。

第四章　民事调解处

第一九条　民事调解,在法院民事调解处行之。

第二〇条　推事行调解时,得暂行退席,命调解人先行劝解。

劝解结果,应由调解人报告推事。

推事接受前项报告,应立即出席调解。

第五章　民事执行处

第二一条　民事执行应设执行处办理之。

第二二条　执行事件由执行推事办理之,但以院长或承办该案推事办理为宜者,不在此限。

前项执行推事,于必要时,得咨询承办该案推事之意见。

第二三条　书记官接收执行案件,应即登簿,并将该件送请执行推事或院长核办。

书记官应填载执行案件进行表,于每周末送院长核阅。

前项表式另定之。

第二四条　当事人缴案之款项、有价证券、契据及其他贵重物品,由书记官督同当事人送交会计科收管,并应于印收联单中掣取两联,以一联交当事人收执,一联送执行推事附卷备查。拍卖时收取款项,亦同。

前项款项,应随时登入执行案件进行表。

第二五条　关于查封拍卖事件,应立即作成报告书,送院长核阅。

第二六条　执行处每月未结案件,依照第十八条办理。

第六章　登记处

第二七条　登记处应依法定程序办理登记事宜,遇有疑义,随时请院长指示。

第二八条　书记官对于登记事项之询问,有答覆之义务。

第二九条　登记处收结案件,应于每周之末报告院长。

第七章　检察官

第三○条　检察官事务之分配,由首席检察官定之。

第三一条　检察官办理案件至相当程度或有特别情形时,应即报告首席检察官,在院外办事时,亦同。

第三二条　检察官为侦查及调度司法警察之便利,得将侦查事件在警察机关办理。

第三三条　配受案件有须实施勘验者,应即时行之。

第三四条　检察官撰拟文件,应送首席检察官核定。

第三五条　配受案件之检察官,每届月终,应将本月未结案件开具理由,送由首席检察官核阅。

第八章　书记室

第一节　通则

第三六条　书记室以书记官长或主任书记官及书记官组织之。

第三七条　法院书记官长承院长命令,处理书记室及院内行政事务,并指挥、监督书记官。

检察处主任书记官承首席检察官命令,处理书记室及处内行政事务,并指挥、监督该处书记官。

第三八条　书记官长、主任书记官有事故时,应分别呈明院长、首席检察官,指定书记官代理其职务。

第三九条　书记官有事故时,由书记官长、主任、书记官指定其他书记官代理其职务,并分别呈明院长、首席检察官。

第四○条　地方法院置文牍科、民事科、刑事科、统计科、会计科各科,置主科书记官一人。

地方法院分院及事务较简之地方法院,得不分科或并科办理。

地方法院及分院检察处,得就事务性质,指定书记官一人或数人分别办理纪录、编案及文牍事务,毋庸分科。

第一项主科书记官得兼任之。

各种应用簿册,由司法行政部定之。

第四一条　书记官于配受文件应立即登入办案日记簿,其有疑义或关重要者,应向长官请示办法,但民、刑事件应先送配受该案之庭长、推检核阅。

第四二条　承办文件应注意下列事项:

一　应编新号之件,即用卷面装置;

二　分别速办或缓办之件,其应缓办者须注明理由送呈长官核阅;

三　应按限办理之件,于文面、卷面须注明限期;

四　应会同或会衔之件,即时会商办理;

五　应移办之件,须立即移送,并于收文簿内记明。

第四三条　承办文件,除依法令属于书记官职权者外,应送主管长官核阅后,再送院长或首席检察官核定。

第二节　文牍科

第四四条　文牍科掌下列事项:

一　撰拟文件、保管印信及本院暨所属职员任免、奖惩事项;

二　收发文件,并缮状处、问事处事项;

三　保存卷宗事项;

四　其他不属于各科事项。

第四五条　诉讼卷宗及行政卷宗应分别保存,诉讼卷宗应依结案年月顺序,分别民、刑编号保存之。

第四六条　保存之文件,非有调取权人署名、盖章,不得检付。调取卷宗时,应立即登记卷宗调取簿。返还时亦同。

第三节　民事科

第四七条　书记官接收诉讼文件,应按照收受日时立即登入收案簿,分别新、旧案件,送庭长核阅。

第四八条　书记官应将其经办事件及收发之日时,登载事件报告簿,逐日送由配受推事,转送庭长核阅。

逐日审理案件,除适用简易程序者外,应先期登记。审判报告簿送院长核阅,其定期宣判案件,亦同。

第四九条　书记官,应于每月上旬,将上月份庭长、推事受理已结、未结案件,造具月表二份,送由推事转经庭长核阅后,以一份送院长,一份送统计科。

第四节　刑事科

第五○条　书记官处理事务,除本节另有规定外,准用本章第三节之规定。

第五一条　案件确定后,应将裁判正本,连同卷宗移送本院检察官,其已执行者,应于移送文内记明。

第五节　统计科

第五二条　书记官编制统计,应以各种簿册书表及各种文件为根据,其重要之点应附说明。

第五三条　检察处书记官应将有关统计材料,按时送科编制。

第六节　会计科

第五四条　会计科掌下列事项:

一　本院收支、概算、预算、计算、决算事项;

二　民、刑事状纸、司法印纸请领及发售事项;

三　关于款项出纳事项;

四　关于司法收入整理事项;

五　关于案内之款项物品保存事项;

六　关于购置物品及丁役训练、管理等庶务事项;

七　其他会计事项。

第五五条　主科书记官,在统一会计制度施行以前,应遴选有会计学识经验之人员充之。

第五六条　计算、决算书单、领款总簿、收支对照表及俸给、薪津、工饷等簿,应按时呈送院长核阅。

第五七条　法院一切款项应存储于国家银行,如当地无国家银行时,应存储于其他殷实银行或商号。前项存款数目及利息,应于结账时期,专案呈由高等法院转报司法行政部。

第五八条　书记官长及主科书记官对于下列事项,应负稽查之责。

一　每月支用之款是否超过预算;

二　每月结存之款是否与现有数目相符;

三　收支各项单据是否完全;

四　支用各款及购置物品是否核实。

第五九条　保管现金及案内贵重物品,均应详细登记保管簿,并逐件标明号数。

第六○条　会计簿册于每周之末,由书记官长分送院长、首席检察官核阅。

第九章　附则

第六一条　地方法院及分院,并其配置之检察处各种处务细则,得由各该院处自行拟订,呈请高等法院院长、首席检察官转报司法行政部核定备案。

第六二条　本规程自公布日施行。

●●各级法院会计暂行简章民国二十五年(1936年)九月十九日司法行政部训令

第一条　各级法院处理会计事务,除法令别有规定外,应依本简章办理。

第二条　各级法院及检察处会计事务,统由院长承上级机关之命,管理监督。

高等分院与地院行政事务合并办理者,其地院会计事务由高等分院合并办理。

第三条　会计科分为下列各股:

一　出纳股,掌理事务如下:

　一　一切金钱出纳事务;

　二　经管及发售司法印纸、民、刑事状纸;

　三　登记簿册;

　四　保管贵重赃证物品;

　五　保管银行或信托局支票、存折、定期存单、送金簿及有价证券。

二　核拟股,掌理事务如下:

　一　撰拟会计文件;

　二　审编概算、计算、决算及其他收支报告表册。

三　庶务股,掌理物品之出纳、保管及其他一切庶务。

前项分股,于事务较简之法院,得呈准上级机关合并办理。

第四条　会计科主科书记官,由司法行政部直接任免,其佐理会计人员,暂由院长就原有书记官或录事中指派。

第五条　佐理会计人员处理会计事务,除受院长、书记官长之指挥、监督外,并应商承主科书记官办理。

第六条　主科书记官管理下列各款事务:

一　查核一切收支款项是否实在;

二　查核收入款项是否于法定时间内送存银行或信托局;

三　查核各种簿册登记是否相符;

四　查核各项收支书表已否如限编送;

五　查核物品价款及其出纳数目是否实在；

六　查核司法印状纸收付及结存各数是否相符；

七　查核岁出、岁入预算有无超过或不足情事；

八　查核有价证券及贵重赃证物品之收付、保管；

九　查核行存、局存及柜存款项是否相符；

一〇　随时搜集、编制概算材料；

一一　核拟会计文件。

前项第一款至第九款情形，主科书记官应随时检查，并于翌月五日以内，呈报司法行政部备核，其高等法院所属各级法院呈请高等法院转报。

前项检查如发现不合时，应即呈报院长，情节重大者，并应迳呈司法行政部核办，其高等法院所属各级法院并应分呈高等法院。

第七条　主科书记官对于会计事务之改进，除随时条陈院长外，并得迳呈上级机关核办。

第八条　各级法院首席检察官应就检察处书记官中指定一员，兼办检查会计事务。

上项指定人员应呈报上级机关备案，有变更时，亦同。

第九条　检察处检查书记官对于下列事项，应切实检查：

一　收入款项有无隐匿、遗漏及浮收情事；

二　支出款项有无浮冒及滥支情事；

三　有无挪用公款情事；

四　其他违背法令情事。

如查有不合情事，应即报告首席检察官，通知院长纠正。其情节重大者应呈报上级机关核办，并得以检察职权为适当之处置。

第一〇条　每年度编制岁入、出概算，应先由主科书记官拟定概数，并附拟定理由，签呈院长，召集临时会议决定之。

前项院务会议，首席检察官、庭长、书记官长、会计科、监狱科主科书记官及检察处主任书记官均应出席，以院长为主席。院长有事故时，以法定代理人为主席。

如有不能解决问题，应由主科书记官拟具意见，并检同会议纪录，迳呈上级机关核办。

第一一条　法院及检察处俸津、薪工应同时发给。

第一二条　检察处因公零星费用，随时通知会计科核付。

第一三条　检察处因公需用物品，由各职员迳向会计科领取。

第一四条　支付金钱，须经院长核定，但诉讼存款经庭长或主任推事核准支付者，会计科得先行支付，补具法定手续。

第一五条　支付物品须经院长核定，但显系因公需用而又迫不及待者，得先行支付，补具法定手续。

第一六条　诉讼存款之收支及贵重赃证物品之收付,属于检察职权者,由检察官核定,通知会计科办理,会计科依照办理后,仍应补具法定手续。

第一七条　凡金钱物品之支付,显系违背法令者,会计人员应拒绝支付,其出于长官之命令者,亦同。

第一八条　会计科柜存现金高等法院以五百元为限,高等分院、地方法院及地方分院以三百元为限。逾限之款应随时存入国家银行或中央信托局,至迟不得逾收款之翌日。但遇休假期间,不在此限。

第一九条　支付金钱应分别开具银行或信托局支票,但零星费用及有特殊情形者,不在此限。

第二〇条　向银行或信托局支取存款,应由出纳员开具支票,送由主科书记官核明后,转送院长签用印鉴。

第二一条　会计科各项簿册、书表、凭证、折据,除应送审计机关审核者外,均应随时分别编号,妥为保存。如遇交卸,应逐一列册移交,不得溃漏。

第二二条　各级法院施行本简章日期,司法行政部以命令分别定之。

●●调度司法警察章程民国二十五年(1936年)八月五日国民政府公布

要　目

第一章　总则

第一条　本章程依法院组织法第五十四条第二项之规定制定之。

第二条　司法警察或司法警察官,关于犯罪之侦查及裁判之执行等事项,应依刑事诉讼法之规定,听检察官之调度。

第三条　下列各员,应依刑事诉讼法第二百零八条之规定,协助检察官执行其司法警察官之职务。

一　县长、市长、设治局长;

二　警察厅长、警务处长、公安局长;

三　保安司令、警备司令;

四　宪兵队中级以上长官。

第四条　下列各员,应依刑事诉讼法第二百零九条之规定,听检察官之指挥,执行其司法警察官之职务。

一　警察官、警长;

二　保安队警备队官长;

三　宪兵官长、军士;

四　铁路警察官,警长;

五　森林警察官、警长;

六　渔业警察官、警长;

七　缉私队警官长;

八　海关巡缉队官长;

九　矿业警察官、警长;

一〇　邮务员、电政员。

前项第四款至第十款及其他依法令关于特定事项,执行司法警察官职务之人员以该特定事项为限,听检察官之指挥。

第五条　下列各员,应依刑事诉讼法第二百一十条之规定,受检察官之命令执行其司法警察之职务。

一　警士;

二　宪兵;

三　保安队兵、警备队兵;

四　铁路警士;

五　森林警士;

六　渔业警士;

七　缉私队警;

八　海关巡缉;

九　矿业警士;

一〇　邮差、电报差。

前项第四款至第十款及其他依法令关于特定事项,执行司法警察职务之人员以该特定事项为限,受检察官之命令。

第六条 检察官请求协助或指挥命令时,得直接以书面或言词行之。用言词时,并应提示指挥证,但必要时得直接以电话行之。

前项指挥证,由司法行政部制定颁行之。

第七条 受检察官之指挥命令之事件,如同时受其他机关之指挥命令,以检察官之指挥命令为准。

第八条 受检察官之指挥命令者,虽该事件不在其管辖界内,仍应妥速办理。但有困难情形时,得转请该管司法警察官办理,并即报告检察官。

第九条 受检察官之指挥命令执行职务时,应着制服,不着制服须携带证明其身分之文件,有请求阅示者,应举示之。

第一〇条 司法警察或司法警察官执行职务时,应严守秘密,并应防止犯行之传播及注意被告之身体名誉。

第一一条 司法警察或司法警察官执行职务时,在案情未明了以前,不得预存成见。

第一二条 司法警察或司法警察官执行职务时,应互相联络协助,遇必要情形,虽在夜间或休息日,亦应执行职务。

第一三条 司法警察或司法警察官与被告或被害者系配偶或七亲等内之血亲、五亲等内之姻亲或有家长、家属关系时,应自行回避,不得执行职务。但有急迫情形时,应为必要之处置。

第一四条 法院得向警察机关商调警长、警士若干名,驻院听候指挥命令,执行司法警察职务,其薪饷等费,由法院负担。

第一五条 区长、乡长、镇长、保甲长,关于侦查犯罪,以有法令特别规定者为限,应受检察官之指挥。

第一六条 审判长或推事关于审判中拘提、搜索、扣押、羁押、送达之执行等事项,调度司法警察或司法警察官时,准用本章程之规定。

第二章 侦查

第一节 通则

第一七条 司法警察或司法警察官因告诉、告发、自首或其他情事,知有犯罪嫌疑时,应即分别依刑事诉讼法第二百零八条至第二百一十条、第二百二十一条及第二百二十三条之规定,着手侦查。

第一八条 司法警察官于有告诉或告发时,虽被告或犯罪地不属其管辖区域内,亦不得拒绝。

第一九条 司法警察官得命告诉或告发人,陈述犯罪事实,及其他可供参考之情形。

前项陈述应记录之。

第二〇条 司法警察官于有告诉或告发时,应注意有无诬罔捏造情事。

第二一条 司法警察官对于自首之人,应注意是否实系悔悟及有无自诬或避重就轻等情弊。

第二二条 司法警察官得斟酌情形,就告诉或告发人之姓名保守秘密。

第二三条 司法警察官为侦查时,对于被告应查明下列事项:

一 姓名、性别、年龄、籍贯、职业、住居;

二 曾否受刑事处分,如曾受处分者,其年月日及裁判法院;

三 犯罪之性质、原因、方法、情况、日时、场所、被害人之状况及犯罪后之态度。

第二四条 被告对于犯罪事实虽经自白,仍应注意其证据之有无。

第二五条 讯问共犯应各别为之,并应注意防止勾串等弊。

第二六条 讯问被告,须用平易简明之语,不得专用法律术语或其他难解之语。

第二七条 司法警察官对于告诉、告发、自首之事件,调查后,应将有关之文书及证据物逐送检察官。

第二八条 告诉或告发案件,经撤回时,应从速将关系文书送交检察官。

第二节 拘提

第二九条 司法警察或司法警察官,除现行犯及通缉人犯得立即逮捕外,对于被告之拘提,应请检察官签发拘票。

第三〇条 司法警察或司法警察官接受检察官拘提或逮捕被告之指挥或命令时,应立即执行之。若受拘提或逮捕之人罹重大疾病或有其他不能立即执行之情事时,应向检察官速为报告。

第三一条 司法警察或司法警察官对于受拘提、逮捕之人犯,不得有虐待及侮辱行为,并不得向公众泄漏其姓名。

第三二条 司法警察或司法警察官执行拘提、逮捕完毕后,应将被告连同拘票,送交该管检察官。拘票所载之被告死亡或因他案已受逮捕者,并应报告其事由。

第三三条 司法警察或司法警察官于无侦查权人送交逮捕现行犯时,应为其便利速予接受,并应将逮捕人之姓名、住址及逮捕事由作成纪录。

第三四条 司法警察或司法警察官于逮捕或接受现行犯时,若系告诉,乃论之罪,而未经告诉,应速讯有告诉权人是否告诉。

第三节　搜索及扣押

第三五条　司法警察或司法警察官为搜索时,除依刑事诉讼法第一百三十条、第一百三十
一条,得迳行搜索被告身体或住宅及其他处所外,应请检察官签发搜索票。

第三六条　为搜索或扣押时,除有特别情形外,应于不妨害其人之业务信用或其他利益之
时间内为之。

第三七条　搜索时,应注意犯罪证据之搜集、保全及防止嫌疑犯之逃匿。

第三八条　搜索中发见应行扣押之证据、物品或文书,应提示被告,并命其陈述。

前项扣押之证据、物品或文书,应给予收据。

第三九条　搜索后,应将犯罪事由、方法、时日、地方及被害之情况暨一切可为证据之事
物,陈报检察官。

第四节　鉴定及勘验

第四〇条　司法警察或司法警察官遇有非病死或可疑为非病死者,应速报知该管检察官
相验,如有重伤迫不及待者,应先录取生供。

第四一条　遇有显系路途病毙无人认领之尸体,得由司法警察官苅验并报告该管检察官。

第三章　解送人犯

第四二条　法院或县司法机关解送人犯,所经地方区域内,该管司法警察或司法警察官如
经请求时,有协助之责。

第四三条　共犯应分别解送,若必须同时解送时,应严加戒护,以防勾串。

第四章　奖惩

第四四条　司法警察、司法警察官或区、乡、镇保甲长办理本章程规定事项著有成绩者,该
管法院院长或首席检察官得函请该管长官奖叙。

第四五条　司法警察、司法警察官或区、乡、镇保甲长办理本章程规定事项,有违背或废弛
职务之情形时,该管法院院长或首席检察官得函请该管长官惩办。

第五章　附则

第四六条　本章程如有未尽事宜,得由司法院会同行政院随时呈请修正之。

第四七条　本章程自公布之日施行。

●●司法人员考绩程序表民国二十四年(1935年)十二月二十一日司法行政部训令,各

省高等法院及首检官第六四九七号。

甲　检察署

检察长(由本部次长初核,呈部长核定)

检察官(由检察长初核,送本部考绩委员会汇核,呈部长核定)

书记官长(由检察长初核,送本部考绩委员会汇核,呈部长核定)

书记官(分别由其配置之检察官或书记官长初核,送检察署考绩委员会汇核,转送本部考绩委员会汇核,呈部长核定)

乙　高等法院

院长及首席检察官(由本部次长初核,呈部长核定)

庭长、推事及检察官(分别由院长、首席检察官初核,送本部考绩委员会汇核,呈部长核定)

书记官长及主任书记官(分别由院长、首席检察官初核,送本部考绩委员会汇核,呈部长核定)

书记官(分别由其配置之推事、检察官或书记官长、主任书记官初核,送高等法院考绩委员会汇核,转送本部考绩委员会汇核,呈部长核定)

丙　高等法院分院

院长及首席检察官(分别由高等法院院长、首席检察官初核,送本部考绩委员会汇核,呈部长核定)

庭长、推事及检察官(分别由院长、首席检察官初核,送高等法院院长、首席检察官覆核,转送本部考绩委员会汇核,呈部长核定)

书记官长及主任书记官(分别由院长、首席检察官初核,送高等法院院长、首席检察官覆核,转送本部考绩委员会汇核,呈部长核定)

书记官(分别由其配置之推事、检察官或书记官长、主任书记官初核,送高等分院考绩委员会汇核,转送高等法院考绩委员会汇核,再转送本部考绩委员会汇核,呈部长核定)

丁　地方法院

院长及首席检察官(分别由高等法院院长、首席检察官初核,送本部考绩委员会汇核,呈部长核定)

庭长推事及检察官(分别由院长、首席检察官初核,送高等法院院长、首席检察官覆核,转送本部考绩委员会汇核,呈部长核定)

书记官长及主任书记官(分别由院长、首席检察官初核,送高等法院院长、首席检察官覆

核,转送本部考绩委员会汇核,呈部长核定)

书记官(分别由其配置之推事检察官或书记官长、主任书记官初核,送地方法院院长、首席检察官覆核,转送高等法院考绩委员会汇核,再转送本部考绩委员会汇核,呈部长核定)

戊　各县承审员(由县长初核,送高等法院考绩委员会汇核,转送本部考绩委员会汇核,呈部长核定)

己　新监

典狱长(由高等法院院长初核,送本部考绩委员会汇核,呈部长核定)

分监长及主科看守长、看守长、教诲师、教师、医师、药剂士(由典狱长初核,送高等法院考绩委员会汇核,转送本部考绩委员会汇核,呈部长核定)

庚　法院看守所

所长(分别由地方法院院长、高等分院院长初核,送高等法院考绩委员会汇核,转送本部考绩委员会汇核,呈部长核定,其看守所直属于高等法院者,由高等法院院长初核,送本部考绩委员会汇核,呈部长核定)

所官及医士(由看守所所长初核,分别送地方法院或高等分院院长覆核,转送高等法院考绩委员会汇核,再转送本部考绩委员会汇核,呈部长核定。其看守所直属于高等法院者,由所长初核,送高等法院考绩委员会汇核,转送本部考绩委员会汇核,呈部长核定)

辛　旧监所

管监员、看守所所长(由县长初核,送高等法院考绩委员会汇核,转送本部考绩委员会汇核,呈部长核定)

壬　反省院

院长(由本部次长初核,呈部长核定)

主任(由院长初核,送本部考绩委员会汇核,呈部长核定)

训育员、助理员(由主任初核,送院长复核,转送本部考绩委员会汇核,呈部长核定)

癸　法医研究所

所长(由本部次长初核,呈部长核定)

科长、技正、技士、主任(由所长初核,转送本部考绩委员会汇核,呈部长核定)

事务员(由主任初核,送所长覆核,转送本部考绩委员会汇核,呈部长核定)

说明

一　本表所列推检书记官、看守长、所官包括候补学习人员在内。

二　江苏高二、高三两分院人员之考绩,照普通高等法院办理。

三　首都地方法院、各省地方法院分院、分庭及县司法公署人员之考绩,均照普通地方法院办理。

●●高等以下各级法院推检结案计数标准民国二十四年(1935年)十一月
十六日司法行政部训令

甲 民事

一 通常诉讼案件按件计算。

二 简易诉讼案件三件作二件。

三 经和解终结案件二件作一件。

四 调解案件成立者,二件作一件;不成立者,六件作一件。

五 破产案件按件计算。

六 强制执行案件按件计算。

七 作成裁定书之裁定案件,三件作一件;裁断案件,二件作一件。

八 嘱托讯问案件,三件作一件;嘱托勘验案件,二件作一件;其他嘱托案件,八件作
一件。

乙 刑事

推事部分

一 通常诉讼案件按件计算。

二 处刑命令案件,八件作一件。

三 作成裁定书之裁定案件,三件作一件。

四 覆判案件按件计算

五 嘱托讯问案件,三件作一件;嘱托勘验案件,二件作一件;其他嘱托案件,八件作
一件。

检察官部分

一 侦查案件按件计算。

二 自诉案件出庭陈述意见者,二件作一件。

三 被告提起上诉案件,二件作一件。

四 自行提起上诉案件,按件计算。

五 覆判案件,二件作一件。

六 声请案件,五件作一件。

七 相验案件,三件作一件。

八 协助案件,八件作一件。

●●司法官署公文书暂行程式条例民国十七年（1928 年）四月十四日前司法部

公布（同日施行）

第一条　司法官署关于司法行政事务往复文书，分为下列数种：

一　呈；

二　训令；

三　指令；

四　委令；

五　公函；

六　批；

七　布告。

第二条　下列各款文书，以呈行之。

一　最高法院、检察官、高等以下法院院长及检察官对于司法部长；

二　下级法院院长及检察官对于有监督权之上级长官。

第三条　下列各款文书，有所指挥，以训令行之。因呈请而有指挥，以指令行之。有所委

任，以委任令行之。

一　高等以下法院院长对于所属各级法院院长；

二　最高法院检察官以下检察官对于所属各级检察官。

第四条　下列各款文书，以公函行之。

一　最高法院检察官、高等以下法院院长及检察官，对于最高法院院长往复之文书。

二　同级或无隶属关系之法院院长及检察官之往复文书。

三　法院院长及检察官对于司法官署以外官署之往复文书。

第五条　法院院长及检察官对于人民及所属官吏之呈，分别准驳之文书，以批行之。

第六条　法院院长及检察官，关于事实之宣示或特定事项之通知，以布告行之。

第七条　发行各项文书，各依年、月、日先后编号，每一年度更易一次，自一号起至何号止，

在京于政府公报，在外于各官署指定公报，公布之。

第八条　本条例自公布日施行。

●●现任法官训练计划大纲民国二十五年（1936 年）八月二十四日司法院训令

甲　调训办法

一　为决定关于训练之重要章制、教育方针及其他重要事项，组织现任法官训练委员

会,以司法院院长为委员长,司法院副院长、司法行政部部长、最高法院院长、行政法院院长、司法院秘书长、司法行政部次长、检察署检察长、法官训练所所长为委员。

二　各省高等以下法院现任正缺及候补推检,由司法行政部分别调入法官训练所受训。

三　每批调训一百至二百人。

四　受训期间定为一个月,必要时,得延长之,但不得过二个月。

五　受训期满举行考试,授以证书,其训练成绩汇送司法行政部,并入年终考绩案办理之。

六　受训期间仍支原俸,宿膳、旅费及讲义,由法官训练委员会供给,但制服、被褥、零用物品及参考书籍,均自购办。

旅费给与办法,由司法行政部定之。

七　除训练委员会及其他另有规定外,关于训练及管理事宜,准用法官训练所之一切章则。

乙　训练要旨

一　增进受训人员对于本党主义、政纲、政策、国民政府、立法精神及部院施政方针之认识,藉树党化司法之基础。

二　增进受训人员之法律学识,藉增司法效率。

三　增进其对于国际、法律、政治、经济、文化之认识,使成为具有现代精神之法官。

四　培植其服从革命纪律,积极负责服务之精神,养成其整齐、敏捷、严肃之习惯。

丙　训练纲要

一　精神训练　为实现训练要旨一、四两项目的,每周举行精神训话三小时,请中央先进同志、院部长官轮流担任。

二　思想训练　为实现训练要旨第三项之目的,每周举行学术讲演八小时,请专家、学者担任。

三　学术训练　集中精力于民、刑事各种法规之实务问题,注重自动研究,每周授课时间以十九小时为度。

四　军事训练　每周实施军训六小时,授以普通军事学术,养成军事化之纪律生活。

丁　训练实施

一　授课(十九小时)、军训(六小时)、纪念周(一小时),共二十六小时,均于上午行之。

二　精神训话、学术讲演,均于下午行之。

三　每次上课由教授指定研究范围或问题,学员均须制作研究报告,于下次上课时提出讨论,将讨论要点制作笔记,每周将研究报告、笔记送教授核阅,并汇送教务处查考。

四　于教授指定研究范围或问题之外,各学员在工作期间所遇之理论的或实际的问题,亦得提出讨论。遇有繁难问题需要详细研究者,由教授指定学员或由学员自动加入开小组研究,留至下次上课时提出讨论。

五　小组研究会于夜晚行之,遇必要时,得请主讲教授出席指导。

六　学员考核,除学业成绩考核外,并注意下列各端:

　　1　学员之思想及行为;

　　2　学员之精神及体力;

　　3　办事能力及心得;

　　4　其他。

七　受训期间一个月,实际训练期间定为四个星期,考试于第五星期开始日行之。

八　所有笔记、研究报告作为学业成绩之一部份。附表

训练课目时间分配表

课　　　目	每周时数	一个月时数
民法	六	二四
刑法	三	一二
民刑事特别法规	三	一二
民诉	四	一六
刑诉	三	一二
军训	六	二四
精神训话	三	一二
学术讲演	八	三二
合　　计	三六	一四四

●●调训法官支给在途旅费办法 民国二十五年(1936年)十月五日司法行政部训令

一　调训法官支给在途旅费,除本办法定有限制外,仍依照修正国内出差旅费规则及支出凭证单据证明规则办理。

二　舟车费均按二等计算,膳宿、杂费以国内出差旅费规则规定之,五成为限。

三　赴京旅费,自起程之日起至到京之翌日止;返任旅费,自离京之日起至返任地之日止。其在途程期,概照现在交通状况,以最便捷之程途计算。其有因事滞留某地或转赴某地者,概不支给旅费。

四　国内出差旅费规则第八条所定特别费、第九条所定运费、第十条所定随从旅费,调训人员概不适用。

五　开支旅费应就核定范围内实报实销,如有超溢,应自行负担。

●●推事、检察官任用资格审查规则 民国二十五年（1936 年）一月九日司法行政部公布

第一条　推事、检察官任用资格，依法院组织法第三十三条暨第三十七条应经审查者，依本规则行之。

第二条　法院组织法第三十三条第二款之资格，应就下列文件审查之：

一　教授二年以上之证明文件；

二　民法、商事法规、刑法、民事诉讼法、刑事诉讼法、强制执行法或破产法之讲义。

前项讲义，须依据中华民国法律编述，并须叙明编述要旨。

第三条　法院组织法第三十三条第三款或第三十七条第一款之资格，应就下列文件审查之：

一　任职凭证；

二　送审查前最后连续制作之判决书、起诉书或不起诉处分书二十件，其不兼办案件之法院长官，得以司法行政文件代之。

第四条　法院组织法第三十三条第五款之资格，应就下列文件审查之：

一　执行律师职务三年以上之证明文件；

二　最近承办案件所拟书状三十件及最近三年内承办案件数目案由表。

前项书表之审查，得向原审法院调卷参核。

第五条　法院组织法第三十三条第六款之资格，应就下列文件审查之：

一　毕业证书或其他证明毕业文件；

二　第二条第二款所列各科目之专门著作。

前项专门著作之一种或二种，合计须在五万字以上，每篇须注明参考书目之章节，并有专科以上学校法科教授二人以上证明本书系本人著作者。

第六条　第二条至第五条之审查，必要时，得加以面询。

第七条　依本规则之审查，认为有任用资格者，由司法行政部发给审查证明书。

第八条　本规则之审查，于司法行政部认为有任用之必要时，行之。

第九条　本规则自公布日施行。

●●司法官官俸发给细则 民国二十五年（1936 年）六月二十二日司法行政部修正公布

第一条　司法官官俸之发给，除别有规定外，均依本细则行之。

第二条　各级法院之官俸，于每月最终一周间内发给。

第三条　年功加俸得计算每年所加总额,按月均分,与官俸同时发给。

第四条　退职或死亡时,仍给本月全俸,其退职或死亡在第二条日期前者,得即时发给。

退职在本月以外,仍继续清理公务时,得按日计算给俸,至完结之日为止。

第五条　初任官转任官之俸,均自到官之日起算。但转任官在程期以内,得支转任官缺之半俸。

前项转任程期,自交卸之翌日起算,分别适用修正司法官由京赴任(暨调任、转任由所在地方赴任程限表及修正各本省境内司法官赴任程限表之规定)。

第六条　转任者,前任官署得按日计算临时发给其应支之俸,至交卸之日为止。

第七条　暂署者支所署官缺最低级全俸,若原俸高于所署官缺之俸时,仍支原俸。

第八条　代理者,依下列各款支俸:

一　因本员请假、转任或其他事故而代理不满十日者,及因本员出差而代理一月以内者,仍支原俸。

二　因本员请假、转任或其他事故而代理十日以上者,支代理官缺最低级半数,其原有之俸亦支半数,若原俸高于代理官缺之俸时,仍支原俸。

三　代理者在本员请假回籍程期内照第二款支俸。

四　代理者除去前款程期所余不满十日或十日以上者在此所余之代理日期内分别照第一款或第二款支俸。

五　因本员出差而代理一月以上者,其应支俸额得由各该长官呈报司法行政部核定。

第九条　出差者仍支原俸。

第一〇条　凡请假不满十日者,仍支原俸,但转任官在途请假者,虽不满十日,支半俸。

凡请假十日以上而在下列期间以内者,自准假之日起支给半俸,逾期停止支俸。

一　因病一月以内;

二　因事两星期以内;

三　因亲丧二月以内;

四　因婚事或配偶之丧一月以内;

五　因其他特别事故一月半以内;

六　女职员因生育二月以内。

请假须回籍者,其假期除去程期计算之,程期内得支半俸。

请假回籍程期,视所经地方交通便利与否,于本细则第五条转任程期二分之一范围内,由各该长官从严核定,造报司法行政部备案。

因重大疾病或因公致疾特别给假者,其假期内应支俸额,得由各该长官声叙特别事由,报司法行政部核定。

第一一条　依公务员惩戒法停职者,在停职期间内应停止支俸。

第一二条　法院书记官、翻译官及监所职员俸给,准用本细则之规定。

第一三条　本细则自公布日施行。

●●中央及各省市党部工作人员从事司法工作考试及格人员分发办法民国二十五年(1936年)七月十六日第五届中央常务委员会第十七次会议通过

一　本办法依中央及各省市党部工作人员从事司法工作考试办法大纲第一条及办法大纲施行细则第十四条之规定制定之。

二　中央考试甲种司法官及格,在司法院法官训练所毕业,经再试及格者,按其成绩分别分发任用。

三　再试在七十五分以上者,分发各省,以正缺推检任用。七十五分以下者,以候补推检任用,仍尽先补缺。愿赴边远省区者,以正缺推检任用。

四　各省地方之推检缺额,由司法院部酌量需要情形,增添一百五十名。除由前项人员分发补任外,余额以原有各地法院考取及曾经训练与成绩优良之候补推检升补之。

五　现在党务工作人员,其原支生活费超过司法官俸薪者,适用党务工作人员转任政府官吏叙俸办法之规定。

六　乙种承审员考试及格,在司法院法官训练所毕业者,以各省司法处审判官尽先任用。

七　本办法由中央执行委员会议决施行之。

●●中央及各省市党部工作人员从事司法工作甲种考试及格人员再试办法大纲民国二十五年(1936年)七月十六日第五届中央常务委员会第十七次会议通过

一　中央执行委员会为考核中央及各省、市党部工作人员从事司法甲种考试及格人员训练期满后之成绩起见,于该项人员训练期满时,举行再试。

二　再试事宜,由中央组织再试委员会主持之。

三　再试委员会置委员七人至九人,由中央执行委员会就中央委员司法考试两院所属长官中推定之。

四　再试委员会得聘用专门人员为襄试委员。

五　考试科目参照法官训练所第三届法官训练班再试前例,考试民法、刑法、民事诉讼法、刑事诉讼法、民事特别法,再加试审检实务一科。

六　再试及格人员以高等考试司法官再试及格论,不及格人员参与政府司法官再试,但以一次为限。

七　本办法由中央执行委员会议决施行。

●●分发法院服务法医师津贴暂行规则民国二十五年(1936 年)六月六日司法行政部公布

第一条　分发法院服务之法医师,在其考试及任用未确定办法前,暂依本规则所定津贴表,按月叙支津贴。

第二条　前条法医师之叙级、进级,由司法行政部行之。

第三条　初次分发人员,其津贴应自最低级起支,服务每满一年后,得进一级,由该管法院长官考核,成绩呈请司法行政部核办。

第四条　司法官官俸发给细则,于本规则准用之。

第五条　本规则施行日期,由司法行政部定之。

分发法院服务法医师津贴表

一级	二级	三级	四级	五级	六级	七级	八级	九级
二百元	一百八十元	一百六十元	一百五十元	一百四十元	一百三十元	一百二十元	一百一十元	一百元

●●高等法院以下各级法院职员给假规则民国二十五年(1936 年)五月八日司法行政部公布,同年(1936 年)八月四日修正第八条。

第一条　法院职员,非因疾病及确系不得已事故,不得请假。

第二条　高等法院院长、首席检察官及不置首席检察官之高院检察官请假及派代情形,应呈请司法行政部核准。

第三条　高等分院、地方法院及其分院院长、首席检察官、不置院长、首席检察官之法院推事、检察官请假及派代情形,应呈请高等法院院长或首席检察官核准。

第四条　前二条以外之职员请假,须填具请假书,载明事由及日期,推事经由庭长,书记官经由书记官长或主任书记官,转呈院长或首席检察官核准。庭长、检察官、书记官长、主任书记官及不设庭长之法院推事,迳呈院长或首席检察官核准。不设书记官长或主任书记官之法院书记官,迳呈推事或检察官核准。

纪录科书记官请假,并应同时报告庭长及所配置之推事或检察官。

第五条　高等法院、高等分院、地方法院及其分院院长、首席检察官请假,其职务须派同院资深之庭长或推事或检察官暂行代理。不置院长或首席检察官之法院,其推事或检察官请假时,院、检两方人员得互相代理。

第六条　前条以外之职员请假,须将经办事件委托同官一人代理,但须经该管长官之许可,若无相当人员代理时,应请院长或首席检察官暂行派代。

第七条　职员销假应呈报该管长官备核,但第四条第一项规定之职员销假,应填具报告书。

前项规定请假不满一日者,不适用之。

第八条　职员假期已满未能销假者,应即声叙理由,呈请续假。

第九条　职员未经请假而擅离职守,或假期已满而不销假亦不续假者,均以旷职论。但因特别障碍致不及请假,或续假事后声叙理由,补行请假,经该管长官核准者,不在此限。

第一〇条　旷职未满一星期者,按日扣俸,在一星期以上者,除扣俸外,并由该管长官酌予警告,或呈请送交惩戒。

第一一条　职员因事请假,每年合计以二星期为限。但因特别事故经该管长官核准者,不在此限。

称每年者依年历一月至十二月计算,其到职在一月后者,应自到职之日起依前项办法比例给假。

第一二条　职员因病请假,每年合计以一月为限。逾限者,得以未请事假之假期抵销。

前项情形,得调验医生诊断书。

第一三条　职员确罹重病非短时间所能痊愈者,除依前条规定假期外,得由该管长官核准,延长五星期。但延长假期已满,仍未痊愈者,应即辞职或请派员代理。

第一四条　职员遇婚丧大事请假者,应由该管长官分别其在本地或回籍路程之远近及交通情形,核定之。

第一五条　女职员因生育请假者,其假期以两个月为限,逾限以病假论。

第一六条　高等分院、地方法院及其分院院长、首席检察官,不置院长、首席检察官之法院推事、检察官,各于所属职员之请假、续假、销假或旷职暨代理情形,应随时呈报高等法院备核,但地方法院分院须呈经本院核转。

第一七条　高等法院院长、首席检察官于所属职员请假、续假、销假或旷职暨代理情形,应随时呈报司法行政部备核,但请假在十日以内者,得按季列表汇报。

第一八条　职员请假、续假、销假或旷职,由各该法院主管人员随时登记,于每月终将其姓名及期间、事由列表,备各该长官稽查。

第一九条　例假日,不算入假期之内。

第二〇条　本规则未规定之其他人员,其给假规则由各高等法院定之。

第二一条　本规则自公布日施行。

●●公证暂行规则施行细则 民国二十五年(1936年)二月十四日司法行政部公布

第一条 声请公证,除以言词请求者外,应具声请书,由请求人或其代理人,于声请书内签名、盖章或按指印。

前项规定,于声请阅览或交付公证书正本、缮本、节本者,准用之。

第二条 公证处办理公证,应按收件号数之次序为之。

第三条 请求人声请认证私证书时,应附具私证书缮本。

前项私证书缮本,由公证处记载认证情形,保存之。

第四条 请求人所呈证明文件及其他应行发还之文件,公证处应加盖该处印章,并分别记载公证书登记簿册数、页数、公证书号数或认证簿册数、页数、号数、收件年、月、日、收件号数,发还原请求人。

第五条 请求人或利害关系人依公证暂行规则第十三条提出抗议者,公证处推事应于三日内,将其抗议书连同关系文件呈送地方法院院长核办,如认为必要时,并应附具意见书。

第六条 地方法院院长接收前条抗议后,应分别有无理由,速为下列之处分:

一 命公证处推事为适当之处分;

二 为驳回抗议之处分。

不服前项处分者,得自接受处分文件之翌日起五日内,向上级司法行政监督长官声明之,对于前项上级司法行政监督长官之处分,不得声明不服。

第七条 公证处除公证暂行规则所规定之簿册外,应置下列簿册,但有必要时,得呈请司法行政部酌量增减之。

一 公证收件簿;

二 声请公证文件收据存根簿;

三 公证收费簿;

四 公证费收据存根簿;

五 发还公证证件簿;

六 公证书正本、缮本、节本交付簿;

七 公证文件阅览簿;

八 抗议事件簿;

九 公证文件、档案簿及索隐簿。

第八条 公证暂行规则第三十三条之规定,于前条簿册准用之。

第九条 公证收件簿,应于每年一月一日更新之。

第一〇条 请求人为多数时,收件簿仅记载当事人之首列人姓名及此外若干名。

前项情形发给文件及费用之收据,仅发给其一人。

第一一条 公证书原本已认证之私证书缮本、公证收件簿、公证书登记簿、认证簿、公证文件档案簿及索隐簿,永远保存。

前项以外之簿册,保存五年。

第一二条 前项簿册及文件之保存期限,自该年度之翌年起算。

第一三条 公证簿册之保存期限届满时,应呈明高等法院核准后,销毁之。

第一四条 公证书一部或全部灭失时,推事应即将灭失证书之种类、灭失之事由及年、月、日,陈明地方法院院长,并请核定。三个月以上之期限征求。公证书正本或缮本,依式作成,新正本保存之。

前项新正本内,应记明原本灭失之事由及年、月、日,新正本作成之年、月、日由推事签名盖章。

第一五条 公证簿册灭失时,公证处应补制与灭失同一之簿册,并将灭失簿册之种类、件数、灭失之事由并年、月、日,呈报高等法院备案。

第一六条 公证簿册及其附属文件有灭失之危险时,地方法院院长应速为必要处置,并呈报高等法院。

第一七条 公证事项应由地方法院按季造具报告书,呈送高等法院转报司法行政部备案。

第一八条 本细则自公证暂行规则施行之日施行。

●●公证费用规则 民国二十五年(1936年)二月十四日司法行政部公布,同年(1936年)二月二十一日司法院指令修正。

第一条 公证费用应依本规则,购贴司法印纸,缴纳之。

第二条 当事人声请就法律行为作成公证书者,除本规则有特别规定外,依其标的之价额,按下列规定征收费用:

二百元未满者	一元五角;
二百元以上五百元未满者	三元;
五百元以上千元未满者	五元;
千元以上三千元未满者	九元;
三千元以上六千元未满者	十四元;
六千元以上万元以下者	十九元。

逾万元者,每千元加收一元,不满千元者,亦按千元计算。

第三条 法律行为标的之价额,以推事开始制作公证书时之价额为准。

第四条 就主行为与从行为作成公证书者,依主行为算定其公证费。

第五条 有担保债权之价额比较担保物之价额有多少时，以其少者为准。

第六条 地役权之价额，以需役地所增之价额为准，但供役地所减之价额多于需役地之所增者，以所减之价额为准。

第七条 地上权、永佃权之价额，以一年租金之二十倍为准，但其地价少于一年租金之二十倍者，以其地价为准。

第八条 典权之价额以其典价为准，但其产价少于典价者，以其产价为准。

第九条 租赁权之价额，以其权利存纳期间内之租金总额为准，其未定有权利存续期间者，以两期租金之总额为准。

第一〇条 定期给付或定期收益之价额，以其权利存续期间内之收入总额为准，其未定有权利存续期间者，以每期收入额之二倍为准。

第一一条 孳息损害赔偿及费用系法律行为之附带标的者，不并算其价额。

第一二条 法律行为标的之价额不能算定者，其标的价额视为五百元，但其最低价额显逾五百元或其最高价额显未满五百元者，以其最低价额或最高价额为法律行为标的之价额。

第一三条 当事人声请就下列事项作成公证书者，征收公证费二元。

一 承认允许及同意；

二 契约之解除；

三 遗嘱全部或一部之撤销；

四 曾于同一公证处作成公证书之法律行为之补充或更正。

第一四条 当事人声请就关于私权之事实作成公证书者，除本规则有特别规定外，依其事实之实验及证书之作成所需时间，按一小时征收公证费一元。不满一小时者，亦按一小时计算。

第一五条 当事人声请就股东大会或其他集会之决议作成公证书者，依前条之规定征收费用。

第一六条 当事人声请就法律行为及与其牵连之事实作成公证书者，比较法律行为与事实所应征费之规定，从其费额多者征收之。

第一七条 当事人声请就数宗不相牵连之事实作成公证书者，依其事实，各别计算征收费用。

第一八条 当事人声请就密封遗嘱为法定方式之记载者，征收公证费二元。

第一九条 当事人声请作为授权书、催告书、受领证书或拒绝证书者，征收公证费二元。

第二〇条 当事人声请就法律行为作成公证书，并请载明应迳受强制执行者，依作成公证书所应征费之规定，加倍征收费用。

第二一条　当事人声请就私证书为认证者,依作成公证书所应征费之规定,减半征收费用。

第二二条　公证费依法律行为标的之价额计算,其总额不满一元者,亦按一元计算。

第二三条　当事人或其他利害关系人声请交付公证书或其附属文书之正本、缮本或节本者,每百字征收抄录费二角,不满百字者,亦按百字计算。

第二四条　当事人或其他利害关系人声请阅览费公证书原本或其他文件者,每次征收阅览费四角。

第二五条　本规则未定公证费用之事项,依其最相类似之事项征收费用。

第二六条　推事、书记官出外执行公证职务之旅费,准用诉讼费用规则关于推事、书记官旅费之规定。

第二七条　公证处依当事人之请求送达文件者,准用诉讼费用规则关于送达费之规定。

第二八条　公证处得命当事人预纳公证费用或提供担保。

当事人不预纳前项费用,亦不提供相当担保者,公证处得拒绝其请求。

第二九条　公证处征收各费应发给定式收据,违背前项规定者,当事人得拒绝缴纳。

第三〇条　本规则自公证暂行规则施行之日施行。

●●邮局送达诉讼文书实施办法 民国二十五年(1936年)六月司法行政部交通部会同公布,同年(1936年)七月一日施行。

第一条　诉讼文书依法交由邮局送达者,其手续按本办法行之。

第二条　邮局送达诉讼文书,以送达地设有邮局机关者为限。

第三条　交由邮局送达之诉讼文书,应由法院加具封套,封面上端左角用红色书明或印就"诉讼文书"字样,并纳足双挂号邮费。

第四条　应受送达人之姓名处所,应由法院在封套上书明。

第五条　邮局收到诉讼文书后,按照收寄挂号邮件办法编列号数,掣给收据为凭。

前项执据上,应加盖"诉讼文书"字样戳记。

第六条　邮局对于诉讼文书之送达,除本办法第八、第九条规定外,按照法院在封套上所书应受送达人之处所行之。

第七条　官署、学校、工厂、商场、事务所、营业所或其他公私团体内之执事人或居住人为应受送达人时,邮局信差为便利起见,得将文书付与上列各机关内接收邮件人员。

前项规定之接收邮件人员,视为民事诉讼法第一三七条规定之同居人或受雇人。

第八条　停泊本港船舶之船员,为应受送达人时,邮局得将文书付与该船舶所属之机关或公司。

第九条　在军队或军舰服役之军人或军属为应受送达人,依法向该管长官为送达者,邮局得依该管长官指定之处所行之。

第一〇条　民事诉讼法第一三七条规定之"有办别事理能力之同居人或受雇人",系指有普通常识而非幼童或精神病人而言。

前项所指有普通常识及非精神病人,以邮局信差于送达时就通常情形所得辨认者为限。

第一一条　法院应在文书封套上书明他造当事人之姓名,俾邮局信差易于辨别应受送达人之同居人或受雇人是否为他造当事人,如法院已知应受送达人之同居人或受雇人为他造当事人时,即应特别注明。

第一二条　凡办有保甲地方之保长、甲长,视为民事诉讼法第一三八条规定之邻长。

第一三条　民事诉讼法第一三八条规定寄存于公安局或邻长处之文书,如未经应受送达人前往领取而由公安局或邻长退回者,邮局即在文书封套上注明事由,退回原寄法院。

第一四条　民事诉讼法第一三九条规定之"无法律上理由",系指应受送达人无故不为收领而言,如拒绝收领之理由在法律上是否正当邮局信差无从判断,可将原件退回法院。

第一五条　交由邮局送达之诉讼文书,应一概视为已有民事诉讼法第一四〇条第一项之许可,并由法院于文书内记明之。

第一六条　民事诉讼法第一四一条规定之送达证书,应由法院将下列各款预先填明,黏附于封套之上。

一　交送达之法院;

二　应受送达人;

三　应送达之文书;

四　送达处所。

第一七条　邮局送达证书、诉讼文书不能送达事由报告书,应于送达翌日缴还法院,其送达处所与法院不同在一地者,应按该地交通情形所需之日数,即行缴还。

第一八条　民事诉讼法第一四四条至一四七条之嘱托送达,不适用本办法之规定。

第一九条　邮局送达诉讼文书,除本办法已有特别规定外,其他手续及邮局或邮务人员所负责任,悉依邮政法令关于挂号邮件之规定办理。

第二〇条　本办法实施后,如有未妥事宜,得随时由司法行政部会商交通部修改之。

第二一条　本办法由司法行政部及交通部会同公布施行。

正面

邮局号数			
		* 法院 年度 字第 号	
	*		一案
	*送达文书		
	*受送达人		
邮务送达证书	*送达处所		
	送达方法（依照情形分别圈定）	上开文书已按下开圈定方法送达 一　已将文书交与受送达人。 二　送达时不获会晤受送达人，已将文书付与有辨别事理能力之同居人、受雇人。 三　受送达人无故拒绝收领，已将文书置于送达处所。 四　送达时不获会晤受送达人及同居人、受雇人，已将文书寄存当地公安局　邻长处，并黏贴送达通知书于送达处所。 五	
	送达年月日时	中华民国　　年　　月　　日　　时	
送达邮局日戳 ○	收领人签名、画押、盖章或按指印	注意——收领人如不能签名、盖章、画押或按指印或拒绝者（应记明其事由）	
		邮局送达人	

此证书应用较坚厚纸张印制，与邮局双挂号邮件回执相同。

此项送达证书应于送达翌日缴还法院，其送达处所与法院不同在一地者，应按该地交通情形所需之日数，即行缴还。

背面

（此处由法院书记官填写法院地址）
（法院名称）　　　　　　　　　　　　　　　　　　　　　　　查收
原寄邮局日戳 ○

邮务送达通知书 　今将 ○○○○法院送达诉讼文书一件（邮局号数第　　　号） 　因无人收受，特寄存于○○○号，仍请从速前往领取可也。受送达人 ○○○查照 　　　　　　　　　　　　　　　　　　　○○邮局送达人 中华民国　　　　　年　　　　月　　　　日

邮务送达证书、诉讼文书不能送达事由报告书,应于送达翌日缴还法院,其送达处所与法院不同在一地者,应按该地交通情形所需之日数,即行缴还。

诉讼文书不能送达事由报告书
(依照情形分别圈定) 本件因有下列圈定情形,不能送达,特此报告。 一　原处所查无此人; 二　受送达人已迁移他处; 三　原书处所不清; 四　该号关闭歇业,无人收领; 五　受送达人已死亡; 六　受送达人因　　　　　拒绝收领,在法律上是否正当无从判断。 七
送登邮局日戳 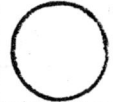
 邮局送达人

此项报告书,拟由邮局信差依照不能送达情形分别圈定,黏附于文书封套上,退回法院。其空白一格,系备遇有特别情形时填写之用。

邮务送达证书、诉讼文书不能送达事由报告书,应于送达翌日缴还法院,其送达处所与法院不同在一地者,应按该地交通情形所需之日数,即行缴还。

●●监所公务员代被告作送上诉书状及收缴送达证办法民国二十四年(1935 年)十二月七日司法行政部训令,各省高等法院及首检官第六一四一号。

一　监所公务员依刑事诉讼法第三百四十三条第二项规定代被告作上诉书状者,应依口代笔,不得违反被告之意思,作成读与被告,承诺后,由被告于书状后姓名下捺印指纹(并记明某手几指后仿此)。

一　监所公务员代作书状,新监由典狱长指定第一科看守长、候补看守长或主任看守,看守所由所长指定所官、候补看守长或主任看守,旧监所由管狱员或主任看守,负责为之,并于书状后加盖某某监所依口代笔戳记。

一　监所公务员代作书状,不得任意延搁致碍上诉期间,并随时登入代作书状簿备查(簿式一)。

一 监所长官接受被告书状后,应于书状面上盖用年月日时接受之戳记,并登入送达书状簿(簿式二),即时送交原审法院,在收受证明栏加盖印证备查。

一 监所长官依刑事诉讼法第五十六条第二项及民事诉讼法第一百三十条规定,受嘱托送达之文书应即登入收缴送达证簿(簿式三),记明送达月日,送交本人。本人收到后,应在簿内收受证明栏署名画押或捺印指纹,并在原送达证内,记明收受年月,并署名画押,如不能书写时,得请人代笔,但须本人捺印指纹,即由监所缴还嘱托机关在收受证明栏加盖印证备查。

(簿式一)

某某监狱(或看守所)代作书状簿							
月　日	被告人姓名	案　由	书状种类及件数	作成年月日	被告人捺印	代作书状人署印	备考
月　日							

(簿式二)

某某监狱(或看守所)送交书状簿						
提出月日	具书状人姓名	案　由	书状种类及件数	送交机关	送到月日收受证明	备考
月　日					月　日	

(簿式三)

某某监狱(或看守所)收缴送达证簿						
月　日	嘱托机关	受送达人姓名	案　由	送达文书种类件数	送达月日收受证明	缴还月日收受证明	备考
月　日					月　日	月　日	

注意　以下簿式尺寸与公文纸相同。

请制定监所职员代作书状及接受书状送达文件规则案(第一零四号)。

按旧刑事诉讼法已有关于监所职员代被告作书状及接受书状并送达文件之规定,兹新法施行,其规定如下:

第三百四十三条:在监狱或看守所之被告提起上诉者,应经监所长官提出上诉书状,其于上诉期间内向监所长官提出上诉书状者,视为上诉期间内之上诉被告,不能自作上诉书状者,应由监所公务员代作。

监所长官接受上诉书状后,应附记接受之年月日时,送交原审法院。

第三百五十条:舍弃上诉权及撤回上诉,应以书状为之。但于审判日期,得以言词为之。

●●审理少年案件应行注意事项民国二十五年(1936年)五月九日司法行政部训令

一　审理少年案件,应考察其事件之关系少年之生活状况与社会环境,遇必要时,得延聘心理学或教育学专家为辅助,于特别情形,应使医师详为检查。

二　审理少年案件得斟酌情形,委托当地感化机关为必要之调查及辅助。

三　审判不予公开,但得许少年犯之成年家属与少年感化机关人员到场旁听。

四　讯问少年犯时,毋须用普通开庭形式,法官亦无须穿着制服,法庭设备力求简单、整齐,务使少年犯不甚感觉犯罪讯究之意味。

五　讯问少年犯时,遇他人陈述足以引起其恐怖者,应令其退庭。

六　讯问少年犯时,应防止其与成年人犯接触。

七　少年犯犯罪事件与成年人犯罪事件相牵连时,于不妨害审理之限度,应分别审理之。

八　少年犯有合于刑法第七十四条之情形时,应尽量宣告缓刑。

九　法院对于少年犯实施刑法第八十六条规定之处分,应从速通知其法定代理人。

一〇　拘提少年犯,限于不能用其他较善方法时,始得为之。

一一　对于少年犯应力求避免羁押,如不得已而必须羁押时,应注意刑事诉讼法第一百十五条第一百十六条之规定。

一二　解送少年犯所用之方法及强制之程度,应为慎重之注意。

一三　检察官对于少年犯,应注意刑事诉讼法第二百三十二条规定。

一四　各法院院长分配少年案件,得不依司法年度分配事务,即以本院推、检中之经验丰富、性情和厚而于犯罪学、心理学、社会学、教育学有深刻之研究者充之,仍先将推、检官姓名预行指定,呈部备案。

一五　法院应于每司法年度终了时,将处理少年事件造具总报告,呈由司法行政部转呈司法院考核。

●●强制执行法草案

要　目

第五章　假扣押、假处分之执行

第六章　附则

第一章　总则

第一条　地方法院设民事执行处,办理关于强制执行事务。

第二条　民事执行处置专任执行推事及书记官,但在事务较简之法院,执行事务得由院长或承办该案之推事、书记官兼办之。

第三条　强制执行事件由推事、书记官承院长之指挥、命令,督同执达员为之。

第四条　强制执行之命令,以院长名义行之。

第五条　强制执行,除本法别有规定外,非依下列执行名义,不得为之:

一　确定之终局判决;

二　假扣押、假处分、假执行之裁判及其他依民事诉讼法规定可得执行之裁判;

三　依民事诉讼法所为之和解或调解已成立者;

四　公证人于其权限内作成之证书,但以其请求之标的为支付一定金额或定数之代替物、有价证券而于证书上载明,应迳受强制执行者为限。

第六条　强制执行事件由执行处依债权人之声请为之,但有下列情形之一者,得不待声请,依职权开始执行:

一　确定判决系命被告履行扶养义务者;

二　就民事诉讼法第四百零二条第二项各款之诉讼为被告败诉之判决者;

三　为假扣押、假处分或假执行之裁判者;

四　其他经法院认为有急迫情形者。

第七条　债权人声请强制执行,须依下列规定提出证明文件:

一　依第五条第一款之执行名义声请者,应提出判决正本,并判决确定证明书或不变期间内未提起上诉之证明书或各审级之判决正本;

二　依第五条第二款之执行名义声请者,应提出裁判正本;

三　依第五条第三款之执行名义声请者,应提出笔录正本;

四　依第五条第四款之执行名义声请者,应提出公证书正本。

前项之证明文件,债权人未经提出,在执行处应调阅卷宗,但向原第一审法院以外之法院声请执行者,不在此限。

第八条　法院于民事案件裁判确定后,应将裁判正本移付执行处。

第九条　关于执行事项及范围发生疑义时,执行处应调阅诉讼卷宗。

第一○条　开始强制执行前,除因调查强制执行之条件或执行之标的物认有必要者外,无庸传讯当事人。

第一一条　实施执行时,债务人如具确实担保,或经债权人承诺者,得延缓执行。

第一二条　当事人或利害关系人对于执行命令或执行推事、书记官、执达员实施强制执行之方法及执行时应遵守之程序或其他侵害利益之情事,有所声请或声明异议,由执行法院裁定之。

前项声请及声明异议,应于执行程序终竣前为之,不服第一项裁定者,得提起抗告,其抗告期间为七日。

第一三条　当事人或利害关系人为前条之声请,或声明异议,或抗告执行法院认为有理由时,应将原处分或程序撤销或更正之。

第一四条　执行名义成立后,有消灭或妨碍债权人请求之事由发生,债务人得于执行程序终结前提起异议之诉,但以裁判为执行名义时其主张为异议原因之事实,以在前诉讼程序终结后发生者为限。

第一五条　第三人就执行标的物有权利者,须于强制执行终结前,向执行法院对债权人提起异议之诉。若债务人亦否认其权利时,并得以债务人为被告。

第一六条　因执行事件债务人或第三人得提起异议之诉时,执行处得指示其另得起诉,或谕知债权人,经其同意后,即予撤销执行。

债务人若串通第三人虚捏权利提起异议之诉者,法院应于判决确定后告知债权人,得依刑法第三百五十六条告诉。

第一七条　执行处如发现债权人查报之财产确非债务人所有者,应谕知债权人另行查报。于开始强制执行后方行发见者,应撤销其执行处分。

第一八条　有回复原状之声请,或提起再审或异议之诉,或声明异议,或提起抗告时,不停止执行。但法院因必要情形,以职权或因声请命当事人提出相当确实担保而为停止强制执行之裁定者,不在此限。

当事人对于前项裁定,不得抗告。

第一九条　执行事件有调查之必要时,除责令债权人调查报告外,得由执行推事或书记官依职权调查之。

第二〇条　债务人受合法传唤,无正当理由抗不到案者,执行法院得拘提之。

第二一条　债务人有下列情形之一者,应提出担保,其无相当担保者,得管收之。

一　显然有履行义务之可能,故不履行者;

二　显有逃匿之虞者;

三　有隐匿或处分财产之情事者;

四　于调查执行标的物时拒绝陈述者。

第二二条　债务人管收期满,其履行债务之义务不因之而免除。

第二三条　保人故纵债务人逃亡者,执行法院得拘提管收之。如于保状载明债务人逃亡或不履行由其负清偿责任者,执行人员得据债权人声请,迳向保人为执行。

第二四条 管收期限至多不得过三个月。

债务人如有管收新原因,仍得再行管收,但以一次为限。

第二五条 管收细则由司法行政部定之。

第二六条 债务人实无财产可供执行,或执行后所得之数,仍不足清偿债务者,经债权人同意,得由债务人写立书据,俟有资力之日偿还。

前项情形债权人不予同意时,应于二个月内续行调查,经查明确无财产,或债权人到期故意不来案报告,执行法院应发给凭证,交债权人收执,俟发见有财产时,再予执行。

第二七条 下列费用由债务人负担:

一 执行费用;

二 保管及运送费用;

三 鉴定费用;

四 其他因执行所需之费用。

前项第一款费用,应与执行之债权同时收取之。第一款至第四款费用,法院得命债权人预纳,因特种情形,并得令债权人负担。

第二八条 债权人于执行时支出之费用,如求偿于债务人时,得准用民事诉讼法第九十一条规定,向执行法院声请确定费用额。

债权人于执行时支出之费用及取得执行名义之费用,应求偿于债务人者,由债务人之财产先受清偿。

第二九条 依判决为强制执行,其判决经变更或废弃时,受诉法院依债务人之声请,应于其判决内命债权人偿还执行费用。

前项规定,于因判决以外之执行名义所为之执行经撤销时,准用之。

第三〇条 就拍卖物价金如有多数债权人参与分配时,执行处应作成价金分配表,交付会计科,并应指定分配期日,于分配期日前二日,以缮本交付债务人及各债权人,或置于法院书记室任听阅览。

第三一条 分配笔录,由书记官于实行分配时,作成之。

第三二条 参与分配各债权人,除有优先权者外,应就其债权额数受平均分配。

第三三条 租税及其他公课,应与普通债权受平均分配。

第三四条 债权人对于分配表有不同意者,应于分配期日前,提出书状声明异议。

于分配期日不到场者,视为对于分配表业已同意。其以书状声明异议而不于分配日期到场者,亦同。

第三五条 法院认债权人异议之声明为正当,关系债权人到场而不为他项陈述者,应即更正分配表,重新分配。异议未终结者,应就无异议之部分先为分配。

因他债权人声明异议而有关系之债权人不于分配期日到场者视为不认其异议为正当。

第三六条　异议未终结者,声明异议人非自分配之日起十日内,对于他债权人正式起诉,并向执行处为起诉之证明,执行处得依前定分配表实行分配。

第三七条　他债权人参与分配者,应于执行程序终竣前以书状声明之。如执行之标的物不经拍卖而在声明参与分配前,已交付债权人或经执行处收受,视为已由债务人向债权人清偿者,他债权人不得分配。

第三八条　有执行名义之债权人声明参与分配时,应提出该执行名义。

无执行名义之债权人声明参与分配时,应释明其债权,并提出债务人无他财产足供清偿之证据。

执行处接受前项声明后,应通知各债权人及债务人,令于三日内为是否承认声明人参与之回答。

第三九条　债权人及债务人对于参与分配无异议时,应以声明参与分配之债权加入分配表。不于前条第三项之期间内回答,或不于期日到场者,以无异议论。

债权人及债务人对于参与分配如有异议,执行处应即通知声明人,声明人如仍欲参与分配时,应于十日内对异议人另行起诉,并应向执行处为起诉之证明。经证明后,其债权所应分配之金额,应行提存。

第四〇条　对于已经实施强制执行之债务人财产,他债权人得依第三十七条规定参与分配,不再声请强制执行。

第四一条　执行事件应于开始执行后三个月内完结,但遇有特别情形,得报明院长,酌予展限。

第四二条　当事人依外国法院判决声请强制执行者,以该判决已经确定并无民事诉讼法第四百零一条各款情形之一,且经中国法院以判决宣示许可其执行者为限,得开始强制执行。

第四三条　书记官、执达员如违背职务上义务,致损害他人时,应负赔偿之责。

第四四条　强制执行程序,除本法另有规定外,准用民事诉讼法之规定。

第二章　动产执行

第四五条　动产执行,以查封、拍卖实行之。

第四六条　查封动产由执行推事令书记官督同执达员为之,于必要时,得请求自治机关、商会或同业公会协助。

第四七条　查封动产,由执行人员以下列方法之一行之:

一　标封;

二　烙印或火漆印。

前项规定,于必要时,得并用之。

第四八条　查封时,得于债务人住所、事务所、仓库、箱柜、衣匣及其他藏置物品所在,用启视、封闭等方法行之。

查封时,遇债务人不到场,应命其家属或邻右一、二人到场,有必要时,得请求警察莅视。

第四九条　查封时,遇有反抗,得请求警察协助。

第五〇条　查封动产,以其价格足偿债务及执行费用者为限。

第五一条　查封之效力及于查封物之天然孳息。

第五二条　查封时,应酌留债务人及其家属二个月间生活所必要之物品。

前项期间,向执行推事审核债务人家庭状况,得伸缩之。但不得短于一个月,或过于三个月。

第五三条　债务人及其家属衣服、被褥及其他职业所必需之器具、物品,不得查封。

遗像、位牌、墓碑及其他祭祀、礼拜所用之物,不得查封。

第五四条　书记官于查封时,应制作查封笔录,并查封物品清单。

查封笔录应记明下列各项:

一　为查封原因之权利;

二　动产之所在地、种类、件数在应声叙之事项;

三　债权人及债务人;

四　查封年、月、日;

五　查封动产保管人;

六　保管方法;

七　查封人员及保管人之署名、盖印。

前项笔录,应使第四十八条第二项到场人署名、盖印。

第五五条　书记官、执达员于星期日或其他休息日及日出前、日没后不得实施一切执行行为,但经执行推事许可者,不在此限。

前项许可之命令,应于执行之际,提示债务人。

第五六条　书记官、执达员于查封时,发见债务人动产业经因案查封,应将其查封原因速行报告执行推事。

第五七条　查封时,遇重大事件书记官、执达员不能遂行办理时,应呈请该管长官核办。

第五八条　债务人得于查封后七日内,提出现款声请,撤销查封。

前项期间,债务人经债权人同意,得声请延展之。

第五九条　查封之动产应移置于该管法院所指定之贮藏所,其不便于搬运或不适于贮藏所保管者,执行处得委托妥适之保管人保管之。认为适当时,亦得以债权人为保管人。

查封动产,除高价物及有价证券外,得使债务人保管。但于债权人应受清偿之债额有危险之虞或债权人表示反对时,执行处应另指定保管人。

债务人为保管人时,应谕以刑法所定损坏、除去、污秽查封标示或为违背其效力之行为之处罚。

第六〇条　查封物之保管,得商由自治机关、商会或同业公会为之。

第六一条　查封物交保管人时,应由保管人给与收据。

第六二条　查封动产价格在一百元以上者,除当事人协议估价外,应由鉴定人另行鉴定价格,不满一百元者,得由执行处估定之。

第六三条　执行处因鉴定执行标的物之价格,除准用民事诉讼法随时选任鉴定人或嘱托公署或团体鉴定外,并得约定常任各种鉴定人员办理鉴定事务。

前项人员于约定时,经依式具给者,其效力及于所为之一切鉴定。

第六四条　鉴定人得由当事人协议选任,声请执行处核派之。

第六五条　鉴定人有数人时,执行处得命其共同或分别提出鉴定书。

第六六条　执行处应通知债权人及债务人,于鉴定期日到场,无法通知或届期不到场者,鉴定不因而停止。

第六七条　鉴定人提出鉴定书后,执行处应将鉴定价额通知债权人及债务人。

第六八条　执行处认鉴定为不当时,应另行选任鉴定人,重行鉴定。

第六九条　已查封之动产债务人未依第五十八条规定声请撤销查封时,执行处依债权人声请或以职权定期拍卖。

第七〇条　拍卖动产得由执行推事命书记官,指挥执达员于法院或动产所在地行之,执行处认为适当时,得委托拍卖行拍卖。

第七一条　拍卖之动产,以所查封物品为限。

第七二条　拍卖动产应以就该动产估定之价,为拍卖最低价额。

第七三条　拍卖期日,由执行推事于查封后,酌量情形定之。

执行处应通知债权人及债务人于拍卖期日到场,无法通知或届期不到场者,拍卖不因而停止。

第七四条　拍卖之场所及日时,应由执行法院先期布告。

第七五条　拍卖布告应填明下列各项:

一　拍卖物之种类、数量、品质及应声叙之事项;

二　拍卖之原因、时日、处所并执行书记官、执达员姓名;

三　阅览、查封笔录及请单之处所。

第七六条　拍卖布告,除揭示于执行法院及拍卖场所外,若鉴定价格在二百元以上时,得酌量登载一种或数种之报纸。

第七七条　拍卖应于公告五日后行之,但因物品之性质有宜速为拍卖之情形时,不在此限。

第七八条　金银物品，不得以生金银行情以下之价值拍卖之。

第七九条　于市面有行情之物，不得以行情较低之价值拍卖之。

前项市面行情，就商务总会交易所或其他公共团体征询之。

第八〇条　拍卖之动产于拍卖期日未拍定者，得减价再行拍卖，或按行情任意卖却之。

第八一条　拍卖之要约，因有较高价拍买之要约或不待拍买而终了拍卖时，当然失其效力。

第八二条　拍卖物品之交付，与价金之支付同时行之。

第八三条　最高价拍买人不于拍卖终结后交付现金时，执行处得定期令其交付。

前项交价日期，自拍定日起不得逾十日。

第八四条　拍卖于卖得金足清偿债权额及其他一切应负担之费用时，即行停止。

第八五条　拍卖终结后，书记官应作成拍卖笔录，记载下列各项：

一　拍卖物之种类、数量、品质及应声叙之事项；

二　债权人及债务人；

三　最高额拍定人姓名及其声明价额；

四　拍卖不成立时或停止时，记明其原因；

五　拍卖开始及终结日时；

六　拍卖书记官、执达员之署名、盖印；

七　作成拍卖笔录之处所及年月日。

第八六条　执行费用及其他因执行程序所支出之费用，自拍卖物卖得金扣除后，所有余额应交债权人，其余额尚超过债权额时，应以超过额交付债务人。

第八七条　拍卖期日无合格声明卖价额，执行处应依照前拍卖最低价额酌减百分之十或百分之二十，更定新拍卖期日。

新拍卖期日，准用关于拍卖期日之规定。

第八八条　经三次减价拍卖，仍无合格声明拍卖价额者，得作价交债权人收受，债权人不收受时，应撤销查封，将拍卖物返还债务人，就其他财产执行。

第八九条　拍定人不能如期缴足价金，执行处应以职权将该动产再行拍卖，但拍定人于距再拍卖期日三日前，缴足价金及此次程序之费用时，得撤销之。

第三章　不动产执行

第九〇条　不动产之执行，以查封拍卖管理之方法行之。

前项不动产，指土地及其定着物而言。

第九一条　查封不动产，由书记官督同执达员，以下列方法行之：

一　揭示；

二　封闭；

三　追缴契据。

前项规定,于必要情形,得并用之。

第九二条　书记官于查封时,应作成查封笔录,记明下列各项:

一　为查封原因之权利;

二　不动产之处所、种类及应声叙之事项;

三　债权人及债务人;

四　追缴契据之种类、件数;

五　查封年月日;

六　不动产保管人;

七　查封人员及保管人署名、盖印。

前项笔录,应使第四十八条第二项到场人员署名、盖印。

第九三条　对已受查封之不动产,法院得许债务人于必要范围内,有管理或使用之权利。

第九四条　查封不动产之保管或管理,得商由自治机关、商会或同业公会为之。

第九五条　拍卖不动产应由执行法院选定鉴定人,就该不动产先行估价,以估定之价额为拍卖最低价额。

第九六条　拍卖不动产,应由执行法院先期布告。

前项布告,应载明下列各项:

一　不动产之处所、种类及应声叙之事项;

二　拍卖之原因、日时、处所并执行书记官、执达员姓名;

三　拍卖最低价额;

四　拍定之日时及处所;

五　阅看笔录之处所;

六　对该不动产上有权利者依限声明;

七　利害关系人应于拍卖期日到场。

第九七条　拍卖期日,至少须距公告日起十四日以后。

拍卖得由执行法院酌量情形,于法院或其他处所为之。

第九八条　拍卖公告,除揭示于执行法院及该不动产之所在地外,得酌量登载一种或数种之报纸。

第九九条　拍卖不动产时,许以投标声明价额者,应于拍卖期日当投标人之面开封,投标人于拍卖期日,仍得声明增加价额。

第一〇〇条　不动产之新拍卖期日,距公告日之期间认为适当时,得缩短为七日以内,其拍定期日与拍卖期日得定为同日。

第一〇一条　执行法院将拍卖不动产交债权人收受时,应以职权发给权利移转证书。

第一〇二条 经三次减价而未拍定之不动产，债权人不肯收受时，应命强制管理，在管理中依当事人声请，得再减价或另估价拍卖，其有不应交债权人收受之情事，而强制管理又无实益者，亦同。

第一〇三条 以数宗不动产供拍卖，其一部分不动产之卖得金已足清偿债权总额及其他一切应负担之费用，对于他宗不动产，应停止其拍卖。

前项情形，债务人得指定其应拍卖之不动产。

第一〇四条 拍定人自取得法院所制权利移转书据之日起，取得该不动产之所有权，债权人承受债务人不动产者，亦同。

第一〇五条 拍定人非缴足价金后，不得请交不动产及一切书据。

第一〇六条 债务人应交付不动产者，执行人员应解除债务人之占有，点交债权人、拍定人或其代理人。有必要时，得请求警察协助。

房屋内或土地上所有之动产，除应与不动产同时执行者外，应取去，点交债务人或其代理人或家属、雇人。

无前项之人可交时，应将动产暂付保管，向债务人为领取之通知，债务人不领取时，得拍卖提存其价金。

第一〇七条 债务人应交付书据拒绝交付时，执行处得依对于动产执行方法执行之，并得以布告宣示未交付之书据无效，另以证明书发给债权人、拍定人或其代理人。

第一〇八条 共有物应有部分之拍卖，执行处应通知他共有人，但无法通知时，不在此限。

最低拍卖价额，按共有物全部之估价比例债务人应有部分，定之。

第一〇九条 已受查封之不动产，执行处得据债权人声请或以职权决定管理。

第一一〇条 管理决定后，执行法院应禁止债务人干涉管理人事务及处分该不动产之收益。若有给付收益之第三人时，应命第三人向管理人给付。

第一一一条 管理人由执行法院委任之，但债权人得推荐适当之人。

管理人因管理及收益得占有不动产，遇抵抗时，得随时声请执行处核办，或请求警察协助。

第一一二条 管理以一人为之，但执行处认为必要时，得委任数人。

管理人有数人时，应共同行使职务，但执行法院别以命令定其职务者，不在此限。

第一一三条 执行处对于管理人应指示关于管理上必要事宜，并监督其职务之进行，管理人不胜任或管理不适当时，得撤退之。

执行处得使管理人供担保。

第一一四条 管理人就不动产收益，于扣除管理费用及其他必需费用外，应以其余额从速交给债权人。

前项交付数，如债权人有异议时，得声请执行法院核办。

第一一五条　管理人应于每月或其业务终结后,缮具收支计算书,呈报执行法院,并报告债权人及债务人。

前项收支计算书,债权人或债务人有异议时,须于接受计算书五日内声请执行法院核办。

第一一六条　债权人若已由不动产收益受其清偿时,执行处应以职权解除管理人之职务。

第一一七条　不动产之执行,除本章规定外,准用动产执行之规定。

第一一八条　船舶之执行,准用不动产执行之规定。前项船舶,以海商法所规定者为限。

第四章　其他之执行

第一一九条　依一定之执行名义,债务人应为一定行为而不为者,执行法院得以债务人费用,命第三人代为履行。

前项费用由执行法院酌定数额,命债务人预行支付。遇必要时,并得选任鉴定人,评定其数额。

第一二〇条　依一定之执行名义债务人应为一定行为而其行为非他人所能代行者,债务人若不履行时,执行法院得处债务人一千元以下之过怠金,并得据债权人声请定债务履行之期间,宣示债务人若不于期间内履行,应赔偿定额之损害。

前项规定,于应为婚姻或夫妇同居之判决,不适用之。

执行名义系命债务人交付子女或被诱拐人者,除适用第一项规定外,得用直接强制方法将该子女或被诱拐人交给债权人。

第一二一条　执行名义命债务人容许他人之行为,或禁止债务人为一定之行为者,债务人不履行时,得将其管收或处以一千元以下过怠金,并得据债权人声请,命债务人供相当之担保。

第一二二条　关于继承财产或共有物分割之执行,由执行法院将财产总额核算分配,给与证明书,记载财产种类及其部分之权利移转。

前项分配,于必要时,得使鉴定人鉴定。

第一二三条　关于物权上动产、不动产之执行,执行处应命债务人交付之债务人,不交付时,准用动产、不动产执行之规定。

前项应交付之动产或不动产为第三人所占有者,执行法院应发命令作债务人对于第三人得请求交付之权利移转于债务人。

第一二四条　就债务人对于第三人之金钱债权为执行时,执行法院应依职权禁止债务人收取或为其他处分,并禁止第三人向债务人清偿。

前项情形,执行法院得许债权人收取或将该金钱债权移转债权人,如认为适当时,亦得命第三人向执行法院支付,再转给债权人。

第一二五条　就债务人基于债权或物权得请求第三人交付或移转动产或不动产之权利为执行时,执行法院除发命令禁止债务人处分,并禁止第三人交付或移转外,应命第三人将该动产、不动产交与执行法院,依关于动产或不动产执行之规定执行。

第一二六条　就债务人所有前二条以外非系所有权之财产上权利及共有之权利为执行时,执行法院应发命令禁止债务人处分其权利,并得酌量情形命令让与或管理而以让与价金或管理之收益清偿债权人。

前项权利如于第三人有关系而应对第三人为禁止之命令者,执行法院并得为之。

第一二七条　前三条之命令应送达于第三人及债务人,已为送达后,并应通知债权人,无第三人者,仅送达于债务人。

第一二八条　第三人不承认债务人之债权或其他财产权之存在或于数额有争论时,应于接受法院命令后十日内,提出书状,向执行法院声明。

第一二九条　债权人认第三人之声明为不实在,得向有管辖权之法院提起诉讼,请求其履行,并通知债务人。

第一三○条　债务人对于第三人之债权或其他财产权持有书据者,执行处得命债务人交出书据。

第一三一条　债务人对于第三人下列之债权,不得为强制执行:

一　经判决确认之赡养费;

二　债务人及其家属维持生活之必要费用。

第五章　假扣押、假处分之执行

第一三二条　假扣押或假处分之执行,应于该裁定送达后立即开始,或与送达同时为之。

第一三三条　因执行假扣押收取之金钱及因分配程序应分配于假扣押债权人之金额,应提存于执行法院会计科。

第一三四条　假扣押动产若有价格减少之虞,或物品性质易于腐烂,或须多额保管费用时,执行法院得据债权人或债务人声请,定期拍卖提存其卖得金。

第一三五条　对于债权或其他财产权执行假扣押者,应发禁止处分清偿之命令。

第一三六条　假扣押之执行,除本法有特别规定外,准用关于动产、不动产执行之规定。

第一三七条　假处分之执行,准用假扣押执行之规定。

第一三八条　假处分裁定选任管理人管理争执物者,于执行时,应使管理人占有其物。

第一三九条　假处分裁定命令或禁止债务人为一定行为者,应将该裁定送达于债务人。

第一四○条　假处分裁定禁止债务人设定移转或变更不动产上之权利者,应将该裁定揭示。

第六章　附则

第一四一条　本法施行前已开始执行之事件,视其进行程度,依本法所定之程序终结之,其已进行之部分,不失其效力。

第一四二条　本法自公布日施行。

●●刑事诉讼审限规则 民国二十四年(1935年)四月六日司法行政部公布,同年(1935年)

四月二十七日修正,同年(1935年)七月一日施行,二十五年(1936年)九月二十五日再修正。

第一条　刑事诉讼审限,除依简易程序者外,分别如下:

一　侦查期限十日,再议声请之驳回或处分亦同;

二　审判期限二十二日,其依覆判暂行条例裁判者亦同;

三　第一、第二审不经言词辩论之判决期限十日;

四　终结本案之裁定期限七日;

五　抗告、再抗告裁定期限七日,其应调查事实者十五日;

六　检察官提出理由书、答辩书、意见书之期限,关于上诉者七日,关于答复咨询者三日,关于覆判者依覆判暂行条例第二条之规定。

繁难或牵连案件,其情况不能于前项第一第二款之期限内终结者,得呈请该管长官展长一次,但不能逾原定期限。

第二条　侦查期限,自获犯之翌日起算;再议之声请,自接收卷宗及证物之日起算;审判及检察官提出理由书、答辩书、意见书期限,自接收人卷证物或咨词之翌日起算。

不经言词辩论之判决、抗告及再抗告之裁定或终结本案之裁定,自接收书状之翌日起算。但有调送卷宗时,则自卷宗到达之翌日起算。

第三条　各案应于期限届满前终结,其终结日期如下:

一　侦查以起诉、不起诉或停止之日为终结日,再议之声请,以驳回或处分之日为终结日;

二　裁定判决以宣示之日为终结日,其不宣示者,以裁定或判决之日为终结日;

三　检察官提出理由书、答辩书、意见书,以提出之日为终结日。

第四条　下列时期,于期限内扣除之:

一　例应休息之日;

二　因关提共犯或其他处分及诉讼行为涉及管辖区域外之程期;

三　因嘱托处分,讯问人证,提取文件或咨询意见,至得覆后之期间;

四　委任或指定辩护人准备辩论之期间；

五　当事人请求变更日期，查系有理由，许可延展之期间；

六　因被告心神丧失或疾病，应停止审判之期间；

七　依法得为抗告或上诉审裁定确定卷到之期间；

八　因天灾地变或法令所许之其他事实，致各该职务暂停进行之期间。

前项扣除期间所属之法院长官，应负审核之责，其有不当情形者，应呈请司法行政部核办。

第五条　有下列情形者，期限另行起算：

一　续获共犯别应调查证据，或为其他之处分者，自共犯人犯到案之翌日起算；

二　接续侦查及指定移动管辖者，自接收人卷之翌日起算；

三　依法更新审判者，自前审失效原因终了之翌日起算，但系推事更易，原期限尚未过半者，不在此限。

第六条　再诉、再审发回、发交案件，由法院分别程序，准用第一条之期限。但再诉、再审之侦查，自检察官知有各该法定原因之翌日起算。

第七条　案件终结后，主任或独任推事或检察官应就卷面刑事诉讼审限表，按类注明起迄日数，其有另行起算或扣除日期及呈请展期者，亦同。刑事诉讼审限表另定之。

第八条　主任、推事酌量案件之繁简，于三日以上十日以下定律师阅卷及提出意见书之期限，对于逾限者，应加以催告。

第九条　县司法处之审限，第一审六十日，奉覆判审发还三十日，侦查二十日，并准用第二条至第七条之规定，仍以与其审限及权限不相抵触者为限。

前项之规定，于未成立县司法处之兼理司法县政府准用之。

第一〇条　各法院推、检有违背本规则之规定者，由各该法院长官呈报司法行政部核办，其违背覆判暂行条例内关于期限之规定者，亦同。

第一一条　关于最高法院之刑事审限事项，由最高法院院长呈司法院办理，并咨司法行政部知照。

第一二条　律师于同一案件接收第八条之催告，仍复逾限者，得由主任、推事送高等法院首席检察官提付律师惩戒委员会惩戒。

第一三条　兼理司法之县长，有违背本规则之规定者，应由该管高等法院长官函知省政府，并呈报司法行政部核办。

第一四条　本规则自民国二十四年七月一日施行。

宣告无罪表式暨填报注意事项

宣告无罪(年季)报表					(某年度或某年度第　季)		造报机关		
被告姓名	性别	年龄	籍贯	职业	被诉所犯法条	犯罪不能证明或行为不罚	谕知保安处分及期间	主任法官姓名	备考

●●●宣告无罪(季年)报表填报注意事项 民国二十五年(1936年)三月三十日

司法行政部训令

一　本表季报、年报均适用之。

二　凡刑法第六十一条所引各罪之案件,经确定判决无罪者,于年度终了列表汇报,其余无罪确定判决,须检具判决正本及起诉书或自诉状,按季呈部备核,经过二、三审者,所有上诉理由书一并附送。

三　呈报办法,依刑事案件报部办法第二条之规定。

四　因犯罪不能证明宣告无罪者,表内"谕知保安处分及期间"一栏从略。

五　造报本表季报以每季终了翌月上半月为限,年报以年度终了后两个月为限。

六　本表用纸尺寸与诉讼用纸同。

●●●县司法处组织暂行条例 民国二十五年(1936年)四月九日国民政府公布

第一条　凡未设法院各县之司法事务,暂于县政府设县司法处处理之。

第二条　县司法处受理下列事件:

　一　民事、刑事第一审诉讼案件,但法律另有规定者,不在此限;

　二　非讼事件。

第三条　县司法处置审判官,独立行使审判职务。审判官有二人以上时,以一人为主任审判官。

第四条　县司法处检察职务由县长兼理之。

第五条　具有下列资格之一者,得由高等法院院长呈请司法行政部核派为审判官,以荐任待遇。

　一　依法有司法官资格者;

　二　经审判官考试及格,并训练期满者;

　三　曾经承审员考试及格,或各省司法委员承审员考试及格,领有覆核及格证书者;

　四　修习法律学科三年以上,领有毕业证书,经高等考试及格者;

五 修习法律学科三年以上,领有毕业证书,并办理法院纪录事务或司法行政事务三年以上,曾经报部有案,成绩优良者;

六 修习法律学科三年以上,领有毕业证书,曾任承审员或帮审员、审判官、审理员、司法委员二年以上,或连同办理法院纪录事务、司法行政事务合计在三年以上,成绩优良者。

依前项第二款至第六款资格核派之审判官,任职满二年成绩优良者,由高等法院院长胪列成绩,呈报司法行政部,得以推事或检察官任用。

第六条 县司法处置书记官,掌理纪录、编案、文牍、统计及其他事务,有二人以上时,以一人为主任书记官。

前项书记官,由高等法院委派。

书记官任用标准,由司法行政部定之。

第七条 县司法处置检验员、执达员、录事、庭丁、司法警察。

前项检验员,由高等法院甄选派充,执达员、录事、庭丁、司法警察由县长商同审判官派充或雇用之,并将名额呈报高等法院备案。

第八条 书记官、检验员、执达员、录事、庭丁、司法警察受审判官及县长之监督、指挥。

第九条 县司法处行政事务,由县长兼理之。

第一〇条 县司法处关于司法行政事务,受高等法院院长之监督;关于审判事务,受高等法院或其分院院长之监督;关于检察职务,受高等法院或其分院首席检察官之监督。

第一一条 县司法处办理诉讼补充条例另定之。

第一二条 县司法处处务规程由高等法院拟订,呈请司法行政部核准行之。

第一三条 本条例施行期间,以三年为限。

第一四条 本条例自公布日施行。

●●县司法处书记官任用规则 民国二十五年(1936年)六月二十二日司法行政部公布

第一条 本规则依县司法处组织暂行条例第六条制定之。

第二条 县司法处书记官,应就具有下列资格之一者任用之:

一 依法有法院书记官资格者;

二 经普通考试及格者;

三 曾任法院书记官者;

四 专科以上学校毕业者;

五 在公私立高级中学、旧制中学或其他同等学校毕业,现任或曾任各县司法公署书记官或各县司法书记员一年以上者；

六　现任或曾任法院候补书记官及学习书记官,继续服务一年以上者；

七　现任或曾任法院或司法行政机关录事,服务三年以上而成绩优良者。

第三条　县司法处书记官由高等法院院长依照前条规定遴选委派,并呈报司法行政部备案。

第四条　依第二条第二款至第七款任用之书记官,任职满二年,成绩优良者,由高等法院院长呈报司法行政部,以法院书记官任用。

第五条　本规则自公布日施行。

●●县司法处办理诉讼补充条例民国二十五年(1936年)六月二十七日国民政府公布

第一条　县司法处办理民事、刑事诉讼,除本条例有规定外,适用或准用民事诉讼法、刑事诉讼法及其他关于法院通用之法令。

第二条　民事、刑事诉讼文件,以县司法处名义行之;司法行政文件,以县长名义行之。

第三条　县司法处之管辖区域与县之行政区域同。

第四条　县司法处对于民事、刑事诉讼案件无管辖权者,得不经裁判,迳移送该管司法机关审理。

第五条　声请审判官回避,应向该管高等法院或分院为之。

第六条　高等法院或分院得依职权或声请,将审判官应回避之民事、刑事案件,命移于该县邻近之法院或其他司法机关审理,或酌派所属推事或邻近司法机关之司法人员莅审。但该县司法处审判官有二人以上者,得命由他审判官审理。

声请县长回避者,高等法院或分院首席检察官准用前项之规定办理。

第七条　审判官认为应自行回避者,得请该管高等法院或分院裁定之。

县长认为应自行回避者,得请该管高等法院或分院首席检察官核定之。

第八条　声请书记官回避,向县司法处为之,由审判官裁定。

第九条　县长因告诉、告发、自首或其他情事,知有犯罪嫌疑或由司法警察官移送者,应即侦查犯人及证据。

第一〇条　应由检察官实施之勘验处分,如县长因事故不能实施时,得由审判官代行。

第一一条　传票、拘票、押票或搜索票,于审判中由审判官、侦查中由县长签名,并盖用县司法处印。

第一二条　县长侦查案件,认为应行起诉者,填明移送片送致审判官办理,不起诉案件以批谕处分之。

前项文件,应送达于告诉人及被告。

告诉人对不起诉处分如有不服，得于送达之翌日起七日内，向该管高等法院或分院首席检察官声请再议。

第一三条 刑事案件审判期日，县长得不出庭。

第一四条 刑事被告逃亡或藏匿者，除由县司法处自行通缉外，得呈请高等法院首席检察官通知附近或各处检察官、县长、司法警察官署通缉。

第一五条 羁押被告，遇有刑事诉讼法第一百零八条第一项但书情形，审判中由审判官、侦查中由县长叙明理由，呈请该管高等法院或分院裁定之。

第一六条 裁判书应由审判官签名，并盖用县司法处印。

第一七条 刑事裁判书除送达于当事人外，并应送达于告诉人。

第一八条 县长对于刑事判决得提起上诉。

告诉人对于县司法处之刑事判决，得于判决送达之翌日起十日内，向第二审法院检察官申诉，不服请求提起上诉。

检察官认申诉为不合法或无理由，应以批示驳回之。如认为有理由，应于接受卷宗后十日内提起上诉。其上诉理由与原申诉理由相同者，得引用之。

告诉人申诉不服之案件，其申诉权虽已丧失，而检察官认原判决显有重大错误者，仍得提起上诉。

第一九条 除前条第四项情形外，检察官因其他原因发见县司法处之刑事判决显有重大错误者，得分别管辖，自行提起上诉或移送该管检察官提起上诉。

第二〇条 依第十八条第四项及前条规定提起上诉者，其上诉期间自检察官接受卷宗之日起算，但原判决送达被告已逾二年者，不得提起上诉。

第二一条 不服县司法处之裁判提起上诉或抗告者，应向该管高等法院或分院为之。

第二二条 民事、刑事上诉书状应于上诉期间内向第二审法院提起之，但得请求原审县司法处转送上诉书状于第二审法院。

县司法处接受前项请求后，应速将上诉书状连同诉讼卷宗，送交第二审法院，并应将上诉书状缮本送达于他造当事人。

第二三条 覆判审发回县司法处更审之案件，如更审判决事实明了，仅系援用法律错误，不影响于科刑，或程序未合，不影响于判决，或系从刑、缓刑、保安处分失当，经检察官提起上诉者，第二审法院得用书面审理。

第二四条 审判官对于诉讼人之请求有所准驳，或于诉讼进行中有所指挥，得以批谕行之。

前项批谕，除关于指挥诉讼不得抗告者得以牌示代送达外，应为送达诉讼人。如有不服，应于送达之翌日起七日内提起抗告。

审判官认抗告为有理由者，得更正原批谕；认为无理由者，应即添具意见书，送交抗告法院。

第二五条 刑事判决依覆判程序提审、莅审或未经上诉而确定者，其再审由管辖该案之第二审法院管辖之。但第二审法院对于未经上诉而确定之案件,得令原审县司法处再审。

第二六条 最高法院就未经上诉或提审、莅审而确定之刑事判决,依非常上诉程序审理者,认为事实不明,得发交管辖该案之第二审法院更为审判。前项更为审判之判决,除依刑事诉讼法不得上诉第三审者外,得提起上诉。

第二七条 前条第二审及第三审之判决得为被告不利益之裁判,但原处无期徒刑以下之刑者,不得改处死刑。

第二八条 民事执行事件由审判官办理。

第二九条 律师得于县司法处执行职务,其办法由司法行政部定之。

第三〇条 本条例于设治局准用之。

第三一条 本条例自公布日施行。

●●县司法处律师执行职务办法 民国二十五年(1936年)九月七日司法行政部公布

一 本办法依县司法处办理诉讼补充条例第二十九条之规定定之。

二 律师非依本办法规定,不得在县司法处执行职务。

三 律师在县司法处执行职务,应组织律师公会。

四 律师在县司法处兼区时,应依律师章程第十条之规定,呈经高等法院核准。

五 律师加入附近公会,以邻县壤地相接或火车汽车能一日往返者为限。

六 律师公费应比较省垣公会所定数额,减半规定。

七 依县司法处办理诉讼补充条例第十三条规定,县长得不出庭之刑事案件,律师亦无庸出庭。

●●县司法处刑事案件覆判暂行条例 民国二十五年(1936年)六月二十七日国民政府公布

第一条 县司法处之刑事案件未经上诉,或撤回上诉,或上诉不合法,未经第二审为实体上之审判者,应由该管高等法院或分院覆判,但刑法第六十一条所列各罪之案件,不在此限。依前项规定案件之一部应覆判者,应将全案覆判。

第二条 应行覆判之案件,其卷宗及证物未送上诉法院者,原审县司法处应于上诉期间届满或撤回上诉后五日内,将判决正本及卷宗证物呈送该管高等法院或分院检察官。

高等法院或分院检察官于接受判决正本及卷宗证物后,应于五日内转送覆判。但认为有提起上诉之必要时,得于十日内向法院提起上诉。

撤回上诉之案件,其卷宗及证物已送上诉法院,或上诉不合法,未经第二审为实体上之审判者,高等法院或分院应迳予覆判。

第三条　高等法院或分院发见初判有疑义事项,得令原审县司法处查复。

第四条　案件有下列情形之一者,应为核准之判决:

一　法律事实相符者;

二　事实明了,仅系援用法律错误,不影响于科刑者;

三　诉讼程序虽系违背法令而显然于判决无影响者。

前项第二款援用法律错误及第三款违背诉讼程序之点,应于核准判决之理由内引正之。

第五条　案件有下列情形之一者,应为更正之判决:

一　事实明了,援用法律错误致罪有失人者;

二　主刑之量刑失当者;

三　从刑或保安处分失当者;

四　缓刑不合法定条件者。

前项第二款情形,如认为应加重至处无期徒刑或死刑者,应为覆审之裁定。

第六条　案件有第四条第一项及第五条第一项以外之情形者,应为覆审之裁定。

依前项裁定覆审之案件,其初判视为撤销。

第七条　覆审裁定,就下列方法之一为之:

一　发回原审县司法处更审;

二　指定推事莅审;

三　提审。

覆审裁定不得抗告。

第八条　一案中有应核准、更正覆审之部分互见时,依下列各款裁判之:

一　应核准与应覆审之部分互见时,应为覆审之裁定。但应核准部分系免刑、无罪免诉或不受理之判决,得将该部分另为核准之判决;

二　应核准与应更正之部分互见时,应为更正之判决;

三　应覆审与应更正之部分互见时,应为覆审之裁定。

第九条　一案中有多数被告,由少数被告声明上诉或被告犯数罪仅就初判之一部声明上诉者,如上诉法院认为其余覆判部分有合并审理之必要时,应先为提审之裁定,但其判决仍分别行之。

第一〇条　第四条、第五条之判决,高等法院或分院应将正本发交原审县司法处送达被告。

第一一条　原审县司法处更审判决案件,应依第二条第一项规定期间,将判决正本连同卷宗、证物,呈送高等法院或分院检察官。

检察官对于前项判决之上诉期间,自接受判决正本之日起算。

第一二条　检察官对于核准更正提审或苔审之判决,得上诉于第三审法院;对于原审县司法处更审之判决,得上诉于该管第二审法院。

更正提审、苔审或原审县司法处更审之判决,处刑重于初判时,被告得上诉于该管第二审或第三审法院。但初判处死刑或无期徒刑之案件,而提审、苔审或更审之判决处刑与初判相同时,亦得上诉。

原审县司法处更审判决之案件,处刑轻于初判时,原自诉人得提起上诉,原告诉人得向第二审法院检察官申诉,不服请求提起上诉。

第一三条　覆判核准应照初判刑期执行者,其刑期自初判经过上诉期间之翌日起算,但其未受羁押之日数,不算入刑期之内。

第一四条　本条例自公布日施行。

●●县监所协进委员会暂行章程民国二十年(1931年)十月十四日司法行政部公布,二十四年(1935年)三月三十日修正,同年(1935年)六月二十六日再修正,二十五年(1936年)七月二十二日再修正。

第一条　为改良县监所人犯待遇及整理县监所事务,设立本会,以资协助。

第二条　本会设立于县政府,但县监所归地方法院或其分院或司法公署监督者,应设立于该法院或其分院或司法公署。

第三条　本会委员分当然委员、聘任委员,下列各员为当然委员:

一　县长;

二　地方法院或分院院长、首席检察官或检察官,其未设法院者,由司法公署司法委员,或县司法处审判官,或未改设审判官之承审员充之;

三　县党部委员一员,商会、农会各举代表一员,各工会联合推举代表一员;

四　县政府各局局长,其不设局或各局已改科者,以科长充之;

五　本区区长;

六　管狱员。

第四条　凡住居本监所所在地,德望素著之耆英及确属慈善性质之团体领袖,得由当然委员三人以上之推举,聘为本会委员,但其员额不得超过当然委员之半数。

前项聘任委员,其任期为一年,但经连聘者得连任。

第五条　本会以县长为委员长,但县长不监督该监所者,以其监督者为委员长。

第六条　第三条至第五条委员及委员长姓名,应报告该省高等法院转呈司法行政部,更调、改选时,亦同。

第七条　本会委员除管狱员外,每两星期应视察监所一次。

视察由委员自任或于开会时推举之。

第八条　委员视察所得情形,应以口头或书面报告于本会。

前项口头报告,应记入议事录。

第九条　本会协进事项,列举于下:

一　关于教诲教育及作业等设施之协助;

二　关于人犯假释、保释及交付保护、管束、调查事项;

三　关于监所之修缮及人犯之饮食、衣被、医药等预算之参议;

四　关于出狱人犯保护事项;

五　关于人犯请求事件之收转事项;

六　关于修建监所募款事项;

七　关于收容人数增加时衣食之维持方法;

八　关于改良狱务之提议事项。

第一○条　前条各款事项,应由管狱员提出于本会,但本会委员亦得提议、讨论之。

第一一条　本会会议由委员长随时召集之,委员长确因事故不能召集时,由代理者召集之。

第一二条　会议事件以多数取决之,但不同意之委员,得将理由附记于议事录。

前项会议事件,委员长得指定委员会股审查,并开各股审查会。

第一三条　本会决议事件,每月应报告高等法院转报司法行政部。

第一四条　办理本会之纪录及文件事项,由委员长指定所属职员兼任之。

第一五条　本会职员不支津贴,所有纸张、笔墨等费,由委员长于本机关办公费项下撙节开支。

第一六条　本章程由司法行政部公布施行。

●●新监所改进办法 民国二十五年(1936年)一月三十一日司法行政部训令,各省高等法院第五零四号。

一　自二十五年度起,各监所作业盈余应悉数编入预算建设项下,为修改监所及扩充作业之用,不得拨补经常费。

二　人犯无论老壮衰弱,应一律分配相当工作,不得借口社会不景气或工场不足用敷衍塞责。作业人数不及全监人数四分之三者,应予惩处。至于看守所,应令按照看守所规则第四十四及第四十五两条切实办理。

三　制作原簿,应遵照作业规则第二十四条从速设置,以备监督部院或视察员随时调取查阅,违者应予惩处。

四　各监狱应励行兵式体操一小时以上,并严整纪律,总期随时随地动止有常。人犯在监房内熄灯前,不得随便躺卧。

五　教诲除个人教诲外,教务所应置播音机,各工场监房应置收音机,每日于人犯饭后休息时及罢役还房后,由教诲师播音教诲,星期日并应由典狱长邀请教士、高僧或佛教团体来监演讲,其犯人中有愿演讲者,亦得准许。但应预将讲题呈由典狱长核定,演讲时,典狱长及教诲师均应莅场。

六　教育在二十岁以下者,每日三小时至四小时。二十岁以上三十五岁以下者,每日两小时,按照本部所颁实施监犯教育办法切实办理,并用识字牌以为补助。其在三十五岁以上者,仅用识字牌,参照上海第二特区监狱监犯识字办法办理。

七　各监狱应从速设置慎独室,以便实施监狱规则第八十六条第八款之用。

八　各监所职员请假在三日以内者,由典狱长核准。三日以上七日以内者,由高等法院核准。七日以上者,由部核准,并除有必不得已事由外,同时不得有二人请假。

九　典狱长、所长、主科看守长、所官暨教诲师、教师应各置简明日记簿,记载本日所办事务,每月并将原簿呈送高院切实审核后,转呈本部核阅。如有记载不实者,即予惩处。

●●监狱官练习规则 民国二十五年(1936年)二月十一日司法行政部修正公布

第一条　监狱官之练习,依本规则行之。

第二条　具有下列资格之一者,派在新监练习:

一　经高等或普通考试监狱官考试及格,得有证书者;

二　经司法行政部监狱官审查委员会或各省高等法院县监所职员审查委员会审查合格,存记者;

三　现任管狱员。

前项人员合于高等或普通考试监狱官考试条例第六条但书之规定,或曾充新监看守长一年以上者,免其练习。

第三条　前条练习人员,除监狱官考试及格者随时派送外,应分期行之,先尽存记人员派送,次就现任管狱员分期抽调,以全省现任管狱员练习完竣为度。

现任管狱员练习期间内所遗职务,派存记人员练习期满之成绩优良者代理。

第四条　每期练习名额,由司法行政部或各省高等法院酌定之。

第五条　练习期限,第二条第一款人员,按照考试及格人员分发规程办理。第二款人员,为六个月。第三款人员,为三个月,分别在监房工场及各科所练习。

第六条 新监典狱长应指定职员,分别担任指导职务。

第七条 练习人员须受典狱长之指挥、监督。

第八条 典狱长对于练习人员,应随时随处加以切实训导,并将监狱实务令作答案。

第九条 练习人员应按监狱勤务时间到监,不得迟到、早退。

第一〇条 练习人员应作日记,每星期送由指导员批阅。

第一一条 指导员应于每月终,将各练习人员成绩汇报典狱长查核。

第一二条 练习人员在练习期间,须著制服。

第一三条 练习人员在练习期内一切费用,概归自备,但第二条第一款及第三款人员,得酌给津贴或半薪。

第一四条 练习期满,由典狱长就各该练习人员之操行能力及学识出具切实考语,并造具清册,连同日记呈由司法行政部或高等法院审定,发给成绩证明书。

前项成绩,由高等法院审定者,并应报部备案。

第一五条 监狱官考试及格人员练习期满,依照考试及格人员分发规程办理。现任管狱员练习期满成绩优良者,仍回原任。不良者,罢免之。存记人员成绩不良者,撤销其存记。

第一六条 本规则自公布之日施行。

●●新监所职员给假规则 民国二十五年(1936年)八月四日司法行政部公布

第一条 新监所职员给假依本规则行之。

第二条 新监所职员,非因疾病及确系不得已事故,不得请假。

第三条 典狱长、分监长、所长及不设所长之所官请假及派代情形,应呈请高等法院院长核准,但部辖监狱之典狱长请假及派代情形,应呈部核准。

第四条 前条以外之职员请假,须填具请假书,载明事由及日期,呈请该管长官核准。

第五条 前条职员请假,须将经办事件委托同官一人代理,但须经该管长官许可。若无相当代理人时,应请该管长官暂行派代。

第六条 职员销假应呈报该管长官备核,但第四条之职员销假,应填具报告书。

前项规定请假不满一日者,不适用之。

第七条 职员假期已满未能销假者,应即声叙理由,呈请续假。

第八条 职员未经请假而擅离职守,或假期已满而不销假,亦不续假者,均以旷职论。但因特别障碍致不及请假,或续假事后声叙理由补行请假,或续假经该管长官核准者,不在此限。

第九条　旷职未满一星期者,按日扣俸。在一星期以上者,除扣俸外,并由该管长官酌予警告或呈请送交惩戒。

第一〇条　职员因事请假,每年合计以二星期为限。

但因特别事故经该管长官核准者,不在此限。

称每年者,依年历一月至十二月计算,其到职在一月后者,应自到职之日起依前项办法比例计算。

第一一条　职员因病请假,每年合计以一月为限。逾限者,得以未请事假之假期抵销。

前项情形,得调验医生诊断书。

第一二条　职员确罹重病,非短时间所能痊愈者,除依前条规定假期外,得由该管长官核准延长五星期,但延长假期已满仍未痊愈者,应即辞职或请派员代理。

第一三条　职员遇婚丧大事请假者,应由该管长官分别其在本地或回籍路程之远近及交通情形,核定之。

第一四条　女职员因生育请假者,其假期以两个月为限。逾限,以病假论。

第一五条　监所长官各于所属职员之请假、续假、销假或旷职暨代理情形,应随时呈报高等法院院长备核,但部辖监狱典狱长对于以上情形,应随时报部备核。

第一六条　高等法院院长于所属职员请假、续假、销假或旷职暨代理情形,应随时呈报司法行政部备核,但请假在十日以内者,得按季列表汇报。

第一七条　职员请假、续假、销假或旷职由各监所主管人员随时登记,于每月终将其姓名、期间、事由列表,备各该长官稽查。

第一八条　例假日,不算入假期之内。

第一九条　各监所遇有特别事故或紧急情形时,该管长官得不给假。

第二〇条　监狱官练习人员给假,准用本规则之规定。

第二一条　除部辖监狱外,各监所看守主任、看守及其他雇员,其给假规则由各高等法院定之。

第二二条　本规则自公布之日施行。

●●徒刑人犯移垦暂行条例 民国二十三年(1934 年)七月十日国府公布,二十五年(1936 年)七月二十二日修正。

第一条　处无期徒刑之人犯,执行满五年后,处三年以上有期徒刑之人犯,执行满五分之一后,得以司法行政部命令移送边远或荒旷地方从事垦殖,如系军事人犯,得以军政部命令移送之。

第二条　移垦人犯以二十岁以上之男子,品性较良、身体健全、能任农事者为限。

第三条　人犯移垦之地，以公有荒地扩充。

第四条　移垦人犯先拘置于移垦地所设之外役监，渐次遣居农舍。

第五条　人犯移垦所需之农具、耕牛、籽种、肥料等，由国家供给之。

第六条　人犯地垦其收获所入归公，但应按其行状、成绩，照作业赏与办法，提给若干。其遣居农舍者所提给之数，不得少于百分之四十。

第七条　人犯移送途中及在移垦地之期间，均按日数抵算刑期。

第八条　移垦人犯刑期满后，愿受地入籍者，授以地若干亩之耕作权，并编入该处户籍，其地依法纳租。

第九条　移垦人犯之眷属，得携带随行，或至移垦地后接往同居，旅费均由自备。实无力者，得由国家酌予补助。

第一〇条　中央及地方各机关及各地驻军，对于人犯之移送、戒备及其他关于移垦一切事宜，应协助之。

第一一条　人犯移垦实施办法由司法院会同行政院定之。

第一二条　本条例自公布日施行。

●●内政部、司法行政部指纹调查委员会组织规程 民国二十五年
（1936 年）三月二十七日内政部司法行政部公布

第一条　指纹调查委员会由内政部、司法行政部共同设立，从事调查指纹工作。

第二条　本会调查期间暂定为一年，于必要时，得呈请变更或延长之。

第三条　本会置委员长一人，副委员长一人，专门委员三人，正、副委员长以两部主管司长兼任，专门委员三人，由两部共同选聘专家充任之。

第四条　本会置下列二股：

一　总务股；

二　调查股。

第五条　总务股掌下列事项：

一　关于文书收发、保管及撰拟事项；

二　关于文件分配事项；

三　关于会议纪录事项；

四　关于文件刊物之缮印或编辑事项；

五　关于职员任免事项；

六　关于会计事项；

七　关于庶务事项；

八　关于不属于他股事项。

第六条　调查股掌下列事项：

一　关于指纹分类事项；

二　关于指纹核对事项；

三　关于指纹覆核事项；

四　关于解释指纹疑义事项；

五　关于指纹对照事项；

六　关于指纹纸清理事项；

七　关于指纹纸登记事项；

八　关于押捺指纹之指导事项；

九　关于拟订指纹统计表格事项；

一〇　关于编造指纹统计事项；

一一　关于考核各官署造送之指纹统计表册事项；

一二　关于保管指纹统计表册事项；

一三　关于指纹统计报告事项；

一四　关于指纹统计审核事项；

一五　关于指纹纸保管事项；

一六　关于国内各机关应用指纹法状况调查事项；

一七　关于各国指纹法制度之参考资料搜集与编译事项；

一八　关于前项参考资料检讨事项；

一九　关于练习生训练事项；

二〇　关于拟订统一指纹法式草案事项；

二一　关于图书保管事项。

第七条　每股置股主任一人，由两部主管指纹事务人员兼任。总务股置办事员二人，就两部职员中各派一人兼任。调查股置练习生十人至二十人，以考试录取，其考试办法另定之。

第八条　本会每月开会一次，由委员长召集讨论本会重要事项。开会时，正、副委员长、专门委员、股主任均应出席，于必要时，办事员及练习生亦得列席。

第九条　本会对外文电以两部名义行之。

第一〇条　本会职员由两部会衔委派之。

第一一条　本会股主任以上职员，均不支薪。

第一二条　本规程自公布日施行。

●●各省新监办理指纹事务注意事项民国二十五年（1936 年）二月七日司法行政部训令

一　押捺指纹前，应将指头以火酒（即酒精）净洗拭干后，押捺之。

二　押捺指纹前，应检视被押捺者指头有无异状，如有异状时，应记明其原因。

三　押捺指纹不可紧靠押捺台，司押捺者应立于被押捺者左侧，互成直角，两人间须有一尺之距离。

四　押捺时切忌摇动手指，捺下或提起时不可稍有迟延，否则指头隆线重复，有破坏指纹内特征之虞。

五　指纹中心与三角（详前颁指纹纸式样）押捺不明时，再为押捺，若再不明，则视中心或三角之形状，以笔绘明于侧，其中心或三角损伤者，应于正面备考栏内注明。

六　正栏押捺时，司押捺者应辨明左右手及指名，不使错误。其法先将被押捺者左手食指涂取油墨后，斜置于指纹纸，左手食指押捺栏内与平铺指纹纸互成直角，然后徐徐回转至再成直角时而止，左食指押捺毕，即顺次及左小指，最后则为左拇指。右手各指仿此。

七　副栏押捺时，先以食指、中指、环指、小指同时涂油墨后，平置于指纹纸副押捺栏内相当之处，稍加微力，提起即成，两手顺次押捺之。

八　指纹押捺完毕后，应将指纹纸正面及反面姓名等各栏详确填载。

九　指纹纸邮递时，应用薄木板或马粪纸夹好，不得卷折。

一〇　指纹纸并其他书类之纸质及大小，应遵照部颁样式印制，不得参差。

一一　初次犯罪入监人犯应使押捺指纹纸（同原颁发样式）二份，一份编入监犯身分簿，一份附具清单（同原颁样式），呈司法行政部。

一二　入监人犯曾经捺送指纹纸者，应填具新受刑事项报告书二份（附样式一），附具清单（附样式二），呈司法行政部，并向最近执行之监狱调取该犯身分簿。

一三　前二项书类应于入监之当日分别办理，其因特别事故不能于当日办理者，应于事故终止时，立即办理。

前项手续未经完毕而遇有移监之必要时，得免除押捺指纹手续。但指纹纸内各栏，仍应详确填载，并于正面备考栏内记明不能押捺之原因及被移送之监狱。

一四　办理指纹事务应指定职员，并将履历呈由高等法院转呈司法行政部备案（附履历书样式）。更调时，亦同。

一五　已经押捺指纹之监犯，遇有指纹损伤而无恢复原状之希望时，应重新押捺，并于新指纹纸正面右角上朱书一"再"字。

一六　十一、十二两项书类，应于次月十日前汇齐，呈由高等法院转呈司法行政部，不得任意延缓。

一七　填载指纹纸及其他书类各栏事项，应笔划分明，不得用省文或符号，并不得涂抹，如有更改、增删之处，应由承办人员盖章。

●●稽核各省监所囚粮办法 民国二十四年（1935 年）七月六日司法行政部修正训令，各省高等法院第二五五三号。

一　各监所囚粮应由监所购买粮食、油、盐、柴、菜，选择人犯自炊，不得发给钱、米或包，与厨房承办。

一　囚粮分量应以干粮（米、麦粉、杂粮等）为标准，每人每顿新制秤自十两至十四两，至监所长官斟酌（已决犯应分别劳役种类）规定，呈报高等法院备案。病犯酌给稀饭、白面等适当之饮食。

一　已组织购买囚粮委员会监所，应将标购米样陈列炊场。

一　每日所用粮食、油、盐、柴、菜，应由主管炊场人员填列囚粮结算日报表，报告本监所长官，并张贴炊场公布周知。每届月终，即根据日报表填列月报表，并造具囚粮用款四柱册，于翌月五日以前，呈报高等法院，切实核明备案。

前项表册格式仍旧。

一　囚粮应按实支数列入各该监所经常费支出计算内，报销所有购买粮食、油、盐、柴、菜各项单据，汇列单据，黏存簿内备核，逐月囚粮节余应在支出计算书内注明备查。非呈奉司法行政部核准，不得流用。

一　表报购入粮食等价额，应由高等法院派员抽查，如果发现有与市价不符情弊，即行彻查，依法办理。

一　他机关寄禁、寄押人犯口粮，应向原机关领用，另行造报。

一　本办法自二十四年度（二十四年七月一日）施行。

监所 囚 粮 结 算 日月 报 表 年			月日 份
品名	支用		备考
	重量	价值	
大米			本月日每顿发干粮十两者　　　　名十一两者 名十二两者　　　　名十三两者　名
麦粉			十四两　　　名合计如上数
薪炭			本月日囚粮　万　千　百　十　份 照定额每份大洋　　　　共计大洋
豆油			
食盐			本月日外籍人犯囚粮　　十　份每份大洋 　　　　共计大洋
菜			
菜			
豆腐			
合计			
说明			

监所民国　　年　　月份　囚粮用款四柱清册

计　开

旧管

一　上月结存或不敷　洋

一　上月结存囚粮物品值洋

存大米（或麦）　　　　　斤　　两　合计　　　石　　斗　　升值洋
　　　　　　　　　　　合每石洋

存薪炭　　　　　　　　斤每百斤洋　　　　　　　　　　值洋
存豆油　　　　　　　　斤每百斤洋　　　　　　　　　　值洋
存食盐　　　　　　　　斤每百斤洋　　　　　　　　　　值洋

新收

一　收本月口粮　　每份　　份　　分　　合洋
　　　　　　　　　　　角

一　收寄禁口粮　每份　　份　　分　　合洋
　　　　押　　　　　角

日收大米（或麦）　　石　每石重　　　斤
　　　　　　　　　　　价洋

日收薪炭　　　　　　　　斤每百斤洋
日收豆油　　　　　　　　斤每百斤洋
日收食盐　　　　　　　　斤每百斤洋

开除
一　支购大米（或麦）洋
一　支购薪炭洋
一　支购豆油洋
一　支购食盐洋
一　支购菜蔬洋

本月实用米或麦　　　　斤　　两合计　　　石　斗　升　合
　　　　每石洋

本月实用薪炭　　每百斤斤洋
本月实用豆油　　每百斤斤洋
本月实用食盐　　每百斤斤洋

实在
一　本月结存或洋
　　　　不敷

存大米（或麦）　每石值洋　　　斤合计　石　斗　升　　合　值洋
存薪炭　　　　　　　　斤每百斤合洋　　　　　　　　值洋
存豆油　　　　　　　　斤每百斤合洋　　　　　　　　值洋
存食盐　　　　　　　　斤每百斤合洋　　　　　　　　值洋

●●保护管束规则 民国二十四年（1935 年）十一月九日内政部、司法行政部会令公布

第一条　保护管束，除法令别有规定外，依本规则行之。

第二条　保护管束应按其情形，交由受保护管束人所在地或所地以外之警察官署、自治团

体、慈善团体、本人最近亲属或其他适当之人,执行之。

第三条　依前条执行保护管束者,关于保护管束事务,受执行保护管束地之法院检察官之监督。

第四条　指挥执行保护管束之检察官,应将受保护管束人,连同必要书类,交付执行保护管束者。

第五条　执行保护管束者对于受保护管束人,除应负责管束外,并应按其情形,分别负感化、监护、禁戒、强制工作及其他职业上指导之义务。

执行保护管束者为履行前项义务,对于受保护管束人得发命令或申诫。不服命令或申诫时,并得限制其自由。

第六条　执行保护管束者,应将受保护管束人感化、监护、禁戒或工作及其他关于身体、品行、生计等情况,报告于有监督权之检察官,每三个月并总报告一次,其有刑法第九十二条第二项或第九十三条第三项情形时,应列举事实立即报告。

第七条　有监督权之检察官,对于执行保护管束者,关于保护管束事务,有随时调查、督促之义务,必要时,得发布命令,不遵守命令者,得予以申斥,并得将受保护管束人另交管束。

第八条　受保护管束人,非经执行保护管束者许可,不得离开受保护管束地,其离开在十日以上时,应经有监督权之检察官核准,并不得逾一月。

第九条　执行保护管束者,如因移居或其他情形不能执行管束时,得请求有监督权之检察官另交管束。其系机关团体,因有变更不能执行管束时,亦同。

第一〇条　执行保护管束者,于受保护管束人管束期间届满时,应报告于有监督权之检察官。

第一一条　执行保护管束者遇受保护管束人逃亡时,应即报告有监督权之检察官,除警察官署执行者应自行追缉外,并应就近报告警察官署,先予追缉。

第一二条　执行保护管束者遇受保护管束人死亡时,应即报告有监督权之检察官。

第一三条　保护管束非由警察官署行之者,有监督权之检察官得按其情形,委托警察官署代为监督。前项情形,检察官应通知执行保护管束者为第六条之报告时,应迳向该警察官署为之,依第一项代为监督之警察官署,应将监督之必要情形及所接受之报告,随时报告于委托之检察官。

第一四条　本规则所定法院检察官之职权,于未设法院地方,由该管司法机关行之。

第一五条　本规则自公布日施行。

附书式一 民国二十五年(1936 年)四月六日司法行政部令

执行保护管束事务第 个月报告书										
受保护管束人	姓名		性别		年龄		籍贯		现在住址	
									从前职业	
	身体	健全		品行	良		生计	有	何种职业	
		不健全			不良			无		
管束情况	感化经过					感化结果				
	监护经过					监护结果				
	禁戒经过					禁戒结果				
	强制工作经过					强制工作结果				
	职业指导经过					职业指导结果				
附记										
上受保护管束人于中华民国　　年　　月　　日奉										
交执行保护管束,自　　年　　月　　日起至　　年　　月　　日										
止已届满　　月,应将第　　月内管束情况缮具　　报告谨请										
地方法院检察官　　公鉴										
执行保护管束者										
中华民国　　　　年　　　　月　　　　日										

注意:背面印有保护管束规则

保护管束规则(从略)

附书式二

执行保护管束事务三个月　总报告书											
受保护管束人	姓名		性别		年龄		籍贯		现在住址		
									从前职业		
	身体	健全		品行	良			生计	有	何种职业	
		不健全			不良				无		
第一个月管束情况	感化经过			感化结果							
	监护经过			监护结果							
	禁戒经过			禁戒结果							
	强制工作经过			强制工作结果							
	职业指导经过			职业指导结果							
第二个月管束情况	感化经过			感化结果							
	监护经过			监护结果							
	禁戒经过			禁戒结果							
	强制工作经过			强制工作结果							
	职业指导经过			职业指导结果							

第三个月管束情况	感化经过		感化结果	
	监护经过		监护结果	
	禁戒经过		禁戒结果	
	强制工作经过		强制工作结果	
	职业指导经过		职业指导结果	
附记				

上受保护管束人　于中华民国　　　年　　　月　　　日　奉

交执行保护管束　自　　年　　月　　日起至　　年　　月　　日

止已届满　　　月,应将　　　　月内管束情况缮具总报告　谨请

　　　　　地方法院检察官　公鉴

　　　　　　　　　　　执行保护管束者

中华民国　　　　　　年　　　　　　月　　　　　　日

附书式三

受保护管束人有刑法第九十二三条第二三项情形　报告书							
受保护管束人	姓名	性别	年龄		籍贯	现在住址	
						从前职业	

上受保护管束人　于中华民国　　　年　　　月　　　日　奉

交执行保护管束,兹查受管束人有刑法第　　条　　第　　项情形,应将事实列举报告于下。

谨请

　　　　　地方法院检察官　公鉴

　　　　　　　　　　执行保护管束者

中华民国　　　　　年　　　　　月　　　　　日

注意:背面所列刑法条文

●●摘录中华民国刑法关系条文

第八六条　因未满十四岁而不罚者,得令入感化教育处所,施以感化教育。

因未满十八岁而减轻其刑者,得于刑之执行完毕或赦免后,令入感化教育处所,施以感化教育。但宣告三年以下有期徒刑、拘役或罚金者,得于执行前为之。

感化教育期间,为三年以下。

第二项但书情形,依感化教育之执行,认为无执行刑之必要者,得免其刑之执行。

第八七条　因心神丧失而不罚者,得令入相当处所,施以监护。

因精神耗弱或瘖哑而减轻其刑者,得于刑之执行完毕或赦免后,令入相当处所,施以监护。

前二项处分期间,为三年以下。

第八八条　犯吸食鸦片或施打吗啡或使用高根海洛因或其化合质料之罪者,得令入相当处所,施以禁戒。

前项处分,于刑之执行前为之,其期间为六个月以下。

依禁戒处分之执行法院认为无执行刑之必要者,得免其刑之执行。

第八九条　因酗酒而犯罪者,得于刑之执行完毕或赦免后,令入相当处所,施以禁戒。

前二项处分期间,为三个月以下。

第九〇条　有犯罪之习惯或以犯罪为常业,或因游荡或懒惰成习而犯罪者,得于刑之执行完毕或赦免后,令入劳动场所强制工作。

前项处分期间,为三年以下。

第九二条　第八十六条至第九十条之处分,按其情形,得以保护管束代之。

前项保护管束期间,为三年以下。其不能收效者,得随时撤销之,仍执行原处分。

第九三条　受缓刑之宣告者,在缓刑期内,得付保护管束。

假释出狱者,在假释中,付保护管束。

前二项情形违反保护管束规则,情节重大者,得撤销缓刑之宣告或假释。

附假释证书式民国二十四年(1935年)十一月九日订定

●●附假释证书式民国二十四年(1935年)十一月九日订定

假释证书						
姓　　名		年	月			日　生
原　　籍		省	县	镇	乡	
受保护管束地						
罪　　名						
刑名刑期		年	月	日		执行开始
		年	月	日		执行终了
假释期间		自民国	年	月		日起
		至民国	年	月		日止
民国	年	月	日			须到达受保护管束地
						日给此证书
民国	年　月					某某监狱 典狱长姓名 印
记事及警察官吏暨执行保护管束者钤印						

●●假释出狱人注意事项

一　假释出狱人在假释中,应受保护管束。

二　假释出狱人应照证书内所定期限,到达受保护管束地,如行程在一日以上时,应向寄宿地之公安局呈验证书,请其盖印。

　因特别事故不能依限到达时,应报由所在地之公安局,出具证明书。

三　假释出狱人到达受保护管束地后,应将假释证书送由执行保护管束者署名、盖章。

四　假释出狱人,关于职业生计之企图,应速向执行保护管束者陈述之。

五　假释出狱人应服从执行保护管束者之命令及申诫,不服从时,应受保护管束规则第五条第二项末段之限制(保护管束规则第五条第二项:执行保护管束者为履行前项义务,对于受保护管束者,得发命令或申诫,不服命令或申诫时,得限制其自由)。

六　假释出狱人应遵守监狱规则第九十三条第一款之规定,就正业,保持善行。

七　假释出狱人离开保护管束地时,应遵照保护管束规则第八条之规定(保护管束规则第八条:受保护管束人非经执行保护管束者许可,不得离开受保护管束地。其离开在十日以上时,应经有监督权之检察官核准,并不得逾一月)。

八　假释出狱人有刑法第七十八条第一项及第九十三条第三项情形者,撤销假释(刑法第七十八条第一项:假释中更犯罪受有期徒刑以上之宣告者,撤销其假释。第二项:因过失犯罪者,不适用前项之规定。第三项:假释撤销后,其出狱日数不算入刑期内。又,九十三条第三项:违背保护管束规则情节重大者)。

●●行政法院组织法 民国二十一年(1932年)十一月十七日国民政府公布,二十五年(1936年)十一月六日修正。

第一条 行政法院掌理全国行政诉讼审判事务。

第二条 行政法院置院长一人,综理全院行政事务,兼任评事,并充庭长。

第三条 行政法院分设二庭或三庭,每庭置庭长一人,除由院长兼任者外,就其余评事中遴充之,监督各该庭事务,并定其分配。

第四条 行政法院每庭置评事五人,掌理审判事务,每庭评事应有曾充法官者二人。

第五条 行政法院之审判,以评事五人合议行之。

合议审判以庭长为审判长,庭长有事故时,以评事之资深者充之。

第六条 行政法院评事,非具备下列各款资格者,不得充任:

一 对于党义有深切之研究者;

二 曾任国民政府统治下简任职公务员二年以上者;

三 年满三十岁者。

第七条 行政法院置书记官长一人,书记官十人至十八人,分别掌理纪录、编案、撰拟、收发及典守印信等事务。

行政法院设会计员一人,统计员一人,办理岁计、会计、统计事项,受行政法院院长之指挥、监督,并依国民政府主计处组织法之规定,直接对主计处负责。会计室及统计室需用佐理人员名额,由行政法院及主计处就本法所定委任人员及雇员名额中会同决定之。

第八条 行政法院院长特任,评事简任,书记官长荐任,书记官委任。

第九条 评事之保障,准用关于推事保障之规定。

第一〇条 行政法院得酌用雇员及庭丁。

第一一条 行政法院处务规程由司法院定之。

第一二条 本法自公布日施行。

●●行政法院书记厅办事细则 民国二十五年(1936年)八月十三日行政法院修正,呈准司法院备案。

要　目

第一章　总则

第一条　本细则依行政法院处务规程第二条之规定制定之。

第二条　书记厅设下列各科：

一　总务科；

二　文书科。

第三条　书记官长承院长之命，指挥、监督、分配、稽核书记厅各科事务。

第四条　各科设主任一人，由院长遴派书记官充任之。

第五条　各科设书记官若干人，分任事务，并酌设学习书记官及录事若干人。

前项学习书记官，依照暂行文官官等官俸表办事员等级叙俸。

第六条　各科主任承院长之命暨书记官长之指挥、监督，综理本科事务及指导本科各职员。

第七条　各科每日承办事务，应分填工作报告，由文书科汇填总表，送由书记官长转呈院长查阅。

第八条　各科簿册应于每年度开始时更换，并更新各项收发文件号数。

第九条　本厅各职员均应按照规定时间办公，如有必要时，得延长之。

第一○条　本厅各职员对于承办事件，不得延搁事务，繁冗时，得由书记官长陈明院长临时指派他员襄助办理。

第一一条　本厅各职员，对于未经发表之事件，应严守秘密。

第一二条　本厅各职员因故请假时，依照本院职员给假规则办理。

第一三条　本厅于每日下午散值后，应轮派职员二人值宿，例假日加派二人值日。

第二章　总务科

第一四条　本科职掌如下：

一　收发文件；

二　典守印信；

三　保管图书；

四　出纳款项；

五　关于庶务及不属他科事项。

第一五条　收发股每日收发文件及书状，应分别摘由、登记，随时呈阅或封发，如赶办不及时，应报告本科主任核示。

所收文件、书状，如附有现金或有价证券者，应将现金或有价证券随时点交出纳股收存。

第一六条　封发文件应注意有无误错,一经发见,应即退还原承办处,并报告各本科主任转呈核示。

第一七条　监印股于文件送印时,应逐项登记,分别用印铃章加盖戳记,转送审阅封发。

凡文件未经院长核定或判行及缮件无负责人员名章或校对员戳记者,不得用印。

第一八条　图书管理股应按月将新收图书编制目录,印送各职员以备借阅。至订阅之各种日报,并应分别汇存。

第一九条　图书非有借阅人(限于本院职员)出具之借阅证,不得借给。其借出及归还,并应随时登记。

第二〇条　出纳股收支款项,应随时分别登簿。

每日收支完毕后,应即汇齐各项单据,送会计室登账。

第二一条　庶务股购置器具、物品等项,每次需款在五元以上者,应由庶务员备具请购置单,送呈本科主任核准。二十元以上者,呈转书记官长核准。五十元以上者,递呈院长核准。

第二二条　支出各款均须取得正式单据,其有事实上不能取得者,得由庶务员出具单据。

单据应编列号码,加盖庶务员名章,随时送交出纳股支付。

第二三条　发给物品,以领物单为凭,并于点发后,在原单及存根上分别加盖发讫戳记,或注明实发数目。

前项领物单应由领物人签名盖章,主任以下各员,并须经各该科室主任之核准。

第三章　文书科

第二四条　本科职掌如下:

一　撰拟;

二　编辑;

三　统计;

四　缮校文件;

五　保管案卷;

六　会议纪录;

七　关于其他文书事项。

第二五条　本科撰拟本院行政方面一切文稿,由拟稿员署名盖章,随时登簿送由本科主任核签,递呈书记官长覆核,院长判行。

凡撰拟文稿,其性质与他科室有关联者,应送各主任会核后,递呈核判。

第二六条　本科编制本院每月工作报告表单等项,须于次月上旬办理完竣。

第二七条　本科办理统计除依照各项统计法令编制各种统计图表、簿册外,并得由承办人员自行拟制应用格式,经由本科主任转呈核定后办理。

统计材料得向各科征集或请求说明。

第二八条　缮校股缮写、校对本院行政方面一切交件,并油印各庭交印文件。

第二九条　凡文件缮写完毕,应即登簿,与原稿并送校对员校对,加盖戳记,再送监印股用印。

第三〇条　管卷股收到归档文卷时,应逐件点清,分别登记,按类装订,如有短少,应即向原送件处补齐。

第三一条　文卷非有调阅权人出具署名盖章,并注明年月日之调阅证,不得检付。其调出及归还,并应随时登记。

第三二条　凡遇本院庭长、评事会议时,本科主任应列席纪录。

前项会议纪录,应于会议后,即加整理,送请院长核阅,由本科保存之。

第三三条　本院全体职员之任免、奖惩及请假、销假各事项,应随时分别登记。

第三四条　凡传览事件,应登簿分送传览。

第四章　附则

第三五条　会计事务由会计室办理,其办事细则依照主计处呈准之本院会计室组织规程第九条之所定,另定之。

第三六条　本细则自院令公布日施行。

●●行政法院各庭书记官办事细则 民国二十二年(1933年)九月三十日司法院指令,行政法院第二六二号。

第一条　本细则依行政法院处务规程第二条之规定制定之。

第二条　各庭主任书记官依本院处务规程第二十七条第二项之规定,承庭长、评事之指挥、监督,掌理并分配各该庭事务。

前项事务之分配,除庭长、评事交办及应由主任书记官自行处理者外,并指定书记官及学习书记官,分掌记录及收发案件事务。

第三条　各庭除别有规定外,应置下列各簿册:

一　收案簿;

二　收文簿;

三　收状簿;

四　声请收案簿;

五　再审收案簿;

六　配受案件簿;

七　收结案件簿；

八　案件分省备查簿；

九　评议簿；

一〇　评事送稿簿；

一一　裁判原本送签簿；

一二　书记官送稿簿；

一三　裁判总号簿；

一四　书记官送印发文簿；

一五　案卷归档簿；

一六　裁判便览簿；

一七　交缮簿；

一八　判例要旨簿；

一九　解释例要旨簿；

二〇　登报裁判送阅簿；

二一　送达证书簿；

二二　其他应置各簿。

第四条　主任书记官于收到庭长交下已结案件后，应将裁判日期登入收结案件簿，再将全案卷证连同裁判原稿，送交承办该案之纪录书记官点收。

第五条　关于法令之公布、修正、废止及解释，应由主任书记官随时分类摘录，并印送各庭庭长、评事。

第六条　主任书记官于每月上旬，应将前月各评事收案、结案数目造具案件收结总表，评事结案表及本庭职员勤务请假表，呈由庭长核阅，送交书记厅文书股，其评事结案表并印送各庭庭长、评事。

第七条　主任书记官应于每月初汇集上月全庭工作及案件进行状况，报告评事及庭长转呈院长核阅。

第八条　主任书记官于每年年度终了时，应将本庭一年内之收案、结案数目及其他事务进行状况编制工作报告，呈由庭长转呈院长核阅。

第九条　主任书记官于每年年度开始时，应将本庭各种簿册更换，并通知各书记官更新各项收发文件号数。

第一〇条　各庭裁判案件著为判例者，依本院处务规程第二十三条之规定，应由指定之书记官摘录要旨，连同裁判书印本，随时送请本庭庭长、评事核阅后，再分送各庭庭长及评事。

第一一条　每庭置纪录书记官二人，办理各所配评事主办案件之一切事务。

纪录书记官办理案件繁忙时,得由主任书记官指定本庭学习书记官襄助办理。

第一二条 纪录书记官收到配受之案件时,应即点明卷证,并将案由及收到日期等项分别登入裁判便览簿、配受案件簿及审查表,随时送请评事核办证物内,如有贵重物件,应送由书记厅会计股暂行保管。

第一三条 纪录书记官如发见原送卷证不全,应即陈明主任评事,分别调取。

第一四条 纪录书记官撰拟文稿,应送由主任书记官核转庭长核阅,但关于诉讼进行事项,并送主任评事核阅。

第一五条 纪录书记官遇有承办案件开庭审理时,应出庭纪录。

第一六条 纪录书记官于收受主任书记官交到办结案件及裁判原稿后,应登载裁判便览簿,并立即发缮。

第一七条 纪录书记官于裁判原本缮就校对后,应即登载送签簿,连同原稿,送由主任评事签名、盖章,再送参与本案之评事及审判长签名、盖章,并记明领收原本日期,制作正本。

裁判原本应按年分类,依次编号,指定主任书记官一人办理。

第一八条 纪录书记官制成裁判正本,应与原本校对签名、盖章,并制作送达文件,交由收发书记官登记后,依法送达,一面检齐原送卷证,分别发还。

第一九条 纪录书记官于案件发送时,应将裁判主文及日期等项,填载审查表。

第二〇条 纪录书记官收到收发室交回之发卷文稿及送达裁判回证后,应即检齐该案文件,连同裁判原本,装订卷宗,送交书记厅总务股归档。

第二一条 纪录书记官装订卷宗,应注意下列各点:

一 装订卷宗应依文件收到先后编列号数,其号码一律用国文大写数目字;

二 卷宗总目内每一文件下须注明第几页至第几页;

三 卷宗文件每页应加盖骑缝院印;

四 卷内附件应分别注明一律保存。

第二二条 收发书记官于收到案件时,应将卷证点查整理,分别登入收案、分案簿,送由主任书记官转呈庭长依次分配后,交由主任、评事配置之,纪录书记官点收。

第二三条 收发书记官于收到文件时,应登入收文簿,送由主任书记官转呈庭长核示后,再行分别送办。

第二四条 收发书记官于收到纪录书记官交发之卷宗或文件时,即将发送日期登入收结案件簿,交由收发室发送。

第二五条 收发书记官应将各案裁判书印本随时分送各庭庭长、评事,并每月按号装订成册,送交主任书记官保存。

第二六条 本庭图书及各项簿册应指定书记官负责保存。

第二七条　本细则自院令公布之日施行。

●●行政法院职员给假规则 民国二十四年(1935 年)七月二十六日行政法院呈准司法院备案,二十五年(1936 年)十月十四日司法院指令修正。

第一条　本规则依行政法院处务规程第二条规定制定之。

第二条　本院职员,非因疾病及确系不得已事故,不得请假。

职员请假须亲笔填具请假书,载明事由及日期,各庭呈由庭长,书记厅呈由书记官长,转呈院长、庭长或书记官长迳呈院长请假。

销假手续同。

请假、销假事项,应随时由书记厅文书科登记。

第三条　凡请假之职员,应将经办事件委托同事一人代理。

第四条　凡职员假期已满未能销假者,应即续假。

第五条　凡职员未经请假而擅离职守,或假期已满并不销假又不续假者,以旷职论。但因特别障碍事后声叙理由,经院长核准者,不在此限。

第六条　凡职员因事请假,每年合计以二星期为限,逾限应按日扣除俸薪。但因特别事故经院长核准者,不在此限。

第七条　凡职员因病请假,每年合计以三星期为限,逾限得以未请事假之假期抵销之。不足抵销时,应按日扣除俸薪,但确罹重病非短时间所能治愈者,经院长之核准,得再延长五星期。

第八条　凡职员因重病延长假期已满,仍不销假者,应即辞职或呈请院长派员代理。

第九条　凡女性职员因生育请假,准给生育假二月。

第一〇条　凡请病假者,得调阅医方或诊断书。

第一一条　凡职员遇婚丧事故请假者,其假期由院长分别其在京或回籍及路程之远近,核定之。

第一二条　凡旷职未满一星期者,按日扣除俸薪,在一星期以上者,分别惩戒。

第一三条　凡职员到值或缺席,由书记厅文书科按日依据考勤簿、值日、值宿簿及请假登记簿列表,呈请书记官长转呈院长核阅,每届月终及年终,并应分期汇列总表呈核。

第一四条　第六条、第七条请假期限,依年历计算新到差者,应按到差月份比例计算,但例假日不算入假期之内。

第一五条　本规则自院令公布之日施行。

●●律师公会标准会则 民国二十五年（1936年）二月三日司法行政部训令

要　目

第一章　总纲

第一条　本会遵照律师章程组织之，定名为○○律师公会。

第二条　本会会员，依律师章程第一条第一项及第九条至第十一条之规定，在各级法院及特别审判机关执行法定职务。

第三条　本会会员，除遵守律师章程规定外，并须遵守本会则。

第四条　本会会址设在○○法院所在地。

第二章　会员资格

第五条　凡具有律师章程第二条或第三条之资格，领有律师证书，并经呈准登录者，得入会为本会会员。

第三章　入会及退会

第六条　凡入会者，除应交验证明资格文件，填具入会愿书外，并应缴纳入会费○○元。

第七条　会员入会，由本会填给入会证书，并登记于会员名簿。

第八条　会员入会后，须按月纳经常费○元。

第九条　会员有下列情事之一者，经本会总会或常任评议员会之决议，得令其退会。

一　兼任公务员或其他有俸给之公职者；

二 因惩戒受停职或除名之处分者；

三 自愿撤销律师登录者；

四 法律上规定不许充当律师者；

五 违反律师章程及本会会则者；

六 有心神丧失之常况者；

七 不纳经常费三月以上，经函催不缴者；

八 经本会会员检举，认为有害律师风纪者；

九 无一定事务所或事务所迁移不报告本会者。

第一○条 会员入会及退会，均须呈报各级法院备案。

第四章 职员及选举

第一一条 本会应设之职员，如下：

一 会长一人，主持本会一切事务。副会长一人，辅佐会长办理会务。会长有事故时，副会长代行之。如副会长同时有事故不能代行时，得召集临时总会，选举临时正、副会长，处理会务，以原任期满之日为止；

二 常任评议员○人，议决会中一切进行事宜；

三 候补常任评议员○人，遇有缺额依次递补；

四 干事○人，执行议决事件，并随时处理会务；

五 候补干事○人，遇有缺额依次递补；

六 书记○人，缮写函牍、记载稿件；

七 会计兼庶务○人，经理收支、杂务等件。

第一二条 职员除书记、会计兼庶务由本会雇用外，余均由会员中选出之，但均为义务职。

第一三条 职员之选举，用记名投票法，以得票最多数者为当选。票数相同者，以抽签法定之。

副会长、候补常任评议员、候补干事，以得票次多数者，为当选。

第一四条 职员除书记、会计兼庶务外，任期均为一年，但得被选连任。

第五章 集会

第一五条 本会分定期总会、临时总会及常任评议员会，凡开会时，均以会长为主席。

第一六条 定期总会于每年三月九月各举行一次，在开会之一星期前，登报广告召集，并专函通知各会员。

第一七条 于必要时，经会员三分之一以上之提议，或常任评议员会之决议，得以专函通知召集临时总会。

第一八条　常任评议员会每月至少举行一次,于会期前三日专函通知。

第一九条　凡总会须有二分之一以上会员出席,常任评议会须有二分之一以上常任评议员出席,方可开会。

第二〇条　凡会议事件以过半数之同意决之,可否同数,取决于主席。

第二一条　凡会议事件与职员或会员有关系时,应停止其表决权,但得出席陈述意见。

第二二条　凡开总会时,须先期报请所在地法院首席检察官出席,或派员届时莅会。

第二三条　本会职员,如有违反本会会则者,经总会之决议,得停止或免除其职务。

第六章　职务

第二四条　本会会员职务,如下:

一　为当事人撰具书状,搜集证据,提出法庭;

二　代理辅佐当事人到场实行言词辩论或为被告辩护;

三　开庭时,得请求审判长许可,当庭向当事人及对造当事人或证人等发问,或指出事项请求审判长为必要之发问。

第二五条　本会会员除前条规定外,并得办理下列事件:

一　代理法律行为;

二　证明契约、遗嘱等法律文件;

三　代订契约及其他法律文件;

四　办理仲裁及和解事项。

第七章　权利义务

第二六条　本会会员受委托所具之书状或言词辩论理由书,除留稿存查外,须备同式缮本两份,以一份送致法院,以一份送交当事人。

第二七条　为各种契约之证明或代订时,须备具同样之书式三份,送致双方当事人,并存留一份备查。

第二八条　前二条之书件,须钤盖律师本人印章,并于骑缝上钤章,添注、涂改处,亦同。

第二九条　本会会员不论何种事件,受委托后,遇有应守秘密者,须严守之。

第三〇条　本会会员得在各级法院请求抄阅关于承办案内一切文卷,但以经法院许可者为限。

第三一条　本会会员得通知监狱或看守所于接见时间内接见,并询问承办案内之被押人。

第三二条　本会会员受当事人委托后,对于该案件所有事实上资料,应先详细询明,并应切实研究该案件所应适用之法律。

第三三条　本会会员,非证明其有正当理由,不得辞法院所命之职务。凡开审期日已定后,会员非有正当事由,不得声请变更。

第三四条　本会会员得请求法院指定律师休息室,并为必要之设备。

第八章　公费

第三五条　本会会员受当事人之委托,办理诉讼事件或非讼事件,其收取公费办法如下:

第一　诉讼事件分下列两种办法,由当事人自择,以契约定之。

甲　分收公费办法

一　讨论案情每小时至多不得逾〇元;

二　到法院阅卷或接见被押人,每次至多不得逾〇元;

三　节录文稿或造具清册,每百字至多不得逾壹角;

四　撰函件声请书,每件至多不得逾〇元;

五　撰和解状,每件至多不得逾〇元;

六　民事出庭费,每次至多不得逾〇〇元;

七　刑事出庭费,每次至多不得逾〇〇元;

八　出具专供委任人参考之意见书及其他文件,每件至多不得逾〇〇元;

九　撰民事诉状、第二审上诉状、抗告辩诉状、反诉状,每件至多不得逾〇〇元;

一〇　撰刑事诉状、第二审上诉状、抗告状、辩诉状、反诉状,每件至多不得逾〇〇元;

一一　撰民事第三审上诉状、辩诉状,每件至多不得逾〇〇元;

一二　撰刑事第三审上诉状、辩诉状,每件至多不得逾〇〇元;

一三　撰第一审或第二审民事案件追加理由书,每件至多不得逾〇〇元;

一四　撰第一审或第二审刑事案件辩护意旨书,每件至多不得逾〇〇元;

一五　撰第三审民事案件追加理由书,每件至多不得逾〇〇元;

一六　撰第三审刑事案件辩护意旨书,每件至多不得逾〇〇元;

一七　办理民事执行案件或处理和解事项公费,每案至多不得逾〇〇〇元;

一八　在〇〇〇管辖境内履勘调查公费,每次至多不得逾〇〇元;

一九　赴〇〇〇管辖境外处理第一、第二、第六、第七、第十八各款事务者,除依各该款收取公费外,每日所收日费至多不得逾〇〇元。

乙　总收公费办法

一　办理民事案件,第一、第二两审收取公费总额,每审至多不得逾〇〇〇元,第三审收取公费总额,至多不得逾〇〇〇元。如诉讼物价额在五万元以上者,得视诉讼物价额为准,但每审公费,第一、第二两审不得超过诉讼物价额百分之二,第三审不得超过百分之一。

二　办理刑事案件,第一、第二两审收取公费总额,每审至多不得逾〇〇〇元,第三审收取公费总数,至多不得逾〇〇〇元。如案情重大或因委任人有特别身分地位者,其公费得增加之,但每审公费总额仍以不超过〇〇〇元为限。

第二　办理非讼事件之公费,得比照前列乙种一款之规定收取。

第三六条　本会会员办理各级法院指定辩护之案件,不收取公费。

第九章　风纪

第三七条　本会会员办理案件应听当事人自由委任,不得唆讼挽越,或有阻止当事人和息情事。

第三八条　本会会员到场辩论,不得稍存偏颇或涉及无关本案之别情。

第三九条　本会会员不得指示原、被告捏造、变造或湮没证据。

第四〇条　本会会员既受一方之委任,即不得再受他方之嘱托。

第四一条　本会会员收取公费,须遵照本会会则办理,不得滥行收纳。

第四二条　本会会员并其延聘人及书记,均不得沾染一切不良嗜好。

第四三条　本会会员到场,应着制服。

第四四条　本会会员在法庭发言时,须起立。

第四五条　本会会员在法庭辩论,须按切事理,不得言语诙谐,举动轻慢。

第十章　附则

第四六条　本会则如有未尽事宜,得于开总会时修改之,仍遵照律师章程第二十九条规定办理。

第四七条　本会则自呈奉司法行政部核准之日施行。

十、考　　试

●●考试法施行细则 民国二十五年(1936年)五月十三日国民政府修正公布

第一条　本法第二条所称公职候选人员,谓有公职被选举资格之人员;任命人员,谓政务官以外之公务员;依法应领证书之专门职业或技术人员,谓下列各款人员:

一　律师、会计师;

二　农、工、矿业技师、技副;

三　医师、药师、兽医助产士、护士;

四　其他法规规定应领证书之人员。

第二条　本法第六条第一款、第二款所称中等学校,谓高级中学、旧制中学或其他同等学校。但考试院对于受教育人数较少之边远省区,认为有从宽规定必要时,得以各该省区初级中学以上或其他同等学校毕业为应考资格。

受教育人数较少之边远省区,由考试院依据教育统计定之。

第三条　本法第六条第二款、第七条第三款之检定考试,依检定考试规程之规定行之。

第四条　本法第七条第四款之审查,由考选委员会为之。

第五条　凡举行高等考试、普通考试时,其考试种类、科别、区域、地点及日期,由考试院于试期三个月前公告文。

第六条　高等考试、普通考试经公告后,关于报名及其他应行筹备事务,在首都举行者,由考选委员会办理;在各省区或考试院所指定之区域举行者,得委托举行地之最高教育行政机关办理。

前项经办事务,应由该筹备机关于试务处成立后移交。

第七条　高等考试、普通考试报名日期,于试期二个月前开始,一个月前截止。

第八条　考试院因事实上之必要或各机关之声请,举行临时考试时,其公告期、报名期暨筹备机关,得不适用前三条之规定。

第九条　应考人在报名以前,应将各类考试条例中所定资格之证明文件,连同最近四寸正面脱帽半身相片二张,送呈考试委员会审查,其合格者由考选委员会给予应考资格证明书,每次考试均得报名应考。

前项应考资格证明书,高等考试收费二元,普通考试收费一元。

第一〇条　在各省区或考试院所指定之区域举行考试时,应考人未领有前条应考资格证明书者,其应考资格得声请报名机关临时审查,合格者准应该次考试。

第一一条　高等考试、普通考试应考人,应依下列规定,按期报名:

一 填写报名履历书；

二 呈缴应考资格证明书，其依第十条声请临时审查者，呈缴资格证明文件；

三 呈缴最近四寸正面脱帽半身相片七张；

四 取具保证人之保证书；

五 缴纳报名费，高等考试三元，普通考试一元。

前项第四款保证人，于高等考试，应以现任、荐任以上之公务员，现任在中央党部科主任总干事、省党部、特别市党部海外总支部秘书以上之党务工作人员或大学教授一人为之；普通考试，应以现任、委任以上之公务员，现任中央党部、省党部、特别市党部海外总支部助理干事以上之党务工作人员或现任中等以上学校校长或教员或小学校长一人为之，但办理考试人员不得为保证人。

应考人报名，得以通讯为之。

应考人不得同时报考二类考试。

第一二条 应考人报名时，应呈验体格检验证，经报名机关审查合格后，始得应考。

第一三条 应考人如有本法第八条所列各款情事之一及第十七条冒名顶替或潜通关节情事者，除考试后发见，依本法第十七条办理外考试时发见，应予扣考，并将保证人按情节轻重依法惩戒。

第一四条 考试院依本法所定之各类考试应试科目，于必要时，得增减或变更之。

第一五条 各科目考试日程及试场，由典试委员会决定先期公告。

第一六条 各类考试之第一试、第二试、第三试或第一试、第二试各以平均满六十分为及格，但受教育人数较少之边远省区应考人参加高等考试或首都普通考试时，除临时考试定有名额者外，其平均及格分数得由考试院从宽另定之。

前项各试平均分数合计为总分数时，第一试、第二试各占百分之四十，第三试占百分之二十。其分二试者，第一试占百分之七十，第二试占百分之三十。总分数八十分以上者，为最优等；七十分以上者，为优等；六十分以上者，为中等；其不满六十分而从宽取录者，视同中等。

第一七条 举行临时考试或特种考试时，为适合事实上之需要，得规定名额，依成绩、次第择优录取，但各试成绩至少须在六十分以上。

第一八条 考试完竣后，由典试委员会将考取名册各试试题及格试卷，连同不及格试卷，汇送考选委员会转呈考试院保存，其保存年限由考试院定之。

第一九条 高等考试、普通考试之第一试及格、第二试不及格者，或第一试、第二试及格、第三试不及格者，次届应同类考试时，得免除其第一试或第一试及第二试，均以一次为限。

前项考试之免除,举行普通考试时,仅适用于同地举行之同类考试。

第二〇条　发给及格证书时,得收证书费,其数额由考试院定之。

第二一条　办理考试人员成绩优良者,分别奖励。其失职或违法者,分别惩处。

第二二条　举行特种考试时,除另有规定外,准用本细则之规定。

第二三条　本细则自公布日施行。

●●典试规程民国二十五年(1936年)七月六日国民政府修正公布

第一条　本规程依典试法第十五条之规定定之。

第二条　举行各种考试时之典试事宜,除别有规定外,依本规程行之。

第三条　试卷封面除考试种类、学科、名称及记分处所外,不得有任何记载。

第四条　应考人之姓名及坐位号数,应记载于卷面之浮签。

第五条　试卷应一律弥封。

弥封姓名册,应固封保管,非对号填写时,不得拆封。

第六条　典试委员长及担任命题或阅卷之典试委员,自其所任科目命题或阅卷之日起,至各该科目试卷阅毕之日止,担任命题之襄试委员,自其所任科目命题之日起至发题之日止,均应住宿典试委员会内,但有特殊情形时,考试院得变通之。

第七条　命题标准及评阅标准,应于考试前议定之。各科目命题在可能范围内,应注重实际问题。

第八条　各科目试题应于各该科目考试日二十四小时前加倍拟具,密送典试委员长决定。

第九条　试题决定后,应按报名人数,分别缮印,并须严密关防。

缮印人员自缮印时起,至发给试题时止,应严扃。

第一〇条　典试委员、襄试委员之阅卷及关于面试事宜,得分组为之,每组设主任一人,并得酌设副主任,由典试委员会推定之。

各组主任得召集本组会议,于必要时,并得开联组会议。

第一一条　命题规则及阅卷规则,由考试院另定之。

第一二条　每一科目试竣后,应即分配评阅,如典试委员长或组主任关于评阅事项认为有讨论必要时,得开会讨论。

第一三条　每一试卷应经襄试委员初阅,典试委员覆阅,拟定分数,加盖私章,封送典试委员长。但不设襄试委员时,得不经初阅程序。

典试委员长得抽阅试卷,于必要时,并得酌改分数,但须于典试委员会开会时,报告之。

第一四条　试卷阅竣后,开拆试卷上之弥封,依弥封号码汇集试卷,计算平均分数,开会审查决定之。

第一五条　各试及格人员之试卷,均应由典试委员长、典试委员会同监试人员开拆,弥封、姓名册对号填写,并榜示之。

第一六条　各试合计之总分数计算完毕后,由典试委员长典试委员会同监试人员,开应考人总成绩审查会,就总分数依次将及格人员榜示。

第一七条　各试及格人员榜均应加盖关防,载明年、月、日,由典试委员长署名公布。

第一八条　各试试卷非考试完毕后,不得移出会外。

第一九条　典试委员会于考拭及格人员榜示后,应即将及格人员姓名、籍贯、履历、各科目分数表,呈送考试院,并分送考试委员会。

第二〇条　典试委员会开会时,监试委员、试务处处长均应列席。

第二一条　考试院因事实上之需要或各机关之声请,须举行临时考试时,准用典试法第十四条之规定。

第二二条　本规程自公布日施行。

●●命题规则民国二十五年(1936年)八月十八日考试院公布

第一条　本规则依修正典试规程第十一条之规定定之。

第二条　典试委员或会同襄试委员拟定各科试题,除别有规定外,依本规则行之。

第三条　命题时,除依照修正典试规程第六条注重实际问题外,并应注意下列各点:

一　同时举行各类考试时,其异类同科目之试题,有分别命题以适应各该类性质之必要时,应分别拟具其同类同科目之试题,命题二次以上者,各次试题质量应相等;

二　加倍拟具试题时,以分组拟具为原则;

三　命题文字加标点符号;

四　法规科目之命题,必要时,得附发原条文;

五　每科各道试题,如非平均计分时,应于每道试题下注明其记分之百分比。

第四条　各科目试题之数目,由典试委员会命题前议定之。

第五条　命题委员命题时,应遵用特制之命题用纸,以毛笔或钢笔缮写,须字迹清晰,并于纸尾具名、盖章。

外国文试题及他项科目试题中夹缮之外国文,应写印刷体或用打字机打成。

题中如有添改之处,须于该处加盖名章。

第六条　命题用纸格式,由考试院定之。

第七条　命题委员应于所任科目考试日二十四小时以前,在典试委员会拟缮试题,加封密送典试委员长。如依修正典试规程第六条但书之规定办理时,应于典试委员长决定试题及付印期间,留驻考试举行地之固定地点,并应于发题时到会。

第八条 典试委员长决定之试题,应于每题本文之末加盖名章。

第九条 本规则自公布日施行。

●●应考人专门资格审查规则_{民国二十五年(1936年)四月十一日考试院再修正公布}

第一条 本规则依修正考试法施行细则第四条之规定定之。

第二条 凡欲取得修正考试法第七条第四款之资格者,应将其关于专门学术之著作或关于发明改良之凭证、图样等,依照本规则之规定,呈送考选委员会,声请审查。

第三条 凡声请审查之专门学术著作,应合于下列各款之规定。

一 每篇字数以四万字为最低限度,但经考选委员会认为确有特殊价值者,得不受此限制。

二 限用本国文字,并须确系本人著作。

三 须缮写或印刷清楚,加具标点,注明页数,装订成册。

四 应附送说明书,说明本人研究时间及经过情形,并详列参考书籍之名称、著作人姓名、出版处及版次。

五 引用或参考他人之文字或资料者,应逐处详细注明原书之卷、页等。

第四条 凡声请审查关于发明改良之凭证、图样等者,应附具说明书,详细说明研究经过内容及效用等。

第五条 声请人如有其他足资证明专门学术著作或发明改良之文件,应一并附呈。

第六条 声请人应附缴本人最近四寸正面脱帽半身相片二张及详细履历书,并声明所拟应之考试种类。

第七条 声请审查之著作、图样,无论合格与否,概不发还。

第八条 声请审查之著作或发明改良等,由考选委员会指定或聘请下列人员审查之。

一 考选委员会委员、专门委员及其他高级职员;

二 大学校长或教授;

三 其他富有学术经验之专家。

第九条 著作或发明改良等之审查,以大学毕业程度为标准。

第一〇条 审查文件认为不完备时,应通知声请人限期补送。

第一一条 审查文件认为有疑义时,得调阅有关系机关之卷宗或征求其意见。

第一二条 审查文件认为有面询之必要时,得通知声请人定期面询。

前项面询考选委员会,得委托其他机关为之。

第一三条　审查人应将审查意见书提交考选委员会会议决定,于必要时,得通知审查人列席会议。

第一四条　审查及格者由考选委员会给予应考资格证明书,并呈报考试院备案。

第一五条　审查及格之文件如事后发见有冒名、伪造等情事,即撤销其资格。

第一六条　本规则自考试院公布之日施行。

●●高等首都普通考试边区应考人从宽录取暂行办法　民国二十四年(1935年)八月二十日考试院公布,二十五年(1936年)五月十八日修正。

一　受教育人数较少之边远省区应考人参加高等考试或首都举行之普通考试时,除临时考试定有名额者外,依本办法从宽录取之。

二　依据教育部民国二十一年度全国高等教育概况统计,暂定甘肃、察哈尔、绥远、热河、新疆、西藏、青海、宁夏、蒙古、西康为受高等教育人数较少之边远省区。

三　依据教育部民国十九年度全国中等教育统计,暂定黑龙江、甘肃、察哈尔、热河、绥远、青海、新疆、宁夏、西康、蒙古、西藏为受中等教育人数较少之边远省区。

四　第二项规定之各该省区应考人参加高等考试,或第三项规定之各该省区应考人参加首都普通考试,其实到应考人数在五人以上而无一人及格者,得于总成绩审查时,择优从宽录取一人,但第一试或第二试之录取额不以一人为限。

五　前项各试之从宽录取分数,均须在四十分以上。

六　受教育人数较少之边远省区,其应考人得受从宽录取待遇者,应以持有各该省区中小学校或专科以上学校专业证书、该省区检定考试及格证书或服务证明文件,并由保证人保证其确实者为限。

七　本办法自公布日施行。

●●县司法处审判官考试暂行条例　民国二十五年(1936年)六月九日考试院公布

第一条　县司法处审判官之考试,依本条例之规定行之。

第二条　中华民国国民有下列各款资格之一者,得应县司法处审判官考试。

一　有高等考试司法官考试应考资格者;

二　公立或经教育部立案或承认之国内外专科以上学校法律、政治各学科一年半以上专业得有证书者。

第三条　第一试之科目如下：

一　国文　论文及公文；

二　总理遗教　建国方略、建国大纲、三民主义及中国国民党第一次全国代表大会宣言；

三　中国历史及地理；

四　宪法（宪法未公布前考中华民国训政时期约法）；

五　法院组织法及县司法处关系法规。

第四条　第二试之科目如下：

一　民法；

二　刑法；

三　民事诉讼法；

四　刑事诉讼法；

五　商事法规；

六　土地法。

第五条　第三试，就应考人第二试之科目及其经验面试之。

第六条　考试及格者，依县司法处审判官学习规则所定，分发学习。

前项学习规则，由司法行政部定之。

第七条　本条例未经规定事宜，准用关于普通考试或特种考试各种法规之规定。

第八条　本条例自公布日施行。

●●交通部招考无线电报务员暂行办法民国二十四年（1935年）十一月二十日交通部公布

一　交通部所属各电局及电台遇有无线电报务员缺额时，由部指定局、台登报招考录用。

二　凡有志投考者，应于局、台登报招考时报名应考，其随时呈部投效者，概置不理。

三　报名投考者须具有下列各项资格：

1　具有中华民国国籍者；

2　年龄在十八岁以上三十五岁以下者；

3　高中毕业或交通部审查合格之无线电传习所毕业，有证件足资证明者；

4　身体健全，经指定医生验明并无疾病者。

四　无线电报务员考试科目如下：

1　党义（三民主义建国大纲）；

2　国文（论文或常识测验）；

3 英文(作文或翻译);

4 收发报技术(华、洋文电报收发各五分钟);

5 电学(直流电及交流电大意、蓄电池使用法、无线电收发报机之原理及应用常识);

6 电报法规(通报手续、业务通用缩语、国内电报营业通则)。

五 凡投考者,如其收发报技术一门考试成绩不及下列规定之标准者,不论其余应试各门成绩如何,概不录取。

1 收报及发报每分钟华文四码二十字,洋文五码十六字。

2 收发报两项错误总计不得超过百分之五。

六 无线电报务员考试事宜,由交通部指派委员三人至五人,组织考试委员会办理之。

七 试题由考试委员会分别出就后,密封寄交举行考试所在局、台之主管人员,于考试时,当场启封,分发试毕,由该局、台之主管人员将试卷呈送交通部,由部交考试委员会核阅,决定录取名额。

●●铨叙处组织条例民国二十五年(1936年)六月十五日国民政府公布

第一条 铨叙部得于各省设铨叙处,办理各该省委任职公务员之铨叙事宜。

铨叙处,依铨叙部指定,得兼办邻近省市委任职公务员之铨叙事宜。

第二条 铨叙处设处长一人简任,监督所属职员,综理处务。

第三条 铨叙处设下列二课:

一 总务课;

二 审核课。

第四条 总务课掌下列事项:

一 关于文书撰拟、收发、保管及分配事项;

二 关于调查、统计及册报事项;

三 关于典守印信及会计庶务事项;

四 关于任用及候选公务员之登记事项;

五 关于考试及格人员之分发及登记事项。

第五条 审核课掌下列事项:

一 关于公务员之任免审查事项;

二 关于公务员之考绩及升降、转调审查事项;

三 关于公务员之俸给审查事项;

四 关于公务员年金及奖恤之初审事项;

　　五　　关于公务员之其他审核事项。

第六条　　铨叙处设课长二人荐任或委任，课员四人至六人委任。

第七条　　铨叙处因缮写及其他事务，得酌用雇员。

第八条　　铨叙处处务规程由铨叙处拟订，呈请铨叙部核定之。

第九条　　本条例施行日期以命令定之。

●●各省委任职公务员铨叙委托审查办法 <small>民国二十五年(1936年)二月二十一日考试院公布</small>

一　铨叙部在各省铨叙分机关未成立前，得将委任职公务员之任用、考绩暨登记等事宜，委托各省政府组织审查委员会，依本办法办理之。

二　审查委员会委员定为七人至九人，由省政府委员、秘书长、厅长、高等法院院长、审计处处长组织之，以省政府主席为主席，主席因事故缺席时，得委托其他委员代理。

三　审查委员会办理铨叙事宜，以下列机关之委任职公务员为限。

　　一　省政府各厅局所属各县分机关；

　　二　行政督察专员公署、县政府设治局及所属机关；

四　公务员所缴证件于审查后，由审查委员会加盖验讫印记，发还原送机关转发，但未经采用或不合格者，毋须盖印。

　　前项印记，由省政府自行刊用，但须将印模咨送铨叙部备案。

五　公务员任用审查由拟任机关提出，任用审查表及关系证件送会，分别依照法令审查其资格及级俸。

六　公务员试署期满，应填具成绩审查表，依前项程序送会审查。

七　公务员考绩由各机关依公务员考绩法施行细则第七条规定填表，送会登记或核定之。

八　经任用审查合格人员之初次登记及其升降、调免、奖惩等动态登记，由各机关报会查核办理。

九　公务员任用审查试署期满成绩审查及考绩结果动态登记等事项，应由省政府于每月终分别检同审查书表或造具清册，按月汇报铨叙部备案。

一〇　任用审查表、成绩审查表、考绩表及报请登记表册填载错漏或证件不齐者，应由省政府饬知原送机关补正。

一一　审查委员会办理铨叙事项，经铨叙部认为不合者，应再审查报部。

一二　审查委员会得酌用秘书科员、办事员分股办事，其人选就省政府或各厅职员中调充，不另支薪。

一三　审查委员会办事细则由省政府自行制定，报铨叙部备案。

一四　本办法自考试院核准公布日施行。

●●边疆武职人员叙授官衔暂行条例民国二十五年(1936年)二月八日行政院

修正公布

第一条 凡在边疆(指蒙古、康、藏、新疆等处)现任武职人员,除服役于国军建制部队者外,凡有戍守地方担任保安之官长,得考核其资历与成绩,依本条例叙授官衔。

第二条 边疆武职人员之审核、转呈授衔等事宜,由军事委员会铨叙厅主管之,并会商蒙藏委员会共同办理。

第三条 边疆武职官衔分三等九级,如下:

一等一级都统;

一等二级副统;

一等三级协统;

二等一级都领;

二等二级副领;

二等三级协领;

三等一级都卫;

三等二级副卫;

三等三级协卫;

三等三级以下并设准卫一级。

第四条 前条官衔之叙授,由铨叙厅会同蒙藏委员会依据本条例拟定衔级,由军事委员会函行政院,转呈国民政府核准令行。

第五条 边疆武职人员叙授官衔施行细则,由铨叙厅会同蒙藏委员会拟定之。

第六条 已受官衔,有下列情形之一者,应即取销:

一 死亡;

二 丧失国籍者;

三 判处徒刑者。

第七条 已受官衔,有下列情事之一者,明令褫夺,并依法查办:

一 背叛民国者;

二 扰害地方者;

三 不遵国家法令,应予免官者。

第八条 本条例自公布日施行。

●●边疆武职人员叙授官衔暂行条例施行细则 民国二十五年（1936年）

二月八日行政院公布

第一条　本细则依照边疆武职人员叙授官衔暂行条例（以下简称本条例）第五条规定之。

第二条　具有下列资格之一者，得按其成绩，叙授一等各级官衔：

一　蒙古盟长、副盟长及保安长官；

二　蒙古各旗札萨克及总管；

三　西藏马基。

第三条　具有下列资格之一者，得按其成绩，叙授二等各级官衔；

一　蒙古各旗协理管旗章京及保安总队长；

二　蒙古各旗副章京、协领、参领及保安副队长；

三　西藏戴琫。

第四条　具有下列资格之一者，得按其成绩，叙授三等各级官衔：

一　蒙古各旗佐领、保安中队长及保安分队长；

二　西藏如琫、甲琫。

第五条　具有下列资格之一者，得按其成绩，叙授准卫官衔：

一　蒙古各旗保安分队长；

二　西藏定琫。

第六条　边疆武职为本细则第二、第三、第四、第五各条未列举者，由蒙藏委员会临时审定，报请军事委员会核办。

第七条　本条例第一条所称成绩，应以下列各项为准：

一　巩固边防保全国土者；

二　协助国军平定边患者；

三　剿除盗匪绥靖地方者；

四　维持治安卓著劳绩者。

第八条　本条例第三条所列各等级官衔之叙授，按下列规定分别办理：

一　一等各级官衔经铨叙厅会同蒙藏委员会审定后，由军事委员会函行政院，转请国民政府叙授之。

二　二等各级官衔由蒙古各盟部旗政府、西藏噶厦及沿边各省政府核保，经铨叙厅会同蒙藏委员会审定后，由军事委员会函行政院，转请国民政府叙授之。

三　三等各级官衔及准卫官衔由蒙古各盟部旗政府、西藏噶厦及沿边各省政府核保，经铨叙厅会同蒙藏委员会审定后，由军事委员会函行政院，转请国民政府叙授之。

第九条　应叙官衔人员，须先由核保机关检取该员详细履历六份、最近二寸半身相片六张,加具考语,送蒙藏委员会审核,成绩及格报请军事委员会照前条规定办理。

第一〇条　叙授官衔,国民政府按其等级颁给执照(执照如附式)。

第一一条　官衔执照,由军事委员会转送蒙藏委员会分别转发,并由铨叙厅登记。

第一二条　已授官衔人员,除一等一级外,得递晋叙授。

第一三条　已授官衔人员,有本条例第六条情形之一者,经蒙藏委员会查明后,报请军事委员会函行政院,转请注销其官衔。

第一四条　已授官衔人员,有本条例第七条情形之一者,经蒙藏委员会查明后,报请军事委员会函行政院,转请褫夺其官衔,依法查办。

第一五条　本细则自公布日施行。

十一、监 察

●●监察院会计室组织规程 民国二十五年(1936年)四月十五日国民政府第三四八号训令公布施行

第一条　本规程,依照国民政府主计处组织法及国民政府主计处办理各机关岁计会计统计人员暂行规程暨中央各机关会计室组织及办事通则,制定之。

第二条　监察院会计主任办事处所,定名为监察院会计室。

第三条　会计室之职掌如下:

一　关于概算、决算之核编、整理事项;

二　关于预算内各款项依法流用之登记事项;

三　关于制定统一会计表册、书据等格式事项;

四　关于制具记账凭证事项;

五　关于账目登记事项;

六　关于收支凭单之核签事项;

七　关于编送会计报告书表事项;

八　关于财务上增进效力及减少不经济支出之建议事项;

九　其他有关岁计、会计事项。

第四条　会计室对于所在机关之所属机关岁计、会计事务,经主计处之指定,应负责办理下列各事项。

一　关于所属机关会计人员之指导、监督事项;

二　关于所属机关岁计、会计工作之分配事项;

三　关于所属机关概算、决算会计表册、书据等格式及账目登记报表编制之审订、统一事项;

四　关于所属机关其他一切岁计、会计事务之指导、监督事项。

第五条　会计主任承主计长之命,受主计处主管局长之指导,并依法受监察院主管长官之指挥,主办监察院岁计、会计事务。

第六条　会计主任得出席监察院有关其职掌之各项会议。

第七条　会计室设科员三人至五人,办事员二人至六人,均由主计长任用,承长官之命,佐理各项事务。

第八条　会计室遇有会计组织之更改及则例、账册、表格之修订,应拟具方案,呈请主计处核办。

第九条　会计室对于主计处之岁计、会计报告及工作报告,应依照主计处之规定办理。

第一〇条　会计室办事细则另定之。

第一一条　本规程自呈准之日施行。

●●监察院会计室办事细则民国二十五年(1936 年)五月二十九日国民政府主计处公布施行

第一条　本细则依照监察院会计室组织规程第十条之规定制定之。

第二条　本室事务由会计主任分配所属职员办理之。

第三条　本室视事实之需要,得分股办事。

第四条　本室遇特殊事项须严守秘密者,会计主任得临时指派职员办理之。

第五条　本室人事事项,由会计主任呈报主计处核办。

第六条　本室应行请示或报告主计处及监察院各事项,应按其性质分别行之。

第七条　本室收入文件,由收发员摘由、登记,注明收到年月日时、附件件数,送会计主任核阅后,分交主管职员签具意见,再分别核转办理。

第八条　办理文件应查案者,得填具调卷单,向管卷员调取,阅毕送还,仍将原调卷单收回。

第九条　文件经主办职员办竣后,送由会计主任核阅判行,其属院稿者,送经会计主任核签后,依院定判稿手续办理。

第一〇条　本室收到文件,如与监察院各部份有关系性质者,应会核办理之。

第一一条　凡发出文件,由收发员摘由、编号,填注发出年月日时、附件件数,登入发文簿,分别送发,将稿件连同来文归档编存,如属于监察院之文件,应依照院定发文归档手续办理。

第一二条　本室行文程式规定如下:

一　对外行文,以监察院名义行之;

二　对内行文。

甲　关于主计处方面

对主计处用呈;

对主计处各局用呈;

对主计处各局部份组织用函;

对主计处所派其他机关之主办计政人员用函。

乙　关于监察院方面

对监察院主管长官用呈；

对本室所属职员用函；

对监察院所属机关经指定受本室指导、监督之办理会计人员用函；

对监察院其他各部分组织，视其性质或依照院内向例办理或呈请交办。

第一三条　关于款项收支，本室依照中央各机关统一会计制度之规定，由主管职员依据凭单制具传票，送经会计主任盖章，如系现金收付，同时须由出纳人员在传票上盖章证明收讫，或付讫后交还本室会计主任加盖印章，转交各主管职员记账保管。

第一四条　每日现金结存数，应与当日之库存表互相核对。

第一五条　每旬款项收支，由本室主管职员缮具旬报，分呈备核。

第一六条　每月编制收支对照表及支出计算书，连同单据粘存簿，由会计主任呈由监察院秘书长转呈院长核署后，送审计部核销。

第一七条　本室办公时间，依监察院之规定。

第一八条　本室职员须按时到室办公，不得迟到、早退。但因公外出者，不在此限。

第一九条　本室置考勤簿，各职员每日到室办公均须亲自签到。考勤簿由指定职员管理，按时呈阅。

第二〇条　本室职员请假办法，依院定规则办理。

第二一条　本室对于主计处岁计、会计报告及工作报告，依照主计处之规定办理。

第二二条　本细则如有未尽事宜，得随时修改，呈报主计处备案。

第二三条　本细则自呈奉主计处核准之日施行。

●●监察院统计室组织规程 民国二十五年（1936年）三月二十日国民政府第二九三号训令修正

第一条　本规程，依照国民政府主计处组织法、国民政府主计处办理各机关岁计会计统计人员暂行规程暨中央各机关统计室组织及办事通则，制定之。

第二条　监察院统计主任办事处所，定名为监察院统计室。

第三条　统计室之职掌如下：

一　关于监察院统计册籍、图表格式之制订及编制统计统一办法之推行事项；

二　关于监察院统计材料之登记、调查及整理、汇编事项；

三　关于监察院统计报告之编纂事项；

四　其他有关统计事项。

第四条　统计室对于监察院之所属机关统计事务，经主计处之指定，应负责办理下列各事项：

一　关于所属机关统计人员之指导、监督事项；

二　关于所属机关统计工作之分配事项；

三　关于所属机关统计册籍、图表格式之审查、制订及编制统计方法之统一事项；

四　关于所属机关统计报告之审核、汇编事项；

五　关于所属机关统计工作及人事报告之核转事项。

第五条　统计主任承主计长之命，受主计处主管局长之指导，并依法受监察院主管长官之指挥，主办监察之统计事务。

第六条　统计室设科员或书记官二人至四人，办事员二人至四人，雇员一人至三人，均由主计长任用，承长官之命，佐理各项事务。

第七条　统计室视事实之需要，得呈请监察院主管长官指定人员，在院内各部分组织中，负责担任登记统计工作。

前项人员，对于办理统计工作，应受统计主任之指挥。

第八条　统计室于必要时，得呈准监察院主管长官委托院内及其所属机关职员代行登记及调查，或调用职员佐理各项事务。

第九条　统计室得派定职员在院内各部分组织中抄录有关统计之表册、文簿，从事登记。

第一〇条　统计主任得出席监察院有关其职掌之各项会议。

第一一条　统计室为谋统计事务与行政事务之联络起见，得呈请监察院主管长官设置监察院统计委员会，其组织规则另定之。

第一二条　统计室办事细则另定之。

第一三条　本规程自呈准之日施行。

●●监察院统计室办事细则 民国二十五年(1936年)二月二十二日第七十六次主计会议通过公布施行

要　目

第一章　　总则

第一条　本细则依照监察院统计室组织规程第十二条之规定制定之。

第二条　本室事务除遵照国民政府主计处办理各机关岁计会计统计人员暂行规程及中央各机关统计室组织及办事通则所规定者外，悉依本细则办理，其有与监察院各部分组织有关联之事项，于不抵触上项范围内，并依监察院处务规程办理之。

第二章　　职权

第三条　本室事务由统计主任分配所属职员办理之，遇有事务增繁，原有职员不敷分配时，得按照组织规程第八条规定，呈请调员襄助。

第四条　本室对于经主计处指定直接指导、监督之监察院所属机关统计人员，或呈经监察院指定之统计工作人员，均得直接分配其工作，其未经指定者，得呈请监察院主管长官令行交办。

第三章　　统计工作

第五条　本室每届监察院编制年度概算之前，应拟具下年度统计工作计划，经监察院统计委员会或会同监察院各部分组织审议后，呈送主计处核准。

第六条　本室统计工作由统计主任分配于各职员后，承办职员应按其资料之性质，分别登记于登记册中，或编制图表及说明等，呈统计主任核办。

第七条　本室之统计资料登记由统计主任指定本室职员或委托监察院各部分组织中职员随时办理之，并按期送统计主任核阅。

第八条　本室统计报告之造送，除主计处交办者应迳行呈覆外，其经规定之经常统计报告，应依统计法施行细则之规定行之。

第九条　本室于各项册籍、图表格式之制定与统计结果公布以前，应先呈送主计处核定。

第四章　　文件处理

第一〇条　本室收到文件，由收发员摘由、编号，填注收到日期、时刻、附件件数，登入收支簿，按日送统计主任核阅。其封面有密件或亲启字样者，应即送统计主任亲自拆阅。

第一一条　本室收到文件，经统计主任核阅后批明办法，分交职员办理。

第一二条　本室文件应视其性质，分别最要、次要者，最要即日办竣，次要者限期办毕。如须查卷或因其他情形,得由承办职员陈明理由,酌予延长之。

第一三条 本室承办文件职员收到交办文件后,应即分别拟稿,其有疑难者,应随时签呈请示。其应付存查者,送统计主任核准归档。

第一四条 本室承办文件职员,于文件办竣后,签名、负责送统计主任核阅判行。其属院稿者,经统计主任核签后,依院定判稿手续办理。

第一五条 本室发出文件,由收发员摘由、编号,填注发出日期、时刻、附件件数,登入发文簿,分别将文件送发稿件归档,其属院稿者,应依院定发文及归档程序办理。

第一六条 本室关于统计资料及其他应单独保管之档案,由统计主任指定职员分门别类妥为保管,并依类登录于登记簿。

第一七条 本室未经核准公布之文件,各职员应绝对严守秘密,如有泄漏,从严惩办。

第五章 行文程式

第一八条 本室对外行文,以监察院名义行之。

第一九条 本室对内行文程式如下:

一 关于主计处方面

对主计处用呈;

对主计处各局用呈;

对主计处各局部分组织用函;

对主计处所派其他机关之主办计政人员用函。

二 关于监察院方面

对监察院主管长官用呈;

对监察院指定之指挥监督长官用呈;

对监察院所属机关经指定受本室指导、监督之办理统计人员用函。

对监察院其他各部分组织,视其性质或依照院内向例办理或呈请交办。

第二〇条 本室应行请示或报告各项事件,应按其性质分别行之。凡属主计处主管者呈由主管局转呈;属监察院者,呈由监察院主管长官指定之指挥、监督长官转呈。

第六章 工作报告

第二一条 本室每月应报告之工作事项如下:

一 关于工作之成绩事项;

二 关于有关统计事务之会议纪录事项;

三 关于所属职员之任免、迁调、奖惩事项;

四 关于所属职员之考勤事项。

凡经主计处指定,受本室指导、监督之监察院所属机关统计人员之各种工作报告,由本室核转。

第二二条 本室于每月上旬将上月之各种工作报告造具二份,送呈主计处统计局存转,其有规定格式者,依照规定办理。

第二三条 本室各种工作报告,除呈报主计处外,并应视其性质分呈监察院备查。

第七章 服务

第二四条 本室办公时间,依监察院之规定,于必要时,得延长之。

第二五条 本室职员须按时到室办公,不得迟到、早退,但因公外出者,不在此限。

第二六条 本室职员在办公时间不得会客,但因公接见者,不在此限。

第二七条 本室职员除于监察院考勤簿按照签到外,并应于本室考勤簿签到,不得托人代签。

第二八条 本室职员请假,依政府职员给假条例办理,并应于事前呈准及请派代理人。

第二九条 本室职员请假手续,依监察院规定行之。但统计主任请假时,并须呈经主计处统计局转呈核准。

第三〇条 各种例假循例休息,但有紧急事件,仍得临时召集办公。

第三一条 本室值班、出勤办法,依监察院规定行之。

第八章 附则

第三二条 本细则如有未尽事宜,由统计主任呈请主计处修改之。

第三三条 本细则自呈奉主计处核准之日施行。

●●监察院调查规则 民国二十三年(1934年)一月十二日国民政府指令,监察院第四四号。

第一条 本规则依本院组织法第三条之规定制定之。

第二条 调查人员奉派时,于接到公文后,应酌量案情繁简暨行程远近预计调查期限及旅费数目,陈请核定。

第三条 调查人员奉派调查,除限时出发之案件应依限出发外,其余应于三日内出发。但遇疾病及特别事故呈经准许者,不在此限。

第四条 调查人员对于密查案件,不得向外宣泄。

第五条 调查人员于调查时,应就所负责任范围内之事项从事调查,不得接受其他诉状或进行其他调查。

第六条　调查人员执行职务时,绝对不得接受地方一切供应。

第七条　调查人员达到目的地,应报告本院,并应逐日制写出差工作日记及旅费日记,遇有紧要事项,并须以函电先行呈报。

第八条　调查人员行使职务,遇有必须执行调查证第二条之规定时,应立即呈报。

第九条　调查人员遇有依照调查证使用规则第三条之规定查询该案关系人时,应制询问笔录,并令受询人署名、签押。

第一〇条　调查人员在调查进行中,如发现被查公务员有危害人员生命财产之危险,认为有急速救济处分之必要者,应即电呈核办。

第一一条　调查人员于调查完毕时,应即回院报告,但于所在地或中途患病或发生其他故障者,不在此限。

前项发生疾病或故障时,应随时呈报。

第一二条　调查人员于调查完毕时,应按照国内出差旅费规则之规定,据实造报。

第一三条　本规则自核准公布之日施行。

●●监察使巡回监察规程民国二十四年(1935年)五月二十二日监察院公布,同年(1935年)十月三十一日国民政府训令删去第八条。

第一条　本规程依监察院组织法第六条之规定制定之。

第二条　监察使应就所派监察区内巡回视察。

第三条　监察使所提之弹劾案,应以书面为之。但遇紧急事项,得先以电报提出,事后补具事状。监察使所提弹劾案,适用弹劾法第五条之程序。

第四条　监察使为行使职权,得向所派监察区内各官署及其他公立机关查询,或调查档案、册籍。遇有疑问,该主管人员应负责为详实之答复。

第五条　监察使对于所派监察区内公务员违法及失职之行为,认为情节重大,须急速救济者,除提起弹劾案外,并得迳行通知该主管长官予以急速救济之处分。

主管长官接到前项通知,如不为急速救济之处分者,于被弹劾人受惩戒时,应负责任。

第六条　监察使得接受人民举发公务员之违法或失职之书状,但不得批答。

第七条　监察使应将监察情形随时报告监察院,并注意下列事项:

一　关于所派监察区内各官署及公立机关之设施事项;

二　关于所派监察区内各公务员之行动事项;

三　关于所派监察区内人民疾苦及冤抑事项。

第八条　监察使,于所在监察区内,设监察使署。监察使署设秘书一人至二人,科长二人荐任,科员二人至四人,办事员四人至六人委任。

监察使署得聘任参赞一人至三人。

监察使署办事通则另定之。（本条删）

第九条　监察使及其所属不得接受地方供应馈遗。

第一〇条　本规程自公布之日施行。

●●监察使署组织条例民国二十五年(1936 年)四月十四日国民政府公布,并定自公布日

起于设置监察使各监察区内施行。

第一条　本条例依监察院组织法第六条第三项之规定制定之。

第二条　监察使承监察院之命,综理全署事务。

第三条　监察使行使职权,依监察院组织法第六条第一项及第五项之规定。

第四条　监察使署置总务科、调查科。

第五条　总务科之职掌如下:

一　关于典守印信事项;

二　关于文书之撰拟、收发及保管事项;

三　关于款项之出纳及保管事项;

四　关于物品之购买、修缮及保管事项;

五　关于其他不属于调查科事项。

第六条　调查科之职掌如下:

一　关于编制调查表册事项;

二　关于整理调查报告事项;

三　关于其他临时调查事项。

第七条　监察使署设秘书二人或三人荐任,办理机要文件及交办事项。

第八条　监察使署设科长二人荐任,科员三人至五人,调查员二人至四人,助理员五人至
　　八人委任。

第九条　监察使署之岁计、会计统计事务,由国民政府主计处设会计员一人,依法办理之。

第一〇条　监察使署得酌用雇员。

第一一条　监察使署办事规则,由监察院定之。

第一二条　本条例施行日期及区域,以命令定之。

十二、党　　务

●●中国国民党总章 民国十三年(1924年)一月二十八日第一次全国代表大会通过,十五年 (1926年)一月十六日第二次全国代表大会修正,十八年(1929年)三月二十七日第三次全国代表大会修正。

要　目

中国国民党第一次全国代表大会,为促进三民主义之实现,五权宪法之创立,特制定中国国民党总章,如下:

第一章　党员

第一条　凡志愿接受本党党纲,实行本党决议,遵守本党纪律,履行本党义务,请求入党,经本党许可者,不分性别,得为本党党员。

第二条　本党党员,分党员及预备党员二种。

甲　党员　凡年龄在二十岁以上,并曾为本党预备党员,受党的训练一年以上,由区分部呈请区执行委员会考查合格,经县市执行委员会之审查及省执行委员会核准者,方得为党员。

乙　预备党员　凡年龄在十六岁以上,由本党党员二人以上之介绍,填具入党志愿书,经向所请求之区分部党员大会之通过,区执行委员会之考查及县市执行委员会之核准,方得为预备党员。

第三条 党员有发言权、表决权、选举权及被选举权,预备党员只有发言权。

第四条 凡本党党员须在所属党部领取党员证书,其证书由中央执行委员会制定之。

第五条 党员移居时,须即时在原住地方之区分部报告,向所到地方之区分部登记,同时即为所到地方之党员。如移居两个月不履行报告或登记者,以违反党纪论。

第二章 党部组织

第六条 范围包括一个地方之党部,为上级机关;范围包括该地方一部分之党部,为下级机关。

第七条 各党部以全国代表大会、地方代表大会、地方党员大会为各该党部之高级机关。

第八条 地方党员大会、地方代表大会及全国代表大会须各选出执行委员组织执行委员会,执行党务。

第九条 本党党部之组织系统如下:

甲 全国 全国代表大会 中央执行委员会

乙 全省 全省代表大会 全省执行委员会

丙 全县 全县代表大会 全县执行委员会

丁 全区 全区党员大会或代表大会 全区执行委员会

戊 区分部 区分部党员大会 区分部执行委员会

第一〇条 本党之权力机关如下:

甲 全国代表大会,但闭会期间为中央执行委员会;

乙 全省代表大会,但闭会期间为全省执行委员会;

丙 全县代表大会,但闭会期间为全县执行委员会;

丁 全区党员大会或代表大会,但闭会期间为全区执行委员会;

戊 区分部党员大会,但闭会期间为区分部执行委员会。

各权力机关应接受上级机关之命令,并执行其决议。但在执行上有困难时,得用书面陈述意见。若上级机关仍令遵照执行时,应即服从执行。

第一一条 中央执行委员会得分设各部,执行本党之通常或非党党务,各部受中央执行委员会之管理。各部之职务及组织法,由中央执行委员会决定之。

省以下各级党部之内部组织,由中央执行委员会决定之。

第一二条 各下级党部执行委员会,须受上级党部执行委员会管辖。

第一三条 各下级党部之成立、启用印信,须经上级党部之核准。

第一四条　本党在不能公开或半公开地方,必要时,得组织党团,其组织法由中央执行委员会定之。

第三章　特别地方党部组织

第一五条　凡未经改省之行政区域(如蒙古及西藏),其党部与省党部同。

第一六条　各地关于党务,如有设置特别区之必要者,由最高党部决定之。

第一七条　特别市党部与省党部,同直接受最高党部之指挥、监督。

第一八条　重要市、镇党部与县党部,同直接受省党部之指挥与监督。

第一九条　重要市、镇党部之设置,由各该省党部开具计划,经中央执行委员会之许可,方得设立。

第二〇条　国外党部总支部等于省党部,支部等于县党部,分部等于区党部,分部之下设区分部。

第四章　总理

第二一条　本党以创行三民主义、五权宪法之孙先生为总理。

第二二条　党员须从总理之指导,以努力于主义之进行。

第二三条　总理为全国代表大会之主席。

第二四条　总理为中央执行委员会之主席。

第二五条　总理对于全国代表大会之议决,有交覆议之权。

第二六条　总理对于中央执行委员会之议决,有最后决定之权。

附注

总理已于中华民国十四年三月十二日逝世,十五年一月第二次全国代表大会接受总理遗嘱,并努力实行之。保存此章,以为本党永久之纪念。

纪念　总理仪式规定如下:

甲　凡本党海内外各级党部会议场所,应悬挂总理遗像。

乙　凡集会开会时,应宣读总理遗嘱。

丙　凡本党海内外各级党部及国民政府所属各机关、各军队,均应于每星期举行纪念周一次。但有特别情形,经该地上级党部许可,得改为两星期一次。

第五章　最高党部

第二七条　本党最高权力机关为全国代表大会常会,每二年举行一次。但中央执行委员会认为必要,或有省党部及等于省党部半数以上请求时,得召集临时全国代表大会。

　　中央执行委员会遇有不得已情形时,对于全国代表大会常会之召集,得通告展期,但不得超过一年。

第二八条　全国代表大会常会开会日期及重要议题,须于三个月前通告各党员。

第二九条　全国代表大会之组织法、代表选举法及地方应派代表之人数,得由中央执行委员会规定之。

第三〇条　全国代表大会之职权如下:

　　甲　接纳及采行中央执行委员会及中央各部之报告;

　　乙　修改本党政纲及章程;

　　丙　决定对于时事问题应取之政策及政略;

　　丁　选举中央执行委员、候补执行委员与监察委员、候补监察委员。

第三一条　中央执行委员及监察委员之人数,由全国代表大会决定之。

第三二条　中央执行委员出缺时,由候补执行委员依次递补。

第三三条　中央执行委员会之职权如下:

　　甲　对外代表本党;

　　乙　执行全国代表大会之决议;

　　丙　组织各地党部,并指挥之;

　　丁　组织本党之中央机关各部;

　　戊　支配本党党费及财政。

第三四条　中央执行委员会有执行中央监察委员会决议之义务,但认为必要时,得移请覆议一次。

第三五条　中央执行委员会全体会议每半年至少开会一次,候补执行委员得列席会议,执行委员有缺席时,得由到会候补执行委员依次照额递补,在会议中,有临时表决权,余只有发言权。但候补执行委员有表决权者,不能超过出席执行委员人数三分之一。

第三六条　中央执行委员互选常务委员五人至九人,组织常务委员会,在中央执行委员会全体会议闭会期间执行职务,对中央执行委员会负其责任。

第三七条　中央执行委员会遇必要时,得设特种委员会。

第三八条　全国代表大会中央执行委员会全体会议及常务委员会,均须于本党中央政府所在地举行之。

第三九条　中央执行委员会须将工作概况通告各省执行委员会及其他直辖党部,每月一次。

第四〇条　中央执行委员会得派中央执行委员、候补中央执行委员分赴各地,指导党部,执行党务。

第四一条　中央监察委员会之职权如下:

甲　依据本党纪律,决定各级党部或党员违背纪律之处分;

乙　稽核中央执行委员会财政出入;

丙　审查党务之进行情形及训令下级党部审核财政与党务;

丁　稽核中央政府之施政方针及政绩是否根据本党政绩及政策。

第四二条　中央监察委员互选常务委员五人,在中央执行委员会所在地执行职务,每年至少开全体会议一次。候补监察委员得列席会议,监察委员有缺席时,由到会候补监察委员依次照额递补,在会议中有临时表决权,余只有发言权,但候补监察委员有表决权者,不能超过出席监察委员人数三分之一。

中央监察委员会得派中央监察委员、候补监察委员分赴各地,执行职务。

第六章　省党部

第四三条　全省代表大会每年举行一次,但有下列情形之一者,得召集临时全省代表大会。

甲　中央执行委员会训令召集时;

乙　省执行委员会认为必要时;

丙　县执行委员会半数以上认为必要时。

第四四条　全省代表大会组织法及代表选举法与人数由省执行委员会拟定后,呈请中央执行委员会核准。

第四五条　全省代表大会之职权如下:

甲　接纳及采行省执行委员会及本党省机关各部之报告;

乙　决定本省党务进行之方策;

丙　选举省执行委员、候补执行委员及监察委员、候补监察委员。

第四六条　省执行委员会之职权如下:

甲　执行上级党部之命令及全省代表大会之决议;

乙　设立全省各地方党部,并指挥其活动;

丙　组织省党务机关各部;

丁　支配党费及财政。

第四七条　省执行委员会须将其工作情形报告中央执行委员会,每月一次。

第四八条　省执行委员会每星期至少开会一次,候补执行委员得列席会议。执行委员有缺席时,由到会候补执行委员依次照额递补,在会议中,有临时表决权,余只有发言权,但候补执行委员有表决权者,不得超过出席执行委员人数三分之一。

省监察委员会同。

第四九条　省执行委员会选举常务委员三人至五人,执行日常党务。

第五〇条　省执行委员出缺时,由候补执行委员依次递补。

第五一条　省监察委员会之职权如下：

甲　依据本党纪律决定所属党部或党员违背纪律之处分；

乙　稽核省执行委员会财政之收支；

丙　审查全省党务之进行情形；

丁　稽核省政府之施政方针及政绩是否根据本党政纲及政策。

第七章　县党部

第五二条　全县代表大会每六个月举行一次，但有下列情形之一者，得召集临时全县代表大会。

甲　省执行委员会训令召集时；

乙　各区执行委员会半数以上请求时；

丙　县执行委员会认为必要时；

丁　该县党员半数以上请求时。

第五三条　全县代表大会组织法及代表选举法与人数，由县执行委员会拟定后，呈请省执行委员会核准。

第五四条　全县代表大会之职权如下：

甲　接纳及采行县执行委员会及本党县机关各部之报告；

乙　决定本县党务进行之方策；

丙　选举县执行委员、候补执行委员及监察委员、候补监察委员。

第五五条　县执行委员会选举常务委员一人，执行日常党务。

第五六条　县执行委员会之职权如下：

甲　执行上级党部之命令及全县代表大会之决议；

乙　设立全县各地方党部，并指挥其活动；

丙　组织县党务机关；

丁　支配党费及财政。

第五七条　县执行委员会须将其工作情形报告省执行委员会，每两星期一次。

第五八条　县执行委员会每星期至少开会一次，候补执行委员得列席会议。执行委员有缺席时，得由到会候补执行委员依次照额递补，在会议中有临时表决权，余只有发言权，但候补执行委员有表决权者，不能超过出席执行委员人数三分之一。

县监察委员会同。

第五九条　县执行委员出缺时，由候补执行委员依次递补。

第六○条　县监察委员会之职权如下：

甲　依据本党纪律决定所属党部或党员违背纪律之处分；

乙　稽核县执行委员会财政之收支；

丙　审查县党务之进行情形；

丁　稽核县政府之施政方针及政绩是否根据本党政纲及政策。

第八章　区党部

第六一条　全区党员大会每两月举行一次，但因所辖区域太广或党员太多，不能召集党员大会时，经县执行委员会之核准，得召集全区代表大会。

第六二条　全区党员大会之职权如下：

甲　接纳及采行区执行委员会之报告；

乙　决定本区党务进行之方策；

丙　选举本区执行委员、候补执行委员及监察委员、候补监察委员。

第六三条　区执行委员会之职权如下：

甲　执行上级党部之命令及全区党员大会或代表大会之决议；

乙　组织区内之区分部，但须经上级党部之核准；

丙　指挥所属区分部党务之进行；

丁　支配党费及财政。

第六四条　区执行委员互选常务委员一人，执行日常党务。

第六五条　区执行委员会须将其工作情形报告上级党部，每两星期一次。

第六六条　区执行委员会每星期至少开会一次，候补执行委员得列席会议。执行委员缺席时，由候补执行委员依次照额递补，在会议中有临时表决权，余只有发言权。

第六七条　区执行委员出缺时，由候补执行委员依次递补。

第六八条　区监察委员职权如下：

甲　依据本党纪律决定所属党部或党员违背纪律之处分；

乙　稽核区执行委员会财政之收支；

丙　审查全区党务之进行情形。

第九章　区分部

第六九条　区分部为本党之基本组织，其人数须在五人以上。

第七〇条　区分部党员大会至少每两星期开会一次，其职权如下：

甲　接纳及采行区分部执行委员会之报告；

乙　决定本区分部党务进行之方策；

丙　研究本党主义与政纲及讨论党务政治问题；

丁　选举本区分部执行委员及候补执行委员。

第七一条　区分部须选举执行委员三人，组织区分部执行委员会。其职权如下：

甲　执行上级党部之命令及区分部党员大会之决议；

乙　征求考查并训练党员；

丙　分配本党宣传品；

丁　收集党费及党员特别捐。

第七二条　区分部执行委员互选常务委员一人，执行日常党务。

第七三条　区分部执行委员会须将其工作情形报告上级党部，每两星期一次。

第七四条　区分部执行委员会每两星期开会一次，候补执行委员得列席会议。区分部执行委员缺席时，由候补执行委员照额递补，在会议中有临时表决权，余只有发言权。

第七五条　区分部执行委员出缺时，由候补执行委员依次递补。

第一〇章　任期

第七六条　代表于会期终了时，其任务即为终了，但须向所代表之党部报告大会之经过及结果。

第七七条　中央执行委员及监察委员任期定为二年，省县执行委员及监察委员、区执行委员及监察委员任期定为一年，区分部执行委员任期定为六个月。

第七八条　各省、各县执行委员与监察委员人数，由中央执行委员会规定之。

第七九条　各级党部执行委员、监察委员不得兼任其他党部执行委员、监察委员，但中央执行委员、中央监察委员经各该委员会之许可，得兼任其他党部执行委员、监察委员。候补执行委员及候补监察委员同。

第一一章　纪律

第八〇条　凡党员须恪守下列各项纪律：

一　遵守党章，服从党义；

二　党内各问题得自由讨论，但一经决议后，即须绝对严从；

三　严守党的秘密；

四　不得于党外攻击党员及党部；

五　党员不得加入其他政党；

六　党员不得有小组织。

附注

本党领有历史的使命而奋斗，我国领土之完全、自由及和平全赖本党奋斗之成功。欲求此成功，必赖纪律之森严，党之成败全系于此，望共勉之。

第八一条　凡违犯前条所举纪律者，分别予以下列之惩戒：

一　警告；

二　一定期间内停止党员应享之权；

三　短期开除党籍；

四　永远开除党籍。

开除党籍处分须由下级党部检举省党部判决，中央核准后，执行之。已开除党籍之党员，不得在本党政府机关服务。

如地方全部违犯前条列举之纪律者，须受以下处分：

甲　全部党员重行登记，分别去取；

乙　全部解散。

第八二条　凡党员个人或地方全体党员被控告或弹劾时，须所属党部监察委员会或监察委员详细审查议定处分，交由该级执行委员会执行。如被处分者认为不当时，得上控于上级执行委员会以至于全国代表大会，但未得上级执行委员会或全国代表大会决定办法以前，此项处分仍须执行。各级党部被控告或弹劾，其办法亦同。

全国代表大会得判决党员个人或地方全体党员恢复党籍。

第一二章　经费

第八三条　本党经费，以党员所纳之党费与特别捐及其他收入充之。

第八四条　党费每月每人应缴银二角，党员遇失业、疾病等事故时，经所属党部登记后，得免缴党费，但该党部须将此项情由报告上级执行委员。

第八五条　党员未得允许而不缴纳党费至三个月者，即暂行停止其党员应享之权。

附则

第八六条　本总章解释之权，属于本党最高权力机关。

第八七条　本总章由全国代表大会议决公布之日起发生效力。

●●**中国国民党组织系统图**民国十九年(1930 年)十月九日第三届中央第一一二次常会通过

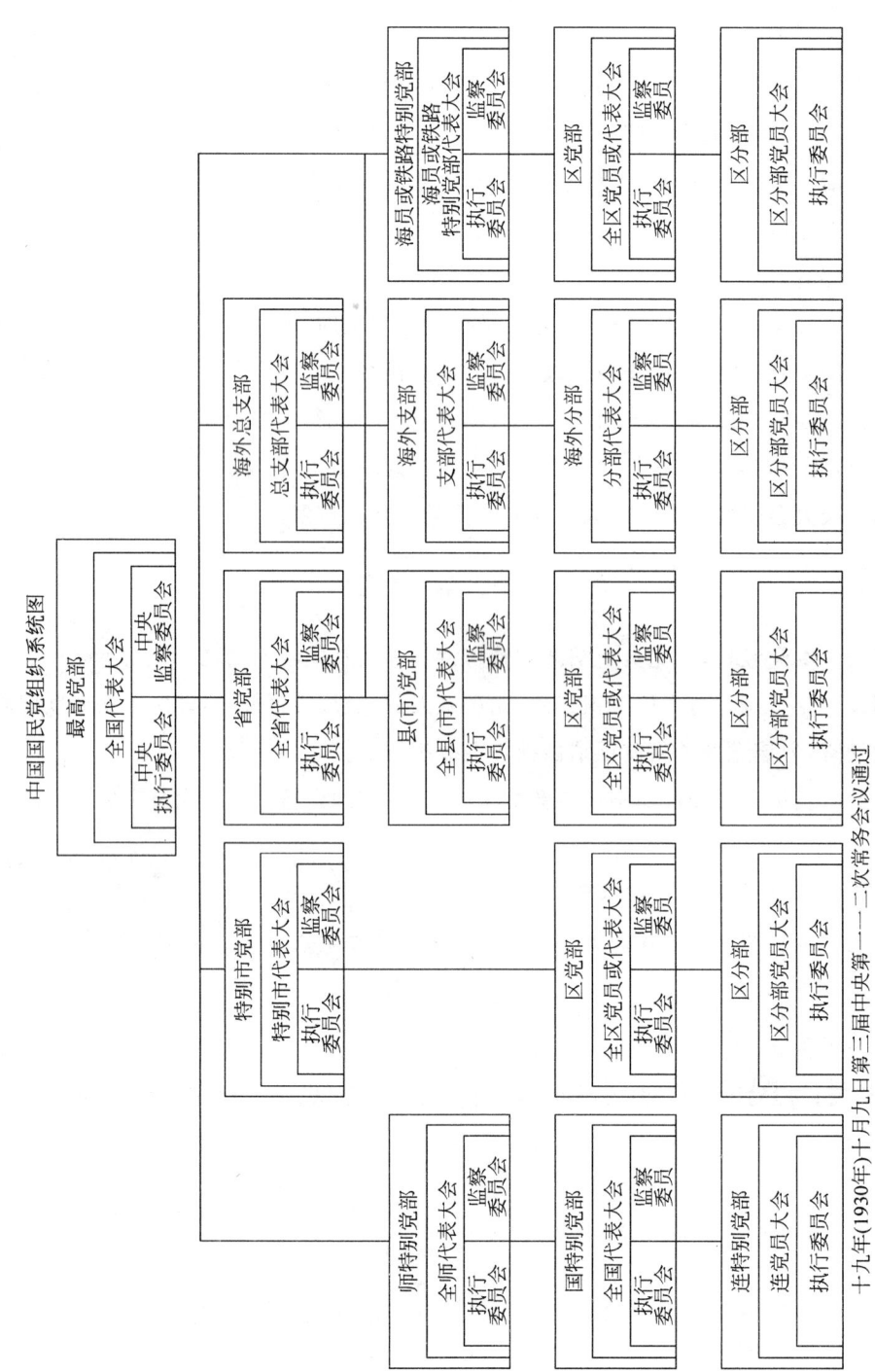

中国国民党组织系统图

十九年(1930年)十月九日第三届中央第一二次常务会议通过

●●中央执行委员会组织大纲（附组织系统图）民国二十四年（1935 年）
十二月六日第五届中执会第一次全体会议通过

一　中央执行委员会推定常务委员九人，并就常务委员中推定主席及副主席各一人，组织
　　常务委员会在中央执行委员会全体会议闭会期间，执行职务。
　　常务委员会开会时，中央监察委员会常务委员、中央政治委员会正、副主席、国民政府
　　主席、五院院长及中央秘书长、组织宣传民众训练三部部长、各计划委员会主任委员
　　均得列席。

二　中央执行委员会之下设秘书处、组织部、宣传部、民众训练部，秘书处设秘书长一人，
　　组织宣传民众训练三部各设部长一人，副部长一人，综揽各该处部事宜。各部于必要
　　时，得设委员若干人，担任设计工作。

三　中央执行委员会之下设海外党务计划委员会、地方自治计划委员会、国民经济计划委
　　员会、文化事业计划委员会、财务委员会、抚恤委员会、党史史料编纂委员会及其他各
　　特种委员会、各附属机关各委员会设主任委员一人，副主任委员二人，委员若干人，掌
　　理各委员会事宜。

四　中央执行委员会设政治委员会，由中央执行委员会就中央执行委员、中央监察委员中
　　推定主席一人，副主席一人，委员十九人至二十五人组织之，为政治之最高指导机关，
　　对中央执行委员会负其责任，其组织条例另订之。
　　政治委员会开会时，中央常务委员会主席、副主席、国民政府主席、五院院长、副院长、
　　军事委员会委员长、副委员长均应出席本会，所属各专门委员会主任委员及国民政府
　　各部会长官，于必要时，得通知列席。

五　政治委员会设秘书处，置秘书长一人，副秘书长一人。

六　政治委员会之下设法制、内政、外交、国防、财政、经济、教育、土地、交通各专门委员
　　会，各设委员九人至十五人，以中央委员及对各该委员会主管事项有专门研究之党员
　　充任之，并得聘请专家为顾问。
　　各专门委员会设主任委员一人，副主任委员一人，副主任委员不得兼任其他职务。
　　附注
一　中央执行委员会及政治委员会之下各计划委员会及专门委员会设立以后，政府机关
　　有同性质之组织者，应即取消，以期人才集中，事权统一。
二　中央执行委员会各部、处、会之组织条例应分别修订或起草，由常务委员会指定若干
　　人负责办理之。
　　附组织系统图

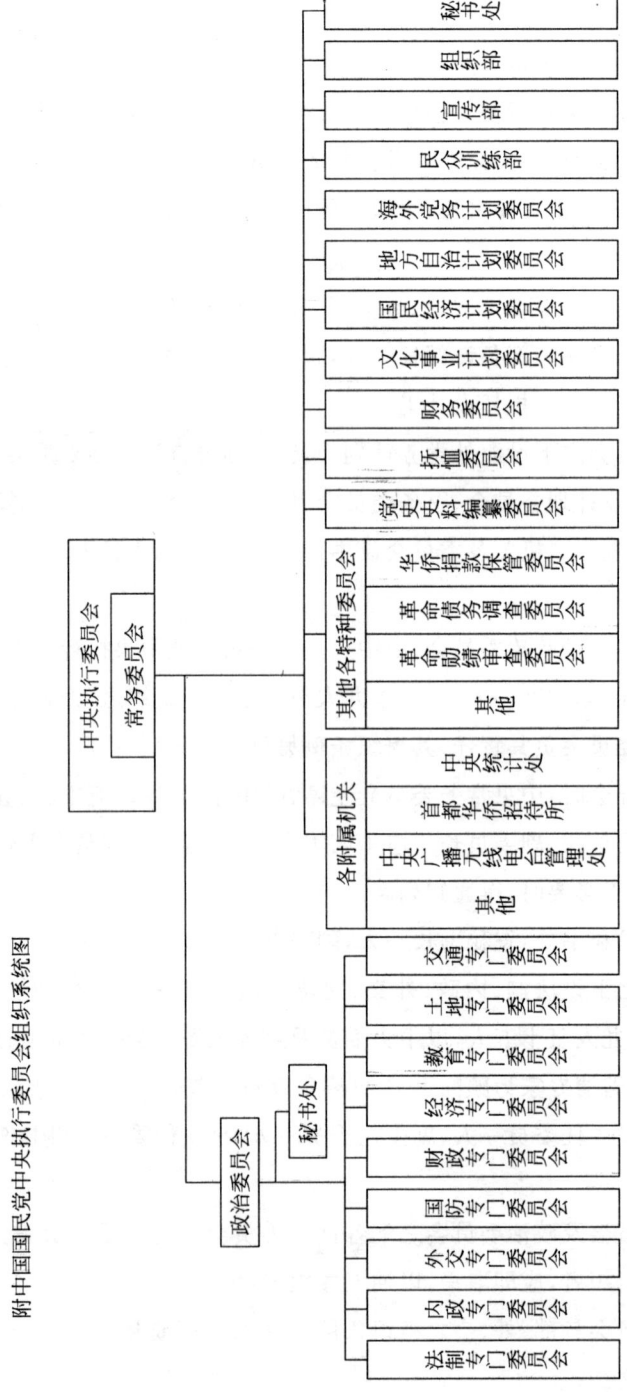

附中国国民党中央执行委员会组织系统图

中央执行委员会政治委员会组织条例民国二十四年(1935年)十二月

十二日第五届中央执行委员会常务委员会第一次会议通过

第一条　政治委员会为政治之最高指导机关,对于中央执行委员会负其责任。

第二条　政治委员会委员,由中央执行委员会就中央委员中推定主席一人,副主席一人,委员十九人至二十五人,组织之。

政治委员会开会时,中央常务委员会主席、副主席、国民政府主席、五院院长、副院长、军事委员会委员长、副委员长均应出席本会,所属各专门委员会主任委员及国民政府各部、会长官,于必要时,得通知列席。

第三条　政治委员会讨论及决议之事项如下:

甲　立法原则;

乙　施政方针;

丙　军政大计;

丁　财政计划;

戊　特任、特派官吏及政务官之人选;

已　中央执行委员会交议事项。

第四条　政治委员会开会时,由主席或副主席为会议之主席,主席、副主席均不能出席时,由主席、副主席委托委员一人为会议之主席。

第五条　政治委员会于每星期或每两星期开会一次,由主席、副主席召集之。

遇有非常紧急事项,主席、副主席得先行决定处置,于处置后,报告于会议追议之。

第六条　政治委员会之决议,直接交由国民政府执行。

第七条　政治委员会之决议,有提交国民政府及各院、各军事最高机关讨论决定执行者,由各该长官负责办理。

第八条　政治委员会之下设法制、内政、外交、国防、财政、经济、教育、土地、交通等九专门委员会,各设委员九人至十五人,以中央委员及对各该委员会主管事项有专门研究之党员充任之,并得聘请专家为顾问,分别担任设计与审查事宜,其组织通则另定之。

副主任委员不得兼任其他职务。

第九条　政治委员会设秘书处,置秘书长一人,副秘书长一人,由中央执行委员会任命之,秘书若干人,办事员若干人,由主席、副主席任命之。秘书处组织规程另定之。

第一〇条　政治委员会之议事日程,由主席、副主席先期决定之。

第一一条　本条例自中央执行委员会决议之日施行。

●●中央执行委员会秘书处组织条例 民国二十四年(1935 年)十二月十二日第五届中央第一次常会通过

第一条　本处遵照中央执行委员会组织大纲组织之。

第二条　本处承主席、副主席及常务委员之命,处理本会一切会务及其他不属于各部会之事宜。

第三条　本处置秘书长一人,由中央执行委员会推选之,综理本处一切事务。

第四条　本处设秘书四人,承秘书长之命,分别掌理本处事务。

第五条　本处之下设机要、文书、财务、事务四处,并附设留学生管理委员会。

第六条　机要处设议事、编辑、电报三科,其职务如下:

甲　议事科

一　整理议案,编辑议事日程及决议案之整理,会议录之编制;

二　会场之纪录及速记;

三　会议文书之缮印。

乙　编辑科

一　机要文件之撰拟及保管;

二　中央法令、规程及决议案之汇编与整理;

三　中央党务月刊之编辑。

四　重要刊物及参考材料之搜集、整理。

丙　电报科

一　电报之收发、缮译;

二　电费之统计。

第七条　文书处设撰拟、档案二科及收发室,其职务如下:

甲　撰拟科

一　公文之撰拟;

二　缮写及校对。

乙　档案科

一　文卷之保管、整理;

二　文件之编目、登记。

丙　收发室

一　文件之收发;

二　摘由与登记。

第八条　财务处设会计、出纳、所得捐三科,其职务如下:

甲　会计科

一　预算、决算之编制；

二　账目之稽核；

三　账册之登记；

四　单据之整理。

乙　出纳科

一　中央经常、临时各费之承领及保管；

二　中央各项经费之支付。

丙　所得捐科

一　所得捐之征收及稽核；

二　关于所得捐收支账目之登记。

第九条　事务处设人事、庶务、交际、出版四科及保管室、图书室、治疗室，其职务如下：

甲　人事科

一　职员升降、任免、迁调之登记；

二　职员履历之调制、保管；

三　印信、任用书、证明书、出入证之制发；

四　其他关于人事方面之事项。

乙　庶务科

一　公用物品之采购；

二　警卫及工友管理；

三　清洁及消防；

四　房屋及修缮；

五　不属其他各科之事务。

丙　交际科

一　来宾及新闻记者之接待；

二　请愿事件之接洽及参观之引导；

三　中央举行典礼及重要会议时会场之布置、照料及参加人员之招待。

丁　出版科

一　书籍、刊物之付印及校对；

二　出版品印刷费之审核；

三　印刷材料之调查；

四　印刷品之发行及发售。

戊　保管室

  一　公物之保管；

  二　公用物品之分配及统计。

己　图书室

  一　图书之选购、登记、编目及典藏；

  二　报章、杂志之陈设与阅览室之管理。

庚　治疗室

  一　清洁、保健、防疫之检验及设计；

  二　职工疾病之治疗。

第一〇条　本处所属各处各设处长一人，承秘书长之命及秘书之指导，主管各该处事务。各处所属各科各设科长一人，各室各设主任一人，承秘书及各该处处长之指导，主管各该科室事务。

第一一条　本处各科室各设总干事、干事及助理干事若干人，分任事务。录事若干人，任缮写事宜。

第一二条　本处所属各处科室办事细则另定之。

第一三条　本处附设之留学生管理委员会，设委员五人，管理中央资助国内外升学、党员各事宜。

第一四条　本条例如有未尽事宜，得由本处提请中央执行委员会修正之。

第一五条　本条例自中央执行委员会决议之日施行。

●●中央执行委员会组织部组织条例 民国二十四年(1935年)十二月十二日第五届中央第一次常会通过

第一条　本部遵照中央执行委员会组织大纲组织之，负责计划并处理本党组织方面一切事宜。

第二条　本部置部长一人，综理全部事务，副部长一人，襄理部务，均由中央执行委员会推任之。部长缺席时，由副部长代行其职权。

第三条　本部于必要时，得设委员九人至十五人，担任设计工作，由部长提请常会任用之。

第四条　本部设主任秘书一人，秘书二人，承部长、副部长之命，办理本部一切事宜。

第五条　本部设组织指导、党员训练、党籍登记、党务调查、军队党务、总务等六处及党务视察室。

第六条　组织指导处设普通党务、海外党务、边区党务三科，其职务如下：

甲　普通党务科

  一　指导各省、市党部及铁路海员特别党部之组织，并指挥其活动，考核其成绩；

二　审核各省、市党部及铁路海员特别党部之工作计划及工作报告；

三　解答关于各省、市及铁路海员党务组织上一切问题之咨询。

乙　海外党务科

一　指导各海外党部之组织，并指挥其活动，考核其成绩；

二　审核各海外党部之工作计划及工作报告；

三　解答关于海外党务组织上一切问题之咨询。

丙　边区党务科

一　指导边区党部之组织，并指挥其活动，考核其成绩；

二　审核边区党部之工作计划及工作报告；

三　解答关于边区党务组织上一切问题之咨询。

第七条　党员训练处设普通训练、特种训练两科，其职务如下：

甲　普通训练科

一　指导并考核各级党部关于党员之一般训练事宜；

二　编审各级党部关于党员一般训练之方案。

乙　特种训练科

一　指导并考核各级党部关于党员之特种训练事宜；

二　编审各级党部关于党员特种训练之方案。

第八条　党籍登记处设审查、登记两科，其职务如下：

甲　审查科

一　审查各地党员入党志愿书及入党表；

二　审查各地党员之移转及变动。

乙　登记科

一　编制各地党员之证书；

二　编造并管理各地党员之名册及卡片。

第九条　党务调查处设情报、整理、特务三科，其职务如下：

甲　情报科

一　调查各级党部及社团之工作情形；

二　调查党外一切政治集团之活动情形。

乙　整理科

一　整理调查所得各项材料；

二　编造各种调查表册及报告。

丙　特务科

一　指导并计划各地党部之特务工作；

二 训练特务人员并指挥其活动。

第一○条 军队党务处设指导、训练两科,其职务如下:

甲 指导科

一 指导军队党部之组织,并指挥其活动,考核其成绩;

二 审核军队党部之工作计划及工作报告;

三 解答关于军队党务组织上一切问题之咨询。

乙 训练科

一 指导并考核各军队党部关于军队党员之训练事宜;

二 编审军队党部关于军队党员训练之方案。

第一一条 总务处设文书、事务、编纂三科,其职务如下:

甲 文书科

一 撰拟并缮校本部各项文电;

二 收发并保管本部印信、各项文件表册及刊物等。

乙 事务科

一 登记本部职员进退、考勤、请假等事宜;

二 掌理本部一切庶务、保管事宜。

丙 编纂科

一 编辑本部工作报告;

二 编辑有关组织上及训练上之刊物。

第一二条 本部各处设处长一人,承部长、副部长之命及秘书之指导,主管各该处事务。

第一三条 本部处以下各科设科长一人,承秘书及各该处处长之指导,主管各该科事务。

第一四条 本部处以下各科各设总干事、干事、助理干事及录事若干人,分任各该科事务。

第一五条 本部党务视察室设党务视察员若干人,视察并指导各地党务工作。

第一六条 本部各处办事细则另订之。

第一七条 本条例如有未尽事宜,得由本部提请中央执行委员会修正之。

第一八条 本条例自中央执行委员会议决之日施行。

●●中央执行委员会宣传部组织条例 民国二十四年(1935年)十二月十二日第五届中央第一次常会通过

第一条 本部遵照中央执行委员会组织大纲组织之,负责计划并处理本党宣传方面一切事宜。

第二条 本部置部长一人,综理全部事务,副部长一人,襄理部务,均由中央执行委员会推任之。部长缺席时,由副部长代行其职权。

第三条 本部于必要时,得设委员五人至十五人,担任设计工作,由部长提请中央常务委员会任用之。

第四条 本部设主任秘书一人,秘书二人,承部长、副部长之命,办理本部一切事务。

第五条 本部设普通宣传、特种宣传、国际宣传、电影事业及总务五处。

第六条 普通宣传处设指导、编审、新闻三科,其职务如下:

甲 指导科

一 指导各级党部关于经常宣传工作之进行,并考核其成绩;

二 审查各级党部关于经常宣传之工作计划及工作报告,并纠正其错误;

三 解答各级党部关于经常宣传上一切问题咨询。

乙 编审科

一 编纂关于主义、政纲、政策等理论刊物及各种宣传大纲、书告、论文等;

二 征集并审查各种经常之宣传图书、刊物。

丙 新闻科

一 指导党办及与党有关各种报社之言论,记载并考核其工作效能;

二 规划直辖党报通讯社各项业务之进行,并联络扶助一般新闻事业;

三 调查登记一般报社,并征集审查其报纸及通讯稿。

第七条 特种宣传处设指导、编审、文艺及海外宣传四科,其职务如下:

甲 指导科

一 指导各级党部关于特种宣传工作之进行,并考核其成绩;

二 审查各级党部关于特种宣传之工作计划及工作报告,并纠正其错误;

三 解答各级党部关于特种宣传上一切问题之咨询。

乙 编审科

一 编纂关于特种宣传工作之图书、刊物、宣传大纲、书告、论文;

二 征集审查一切反动宣传品。

丙 文艺科

一 指导各级党部关于文艺宣传事项;

二 规划关于联络各文艺团体并扶助其事业之发展;

三 编制审查各种诗歌、小说及戏剧等作品,并纠正其错误。

丁 海外宣传科

一 指导规划海外党部各项宣传工作之进行,并扶助华侨所办新闻事业之发展;

二 审查海外党部关于宣传工作与海外报社之言论记载;

三 编纂适宜于海外之各项宣传品及指导通讯。

第八条 国际宣传处设指导、编译及外事三科,其职务如下:

甲 指导科

一 规划国际宣传事项;

二 指导国外分处之宣传事项,并调查国际舆论、政治主张与对我国政策及其他事项。

乙 编译科

一 征集国际各种报章、杂志及其他宣传品;

二 编译各种国际宣传刊物。

丙 外事科

一 联络来华之国际文化团体及新闻界份子;

二 调查外人在华所主办之文化事业团体之组织及其活动。

第九条 电影事业处设指导、摄制两科及电影剧本审查委员会,其职务如下:

甲 指导科

一 指导全国电影事业之改进及影片之检查;

二 规划全国电影行政之设施;

三 编撰电影剧本,审查全国电影刊物之文字及图画照片。

乙 摄制科

一 计划并摄制各种影片、照片;

二 管理技术人员之训练。

丙 电影剧本审查委员会

一 审查全国影片公司或个人拟定摄制之电影剧本;

二 审查中央交审之电影剧本;

三 核议电影剧本之编制及奖励事宜;

四 处理其他有关电影剧本事宜。

第一〇条 总务处设文书、事务两科,其职务如下:

甲 文书科

一 撰拟并缮校本部各项文电;

二 收发本部各项文件、表册等;

三 保管本部文件、印信及档卷;

四 纪录本部会议,并登记职员进退、考勤等。

乙 事务科

一 掌理本部一切会计事项;

二 经管本部一切庶务事项。

第一一条 本部各处设处长一人,承部长、副部长之命及秘书之指导,主管各该处事务。

第一二条　本部处以下各科设科长一人,承秘书及各该处处长之指导,主管各该科事务。

第一三条　本部处以下各科各设总干事、干事、助理干事及录事若干人,分任各该科事务。

第一四条　本部电影剧本审查委员会设委员五人至七人,并指定一人为主任委员,下设总干事一人,干事、助理干事各二人,录事二人。

第一五条　本部国际宣传处国外分处之组织,另订之。

第一六条　本部各处办事细则另订之。

第一七条　本条例如有未尽事宜,得由本部提请中央执行委员会修正之。

第一八条　本条例自中央执行委员会议决之日施行。

●●中央执行委员会民众训练部组织条例民国二十四年(1935年)十二月十二日第五届中央第一次常会通过

第一条　本部依照中央执行委员会组织大纲组织之,负责计划并指导本党民众训练方面一切事宜。

第二条　本部设部长一人,综理全部事务,副部长一人,襄理部务,均由中央执行委员会推任之。部长因事缺席时,由副部长代行其职权。

第三条　本部于必要时,得设委员七人至十五人,负责设计事宜,由部长呈请常务委员会任命之。

第四条　本部设主任秘书一人,秘书二人,承部长、副部长之命,处理本部一切事宜。

第五条　本部设民众组织指导、民众运动指导及编审、总务四处。

第六条　民众组织指导处设农工商、青年、妇女及特种社团四科,其职务如下:

甲　农工商科

　　一　指导各级党部关于农工商团体之组织、调整事宜;

　　二　办理关于农工商团体之登记、调查事宜。

乙　青年科

　　一　指导各级党部关于学生团体之组织、调整、登记及调查事宜;

　　二　办理党义教育之设计、指导、推进、调查事宜。

丙　妇女科

　　一　指导各级党部关于妇女团体之组织、调整、登记事宜;

　　二　办理妇女团体之设计、推进、调查事宜。

丁　特种社团科

　　一　指导各级党部关于不属以上各科主管社团之组织、调整、登记事宜;

　　二　办理不属以上各科主管社团之设计、推进、调查事宜。

第七条 民众运动指导处设农工商、青年、妇女及特社团四科,其职务如下:

甲 农工商科

一 指导各级党部关于农工商团体之行动及思想之训练,并考核其工作;

二 规划关于农工商运动之训练方案。

乙 青年科

一 指导各级党部关于青年之行动及思想之训练,并考核其工作;

二 规划关于青年运动之训练方案。

丙 妇女科

一 指导各级党部关于妇女团体行动及思想之训练,并考核其工作;

二 规划关于妇女运动之训练方案。

丁 特种社团科

一 指导各级党部关于特种社会团体之行动及思想之训练,并考核其工作;

二 规划关于特种社团运动之训练方案。

戊 体育指导科

一 指导各级党部关于国民体育之训练,并考核其工作;

二 规划关于国民体育之训练方案。

第八条 编审处设编辑、征审两科,其职务如下:

甲 编辑科

一 拟订关于民众组织及训练之法规方案;

二 编辑关于民众组织及训练之刊物。

乙 征审科

一 征集各地人民团体之工作报告、学校教科图书及其他有关民众训练之刊物;

二 审查各地党部关于民众训练之工作计划。

第九条 总务处设文书、事务两科,其职务如下:

甲 文书科

一 撰拟并缮校本部各项文电;

二 收发并保管本部印信、各项文件、表册及刊物等。

乙 事务科

一 登记本部职员进退、考勤、请假等事宜;

二 掌理本部一切庶务、保管事宜。

第一〇条 本部各处设处长一人,承部长、副部长之命及秘书之指导,主管各该处事务。

第一一条 本部处以下各科设科长一人,承秘书及各该处处长之指导,主管各该科事务。

第一二条　本部处以下各科各设总干事、干事、助理干事及录事若干人,分任各该科事务。

第一三条　本部各处办事细则另订之。

第一四条　本条例如有未尽事宜,得由本部提请中央执行委员会修正之。

第一五条　本条例自中央执行委员会决议之日施行。

●●中央执行委员会各计划委员会组织通则 民国二十四年(1935 年)十二月十二日第五届中央第一次常会通过

第一条　本党为推动各项事业,充实党员能力,确立建国基础,根据第五次全国代表大会之决议,设海外党务计划委员会、地方自治计划委员会、国民经济计划委员会及文化事业计划委员会。

第二条　各计划委员会设委员七人至十一人,由中央执行委员会常务委员会推定之。

第三条　各计划委员会之职权如下:

一　根据建国方略、建国大纲及本党政纲、政策,计划各该主管事务之实施方案;

二　审查有关各该主管事务之方案及有关文件。

第四条　各计划委员会每月至少开会一次,由主任委员召集之。主任委员缺席时,由副主任委员代行其职权。

第五条　各计划委员会决定之方案,呈中央常务委员会核定执行。

第六条　各计划委员会为推行其计划,得呈准中央常务委员会指派人员,从事实验或指导推行。

第七条　各计划委员会遇有相关事项,得开联席会议。

第八条　各计划委员会设秘书一人,干事及助理三人至五人,录事二人。

第九条　各计划委员会得聘请专家,组织研究会。

第一〇条　各计划委员会办事细则另定之。

第一一条　本通则自中央执行委员会决议之日施行。

●●中央执行委员会海外党务计划委员会组织条例 民国二十五年(1936 年)二月第五届中央第六次常会通过

第一条　本会遵照中央执行委员会各计划委员会组织通则组织之。

第二条　本会隶属中央执行委员会,负责计划海外党务及审议有关海外党务之方案及文件。

第三条　本会设主任委员一人,副主任委员二人,委员十一人,由中央执行委员会推定之。

第四条　本会主任委员综理全会事务,主任委员缺席时,由副主任委员代行其职权。

第五条　本会设秘书一人,秉承主任委员、副主任委员之命,办理本会一切事宜。

第六条　本会设总干事一人,干事及助理三人至五人,录事二人,秉承主任委员之命及秘书之指导,以办理本会一切事宜。

第七条　本会得聘请专家,组织研究会,研究各项计划事宜。

第八条　本会为实行其计划,得呈请中央常务委员会指派人员,从事实验或指导推行。

第九条　本会与其他机关如遇相关事项,得开联席会议。

第一〇条　本会办事细则另定之。

第一一条　本条例如有未尽事宜,得由本会提请中央执行委员会修改之。

第一二条　本条例自中央执行委员会决议之日施行。

●●中央执行委员会地方自治计划委员会组织条例民国二十五年

(1936年)二月第五届中央第六次常会通过

第一条　本会遵照中央执行委员会各计划委员会组织通则组织之。

第二条　本会隶属中央执行委员会,负责计划全国地方自治事宜,审议有关地方自治之方案及文件。

第三条　本会设主任委员一人,副主任委员二人,由中央执行委员会推定之;委员十一人,由中央执行委员会常务委员会推定之。

第四条　本会主任委员综理全会事务,主任委员缺席时,由副主任委员代行其职务。

第五条　本会设秘书一人,秉承主任委员及副主任委员之命,办理本会一切事宜。

第六条　本会设总干事一人,干事及助理三人至五人,录事二人,秉承主任委员之命及秘书之指导,办理本会一切事宜。

第七条　本会得聘专门委员若干人,组织研究会分组研究。其组织规则及会议规程另定之。

第八条　本会为实行其计划,得呈准中央常务委员会指派人员,从事实验或指导推行。

第九条　本会与各计划委员会如遇有相关事项,得开联席会议。

第一〇条　本会办事细则另定之。

第一一条　本条例如有未尽事宜,得由本会提请中央执行委员会修改之。

第一二条　本条例自中央执行委员会议决之日施行。

●●中央执行委员会国民济经计划委员会组织条例 民国二十五年

（1936年）二月六日第五届中央第五次常会通过

第一条　本会遵照中央执行委员会、各计划委员会组织通则组织之，负责计划并审议关于
　　　　国民经济建设之方案及其实施办法。

第二条　本会设主任委员一人，副主任委员二人，由中央执行委员会推任之；委员十一人，
　　　　由中央常务委员会推定之。

第三条　本会主任委员总理全会事务，主任委员缺席时，由副主任委员代行其职权。

第四条　本会设秘书一人，秉承主任委员及副主任委员之命，办理本会一切事宜。

第五条　本会设总干事一人，干事及助理三人至五人，录事若干人，秉承主任委员之命及
　　　　秘书之指导，办理本会一切事宜。

第六条　本会得聘专家若干人，为专门委员，组织研究会，研究本会各项计划事宜。

第七条　本会为实行其计划，得呈准中央常务委员会指派人员，从事实验或指导推行。

第八条　本会与各计划委员会如遇相关事项，得开联席会议。

第九条　本会办事细则另定之。

第一〇条　本条例如有未尽事宜，得由本会提请中央执行委员会修改之。

第一一条　本条例自中央执行委员会议决之日施行。

●●中央执行委员会文化事业计划委员会组织条例 民国二十五年

（1936年）三月第五届中央第七次常会通过

第一条　本条例依据中央执行委员会各计划委员会组织通则订定之。

第二条　本会之职掌如下：

一　关于下列各种文化事业之改进、设计事宜。

　　1　礼俗；

　　2　教育；

　　3　历史及语言文字；

　　4　出版事业；

　　5　新闻事业；

　　6　广播事业；

　　7　电影事业；

　　8　戏剧；

　　　9　音乐；

　　　10　美术；

　　　11　其他。

　　二　关于文化事业之调查及联络事宜。

　　三　关于审查各种有关文化事业之方案及文件事宜。

第三条　本会直属于中央执行委员会，设主任委员一人，副主任委员二人，由中央执行委员会推任之；委员十一人，由中央常务委员会推任之。

第四条　本会主任委员综理全会事务，缺席时，得指定副主任委员一人代行其职权。

第五条　本会每月举行会议一次，由主任委员召集之，遇必要时，得举行临时会议。

第六条　本会决定方案，呈经中央常务委员会核定后执行。为推行所定计划便利起见，得呈准中央常务委员会指派人员从事实验或指导推行。

第七条　本会如遇有与其他各计划委员会相关事项，得开联席会议商决之。

第八条　本会设秘书一人，秉承主任委员及副主任委员之命，办理本会一切事宜。

第九条　本会设总干事一人，干事、助理三人至五人，录事二人，秉承秘书之指导，办理各项事宜。

第一〇条　本会得聘请专家，组织研究会，其组织规程另定之。

第一一条　本会办事细则另定之。

第一二条　本条例自中央执行委员会决议之日施行。

●●中央民众训练部合作事业指导委员会组织规程 民国二十五年
（1936年）三月第五届中央第七次常会通过，同年（1936年）四月二日第五届中央第九次会议修正。

第一条　中央民众训练部合作事业指导委员会（以下简称本会），根据中央民众训练部组织条例第五条之规定，组织之。

第二条　本会直接受中央民众训练部之指导，其任务如下：

　　一　指导各级党部关于合作社之组织及调整事项；

　　二　指导各级党部关于合作社之经营及考核事项；

　　三　规划全国合作事业之设计及推进事项；

　　四　办理全国合作社之调查及登记事项；

　　五　审核关于合作社之章则及报告事项；

　　六　其他应行办理之事项。

第三条　本会设正主任及副主任各一人，由中央民众训练部部长、副部长兼任之；委员若干人，除由中央民众训练部民众组织指导处处长、民众运动指导处处长及国民经济计划

委员会、地方自治计划委员会、行政院、全国经济委员会、实业部及中央政治学校、合作
学院各派主管人员参加，为当然委员外，另由中央民众训练部遴选专家任命之。正、副
主任主持日常事务及召集会议，本委员会委员均为义务职。

第四条　本会得设干事、助理干事及录事若干人，由中央民众训练部工作人员中调充之。

第五条　本会每月开会一次，决议本会重要事项，必要时，得召集临时会议。

第六条　本会办事细则另定之。

第七条　本规程如有未尽事宜，得由本会呈请中央民众训练部，转呈中央执行委员会修正之。

第八条　本规程由中央民众训练部呈请中央执行委员会核准施行。

●●中央监察委员会组织法民国二十三年(1934年)二月二十二日第四届中央第一一

零次常会备案

第一条　中央监察委员会，依第四次全国代表大会之议决案，以所选出之委员及候补委员
组织之，并依总章第四十二条互选五人为常务委员，组织常务委员会。

第二条　中央监察委员会常务委员会至少每一个月开会二次，开会时，其他中央监察委员
及候补监察委员均得列席。

第三条　中央监察委员会全体会议每年两次，于本党政府所在地举行之。

第四条　常务委员开会时之主席，由到会常务委员互推之。

第五条　常务委员分日轮值到会，处理常务委员会之决议及一切案件。

第六条　中央监察委员除常务委员外，得受中央监察委员会之委托，分赴各地，执行监察事务。

第七条　常务委员会设秘书处，并设秘书长一人，秘书二人，分总务、审查、稽核三科，各科
设科主任一人，干事、助理若干人。

第八条　总务科掌理事务如下：

一　拟撰文书、函电事项；

二　监用印信事项；

三　收发及保管文件事项；

四　其他不属于审查、稽核两科办理之事项。

第九条　审查科掌理事务如下：

一　办理各级党部或党员违背纪律之事项；

二　办理审查中央执行委员会及所属下级党部党务进行情形之事项；

三　办理稽核中央政府之施政方针是否根据本党政纲及政策之事项。

第一〇条　稽核科掌理事务如下：

一　办理稽核中央执行委员会财政出入事项；

二 办理审核下级党部财政出入事项；

三 其他关于会计一切事项。

第一一条 秘书处组织规程另定之。

第一二条 本组织法有未列举者,悉依总章之规定。

●●中央监察委员分赴各地执行职务办法 民国二十三年(1934年)二月二十二日第四届中央第一一零次常会议决

一 本会依据总章第四十二条之规定,于必要时,由常务会议决定分派委员,赴各地执行职务。

二 中央监察委员分赴各地执行职务,其权限如下:

一 下级党部推进党务工作之情形；

二 下级党部财政收支之情形；

三 下级党部执行纪律之情形；

四 省、市、县监察委员会稽核同级政府施政方针及政绩之情形；

五 调查特种案件。

三 中央监察委员分赴各地执行职务之区域及时间,均由常务会议决定之。

四 赴各地执行职务时,如需带职员,应由本会调用。

五 赴各地执行职务时之费用,视地方之远近及实际上之需要,由常务会议核定拨付之,但须实报实销。

六 赴各地执行职务时,不得受当地党政机关供应及招待。

七 赴各地执行职务有必要时,得向当地党政机关调阅案卷。

八 执行职务完毕,应将结果及意见报告常务会议核办。

九 本办法由本会议决施行。

●●省代表大会组织法大纲 民国十七年(1928年)六月十八日第二届中央常会通过,十九年(1930年)二月二十四日第三届中央常会修正,二十年(1931年)五月二十八日第三届中央常会再修正。

第一条 出席于全省代表大会之代表,由全省各县、市党部及省辖特别党部选派之。全省代表大会开会时,省执行委员及监察委员得出席,省候补执行委员及候补监察委员得列席。

第二条　全省代表大会之主席团定为五人,由省执行委员会推定二人及出席代表推定三人组织之。

第三条　全省代表大会之秘书处,由省执行委员会指定该会工作人员若干人组织之。

第四条　代表资格审查委员会,由省执行委员会及监察委员会各推若干人组织之。

第五条　全省代表大会应设立提案审查委员会、宣言起草委员会及决议案整理委员会,均由大会推举之。

第六条　本大纲经中央执行委员会议决公布施行。

●●省执行委员会组织条例民国十七年(1928 年)七月三十日第二届中央常会通过,二十一年(1932 年)四月二十九日第四届中央常会修正。

第一条　省执行委员会由省代表大会选举执行委员五人或七人组织之。

第二条　省候补执行委员规定为三人或五人。

第三条　依据总章第四十六条之规定,省执行委员会之职权如下:

甲　执行上级党部之命令及全省代表大会之决议;

乙　设立全省各地方党部,并指挥其活动;

丙　组织省党务机关各部;

丁　支配党费及财政。

第四条　省执行委员会互选常务委员三人,执行决议案,主持日常会务,指导各项工作,以不兼其他任何职务为原则。

第五条　常务委员下设书记长一人,承常务委员之命,处理日常事务;下设干事、助理干事及录事若干人,分任文书、统计、事务、会计等事项。但在党务繁剧之省,经中央之核准,得添设秘书一人,协助书记长办理各项事务。

第六条　省执行委员会设组织、宣传、民众运动指导三科,其主办事务如下:

甲　组织科

一　根据中央组织训练法规方案,指导下级党部关于组织方面之工作,并考核其成绩,纠正其错误;

二　指导全省党员训练及党务教育机关之组织及其工作;

三　参加下级党部之会议,并监督其选举;

四　办理党员党籍之登记及审查等事项;

五　调查全省党务进行之状况及一切临时发生之事件;

六　侦查反动份子。

乙　宣传科

一　根据中央宣传方案，计划全省宣传工作；

二　指导及考核下级党部关于宣传方面之工作；

三　指导全省党报及其他文化机关之组织及其工作，并纠正其错误，扶助其发展；

四　撰拟、编辑及审查一切宣传品。

丙　民众运动指导科

一　根据中央民众运动法规方案，计划并指导全省民众运动、党义教育等事项；

二　指导下级党部关于民众团体之组织及活动，并考核其成绩；

三　指导下级党部协助政府推进地方自治；

四　办理全省人民团体之调查统计及各种社会调查统计。

第七条　各科置主任一人，不以执行委员兼充，承常务委员之命及书记长之指导，办理所属事务，不得对外发布命令。

第八条　各科主任之下各设干事、助理干事及录事若干人，分任各该科事务。

第九条　省执行委员会工作人员之名额，由中央执行委员会核定之，其任用与更调由省执行委员会决定之。

第一〇条　省执行委员会须派省执行委员、候补执行委员轮流分赴各县，视察党务，指导工作。

第一一条　省执行委员会办事细则，由省执行委员会拟定后，呈请中央执行委员会核准备案。

第一二条　本条例适用于特别市执行委员会。

第一三条　本条例由中央执行委员会决议施行。

●●省监察委员会组织条例民国十八年（1929 年）十二月五日第三届中监委第二次全体会议通过，同年（1929 年）十二月十九日第三届中央第五八次常会决议公布。

一　省监察委员会，依照总章第四十五条，由全省代表大会选出之，监察委员组织之。

二　省监察委员规定为三人或五人，候补监察委员规定为一人或二人。

三　省监察委员会之职权如下：

甲　依据本党纪律，决定所属党部或党员违背纪律之处分；

乙　稽核省执行委员会财政之收支；

丙　审查全省党务之进行情形；

丁　稽核省政府之施政方针及政绩是否根据本党政纲及政策；

四　省监察委员会每星期至少开会一次，有监察委员过半数，方得开会，候补监察委员得列席会议。监察委员有缺席时，由到会候补监察委员依次递补一人，在会议中有临时表决权，余只有发言权。

省监察委员为三人时,须有全数出席,方得开会。监察委员一人缺席时,由候补监察委员递补,亦得开会。

五　省监察委员会互选一人为常务委员,主持会中常务。

六　省监察委员会设秘书一人,干事三人,助理及录事若干人,分任下列事项:

甲　文书;

乙　稽核;

丙　审查。

七　秘书、干事,皆承委员之命,办理所任职务。秘书于执行职务时,得指挥干事。

八　省监察委员会,每月须将工作情形,报告中央监察委员会。

九　等于省党部之监察委员会,通用此条例。

一〇　本条例由中央监察委员会议决送中央执行委员会公布施行。

●●省党部组织条例民国二十五年(1936 年)二月六日第五届中执委会常委会第五次会议通过

第一条　省党部设特派委员一人或特派员五人至九人,由中央组织部提请中央执行委员会委派之,特派委员人选以中央委员为原则。

第二条　凡设特派员之省党部,由中央指定常务委员一人至三人,主持日常事务。

第三条　特派委员(或特派员)之任务如下:

甲　执行中央之命令及决议;

乙　调整下级党部之组织并指挥其活动;

丙　训练全省党员及民众;

丁　宣传本党党义及政府之施政方针与政绩;

戊　调查全省党务及社会状况;

己　推进全省地方自治及其他社会事业。

本条己项工作由省党部会同省政府合组委员会计划进行,其委员会构成之人选及职权另定之。

第四条　特派委员之下置设计委员三人至九人,由中央任用之。承特派委员之指导,担任设计与研究及其他指定事项。

第五条　特派委员或特派员之下设书记长一人,由中央任用之,承特派委员(或常务委员)之命,综理一切事务。

第六条　书记长之下设组织、宣传、民众训练、总务四科,每科设科长一人,干事、助理干事、录事各若干人,均由特派委员(或特派员)委派,并呈报中央备案。

第七条　书记长之下得依户口、交通、土地、水利、合作、保卫、教育、卫生、救济、新生活运动、国民经济建设运动、党员及国民劳动服务等事项,分别组织工作团,策动全体党员参加工作。

工作团工作计划,由省党部按照各该省实际情形制定,并呈报中央备案。

第八条　工作团设团员若干人,由特派委员(或特派员)遴选对各该团工作有专门研究或兴趣党员充任之,不限于党部工作同志,并就各该团员中指定一人为主任,呈报中央备案。

第九条　省党部职员名额,由中央核定之。

第一〇条　省党部经费预算由省党部拟订,呈请中央核定之,其报销呈请中央执行委员会核转中央监察委员会稽核之。

第一一条　省党部办事细则由省党部拟定,呈请中央执行委员会核准、备案。

第一二条　凡已成立省执监委员会,未经改组之省党部,不适用本条例。

第一三条　特别市党部之组织得适用本条例。

第一四条　本条例由中央执行委员会议决施行。

●●省党务特派员条例<small>民国二十一年(1932年)八月十一日第四届中央第三三次常会修正</small>

第一条　本党对于尚未设立党部或已设立党部而有特殊情形之省,得派党务特派员负责办理关于党务之组织、训练、宣传、民众运动指导等事宜。

第二条　特派员人数规定为一人至十一人,由中央执行委员会委派之。其人数在五人以上时,得互推常务委员一人或三人,主持特派员办事处日常事务,指导各项工作,以不兼其他任何职务为原则。

第三条　特派员之职权如下:

一　执行中央之命令及决议;

二　调查该省党务及社会状况;

三　宣传本党党义及政府施政方针与政绩;

四　组织并训练该省党员;

五　计划并指导该省民众运动;

六　筹备或整理该省下级党部,但须先拟具计划,呈由中央核准。

第四条　特派员应根据该省区内之特殊情形,拟具实施工作方案,呈由中央核准施行。

第五条　特派员为工作之便利起见,得于各该省政府所在地设立办事处。

第六条　特派员每两星期至少须开会一次,决定一切进行事宜。

第七条　特派员人数在三人以下时,应互推轮值,处理办事处日常事务。

第八条　办事处设秘书一人,承特派员之命,综理处内一切事务,下设总务、组织、宣传、民众运动指导干事各一人,助理及录事若干人,承特派员之命及秘书之指导,分任各项事务。

第九条　办事处职员之名额,由中央核定之,其任用与更调由特派员会议决定之。

第一〇条　办事处办事细则由特派员会议拟定,呈请中央核准、施行。

第一一条　本条例适用于特别党务特派员。

第一二条　本条例由中央执行委员会议决施行。

●●省党务特派员办事处组织大纲民国二十三年(1934年)二月二十二日第四届中央第一一〇次常务会备案

一　省党务特派员办事处由中央执行委员会遴选特派员一人主持、组织之。

二　特派员之任务如下:

　　甲　执行中央之命令及决议;

　　乙　调查全省党务及社会状况;

　　丙　指导全省党员从事党务工作,并协助政府办理社会事业;

　　丁　健全下级党部之组织,并指挥其活动;

　　戊　训练全省党员及民众;

　　己　筹开全省代表大会及成立正式省党部。

三　特派员为工作之便利,得于各该省政府所在地设办事处。

四　办事处设设计委员五人至七人,由特派员遴选适当人员,呈请中央任用,负责计划全省党务各项工作方案。

五　办事处设书记长一人,由中央指派之,秉承特派员之命,综理处内一切事务。

六　办事处设秘书一人,科主任三人,干事十人,助理干事十二人,录事若干人,由特派员委充之,均秉承特派员之命暨书记长之指导,办理处内事务。

七　办事处分组织、宣传、民运、总务四科,由特派员酌量情形,指定职员分任之,总务科主任由秘书兼任之。

八　省执行委员会正式成立,经中央核准备案时,特派员即予调回特派员办事处,亦同时裁撤之。

九　特派员工作纲要另订之。

一〇　本组织大纲由中央执行委员会备案、施行。

●●县代表大会组织法大纲民国十七年(1928年)六月十八日第二届中央第一四七次

常会通过,十九年(1930年)二月二十四日第三届中央第七六次常会修正,二十年(1931年)五月二十八日第三届中央第一四一次常会再修正。

第一条　出席全县代表大会之代表,由全县各区分部选派之。全县代表大会开会时,县执行委员及监察委员得出席,县候补执行委员及候补监察委员得列席。

第二条　全县代表大会之主席团定为三人,由县执行委员会推定一人及出席代表推定二人组织之。

第三条　全县代表大会之秘书处,由县执行委员会指定该会工作人员若干人组织之。

第四条　代表资格审查委员会,由县执行委员会及监察委员会各推若干人组织之。

第五条　全县代表大会应设立宣言起草委员会及提案审查委员会,均由大会推举之。

第六条　本大纲由中央执行委员会议决,公布施行。

●●县执行委员会组织条例民国十七年(1928年)七月三十日第二届中央第一六〇次

常会通过,十八年(1929年)四月二十九日第三届中央第六次常会修正,十八年(1929年)五月二十三日第三届中央第一四次常会修正,十八年(1929年)六月二十日第三届中央第一七次常会修正,十九年(1930年)四月三日第三届中央第八三次常会修正,十九年(1930年)十二月十一日第三届中央第一一八次常会修正。

第一条　县执行委员会由县代表大会选举执行委员三人或五人组织之。

第二条　县候补执行委员规定为一人至三人。

第三条　依据总章第五十六条之规定,县执行委员会之职权如下:

甲　执行上级党部之命令及全县代表大会之决议;

乙　设立全县各地方党部,并指挥其活动;

丙　组织县党务机关;

丁　支配党费及财政。

第四条　县执行委员会互选常务委员一人,执行决议案,主持日常会务,指导各项工作,不得兼任任何职务。

第五条　常务委员下设总务、组织、宣传、训练干事各一人,承常务委员之命,分任下列事务。

甲　关于总务者

一　撰拟、缮校、收发及保管本会各项文件;

二　编订议事日程、会议纪录及工作报告;

三　征集及整理全县党务之统计资料;

四　掌理本会一切庶务、会计及不属于其他各干事之事项。

乙　关于组织者

一　指导区党部、区分部关于组织方面之工作,并考核其成绩,纠正其错误;

二　解答区党部、区分部关于组织方面之询问;

三　参加区党部、区分部会议,并监督其选举;

四　办理党员党籍之登记及审查等事项;

五　调查全县党务进行之状说及一切临时发生之纠纷;

六　调查全县社会状况,并注意搜集与训政工作有关系之资料;

七　侦查反动份子。

丙　关于宣传者

一　根据上级党部宣传方案,计划全县宣传工作;

二　指导及考核区党部、区分部关于宣传方面之工作;

三　指导全县各种文化机关之组织及其工作,并纠正其错误,扶助其发展;

四　撰拟、编辑、征集及审查一切宣传品。

丁　关于训练者

一　根据上级党部训练方案,计划全县党员训练、民众训练、党义教育及童子军训育等事项;

二　指导区党部、区分部关于训练之工作;

三　指导全县人民团体之组织,并考核其成绩;

四　督率全县党员参加社会事业。

第六条　干事之下,酌设助理干事及录事若干人,分任各项事务。

第七条　干事、助理干事及录事等之名额,由省执行委员会核定之(但至多不得超过十二人),其任用与更调,由县执行委员会决定之。

第八条　县执行委员会须派县执行委员、候补执行委员轮流分赴区党部、区分部视察党务,指导工作。

第九条　县执行委员会办事细则由县执行委员会拟定后,呈请省执行委员会核准备案。

第一〇条　本条例适用于市执行委员会。

第一一条　本条例由中央执行委员会决议施行。

●●县监察委员会组织条例民国十八年(1929年)十二月五日中央监察委员会第二次全体会议通过,同年(1929年)十二月十九日中央第五八次常会决议公布,十九年(1930年)七月二十四日第三届中央第一〇二次常会照中央监察委员会第三次全体会议决议修正公布。

一　县监察委员会,依照总章第五十四条,由全县代表大会选出之,监察委员组织之。

二　县监察委员规定为三人(凡执行委员额数最少之县党部,监察委员得规定为一人),候补监察委员规定为一人。

三　县监察委员会之职权如下:

　　甲　依据本党纪律,决定所属党部或党员违背纪律之处分;

　　乙　稽核执行委员会财政之收支;

　　丙　审查全县党务之进行情形;

　　丁　稽核县政府之施政方针及政绩是否根据本党政纲及政策。

四　县监察委员会每星期至少开会一次,有监察委员全数出席,方得开会,候补监察委员得列席会议,有发言权。监察会委员有一人缺席时,由候补监察委员递补,亦得开会,递补委员在会议中有临时表决权。

五　县监察委员会互选一人为常务委员,处理会中常务。

六　县监察委员会得设干事一人,承委员之命,办理事务。

七　县监察委员会每二星期须将工作情形报告省监察委员会。

八　县监察委员会事务繁剧时,得酌用雇员。

九　等于县党部之监察委员会适用此条例。

一〇　本条例由中央监察委员会议决,送中央执行委员会公布施行。

●●区执行委员会组织条例民国十七年(1928年)六月二十五日第二届中央第一四九次常会通过,十七年(1928年)六月二十八日第二届中央第一五〇次常会修正,十八年(1929年)六月二十四日第三届中央第一八次常会再修正。

第一条　区执行委员会由区党员大会或代表大会选举执行委员三人组织之。

第二条　区候补执行委员规定为一人或二人。

第三条　区执行委员职务之分配,如下:

　　一　常务一人;

　　二　组织及训练事宜一人;

　　三　宣传事宜一人。

第四条　关于民众组织及民众训练事宜,由全体执行委员负责进行之。

第五条　区执行委员会得指定本区内党员若干人,襄理各项工作,但无薪给。如有任用雇员之必要时,得呈经上级党部之核准,任用之。

第六条　区执行委员会办事细则另订之。

第七条　本条例由中央执行委员会议决施行。

●●区监察委员服务条例<small>民国十八年(1929 年)十二月五日第二届中监委第二次全体会议通过,同年(1929 年)十二月十九日第三届中央第五八次常会决议公布。</small>

一　区监察委员,依照总章第六十二条,由区党员大会或区代表大会选出之。

二　区监察委员及候补监察委员均规定为一人。

三　区监察委员之职权如下:

　　甲　系据本党纪律,决定所属党部或党员违背纪律之处分;

　　乙　稽核区执行委员会财政之收支;

　　丙　审查全区党务之进行情形。

四　区监察委员因事请假时,得由候补监察委员执行职务。

五　区监察委员每二星期须将其工作情形报告县监察委员会。

六　等于区党部之监察委员适用此条例。

七　本条例由中央监察委员会议决,送中央执行委员会公布施行。

●●区分部执行委员会组织条例<small>民国十七年(1928 年)六月二十五日第二届中央第一四九次常会通过,十八年(1929 年)六月二十四日第三届中央第一八次常会修正。</small>

第一条　区分部执行委员会,由区分部全体党员选举执行委员三人组织之。

第二条　区分部候补执行委员规定为一人或二人。

第三条　区分部执行委员职务之分配,如下:

　一　常务一人;

　二　组织及训练事宜一人;

　三　宣传事宜一人。

第四条　关于民众训练事宜,由全体执行委员负责进行之。

第五条　区分部执行委员会得指定本区内党员若干人,襄助各项工作,但无薪给。

第六条　区分部执行委员会办事细则另订之。

第七条　本条例由中央执行委员会议决施行。

●●海外各地总支部及支部代表大会组织法大纲_{民国十七年（1928}

年）七月二十三日第二届中央第一五八次常会通过，十八年（1929 年）十月三十一日第三届中央第四五次常会修正。

第一条 甲　出席于总支部代表大会之代表，由总支部所属各支部及直属分部选派之。

乙　出席于支部代表大会之代表，由支部所属各区分部及直属区分部选派之。

第二条 总支部代表大会之主席团定为五人，支部定为三人，均由各该总支部或支部党务指导委员会就代表中提出若干人，经大会通过组织之。

第三条 代表大会之秘书处，由总支部或支部党务指导委员会指定若干人组织之。

第四条 代表资格审查委员会，由总支部或支部党务指导委员会组织之。

第五条 总支部或支部代表大会应设立提案审查委员会、宣言起草委员会及决议案整理委员会，各会委员均由大会推选之。

第六条 本大纲适用于未设总支部地方之直属支部，或未设支部地方之直属分部。

附注

直属分部直接隶属于总支部。

第七条 本大纲经中央执行委员会议决施行。

●●海外总支部执行委员会组织条例_{（附组织系统图）民国十七年（1928 年）十}

月二十二日第二届中央第一七八次常会通过，十八年（1929 年）十二月二日第三届中央第五三次常会修正，二十三年（1934 年）四月十二日第四届中央第一一六次常会再修正。

第一条 总支部执行委员会，由总支部代表大会或全体党员通讯投票选举执行委员七人至十一人组织之。

第二条 总支部候补执行委员规定为三人或五人。

第三条 总支部执行委员会互选常务委员三人，常务委员下设书记长一人，由中央直接遣派，或就该部党员中择一任用之。

第四条 书记长下分设组织、宣传、侨民、总务、会计等科，各科各设主任一人，由执行委员会遴选委派。侨民众多、事务繁重之地方，得设侨民指导委员会，免设侨民科，由执行委员会就执行委员、候补执行委员及当地熟悉侨务之党员中推选五人至九人任之，并指定一人为主任委员，下设总干事一人，襄助主任委员，处理会务。

第五条 总支部执行委员会得设财务委员会，由执行委员会就执监委员及当地负有资望之党员中推选五人或七人组织之，并指定一人为主任委员，处理会务。

第六条 书记长以不担任总支部执监委员为原则（如有特殊情形，经中央核准者例外），但

得列席执行委员会,并指定兼任侨民委员会总干事,其任务如下:

一　襄助常务委员处理党务;

二　综理会内日常事务;

三　核阅并副署本会文件;

四　指导及考核各科之工作;

五　处理不属各科及不专属一科事项。

第七条　组织科应办事项:

甲　指导

一　指导下级党部关于组织方面之工作,并考核其成绩,纠正其错误;

二　解答下级党部关于组织方面之询问;

三　参加下级党部之会议并监督其选举;

四　办理党员党籍之审查及登记等事项。

乙　训练

一　根据中央训练方案,规划所属党员训练事宜;

二　指导及考核下级党员关于党员训练工作;

三　考核所属党员及下级党部工作人员之思想、言论与行动,并纠正其错误;

四　指导下级党部与党员关于推进社会教育事项。

丙　调查

一　调查下级党部党务进行状况;

二　调查下级党部一切临时发生之纠纷;

三　调查所属党员个别之行动;

四　调查反动份子;

五　调查党办学校及其他机关状况。

第八条　宣传科应办事项:

甲　指导

一　根据中央宣传方案,规划所属宣传工作;

二　考核及指导下级党部关于宣传方面之工作;

三　审查党报,考核其他宣传机关之组织及其工作,并纠正其错误,拟具扶助发展之计划。

乙　编审

一　撰拟及编辑一切宣传刊物;

二　审查各项宣传品;

三　印刷及分发各项宣传品。

第九条 侨民科(或侨民指导委员会)应办事项:

甲 指导

一 根据中央规定方案,促进各华侨学校及社会教育事业之发展;

二 考核下级党部关于指导华侨之工作;

三 联络华侨,使其发生互助情感,并协助其生活之改善;

四 协助华侨组织各种团体,并指导其进行。

乙 调查

一 调查华侨人口及其生活状况;

二 调查华侨各种社会团体及公共事业之状况;

三 调查各华侨教育机关之设施。

第一〇条 总务科应办事项:

甲 文书

一 撰拟、缮校及保管各项文件、表册;

二 编订会议纪录;

三 征集整理及编造各项统计;

四 收发或翻译本会一切文电。

乙 事务

一 关于购买及管理本会一切文具、器物;

二 关于本会对外接洽事项;

三 办理同志及来宾之招待事项;

四 办理本会庶务事项。

第一一条 会计科应办事项:

一 掌理本会一切款项之收支;

二 编造本会预算及每月决算表;

三 审查下级党部缴纳党费事项;

四 保管并分配党费、印花。

第一二条 财务委员会应办事项:

一 审核本会经费之预算;

二 审核下级党部经费之预算;

三 计划本会及下级党部关于财务支配及兴革事宜;

四 办理各种临时捐款事宜;

五 编造财务报告。

第一三条 各科及侨民、财务两委员会,均不得对外发布命令。

第一四条　各科、会得视事务之繁简,设干事、助理干事、录事各若干人,均由执行委员会任用之。

第一五条　会计科主任不得兼任其他各科职务。

第一六条　总支部执行委员会办事细则,由总支部执行委员会拟定后,呈请中央备案。

第一七条　本条例由中央执行委员会核准施行。

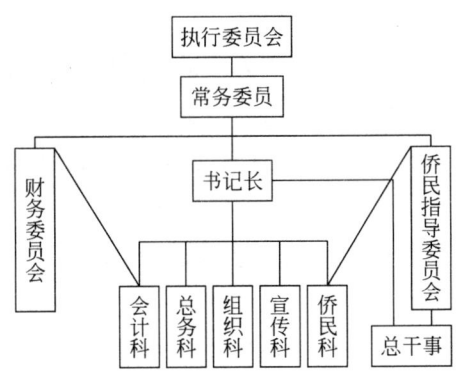

海外总支部执行委员会组织系统图

●●海外支部执行委员会组织条例
民国十七年(1928年)十月二十二日第二届中央第一七八次常会通过,二十三年(1934年)四月十二日第四届中央第一一六次常会修正。

第一条　支部执行委员会,由支部代表大会或全体党员通讯投票选举执行委员五人或七人组织之。

第二条　支部候补执行委员规定为三人。

第三条　支部执行委员会互选常务委员一人,常务委员下设秘书一人(直属支部秘书由中央直接遣派,或就该部党员中择一任用之)。

第四条　秘书下分设组织、宣传、侨民、总务、会计等科,各科各设主任一人,由执行委员会遴选委派。

侨民众多、事务繁重之地方直属支部得设侨民指导委员会,免设侨民科,由执行委员会就执行委员、候备执行委员及熟悉侨务之党员中推选五人或七人任之,并指定一人为主任委员,下设总干事一人,襄助主任委员,处理会务。

第五条　直属支部执行委员会得设财务委员会,由执行委员会就执监委员及当地负有资望之党员中推选五人或七人组织之,并指定一人为主任委员,处理会务。

第六条　秘书得列席执行委员会会议,并指定兼任侨民委员会总干事,其任务如下:

一　襄助常务委员处理党务;

二　综理会内日常事务;

三　核阅并副署本会文件；

四　指导及考核各科之工作；

五　处理不属各科及不专属一科事项。

第七条　组织科掌理关于下级党部之组织、党员之训练及调查等事宜。

第八条　宣传科掌理关于下级党部宣传方面之指导、考核事项，撰拟宣传文字，编辑及审查各项宣传刊物等事宜。

第九条　侨民科(或侨民指导委员会)掌理关于侨民团体机关学校等之组织、联络、调查、指导等事宜，并协助华侨公共事业之进行。

第一〇条　总务科掌理本会文件之收发、保管、撰拟、纪录暨征集、整理、编造各项统计及交际与事务方面各事宜。

第一一条　会计科掌理款项之出纳，编造每月预算、决算，审查下级党部缴纳党费，保管并分配党费、印花。

第一二条　财务委员会掌理关于本会经费预算及下级党部经费预算之审核、党费之筹划及办理各种临时捐款、编造财务报告等事宜。

第一三条　各科及侨民、财务两委员会，均不得对外发布命令。

第一四条　各科、会得视事务之繁简，设干事、助理干事、录事各若干人，均由执行委员会任用之。

第一五条　会计科主任不得兼任其他各科职务。

第一六条　支部执行委员会办事细则，由支部执行委员会拟定后，呈请上级党部备案。

第一七条　本条例由中央执行委员会核准施行。

●●海外分部执行委员会组织条例 民国十七年(1928年)十月二十二日第二届中央第一七八次常会通过，二十三年(1934年)四月十二日第四届中央第一一六次常会修正。

第一条　分部执行委员会，由分部党员大会、代表大会或全体党员通讯投票选举执行委员三人或五人组织之。

分部选举执监委员，应以召开党员大会举行为原则，如确因区域过广或党员太多不能召集党员大会时，得呈经上级党部核准后，召集代表大会选举之。

分部如确有特殊情形，或在特殊环境之下，不能召集党员大会或代表大会时，得呈经上级党部查明核准后，适用全体党员通讯投票选举之规定。

第二条　分部候补执行委员规定为二人。

第三条　分部执行委员会互选常务委员一人，执行日常事务。

第四条　分部执行委员会之下，设组训委员一人，掌理关于组织及训练事宜；宣传委员一人,掌理关于宣传事宜;侨运委员一人,掌理关于侨务事宜;总务委员一人,掌理关于文书、会计及事务方面事宜。

第五条 组训、宣传、侨运及总务委员,均由执行委员或候补执行委员分任之。

第六条 分部执行委员会得酌设干事若干人,襄理各项工作。

第七条 分部执行委员会办事细则,由分部执行委员会拟定后,呈请上级党部备案。

第八条 本条例适用于直属分部。

第九条 本条例由中央执行委员会核准施行。

●●海外区分部执行委员会组织条例民国十七年(1928年)十月二十二日第二届中央第一七八次常会通过

第一条 海外区分部执行委员会,由该区分部全体党员选举执行委员三人组织之。

第二条 区分部候补执行委员规定为二人。

第三条 区分部执行委员职务之分配,如下:

一 常务一人;

二 组织及训练事宜一人;

三 宣传事宜一人。

第四条 区分部执行委员会之下,于必要时,得酌设干事、助理各若干人。

第五条 本条例由中央执行委员会议决施行。

●●特别党部组织通则民国十七年(1928年)三月二十二日第二届中央第一二三次常会通过,同年(1928年)四月十二日第二届中央第一二六次常会修正。

第一条 特别党部,根据第二次全国代表大会中央党务总报告决议案第三项之规定及第二届中央执行委员第四次全体会议整理特别党部案之原则,由中央执行委员会决定组织之。

第二条 特别党部之组织,以具有特殊情形,所辖区域难于规定,或超过一省或一县而所属党员之职业团体确为流动性质,事实上不能隶属普通党部者为限。

第三条 特别党部规定为下列三种:

甲 军队特别党部(例如第一军特别党部等);

乙 海员特别党部(例如招商局海员特别党部等);

丙 铁路特别党部(例如津浦铁路特别党部等)。

第四条　军队特别党部直接隶属中央党部。

第五条　海员特别党部及铁路特别党部所辖区域连贯两省以上者，隶属中央；党部所辖区域限于一省者，隶属省党部。但中央认为有特别情形时，得收归直接管辖之。

第六条　各种特别党部选举全国代表大会代表之权利，均于全国代表大会选举法中酌量情形，另行分别规定之。

第七条　各种特别党部所属党员以三百人为最低限度，不足规定数目时，不得正式成立特别党部。

第八条　凡中央直辖特别党部，须由中央委派之指导委员（或筹备委员）编造党员名册，呈请中央组织部核准后，方得正式成立。

第九条　凡省辖特别党部，须由省党部委派之指导委员（或筹备委员）编造党员名册，呈请省党部核准后，方得正式成立，但最后之决定权仍属中央组织部。

第一〇条　各种特别党部之组织条例另订之。

第一一条　本通则由中央执行委员会常务委员会议决施行。

●●直属党部组织办法民国十九年（1930 年）六月五日第三届中央第九五次常会通过

一　直属中央党部者

省或特别市党部区域内某一固定机关或职业团体，其党员人数在各该地方全体党员人数三分之一以上，或有必要时（如中央政治学校），得由中央常会议决，准其成立，中央直属党部直接受中央之指导监督。

二　直属省党部者

甲　凡县、市区域内之某一固定机关或职业团体，其党员人数在各县、市全职党员人数二分之一以上，或有必要时，得由该省党部呈请中央核准成立省直属区党部，直接受省党部之指导、监督。

乙　凡全县党员人数不能成立县党部时，得成立省直属区党部或省直属区分部，直接受省党部之指导、监督，但须呈报中央备案。

丙　凡特别市区域内之某一固定机关或职业团体，其党员人数占各该地方党部所属党员人数四分之一以上，或有特殊之需要时，得由中央常会议决，准其成立，直属区党部直接受邻近省党部之指导、监督。

三　直属总市党部者

凡某县区域内之党员人数所有区分部在三个以下，不能成立区党部，并因地域距离太远或有其他特殊情形，不能并入邻近之区党部时，得呈由省党部核准成立县或市直属区分部。

各直属党部于举行各种选举时,其选举法由所隶属之省、县、市党部分别拟定,呈由上级党部核准。

各级监察委员会稽核各同级政府施政方针及政绩通则民国十八年(1929 年)十二月五日第三届中监委第二次全体会议通过,同年(1929 年)十二月十九日第三届中央第五八次常会决议公布。

第一条　本通则根据本党总章第四十一条丁项、第五十一条丁项、第六十条丁项订定之。

第二条　中央及省、县、市政府之施政方针,应随时函致同级党部执行委员会转监察委员会稽核。

第三条　各级监察委员会稽核同级政府所定施政方针,如与本党政纲、政策不合者,得附述意见函,由执行委员会转请同级政府修改。

第四条　中央及省、县、市政府于每年须将政绩造具报告书,送同级党部执行委员会转监察委员会稽核。

第五条　各级监察委员会稽核各同级政府政绩,如有疑义时,得函请解释,各同级政府应负完满答复之义务,必要时,并得派员调查之。

第六条　各级监察委员会稽核同级政府政绩,发现有违反本党政纲及政策者,得提出弹劾案于各同级执行委员会。

第七条　各省、县、市执行委员会接受同级监察委员会之弹劾案,应呈报其上级执行委员会转请其上级政府办理。

第八条　稽核细则另定之。

第九条　本通则由中央监察委员会议决,送中央执行委员会公布施行。

总理纪念周仪规民国二十五年(1936 年)四月二日第五届中央常务委员会第九次会议通过

一　各级党部、各级政府机关、各军队、各学校、团体举行。

　总理纪念周,应依照本仪规行之。

二　参加纪念周人员之服装,除已有规定之制服者外,应依照下列规定:

　　甲　男性　(一)礼服(素蓝袍黑褂);(二)中山装。

　　乙　女性(一)长褂;(二)衫裙。

三　服装材料一律采用国货,其颜色以适合时令、整齐划一为主旨。

四　参加纪念周人员排列次序,依照礼堂之大小,按男左女右酌量规定。

五　参加纪念周人员进入礼堂后,应各就规定地位整齐肃立,不得交谈。

六　纪念周礼堂内设司仪员、纠仪员,由主席指定之。

七　纪念仪式如旧,但于开始之前,司仪员应先司报"纪念周开始",嗣"主席就位",然后"全体肃立"。

八　礼成后,(1)主席先退,(2)参加人员鱼贯退。

九　纠仪员应核对签到簿,并在会场查察,如发现有无故不到或在纪念周礼堂中失仪者,应报告主席,分别纠正。

一〇　本仪规由中央执行委员会议决后,公布施行。

●●革命纪念日简明表
民国十九年(1930 年)七月十日第三届中央执行委员会第一〇〇次常务会议通过,二十三年(1934 年)十一月十五日第四届中央执行委员会一四七次常务会议修正,二十四年(1935 年)三月二十八日第四届中央执行委员会第一六四次常务会议修正,同年(1935 年)九月十二日第四届中央执行委员会第一八八次常务会议修正。

第一类　国定纪念日

一月一日　中华民国成立纪念日

十月十日　国庆纪念日

以上两纪念日,各休假一天,全国一律悬旗,扎彩提灯志庆。各地党政、军警、各机关、各团体、学校,均分别集会庆祝,并由各该地高级党部召开各界庆祝大会。

五月五日　革命政府纪念日

七月九日　国民革命军誓师纪念日

十一月十二日　总理诞辰纪念日

以上三纪念日,全国一律悬旗庆祝,各地党政、军警、各机关、各团体、学校,均分别集会纪念,并由各该地高级党部召开各界纪念大会。十一月十二日放假一天,五月五日及七月九日不放假。

三月十二日　总理逝世纪念日

是日休假一天,全国一律下半旗,停止娱乐宴会志哀。各地党政、军警、各机关、各团体、学校,均分别举行追悼纪念,并由各该地高级党部召开各界纪念大会。

三月二十九日　革命先烈纪念日

是日休假一天,各地高级党部召集当地各机关、团体、学校,分别祭奠所有为革命而死之烈士,并举行各界纪念大会。

五月九日　国耻纪念日

全国一律下半旗,停止娱乐宴会志哀。各地党政、军警、各机关、各团体、学校,均分别集会纪念,并由各该地高级党部召开各界纪念大会,兼作废除不平等条约运动,不放假。

十二月廿五日　云南起义纪念日

全国一律悬旗纪念,并由各地高级党部召开各界纪念大会,不放假。

第二类　本党纪念日

三月十八日　北平民众革命纪念日

三月二十三日　先烈邓仲元先生殉国纪念日

五月十八日　先烈陈英士先生殉国纪念日

八月二十日　先烈廖仲恺先生殉国纪念日

九月二十一日　先烈朱执信先生殉国纪念日

十月三十一日　先烈黄克强先生逝世纪念日

以上各纪念日,各党政、军警机关、各团体、学校,一律下半旗志哀。并由各地高级党部召集党员开会纪念,各机关、团体、学校可派代表参加,纪念会不放假。

四月十二日　清党纪念日

六月十六日　总理广州蒙难纪念日

九月九日　总理第一次起义纪念日

十月十一日　总理伦敦蒙难纪念日

十二月五日　肇和兵舰举义纪念日

以上各纪念日,各党政、军警机关、各团体、学校,一律悬旗纪念,并由各地高级党部召集党员开会纪念,各机关、团体、学校可派代表参加,纪念会不放假。

●●革命纪念日史略及宣传要点

民国十九年(1930年)七月十日第三届中央执行委员会第一○○次常务会议通过,二十三年(1934年)十一月十五日第四届中央执行委员会第一四七次常务会议修正,二十四年(1935年)九月十二日第四届中央执行委员会第一八八次常务会议修正。

第一类　国定纪念日

一月一日　中华民国成立纪念日

史略　民国纪元前一年(即公历一九一一年)十月十日武昌首义,清室败亡,各省代表先集会于武昌,议决临时政府组织大纲二十一条,于当年十二月一日公布之。旋复决定设临时政府于南京,于十二月二十九日齐集南京,开临时大总统正式选举会,到会代表凡十七省,选举本党　总理为临时大总统,于公历一九一二年元旦就职,颁定国号为中华民国,改元为中华民国元年。

宣传要点

一　辛亥革命及辛亥前后各地革命运动之经过及其因果;

二 总理就临时大总统宣言中重要意义;

三 中华民族复兴之意义;

四 封建专制与民主政治之比较。

十月十日 国庆纪念日

史略 民国纪元前一年公历一九一一年十月十日,吾党同志熊秉坤、蔡济民等奉总理命在武汉首义,讨伐满清,各省同志纷起响应,不两月即光复十余省,推翻满清专制,创立中华民国。

宣传要点

一 国庆日之意义;

二 讲解总理遗著中之双十节纪念;

三 讲述民元前一年武昌首义之情形与今后应有之努力。

五月五日 革命政府纪念日

史略 民国十年(公历一九二一年)直系军阀勾结帝国主义及南方反动份子,欲扑灭本党总理所领导之革命势力,同时国际共管中国的声浪甚高,民国基础动摇,于是国会非常会议选举总理为大总统,于五月五日就职,与一切反革命势力奋斗,创立国民政府之丕基,以至于今日。

宣传要点

一 讲述民十时代军阀与帝国主义之暴乱情形;

二 说明总理就职总统之原因及其护法之精神;

三 说明总理为国为民之大无畏精神与吾人应有之努力。

七月九日 国民革命军誓师纪念日

史略 民国十五年(即公历一九二六年)七月九日,本党国民革命军在粤誓师出师北伐,先入湖南,十月克武汉,底定长江上游,十六年春克复长江下游等省,旋即致力于铲除共党,巩固党基,十七年春又继续大举北进,于六月间克复北平,统一全国。

宣传要点

一 讲述国民革命军成立之历史及其使命;

二 讲述本党此次北伐经过及其重要意义;

三 说明本党历次出师北伐宣言重要意义。

十一月十二日 总理诞辰纪念日

史略 民国纪元前四十六年(即清同治五年,公历一八六六年)十一月十二日,本党总理诞生于广东香山县翠亨乡,父讳道川,母杨氏,其时正值鸦片战后之二十六年,去太平天国之亡才三年。

宣传要点

一　讲述　总理生平革命之重要事略；

二　演讲　总理学说；

三　演讲　三民主义。

三月十二日　总理逝世纪念日

史略　民国十三年冬，奉直构衅，总理由粤移师北伐，未几曹吴倒，北方同志请总理北上解决国是，总理即于十一月十日发表对时局宣言，十三日由粤北上，与北方将领商国是。肝疾发，仍扶病入北平，为国民利益而奋斗，致一病不起，遂于十四年（即公历一九二五年）三月十二日上午九时三十分逝世，享年六十。

宣传要点

一　讲解总理遗嘱及自传；

二　讲述中央执行委员会接受总理遗嘱经过事实，及第一届中央执行委员会第三次全体会议发出之宣言训令。

三　讲述总理逝世后，本党工作之概要，与今后应有之努力。

三月二十九日　革命先烈纪念日

史略　总理领导革命凡数十年，革命先烈之闻风兴起以身殉难者，踵相接，如民元前十七年（公历一八九五年）第一次广州起义失败殉难之陆皓东等，民元前十二年（公历一九〇〇年）第二次起义失败殉难之史坚如等。总理谓其死节之烈，浩气英风，足为后死者之模范。同盟会成立，革命思潮更弥漫全国，慕义之士杀身成仁，不一而足，如吴越之刺五大臣而殉难于北平车站，徐锡麟之死难于安庆，秋瑾之死义于浙江等是。民国纪元前二年，本党第九次在广州失败后，黄兴、赵声等又集合各省革命党之精英于广州，于民元前一年三月二十九日重行举事，焚攻督署，事败战死，被害丛瘗于黄花岗者七十二人，称黄花岗七十二烈士。此乃略举其有纪载可考之先烈，至因无确实纪载而轶其姓名之先烈，更不知凡几。

宣传要点

一　讲述各革命先烈为国牺牲之事略；

二　讲述各革命先烈生平之言行；

三　阐扬各革命先烈之特殊精神。

五月九日　国耻纪念日

史略　民国三年冬，当袁贼酝酿帝制之时，日本派兵占我青岛，进迫济南，并于翌年（民国四年公历一九一五年）一月十八日向北京政府要求二十一条，其中侵略南满、东蒙、山东、福建，权利甚巨。同年五月七日提起最后通谍，以威胁卖国残民之北京政府时，袁贼帝制薰心，为其屈服，卒于九日签字，但我全国民众永誓否认。自此后日本及帝国主义侵略我国尤急,民国十四年五月三十日之上海惨案、同年六二三之沙基惨案及民国十七年五月三日之济南惨案,皆我全国同胞之奇耻深仇,凡此皆不平等条约为厉之阶。元前六十五年(公历一八四二年)八月二十九日,因鸦片战争失败而订立之南京和约,割香港,开广州等五口通商,赔款二千一百万两,实为帝国主义者迫我中华民族订立不平等条约之第一次,民元前十一年(公历一九〇一年)九月七日订立之辛丑条约,赔款五百四十兆两,以北平东交民巷为使馆区域,禁大沽一带筑炮台,并强行驻兵平津,此为不平等条约之最厉害者。是皆为我全民族卧薪尝胆,永誓不忘之国耻。

宣传要点

一　讲述"五九"、"八二九"、"九七"国耻及"五三"、"五四"、"六二三"惨案之始末;

二　讲述订立各种不平等条约之经过及废除不平等条约之意义;

三　讲述帝国主义者对华之野心;

四　解释本党对外政纲,并阐明其意义。

十二月二十五日　云南起义纪念日

史略　民国四年十二月十二日,袁世凯下令称帝,云南同志督促唐继尧表示反封,乃于二十三日致电袁氏,限时答复。袁氏不答,云南即于二十五日宣布独立,并组织护国军,向川、黔、桂等省出发,未几各省同志相继响应,袁氏知帝制难成,遂于五年三月二十二日下令取消。

宣传要点

一　述云南起义情形;

二　述封建专制与民主政治之比较。

第二类　本党纪念日

三月十八日　北平民众革命纪念日

史略　民国十五年(即公历一九二六年)三月十二日,日本兵舰用炮轰大沽口,十六日英、美、法、日、意、荷、西、比八国公使又借口辛丑条约提出哀的美敦书,以胁迫我国。北京群众异常愤慨,深虑军阀政府丧权辱国,故群起谋应付,于十八日在天安门开国民大会,并赴执政府请愿,竟被枪击,当场殉难五十余人,重伤不治者七八十人,轻伤者无数。

宣传要点

一　日本帝国主义勾结军阀摧残中国之情形与辛丑条约所与吾人之耻辱;

二　三一八惨案之经过情形;

三　民元以后军阀卖国残民之罪恶。

三月二十三日　　先烈邓仲元先生殉国纪念日

史略　先生名铿,字仲元,广东惠阳人,少勤学,喜战术,将并学堂,毕业后,即从总理,鼓吹革命。辛亥广州之役,先生毁家纾难,民国告成,复迭任艰巨,如三年总理组中华革命党,五年举义讨袁六年,总理南下护法九年,粤军奠定广东十年,总理督师北伐,先生靡不瘁尽精力,躬与其事。先生公忠党国,劳怨不避,复善治军,遂为奸细之的。十一年三月二十二日,因事之香港归抵广九站,被刺伤重,翌日逝世,国人痛之。

四月十二日　　清党纪念日

史略　民国十二年中国共产党自请以个人资格加入本党,愿遵本党主义、政纲,共同致力国民革命,不意其竟以寄生政策,阴谋反动,诱惑社会,屠杀民众,危害本党,破坏三民主义。本党乃于十六年,即公历一九二七年,四月十二日在各地同时将其清除,不数月,共祸即熄。

宣传要点

一　本党十三年改组后容共之意义;

二　共产党之罪恶;

三　本党铲共清党之经过情形;

四　阐明以三民主义打倒共产主义之意义。

五月十八日　　先烈陈英士先生殉国纪念日

史略　英士先生,名其美,浙江吴兴人,生于民元前三十六年,即清光绪二年,公历一八七六年,游学日本时,加入同盟会,随总理革命。辛亥起义先生光复上海,其后翼赞总理组织中华革命党,袁氏称帝,先生在上海运动独立,故袁氏恨之,甚乃买凶刺杀之。民国五年,即公历一九一四年,五月十八日,遂被害于上海,年四十。

宣传要点

一　英士先生之革命历史;

二　英士先生在上海殉国之原因及其情形;

三　阐扬陈英士先生之革命精神。

六月十六日　　总理广州蒙难纪念日

史略　民国十一年,即公历一九二二年,总理由广西移师北伐,因陈炯明与吴佩孚等勾结,阻扰后方,故于四月亲返广州,陈逃往惠州,嗾其部属于六月十六日举兵围攻总统府,总理遂登永丰舰,率海军戡乱,与陈逆相持于广州河面约月余,并电人赣之师,回粤平乱,不利,乃于八月九日离粤赴沪。

宣传要点

一　讲述关于陈逆炯明谋反一切经过情形；

二　讲述　总理蒙难时一切情况；

三　说明　总理大无畏之革命精神为吾人所宜矜式。

八月二十日　先烈廖仲恺先生殉国纪念日

史略　廖仲恺先生，广东惠阳人，生于美州，年十七归国后，游日本，入同盟会，谋革命。民元司粤财政，民二渡日，助总理组织中华革命党，民七在沪著书宣传，民十重回粤，民十二复赞助总理改组本党，民十四计划讨伐陈、杨、刘等逆。国民政府成立，从复长财政，并努力党务，竟遭反革命者之忌，于民国十四年(即公历一九二五年)八月二十日在粤中央党部门前被刺殉国，时年四十九。

宣传要点

一　仲恺先生之革命事略；

二　仲恺先生殉国之前因后果及其精神；

三　说明仲恺先生之人格及其为党为国之革命精神。

九月九日　总理第一次起义纪念日

史略　总理于民国纪元前十七年，清光绪二十一年，公历一八九五年秋，举义于广州，不克，陆皓东、于丘四、朱贵全死之。总理偕郑士良走日本，此为总理第一次之起义。

宣传要点

一　讲述本党革命之起源；

二　说明总理初次失败后中国之政治环境及当时革命势力；

三　讲述陆皓东烈士之事略。

九月二十一日　朱执信先生殉国纪念日

史略　执信先生，番禺人，好学能文，弱冠游学日本，加入同盟会，辛亥三月二十九日广州举义，先生亲与其役，力战受伤，广州光复，先生之功最多。民二以后，翼赞总理组织中华革命党，讨袁护法，尤尽劳瘁。民国九年，公历一九二〇年，奉总理命入粤，联络粤军将领，会讨莫荣新，于占领虎门炮台后，为桂逆所害，时九月二十一日也，年三十六岁，生平所为主义，宣传之文字，足为后进楷模。

宣传要点

一　执信先生革命事略；

二　执信先生殉国情形；

三　执信先生之人格及其革命精神。

十月十一日　总理伦敦蒙难纪念日

史略　民国纪元前十七年,清光绪二十一年,公历一八九五年,总理在广州举义失败后赴日本,翌年,民元前十六年,清光绪二十二年,公历一八九六年,周游欧美,于十月一日抵伦敦,十一日被清驻英公使龚照玙等诱禁使馆,并拟密送归国。事泄,英人大哗,其师康德黎亦竭力营救,始于二十三日脱险,计蒙难凡十有二日。

宣传要点

一　说明　总理初次失败后中国环境及当时革命的势力;

二　讲述　总理在伦敦蒙难之经过;

三　讲述　总理伦敦蒙难记之要点。

十月三十一日　先烈黄克强先生逝世纪念日

史略　先生湖南善化县人,原名轸,字董午,后因长沙起义失败,清吏悬赏通缉,始改名兴字。克强先生体貌魁伟,富于胆智及革命思想,在日本留学即组华兴会,为鼓吹革命之机关。迄乙未年,总理成立同盟会于东京,先生为集中革命力量计,遂取消旧有组织,而加入同盟会。嗣后,赞助总理从事革命,勋绩显著,于广州惠州、钦廉、黄花冈、武昌诸役,厥功尤伟。民国建立后,袁世凯毁法卖国,本党二次革命铲除洪宪帝制,靡不躬与其役。先生身许党国,不避艰辛,卒以公务繁伙,积劳成疾,于民国五年十月三十一日逝世,时年四十四。

十二月五日　肇和兵舰举义纪念日

史略　民国四年冬,袁世凯积极筹备帝制,总理乃派陈英士先生在沪进行讨袁,十一月间,王晓峰、王明山同志杀袁逆爪牙郑汝成于沪,袁逆闻讯怖甚,大行增兵,英士先生遂乘袁军布置未定之际,突于十二月五日派杨虎率同志三十余人袭占肇和军舰,发难讨袁,岸上同志亦分头占领电报、电话、巡警、工程等重要机关,不料袁军拥来,众寡不敌,而肇和舰又遭逆舰应瑞通济轰击,同志死伤极多,遂致失败。

宣传要点

一　述肇和战役之意义与经过;

二　阐扬肇和战役之拥护民国慷慨踔厉的精神;

三　说明滇黔起义袁逆灭亡实受肇和战役之影响。

●●党旗国旗制造使用条例 民国二十三年(1934年)八月三十日第四届中央执行委员会第一三六次常务会议通过,二十五年(1936年)二月十四日修正。

第一条　党旗、国旗,须依照下列各款之规定,制定之。

一　遵照中国国民党中央执行委员会颁布之党、国旗尺度比例、图案(图案及尺度表附后)及国民政府公布之权度标准。

二　党旗颜色为天青、纯白二色,国旗颜色为深红、天青、纯白三色。

三　用染印法。

四　以国产之丝、毛、棉、麻等为材料。

第二条　凡制造、销售党旗、国旗之商店,须分别呈经政府核准,其管理办法另定之。

第三条　由中央宣传委员会编印"党、国旗须知"之简明图表及纪念日悬旗一览表,交由各地于发售党旗、国旗时,随旗分发。

第四条　悬党旗或国旗之杆,须依下列两款制定之。

一　杆身全白,配以金黄色球顶;

二　杆身之长,须在旗身横长度二倍以上。

第五条　室外悬党旗及国旗之时间,自日出时起至日入时止。

第六条　门首悬党旗或国旗时,须悬于门楣之左上方,旗杆与门楣成三十度至四十度之角度,其党旗、国旗同时挂于门户上面者,可成交叉形。

第七条　凡党政、军警、各机关、各团体、学校等,须悬挂党旗、国旗于会议厅礼堂及集会场所之正面,党旗居国旗之右,国旗居党旗之左,各成角度三十至四十之下垂形(旗之中间挂总理遗像)。

第八条　会议厅礼堂悬挂之党旗、国旗,以第几号为得体,须视该厅堂正面面积之大小而采用之。

第九条　凡商店住户所悬之党旗、国旗,一律以六号为标准。

第一〇条　凡遇典礼举行升旗时,在场人员须向旗肃立。

第一一条　凡下半旗,须先将旗身徐升至杆顶,然后降下至旗身长二分之一若干尺而停止,下旗时仍须升至杆顶,再行降落。

第一二条　国旗与外国旗并立一处时,其旗式之大小及旗杆之高低须相等。如两旗交叉时,本国旗居外国旗之左,外国旗居本国旗之右。

第一三条　悬挂党旗、国旗不得倒置。

第一四条　党旗、国旗之式样,不得作为商业上一切专用标记,或制为一切不庄严之用品,旗面不得缀置各种符号及印刷图写各种文字。

第一五条　凡党旗、国旗之使用,有违反本条例之规定者,各地党部应会同警察机关予以指导、纠正,如发现不合规定之党旗、国旗,并得取缔或没收之。

第一六条　本条例自公布之日施行。

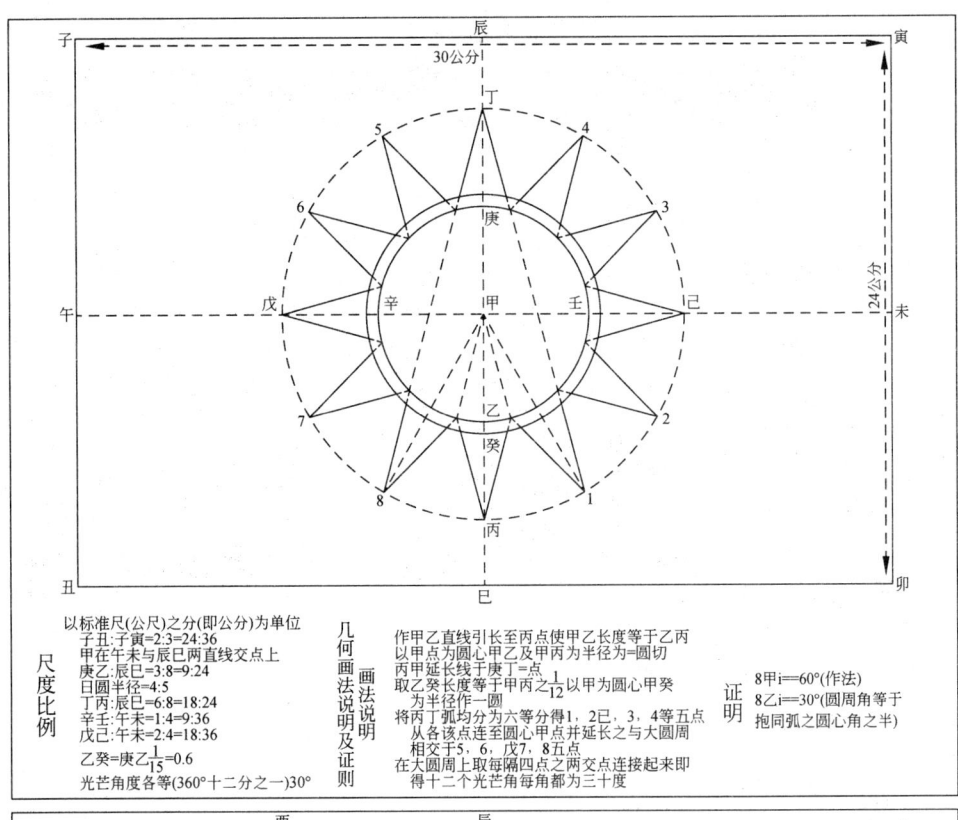

以标准尺(公尺)之分(即公分)为单位

尺度比例

子丑:子寅=2:3=24:36
甲在午未与辰巳两直线交点上
庚乙:辰巳=3:8=9:24
日圆半径=4:5
丁丙:辰巳=6:8=18:24
辛壬:午未=1:4=9:36
戊己:午未=2:4=18:36
乙癸=庚乙$\frac{1}{15}$=0.6
光芒角度各等(360°十二分之一)30°

几何画法说明及证则

画法说明

作甲乙直线引长至丙点使甲乙长度等于乙丙
以甲点为圆心甲乙及甲丙为半径为圆切
丙甲延长线于庚丁一点
取乙癸长度等于甲丙之$\frac{1}{12}$以甲为圆心甲癸为半径作一圆
将丙丁弧均分为六等分得1，2，己，3、4等五点
从各该点连至圆心甲乙甲并延长之与大圆周相交于5、6、戊7、8五点
在大圆周上取每隔四点之两交点连接起来即得十二个光芒角每角都为三十度

证明

8甲i==60°(作法)
8乙i=30°(圆周角等于抱同弧之圆心角之半)

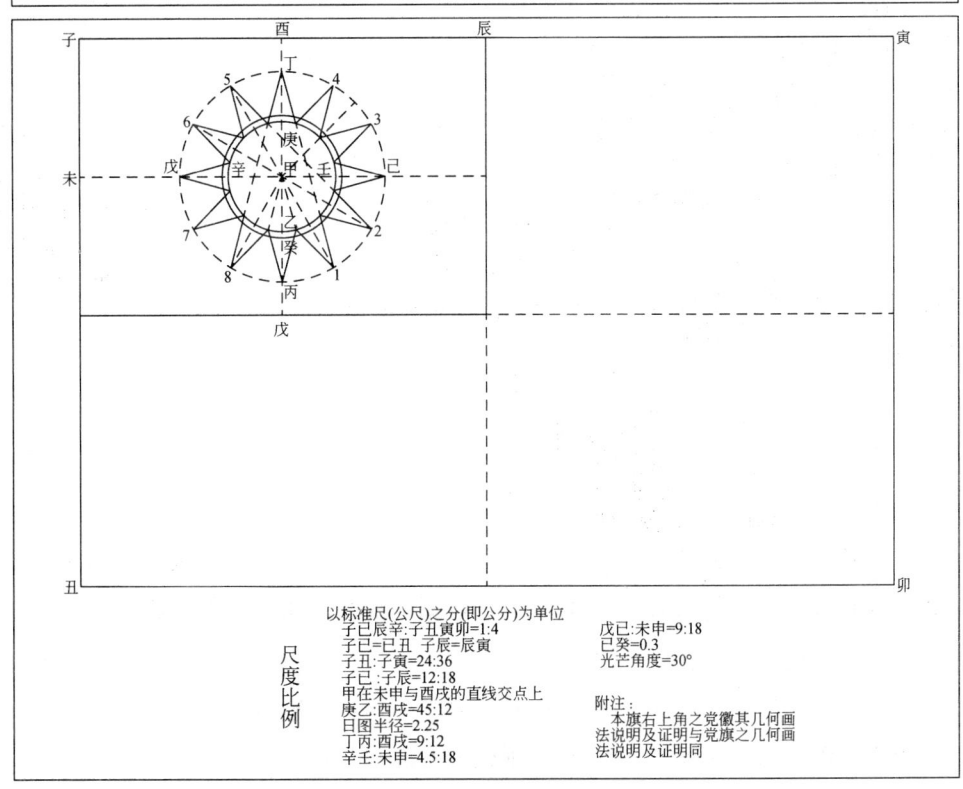

以标准尺(公尺)之分(即公分)为单位

尺度比例

子巳辰辛:子丑寅卯=1:4
子巳=巳丑　子辰=辰寅
子丑:子寅=24:36
子巳:子辰=12:18
甲在未申与酉戌的直线交点上
庚乙:酉戌=45:12
日图半径=2.25
丁丙:酉戌=9:12
辛壬:未申=4.5:18

戊己:未申=9:18
巳癸=0.3
光芒角度=30°

附注：
　本旗右上角之党徽其几何画法说明及证明与党旗之几何画法说明及证明同

党旗图案　十七年(1928年)十月八日中央第一七三次常务会议议决通过

党旗各号尺度表

旗号	尺别	子丑:子寅	庚乙:辰巳	乙丙·丁庚 戊辛·己壬等	乙癸	丁丙:辰巳	辛壬:午未	戊己:午未
一号	标准尺	16:24	6:16		.4	12:16	6:24	12:24
	市用尺	48:72	18:48	9	1.2	33:48	18:72	6:72
二号	标准尺	24:36	9:24	4.5	.6	18:24	9:36	18:36
	市用尺	72:108	27:72	13.5	1.8	54:72	27:108	54:108
三号	标准尺	32:48	12:32	6	.8	24:32	12:48	24:48
	市用尺	96:144	6:96	18	2.4	72:96	36:144	72:144
四号	标准尺	48:72	18:48	9	1.2	36:48	18:72	36:72
	市用尺	144:216	54:144	27	.6	103:144	54:216	108:216
五号	标准尺	64:96	24:64	12	1.6	48:54	24:96	48:96
	市用尺	192:288	72:192	36	4.8	144:192	72:288	144:288
六号	标准尺	96:144	36:96	18	2.4	72:96	36:144	72:144
	市用尺	288:432	108:288	54	7.2	216:288	108:432	216:432
七号	标准尺	128:192	4:128	24	3.2	96:128	48:192	96:192
	市用尺	384:576	144:84	72	9.6	288:384	144:576	288:576
八号	标准尺	160:240	60:160	30	4	120:160	60:240	120:240
	市用尺	480:720	360:480	90	12	360:480	180:720	360:720
九号	标准尺	192:288	72:192	36	4.8	144:192	72:288	144:288
	市用尺	576:864	216:576	108	14.4	432:516	216:864	432:864
十号	标准尺	240:360	90:540	45	6	180:240	90:360	180:360
	市用尺	720:1080	270:720	135	18	540:720	270:1080	540:1080

注意

1　本尺度以公分及市分为单位,其所用尺别,概以工商部呈请国民政府议决公布之中华民国权度标准方案为准。以一公尺(即米突尺)为标准尺,以一标准尺三分之一为市用尺,即三市用尺合一标准尺。

2　每号约大其前一号之三分之一,其纵度横度数目皆为八之倍数以便计算。

●●党务工作人员任用条例 民国十七年(1928年)五月十六日第二届中央第一三八次常会通过

第一条　中央执行委员会为谋党的纪律之整饬、党的人材之健全起见,特制定党务工作人员任用条例颁布之。

第二条　凡党务工作人员之任用,不论中央或海内外各级党部,均依本条例之规定行之。

第三条　凡党务工作人员,非合于下列各款资格第一款及其他各款之一者,不得任用。

一　经本届总登记合格者;

二　高级党务学校毕业或具有同等学力,确有党务学识或经验者;

三　曾在党务机关工作满一年以上,办理党务有成绩者;

四　现充党务工作人员,经该管机关认为确有党务学识或经验者。

第四条　虽具有前条第一款及其他各款之一，而有下列情事之一者，不得任用。

一　有恶化腐化之言论或行动者；

二　曾受本党惩戒之处分者；

三　曾受法院刑事处分之宣告者；

四　年力衰弱不堪任事者。

第五条　凡党务工作人员，经该管机关审查合格准予任用后，须填具服务誓书，并须由介绍人负责签名盖章，此项誓书应备二份，一存本党部执行委员会，一存监察委员会，其服务规则另订之。

第六条　负责介绍人如有徇私滥保或虚伪情事，经察觉后，除撤销任用外，并得按照情节轻重，分别惩戒之。

第七条　凡合格任用人员，应由该管机关发给任用书。

第八条　本条例未尽事宜暨将来各种规则颁布后如有应行增修之处，得随时改订之。

第九条　本条例自公布之日施行。

●●关于党员犯罪涉及行政或司法范围者其行政或司法处分与党纪处分之先后程序案民国十九年（1930 年）七月二十四日第三届中央第一零二次常会照中监委第三次全体会议决议通过

一　已经起诉者，应俟判决后再处分。在判决确定前，先行停止党权三个月，如期满后，裁判尚未确定，继续再予延长，至裁判确定时，另行处分。

二　未经起诉者，如认为有相当嫌疑应受处分者，即由党部办理，其证据足以起诉者，除处分外，应通知司法机关依法办理。

三　已逃亡者，由党部迳行处分，毋庸候司法机关诉讼进行。惟其证据足以起诉者，并通知司法机关依法办理。

●●平津冀察绥各省市党部停止工作期间共产党人自首临时办法民国二十四年（1935 年）十月二十四日第四届中央执行委员会第一百九十三次常务会议通过

一　共产党人自首者，应向各省、市政府或其他官署以书面为之，并应附缴最近四寸半身相片四张。

二　共产党人自首者，由该省、市政府及所在地军警机关及法院各派代表一人组织审查委员会审查之,如有反省院之省、市,由反省院加派代表一人,该审查委员会由省、市政府召集,并应于每月终汇报中央党部备案。

三 在省市政府自首之共产党人,于必要时,得移送中央党部处理之。

四 中央党部得派员往各省、市政府,主持共产党人自首事宜。

五 其他仍适用共产党人自首法之规定。

中国国民党党员抚恤条例

民国十五年(1926年)十一月十六日第二届中央第七零次常会通过公布,十九年(1930年)五月二十九日第三届中央第九四次常会修正,二十五年(1936年)四月二日第五届中央常会第九次会议再修正。

第一条 凡本党党员努力于本党工作及为本党主义奋斗,或被害残废,或积劳病故,而身家贫苦者,得依本条例分别抚恤之。

第二条 抚恤分下列三种:

一 被害抚恤;

二 病故抚恤;

三 残废抚恤。

第三条 被害抚恤可分下列各项:

一 本党各级党部之职员在本党主义及党纲范围内从事于各种运动而遭杀害者;

二 本党党员在国内外受本党各级党部之命令,秘密或公开为本党主义之宣传及党务活动而被敌人杀害者。

第四条 病故抚恤可分下列各项:

一 服务于本党各级党部三年以上,因公积劳病故者;

二 党员受本党各级党部之命令,在各地从事农工运动及民众运动已有成效而积劳病故者;

三 党员因努力于党之工作,曾有著作阐明主义,对于本党有特别贡献劳绩而病故者。

第五条 在第三条之规定内,被敌谋害残废者,应受残废抚恤。

第六条 抚恤金分二种:

一 年抚恤金 按死者或残废者应得之恤金,每年给与其家属一次;

二 一次抚恤金 按死者或残废者应得之恤金,给与其家属一次。

第七条 抚恤之等级如下:

一 年抚恤金

一 一等抚恤金六百元;

二 二等抚恤金五百元;

　　　三　三等抚恤金四百元；

　　　四　四等抚恤金三百元；

　　　五　五等抚恤金二百元；

　　　六　六等抚恤金一百元。

　　二　一次抚恤金

　　　一　一等抚恤金一千元；

　　　二　二等抚恤金八百元；

　　　三　三等抚恤金五百元；

　　　四　四等抚恤金四百元；

　　　五　五等抚恤金三百元；

　　　六　六等抚恤金二百元；

　　　七　七等抚恤金一百元。

第八条　凡在第三条、第四条、第五条规定内，因公伤亡或残废之党员，得由其家属或各省党部（或与省同级之党部）或中央执行委员会委员将被害之经过及已往工作之成绩，呈请中央抚恤之。

第九条　凡被害或病故党员之遗族年抚恤金，以其父母之终身或子女之成年（二十岁）为止，仅遗妻者，以其妻之终身或改嫁为止。

第一○条　凡因公残废之党员，其抚恤金以其本人之终身及子女之成年（二十岁）为止，如无家属者，得由中央设法处理之。

第一一条　凡因公为敌所羁押者，在羁押期内，其家属之抚恤与残废抚恤同等，但依此例按月发给。

第一二条　如被害或病故之党员而无遗族者，得将抚恤金改作丧葬费，由中央派员处理之。

第一三条　党员生前有特殊功绩于党国者，另定荣誉之办法，其抚恤金额及丧葬事宜，由中央执行委员会处理之。

第一四条　遇难之党员只受一种抚恤（如受一次抚恤金者，不得再受年抚恤金），若家道过寒者，得由中央执行委员会议决通融之。

第一五条　凡受年抚恤金之家属，每年具领抚恤金时，须将下列各项详细报告中央：

　一　家庭人口数及各人年龄；

　二　子女若干，是否求学，学校名称、年级及毕业日期；

　三　有无亲族及与同族间之关系；

　四　家庭经济状况、不动产若干、能生产者若干人；

　五　已往一年来之家庭经济状况；

六　本年内家庭生活费预算表。

第一六条　年抚恤金之数,得依受抚恤者家庭状况之变更,由中央执行委员会议决增减之。

第一七条　党员生前虽曾有功绩于党(如第三条、第四条、第五条之规定),但后曾有叛党行为,已被本党开除或自行退出党籍者,不得受本党之抚恤。

第一八条　本党党员曾为革命尽力,著有劳绩,现因年老力衰不能从业或无法从业者,得准用本条例,经抚恤委员会之决议,给与本人每年或一次之抚助金,但其金额不得逾第七条之规定。

第一九条　本条例由中央执行委员会议决公布之日起发生效力。

●●人民团体申请变更名称办法民国二十五年(1936年)八月民众训练部订定

一　人民团体申请变更名称,须依本办法之规定。

二　人民团体变更名称,须由会员大会决议后,备具理由书,呈请当地高级党部许可。

三　党部接受请求后,经审慎考核,认为理由充足,确有变更名称必要时,应即批复准予变更,并函同级政府查照。

四　人民团体奉批后,应即缮具申请书,连同章程、会员名册、职员履历表等,分别向原核准之党部及主管官署呈请备案。

五　人民团体变更名称,经党政机关核准备案后,应即依法呈请改换图记。

六　党政机关核准人民团体变更名称后,应分别逐级递报中央主管部备案。

七　本办法由中央民众训练部颁布施行。

●●宣传品审查标准民国二十一年(1932年)五月三十一日第四届中央第二二次常会通过,同年(1932年)十一月二十四日第四届中央第四八次常会增订

一　适当的宣传

　　一　阐扬总理遗教者;

　　二　阐扬本党主义者;

　　三　阐扬本党政纲、政策者;

　　四　阐扬本党决议案者;

　　五　阐扬本党现行法令者;

　　六　阐扬一切经中央决定之党务、政治策略者。

二 谬误的宣传

一 曲解本党主义、政纲、政策及决议者；

二 误解本党主义政纲、政策及决议者；

三 思想怪僻或提倡迷信，足以影响社会者；

四 记载失实，足以淆惑观听者；

五 对法律认可之宗教，非从事学理探讨，徒事诋毁者。

三 反动的宣传

一 为其他国家宣传危害中华民国者；

二 宣传共产主义及鼓动阶级斗争者；

三 宣传无政府主义、国家主义及其他主义而有危害党国之言论者；

四 对本党主义、政纲、政策及决议恶意诋毁者；

五 对本党及政府之设施恶意诋毁者；

六 挑拨离间，分化本党，危害统一者；

七 诬蔑中央，妄造谣言，淆乱人心者；

八 挑拨离间及分化国族间各部份者。

●●指导党报条例 民国十九年（1930年）三月二十四日第三届中央第八一次常会修正，同年（1930年）九月八日国民政府训令，司法院第五零三号。

第一条 为指导本党舆论统一宣传起见，制定本条例。

第二条 本条例所指导之党报，为下列二种：

一 各级党部宣传部主办，经呈由中央宣传部核准者；

二 党员主办，经呈由中央宣传部核准者。

第三条 各级党部宣传部直辖之党报，其负责人员及总编辑，由其主管党部宣传部委派之。

第四条 直辖于中央之各党报，由中央宣传部直接指导之，其他各级党部宣传部之各党报，得由各该宣传部秉承中央意旨指导之。

第五条 各项党报，均须履行日报登记手续。

第六条 各党报经中央宣传部核准后，无须向当地行政机关履行立案手续，得由其主管党部通知当地行政机关备案。

第七条 各党报应按期呈送刊物全份，于中央宣传部及其主管党部宣传部审查。如认为有应须纠正之处，须绝对服从。

第八条 各级党部宣传部主办之党报，得酌将刊物逐期赠送当地区党部及区分部各一份。

第九条 各党报登载新闻,如有失检,影响私人或法人名誉时,当事人可举证事实,声请更正。倘拒不更正,得呈请其主管党部宣传部核办,或向法院提起控诉。

第一〇条 各级党部宣传部对所属党报,除将所定宣传纲要及方略优先发给外,并应随时指示宣传要旨,以为立论取材标准。

第一一条 各党报应根据中央宣传部所颁宣传要点及时事问题,每周著刊社论。

第一二条 各党报除记载真实新闻外,须尽量宣传本党及政府所有政治设施、法律制度、建设计划等。

第一三条 各党报须尽量阐扬本党主义及政策,并开除或纠正一切反动谬误的主义或政论。

第一四条 各党报副刊须尽量刊载科学、文艺、社会、教育、经济建设及各种宣传文字。

第一五条 各党报应遵守下列之纪律:

一 以本党主义政纲、政策为最高原则;

二 绝对服从上级党部之命令,并不得为私人所利用;

三 对各级党部及政府送往发表之主要文件,须优先发表,不得迟延或拒绝;

四 对本党及政府应守秘密之事项,不得随意发表。

第一六条 各党报如有违背前条之规定,各级宣传部得按其情节轻重分别议处,其办法如下:

一 警告;

二 撤换负责人或改组;

三 停刊;

四 惩办负责人。

第一七条 各党报如有违背第十五条之规定,除依第十六条之办法处分外,其主管宣传部须负连带责任。

第一八条 各党报须按月将工作报告呈送主管宣传部备核,其工作报告书程式另定之。

第一九条 本条例如有未尽事宜,得由中央宣传部呈请中央执行委员会修正之。

第二〇条 本条例由中央执行委员会议决施行。

图书在版编目（CIP）数据

中华民国法规大全：1912～1949：点校本.第 10 卷，补编/何勤华整理；韩君玲点校.—北京：商务印书馆，2016
ISBN 978 - 7 - 100 - 09869 - 4

Ⅰ.①中… Ⅱ.①何… ②韩… Ⅲ.①法规－汇编－中国－民国
Ⅳ.①D929.6

中国版本图书馆 CIP 数据核字(2015)第 243504 号

本书据上海商务印书馆 1937 年版排印

中华民国法规大全(1912—1949)

点校本

第十卷 补编

根本法 官制官规 行政

司法 考试 监督 党务

（上下）

商务印书馆 辑印

韩君玲 点校

————————————————————

商 务 印 书 馆 出 版
(北京王府井大街 36 号 邮政编码 100710)
商 务 印 书 馆 发 行
北 京 冠 中 印 刷 厂 印 刷
ISBN 978 - 7 - 100 - 09869 - 4

————————————————————

2016 年 3 月第 1 版　　　　开本 787×1092 1/16
2016 年 3 月北京第 1 次印刷　印张 87¾
定价：289.00 元

中华民国法规大全